Aufgabe der Geographie ist die Erforschung und Beschreibung der Erde sowie der Wechselbeziehungen zwischen dem Menschen und seiner Umwelt. Unterschieden wird die Regionale Geographie (Länderkunde) von der umfassenden Allgemeinen Geographie, mit der sich dieses Wörterbuch beschäftigt.

Im ›DIERCKE-Wörterbuch der Allgemeinen Geographie‹ (WAG) werden in zwei Bänden ca. 10 000 Fachwörter definiert aus den »naturgegebenen« (physiogeographischen) Teilgebieten Geoökologie, Geomorphologie, Boden-, Klima-, Hydro- und Biogeographie und aus den »menschenabhängigen« (anthropogeographischen) Teildisziplinen Wirtschafts-, Sozial-, Siedlungs-, Stadt-, Bevölkerungs-, Verkehrs- und Fremdenverkehrsgeographie. Verwandte Fachbegriffe verschiedener Nachbarfächer der Geographie wurden mitbearbeitet, um den interdisziplinären Zusammenhang geographischer Begriffe und Fragestellungen deutlich zu machen. Es werden auch ausgewählte methodische Begriffe erläutert.

Die Definitionen werden in einer Sprache gegeben, die auch dem Laien verständlich ist, ohne die Ansprüche des Fachwissenschaftlers an Präzision und Schärfe des Ausdrucks zu vernachlässigen.

Zahlreiche Abbildungen ergänzen und verdeutlichen den Text, wo es nötig und nützlich ist.

Bisher sind in dieser Reihe erschienen:
DIERCKE-Taschenatlas der Welt (3400)
DIERCKE-Weltstatistik (3401)
DIERCKE-Weltwirtschaftsatlas 1 (3411)
DIERCKE-Weltwirtschaftsatlas 2 (3412)
DIERCKE – Die Rekorde der Erde (3414)
DIERCKE – Die Welt auf einen Blick (3415)
DIERCKE – Satellitenbild-Atlas Deutschland (3416)
DIERCKE-Wörterbuch der Allgemeinen Geographie, 2 Bände (3417/3418)

Hartmut Leser/Hans-Dieter Haas/Thomas Mosimann/Reinhard Paesler:

DIERCKE-Wörterbuch der Allgemeinen Geographie

Band 2: N–Z

Deutscher
Taschenbuch
Verlag

Westermann

CIP-Kurztitelaufnahme der Deutschen Bibliothek

Leser, Hartmut

DIERCKE-Wörterbuch der Allgemeinen Geographie
Band 2. N–Z

H. Leser; H.-D. Haas; T. Mosimann; R. Paesler

Braunschweig: Westermann; München: Deutscher Taschenbuch Verlag

ISBN 3-14-106058-4 (westermann)
ISBN 3-423-03418-1 (dtv)

2. Auflage Juni 1985
Gemeinschaftsausgabe
© Deutscher Taschenbuch Verlag GmbH & Co. KG, München
und Westermann Schulbuchverlag GmbH, Braunschweig

Redaktion: Klaus Höller
Umschlaggestaltung: Gerd Gücker

Gesamtherstellung: Zechnersche Buchdruckerei, Speyer
Printed in Germany
ISBN 3-423-03418-1 (dtv)
ISBN 3-14-106058-4 (westermann)

N

Nachahmung: täuschende Gestaltähnlichkeiten von Organismen mit Lebewesen oder Dingen ihrer näheren Lebensumwelt. Dazu gehören → *Camouflage* und → *Mimikry*.

Nachahmungseffekt: wichtiger Faktor bei der → *Diffusion* von → *Innovationen*. Viele Innovationen breiten sich vor allem dadurch aus, daß sie von Nachbarn des → *Innovators* nachgeahmt werden.

Nachbarn (Vicini): 1. biogeographisch-bioökologische Bezeichnung für Arten, die in Folge ihrer Ausbreitungstendenz zufällig und vorübergehend, aber mehr oder weniger regelmäßig aus benachbarten Lebensräumen kommen, ohne sich im neuen Biotop fortzupflanzen. Es handelt sich um eine Form der → *Biotopzugehörigkeit.*
2. Nebenwohner, Nebensitzer. Ursprünglich war N. nur der unmittelbar Angrenzende; heute ist der Begriff erweitert worden und bezeichnet auch Nahewohnende.

Nachbarrecht: Rechtsvorschriften, die das Verhältnis von Nachbarn zueinander regeln. Es handelt sich beim N. teils um privatrechtliche (z. B. Immissionen, Lärmbelästigung), teils um öffentlich-rechtliche Vorschriften. Zu den letzteren gehören Regelungen des Baurechts, insbesondere über → *Grenzabstände.*

Nachbarschaft: 1. Summe der zwischenmenschlichen, nicht-familiären Beziehungen, die sich aus engem räumlichen Zusammenleben ergeben. Daneben ist N. die Bezeichnung für eine → *soziale Gruppe,* deren Mitglieder primär wegen der Gemeinsamkeit ihres Wohnortes bzw. wegen ihres engen räumlichen Zusammenlebens miteinander interagieren.
2. kleineres städtisches Wohnviertel, das für seine Bewohner noch überschaubar ist, Versorgungseinrichtungen zur Erfüllung der Grundbedürfnisse bietet und in dem sich durch persönliche Kontakte der Bewohner eine Gemeinschaft bildet.
3. In den → *New Towns* Großbritanniens ist N. (neighbourhood) eine administrative Einheit.

Nachbarschaftsbeziehungen: 1. in Bioökologie und Biogeographie verwandt im Sinne von → *Nachbarn.*
2. in der Geoökologie verwandt im Sinne der → *landschaftsökologischen Nachbarschaftsbeziehungen.*

Nachbarschaftseffekt: wichtiger Faktor bei der → *Diffusion* von → *Innovationen.* Der N. führt, zusammen mit dem → *Nachahmungseffekt* dazu, daß viele Innovationen sich durch direkten Kontakt unter Nachbarn ausbreiten.

Nachbarschaftsgedanke (Nachbarschaftsidee): städtebauliches Konzept, das danach strebt, städtische Wohnviertel in einzelne → *Nachbarschaften* zu gliedern, um ein reges Gemeinschaftsleben der Bewohner zu ermöglichen und die städtische Anonymität zu überwinden. Insbesondere bei der Planung von → *Neuen Städten* und größeren Neubausiedlungen der Nachkriegszeit spielte der N. eine große Rolle. (→ *New Towns*)

Nachbarschaftslage: Lage von Standorten in räumlicher → *Nachbarschaft.* Der Begriff N. wird insbesondere auf Städte angewandt (→ *Nachbarstädte*). Hier ist N. meist historisch zu erklären, z. B. durch Städtegründungen an der Grenze zweier Territorien (z. B. Ulm/Neu-Ulm, Mannheim/Ludwigshafen).

Nachbarschaftsverband: Zusammenschluß von Nachbargemeinden, insbesondere im Umfeld von Großstädten, zu einem losen Planungsverband. Aufgabe des N. ist es in erster Linie, im Rahmen einer sinnvollen Regionalplanung die gemeindlichen Flächennutzungsgrundsätze zu koordinieren. N. sind bisher nicht in allen Bundesländern zustandegekommen.

Nachbarschaftszentrum: ein innerstädtisches Versorgungszentrum, das bezüglich Ausstattung und Einzugsgebiet unterhalb der Stufe der → *Subzentren* liegt. Ein N. dient in der Regel der Versorgung eines Wohngebiets kleinerer bis mittlerer Größenordnung mit Gütern und Dienstleistungen des täglichen bzw. kurzfristigen Bedarfs. Bei der städtebaulichen Planung einer → *Nachbarschaft* gehört die Anlage eines N. zu den wichtigsten Planungsschritten.

Nachbarstädte: Zwei oder mehr in → *Nachbarschaftslage* angeordnete Städte. Das Verhältnis von N. zueinander kann sehr unterschiedlich sein, z. B. funktionale Ergänzung oder Konkurrenz (→ *Doppelstadt*), strukturelle Ähnlichkeit (Ruhrgebietsstädte) oder Differenzierung (Mannheim/Ludwigshafen). Größere N. bilden meist gemeinsam einen → *polyzentrischen Verdichtungsraum* aus.

Nachfolgeindustrie: Industrie, die am Standort stillgelegter Betriebe die Produktion aufnimmt. Die Ansiedlung von N. wird meist staatlich gefördert, damit freigesetzte Arbeitskräfte weiterbeschäftigt werden können.

Nachfolgekultur: Kulturpflanze bzw. Kulturart, die in einem marktorientierten Agrarbetrieb eine andere ablöst. Die Gründe für das Auftreten von N. können unterschiedlich sein. Sie können sich aus veränderten Nachfrage auf dem Markt, geringerer Arbeits- oder Kapitalintensität, Pflanzenkrankheiten, Schädlingsbefall oder Bodenerschöpfung ergeben.

Nachfrage: neben dem Angebot entscheidender Faktor der Marktpreisbildung (→ *Marktwirtschaft*).

Nachfragestandort: Ort der → *Nachfrage* von privaten und öffentlichen Gütern und Dienstleistungen. Die N. sind jeweils auf zentrale Versorgungsorte ausgerichtet. (→ *Zentraler Ort*, → *Reichweite*)

Nachläuferwelle: Raumwelle beim → *Erdbeben*, die im Gegensatz zu den Oberflächenbewegungen der Hauptwellen steht.

Nachrichtensatellit: unbemannter Erdsatellit zur Übertragung von Nachrichten (Hör- und Fernsehfunk, Telefonie, Telegraphie) zwischen Stationen am Erdboden. Heute werden aktive N. benutzt, die die empfangenen Funksignale verstärken und zum Empfänger abstrahlen.

Nachrichtenverkehr: Übertragung und Verbreitung von Nachrichten im weitesten Sinne zwischen einem Absender und einem oder mehreren Empfängern. Der N. kann gegenständlich (Briefpost, Verbreitung von Zeitungen) oder ungegenständlich vor sich gehen; zum letzteren gehört die Nachrichtenübermittlung durch Telefon, Telegraphie, Telekopie, Hör- und Fernsehfunk.

Nachsaison: im Tourismus die nach der Hauptsaison gelegenen Reisemonate, die aber noch zum gleichen Fremdenverkehrsjahr zählen. Die Dauer der N. ist variabel nach der natürlichen und infrastrukturellen Ausstattung des betreffenden Fremdenverkehrsraumes sowie in Abhängigkeit von den Ferien- und Urlaubsterminen der Herkunftsländer der Touristen.

Nachsiedler: Sammelbezeichnung für eine bäuerliche Sozialkategorie, die gegenüber den Alt- und Hochbauern eine sozial niedere Stellung hatte. Ihre Ackernahrung umfaßte meist nur das Existenzminimum, Nutzungsrechte am gemeindlichen Allmendland waren gering oder fehlten. Die N. zeichneten sich größtenteils als reine Selbstversorger durch eine nichtmarktbezogene Produktion aus. (→ *Kötter*, → *Seldner*)

Nächstnachbardistanz: die räumliche Entfernung eines Standortes vom nächsten gleichartigen Standort in einem Raum. Die mittlere N. wird berechnet, um Aussagen über die Regelmäßigkeit der räumlichen Verteilung von Standorten oder Sachverhalten zu machen (z. B. Verteilung der Bevölkerung, der Siedlungen, der Zentralen Orte).

Nacht: Zeitraum zwischen dem Sonnenunter- und -aufgang. Die N. ist nur am Äquator das ganze Jahr gleich lang (12 Stunden). An allen anderen Punkten der Erde verändert sich die N.länge von Tag zu Tag, und die N. dauert je nach Breitenlage in unterschiedlichem Maß im Winterhalbjahr länger und im Sommerhalbjahr kürzer.

Nachtbevölkerung: Bevölkerung am Ort der Wohnung. Die N. entspricht der → *Wohnbevölkerung;* der Begriff wird vor allem im Gegensatz zur → *Tagbevölkerung* gebraucht.

Die N. ist in Wohnvororten wesentlich größer und in Stadtzentren und Industriegebieten kleiner als die Tagbevölkerung.

Nachtwolken (leuchtende Nachtwolken): aus Staubteilchen bestehende Wolken der hohen Atmosphäre oberhalb etwa 50 km, welche noch lange nach Sonnenuntergang leuchten können, wenn die gewöhnlichen Wolken bereits im Erdschatten sind.

nackter Karst: im Gegensatz zum → *bedeckten Karst* anstehendes, verkarstetes Gestein ohne Boden- und damit fast ohne Vegetationsdecke, wobei der Bodenabtrag meist nachträglich – durch anthropogen ausgelöste Denudation und Erosion – erfolgte. Trägt das verkarstete Gestein eine sehr dünne Bodendecke, bezeichnet man ihn als subkutanen Karst, der – zusammen mit dem n. K. – den offenen Karst bildet.

Nadelabweichung (magnetische Konvergenz): der Winkel zwischen der durch eine Magnetnadel angezeigten Richtung und den N-S verlaufenden Linien des Gitternetzes einer Karte. Die N. ändert sich wie die → *Deklination* von Punkt zu Punkt und ist wegen der Wanderung der → *Magnetpole* auch zeitlichen Schwankungen unterworfen.

Nadelhölzer (Koniferen): Klasse der Nacktsamer, mit bis 100 m hohen Bäumen mit dickem Holzzylinder, reichlichen Verzweigungen, meist immergrünen, mehrjährigen schuppen- bis nadelförmigen Blättern geringer Größe und zapfenförmigen, seltener auch beerenartigen Fruchtständen. Die N. kommen seit dem Oberkarbon auf der Erde vor. Sie sind heute fast über die ganze Erde in allen Klimazonen verbreitet und wirtschaftlich wichtige Nutzhölzer.

Nadelwald: Vegetationstyp der kühl-gemäßigten Breiten mit tiefer Wintertemperatur und kurzer Vegetationszeit (2 – 4 Monate mit einem Monatsmittel von über 10°C). Es handelt sich um fast ausschließlich aus → *Nadelhölzern* aufgebauten und weitverbreiteten Wald, in dem nur wenige Laubholzarten – wie Birke und Espe – eingestreut sind. Der N. kann als Fichten-, Tannen-, Kiefern- und Lärchenwald auftreten. *Taxodium, Tsuga* und *Thuja,* die Nadelhölzer der → *Lorbeerwälder,* zählt man nicht zum N. Die weiteste Verbreitung besitzt der N. im Bereich der borealen Klimazone, wo er den borealen Nadelwaldgürtel der eurasiatischen → *Taiga* bildet, der sich auf dem nordamerikanischen Kontinent ebenfalls als breite Vegetationszone ausdehnt. N. kommen jedoch auch auf der Südhalbkugel vor, ebenfalls als Gebirgswälder verschiedener → *Hochgebirge* der gemäßigten und kalten Zone.

Nadir: der dem → *Zenit* gegenüberliegende Schnittpunkt eines vom Beobachtungspunkt ausgehenden Lotes mit der scheinbaren Himmelskugel.

Nagelfluh: → *Konglomerat* verschiedener Zusammensetzungen, nach denen Kalk-N. aus Kalksteingeröllen mit wenig Sandstein, und bunte N., aus Geröllen von Quarz, Gneis, Granit, Glimmer, Schiefer, Amphibolit, Porphyr, Serpentin und anderen kristallinen Silikatgesteinen, unterschieden werden. Die N. weist eine betonartige, kalkhaltige Sandsteingrundmasse als Bindemittel auf. Hauptverbreitungsgebiet ist die randalpine → *Molasse.* Die Bezeichnung weist auf die Verwitterung der N. hin, wobei nagelkopfähnlich die Gerölle aus den Felsbändern, den „Fluhen", heraustreten.

Nahbeben: ein → *Erdbeben,* das in großer Nähe zum → *Epizentrum* liegt und sich zwischen mittleren Beben und → *Ortsbeben* anordnet.

Nahbedarf: diejenigen Güter und Dienstleistungen, die im → *Nahbereich* regelmäßig nachgefragt werden.

Nahbedarfsgewerbe: alle gewerblichen Einrichtungen, deren Aufgabe es ist, den → *Nahbedarf* zu befriedigen. (→ *Gewerbe*)

Nahbedarfsgüter: tägliche Bedarfsgüter von in der Regel geringem Wert und kürzerer Haltbarkeit. Zu den N. gehören insbesondere Lebensmittel, einfache Haushaltswaren, Drogerie- und Papierwaren.

Nahbedarfsindustrie: einige wenige Industriezweige, die primär für den → *Nahbedarf* produzieren. Dazu zählen Bereiche der → *Nahrungs- und Genußmittelindustrie,* so etwa Molkereien. In der Regel ist die Industrie jedoch fernbedarfstätig.

Nahbedarfstätiger: derjenige → *Erwerbstätige,* der mit der Versorgung des → *Nahbedarfs* befaßt ist. N. sind Personen, die ihren Arbeitsplatz im öffentlichen und privaten Dienstleistungsbereich, aber auch im Handwerk haben.

Nahbereich (Versorgungsnahbereich): das Gebiet im Umland eines → *Zentralen Ortes,* das von diesem auf der Ebene der Güter des täglichen Bedarfs (z. B. Nahrungs- und Genußmittel) und der kurzfristig anfallenden Dienstleistungen (z. B. Post, Sparkasse, Arzt, Handwerker) versorgt wird. Der N. ist also das → *Einzugsgebiet* eines Zentralen Ortes für die → *Grundversorgung.* Jeder Zentrale Ort, auch das → *Mittel-* und → *Oberzentrum,* besitzt einen N.

Naherholung: derjenige Teil des → *Freizeitverhaltens* außer Haus, der sich zeitlich von der mehrstündigen und halbtägigen Erholung bis zum Wochenendausflug erstreckt. Die N. ist raumprägend durch den → *Naherholungsverkehr* und durch die Ausbildung von → *Naherholungsräumen* mit entsprechend ausgebauten → *Naherholungsgebieten.* Der Begriff „nah" ist mehr zeitlich als räumlich zu verstehen, denn die N. bestimmter sozialer Gruppen findet z. T. in beträchtlicher

Entfernung vom Wohnort statt. Die regelmäßige Beteiligung an der N. ist besonders bei den Einwohnern großstädtischer Verdichtungsräume sehr hoch.

Naherholungsgebiet: Teilraum einer Landschaft, der aufgrund seiner natürlichen Attraktivität und/oder seiner Infrastrukturausstattung in besonderem Maße als Zielgebiet des → *Naherholungsverkehrs* geeignet ist und entsprechend frequentiert wird. N. werden heute insbesondere im Umland der großstädtischen Verdichtungsräume durch die öffentliche Hand, aber auch durch private Investoren ausgebaut. Ihr Spektrum reicht von Parks, Erholungswäldern und Wildgehegen über Badeseen bis zu Schigebieten. N. sind in der Regel verkehrsmäßig gut an die Wohngebiete der Naherholungsuchenden angebunden und infrastrukturell und gastronomisch erschlossen.

Naherholungsraum: derjenige Raum, in dem eine Bevölkerung (z. B. die Einwohner einer Großstadt oder bestimmte soziale Gruppen davon) sich regelmäßig zur → *Naherholung* aufhält. Die Grenzen eines bestimmten N. ergeben sich durch die → *Reichweiten* des → *Naherholungsverkehrs,* insbesondere durch die Lage attraktiver → *Naherholungsgebiete.* Insofern ist der N., z. B. einer Stadt, häufig jahreszeitlich unterschiedlich ausgebildet, je nach den Zielen im Sommer- und Winterausflugsverkehr.

Naherholungsverhalten: Art und Weise, in der die → *Naherholung* ausgeübt wird. Das N. ist regional und nach sozialen Gruppen differenziert, außerdem stark von Modeströmungen und Prestigegesichtspunkten sowie vom Angebot an Naherholungseinrichtungen in erreichbarer Entfernung des Wohnorts abhängig (z. B. Schigebiete, Wassersportmöglichkeiten).

Naherholungsverkehr: derjenige Teil des → *Freizeit-* und *Erholungsverkehrs,* der durch die Fahrt vom Wohnort in den → *Naherholungsraum* und durch Fahrten in diesem verursacht wird. Der N. ist besonders stark auf das Wochenende konzentriert und erreicht sein größtes Volumen zwischen den großstädtischen Verdichtungsräumen und den ihnen nahegelegenen → *Naherholungsgebieten.*

Nährelemente (→ *Nährstoffe*): chemische Elemente, die Organismen für ihre Lebenstätigkeit brauchen. Neben Kohlenstoff, Sauerstoff und Wasserstoff sind dies 13 unentbehrliche Elemente, welche die Pflanzen in Ionenform aus dem Boden aufnehmen. In größeren Mengen werden Stickstoff, Phosphor, Schwefel, Calcium, Magnesium und Kalium, in kleinen bis kleinsten Mengen Eisen, Mangan, Chlor, Kupfer, Zink, Molybdän und Bor benötigt. Andere Elemente sind nützlich und haben begrenzte bzw. unge-

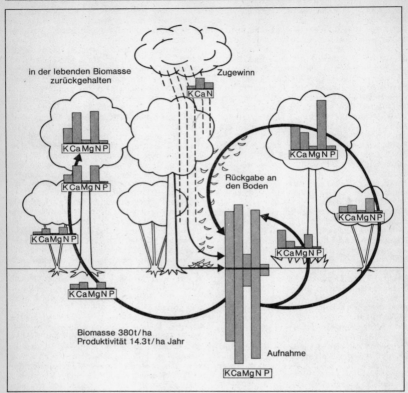

Nährstoffhaushalt

klärte Bedeutung (z. B. Natrium, Silizium, Nickel, Kobalt, Aluminium. (→ *Mineralisierung,* → *Austausch,* → *Bodenfruchtbarkeit,* → *Düngung,* → *Humus,* → *Hauptnährelemente,* → *Spurenelemente*)

Nährfläche: bei einer globalen Betrachtung diejenige Gesamtfläche, die zur Nahrungsmittelerzeugung dient.

Nährgebiet: der höhere Teil eines Gletschers, wo alljährlich bilanzmäßig ein Massenzuwachs an Eis stattfindet, weil die jährliche Verdunstungsmenge geringer ist als der Gesamtniederschlag. Das N. wird durch die → *Gleichgewichtslinie* vom tiefer gelegenen → *Zehrgebiet* abgegrenzt.

Nährhumus: die mikrobiell leicht umsetzbaren Stoffe im → *Humus* (Kohlehydrate und Proteine der abgestorbenen organischen Substanz), welche der Mikroorganismenpopulation als Nahrung dienen und zu hohen Anteilen abgebaut (→ *Mineralisierung*) wer-

den. Der mineralisierte N. liefert die für die Pflanzen wiederum aufnehmbaren → *Nährstoffe.* (→ *Dauerhumus*)

Nährmittelindustrie: heute kaum mehr gebräuchliche Bezeichnung für Industrie, die Produkte aus Getreide herstellt. Derartige Erzeugnisse sind Grieß, Graupen, Flocken, Sago, Stärke. Nicht zur N. gehört die Mehlherstellung.

Nährstoffauswaschung: das Wegführen von Nährstoffen mit dem Sickerwasser aus dem Boden in den Untergrund und ins Grundwasser.

Nährstoffe: Stoffe, welche Organismen für den Aufbau ihrer Körpersubstanz und die Aufrechterhaltung ihrer Lebensfunktionen benötigen (H_2O, CO_2, NO_3, verschiedene Salze usw.). Die N. enthalten die → *Nährelemente.*

Nährstoffentzug: die Aufnahme von Nährstoffen aus dem Boden in die pflanzliche

Substanz, die geerntet wird. Der N. muß durch geeignete Bearbeitung, Bewirtschaftungsmaßnahmen (z. B. Fruchtwechsel mit luftstickstoffbindenden Leguminosen) und Düngung ausgeglichen werden.

Nährstoffhaushalt: die Gesamtheit der an einem Standort, im Boden, in der Pflanzendecke oder in einem Gewässer ablaufenden Nährstofftransport-, Umlagerungs- und -umsetzungsprozesse. Am N. sind anorganische (z. B. Nährstoffeintrag durch den Niederschlag, Nährstofflösung, Nährstoff-Freisetzung durch Verwitterung, Austausch an Tonmineralen) und organische Prozesse (z. B. Nährstoffaufnahme durch die Vegetation, → Mineralisierung) beteiligt. Da Nährstofftransport fast ausschließlich in Lösung stattfindet, zeigen der N. und Wasserhaushalt enge Verknüpfung. Beide sind Ausdruck der besonderen, am jeweiligen Standort wirksamen Geoökofaktorenkombination (→ Geosystem, → Geoökosystem, → Ökosystem). Sie werden deshalb von der → Geoökologie in systemhafter Betrachtung untersucht.

Nährstofffixierung (Nährstofffestlegung): Übergang von Nährstoffen von einer leicht löslichen - und damit für die Pflanzen verfügbaren - in eine schwer lösliche Form (z. B. durch Einbau in organische Komplexe oder schwer lösliche Salze).

Nährstoffmobilisierung: Freisetzung von gebundenen Nährstoffen durch → Mineralisierung organischer Substanz oder durch → Verwitterung von Mineralen.

Nährstoffversorgung: der Gehalt des Bodens an leicht verfügbaren → Nährelementen. Die N. ist je nach Ausgangsgestein, Bodenentwicklungsstufe, Lage im Relief (Zuschuß) und der biologischen Aktivität im → Humus sehr verschieden. Auf genutzten Böden muß sie durch sorgfältige Bewirtschaftung gepflegt werden (→ Nährstoffentzug).

Nahrungsaufnahme: Art und Weise des Nahrungserwerbs durch Tiere, wobei zwischen Mikrophagen und Makrophagen unterschieden wird, besonders im Hinblick auf → Nahrungsketten und → Nahrungsbeziehungen. Bei den Mikrophagen werden Partikelfresser, Substratfresser, Säftesauger und Parenterale (Nahrungsaufnahme durch die äußere Körperhaut) unterschieden, bei den Makrophagen Schlinger, Zerkleinerer und Zersetzer.

Nahrungsbedarf: Nahrungsmenge, die pro Kopf benötigt wird. Die → FAO geht beim Durchschnittsmenschen (standard man) von einem Kalorienbedarf von 2 400 - 2 700 Cal pro Tag aus. Die Schwankungsbreite des N. ist weltweit sehr viel größer. Je nach Klimazone, Tätigkeit, Körperstruktur usw. kann die Spanne zwischen 1 500 und 3 500 Cal pro Tag und Mensch liegen. Ferner ist beim N. die Qualität der Nahrung (Eiweißgehalt usw.) zu berücksichtigen. (→ Ernährungsstandard, → Kalorie)

Nahrungsbeziehungen: Abhängigkeiten der Organismen von trophischen Faktoren, welche die verschiedenen Organismen miteinander verbinden und in → Nahrungsketten anordnen. Dabei entsteht ein Zusammenhang zwischen → Produzenten, → Konsumenten und → Reduzenten. Ausdruck finden die N. in den Nahrungsketten.

Nahrungsbreite (Nahrungstafel): Definition der Nahrungswahl eines Tieres. Sie unterscheidet Monophage, die sich bei der Nahrungswahl auf eine, mehrere oder alle Wirtsarten der gleichen Gattung beschränken, Kleophage, die an Arten mehrerer verwandter Wirtsfamilien leben, Polyphage, die Wirte aus ganz verschiedenen Pflanzen- bzw. Tierfamilien befallen, und → Heterophage oder → Pantophage, die sowohl pflanzliche als auch tierische Nahrung aufnehmen können (Allesfresser).

Nahrungscharakter: bioökologisch-biogeographischer Begriff, der Quantität und Qualität der Nahrung einer bestimmten Spezies beschreibt und von dem nicht nur die Existenz eines Individuums oder das Überleben einer Art abhängt, sondern auch die Funktion des Ökosystems.

Nahrungsgüter-Außenhandelsbilanz: Ansatz zur Erfassung des Verhältnisses innenbedingter zu außenbedingter agrarer → Tragfähigkeit. Dabei erfolgt eine Analyse der Eigenerzeugung und des Importumfangs für den Eigenverbrauch im Bereich der N. Besonders in rohstoffarmen Ländern der Dritten Welt zehren häufig die notwendigen Nahrungsmittelimporte die Exporterlöse auf.

Nahrungsgüterbilanz: Relation zwischen Bevölkerungswachstum und Ernährungsmöglichkeiten in einem Raum. Es werden hierzu die Bevölkerungsentwicklung und die Zunahme der landwirtschaftlichen Nutzflächen verglichen bzw. die Anbaufläche pro Kopf der Bevölkerung ermittelt. Die N. führt in der Regel zum Problem der → Tragfähigkeit. (→ Nahrungsspielraum)

Nahrungskette: eine Abfolge von Organismen, die - bezogen auf ihre Ernährung - direkt voneinander abhängig sind. Eine bekannte N. ist die Abfolge Alge (einzellig) - Wasserfloh - Kleinkrebs - kleiner Fisch - Raubfisch - Mensch. (Abb. S. 10)

Nahrungskonkurrenz: Wettbewerb um Nahrung zwischen Individuen der gleichen Art, d. h. intraspezifisch, oder verschiedenen Arten, d. h. interspezifisch.

Nahrungskultur: Anbau von Nutzpflanzen, die zur Produktion von Nahrungsmitteln dienen. Man unterscheidet bei den N. Selbstversorgungsfrüchte und Marktfrüchte.

Nahrungsmangel: völliges oder zeitweises

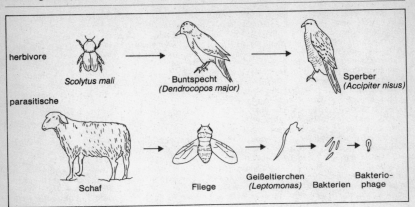

herbivore

Scolytus mali → **Buntspecht** (*Dendrocopos major*) → **Sperber** (*Accipiter nisus*)

parasitische

Schaf → Fliege → Geißeltierchen (*Leptomonas*) → Bakterien → Bakteriophage

Nahrungskette

Fehlen von Nahrung, das die Individuen zum Hungern zwingt und lebensbedrohlich werden kann. Die Wirkung des N. hängt vom Hungervermögen der betreffenden Art ab und wird differenziert vom Entwicklungszustand, der individuellen Variation und dem Ernährungszustand des Individuums. Der N. reguliert die Bevölkerungsentwicklung von Tieren, wirkt oft unmittelbar begrenzend auf die Populationszunahme und ist so mitbestimmend für den → *Massenwechsel*. Zahlreiche Arten sind auf einen zeitweisen Nahrungsmangel eingestellt, indem sie Vorräte anlegen oder den N. durch Vorratsfraß ausgleichen.

Nahrungsmittel: Gesamtheit aller der Ernährung dienenden Stoffe. Dabei können die N. im Rohzustand sein oder sich in einer bestimmten Be- oder Verarbeitungsstufe befinden.

Nahrungsmittelhilfe: unentgeltliche Lieferung von Nahrungsmitteln an Entwicklungsländer. Mit der N. versuchen die Industrieländer, den steigenden Nahrungsbedarf in den armen Ländern decken zu helfen. Dabei soll die N. so angelegt sein, daß sie die Produktions- und Absatzmöglichkeiten sowie die Weiterentwicklung der Agrarwirtschaft in den Entwicklungsländern selbst nicht behindert.

Nahrungsnetz (Nahrungssystem): → *Nahrungsketten* in weitverzweigter Struktur. Die Glieder des N. sind nicht willkürlich verteilt, sondern nehmen eine bestimmte Stellung im Stoffstrom zwischen den Organismen und im Ökosystem ein.

Nahrungspyramide: quantitative Darstellung der Nahrungsmengenverhältnisse einer → *Nahrungskette* bzw. eines → *Nahrungsnetzes* in Form der → *Elton'schen Zahlenpyramide*. Daraus geht hervor, daß in der Regel die

Individuenmenge und wohl auch die Biomasse von den primären über die sekundären Konsumenten zu den Gipfelraubtieren abnimmt.

Nahrungsspielraum: dynamische Größe, die angibt, wie sich in einem Raum das Verhältnis von Bevölkerungsentwicklung und agrarischer → *Tragfähigkeit* darstellt. In vielen Entwicklungsländern ist in den letzten Jahrzehnten der N. infolge immer noch hoher Geburtenraten zunehmend eingeengt worden. Der N. hängt ferner ab von der Entwicklung der landwirtschaftlichen Nutzfläche, der Agrartechnik sowie der Entwicklung außerlandwirtschaftlicher Erwerbsgrundlagen.

Nahrungs- und Genußmittelindustrie: Verbrauchsgüterindustrie, die in der Statistik der Bundesrepublik Deutschland eine eigene → *Industriegruppe* bildet. Ihr gehören alle Betriebe an, die eine Be- oder Verarbeitung von Lebens-, Futter- und Genußmitteln vornehmen.

Nahrungswechsel: Übergang von einer Nahrungsquelle auf eine andere mit verschiedenen Ursachen. 1. Ökologischer N. ist jahreszeitlich bedingt infolge der Nahrungsangebotsänderung im Ökosystem. 2. N. bei Generationswechsel tritt bei manchen Insekten auf. 3. Ontogenetischer N. erfolgt im Laufe der Entwicklung einer Art, z.B. blattfressende Raupen und pflanzensaftsaugende Schmetterlinge. 4. Phylogenetischer N. erfolgt bei manchen Rassen oder Arten im Laufe der stammesgeschichtlichen Entwicklung, so daß sie sich anders als ihre Vorfahren ernähren. Meist geht der phylogenetische N. auf erdgeschichtlich bedingte Änderungen der Ökosysteme zurück.

Nährwert: Wert eines Nahrungsmittels bezüglich seiner Ernährungsfähigkeit. Wichtig

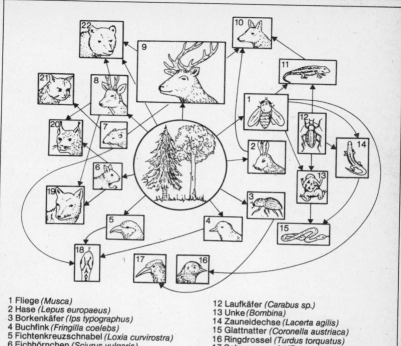

1 Fliege *(Musca)*
2 Hase *(Lepus europaeus)*
3 Borkenkäfer *(Ips typographus)*
4 Buchfink *(Fringilla coelebs)*
5 Fichtenkreuzschnabel *(Loxia curvirostra)*
6 Eichhörnchen *(Sciurus vulgaris)*
7 Waldmaus *(Apodemus sylvaticus)*
8 Reh *(Capreolus capreolus)*
9 Edelhirsch *(Cervus elaphus)*
10 Rotfuchs *(Vulpes vulpes)*
11 Salamander *(Salamandra salamandra)*

12 Laufkäfer *(Carabus sp.)*
13 Unke *(Bombina)*
14 Zauneidechse *(Lacerta agilis)*
15 Glattnatter *(Coronella austriaca)*
16 Ringdrossel *(Turdus torquatus)*
17 Schwarzspecht *(Dryocopus martius)*
18 Kreuzotter *(Vipera berus)*
19 Wolf *(Canis lupus)*
20 Luchs *(Lynx lynx)*
21 Wildkatze *(Felis sylvestris)*
22 Braunbär *(Ursus arctoa)*

sind beim N. der Kaloriengehalt, die Anteile von Kohlehydraten, Eiweiß und Fetten sowie die Bekömmlichkeit.

Nahrungsnetz
Nahrungspyramide

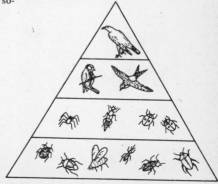

Nahverkehr: Personen- und Gütertransport über relativ geringe Entfernungen. N. ist in der Regel intraregionaler, meist sogar innerstädtischer Verkehr. (→ *Güternahverkehr*)

Nahverkehrslage: Lage einer Siedlung im Netz der intraregionalen Verkehrswege. Der Begriff N. wird insbesondere bezüglich der Erreichbarkeit eines → *Zentralen* Ortes der unteren und mittleren Stufe von den innerhalb ihres Einzugsgebiets gelegenen Orten gebraucht.

Nahverkehrszentrum: Siedlung, auf die der größte Teil des → *Nahverkehrs* eines Raumes gerichtet ist. Insbesondere → *Zentrale Orte* der unteren und mittleren Stufe sind als N. ihres → *Nahbereichs* anzusprechen.

Nahverkehrszone (Nahzone): Gebiet innerhalb eines Radius von 50 km um den Standort eines Lastkraftwagens, in dem → *Güternahverkehr* betrieben werden darf.

Nahverkehrszug: Eisenbahnzug, der im Personenverkehr eingesetzt wird und insbesondere die Verbindung zwischen zentralen Orten und ihrem Umland herstellt. N. dienen vor allem dem Berufs- und Ausbildungspendelverkehr.

Nahverlagerung: Verlagerung eines Betriebes im Umkreis des alten Standortes. Von N. spricht man, wenn die Verlagerungsentfernung nicht größer als 50 km ist. Größere Verlagerungswege werden als Fernverlagerungen eingestuft. (→ *Verlagerung*)

Nahwanderung: Verlegung des Wohn- oder Betriebsstandortes über eine relativ geringe Entfernung. Insbesondere Umzüge innerhalb eines → *Verdichtungsraumes* oder einer → *Region* werden als N. bezeichnet. (→ *Wanderung*)

Namensgebung: in Geographie und Kartographie die Benennung von Natur- und Kulturlandschaftselementen und deren Wiedergabe in Karten und Namensverzeichnissen. Die N. ist insbesondere dort wichtig, wo es keine traditionellen, in der Bevölkerung verwurzelten Bezeichnungen für Gewässer, Berge, Fluren usw. gibt.

Namenskunde: Wissenschaft von den Eigennamen, im Rahmen der Geographie insbesondere von den Orts-, Flur- und Gewässernamen. Die N. untersucht die räumliche Verbreitung und historische Entwicklung von Namen sowie ihre z. T. sozialgruppenspezifische Geltung und Bedeutung; sie wird häufig als Teil der → *Historischen Geographie* betrieben.

Namurian: Stufe des → *Karbon* von 325–350 Mill. Jahre v. h., die das untere Oberkarbon einleitet.

Nanophanerophyten: Gruppe der → *Lebensformen* strauchartiger Pflanzen, deren Knospen zwischen 25 und 200 cm über dem Erdboden liegen.

Nanoplankton: Teile des → *Planktons* mit Größen von unter 50 μ, d. h. kleine Algen und Ciliaten.

Nanopodsol: zwerghaft entwickelter → *Podsol* mit einer Gesamtmächtigkeit von wenigen Zentimetern bis 30–50 cm. N. zeigen in verkleinerter Form den gleichen Horizontaufbau wie die normal ausgebildeten Podsole; es existieren auch die gleichen Subtypen. N. entstehen auf durchlässigen silikatischen Substraten unter klimatischen Grenzbedingungen für eine wirksame → *Podsolierung* in Gebieten mit Jahrestemperaturen unter etwa 0 °C und kurzer Vegetationszeit, die jedoch noch eine ausreichende Produktivität der Vegetation (vor allem Zwergsträucher) und damit die Entwicklung einer Humusdecke gestatten (Subarktis, subalpine und alpine Stufe der Alpen).

Nanorelief (Zwergformen): eine der kleinsten Größenordnungen der Reliefformen mit einer Erstreckung (B) von um 10^{-1} m und einer Fläche von um 10^{-2} m². Dazu gehören z. B. → *Karren* und → *Tafoni*.

Naßbleichung: Aufhellung sandiger Horizonte in hangnassen Böden durch lateralen Wegtransport von Eisen- und Manganverbindungen mit dem Hangwasser. N. ist eine abgewandelte Form der → *Podsolierung*.

Naßböden: Sammelbezeichnung für Böden, die sich unter dem Einfluß von Grund- oder Stauwasser entwickeln. (→ *Staugley*, → *Gley*, → *Marschböden*, → *Moor*)

Naßfeldbau (Naßkultur): Form des Bewässerungsfeldbaus, der vor allem in den Monsungebieten vertreten ist. Durch Aufstauen des Wassers mit Hilfe von Terrassen können bei ganzjähriger Vegetationszeit mehrere Ernten erzielt werden, bei Naßreis z. B. 3–4 pro Jahr.

Naßgalle: durch einen Hangwasseraustritt ständig durchfeuchtete Geländestelle.

Naßgley: Grundwasserboden (→ *Gley*) mit sehr hohem Grundwasserpegel unmittelbar unter dem Humus. Das oxidierte Eisen wird dadurch im Humushorizont ausgefällt oder der G_O-(Oxidations-)horizont fehlt ganz.

Naßkühlturm: Kühlturm zur Rückkühlung von Wasser. N. werden vor allem bei Kraftwerksanlagen eingesetzt. Im Gegensatz zum → *Trockenkühlturm* kommt das zu kühlende Wasser beim N. mit der Kühlluft in direkten Kontakt, so daß durch Verdunstung und Erwärmung der Luft ein Wärmeentzug eintritt. In der Regel sorgen Ventilatoren für einen Luftzug; jedoch gibt es auch N. mit natürlicher Kaminwirkung (Naturzugkühlturm).

Naßschneelawine: ruckartiges Abrutschen von feuchtem Locker-, Pack- oder Festschnee mit je nach Schneebeschaffenheit lockerem, brettartigem oder breiartigem Fließen. (→ *Lawine*)

Natalität: selten gebrauchter Ausdruck für → *Geburtenhäufigkeit*.

Nation: größere Bevölkerungsgruppe, die durch das Bewußtsein gemeinsamer Geschichte und der Zugehörigkeit zur gleichen Kultur, meist auch durch gemeinsame ethnische Herkunft, Sprache und Religion verbunden ist. Der Begriff N. ist nicht scharf zu umgrenzen, so sind z. B. ein gemeinsames Territorium oder ein eigener Staat häufig vorhanden, aber nicht unbedingt Voraussetzung für eine N. Man unterscheidet daher auch zwischen Volks-N., die keinen eigenen Staat besitzt (z. B. Kurden, Armenier, Basken) und Staats-N. aus unter Umständen mehreren Völkern (z. B. Heiliges Römisches Reich Deutscher N., heute viele afrikanische Staaten.

Nationalbewußtsein (Nationalgefühl): das Zusammengehörigkeitsgefühl der Angehörigen einer Nation bzw. eines Staates, das meist mit starkem nationalen Selbstbewußtsein verbunden ist und zu → *Nationalismus* führen kann.

Nationalisierung: Begriff, der häufig dem der → *Verstaatlichung* oder → *Sozialisierung* gleichgesetzt wird. Im jüngeren Sprachgebrauch wird jedoch etwas stärker differenziert. Bei der Industrieentwicklung eines Landes meint z. B. N., daß mindestens 51% der Kapitalanteile eines Unternehmens in nationaler Hand sind. Mit national sind hier auch Privatpersonen gemeint, die die Nationalität des Landes haben. Im Welthandel bedeutet N., daß Produkte dem Herstellungsland zugeordnet werden, in dem sie die letzte bedeutsame Bearbeitung erfuhren.

Nationalismus: sehr stark ausgeprägtes Nationalgefühl. Typisch für N. ist, daß das Interesse des eigenen Staates zum absoluten Wert erhoben wird und sich häufig zu Aggressivität gegenüber anderen Staaten steigert und zu Chauvinismus ausarten kann.

Nationalität: 1. die Zugehörigkeit zu einer → *Nation,* häufig im Sinne von → *Staatsangehörigkeit.*
2. in einem fremden Staat lebende Volksgruppe anderer ethnischer Herkunft als das → *Staatsvolk* (nationale → *Minderheit*).

Nationalitätenstaat (Vielvölkerstaat): Staat, der Angehörige mehrerer Völker bzw. Nationen umfaßt. N. sind z. B. die Sowjetunion, Jugoslawien, Indien. (→ *Nationalstaat*).

Nationalpark: allgemein eine großräumig abgegrenzte Natur- und/oder Kulturlandschaft, die gewissen Schutzbestimmungen unterliegt, die jedoch in den einzelnen Nationalstaaten unterschiedliches Gewicht haben.
1. besonders ausgewiesene und bewirtschaftete Naturschutzgebiete in Naturlandschaften Nordamerikas und Afrikas, die – zumindest formal – Schutz genießen, jedoch in der Regel durch eine mehr oder weniger intensive Touristen- und Erholungsnutzung in ihrem

Zustand verändert werden. N. dieser Art entsprechen daher eher den deutschen → *Naturparks.*
2. In Mitteleuropa wird durch den → *Naturschutz* eine bisher durch Nutzung wenig veränderte naturnahe → *Kulturlandschaft* ausgeschieden und zum Schutzgebiet erhoben, um ihre spezifischen Eigenarten zu erhalten bzw. sie in einen quasinatürlichen oder natürlichen Zustand zurückzuführen. Der weitestgehend ungestörte Landschaftshaushalt in N. weist eine artenreiche Flora und Fauna auf, die allenfalls wissenschaftlich beobachtet werden darf. N. in diesem Verständnis unterliegen lediglich einer sehr beschränkten Nutzung zu Erholungszwecken (z. B. Wandern).

Nationalplanung: in der Schweiz gebräuchliche Bezeichnung für die überörtliche Entwicklungs- und/oder räumliche Planung der Staatsebenen und Kantone in ihrem Zusammenwirken.

Nationalstaat: Staat, dessen Gebiet das Siedlungsgebiet nur einer Nation umfaßt, in dem also nur das Staatsvolk ohne nennenswerte nationale → *Minderheiten* lebt. N. sind z. B. Griechenland oder Portugal.

Nativismus: Bewegung in einem Volk, das in Gefahr ist, seine kulturelle Identität durch von außen aufoktroyierte Einflüsse zu verlieren. Der N. strebt nach Rückkehr zu den Ursprüngen der eigenen Kultur, Sitten und Gebräuche, Moralvorstellungen usw. und ist häufig auch religiös motiviert. Nativistische Bewegungen traten besonders in den ehemaligen überseeischen → *Kolonien* der europäischen Mächte auf.

Natriumböden: → *Alkaliböden* mit hoher Natriumsättigung (→ *Solonetz*).

Natur: ursprünglich der Totalbegriff für die „Gesamtheit der Dinge, aus denen die Welt besteht", der jedoch inzwischen sich in verschiedene Einzelbegriffe aufgelöst hat, die einer bestimmten Frage oder einem Bereich entsprechen, so daß die Erde N. sein kann, die Landschaft, die Umwelt. Manche N.-Begriffe können aber auch den Menschen mitumfassen.

natural hazard: Interaktionsergebnis aus den Systemen natürliche Umwelt und Mensch. Die Interaktion hat spektakulären Charakter und basiert auf einem statistisch seltenen Ereignis (z. B. → *Naturkatastrophe*).

Naturalien: Naturprodukte, allgemein Waren oder Rohstoffe, die Grundlage einer → *Naturalwirtschaft* sein können, aber auch in einem modernen Wirtschaftssystem als → *Naturallohn* auftreten.

Naturalisation: Heimischwerden von Pflanzen, Tieren oder Menschen anderer Herkunftsgebiete in ihnen zunächst fremden Lebensräumen.

naturalisierte Pflanzen: in historischer Zeit

durch den Menschen in einen bestimmten Lebensraum eingeschleppte Gewächse, die ohne Zutun des Menschen sich erhalten, vermehren und ausbreiten.

Naturallohn: Form der Entlohnung, die auf der Basis von → *Naturalien* erfolgt (→ *Lohn*).

Naturalpacht: → *Pacht* eines landwirtschaftlichen Betriebs, wobei der Pachtzins in Form von Naturprodukten entrichtet wird. Der Pachtzins kann z. B. eine bestimmte Menge an Getreide sein, die auf dem gepachteten Areal erzeugt wurde.

Naturalwirtschaft: primitive Form des Wirtschaftens, wie sie bei → *Sammler und Jäger* vorkommt. Geld tritt nicht als Zahlungsmittel auf, sondern es werden → *Naturalien* getauscht.

naturbedingte Landschaft: unscharfer Begriff aus der → *Landschaftslehre* und der Theorie der Geographie, der sich auf eine → *Landschaft* bezieht, die überwiegend oder ausschließlich von natürlichen Geoökofaktoren bestimmt ist, was eine mäßige Nutzung der Landschaft nicht ausschließt.

naturbedingtes Risiko: für den Menschen einschneidende Beeinträchtigungen, die von der natürlichen Umwelt ausgehen können. Sie betreffen im wesentlichen die Funktionen Wohnen und Wirtschaften. Das n. R. bezieht sich auf mögliche → *Naturkatastrophen*, mit denen in einem bestimmten Gebiet zu rechnen ist, oder in einem landwirtschaftlichen Grenzstandort zur klimatische Singularitäten, die den Ernteertrag beeinträchtigen können. (→ *natural hazard*)

naturbenachteiligtes Gebiet: Raum, der infolge ungünstiger natürlicher Gegebenheiten (Bodenqualität, Klima, Topographie usw.) bei einer agrar- oder forstwirtschaftlichen Nutzung im Vergleich zu anderen Gebieten schlechtere Erträge erbringt.

Naturdenkmal: Einzelobjekt der Natur, das zu seiner Erhaltung aus wissenschaftlichen, heimat- und volkskundlichen, historischen oder ästhetischen Gründen unter Schutz gestellt worden ist. Zu den N. gehören z. B. besonders alte Bäume, Mikrostandorte seltener Tiere oder Pflanzen, geologische Aufschlüsse, Felsformationen, Quellen, Wasserfälle usw. Beim N. wird gewöhnlich nicht auf die geoökologische Einbindung des Objektes in den Raum geachtet, der meist nicht mit unter Schutz steht. Solcher Einzelobjektschutz erweist sich oft als unwirksam.

Naturdeterminismus: älterer raumwirtschaftlicher Forschungsansatz in der Wirtschaftsgeographie, der davon ausgeht, daß menschliches Handeln in erster Linie durch die Gegebenheiten der Natur bestimmt wird.

Naturdünger: Dünger, der aus organischen Substanzen besteht. N. dienen in erster Linie dem Ersatz oder der Anreicherung von → *Humus*. Der am häufigsten eingesetzte N. ist der Stallmist. (→ *Kunstdünger*)

Naturgart: im Alpenraum verbreitete → *Feldgraswirtschaft* mit Naturberasung (→ *Egartwirtschaft*).

Naturfaktor: weniger gebräuchliche, weil ältere Bezeichnung für → *Geoökofaktor*, der im Gegensatz gesehen wird zu jenen Faktoren in der Landschaft, die vom Menschen bestimmt sind oder geschaffen wurden.

Naturfaser: natürliche Faser. Zu unterscheiden ist nach tierischen (Wolle, Seide) und pflanzlichen N. (Baumwolle, Flachs, Hanf, Sisal, Jute, Agavefasern). Als dritte Gruppe sind die mineralischen N. (z. B. Asbest) zu nennen.

naturfern: Zustand eines → *Geoökosystems*, wenn eine hohe landwirtschaftliche Nutzungsintensität vorliegt. Die n. landschaftlichen Ökosysteme können auch als Agrarökosysteme bzw. → *Agrarökotop* bezeichnet werden.

naturfremd: Zustand eines → *Geoökosystems*, das intensivst landwirtschaftlich genutzt ist, jedoch keine Agrarökosysteme und damit → *Agrarökotopen* mehr darstellt, sondern schon urban-industriellem Einfluß unterliegt. Räumlich gesehen handelt es sich um das agrarische Umland von Verdichtungsgebieten.

Naturgefahr: Prozeß, der durch Relief, Eis, Wasser und/oder Substrat bzw. Boden bedingt, ausgelöst oder gefördert wird und der das natürliche Gleichgewicht von → *Geoökosystemen* bedroht, gleichwohl naturgesetzlich abläuft. Der Prozeßablauf und sein Endeffekt können Mensch, Siedlung und Wirtschaft schädigen. Zahlreiche Prozesse der N. werden jedoch mit zunehmendem technischem Fortschritt auch durch den Menschen ausgelöst und sind daher quasinatürlich.

naturgemäßer Wirtschaftswald: geht in Richtung des Begriffes → *Naturwald*, zielt also auf einen natürlichen, standortgerechten Wald, bei dem weitgehend auf künstliche Mittel bei der Bewirtschaftung verzichtet wird, ohne das Wirtschaftsziel außer acht zu lassen.

Naturhafen: Meeresbucht oder Mündung, die aufgrund ihrer natürlichen Beschaffenheit ohne wesentliche künstliche Ausbauten für Hafenzwecke nutzbar ist. Echte N. dienen in der Regel nur der → *Küstenschiffart* oder Sport- und touristischen Zwecken, da für größere Schiffeinheiten eine gewisse bauliche Infrastruktur vorhanden sein muß.

Naturhaushalt: ebenso vielschichtiger Begriff wie → *Natur*, wobei der N. das Wirkungsgefüge aller Geoökofaktoren im Sinne des → *Geoökosystems* repräsentiert, ohne daß damit etwas über den Einfluß des Menschen auf den Zustand der N.-Größen ausgesagt ist. Ein Teil des Wirkungsgefüges des

N. existiert auch in reduzierter Form in extrem überbauten städtischen Gebieten.

Naturherd: geomedizinisch-biogeographischer Begriff, der sich auf ein → *Geoökosystem* bzw. einen Geoökosystemtyp bezieht, in welchem sich während der Evolution Beziehungen zwischen Krankheitserregern, deren Wirten und besonderen Übertägern herausgebildet haben. Die Existenz eines N. ist von der Einflußnahme des Menschen auf den → *Naturhaushalt* unabhängig, weil sich N. sowohl in Kulturlandschaften als auch in wenig genutzten Naturlandschaften bilden können. Entscheidend ist die Gunst der Faktorenkonstellation für den Krankheitserreger. Daraus ergibt sich eine → *Naturherdinfektion.*

Naturherdinfektion: die Infektion von Menschen und Tieren vorwiegend durch Überträger, die in Geoökotopen mit für sie zuträglichen Bedingungen nach längeren Zeiträumen gegenseitige Beziehungen zu Krankheitserregern aufgenommen haben. Sie werden von Tier zu Tier bzw. zum Menschen übertragen, wobei die → *Geoökofaktoren* für den Übertragungszyklus meist mitbestimmend sind.

Naturkatastrophe: außergewöhnliches Naturereignis mit meist folgenschweren Auswirkungen auf Mensch und Wirtschaft. Als N. gelten starke Erdbeben, Vulkanausbrüche, Überschwemmungen oder Dürren (→ *natural hazard).*

Naturkomplex: große Raumeinheiten, die auf Grund geophysikalisch-kausaler Zusammenhänge zwischen Bau der Küsten, Gebirgsrelief, Meeresströmungen sowie Niederschlagszonen der Erde ausgeschieden wurden und die Basis für das → *Zonenmodell* der Erde und ihre → *Landschaftszonen* waren. Der unscharfe Begriff N. wird kaum noch verwandt, und die Gliederung der Erdräume in Zonen erfolgt heute auf Grund anderer Kriterien.

Naturlandschaft: der → *Kulturlandschaft* gegenübergestellter Begriff. Er faßt jene Bestandteile der → *Landschaft* zusammen, die von der Natur und ihren → *natürlichen Landschaftselementen* bestimmt werden. Der Begriff hat daher zwei Bedeutungen:
1. Landschaft, deren Haushalt allgemein von Naturfaktoren bestimmt wird.
2. Landschaft, deren Haushalt von Naturfaktoren bestimmt wird, die jedoch vom Menschen nicht beeinflußt sind.

Naturlandschaftszone: Begriff mit Bezug zum → *Zonenmodell,* der als Gliederungskriterium einen oder mehrere → *Naturfaktoren* verwendet. Er meint damit die Klima-, Boden-, Relief-, Wasser-, Vegetations- und Tierzonen der Erde oder deren komplexe Erscheinung.

natürlich: bedeutet in Wortzusammenset-

zungen „vom Menschen wenig" bzw. „nicht beeinflußt".

natürliche Bevölkerungsbewegung: derjenige Teil der → *Bevölkerungsbewegung,* der, im Gegensatz zu den → *Wanderungen,* auf die natürlichen Ursachen (Geburten und Sterbefälle) zurückgeht. Aus dem Saldo der n. B. für einen Raum während einer bestimmten Zeit, in der Regel während eines Jahres, ergibt sich ein → *Geburten-* oder → *Sterbeüberschuß.*

natürliche Grenze: durch Naturgegebenheiten, z. B. Flußläufe, Bergkämme, Meeresküsten usw., vorgezeichnete Grenze. Aus geographischer Sicht ist jedoch gerade eine n. G. häufig künstlich, da sie Natur-, Sozialräume und wirtschaftsräumliche Einheiten durchschneiden kann.

natürliche Hauptstadt: ältere, heute nicht mehr übliche Bezeichnung für eine Hauptstadt, deren Funktion sich in langer Zeit historisch entwickelte (z. B. Paris), im Gegensatz zu einer „künstlichen" Hauptstadt (wie Bonn).

natürliche Infrastruktur: natürliches Landschaftselement, das im Sinne einer infrastrukturellen Einrichtung genutzt werden kann, z. B. ein schiffbarer Fluß als Teil der Verkehrsinfrastruktur.

natürliche Landschaft: Begriff aus der → *Landschaftslehre* und der Theorie der Geographie, der eine von → *Naturfaktoren* bestimmte → *naturbedingte Landschaft* ohne menschliche Einflüsse meint, wobei in Anlehnung an den Begriff → *natürliche Vegetation* eine Landschaft entstehen wird, die sich nach Aussetzen der menschlichen Wirkungen auf die Geoökosysteme entwickeln würde.

natürliche Landschaftselemente: abiotische und biotische → *Geoökofaktoren,* die an → *Bioökosystemen* beteiligt sind und die wenig oder gar nicht anthropogen beeinflußt wurden. Der Begriff wird nur noch z. T. im Sinne der Landschaftselemente interpretiert, die den Kulturelementen gegenübergestellt werden. Die Bedeutung als „weitestgehend anthropogen unbeeinflußt" überwiegt.

natürliche Radioaktivität: aus verschiedenen Quellen stammende Gammastrahlung, der die Lebewesen natürlicherweise ausgesetzt sind. Die n. R. setzt sich aus der Strahlung von Gesteinen mit radioaktiven Elementen (Radium, Thorium, ^{40}Kalium), von in der Luft schwebenden Partikeln und von im Körper gespeicherten Elementen (die genannten Elemente und der ^{14}C) zusammen. Die natürliche Strahlenbelastung beträgt im mitteleuropäischen Flachland im Durchschnitt ungefähr 120 Millirem pro Jahr. Sie ist auf silikatischen Gesteinen größer und nimmt mit der Höhe deutlich zu. (Abb. S. 16)

natürliche Ressourcen: Sammelbezeichnung

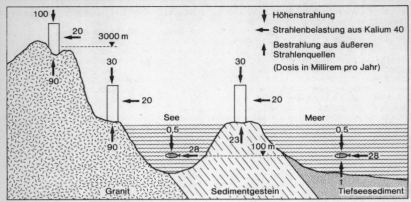

100 ▼ ↓ Höhenstrahlung
← 20 ← Strahlenbelastung aus Kalium 40
3000 m ▼ ↑ Bestrahlung aus äußeren Strahlenquellen
(Dosis in Millirem pro Jahr)

30 30

20 20

90

See 0,5 Meer 0,5

90 23 100 m 28

28

Granit Sedimentgestein Tiefseesediment

natürliche Radioaktivität

für alle in der Natur vorkommenden Rohstoffe. Dazu zählen die → *Bodenschätze,* die natürlichen Wälder, Wasservorkommen, das Meer mit seinen Rohstoffen sowie Energie-R., die sich aus verschiedenen → *Primärenergiequellen* ergeben können.

natürliche Selektion: naturbedingte Ausmerzung jener Individuen, die den vorherrschenden Lebensraumbedingungen nicht genügen.

natürliches Wachstum: früher gelegentlich gebrauchte Bezeichnung für das bauliche Wachstum einer Siedlung, insbesondere einer Stadt, das nicht auf bewußte Planung und von der Verwaltung gesteuerte Bautätigkeit, sondern auf Privatinitiative und individuelle Bautätigkeit zurückgeht.

natürliches System: die taxonomische Einteilung von Tieren und Pflanzen, die nach dem Grad ihrer Verwandtschaftsverhältnisse zu natürlichen Gruppen zusammengefaßt werden, unter Berücksichtigung aller erfaßbaren Merkmale. Das n. S. ist Gegenstand der → *Taxonomie.*

natürliche Vegetation: Gruppierung von Pflanzengesellschaften in einem Lebensraum, der in seinen ökologischen Bedingungen anthropogen nicht beeinflußt ist und in dem sich den natürlichen Bedingungen entsprechende Vegetation herausbildete. Wegen weltweiter anthropogener Eingriffe in die n. V. arbeiten die → *Pflanzensoziologie,* die → *Geobotanik* und die → *Biogeographie* mit der → *potentiellen natürlichen Vegetation.*

naturnah: Zustand eines → *Geoökosystems,* das sich durch eine große ökologische Vielfalt auszeichnet und anthropogen kaum beeinflußte → *Geoökofaktoren* aufweist. Dabei stehen die organischen den natürlichen bzw. potentiellen natürlichen Verhältnissen noch nahe, und die anorganischen Geoökofaktoren sind infolge geringer Nutzungsintensität nicht oder nur lokal gestört.

naturnaher Waldbau: 1. Die Begründung, Pflege und Ernte der Waldbestände erfolgt auf naturnahe Weise, so daß ein Wald entsteht, welcher der potentiell-natürlichen Waldvegetation nahe kommt, ohne daß es sich um einen → *Naturwald* handelt.
2. Im allgemeineren Verständnis ist n. W. auch standortgerechter Waldbau, der das Produktionsziel mit möglichst wenigen standortfremden Maßnahmen erreichen möchte. Er wird auch als klassischer Waldbau bezeichnet und den industriell bewirtschafteten Holzplantagen forstlicher Monokulturen gegenübergestellt.

Naturökotop: unscharfer Begriff der Landespflege für → *landschaftsökologische Grundeinheiten.* Sie werden erarbeitet, um die ökologischen Grundlagen der Kulturlandschaft für planerische bzw. landespflegerische Zwecke zu erfassen, in deren Raumgliederungen die Naturökotope naturlandschaftliche Einheiten darstellen, innerhalb derer ein potentiell-natürliches Ökosystem funktioniert.

Naturpark: 1. allgemein ein großräumiges Gebiet mit speziellen natürlichen Eigenheiten der Landschaft, das man längerfristig in seinem Zustand erhalten möchte und daher Zugänglichkeit und Nutzung auf verschiedene Weise regelt.
2. in Mitteleuropa geschlossene, großflächige Landschaftsräume, die sich durch Vielfalt, Eigenart und Schönheit von Natur und Landschaft auszeichnen und die man deswegen als N. ausweist. Solche N. dienen überwiegend der Erholung, jedoch auch anderen Nutzungen. Innerhalb der N. gibt es Gebiete, die einem besonderen → *Landschaftsschutz* und → *Naturschutz* unterliegen, also

strengeren Schutzmaßnahmen, als sie der N. bietet. Meist handelt es sich in Mitteleuropa um wenig intensiv genutzte ländliche Räume, die aus agrarwirtschaftlicher Sicht von der Natur her als benachteiligt betrachtet werden.

Naturplan: Begriff aus der → *Landschaftslehre* der Geographie und als Gegenkonzept zum deterministischen „Naturzwang" verstanden, nach dessen Vorstellungen bestimmte Entwicklungen der Kulturlandschaft an ebenso bestimmte Voraussetzungen in der Natur eng gebunden waren. Der Begriff des N. hingegen besagt, daß sich die Kulturlandschaft frei und möglichst optimal in den N., also die → *Landesnatur*, einpaßt, so daß in der Kulturlandschaft die Grundzüge des Musters der → *Naturräumlichen Gliederung* sichtbar werden.

Naturpotential: die vom wirtschaftenden Menschen nutzbaren → *natürlichen Ressourcen.* Dazu zählen alle natürlichen Rohstoffe, auch das Wasser, die Böden und die → *Biomasse.* (→ *Naturraumpotential,* → *Geopotential)*

Naturprodukt: Erzeugnis, das gänzlich aus natürlichen Bestandteilen hergestellt wurde bzw. direkt aus der Natur stammt. N. werden heute gezielt in alternativen Läden angeboten oder – soweit es sich um Nahrungsmittel handelt – im Rahmen der sog. biologischen Landwirtschaft erzeugt.

Naturraum: allgemeine Bezeichnung für einen Erdraum, der mit biotischen und abiotischen Geoökofaktoren ausgestattet ist, die einer mehr oder weniger intensiven Nutzung durch den Menschen unterliegen (können).

Naturraumausstattung (Naturausstattung): neutraler Begriff der physiogeographischen Analyse, der sich auf die reine Sachverhaltsfeststellung der biotischen und abiotischen Geoökofaktoren im Raum bezieht, ohne Bezug auf die Nutzung.

Naturraumdargebot (Naturdargebot): die Gesamtheit der von der Natur bereitgestellten Reichtümer einschließlich der Lagebeziehungen – ohne Differenzierung der Nutzungsmöglichkeiten – aber im Hinblick auf die Nutzbarkeit betrachtet.

Naturraumgliederung: Sammelbegriff für verschiedene Formen geographisch-landschaftsökologischer bzw. geoökologischer Raumgliederungen, die sich in Ansatz und Methodik voneinander unterscheiden. Zur Naturraumgliederung gehören die → *Naturräumliche Gliederung,* die → *Naturräumliche Ordnung* und die → *landschaftsökologische Raumgliederung.* Alle beruhen auf biotischen und abiotischen Geoökofaktoren, betrachten diese jedoch in verschiedenen Maßstäben und in unterschiedlicher Auswahl.

naturräumliche Einheit: Forschungs- und Arbeitsgegenstand der → *Geoökologie,* der in verschiedenen Maßstäben auf Inhalt und Funktion sowie hierarchische Stellung in verschiedenen → *Naturraumgliederungen* untersucht wird.

Naturräumliche Gliederung: das Ausscheiden von Landschaftsräumen, die in Typen dargestellt und hierarchisch geordnet werden. Sie beruht auf → *naturräumlichen Grundeinheiten,* die überwiegend nach visuell wahrnehmbaren Merkmalen (Relief, Boden, Wasser, Vegetation) ausgeschieden und begründet werden. Charakteristisch für die N. G. ist das Arbeiten in relativ kleinen Maßstäben, wobei deduktiv bei der Ausgliederung der räumlichen Einheiten vorgegangen wird. Verschiedene größere Einheiten werden, zunächst nach Gesteins- und Reliefmerkmalen, ausgeschieden und fortschreitend weiter unterteilt, bis man in der Größenordnungsstufe der naturräumlichen Grundeinheit angelangt ist. Die N. G. steht als Methodik im Gegensatz zur → *Naturräumliche Ordnung,* mit deren Grundeinheiten sie aus methodischen Gründen nicht übereinstimmt. In kleineren und mittleren Maßstäben bestehen jedoch Übereinstimmungen, ebenso im Vokabular, wobei jedoch die Inhalte von Einheiten in der topologischen und in der unteren chorologischen Dimension jeweils anders definiert sind. Die Abfolge der Begriffe der verschiedenen naturräumlichen Einheiten der N. G. ist in der → *Hierarchie naturräumlicher Einheiten* dargestellt.

naturräumliche Großeinheit: Gruppe der → *naturräumlichen Haupteinheiten,* letztlich → *Makrochoren,* welche in die → *regionische Dimension* eingeordnet werden. Inhaltlich sind sie nach tektonisch-orographischen Merkmalen der Landschaftsentwicklung definiert, ohne daß eine ökofunktionale Kennzeichnung erfolgt.

naturräumliche Grundeinheit: nur in weiterem Sinne eine → *landschaftsökologische Grundeinheit.* Sie gehört zwar zur → *topologischen Dimension* an und wird durch die Verbreitung der Geofaktoren im Inhalt bestimmt, aber nach dem Prinzipien der deduktiven → *Naturräumlichen Gliederung.* Insofern kann sie nicht als „Grundbaustein" der verschiedenen Stufen der → *Hierarchie naturräumlicher Einheiten* angesprochen werden, weil sie nicht an der Basis steht, sondern am Ende des Gliederungsprozesses auf dem „Weg von oben".

naturräumliche Haupteinheit: in der → *Hierarchie naturräumlicher Einheiten,* etwa den → *Mesochoren* der oberen Ordnungsstufe in der → *chorologischen Dimension* entsprechend und inhaltlich vorzugsweise durch die Landschaftsgenese definiert, d. h. die stabilen Standorteigenschaften (Bodenform, oberflächennaher Untergrund, Relief). Haushaltliche Kennzeichnungen der Inhalte sowie quantitative Bestimmungen treten zurück bzw. sind in dieser Betrachtungsgrößenordnung nach den Verfahren der → Naturräumlichen Gliederung nicht möglich.

Naturräumliche Ordnung: ähnlich der → Naturräumlichen Gliederung die Bestimmung von Raumeinheiten in der → Hierarchie naturräumlicher Einheiten. Sie beruht jedoch auf → landschaftsökologischen Grundeinheiten, die induktiv ermittelt werden, wobei die inhaltliche Charakterisierung durch die → landschaftsökologischen Hauptmerkmale erfolgt, die zusätzlich eine haushaltliche Inhaltskennzeichnung zulassen. Auch in den Dimensionen außerhalb der → topologischen Dimension wird eine Bilanzierung der Rauminhalte und eine Kennzeichnung der stofflichen Systeme angestrebt.

naturräumliche Region: in der → Hierarchie naturräumlicher Einheiten den → Megachoren der → geosphärischen Dimension entsprechende größte landschaftliche Einheiten, die durch gängige topographische Begriffe umschrieben werden. Die Ausscheidung erfolgt vorzugsweise nach geomorphologisch-geotektonischen Merkmalen der großen orohydrographischen Einheiten der Kontinente und Subkontinente.

Naturpotential (Naturpotential): die Teile des → Naturraumdargebots, die für bestimmte Nutzungen durch den Menschen von Interesse sind und dafür ein feststellbares Leistungsvermögen aufweisen.

Naturraumtypisierung: das Erkennen eines Typs auf den verschiedenen Stufen der → Hierarchie naturräumlicher Einheiten, die im Rahmen von Verfahren der → Naturraumgliederung ausgeschieden wurden. Dabei geht es um die Ermittlung eines Landschaftstypes im Rahmen der → Landschaftstypologie.

Naturressourcen: der Teil der → Naturraumpotentiale, der in ökonomische Beziehungen eintritt oder dafür vorgesehen ist. N. ist somit ein ökonomischer Begriff, da eine Wertung der Nutzungsmöglichkeit vorgenommen wird, auch wenn die Bezugsbasis die → Naturraumausstattung bzw. das → Naturraumdargebot ist.

Naturschacht (Schacht, Schachthöhle): Höhlenabschnitte mit vorwiegender Vertikalerstreckung, die eigentliche Schachthöhlen bilden können, also jene → Höhlen, die an der Erdoberfläche mit einem senkrechten oder nahezu senkrecht verlaufenden Schacht ansetzen. Die Bezeichnung Schacht bezieht sich also auf den Verlauf der Höhle, nicht jedoch auf Entstehung und Entwicklung. Der N. wird dem künstlichen Schacht gegenübergestellt, der im Rahmen des → Bergbaus zur Erschließung von Bodenschätzen durch den Menschen angelegt wird.

Naturschutz: ordnende, sichernde, regenerierende, pflegende und entwickelnde Maßnahmen im Bereich des Naturhaushaltes. Sie zielen darauf ab, den natürlichen Lebensraum mit seinen Geoökofaktoren vor schädigenden Eingriffen und übermäßiger wirtschaftlicher Ausbeutung zu schützen und ihn in seiner Leistungsfähigkeit, Vielfalt und Schönheit als eine der Lebensgrundlagen von Mensch, Tier und Pflanze zu erhalten.

Dimension		Topologische Dimension		Chorologische Dimension		Regionische Dimension		Geosphärische Dimension	
Forschungsgegenstand	Einzelfaktor und Einzelbeziehung	Partialkomplex	Anorgan.-organ. geographischer Gesamtkomplex	Chorolog. Kleinverband (charakteristisch angeordnete naturräuml. Grundeinheiten)	Hauptverband	Großverband	Regional-verband	Subzone, Zone/Subkontinent, Kontinent	Hologäa
Vorherrschende Forschungsmethode	Isolierende Elementaranalyse	Komplexanalyse		Chorologische Synthese		Regionalgeographische (zonale und azonale) Gliederung		Allgemeine Geofaktoren z.T. noch als generalisierte heterogene stoffliche Systeme	geophysikalisch
Materielle Merkmale	Einzelmerkmale	Homogene stoffliche Systeme Stoffliches Teilsystem		Heterogene stoffliche Systeme Spezifisches heter. stoffl. Systeme	Viegestaltiges stoffl. System				
Vorherrschende Determinierung	Kausalbeziehung	ökologisch im geographischen Komplex		ökologisch und genetisch	genetisch im chorologischen Gefüge	allgemein durch beherrschende Dominante			
Bilanzierungsmöglichkeit	Ökologische Teilbilanzen	Ökologische Gesamtbilanzen		Teilweise noch ökol. Gesamtbilanzen	Statistische Gebietsbilanzen	Überschlägige Bilanzierung noch möglich ○		Aufstellung von Bilanztypen	Gesamt-irdische Bilanzen
Tendenz im Dimensionsbereich	Typenbildung und Typenverteilung			← Zonale/Azonale Typensonderung				Fortschreitende Generalisierung →	

Naturräumliche Ordnung

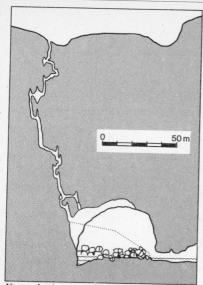

Naturschacht

Die praktischen Maßnahmen des N. werden von der → *Landschaftspflege* bzw. → *Landespflege* ausgeübt, während der N. selber sich auf die Schutzmaßnahmen und die Auswahl der zu schützenden Objekte konzentriert. Diese sind die Landschaft allgemein (→ *Landschaftsschutz*), die Ausweisung von → *Naturdenkmalen*, → *Naturparks* und → *Naturschutzgebieten* sowie die Durchführung des Einzelschutzes von Tier- und Pflanzenarten im Rahmen des Artenschutzes.

Naturschutzgebiet (NSG): Landschaftsteilraum oder Landschaftsraum, der aus naturhaushaltlichen, wissenschaftlichen oder traditionellen Gründen geschützt wird, um bedrohten Tier- und Pflanzenarten den Lebensraum zu erhalten. Wissenschaftliche Bedeutung und/oder Maß der Bedrohung des Schutzobjektes entscheiden, ob im Gebiet Voll- oder Teilnaturschutz erfolgt. Innerhalb der N. ist land- und forstwirtschaftliche Nutzung möglich, aber nur unter Einhaltung von Auflagen. Maßnahmen, welche die wissenschaftliche Arbeit behindern oder den Naturhaushalt verändern oder stören, sind im N. verboten. Solche N. stehen auch der Allgemeinheit zu Erholungszwecken offen.

Natursphäre: umgangssprachliche Bezeichnung für das Wirkungsgefüge der Geoökofaktoren und deren Gesamtausdruck in der → *Landschaft*, ohne Berücksichtigung der Intensität anthropogenen Einflusses.

Naturverjüngung: 1. junger Waldbestand, der durch Selbstansamung oder vegetative Vermehrung entstand.
2. Begründung eines Bestandes durch Selbstansamung oder vegetative Vermehrung von einem Altbestand aus.

Naturvolk: Menschengruppe, die abseits der Hochkulturen in traditioneller Sozialordnung in relativ unzugänglichen Räumen lebt (→ *Rückzugsgebiet*) bzw. in → *Reservaten* unter staatlichen Schutz gestellt ist (→ *Reducción*). Sie betreibt ausschließlich ihre traditionelle, stark naturverbundene Wirtschaft (insbesondere als Jäger, Sammler, Fischer und Hackbauern), spricht nur ihre eigene Sprache und unterhält insgesamt wenig Kontakt zur modernen Außenwelt. Die N. sind das wichtigste Forschungsobjekt der → *Völkerkunde*.

Naturwald: entsteht „natürlich", also ohne Eingriffe des Menschen und entspricht damit einem Klimaxwald, wenn die natürliche Entwicklung ohne Einflüsse von Naturgefahren verläuft, wie Sturm, Schnee, Brand, Hochwasser.

Naturwaldreservat: Standort des → *Naturwaldes*, der sich selbst überlassen wird, um einen → *Urwald* unter rezenten Bedingungen entstehen zu lassen und die natürliche Entwicklung verfolgen zu können. Die N. sind meist gleichzeitig → *Naturschutzgebiete*.

Naturweide: natürliche Vegetationsformation (z. B. → *Savanne*, → *Steppe*), die im Rahmen einer extensiven Weidewirtschaft genutzt wird.

Naturzugkühlturm: ein → *Naßkühlturm* oder → *Trockenkühlturm*, der den natürlichen Zug (Kaminwirkung) des Kühlturms zur Abführung der Kühlluft nutzt.

Naturzwang: Eingebundenheit des Menschen in die Gesetzlichkeit der Natur. Dazu gehört einmal die physisch-ökologische Abhängigkeit des Menschen als Naturwesen sowie die notwendige Anpassung seiner Zivilisationsentwicklung an die physiogeographischen Rahmenparameter, die die Lebensentwicklung in den verschiedenen Erd- und Klimaregionen bestimmen.

nautische Maße: in der Schiffahrt übliche nicht-metrische Maße für Längen (Seemeile, Kabellänge, Faden), Geschwindigkeiten (Knoten) und Rauminhalte (Brutto- und Nettoregistertonne).

NBP (Nichtbaumpollen): spielen bei der → *Pollenanalyse*, neben den → *Pollen* von Bäumen, eine ziemlich große Rolle bei der Aufstellung der → *Pollendiagramme*, die zunächst von der Forschung nicht erkannt wurde. Die NBP-Arten differenzieren die Angaben der Baumpollenanalyse und geben so wichtige paläoökologische Hinweise. Besonders im Zusammenhang mit der Vor- und Frühgeschichte besitzen die NBP große Bedeutung, weil aus den Pollenprofilen dann

Angaben über von Menschen eingeführte Pflanzen, Getreidearten und Ackerunkräuter möglich sind.

Nearktisches Reich (Nearktis): neben der → *Paläarktis* zweite große Region des → *Bioreiches* → *Holarktis*. Sie umfaßt Nordamerika mit Grönland und die Hochländer von Mexico. Hierbei handelt es sich um eine zoogeographische Gliederung, die gegenüber dem Pflanzenreich Abweichungen aufweist.

Nebel: zu feinsten Tröpfchen (Durchmesser 0,02 mm) kondensierter schwebender Wasserdampf in den untersten Luftschichten und am Boden. N. entsteht bei starker Abkühlung der bodennahen Luft, die dadurch den → *Taupunkt* unterschreitet. Bei Ausstrahlungswitterung sammelt sich die kälteste Luft in den tiefsten Geländepartien, wodurch sich auch die N.-Verteilung eng an die Geländeformen anpaßt (N.-Seen, → *Talnebel*). Flächenhafte N. bilden sich bei der Advektion feuchter, warmer Luft über unterkühltem Boden. Über Industriegebieten und Großstädten ist die N.-Häufigkeit im allgemeinen höher, weil durch die Staubildung viel mehr → *Kondensationskerne* vorhanden sind (→ *Smog*).

Nebelfrost: Ansatz von Eiskristallen an kalten Gegenständen oder in der Vegetationsdecke durch Gefrieren von Nebeltröpfchen.

Nebelküste: Küstensaum, auf den häufig über der kühlen Meeresfläche gebildete Nebel übergreifen.

Nebelnässen: intensive Durchfeuchtung der Vegetationsdecke durch die Anlagerung von niederschlagenden Nebeltröpfchen, welche sich aus durchziehenden Nebelschwaden mit der Zeit anreichern. Der dadurch gebildete Nebelniederschlag kann im Wasserhaushalt des Standorts bedeutsam sein.

Nebelpflanzen: Gewächse der → *Nebelwüste*, die wurzellos sind und die über Einrichtungen verfügen, die Luftfeuchte direkt aufzunehmen, um die Hydratur aufrecht zu erhalten. Sie unterscheiden sich damit von der → *Nebelvegetation*.

Nebelreißen: durch Niederschlagen der feinen Nebeltröpfchen an der Pflanzendecke oder an Gegenständen entstehender Wasserzuschuß an einem Standort. N. ist kaum meßbar.

Nebeltag: in der Klimastatistik ein Tag, an dem → *Nebel* auftritt. Die Dauer der Nebeldecke wird nicht berücksichtigt.

Nebelvegetation: Pflanzengruppe, die überwiegend oder ausschließlich ihr Wasser zur Aufrechterhaltung der Hydratur aus der Nebelfeuchte bezieht, dies jedoch – im Gegensatz zu den → *Nebelpflanzen* – über den Boden, als Bodenfeuchte, aufnimmt, d.h. von zusammengelaufenem bzw. eingesickertem Wasser zehrt. Die N. ist ebenfalls für Trockengebiete charakteristisch, speziell für → *Nebelwüsten*.

Nebelwald: Höhenstufe des tropischen Regenwaldes und der Feuchtsavanne, die an den Hängen niederschlagsreicher Gebirge im Wolkengürtel zwischen 1 000 und 3 000 m NN. vorkommt. Der N. wird ganzjährig oder die überwiegenden Teile des Jahres von ständigem Nebel, Sprühregen und starkem Taufall beherrscht. Wegen der tropischen Gewächse, der immerwährenden Feuchte und der meist günstigen thermischen Verhältnisse entspricht der N. physiognomisch dem tropischen Regenwald des Tieflandes, d.h. er zeichnet sich durch üppiges Wachstum und eine sehr reiche Epiphyten-, Flechten-, Moos- und Farnflora aus, erreicht aber – im Gegensatz zum Tieflandregenwald – nur geringe Wuchshöhen.

Nebelwald

Nebelwüste: ökologische Sonderform der Küstenwüsten an den Westseiten mancher Kontinente im Bereich der Wendekreise, wo kaltes Auftriebswasser ein besonderes Mesoklima schafft. Der N.-Saum in den Küstenwüsten ist meist nur wenige Kilometer schmal, auch wenn die Küstenwüste selbst einige Zehner Kilometer oder mehr breit ist. Die N. zeichnet sich durch hohe Luftfeuchtigkeit (60–80%) aus sowie häufigen Nebel- und Taufall. Die Nebelfeuchte wird nur von wenigen Spezialisten, den → *Nebelpflanzen* sowie einer bescheidenen → *Nebelvegetation* genutzt. (→ *Nebelküsten*)

Nebenanlage: bauliche Anlage, die auf bebauten Grundstücken zusätzlich und auch auf nicht für eine Bebauung vorgesehenen Flächen errichtet werden darf. N. müssen dabei allerdings der im → *Bebauungsplan* festgesetzten Nutzung der Grundstücke dienen. N. sind z.B. Gerätehäuser, Pergolen oder Schwimmbecken.

Nebenbaumart: Mischbaumart von geringem

Mischungsanteil und ohne tragende Bedeutung für das Baumartengefüge eines Waldes.

Nebenberuf: berufliche Tätigkeit, die nicht, wie der Hauptberuf, die Haupterwerbsquelle darstellt.

Nebenbestand: von der Unter- und Mittelschicht eines Waldes gebildet, also von den beherrschten und unterständigen Bäumen.

Nebenbetrieb: in der gewerblichen Wirtschaft vom Hauptbetrieb getrennter Fertigungsbereich, der häufig Zulieferprodukte für den Hauptbetrieb produziert. N. können auch in der Land- und Forstwirtschaft auftreten. (→ *Nebengewerbe*)

Nebencity: → *Subzentrum* einer größeren Stadt, das wegen seiner stadtzentrumsnahen Lage, seines großen Einzugsgebietes und häufig auch wegen funktionaler Mängel oder nicht voller Ausbildung der eigentlichen → *City* einen beträchtlichen Teil von deren Versorgungsaufgaben übernommen hat.

Nebenerwerb: erwerbsmäßige Tätigkeit, die neben dem Haupterwerb erfolgt. Der N. kann im Bereich des ehemaligen Hauptberufes, in einem → *Nebenberuf* liegen, oder er kann in Form von ständig sich ändernder Nebeneinkunfttätigkeit erfolgen.

Nebenerwerbsbetrieb: im → *Nebenerwerb* bewirtschafteter Landwirtschaftsbetrieb. Dies bedeutet, daß die eigentliche Erwerbsgrundlage außerhalb der Landwirtschaft liegt. Die außerlandwirtschaftliche Tätigkeit des Nebenerwerbsbetriebsleiters liegt dabei über 960 Stunden/Jahr. (→ *Vollerwerbsbetrieb*, → *Zuerwerbsbetrieb*)

Nebenerwerbslandwirtschaft: Landwirtschaft, die im → *Nebenerwerb* betrieben wird. Die N. ist vor allem in den Räumen verbreitet, in denen infolge von → *Realerbteilung* die Betriebseinheiten so klein geworden sind, daß sie für die Erwirtschaftung eines ausreichenden Familieneinkommens nicht mehr genügen. Die N. ist zudem dort besonders vertreten, wo zusätzlich noch attraktive außerlandwirtschaftliche Haupterwerbsmöglichkeiten bestehen.

Nebenfluß: relativer Begriff für ein Gerinne niedriger Ordnung, das in einen größeren Fluß oder in einen See mündet. Eine exakte Definition nach Lauflänge oder Wasserführung ist nicht möglich, da die Ausscheidung von Haupt- und N. von der Charakteristik eines Flußsystems und von der Betrachtungsdimension abhängt.

Nebengewerbe: gewerbliche Tätigkeit, die neben einer anderen, hauptsächlich ausgeübten, durchgeführt wird. Der Begriff N. wird häufig im Sinne eines landwirtschaftlichen N. gebraucht. Wichtiges Merkmal ist hier, daß die in der Landwirtschaft erzeugten Produkte im Rahmen des N. be- oder verarbeitet werden. Landwirtschaftliche N. sind vor allem Brennereien, Molkereien oder Gärtnereien. (→ *Nebenbetrieb*)

Nebengletscher: in einen Haupttalgletscher oder in einen Gletscherstrom mündender Seitengletscher. (→ *Gletscher*)

Nebenmeer: Meeresteil, der weitgehend von Landmassen umschlossen ist (z. B. das Mittelmeer) oder durch Inselgruppen und -ketten deutlich von einem großen Ozean abgetrennt ist (z. B. die Nordsee, das Ost- und Südchinesische Meer, die Karibische See).

Nebental: gegenüber dem Haupttal meist kleinere Talform, die mit ihrer Enttwicklung meist, aber nicht immer auf die Geomorphodynamik im Haupttal eingestellt ist. Terrassen von N. laufen gewöhnlich auf entsprechenden Terrassen des Hauptales aus, vorausgesetzt eine einheitliche geomorphogenetische Entwicklung lief ab.

Nebenwohnung (Nebenwohnsitz): → *Zweitwohnung* oder weitere Wohnung, die eine Person oder ein Haushalt außer der → *Hauptwohnung* unterhält. Meist handelt es sich bei der N. um einen → *Freizeitwohnsitz*; sie wird aber auch häufig – z. B. bei Wochenpendlern – benutzt, um von dort aus die Arbeitsstätte aufzusuchen.

Nebenzentrum: im Rahmen der → *innerstädtischen Hierarchie* der Versorgungsstandorte ein hochrangiges Einkaufs- und Dienstleistungszentrum, das jedoch seiner Bedeutung nach unterhalb des Hauptgeschäftszentrums liegt. Der Begriff N. ist vor allem für solche Städte anstelle von → *Nebencity* üblich, in denen sich noch keine echte → *City* ausgebildet hat. Die gelegentliche Gleichsetzung von N. mit → *Subzentrum* ist nicht korrekt.

Nebka: kleine Vollform im maximal Dekameterbereich, die sich an und hinter Hindernissen aus Sand bildet und als Sandwehe bezeichnet werden kann. In Form und Genese bestehen Übergänge zur davon nicht scharf abgrenzbaren → *Kupste*.

Nebraska-Eiszeit (Nebraskan): Zeitabschnitt im älteren → *Pleistozän* Nordamerikas, der etwa der europäischen → *Günz-Kaltzeit* entspricht.

Necks: vulkanische → *Schlote*, die mit Basalt, Melaphyr, Diabas und Tuffen erfüllt sind und die permokarbonische Gesteine durchschlagen haben.

negativ-geotropische Bewegungen: Bewegungen von Pflanzenorganen, die in ihrer Richtung senkrecht vom Erdmittelpunkt abgewandt sind (→ *Geotropismus*).

Negativplanung: planerische Maßnahmen, die bestimmte, unerwollte Entwicklungen verhindern. Die N. ist in den Landesplanungsgesetzen der Bundesländer direkt oder indirekt verankert. (→ *Positivplanung*)

Negentropiefunktion: Bei Anwendung der Vorstellungen der Thermodynamik auf die

Ökosystemlehre läßt sich der Zustand eines bioökologischen und eines geoökologischen Systems sowie der Grad ihrer Strukturordnung – unter Bezug auf den Begriff → *Entropie* – von der N. beschreiben:

$$S_{spez, neg} = -k \ \ln W_{biol} = k \ \ln \frac{1}{W_{biol}}.$$

k: Konstante des Boltzmann-Theorems
W_{biol}: thermodynamische Wahrscheinlichkeit des lebenden Systems; die Größe $\dfrac{1}{W_{biol}}$ wächst mit der Zeit, d.h. die Ordnung des Systems nimmt ständig zu.

Negerviertel: Wohngebiet einer mehrheitlich von Weißen bewohnten Stadt, in dem ausschließlich oder überwiegend Negerbevölkerung lebt. N. finden sich insbesondere in vielen größeren Städten der USA und stellen meist eine Art von → *Getto* dar.

Negride: eine der drei Haupt- → *Menschenrassen* (Rassenkreise), neben den → *Europiden* und den → *Mongoliden*. Die N. sind in Afrika südlich der Sahara, Südindien, Südostasien und Melanesien, durch Verpflanzung im Rahmen des Sklavenhandels auch in Amerika verbreitet. Wichtigstes Kennzeichen der N. sind dunkelbraune bis schwarze Hautpigmentierung, Kraushaarigkeit, breite Nase und wulstige Lippen. Die Differenzierung der N. in Rassen ist noch nicht eindeutig geklärt.

Nehmerland: Länder, die Entwicklungshilfe empfangen, im Gegensatz zu den Geberländern, die in der Regel im Kreise der → *Industrieländer* zu suchen sind.

Nehrung: schmale, langgestreckte Landzunge, die eine Meeresbucht ganz oder fast ganz abschließt, die sich aus einem → *Haken* entwickelt und die durch → *Strandversetzung* entsteht. Die Meeresseite bildet ein Strand, die zentralen Teile bestehen aus Dünen, und die eingeschlossene Meeresbucht, das → *Haff*, weist im Übergangsbereich zur N. junge, unregelmäßige Anlandungen feinen Schlicks auf. Wird eine N. vom Meer wieder durchbrochen, entsteht eine Insel.-N., die auch als → *Lido* bezeichnet wird. Die Bezeichnung ist aber auch für die N. selbst üblich, ebenso der regionalgeographische Begriff → *Peressyp,* der die haffähnlichen → *Limane* vom Meer abschließt.

Nehrung

Nehrungsküste: Haff- bzw. → *Lagunenküste.*
Neigung: üblicher auch als Hangneigung bezeichnet, bei der jedoch → *Hangneigungsstärke* und → *Hangneigungsrichtung* unterschieden werden müssen.
nekrophag: Organismen, die sich von toter tierischer Substanz ernähren.
Nekrose: allgemein Gewebetod, der durch Absterben einzelner Gewebeteile des tierischen oder pflanzlichen Organismus eintritt. Die irreversiblen Zellschädigungen der N. gehen auf Frost, Krankheiten und Immissionen durch Umweltverschmutzungen zurück.
nekrotroph: bezeichnet pathogene pflanzliche Organismen, die sich von abgetötetem Substrat ernähren, im Gegensatz zu → *biotroph.*
Nekton: Lebensform der aktiv schwimmenden, meist größeren Tiere, deren Körperbau und Fortbewegungsorgane eine weitestgehend von Wasserströmungen unabhängige Bewegung erlauben, z.B. Fische, Cephalopoden, verschiedene Krebse, Meeresreptilien und -säuger. Im Gegensatz zum N. steht das → *Plankton.*
Neo-Endemismus: der → *Endemismus* phylogenetisch junger Sippen, die sich nicht weiter ausbreiten können. Sie entstanden infolge geänderter Lebensumwelt in einem bestimmten Gebiet aus einer Stammform.
Neogaea: Bestandteil älterer Gliederungen der Biosphäre in drei große Reiche, wobei die N. Süd- und Mittelamerika mit den Antillen umfaßte. Der Begriff wird heute nur noch bei großräumiger biogeographischer Betrachtung eingesetzt.
Neogen: das jüngere → *Tertiär.*
neoklassische Theorie: regionale Wachstumstheorie zur Erklärung des regional unterschiedlichen Wirtschaftswachstums. Die n.T. besagt, daß ursprünglich vorhandene, evtl. naturräumlich verursachte regionale wirtschaftliche Unterschiede durch Faktorwanderungen ausgeglichen werden. Das bedeutet, daß die Ausgleichskräfte des frei funktionierenden Marktes nach einer bestimmten Verlaufszeit nicht nur Standortungleichheiten für Produktions- und Dienstleistungsunternehmen beseitigen, sondern auch für eine Aufhebung der Einkommensunterschiede sorgen.
Neokolonialismus: Form der wirtschaftlichen und politischen Abhängigkeit eines Staates von einem anderen, die in ihren Auswirkungen einer Kolonialherrschaft ähnelt. Der Begriff N. wird, häufig in bewußter Übertreibung und in polemischer Absicht, heute vor allem auf das Verhältnis von Industrie- zu Entwicklungsländern angewandt bzw. auf die finanzielle, wirtschaftliche und technische Abhängigkeit letzterer von den hochentwickelten Industriestaaten (→ *Entwicklungsländer*).

Neokom: in manchen stratigraphischen Gliederungen der → *Kreide* die Stufen Berriasian, Valanginian, Hauterivian und Barremian zusammenfassende Bezeichnung.

neolithische Revolution: in der Jungsteinzeit relativ rasch stattfindender Umbruch der Menschheitsgeschichte, in dem die Grundlagen der höheren Kulturentwicklung gelegt wurden, insbesondere durch seßhafte Lebensweise mit Pflanzenbau und Tierhaltung und die Anlage erster stadtähnlicher Siedlungen.

Neoökologie: wenig gebräuchliche Bezeichnung für die Ökologie, die sich mit den gegenwärtigen Zuständen und Funktionen der Ökosysteme beschäftigt und die der → *Paläoökologie* gegenübergestellt wird.

Neophyten: Neubürger oder Einwanderer einer Pflanzenart, die in historischer Zeit eingeschleppt wurde und die sich an natürlichen Standorten unter einheimischen Pflanzen ansiedeln und einbürgern konnte, die sie z. T. auch verdrängte. Sie gehört damit zu den → *Adventivpflanzen*.

Neophytikum (Florenneuzeit, Känophytikum): jüngster großer Abschnitt der Florengeschichte, der auf das → *Mesophytikum* folgt und von der oberen Unterkreide bis zur Gegenwart reicht. Das N. zeichnet sich durch scheinbar plötzliches Auftreten und Vorherrschen der Bedecktsamer aus.

Neotropisches Reich (Neotropis): eines der → *Bioreiche* der Erde, das Süd- und Mittelamerika mit den Antillen umfaßt.

Neozoikum (Erdneuzeit, Känozoikum): die ca. letzten 65 Mill. Jahre der Erdgeschichte umfassend, damit → *Tertiär* und → *Quartär*. Das N. beginnt nach dem Aussterben der Saurier, der Ammoniten und Belemniten und weist sich durch eine explosive und vielfältige Säugerentwicklung aus, die schließlich zum Menschen führte.

neritisch: Bereich der Flachsee bis 200 m Tiefe, also küstennaher Lebensbezirk, der das über dem → *Litoral* befindliche freie Wasser, das → *Pelagial*, umfaßt. Er weist bedeutende festländische Einflüsse auf, vor allem durch Stofftransporte durch ins Meer mündende Flüsse, woraus sich auch Konsequenzen für die biotische Beschaffenheit der n. Region ergeben.

neritische Fazies (Flachseefazies): Sedimente der → *neritischen* Region, überwiegend feinsandiger Beschaffenheit. Die n. F. steht damit zwischen der → *litoralen Fazies* mit groben bis sandigen Sedimenten und der → *Tiefseefazies* (abyssischen Fazies) mit Feinsedimenten.

Nestlage: topographische Lage von Siedlungen bzw. Wohnplätzen in geschützter Lage. Als N. werden Lagen in kleinen Senken, Mulden oder Hangnischen bezeichnet.

Netto-Assimilation: spezifiziert → *Assimila*-

tion und drückt die Differenz zwischen dem gesamten assimilierten und dem gleichzeitig durch Atmung ausgeschiedenen Kohlendioxid aus.

Nettoinlandsprodukt: Gesamtwert des Produktionsergebnisses einer Volkswirtschaft in einer bestimmten Zeit. Das N. umfaßt die Leistung aller im inländischen Produktionsprozeß wirksam gewordenen in- und ausländischen Produktionsfaktoren. Vom Wert abgezogen sind dabei alle gesamtwirtschaftlichen Abschreibungen. (→ *Bruttoinlandsprodukt*).

Nettoproduktion: Wert einer Produktion, die sich als Werterhöhung einer bereits erbrachten Vorleistung versteht. Es wird dabei die → *Wertschöpfung* des einzelnen Unternehmens gesondert berechnet. Der Materialwert und der Wert der Vorleistungen, die von anderen Unternehmen erbracht wurden, finden keine Berücksichtigung.

Nettoproduktionswert: Differenzbetrag zwischen dem → *Bruttoproduktionswert* und den gesamten Vorleistungen, die zuvor an anderer Stelle erbracht wurden. Die Gesamtheit aller von den Unternehmen einer Volkswirtschaft erwirtschafteten N. stellt das → *Bruttoinlandsprodukt* zu Marktpreisen dar.

Nettoregistertonne (NRT): Maßeinheit für die Bestimmung des Rauminhalts von Schiffen. Dabei umfaßt das Maß der N. den für die Beladung nutzbaren Raum (→ *Bruttoregistertonne*).

Nettosekundärproduktion: produktionsbiologischer Begriff, dessen Rate durch den Assimilations-Ingestions-Index ausgedrückt wird: A_n, $v = B_A : B_C =$ assimilierte Biomasse: konsumierte Biomasse.

Nettosozialprodukt: der Wert des Produktionsergebnisses einer Volkswirtschaft bezogen auf alle Produktionsfaktoren im Inland sowie der Produktionsergebnisse im Ausland, vermindert um die gesamtwirtschaftlichen Abschreibungen und bezogen auf einen bestimmten Zeitraum (meist ein Jahr).

Nettostrahlung: in der Bilanz aller Ein- und Ausstrahlungsgrößen an einem Standort als Energiegewinn zur Verfügung stehende Strahlung. Die N. hängt stark vom Witterungsverlauf und den örtlichen Verhältnissen (Relieflage, Bodenbedeckung) ab.

Nettoproduktion: produktionsbiologischer Begriff, der die Rate der Speicherung des organischen Stoffes in den Pflanzengeweben, also den eigentlichen Gewinn an Gewicht, der durch die Differenz zwischen der Quantität der synthetisierten und der Quantität der für Lebensäußerungen verbrauchten Kohlenhydrate gegeben ist, angibt. Die N. entspricht damit der Verwandlungsrate der Strahlungsenergie in chemisch gebundene Energie in den Pflanzenzellen.

Nettowanderung: Saldo der Zu- und Fortzüge von Personen, aber auch von Standorten des sekundären und tertiären Sektors der Wirtschaft, für eine räumliche Einheit während eines bestimmten Zeitraums. In einem Staat ergibt z. B. die Differenz der Ein- und Auswanderungen in einem Jahr die N. der Bevölkerung.

Nettowohnbauland: Summe derjenigen Grundstücke, die mit Wohngebäuden bebaut sind oder bebaut werden sollen. Das N. setzt sich aus der überbauten Grundstücksfläche, Hof, Garten, grundstückseigenen Zugangswegen sowie Kfz-Einstellplätzen zusammen. (→ *Bruttowohnbauland*)

Nettowohndichte: Kennziffer aus dem Bereich von Städtebau und Stadtplanung, mit der die Verdichtung der Bevölkerung in einer Gemeinde, einem Stadtteil, Neubaugebiet usw. gekennzeichnet wird. Die N. errechnet sich aus der Zahl der Einwohner pro Hektar → *Nettowohnbauland*.

Netz: in der Energiewirtschaft die Gesamtheit aller miteinander verbundenen Leitungen, Umspannanlagen, Schaltanlagen und Umformeranlagen, die zum Transport und zur Verteilung elektrischer Energie dienen.

Netzbelastung: in der Energiewirtschaft die von der Gesamtheit der Verbraucher, die an das → *Netz* angeschlossen sind, zu einer bestimmten Zeit in Anspruch genommene Leistung.

Netzdüne (Aklé): netzförmige Variante der → *Sterndüne*.

Netzleiste (Leistennetz): beschreibende Bezeichnung für fossile → *Trockenrisse*, die durch versteinerte und anderweitig verfestigte Sedimentausfüllungen in ihrem ursprünglichen Muster abgebildet werden. Präpariert sie die Verwitterung später heraus, erscheinen die Trockenrisse als N. Sie finden sich auch auf der Unterseite hangender Gesteinsplatten, vor allem von mesozoischen Sedimentgesteinen. Auch sie stellen eine Abbildungsform der Trockenrisse dar.

Netzmoor: im borealen Nadelwald auftretende netzförmige, gewölbte Rücken mit Sphagnumbesatz oder Büschen, zwischen denen sich wassergefüllte polygonförmige Vertiefungen befinden. Sind die Netze zu einem eher streifenartigen Muster auseinandergezogen, werden sie als Strangmoore bezeichnet.

Netzverlust: derjenige Verlust an elektrischer Energie, der durch die Umspannung, Fortleitung und Umformung der elektrischen Energie von den Kraftwerksabgabestellen bis zu den Zählern der Verbraucher entsteht.

Neubesiedlung: erfolgt nach grundlegender natürlicher oder künstlicher Umgestaltung der Lebensraumbedingungen, z. B. nach Naturkatastrophen oder nach großflächigen anthropogenen Relief- und Bodenzerstörungen

des Bergbaus, wobei die N. durch geplante → *Rekultivierung* gesteuert wird.

Neue Stadt: in Anlehnung an die englische Bezeichnung → *New Town* geprägter Ausdruck für Städte, die im 19. und insbesondere 20. Jh. für bestimmte Funktionen und mit in der Regel bewußter Standortwahl, häufig auch zur Erprobung neuer städtebaulicher Konzepte, geplant und gebaut wurden. In Deutschland entstanden als N. S. des 19. Jh. z. B. Ludwigshafen und Wilhelmshaven, im 20. Jh. Wolfsburg, Salzgitter und nach dem II. Weltkrieg Sennestadt, die verschiedenen → *Flüchtlingsstädte* und Halle-Neustadt. Ausländische Beispiele sind die holländischen → *Polderstädte,* Brasília, Chandigarh in Indien.

Neue Welt: im Gegensatz zur → *Alten Welt* der erst 1492 für die Europäer wiederentdeckte Doppelkontinent Amerika. Die N. W. wird in Anglo-Amerika (Nordamerika) und Latein- oder Ibero-Amerika (Mittel- und Südamerika) gegliedert.

Neue Weltwirtschaftsordnung: Richtlinienkatalog für eine gerechte und ausgewogene wirtschaftliche Zusammenarbeit zwischen den Industrie- und den Entwicklungsländern (→ *Nord-Süd-Dialog*). Die Entwicklungsländer gehen davon aus, daß die gegenwärtige Wirtschaftsordnung ihre Ländergruppe benachteiligt. Im Rahmen einer N. W. fordern sie die volle Souveränität eines jeden Staates über seine Rohstoffe, eine Kopplung der Preise für Exporterlöse an die Einfuhrpreise der Entwicklungsländer, eine Stabilisierung des Rohstoffmarktes auf einem für Entwicklungsländer tragbaren Niveau, eine stärkere Öffnung der Märkte in den Industrieländern für Produkte aus Entwicklungsländern und eine gerechte Partizipation der Entwicklungsländer am Know-how der Industrieländer. (→ *integriertes Rohstoffprogramm,* → *UNCTAD,* → *Seerecht*)

Neuflur: genetischer Flurformenbegriff. N. sind meist das Ergebnis von Flurregulierungen. Bei der Anlage von N. entsteht ein völlig andersartiges Parzellierungssystem im Vergleich zur vorhergegangenen Flur. Bei der Bildung von N. kann die alte Besitzerschicht mit gleichen Besitzgrößen erhalten geblieben, es kann aber auch (z. B. → *enclosure* in England) ein sozialer Strukturwandel damit verbunden gewesen sein.

Neugliederung: Neueinteilung eines Staatsgebiets in Bundesstaaten oder Verwaltungsgebiete. In der Bundesrepublik Deutschland wird der Begriff N. speziell für die nach Art. 29 des Grundgesetzes vorgeschriebene Neuabgrenzung der Bundesländer gebraucht.

Neumayersches Prinzip: Fundamentalsatz der Geomorphologie, nach welchem eine stark herausgehobene Vollform gegenüber tiefer liegenden Vollformen der Nachbarschaft stärker der Abtragung ausgesetzt ist, so daß theoretisch ein Höhenausgleich angestrebt wird. Damit in Verbindung stehen die Begriffe → *Denudationsniveau* und → *Gipfelflur.*

Neuschnee: unverfestigter, aus Kristallen mit verzweigten Strukturen bestehender → *Schnee* geringer Dichte, welcher noch keine Umwandlungsprozesse durchgemacht hat.

Neusiedler: Landwirt, der seinen Hof im Rahmen einer Neuansiedlung von landwirtschaftlichen Betrieben erhalten hat, vorher jedoch in der betreffenden Gemarkung keinen eigenen Hof besaß. N. waren in der Bundesrepublik Deutschland nach dem II. Weltkrieg zahlreiche heimatvertriebene Landwirte.

Neuston: 1. Lebensgemeinschaft des Oberflächenhäutchens der Gewässer, mit dem Epineuston, also einer Organismengemeinschaft, die auf der Wasseroberfäche lebt und dem Leben an der Luft angepaßt ist, sowie dem Hyponeuston, das die Unterseite des Wasseroberflächenhäutchens besiedelt. 2. Gesamtheit der auf der Wasseroberfläche treibenden, organischen, überwiegend lebenden Substanzen, die sich sowohl auf größeren Flächen der warmen Ozeane befinden, als auch als weitgehend geschlossene Schicht von meist auffallender Färbung kleiner stehender und damit stiller Gewässer auftreten, dort auch als → *Wasserblüte* bezeichnet.

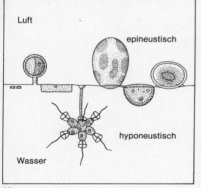

Neuston

Neutrale Zone (Neutrales Gebiet): völkerrechtlich für neutral erklärtes Gebiet. Insbesondere zwei Territorien im Vorderen Orient werden als N. Z. bezeichnet, die zwischen Saudi-Arabien und Irak bzw. Kuwait lagen und in denen jeder der beiden Staaten die gleichen Souveränitätsrechte besaß. Die Gebiete wurden 1922 zu N. Z. erklärt, um Grenzstreitigkeiten zu beenden; das östliche

ist seit 1966 aufgeteilt, das westliche seit 1981.

New Town: britische Bezeichnung für eine mit bewußter Standortwahl und nach funktionalen Gesichtspunkten neu geplante und gebaute Stadt des 20. Jh. Teilweise in bewußter Fortführung der → *Gartenstadtbewegung* kam es in Großbritannien nach dem II. Weltkrieg auf der Grundlage eines eigenen Gesetzes (N. T. Act 1949) zur Gründung von mehr als 30 N. T., von selbständigen Stadtgründungen ohne Anlehnung an vorhandene Ortschaften bis zu großflächigen Erweiterungen bestehender Städte. Ziel der N. T. war in der Regel die Entlastung und Auflockerung von Verdichtungsräumen durch neue Wohn-, Arbeits- und Versorgungsstandorte. Beispiele sind Harlow bei London, Runcorn bei Liverpool und Cwmbran in Südwales.

Nichteisenmetalle (NE-Metalle): Sammelbezeichnung für alle Metalle, ausgenommen Eisen. Untergliedert werden die N. – gemäß der Differenzierung nach Leicht- und Schwermetallen – in leichte N. und schwere N. sowie in Edelmetalle und unedle N. Bestandteil der unedlen N. sind u. a. die Buntmetalle (→ *Buntmetallverhüttung*).

nichtenergetischer Verbrauch: der Verbrauch von Energierohstoffen wie Erdöl, Erdgas und Kohle außerhalb der Energiewirtschaft. Der n. V. ergibt sich aus der Verwendung dieser Rohstoffe für die Herstellung von Kunststoffen, Lacken usw.

Nichterwerbsperson: alle Personen, die keinerlei auf Erwerb gerichtete Tätigkeit ausüben oder suchen.

Nichterz (Gangart): Mineralien, die zusammen mit → *Erzen* in → *Gängen* vorkommen, die abgebaut, aber nicht auf Metalle verhüttet werden, sondern der chemischen Industrie als Grundstoff dienen, z. B. Schwerspat, Flußspat, Kalkspat, Quarz und Schwefel. Die Gangart darf nicht mit → *Ganggestein* verwechselt werden.

Nichthuminstoffe: schwer ab- und umbaubare organische Stoffe (Fette, Wachse, Harze, Lignin), Schleime, Kittsubstanzen und organische Rückstände verschiedenster Art im → *Humus* (→ *Huminstoffe*).

Nichtkarbonathärte: im Wasser gelöste Calcium- und Magnesiumsalze mit der Schwefel, Salpeter- und Salzsäure (→ *Karbonathärte,* → *Gesamthärte,* → *Härte*).

Nichtseßhafte: Bevölkerungsgruppe, die keinen festen Wohnsitz und keine Arbeitsstelle aufweist und nicht in das soziale Leben der Gesamtbevölkerung integriert ist. In Ländern mit allgemeiner → *Seßhaftigkeit* gelten die N. als → *Randgruppe*. In der Bundesrepublik Deutschland werden sie von den verschiedenen Trägern der Sozialhilfe betreut; es handelt sich um → *Landfahrer,* Land- und Stadtstreicher usw.

Niedermoor (Flachmoor, Niederungsmoor): Flaches → *Moor*, welches bis an die Oberfläche mit nährstoffreichem Grundwasser durchsetzt ist. N. bilden sich in Senken, Flußniederungen, kleinen Mulden und an Hängen im Bereich von Quellwasseraustritten. Sie sind auch Verlandungsstadien (→ *Verlandung*) von Seen. Die typische N.-Vegetation ist im Vergleich zum → *Hochmoor* artenreich. Sie besteht vor allem aus Schilfgräsern, Binsen, Sauergräsern und Moosen. Die N. sind reich an organischer Substanz und bestehen aus mehreren Lagen unterschiedlich zersetzter Torfschichten (→ *Torf*) über → *Mudde*.

Niedermoorkultur (Flachmoorkultur): Sammelbezeichnung für Moorkulturen wie → *Deckkultur*, → *Moordammkultur* oder → *Schwarzkultur* (→ *Hochmoorkultur*, → *Moorkultur*).

Niederschlag: Gesamtbezeichnung für das aus der → *Atmosphäre* auf die Erdoberfläche gelangende Wasser. Der flüssige N. fällt als → *Regen* oder schlägt sich als Tau oder → *Nebel* nieder. Der feste N. gelangt in Form von → *Schnee*, → *Graupeln* oder → *Hagel* sowie als → *Reif* auf die Erde. Der N. ist eines der Hauptglieder im Wasserhaushalt. Seine Jahresmengen schwanken auf der Erde in riesigem Maß von wenigen Millimetern (Wüsten) bis zu einigen Metern (Luvseiten tropischer Gebirge). Meteorologisch unterscheidet man → *Konvektionsn.*, → *zyklonale* und → *orographische N.*

Niederschlagsfracht: im → *Niederschlag* gelöste Stoffe.

Niederschlagsmenge: in Millimeter Höhe gemessenes Wasservolumen, das ein bestimmter Standort auf der Erdoberfläche aus der Atmosphäre zugeführt erhält.

Niederschlagsspende: die in $1 \cdot \text{sec}^{-1} \cdot \text{km}^{-2}$ umgerechnete → *Niederschlagsmenge*.

Niederschlagsüberschuß: die nach Abzug der maximalen klimatisch möglichen Verdunstung (→ *potentielle Evapotranspiration*) an einem Standort zur Verfügung stehende Niederschlagsmenge.

Niederspannung: Stromspannung, die 1000 Volt (1 kV) nicht überschreitet. In der Bundesrepublik Deutschland wird im Niederspannungsbereich die Spannungsstufe 380/220 Volt verwendet.

Niederterrasse: geomorphogenetischer bis geochronostratigraphischer Begriff. 1. allgemein die unterste Schotterterrasse in einem → *Terrassensystem*.
2. in Europa die unterste Schotterterrasse der Täler, die nicht mehr vom Hochwasser erreicht wird und die der → *Würm-Kaltzeit* des → *Pleistozäns* zugeordnet wird

Niederwald: wird dem → *Hochwald* und dem → *Mittelwald* gegenübergestellt und von niedrigen buschartigen Bäumen (Erle, Eiche, Linde, Hainbuche) gebildet, die durch → *Niederwaldbetrieb* zustande kommen.

Niederwaldbetrieb (Niederwaldwirtschaft): Bewirtschaftungsform von Wäldern, bei der die Stämme der Bäume in Abständen von ein bis drei Jahrzehnten zur Holzgewinnung abgeschlagen werden. Die Zeit des → *Umtriebs* ist also kurz. Die Erneuerung der Wälder erfolgt durch Stockausschlag und Wurzelbrut. Da nicht alle Holzgewächse das Auf-den-Stock-Setzen vertragen – vor allem nicht die meisten Nadelhölzer –, erfolgt durch die Wirtschaftsform eine anthropogene Auslese der Holzarten. Der N. erfolgt zur Gewinnung von Brennholz, Gerbrinde, Faschinenreisig und Schälrinde. Der vom Mittelalter bis in die frühe Neuzeit hinein weit verbreitete N. wurde, mit dem allmählichen Übergang zu anderen Bewirtschaftungsformen des Waldes, sukzessive in die

Niederschlag

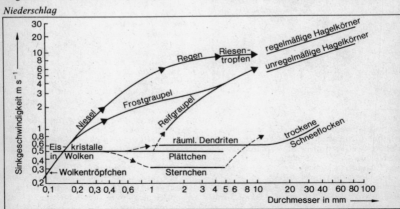

leistungsfähigeren → *Hochwälder* überführt.

Niedriglohnland (Billiglohnland): Land, in der Regel → *Entwicklungsland,* mit niedrigem Lohnniveau. Im Rahmen der weltweiten Arbeitsteilung werden immer mehr arbeitsintensive Produktionszweige in die N. verlagert. Dadurch werden Produktionskosten gespart, auf der anderen Seite aber auch traditionelle Arbeitsplätze in den Industrieländern aufgegeben. Beispiele bieten die Textilindustrie, die phototechnische Industrie sowie die Elektroindustrie. Bekannte N. sind Hongkong, Philippinen, Singapur, Taiwan. (→ *Schwellenland*)

Niedrigwasser: 1. der niedrigste Wasserstand zwischen zwei Maxima der Wasserführung eines Gerinnes. Der mittlere N.-Stand errechnet sich als arithmetisches Mittel aller N.
2. Der Wasserstand des Meeres bei Ebbe. (→ *Gezeiten*)

Niedrigwasserspende: die sekundliche Wasserlieferung eines Gerinnes bei Niedrigwasser.

Niefrostboden: die tieferliegenden Bodenschichten unter Dauerfrostböden, welche nie gefrieren (→ *Permafrost*).

Niesel: der feinste flüssige Niederschlag mit Tropfendurchmessern um 0,1 mm.

Nießbrauch: Recht einer Person, aus einem fremden, ihr nicht gehörenden Gegenstand Nutzen zu ziehen, ohne diesen Gegenstand wesentlich zu verändern. Der Begriff N. wird vor allem bezüglich Grundstücken und Gebäuden, aber auch beweglichen Sachen verwendet. Der juristische Ausdruck für N. lautet in Österreich Fruchtnießung, in der Schweiz Nutznießung.

Nifekern: der aus Eisen (Fe) und Nickel (Ni) bestehende Kern der Erde als Bestandteil des → *Schalenbaus der Erde,* kurz auch als → *Erdkern* bezeichnet.

Nimbostratus: Schichtwolke mit sehr ausgedehnter Vertikalerstreckung von tiefen bis in hohe Wolkenstockwerke (→ *Wolken*), die von unten grau und strukturlos aussieht. N. entsteht bei großräumigen Aufgleitvorgängen und ist von anhaltenden Dauerniederschlägen begleitet.

Nipptiden: → *Gezeiten* mit relativ geringem Unterschied des Wasserstandes zwischen Ebbe und Flut. N. finden statt, wenn Sonne und Mond in Quadratur stehen, also im ersten und letzten Mondviertel. (→ *Springflut*)

Nische: bezeichnet allgemein die Position, die eine Art in ihrer Lebensumwelt einnimmt. Der Begriff N. besitzt jedoch zahlreiche Bedeutungen, je nach Bezugsbegriff.
1. N. entspricht einer Minimalumwelt, d. h. dem Geoökofaktorenkomplex, der für die Existenz einer Art notwendig ist.
2. In bezug auf die Ernährung kann eine Art eine ihr typische Nahrungs-N. einnehmen.
3. Die Stellung einer Lebensform im ökolo-

gischen Beziehungsgefüge wird als → *ökologische N.* bezeichnet, die begrifflich noch weiter differenziert wird.
4. In der Bioökologie auch Bezeichnung für das Wirkungsfeld bzw. die Stellung einer Art in einem Bioökosystem.
5. Die geowissenschaftliche Begriffsvariante ist vor allem in der Geomorphologie verbreitet und meint mit N. eine halbrunde, wenig eingetiefte und meist sesselförmige Hohlform am Hang in der Größenordnung zwischen einigen Metern bis einigen Dekametern. Dazu gehört die geomorphogenetisch definierte → *Nivationsnische.*

Nischengrat: eine Gratform, die entsteht, wenn Abrißnischen von → *Rutschungen* bei → *gravitativen Massenbewegungen* bis zu einem Gebirgskamm hinaufreichen und von zwei Seiten her am Kamm durch fortgesetzte Abtragung verschneiden. Diese Form tritt überwiegend in den immerfeuchten Tropen mit tiefgründig verwitterten Gesteinen oder rutschfreundlichen Substraten auf.

Nischenlage: Lagetyp von Siedlungen, die in flachen Vertiefungen einer Ebene oder Hochfläche, eines Hanges usw. angelegt wurden. N. wird vielfach als Schutzlage, häufig aber auch wegen der gesicherten Wasserversorgung gewählt.

Nitosols: Bodeneinheit der Weltbodenkarte, welche die lessivierten Böden (→ *Lessivierung*) mit geringer → *Austauschkapazität* der Tonfraktion zusammenfaßt.

Nitratpflanzen: Gruppe von Pflanzen mit hohem Stickstoffbedarf, die als nitrophil bezeichnet werden und die als Wildpflanzen oder Unkräuter Indikatoren für den Stickstoffgehalt des Standortes sind. Zur standörtlichen Charakterisierung der Stickstoffverhältnisse gibt es für die Arten des Ackers und Grünlandes eine fünfteilige Skala:
N 1 Pflanzen, die nur auf ungedüngten, stickstoffarmen Böden gedeihen.
N 2 Pflanzen, die vorwiegend auf stickstoffarmen, schlecht oder nicht gedüngten Böden wachsen.
N 3 Pflanzen, die einen mäßigen Stickstoffbedarf haben.
N 4 Pflanzen, die nährstoffreiche, gut gedüngte Standorte bevorzugen.
N 5 Pflanzen mit extrem hohem Bedarf an Stickstoff, die selbst auf überdüngten Böden noch gut wachsen.
N 0 Pflanzen, die indifferent gegenüber Stickstoffversorgung sind.

nival: vom Schnee beeinflußt, vom Schnee geprägt.

Nivalbiotop: Lebensstätte im Hochgebirge oder in Zonen mit Schnee- und Eisklimaten, deren Landschaftshaushalt von einer langen Schneedeckendauer bestimmt ist und die sich durch nur kurze Vegetationszeit auszeichnet.

Nivales Klima: Klima, dessen Niederschläge zum größten Teil als Schnee fallen und dessen Gesamtverdunstung so niedrig ist, daß der flächenhaft liegende Schnee in der wärmeren Periode nicht völlig abschmilzt. Die Niederschlagsmengen der n. K. sind geringer als in humiden Klimaten. Gebiete mit n. K. zeigen starke Vergletscherung. Pflanzliches Leben existiert nicht.

nivales Regime: Typ des jährlichen Abflußganges in einem Fluß, der durch ein deutliches Maximum der Wasserführung während der Schneeschmelze geprägt ist (→ *Abflußregime*).

nivale Stufe: Höhenstufe der Gebirge, die durch Schnee und Eis geprägt ist. Da die Schneedecke auch in mehrjährigen Zyklen nie abschmilzt, kann vereinzelt pflanzliches Leben (Flechten und Moose) nur noch an Standorten existieren, an denen kein Schnee abgelagert wird (Steilwände, windexponierte Lagen). Die Monatsmitteltemperaturen liegen in der vollnivalen Stufe höchstens während 1–2 Sommermonaten über 0°C.

Nivation: Abtragung von Gesteinsmaterial durch Kriechen und Abgleiten von Firn und Schnee.

Nivationsnische (Nivationswanne): muldenförmige Hohlform an Steilhängen und am Hangknick zwischen Bergwand und Geröllhalde der – gegenüber dem Kar – die sesselförmige Gestalt und die Karschwelle fehlen und die perennierende Schneeflecken enthält. Sie entsteht durch Firnerosion bzw. Nivation, die als Vorstufe der Glazialerosion gilt, wobei sich aus der N. ein → *Kar* entwickeln kann.

Niveau: 1. in Geo- und Biowissenschaften für Höhe, Höhenlage, Rang und/oder Stufe gebraucht.
2. in der Geomorphologie beschreibender Begriff für eine Flachform, z. B. → *Rumpffläche* oder → *Terrasse*.

Niveaufläche: in der Meteorologie eine gedachte Fläche in der Atmosphäre, deren Punkte den gleichen Luftdruck aufweisen. Aus der Formung dieser Fläche (Aus- und Einbuchtungen) ergibt sich das Grundmuster der Ausgleichsströmungen. Für die Untersuchung der Strömungsmechanismen und die Wettervorhersage wird am häufigsten das 500-Millibar-Niveau betrachtet.

nivo-pluviales Regime: durch ein Schneeschmelzmaximum und ein Niederschlagsmaximum bestimmter Jahresgang der Wasserführung in einem Fluß, der dadurch eine zweigipfelige Abflußkurve zeigt. Das n.-p. R. gehört zu den komplexen → *Abflußregimen*.

Nodalität: ausgeprägte Kernstruktur eines Raumes mit deutlichen Zentrum-Peripherie-Unterschieden (z. B. der Bevölkerungsdichte oder Wirtschaftskraft). N. ist hauptsächlich in monozentrischen → *Verdichtungsräumen*

und → *Nodalregionen* ausgeprägt.

Nodalregion: Raum, der bezüglich seiner Siedlungs-, Bevölkerungs- und Wirtschaftsstruktur einen ausgeprägten Kern aufweist (z. B. ein → *Oberzentrum* oder einen monozentrischen → *Verdichtungsraum*). Die Grenzen einer N. ergeben sich durch die Grenzen des intensiv mit diesem Kern verflochtenen Raums. In der Bundesrepublik Deutschland sind → *Planungsregionen* häufig als N. konzipiert.

Nomade: Angehöriger eines Volkes oder einer Gruppe, die in der Wirtschafts- und Gesellschaftsform des → *Nomadismus* leben.

Nomadismus: eine der ältesten Wirtschaftsformen, die durch die regelmäßige Wanderbewegung ganzer sozialer Gruppen gekennzeichnet ist. Der N. stellt sich in der Regel als ein Wanderhirtentum dar, das durch ständiges, meist saisonbedingtes zyklisches Wandern ganzer Stämme von Viehhaltern unter Mitnahme der beweglichen Habe zum Zwecke der Weidenutzung gekennzeichnet ist. Jegliche Niederlassung ist beim N. (→ *Vollnomadismus*) temporär, wobei der Rhythmus der Wanderungen von 1–2 Tagen zu 10–20 Jahren schwanken kann. Verbreitet ist der N. in den Steppengebieten und Halbwüsten von Zentralasien bis Nordafrika. (→ *Bergnomadismus*, → *Halbnomadismus*, → *Wüstennomaden*, → *Steppennomaden*)

Nominallohn: in Geldeinheiten ausgedrückter Lohn, der sich nicht wie der → *Reallohn* an der Kaufkraft orientiert. Ein inflationsbedingter Kaufkraftverlust ist beim N. nicht berücksichtigt.

Nomothetische Methode: in der Wirtschaftsgeographie Methode zur Ermittlung regelhaft wirkender Gestaltungskräfte eines Wirtschaftsraumes. Im Gegensatz dazu versucht die ideographische Methode das Einmalige eines Wirtschaftsraums herauszuarbeiten.

Nomozönose (Taxozönose): phylogenetisch-ökologische Gruppierung von Arten aus derselben Klasse, die sich im Raum jedoch durch ein eigenes Verteilungsmuster der Individuen auf die Arten auszeichnen. Es handelt sich somit um eine → *Zoozönose*.

Noosphäre: Teil der Erdoberfläche, in dem die menschlichen Gesellschaften existieren und die Lebensumwelt bewußt gestalten. Inzwischen ist die gesamte → *Geosphäre* zur N. geworden, weil die Ökodynamik der Geosphäre inzwischen in ihrem Stoffhaushalt stark vom Menschen beeinflußt ist, der nicht nur das Naturpotential nutzt, sondern übernutzt und somit in die globalen Ökosystemzusammenhänge der Geosphäre eingreift.

Nordhemisphäre: das Gebiet der Nordhalbkugel der Erde, häufig als Gebiet der Industriestaaten verstanden.

Nordlicht: Bezeichnung für die → *Polarlichter* der nördlichen Halbkugel.

Nord-Süd-Dialog: wiederkehrende Gespräche zwischen den Vertretern der → *Industrieländer* und der → *Entwicklungsländer*. Der N.-S.-D. soll zum Abbau des → *Nord-Süd-Gegensatzes* beitragen. Der N.-S.-D. wird vor allem auf den verschiedenen UN-Konferenzen geführt. Eine für den Dialog wichtige Konferenz ist die UN-Konferenz über Handel und Entwicklung (→ *UNCTAD*). (→ *Nord-Süd-Gefälle*)

Nord-Süd-Gefälle: der deutliche Entwicklungsunterschied zwischen den industrialisierten Staaten und den Entwicklungsländern. Das N.-S.-G. drückt sich aus in einem unterschiedlichen Pro-Kopf-Einkommen, unterschiedlicher Bildungshöhe, Lebensstandard usw. Die Bezeichnung Nord-Süd entspricht dabei nicht der exakten geographischen Verteilung von Industrie- und Entwicklungsländern auf der Erde.

Nord-Süd-Gegensatz: oberflächlich charakterisierender Ausdruck eines unterschiedlichen Entwicklungsstandes, aber auch unterschiedlicher Interessen zwischen Industrie- und Entwicklungsländern, wie sie sich etwa auf den UN-Konferenzen über Handel und Entwicklung (→ *UNCTAD*) dartun. (→ *Neue Weltwirtschaftsordnung*, → *Gruppe der 77*)

Norian: Stufe der alpinen oberen → *Trias*, die regional in das → *Rhaetian* übergeht.

Normaldruck: der mittlere → *Luftdruck* im Meeresniveau auf 45° Breite. Er beträgt 1013 mb entsprechend 760 mm Quecksilbersäule.

Normalgefälle: unscharfer Begriff aus der Theorie der fluvialen Erosion und Abtragung, das ein Fluß durch Tiefenerosion anstrebt. Er erreicht dann die → *Ausgleichskurve* bzw. ein → *Gleichgewichtsgefälle*.

Normalkuhgras: in Österreich und der Schweiz übliche Maßzahl für den Bestoß von → *Almen*: 1 NKG entspricht dem Besatz der Alm mit einer → *Großvieheinheit* während einer Weidezeit von 90 (Schweiz) bzw. 100 (Österreich) Tagen.

Normalnull (NN): auf die Mittelwasserhöhe des Meeresspiegels bezogene Basis für die Höhenmessungen in Deutschland.

Normalparzelle: in der Flurformentypologie eine → *Parzelle*, deren Länge dem Zehn- oder Fünffachen der Breite entspricht. Diese Relationen kommen den Bedürfnissen der Pflugtechnik entgegen.

Normalperiode: in der Klimatologie nach internationaler Vereinbarung festgelegte Periode, für die die langjährigen klimatischen Mittelwertsberechnungen durchgeführt werden sollen, um einen weltweiten Vergleich zu ermöglichen. Die neueren N. sind die Zeiträume von 1901–1950 und 1931–1960.

Normalschwere: die Schwerebeschleunigung in 45° Breite im Meeresniveau. Sie beträgt 9,806 m · s^{-2}.

Normalspur (Regelspur): in Europa und Nordamerika überwiegend verbreitete → *Spurweite* der Eisenbahn von 1435 mm (ursprünglich englisch 4'8½'').

Normalwald: forstwirtschaftlicher bis forstgeographischer Begriff, der als Erklärungs- und Entscheidungsmodell den Zusammenhang zwischen Fläche, Altersgliederung des Bestandes, Vorrat und Zuwachs sowie Wertertrag darstellt.

Normalwendepunkt: Übergangsbereich von Tiefenerosion mit → *rückschreitender Erosion* zum Bereich der fluvialen Akkumulation im Mittel- bis Unterlauf. Der Begriff N. ist ein theoretisch und Bestandteil der Theorie der fluvialen Geomorphodynamik mit Beziehungen zum Begriff → *Ausgleichskurve* und → *Gleichgewichtsgefälle*.

Normalzone: 1. biogeographischer Begriff beim Einsatz von Flechten als → *Bioindikatoren* zur Charakterisierung des → *Stadtklimas*. Hier ist auf Grund der Luftverschmut-

Nord-Süd-Gegensatz

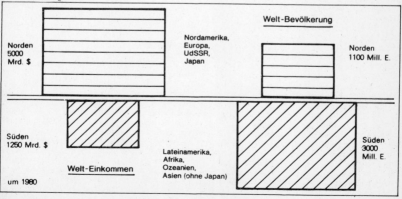

zung eine → *Flechtenzonierung* erkennbar und der Begriff N. steht für die Frischluftzone, die sich an die äußere → *Kampfzone* anschließt, in der die Siedlungseinflüsse für die Flechten nicht mehr letal sind und oxiphile Flechtenvereine auf Laub- und Nadelbaumrinde, sowie Holz und anderen Substraten existieren können.

2. bei vielen anderen Gelegenheiten in der Biogeographie und Bioökologie eingesetzter Begriff, der durchschnittliche Zustände einer Zone oder Höhenstufe von anderen, anormalen abheben möchte. Er wird fälschlich vorzugsweise oft im Zusammenhang mit Höhenstufen gebraucht, für die jedoch der Begriff → *Zone* unrichtig ist.

Northers: großräumige Winter- und Frühjahrskaltlufteinbrüche auf dem nordamerikanischen Kontinent, welche bis in die Subtropen vorstoßen und dort starke Temperaturstürze bis unter den Nullpunkt bewirken können.

Nosochore: geomedizinische Raumeinheit, bei der in einem geoökologisch definiert ausgestatteten Raum ein typisches Muster von Krankheitsüberträgern und damit Krankheiten auftreten.

Nosogeographie: Teilgebiet der → *Geomedizin* und ursprünglich die Verbreitungslehre von Krankheiten im Raum darstellend. Heute jedoch ist sie stärker landschaftsökologisch orientiert mit Bezug zum geoökologischen Wirkungsgefüge der Räume und den unterschiedlichen → *Dimensionen landschaftlicher Ökosysteme,* in welche auch die → *Nosochoren* einzuordnen wären.

Notnahrung: die übliche Hauptnahrung in ungünstigen Jahreszeiten ersetzender und regulärer Bestandteil des jahreszeitlich bedingten ökologischen → *Nahrungswechsels* zahlreicher Tiere.

Notogäa: zoogeographisches Reich, gebildet von Australien und Ozeanien und Bestandteil der → *Bioreiche* der Erde.

Notreife: dürrebedingte Abnormität, die zum vorzeitigen Reifwerden führt. Der Begriff wird besonders bei Getreide verwandt, wo bei der N. kleine, stärkearme und mit schwacher Keimkraft ausgestattete Körner gewonnen werden.

Notstandsgebiet: 1. Gebiet, das von einer → *Naturkatastrophe* o. ä. heimgesucht wurde und in dem die Verwaltung den Notstand ausgerufen hat.
2. von seiner Struktur her benachteiligter → *Passivraum* oder → *Problemgebiet,* deren Bevölkerung im Vergleich zu anderen Regionen besonders notleidend ist. In der Bundesrepublik Deutschland wurden nach dem II. Weltkrieg N. festgelegt, die besondere staatlichen Hilfen erhielten. Die Bezeichnung N. ist später durch die Bezeichnung → *Fördergebiet* abgelöst worden.

Notstandsmerkmal: negativer Indikator zur Kennzeichnung der unzureichenden Lebensbedingungen in einem unterversorgten Raum (→ *Notstandsgebiet*).

N-P-K-Verhältnis: das Verhältnis der Gehalte an Stickstoff, Phosphor und Kalium im Boden, welches bei einer guten Nährstoffversorgung ausgewogen und an die Nutzungsart angepaßt sein soll.

Nullmeridian: Basislängenhalbkreis, bei dem die Zählung der Meridiane beginnt. Der seit 1911 international gültige N. ist der Ortsmeridian von Greenwich/London (→ *Gradnetz der Erde,* → *Längenkreis*).

Nullschicht: wenig unter der → *Tropopause* in einigen tausend Metern Höhe liegender → *Atmosphären*bereich, in dem die vertikalen Luftbewegungen aufhören und in dem der maximale horizontale Luftmassenfluß in der Höhe stattfindet (→ *Jet stream*). Die starken Höhenströmungen in der N. gleichen großräumige Druckgegensätze aus und steuern dabei das Witterungsgeschehen prägend.

Nullwachstum: Stagnation, stationärer Zustand zwischen Zunahme und Abnahme. Der ursprünglich vor allem bezüglich der Wirtschaftsentwicklung verwendete Begriff fand in den letzten Jahren zunehmend auch in die Bevölkerungsgeographie Eingang und bezeichnet den Zustand einer → *stationären Bevölkerung.*

Nunatak: isolierter, über die Oberfläche von Gletschern bzw. Inlandeis aufragender Fels oder Berg, der somit von einem → *Eisstromnetz* umgeben ist. An ihm wirkt vor allem die physikalische Verwitterung. Lebensräumlich spielen die N. als → *Refugien* für die Erhaltung mancher Kleintiere eine große Rolle, was besonders im → *Eiszeitalter* wichtig war.

Nuptialität: Heirat im Sinne eines demographischen Prozesses. Die N., gemessen durch die → *Heiratsrate* oder die → *Heiratsziffer,* ist vor allem bei der Erstellung von → *Bevölkerungsprognosen* zu beachten.

Nutation: die periodischen Schwankungen der → *Präzession.*

Nutzartenverhältnis (Nutzflächenverhältnis, Kulturartenverhältnis): die Prozentanteile der jeweiligen Kulturarten an der → *landwirtschaftlich genutzten Fläche* (LF). Die Statistik der Bundesrepublik Deutschland unterscheidet nach Ackerland, Gartenland, Dauergrünland, Obstanlagen, Baumschulen und Rebland. Ferner werden noch Korbweidenanlagen sowie Pappel- und Weihnachtsbaumkulturen ausgewiesen.

Nutzen: Eigenschaft bzw. Fähigkeit eines Gutes oder einer Dienstleistung, sich wirtschaftlich positiv auszuwirken bzw. menschliche Bedürfnisse zu befriedigen. Damit aber ein Gut oder eine Dienstleitung einen als Wert sich niederschlagenden N. haben, müssen diese nicht nur nützlich, sondern auf dem Markt auch knapp sein.

Nutzenergie: die für den unmittelbaren Anwendungszweck benötigte Energieform wie Wärme, Kraft und Licht. N. wird durch Umwandlung von → *Endenergie* gewonnen. Dabei entstehen Umwandlungsverluste, die oft ein Mehrfaches der Verluste bei der Umwandlung von → *Primärenergie* in → *Sekundärenergie* betragen. Nur bei der eingesetzten Endenergie Strom ist eine nahezu verlustfreie Umwandlung in N. möglich.

Nutzen-Kosten-Analyse (cost benefit analysis): mathematisch-statistische Methode zur Ermittlung des wirtschaftlichen Nutzens eines Projektes im Vergleich zu den finanziellen Aufwendungen. N.-K.-A. werden vor allem zur Analyse und Bewertung öffentlicher Investitionsvorhaben bzw. zur sachgerechten Abwägung mehrerer Alternativprojekte durchgeführt.

Nutzenmaximierung: Erzielung größtmöglichen → *Nutzens* aus einem Gut oder einer Dienstleistung.

Nutzfläche: die gesamte für einen bestimmten, meist wirtschaftlichen Zweck, nutzbare Fläche eines Gebiets oder Gebäudes. Bei der Wohnnutzung von Gebäuden enthält die N. gegenüber der → *Wohnfläche* auch die nutzbaren, für Wohnzwecke nicht zugelassenen Keller-, Dach- und sonstigen Nebenräume. (→ *Landwirtschaftliche Nutzfläche*).

Nutzflächengefüge: das Raummuster einer → *landwirtschaftlichen Nutzfläche*.

Nutzflächenkartierung: in der Agrargeographie die Erfassung des parzellenhaften Nutzungsgefüges in der → *Flur*.

Nutzflächenquote: eine von mehreren Meßziffern zur Bestimmung des → *Nahrungsspielraumes* bzw. der agraren → *Tragfähigkeit* eines Landes. Die N. gibt an, wieviel Hektar landwirtschaftliche Nutzfläche (LN) auf 100 Einwohner in einem Land entfallen. N = ha LN/100 Einw.

Nutzholz: im Gegensatz zum → *Brennholz* das technisch verwertbare Holz (→ *Nutzhölzer*).

Nutzhölzer: alle Holzarten, die als Handelshölzer auf dem Markt sind, ausgenommen Brennholz. Die N. werden untergliedert nach Konstruktions-, Schäl-, Ausstattungssowie Zellstoff- und Papierhölzer (→ *Edelhölzer*).

Nutzlast: Maximalgewicht eines Gutes, mit dem ein Transportmittel beladbar ist.

Nützling: Bezeichnung für tierische Organismen, die dem Menschen direkt oder indirekt von Nutzen sind bzw. im Interesse des Menschen im Lebensraum wirken. Dazu gehören sämtliche nutzbaren Tiere (Haustiere, jagdbares Wild, Biene, Seidenspinner) aber auch nützliche Tiere, die durch ihre Lebensweise und Aktivitäten im Interesse des menschlichen Lebensraumes wirken, wie z. B. Schädlingsfresser. Letztere werden direkt bei der biologischen Schädlingsbekämpfung eingesetzt (→ *Schädling*).

Nutzpflanze: Sammelbezeichnung für die vom Menschen genutzten Pflanzen. N. sind im wesentlichen → *Kulturpflanzen*, jedoch zählen auch nutzbare Wildpflanzen dazu.

Nutztier: Sammelbezeichnung für vom Menschen gezüchtete bzw. gehaltene Tiere, die wirtschaftlichen Nutzen bringen. Neben den verschiedenen Nutzvieharten (Pferd, Esel, Rind, Schwein, Schaf, Ziege, Huhn usw.) werden zu den N. z. B. auch der Haushund und die Hauskatze gezählt. N. finden als Arbeitstiere (Trag-, Last-, Zugtier) Verwendung, oder ihre Produkte (Fleisch, Milch, Eier, Wolle, Haare, Federn usw.) dienen direkt oder indirekt der menschlichen Ernährung bzw. als gewerbliche Rohstoffe. Zu den N. zählen auch nichtdomestizierte Tiere, wie Bienen oder Fische (→ *Teichwirtschaft*).

Nutzungsdauer: Gesamtdauer, während der ein Wirtschaftsgut zweckdienlich genutzt werden kann. Die wirtschaftliche Leistungsfähigkeit ist dabei nicht immer gleich. Z. B. nimmt in der Agrarwirtschaft die Ertragsfähigkeit eines Anbauareals im Laufe der Jahre ab, so daß schließlich ein Kulturwechsel notwendig wird. Gerade in der Agrarwirtschaft ist die N. im Rahmen der → *Fruchtfolge* genau geregelt.

Nutzungseignung: bezieht sich auf das → *Naturraumpotential*, das einer Nutzung durch den Menschen zugeführt wird, wobei die N. mitbestimmt ist von den technologischen Möglichkeiten und den sozioökonomischen Verhältnissen der menschlichen Gesellschaften.

Nutzungsintensität: Ausdruck für das Maß der wirtschaftlichen Nutzung eines Raumes. Der Begriff wird vor allem in der Stadtgeographie verwendet und bezeichnet hier das Maß der baulichen Flächennutzung, ausgedrückt durch die → *Geschoßflächenzahl* bzw. die → *Baumassenzahl*.

Nutzungsparzelle: in der Agrarwirtschaft kleinstes Flurstück einheitlicher Nutzung (→ *Besitzparzelle*).

Nutzungsstandort: in der Stadtgeographie und -planung verwendeter Ausdruck für den relativ eng begrenzten Standort einer bestimmten Flächennutzung, z. B. durch Betriebe der Industrie, des Handels oder Handwerks.

Nutzungssukzession: die Abfolge unterschiedlicher Flächennutzungen an einem Standort.

Nutzungssystem: in der Agrarwirtschaft der räumlich und zeitlich geordnete Vollzug der Nutzung auf bestimmten Flächen mit Pflanzen und Tieren, Bearbeitungsmethoden sowie Einsatz von Kapital und Menschenkraft.

Im N. kommen Nutzungsart, Nutzungsfolge und Nutzungsform zum Ausdruck.

Nutzviehgewicht: Meßziffer zur Bestimmung von → *Viehhaltungssystemen.* Jeder Nutzviehzweig erhält eine → *Wägezahl* (z. B. Milchvieh 3, Jungrinder 1, Schweine 0,3). Die Gesamtzahl des Nutzviehs pro 100 ha LN multipliziert mit der Wägezahl ergibt das N. Das höchste N. benennt dann das Viehhaltungssystem. N. und → *Anbaugewicht* bestimmen das → *Betriebssystem.*

Nutzviehhaltung: landwirtschaftlicher Betriebszweig. Die N. wird unterteilt in 1. Milchvieh-, 2. Jungrinder-, 3. Kleinwiederkäuer- (Schafe, Ziegen), 4. Schweine- und 5. Geflügelhaltung. Gemessen wird die N. in → *Großvieheinheiten.*

Nutzwald: Wald, der primär der Nutzholzproduktion dient (→ *Nutzholz*).

Nutzwasserkapazität: im Wurzelraum eines Bodens maximal speicherbare und für die Pflanzen aufnehmbare Wassermenge. Sie entspricht ungefähr dem Anteil an → *Mittelporen.* In tonhaltigen Böden ist die N. geringer als die Gesamtkapazität, weil das Wasser in den → *Feinporen* wegen zu hoher → *Saugspannungen* durch die Wurzeln nicht aufgenommen werden kann. In Kulturböden erreicht die N. Werte von 70-300 mm.

Nutzwert: Wert eines Gutes, der nach der Bedeutung seines Nutzens festgelegt worden ist.

Nutzwild: Wildarten, deren Fleisch für den menschlichen Verzehr geeignet ist.

O

OAPEC (Organization of Arab Petroleum Exporting Countries): 1968 gegründete Organisation der arabischen erdölexportierenden Länder mit Geschäftssitz in Kuwait. Wesentliches Ziel der Gemeinschaft ist die Koordination der arabischen Ölpolitik. Der OAPEC-Anteil an der Welt-Ölförderung betrug 1981 ca. 30%. Etwa 50% der Weltölreserven entfallen auf diese Staatengruppe. Mitgliedsländer der OAPEC sind die Arabischen Emirate, Ägypten, Algerien, Bahrain, Irak, Kuwait, Libyen, Qatar, Saudi Arabien und Syrien.

Oase: Erdraumausschnitt mit ökologischen Sonderbedingungen gegenüber einer wüstenhaften Umgebung, der sich durch reicheres Pflanzenwachstum, relative Grundwassernähe, Quellen, artesische Brunnen und gegebenenfalls Flußläufe auszeichnet und wo das Wasserdargebot oft auch Bewässerungskulturen zuläßt. Ökologisch stellt die O. somit eine → ökologische Nische unterschiedlichen Umfanges dar, die im klimatischen und damit bioökologischen Gegensatz zu ihrer Umgebung steht. Nach der Verfügbarkeit des Wassers, dem bei der O.-Bildung in Trockenräumen große Bedeutung zukommt, werden Grundwasser-, Quell- und Fluß-O. unterschieden.

Oasenkultur: → Nutzpflanzen, die für → Oasen charakteristisch sind. Bezogen auf die nordafrikanischen und vorderasiatischen Oasen ist die Dattelpalme eine typische O. Des weiteren sind Öl- und Obstbäume sowie der Anbau von Getreidearten, Knollenpflanzen und Gemüse charakteristisch.

Oasenstadt: in einer → Oase gelegene Stadt, die meist wirtschaftlicher Mittelpunkt und Versorgungszentrum eines weiten Umlands, vor allem für die Nomadenbevölkerung, ist. Insbesondere im Orient sind die in Quell-, Grundwasser- oder Flußoasen gelegenen O. ein wichtiger Stadttyp. Häufig haben sie mit dem Bedeutungsverlust des Karawanenverkehrs ebenfalls an Bedeutung eingebüßt.

Oasenwirtschaft: Agrarwirtschaftsform in oder am Rande von Wüsten und Wüstensteppen auf der Grundlage einer intensiven Bewässerung (→ Flußoase, → Quelloase, → Grundwasseroase).

Obdachlosensiedlung: von der öffentlichen Hand oder von Wohlfahrtsorganisationen, aber auch z.T. in Eigeninitiative gebaute Siedlung zur Beherbergung von → Obdachlosen. O. bestehen aus Baracken und sonstigen Behelfsunterkünften, Häusern in Einfachbauweise oder sanierungsbedürftigen Altbauten ohne die allgemein übliche infrastrukturelle und sanitäre Ausstattung.

Obdachloser: Person oder Haushalt, der keine eigene Wohnung besitzt. In den Industrieländern werden O. in der Regel von der öffentlichen Hand oder von Wohlfahrtsorganisationen in Sammelunterkünften, O.-Asylen, Behelfs- und Einfachwohnungen untergebracht.

Obdachlosigkeit: Zustand einer Person (oder eines Haushalts), die keine eigene Wohnung besitzt und als → Obdachloser lebt. Vor allem in den Großstädten vieler Entwicklungsländer ist O. ein großes Problem.

Oberbereich: zentralörtlicher → Einzugsbereich eines → Oberzentrums für die Versorgung mit Gütern und Dienstleistungen des höchstwertigen und langfristigen Bedarfs. Wegen der geringeren Frequentierung der oberzentralen Einrichtungen sind die Grenzen eines O. meist weniger genau zu bestimmen als eines → Mittel- oder → Nahbereichs; stattdessen bilden sich eher breite Grenzsäume aus.

Oberboden: der stark durchwurzelte, biologisch aktive Bereich des Bodenprofils. Bei Ackerböden entspricht der O. der ständig bearbeiteten Krume von 15–35 cm Mächtigkeit; bei Grünlandböden wird der am stärksten durchwurzelte Bereich von etwa 7–10 cm Mächtigkeit dazugerechnet. Im allgemeinen ist der O. mit dem → Humushorizont ungefähr identisch. Es kann jedoch auch der Bereich, in dem Stoffauswaschung stattfindet, dazu gerechnet werden.

Oberflächenabfluß: auf der Boden- oder Gesteinsoberfläche abfließendes, direkt in die Vorfluter gelangendes Niederschlagswasser. Der O. hängt vom Feuchtezustand, von der Infiltrationskapazität, von der Durchlässigkeit des Bodens und Gesteins ab. Er ist bei

Oasenwirtschaft

Legende: Brunnen · alte Palmen · Tiguidert-Palmen · Bewässerungskanal · Junge Pflanzen · Hennastrauch · Zeriba · Dämme

gleich hoher Niederschlagsintensität in bewaldeten Gebieten sehr gering, auf bloßliegenden Ackerböden im trockenen Zustand (Benetzungswiderstand) und in überbauten Gebieten (Versiegelung durch Asphaltierung) dagegen erheblich.

Oberflächendominanz: produktionsbiologischer Begriff, präzisiert → *Dominanz* und bezieht sich auf die Energieproduktion sowie auf das Verhältnis von Körpergewicht zu Körperoberfläche. Die höchste Energieproduktion ist im Verhältnis zum Körpergewicht an die kleinste Oberfläche gebunden. Je größer die O., desto kleiner die Energiespeicherung.

Oberflächenform: 1. am häufigsten als „Reliefform" bzw. → *Georelief* verwendeter Begriff.
2. in der Biologie wird damit die Oberflächengestaltung von Körpern umschrieben, aus der sich für die Körperfunktionen, seltener auch für das Zusammenleben der Individuen, physiologische und/oder ökologische Konsequenzen ergeben.

Oberflächenkarst: oberirdische Karstformen im Gegensatz zum → *unterirdischen Karst,* die zwar beide auf die → *Lösungsverwitterung* zurückgehen, aber durch ihre Lageposition im Gesteinskörper zu unterschiedlichen Formen des → *Karstzyklus* führen. Besonders der → *Karstzyklus* war auf die Formen des O. abgestellt. Begrifflich ist O. nur z. T. identisch mit dem allgemeineren Sammelbegriff oberirdischer Karst, weil O. bedeuten kann „Karst an Oberflächen", z. B. im Sinne der Bildung von → *Karren,* oder „Karst in der Oberfläche", d. h. die Karstformen z. B. des Karstzyklus umfassend.

Oberflächenkorrosion: Prozesse der → *Lösungsverwitterung* im → *Karst,* die sich an der Gesteinsoberfläche abspielen und zu charakteristischen Formbildungen führen, deren markanteste die → *Karren* sind.

oberflächennaher Untergrund: die äußerste Erdrinde von im Maximum einigen Metern Mächtigkeit, in der sich die Prozesse der Verwitterung, Bodenbildung, Formbildung und Sedimentbildung abspielen und deren

Zusammensetzung und Aufbau ökologisch bedeutsam ist.

Oberflächenverdunstung: die direkt aus der Bodenoberfläche erfolgende Wasserdampfabgabe in die Atmosphäre (→ *Evaporation,* → *Verdunstung*).

Oberflächenverwitterung: pedologisch-geomorphologische Sammelbezeichnung für verschiedene Verwitterungsprozesse an der Erdoberfläche. Sie können zur Bildung von → *Lockergesteinen* und → *Böden* führen, aber als Prozesse auch eigenständige Verwitterungsformen an Gesteinsoberflächen schaffen, wie die → *Oberflächenkorrosion* oder die → *Wabenverwitterung.*

Oberflächenvulkanismus: Form des → *Vulkanismus,* der dem → *Tiefenvulkanismus* gegenübergestellt wird und zu welchem die erloschenen und tätigen Vulkane und Vulkanformen an der Erdoberfläche gehören.

Oberflächenwelle: Typ der Wellen beim → *Erdbeben,* die in Oberflächennähe den Erdball umkreisen. Unter dem O. werden Longitudinalwellen, bei denen die Teilchen in Ausbreitungsrichtung, und Transversalwellen, bei denen die Teilchen senkrecht zur Ausbreitungsrichtung schwingen, unterschieden.

Oberhang: zentraler Begriff der → *Hangforschung* in der Geomorphologie. Er ist dem → *Mittelhang* und dem → *Unterhang* zugeordnet und schließt sich in – meist konvexer Form – an den eher gestreckten Mittelhang nach oben an. Für ihn wird – nach den theoretischen Vorstellungen – eine besondere geomorphodynamische Aktivität angenommen, die auch Bedeutung für die an den O. oben anschließenden Flächen und deren Weiterformung besitzt.

Oberlawine: → *Lawine,* die auf einem Gleithorizont in der Schneedecke niedergeht.

Obermoräne: Spezialform der → *Moräne,* die sich auf der Gletscheroberfläche befindet und auf dem Gletscher transportiertes Bergsturzmaterial umfaßt, die → *Bergsturzmoräne,* oder auch von → *Mittelmoränen* repräsentiert sein kann.

Oberschicht: bei einer dreigliedrigen sozia-

oberflächennaher Untergrund

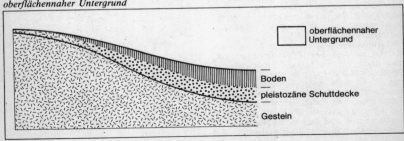

oberflächennaher Untergrund

Boden

pleistozäne Schuttdecke

Gestein

len → *Schichtung* einer Gesellschaft die über der → *Unter-* und → *Mittelschicht* angeordnete führende soziale → *Schicht.* Die Zugehörigkeit zur O., die in sich wieder hierarchisch gegliedert sein kann, ergibt sich – je nach Gesellschaftssystem – durch Kriterien wie z.B. Herkunft und Geburt (Adel), Bildung und Beruf, Vermögen und insbesondere Grundbesitz, Zugehörigkeit zur Führung einer Partei oder anderer gesellschaftlicher Organisationen usw.

Oberstadt: Teil einer Stadt, der wesentlich höher liegt als die übrigen Stadtteile. In Gebirgsräumen oder an Talhängen sind Städte häufig stockwertartig in Form einer O. und einer jüngeren → *Unterstadt* entwickelt. Die O. ging oft aus einer Burg hervor und beherbergt meist öffentliche Gebäude und Wohnviertel der sozialen Oberschicht.

Oberterrasse: wenig präzise Spezifizierung des Begriffes Terrasse, die in jedem Fall über der → *Niederterrasse* liegt und sowohl geochronostratigraphisch als auch geomorphographisch in einem → *Terrassensystem* sehr unterschiedlich eingeordnet sein kann.

Oberzentrum: innerhalb der → *zentralörtlichen Hierarchie* ein → *Zentraler Ort* oberer bis oberster Stufe. Ein O. besitzt in seinem → *Einzugsgebiet* die höchste Zentralität und versorgt die Bevölkerung mit hoch- bis höchstwertigen Gütern und Dienstleistungen des langfristigen bzw. episodischen Bedarfs. Hierzu gehören dem entsprechenden Angebot des Einzelhandels und des privaten Dienstleistungssektors z.B. Behörden der staatlichen Verwaltung der mittleren (Regierungsbezirke) und oberen Stufe (Ministerien, Landesverwaltung), Universitäten, Landesbibliotheken und -museen, Spezialkliniken, Orchester und Theater mit eigenem Ensemble usw. Die Unterschiede zwischen einzelnen O. können relativ groß sein, da sie sich von der Mittelstadt mit Regierungsbezirkssitz bis zur Weltstadt erstrecken.

Objektsanierung: Sanierung einzelner Gebäude, ohne daß umliegende Gebäude durch die Maßnahmen betroffen sind. Im Gegensatz zur → *Flächensanierung* wird die O. im Zuge von Privatinitiativen der Hauseigentümer durchgeführt. Sie kann aber auch auf behördlichem Wege angeordnet werden, wenn bauliche Sicherheitsbestimmungen nicht mehr erfüllt sind. Die O. strebt an, die Statik, den Lärmschutz und die Wärmeisolation zu verbessern sowie zeitgemäße Heizsysteme und neue Leitungen (Strom, Wasser, Gas) im Gebäude zu installieren.

obligat: an ein bestimmtes Verhalten oder an bestimmte Ökosystembedingungen gebunden oder angepaßt. Der Begriff bezieht sich auf tierische oder pflanzliche Individuen oder deren Gruppen.

Obsidian: vulkanisches dunkles Gesteinsglas, das bei rascher Erstarrung des Schmelzflusses entsteht.

Obst: Sammelbezeichnung für die zum Verzehr bestimmten fleischigen bzw. saftreichen Früchte der meist mehrjährigen Obstgehölze. Unterschieden wird nach Kernobst (Apfel, Birne usw.), Steinobst (Pflaume, Kirsche usw.), Beerenobst (Himbeere, Johannisbeere usw.) und Schalenobst (Walnuß, Haselnuß usw.). O. wird auch nach seiner Qualität bzw. Verwendung differenziert. So ist Tafel-O. als sog. Edel-O. ausschließlich für den individuellen Verzehr bestimmt, während das Wirtschafts-O. (Most-O.) den Saftereien bzw. der Industrie zur Konfitüre- und Saftherstellung sowie zur Alkoholgewinnung zugeführt wird.

Obstbau: zur → *Landwirtschaft* oder auch zum → *Gartenbau* zählender Anbau obsttragender Dauerkulturen. Zu unterscheiden sind der Selbstversorger-O. und der Erwerbs-O. (Marktanbau). O. erfolgt als → *Reinkultur* oder als → *Mischkultur.* Weitverbreitet ist die Reihenpflanzung entlang von Verkehrswegen. Der Erwerbs-O. wird sehr häufig als Intensiv-O. betrieben. Aus Rationalisierungsgründen haben sich dabei vor allem die Niederstammkulturen, teilweise in der Form des Spalierobstes, durchgesetzt.

Ödland: offenes, nicht unter Kultur genommenes Land, das wegen seiner ungünstigen bioökologischen Verhältnisse land- und forstwirtschaftlich nicht genutzt wird, das aber durch Kultivierung und Melioration einer ökonomischen Nutzung zugeführt werden könnte. Zum Ö. werden natürliche oder quasinatürliche Moor- und Heideflächen ebenso gezählt wie anthropogene Aufschüttungen, z.B. Kippen und Halden. Der Begriff Ö. ist rein ökonomisch gewichtet und nimmt nicht Bezug auf das ökologische Potential des Gebietes. Verwandt ist der Begriff → *Unland,* mit dem man nicht kultivierbare Flächen bezeichnet.

OECD (Organization for Economic Cooperation and Development): Organisation für wirtschaftliche Zusammenarbeit und Entwicklung. Sie ist eine multilaterale Wirtschaftsorganisation, der die westlichen Industrieländer angehören. Sie wurde 1960 als Nachfolgeorganisation der OEEC (Organization for European Economic Cooperation) gegründet. Der OECD gehören an: Australien, Belgien, Dänemark, Bundesrepublik Deutschland, Finnland, Frankreich, Griechenland, Großbritannien, Irland, Island, Italien, Japan, Kanada, Luxemburg, Neuseeland, Niederlande, Norwegen, Österreich Portugal, Spanien, Schweden, Schweiz, Türkei und USA. (→ *DAC-Länder*)

offene Bauweise: im Gegensatz zur geschlossenen Bauweise (Blockbebauung, Reihenhäuser) flächenextensivere Überbauung von

Grundstücken. Bei der o.B. unterscheidet man nach Einzelhaus- und Doppelhausbebauung bzw. nach Hausgruppen. Die Mindestabstände der Gebäude untereinander sowie die Abstände zu den Grundstücksgrenzen werden in den jeweiligen Bauordnungen der Länder geregelt.

offene Planung: Verfahren in der Raumplanung, bei dem bereits in einem frühen Stadium die Öffentlichkeit beteiligt wird. Eine o. P. hat sich vor allem bei der → *Ortsplanung* bewährt.

offener Karst: zusammenfassender Begriff für → *nackten Karst* und → *subkutanen Karst.*

offenes System: Kategorie des begrenzten Systems, das mit der Umwelt sowohl Energie als auch Stoffe austauscht. Zu den o. S. gehören → *Biosysteme,* → *Geosysteme* und → *Geoökosysteme.*

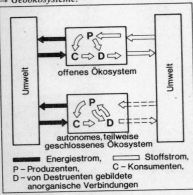

offenes System

offene Stelle: in der Arbeitsamtstatistik der zur Vermittlung gemeldete Arbeitsplatz. Die Regelung in der Bundesrepublik Deutschland umfaßt Stellen für Arbeitnehmer und Heimarbeiter, die in den nächsten drei Monaten besetzt werden sollen und für die eine Beschäftigung von voraussichtlich mehr als sieben Kalendertagen vorgesehen ist.

Offenlegung: im Rahmen von Genehmigungsverfahren das öffentliche Auslegen von Plänen, die z. B. Gegenstand eines Bauantrages sind. Eventuell Betroffene haben so die Möglichkeit der Prüfung und Gelegenheit, Einspruch gegen die geplante Umsetzung bestimmter Pläne in die Wirklichkeit zu erheben.

öffentliche Entwicklungshilfe: alle Mittelzuflüsse von staatlichen Stellen an Entwicklungsländer und multilaterale Institutionen, die zur Verbesserung der Lebensbedingungen in den Ländern der Dritten Welt dienen. Die Mittel werden grundsätzlich zu vergün-

stigten Bedingungen vergeben. Darlehen und Kredite werden mit mindestens 25% bezuschußt. Im internationalen Sprachgebrauch heißt die ö. E. „Official Development Assistance". (→ *DAC-Länder*)

öffentliche Hand: zusammenfassende Bezeichnung für den Staat und seine Untergliederungen (Länder, Regierungsbezirke, Kreise und Gemeinden) und deren verschiedene Verwaltungsbehörden. Der Begriff ö. H. wird vor allem verwendet, wenn die verschiedenen Gebietskörperschaften im Sinne juristischer Personen gemeint sind.

öffentlicher Dienst: die Tätigkeiten zur Wahrnehmung von Aufgaben der → *öffentlichen Hand* sowie die Gesamtheit der Personen, die mit derartigen Aufgaben betraut sind. Zum ö. D. gehören einerseits hoheitliche Aufgaben, insbesondere in der Staats- und Kommunalverwaltung, die in der Regel Beamten vorbehalten sind, andererseits öffentliche Dienstleistungen, die auch von Angestellten und Arbeitern durchgeführt werden.

öffentlicher Personennahverkehr: (ÖPNV): Personenverkehr mit → *öffentlichen Verkehrsmitteln* innerhalb von Städten, zwischen Städten und ihrem Umland sowie im regionalen Bereich des ländlichen Raumes. Der ö. P. dient hauptsächlich dem Berufsverkehr (→ *Pendelverkehr*), daneben vor allem dem Schüler-, Einkaufs- und Naherholungsverkehr. Er wird in der Bundesrepublik Deutschland von kommunalen Verkehrsbetrieben, Bundesbahn und -post, daneben auch von privaten Bus- und Bahnunternehmen durchgeführt. Wichtigste Verkehrsmittel des ö. P. sind Omnibus, Straßenbahn und Eisenbahn einschließlich S-Bahn, in einigen Großstädten auch U-Bahn.

öffentliches Verkehrsmittel: von der öffentlichen Hand betriebenes oder konzessioniertes Verkehrsmittel, das nach Maßgabe der vorhandenen Plätze für jedermann zugänglich ist und Beförderungspflicht besitzt. In der Bundesrepublik Deutschland betreiben insbesondere der Staat (Eisenbahn und Busse im Regional- und Fernverkehr) sowie größere Städte (Stadtbus, Straßenbahn, U-Bahn) ö. V. Daneben gehören, rechtlich gesehen, auch private Bus- und Bahnlinien und Taxen zu den ö. V. Mit Ausnahme des Eisenbahngüterverkehrs handelt es sich um Personenverkehrsmittel.

öffentliche Unternehmung: Unternehmung, die öffentlichen Körperschaften gehört. Ö. U. sind also solche, die z. B. in der Bundesrepublik Deutschland dem Bund, den Ländern oder den Gemeinden gehören.

off-season: im Tourismus die Zeit außerhalb der → *Hauptsaison* einschließlich der → *Vor-* und → *Nachsaison.* Die o.-s. liegt außerhalb der üblichen Schulferien und Urlaubstermine bzw. der klimatisch günstigen Reisezeit. Die Kapazitäten der Fremdenverkehrs- → Infrastruktur sind in dieser Zeit nicht ausgelastet, so daß mit verbilligten Angeboten für die o.-s. geworben wird.

Offshore-Bereich: Flachmeergebiet von maximal 200 m Wassertiefe vor der Küste (→ Schelf). Der O.-B. ist wirtschaftlich sehr bedeutsam (Küstenfischerei, Erdölförderung).

Offshore-Vorkommen: Vorkommen an Erdöl und Ergas vor der Festlandsküste auf dem das Festland umgebenden → Schelf und in größeren Binnengewässern. Hier befinden sich etwa 37% der weltweit nachgewiesenen Ölreserven. 1982 wurden ca. 600 Mill. t Erdöl aus O.-V. gefördert, was ca. 20% der Welterdölförderung entspricht. In den Seegebieten von 90 Ländern waren 1972 bereits 700 Bohrinseln und Schiffe in Wassertiefen bis zu 1500 m eingesetzt. Eine Förderung vor den Küsten erfolgt in ca. 30 Ländern. Allein 1979 wurden in den Offshore-Gebieten ca. 2500 Bohrungen niedergebracht.

Ogiven: bänderartige Schmelzfiguren auf Gletschern, die durch Staubeinlagerungen und unterschiedliches Reflexionsvermögen der verschiedenen Lagen des geschichteten Eises zustande kommen.

OHG (Offene Handelsgesellschaft): eine Personengesellschaft, die ein Handelsgewerbe betreibt. Dabei haften die Gesellschafter der OHG gegenüber den Gesellschaftsgläubigern unbeschränkt persönlich.

O-Horizont: die weitgehend aus organischem Material bestehende, vom Mineralboden relativ scharf getrennte, intensiv belebte Humusauflage (→ Humus) des Bodens. Der O-H. gliedert sich in eine Streulage, eine Fermentierungslage und eine Humifizierungs- bzw. Huminstofflage (→ Humifizierung). Die Humusformen → Rohhumus und → Moder sind durch Mächtigkeiten, Aufbau und Zusammensetzung dieser Lagen in typischer Weise charakterisiert.

Ökese: Stadium der Besitznahme einer neuen Lebensstätte durch zugewanderte tierische und/oder pflanzliche Lebewesen.

Ökiophyten: Kultur- und Zierpflanzen, die durch bewußte Tätigkeit des Menschen aus der Flora des heimischen Lebensraumes hervorgegangen sind.

ökische Dimension: bezieht sich auf die → ökologische Nische, die eine Struktureinheit bildet, in der zwei Dimensionen verflochten sind, die ö., zur Umwelt gehörende D. und die autozoische, die zum tierischen und/oder pflanzlichen Organismus selbst gehört. Sie ist also genetisch verankert und drückt sich in physiologischen Eigenschaften aus, die nur indirekt Beziehungen zur Umwelt aufweisen.

Okklusion: Anordnung der Luftmassen-grenzflächen in einer alternden → Zyklone, bei der die Rückseitenkaltluft die Vorderseitenkaltluft erreicht hat und dabei die Warmluft schalenförmig abgehoben wurde. Die O. ist der Zusammenschluß der Kalt- und der vom Moment des Zusammenschlusses an nur noch in der Höhe existierenden Warmfront (→ Front).

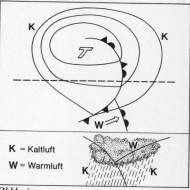

K = Kaltluft
W = Warmluft

Okklusion

okkupatorische Wirtschaftsform: im Rahmen der → Dreistufentheorie unterste Entwicklungsstufe, der Sammler, Jäger, Fischer und Hirten angehören. Zur o. W. gehören die → Wildbeuterstufe und das Stadium der frühen → Sammelwirtschaft (→ exploitierende Wirtschaftsform).

Ökoelement: biöökologischer Begriff für Arten gleicher ökologischer Ansprüche und gleicher → Lebensform, die jedoch nicht unbedingt eine gleiche systematische Zugehörigkeit aufweisen müssen, aber es können,

Ökogenese: Entwicklung der zwischenartlichen Beziehungen und des Wirkungsgefüges von Lebewesen und Umweltfaktoren.

ökogenetische Expansion: innere Differenzierung der Biosphäre durch die Ausbreitung von tierischen und pflanzlichen Organismen in neue, bisher nicht von ihnen besiedelte Lebensräume.

Ökogeographie: 1. ein Teilgebiet der → Synökologie, das die Pflanzen- und Tierverbreitung in Beziehung zur geoökologischen Ausstattung der Umwelt setzt.
2. Betrachtungsperspektive der → Geographie, die sich mit den Systemzusammenhängen des Realitätsbereiches Natur-Technik-Gesellschaft beschäftigt. (Abb. S. 38)

ökogeographische Gruppe: Artengruppe, deren Vertreter in ihren Beziehungen zu den Geofaktoren ihrer engeren Lebensumwelt annähernd übereinstimmen und daher annähernd gleiche Areale besiedeln.

Ökoklima: etwas unscharfer Begriff der Bio-

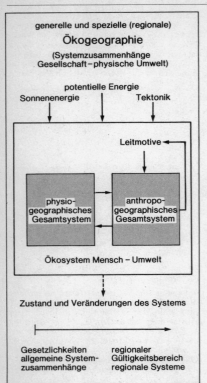

generelle und spezielle (regionale)
Ökogeographie
(Systemzusammenhänge
Gesellschaft – physische Umwelt)

potentielle Energie

Sonnenenergie   Tektonik

Leitmotive

physio-geographisches Gesamtsystem

anthropo-geographisches Gesamtsystem

Ökosystem Mensch – Umwelt

Zustand und Veränderungen des Systems

Gesetzlichkeiten
allgemeine System-
zusammenhänge

regionaler
Gültigkeitsbereich
regionale Systeme

Ökogeographie

schafts- und Sozialwissenschaften ansiedelt. Allen Disziplinen geht es um das Erkennen des Zusammenhanges zwischen Umwelt und Organismus, die in Wechselbeziehungen zueinander stehen und die in ihrem Verhalten Regelhaftigkeiten oder Gesetze erkennen lassen. Die ökologische Forschung erfolgt beschreibend, vergleichend oder kausal und kann auf verschiedenen Betrachtungsebenen – vom Einzelindividuum über den Geofaktor bis hin zum gesamten Ökosystem – betrieben werden. Klassische Fachgebiete der biowissenschaftlichen Ö., der → *Bioökologie,* sind → *Autökologie* (oder physiologische Ö.) → *Demökologie* (oder Populations-Ö.) und → *Synökologie* (oder Biozönologie). Im geowissenschaftlichen Bereich ist es die → *Landschaftsökologie* oder → *Geoökologie.*

ökologische Amplitude: Wirkungsbreite eines physikalischen oder chemischen Faktors im → *Geoökosystem* auf eine Art oder Rasse. Dabei weist diese im optimalen Bereich des Faktors ihre größte Häufigkeit auf, im unter- oder überoptimalen Bereich geht sie jedoch zurück bzw. zum Verschwinden an der Minimum- oder Maximumgrenze der ö. A. Das biotische Gegenstück der ö. A. ist die → *ökologische Valenz* eines tierischen, pflanzlichen oder menschlichen Organismus.

ökologische Artengruppe (ökologische Gruppe): Gruppe von Arten, die sich in einem bestimmten Lebensraum hinsichtlich ihrer Ansprüche an das Geoökosystem annähernd gleich verhalten, also eine annähernd übereinstimmende → *ökologische Konstitution* aufweisen. Besonders Pflanzengesellschaften werden durch ö. A. ausgewiesen, ihre Gültigkeit ist aber, ebenso wie bei soziologischen Artengruppen, nur innerhalb einer Formation oder eines ökoklimatisch einheitlichen Gebietes zu erwarten.

ökologische Ausgleichswirkung: für den → *ökologischen Ausgleichsraum* angenommene Wirkung. Sie kann sich im strengen Sinne nur auf Stoffaustausche beziehen, die innerhalb der Agentien Wasser, Luft und Boden erfolgen, wobei Luft und Wasser als Transporteure der Stoffe auftreten. Die ö. A. betreffen verschiedene Geoökofaktoren, einzeln oder in ihrer Gesamtheit. Sie sind räumlich begrenzt und nur bei einer Nachbarschaftslage zwischen verschieden belasteten landschaftlichen Ökosystemen unterschiedlicher Größenordnungen möglich. Der ökologische Ausgleich vollzieht sich überwiegend in der → *topologischen* und in der → *chorologischen* Dimension. Einzelne Schadstoffe machen jedoch auch Ferntransporte durch, so daß auch ein negativer ökologischer Ausgleich der regionalen und geosphärischen Dimension möglich ist, wobei bisher nicht belastete Ökosysteme belastet werden, z. B. durch sauren Regen.

ökologie für → *Mikro*- bis → *Mesoklima,* im Sinne eines Eigenklimas der Landschaft, auf das sich tierische und/oder pflanzliche Organismen und ihre Gruppen in Lebensweise und Verbreitung einstellen. Zum Ö. gehören das → *Bestandsklima,* das → *Standortklima* und das → *Bioklima.*

ökoklin: allmählicher Wechsel der Eigenschaften einer Art oder eines Ökosystems, der auf einen grundsätzlichen Wandel der Geoökofaktoren des Raumes zurückgeht.

Ökologie: Wissenschaft von den Wechselbeziehungen zwischen den Organismen untereinander, zu ihrer Umwelt und deren Geoökofaktoren. Untersuchungsgegenstände sind die → *Ökosysteme,* die sich u. a. räumlich in den → *Ökotopen* repräsentieren oder in anderen ökologischen Raumeinheiten, wie sie die → *Dimensionen landschaftlicher* → *Ökosysteme* darstellen. Ö. wird heute als übergreifendes Fachgebiet verstanden, das sich zwischen den Geo- und Biowissenschaften sowie zwischen einigen Teilen der Wirt-

ökologische Dominanz: in der → *Bioökologie* Maß für das prozentuale Verhältnis der Einzelorganismen einer Art je Flächeneinheit zur Individuenzahl der übrigen Arten.

ökologische Eignungsbewertung: für das → *Naturraumdargebot* zur Ausweisung des → *Naturraumpotentials* mit Hilfe verschiedener Methoden der → *Landschaftsbewertung* erfolgende Bewertung.

ökologische Faktoren (Umweltfaktoren): Gesamtheit der → *abiotischen* und → *biotischen* Faktoren, die als Umwelt auf ein Individuum oder eine Gruppe von Lebewesen einwirken, woraus sich gewisse Verhaltensweisen und/oder Anpassungen ergeben. Die ö. F. werden gruppiert in klimatische, edaphische, orographische und biotische.

ökologische Grenze: vielfältig verwandter Begriff in → *Geoökologie* und → *Bioökologie*, der funktionale und räumliche Bedeutung besitzt.
1. Für → *Ökosysteme* kann ein Faktor oder eine Faktorengruppe als Minimum- oder als Maximumfaktor auftreten und dadurch die Funktionen des Systems begrenzen oder fördern.
2. Ö. G. können auch räumlich erscheinen und entsprechen dabei den → *geographischen Grenzen,* die als Übergangsräume zwischen verschieden ausgestatteten → *Geoökosystemen* auftreten und die in Beziehung zur → *Dreidimensionalität* der Geoökosysteme stehen. Die in der Horizontalen oder in der Vertikalen auftretenden Grenzen bzw. Grenzsäume für tierische, pflanzliche oder menschliche Individuen werden letztlich wieder von den Verbreitungsgrenzen abiotischer Faktoren bestimmt.

ökologische Isolierung: Folge der → *interspezifischen Konkurrenz,* wobei nahe verwandte Arten im gleichen → *Geoökosystem* nur dann gemeinsam existieren können, wenn Unterschiede in ihren Lebensansprüchen bestehen, sie also verschiedene → *ökologische Nischen* besetzen. Durch Tages- und Jahreszeitaktivitätsunterschiede, Nahrungswahl, Aufenthaltsplatz usw. kommt es zu einer räumlichen und zeitlichen Sonderung der verwandten Arten.

ökologische Kennwerte (ökofunktionale Kennwerte): 1. Inhalt und/oder Funktion eines → *Geoökosystems* kennzeichnende Werte, wobei immer mehr von einer statischen Kennzeichnung der stabilen → *Geoökofaktoren* zu einer dynamischen Kennzeichnung übergegangen wird, d.h. einer Ausweisung der → *ökologischen Prozesse* durch → *Stoffumsätze.*
2. In der Bioökologie werden auch → *Lebensformenspektren* oder die quasiquantitative Kennzeichnung des Zusammenhanges einer Organismengruppe mit einem chemischen oder physikalischen Faktor (z.B.

→ *Nitratpflanzen*) als ö. K. bezeichnet.

ökologische Kompensation: Wiederherstellung des ursprünglichen funktionellen Zustandes zwischen Lebewesen eines Lebensraumes als Reaktion auf eine Änderung, die nach dem Prinzip des Ausgleichs vonstatten geht und die sich nicht auf präexistente Regelungsmechanismen zurückführt. Die ö. K. tritt z.B. auf beim → *Räuber-Beute-Verhältnis.*

ökologische Konstitution: Gesamtheit der für die Umweltbeziehungen wichtigen und damit als Verbreitungsursache von tierischen oder pflanzlichen Organismen wirksamen genetisch bedingten Eigenschaften der Individuen.

ökologische Landschaftsforschung: Sammelbegriff für alle Forschungen, die sich mit dem Zustand und der Entwicklung der → *Geoökosysteme* sowie der → *Bioökosysteme* beschäftigen – unter Berücksichtigung der Tatsache, daß die Systeme eine → *Dreidimensionalität* aufweisen und daß ihr räumlich-funktioneller Charakter im Vordergrund steht. Zentrales Gebiet der ö. L. ist die → *Landschaftsökologie* bzw. → *Geoökologie.*

ökologische Natalität: jene → *Geburtenziffer,* die unter den von der Umwelt vorgegebenen Bedingungen möglich ist. Sie wird der → *physiologischen Natalität* gegenübergestellt.

ökologische Nische: sowohl in der → *Bioökologie* als auch in der → *Geoökologie* verwandter Begriff, jedoch mit verschiedenen Bedeutungen. In der Bioökologie gibt es eine trophische und eine räumliche Auffassung der ö. N.
1. Die ö. N. ist die Gesamtheit der trophischen Beziehungen einer Tierart, also ihrer Beziehungen zur Nahrung und zu den Feinden. Diese ökofunktionale ö. N. ist die trophische Nische oder → *Eltonsche Nische.*
2. Ihr gegenüber steht die räumliche ö. N. oder Standortnische, die einen Raumausschnitt meint, der zeitweise oder dauernd bewohnt wird.
3. Sowohl in der Bioökologie als auch in der Geoökologie ist noch eine dritte Variante des Begriffes ö. N. üblich, die in der Geoökologie ausschließlich benutzt wird. Hierbei handelt es sich um den Standort einer Pflanzengesellschaft und/oder Tiergesellschaft, der sich durch eine spezielle Geoökofaktorenkonstellation gegenüber seiner näheren und weiteren Umgebung auszeichnet.
4. In einer allumfassenden Bedeutung des Begriffes ö. N., mit einer Betrachtung, die aber weit unterhalb der → *topologischen Dimension* der → *Geoökologie* ansetzt, wird in der Bioökologie der Eltonsche Nischenbegriff über die trophischen Beziehungen einer Spezies hinaus auch auf die geoökologische Umwelt ausgedehnt.

ökologische Optimumkurve: das Gedeihen einer Pflanze unter natürlichen Bedingungen im Zusammenwachsen mit anderen Pflanzen der gleichen oder anderen Art darstellende Graphik.

ökologische Persistenz (landschaftsökologische Persistenz): die Pufferkraft der → *Geoökosysteme* gegenüber langfristigen Einwirkungen auf den Landschaftshaushalt ausdrückender Begriff. Dabei ist es gleichgültig, ob diese vom Menschen (z. B. Bodenerosion, Entwässerung, Tiefpflügen, Düngung) oder von der Natur selber ausgehen (z. B. natürliche Erosion, Klimaschwankungen, Sedimentakkumulationen).

ökologische Pflanzengeographie (ökologische Geobotanik): nicht nur die Lebensweise und Organisation der Pflanzen im Zusammenhang mit dem Verbreitungsmuster an sich, sondern auch die Beziehungen der Pflanzen und Pflanzengesellschaften zum → *Standort* im → *Geoökosystem* untersuchender Teil der Pflanzengeographie. Sie ist damit ein Teilgebiet der → *Geobotanik*.

ökologische Plastizität: unscharfer Begriff der Bioökologie für das Verhalten von Arten gegenüber den Wirkungen der einzelnen → *Geoökofaktoren*, das → *euryplastisch* oder → *stenoplastisch* sein kann.

ökologische Potenz (ökologische Reaktionsbreite, ökologische Toleranz): Fähigkeit eines tierischen oder pflanzlichen Organismus, sich mit einem bestimmten Umweltfaktor auseinanderzusetzen. Die Wertigkeit des betreffenden Geoökofaktors wird hingegen als dessen → *ökologische Valenz* bezeichnet.

ökologische Prozesse: Beziehungen zwischen abiotischen und biotischen Faktoren untereinander und miteinander im Wirkungsgefüge des → *Ökosystems*, bei denen Stoff- und/oder Energieumsätze erzielt werden.

ökologischer Ansatz: in der → *Bioökologie*, → *Geographie* und → *Geoökologie* verwandter Ansatz. Er betrachtet den Untersuchungsgegenstand als → *Ökosystem*, in welchem Faktoren, Kräfte und Regler zusammenwirken. Der ö. A. dient nicht nur dazu, auch kleinere Kompartimente des Systems zu erkennen, sondern vor allem dazu, die zwischen ihnen ablaufenden Prozesse herauszuarbeiten, somit die → *ökologische Struktur*.

ökologischer Ausgleichsraum: Gebiet, das für seine Nachbarschaftsräume eine → *ökologische Ausgleichswirkung* erzielen kann. Dabei erfolgt ein Austausch von Stoffen und Substanzen, der die Qualität des ausgleichenden Raumes nicht herabsetzt, aber den ökologischen Zustand und die ökologische Funktionsfähigkeit des belasteten Nachbarraumes verbessert.

Ökologische Regeln (Bioökologische Regeln, Ökologische Prinzipien, Synökologische Regeln): Beobachtungstatsachen der (biologischen) → *Synökologie*. Dazu gehören das Wirkungsgesetz der Umweltfaktoren, das → *Minimumgesetz*, die → *biozönotischen Grundprinzipien*, die → *Abundanzregel*, → *Prinzip der Gleichwertigkeit verschiedener Umweltwirkungen*, das → *Prinzip der relativen Biotopbindung*, das → *Prinzip der nach Norden zunehmenden Synanthropie* und die → *RGT-Regel*.

ökologischer Wirkungsgrad: das Verhältnis von verfügbarer (einstrahlender, interzeptierter oder absorbierter) Energie zur genutzten (gebundenen oder assimilierten) Energie eines Organismus, einer Organismengruppe oder auch eines Komplexes → *ökologischer Prozesse* im → *Ökosystem*. Dabei handelt es sich bekanntlich nicht um einen Kreislauf, sondern die eingestrahlte Energie wird auf jeder Ökosystem- bzw. Lebensstufe ständig mehr verbraucht und die genutzte Energie als Wärme aus dem System abgegeben. Dabei stellen sowohl Organismen als auch an-

ökologischer Wirkungsgrad

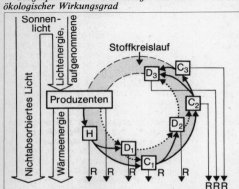

H — Herbivorenkette
······· Detritivorenkette

Sonnenlicht · Lichtenergie, aufgenommene · Stoffkreislauf · Nichtabsorbiertes Licht · Wärmeenergie · Produzenten · H · D_1 · C_1 · D_2 · D_3 · C_2 · C_3 · R R R R R · RRR

H   Herbivore oder Pflanzenfresser
C_{1-3} Carnivore oder Fleischfresser
D_{1-3} Detritusfresser
R   Energieverlust durch Respiration

dere Teile von Ökosystemen quasi örtliche Energiesammlungen auf Zeit dar. Letztlich handelt es sich um Vernichtung von Energie, auf die auch die Idee von der → *Entropie* Bezug nimmt.

ökologisches Gefüge: Sammelbegriff der → *Bioökologie* sowohl für das Wirkungsgefüge zwischen den Organismen einer Lebensgemeinschaft untereinander, dem → *Biozönotischen Konnex,* als auch die Beziehungen der Lebensgemeinschaft zum → *Geosystem.* Dessen → *abiotische* Faktoren stellen die physikalischen Voraussetzungen für die Existenz der Organismen dar und deren Wirkungsgefüge bestimmt den Biozönotischen Konnex mit.

ökologisches Gleichgewicht: theoretische Beschreibung des Zustandes eines → *Ökosystems,* das durch Wirkung und Gegenwirkung eine relative → *ökologische Stabilität* erreicht. Das Regulationsvermögen der Ökosysteme hängt vom Zustand und der Funktionsweise der abiotischen und biotischen Bestandteile des Ökosystems ab. Der Begriff ö. G. kann auch auf das → *Biosystem* oder das → *Geosystem* – als Hauptbestandteile des Ökosystems – übertragen werden. Im Fall des Biosystems wird von einem biozönotischen Gleichgewicht gesprochen.

ökologische Situation: allgemeine Umschreibung der Gesamtverhältnisse in einem → *Ökosystem,* auf das sich eine Tier- oder Pflanzenart durch ein bestimmtes Verhalten einstellt, so daß es zu einem Funktionszusammenhang zwischen Verhaltensweise, Ökofunktion und innerer Disposition (physiologischer Funktion) eines Organismus kommt.

ökologisches Potential: 1. meist verengt eingesetzter Begriff für biotische oder abiotische Bestandteile des → *Ökosystems* im → *Naturraum,* der eine gewisse → *Naturraumausstattung* aufweist.
2. In engster Begriffsauslegung der Biologie handelt es sich um pflanzliche und/oder tierische Lebewesen oder Lebensgemeinschaften in Bezug zu ihrer Funktion im Ökosystem, seltener oder nie als Bestandteile des → *Naturraumpotentials.*

ökologisches Recycling: → *Recycling* unter dem Gesichtspunkt einer vollen Integration von Abfallprodukten aus Produktion und Konsum in den Stoffkreislauf der → *Ökosysteme.*

ökologisches Spektrum: anteilmäßige Zusammensetzung der Organismen eines Lebensraumes nach ihren → *Lebensformen,* unabhängig von ihrer systematischen Stellung und damit genetischen Verwandtschaft. Das ö. S. entspricht mehr oder weniger dem → *Lebensformenspektrum,* wenn dieses auf einen Erdraum bezogen wird.

ökologische Stabilität: Fähigkeit eines → *Ökosystems,* sein Gleichgewicht unter Einwirkung natürlicher → *Geoökofaktoren* oder anthropogener Einflüsse zu erhalten, wobei die Fähigkeit durch die Breite der → *ökologischen Amplitude* des Ökosystems oder auch einzelner seiner Kompartimente bestimmt wird. Bei komplexer Betrachtung von Ökosystemen erweist sich jedoch der Begriff → *Stabilität* als wesentlich komplizierter als im Sinne der ö. S.

ökologische Standorttypen: nutzungsbezogener Begriff der Agrar- und Forstwirtschaft bzw. der Agrar- und Forstökologie, der auf der → *Standortform* basiert. Danach ist ein ö. S. eine Fläche gleicher aktueller natürlicher Leistungsfähigkeit, die deren Nutzbarkeit bestimmt, die potentielle Ertragserwartung kennzeichnet und die zudem bestimmte meliorativ zu beeinflussende Eigenschaften besitzt.

ökologische Streubreite: die Fähigkeit von Sorten bzw. Rassen, sich in verschiedenen geographischen Räumen bei ganz unterschiedlichen Ökosystembedingungen als leistungsfähig zu erweisen.

ökologische Struktur: etwas unscharfer Begriff der → *Geoökologie* und → *Bioökologie* für Aufbau und Funktion von → *Ökosystemen,* die sich in einem bestimmten Ablauf → *ökologischer Prozesse* und in einem charakteristischen → *Gefügemuster* repräsentiert. Die Darstellung der ökologischen Funktionsstrukturen erfolgt z. B. im → *Standortregelkreis.*

ökologische Valenz: Wertigkeit eines → *Geoökofaktors* für die ökosystem- bzw. umweltbezogene Reaktion eines pflanzlichen, tierischen oder menschlichen Organismus. Die ö. V. wird häufig mit der → *ökologischen Potenz* verwechselt.

ökologische Variabilität: bezieht sich auf die Dynamik von → *Geoökosystemen* und drückt sich in der → *ökologischen Varianz* und in der → *ökologischen Persistenz* aus, die beide zusammen die ö. V. eines Geoökosystems ausmachen.

ökologische Varianz: 1. Ausdruck der (kurzfristig) wechselnden Witterungsbedingungen, die sich auf den Haushalt eines → *Geoökosystems* in Form von Bodenfeuchte- oder Nährstoffänderungen auswirken und sowohl die regulären jahreszeitlich bedingten Änderungen des Landschaftshaushaltes als auch die singulären (durch Starkregen, Hochfluten, Dauerregen, Schneeschmelzen, Dürrezeiten usw.) ausdrücken.
2. In der → *Geoökologie* wird auch die Amplitude der geoökosystemeigenen Schwankungsbreite in der Reaktion der stofflichen Substanz im Geoökosystem als ö. V. bezeichnet. Man ermittelt sie aus den Meßreihen der variablen anorganischen → *Geofaktoren.*

ökologische Vikarianz: ein Effekt, nach dem

sich Arten im gleichen Lebensraum gegenseitig ausschließen, wenn sie gleiche, ähnliche oder eng benachbarte Lebensstätten benötigen.

Ökonometrie: Teildisziplin der Wirtschaftswissenschaften, die sich mit Analyse und Prognose von Wirtschaftsprozessen befaßt und daraus wirtschaftstheoretische Modelle mit Hilfe mathematischer Verfahren und Daten der Wirtschaftsstatistik erstellt. Die Modellentwicklung der Ö. bezieht sich sowohl auf gesamtwirtschaftliche Prozesse und Entwicklungstendenzen als auch auf regionale Raumeinheiten.

Ökonomie: Wirtschaft oder Wirtschaftlichkeit.

Ökonomik: Lehre von der Wirtschaft.

ökonomisch ausbringbare Reserven: derjenige Teil der → *technisch gewinnbaren Reserven,* der unter gegenwärtigen wirtschaftlichen Bedingungen ausbringbar ist, d. h. gewonnen werden kann.

ökonomische Geographie: Bezeichnung für → *Wirtschaftsgeographie.* Der Ausdruck ö. G. wird vornehmlich in der geographischen Fachliteratur der DDR verwendet.

ökonomisches Prinzip: Grundsatz des rationalen und wirtschaftlichen Handelns. Das ö. P. setzt zum Ziel, mit gegebenen Mitteln einen größtmöglichen Ertrag (Erfolg) zu erzielen oder einen bestimmten Ertrag mit dem geringstmöglichen Einsatz von Mitteln zu erreichen. Sowohl in der freien Marktwirtschaft (Gewinnmaximierung) als auch in der sozialistischen Planwirtschaft (Plansollerfüllung) ist das ö. P. grundlegend.

Ökopedologie: 1. Teilgebiet der → *Bodenkunde* (Pedologie), das den Boden als Subsystem des → *Geosystems* bzw. → *Geoökosystems* auf seine Kompartimente und seine Funktion als stoffliche Substanz der Landschaft und des Lebens auf der Erde untersucht.
2. in der terrestrischen Ökologie entwickeltes Teilgebiet, das den Boden als Umwelt der Pflanze betrachtet.

Ökomorphose: 1. zyklischer Gestaltwandel von Tieren auf Grund des jahreszeitlichen Geschehens im → *Ökosystem,* der seinen Ausdruck im → *Saisondimorphismus* findet.
2. durch → *Geoökofaktoren* bedingte morphologische Unregelmäßigkeiten in der Entwicklung einiger Arten.

Ökophysiologie: Fachgebiet der Geobotanik und der Geozoologie, das sich mit der Funktionsweise tierischer und pflanzlicher Organismen im Zusammenhang mit den Lebensraumbedingungen in den Ökosystemen – meist individuen- oder gesellschaftsbezogen – beschäftigt.

ökophysiologische Kennwerte: physikalische und chemische Maximal- und Minimalwerte, welche einen Zusammenhang zwischen Lebensfunktionen von Organismen oder Organismengruppen und abiotischen → *Geoökofaktoren* herstellen. Dabei sind die begrenzenden Minimal- und Maximalfaktoren für die Charakterisierung der Lebewesen als Bestandteile der → *Ökosysteme* am wichtigsten. Die ö. K. bilden auch die Grundlage für die → *Bioindikatoren.* Sie werden von der lebensraumbezogenen Tier- und Pflanzenphysiologie, die sich dann → *Ökophysiologie* nennen, erarbeitet.

Ökospezies: alle → *Ökotypen,* deren Verwandtschaftsgrad noch groß genug ist, um fertile Nachkommen zu bilden.

Ökosystem: aus den biotischen Komponenten des → *Biosystems* und den abiotischen des → *Geosystems,* auch als → *Physiosystem* bezeichnetes System. Das Ö. ist räumlich repräsentiert im → *Ökotop,* der wiederum andere ökologische Raumeinheiten zusammensetzen kann. Sie werden den → *Dimensionen landschaftlicher Ö.* zugewiesen und können demzufolge als → *naturräumliche Einheiten* nach dem Prinzip der → *Naturräumlichen Ordnung* unterschiedliche Größenordnungen annehmen. Das Ö. wird in verschiedenen → *Modellen* dargestellt, von denen eines der → *Standortregelkreis* ist. Nach den Eingriffen oder Nichteingriffen des Menschen können → *primäre* und → *sekundäre* Ö. unterschieden werden.

Ökosystemregelung: im abiotischen und biotischen Teil des → *Ökosystems* durch den Regelfaktor → *Georelief* (bzw. durch seine geomorphographischen Merkmale, in erster Linie Neigungsstärke und Exposition) erfolgende Regelung. Daraus ergibt sich auch ein charakteristisches → *Gefügemuster* für die Vegetation. Eine wesentliche Ö. erfolgt anthropogen, durch Veränderung der → *Geoökofaktoren* infolge Stoffeingaben und -entnahmen.

Ökoton (Saumbiotop, Saumökotop): Übergangsbereich zwischen verschieden ausgestatteten, aber wenig diversen ökologischen Raumeinheiten. Dabei ergibt sich für den Übergangssaum – den Ö. – eine größere geoökologische → *Diversität* (mit einem größeren Angebot an Nahrung, Deckung, mikroklimatischen Bedingungen usw.), woraus auch eine vielfältigere biotische Ausstattung der → *Ökotope* des Ö. folgt. Der Begriff Ö. ist unabhängig von der → *Dimension landschaftlicher Ökosysteme.*

Ökotop: in → *Bioökologie* und → *Geoökologie* verschieden, manchmal auch ähnlich gebrauchter Begriff, der in jedem Fall einen umfassend ausgestatteten, inhaltlich homogenen und (meist) kleinen Lebensraum meint.
1. In der Bioökologie, besonders in der → *Synökologie,* wird der Begriff meist mit dem → *Biotop* gleichgesetzt, mit allenfalls losen Beziehungen zu den physikalischen und

chemischen Randbedingungen des Lebensraumes.

2. In der → *Geoökologie* wird der Ö. als räumliche Repräsentation des → *Geosystems* oft in Beziehung mit den biotischen Ausstattungen gebracht, so daß vom → *Geoökotop* bzw. → *landschaftlichen Ökosystem* die Rede ist. Diese geographische Perspektive definiert daher den Ö. als die Gesamtheit der abiotischen und biotischen Geoökofaktoren eines kleinen Ausschnitts der → *Biogeosphäre,* die durch ihre Wechselwirkungen ein Areal mit geographisch-landschaftsökologisch homogenen Standorteigenschaften bedingen. Dieser Ö. ist die → *naturräumliche Grundeinheit* und mit dem → *Physiotop* bzw. Geotop, der ihm zu Grunde liegt, räumlich kongruent, weil die Begriffe nur Abstraktion des selben Ausschnittes aus der Landschaftshülle der Erde darstellen.

3. In der → *Autökologie* der Bioökologie stellt der Ö. eine Lebensstätte allgemeiner Art dar, an der eine Spezies zu irgendeiner Zeit ihres Lebens regelmäßig weilt. Dabei werden zu den abiotischen Geofaktoren der Lebensstätte nur geringe Beziehungen hergestellt.

4. Nach neueren Begriffsklärungen wird der Ö. sowohl in der Geoökologie als auch in der Bioökologie als räumlicher Repräsentant des → *Ökosystems* verstanden, dessen biotische Komponente das → *Biosystem* und dessen abiotische Komponente das → *Geosystem* ist, die sich räumlich im Biotop bzw. Geotop repräsentieren. Die integrative Betrachtungsweise von Bioökologie und Geoökologie zusammen hat dann das Ökosystem und den Ö. zum Gegenstand. Nimmt die Bioökologie eine der Geoökologie angenäherte Betrachtungsweise vor, kann vom Bioökosystem gesprochen werden, im umgekehrten Fall behandelt eine geoökologische *Ökotypen*

Betrachtung mit biotischen Perspektiven das Geoökosystem.

Ökotopgefüge: nach den → *Dimensionen landschaftlicher Ökosysteme* aggregiert sich eine Vielzahl von → *Ökotopen* zu einem Ö. Es entspricht der → *Mikrochore* und ihren Eigenschaften.

Ökotopgruppe: lose Gruppierung von topischen Raumeinheiten, als → *Ökotopen,* den Rang eines Ökotopgefüges, d. h. einer → *Mikrochore* zu erlangen.

Ökotopkomplex: unscharfe Bezeichnung aus der → *Landschaftsökologie* für eine nicht genauer definierte Gruppierung von → *Ökotopen* ohne Zuordnung in die → *Dimensionen landschaftlicher Ökosysteme.*

Ökotopreihe: Typen der → *Ökotope,* die in einer Vielzahl – mit jeweils kleinen individuellen Abweichungen voneinander – auftreten und die landschaftshaushaltlich, landschaftsgenetisch sowie topoökologisch eng verwandt sind.

Ökotyp: 1. In der Geoökologie wird der Ö. vom → *Geoökotyp* repräsentiert.
2. In der Bioökologie stellen Ö. Sippen einer Art dar, die sich bestimmten Umweltbedingungen angepaßt hat und die durch Selektion entstanden ist. Man bezeichnet sie dann als → *Standortformen,* die sich im Aussehen wenig oder nicht voneinander unterscheiden, wohl aber in ihrem ökophysiologischen Verhalten und in ihren Ansprüchen an das Ökosystem. Die Ö. vertreten die Art an Lebensstätten mit unterschiedlichen geoökologischen Bedingungen.

Ökumene: Gesamtheit aller Räume, die vom Menschen als Wohn- und Wirtschaftsraum besiedelt sind. Die Ö. wird durch naturgegebene Grenzen bestimmt (Kälte-, Höhen-, Trockengrenze) und umfaßt das tatsächlich für Siedlungszwecke genutzte und das hierfür nutzbare Areal der Erde. Neben dem

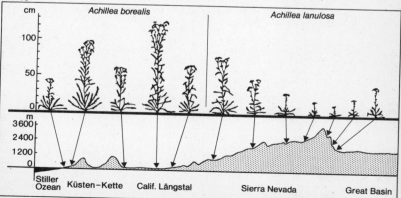

cm — *Achillea borealis* — *Achillea lanulosa*
100
50
0
m
3600
2400
1200
0
Stiller Ozean — Küsten–Kette — Calif. Längstal — Sierra Nevada — Great Basin

ständig bewohnten Raum (Vollökumene) und der → *Anökumene* wird noch die → *Sub*- oder Semi*ökumene* unterschieden.

Okzident: europäisches „Abendland" im Gegensatz zum → *Orient*. Der O. wird heute, allerdings mit nicht exakt zu bestimmenden Ostgrenzen, als ein historisch gewachsener und insbesondere auf der Kultur der griechisch-römischen Antike sowie des westlichen Christentums aufbauender → *Kulturerdteil* gesehen.

Ölbohrinsel: technische Anlage zur Suche und Förderung von Erdöl in → *Offshore-Gebieten* (→ *Offshore-Vorkommen*). Bei den Hubinseln werden maximale Wassertiefen bis 100 m erreicht. Halbtaucher, die nicht auf dem Meeresboden aufstehen, sondern lediglich verankert sind, nutzen maximale Wassertiefen bis zu 300 m. Mit Hilfe von Bohrschiffen kann sogar in Maximaltiefen bis zu 700 m gebohrt werden. Die großen Offshore-Vorkommen, z. B. in der Nordsee, werden mit Hilfe riesiger → *Produktionsplattformen* genutzt. (→ *Ölkatastrophe*, → *Ölverseuchung*)

Ölembargo: Öllieferboykott. Die Einstellung des Ölexports aus Ölförderländern in Verbraucherländer kann als politisches Druckmittel dienen. Ein Ö. traf z. B. im Anschluß an den Nahost-Krieg 1973 die USA und die Niederlande als Folge der positiven politischen Haltung dieser Länder gegenüber Israel. (→ *Ölschock*)

Oligarchie: Herrschaft weniger mächtiger Familien, Funktionärsgruppen oder einer kleinen Oberschicht. Beispiele für O. waren viele deutsche Reichsstädte des Mittelalters mit ihrer Patrizierherrschaft. In modernen Staaten wird die Konzentration der Macht auf wenige mächtige Parteiführer oft als O. bezeichnet.

oligodynam: allgemein in geringer Menge starke Wirkung ausübend mit Bezug auf Einzelindividuen von Pflanzen, Pflanzengesellschaften oder andere biotische Bestandteile in Ökosystemen.

Oligohemerobie: schwach kulturbeeinflußte Qualität von Stadtökosystemstandorten.

oligomiktisch: bezeichnet Seen, die nur selten durchmischt werden, weil infolge fehlender Abkühlung die Schichtung weitgehend stabil bleibt.

Oligopolmarkt (Oligopol): Marktform, bei der nur wenige größere Anbieter auftreten, die über ihr Verhalten auf den Marktpreis Einfluß üben können. Im Gegensatz zum → *Monopolmarkt* ist hier jedoch die Reaktion der Konkurrenten zu berücksichtigen.

oligosaprob: Gewässerabschnitt mit reinem, organisch kaum belastetem Wasser, in welchem Makroorganismen vorherrschen und Produzenten überwiegen, bei insgesamt großer Artenzahl, aber relativ geringer Individu-

endichte pro Art. Die oligosaprobe Zone ist Bestandteil des → *Saprobiensystems*.

oligotroph: nährstoffarm, wenig Nährstoffe führend, auf wenig Nährstoffe angewiesen.

Oligozän: Abteilung des → *Tertiärs*, die von 37,5 Mill. bis 23,5 Mill. Jahre v. h. dauerte und dem → *Eozän* folgte. Es wird in drei verschieden lange Abschnitte (unteres, mittleres und oberes O.) gegliedert.

vor Mill. Jahren

		oberes	Bormidian	(Aquitanian-Chattian)
–32	Oligozän	mittl.	Rupelian	Rupelian
–37,5		unt.	Lattorfian	Lattorfian

Olivin: weit verbreitete Gruppe von Silikatmineralien mittlerer Härte, zu welchen der eigentliche O. (Peridot) gehört, der von der Gruppe am weitesten verbreitet ist und sich häufig in basischen Erstarrungsgesteinen und kristallinen Schiefern befindet und zu Serpentin verwittert.

Ölkatastrophe: schwerwiegender, mit großen Umweltschädigungen verbundener Ölunfall, der bei der Ölexploration, -gewinnung und -verarbeitung bzw. beim Öltransport vorkommen kann. Am folgenschwersten waren bisher die Tankerunfälle (z. B. 1978 Amoco Cadiz im Bereich der bretonischen Küste) und die sog. Blow-outs im Offshore-Bereich (z. B. 1977 Blowout im Ölfeld Ekofisk in der Nordsee).

Ölpest: starke Verschmutzung der Meeresküsten und Uferregionen von Seen und Flüssen durch die Festsetzung von Ölrückständen. Bei der Verschmutzung von Meeresküsten geht die O. auf Tankerhavarien und unerlaubten Spülungen von Tanks zurück. Eine Folge der Ö. ist das massenhafte Verenden von Wasservögeln. (→ *Ölkatastrophe*)

Ölpflanzen: Sammelbezeichnung für Kulturpflanzen, deren Früchte bzw. Samen nutzbare Öle liefern. Die Produkte der Ö. dienen der Ernährung für Mensch und Tier oder werden für pharmazeutische und technische Zwecke eingesetzt. Unterschieden wird nach Ölsaaten (z. B. Samen von Raps, Erdnuß, Soja, Mohn, Sonnenblume usw.) und nach Ölfrüchten (z. B. Früchte der Ölpalme und Kokospalme).

Ölsand (Teer- und Asphaltsand): Sande, deren Erdölimprägnation so zähflüssig geworden ist, daß Fließvorgänge des Öls nicht mehr möglich sind. Ö.-Lagerstätten entstehen, wenn das migrierende Erdöl nicht in tiefgelegenen Fangstrukturen festgehalten wird, sondern in erdoberflächennahe Schichten wandert und zu Asphalten oxidiert. Die leichtflüchtigen Paraffine entweichen bei diesem Vorgang. Zum Zwecke der Ölausbeutung können Ö. im Tagebau oder durch in-situ-Verfahren gewonnen werden. Die Ö.-Gewinnung ist jedoch meist mit großen Umweltbelastungen in den Abbaugebieten verbunden.

Ölschiefer: bituminöses Sediment, bei dem im Gegensatz zum → *Ölsand* das Bitumen fest mit dem tonigen Muttergestein verbunden ist. Es kann das Öl auch nicht durch Heißwassertrennung (wie beim Ölsand) gewonnen, sondern das Schieferöl muß bei ca. 500 °C ausgeschwelt werden.

Ölschock: Schlagwort, das nach 1973 entstand und die plötzliche, durch das → *Öl-Embargo* ausgelöste Rohölverknappung auf dem Weltmarkt zum Ausdruck brachte. Man unterscheidet den ersten Ö., der sich aus dem 4. Nahost-Krieg (Oktober 1973) ableitete, vom zweiten Ö. Dieser bezieht sich auf die erneute, weltweit spürbare Verknappung durch die iranische Revolution 1979.

Ölverseuchung: Versauchung des Erdbodens durch Einsickern von Öl in den Untergrund. Dabei besteht vor allem die Gefahr der Grundwasserschädigung. Im ungünstigsten Falle kann 1 l Öl 1 Mill. l Grundwasser in einem Ausmaße schädigen, daß es nicht mehr als Trinkwasser gebraucht werden kann. Die Ö. wirkt sich ferner auf die Flora und Fauna teilweise vernichtend aus. Eine dauernde Ö. droht durch eine unsachgerechte Lagerung z. B. von Altölen, Benzin und Heizöl oder durch die Tankreinigung bei den großen Transportschiffen auf offener See.

ombriophil: regenliebend, besonders auf Pflanzen bezogen, die regenreiche Ökosysteme bevorzugen, bzw. auch lange Regenzeiten ohne ökophysiologische Schäden überstehen. Dazu gehören die Gewächse des immerfeuchten tropischen Regenwaldes.

ombriophob: regenfürchtend, auf Pflanzen bezogen, die bei längeren Regen stärkere Schädigungen aufweisen, weil ihre → *Hydratur* auf trockenere Bedingungen eingestellt ist.

ombrogen: durch Niederschläge bzw. niederschlagsbedingte (und nicht geländebedingte) Nässe entstanden. Der Begriff wird vor allem auf → *Moore* angewandt. Der Gegensatz ist → *topogen*.

ombrotroph: die Pflanzengesellschaften der → *Hochmoore*, die ihren Nährstoffbedarf ausschließlich aus den mit dem Niederschlag zugeführten Stoffen decken.

Omnibusreise: touristische Reise im Omnibus, entweder zur An- und Rückreise zum bzw. vom Urlaubsort oder als Besichtigungsreise. O. haben den Vorteil niedriger Transportkosten pro Person bei gleichzeitig großer Beweglichkeit gegenüber anderen Formen der Gruppenreise.

Omuramba: dem → *Rivier* bzw. dem → *Wadi* in der Gestalt und im Fließverhalten verwandtes Flußbett der Trockengebiete im Großraum Südafrika, das nur episodisch Wasser führt und in die Umgebung nur wenig eingetieft ist.

On-Shore-Gebiet: in der Erdölwirtschaft im Gegensatz zum → *Off-Shore-Gebiet* Festlandsbereich mit Erdöl- oder Erdgasvorkommen.

Ontogenese: Gesamtentwicklung eines Organismus von der Keimzelle an.

Oolith: Stein aus Ooiden, also kleinen, bis erbsengroßen Kügelchen, die konzentrisch-

OPEC

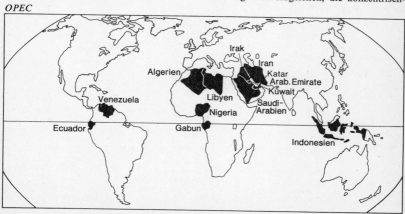

schalig oder radial-faserig aufgebaut sind, die ein Bindemittel kittet. Neben dem weitverbreiteten → *Kalkoolith* gibt es noch den Eisen-O., der durch Braun- oder Roteisen gefärbt ist und der ein wichtiges Eisenerz darstellt, sowie den Kiesel-O., einen verkieselten Kalk-O.

OPEC (Organization of the Petroleum Exporting Countries): 1960 gegründete Organisation mit Geschäftssitz in Wien. Die OPEC hatte sich bei ihrer Gründung zum Ziel gesetzt, die Mitgliedsländer gegen einen Preisverfall und eine Verminderung ihrer Einnahmen aus der Ölförderung abzusichern. Neben den Gründerstaaten Irak, Iran, Kuwait, Saudi-Arabien und Venezuela gehören heute die Arabischen Emirate, Algerien, Ecuador, Gabun, Indonesien, Katar, Libyen und Nigeria der OPEC an. Der OPEC-Anteil an der Welt-Ölförderung betrug 1981 39%. Ca. 65% der Welt-Ölreserven entfallen auf diese Staatengruppe. (→ *Ölschock*, → *Ölembargo*) (Abb. S. 45)

Open field: Fachausdruck für offene Feldflur. Das o. f. weist also keine Unterteilung durch Hecken, Zäune, Steinwälle usw. auf.

operations research: Unternehmensforschung, die mit Hilfe mathematischer Verfahren zu optimalen Entscheidungen führen soll. Zum o. r. gehören Rechenverfahren wie mathematische Programmierung, Spieltheorie, Wahrscheinlichkeitstheorie oder Simulationsmodelle.

Opferkessel: Kleinstform des Reliefs, meist als napfförmige Vertiefung in verschiedenen Gesteinen auftretend, z. B. im Buntsandstein, Granit, Granodiorit oder Quarzporphyr. Sie wird auf überwiegend chemische Verwitterung zurückgeführt, wobei bei der Entstehung Übergänge zur physikalischen und zur biogenen Verwitterung möglich sind.

opinion leader: soziale Gruppe bzw. prominente Einzelperson (z. B. Film- oder Schlagerstar, Politiker), die in einer Bevölkerung meinungsbildend wirken und deren Verhaltensweisen von anderen Gruppen aufgegriffen und nachgeahmt werden. O. l. spielen in weiten Teilen des öffentlichen Lebens, in der Wirtschaft (Werbung), insbesondere auch bei der Ausbreitung von → *Innovationen,* eine große Rolle.

Oppidum: nach dem lateinischen Ausdruck für eine befestigte stadtähnliche Siedlung in der Archäologie bzw. Historischen Geographie die Bezeichnung für eine ähnliche Siedlungsanlage der ersten vorchristlichen Jahrhunderte. Im deutschsprachigen Raum sind die meisten O. keltischen Ursprungs.

Opportunismus (Gelegenheitsnutzung): Nutzung durch Pflanzen und Tiere, die eine schnelle Reaktion auf veränderte Bedingungen in der Lebensumwelt – die oft anthropogen bedingt ist – zeigen und aufgegebene Lebensräume wiederbesiedeln. Opportunisten haben eine große Verbreitungsfähigkeit. Zu ihnen gehören viele Unkräuter, die sich in Agrarlandschaften oder auf Kahlschlagflächen im Wald rasch ausbreiten.

optimale Dichte: Bezeichnung für eine → *Bevölkerungsdichte* oder → *Wohndichte,* die bei einem bestimmten Lebensstandard, aber auch unter Berücksichtigung der Leistungskraft der öffentlichen Hand, des Ausbaues und der Ausnutzung der → *Infrastruktur* und weiterer Rahmenbedingungen in einem bestimmten Raum ein Optimum erreicht. Vor allem bei der Errichtung von → *Neuen Städten* oder bei der → *Stadtsanierung* geht man z. T. von Überlegungen über eine o. D. aus, die jedoch wegen der Vielzahl der regional unterschiedlichen Rahmenbedingungen keine Allgemeingültigkeit beanspruchen kann.

optimale Stadtgröße: Größe einer Stadt (nach Einwohnerzahl und Flächenausdehnung), bei der alle städtischen Funktionen in optimaler Weise ausgeübt werden können und das Verhältnis von Verwaltungskosten zu -leistungen sowie von gesellschaftlichen Kosten zur Lebensqualität der Bewohner Optima erreichen. Wegen der Vielzahl der Rahmenbedingungen und ihrer regionalen Unterschiede gibt es keine allgemeingültige o. S.

optimizing behavior: Streben nach optimalem Ertrag, wie es nach dem Prinzip der wirtschaftlichen Optimierung bei den Wirtschaftswissenschaften im Begriff „homo oeconomicus" zum Ausdruck kommt (→ *satisfying behavior*).

Optimum: Zustand der Bedingungen in einem → *Ökosystem,* der für eine Organismenart oder eine Gruppe den günstigsten Wirkungsbereich darstellt. Das O. kann sich auch auf einen einzelnen → *Geoökofaktor* beziehen. Den Gegensatz bildet das → *Pessimum.*

Orden: Gemeinschaft von Personen, die sich – meist aus religiösen Gründen – zu einer Lebens- und Arbeitsweise nach bestimmten Regeln und mit festgelegten Pflichten, häufig auch in einer Wohngemeinschaft, verpflichtet haben. Die bedeutendsten O. sind die in Klöstern lebenden Gemeinschaften von Mönchen oder Nonnen sowie geistliche und weltliche Ritter-O., im Mittelalter teil- und zeitweise mit eigenen Territorien.

Ordnung: neben vielfältigen Verwendungen in Geowissenschaften, u.a. bei → *Naturräumlicher Ordnung,* wird der Begriff in der Biologie enger gefaßt, 1. als taxonomische Einheit, und zwar Hauptkategorie oberhalb der Familie, 2. als pflanzensoziologische Einheit, in der floristisch einander nahestehende Verbände zusammengefaßt werden. Die O. kennzeichnet man durch → *Charakterarten.*

Ordnungsprinzipien: in der → *Geoökologie* verbunden mit dem Begriff der → *Ordnungsstufe* in der → *Naturräumlichen Ordnung,* wobei kleinere Einheiten zu größeren Raumeinheiten zusammengesetzt werden. Das erfolgt nach bestimmten relativen O., deren Gültigkeit von Ordnungsstufe zu Ordnungsstufe wechselt. Die O. sind das 1. → *Lageprinzip,* das 2. Prinzip der → *landschaftsökologischen Verwandtschaft,* das 3. Prinzip der gemeinsamen → *Landschaftsgenese,* das 4. Prinzip des gemeinsamen → *Gefügestils* und das 5. Prinzip der fortschreitenden → *landschaftsökologischen Heterogenität.*

Ordnungsstufe: Begriff der → *Geoökologie* und der → *Naturräumlichen Ordnung,* der die → *Dimensionen landschaftlicher Ökosysteme* umfaßt, d. h. die Folge der → *topologischen,* → *chorologischen,* → *regionalen* und → *geosphärischen Dimension.*

Ordovizium: Formation des → *Paläozoikums* zwischen → *Kambrium* und → *Silur,* die von 500 bis 435 Mill. Jahre v. h. dauerte und deren Pflanzenwelt noch zum → *Eophytikum* gehörte. Im O. erfolgten epirogene Senkungen, so daß weite Festlandsbereiche überflutet wurden. In älteren Formationstabellen erschien das O. als untere Abteilung des Silur.

oreal: zum → *Gebirgswald* gehörend bzw. im Bereich des Gebirgswaldes vorkommend.

oreale Biome: Lebensräume des → *Hochgebirges* oberhalb der geschlossenen Waldgrenze.

oreophil: Lebewesen, die bevorzugt im Gebirge auftreten.

Oreophyten: charakteristische Gewächse des → *Gebirgswaldes.*

Orfeev-Modell: Darstellung der antagonistischen Strategie im → *Räuber-Beute-Verhältnis.*

Innerer Kreis – gefährliche Zone; 0 – Stellung des Räubers zum Zeitmoment t_0; A – Stellung der Beute zum Zeitmoment t_0; R – Radius, welcher die von der Beute durchwanderte Fläche angibt; R' – vom Räuber erzeugte Zone zum Zeitmoment t_1; A' – Stellung der Beute zum Zeitmoment t_1 bei mißglückter Strategie.

Orfeev-Modell

Organisationsform: in der Wirtschaftsgeographie Art und Weise, wie die Wirtschaft im Raum betrieblich organisiert ist. Ein Raummuster kann z. B. durch → *Mehrwerksunternehmen* als Folge von → *Standortspaltungen* gekennzeichnet sein. Es sind generell sehr unterschiedliche → *Verbundsysteme* möglich, die sich in einer großen Vielfalt vor allem bei Industrie und Handel entwickeln. (→ *Integration*)

Organisationsmerkmale: diejenigen Merkmale eines Organismus, die nicht als Anpassung an bestimmte Entwicklungs- und Umweltverhältnisse zu deuten sind, sondern vererbt wurden.

organisch: lebendig, nur in Organismen vorkommend, die Organe oder einen Organismus betreffend.

organische Böden: Böden, die ganz oder zu einem wesentlichen Anteil aus organischer Substanz bestehen. Dazu gehören in erster Linie die → *Moore* und ein Teil der → *Mudden.*

organische Düngung: die Zufuhr von Nährstoffen in den Boden durch Aufbringen organischer Stoffe (→ *Gründüngung,* Einpflügungen von Ernterückständen, Ausbringen von Kompost, Mist, Jauche und Klärschlamm.

organischer Dünger: Sammelbezeichnung für Dünger aus natürlichen Substanzen, wie z. B. Stallmist, Fäkalien, Klärschlamm oder Pflanzenresten. Das Einbringen von o. D. in den Boden fördert die Humusbildung und verbessert die Ertragsfähigkeit im Rahmen der landwirtschaftlichen Nutzung. O. D. sind stabil und vielseitig, aber erst mittelfristig verfügbar, weil die in ihnen enthaltenen Nährstoffe zum großen Teil zuerst durch organischen Abbau freigesetzt werden müssen. Sie wirken wegen ihrer Kolloideigenschaften sehr günstig auf die Krumenbildung und versorgen im Gegensatz zu den mineralischen Düngern den Boden auch mit Spurennährstoffen.

organische Substanz: die abgestorbenen, mehr oder weniger umgewandelten pflanzlichen und tierischen Stoffe im → *Boden,* welche als Auflage scharf vom Mineralboden getrennt oder intensiv mit diesem durchmischt sind. Die Gesamtheit der o. S. bildet den → *Humus.*

Organismengemeinschaft (Organismenkollektiv): nicht näher definierte Lebensgemeinschaft tierischer und/oder pflanzlicher Lebewesen.

Organismus: Lebewesen/Gebilde, das die Erscheinungen des Lebens zeigt, vor allem Stoffwechsel und Fortpflanzung.

organogen: 1. aus organischen Bestandteilen gebildet, im Gegensatz zu minerogen. 2. in der Biologie „Organe erzeugend“.

organogene Ablagerungen (organogene Gesteine, biogene Gesteine, Biolithe): geologische Ablagerungen, an deren Bildung in hohem Maße Organismen beteiligt waren. Unterschieden werden zoogene Ablagerungen bzw. Gesteine, die auf tierische marine Lebewesen zurückgehen, z. B. Radiolarite (→ *Kieselschiefer*) und → *Korallenkalke*, und phytogene Gesteine bzw. Ablagerungen, die pflanzlichen Ursprungs sind, z. B. → *Kohle* oder → *Torf*. Dazwischen gibt es jedoch auch noch Übergangsbildungen. Auch → *Erdöl* ist eine o. A.

Organomarsch: Marschboden aus mit organischer Substanz angereicherten brackischen und fluviatilen Sedimenten mit saurem, humusreichem Oberboden. O. ist flächenhaft wenig verbreitet und zählt wegen der starken Versauerung und Vernässung zu den landwirtschaftlichen geringwertigen Böden. (→ *Marsch*)

organo-mineralische-Verbindung: mischkoagulatartige Verkoppelung von feinsten → *Tonmineralen*, → *Huminstoffen* und Zwischenprodukten der Humifizierung. Die o.-m.-V. werden vor allem im Verdauungstrakt von Bodentieren geschaffen. Sie entstehen nur bei hoher → *Basensättigung* und sind deshalb typisch für die Humusform → *Mull*, dessen Krümelstruktur sie entscheidend mitbewirken.

Orient: „Morgenland" im Gegensatz zum → *Okzident*. Die Grenzen des O. schwankten im Lauf der Geschichte stark. Nach heutigem Sprachgebrauch ist der O. ein nicht exakt zu umgrenzender → *Kulturerdteil* in den subtropischen Trockenräumen Nordafrikas und Südwestasiens. Charakteristische Merkmale orientalischer Länder sind der Islam, eine auf → *Nomadismus*, Bewässerungslandwirtschaft (→ *Oasen*) und hochentwickeltem Städtewesen beruhende Sozial- und Wirtschaftsordnung mit jahrtausendealten Wurzeln und neuerdings eine starke Überformung durch die wirtschaftlichen Folgen der Ausbeutung der großen Erdölvorräte dieses Raumes.

Orientalis: Region der → *Bioreiche* der Erde, hier der → *Paläotropis* und Indien mit den größten Teilen Hinterindiens umfassend.

orientalische Stadt: kulturraumspezifischer Stadttyp, der sich im gesamten → *Orient* mit gewissen regionalen Differenzierungen ausgebildet hat. Typische Merkmale sind der → *Basar*, das Vorherrschen von → *Innenhofgebäuden*, der unregelmäßige Grundriß mit Sackgassen abseits der wenigen Durchgangsstraßen und häufig das Nebeneinander abgeschlossener Wohnquartiere ethnisch und religiös unterschiedlicher Bevölkerungsgruppen.

Orkan: Sturmwind des höchsten Stärkegrades (Geschwindigkeit von über 100 km/h, Windstärke 12 der Beaufort-Skala). O. treten am häufigsten im Tropengürtel über dem Meer auf (→ *tropische Wirbelstürme*). Auf dem Festland der gemäßigten Breiten sind sie eher selten und entwickeln sich nur bei besonderen Wetterlagen mit extrem starken Druckdifferenzen (→ *Sturmtief*). Auch Gewitterböen und Lokalwinde (Föhnstürme) können gelegentlich O.-Stärke erreichen.

Ornithogäa: Alternativbezeichnung für das → *Australische Reich* wegen seiner artenreichen Avifauna.

Ornithozönose: wenig objektiv umgrenzbare Bezeichnung für eine Vereinigung von Vögeln zu einer biozönotischen Einheit, die sich durch ein eigenes Verteilungsmuster der Individuen auf die Arten der gleichen Klasse charakterisiert.

Orobiom: Gebirgslebensraum, der sich auf Grund des → *hypsometrischen Formenwandels* von den → *Zonobiomen* unterscheidet und der sich in Höhenstufen gliedert.

Orogen: 1. bewegliche Erdkrustenstücke, die für die → *Geosynklinalen* und die Bereiche von → *Faltengebirgen* charakteristisch sind, denen man die verfestigten → *Kratone* gegenüberstellt.
2. Faltengebirge, die durch → *Gebirgsbildung* (Orogenese) in den orogenen Bereichen geschaffen wurden und einen charakteristischen Aufbau zeigen. Um ein oder mehrere Zentralmassive, die alte und relativ starre Massen darstellen, ordnen sich beiderseits durch Falten- und Deckenbildung gekennzeichnete Gebirgsketten an, die sich nach außen - in Richtung der Vorländer - bewegt haben.

Orogenese: 1. O. umfaßte ursprünglich sämtliche tektonischen Prozesse, die Lagerungsstörungen zur Folge hatten und die heute als → *Tektogenese* bezeichnet werden.
2. Inzwischen wurde der Begriff eingeengt auf jene geotektonischen Prozesse, die eine → *Gebirgsbildung* darstellen und zu → *Faltengebirgen* führen.

orogenetische Bewegungen: Prozesse der → *Gebirgsbildung* im Sinne der → *Orogenese*.

Orographie: rein beschreibende Darstellung des → *Georeliefs* nach äußerlichen Merkmalen, vor allem nach Hoch- und/oder Tieflagen ohne Berücksichtigung der → *Geomorphogenese*. Das orographische Arbeiten in der Geomorphologie geht heute nach dem → *geomorphographisch-geomorphometrischen Ansatz* vor und wird mit diesem wesentlich differenzierter als früher in der → *Geomorphographie* praktiziert.

orographische Faktoren: in der Bioökologie berücksichtigte Faktoren des → *Geosystems*, vor allem Höhenlage, Exposition und Neigungsstärke, welche verschiedene geomorphodynamische, wasserhaushaltliche und mikroklimatische Effekte zur Folge haben, auf welche Flora und Fauna reagieren. Andeutungsweise wird damit auf den Regelfaktor Relief im → *Ökosystem* Bezug genommen.

orographische Niederschläge: Niederschläge, die durch das erzwungene Aufsteigen von Luftmassen an einem Gebirge entstehen. Die aufsteigende Luft kühlt sich → *adiabatisch* ab, wodurch der Wasserdampf nach Erreichen des Taupunktes kondensiert und die Wolken auf der hauptwindrichtungsorientierten Seite des Gebirges und in den Gipfellagen ausregnen. Die wetterabgewandte Seite bleibt dafür relativ trocken (→ *Lee-Effekt*).

orographische Schneegrenze: die wirkliche, stark von der Geländegestaltung (Besonnung, Bergschatten, Schneeablagerung) abhängige Höhengrenze zwischen dem ganzjährig schneebedeckten und dem ausapernden Gebiet eines Gebirges (→ *klimatische Schneegrenze*, → *Schneegrenze).*

orohydrographische Einheit: grundlegendes Strukturelement von → *landschaftsökologischen* bzw. → *Naturräumlichen Einheiten,* das von dem Regler Relief (vor allem seinen geomorphographischen Merkmalen) und dem darauf abgestellten Netz der Oberflächengewässer bestimmt ist. Eine sowohl in Geomorphologie als auch Landschaftsökologie und Hydrogeographie eingesetzte o.E. ist das → *Einzugsgebiet.*

orohydrographische Landschaftsgliederung: aus → *orohydrographischen Einheiten* aufbauende Gliederung, sie nimmt auf andere biotische und abiotische Geoökofaktoren keinen oder wenig Bezug. Die o. L. ist im Vergleich zu den geoökologischen Gliederungen relativ grob und stellt deren arbeitstechnische Vorstufe dar.

Ort: 1. Ortschaft im Sinne von → *Siedlung,* ohne nähere Umschreibung von Größe, Physiognomie und Funktion.
2. Örtlichkeit im Sinne eines geographischen Ortes, ohne genaue Bezeichnung von Begrenzung, Inhalt und Funktionalität.
3. Geometrischer Ort oder sog. „geographische" Lage im Gradnetz der Erde.

Orthodrome: kürzeste Verbindung zwischen zwei Punkten auf der Erdoberfläche. Die O. ist immer ein Ausschnitt eines Großkreises. Sie schneidet die → *Meridiane* wegen deren Konvergenz zu den Polen hin in wechselndem Winkel. (→ *Loxodrome*)

Orthogestein: → *Metamorphite,* die durch → *Metamorphose* aus Magmagesteinen entstanden sind, wie der → *Orthogneis* aus → *Graniten.* Den O. gegenüber stehen die → *Paragesteine.*

Orthogneis: aus magmatischen Gesteinen, also → *Erstarrungsgesteinen,* entstandener → *Gneis.*

Orthoklas (Kalifeldspat): wichtiges Mineral der Feldspatgruppe mit der chemischen Zusammensetzung $KAlSi_3O_8$.

örtliche Typenreihe: dem pflanzensoziologischen Begriff des → *Gesellschaftsringes* entsprechende Reihe. Sie umfaßt die Gesamtheit der auf einem bestimmten Standort vorkommenden (bzw. möglichen) Pflanzenassoziationen. (Abb. S. 50)

ortsanwesende Bevölkerung: Gesamtzahl der Personen, die sich am Stichtag einer Erhebung im betreffenden Gebiet aufhalten. Bei Volkszählungen wurde in Deutschland früher – in manchen Ländern geschieht dies auch heute – neben der → *Wohnbevölkerung* die o. B. erfaßt.

Ortsbeben: direkt über dem Epizentrum erfolgendes → *Erdbeben,* wo die schwersten Schäden auftreten.

Ortsbild: das gewachsene oder einheitlich geplante Erscheinungsbild einer Siedlung oder eines Siedlungsteils. Das O. ist Ausdruck der siedlungshistorischen Entwicklung sowie der landschaftlichen und gesellschaftlichen Einflüsse.

Ortsbildpflege: Erfassung, Erforschung, Erhaltung, Erneuerung und Gestaltung der ortsbildprägenden Elemente sowie der für die Wohnlichkeit wesentlichen Qualitäten. (→ *Denkmalpflege*)

Ortsdurchfahrt: Teil einer → *klassifizierten Straße,* der durch das bebaute Gebiet einer Ortschaft führt. Die genaue Festlegung der O. hat rechtliche und finanzielle Folgen bezüglich der → *Straßenbaulast* sowie der erlaubte Höchstgeschwindigkeit. Zur Vermeidung der den Fernverkehr stark behindernden und für die Wohnbevölkerung lästigen O. werden nach Möglichkeit → *Ortsumgehungen* gebaut.

Ortserde: braunschwarzer, nicht verfestigter Humusstoffanreicherungshorizont im Unterboden von → *Podsolen,* der durch die Auswaschung, Verlagerung und Wiederausfällung von Humusstoffen entsteht, welche in mehr oder weniger starkem Maß mit der → *Sesquioxidverlagerung* einhergeht.

Ortsformentyp: Bezeichnung einer Siedlung nach ihrer → *Ortsgrundrißform* und ihrem Behausungstyp (→ *Behausung*).

Ortsgebundenheit: raumwirksamer Faktor, der sich bei der Seßhaftigkeit, bei der Wirtschaft in einer Standortbeharrung (→ *Persistenz*) ausdrückt. Die O. kann in einem Raum stabilisierend wirken, durch die fehlende Mobilitätsbereitschaft der Bevölkerung, vor allem im ländlichen Raum, ist aber auch ein überdurchschnittliches Ansteigen der Arbeitslosigkeit möglich. O. wird durch Grundstücks- und Hauseigentum verstärkt.

Ortsgrundrißform: die Art, wie die → *Behausungen* über die Siedlungsflächen verteilt sind. Die O. kann locker oder dicht, regelhaft oder ungeregelt sein. Bei den geregelten

O. können z. B. die Linear- oder Radialformen auftreten. Einen deutlichen Gegensatz bilden z. B. die → *Linearsiedlung* und die → *Streusiedlung.*

Ortslage: kleinräumliche Lage einer Siedlung, sowohl bezüglich ihrer natürlichen Umgebung (z. B. Lage in einem Tal, an einem Hang) als auch innerhalb der Kulturlandschaft (z. B. Lage an einem Verkehrsweg, in einer Siedlungsachse).

Ortsnamen: Namen der Siedlungen, die im Rahmen der historischen Siedlungsgeographie näher untersucht werden. Die O. geben u. U. Hinweise auf das Alter der Siedlungen sowie auf frühere gesellschaftliche und politische Verhältnisse. Im Falle von → *Wüstungen* leben alte O. heute noch z. T. in Flurnamen weiter. Die O. der mittelalterlichen Rodungsperiode unterscheiden sich z. B. deutlich von denen der prähistorisch dichter besiedelten Räume. So fehlen O. mit der Endung -ingen bei Waldhufensiedlungen oder O. mit der Endung -rode bei Gewannflursiedlungen bzw. älteren Haufendörfern.

Ortsnamenkunde: Forschungszweig der historischen Siedlungsgeographie, der sich mit den Namen der älteren Siedlungen beschäftigt, um daraus Schlüsse bezüglich ihres Alters, der Gründungsumstände usw. abzuleiten. Die O. bedient sich der ältesten historischen Quellen (z. B. Schenkungsurkunden des Mittelalters), die es über die Siedlung bzw. den Siedlungsraum gibt.

Ortsplanung: unterste Stufe der → *Raumplanung.* Es ist in der Regel eine Planung, die sich mit dem gesamten Gemeindegebiet (gemeindliche Planung) befaßt und als → *Bauleitplanung* zu verstehen ist. (→ *überörtliche Planung,* → *Landesplanung,* → *Regionalplanung*)

Ortspräferenz: Bevorzugung eines Ortes gegenüber anderen bei der Ausübung bestimmter → *Grunddaseinsfunktionen.* O. können aus ökonomischen, häufig aber auch aus nicht-ökonomischen Gründen vorgenommen werden, z. B. die Bevorzugung eines von mehreren möglichen → *Zentralen Orten* für bestimmte Dienstleistungen aufgrund des besonderen → *Images* dieses Ortes.

Ortssatzung: kommunale Verfahrensübereinkunft für bestimmte Bereiche der gemeindlichen Selbstverwaltung. Die O. wird von der Gemeindevertretung beschlossen und ist für diese sowie für den einzelnen Bürger bindend. Beispiele für O. sind die Haushaltssatzung oder auch der → *Bebauungsplan.* Beide sind allerdings von der höheren Verwaltungsebene zu genehmigen.

Ortsteil: Siedlung – z. B. Dorf oder städtischer Vorort –, die keine selbständige Ge-

örtliche Typenreihe

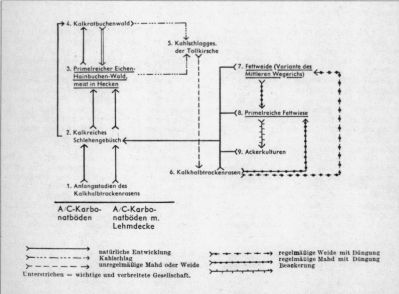

meinde bildet, sondern Teil einer solchen ist. Der Begriff O. ist zwar weithin üblich, aber ungenau; richtiger müßte es Gemeindeteil bzw. Stadtteil heißen.

Ortstein: sehr harte Verkittung von mineralischem Feinmaterial im Unterboden von Podsolen durch die extreme Anreicherung von aus dem Oberboden verlagerten Eisen-, Mangan- und Aluminiumoxiden sowie Humusstoffen. Bei vollständiger Verdichtung wirkt der O. als Stauhorizont. Er ist für Wurzeln weitgehend undurchdringlich und begrenzt somit die ökologische Gründigkeit eines Standortes.

Ortstreue: in der Bioökologie das Gebundensein von Individuen an einen besonders ausgestatteten Standort, wobei man zwischen Geburts- und Brutortstreue unterscheidet, die bei vielen Tiergruppen verschieden sind. Begriffliche Beziehungen bestehen auch zur → *Standortkonstanz.*

Ortstyp: Siedlung, die durch Funktion, Größe, Genese sowie die Sozialstruktur ihrer Bewohner charakterisiert ist. Im Bereich der ländlichen Siedlungen wird der O. im klassischen Sinne durch Ortsgröße, Ortsform und Flurform bestimmt. Daraus ergeben sich z. B. O. wie → *Weiler,* → *Haufendorf* oder → *Drubbel.*

Ortsumgehung: Straße des überörtlichen, insbesondere auch überregionalen Verkehrs, die zur Erhöhung der Reisegeschwindigkeit und zur Vermeidung von Durchgangsverkehr in Ortschaften diese umgeht. Während ursprünglich auch Fernverkehrsstraßen in der Regel auf alten Trassen die Ortschaften durchfahren, werden heute nach Möglichkeit O. zur Vermeidung von → *Ortsdurchfahrten* gebaut.

Ortswechsel: jede Ortsveränderung von Organismen im Raum, die passiv oder durch aktive Bewegung erfolgen kann und sich nicht nur auf Tiere, sondern z. B. auch auf Pflanzensamen bezieht.

Ortswüstung: im Unterschied zur → *Flurwüstung* eine untergegangene Siedlung. Dabei kann die O. total oder auch nur partiell sein. Im letztgenannten Fall handelt es sich um eine Schrumpfung der Haus- oder Hofzahl. Das Auftreten von O. kann wirtschaftliche Ursachen haben oder auch z. B. auf Epidemien zurückgehen, die in der Vergangenheit u. U. die gesamte Bevölkerung kleinerer Siedlungen dahinrafften.

Ortszeit: die in einem Land oder einer Ländergruppe geltende einheitliche Uhrzeit, die sich, je nach Lage zum → *Nullmeridian,* von der → *Weltzeit* unterscheidet.

Os: Schmelzwasserablagerungen des Eises aus Schottern und Sanden, die im Relief wallartig wie Eisenbahndämme erscheinen und große Längen von einigen Zehnern bis einigen Hundert Kilometern aufweisen kön-

nen. Sie stimmen im Verlauf mit den großen Spalten überein, die im Zehrgebiet der Inlandeise meist in Eisstromrichtung angeordnet waren. Sie schließen mitunter an Ketten von → *Rinnenseen* an oder laufen inen solchen Rinnen her. Entsprechend ihrer Entstehung als Eisspaltenbildung ist die Höhe ungleichmäßig. Die Oser können im Längsverlauf auch ganz aussetzen, um in gewisser Entfernung wieder einzusetzen. Sie zielen, als Anzeiger alter Schmelzwasserrinnen, auf den Bereich ehemaliger Gletschertore im Rand des → *Inlandeises.* Voraussetzung für die mächtige und anhaltende Schüttungen der Gletscherbäche in ihren subglazialen Betten ist wenig bewegtes Eis oder Eiszerfall. Dies erklärt auch das Auftreten der Oser in den Eisrückzugsgebieten. Oser wurden auch im Meer abgelagert (Ostsee).

Osmoregulation: für das Ertragen bestimmter Lebensumweltbedingungen wichtiger physiologischer Prozeß. Er ermöglicht bei Algen, salztoleranten Blütenpflanzen und vielen Tieren, die Salzkonzentrationen im Organismus – ihren Bedürfnissen entsprechend – konstant oder auch verändert zu halten. Der physiologische Vorgang ist für das Verständnis der Lebewelt, vor allem in Bereichen mit oft wechselnden Salzgehalten, unabdingbar, z. B. im Gezeitengebiet.

Osning-Stadium: ein Rückzugsstadium der → *Saale-Kaltzeit,* d. h. ihres → *Drenthe-Stadiums,* für das man einen Gletscherhalt im Bereich des Teutoburger Waldes annimmt. Er ist zwar nicht durch eine Endmoräne belegt, wohl aber durch randglaziale Aufschüttungen sowie durch den ausgedehnten Senne-Sander in der Münsterländischen Tieflandsbucht.

Ostblock (Ostblockstaaten): zusammenfassender Ausdruck für die Sowjetunion und die unter ihrem Einfluß stehenden kommunistisch regierten Staaten. Ursprünglich wurden alle Mitgliedsstaaten des → *COMECON* (RGW) und des Warschauer Paktes zum O. gezählt. Seit der Ausdehnung des sowjetischen Machtbereiches auch auf andere Länder Asiens sowie Afrikas und Amerikas (z. B. Vietnam, Afghanistan bzw. Angola, Äthiopien und Kuba) und wegen der Existenz nicht sowjetisch beherrschter kommunistischer Staaten (z. B. Volksrepublik China, Albanien, Jugoslawien) ist der Begriff O. nicht mehr eindeutig, und die Zuordnung wird unterschiedlich gehandhabt.

ostdeutscher Kolonialgrundriß: städtische Grundrißform, die im ostdeutschen Kolonisationsraum verbreitet ist. Der o. K. hat in der Regel einen zentralen Markt, auf dem das Rathaus steht, häufig einen besonderen Kirchplatz und ein gitterförmiges, auf den Markt bezogenes Straßennetz. Dieses findet an dem runden, ovalen oder rechteckigen

Mauerkranz seine Begrenzung.

Ostkolonisation (Ostsiedlung, ostdeutsche Siedlung, deutsche Ostsiedlung): Siedlungs- und Wirtschaftskolonisation in Ostmittel- und Osteuropa durch deutsche Ritter und Fürsten, Mönche, Bauern, Kaufleute, Bergleute usw. Die O. erfolgte in verschiedenen Wellen vom 8./9. bis zum 19. Jahrhundert und erfaßte Gebiete vom Finnischen Meerbusen (Baltikum) bis zum Schwarzen Meer. Sie führte dazu, daß es zur Ausweitung des geschlossenen deutschen Sprachraumes (z. B. Schlesien, Ostpreußen), zur Ausbildung deutscher Kultur- und Volkstumsinseln (z. B. Banat, Siebenbürgen) und slawischdeutscher Mischbevölkerung (z. B. Oberschlesien) kam. Die Ergebnisse der O. wurden nach dem II. Weltkrieg durch die Vertreibung der deutschen Bevölkerung weitgehend vernichtet.

Ostpazifische Sperre: ozeanische Sperre, welche die großen Lebensräume des Meeres voneinander trennt und für die großräumige Entwicklung und Zusammensetzung der Lebensgemeinschaften von Bedeutung ist.

Ost-West-Wanderung: während der Industrialisierungszeit des 19. Jh. bis zum I. Weltkrieg wichtigster → *Wanderungsstrom* im Deutschen Reich. Im Zuge der O.-W.-W. zogen Hunderttausende von Bewohnern der z. T. übervölkerten agrarisch strukturierten Gebiete Ostdeutschlands und Polens nach Westdeutschland, um insbesondere in Bergbau und Industrie des Ruhrgebiets und Rheinlands zu arbeiten. Es handelte sich zunächst hauptsächlich um eine → *Gastarbeiter*-Wanderung, doch wurde ein hoher Prozentsatz später seßhaft.

Oszillation: 1. in den Geowissenschaften kleinere Schwankungen des Meeresspiegels, der Eisrandlagenbewegungen und der Erdkrustenstücke, aber auch des Klimas, die dabei den Schwankungen gegenübergestellt werden.
2. in der Biologie Schwankungen der Bevölkerungsdichten an bestimmten Lebensstätten.

output: in der Wirtschaft verwendeter Begriff, der den meist als Menge gemessenen Ertrag einer wirtschaftlichen Aktivität bezeichnet.

Ova: abflußlose Hohlform in Trockengebieten, meist mit salzreichen Feinsedimenten gefüllt und von → *Pedimenten* und Glacis umgeben; entspricht etwa dem → *Bolson*, dem → *Schott* und anderen → *Salztonebenen*.

overurbanization (Hyperurbanisierung): Ungleichgewicht zwischen hohem → *Verstädterungsgrad* eines Landes und seiner noch relativ geringen wirtschaftlichen, insbesondere industriellen Entwicklung. O. ist für viele Entwicklungsländer typisch, in denen die Städte und insbesondere eine Metropole durch starke Land-Stadt-Wanderung übermäßig auf Kosten des übrigen Landes wachsen.

Owrag: steilwandige Erosionsschlucht in Nebentälchen und Hängen von Tälern der ost- und südosteuropäischen Steppen- und Waldsteppengebiete, die bei Stark- und Dauerregen sowie Schneeschmelzen entstehen und die eine Form der → *Bodenerosion* sind. Bedingt zur Ruhe gekommene Formen, die sich infolge Vegetationsbewachsung nicht weiter entwickeln, bezeichnet man als → *Balka*.

Oxbow-Lake: sichelförmige → *Altwässer* in der Stromaue großer Schwemmlandebenen.

Oxfordian: untere Stufe des → *Malm,* also dem → *Jura* angehörend und von 149 bis 143 Mill. Jahre v. h. dauernd, überwiegend durch dunkle, zähplastische Tonsedimente vertreten.

Oxidationshorizont: rostfleckiger Bodenhorizont in grundwasserbeeinflußten Böden. Der O. entwickelt sich im nicht ständig grundwassererfüllten Bereich, wo durch den schwankenden Grundwasserspiegel ein Wechsel von vollständiger Durchnässung und Durchlüftung stattfindet. Im Wasser gelöstes Eisen wird dadurch oxidiert und reichert sich nach der Ausfällung in unregelmäßigen Flecken an (→ *Gley*).

Oxidationsverwitterung: mit der Silikatverwitterung in Verbindung stehende Verwitterung, weil die verwitternden Silikatminerale Fe^{++} und Mn^{++} enthalten, die sich von der zwei- in die dreiwertige Form umwandeln unter Beteiligung von Luftsauerstoff und von Sauerstoff in gelöster Form (Niederschlagswasser, Luftwasser). Dabei erfolgen durch O- und OH-Anlagerung in Anwesenheit von Wasser Volumenvergrößerungen, und somit wird eine Auflockerung des Kristallgitters möglich. Dies äußert sich in Gesteinszerlegung und -zerfall, meist aber in Verbindung mit anderen physikalischen und chemischen Verwitterungsprozessen, wie → *Hydrolyse*, → *Hydratation* oder → *Frostsprengungsverwitterung*. Die O. kann auch anthropogen ausgelöst werden durch Verbrennung schwefelhaltiger Kohle und schwefelhaltigen Heizöls, wobei sich mit dem Regenwasser schweflige Säure bildet, die zu Schwefelsäure oxidiert, welche natürliches Gestein, aber auch historische Bauwerke zerstört.

Oxisols: im US-Bodenklassifikationssystem die Ordnung der stark verwitterten tropischen Böden mit Sesquioxidanreicherung. Die O. entsprechen der Gruppe der → *Latosole*.

Ozeanische Florenelemente: Pflanzen, die auf ozeanisches Klima mit kühl-feuchten Bedingungen und relativ geringen Temperaturschwankungen eingestellt sind.

ozeanische Kruste: Bestandteil der Erdkruste im → *Schalenbau der Erde,* wobei die o. K. – im Gegensatz zur → *kontinentalen Kruste* – wesentlich dünner ist (ca. 10 km), so daß hier auch der Erdmantel der Erdoberfläche am nächsten kommt. Die o. K. besteht aus → *Basalt,* der mit Tiefseesedimenten teilweise überdeckt ist. Unter der bis 10 km Tiefe reichenden Basaltschicht folgt eine ultrabasische (perioditische) Schicht mit Duniten und Pyroxenen, die – als Basis der → *Lithosphäre* in 16–40 km Tiefe unter der o. K. – in ca. 25 km Tiefe von der → *Asthenosphäre* des Erdmantels abgelöst wird.

ozeanischer Rücken (mittelozeanischer Rücken): charakteristische Vollform des Tiefseebodens, die gleichzeitig durch eine Grabenbildung bestimmt wird. Dabei gehen sowohl der mittelozeanische Rücken als auch der dort eingelagerte Graben auf ein Spreizen des Tiefseebodens zurück, weil sich hier zwei ozeanische Platten voneinander wegbewegen. Das Erklärungsmodell für die marine Formbildung im Bereich o. R. liefert die → *Plattentektonik.*

ozeanisches Gebirge: im Gegensatz zu kontinentalen → *Gebirgen* vulkanischen Ursprungs und ausschließlich aus Basalten aufgebaut. Die o. G. entstehen durch Dehnung der Erdkruste.

ozeanisches Regime: Grundtyp der jährlichen Schwankungen der Wasserführung eines Flusses, der ausschließlich vom wechselnden Verhältnis von Niederschlag und Evapotranspiration geprägt ist. Die maximale Wasserführung wird im Winter, die minimale Wasserführung in der zweiten Sommerhälfte erreicht (→ *Abflußregime*).

Ozeanisches Reich: eines der → *Bioreiche* der Erde, die zentralen Teile der Ozeane umfassend.

Ozon: dreiatomige Modifikation des Sauerstoffs (O_3). O. ist ein außerordentlich aggressives Gas, welches in der Erdatmosphäre in verschiedenen Schichten in 20–50 km Höhe angereichert vorkommt. Diese Schichten sind unentbehrlich für die Existenz irdischen Lebens, da sie die ultraviolette Strahlung von 0,29 bis 0,32 μm Wellenlänge fast ganz absorbieren.

Ozonsphäre: die mittlere Wärmeschicht in der → *Atmosphäre* zwischen 20 km bis maximal 60 km Höhe, in der die Temperatur wegen der Strahlungsabsorption des → *Ozons* ähnliche Werte wie am Erdboden erreicht.

P

Paarhof: Gehöftform, bei der sich das Wohnhaus und der Stall-/Scheunenbau in parallelem Abstand gegenüberstehen. Das Wirtschaftsgebäude ist in der Regel größer als das Wohnhaus. P. sind vor allem in den Ostalpen verbreitet und treten zusammen mit der → *Einödflur* auf.

Pacht: Überlassung eines Gegenstandes bzw. von → *Pachtland* an einen Pächter zur Nutzung und zum Gebrauch auf bestimmte Zeit. Als Gegenleistung muß dafür in der Regel ein Pachtzins entrichtet werden. Der Pächter kommt im Unterschied zum Mieter auch in den Genuß natürlicher Ressourcen. So hat z.B. der Pächter das Recht auf Ausnutzung von Wasserkräften. Es gibt unterschiedliche P.-Formen. Bekannt ist vor allem die → *Halbpacht* (→ *Mezzadria*).

Pachtbetrieb: in der Landwirtschaft ein Betrieb, der ganz gepachtet ist oder dessen landwirtschaftliche Nutzfläche zum größten Teil aus → *Pachtland* besteht.

Pächter: Person, die einen Gegenstand gegen Entgelt auf bestimmte Zeit zur Nutzung überlassen bekommen hat. Der Begriff P. wird vor allem bezüglich des Nutzers fremder Grundstücke (→ *Pachtland*) und Gebäude gebraucht (z.B. P. eines landwirtschaftlichen Betriebes).

Pachtland: Grundstücke, die für eine bestimmte Zeit gegen Geld, Naturalien oder auch Dienstleistungen (Pachtzins) einem anderen zur Nutzung überlassen werden. In der Landwirtschaft der Bundesrepublik Deutschland spielt heute die Zupacht einzelner Grundstücke (Parzellenpacht) eine größere Rolle als das Pachten ganzer Betriebe. P.-Anteile sind vor allem in Gebieten mit → *Realerbteilung* stark vertreten.

Pachtsystem: die sozial- und wirtschaftsgeographische Ausprägung von → *Pachtverhältnissen* im Raum.

Pachtverhältnis: Konditionen, nach denen Pächter und Verpächter einen Pachtvorgang regeln. Ganz bestimmte P. können größere Räume einseitig prägen (→ *Rentenkapitalismus*).

Packeis: durch Strömung und Wind ineinandergeschobene, dicht verbackene und z.T. hochaufgetürmte Eisschollen in den Eismeeren.

Packschnee: dicht gelagerter → *Neuschnee* aus eng aneinanderliegenden Kristallpartikelchen, der durch Winddruck auf der Luv- und Windverlagerung auf der Leeseite entsteht. (→ *Schnee*)

Pagon: Lebensformgruppe von Wasserorganismen, die innerhalb gewisser Grenzen auch nach vorübergehend gefrorenem Zustand lebensfähig bleiben. Dazu gehört das → *Kryoplankton*.

Paläoboden: Bodenbildung, die in einem früheren geologischen Zeitraum, oft unter andersartigen Bedingungen (insbesondere des Klimas), entstanden ist. Die mit den Jetztverhältnissen nicht erklärbaren Merkmale wurden entweder durch eine Überdeckung des P. mit jüngeren Sedimenten konserviert oder bei oberflächlichem Anstehen des P. durch die jüngeren andersartigen Bodenbildungsprozesse überprägt. Bei einer Überprägung entstehen schwer einordbare Mischprofile (z.B. degradierte Schwarzerden, Abkömmlinge subtropischer tertiärer Roterden). Erhaltene P. finden sich z.B. in → *Lössen* in mehreren Stockwerken übereinander und können zur klimageschichtlichen Gliederung des → *Pleistozäns* herangezogen werden.

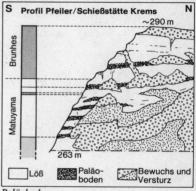

Paläoboden

Paläanthropologie: Zweig der Anthropologie, der sich mit fossilen Hominiden beschäftigt, zeitlich etwa bis zum Ende → des *Pleistozäns*.

Paläarktisches Reich (Paläarktis): eines der → *Bioreiche* der Erde, das Eurasien (mit Island, den Kanarischen Inseln, Japan) und Nordafrika bis zum Südrand der Sahara umfaßt.

Palädemographie: Teilgebiet der → *Paläanthropologie*. Sie beschäftigt sich mit der Bevölkerungsbiologie in der Vor- und Frühgeschichte der Menschheit.

Paläobotanik (Paläophytologie, Phytopaläontologie, Pflanzenpaläontologie): Erforschung der Pflanzenwelt früherer erdgeschichtlicher Zeitabschnitte als Teilgebiet der → *Paläontologie* auf der Grundlage von pflanzlichen Groß- und Kleinresten.

Paläogen: eine der ältesten Abteilungen des → *Tertiärs* als Alttertiär, das von 65 bis 23,5 Mill. Jahre v.h. dauerte. Ihm folgte das → *Neogen*.

Paläogeographie: Bestandteil der → *Histori-*

schen Geologie, der sich mit den geographischen Verhältnissen der Erde in früheren geologischen Zeiträumen beschäftigt. Dabei werden einerseits die Verteilung von Land und Wasser auf der Erde sowie die Entwicklung der Kontinente untersucht, andererseits auch deren ökologische Zustände, so daß Beziehungen zur → *Paläontologie,* → *Paläoklimatologie* und zur → *Paläogeomorphologie* bestehen.

Paläogeomorphologie: eigentlich Bestandteil der → *Paläogeographie* der → *Historischen Geologie,* weil die Reliefformen der Vorzeit wichtige Strukturelemente der vorzeitlichen Landschaften waren. Große Teile der klassischen Geomorphologie, besonders die vom → *geomorphogenetisch-geomorphochronologischen Ansatz* ausgehenden, müssen konsequenterweise ebenfalls als P. bezeichnet werden, weil sie sich mit den Formrelikten geologischer Vorzeiten beschäftigen.

Paläokarst: Beispiel für die → *Paläogeomorphologie,* das sich mit zeit- und stellenweise durch Sedimente verhüllten Karstformen beschäftigt, die durch spätere geomorphologische Prozesse teilweise oder ganz exhumiert wurden.

Paläoklimatologie: aufgrund von Fakten der → *Paläogeographie,* → *Paläogeomorphologie* und → *Paläontologie* die Zustände des Klimas in früheren erdgeschichtlichen Epochen erarbeitende Wissenschaft. Dabei nehmen sowohl die Zahl als auch die Eindeutigkeit der Kriterien, die auch als → *Paläoklimazeugen* bezeichnet werden, von den älteren zu den jüngsten Abschnitten der Erdgeschichte zu, so daß die Aussagen in gleicher Richtung an Sicherheit gewinnen. Die P. ist ein interdisziplinäres Forschungsgebiet verschiedener Geo- und Biowissenschaften, dessen Ergebnisse für Tertiär und Quartär für die Geographie besonders bedeutsam sind, weil sich Bezüge zu den aktuellen Klima- und Ökosystemzuständen auf der Erde finden lassen.

Paläoklimazeugen (Klimazeugen): geographische oder biologische Gegenstände (bzw. Sachverhalte), die Aufschlüsse über Temperatur, Feuchtigkeit, Luftdruckverteilung sowie jahreszeitliche und langdauernde Klimawechsel in vorzeitlichen Ökosystemen zulassen. Dazu gehören z. B. Sedimentcharakter, Geschiebe, Gletscherschrammen, Pollen, Hölzer, Paläoböden, Eiskeile, Knochen, Flußterrassen, Moränen usw. Gewöhnlich wird nicht mit einem P. gearbeitet, sondern mit einem ganzen Spektrum, das zudem in einen paläoökologischen Kontext gestellt wird.

Paläontologie (Paläobiogeographie, Paläobiologie): Fachgebiet der → *Historischen Geologie,* das sich mit der vorzeitlichen Flora und Fauna beschäftigt, das ursprünglich als reine Versteinerungskunde begriffen wurde, inzwischen jedoch eher als → *Paläoökologie* zu bezeichnen ist. Die P. ordnet sich zwischen Geologie und Biologie an und erforscht sowohl die geologischen Faktoren, die zur Entstehung von → *Fossilien* geführt haben, als auch deren Stellung in der → *Stratigraphie.* Bei geologischer Zielsetzung versteht sich die P. als Fossilisationslehre und als Biostratinomie, d. h. die Vorgänge untersuchend, die von Beginn des Absterbens bis zur endgültigen Einbettung auf einen Organismus wirkten, sowie die Fossildiagenese, also die Umbildungsvorgänge des Fossils nach seiner Einbettung. Bei biologischem Verständnis überwiegen systematisch-ökologische Interessen. So werden in der Ontogenie der individuelle Werdegang des vorzeitlichen Organismus untersucht, in der → *Paläoökologie* die Lebensweise und die Lebensbedingungen, in der Paläobiogeographie i. e. S. die Verbreitung von Floren und Faunen auf ehemaligen Festländern und in früheren Meeren, in der Phylogenie die Entwicklung des Lebens im Laufe der Erdgeschichte. Neben der Makrobetrachtung der Gegenstände gewinnt zunehmend die Mikropaläontologie Bedeutung, weil mit Verfeinerung der Untersuchungsmethoden auch mikroskopisch kleine Tier- und Pflanzenreste aussagekräftige Fakten liefern.

Paläoökologie (Palökologie): 1. geowissenschaftliches Fachgebiet, das sich allgemein mit den vorzeitlichen Lebensraumbedingungen und deren Zusammenhang mit Floren und Faunen beschäftigt. Als Fortführung der → *Paläogeographie* bzw. → *Paläontologie* erforscht es die vorzeitlichen Abschnitte der Erdgeschichte auf ihre Gesamtökosystemzustände, d. h. z. B. den → *Paläoboden* als Indikator des Gesamtzustandes der Landschaft oder Tiere und Pflanzen als Bestandteile von Organismenkollektiven einer vorzeitlichen Umwelt usw. 2. Innerhalb der → *Paläontologie* ein biologisch-historischer Fachbereich, der sich mit der Lebensweise und den Lebensbedingungen vorzeitlicher Floren und Faunen beschäftigt und deren erdgeschichtliche Einordnung versucht. 3. Im weiteren Sinne stellt die P. einen übergreifenden Fachbereich dar, der große Teile der klassischen Teilgebiete der → *Paläontologie* umfaßt. Mit dem Verständnis der vorzeitlichen Umwelten als Ökosysteme und der Zugrundelegung des → *ökologischen Ansatzes* werden die Tier- und Pflanzengesellschaften bzw. -individuen als Bestandteile des Lebensraumes begriffen, mit dem sie in Wechselwirkungen stehen, woraus sich umfassende methodische Konsequenzen ergeben.

Paläophytikum (Pteridophytenzeit, Florenaltertum): florengeschichtlicher Zeitabschnitt, der dem → *Eophytikum* folgt, beginnend etwa im oberen → *Silur* und endend mit dem → *Rotliegenden.* Unterschieden wird ein älteres P., die Psilophytenzeit, vom oberen Silur bis zum mittleren → *Devon,* und die jüngere Pteridophytenzeit vom oberen Devon bis zum Rotliegenden. Die Psilophytenzeit ist charakterisiert durch das Auftreten einer umfangreichen Landvegetation, die von den Psilophyten, den Nacktpflanzen, sowie primitiven Farnen, den Pteridophyten, beherrscht war. Im oberen Devon verschwinden die Nacktpflanzen, während die Farne sich zu baumartigen Formen entwickelten. Damit beginnt die eigentliche Pteridophytenzeit, die von ihnen beherrscht wurde. Eine besonders reiche Entwicklung erfolgte im → *Karbon,* in welchem sich auf der Erde bereits zwei große Florenreiche – ein nord- und ein südhemisphärisches – ausbildeten.

Paläotropis (Paläotropisches Reich): eines der → *Bioreiche* der Erde, die Aethiopis, Madegassis und die Orientalis umfassend, d. h. Afrika südlich der Sahara mit Madagaskar, Indien und Hinterindien sowie verschiedenen Inseln zwischen Madagaskar und Hinterindien bis zur → *Wallace-Linie.*

paläotropisch-holarktisches Übergangsgebiet: eines der biogeographischen Übergangsgebiete, hier zwischen der → *Paläotropis* und der → *Holarktis,* deren Ausscheidung durch die pleistozänen und holozänen Floren- und Faunenwanderungen aus methodischen Gründen sehr schwierig ist. Dies gilt auch für andere Übergangsgebiete.

Paläozän: unterste Abteilung des → *Tertiär,* von 65 bis 53,5 Mill. Jahre v. h. dauernd und in die Stufen Danian, Montian und Thanetian gegliedert. Über das P. liegen sehr wenig Kenntnisse vor, weil in vielen Teilen Europas von der oberen → *Kreide* an festländische Verhältnisse und damit Abtragsbedingungen herrschten.

Paläozoikum (Erdaltertum): Altzeit in der Entwicklung des Lebens auf der Erde, von 570 bis 225 Mill. Jahre v. h. dauernd, d. h. → *Kambrium,* → *Ordovizium,* → *Silur,* → *Devon,* → *Karbon* und → *Perm* umfassend. Am Anfang stand eine reiche Fauna aus Vertretern aller Stämme der Wirbellosen, die sich stark entwickelten, aber am Ende des P. vielfach ausstarben. Die für postpaläozoische

Zeitabschnitte charakteristischen Ammoniten, höheren Fische, Vögel und Säugetiere entwickelten sich erst nach Abschluß des P.

Paläozoologie: Teilgebiet der → *Paläontologie,* das sich mit der Erforschung der Tierwelt der Vorzeit beschäftigt und der → *Paläobotanik* zur Seite gestellt wird.

Palmen: Familie der einkeimblättrigen Pflanzen mit ca. 4 000 Arten, die für subtropische und tropische Klimate charakteristisch ist und meist als baumförmige Lebensform auftritt. Deren Stämme sind meist nicht verzweigt und werden von einem Blattschopf gekrönt, nach dessen Formen man Fieder- und Fächerpalmen unterscheidet.

Palynogramm: schematische Darstellung der Formen von → *Pollen* im Vergleich verschiedener Gattungen oder höherer taxonomischer Kategorien.

Palynologie (Pollenforschung): Forschungsgebiet der Botanik, besonders der → *Geobotanik,* das sich mit der Untersuchung rezenter und fossiler Arten der → *Pollen* beschäftigt.

Pampa: südamerikanische → *Steppe,* die in außertropischen Gebieten mit 500–1 000 mm Niederschlag vorkommt, sich aber durch eine hohe Verdunstung auszeichnet, also semiarides Klima mit negativer Wasserbilanz aufweist. Charakteristisch ist die Baumfreiheit der P., die natürlich oder künstlich sein kann, woraus in der wissenschaftlichen Literatur das „P.-Problem" postuliert wurde. Inzwischen geht man davon aus, daß die P. eine natürlich baumfreie Steppe war und ist, was klimatisch und mit den mächtigen Schwarzerdeböden sowie einem eigenständigen Ausbreitungszentrum einer Steppenfauna in der jüngeren Erdgeschichte begründet wird. Die ca. 6 000 km^2 große P. als Landschaft, deren Vegetation durch die Boden- und Niederschlagsabstufungen in sich noch differenziert ist, weist lediglich noch in den Westteilen ihre charakteristische Graslandvegetation auf, die jedoch durch intensive Weidenutzung anthropogen verändert wurde. Der Ostteil wurde in Weizenanbaugebiete umgewandelt, die einer starken Bodendegradation unterliegen.

panchron: tierische und pflanzliche Organismen, deren Arten im Laufe längerer Zeiträume keine wesentlichen morphologischen bzw. ökophysiologischen Änderungen erfahren haben und als „lebende Fossilien" auch

Pampa

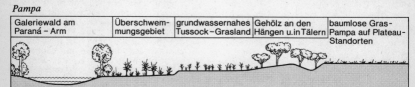

| Galeriewald am Paraná – Arm | Überschwemmungsgebiet | grundwassernahes Tussock–Grasland | Gehölz an den Hängen u. in Tälern | baumlose Gras-Pampa auf Plateau-Standorten |

heute noch existieren, wie der Ginkgo-Baum.

Pandemie: weltweit vorkommende Infektionskrankheit. Bekannte P. waren bzw. sind Pest, Cholera, Malaria und Pocken.

Panmixie (Paarungsmischung): Verbreitung von Heiratsbeziehungen über ethnische, rassische, religiöse und andere Grenzen der eigenen sozialen Gruppe hinweg. P. ist heute in vielen westlichen Industrieländern üblich (z. B. → *Mischehen* zwischen Deutschen und ausländischen Gastarbeitern), während sie in Agrargesellschaften meist durch → *Heiratsbeschränkungen,* aber auch durch vielfach fehlende Kontakte zu anderen Bevölkerungsgruppen, verhindert wird.

pannonisch: aus Pannonien stammend, d. h. aus dem Ungarischen Becken und seiner Umgebung und meist auf postglaziale Floren und Faunen sowie deren Wanderungen bezogen.

Pantropisten: Organismen, die den größten Teil der → *Tropen* bewohnen.

Pappschnee: feuchter Lockerschnee (im Gegensatz zu → *Pulverschnee*).

Parabeldüne (Paraboldüne): den → *Barchanen* ähnliche → *Dünen,* die mit ihrer Öffnung gegen den Wind gerichtet sind, d. h. meist langgezogene Sichelenden aufweisen, die dem trotz seiner größeren Mächtigkeit und Höhe rascher wandernden Dünenmittelstück nachhinken. Die P. sind in semiariden Gebieten und an Küsten weit verbreitet, wo

Parabeldüne

die Untergrundfeuchte auf die Gestaltformung Einfluß nimmt. Die P. können sich schließlich soweit auseinanderziehen, daß sie in → *Longitudinaldünen* übergehen.

Parabiochorion: Kategorie der → *Biochorien* und den → *Eubiochorien* gegenübergestellt. Bei den P. gibt es keine spezifische Besiedlung und keine wahren Konnexe, sondern nur zufällige Begegnungen von → *Zoophagen* und Nichtzoophagen.

Parabiose: Gesellung von Tieren, die primär Wohn-, Schutz- und Transportbeziehungen für einen Partner betreffen, ohne daß dem anderen gewöhnlich weder Vor- noch Nachteile erwachsen. Dazu gehören → *Epökie,* → *Parökie,* → *Phoresie,* → *Entökie* und → *Synökie.*

Parabiosphäre: Randzone des Lebens in den oberen Schichten der → *Atmosphäre,* die somit gleichzeitig ein Teil der → *Biosphäre* ist.

Parabraunerde (Lessivé): mäßig saurer bis saurer verbraunter Boden (→ *Verbraunung*) mit Tonverlagerung vom Ober- in den Unterboden (→ *Lessivierung*). Die beiden typischen Horizonte der P. sind der aufgehellte, leicht verfahlte, an Ton verarmte A_l-Horizont unter dem Humus und der dichte, mit Ton angereicherte B_t-Horizont im Unterboden, der im fortgeschrittenen Entwicklungsstadium auch Staunässemerkmale aufweist. Stark versauerte P., in denen neben der Tonverlagerung auch eine Tonzerstörung im A_l-Horizont stattfindet, werden als → *Fahlerden* bezeichnet. P. entwickeln sich am ausgeprägtesten in karbonathaltigen Feinsedimenten (→ *Löß,* → *Geschiebemergel*). Sie kommen aber auch auf lehmigen Sanden, Schottern mit lehmigem Feinmaterial und ähnlichen Substraten vor. In den gemäßigten-humiden Klimabereichen sind P. ein weit verbreiteter Bodentyp.

Parabraunerde

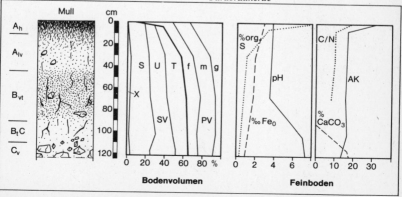

Paragenese (Mineralparagenese): gesetzmäßige Vergesellschaftung von Mineralen in Lagerstätten und Gesteinen, die auf den physikalischen und chemischen Merkmalen des Bildungsvorganges beruhen.

Parageosynklinale: im Gegensatz zur echten → *Geosynklinale* bzw. → *Eugeosynklinale* ein Trog auf dem konsolidierten Unterbau der → *Schelfe,* dessen Füllung im übrigen später nur noch → *germanotyp* beansprucht wurde. Der P. fehlen die wichtigen Merkmale einer echten Synklinale.

Paragestein: aus Sedimentiten hervorgegangene → *Metamorphite,* z. B. → *Paragneise* aus Tonschiefer oder Sandstein. Den P. werden die → *Orthogesteine* gegenübergestellt.

Paragneis: metamorphes Gestein, auch als kristalliner Schiefer bezeichnet, das Struktur- und Texturveränderungen durch Metamorphose erfuhr und aus Grauwacken, Tonschiefern oder Sandsteinen entstand, also aus Sedimentiten. Dem P. wird der → *Orthogneis* gegenübergestellt.

paralisch: Sedimentbildungen in Küstennähe, wo die marinen Ablagerungs- und Bildungsbedingungen noch festländisch beeinflußt sind.

Parallelschichtung: Merkmal von lockeren oder verfestigten Sedimenten, bei der die Einzelschichten gleichförmig parallel übereinander lagern. Für die P. nimmt man strömendes, ruhiges Fließen an.

Páramo: Landschafts- und Vegetationstyp der tropischen Hochanden im Bereich der Nebel- und Wolkenstufe mit relativ hoher Feuchtigkeit, aber niedrigen und durch geringe Schwankungen ausgezeichnete Temperaturen, so daß von ständiger → *Oligothermie* gesprochen wird. Starke Fröste treten kaum auf, da häufige Nebel mikroklimatisch mildernd wirken. Das Wachstum der Vegetation, die sich nicht nur aus tropischen Höhengräsern zusammensetzt, geht langsam vonstatten. Viele P.-Gewächse weisen xeromorphe Merkmale auf, die damit erklärt werden, daß die Wasseraufnahme infolge der niedrigen Temperatur der zahlreichen Frostwechsel oft gehemmt ist, so daß nur zeitweise geringe Wassermengen zur Aufrechterhaltung der → *Hydratur* zur Verfü-

gung stehen. Charakteristische Lebensform des P. sind Polsterpflanzen, stammbildende Sukkulenten und Rosettengewächse. Konvergente Vegetationsformationen kommen auch in anderen tropischen Hochgebirgen der Erde vor.

Paramorphe: intraspezifische Variante bzw. Abweichung unbestimmter Art bzw. Modifikation oder Sippe unterhalb der Unterart.

Pararendzina: A-C-Boden auf kalkhaltigem Lockersediment mit basenreichem krümeligem bis polyedrischem (bei Tongesteinen) Mullhumushorizont. P. haben, abgesehen von der viel größeren Tiefgründigkeit, ähnliche Eigenschaften wie die → *Rendzinen,* entwickeln sich aber anders. Da ihr mineralisches Feinmaterial z. T. aus silikatischen Bestandteilen besteht, werden sie unter humiden Klimabedingungen mit der Zeit vollständig entkalkt und treten ins Stadium der → *Verbraunung* über. In Mitteleuropa ist die P. demzufolge ein Übergangsbodentyp, der nur als junge Bodenbildung oder als Erhaltungsbodentyp an erosionsbeeinflußten Standorten, wo durch Abtrag ständig frisches kalkhaltiges Sediment freigelegt wird, vorkommt. Ausnahmen sind lokale Trockeninseln im Lee von Gebirgen, wo die → *Entkalkung* wegen der geringen Niederschlagsmengen stark verlangsamt vor sich geht.

Parasit (Schmarotzer): Organismen, die sich zum Zweck der Nahrungsaufnahme und Fortpflanzung dauernd oder vorübergehend in oder auf einem tierischen oder pflanzlichen Organismus aufhalten, auf Kosten der Wirte leben und sie schädigen, ohne sie unmittelbar zu töten. Unterschieden werden Holoparasiten (Vollschmarotzer) und Hemiparasiten (Halbschmarotzer), die nur einen Teil ihrer Nährstoffe dem Wirt entnehmen. Nach dem Aufenthaltstyp können noch permanente und periodische sowie stationäre und temporäre P. unterschieden werden. Auf der Körperoberfläche lebende P. sind Ektoparasiten, solche in Wirtsorganismus Endoparasiten. Fakultative P. sind normalerweise freilebend, die nur gelegentlich zu Schmarotzern werden, obligate P. durchlaufen in ihrem Entwicklungszyklus wenigstens eine parasitäre Phase. Auf oder in Tieren schmarot-

Páramo

Stammbildende Wollschopfpflanzen (*Espeletia* – Typ)

Hartpolsterpflanzen (*Azorella* – Typ)

Immergrüne Sträucher mit dichtstehenden Schuppen – oder Rollblättern (*Loricaria* – Typ)

Zwergrosettenpflanzen mit dicken Rhizomen (*Werneria* – Typ)

Wollblattsträucher (*Helichrysum* – Typ)

Halbholzige Teppichzwergsträucher (*Acaena*-Typ)

Wollkerzen – Rosettenpflanzen (Lupinusarten in Südamerika Lobeliaarten in Afrika)

Immergrüne Breitlaubsträucher (*Belaria* – Typ)

Büschel – (Tussock –) Gräser

zende P. sind Zooparasiten, auf oder in Pflanzen lebende Phytoparasiten.

Parasitenfolge: Reihenfolge verschiedener, sich ablösender → *Parasiten,* welche die einzelnen Entwicklungsstadien ihres Wirtes befallen, z. B. Eier, Larven, Puppen und Imaginalstadien bzw. Jugend- und Altersstadien.

Parasitismus (Schmarotzertum): eine Form der Wechselbeziehungen und des Zusammenlebens verschiedener Organismen zum einseitigen Vorteil des → *Parasiten* auf Kosten des anderen Partners.

parasitogenetische Korrelationsregeln: Prinzipien der Parallelbeziehungen zwischen Wirt und Parasit, die sich aus der Stammesgeschichte ergeben und für die meisten Parasitengruppen zutreffen. Die Parallelität bezieht sich auf Größe, Formenreichtum, Verwandtschaftsverhältnisse und Organisationshöhe bei Wirt und Parasit.

Parasitoide: → *Parasiten,* die ihren Wirt während ihrer Entwicklung allmählich abtöten, wie Schlupffliegen und Schlupfwespen.

Parasitologie: sich mit den → *Parasiten* und ihrer Lebensweise beschäftigender Forschungszweig mit engen Fachbeziehungen zu Medizin, Veterinärmedizin und Landwirtschaft. Besonders die → *Geomedizin* ist zu weiten Teilen P.

Parasitose: durch → *Parasiten* verursachte Krankheit oder Schwächung eines pflanzlichen, tierischen oder menschlichen Organismus.

Parasitozönose: Gemeinschaft von Parasiten, die in einem Organ oder Wirt leben.

Paravariation: Eigenschaft, die von einem Individuum im Laufe seines Lebens als Folge von Umwelteinwirkungen erworben wurde, die aber nicht erblich ist.

Paria: 1. in Indien Angehöriger der außerhalb der Kastenordnung stehenden „Unberührbaren“. Die P. gehen auf die Urbevölkerung zurück und waren früher aus der Gesellschaft ausgestoßen; heute sind sie zumindest rechtlich gleichgestellte Bürger mit einer festgesetzten Zahl von Abgeordneten.
2. in übertragenem Sinn Angehörige einer sozial, ökonomisch, oft auch rechtlich unterprivilegierten Gruppe in einer Gesellschaft.

Park: 1. größere, landschaftsgärtnerisch gestaltete Grünanlage, die hauptsächlich Erholungs-, aber auch stadtgestalterischen Zwecken dient. P. sind meist innerstädtische Anlagen und stehen häufig im Zusammenhang mit anderen Freizeit-, Erholungs-, Sport- und auch Bildungseinrichtungen (z. B. Spiel- und Sportplätze, Biergarten, Tierpark, Botanischer Garten, Freilichttheater). Landschafts-P. haben ihren Ursprung oft in historischen Schloßanlagen (→ *Naturpark,* → *Nationalpark,* → *Vergnügungspark*).
2. Depot, Abstell- und Sammelplatz für Geräte und Fahrzeuge sowie die Gesamtheit der dort deponierten Geräte (z. B. Fahrzeugpark).

Park-and-Ride-Platz: Parkplatz an einer Haltestelle eines → *öffentlichen Verkehrsmittels* (insbesondere an U- und S-Bahn), auf dem Fahrgäste, die die Haltestelle mit dem eigenen Kraftfahrzeug erreichen, dieses abstellen und zur Weiterfahrt das öffentliche Verkehrsmittel benutzen können. P.-a.-R.-P. bestehen vor allem im Vorort- und Umlandbereich von Verdichtungsräumen. Sie werden hauptsächlich von → *Pendlern* benutzt, die ihr innerstädtisches Fahrtziel – an dem häufig keine Parkmöglichkeit besteht – günstiger mit U- oder S-Bahn, Straßenbahn oder Bus erreichen.

Park-and-Ride-System: Form des → *gebrochenen Verkehrs,* bei dem eine Person die Haltestelle eines → *öffentlichen Verkehrsmittels* mit dem eigenen Kraftfahrzeug oder auch als Mitglied einer → *Fahrgemeinschaft* anfährt, das Fahrzeug auf einem Park-and-Ride-Platz parkt und die Fahrt dann in einem öffentlichen Verkehrsmittel fortsetzt. Das P.-a.-R.-S. wird – insbesondere beim Vorhandensein von U- oder S-Bahnen – vor allem für den innenstadtorientierten → *Pendelverkehr* propagiert, um die Stadtzentren vom Individualverkehr zu entlasten.

Parkhaus: mehrgeschossige bauliche Anlage zum kurz- bis längerfristigen Abstellen von Kraftfahrzeugen. P. werden aus Kostengründen in der Regel nur dort errichtet, wo keine genügend große Fläche für die Anlage von → *Parkplätzen* vorhanden ist, d. h. also vor allem im innerstädtischen Bereich.

Parklandschaft: 1. ein wenig scharfer vegetationskundlich-biogeographischer Begriff, der wegen der physiognomischen Ähnlichkeit von natürlicher oder quasinatürlicher Vegetation mit der künstlichen P. verwendet wird. Als P. bezeichnet man z. B. die extrazonalen Waldinseln, die aus standörtlich-ökologischen Verhältnissen in einer anderen Klimazone auftreten, wie die → *Galeriewälder* oder die → *Termitensavannen* mit ihren Termitenhügelwäldchen. P. nennt man auch den physiognomischen Vegetationstyp im zonalen Grasland der → *Steppen* und → *Savannen,* das mehr oder weniger stark mit einzelnen Bäumen oder Baumgruppen durchsetzt ist. Wegen des deskriptiven Begriffscharakters spielt die Frage der Einheitlichkeit oder Nichteinheitlichkeit der Pflanzengesellschaft der P. keine Rolle.
2. naturnahe oder naturfremde, gepflegte oder überhaupt künstlich angelegte Landschaft, die von Überbauungen freigehalten ist, Grünflächen und Baumgruppen trägt und von Wegen durchzogen wird. Klassisches Beispiel der künstlichen Parklandschaft ist der sog. englische Park.

Parkplatz: befestigter Platz, der zum kurz-

bis längerfristigen Abstellen von Kraftfahrzeugen dient. P. sind typische Erscheinungen an allen Orten, an denen starker → *Zielverkehr* auftritt, insbesondere im innerstädtischen Bereich (z. B. Einkaufszentrum, Sport-, Unterhaltungs-, Vergnügungsstätte), aber auch etwa in stark frequentierten → *Naherholungsgebieten* (z. B. Waldrand-P. für Wanderer) (→ *Park-and-Ride-Platz*).

Parna: toniges, lößähnliches Staubgestein, das sich durch Ausblasung von Verwitterungsmaterial aus Böden mit geringer Vegetationsbedeckung bildet.

Parökie: Form der → *Parabiose,* bei der es sich um geduldetes Wohnen bzw. Leben in der Nachbarschaft handelt, wie die Schneehühner in der Nähe von Rentieren, um an die von diesen aus dem Schnee herausgekratzte Vegetation zu gelangen.

Partialkomplex: Bezeichnung der → *Geoökologie* für → *Geoökofaktoren* als Funktionseinheiten im → *Ökosystem,* wo sie als Subsysteme auftreten. Sie werden im Rahmen der → *Partialkomplexanalyse* untersucht. P. sind z. B. Boden, Klima, Wasser.

Partialkomplexanalyse (Differentialanalyse, Komplexanalyse, landschaftsökologische Partialanalyse, Partialanalyse): auf der Stufe des → *Partialkomplexes* angelegte landschaftsökologische Untersuchung im Rahmen der → *Komplexen Standortanalyse,* mit der die P. nicht verwechselt werden darf. Im Gegensatz zu dieser steht bei der P. die Erfassung des einzelnen Partialkomplexes als bodengeographische, klimageographische, hydrogeographische usw. Einheit im Mittelpunkt der Arbeit, d. h. als Bestandteil des Ausstattungstyps der Naturräumlichen Einheiten. Ökofunktionale Aspekte treten bei der Untersuchung des Partialkomplexes weitgehend zurück. Sie erfolgen allenfalls im Hinblick auf das haushaltliche Geschehen innerhalb des Partialkomplexes selbst.

Partialtide: einem bestimmten Parameter zuordbarer Anteil der Gezeitenhebung (→ *Gezeiten*), welche eine Summenerscheinung verschiedener wirksamer Kräfte ist (z. B. die → *Mondtide*).

Partialverlagerung: im Gegensatz zur → *Totalverlagerung* eines Betriebes nur eine Teilverlagerung. Die P. kann in ganz unterschiedlicher Form geschehen. Am häufigsten erfolgt bei Industriebetrieben eine Auslagerung der Produktion, während die Verwaltung bzw. der Verkauf oder die Forschungsabteilung am alten, meist zentralen Standort verbleibt.

Partizipation: in der Raumplanung das Mitbestimmen Betroffener im Planungsprozeß. Die P. kann in unterschiedlicher Form geschehen. Entweder erfolgt eine direkte oder indirekte Beteiligung der Öffentlichkeit an raumrelevanten Sachentscheidungen, oder die P. nehmen spezielle Gruppen, z. B. Bürgerinitiativen, wahr.

Parzelle: kleinste vermessene Besitzeinheit, die im Grundbuch der Gemarkung (numeriert) eingetragen ist. In der Landwirtschaft werden P. unterschieden nach ihrer Form (Blöcke, Streifen), nach ihrer Lage zum Betrieb (Hofanschluß vorhanden oder nicht) und nach ihrer Lage zu Nachbar-P. (Gemengelage, Einödlage (→ *Einödflur*). Ferner ist eine Differenzierung nach → *Besitzparzellen* bzw. Eigentums-P. und nach → *Betriebsparzellen* (Nutzungs-, Wirtschafts-P.) möglich.

Parzellenverband: Parzellen, die durch ihre Gleichartigkeit der Merkmale eine räumliche Gesamtheit bilden. P. sind u. U. in der Flur zu Parzellenkomplexen mit einem jeweils eigentümlichen Flächenmuster zusammengeschlossen.

Parzellierung: die Aufteilung eines zuvor geschlossenen Grundstückes in mehrere → *Parzellen*. Umfangreiche P.-Vorgänge haben sich vor allem in Gebieten mit → *Realerbteilung* vollzogen oder bei der Aufteilung landwirtschaftlicher Nutzfläche in Bauland.

Paß: 1. Engstelle zwischen zwei Vollformen (Bergrücken) oder zwischen einer Wasserfläche und einem Berg.
2. Niedrigerer Übergang von einem Flußgebiet in ein anderes, der ebenfalls von höheren Vollformen umgeben ist, aber in der Regel breiter als der Engpaß entwickelt ist (Berg-P., Gebirgs-P.).

Passage: 1. innerstädtischer, in der Regel überdachter, von Schaufenstern eingefaßter Fußgängerdurchgang. P. führen meist zwischen Geschäftshäusern oder durch deren Erdgeschoß hindurch und dienen häufig als Fußgängerabkürzung zwischen Geschäftsstraßen. Sie entstanden insbesondere in den → *City*-Geschäftslagen der Großstädte, wo sie es ermöglichen, im Bereich höchster Bodenpreise und stärkster Fußgängerfrequentierung die Laden- und Schaufensterfronten zu verlängern und z. B. Innenhöfe für Geschäftszwecke zu nutzen.
2. in der Schiffahrt eine Durchfahrt zwischen Inseln, durch eine Meerenge, durch einen Seekanal usw.

Passagier: Fahrgast. Der Begriff wird hauptsächlich für Flug- und Schiffsreisende verwendet.

Passagierschiffahrt: Transport von Personen auf See- oder Binnenschiffen, die nach ihrer Ausstattung primär zur Personenbeförderung geeignet sind und Fracht höchstens in geringem Umfang befördern. P. wird – über kürzere Entfernungen – als Fährverkehr oder Linienschiffahrt betrieben, oder sie dient touristischen Zwecken (→ *Kreuzfahrt*). P. über längere Strecken, insbesondere im Überseeverkehr, ist heute fast völlig durch den Flugverkehr ersetzt worden.

Passagierverkehr: → *Personenverkehr.* Der Begriff P. wird hauptsächlich für die Personenbeförderung mit Schiffen und Flugzeugen benutzt.

Passant: in der Fremdenverkehrsgeographie Bezeichnung für eine Person, die einen Ort nur kurz besucht (z. B. für Besichtigungen), ohne dort zu übernachten. Insbesondere beim → *Naherholungsverkehr* handelt es sich meist um P.-Verkehr.

Passat: die durch das Luftdruckgefälle vom → *subtropischen Hochdruckgürtel* zum Äquator in Gang gesetzten, konstanten NE-(Nordhalbkugel) bzw. SO-Winde (Südhalbkugel) in der bodennahen Reibungsschicht. Die P. wehen vom subtropischen Hochdruckgürtel zur → *äquatorialen Tiefdruckrinne* hin. Sie sind in den troposphärischen → *Urpassat* eingebettet und bilden mit diesem zusammen ein Glied der → *allgemeinen Zirkulation der Atmosphäre.* Die P.-Strömung wird gegen den Äquator hin zunehmend ungeordnet, da die Wirkung der → *Coriolis-Kraft* abnimmt und bei etwa 5° Breite gegen Null geht. In der Kernzone sind die P. trockene, niederschlagsfeindliche Winde (→ *Passatwüste*), da Absinktendenz der Luft herrscht und demzufolge keine Konvektion stattfindet. (→ *Passatinversion*)

Passatinversion: durch die Absinktendenz der Luft im Bereich der → *Passate* in einer Höhe von 1–2,5 km entstehende Temperaturumkehrschicht. Die P. unterbindet Aufstiegsströmungen von am Boden erhitzter Luft und verhindert somit → *Konvektionsbewölkung.*

Passatklima: durch das Vorherrschen der Passatströmung geprägtes → *Klima.* Das P. tritt in zwei grundverschiedenen Varianten auf: Ein ausgesprochenes Trockenklima herrscht im Inneren der Kontinente in der → *Passatzone* (→ *Passatwüste*). Ein feuchteres Klima mit relativ regelmäßigen, jedoch nicht sehr ergiebigen Niederschlägen herrscht dagegen im Küstenbereich auf der Ostseite der Kontinente und Inseln (→ *Passatregen*).

Passatregen: Steigungsregen an den Luv-Seiten der Inseln und an den Ostküsten der Kontinente in der → *Passatzone,* wo die über Meeresgebiete wehenden → *Passate* Feuchtigkeit aufgenommen haben. Die räumlich eng begrenzten P. erreichen während des Strömungsmaximums im Winter ihr Maximum.

Passatwetter: sonniges stabiles Wetter mit geringer Bewölkung (Ausnahme: Kaltwassergebiete über dem Meer), trockenen, oft staubführenden Winden über dem Land oder wenig ergiebigen Schauerniederschlägen über dem Meer (→ *Passate*).

Passatwurzeln: Übergangszone zwischen der → *außertropischen Westwinddrift* und den → *Passaten,* in der schwache Winde oft nördlicher Richtung herrschen.

Passatwüste: Wüsten, die im Einflußbereich des → *Passats* liegen und deren Trockenheit und ökologische Gesamtsituation auf die niederschlagsfeindlichen Winde zurückgehen. Dies erklärt auch den subtropischen Wüstengürtel.

Passat-Zirkulation: der Ost-West gerichtete Grundtyp der atmosphärischen Strömung zwischen dem → *subtropischen Hochdruckgürtel* und dem Äquator, welcher durch → *Urpassat* und → *Passat* geprägt ist.

Passatzone: im Maximum bis 35° N und S reichender Gürtel, in dem → *Passat-Zirkulation* herrscht.

Paßfläche: Flachniveaus im Sinne von → *Altflächen* im Bereich eines → *Passes,* die für Niveauvergleiche bei geomorphogenetischen Arbeiten im Hochgebirge wichtig sind.

Paßfußort: Siedlungstyp, der durch seine Lage am Fuß eines Gebirgspasses gekennzeichnet ist. P. entwickelte sich häufig aufgrund ihrer Verkehrsfunktion, da sich hier Verkehrsströme vor dem Paßanstieg bündeln, Waren umgeschlagen werden usw. Beispiele für P. sind Sterzing am Brenner oder Altdorf am St. Gotthard.

passiver Schallschutz: Maßnahmen zur Abschirmung von Lärm, z. B. durch Verwendung geeigneter Baustoffe, den Einbau von Lärmschutzfenstern (Dreifachverglasung) oder durch Errichtung von Lärmschutzwällen.

Passivraum: Teilraum eines Staates, der im Vergleich zum Gesamtraum nur geringe wirtschaftliche Aktivitäten entwickelt, Stagnation oder Rückgang der Wirtschaftsleistung zeigt, infrastrukturell schwach ausgestattet ist und häufig auch Bevölkerungsrückgang aufweist. Teilweise spielt natürliche Ungunst beim Entstehen von P. eine Rolle (→ *von Natur benachteiligte Gebiete*), teilweise die politische Entwicklung (→ *Zonenrandgebiet*). Der Begriff P. wird z.T. identisch gebraucht mit → *strukturschwacher Raum,* → *Notstandsgebiet,* → *Problemgebiet* usw.

Paßlage: durch die Lage auf einer Paßhöhe oder am Fuß eines Passes gekennzeichneter Standort einer Siedlung. In P. von Gebirgen entwickelten sich häufig verkehrsorientierte Siedlungen (→ *Paßort*); heute spielt daneben oft die Freizeitfunktion solcher Orte eine große Rolle (z. B. Wintersportzentren, Ausflugsorte).

Paßort: Siedlungstyp, der durch seine Lage auf einem Gebirgspaß oder an einer Paßstraße gekennzeichnet ist. P. haben sich häufig aufgrund ihrer Verkehrsfunktion entwickelt (Warenumschlag, Raststätten usw.) und sind heute oft auch Wintersportzentren.

Paßsee: See im Bereich von → *Paßflächen,* die eingemuldet sind und auf Eisschurf zurückgehen. Sie sind mit den → *Karseen* verwandt.

Paternia: sandig-lehmiger, oft kalkhaltiger (aber nicht kalkreicher) junger Auenboden mit A_h-C-Profil. Die P. sind grau bis schwach braun gefärbt. Sie entwickeln sich auf unverwitterten Ablagerungen. Bei weitergehender Entkalkung bildet sich aus der P. eine autochthone braune Vega. (→ *Alluvialböden*)

Pathobiozönose: dicht bevölkerte Lebensgemeinschaft von Parasiten und/oder Krankheitserregern, die neben den Wirten und Zwischenwirten vorkommen. Der funktionale Zusammenhang der P. drückt sich in der Parasitischen Kette aus, die innerhalb bestimmter → *Nahrungsketten* existieren kann.

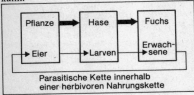

Pathobiozönose

Pathophyten: krankheitserregende pflanzliche Organismen, die → *Parasiten* und Nekrophyten umfassen.

Patiohaus: besonders in Spanien und Lateinamerika verbreitete, hier auf kolonialzeitliche Ursprünge zurückgehende Form des Hofhauses. Das P. ist ein ein- bis zweigeschossiges Haus mit Innenhof. Die Fenster sind zum Hof geöffnet, der Funktionen eines weiteren Wohnraumes übernimmt.

Patriarchat: politisch-rechtliches System, in dem – teils gesetzlich geregelt, teils durch Gewohnheit und Herkommen, oft auch religiös begründet – die Männer die oberste Autorität besitzen und in Ehe, Familie, Staat und Gesellschaft die beherrschende Stellung einnehmen. Ebenso wie das → *Matriarchat* kommt auch das P. selten in reiner Form vor; es ist aber bei den weitaus meisten Völkern der Erde seit alters vorherrschend.

Patrilinearität (Vaterfolge): auf alter Überlieferung beruhende und meist gesetzlich festgeschriebene Regelung, nach der die Vererbung von Namen, Rang und Besitz, die Zugehörigkeit zu Verwandtschafts- und Heiratsgruppen usw. an die väterliche Erbfolge gebunden ist. P. ist bei den meisten Völkern üblich. In den Industrieländern wird zunehmend die bisher vorherrschende P. aufgehoben zugunsten einer Gleichberechtigung der Geschlechter.

Patrizier: ursprünglich die Adelsgeschlechter, die die → *Oligarchie* des antiken Rom bildeten. Vom Mittelalter bis ins 19. Jh. waren P. im Deutschen Reich Angehörige der städtischen Oberschichten, wobei der Begriff regional unterschiedlich gebraucht wurde. Meist waren die P. aus dem Landadel hervorgegangene und in den Städten ansässig und wohlhabend gewordene Kaufmanns-, gelegentlich auch Handwerkergeschlechter, die eine Art „Stadtadel" darstellten. Die meisten Reichsstädte wurden zeitweise von den P. oligarchisch regiert.

Patrizierhaus: älteres städtisches Wohnhaus für → *Patrizier* und andere Angehörige der oberen Sozialschichten. Insbesondere in historischen Städten bilden vielfach noch heute die repräsentativ ausgestatteten P. stadtbildprägende → *Ensembles*.

Pauschalreise: von einem Reiseveranstalter organisierte Urlaubsreise, bei der Unterkunft und Teil- oder Vollverpflegung sowie die Möglichkeit des Transports zum Urlaubsort zu einem Pauschalpreis angeboten wird. Im Gegensatz zur → *Gesellschaftsreise* ist jedoch kein Reiseleiter vorgesehen.

Pazifik-Hoch: beständiges Hochdruckgebiet über dem Nordpazifik, welches neben dem → *Azorenhoch* die zweite wichtige Kernzelle des nördlichen → *subtropischen Hochdruckgürtels* bildet.

Pazifische Faltung: auch als altalpidische Faltung bezeichnete bedeutende Gebirgsbildung in Nordostsibirien, die im jüngeren Mesozoikum erfolgte.

Pazifische Gesteinssippe (Alkalikalkgesteine): aluminiumreiche → *Erstarrungsgesteine,* die aus Magmen entstanden, die vor und während der Faltengebirgsbildung in den Faltungszonen aufsteigen. Sie wurden nach dem Hauptverbreitungsgebiet, dem pazifischen Faltengebirgsgürtel, bezeichnet.

Pazifischer Küstentyp: → *Längsküsten* mit Parallelverlauf zum Streichen, geringer Gliederung und parallelen Gebirgszügen, so daß die Verbindungen zum Hinterland ungünstig sind. Der p. K. ist hauptsächlich in den amerikanischen Kordilleren verbreitet.

Pecher (Pechler): altes, in Mitteleuropa nicht mehr vertretenes Gewerbe der Waldnutzung. Der P. sammelte das Harz von Nadelbäumen und bereitete es zu Pech, Terpentinöl, als Grundstoff zur Seifen-, Farben- und Lackherstellung usw. auf.

Pechhumus: tiefschwarze, strukturlose Huminstoffanreicherung (→ *Huminstoffe*), die unter feuchten Bedingungen durch Zerfall von Kotballenaggregaten entsteht (→ *Humifizierung,* → *Humus*).

Pechkohle: eine steinkohlenartig aussehende Hartbraunkohle, deren Lagerstätten sich in den Molassetrögen des oberbayerischen Alpenvorlandes bildeten. Der Abbau wurde in den sechziger Jahren eingestellt.

Pechmoder: angereicherter Auflagehumus in feuchten subalpinen und alpinen Lagen mit moderartigem (→ *Moder*) Aufbau und mächtigem O_H-Horizont aus → *Pechhumus*.

Pechrendzina: A-C-Boden auf Karbonatgestein unter feuchten alpinen Polsterrasen mit mächtigem Auflagehumus aus → *Pechmoder*.

Pediment: Bestandteil der → *Gebirgsfußfläche* semiarider Landschaften, die von Bergländern umsäumt sind. Die P. gelten als durch Seitenerosion der überwiegend episodisch abkommenden schuttreichen Flüsse entstanden. Dem großen Gleichgewichtsgefälle der Flüsse entspricht auch das große Gefälle der P., die sich damit von Flußebenen humider Klimalandschaften unterscheiden. Das P. ist – im Gegensatz zum → *Glacis* – nicht im Lockermaterial angelegt, sondern im Fels und daher eine Felsfußfläche. Die P. setzen in stumpfem Winkel an die Bergländer des Hinterlandes an. Wegen der episodisch-fluvialen Gestaltung der Oberfläche dachen sie sich nicht als einheitliche Fläche ab, sondern eher in Form einer Reihe flacher Felskegel, die eine geringmächtige Schutt- und Schotterdecke tragen, die in weiterer Entfernung vom Bergland in den Akkumulationsbereich der Glacis übergeht. Durch rückschreitende Erosion und Denudation wachsen die P. in Richtung der Bergländer und zehren diese sukzessive auf.

Pedimentation: Prozeß der Bildung von → *Pedimenten*, bei dem seitliche Erosion neben Prozessen der → *Flächenspülung* zur Flachformenbildung im anstehenden Gestein führt.

Pedimentgasse: bei breiter Entwicklung der → *Pedimente* in das Bergland des Hinterlandes hinein und dessen Zerlegung in einzelne Restberge entstehen Flächenstücke zwischen diesen P. oder → *Flats*, die sich durch Prozesse der → *Pedimentation* seitlich – zu Lasten der Restberge – ausweiten.

pediophil: die Ebene bzw. das Flachland liebend; bezogen auf Pflanzen.

Pediplain: eine ausgedehnte wellige Abdachungsfläche, durch Pediplanation entstanden, d.h. Pedimentation zwischen den Restbergen zu Lasten der die einzelnen Pedimente trennenden Berghöhen.
2. besonders großräumig entwickelte Gebirgsfußflächen.

Pedobiom: Bioreiche mit speziellen Bodenausbildungen und azonaler Vegetation, wobei die Funktionen im Ökosystem weniger durch das Großklima als durch den Boden geprägt werden, woraus großflächig eine azonale Vegetation entstehen kann. P. werden untergliedert nach typischen Merkmalen, wie Stein-, Salz-, Sand- und Wassergehalt, sowie nach anderen charakteristischen Merkmalen, etwa Rohr oder Sumpf, Wechselfeuchtigkeit, extreme Nährstoffarmut usw.

Pedochore: räumliche Bodeneinheit, die der Dimension der → *Chore* entspricht. Die P. ist eine heterogene Einheit und besteht aus einem in der Regel typischen Mosaik verschieden aufgebauter Böden (verschiedene → *Bodenformen*), die jedoch einzelne verbindende Grundmerkmale und Einflußgrößen haben (z. B. gleicher Ausgangsgesteinstyp, gleicher Substratkomplex, in engen Grenzen definierte Makroklimabedingungen) und durch Nachbarschaftsbeziehungen miteinander verbunden sind.

Pedogenese: die Entstehung und Entwicklung von → *Böden*, welche zur Ausprägung bestimmter → *Bodentypen* bzw. → *Bodenformen* führt. Die Faktoren der P. sind Gestein, Relief, Klima, Vegetation, Tierwelt, menschliche Nutzung und Zeit.

Pedon: durch die Aufnahme eines → *Bodenprofils* beschreibbares Bodenindividuum mit der gesamten vertikalen Erstreckung von der Bodenoberfläche bis zum Grundgestein. Das P. zeigt den vertikalen Zusammenhang der bodenbildenden Faktoren und ist Grundbaustein der räumlichen Bodeneinheiten und die Bodenschicht des → *landschaftsökologischen Standorts*. (→ *Pedotop*, *Bodentyp*, *Bodenform*)

Pedosphäre: Grenzbereich der Erdoberfläche, in dem sich die → *Lithosphäre*, die → *Hydrosphäre*, die → *Atmosphäre* und die → *Biosphäre* durchdringen. In der P. finden die bodenbildenden Prozesse statt, wodurch sich ein → *Boden* entwickelt.

Pedotop: kleinste räumliche Bodeneinheit, innerhalb derer die → *Böden* eine definierte Einheitlichkeit in ihrem Aufbau aufweisen, also Homogenität zeigen. Der P. ist durch eine ausschließlich vorkommende oder dominierende → *Bodenform* gekennzeichnet, welche das auf der betreffenden Fläche gleichartige Zusammenwirken der wichtigen → *Bodenbildungsfaktoren* wiedergibt. Daraus ergeben sich auch einheitliche Eigenschaften in Bezug auf die Nutzung. (→ *Top*)

Pedoturbation: zusammenfassende Bezeichnung für alle physikalischen Durchmischungsvorgänge, welche im → *Boden* stattfinden. Dazu gehören die → *Bioturbation* (Durchmischung durch Lebewesen), die → *Kryoturbation* (Durchmischung durch Frostbewegungen) und die → *Hydroturbation* (Durchmischung durch Feuchtewechsel bzw. die damit verbundene Quellung und Schrumpfung).

Pege: Quelle, deren Wassertemperatur der mittleren Lufttemperatur ihres Ortes entspricht.

Pegelstand: mit Hilfe einer Meßlatte oder einer Schwimmereinrichtung abgelesener Wasserstand eines Gewässers.

Pegmatit: grobkörniges → *Ganggestein* entstanden aus gasreichen Tiefengesteinsrestschmelzen. Wichtigster Vertreter ist der Granit-P., der im Ganggefolge des Granits auftritt und – wie dieser – aus Quarz, Feldspat und Glimmer besteht. Die P. werden wegen seltener Erden, Leichtmetallen und Edelsteinen sowie wegen des Feldspates und des Glimmers abgebaut.

Pelagial: Tiefenwasserbereich bzw. Bereich des freien Wassers von Gewässern (Meere und Seen). Das P. wird von den freischwimmenden (bodenunabhängigen) Organismen bewohnt (→ *Nekton*, → *Plankton, Pleuston*).

pelagisch: dem → *Pelagial* angehörend.

pelagisches Plankton: Mikroplankton des Salzwassers.

Pelit: gehört zu den → *klastischen Ablagerungen* oder Trümmergesteinen, die aus staubfeinen Gemengeteilen, vor allem Ton, bestehen und auch kryptoklastische Gesteine genannt werden.

Pelos (Pelon): Lebensraum des schlammigschlickigen Meeresgrundes.

Pelosol: A-C-Boden auf Tongestein, in dem die Gesteinsmerkmale dominieren, da außer einer oberflächennahen Entkalkung und einer polyedrischen Gefügebildung (an nicht ständig vernäßten Standorten) kaum Bodenbildungsprozesse stattfinden. P. sind sehr dichte und schwere Böden geringer biologischer Aktivität wegen stark gehemmter Durchlüftung durch → *Quellung*. Humus reichert sich nur im geringmächtigen, etwas lockeren obersten Horizont von etwa 10–20 cm Mächtigkeit an. P. werden wegen ihrer schweren Bearbeitbarkeit und Vernässungsneigung bevorzugt als Grünland genutzt. (→ *Plastosol*).

Penck's sche Trockengrenze: Grenzbereich, in dem die Niederschlagsmenge der Verdunstungsmenge entspricht. Die P. T. trennt den humiden Klimabereich (N>V) vom ariden Klimabereich (N<V).

Pendelarbeiter: Arbeiter, der regelmäßig einen Weg von der Wohnung zum Arbeitsplatz als → *Pendler* zurücklegt.

Pendelmäander: Serien flußabwärts verklingender Schlingen von → *Mäandern*, die auf einem Flußabschnitt entstehen, wenn mäandererzeugende Faktoren auftreten, z.B. Schuttkegel von Nebenbächen, Festgesteinsbänke oder die eigenen Sedimentakkumulationen. Sie drängen den Fluß ab, der jedoch in die alte Abflußrichtung zurückkehrt und dabei eine Schlinge bildet. Damit kann er auf den Anstoß durch wiederholten seitlichen Ausschlag reagieren, dessen Amplitude sich jedoch flußabwärts fortschreitend verringert.

Pendelverkehr: (Pendlerverkehr): derjenige Teil des Personenverkehrs, der durch den regelmäßig wiederkehrenden Weg der → *Pend-*

ler zwischen Wohnung und Arbeitsstätte (→ *Arbeitspendler*, → *Berufsverkehr*) bzw. Ausbildungsstätte entsteht. P. findet, abgesehen von Fußgängern, teils mit → *Individualverkehrsmitteln*, teils – inbesondere in den Verdichtungsräumen – mit → *öffentlichen Verkehrsmitteln* statt. Typisch für den P. ist seine Regelmäßigkeit, sowohl räumlich (überwiegend gleicher Weg zwischen gleichen Quell- und Zielpunkten) als auch zeitlich (ganz überwiegend während der werktäglich gleichen → *Stoßzeiten*). Dadurch führt der P. zu den stärksten Belastungen der Verkehrsmittel und -wege.

Pendelwanderung: in der Statistik übliche Bezeichnung für → *Pendelverkehr*. Aus geographischer Sicht ist der Begriff P. falsch, da es sich beim Pendeln um einen Verkehrsvorgang, nicht um eine Wanderungsbewegung handelt (→ *Wanderung*).

Pendler: Erwerbstätiger, dessen Wohnort (Wohngemeinde) nicht mit dem Arbeitsort (Arbeitsgemeinde) identisch ist und der regelmäßig, meist einmal täglich (→ *Tagespendler*) oder auch einmal wöchentlich (→ *Wochenpendler*), einen Weg zwischen Wohnung und Arbeitsstätte zurücklegt (→ *Arbeitspendler*, → *Berufspendler*, → *Pendelverkehr*). Gleiches gilt für → *Ausbildungspendler* bezüglich Wohnung und Ausbildungsstätte (Schule, Universität usw.). Für die Statistik zählt nur der Erwerbstätige als P., der auf seinem → *Arbeitsweg* eine Gemeindegrenze überschreitet, d. h. dessen Wohnung und Arbeitsstätte in verschiedenen Gemeinden liegen. In der Geographie wird demgegenüber auch von innerstädtischen bzw. innerörtlichen P. gesprochen. Jeder P. zählt in seiner Wohngemeinde als → *Auspendler*, in der Arbeitsgemeinde als → *Einpendler*. P. über Staatsgrenzen hinweg werden → *Grenzgänger* genannt.

Pendlereinzugsgebiet (-bereich): bezogen auf einen Arbeitsort (Einpendlerzentrum), dasjenige Gebiet, aus dem → *Auspendler* in die Arbeitsstätten des Zentrums einpendeln. Dabei können sich die P. mehrerer Arbeitsorte überlagern, was insbesondere in Verdichtungsräumen mit einer Vielzahl von Einpendlerzentren die Regel ist. Die Ausdehnung eines P. nimmt normalerweise mit der Zahl und der Spezialisierung der Arbeitsplätze des Zentrums, aber auch mit dem Mangel an Arbeitsplätzen im Umland zu.

Pendlerproblem: Problemkreis, der im Zusammenhang mit dem → *Pendelverkehr* steht. Früher wurden vor allem die Geld- und Zeitverluste, die der → *Pendler* durch seinen längeren Arbeitsweg in Kauf nehmen muß, als P. bezeichnet. Da dies heute von den Betroffenen kaum noch als Problem gesehen und vielfach durch die Wohnortwahl freiwillig herbeigeführt wird, gilt das Hauptaugenmerk der raumordnerischen, stadt- und verkehrsplanerischen Bewältigung und günstigen Führung des Pendelverkehrs.

Pendlerquote: Anteil der Auspendler an den in einer Gemeinde wohnhaften Erwerbspersonen (Aus-P.) bzw. Anteil der Einpendler an den in einer Gemeinde arbeitenden Beschäftigten (Ein-P.). Beide Formen der P. werden häufig in der Stadtgeographie zur Kennzeichnung der Wirtschaftsstruktur verwendet. Darüber hinaus ist z. B. die gerichtete P., insbesondere der Anteil der Auspendler aus einer Umlandgemeinde in die → *Kernstadt* einer → *Stadtregion,* ein wichtiges → *Verflechtungsmerkmal.*

Pendlerraum: Raum, dessen Grenzen durch das → *Pendlereinzugsgebiet* eines größeren Arbeitsplatzzentrums bzw. durch den Pendlerverflechtungsbereich eines hierarchisch oder polyzentrisch aufgebauten Systems von Einpendlerzentren gebildet werden. Ein P. ist somit das Gebiet, innerhalb dessen – mit geringen Ausnahmen – alle Erwerbstätigen ihre Wohnung und ihren Arbeitsplatz haben, so daß nur unbedeutende Pendlerbeziehungen über diese Grenzen reichen.

Pendlerraumtyp: → *Pendlerraum,* der bezüglich seines inneren Aufbaus, insbesondere des Verhältnisses der Einpendlerzentren zueinander und zu den Auspendlerorten, einen verallgemeinerungsfähigen Raumtyp bildet. Die wichtigsten P. sind der hierarchisch gestufte monozentrische, meist relativ stabile Pendlerraum (vor allem in Verdichtungsräumen) und der polyzentrische, häufig labile Pendlerraum, der hauptsächlich in → *ländlichen Räumen* auftritt.

Pendlersaldo: Saldo der → *Ein-* und → *Auspendler* eines Raumes. Der P. wird meist für Gemeinden berechnet und gibt Hinweise auf ihre Wirtschaftsstruktur. So haben → *Zentrale Orte* und Industriegemeinden aufgrund des vorhandenen Arbeitsplatzangebots in der Regel einen positiven (Einpendlerüberschuß) und Wohngemeinden im Stadt-Umland sowie ländliche Gemeinden einen negativen P. (Auspendlerüberschuß).

Pendlerstatistik: Teil der → *Bevölkerungsstatistik.* Die P. bereitet die bei Volkszählungen erhobenen Daten über die Wohn- und Arbeitsplätze der → *Pendler* auf und veröffentlicht insbesondere auf Gemeindebasis Ein- und Auspendlerzahlen, → *Pendlerquoten* und → *Pendlerströme.*

Pendlerstrom: größere Anzahl von → *Pendlern* mit gleichem Wohn- und Arbeitsort, die einen regelmäßigen Verkehrsvorgang entstehen lassen. Die größten P. treten in den → *Verdichtungsräumen* auf, und zwar aus dem Randbereich in die → *Kernstadt* gerichtet; mit ihrer Hilfe lassen sich Richtung und Ausmaß der arbeitsfunktionalen Verflechtung bestimmen.

Pendlerverflechtung: Beziehungen gegenseitiger sozio-ökonomischer Abhängigkeit und Beeinflussung, die durch den → *Pendlerverkehr* zwischen den Wohn- und den Arbeitsorten der → *Pendler* entstehen. Wegen der hohen Aussagekraft und der relativ guten Erfaßbarkeit von P. dienen sie häufig als → *Indikator* für sozio-ökonomische Raumgliederungen.

Pension (Fremdenheim): Beherbergungsbetrieb, in dem Speisen und Getränke nur an Hausgäste abgegeben werden. Die Grenzen zum → *Hotel garni* sind nicht immer eindeutig. P. werden häufig in Privatwohnhäusern als Familienbetriebe geführt, jedoch gehören nach der Fremdenverkehrsstatistik auch Hospize, Kurheime usw. zu den P.

Pensionsvieh: Vieh, insbesondere Jungrinder, die auf einer → *Pensionsweide* (z. T. auch eingestallt) gegen ein Entgelt (Pension) gehalten werden. Die P.-Haltung spielt vor allem in der → *Almwirtschaft* eine Rolle.

Pensionsweide: Weide, auf der fremde Tiere, insbesondere Jungrinder, gegen ein Entgelt (Pension) gehalten werden (→ *Pensionsvieh,* → *Almwirtschaft*).

Peplopause: als → *Inversion* ausgeprägte Grenzschicht in der → *Atmosphäre,* welche die konvektionsintensive → *Grundschicht* von der durch Advektion geprägten, höheren → *Troposphäre* absondert. Die Höhenlage der P. wechselt je nach der Wetterlage zwischen einigen 100 m bis maximal 3 000–5 000 m Höhe. Sehr häufig liegt sie jedoch nicht höher als 1 500 m. Bei sehr starker Konvektion (Gewitterwetterlagen), kann die P. auch völlig diffus werden.

perennierend: dauernd, beständig, anhaltend, im Zusammenhang mit dem Pflanzenwachstum oder dem Fließen von Gewässern gebraucht.

perhumid: Gebiete mit sehr hohem Niederschlagsüberschuß im Vergleich zur Gesamtverdunstung.

Peribionten: Bestandteil der Fauna von → *Korallenriffen,* die regelmäßig in enger Nachbarschaft zum Riff lebt, aber keine speziellen Anpassungen an das Riffleben besitzt.

Peridotit: grünliches bis fast schwarzes, meist körniges → *Tiefengestein* aus Peridot (→ *Olivin*) und → *Augit.*

Peridotitschicht (Peridotitschale): Bestandteil im → *Schalenbau der Erde,* die sich unter der → *Mohorovičić-Diskontinuität* befindet und eine ultrabasische Schmelze darstellt, also den untersten Teil der → *Lithosphäre* am Übergang zur → *Asthenosphäre.*

periglazial: allgemein „im Eisumland" bedeutend, jedoch mit verschiedenen Begriffsfüllungen. In begrifflicher Verengung wird mit „Periglazialgebiet" in Europa das Zwischeneisgebiet zwischen den skandinavischen Inlandeismassen und dem alpinen Vergletscherungsgebiet während des Pleistozäns bezeichnet. P. Prozesse waren während des Eiszeitalters flächenhaft verbreitet. In der geologischen Jetztzeit sind sie konzentriert auf subpolare Gebiete und Hochgebirge. Ansonsten sind mehrere Bedeutungen möglich: Räumlich kann p. die Nachbarschaft von Inlandeis und Gletschern bedeuten. Klimatisch bedeutet p. ein subnivales Klima, das unter dem Einfluß der benachbarten Inlandeis- oder Gletschermassen entsteht. Klimageomorphologisch beschreibt p. den Bereich, in welchem geomorphologische Prozesse vom → *Dauerfrostboden* bestimmt werden, was sich in → *Solifluktion* und → *Frostmusterböden* äußert.

periglaziale Denudation: Sammelbezeichnung für flächenhaften Abtrag unter periglazialen Bedingungen, überwiegend durch Prozesse der → *Solifluktion,* wobei es zur Einebnung von Vollformen kommen kann, so daß periglaziale Einebnungsflächen entstehen.

periglaziale Höhenstufe (Periglazialstufe, Solifluktionsschuttstufe, Solifluktionsstufe): tritt im arktisch-alpinen periglazialen Milieu in unterschiedlichen Höhen auf und wird in ihrer Vertikalerstreckung durch den Höhenabstand zwischen der → *Schneegrenze* und der → *Solifluktionsgrenze* angezeigt. Die p. H. geht auf kyrogene Prozesse sowie auf eine Reihe spezieller geoökologischer Randbedingungen zurück, die zu einem komplexen periglazial-geomorphologischen Prozeßgefüge und Folgeformen führen.

Periglazialerscheinung: unscharfe Bezeichnung für geomorphologische Prozeßeffekte unterschiedlicher Größenordnungen unter → *periglazialen* Bedingungen. Dazu gehören die → *Solifluktion,* → *Frostmusterböden,* → *Eiskeile,* → *Kryoturbationseffekte* und Formen der → *Kryoplanation* sowie anderer Prozesse und Formen im Eisumlandbereich.

periglaziale Solifluktion: unscharfe Bezeichnung für jene Prozesse der → *Solifluktion* im periglazialen Milieu, die man von → *gravitativen Massenbewegungen* die fälschlicherweise auch als → *Bodenfließen* bezeichnet werden, terminologisch absetzen möchte.

Periglazialgeomorphologie (Periglazialmorphologie): Teilgebiet der → *Geomorphologie,* das sich mit den → *periglazialen* Prozessen und Formen der Jetztzeit und des Eiszeitalters beschäftigt.

Periglazialschutt: unscharfe Sammelbezeichnung für verschiedene Sedimente im → *periglazialen* Bereich, überwiegend für → *Solifluktionsschutt* gebraucht. P. wäre aber jeglicher Verwitterungsschutt, der sich im Bereich der → *periglazialen Höhenstufe* bzw. im Eisumlandbereich gebildet hat, wozu auch → *Frostschutt* gehört.

periglaziäre Deckserie: etwas unscharfe Bezeichnung für → *Decksand,* ein polygenetisches Sediment im Periglazialgebiet.

Periode: 1. längere Bildungszeit eines → *stratigraphischen Systems,* das ursprünglich auch als → *Formation* bezeichnet wurde.
2. In der Klimatologie/Klimageographie werden verschiedene Meßzeiträume als P. bezeichnet. Dazu gehört vor allem die → *Normalperiode.*
3. Abschnitte der Klimageschichte der Erde.
4. Regelmäßiges Auftreten von Sonnenflecken wird als Sonnenflecken-P. bezeichnet.

Perioden-Sterbetafel: Typ einer → *Sterbetafel,* bei dem ausgedrückt wird, wie sich das gegenwärtige Sterblichkeit auf das Überlebensverhalten einer hypothetischen → *Kohorte* auswirkt, wie sich also eine Generation aufgrund der → *Mortalität* der jetzigen Periode vermindern würde. Es handelt sich um eine Prognose mit der Annahme konstanter Sterblichkeit in der Zukunft.

periodisch: sich regelmäßig wiederholend; angewandt auf geo- und biowissenschaftliche Phänomene und Effekte, z. B. p. Fluß.

periodischer Markt: regelmäßig stattfindender Markt, z. B. Jahrmarkt oder Wochenmarkt. Die Erlaubnis zum Abhalten p. M. gehörte zum → *Marktrecht* und war vielfach entscheidend für die Entwicklung städtischer Siedlungen. In Agrargesellschaften sind p. M. wichtige Indikatoren für den Übergang von der reinen Hauswirtschaft zum Warenaustausch im Rahmen einer Verkehrswirtschaft.

Periodizität (Periodik, Rhythmik): allgemein eine Folge von gleichartigen Ereignissen in bestimmten zeitlichen Abständen, den → *Perioden,* die gesetzmäßig zusammenhängen. Gegenübergestellt werden aperiodische bzw. → *episodische* Ereignisse, die sich in verschieden langen, aber zufälligen Zeitabständen wiederholen.
1. bei Tieren die Erscheinung, daß bestimmte Lebensäußerungen oder das Auftreten bestimmter Tierarten einem rhythmischen Wechsel unterliegen. P.-Erscheinungen können durch Umweltfaktoren (Licht, Temperatur, Feuchtigkeit) ausgelöst werden oder durch endogene, den Tieren innewohnende Faktoren (Stoffwechsel, Reifung). Exogene und endogene Steuerung hängen jedoch meist zusammen. Einteilung der P.-Erscheinung ist nach Lebensäußerungen möglich (Fortpflanzungs-P., Schlaf- und Wachrhythmik, periodische Wanderungen); nach auslösenden Momenten (Photo-, Thermo- oder Lunar-P.); nach der Dauer der einzelnen Perioden, wovon die Tages-P. und die Jahres-P. die wichtigsten sind. Sie hängen jedoch wiederum mit der Andauer physischer Umweltbedingungen zusammen.

2. Bei Pflanzen ist die P. der sich regelmäßig vollziehende Wechsel zwischen Ruhe und Wachstum, die also nicht gleichförmig verlaufen, sondern eine geregelte Aufeinanderfolge qualitativ und/oder quantitativ unterschiedlicher Phasen darstellen, die mit der zeitlichen Ordnung der Ökosystemfunktionen in der Umgebung korrelieren. Ähnlich den Tieren werden Effekte der Tages-P. und der Jahres-P. beobachtet. – Die P. bei Tieren und Pflanzen hängt grundsätzlich mit der Verteilung der → *Jahreszeitenklimate* und der → *Tageszeitenklimate* auf der Erde zusammen, woraus sich die Tages-P. und die Jahres-P. ergeben. Deren auffälligste Phänomene im Biobereich sind der → *Photoperiodismus* und der → *Thermoperiodismus*, denen man noch eine endogene P. gegenüberstellt, die keinen erkennbaren Zusammenhang mit der Variabilität der Geoökofaktoren in der Lebensumwelt erkennen läßt. Einflüsse von Licht und Temperatur wirken jedoch auf die Lebewesen meist zusammen. Viele tages- oder jahresperiodische Erscheinungen ergeben sich aus einem Faktorenbündel.

peripher: am Rande, außerhalb des Zentrums sich befindend.

peripherer Raum: neuerdings häufiger gebrauchter Ausdruck für → *ländlicher Raum* (insbesondere soweit er großstadt- und verdichtungsfern gelegen ist), mit dem die Assoziationen, die an diesen Begriff geknüpft sind, vermieden werden sollen. Mit der Bezeichnung p. R. soll angedeutet werden, daß die hierzu gehörigen Gebiete im Sinne eines → *Zentrum-Peripherie-Modells* relativ weit entfernt von den Verdichtungsräumen bzw. den wirtschaftlich aktiven Zentren eines Landes liegen und daher in ihrer wirtschaftlichen und sozialen Entwicklung benachtei-
Peripherie

ligt sind.

Peripherie: Bezeichnung einer Lage, die als randlich zu einem Zentrum bzw. zu einem → *Kerngebiet* zu bezeichnen ist. Es erfolgt z. B. die → *Suburbanisierung* an der P. der Verdichtungsräume. In der → *Dependenztheorie* bilden die Entwicklungsländer die P. für die Industrieländer bzw. deren ländlicher Raum der P. für die Hauptstadt (→ *Zentrum-Peripherie-Modell*). (→ *peripherer Raum*)

peripher-zentraler Formenwandel: Bestandteil des → *Geographischen Formenwandels* und die regelhafte Veränderung der geographischen Substanz im Raum – hier innerhalb größerer Landmassen oder Meeresteile – beschreibend und somit einer der Richtungstypen des Formenwandels physiogeographischer und anthropogeographischer Erscheinungen. Der p.-z.F. beruht auf der Beobachtungstatsache, daß sich im Kernbereich von geographischen Räumen Phänomene und Effekte anders zeigen als an deren Rändern. Zwischen Zentrum und Randbereich besteht oft auch ein prozessualer Zusammenhang.

Periphyton (Aufwuchs; Bewuchs): Organismen im Wasser, die an andere Lebewesen oder an tote Gegenstände angeheftet sind und somit in einem → *Merotop* leben.

Perkolation: der Vorgang des Durchsickerns einer porösen Bodenmatrix durch Wasser.

Perlmutterwolken: feine Kondensationsgebilde der Stratosphäre zwischen 20 und 30 km Höhe (klimatisch bedeutungslos).

Perm: letztes System des → *Paläozoikums*, dem → *Karbon* folgend und von 280 bis 225 Mill. Jahre v.h. dauernd, ursprünglich → *Dyas* genannt. Das P. gliedert sich in die beiden Abteilungen → *Rotliegendes* und → *Zechstein.* Ersteres war überwiegend aridfestländisch, letzterer marin. Während des P. spielte sich ein lebhafter Vulkanismus ab,

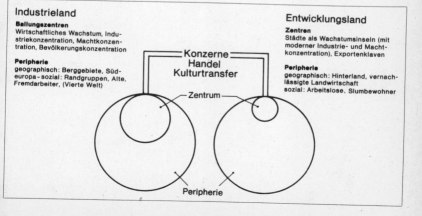

Industrieland

Ballungszentren
Wirtschaftliches Wachstum, Industriekonzentration, Machtkonzentration, Bevölkerungskonzentration

Peripherie
geographisch: Berggebiete, Südeuropa - sozial: Randgruppen, Alte, Fremdarbeiter, (Vierte Welt)

Konzerne
Handel
Kulturtransfer

Zentrum

Entwicklungsland

Zentren
Städte als Wachstumsinseln (mit moderner Industrie- und Machtkonzentration), Exportenklaven

Peripherie
geographisch: Hinterland, vernachlässigte Landwirtschaft
sozial: Arbeitslose, Slumbewohner

Peripherie

dessen Gesteinskörper auch heute noch formbildend in der Landschaft erscheinen. Nord- und Südhalbkugel wiesen während des P. gegensätzliche Klimaverhältnisse auf. Während der südhemisphärischen permokarbonen Eiszeit herrschte auf der Nordhalbkugel Wüstenklima. Wichtig für das P. ist das erste Auftreten von Ammoniten, in der Entwicklung der Pflanzen repräsentiert das P. den Übergang vom → *Paläophytikum* zum → *Mesophytikum*. Die für das Karbon charakteristischen Farne treten im Zechstein zurück und werden z. T. von Ginkgogewächsen und Nadelbäumen, also Nacktsamern, abgelöst.

Permafrost (→ *Dauerfrostboden*, Pergelisol, Tjäle): ständige Bodengefrornis. Böden mit P. tauen in den kurzen Sommermonaten nur einige Dezimeter bis Meter tief auf und sind wegen der stauenden Wirkung des Bodeneises stark vernäßt. Das mit dem Auftauwasser gesättigte mineralische Material hat breiige Konsistenz und fließt bei geringster Neigung hangabwärts (→ *Solifluktion*). Die Mächtigkeit des P. erreicht in subpolaren Gebieten Maxima von gegen 300 m. In diesem Ausmaß ist er vermutlich reliktisch und geht bis in die letzte Eiszeit zurück. P. prägt die → *Tundren* der Erde, die innerasiatische → *Taiga*, wo er weit südlich (45–50°N) reicht, und die Hochgebirge. (→ *Bodeneis*, → *Bodengefrornis*)

permanenter Welkepunkt: Saugspannungsgrenze (→ *Saugspannung*) des Bodenwassers beim → *pF-Wert* 4,2 entsprechend 15 000 cm Wassersäule Saugdruck. Wasser, das mit Saugspannungen über dem p. W. im Feinporensystem gebunden ist, kann im allgemeinen von Pflanzen nicht aufgenommen werden.

Permeanten: jene Tiere im Ökosystem, die bei geschichteten Ökosystemen nicht an eine Schicht gebunden sind, sondern deren Lebensbezirk das gesamte Ökosystem umfaßt, das sie täglich durchwandern. Ihre Bedeutung für die Ökosystemfunktion ist insofern groß, als ihre Migration zu fortwährenden Veränderungen in der vertikalen Verteilung der Biomasse und der faunistischen Zusammensetzung der Schichten führt.

Permigration: „Durchwanderung" durch ein Land auf dem Weg eines Auswanderers in das endgültige Einwanderungsland. Im Zuge der P. wird unter Umständen ein mehr oder weniger langer Zwischenaufenthalt eingelegt, z. B. bei Flüchtlingen, bis sie die Genehmigung zur Einreise in das gewünschte Aufnahmeland erhalten.

Persistenz: 1. in der Biologie die durchschnittliche Zahl der Generationen, über die eine neuentstandene Mutation weitergegeben wird, ehe sie wegen des Todes eines Trägers vor seiner Fortpflanzung oder wegen seiner Nachkommenslosigkeit wieder aus der Lebensgemeinschaft ausscheidet.

2. in der Geoökologie wird von landschaftsökologischer oder → *ökologischer P.* gesprochen.

3. In der Anthropogeographie versteht man unter P. alles Erbe vergangener Generationen und Jahrhunderte, welches das aktuelle Handeln der sozialen Gruppen heute noch beeinflußt, wozu nicht nur Bauwerke und sonstige feste Infrastruktureinrichtungen gehören, sondern auch soziale Systeme und Kulturmuster, welche die menschlichen Reaktions- und Aktionsmöglichkeiten einschränken bzw. im weiteren Sinne beeinflussen.

4. in der Schädlingsbekämpfung den langsamen Abbau der → *Biozide*, → *Pestizide* und → *Herbizide* bezeichnend.

personelle Infrastruktur: neben der materiel-

Permafrost

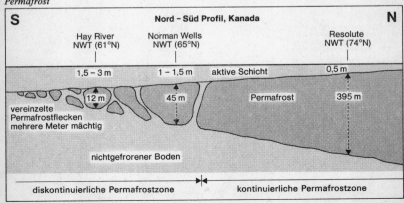

S   **Nord – Süd Profil, Kanada**   **N**

Hay River NWT (61°N)   Norman Wells NWT (65°N)   Resolute NWT (74°N)

1,5 – 3 m   1 – 1,5 m   aktive Schicht   0,5 m

12 m   45 m   Permafrost   395 m

vereinzelte Permafrostflecken mehrere Meter mächtig

nichtgefrorener Boden

diskontinuierliche Permafrostzone   kontinuierliche Permafrostzone

len → *Infrastruktur* das Personal, das für deren Funktionieren sorgt. Zur p. I. zählt insbesondere das Bedienungs-, Betreuungs-, Wartungs- und Verwaltungspersonal von öffentlichen Ver- und Entsorgungseinrichtungen, Verkehrsmitteln, Einrichtungen des Bildungs- und Gesundheitswesens usw.

Personenjahr: in der Demographie das Produkt aus der Zahl der Einwohner, die in einem Jahr in einem bestimmten Raum gelebt haben – wenn auch nur während Teilen des Jahres – und ihrer Lebensdauer (ein Jahr oder Bruchteile davon). Die Ermittlung der P. ist Voraussetzung für die exakte Berechnung gewisser demographischer Prozesse, z. B. der → *Mortalität.*

Personenkennnummer: eine auf individuellen Merkmalen aufgebaute Nummer, mit der jeder Einwohner eines Staates bezeichnet wird und zweifelsfrei identifiziert werden kann. Einheitliche P. könnten durch den verbesserten Einsatz der EDV die öffentliche Verwaltung erleichtern und anstelle der jetzt gebrauchten unterschiedlichen personenbezogenen Nummern (Steuer-, Versicherungs-, Rentennummer usw.) verwendet werden, jedoch scheiterte in der Bundesrepublik Deutschland ihre Einführung bisher wegen Bedenken des Datenschutzes und evtl. Eingriffe in die Privatsphäre. In einigen anderen Staaten sind P. bereits ausgegeben (z. B. Schweden) oder werden vorbereitet.

Personenverkehr: Beförderung von Personen mit Hilfe von → *Verkehrsmitteln.* Nach der Art des Verkehrsmittels kann man zwischen Land-, Luft- und Schiffsverkehr, beim Landverkehr wiederum zwischen Straßen- und Eisenbahn-P., Kraftfahrzeug- und Fuhrwerksverkehr unterscheiden. Geographisch bedeutsam sind auch die Unterscheidung nach → *Individual-* und → *öffentlichem P.* sowie nach Personennah- und -fernverkehr. Nach den Fahrtzweck sind z. B. zu unterscheiden → *Pendelverkehr,* → *Einkaufsverkehr,* → *Naherholungsverkehr* usw.

Perzeption: 1. in der Reizphysiologie der Teilvorgang der Reizaufnahme.
2. in der Sinnesphysiologie die Wahrnehmung von Empfindungen, die von physikalischen Umweltfaktoren ausgehen.
3. in der Anthropogeographie die subjektiv-selektive Aufnahme von Informationen über die Lebensumwelt des Menschen und damit Bestandteil einer → *Wahrnehmungsgeographie,* die auch als P.-Geographie bezeichnet wird.

Perzeptionsforschung: neuere sozialgeographische Forschungsrichtung. Die P. führt Studien über die Wahrnehmung räumlicher Sachverhalte durch und zeigt, daß zwischen der realen Existenz von Sachverhalten und ihrer Wahrnehmung und damit ihrer Bedeutung für raumwirksame Aktivitäten große,

sozialgruppenspezifische Unterschiede bestehen.

Pessimum: ungünstigster Wirkungsbereich eines Umweltfaktors, in welchem eine bestimmte Organismenart gerade noch existieren kann. Das P. gehört zur → *ökologischen Amplitude* und wird dem → *Optimum* gegenübergestellt.

Pestizid (Biozide): Sammelbezeichnung für chemische Verbindungen, die nach ihrer Anwendung in → *Insektizide,* → *Fungizide* (Mittel gegen Pilzkrankheiten), Akarizide (Mittel gegen Milben) und → *Herbizide* gegliedert werden. P. dienen der Sicherung der Erntemöglichkeiten und der Verhütung von Seuchen. Der Einsatz von P. wird im Rahmen der sog. biologischen Landwirtschaft abgelehnt.

petrikol: Aufenthaltstyp, der Organismen bezeichnet, die auf Felsen, Mauern oder Hartböden leben.

Petrochemie (Petrolchemie): Gesamtheit der chemischen und technischen Verfahren zur industriellen Gewinnung unterschiedlichster Produkte aus Erdöl und Erdgas. Die P. hat heute die Kohlechemie nach ihrer Bedeutung überflügelt. Etwa bis Anfang der fünfziger Jahre war die Kohle der wichtigste Rohstoff zur Herstellung organisch-technischer Produkte.

Petrokonvergenz: Form der klimageomorphologischen → *Konvergenz,* bei welcher das Gestein maßgeblich an der Formung beteiligt ist und Formenübereinstimmungen in verschiedenartigen, sich geomorphodynamisch aber gleichartig verhaltenden Gesteinen auftreten. Dazu zählen z. B. die → *Karren,* die als Lösungsformen in Kalk und Gips auftreten, aber auch die → *Granitkarren,* also → *Pseudokarren.*

Petroleum: 1. ältere Bezeichnung für Erdöl bzw. Mineralöl.
2. eine als Brennstoff, als Leuchtöl und zu Putzzwecken benutzte Fraktion der Rohöldestillation im Siedebereich von etwa 150–250 °C. P. ist ein wesentlicher Bestandteil des Flugturbinenkraftstoffes (Kerosin).

Petrologie (Gesteinskunde, Lithologie, Petrographie): Lehre von der Zusammensetzung, dem Aufbau und dem Vorkommen der Gesteine, wobei ursprünglich die P. enger gefaßt wurde als Wissenschaft von der Bildung und Umbildung der Gesteine. Die P. arbeitet mit geologischen, physikalischen und chemischen Methoden in der Wissenschaft, sowie physikalisch-technischen Methoden in der technischen Gesteinskunde zur Ermittlung der Gesteinseigenschaften auf ihre technische Brauchbarkeit.

Petrovarianz: Bezeichnung für die Auswirkung des anstehenden Gesteines auf die exogene Formbildung des Georeliefs.

Peuplierung: historisch-geographischer Ausdruck für die zielbewußte Besiedlung eines Territoriums zum Zwecke des Ausbaus des Siedlungsnetzes und der Stärkung des Staates und seiner Wirtschaftskraft. Der Begriff wird vor allem auf die von den Landesfürsten betriebene Wiederaufsiedlung nach den Bevölkerungsverlusten des Dreißigjährigen Krieges und die → *Binnenkolonisation* durch Glaubensflüchtlinge im 17./18. Jh. angewendet.

Pfalz: im mittelalterlichen Deutschen Reich eine befestigte burgähnliche Wohnstätte, die dem König bzw. Kaiser anstelle einer – nicht vorhandenen – festen Residenz als zeitweiliger Aufenthaltsort diente (Kaiser-P.). Die Herrscher wechselten auf ihren Reisen zwischen den verschiedenen P. Im Lauf der Zeit gingen aus vielen dieser P. → *Pfalzstädte* hervor.

Pfalzstadt: im mittelalterlichen Deutschen Reich eine Stadt, die sich aus einer Kaiser-→ *Pfalz* entwickelte und mit besonderen Privilegien ausgestattet war. Aus einigen P. gingen größere → *Reichsstädte* hervor (z. B. Frankfurt am Main, Nürnberg).

Pfanne: an sich eine → *Mulde* mit mehr oder weniger rundliche Grundrißgestaltung und begrenzter Ausdehnung. Ihr Boden ist meist eben und besteht aus verfestigten oder unverfestigten Feinsedimenten, die mit Kalk oder Salzen vermischt sein können, wonach man Kalk- und Salz-P. unterscheidet. P. kommen in Trockengebieten vor und werden episodisch, seltener periodisch durch Niederschlagswasser und aus der flachen Umgebung zusammenfließendes Wasser überflutet. Die Bezeichnung ist fast ausschließlich auf die Trockengebiete des Großraumes Südafrika beschränkt. Die Salz-P. gehören zu den → *Salztonebenen*.

Pfettendach: beim → *Blockbau* oder → *Fachwerkbau* häufig auftretende Dachkonstruktion, die sich durch mehrere, parallel zum Dachfirst verlaufende Holzbalken im Dachstuhl auszeichnet. Die Grundformen des P. bestehen aus zwei (Rund-)Pfostenreihen oder (Rechteck-)Ständerreihen, die durch Ankerbalken (ältere Bauweise) zusammengehalten oder mit Hilfe von Dachbalkenkonstruktionen die Dachlast tragen.

Pflanzen: autotroph lebende Organismen, die ihre organische Substanz aus dem CO_2 der Luft und aus anorganischen Verbindungen des Bodens bzw. Wassers überwiegend mit Lichtenergie (seltener chemischer) aufbauen. Gegenüber den P. sind Tiere und Menschen von organischen Verbindungen abhängig, also von den P., denen sie die zur Erhaltung ihres Lebens notwendige Energie entnehmen und demnach heterotroph sind. Entscheidender Prozeß ist die → *Photosynthese*. Aus dem Unterschied zwischen autotroph und heterotroph ergeben sich auch

Verschiedenheiten in pflanzlicher und tierischer Lebensweise und Organisation. Dazu gehört, daß die P. meist bis an ihr Lebensende wachsen, wobei sich die Oberfläche nach außen ständig vergrößert. Außerdem sind sie meist ortsgebunden und verfügen über oft speziell ausgebildete Befestigungssysteme.

Pflanzenbau (Kulturpflanzenbau): Nutzung der Bodenfruchtbarkeit durch Kulturpflanzen, durch Anpassung der Kulturpflanzen an die Standortbedingungen, durch Auswahl bestimmter Pflanzenarten und -sorten bzw. durch Schaffung von Standortbedingungen, die den Ansprüchen der Kulturpflanzen genügen.

Pflanzenbestand: Gruppe von Pflanzen einer bestimmten floristischen Zusammensetzung und Physiognomie in einem Biotop. Der empirische Begriff besagt nichts über die pflanzensoziologische Zusammensetzung und die quantitativen Verhältnisse.

Pflanzenbiologie: Lehre von der Lebensweise, Vererbung und Veränderlichkeit sowie Anpassung und natürlicher Verbreitung der Pflanzen. Die P. entspricht damit der → *Botanik*.

Pflanzenformation: Ordnungsbegriff der Pflanzengeographie bzw. Vegetationsgeographie zur Kennzeichnung von empirisch gefundenen Vegetationseinheiten nach ihren → *Lebensformen,* ohne daß ein direkter Zusammenhang mit pflanzensoziologischen Einheiten hergestellt wird. Mehrere P. bilden eine Formationsgruppe. Die P. des borealen Nadelwaldes gehört z. B. zur Formationsgruppe des Nadelwaldes. (→ *Vegetationsformation*)

Pflanzengemeinschaft: 1. real vorhandene Kombination von Pflanzenindividuen, die sich miteinander im Wettbewerb befinden und durch Konkurrenz ein Gleichgewicht in der Verbreitung erlangten.

2. nicht näher bezeichnete Vegetationseinheit eines Standortes oder gemeinschaftlichen Areals.

3. eine Pflanzengesellschaft im Sinne der → *Assoziation*.

Pflanzengesellschaft: floristisch definierte Einheit der Vegetationsgliederung, entspricht der → *Assoziation*.

Pflanzengesellschaftsordnung: Ordnung aus mehreren → *Pflanzenverbänden;* sie ist an der Endung -etalia erkenntlich, z. B. Arrhenatheretalia (europäische Fettwiesen und -weiden).

Pflanzengesellschaftsklasse: Klasse aus mehreren → *Pflanzengesellschaftsordnungen;* sie ist an der Endung -etea erkenntlich, z. B. Molinio-Arrhenatheretea (Fett- und Magerwiesen frischer und feuchter Standorte).

Pflanzenökologie: der ökologischen → *Geobotanik* entsprechende Forschung; sie beschäftigt sich mit den standörtlichen Wechselbeziehungen zwischen Pflanze und ihrer Lebensumwelt, besonders Klima, Boden, Wasserhaushalt, pflanzlichen Konkurrenten und Tieren.

Pflanzenreiche: neben den → *Tierreichen* die → *Bioreiche* der Erde definierende Einteilung; sie entsprechen den Florenreichen.

Pflanzenschädlinge: Organismen pflanzlicher oder tierischer Art, die als Folge ihrer Lebensweise Nutzpflanzen Schaden zufügen. Da viele P. auf bestimmte Pflanzenarten spezialisiert sind, wird vor allem die Monokultur durch P. geschädigt. Man unterteilt P. z. B. in Bakterien, Pilze, Weichtiere usw. und differenziert diese nach den Nutzpflanzenbereichen, die von Schädlingen betroffen werden, z. B. Gemüseschädlinge, Forstschädlinge oder Obstbaumschädlinge.

Pflanzenschutz: 1. Maßnahmen zur Erhaltung der vom Aussterben bedrohten Pflanzen sowie zur Erhaltung der natürlichen oder quasinatürlichen → *Biotope* durch Maßnahmen der → *Landschaftspflege* und des → *Naturschutzes.*
2. Maßnahmen zur Vorbeugung und Bekämpfung von Pflanzenkrankheiten und -schädlingen zur Sicherung des Ernteertrags und zum Verhindern von Krankheiten. Der dabei erfolgende Einsatz von → *Pestiziden* stört bis vernichtet jedoch die natürlichen oder quasinatürlichen biotischen Bestandteile in der Lebensumwelt der Kulturpflanzen. Insofern müßte von Kultur-P. gesprochen werden, der andere Ziele verfolgt als den Schutz natürlicher Pflanzen.

Pflanzenschutzmittel: Sammelbezeichnung für chemische Stoffe, die entweder zum Schutz von Pflanzen vor Schädlings- bzw. Krankheitsbefall oder zur Bekämpfung von Schadorganismen bzw. Pflanzenkrankheiten eingesetzt werden (→ *Pestizide*).

Pflanzensoziologie (Phytosoziologie, Phytozönologie, Soziologische Pflanzengeographie, Vegetationskunde): Lehre von den → *Pflanzengesellschaften* und Teilgebiet der → *Geobotanik.* Hauptaufgabe ist die Gesellschaftssystematik, die auf floristischen Kriterien aufbaut und die → *Pflanzengemeinschaften* hierarchisch klassifiziert sowie die → *Assoziationen* ausscheidet. Die P. begreift die Assoziationen als natürliche Gemeinschaften im Gebiet einheitlicher ökologischer Standortbedingungen, so daß die Assoziationen nicht nur die floristische Zusammensetzung repräsentieren, sondern auch das Vorkommen, die Standortbedingungen und die Entwicklung. Die Gesellschaftsentwicklung erfaßt die Gesellschaftsfolgen am Standort im Sinne einer → *Sukzession* und versteht sich als Sukzessionslehre oder Syndynamik. Die Gesellschaftsverbreitung oder Synchorologie beschreibt die Verbreitung der Assoziationen oder ihrer höheren Aggre-

gationen. Der Gesellschaftshaushalt oder die Synökologie erfaßt die abiotischen und biotischen Standortfaktoren, die für die Assoziation Bedeutung besitzen.

Pflanzenverband: mehrere floristisch verwandte → *Assoziationen* vereinigender Verband; er ist erkenntlich an der Endung -ion, z. B. Arrhenatherion (mitteleuropäische Fettwiesen). Hierarchisch folgt dann die → *Pflanzengesellschaftsordnung.*

pflanzenverfügbare Nährstoffe: im Boden in austauschbarer Form (→ *Austauscher,* → *Austauschnährstoffe*) gebundene oder als leicht lösliche Salze vorliegende → *Nährelemente,* welche leicht in die Bodenlösung übergehen und deshalb durch die Wurzeln aufgenommen werden können. (→ *Nährstoffhaushalt*)

pflanzenverfügbares Wasser: im Boden gespeichertes Wasser, dessen kapillar- und matrixbedingte Bindungsstärke (→ *Saugspannung,* → *pF-Wert*) unter etwa 15 Atm liegt, so daß es von den Pflanzenwurzeln noch aufgenommen werden kann. Das p. W. befindet sich in den → *Mittelporen.* (→ *Bodenwasser,* → *nutzbare Feldkapazität,* → *Porengrößenverteilung*)

Pflanzgarten (Kamp): in der Forstwirtschaft eingezäuntes Areal zur Anzucht von Jungpflanzen. Bei größeren P. wird nicht nur für den Eigenbedarf erzeugt. Man unterscheidet stationäre P. (Dauerkamp) von P. mit wechselnden Standorten (Wanderkamp).

Pflanzgut: Stecklinge, Reiser, Knollen, Zwiebeln usw. zum Anbau artenspezifischer Nutzpflanzen.

Pflanzstock: einfaches Handgerät, das beim Anbau eingesetzt wird. Der P. unterscheidet sich vom → *Grabstock* durch seine andersartige Handhabung. Der P. kann bis zu 2 m lang sein und ist meist von allen Seiten her zugespitzt. Mit dem kräftigen Stück Holz wird in den unumgebrochenen Boden das Pflanzloch gebohrt.

Pflanzstockbau: in den Tropen noch von Naturvölkern betriebene einfache Form des Ackerbaus. Der P. wird häufig in Zusammenhang mit Brandrodung (→ *shifting cultivation*) betrieben. Wichtigste Kulturen des P. sind Knollenfrüchte (z. B. Maniok, Jams, Pfeilwurz), aber auch Getreide, Bananen und Gewürze.

Pflanzung: marktorientierter landwirtschaftlicher Betrieb in den Tropen und Subtropen bzw. Gebieten mit mediterranem Klima, der in der Regel vom Besitzer und seiner Familie selbst geleitet wird. In der P. erfolgt ein Anbau von mehrjährigen Nutzpflanzen (bzw. Dauerkulturen), dem sich jedoch nicht wie bei der → *Plantage* eine größere Aufbereitung bzw. Verarbeitung der Produkte anschließt. P. sind in den allermeisten Fällen kleiner als Plantagen und weisen nicht denselben hohen Grad an technischer und kapitalmäßiger Ausstattung auf.

Pflug: Ackergerät zum Lockern und Wenden des Bodens bzw. zur gleichzeitigen Beseitigung von Unkraut (durch Unterpflügen). Der P. tritt in den unterschiedlichsten Formen auf. Pflugähnliche Geräte finden sich bereits bei den Babyloniern. Die Römer kannten den von Rindern gezogenen Haken-P. Die verbreitetste P.-Form ist der Schar-P. Eine moderne Form des P. ist der am Traktor befestigte Volldreh-P.

Pflugbau: hochentwickelte Form der Bodenbearbeitung mit Hilfe des → *Pflugs.* Der P. tritt sehr häufig in Verbindung mit der Großviehhaltung auf. Vor dem Traktorenzeitalter wurden z. B. Pferde und Rinder im P. als Zugtiere eingesetzt. Der P. gehört zu den kultivierenden Formen der Bodennutzung. Er erfordert pflugfähigen und somit gerodeten Boden. (→ *Ackerbau,* → Gartenbau)

Pflugbauvölker: ackerbautreibende Völker, die den Boden mit Hilfe des → *Pflugs* in Kultur nehmen. Die ältesten P. sind für den iranisch-mesopotamischen Raum (4. Jh. v. Chr.) nachgewiesen. Die prähistorische Verbreitung erstreckte sich auf nahezu ganz Europa und Asien sowie Nord- und Ostafrika. P. sind auf höherer Kulturstufe stehende Völker (Kulturvölker). Eines der bedeutendsten P. waren die Römer, die den → *Pflugbau* im Mittelmeerraum und darüber hinaus verbreiteten.

Pflugkultur: 1. Kultivierung des Bodens unter Einsatz des Pflugs.
2. höherentwickelte Kulturstufe, bei der der Mensch kultivierende Formen der Bodennutzung mit Hilfe der → *Pflugtechnik* betreibt (→ *Dreistufentheorie*).

Pflugparzelle: pflugtechnische Einheit, die u. U. Besitzparzellen oder → *Betriebsparzellen* in einzelne Beete zerlegt. P. sind besonders oft auf schweren Böden mit stauender Nässe zu finden und können von tiefen Gräben begleitet sein. Evtl. sind sie zu → *Hochbeeten* oder → *Wölbäckern* zusammengepflügt.

Pflugsohle: die Untergrenze in einem Ackerboden jährlich umgepflügten Bereiches. Sie liegt je nach Bearbeitungsart und Bodenverhältnissen in 15–35 cm Tiefe und tritt of als scharfe Horizontgrenze zwischen dem humushaltigen Oberboden (A_h- bzw. A_p-Horizont) und dem Unterboden in Erscheinung.

Pflugtechnik: Art und Weise der Bodenbearbeitung mit dem → *Pflug.* Auch heute noch werden sehr unterschiedliche P. angewandt. Bei der Verwendung des Hakenpflugs wird das Erdreich bis zu einer relativ geringen Tiefe aufgeritzt, gelockert und zerkleinert. Der modernere Wendepflug wendet demgegenüber die Schollen um und ermöglicht so-

mit eine stärkere Durchmischung des Bodens. Die Urform des Pfluges ist ein einfacher hölzerner Haken, der ursprünglich vom Menschen selbst gezogen wurde. Die Hakenpflug-Technik findet man heute noch in Trockengebieten, wo durch diese Art der Pflugarbeit die Feuchtigkeit im Boden besser gehalten werden kann. Mit der Verwendung von Zugtieren, von eisernen Pflugscharen und schließlich des gebogenen Streichbretts zum Wenden der Schollen wurde die Bodenbearbeitung in den fortschrittlicheren altweltlichen Gebieten des Pflugbaus wesentlich verbessert.

Pfuhl: weniger gebräuchliche Bezeichnung für → *Soll.*

pF-Wert: logarithmischer Wert (log cm WS) der in Zentimeter Höhe einer Wassersäule gemessenen → *Saugspannung* f = („negativer Druck") des Wassers im Boden.

Phaeozem: 1. schwarzerdeähnlicher (→ *Tschernosem*), meist skeletthaltiger, schwach brauner, mit Kalkausblühungen durchsetzter Boden der inneralpinen Trockentäler mit tiefgründigem Mullhumushorizont (→ *Mull*) neutraler Reaktion.
2. in der FAO-Bodennomenklatur die Einheit der degradierten Schwarzerden.

Phanerogamen (Samenpflanzen, Blütenpflanzen, Spermatophyten, Anthophyten): höchstentwickelte Gruppe des Pflanzenreiches, die durch das Auftreten von Blüten und durch Samenbildung charakterisiert ist. Die P. sind Sproßpflanzen. Sie sind vor allem an das Landleben angepaßt; der Befruchtungsvorgang ist nicht wasserabhängig, weil → *Pollen* - also Mikrosporen - bei der Bestäubung durch Insekten oder Wind übertragen werden. Die P. gliedern sich in die Abteilungen Bedecktsamer und Nacktsamer.

phanerogene Verwitterung: wenig gebräuchliche Bezeichnung für die durch Pflanzen bewirkte → *biogene Verwitterung.*

Phanerophyten: Holzpflanzen mit in die Luft ragenden, auch während der thermisch und/oder hygrisch ungünstigen Jahreszeit überdauernden Trieben, wozu vor allem Bäume und Sträucher gehören, die bestimmte → *Lebensformen* repräsentieren. Unterschieden werden → *Nanophanerophyten,* → *Makrophanerophyten* und → *Megaphanerophyten.*

Phänologie (Pflanzenphänologie): Wissenszweig der → *Klimatologie,* der sich mit der jährlichen Wachstumsentwicklung (Eintrittszeiten der Wachstumsphasen) der wildwachsenden und kultivierten Pflanzen in Abhängigkeit von Witterung und Klima befaßt. Ein Komplex verschiedenster → *Klimaelemente* wirkt auf das Pflanzenwachstum ein. Die Wachstumsgeschwindigkeit ist deshalb ein integrierender Indikator für die das Wachstum beeinflussenden Klimabedingungen und kann als ergänzender Faktor neben den

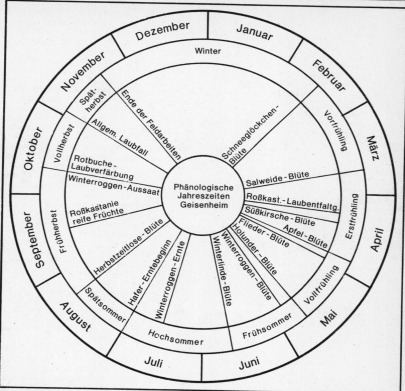

Phänologische Jahreszeiten

Messungen für die Klimakennzeichnung herangezogen werden. Durch eine Kartierung des Wachstumszustandes verschiedener Pflanzenarten entstehen phänologische Karten, aus denen sich z. B. regionale Wärmestufenkarten ableiten lassen. Neben der Pflanzen-P. gibt es auch eine Tier-P., die aber in der Klimatologie kaum Bedeutung hat.

Phänologische Jahreszeiten: Zeiteinteilung des Jahres, die sich an den Hauptentwicklungsphasen der Pflanzen orientiert.

phänologische Phase (Phänophase): ein deutlich abgrenzbarer Abschnitt der Wachstumsentwicklung einer Pflanze, der auch für die Gliederung des p. Jahresablaufes herangezogen werden kann (z. B. Süßkirschenblüte, Ährenschieben des Weizens, Holunderreife usw.).

Wildpflanzen
   Laubentfaltung,
   Blühbeginn (stäuben),
   Vollblüte
   Ende der Blüte
   Fruchtreife
   Laubverfärbung
   Blattfall
Kulturpflanzen
   Bestellung (Aussaat, Auspflanzen)
   Aufgang
   Schossen (Ähren-/Rispenschieben)
   Blüte, Ernte
Obst und Wein
   Blattentfaltung/-austrieb
   Blüte
   Fruchtreife
   Ernte
   Laubverfärbung
   Blattfall

phänologischer Gradient: Unterschied der Eintrittszeit einer → *phänologischen Phase* innerhalb eines größeren Gebietes bezogen auf die Distanz oder den Höhenunterschied.

Phänometrie: Teilgebiet der → *Phänologie,* welches das Wachstum der Pflanzen bzw. ihrer Einzelteile messend verfolgt.

Phänotyp: Erscheinungsbild eines menschlichen, tierischen oder pflanzlichen Individuums, das die Summe aller Merkmale darstellt und sowohl die äußeren als auch die inneren Strukturen und Funktionen des Organismus miterfaßt. Gegenübergestellt wird der Genotyp, der die Gesamtheit der in den Chromosomen vorliegenden Erbanlagen eines Individuums, welche die Grundlage seiner Reaktionsnorm sind, repräsentiert. Der P. wird daher als das Ergebnis des Zusammenwirkens von Genotyp und Umwelt begriffen. Er gilt nicht als konstante Eigenschaft des Organismus, sondern kann im Bereich der genetisch festgelegten Reaktionsnorm durch innere und äußere Einflüsse Veränderungen in der Individualentwicklung zeigen.

Phase: in Geo- und Biowissenschaften verwendeter Begriff für Entwicklungsstufe und/oder den gegenwärtigen Zustand eines – zeitlich veränderlichen – Vorganges.

Phobotaxis: Orientierung von Organismen auf Grund sukzessive erfolgender Unterschiedsreaktionen in einem Faktorengefälle, wobei die Biota sich in den günstigsten Bereich der engeren Lebensumwelt bringen können, z.B. Wärme, Feuchte, Licht.

Phonolith (Klingstein): tertiäres hartes, graugrünes → *Ergußgestein,* das sich meist säulig oder plattig absondert und beim Anschlagen klingt.

Phoresie: passive Verbreitung von tierischen oder pflanzlichen Organismen durch andere Tiere in Form einer Transportgesellung, die damit ein → *Bisystem* darstellt; oft für Kleinlebensräume charakteristisch.

P-Horizont: bei Nässe aufgeweichter und bei Trockenheit stark aggregierter, chemisch praktisch nicht veränderter Verwitterungshorizont von Tongesteinen. P-H. treten in → *Pelosolen* auf.

Phosphatmethode: Methode der → *Historischen Geographie* zur Lokalisation ehemaliger Siedlungsstellen. Die P. beruht auf der Tatsache, daß die frühere menschliche Besiedlung durch Fäkalien und Abfälle den Boden mit Phosphorsäure angereichert hat. Aus der Höhe des Phosphorgehaltes im Boden lassen sich bestimmte Schlüsse auf die Art der ehemaligen Besiedlung ziehen. Besonders hohe Phosphatanreicherungen sind ein Hinweis auf länger z.B. von Jägern, Fischern oder Viehzüchtern besetzt gewesenen Siedlungsplätzen. So wird auch zum Nachweis mittelalterlicher → *Wüstungen* die P. angewandt.

Phosphorit: aus Organismenresten und Exkrementen entstandenes Sediment aus phosphorreichem Kalk. P. werden als Dünger genutzt. (→ *Apatit*)

photische Tiefenstufe: Schicht des Wassers, in der die Lichtintensität für die normale Entwicklung tierischer und pflanzlicher Organismen noch ausreicht, für die jedoch spezifische Tiefenstufenwerte gelten.

photochemische Reaktion: chemische Reaktion unter Lichteinwirkung unter Voraussetzung von Lichtabsorption, die von der Oberflächenbeschaffenheit abhängig ist. Die biologisch wichtigste p. R. ist die → *Photosynthese.*

Photokinese: Einfluß der Lichtintensität auf die Bewegungsgeschwindigkeit bzw. allgemeine Aktivitätsstärke von Tieren.

Photomorphogenese: Steuerung der Entwicklung von Pflanzen durch Licht, unabhängig von der → *Photosynthese.* Es kommt zu lichtabhängigen Gestaltungsprozessen, → *Photomorphosen,* die auf einen differenzierten Wachstumsverlauf infolge der Lichtsteuerung zurückgehen.

Photomorphose: Gestaltwandel der Pflanzen, bei denen das Licht Reizanlaß ist. Die P. läuft unabhängig von der → *Phytosynthese* ab.

Photoperiodik: tagesrhythmischer Wechsel von Licht und Dunkelheit, der die Lebenstätigkeit von Organismen beeinflußt.

Photoperiodizität (Photoperiodie): die Reaktionsfähigkeit von Organismen auf die Länge der täglichen Licht- und Dunkelperioden, die → *Photoperiodik.* Sie ist besonders bei Pflanzen augenfällig, bei denen Entwicklungsvorgänge und ökophysiologische Prozesse photoperiodisch reguliert werden. Dies findet seinen Ausdruck in → *Kurztagpflanzen* und → *Langtagpflanzen,* die nach den für die Blühinduktion jeweils erforderlichen Tagesbzw. Nachtlängen unterschieden werden. Auch bei Tieren spielt die Periodizität eine Rolle, da aber die Photoperiode mit anderen Faktoren wie Temperatur, Feuchtigkeit und/oder Luft verknüpft ist und die Lebensäußerungen nicht speziell auf einen Faktor hin geschehen, ist der P. bei Tieren nur selten deutlich. Vor allem die Tagesperiodizität von Warmblütern wird oft durch unterschiedliche Helligkeit ausgelöst.

photophil: lichtliebend, an hellen Standorten vorkommend.

photophob: lichtscheu, lichtfliehend, an dunklen Standorten vorkommend.

Photosynthese: biochemisch-physiologischer Prozeß, bei dem aus anorganischen Stoffen unter katalytischer Mitwirkung des Blattgrüns und unter Ausnutzung der Sonnenenergie organische Stoffe (Kohlehydrate) aufgebaut werden. Diese → *Assimilation* des Kohlendioxids verläuft nach der Gleichung

$$6 CO_2 + 6 H_2O \rightarrow C_6H_{12}O_6 + 6 O_2.$$

Die P. läßt die autotrophen Pflanzen und somit indirekt auch die heterotrophen Organismen leben, wobei die Heterotrophen die bei der P. erzeugten energiereichen pflanzlichen Assimilate als Nahrung aufnehmen. In der P. wird die Energie des Sonnenlichtes mit Hilfe des Blattfarbstoffs Chlorophyll aufgenommen und in chemische Energie umgewandelt. Die dabei erzeugten organischen Stoffe sind für alle Lebewesen Ausgangsmaterial für Stoffwechselvorgänge.

photosynthetischer Quotient: Verhältnis des durch grüne Pflanzen aufgenommenen Sauerstoffvolumens zum Volumen des in der selben Zeit bei der → *Photosynthese* abgegebenen Kohlendioxids. Er ist meist = 1.

Phototaxis: durch Belichtungsunterschiede ausgelöste Bewegungen von Organismen.

Phototropismus (Heliotropismus): Lichtwendigkeit, d.h. nach der Lichtrichtung orientierte Krümmungsbewegungen bei Pflanzen, die gewöhnlich über ein stark ausgeprägtes Lichtwahrnehmungsvermögen verfügen, das neben dem → *Geotropismus* wichtigste Orientierungsgrundlage ist. Unterschieden wird positiver P., d.h. Wachstum zur Lichtquelle, und negativer P., d.h. das (relativ seltene) Wachstum von der Lichtquelle weg. Außerdem kennt man Transversal-P., d.h. die Schrägstellung zur Lichtquelle sowie den senkrecht zum Lichteinfall gerichteten Dia-P.

phreatisch: 1. Bezeichnung für den → *humiden Klimabereich*, in dem → *Grundwasser* gespeichert wird.
2. in Karstwassersystemen (→ *Karst*) Bezeichnung für die tieferen, ständig wassererfüllten Gangnetze bzw. deren Tiefenbereich im Höhlensystem.

ähnelt damit der → *Macchie* und gehört zur Gruppe der → *Gariden*.

pH-Wert: logarithmische Maßzahl für die Wasserstoffionenkonzentration in Lösungen: $pH = -\log$ Konzentration $H^+ (g\,H^+/l)$. Der pH-W. kennzeichnet die basische, neutrale oder saure Reaktion von Bodenlösungen oder Wässern. Die Säurekonzentration wirkt sich auf nährstoffhaushaltliche Prozesse und Verwitterungsvorgänge aus und ist ein Indikator für die ökologischen Bedingungen von Standorten und den genetischen Zustand von Böden.

phyletisch: die Abstammung betreffend.

Phyllit: sehr feinkörniger und dichter kristalliner Schiefer hell- bis dunkelgrauer Farbe aus Quarz und Serizit, der in altkristallinen Gebirgen vorkommt.

Phyllodien: zu Assimilationsorganen umgebildete Blattstiele, wobei meist die Blattspreite reduziert und der Blattstiel spreiten-ähnlich flach wird. Die P. sind für xeromorphe Gewächse der Trockengebiete charakteristisch.

Phyllom: Blatt im allgemeinen Sinne.

Phyllomorphie: Auftreten von Laubblättern an Stelle anderer Pflanzenorgane.

phyllophag: bezeichnet blattfressende Tiere.

Phyllotropismus: Veränderungen der Blätter am Stengel in Beziehung zur Stengelachse.

Phylogenese: stammesgeschichtliche Entwicklung, wobei sich die Organismen in der Aufeinanderfolge der Generationen sukzessive wandeln.

pH-Wert

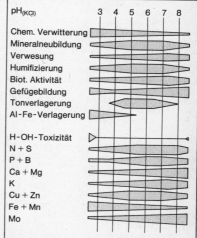

Breite der Bänder gibt Intensität der Vorgänge bzw. Verfügbarkeit der Nährstoffe an

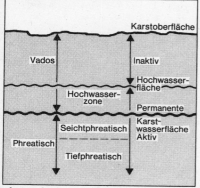

phreatisch

Phrygana: ostmediterrane → *Hartlaubvegetation* in Form einer Strauchheide an trockenen und felsigen Standorten, die mit dornigen und stachligen, laubwerfenden Halbsträuchern und Stauden durchsetzt ist. Sie

Phylogenie: Stammesgeschichte, d.h. Lehre von der Stammesentwicklung – der → *Phylogenese* –, die sich mit der Abstammung der Organismen, der Entstehung der Arten und der höheren taxonomischen Einheiten beschäftigt.

phylogenetisch: auf die Stammesgeschichte bezogen, stammesgeschichtlich.

phylogenetische Systeme: Systeme, die vor allem die → *Phylogenie* der Organismen zum Gliederungsprinzip erheben.

Phylum: Stamm

physikalisch-biogene Verwitterung: überwiegend durch den Wurzeldruck der Pflanzen erfolgende Verwitterung, wobei große Drucke (zwischen 10 und 15 kp/cm^3) entstehen und Gestein gelockert und gesprengt wird. Die p.-b. V. durch Tiere spielt praktisch keine Rolle. Sie ist neben der → *chemisch-biogenen Verwitterung* Bestandteil der biogenen Verwitterung.

Physikalische Geographie: veraltete Bezeichnung für → *Physiogeographie* mit weitgehend isolierter Behandlung der physiogenen Geofaktoren der Landschaft, speziell Relief, Klima und Wasser. Sie verstand sich als Zusammenfassung der anorganisch-physikalischen Disziplinen Geomorphologie, Klimatologie und Hydrographie.

physikalische Verwitterung (mechanische Verwitterung): weitestgehend auf Temperaturschwankungen beruhende Verwitterung. Sie zerlegt Minerale und Gesteine in kleinere Korngrößen, wobei sie durch die damit verbundenen Oberflächenvergrößerungen eine wichtige Voraussetzung für den Ablauf chemischer Prozesse schafft. Sie wird der → *biogenen Verwitterung* und der chemischen Verwitterung gegenübergestellt. Letztere erfolgt durch → *Hydrolyse,* → *Oxidations-* und → *Lösungsverwitterung* sowie verschiedene an Säurewirkung gebundene Verwitterungsprozesse. Die Intensität der chemischen Verwitterung nimmt mit steigender Wasserstoffionenkonzentration im Verwitterungsbereich, Temperatur, Durchfeuchtung und Zerteilungsgrad der Minerale und Gesteine (mit dadurch sich vergrößernder spezifischer Oberfläche) zu.

Physiochore: ausgehend vom Begriff → *Chore* ein Gebiet mit ursächlicher Verknüpfung der abiotischen und biotischen → *Geoökofaktoren.* In der älteren Literatur erscheint P. teilweise mit dem Begriff → *Landschaft* identisch, teils auch für den Begriff → *Fliese* eingesetzt. Mit der gebräuchlichen Terminologie der → *Hierarchie der Naturräumlichen Einheiten* stimmt sie nicht mehr überein.

Physiogeographie (Physikalische Geographie, Physische Geographie): moderner Nachfolger der →*Naturgeographie,* welcher die abiotischen und biotischen →*Geoökofaktoren* zum Gegenstand hat, die Geofaktorenlehren

umfaßt, aber auch den Gesamtzusammenhang im → *Geoökosystem* – im Sinne der → *Geoökologie* – betrachtet. Ursprünglich war die P., auch im Sinne der → *Physiographie,* eine → *Physikalische Geographie* mit dem Schwerpunkt einer rein erklärenden Geomorphologie.

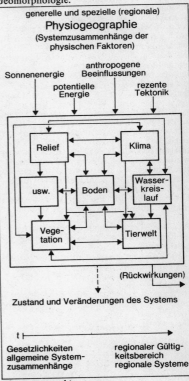

Physiogeographie

physiogeographische Faktoren: Sammelbezeichnung für die → *abiotischen* und → *biotischen* Faktoren bzw. → *Geoökofaktoren* des → *Geoökosystems.*

Physiognomie: äußerliches Bild einer geo- oder biowissenschaftlichen Erscheinung, das aber von der Beschaffenheit der Lebensumwelt bestimmt ist, also einer bestimmten Kombination von → *Geoökofaktoren.* Der Begriff bezieht sich überwiegend auf die → *Physiognomik der Gewächse* und die → *Physiognomische Landschaftskennzeichnung.*

Physiognomik der Gewächse: charakteristische Gestalt der Pflanzen, die ökophysiologischen Ursachen und damit dem Geoökosystemzustand der Lebensumwelt entspricht. Dabei können auch genetisch nicht miteinander verwandte Gewächse – allein aufgrund der Bedingungen des Lebensraumes – gleiche oder ähnliche äußerliche Gestaltmerkmale aufweisen. Die P.d.G. findet ihren Niederschlag in der Lehre von den → *Lebensformen.*

physiognomische Landschaftskennzeichnung: auf dem → *physiognomischen Prinzip* und auf den äußerlichen sichtbaren Merkmalen der Landschaft beruhende Kennzeichnung, die sich im Ausstattungstyp dokumentiert. Ökofunktionale Aspekte treten dabei vollkommen zurück. P. L. können nicht nur nach abiotischen und biotischen → *Geofaktoren* vorgenommen werden, sondern auch nach Elementen der → *Kulturlandschaft.*

physiognomisches Prinzip: methodischer Ansatz in Geo- und Biowissenschaften, der auf der → *Physiognomie* beruht und auf Grund dessen Gliederungen nach äußerlichen Merkmalen (der Pflanzen, der Landschaft) erfolgen, denen aber meist die ökofunktionale Begründung fehlt(e). Das p. P. spielt als Vorstufe der landschaftsökologischen Feldforschung eine Rolle, ebenso bei der Lehre von den → *Lebensformen* der Pflanzen und in den oberen Betrachtungskategorien der → *Naturräumlichen Gliederung* und der → *Naturräumlichen Ordnung.*

physiognomische Synökologie: Begriff der → *Bioökologie.* Er beruht auf der → *Physiognomik* der Gewächse und damit den Lebensformen der Pflanzen, welche die Physiognomie der Ökosysteme bestimmen.

Physiographie: veraltete Bezeichnung für die → *Physiogeographie* bzw. Physische Geographie, aber stark verengt auf die Betrachtung der Zusammenhänge Relief-Klima-Wasser oder noch stärker eingeengt auf eine rein erklärende Geomorphologie.

physiographische Faktoren: überwiegend in der → *Bioökologie* gebrauchte Bezeichnung für die → *abiotischen Faktoren.*

Physiologie: Wissenschaft von den Lebensvorgängen bei Pflanzen, Tieren und Mensch und Teilgebiet der → *Biologie,* das versucht, die allgemeinen Typen der Kausalzusammenhänge der Lebensvorgänge aufzuklären.

physiologisch: die Funktion bzw. die Lebenserscheinungen im Hinblick auf die Funktionalität des Organismus betreffend.

physiologische Anpassung: Anpassung tierischer und pflanzlicher Organismen in Ökotopen mit einem begrenzten Angebot an abiotischen Faktoren, vor allem wo Wasser als Minimumfaktor auftritt, und wo die Körperfunktionen auf die extremen Umweltbedingungen eingestellt sind. Das drückt sich z. T. auch in der äußerlichen Gestalt, d. h. in den → *Lebensformen* der Tiere und Pflanzen aus.

physiologische Dichte (Ernährungsdichte): spezielle Form der → *Bevölkerungsdichte,* bei der die Einwohnerzahl eines Raumes allein auf die landwirtschaftliche Nutzfläche bezogen wird. Die p. D. ist besonders für Länder interessant, deren Bevölkerung weitgehend in der Form der → *Subsistenzwirtschaft* von der eigenen LN lebt.

Physiologische Morphologie: Arbeitsrichtung der → *Geomorphologie* nach der Jahrhundertwende mit dem Ziel, Strukturelemente des → *Georeliefs* und deren Funktionen zu erfassen. Die P.M. stellte die Grundlage für später folgende landschaftstypologische Arbeiten dar und kann – zumindest in den Grundzügen – als Vorläufer der modernen → *Landschaftsökologie* bezeichnet werden.

physiologische Mortalität: gegenüber der ökologischen Mortalität, die in viel höherem Maß als die p. M. die Sterblichkeitsziffer bedingt, Beeinflussung der Mortalität allein durch Erbanlagen und die Lebenstätigkeit des Organismus. Die p. M. ist aber nur unter optimalen Lebensbedingungen erreichbar, die sich in einer optimalen Konstellation aller Faktoren zur gleichen Zeit zeigen muß. Da diese jedoch nicht eintritt, so daß die Individuen überwiegend durch den Druck der Außenwelt getötet werden, liegt also eine ökologische Mortalität vor, z. B. durch Räuber, Krankheiten, Hunger, Wassermangel usw.

physiologische Natalität: ähnlich der → *physiologischen Mortalität* eine eher theoretische Größe, die in der Realität zurücktritt, weil die Umweltfaktoren nicht das Zustandekommen der p.N., sondern nur der → *ökologischen* Natalität erlauben.

physiologische Uhr (biologische Uhr, endogene Tagesrhythmik, innere Uhr): physiologische Zeitmessung von Tieren und Pflanzen mit Hilfe ungefähr tagesperiodischer physiologischer Eigenschwingungen, die für Stoffwechselprozesse, aber auch Verhaltensweisen – besonders bei Tieren – wichtig ist und sich in der → *Periodizität* des Verhaltens äußert.

Physiomer: im Sinne des → *Geomer* beliebig abgrenzbarer Ausschnitt aus der komplexen, dreidimensionalen → *Landschaftshülle* der Erde unter ausschließlicher Berücksichtigung der → *abiotischen Faktoren.*

Physiotop: 1. in der Bioökologie nicht näher definierter Raumausschnitt mit abiotischem Inhalt.

2. in der → *Geoökologie* ist der P. die Abbildung einer → *landschaftsökologischen Grundeinheit* mit Hilfe der in der bisherigen Entwicklung gleiche Ausbildungen zeigenden, relativ stabilen und in naturgesetzlicher Wechselwirkung verbundenen abiotischen Faktoren. Er weist daher meßbare Formen des Stoffhaushalts – im Sinne des Physiosy-

stems und damit des → *Geosystems* – auf, die sein ökologisches Potential bestimmen. Er gilt als homogene räumliche Repräsentation des Geosystems.

3. Abweichend von 2. wird von wenigen Autoren der Geoökologie der Begriff P. entsprechend dem → *Geoökotop* definiert, d. h. unter Einbezug der Pflanzen in der Landschaft, die zur Merkmalsdifferenzierung der physiogenen Faktoren beitragen (sollen). Nach dieser Auffassung wären P. und → *Ökotop* synonym.

4. Ebenfalls abweichend von 2. werden P. als kleinere Bestandteile innerhalb des → *Geoökotops* begriffen, die also in der Fläche kleiner als der Ökotop sind und dessen Arealmosaik erst zusammensetzen. Diese noch in der neueren Literatur vertretene Auffassung konnte sich jedoch – ebenso wie die 3. – nicht durchsetzen, weil sie der in Geoökologie und Bioökologie gebräuchlichen Begriffhierarchie nicht entspricht.

Physiotyp (Physiosystemtyp): Typus eines funktionalen Systems der abiotischen Partialkomplexe in der Landschaft, demnach Typ von in → *Physiotopen* repräsentierten → *Geosystemen.*

Physische Anthropogeographie: wenig ausgearbeitetes Gebiet der Geographie zwischen → *Physiogeographie* und → *Anthropogeographie,* das heute in den Bereich der → *Ökogeographie* fallen würde. Die P. A. behandelt die rein biotische Erscheinung des Menschen im → *Geoökosystem,* d. h. seiner ökophysiologischen Beziehungen zum Raum und der damit verbundenen Verbreitung in den Lebensräumen der Erde, ihrer Belastung und ihrer Belastbarkeit im Sinne der → *Tragfähigkeit.* 2. Eine weiter gefaßte P. A. würde drei Zweige umfassen: eine „biologische" P. A. entsprechend 1.; die Erforschung der Zivilisation nach Kulturbereichen sowie Kultur- und Wirtschaftsstufen einschließlich der Herkunft von Kulturpflanzen und Haustieren mit Beziehung zu den Sozialsystemen; geographisch relevante geisteswissenschaftliche Aspekte im Sinne der Geopsyche, der → *Religionsgeographie* und verwandter Gebiete.

Physische Geographie: häufig gebrauchter Begriff für → *Physiogeographie* und zweiter großer Fachbereich neben der → *Anthropogeographie* in der → *Geographie.*

physische Klimazonen: die wirklichen, durch die Einstrahlung und die → *allgemeine Zirkulation der Atmosphäre* bedingten Zonen der Erde mit unterschiedlichem Hauptklima, deren Gebiete wegen der differenzierten Gestaltung der Erdoberfläche (Land-Wasser-Verteilung, Erhebungen) nicht überall zusammenhängen. (→ *Klimazonen*)

Phytal: von Pflanzen gebildeter Lebensbereich, der anderen Organismen als Wohn-

und Aufenthaltsstätte dient.

Phytobios: Organismenverband, welcher den → *Phytal* bewohnt.

phytogeographische Gliederung: Raumgliederung nach Pflanzen bzw. Pflanzengesellschaften in → *Florengebiete,* → *Florenregionen* und → *Florenreiche.*

Phytographie: Bestandteil der taxonomen Technik, die sich mit Nomenklaturregeln und der Benennung der Pflanzen befaßt.

Phytoklima: das eigene Klima einer Pflanzengesellschaft, das von deren Zusammensetzung und Struktur abhängig ist und Bestandteil des → *Mikroklimas* darstellt.

Phytomasse: neben der → *Zoomasse,* welche die → *Sekundärproduktion* an → *Biomasse* umfaßt, jene Menge lebender pflanzlicher organischer Substanz in einer Raumeinheit bzw. auf einer Flächeneinheit zu einem bestimmten Zeitpunkt, welche die → *Primärproduktion* darstellt.

Phytomimese: entsprechend der → *Mimese* schützende Ähnlichkeit von Tieren mit Pflanzen oder Pflanzenteilen, z. B. die „Wandelnden Blätter" oder die zweigähnlichen Stabheuschrecken.

Phytoparasiten: an Pflanzen lebende → *Parasiten.*

phytophil: pflanzliche und tierische Organismen, die auf Pflanzen mehr oder weniger ständig siedeln, d. h. sich nicht nur ernähren, sondern die Pflanze als → *Merotop* benützen, d. h. als Wohn-, Schutz- oder Jagdbereich.

Phytoplankton: Sammelbegriff für planktische Pflanzen, die Teile des → *Planktons* bilden.

Phytotop: Fläche mit gleicher → *potentieller natürlicher Vegetation,* die durch einen → *Gesellschaftsring* bzw. -komplex von verschiedenen → *Ersatzgesellschaften* der aktuellen Vegetation nach ihrem Inhalt beschrieben wird und ein Mosaik verschiedener Gesellschaftsareale der aktuellen Vegetation umfaßt. Der P. ist damit dem Begriff → *Biochore* synonym, sofern dieser nicht als räumlicher Aspekt einer beliebigen existierenden Vegetationseinheit, sondern einer genetisch eng miteinander verflochtenen und sich vertretenden Serie von Ersatz- und naturnahen Gesellschaften aufgefaßt wird. Die Geoökologie ordnet den P. in die topologische Dimension ein, während der Begriff P. in der → *Bioökologie* für räumlich unterschiedlich dimensionierte Gebiete verwendet wird.

Phytotoxine: 1. Pflanzengifte im Sinne von Giften aus Pflanzen.

2. Gifte für Pflanzen, wobei deren Schädlichkeit für die Pflanzen von ihrer Konzentration abhängt.

Phytozönologie: Lehre von den → *Phytozönosen* als Bestandteil der → *Bioökologie.*

Phytozönose: im allgemeinsten Sinne eine Gemeinschaft von Pflanzen eines bestimmten → *Biotops*. Sie wird in der Regel nur aus höheren Pflanzen gebildet, die in einer Assoziation vereinigt sind und als eine Lebenseinheit höherer Ordnung mit eigener Struktur gelten.

Piacentian (Piacenza-Stufe): oberes → *Pliozän* im Mittelmeergebiet und damit das Ende des → *Tertiärs* und den Übergang zum → *Quartär* um ca. 1.8 Mill. Jahre v. h. markierend.

Picorelief (Miniaturformen): im strengen Sinne keine Reliefformen mehr, weil bereits unter der Größenordnung des → *Nanoreliefs*. Miniaturformen sind eher Prozeßhinterlassenschaften, wie z.B. → *Gletscherschrammen*.

Piedmontfläche: eine intensiv zerschnittene → *Rumpffläche* an Gebirgsfüßen, die mit einem Knick gegen den Gebirgskörper absetzt und von diesem in das Gebirgsvorland leicht abfällt. Die P. werden genetisch als → *Pedimente* interpretiert.

Piedmonttreppe: im Sinne der → *Rumpftreppe* Abfolge mehrerer → *Piedmontflächen*, die sich hintereinander und übereinander anordnen und durch mehrfache tektonische Hebung des Berglandes und seines Umlandes erklärt werden.

pig-iron: das im Hochofenprozeß gewonnene Eisen. Der Ausdruck p.-i. bezieht sich auf die in zwei Reihen angeordneten, rotglühenden Eisenmassen, die wie kleine Schweinchen aussehen.

Pilgerverkehr: wichtiger Teil des → *Religionsverkehrs*. Als P. wird – im Gegensatz zum → *Wallfahrtsverkehr* – das im Leben eines Gläubigen meist einmalige Aufsuchen eines großen religiösen Zentrums bezeichnet, z.B. Jerusalem, Rom oder – im Mittelalter ebenso bedeutsam – Santiago de Compostela im Christentum oder Mekka im Islam.

Pilze: Abteilung der niederen Pflanzen, denen gegenüber Algen und Moose Chromatophoren fehlen, die aber gegenüber Bakterien echte Zellkerne besitzen. In → *Merotopen*, bei der → *biogenen Verwitterung*, sowie der → *Bodenbildung* spielen P. geoökologisch eine große Rolle.

Pilzfelsen: beschreibender Begriff für Einzelfelsen, dessen Sockel schmaler als der Hangendteil ist und der auf verschiedene geomorphologische Prozesse zurückgehen kann. In Wüsten schafft der Sandschliff durch → *Korrasion* P., in humiden Klimaten wirken chemische und physikalische Verwitterung am Fuß, wenn wenig widerständige Gesteine vorliegen, und an Küsten entstehen P. durch → *Brandungshohlkehlen* um einen einzeln stehenden Felspfeiler herum. Eine Formvariante ist der Baldachinfelsen.

pinacle: Zackenrelief im → *Kuppenkarst,* aus dem sich ein → *Karrenfeld* entwickeln kann.

Pinge (Binge): trichterförmige, rundliche bis längliche Vertiefung an der Erdoberfläche, die quasinatürlich durch den Einsturz von unterirdischen Hohlräumen entsteht, die beim Untertage-Bergbau angelegt wurden. Vor allem der flachgründige mittelalterliche Bergbau hatte P.-Reliefs zur Folge.

Pingo: meist rundliche Hohlform an der Erdoberfläche, die natürlich durch das Ausschmelzen des Eises ehemaliger → *Hydrolakkolithen* entstand. Die P. gelten als Beweis für den → *Dauerfrostboden* während der → *Würm*- bzw. → *Weichsel-Kaltzeit* in Mitteleuropa.

Pioniergrenze (Pionierfront): Grenze, bis zu der die Besiedlung eines Landes vorangeschritten ist. Eine P. entwickelt sich einerseits an den Grenzen der → *Ökumene* – sie verändert sich meist nur durch neue Technologien oder wirtschaftliche Nutzungen –, andererseits in Gebieten, die durch → *Siedlungskolonisation* erschlossen werden. Im letzten Fall verschiebt sich die P. meist relativ schnell, z.B. von der Küste ins Landesinnere. Bekanntestes Beispiel ist die amerikanische → *frontier*.

Pionierpflanzen (Erstbesiedler): erste Pflanzen auf vorher vegetationsfreiem Boden, der aus natürlichen oder anthropogenen Ursachen keine Vegetation aufweist, z.B. nackter Fels, Halden oder sonstige Aufschüttungen, vor allem im Rahmen von → *Rekultivierungen*. Auf Felsen handelt es sich um Moose, Flechten und wenig anspruchsvolle Stauden und wenig anspruchsvolle Holzgewächse folgen. Charakteristische Pionierpflanzen sind Trockengräser, Ginster, Sanddorn, Robinie, Grünerle, Birke. Sie tragen zur Bodenbildung bei und werden später meist durch anspruchsvollere Gewächse verdrängt, deren Fortkommen sie jedoch durch ihre Existenz ermöglichen. Die P. ordnen sich in Pioniergesellschaften an, die unterschiedliche Zu-

Pilzfelsen

sammensetzungen aufweisen, die oft vom Zufall der Ansiedlungsmöglichkeit, jedoch auch vom – meist stark begrenzten - abiotischen Geoökofaktorenangebot abhängen.

Pioniersaum: in Form eines → *Grenzsaums* ausgebildete → *Pioniergrenze.* Der P. bildet ein Übergangsgebiet zwischen gänzlich unerschlossenem und dauerhaft besiedeltem Raum.

Pioniersiedlung: Siedlung, die an der → *Pioniergrenze* bzw. im → *Pioniersaum* als vorgeschobener Stützpunkt der Landerschließung angelegt wurde. P. finden sich vor allem entlang der Grenzen der → *Ökumene.*

Pionierzone: als ausgedehntes Übergangsgebiet zwischen unerschlossenem und dauerhaft besiedeltem Raum angelegter → *Pioniersaum.*

Pipe: ehemalige und daher unterirdische Vulkanschlote im Großraum Südafrika, die am oberen Ende trichterförmig erweitert sind und eine Füllung aus → *Kimberlit* aufweisen, in welchem Diamanten gefunden werden. An der Erdoberfläche lassen sich die P. an flachen Depressionen erkennen, die von niedrigen wallartigen Höhen umgeben sind. Eine ausgegrabene P. ist das Big Hole in Kimberley.

Pipeline: Rohrleitung zum Transport von Flüssigkeiten (insbesondere Wasser, Erdöl bzw. Erdölprodukte), Gasen (insbesondere Erdgas, Kokereigas) oder feingemahlenen, mit Wasser versetzten Feststoffen (z. B. Kohle, Erze, Zement). P. werden oberirdisch oder unterirdisch bzw. auf dem Meeresboden verlegt. P. haben bisher vor allem für den Transport von Erdöl große Bedeutung erlangt. Eine technische Glanzleistung war in den siebziger Jahren der Bau einer 1300 km langen P. durch das Permafrost-Gebiet Alaskas.

Pisolith: Konkretionen des → *Laterit.*

Placosol: feuchter → *Podsol* mit dünner undurchdringlicher Eisenschwarte im Eisenoxidanreicherungshorizont. Diese Eisenschwarten sind eine Sonderform des → *Raseneisensteins* (bei grundwasser- oder staunässebeeinflußten Podsolen) bzw. → *Ortsteins.*

Plafondierung: Setzung von Höchstmengen oder -zahlen. In der Bevölkerungspolitik wird unter P. die staatliche Festsetzung von Höchstzahlen der Ausländer- (insbesondere Gastarbeiter-) Zuwanderung in ein Land verstanden. Auch Einwanderungsländer verfügen unter Umständen eine P. für Angehörige verschiedener Volksgruppen oder Rassen.

Plaggen (Soden): ziegelartig ausgestochene Humusstücke (mineralbodenhaltiger Humus), die im Stall als Einstreu verwendet wurden und nach der Anreicherung mit Kot und Harn auf eine dorfnahe Feldflur

(→ *Esch*) ausgebracht wurden (in Nordwestdeutschland, den Niederlanden und Irland). (→ *Plaggenesch*)

Plaggendüngung: Bodendüngung durch Aufschichten von → *Plaggen.* P. wird seit vielen Jahrzehnten nicht mehr angewendet. Die durch sie geschaffenen künstlichen Böden (→ *Plaggenesch*) haben sich jedoch in ihren wesentlichen Merkmalen erhalten.

Plaggenesch (Plaggenboden, Eschboden): künstlicher → *Bodentyp,* der über einem, allenfalls teilweise ausgeebneten, ursprünglichen Bodenprofil durch die Aufschichtung von → *Plaggen* entstanden ist. Die Plaggenschicht kann 30–120 cm mächtig sein und zeigt je nach der Art der Plaggen (Gras- oder Heideplaggen) unterschiedliche Gehalte an Ton, Eisen, organischer Substanz und an Nährstoffen. Die P. wurden in Nordwestdeutschland und in den Niederlanden auf der etwas höher gelegenen dorfnahen Feldflur, der → *Esch,* geschaffen.

Plagioklase: Sammelbezeichnung für die triklinen Natrium-Calcium-Feldspäte. Dazu gehören die Endglieder Na-Feldspat (→ *Albit*), Ca-Feldspat (→ *Anorthit*) und deren Mischungen. P. bilden die häufigste Mineralgruppe der äußersten Erdkruste.

planar: niedrigste Höhenstufe mit der klimatisch bedingten Waldvegetation, in Mitteleuropa bis ca. 300 m ü. M. oder in den Inneren Tropen bis ca. 500 m ü. M.

Planation: Sammelbegriff für geomorphologische Flächenbildungsprozesse, bei denen Vollformen sowie kleinere Unebenheiten des Reliefs zugunsten einer Flachform beseitigt werden. P.-Prozesse sind klimatisch gesteuert. Zu ihnen gehört u. a. die → *Kryoplanation* und die → *Flächenspülung.*

Planer: Beruf, der z. B. auf dem Gebiet der Raumplanung Bedeutung erlangt hat. Zum Berufsbild des Planers gehört es, daß er Konzepte zur theoretischen und methodischen Vorbereitung bzw. Konkretisierung räumlicher und struktureller Entwicklungsprozesse aufstellt. Diese haben sich nach den gesamtgesellschaftlichen Zielen und den Belangen der von der Planung Betroffenen auszurichten. Für die Umsetzung der vom P. ausgearbeiteten Planungskonzepte hat der Politiker zu sorgen.

Planet: großer Himmelskörper, der sich in kreisähnlicher Ellipsenbahn um die Sonne bewegt und von ihr beschienen wird. Es kreisen neun P. um die Sonne (Reihenfolge nach wachsender Entfernung): Merkur, Venus, Erde, Mars, Jupiter, Saturn, Uranus, Neptun und Pluto. Die P. wiederum haben → *Monde* als Trabanten.

planetarische Dimension: entspricht der → *geosphärischen Dimension* und wird auch als globale Dimension bezeichnet.

planetarische Frontalzone: schmaler Übergangsgürtel zwischen der stabil geschichteten warmen tropischen Luft und der stabil geschichteten kalten Polarluft, in dem die planetarischen Temperaturgegensätze konzentriert sind. Das dadurch bedingte starke meridionale Luftdruckgefälle in der Höhe führt nach den Gesetzen des → *geostrophischen Windes* zu beständiger starker Westströmung in der Höhe (→ *außertropische Westwindzone*). Die p. F. ist ein dynamisches Gebilde. Sie besteht aus wechselnden Teilfronten und steht in einem Wechselspiel von Lage- und Formänderungen, Teilauflösung und Neubildung. (→ *Front*, → *Jet stream*)

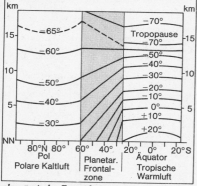

planetarische Frontalzone

planetarischer Formenwandel: Bestandteil des → *Geographischen Formenwandels,* hier bezogen auf die Abwandlung von geographischen Erscheinungen der Erde vom Äquator zu den Polen, die strahlungsklimatisch geregelt sind und sich in den → *Landschaftszonen* und ihrer Darstellung in den verschiedenen → *Zonenmodellen* ausdrücken.

planetarisches Axiom: Alle geographischen Tatbestände sind in irgendwelchen Formen dem Planeten Erde zugeordnet und empfangen daraus gewisse geographische Grundmerkmale.

planetarisches Druckgefälle: ständig ausgebildeter Luftdruckunterschied zwischen niederen und hohen Breitenlagen der Erde, welcher eine Folge der sehr verschiedenen Energieeinstrahlung ist. Das p. D. bewirkt die großräumigen Ausgleichsströmungen der → *allgemeinen Zirkulation der Atmosphäre.*

planetarisches Windsystem: die typische Anordnung der großräumigen Luftströmungen, die sich aus den Bedingungen der → *allgemeinen Zirkulation der Atmosphäre* ergibt.

planetarische Zirkulation: der gürtelartige weltweit verlaufende Luftaustausch auf der Erde mit den beiden Hauptgliedern der → *Passatzirkulation* und der → *Westwindzir*

kulation.

Planfeststellung: förmliches Verfahren bei der Verkehrsplanung. Die P. regelt die rechtliche Zulässigkeit und die Art der Durchführung eines Vorhabens. Sie hat alle vom betreffenden Verkehrsprojekt betroffenen öffentlichen und privaten Interessen zu berücksichtigen.

Plangewannflur: → *Gewannflur,* bei der die Gewanne schematisch angelegt wurden oder bei planmäßiger Aufteilung eines Blocks entstanden.

Planifikation: eine volkswirtschaftliche Planungsmethode, die von einem nationalen gesamtwirtschaftlichen Rahmenplan ausgeht. Über eine entsprechende Wirtschafts- und Gesellschaftspolitik versucht der Staat, in allen Wirtschaftszweigen zielgerecht einzuwirken. Der P. liegt im Gegensatz zur → *Planwirtschaft* das System der freien Marktwirtschaft zugrunde. Bekannt für die Anwendung der P. ist Frankreich.

Plankter: Organismen, die der Lebensformengruppe des → *Planktons* angehören.

planktogen: Sedimente, die aus Resten des → *Planktons* entstanden.

Plankton: Lebensformengruppe und Lebensgemeinschaft von Organismen, die frei im Wasser schweben, bei fehlender oder allenfalls nur geringer Eigenbewegung, und die als → *Plankter* zusammengefaßt werden. Im Gegensatz zu → *Nekton* wird das P. vom Wasser verfrachtet und kann gegen Strömungen nicht anarbeiten. Unterschieden werden → *Phytoplankton* und → *Zooplankton.* Meeres-P. wird als Hali-P. bezeichnet. Kommt es in der freien See vor, wird es ozeanisch, im Wasser des → *Schelfes* wird es → *neritisch* genannt. Beide unterscheiden sich in der Zusammensetzung. Das ozeanische P. umfaßt vor allem Einzeller, Medusen, Quallen, Kleinkrebse, Flügelschnecken

planetarisches Druckgefälle

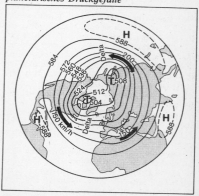

und Manteltiere. Neritisches P. ist zusätzlich durch Larven von Organismen angereichert, die als Erwachsenenformen nicht planktisch leben, wie Hohltiere, höhere Krebse, Muscheln, Schnecken, Würmer, Stachelhäuter und Fische. Dem Meeres-P. gegenübergestellt wird das Süßwasser-P. oder Limno-P., das aus Einzellern, Rädertieren und Kleinkrebsen besteht. Weitere ökologische Unterschiede drücken das Brackwasser-P. (Hyphalmyro-P.) und das P. salziger Binnengewässer (Salino-P.) aus. Das Limno-P. untergliedert sich in Eulimno-, Heleo-, Telmato-, Kreno- und Potamo-P. - nach den verschiedenen Wasserräumen (freier Wasserraum der Seen, Teiche, Tümpel, Quellen, Flüsse). Im Auftreten wird bei allen P.-Typen perennierendes und periodisches P. unterschieden, weiterhin nach verschiedenen Größenordnungen. Vor allem in größeren Wasseransammlungen kommt P. meist vertikal geschichtet vor, in Abhängigkeit von Tages- und Jahreszeit. Einen wichtigen Einfluß hat dabei das Licht.

Planktonfresser: Tiere, die → *mikrophage* Partikelfresser sind und vom → *Plankton* leben, die also planktophag sind.

Planktontyp: durch eine bestimmte Pflanzen- oder Tiergruppe im → *Plankton* ausgewiesener Typ, die übergewichtig vertreten ist.

Planktophyten: Begriff der Vegetationsgeographie für → *Phytoplankton*, wozu – nicht ganz korrekt – auch im Schnee und Eis wohnende niedere Pflanzen gerechnet werden.

Planminiaturgewannflur: → *Miniaturgewannflur*, die regelhafte Züge aufweist und daher auf eine Planung schließen läßt.

Planologie: in den dreißiger Jahren begründete normative Raumwissenschaft. Die P. setzt sich zum Ziel, innerhalb eines abgegrenzten Raumes eine räumlichstrukturelle Ordnung herbeizuführen. Diese soll so beschaffen sein, daß die dort lebende Bevölkerung (Gemeinschaft) optimale Voraussetzungen für ihre kulturelle, wirtschaftliche und soziale Entwicklung hat. Die P. richtet sich auf Mikroräume (z. B. Wohnviertel), Mesoräume (z. B. eine Stadt) und Makroräume (z. B. ein funktionaler Wirtschaftsraum). Die P. konnte sich bisher als eigenständige Wissenschaft nicht durchsetzen.

Planosols: Bodeneinheit der Weltbodenkarte. Unter den P. werden die Böden mit tonarmen, naßgebleichten A-Horizonten über scharf abgegrenztem tonreicherem Unterboden zusammengefaßt (z. B. → *Stagnogley*, → *Solod*, → *Gleypodsol*).

Plansiedlung: ländliche oder städtische Siedlung, deren Grundriß regelhafte Züge aufweist und daher auf eine geplante Anlage schließen läßt. P. sind teilweise auf dem Reißbrett entstanden. Dies gilt in geringerem

Maße für ländliche P. (→ *lineare Siedlung*) als für städtische Plansiedlungen. Beispiele für die letztgenannte Gruppe sind die Städte Karlsruhe und Brasília (→ *Planstadt*).

Planspiel: Methode, mit Hilfe derer das Entstehen, der Ablauf sowie die Wirkungen von Planungsentscheidungen simuliert werden. P. dienen dazu, die in der Planung wirksamen Mechanismen kennenzulernen und die Folgen von Entscheidungen besser abschätzen zu können. Um der Wirklichkeit möglichst nahe zu kommen, wird das P. in verteilten Rollen durchgeführt.

Planstadt: zu einem bestimmten Zweck gegründete und nach einem einheitlichen Plan – häufig zur Konkretisierung einer Idee – gestaltete Stadt, meist mit regelhaftem Grundriß. P. sind z. B. die fürstlichen Gründungen des Absolutismus und Barock (Residenzstädte wie Karlsruhe oder Mannheim), aber auch → *New Towns* und → *Sozialistische Städte*.

Plantage: kapital- und arbeitsintensiver landwirtschaftlicher Großbetrieb, vor allem in tropischen, subtropischen und mediterranen Gebieten. Charakteristisch für P. sind der Anbau von mehrjährigen Nutzpflanzen oder von Dauerkulturen (z. B. Zuckerrohr, Bananen, Kaffee, Tee, Kautschuk) und technische Einrichtungen zur Aufbereitung bzw. Verarbeitung der Agrarprodukte. Die Arbeitsorganisation ist derjenigen von Industriebetrieben ähnlich. Exportorientierung herrscht vor. Ein gewisses → *Anbaurisiko* ergibt sich aus der in der P. vorherrschenden → *Monokultur*.

Plantagenwirtschaft: Wirtschaftsform, die ihre Anfänge im beginnenden Kolonialzeitalter (16. Jh.) hat. Durch die der P. eigentümliche → *Monokultur* stellt sich eine gleichförmige Wirtschaftslandschaft (→ *Wirtschaftsformation*) ein. Die kolonialzeitliche P. war vor allem durch die agrarsozialen Gegensätze gekennzeichnet. Die hohe Arbeitsintensität der Plantagen verlangte den Einsatz von Sklaven (Dreieckshandel). Die moderne P. wird weitgehend von großen (ausländischen) Kapitalgesellschaften organisiert und ist in hohem Maße mechanisiert.

Planung: die Beschäftigung mit der Zukunft. P. kann als ein Entwurf, d. h. als eine gedankliche Vorwegnahme beabsichtigten Handelns, verstanden werden. Im engeren Sinne bedeutet P. das Vorbereiten von Entscheidungen. Im Rahmen der → *Raumordnung* und → *Raumplanung* bedeutet P. die Erstellung und Operationalisierung von Konzepten zur Ordnung und Entwicklung eines Raumes (→ *Planungsraum*). (→ *Planungsebene*)

Planungsatlas: ein Kartenwerk, in dem ein Raum in Form einer Bestandsanalyse kartographisch dargestellt wird. Die im wesentlichen thematischen Karten verdeutlichen die Struktur und deren Veränderung über einen längeren Zeitraum sowie die verschiedenen räumlichen Prozeßmechanismen. P. dienen als Grundlage bei der Erarbeitung von → *Landesentwicklungsplänen* sowie → *Regionalplänen*. In der Bundesrepublik Deutschland werden P. im wesentlichen bei den obersten Landesplanungsbehörden in den jeweiligen Bundesländern erarbeitet.

Planungsgrundlagen: raumtypisierende Informationen (Daten) zur Charakterisierung des Ist-Zustandes sowie der bisherigen Entwicklung eines Gebietes. Die P. sind nur zum kleineren Teil in den amtlichen Statistiken enthalten und müssen daher im Zuge einer Bestandsaufnahme erhoben und analysiert werden. Sie umfassen z. B. physiogeographische sowie wirtschafts- und sozialgeographische Fakten über den Planungsraum.

Planungshoheit: in einem administrativ abgegrenzten Planungsraum das verbürgte Recht staatlichen Handelns und Planens. In der Bundesrepublik Deutschland liegt die P. abgestuft bei Bund, Ländern und Gemeinden. Dem Bund kommt die raumordnerische Rahmengesetzgebung zu, die Länder füllen durch ihre Landesgesetzgebung diesen Rahmen planerisch aus (→ *Landesplanung*, → *Regionalplanung*). Gemeinden und Gemeindeverbände haben die P. in der → *Bauleitplanung*. Hier kann die P. als Teil des kommunalen Selbstverwaltungsrechts verstanden werden.

Planungsprozeß: Ablauf des Planungsvorgangs. Der P. beginnt mit der Grundlagenforschung, zu der z. B. die analytische Erfassung des Ist-Zustandes im → *Planungsraum* gehört. Das Planungsziel hat sich an den von Gesellschaft und Staat vorgegebenen → *Leitbildern* zu orientieren. Das Planungsziel kann auf verschiedenen Wegen erreicht werden. Dazu hat der Planer sogenannte Planvarianten auszuarbeiten. Welche Variante zum Zuge kommt, entscheiden auf der Grundlage des → *Planungs- und Baurechts* die auf den verschiedenen Planungsebenen Verantwortlichen bzw. die Politiker. Dort wird auch festgelegt, welche planerische Mittel zur Erreichung des Zieles eingesetzt werden sollen. Zum P. gehört schließlich auch die Beobachtung der Wirkungsweise eingesetzter planerischer Mittel. Da sich auch die raumbestimmenden Parameter ständig verändern, ist u. U. nach gewisser Zeit eine → *Anpassungsplanung* erforderlich.

Planungsraum: räumliche Einheit, für die durch die öffentliche Hand geplant wird. Der Begriff P. kann sich auf Mikroräume (z. B. der durch den → *Bebauungsplan* abgegrenzte Teilraum eines Ortes), Mesoräume (z. B. eine Stadtregion) und Makroräume (z. B. → *Planungsregionen* oder ein gesamtes

Staatsgebiet) beziehen. Die P. in der Bundesrepublik Deutschland orientieren sich an den gesetzlich vorgegebenen → *Planungsebenen*. Wesentliche P. sind daher die Gemeinden, das Gebiet der Regionen, die jeweiligen Bundesländer sowie das Gesamtgebiet der Bundesrepublik Deutschland.

Planungsregion: in den meisten Flächenstaaten der Bundesrepublik Deutschland auf der Grundlage von in der Regel Landkreisen oder Regierungsbezirken abgegrenzter Planungsraum, für den die → *Regionalplanung* → *Regionalpläne* erstellt. Ziel der Planung in P. ist es, ausgewogene Lebens- und Wirtschaftsbedingungen zu entwickeln bzw. zu erhalten. Die P. sind gleichzeitig wichtige statistische Raumeinheiten für die bundesweite Regionalisierung.

Planungsstab: eine Gruppe von → *Planern* (Team), die entweder einer Person zuarbeiten oder die für die Planung eines bestimmten Projektes zuständig sind. Häufig ist ein P. interdisziplinär zusammengesetzt. Die Aufgaben in einem P. sind in der Regel klar auf die verschiedenen Personen verteilt. Wesentlich beim P. ist die Zusammenarbeit und die Koordination der Planungstätigkeit.

Planungstheorie: systematisierte Erkenntnis über das Entstehen, Ablaufen und Wirken von → *Planung*. Die P. erarbeitet Konzepte zur Festlegung räumlicher Zielsysteme.

Planungs- und Baurecht: Rechtsgrundlage für die bauliche Entwicklung in einer Gemeinde. Grundlage des P.- u. B. ist das → *Bundesbaugesetz* (BBauG), das 1960 für das Gebiet der Bundesrepublik Deutschland erlassen wurde. Danach wird die städtebauliche Ordnung in den Gemeinden durch Bundesgesetze geregelt und von den Gemeinden in Selbstverwaltung angewandt. Das Bauordnungsrecht (Bauaufsichtsrecht) liegt in der Kompetenz der Länder. Das Städtebauförderungsgesetz (StBauFG) regelt – als Ergänzung des BBauG – den Bereich der → *Sanierung*.

Planungsverband: Zusammenschluß von Gemeinden und anderen öffentlichen Planungsträgern gemäß Bundesbaugesetz (BBauG). Ziel des P. ist eine koordinierte → *Bauleitplanung*.

Planungswertausgleich: Konzept, das im Rahmen einer Reform des Bodenrechts vorsieht, Wertsteigerung bei Bodeneigentum zugunsten der Gemeinde abzuschöpfen. Vor allem im Bereich von Verdichtungsräumen kam es durch öffentliche Maßnahmen (z. B. Ausweisung als Bauland, Erschließung neuer Wohngebiete) zu einem unverdienten Wertzuwachs bei privaten Grundstücken. Der P. ist jedoch nicht unumstritten.

Planwirtschaft: Wirtschaftsordnung, bei der der Staat (oder dessen Planungsorgane) der Wirtschaft des Landes für einen bestimmten

Zeitraum genau vorgeben, welche Aufgaben sie zu erfüllen und welche Ziele sie zu erreichen hat. Die P. ist das Gegenstück zur → *Marktwirtschaft.* Sie wird ausschließlich in den kommunistischen bzw. sozialistischen Ländern angewandt und gehört zu deren wichtigsten Merkmalen.

Planzeichen: einheitlich festgelegte Kennzeichen für die Verwendung in thematischen Karten und Plänen der Landes-, Regional- und Ortsplanung. Für die → *Bauleitplanung* besteht in der Bundesrepublik Deutschland eine verbindliche P.-Verordnung.

Plastizitätstheorie: theoretische Vorstellungen, welche den plastischen Anteil der strömenden Bewegung des Gletschereises erklären (→ *Glen'sches Fließgesetz*).

Plastosole: Sammelbezeichnung für tropische und subtropische plastische tonreiche Böden aus Silikatgestein. Die P. sind reich an → *Kaolinit.* Sie bilden wegen ihrer hohen Plastizität Schwundrisse und ein ausgeprägtes Prismen- oder Plattengefüge. Nährstoffarmut und ungünstige bodenphysikalische Eigenschaften bedingen ein niedriges Nutzungspotential. Zu den P. gehören die → *Braun-,* → *Rot-* und → *Graulehme.*

Plateau (Meseta): praktisch dem → *Hochland* entsprechender Begriff, ist diesem gegenüber jedoch überwiegend durch Flachformen und durch deutliche Abfälle gegen das niedrige Umland gekennzeichnet.

Plateaugebirge: Gebirge mit ausgedehnten Hochflächen und mehr oder weniger markanten Randabfällen.

Plateaugletscher: geringmächtige Vereisung auf einer hochgelegenen Verebnung im Gebirge, welche das wenig gegliederte Relief verhüllt (→ *Gletscher*).

Platen: flache Sandbereiche im → *Watt,* die durch → *Priele* gegliedert sind. Die P. sind

eine Form der → *Außensände.*

Platte: 1. geomorphologischer Begriff für eine meist flache und oberflächlich ebene Vollform, die sich jedoch über das Niveau ihrer Umgebung erhebt.

2. größerer Erdraum, von der Gestalt einer → *Ebene,* der meist mit einem regionalgeographischen Begriff zusammen verwandt wird, z. B. Weißrussische bzw. Podolische P.

3. Erdkrustenstück von subkontinentaler bis kontinentaler Größe und bedeutender Mächtigkeit, dessen Entstehung und Weiterentwicklung mit der → *Plattentektonik* erklärt wird.

Plattengefüge: ein durch Quellung und Schrumpfung entstehender, horizontaler plattigblättriger Aufbau der Bodenmatrix.

Plattentektonik: geotektonische Theorie über den Krustenbau der Erde sowie die Entwicklung der Kontinente und Ozeane, der sowohl die Theorie der → *Kontinentalverschiebung* als auch die → *Unterströmungstheorie* zugrunde liegen. Danach ist die Erdkruste in verschieden große, relativ starre Platten von bis zu 100 km Dicke gegliedert, die mit vielen Grenzzonen entlang ozeanischer Rücken und Gräben aneinanderstoßen und auf Grund von Strömungsprozessen im Erdmantel langsam passiv bewegen. Dabei werden magmatische bzw. vulkanische Prozesse aktiv, die sich auch formbildend im → *Vulkanismus* auswirken. Effekte der Plattenverschiebungen zeigen sich im Aufreißen von Zentralgräben der Mittelozeanischen Rücken durch Spreizen des Seebodens, wobei submarine Basaltergüsse die Spalten wieder schließen; weiterhin äußert sich die Plattenverschiebung in den sich aus → *Geosynklinalen* entwickelnden → *Orogenen;* ferner an den Transformstörungen mit hohen Erdbebenaktivitäten, die im übrigen auch für die

Platten

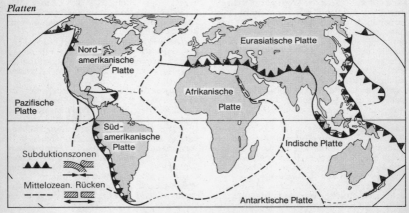

Nord-amerikanische Platte

Eurasiatische Platte

Pazifische Platte

Afrikanische Platte

Süd-amerikanische Platte

Indische Platte

Subduktionszonen

Mittelozean. Rücken

Antarktische Platte

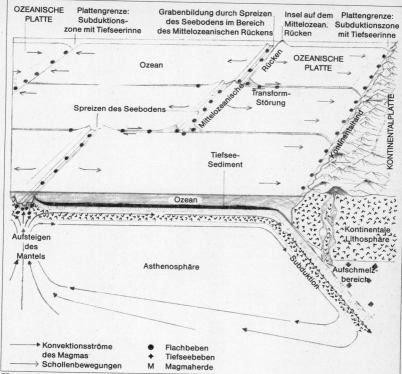

OZEANISCHE PLATTE — Plattengrenze: Subduktionszone mit Tiefseerinne — Grabenbildung durch Spreizen des Seebodens im Bereich des Mittelozeanischen Rückens — Insel auf dem Mittelozean. Rücken — Plattengrenze: Subduktionszone mit Tiefseerinne

Ozean — Rücken — OZEANISCHE PLATTE — Transform-Störung — Mittelozeanischer — Kontinentalrand — KONTINENTALPLATTE — Spreizen des Seebodens — Tiefsee-Sediment — Ozean — Kontinentale Lithosphäre — Aufsteigen des Mantels — Asthenosphäre — Subduktion — Aufschmelzbereich

→ Konvektionsströme des Magmas
⇢ Schollenbewegungen
● Flachbeben
✦ Tiefseebeben
M Magmaherde

Plattentektonik

Mittelozeanischen Rücken und ihre Gräben charakteristisch sind. Die geotektonischen Bewegungen bei der P. beruhen auf Ausgleichsprozessen in der Horizontalen und in der Vertikalen. Den Magmaaufstiegen im Bereich der Mittelozeanischen Rücken stehen Abtauchbewegungen in Subduktionszonen gegenüber, die sich an Plattenrändern im Ozean oder an der Grenze zwischen Ozean und Kontinentalrand befinden. Die Rückenbereiche gelten demgegenüber als Gebiete, in denen neue Platten entstehen, die seitlich abdriften. Pressung, Faltung und Zerrung gehen in den verschiedenen Bereichen der Platten ineinander über.

Plattformriff: nicht an Küsten gebundenes Riff; es entsteht dort, wo der Meeresboden nahe an der Meeresoberfläche kommt (ca. 50 m), so daß riffbildende Korallen zu bauen beginnen können. Das P. wächst meist gleichmäßig nach außen. In einer weiteren Entwicklungsphase können → *Pseudoatolle*

entstehen.

Platzdorf: Dorftyp, dessen Grundriß einen zentralen Platz aufweist. Dieser ist meist in Gemeindebesitz und umgeben von Gemeinschaftsbauten bzw. landwirtschaftlichen Anwesen. P. weisen eine mehr oder minder erkennbare Regelhaftigkeit als Folge einer planmäßigen Anlage auf. Das P. ist eine charakteristische Siedlungsform des hohen Mittelalters und findet sich z. B. in der deutschen → *Ostkolonisation*. Außer im südosteuropäischen und dänischen Raum gibt es das P. auch in Afrika und Südamerika. Bekannte Typen des P. sind das → *Angerdorf*, → *Forta-Dorf*, → *Wurten*-Runddorf der Marschen und der → *Rundling*.

Platzdrubbel: kleine Gruppensiedlung in Nordwestdeutschland, bei der sich die Höfe um einen Platz anordnen (→ *Drubbel*).

Platzregen: plötzlich einsetzender, meist kurzandauernder großtropfiger Regen hoher Tropfendichte.

Playa: 1. eine → *Salztonebene,* die jedoch in Zusammenhang mit der Formenabfolge Bergland/→ *Pediment/*→ *Glacis/P.* gebracht wird und die als Sammelbereich für feinste Sedimente gilt, die über das Glacis transportiert werden.
2. An sich handelt es sich beim Begriff P. um eine regionalgeomorphologische Bezeichnung aus dem südwestlichen Nordamerika im Sinne der Salztonebene.

Plaza: ein innerstädtischer, meist zentraler, quadratischer oder zumindest rechteckiger Platz in Spanien, Portugal und im iberoamerikanischen Bereich.

pleiophag: wirtstete → *Parasiten.*

Pleistozän (Eiszeitalter): ca. 2,3 Mill. Jahre v.h. im Anschluß an das → *Pliozän* des → *Tertiärs* beginnender Zeitraum und dauert bis ca. 10 000 Jahre v.h., als das → *Holozän* begann. Das P. ist durch einen mehrfachen Temperaturrückgang gekennzeichnet, der sich weltweit abspielte, aber die einzelnen Gebiete der Erde unterschiedlich betraf. Von den Polen und den Hochgebirgen ausgehend dehnten sich → *Inlandeise* und → *Gebirgsvergletscherungen* aus, die zu einem Verschieben der Klimazonen der Erde führten, die sich in Richtung Äquator zusammendrängten. Da große Mengen Wassers aus dem irdischen Wasserkreislauf als Eis gebunden waren, traten → *eustatische Meeresspiegelschwankungen* auf, die während der maximalen Eisausdehnung während der → *Riß-Kaltzeit* mindestens 100 m Höhenunterschied erreichten. Für die subtropischen Breiten werden → *Pluviale* vermutet, die durch → *Interpluviale* getrennt waren, wodurch es zu völlig anderen Landschaftszuständen als heute kam.

pleistozäne Kalt- und Warmzeiten: Abfolge von kälteren und wärmeren Klimaabschnitten während des → *Peistozäns,* von denen nur ein Teil eigentliche → *Eiszeiten* waren, während vor allem die frühen Kaltzeiten am Übergang vom → *Pliozän* zum Pleistozän lediglich kühlere, aber relativ lang andauernde Zeitabschnitte darstellten. Die Gliederung der einzelnen Kalt- und Warmzeiten hängt von den in den verschiedenen Bereichen zur Verfügung stehenden → *Klimazeugen* ab, so daß die Parallelisierung nicht immer gesichert ist. Unbestritten ist jedoch die weltweite Klimaverschlechterung während des Pleistozäns mit einem Verschieben der Klimazonen und weltweiten Meeresspiegelschwankungen.

pleistozäner Wanderschutt: in pleistozänen Periglazialgebieten weitverbreitete und meist um 2 m mächtige (aber auch wesentlich mächtigere) Decken, die sich aus Schutt der → *Frostverwitterung* zusammensetzen und durch → *Solifluktion* bewegt wurden. Dabei kam es meist zu einer Einregelung der Kom-

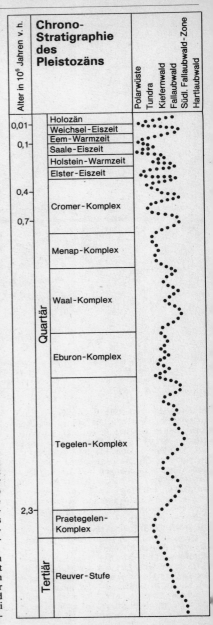

Chrono-Stratigraphie des Pleistozäns

Alter in 10⁶ Jahren v. h.	Chrono-Stratigraphie des Pleistozäns		Polarwüste	Tundra	Kiefernwald	Fallaubwald	Südl. Fallaubwald-Zone	Hartlaubwald
0,01		Holozän						
		Weichsel-Eiszeit						
0,1		Eem-Warmzeit						
		Saale-Eiszeit						
		Holstein-Warmzeit						
		Elster-Eiszeit						
0,4	Quartär	Cromer-Komplex						
0,7								
		Menap-Komplex						
		Waal-Komplex						
		Eburon-Komplex						
		Tegelen-Komplex						
2,3		Praetegelen-Komplex						
	Tertiär	Reuver-Stufe						

ponenten, vor allem bei plattiger Gestalt.

pleistozäne Talübertiefung: intensives Einschneiden der Flüsse während des Pleistozäns ohne genaue Ursachenzuweisung, aber mit mindestens zwei Möglichkeiten.
1. Sie bezeichnet die → *glaziale Übertiefung* durch Gletscher in den alpinen Tälern.
2. bezieht sich auf die Tal- und Terrassenbildung im Periglazialgebiet Mitteleuropas, als die großen pleistozänen → *Terrassentreppen* geschaffen wurden. Deren Engräumigkeit steht im Gegensatz zu den Flachformen der → *Hochböden*, die zu den tertiären → *Rumpfstufen* überleiten, die auf andere Prozeßkombinationen zurückgeführt werden.

Pleniglazial: Maximum einer Vereisung, gegenübergestellt dem → *Anaglazial* und dem → *Kataglazial*.

Plenterphase: vorübergehender Bestandsaufbau, der dem → *Plenterwald* ähnelt.

Plenterprinzip: Merkmale, nach denen der Plenterbetrieb sich richtet, um den → *Plenterwald* zu erzielen. Dazu gehören kontinuierliche Selbsterneuerung des Waldes mit wenigen oder keinen waldbaulichen Steuerungseingriffen und den Zielen konsequenter Vorratspflege, weitgehender biologischer Produktionsautomatisierung, Stetigkeit des Waldaufbaus sowie nachhaltiger Dauerleistung der Bestände.

Plenterschlag (Plenterbetrieb): Nutzungs-*Pluton*

form des Waldes, bei der die schlagreifen Bäume stammweise geschlagen werden. Beim P. handelt es sich um die älteste Form der Holznutzung; im Gegensatz zur Rodung und zum Kahlschlag kann sich der Wald auf natürliche Art verjüngen.

Plenterwald: forstliche Wirtschaftsform der natürlichen Bestandverjüngung, die sich in einer meist naturnahen gemischten Dauerbestockungsform des → *Hochwaldes* äußert, in der auf kleinster Fläche eine baum- bis truppweise Mischung von Ober-, Mittel- und Unterschicht besteht. Es handelt sich also um einen ungleichaltrigen Mischwald, dessen Nutzung nur an schlagreifen Stellen erfolgt und nicht in Form eines Kahlschlages.

Pleuston: schwimmende Pflanzen ohne Verwurzelung im Untergrund.

pliotherm: in der Klimageschichte Bezeichnung für wärmere Zeiträume.

Pliozän: jüngste Abteilung des → *Tertiär*, die von 5 bis 1,8 Mill. Jahre v.h. dauerte und auch als Rossellian bezeichnet wird. Man gliedert das P. in das Tabianian und das → *Piacentian*. Als Übergang vom Tertiär zum → *Quartär* ist das P. ein geochronostratigraphisch wichtiger Abschnitt der Erdgeschichte.

Pluton: Körper aus → *Tiefengestein* sehr großen Ausmaßes, der in mehreren Kilometern Tiefe in der Erdkruste erstarrte im Gegensatz

Trichterpluton von Peekskill, New York (nach R. Balk): 1 massiger, 2 schlieriger Norit

Schüsselpluton (Lakkolith) von Sudbury (Kanada): 1 und 2 Präkambrium, 3 Nickelerze, 4 Norit, 5 Granit

Schüsselpluton des Bushveld (Transvaal): 1 Präkambrium, 2 Rooiberg-Serie, 3 Norit, 4 Granit

Schema des granitischen Brockenplutons (Harz)

Granitpluton des Passauer Waldes (nach H. Cloos): Granit schwarz, Gneis hell

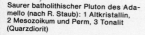

Saurer batholithischer Pluton des Adamello (nach R. Staub): 1 Altkristallin, 2 Mesozoikum und Perm, 3 Tonalit (Quarzdiorit)

zu den → *Ergußgesteinen*. P. befinden sich an der Erdoberfläche, wenn die hangenden Gesteinsdecken abgetragen wurden. Ein kleiner P. ist der Brocken im Harz (sichtbare Oberfläche 135 km²), einen Riesen-P. stellt der ostafrikanische Zentralgranit dar (sichtbare Oberfläche 250 000 km²). Die P. werden nach ihren Formen unterschieden in → *Batholithe*, Lagergänge (→ *Lager*), → *Lakkolithe* und → *Stöcke*.

Plutonismus: Sammelbezeichnung für alle Erscheinungen, die mit der → *Magmabewegung* innerhalb der Erdkruste zusammenhängen, einschließlich des Eindringens in andere Gesteine, des Erstarrens zu → *Tiefengesteinen*, die als Plutonite bezeichnet werden, und der → *Metamorphosen* in den Nachbargesteinen. Dem P. gegenübergestellt wird der → *Vulkanismus*.

Pluvial (Pluvialzeit): Klimaabschnitte des → *Pleistozäns* in den heute trockenen Subtropen, die man mit → *pleistozänen Kalt- und Warmzeiten* parallelisierte. Die P. wurden voneinander durch → *Interpluviale* getrennt. Das kühlere Klima der P. sollte von stärkeren Niederschlägen begleitet sein, weil sich die Klimazonen der Erde während des Pleistozäns in Richtung Äquator verschoben haben. Die geomorphologische Interpretation der P. reicht jedoch nicht aus. Für den gesamtökologischen Zustand der subtropischen Gebiete entscheidender war der günstigere Wasserhaushalt als heute infolge stärkerer Bewölkung und damit geringerer Verdunstung. Die Bodenbildungen verliefen intensiver, und die Vegetation war weniger arid als heute. Bis zu einem gewissen Grade können die P. auch als geomorphologische Aktivitätszeiten bezeichnet werden. Die P. im saharisch-arabischen Trockengürtel werden als synchron mit den europäischen Kaltzeiten betrachtet. Die P. am äquatorialen Rand der Trockenzone („tropische P." oder *Podsol*

„äquatoriale P.") gehen auf eine Verschiebung der → *Innertropischen Konvergenz* zurück, d. h. sie stellen interglaziale Ausweitungen der innertropischen Regenzone dar und alternieren somit mit den Kaltzeiten. Die Verschiebung der Innertropischen Konvergenz ist zwar Bestandteil der gesamten atmosphärischen Zirkulation im Pleistozän, und steht daher auch mit den außertropischen Gebieten in Verbindung, erweist sich aber zeitlich und ursächlich von den nordhemisphärischen Kaltzeiten als unabhängig.

pluviometrischer Koeffizient: Verhältniszahl, welche die Abweichung einer effektiven durchschnittlichen Monatsniederschlagsmenge von einem gedachten Durchschnittswert bei der Annahme völlig gleichmäßiger Verteilung der Jahresniederschlagssumme auf die zwölf Monate angibt. Mit Hilfe von Reihen der p. K. können die Jahresgänge der Niederschlagsverteilung von Gebieten mit unterschiedlichen Niederschlagsmengen miteinander verglichen werden.

pluviothermischer Index: dimensionslose Wertzahl einer empirisch ermittelten Formel mit Niederschlags- und Temperaturwerten, welche die Klassifizierung von Klimaten nach dem Maß ihrer → *Aridität* bzw. → *Humidität* erlaubt. Die gleiche Funktion erfüllen die auf ähnliche Art ermittelten pluviothermischen Quotienten.

Pod: sehr flache, runde bis ovale abflußlose Hohlform der osteuropäischen Lößsteppen mit Größen zwischen einigen zehn und einigen hundert Metern, seltener auch von einigen Kilometern. Die P. füllen sich bei der Schneeschmelze im Frühjahr mit Wasser. Daher bestehen zwischen diesen Arealen und den umgebenden Lößflächen pedologische Unterschiede, d. h. der Löß ist in den P. entkalkt, verlehmt und z. T. vorübergehend auch versalzt.

Podsol (Bleicherde, Aschenboden): stofflich

Podsol

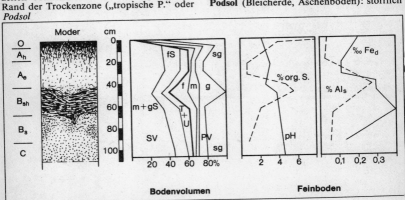

Bodenvolumen   Feinboden

stark differenzierter Auswaschungsbodentyp silikatischer Lockergesteine und Verwitterungsdecken der kühl bis kalt gemäßigten Zone und auf extrem durchlässigen silikatischen Substraten der warm gemäßigten Zone. P. tragen eine stark saure → Rohhumus- oder → Moderauflage. Sie gliedern sich im Mineralboden in einen grauen bis grauweißen → Eluvialhorizont (A$_e$-Horizont), der an Mineralstoffen, Ton und → Sesquioxiden extrem verarmt ist, und in einen braunschwarzen, rotbraunen oder rostroten → Illuvialhorizont (B$_h$-, B$_{sh}$- oder B$_s$-Horizont), in dem die mit dem Sickerwasser verlagerten Sesquioxide und Humusstoffe ausgefällt und angereichert wurden. Bei starker Stoffverlagerung und periodischer Austrocknung kann der Einwaschungshorizont zu → Ortsstein verhärten. Je nach den örtlichen Bedingungen (Feuchte, Humusform, Körnigkeit, Eisengehalt des verwitternden Gesteins usw.) entstehen Eisen-P., Eisenhumus-P. oder Humus-P., die an der Zusammensetzung des B-Horizontes unterscheidbar sind. P. sind nährstoffarme Böden hoher Durchlässigkeit (Ausnahme Ortsstein) und geringer Wasserkapazität. Sie tragen als typische Vegetationsdecken Nadelwald oder Heide. Für eine landwirtschaftliche Nutzung müssen P. stark gekalkt und gedüngt werden, wobei sie ihre typischen Eigenschaften allmählich verlieren.

Podsolierung: mit starker Versauerung verbundener Prozeß der abwärts gerichteten Verlagerung von Eisen- und Aluminiumoxiden sowie Humusstoffen mit dem Sickerwasser, der zur Entstehung von → Podsolen führt.

Podzoluvisols: in der FAO-Bodennomenklatur die Einheit der sauren, stark lessivierten (→ Lessivierung) Böden mit mächtigem verfahltem Toneluvialhorizont (A$_1$-Horizont). Ein Typvertreter ist die → Fahlerde. (→ Parabraunerde)

poikilohalin: Bezeichnung für Gewässer, in denen der Salzgehalt ständig wechselt (z. B. unter Gezeiteneinfluß stehende Flußmündungen). (→ Brackwasser)

poikilohydr: Pflanzen, die nur bei einer hohen relativen Wasserspannung aktiv leben, im Gegensatz zu → homoiohydr.

poikiloosmotisch: Organismen, deren Körperinneres sich ohne spezielle Regulationsmechanismen auf die Salzkonzentrationen des Außenmediums einstellen kann.

poikilophag: Tiere, die sich während nahrungsarmer Trockenperioden durch große Hungerfähigkeit auszeichnen.

poikilotherm: wechselwarme Tiere, die eine nur geringe Wärmeproduktion aufweisen, die leicht an die Umgebung abgegeben werden kann, so daß sich die Körpertemperatur mit der Außentemperatur ändert. Gewisse

Temperaturregulationen sind allerdings auch möglich. Ihnen stehen gleichwarme oder → homoiotherme Tiere gegenüber.

polar: der → Polarzone zugehörig, durch polare Klimabedingungen (→ arktisches Klima) geprägt.

Polarbanden: flächenhafte Eiswolken, die streifenartig angeordnet sind und in zwei Gegenpunkten zusammenzulaufen scheinen.

polare Anbaugrenze (Polargrenze des Anbaus): Grenzsaum des Anbaus von Kulturpflanzen gegen die Pole. Die p. A. ist im wesentlichen eine Kältegrenze. Jede Kulturpflanze hat ihre eigene p. A. Bei tropischen Pflanzen verläuft sie in entsprechend geringer geographischer Breite. Doch auch bei kälteresistenten Pflanzen geht die Grenze des geschlossenen Anbaus nicht wesentlich über 60° N hinaus. Kartoffel, Gerste und Roggen sind diejenigen Nutzpflanzen, die am weitesten jenseits des nördlichen Polarkreises noch angebaut werden können. Durch Züchtung kälteresistenter Sorten und durch Vorkeimen ließ sich die p. A. z. B. bei Weizen und Kartoffel polwärts verschieben.

polare Anökumene: der durch die Polargrenzen der Besiedlung und Bewirtschaftung bestimmte Teil der → Anökumene. Die p. A. befindet sich an beiden → Polarkappen der Erde und macht den größten Teil der Anökumene aus.

polarer See: ganzjährig kalter → See, dessen Oberflächentemperatur nur gelegentlich im Hochsommer auf +4 °C steigt und der infolgedessen nur selten durchmischt wird (→ Seezirkulation).

polares Futterbausystem: System einer stationären intensiven Weidewirtschaft, die als Gürtel über Skandinavien, Nordrußland und das nördliche Kanada die ganze Erde umspannt. In dieser Zone tritt durch die Verkürzung der Vegetationszeit und die besonderen Belichtungs- und Wärmeverhältnisse im Bereich der Mitternachtssonne der Futterbau immer mehr in den Vordergrund.

Polarfront: der auf wenige 100 km Breite verdichtete Temperatur- und Luftdruckgegensatz zwischen tropischer und polarer Luft in der → planetarischen Frontalzone. (→ Front)

Polarhoch: beständiges flaches → Hochdruckgebiet der Polkappen, das durch die absinkende Kaltluft entsteht (→ Kältehoch) und auf die untere Troposphäre beschränkt ist.

Polarität: charakterisiert bei Pflanzen die Verschiedenheit von Basis und Spitze des Vegetationskörpers, d. h. den Ausdruck für das Vorhandensein von Sproß- und Wurzelbzw. Rhizoidpol.

polarized development: in der Entwicklungstheorie ein Prozeß, der den Kontrast zwischen Zentrum und Peripherie weiter verstärkt (→ Zentrum-Peripherie-Modell).

Polarkreise: die beiden → Breitenkreise auf rund 66,5° N und S, an denen die Sonne zur Wintersonnenwende um Mittag den Horizont gerade berührt und zur Sommersonnenwende um Mitternacht gerade noch sichtbar ist. Die P. begrenzen die Polarzonen, in denen besondere Beleuchtungsverhältnisse (→ Polarnacht, → Polartag, → Mitternachtssonne) herrschen.

Polarlicht: in den Polargebieten der beiden Erdhalbkugeln auftretende Leuchterscheinung in der hohen → Atmosphäre zwischen 100 und 1000 km Höhe. Das P. heißt auf der Nordhalbkugel Nordlicht und auf der Südhalbkugel Südlicht. P. haben grünliche, bläuliche und gelegentlich auch rötliche Färbung und zeigen die verschiedensten Formen. Sie entstehen durch kosmische elektrisch geladene Teilchen, welche beim Auftreffen auf das magnetische Erdfeld zu den Polen hin abgelenkt werden und durch Ionisierung Gase zum Leuchten bringen.

Polarnacht: in Gebieten nördlich bzw. südlich der Polarkreise der Zeitraum von mehr als 24 Stunden, während dem die Sonne nicht über den Horizont geht. Die Länge der P. ist je nach Breitenlage unterschiedlich zwischen einem Tag (Polarkreise) und einem halben Jahr (Pole). Die Erscheinung der P. liegt in der Neigung der Erdachse gegen die → Ekliptik begründet. (→ Beleuchtungsjahreszeiten)

polarpluvial: in der Klimageschichte Bezeichnung für feuchtere Perioden in heutigen Subtropengebieten, die durch eine Südausdehnung der borealen und gemäßigten Klimazonen während einer Eiszeit bedingt waren (→ Pluvial).

Polarschnee: durch direkte Sublimation gebildete feine Eisnadeln, welche in geringen Mengen bei sehr tiefen Temperaturen Schneeniederschlag bilden können.

Polartag: in Gebieten nördlich bzw. südlich der → Polarkreise der Zeitraum von mehr als 24 Stunden, während dem die Sonne nicht unter den Horizont geht. Für Zeitdauer und Ursache gilt das Gleiche wie für die → Polarnacht.

Polarzirkulation: zirkumpolare Westwindströmung im Bereich der Polkappen, die durch das kalte Höhentief über dem seichten → Polarhoch gesteuert wird. Die P. ist wegen der geringeren Luftdruckgegensätze weit weniger stark als die → außertropische Westwindzirkulation und viel seltener von Frontalstörungen am Boden begleitet.

Polarzone: 1. das Gebiet der durch die Polarkreise begrenzten beiden Polkappen.
2. im engen klimatischen Sinn das Gebiet, in dem → arktisches Klima herrscht.

Polder: das eingedeichte, dem Meer abgerungene Marschland (→ Marsch). Der Begriff P. ist vor allem in den Niederlanden und in Ostfriesland gebräuchlich (→ Koog).

Polderstadt: Typ einer → Neuen Stadt in den Niederlanden. Die P. wurden in den nach der Eindeichung des Ijsselmeers trockengelegten → Poldern als → Zentrale Orte für das gewonnene Neuland erbaut. Beispiele sind Emmeloord und Lelystad.

Pole: als geographische P. die beiden Punkte, an denen die gedachte Erdachse die Erdoberfläche durchstößt. Im → Gradnetz der Erde sind dies die Schnittpunkte der → Längenkreise. Weitere P. sind die → Magnetpole und die Klimapole (→ Kältepole, → Wärmepole).

Polis: Staatsform im antiken Griechenland insbesondere des 6.–4. Jh. vor Chr. Die P. war ein → Stadtstaat, bestehend aus einer befestigten Stadt mit ihrem wenig ausgedehnten ländlichen Umland, und wurde oligarchisch oder demokratisch regiert. Die Idee der P. als einer kleinen, sich selbst verwaltenden autonomen Einheit wurde bis in die Gegenwart häufig als → Vorbild für die politische Organisation des Raumes gesehen.

Politische Geographie: den Sozialwissenschaften nahestehender Bereich der → Anthropogeographie, der heute hauptsächlich unter sozialgeographischen Aspekten betrieben wird. Die P. G. untersucht die räumliche Situation von Staaten und ihren politischen und administrativen Untergliederungen, die auf die Kulturlandschaft einwirkenden und sie prägenden politischen Kräfte und ihre Auswirkungen – insbesondere die raumwirksame Tätigkeit des Staates – sowie allgemein die Wechselbeziehungen zwischem politischem System, politischer Raumgliederung, politischem Handeln sozialer Gruppen und der → Kulturlandschaftsentwicklung. Die P. G. umfaßt also einen größeren Bereich als die → Staatengeographie. Ergebnisse der P. G. können die Grundlage für politisch-administrative, insbesondere auch raumplanerische Entscheidungen sein, ohne jedoch ähnliche Ansprüche zu erheben wie die Geopolitik.

politische Grenze: → Grenze zwischen Staaten (→ Staatsgrenze) oder Teilstaaten, Bundesländern usw. (→ Landesgrenze), im Gegensatz zur administrativen Grenze (→ Verwaltungsgrenze), die innerstaatliche Verwaltungseinheiten trennt. P. G. sind, anders als geographische Grenzen, nie → Grenzsäume, sondern immer Grenzlinien, die durch → Delimitation auf der topographischen Karte und durch → Demarkation im Gelände fixiert werden. Je nach ihrem Verlauf wird häufig zwischen → natürlichen und → künstlichen Grenzen unterschieden.

Politologie (Politische Wissenschaft): Zweig der Sozialwissenschaften, der sich mit Herr-

Flüsse
Wasserscheiden
Vermessungslinien

0   500   1000
km

politische Grenzen

schaftsverhältnissen, -prozessen und -institutionen, insbesondere mit dem Staat als Herrschaftsorganisation und mit seinen Institutionen befaßt. Auch andere Formen politischer Organisation, etwa auf der Ebene der Gemeinden oder auch der übernationalen Zusammenschlüsse, sowie das politische Verhalten sozialer Gruppen (z. B. auch der → *Pressure Groups*) gehören zum Forschungsgebiet der P.

Polje: wannen- bis kesselartige Hohlform mit ebenem Boden im → *Karst*. Der flache Boden trägt meist unlösliche Sedimente und Verwitterungsschichten (z. B. Terra rossa), die gelegentlich Wasser stauen und bei Überschwemmungen mit kohlensäurereichen Wässern seitliche Korrosion verursachen, wobei → *Fußhöhlen* an den Karstrandbergen oder einzeln im P. stehenden Karstbergen gebildet werden. Nach deren Abtragung erfolgt eine seitliche Erweiterung der Poljeböden. Nur in Ausnahmefällen sind P. als tektonische Einbruchsbecken mit nachträglicher karstischer Überformung anzusprechen. Die P. werden oft von Flüssen gequert, die am P.-Rand aus → *Speilöchern* austreten und am anderen P.-Rand in → *Ponoren* verschwinden.

Poljensee: natürliche, episodische bis periodische Wasseransammlung, die durch Starkregen oder Schneeschmelzen erfolgt, oder die dann eintritt, wenn der Boden des Polje unter dem Grundwasserspiegel liegt. In letzterem Fall hängt die Überstauung des Poljebodens mit der Quell- und Ponortätigkeit im Polje zusammen. P. stehen insofern nur indi-

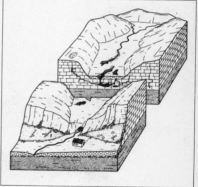

Polje

rekt mit der Verkarstung und dem → *Karstwasser* im Zusammenhang.

Pollen: Blütenstaub, Gesamtheit der P.-Körner einer Pflanze.

Pollenanalyse: Arbeitsrichtung der → *Palynologie,* welche den Pollengehalt von Sedimenten aus der jüngeren Erdgeschichte zum Gegenstand hat und die Vegetationsverhältnisse früherer erdgeschichtlicher Epochen bestimmt. Die P. basiert auf der Erhaltungsfähigkeit der Pollen- und Sporenhäute. Zellinhalt und innere Pollenhaut sind nicht fossilisationsfähig, wohl aber die Außenschicht, die selbst gegenüber starken Säuren resistent ist, aber durch Oxidation zerstört werden kann. Bei Sedimentation und Ablagerung unter Luftabschluß sind Pollen und Sporen praktisch unbegrenzt haltbar. Sedimentiert werden jene → *Pollen,* die der Wind verbreitet, was unter den Bedecksamern aber nur bei einer gringen Zahl von Pflanzen der Fall ist. In Mitteleuropa sind die wichtigsten

Bäume windblütig. Daraus ergibt sich für die P. eine methodische Einschränkung, weil sie nur einen geringen Teil der in einem Gebiet wirklich vorkommenden Arten erfaßt. Im übrigen ist die Pollenproduktion je nach Art und geoökologischen Bedingungen verschieden, so daß die ermittelten Pollenprozentwerte der Arten nicht immer den wahren

Pollendiagramm

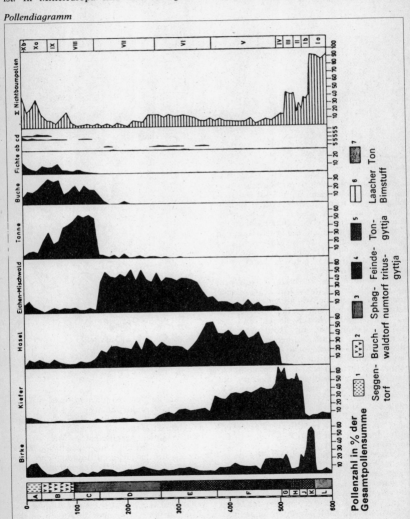

Mengenverhältnissen im Auftreten der Arten entsprechen. Neben den Baumpollen werden zunehmend auch die Nichtholzarten (Nichtbaumpollen → *NBP*) berücksichtigt. Angaben der P. erfolgen im → *Pollenspektrum* und im → *Pollendiagramm*.

Pollendiagramm: eine Zusammenfassung der → *Pollenspektren* eines Profils, geordnet nach ihrer Tiefenlage und graphisch dargestellt. Die P. lassen die Vegetationsgeschichte sowie gewisse landschaftshaushaltliche Verhältnisse der Vorzeit rekonstruieren. Besonders die nacheiszeitlichen Vegetationsverhältnisse sind im P. gut dokumentiert.

Pollenspektrum: Prozentzahlen der verschiedenen Pollenarten einer Probe. Aus mehreren P. setzt sich das → *Pollendiagramm* zusammen.

Polsterpflanzen: Gewächse mit negativ-geo-

tropischen und dicht zusammenschließenden Trieben, so daß sie einen im Zentrum aufgewölbten Schild darstellen. P. kommen als → *Lebensform* unter extremen hygrischen und/oder thermischen Bedingungen vor, z. B. als Bestandteil der subantarktischen Inselflora oder der Vegetation des → *Páramo*.

Polyandrie (Vielmännerei): Eheform, bei der eine Frau gleichzeitig mit zwei oder mehreren Männern verheiratet ist. P. ist eine seltene Form der → *Polygamie* und kommt heute nur noch bei einigen kleineren Völkern im Himalaja, in Polynesien und bei Eskimo vor.

Polyedergefüge: durch Schrumpfung und Quellung entstehendes → *Segregatgefüge* des Bodens, das aus scharfkantigen, polyedrisch geformten Gefügeteilen von etwa 5–15 mm Größe besteht (→ *Bodengefüge*).

Polygamie (Vielehe): Eheform, bei der eine

Polsterpflanzen

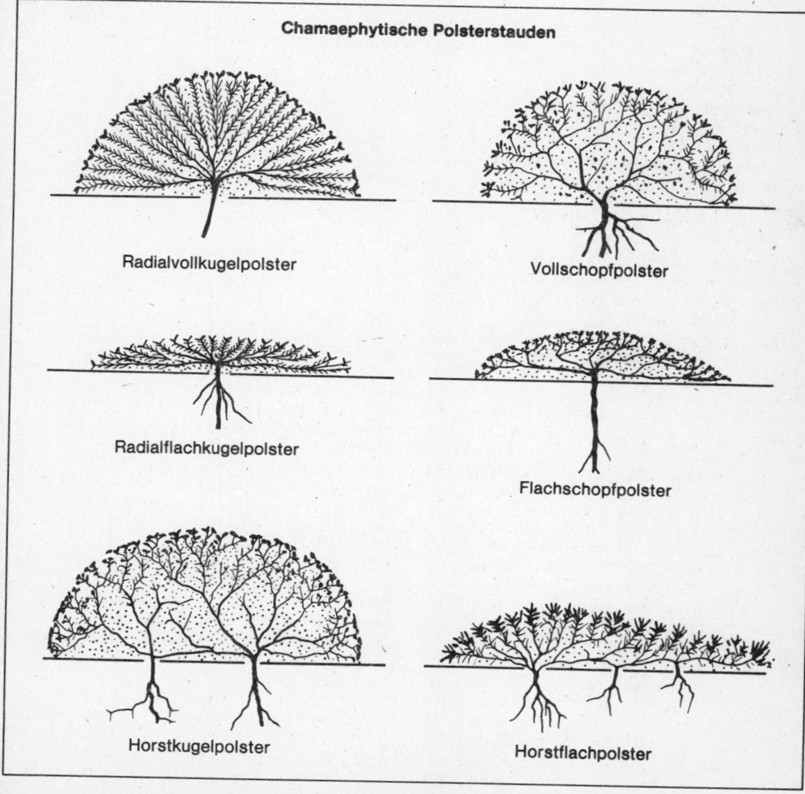

Chamaephytische Polsterstauden

Radialvollkugelpolster

Vollschopfpolster

Radialflachkugelpolster

Flachschopfpolster

Horstkugelpolster

Horstflachpolster

Person gleichzeitig mit zwei oder mehr Ehepartnern verheiratet ist. Formen der P. sind → *Polyandrie* und → *Polygynie*.

polygen (polygenetisch): bezeichnet in Geo- und Biowissenschaften eine Bildung oder Erscheinung, die aus mehreren Ursachen heraus sich herleitet bzw. durch verschiedene Prozesse zustande kam.

Polygenese: Entstehung eines neuen Typs zu verschiedenen Zeiten oder an verschiedenen Orten, sich auf geo- und biowissenschaftliche Sachverhalte beziehend.

Polygonböden: auch unscharf Strukturboden genannt, weil er sich vertikal und horizontal auffällig gliedert, meist in Polygone. Der Begriff P. umfaßt mehrere Einzelsachverhalte. Er wird verwendet im Sinne von → *Frostmusterboden*. P. ist auch eine Bezeichnung für Böden in Trockengebieten, bei denen die Trockenrisse im Substrat syngenetisch oder nachträglich mit einem Substrat anderer Korngröße und/oder Farbe aufgefüllt werden, so daß sie ein horizontales und vertikales Muster aufweisen. Die dabei entstehenden Polygone können verschiedene Durchmesser haben, was von der Boden- bzw. Sedimentdynamik abhängt.

Polygonmoor (Polygonsumpf): das Prinzip des → *Polygonbodens* realisiert im Sumpf- bzw. Moorgebiet, wobei jedoch die Polygone meist einige zehner bis 100 m Durchmesser aufweisen und eine sehr unregelmäßige Gestalt besitzen.

Polygynie (Vielweiberei): Eheform, bei der ein Mann gleichzeitig mit zwei oder mehreren Frauen verheiratet ist. P. ist heute noch in verschiedenen islamischen und schwarzafrikanischen Ländern verbreitet. Sie ist die häufigste Form der → *Polygamie*.

Polyhemerobie: umschreibt die sehr stark anthropogen beeinflußte Qualität von Stadtökosystemstandorten.

Polyklimax: Differenzierung des Begriffes → *Klimax*, wird dem → *Monoklimax* gegenübergestellt, dessen klimatischem Aspekt er den edaphischen zur Seite stellt, so daß neben dem klimatischen auch ein edaphischer Klimaxzustand angestrebt werden kann.

Polykultur: im Gegensatz zur → *Monokultur* in der Landwirtschaft ein vielseitiger Anbau von Nutzpflanzen. Entscheidend ist dabei, daß dieser unterschiedliche Anbau zur gleichen Zeit erfolgt. Werden unterschiedliche Pflanzen in unmittelbarer Nähe zueinander angebaut, spricht man von → *Mischkultur* (→ *Stockwerkkultur*).

polymiktisch: Seen, deren Wasser durch regelmäßige Abkühlung und Erwärmung im Jahresverlauf häufig durchmischt wird (→ *Seezirkulation*).

Polymorphismus: 1. Sozialer P. zeigt sich in unterschiedlicher Größe und Gestalt von Männchen, Weibchen, „Arbeiterinnen" und „Soldaten" z. B. bei Termiten bzw. Bienen. 2. Beim genetischen P. sind die Generationen der selben Population genetisch-physiologisch nicht gleich. Die Beziehungen zwischen den genetischen Gruppen, welche die Population bilden, beeinflussen die Überlebenschancen der Population.

Polypedon: Flächeneinheit gleicher → *Bodenform*, welche aus mehreren örtlichen → *Pedons* besteht, die sich gering und in engen Grenzen (z. B. Horizontmächtigkeit) unterscheiden.

Polypolmarkt: eine Marktform, bei der viele (meist kleine) Anbieter bzw. Nachfrager auf dem Markt erscheinen und miteinander konkurrieren. (→ *Monopolmarkt*, → *Oligopolmarkt*)

polysaprob: der Zustand des Wassers, wenn es eine große Menge faulender Substanzen aufweist. Der Begriff p. wird verwendet im Zusammenhang mit dem → *Saprobiensystem*.

polytop: Tier- oder Pflanzenformen, die an zwei oder mehreren getrennten Stellen im Verbreitungsareal ihrer Stammform entstanden, wobei diese unabhängige Entstehung auch mehrmalig sein kann. Sie steht der → *monotopen* Entstehung gegenüber.

polytroph: Organismen mit vielseitiger Anpassungsfähigkeit, besonders im Hinblick auf die Ernährung.

polyzentrisches Ballungsgebiet (polyzentrischer Verdichtungsraum): → *Ballungs*- bzw. → *Verdichtungsraum* mit mehreren → *Kernstädten*, die nach Einwohnerzahl und zentralörtlicher Bedeutung etwa der gleichen Größenordnung angehören, also nicht in hierarchischer Ordnung zueinander stehen. P. B. sind z. B. Nürnberg/Fürth/Erlangen oder, als typische → *Mehrkernballung*, das Ruhrgebiet.

polyzyklisch: Organismen mit mehreren Fortpflanzungsperioden im Laufe eines Jahres, im Gegensatz zu → *monozyklisch*.

Pommersches Stadium: Teil der → *Weichsel-Kaltzeit* in Norddeutschland, das geomorphologisch wichtigste Stadium neben dem → *Brandenburger* und dem → *Frankfurter Stadium*. Es folgt dem Baltischen Höhenrükken und dem Thorn-Eberswalder Urstromtal, das ihm zugeordnet ist. Das Gebiet des P. S. zeichnet sich durch den typischen jungglazialen Formenschatz aus, mit dem lebhaften Vollformenrelief der → *Jungmoränenlandschaft* sowie zahlreichen Seen, welche die nordmitteleuropäischen Seenplatten (Schleswig-Holsteinische, Mecklenburgische, Pommersche) bilden.

Ponor (Katavothra, Schluckloch, Schwalgloch, Schwinde): Form der → *Flußschwinde* im → *Karst*, in der das Wasser eines Flusses oder eines → *Poljensees* in unterirdische Karsthohlräume verschwinden kann.

Ponordoline: trichterförmige Einsenkung im Boden eines → *Polje,* die durch allmähliche Klufterweiterung infolge der erosiven Kraft des Wassers – das in dem → *Ponor* verschwindet – entsteht. Die P. darf nicht mit einer → *Korrosionsdoline* verwechselt werden.

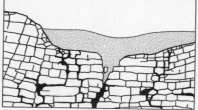

Ponordoline

pontisch: 1. geographische Bezeichnung für das Gebiet nördlich des Schwarzen Meeres.
2. pflanzengeographische Bezeichnung für eine Florenprovinz der pontisch-zentralasiatischen Region der → *Holarktis.*
3. in der Vegetationsgeographie wärmeliebende Pflanzen, deren heutiges Hauptverbreitungsgebiet am Schwarzen Meer liegt, die sich aber im → *Postglazial* – während des Wärmeoptimums – bis Mitteleuropa ausbreiteten und dort die → *Steppenheide* bildeten.

Pontische Stufe (Pontian): geomorphologisch wichtiger Zeitabschnitt des jüngeren → *Tertiärs,* der ursprünglich eine der drei Stufen des → *Pliozäns* bildete, heute aber auf einen Beginn von 6,5 Mill. Jahre v. h. zurückdatiert wird und damit in das → *Miozän* gehört. Der Übergang zum davorliegenden Pannonian ist nicht genau festgelegt. Die Bezeichnung wird im übrigen für die Stratigraphie der Paratethys verwendet.

Ponton: kahnartiges, flaches Wasserfahrzeug, das aneinander gekoppelt zur Herstellung von Schiffsbrücken (P.-Brücke) verwendet wird. Die P.-Form wird teilweise auch für Binnenschiffe verwendet, z. B. in der → *Schubschiffahrt.*

Population: 1. in der Statistik eine Menge, deren Elemente mindestens in einem Merkmal Gemeinsamkeiten aufweisen.
2. in der Biologie eine Fortpflanzungsgemeinschaft von Individuen, die gemischterbig sind, auf begrenztem Raum leben und sich durch Fremdbefruchtung vermehren, die aber in ihrer erblichen Konstitution nicht völlig gleich sind.
3. in der Ökologie eine Individuengemeinschaft der gleichen Art, die in gegenseitigen Wechselbeziehungen zueinander stehen und die einen homogen ausgestatteten Lebensraum bevölkern.

Populationsanalyse: Auflösung einer aus reinerbigen Individuen bestehenden → *Popula-*tion in ihre einzelnen Glieder durch einmalige Auslese.

Populationsdichte: durchschnittliche Zahl der Individuen einer Art, bezogen auf eine Flächeneinheit.

Populationsdruck: 1. Gesamtheit des Einwirkens von Individuen einer → *Population* auf die Organismen einer Gesellschaft und auf die Lebensumwelt.
2. die über das Fassungsvermögen der Lebensumwelt hinausgehende Individuenmenge einer → *Population.*

Populationsdynamik: 1. Untersuchung der Abhängigkeit der → *Populationsdichte* vom Ort, an dem sich die → *Population* befindet, und von der Zeit, woraus die Vorstellungen über die → *Migration* stammen.
2. Gesamtheit der Veränderungen einer Population während ihres Bestehens.
3. Gesamtheit der Bewegungen einer Population einschließlich der Änderung aller ihrer Strukturelemente, also der → *Abundanz* und der Verteilung der Populationsglieder im Raum.
4. Zweig der → *Demographie,* der sich mit der → *natürlichen Bevölkerungsbewegung* und ihren Ursachen und Folgen befaßt. Hierbei müssen auch die → *Bevölkerungsstruktur* und die → *Wanderungen* berücksichtigt werden, da sie die Ursachen für die Ausprägung verschiedener Typen der natürlichen Bevölkerungsbewegung liefern.

Populationsgenetik: Untersuchung der Vererbungsgesetzmäßigkeiten in einer → *Population* und der wirksamen Evolutionsfaktoren.

Populationsgipfel: Höhepunkt in der Entwicklung einer → *Population.*

Populationsgleichgewicht: Gleichgewichtzustand in den Häufigkeitsverhältnissen der genetischen Anlagen der Individuen einer → *Population,* auf den sich alle Populationen relativ schnell einstellen und wobei der Mutations- und der Selektionsdruck gegenseitig ausbalanciert sind.

Populationskinetik: Untersuchung des Wachstums einer → *Population* lediglich als Funktion der Dichten der einzelnen Arten, welche die Population zusammensetzen.

Populationskomplex: über größere Flächen ausgedehnte → *Population.*

Populationsökologie (Demökologie, Populationsbiologie): bioökologische Lehre von den → *Populationen* und deren Struktur- und Funktionsmerkmalen sowie ihrer Dynamik. Als Fachgebiet wird sie gelegentlich der → *Autökologie* und der → *Synökologie* zur Seite gestellt, teilweise aber auch in die Synökologie direkt einbezogen.

Populationstheorie: mathematische Theorie über das Wachstum und die Wechselwirkungen von → *Populationen,* wobei man zwischen → *Populationskinetik* und → *Populationsdynamik* unterscheidet.

Populationswachstum: Wachstum in charakteristischen Mengen innerhalb eines Zeitraumes in einem bestimmten Lebensraum, wobei zunächst ein anfängliches langsames Wachstum herrscht, dem eine Periode schneller Bevölkerungszunahme folgt, bis eine obere Grenze erreicht ist $\dfrac{dN}{dt} = rN\left(\dfrac{K-N}{K}\right)$. Dabei ist N die Größe der Population zum Zeitpunkt t, r die erheblich festgelegte Populationswachstumsrate der Art und K die bei den betreffenden Lebensraumbedingungen höchstmögliche Populationsgröße. Die Wachstumsrate ist demnach gleich dem möglichen Anwachsen der Population, vermindert um den Grad seiner Verwirklichung.

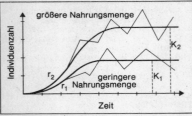

Populationswachstum

Populationswelle: Schwankungen in der räumlichen Ausdehnung von → *Populationen.*

Populationszyklen: bei vielen, aber nicht bei allen Lebewesen sich vollziehende Zyklen, weil die überall zu beobachtenden Populationsschwankungen nicht unbedingt zyklisch sein müssen. Oft handelt es sich um → *Räuber-Beute-Verhältnisse.* Insofern sind P. überwiegend biotisch bedingt.

Populismus: politisch-gesellschaftliche Bewegung in Lateinamerika, die eine Massenbasis aus den verschiedensten Bevölkerungsschichten besitzt. Der P. verlangt von den Regierungen mehr → *Partizipation* und strukturelle Reformen. Der P. wird meist von einer nationalistischen Ideologie getragen, welche die divergierenden Interessen vereinigen soll.

Poreneis: gefrorenes Wasser in feinen Hohlräumen von Gesteinen.

Porengrößenbereiche: konventionell festgelegte Bereiche verschiedener Porengrößen des Bodenporensystems, die an wichtige Kennwerte des wasserhaushaltlichen Verhal-

Porengrößenbereiche

tens angelehnt sind. So wurden als Grenzwerte für die Porendurchmesser die im Zustand der → *Feldkapazität* (zwei Werte) und im Zustand des → *permanenten Welkepunktes* größten noch wassererfüllten Poren gewählt. Daraus läßt sich ableiten, daß die → *Grobporen* wasserfrei, die → *Mittelporen* mit pflanzenverfügbarem Wasser gefüllt und die → *Feinporen* mit nicht pflanzenverfügbarem Wasser gefüllt sind. (→ *Saugspannung*)

Porengrößenverteilung: Aufbau des Porensystems des Bodens aus verschiedenen Porengrößenbereichen. Die P. ist von der → *Körnung* und Kornform sowie vom → *Bodengefüge* abhängig und wirkt sich stark auf das Verhalten des → *Bodenwassers* aus.

Porenspeicher: natürlicher. Lagerraum zur Gasbevorratung. Beim P. wird der Porenraum eines Sandsteins unter Druck mit Gas gefüllt und dabei das Grundwasser in die Tiefe verdrängt. Die Lagerung des Sandsteins sollte so sein, daß ein seitliches Abfließen des Gases nicht möglich ist. Ferner muß der Speichersandstein noch oben eine Abdichtung aufweisen (z. B. durch Tone oder Salze). (→ *Kavernenspeicher*)

Porenvolumen: in Prozent ausgedrückter Anteil der Hohlräume am gesamten Volumen eines → *Bodens.* Das P. schwankt für verschieden zusammengesetzte Böden zwischen etwa 30 und 70%. (→ *Porengrößenbereiche*)

Porosität: in Bruchteilen ausgedrücktes (z. B. 0,4 statt 40%) → *Porenvolumen* des Bodens.

Porphyr: 1. Sammelbezeichnung für alle → *Ergußgesteine,* die über eine dichte und/oder sehr feinkörnige Grundmasse verfügen, in die größere Kristale eingesprengt sind, so daß von porphyrischer Struktur gesprochen wird. Dazu gehören → *Granitporphyr* und → *Quarzporphyr.*
2. P. im engeren Sinne sind alle → *Orthoklas* führenden Gesteine. Ihnen stellt man die → *Plagioklas* führenden Gesteine als Porphyrite gegenüber.

Portlandian: oberste Stufe des → *Malm* im → *Jura,* unmittelbar vor Beginn der → *Kreide,* die mit Teilen des → *Kimmeridgian* zum Tithonian zusammengefaßt wird.

Positivplanung: Planung, die im Gegensatz zur → *Negativplanung* über eine gezielte Förderung bestimmter Prozesse (z. B. durch fiskalische Anreize) versucht, die Struktur eines Raumes positiv zu beeinflussen.

Postadaption: theoretisches Postulat von sol-

Größenbereiche	Durchmesser (μm)	Wassersäule (cm)	pF
Grobporen, weite	>50	0– 60	0 –1,77
Grobporen, enge	50–10	60– 300	1,77–2,54
Mittelporen	10– 0,2	300–15 000	2,54–4,2
Feinporen	<0,2	>15 000	>4,2

chen Anpassungen, die erst unter der aktuellen Einwirkung veränderter Umweltverhältnisse entstehen sollen.

postglazial: nacheiszeitlich; meist auf die Zeit nach der letzten Kaltzeit bezogen.

Postglazial (Nacheiszeit): geochronostratigraphisch als → *Holozän* bezeichnet, d. h. die Zeit nach dem Ende der letzten → *pleistozänen Kaltzeit,* deren → *Spätglazial* nahtlos in das P. übergeht. Entscheidend dafür ist der Wechsel im Klima, von welchem an eine sukzessive Erwärmung erfolgte. Charakteristisch ist für das P. der endgültige Rückgang des nordeuropäischen Inlandeises in Skandinavien, die Herausbildung von Ostsee und Nordsee sowie die allmähliche Wiederbewaldung Mitteleuropas im ehemaligen Periglazialgebiet mit Verdrängung der Tundrenvegetation und entsprechender Faunen.

postglaziales Klimaoptimum: in der Zeit zwischen etwa 6 000 und 4 000 v. h. herrschendes warmes, mäßig feuchtes Klima, dessen Mitteltemperaturen etwa 2–3 °C über den heutigen Werten lagen. Der Eichenmischwald stieg damals in den Gebirgen deutlich höher hinauf, und die alpinen Waldgrenzen lagen 200–300 m über dem heutigen natürlichen Niveau. (→ *Postglazial*)

Postinhibitine: chemische Abwehrstoffe der Pflanzen.

postkeynesianische Theorie: Wachstumstheorie, die nachfrageorientiert ist und die Investitionstätigkeit als eine entscheidende Determinante des wirtschaftlichen Wachstums betrachtet. Die p. T. verknüpft den Einkommens- mit dem Kapazitätseffekt. Ein wesentlicher Grundgedanke ist, daß jede Nettoinvestition den Realkapitalbestand vermehrt und die Produktionskapazität der Wirtschaft erweitert. Gleichgewichtswachstum ist dann gegeben, wenn die Gesamtnachfrage in gleichem Maße wie die Produktionskapazität zunimmt. In diesem Falle entsprechen sich Einkommens- und Kapazitätseffekt.

Postklimax: lang andauerndes Stadium des → *Subklimax* der Vegetationsentwicklung infolge höherer Bodenfeuchtigkeit oder eines feuchteren Mikroklimas gegenüber dem Ökosystemzustand der (größeren) Gesamtlandschaft, so daß sich an diesen Standorten das dem Makroklima entsprechende Endstadium der Vegetation – im Sinne des → *Klimax* – nicht ausbilden kann.

postume Faltung: Wiederbelebung von schon zur Ruhe gekommener → *Faltung.*

Potamal: Lebens- und Aktionsbereich des Flußbettes.

potamogen: durch die Tätigkeit der Flüsse entstanden.

Potamologie: innerhalb der → *Hydrologie* und → *Hydrogeographie* die Flußkunde. Die P. untersucht und beschreibt Flußtypen, die Flußgestalt, den Aufbau von Einzugsgebie-

Bezeichnungen (nach Firbas)		Ungefähre Dauer
X	Subatlantikum II Gegenwart	ab 600 u. Z.
IX	Subatlantikum I Buchenzeit Nachwärmezeit	800 v. u. Z. bis 600 u. Z.
VIII	Subboreal Eichenmischwald- Buchenzeit späte Wärmezeit	2500 v. u. Z. bis 800 v. u. Z.
VII	Atlantikum (II) jüngerer Teil Eichenmischwaldzeit	4000 v. u. Z. bis 2500 v. u. Z.
VI	Atlantikum (I) älterer Teil Eichenmischwaldzeit	5500 v. u. Z. bis 4000 v. u. Z.
V	Boreal Haselzeit frühe Wärmezeit	6800 v. u. Z. bis 5500 v. u. Z.
IV	Präboreal frühpostglaziale Birken-(Kiefern-) Zeit Vorwärmezeit	8150 v. u. Z. bis 6800 v. u. Z. (Finiglazial)
III	jüngere subarktische Zeit jüngere Tundren- oder Dryaszeit	8800 v. u. Z. bis 8150 v. u. Z.
II	Allerödzeit mittlere subarktische Zeit Kiefern-Birkenzeit	9800 v. u. Z. bis 8800 v. u. Z. (Gotiglazial)
I	ältere subarktische Zeit ältere Tundren- oder Dryaszeit Bölling- Interstadial und älteste subarktische Zeit	Rückzug vom Pommerschen Stadium um 14500 v. u. Z.? (Daniglazial)

The rows X through IV are grouped under the bracket label **Postglazial**, and rows III through I under the bracket label **Spätglazial**.

ten, den Wasserhaushalt und die → *Abflußregime* der Flüsse sowie die physikalischen und chemischen Eigenschaften des Flußwassers und die Schwebstoff- und Geröllführung.

potamophil: → *hydrophile* Organismen, die im fließenden Wasser leben.

Potentialfläche (Grundwasserdruckfläche): gedachte Fläche, welche die Punkte ausgeglichenen Druckes zwischen Grundwasserkörper und Atmosphäre miteinander verbindet. Bei → *ungespanntem Grundwasser* ist die P. mit dem Grundwasserspiegel identisch, bei → *gespanntem Grundwasser* liegt sie höher als der Grundwasserspiegel.

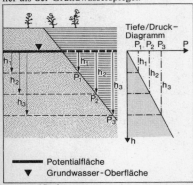

Potentialfläche

Potentialgradient: Zunahme der elektrischen Feldstärke in der Atmosphäre mit der Höhe. Der P. beträgt bei schönem Wetter im ungestörten Feld etwa 100 Volt pro Meter. Bei Blitzeinschlägen können dagegen einige Zehntausend Volt Spannung pro Meter erreicht werden.

Potentialkonzept: Theorie der Kräftewirkungen auf die Bodenwasserbewegungen (→ *Infiltration*, Sickerung, kapillarer Aufstieg), die sich mit dem Einfluß von Schwerkraft, Kapillarkraft, Matrixkraft, osmotischen, hydrostatischen und Auflastdrucken auf das Verhalten des im Porensystem befindlichen Wassers befaßt.

potentielle Biochore: Standortraum einer bestimmten → *Schlußgesellschaft*. Der Begriff wird gelegentlich gebraucht bei der pflanzensoziologischen Arbeit im Rahmen der → *Naturräumlichen Gliederung*. Er stellt damit den Bereich eines funktionalen Systems der abiotischen → *Partialkomplexe* dar, also das Potential einer landschaftlichen Grundeinheit.

potentielle Dichte (maximale Dichte): höchstmögliche → *Bevölkerungs*- oder Wohn*dichte*, die unter Berücksichtigung des Lebensstandards und der Lebensgewohnheiten der Be-

völkerung, der Wirtschaftskraft des Raumes, der Leistungsfähigkeit der öffentlichen Hand, des Ausbaus der Infrastruktur und anderer Rahmenbedingungen für einen bestimmten Raum in Frage kommt (→ *optimale Dichte*). Wegen der Vielzahl der sich ändernden Rahmenbedingungen kann eine p. D. nicht für längere Zeit festgeschrieben werden und keine Allgemeingültigkeit beanspruchen.

potentielle Evapotranspiration: aufgrund der klimatischen Gegebenheiten maximal mögliche Verdunstung durch die Pflanzendecke und die Bodenoberfläche und eine offene Wasserfläche. Die p. E. wird real nur erreicht, wenn der Boden ständig ausreichend Wasser nachliefern kann.

potentielle natürliche Raumeinheit: im Sinne der → *potentiellen natürlichen Vegetation* die landschaftsökologischen Inhalte eines Raumes repräsentierend, die am Ende der Entwicklung eines → *Ökosystems* stehen, wenn es noch nicht oder nicht mehr in seiner abiotischen und biotischen Ausstattung und Funktionalität anthropogenen Einflüssen unterlegen hat bzw. unterliegt.

potentiell natürliche Vegetation: besteht dort, wo die → *Schlußgesellschaft* noch nicht oder nicht mehr durch anthropogene Eingriffe realisiert ist. Es handelt sich also um die an einem Standort unter regulären Klimabedingungen nach Durchlaufen der entsprechenden → *Sukzessionen* sich einstellende Vegetation, die sich im Gleichgewicht mit den aktuellen Geoökofaktoren ihrer Lebensumwelt befindet. Unberücksichtigt bleibt dabei der Einfluß des Menschen. In dieser Entwicklung braucht die → *Klimax*, also das Schlußstadium der Vegetationsentwicklung, noch nicht erreicht zu sein. Die p. n. V. ist nicht identisch mit jener Vegetation, die sich dann einstellen würde, wenn der anthropogene Einfluß in der Lebensumwelt aufhören würde. Gelegentlich wird die p. n. V. auch noch zusätzlich als „heutige" bezeichnet, um darauf hinzuweisen, daß jede erdgeschichtliche Epoche ihre eigene potentielle Vegetation hatte.

potentielle Produktivität: 1. ökophysiologisch die maximale Rate der Stofferzeugung, die unter den gegebenen Ökosystembedingungen von Organismen innerhalb einer Raumeinheit erreicht werden kann, ausgedrückt in Masseneinheiten oder in Energieeinheiten pro Zeiteinheit.
2. ertragskundlich die maximale Rate der Erzeugung an → *Biomasse*, die an einem Standort unter den leistungsstärksten Arten und Betriebszieltypen möglich ist, ebenfalls ausgedrückt in Masseneinheiten oder in Energieeinheiten pro Zeiteinheit.
3. ökonomisch der maximale Wert des Verhältnisses von Leistung/Ertrag zum Auf-

wand.

potentieller Biotop: Raumeinheit mit der bestimmten Qualität abiotischer → *Partialkomplexe,* unabhängig von der real vorhandenen → *Biozönose.*

potentielle Verdunstung: aufgrund der klimatischen Gegebenheiten (Temperatur, Luftfeuchte, Windverhältnisse usw.) mögliche → *Verdunstung.*

ppm (parts per million): Masseneinheit zur Angabe geringer Konzentrationen von Stoffen. 1 ppm eines bestimmten Stoffes entspricht dem millionsten Teil des Stoffgemenges, in dem der untersuchte Stoff vorhanden ist. Andere gleichwertige Angaben sind µg/g oder mg/l.

Präadaptation: auch „Voreignung" genannt, die alle jene Merkmale und Eigenschaften umfaßt, die durch Funktionswandel oder -erweiterung die Existenz unter neuen, veränderten Lebensumweltbedingungen gestatten.

Präboreal (Vorwärmezeit): ältester Zeitabschnitt des → *Postglazials,* von welchem es zur endgültigen Ausbreitung von Wäldern in Mitteleuropa kam. Diese frühpostglaziale Birken-(Kiefern-)Zeit zeichnet sich durch das Zurückdrängen der Tundren der → *Dryas* zugunsten von Birken, Kiefern und Haselstrauch aus. Das P. dauerte von ca. 10 150 bis 8 800 Jahre v.h. Das ist die Zeit des → *Yoldiameeres* in der Ostsee und gilt als → *Finiglazial.*

Prachtstraße: Bezeichnung für eine vom Architektonischen und von den Angeboten des Handels und des Dienstleistungssektors her repräsentative Straße in einer Großstadt. P. sind Anziehungspunkte für Einheimische und Touristen, z.B. der Kurfürstendamm (Berlin) oder die Champs Elysées (Paris).

Prädator (Episit, Räuber): Tier, das seine Beute sofort tötet und meist mehr als ein Individuum des Beutetiers für seine Entwicklung benötigt.

Prädisposition: Änderung der Auswirkung des Grades der → *Resistenz* durch Umweltbedingungen.

Präferendum: Vorzugsbereich eines Lebewesens in einem Faktorengefälle.

Präferenten: Arten, die einen bestimmten Typ eines → *Biotops* stark bevorzugen und dort optimal gedeihen, wobei sie jedoch auch in anderen Biotopen vertreten sein können, ohne sich dort jedoch maximal zu entwickeln. Zusammen mit den → *spezifischen Arten* bilden sie die → *Charakterarten.*

präglazial (vorkaltzeitlich, voreiszeitlich): alle Vorgänge und Erscheinungen des Präglazials.

Präglazial: Zeitraum unmittelbar vor Beginn der → *pleistozänen Kalt- und Warmzeiten.* Er zeichnet sich durch zunehmende Klimaverschlechterung und damit kälteextremere Ökosystembedingungen aus, was sich z.B. im Absinken der → *Baumgrenze,* der → *Schneegrenze* oder des Bereiches der → *Frostschuttgrenze* ausdrückte.

prähistorisch: der vorgeschichtlichen Zeit angehörend.

Prairie (Prärie): Typ der → *Steppe* Nordamerikas, deren Zone sich meridional von Kanada bis an den Golf von Mexico erstreckt, d.h. südlich von 55° N bis über 30° N hinaus. Ökologisch differenzierend kommt hinzu, daß die P. von Ost nach West als Flachform bis auf 1 500 m ü. M. ansteigen. In gleicher *Prairie*

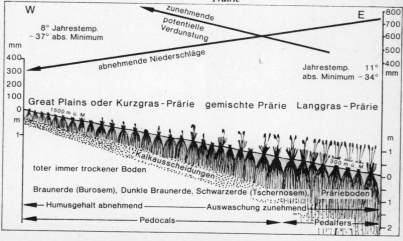

W   zunehmende   potentielle   Verdunstung   E   800

8° Jahrestemp.   700
– 37° abs. Minimum   600
500
mm   abnehmende Niederschläge   400
400   Jahrestemp.   11°
300   abs. Minimum – 34°   mm
200
100
Great Plains oder Kurzgras - Prärie   gemischte Prärie   Langgras - Prärie
0
m   1500 m ü. M.
1
m
Kalkausscheidungen   300 m ü. M.   1
toter immer trockener Boden   0
Braunerde (Burosem), Dunkle Braunerde, Schwarzerde (Tschernosem),   Prärieboden   1
Humusgehalt abnehmend   Auswaschung zunehmend
Pedocals   Pedalfers   2

cher Richtung nehmen die Niederschläge ab, während die Temperatur von Nord nach Süd zunimmt. Unterschieden werden → *Langgrasprairie*, → *Gemischte P.* und → *Kurzgrasprairie*, die – mit zunehmender Aridität – nach Westen aufeinander folgen, die aber innerhalb jeder Zone ein floristisches Nord-Süd-Gefälle erkennen lassen. Charakteristisch sind unter den Gräsern vor allem → *Andropogon*-Arten.

Präkambrium (Kryptozoikum): der Zeitabschnitt vor dem → *Kambrium,* der 570 Mill. Jahre v. h. endet und der sich – auch wegen seiner langen Zeitdauer – in verschiedene Abschnitte gliedert. Diese Gliederungen erfolgen auf Grund von Diskordanzen in präkambrischen Gesteinsserien, wobei die Diskordanzen als Folge weltweiter Gebirgsbildungen betrachtet werden. Zum P. gehört auch die Anfangszeit der Erde ohne organisches Leben, auch als → *Azoikum* bzw. Abiotikum bezeichnet. Die klassische Gliederung des P. unterschied Archaikum, Altalgonkium und Jungalgonkium. Inzwischen wird gegliedert in Nordamerika in Archaikum und Proterozoikum, in Europa – im Bereich des Baltischen Schildes – in Katarchaikum, Archaikum, Proterozoikum, Riphäikum und Wendikum.

Präklimax: lang andauerndes Stadium des → *Subklimax* der Vegetationsentwicklung infolge geringerer Bodenfeuchtigkeit oder eines trockeneren Mikroklimas gegenüber dem Ökosystemzustand der (größeren) Gesamtlandschaft, so daß sich an diesen Standorten das dem Makroklima entsprechende Endstadium der Vegetation – im Sinne des → *Klimax* – nicht ausbilden kann.

Prallhang: mehr oder weniger steiles Unterschneidungsufer an Flüssen, wo die Strömung an der Außenseite einer Krümmung gegen den Hang prallt und dabei Abtrag leistet. Bei gleichzeitiger → *Tiefenerosion* entwickelt sich gegenüber dem P. in der Innenkrümmung des Flußbogens der → *Gleithang.* Erfolgt die → *Seitenerosion* ohne gleichzeitige Tiefenerosion, wird anstelle des Gleit-*Prallhang*

hanges nur der ebene Talboden verbreitet.

Präpuna-Stufe: kleinerräumige Differenzierung der → *Puna* in tief eingeschnittenen innerandinen Tälern bei Jahresmitteltemperaturen zwischen 12 und 15 °C, wo sich eine offene, sukkulentenreiche Dornstrauch-Halbwüste ausdehnt.

Präsenz (Stetigkeit): bezeichnet die Anzahl der getrennten Bestände eines → *Biotops,* in denen eine Art auftritt, angegeben als → *Präsenzgrad,* d. h. in Prozenten der untersuchten Bestände.

Präsenzgrad: stellt die → *Präsenz* von Tier- und Pflanzengesellschaften in verschiedenen Skalen dar. In der Pflanzensoziologie gilt eine fünfteilige Skala: I Art ist in 1–20%, II in 20–40%, III in 40–60%, IV in 60–80%, V in 80–100% der Einzelbestände vorhanden. In der Tierökologie wird eine vierteilige Skala eingesetzt: I 1–25%, II 25–50%, III 50–75%, IV 75–100%. Ähnlich der → *Konstanz* und der → *Frequenz* wird in Pflanzen- und Tierökologie auch mit allgemeinen Bezeichnungen gearbeitet: Selten – wenig verbreitet – verbreitet – häufig – sehr häufig.

Prävernal-Aspekt: Bestandteil der → *Aspektfolge.* Der P.-A. beschreibt den Vorfrühling, d. h. März bis April.

Präzession: durch Anziehungskräfte der Sonne und des Mondes hervorgerufene, kreiselartige Drehung der Erdachse um die Senkrechte auf der Erdbahnebene. Eine volle Umdrehung der P. dauert etwa 26000 Jahre. Die P. führt zu einer langfristigen scheinbaren Verschiebung der Fixsterne. Die P. wirkt sich dagegen nicht auf das Klima aus, da sich die Neigung der Erdachse nur sehr gering verändert.

Preis: das Austauschverhältnis von Wirtschaftsgütern (Sachgüter und Dienstleistungen) auf dem Markt. Mit der Erlangung einer höheren Kulturstufe tritt die Geldeinheit als einheitliche Bezugsgröße bei der Bemessung des Tauschwerts eines Gutes auf. In einer freien → *Marktwirtschaft* ergibt sich der P. von Wirtschaftsgütern aus Angebot und Nachfrage.

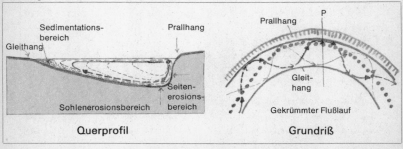

Querprofil — Grundriß

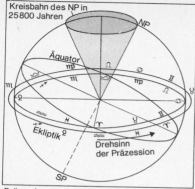

Kreisbahn des NP in 25800 Jahren

NP

Äquator
mp
m
mp
II
m
mp
II
ℛ
ℛ
≈
II
≈
Ekliptik
H
r
ℛ
H
r
ℛ

Drehsinn
der Präzession

SP

Präzession

Preisindex: Meßziffer zur Darstellung der Preisveränderung für ein Gut oder eine Gütergruppe über einen längeren Zeitraum. Der P. gibt die prozentuale Veränderung eines Preises gegenüber dem Preis eines Ausgangszeitpunktes an. Letzterer wird = 100 gesetzt. Nimmt der Preis in der Folgezeit ab, liegt der P. unter 100, nimmt dieser zu, geht er entsprechend über 100 hinaus. Mit Hilfe des P. kann auch die Preisentwicklung bei verschiedenen Gütergruppen leichter miteinander verglichen werden. Die amtliche Statistik errechnet auf der Grundlage eines bestimmten Verbrauchsschemas, dem sog. Warenkorb, die Veränderung der Lebenshaltungskosten und stellt diese mit Hilfe des P. dar.

Preiskartell: vertragliche Vereinbarung zwischen den Mitgliedern eines → *Kartells* im Hinblick auf die Festsetzung von Preisen und Verkaufsbedingungen. Ein derartiges P. bildete lange Jahre die → *OPEC*, wodurch die Mitglieder daran gebunden waren, das Rohöl nicht unter dem in der Vereinbarung getroffenen Preis zu verkaufen.

Preis-Kostenverhältnis: in der Produktionswirtschaft die Relation von Marktpreis eines Gutes zu seinen Produktionskosten. Das P.-K. wird beeinflußt durch die Preisentwicklung auf dem Markt, durch die mögliche Veränderung der Produktionsbedingungen und durch den Transportkostenaufwand zwischen Produktionsort und Marktort. In der Landwirtschaft zwingt das P.-K. zu einer Anpassung der Betriebsform an die Verkehrslage (Marktentfernung). (→ *Thünen'sche Ringe*)

Pressung: Form der geotektonischen Störungen, die bei Krustenbewegungen entsteht. Pressungen verursachen → *Falten*, → *Überschiebungen* und → *Blattverschiebungen*.

Pressure Group: organisierter Interessenverband, der sich zur Verfolgung insbesondere wirtschaftlicher und/oder politischer, aber z. T. auch gemeinnütziger Ziele zusammengeschlossen hat, um die öffentliche Meinung, die Parlamente, Regierung und Verwaltung in ihrem Sinn zu beeinflussen, evtl. auch um entsprechenden Druck auszuüben. Die wichtigsten P. G. sind die Gewerkschaften, die Verbände der Arbeitgeber, der Industrie, des Handels, der Landwirtschaft, Vereinigungen der Verbraucher und der Steuerzahler und karitative Organisationen wie Rotes Kreuz, Caritas, Evangelisches Hilfswerk, Arbeiterwohlfahrt usw. Dagegen werden Parteien nicht zu den P. G. gezählt.

Priel (Balje, Piep, Ley): Zu- und Abflußrinnen für den Gezeitenstrom im → *Watt*, wobei sich Formen ähnlich der fluvialen Geomorphodynamik ausbilden, die trotz der regelmäßigen marinen Überflutungen relativ ortsstet sind. Die Balje gilt nur als größere Form des P.

Primärdüne: erste äolische Akkumulation in Sand auf den mehr oder weniger breiten Küstenstreifen, auf welchen Sandbänke trockenfallen, so daß Verwehungen möglich sind. Die P. beginnen meist hinter kleinen und kleinsten Hindernissen, wie Geröllen oder Muschelschalen, sich zu entwickeln und allmählich größere Formen anzunehmen. Die P. sind bereits mit einzelnen Pflanzen bewachsen.

Primärehe: erste eheliche Verbindung, die eine Person eingeht. In der Völkerkunde ist die Unterscheidung zwischen P. und weiteren Ehen bedeutsam, da bei vielen Völkern hierfür unterschiedliche Regelungen gelten.

primäre Konsumenten (Konsumenten 1. Ordnung, phytophage Pflanzenfresser): → *Ernährungsstufe* in → *Nahrungsketten*, auf der nur Pflanzen verzehrt werden.

Primärenergie (Rohenergie) : diejenige Energie, die in den natürlichen Energieträgern (→ *Primärenergieträger*) gespeichert ist. (→ *Sekundärenergie*, → *Endenergie*, → *Nutzenergie*)

Primärenergieträger: die in der Natur in ihrer ursprünglichen Form dargebotenen Energieträger, z. B. Steinkohle, Rohbraunkohle, Erdöl, Erdgas, Holz, Kernbrennstoffe, Wasser, Sonne und Wind.

primärer Sektor: derjenige Teil der Gesamtwirtschaft, der sich mit der → *Urproduktion* von Rohstoffen befaßt. Dazu zählen Landwirtschaft, Forstwirtschaft, Fischerei und der reine Bergbau (ohne Aufbereitung). (→ *sekundärer Sektor*, → *tertiärer Sektor*)

primäres Milieu: Bezeichnung für den Zusammenhang der → *Geoökofaktoren* im → *Geoökosystem* als Basis für die Nutzung der Landschaft durch den Menschen im → *sekundären Milieu*. (Abb. S. 102)

primäres Ökosystem: bezieht den Begriff des → *primären Milieus* schärfer auf das → *Öko-*

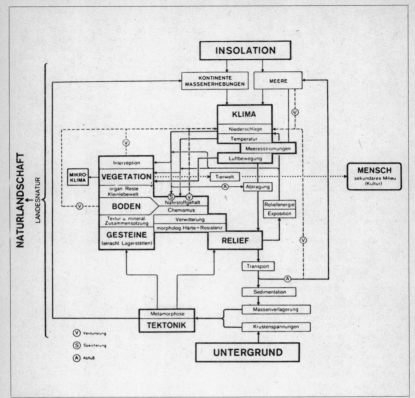

primäres Milieu
system bzw. → *Geoökosystem* und umfaßt die
Gesamtheit der im Ökosystem vorhandenen
biotischen und abiotischen Faktoren, die
miteinander in einem Wirkungsgefüge stehen. Dabei zeigen die biotischen Bestandteile adaptive Reaktionen auf die abiotischen Faktoren. Das primäre Ökosystem
bleibt durch → *Selbstregulation* funktionsfähig.

Primärförderung: erste Phase der Erdölförderung. Bei der P. wird der Druck ausgenutzt, den über dem Öl liegendes oder im Öl
gelöstes Erdgas sowie das im Untergrund befindliche Wasser ausüben. Dieser Druck
preßt das Rohöl durch die Steigleitungen in
den Bohrungen an die Erdoberfläche. Reicht
er schließlich nicht mehr aus, verwendet
man Förderpumpen. Je nach Gesteinseigenschaften und Druckverhältnissen in der Lagerstätte kann man mit P.-Methoden im allgemeinen jedoch nur zwischen 5 und 20%

des tatsächlich vorhandenen Öls gewinnen.
Der allergrößte Teil bleibt also ungenutzt im
Untergrund zurück. (→ *Sekundärförderung,*
→ *Tertiärförderung*)

Primärhöhle: jene → *Höhlen,* deren Entstehung auf die Gesteinsbildung zurückgeht, so
daß die Höhlen mehr oder weniger gleich alt
wie das umgebende Gestein sind. P. sind
Blasenhöhlen in Erstarrungsgesteinen, Tuff-
höhlen in → *Kalktuff,* Riffhöhlen in → *Korallenriffen* und → *Lavahöhlen.*

Primärkalorie: diejenige → *Kalorie,* die aus
pflanzlichen Produkten gewonnen wird
(→ *Sekundärkalorie*).

Primärkreislauf: in Kernreaktoren (→ *Druckwasserreaktor*) geschlossener Teil eines
Kühlsystems, der die im Reaktor entstehende Wärme aufnimmt und an den → *Sekundärkreislauf* weitergibt. Die Trennung
von P. und Sekundärkreislauf hat den Vorteil, daß die Gefahr einer → *Kontamination*

des Abwassers relativ gering bleibt.

Primärlagerstätte (primäre Lagerstätte): genetisch diejenige → *Lagerstätte*, die in ihrer ursprünglichen Form erhalten geblieben ist und keine Materialumlagerung erfahren hat (→ *Sekundärlagerstätte*). Die P. werden untergliedert in syngenetische Lagerstätten (magmatische L., sedimentäre L.) und epigenetische Lagerstätten (Gang-L., Verdrängungs- und Kontakt-L., Verwitterungs-L.).

Primärminerale: durch Verwitterungsprozesse unveränderte, aus den Gesteinen stammende → *Minerale* im Boden (→ *Sekundärminerale*).

Primärporen: durch die → *Korngrößenzusammensetzung* und die Kornform bedingte Bodenporen (→ *Sekundärporen*, → *Porenvolumen*, → *Porengrößenbereiche*).

Primärproduktion (Urproduktion): Quantität der Biomasse, die von den grünen Pflanzen aus anorganischen Verbindungen während einer bestimmten Zeitspanne aufgebaut wird, oder allgemeiner die Rate der Energiefixierung durch → *Photosynthese*. Der P. gegenüber steht die → *Sekundärproduktion*.

Primärrohstoff: neu (im wesentlichen aus der Natur) gewonnene → *Rohstoffe*, die dem Produktionsprozeß zugeführt werden (→ *Sekundärrohstoff*).

Primärrumpf (Trugrumpf): eine → *Rumpffläche*, die sich vom → *Endrumpf* dadurch unterscheidet, daß sie nicht am Ende der Abtragung eines Gebirges steht, sondern schon dann, wenn eine tektonisch sich langsam hebende Scholle sofort wieder abgetragen wird, ohne daß erst größere Reliefunterschiede entstehen, wie das bei Gebirgen der Fall ist. Einebnungsflächen der jungen Faltengebirge werden als P. gedeutet, weil in den kurzen geologischen Zeiträumen seit der Gebirgsauffaltung eine Abtragung des fertigen Gebirges bis zur Rumpffläche rein zeitlich nicht möglich war.

Primärschnittfläche: Begriff aus der klassischen Theorie der → *Schichtstufenlandschaft*, der heute eher fraglich ist. Die P., nicht zu verwechseln mit → *Primärrumpf*, gilt als Ausgangsfläche der Schichtstufenbildung, die jeweils nur eine wasserundurchlässige und eine wasserdurchlässige Schicht überzieht und deren Entstehung durch ein Zusammenspiel von Dellenbildung und fluvialer Erosion erklärt wird.

Primärstoffwechsel: Bezeichnung des Grundstoffwechsels der Zelle im Gegensatz zum → *Sekundärstoffwechsel*.

Primärtektogenese: Sammelbezeichnung für großräumige vertikale und horizontale Krustenbewegungen, die zur Ausbildung der Größtformen der Erde führen.

Primärzentrum: erstes Entwicklungszentrum; bezogen auf Pflanzen und Tiere und deren Ausbreitung über die Erde.

Primatstadt (primate city): Großstadt, oft die Hauptstadt, die alle anderen Städte des betreffenden Landes an Einwohnerzahl und Wirtschaftskraft weit übertrifft und im Sinne einer → *Metropole* in ihrer Größenordnung allein steht. P. haben sich teils historisch entwickelt, insbesondere in zentralistisch regierten Staaten (z. B. Athen, Kopenhagen, Lissabon), teils sind sie das Ergebnis neuerer Entwicklungspolitik und der starken → *Landabwanderung* in Entwicklungsländern.

Primatstruktur: Siedlungsstruktur eines Landes, die durch das Vorhandensein eines sehr großen städtischen Zentrums (→ *Primatstadt*), meist der Hauptstadt und des Haupthafens, und das weitgehende Fehlen von Mittelstädten gekennzeichnet ist. Die Aktivitäten des sekundären und tertiären Wirtschaftssektors konzentrieren sich in einem Land mit P. sehr stark auf die Primatstadt (z. B. Paris).

Primitivkultur: heute als herabsetzend empfundener Ausdruck, der daher nur noch selten für die Kultur der → *Naturvölker* und der → *Halbkulturvölker* gebraucht wird.

Prinzip der Gleichwertigkeit verschiedener Umweltwirkungen: eine der → *Ökologischen Regeln*, nach der es gleichgültig ist, durch welche Faktoren die Lebensbedingungen für eine Art erfüllt werden. Beispielsweise können Felsbrüter gleich gute Brutmöglichkeiten in Städten finden wie in Felsbiotopen.

Prinzip der relativen Biotopbindung: eine der → *Ökologischen Regeln*, nach der eine Bindung an eine bestimmte Lebensstätte oft nur regional gültig ist. Beispielsweise treten in der Mediterranis vorkommende Lebewesen in der gemäßigten Zone Mitteleuropas nur an warmen, trockenen Standorten auf. Das P.d.r.B. entspricht dem Gesetz der → *Relativen Standortkonstanz*.

Prinzip der nach Norden zunehmenden Synanthropie: eine der → *Ökologischen Regeln*, nach der Tiere und Pflanzen an den nördlichen Verbreitungsgrenzen aus klimatischen, z. T. auch aus nahrungsbiologischen Gründen sich immer näher an den unmittelbaren Lebensbereich des Menschen anschließen, im Sinne der → *Kulturfolger*.

Prismengefüge: grobes → *Bodengefüge* aus stehenden kantigen Säulen mit Durchmessern von einigen Zentimetern bis etwa 2 dm.

Privathaushalt: alleinstehende und -wirtschaftende Person (→ *Einpersonenhaushalt*) oder Gruppe von Personen, die eine Wohn- und Wirtschaftsgemeinschaft bilden und nicht in einer Anstalt leben (→ *Anstaltshaushalt*). Zwischen den Mitgliedern eines P. bestehen eheliche oder verwandtschaftliche Beziehungen, jedoch ist dies nicht zwingend erforderlich.

Privatinvestition (Direktinvestition): im internationalen Kapitalverkehr Kapitalanlage, die von einem Investor (privater Unternehmer oder juristische Person, z. B. Aktiengesellschaft) vollzogen wird. P. sind als gewinnorientierte privatwirtschaftliche Tätigkeiten zu verstehen. Um einem möglichen wirtschaftlichen und politischen Einfluß ausländischer Investoren entgegenzuwirken, sind in manchen Anlageländern ausländische Beteiligungen am Gesamtkapital eines Unternehmens auf 49 % des Kapitals begrenzt.

Privatquartier: im Fremdenverkehr eine genehmigungsfreie Beherbergungsstätte in einem Privathaushalt mit einer Kapazität von höchstens acht Betten. Größere P. zählen zu den → *Pensionen.*

Proanthrope: einheimische Pflanzen.

proanthropes Element: Pflanzen eines Lebensraumes, die vor dem Auftreten des Menschen vorkamen.

probabilistisch: Kausalverknüpfungen, in denen die naturgesetzlich bestimmten Effekte zurücktreten und stattdessen Ereignisse und Erscheinungen in bestimmten Formen und zu bestimmten Zeitpunkten an einem geographischen Ort nur wahrscheinlich oder möglich sind. Die geographischen Systeme gehören zu den → *p. Systemen,* die sich in der Regel durch eine große Anzahl von Randbedingungen und durch starke Differenzierungen im Laufe ihrer historischen Entwicklung auszeichnen.

probalistisches System: → *Ökosysteme* bzw. → *Bio-* und → *Geosysteme,* die nur annäherungsweise zu erfassen sind, weil sich bestimmte Faktoren und Prozesse einer quantitativen Aufnahme entziehen.

Probiosphäre: wenig gebräuchlicher Begriff für die → *Geosphäre* im Sinne der abiotischen Grundlagen, welche die → *Biosphäre* für ihre Existenz benötigt.

probiotisch: Existenz, Verhaltensweise und/ oder Wirkungsart eines Organismus, die sich auf das Leben anderer Arten begünstigend auswirken.

Problemgebiet: Raum mit einer derart ungünstigen Struktur, daß eine ausgewogene wirtschaftliche Entwicklung nicht mehr möglich ist und die Lebensbedingungen für die Bevölkerung unter dem für die Gesamtgesellschaft üblichen Standard liegen. P. sind durch verschiedene Indikatoren gekennzeichnet z. B. niedrige Bevölkerungsdichte in Verbindung mit einer weiteren Abnahme der Bevölkerung, geringe Realsteuerkraft, niedriges Bruttoinlandsprodukt und eine überdurchschnittlich hohe Arbeitslosenquote. P. können sich aus einer wirtschaftlichen Monostrukturierung ergeben, sie können aber auch aus ökologischen Fehlentwicklungen (z. B. hohe Umweltbelastung) heraus entstehen.

Problemgeographie: die Bearbeitung komplexgeographischer Fragestellungen über die spezielle Assoziation geographischer Faktoren im Raum in den Vordergrund des geographischen Arbeitens stellendes Vorgehen. Die P. versteht sich, ebenso wie die → *Ökogeographie,* als Gegenpol zu einer starken inhaltlichen Aufsplitterung der Teilgebiete der → *Allgemeinen Geographie.*

Produktdifferenzierung: Veränderung des Produktangebots auf dem Markt. Die P. ist horizontal, wenn die Ware sachlich oder technisch in einer anderen Form gestaltet oder verpackt wird, verglichen mit dem Konkurrenzprodukt. Von einer vertikalen P. spricht man, wenn das Produkt so umgestaltet wird, daß es in verschiedenen Preisklassen auf dem Markt angeboten wird. Eine temporale P. liegt vor, wenn das Produkt aus Absatzgründen modischen Trends angepaßt wird. P. ist z. B. für die Bekleidungsindustrie sehr bedeutsam.

Produktenhandel: ältere Bezeichnung für den Handel mit heimischen landwirtschaftlichen Erzeugnissen, wie Getreide, Kartoffeln oder Futtermittel.

Produktenkunde: wissenschaftliche Vorläuferin der modernen → *Wirtschaftsgeographie* (Ende 18. Jh./Anfang 19. Jh.). Sie nahm sich einzelner, meist landwirtschaftlicher Erzeugnisse oder auch der wichtigsten Welthandelsgüter an. Die P. wurde eher als nationalökonomische denn als geographische Wissenschaft betrieben. Aus der P. entwickelte sich die → *Handelsgeographie* und eine statistisch getragene → *Wirtschaftskunde.*

Produktion: 1. im engeren Sinne die Erzeugung von Sachgütern, d. h. die Gewinnung, Bearbeitung und Verarbeitung von materiellen Gütern im → *primären* und → *sekundären Sektor.* Es ist zu unterscheiden zwischen der zum Absatz bestimmten P. und der Gesamtproduktion. Bei den Reparaturen, Lohnveredlungsarbeiten, Montagen usw., die auch als Produktion statistisch erhoben werden, handelt es sich um Arbeiten für andere Unternehmen (Zulieferung).
2. Im weiteren Sinne zählt zur P. auch die Leistungserstellung im → *tertiären Sektor.* In diesem Falle wird der Begriff P. als produktive Leistung verstanden, bei der nicht nur neue Sachgüter erzeugt, sondern insgesamt neue Werte geschaffen werden.
3. in der → *Ökophysiologie* die kumulative Menge photosynthetischen Materials.

Produktionsanlage: technische Einrichtung zur Sachgüterproduktion. Größere P. sind meist in dafür eigens gebauten Hallen aufgestellt und werden als Fabrikanlagen bezeichnet.

Produktionsbiologie: Arbeitsrichtung der → *Synökologie,* welche die Beziehungen zwischen Stoff- und Energieumsatz in → *Ökosy-*

stemen untersucht bzw. – bei stärkerer bioökologischer Gewichtung – die Produktion und den Abbau organischer Materie in Lebensgemeinschaften erforscht. Gegenstand ist die biologische Produktion, d. h. die Gesamtheit energiereicher organischer Substanz, die von einer Lebensgemeinschaft in einer bestimmten Zeiteinheit aus energiearmer, anorganischer Substanz gebildet wird. An diesem Produktionssystem sind → *Produzenten*, → *Konsumenten* und → *Reduzenten* beteiligt, wobei → *Primärproduktion* und → *Sekundärproduktion* auf verschiedenen Ernährungsstufen von → *Nahrungsketten* geleistet wird.

Produktionsbreite: die Vielfältigkeit der Produkte im Produktionsprogramm eines Betriebs (→ *Produktionstiefe*).

Produktionselastizität: die Anpassungsfähigkeit der betrieblichen Organisation. Die P. stellt das Verhältnis einer relativen Änderung des Ausstoßes zur relativen Änderung der entsprechenden Einsatzmenge dar.

Produktionsfaktoren: unverzichtbare Grundlagen der Güterproduktion. Die klassischen P. sind → *Arbeit*, → *Boden* und → *Kapital*. In einem weiteren sind alle für eine Produktion maßgeblichen Faktoren als P. zu betrachten, z. B. natürliche Hilfsquellen, Unternehmerleistung, Erfindergeist usw.

Produktionsfläche: diejenige Fläche, auf der eine bestimmte Produktionsleistung erbracht wird. In der Landwirtschaft entspricht die P. der landwirtschaftlich genutzten Fläche. Beim → *Produzierenden Gewerbe* ist es schwieriger, die P. exakt festzulegen. Zum einen ist hier zu berücksichtigen, daß u. U. in mehreren Geschoßebenen produziert wird bzw. Produktionsnebenflächen (Lagerplätze, Parkraum für Transportfahrzeuge usw.) schlecht erfaßbar sind. (→ *Flächenbedarf*)

Produktionsform: Produktionskonzept, das festlegt, welche Produkttypen am rationellsten mit den vorhandenen Produktionseinrichtungen erzeugt werden können. In der Regel werden folgende P. unterschieden: → *Sortenproduktion*, → *Komplementärproduktion*, → *Kompensationsproduktion* und → *Kuppelproduktion*.

Produktionsfunktion: funktionale Beziehung zwischen dem mengenmäßigen Produktionsertrag und dem Umfang der zur Produktion eingesetzten → *Produktionsfaktoren*. Es werden einzel- und gesamtwirtschaftliche P. unterschieden. Die einzelwirtschaftlichen P. beziehen sich auf bestimmte Güter, die gesamtwirtschaftlichen P. auf das gesamte reale Sozialprodukt.

Produktionsgenossenschaft: → *Genossenschaft*, *bei* der die in der Produktion Tätigen sich als Genossen verstehen, d. h. die Funktionen des Arbeitgebers und des Arbeitnehmers auf sich vereinigen. Die Idee der P. geht auf F. Lassalle zurück. In marktwirtschaftlichen Systemen läßt sich die P. nur schlecht durchsetzen. In kommunistischen bzw. sozialistischen Ländern sind diese häufig ein wesentlicher Bestandteil der Wirtschaft (→ *landwirtschaftliche Produktionsgenossenschaft*).

Produktionsgeographie: Zweig der → *Wirtschaftsgeographie*, der sich mit den Lokalisationsformen, den räumlichen Organisationsformen der Güterproduktion, mit den Produktionsbedingungen und mit dem räumlichen Verhalten der im Produktionsprozeß tätigen Menschen bzw. sozialen Gruppen befaßt. Die P. beschränkt sich auf die güterproduzierenden Bereiche der Wirtschaft.

Produktionsgüter: diejenigen Güter, die nicht für den Endverbraucher bestimmt, sondern für den Einsatz in der → *Investitionsgüter*- oder → *Konsumgüterindustrie* (als Rohmaterialien und Halbfabrikate) zur Weiterverarbeitung vorgesehen sind.

Produktionsgüterindustrie: diejenigen Industriezweige, die Rohmaterialien oder Halbfabrikate, nicht aber Fertigerzeugnisse herstellen. Die Produkte der P. werden in nachgelagerten Produktionsstufen zu Fertigerzeugnissen weiterverarbeitet (→ *Grundstoff- und Produktionsgüterindustrie*).

Produktionsindex: → *Index* der industriellen Nettoproduktion.

Produktionsintensität: in der Landwirtschaft die Höhe von Arbeits- und Sachaufwand je Hektar, vermehrt um den Zinsanspruch.

Produktionskapital: Sachkapital, das in Produktionsanlagen oder in Produktionsmaterialien investiert wurde. P. sind z. B. Fabrikanlagen, Maschinen, Transportmittel oder Rohstofflager.

Produktionskartell: Kartell, dessen Mitglieder verpflichtet sind, ihren zugedachten Produktionsquoten einzuhalten. Ziel der P. ist die Stabilisierung des Marktes. Es tritt häufig in Verbindung mit einer Preisabsprache (→ *Preiskartell*) auf. Als Beispiel eines P. kann die → *OPEC* mit ihren genau festgelegten Förderquoten angeführt werden.

Produktionskomplex: im Raum komplex wirkende industrielle Fertigungseinheit, die sich jedoch vertikal in verschiedene → *Produktionsstufen* untergliedern läßt.

Produktionslandschaft: Landschaftstyp, der durch eine intensive Sachgüterproduktion charakterisiert ist. Typische P. sind die → *Industrielandschaft* oder diejenige agrare Wirtschaftslandschaft, die sich als moderne → *Plantagenwirtschaft* darstellt.

Produktionslenkung: 1. innerbetriebliche Lenkung des → *Produktionsprozesses*. Diese beeinflußt sowohl Quantität als auch Qualität der hergestellten Produkte.
2. staatliche Maßnahmen zur Steuerung der gesamten volkswirtschaftlichen Produktion.

Eine derartige P. findet in Planwirtschaften statt.

Produktionsmittel: im weitesten Sinne die → *Produktionsfaktoren,* im engeren Sinne der Produktionsfaktor → *Kapital.* Die marxistische Lehre versteht demgegenüber unter P. die Gesamtheit aller Arbeitsmittel und Arbeitsgegenstände, mit Hilfe derer Güter und Leistungen erzeugt werden. Arbeitsgegenstände sind hier z. B. auch Rohstoffe. Arbeitsmittel sind demgegenüber Maschinen usw.

Produktionspotential: 1. Fähigkeit eines Pflanzenbestandes, eine bestimmte Menge Strahlungsenergie zu absorbieren und zu speichern.
2. bezogen auf einen Raum die wirtschaftlichen → *Produktionsfaktoren,* wie sie nach Qualität und Quantität vorhanden sind.

Produktionsprogramm: Festlegung der Abfolge im Produktionsprozeß. Das P. ist so angelegt, daß bei der Produktion die höchstmögliche Wirtschaftlichkeit erreicht wird.

Produktionsprozeß: gesamter Vorgang der Sachgüterproduktion bzw. der betrieblichen Leistungserstellung. Der P. ist das Ergebnis der zum Einsatz kommenden Fertigungsprinzipien, der Organisationstypen der Fertigung sowie des Produktionsprogramms.

Produktionsquote (Produktionskontingent): Produktionsmengen, auf die sich die Erzeugerländer bestimmter Güter und die Exporteure einigen. Mit P. soll ein Überangebot auf dem Weltmarkt und ein daraus möglicherweise entstehender Preisverfall verhindert werden.

Produktionsrisiko: die Unsicherheit bezüglich des Erfolgs einer Produktion. Das P. ist im wesentlichen ein → *Marktrisiko.* Bei der Landwirtschaft kommt das → *Anbaurisiko* hinzu.

Produktionssektor: im engeren Sinne derjenige → *Wirtschaftssektor,* der sich mit der Erzeugung von Sachgütern beschäftigt. P. sind demnach der → *primäre Sektor* und der → *sekundäre Sektor.* Im weiteren Sinne zählt auch der → *tertiäre Sektor* zu den P. In diesem Falle wird der Begriff Produktion als produktive Leistung verstanden, bei der nicht nur neue Sachgüter erzeugt, sondern insgesamt neue, im Sozialprodukt einer Volkswirtschaft sich niederschlagende Werte geschaffen werden.

Produktionsstadt: Stadttyp, der als historischer Vorläufer der → *Industriestadt* zu bezeichnen ist. Die P. zeichnet sich durch eine überdurchschnittliche gewerbliche Produktion aus, deren Erzeugnisse, meist in Kleinbetrieben hergestellt, nicht nur für das Hinterland, sondern im wesentlichen für den Export bestimmt waren. Zu den P. gehörten im Hochmittelalter z. B. die flandrischen Städte wie Gent und Ypern.

Produktionsstandort: Standort der agrarischen oder der gewerblichen Produktion. Das Muster des agraren P. ist aufgrund des produktionsspezifischen Flächenbedarfs verhältnismäßig dispers. Demgegenüber kommt es bei industriellen P. zu räumlichen Konzentrationen, die im wesentlichen durch vorhandene Infrastrukturen bestimmt werden.

Produktionsstatistik: Teil der → *Agrar-* und der → *Industriestatistik.* Die P. erfaßt insbesondere die Produktionsergebnisse mengen- und wertmäßig.

Produktionsstätte: Ort der → *Produktion.* Bei der P. kann es sich um einen einzelnen Arbeitsplatz, eine Werkstatt, eine → *Arbeitsstätte* oder um einen selbständigen → *Betrieb* handeln.

Produktionsstufen: 1. bei der → *Produktion* durch Lebewesen in Ökosystemen wird → *Primärproduktion* der → *autotrophen* Pflanzen und → *Sekundärproduktion* der → *heterotrophen* Lebewesen unterschieden.
2. die zeitliche Position bestimmter Produktionsabschnitte innerhalb des Gesamtproduktionsprozesses eines Produktes. Z. B. stehen innerhalb der Textilindustrie die Wirkereien, Webereien und Strickereien auf gleicher P.

Produktionstechnik: das branchenspezifische Verfahrenswissen, das sich in der Regel aus traditionellem Fertigungsgeschick und Produktionserfahrung entwickelte. Die erste große Veränderung in der P. erfolgte im Zuge der → *Industrialisierung.* (→ *industrielle Revolution*). Derzeit wandelt sich die P. erneut stark unter dem Einfluß der → *Mikroelektronik* (→ *technologischer Wandel*).

Produktionstiefe: das Ausmaß der Zusammenfassung verschiedener → *Produktionsstufen* innerhalb eines Unternehmens. In einem vertikalen Konzern werden z. B. eine größere Zahl verschiedenartiger Produktionsvorgänge hintereinander geschaltet.

Produktionsverfahren: Prinzipien und Organisation der Produktion. P. werden differenziert nach der organisatorischen Struktur des Produktionsprozesses (Reihen-, Fließband-, Werkstattfertigung), nach dem Produktionsumfang (Einzel-, Serien-, Massenfertigung) sowie nach der Arbeitstechnik (manuell, maschinell, automatisiert). Im Zuge einer → *angepaßten Technologie* ist es vor allem in Entwicklungsländern sinnvoll, mehr arbeitsintensive P. einzusetzen. In den Industrieländern nimmt demgegenüber als Folge der → *Rationalisierung* der Maschineneinsatz weiter zu.

Produktionsweise: Art der Güterherstellung. Die P. hängt ab vom erreichten Kulturstand sowie von der Bedeutung traditioneller → *Produktionstechniken.* Die P. ist nicht immer von rein rationalen, wirtschaftlichen Parametern bestimmt. So wird der Einsatz von

→ *Produktionsmitteln* bei verschiedenen Völkern von kultischen bzw. religiösen Bräuchen bestimmt.

Produktionswert: der Wert der in der Produktion erzeugten Güter, gemessen an den Herstellungskosten.

Produktionswerte: Produktionszahlen, die als Meßziffern dienen können, um z. B. die Produktionsleistung zu verdeutlichen. P. können sich darstellen als z. B. Fördermenge pro Mann und Schicht (Kohlenbergbau) oder als Umsatz pro Arbeitskraft. Häufig wird die Entwicklung des Produktionsvolumens derjenigen des Absatzes gegenübergestellt.

Produktionswirtschaft: im Gegensatz zur → *Sammelwirtschaft* derjenige Teil der → *Wirtschaft*, der sich mit der Erzeugung von Wirtschaftsgütern durch gezielte Arbeitsvorgänge befaßt. Bei der P. geht es nicht um die Erzeugung von → *Sachgütern*, sondern auch um eine Leistungserstellung, die Transportbetriebe sowie die Leistungen der Handels- und Dienstleistungsbetriebe einschließt.

produktive Verdunstung: durch die Pflanzendecke erfolgende Verdunstung, welche im Zusammenhang mit dem Wachstum und dem Aufbau organischer Substanz steht (→ *Transpiration*).

Produktivgüter: die Produktionsfaktoren, die zur betrieblichen Leistungserstellung nötig sind. Im engeren Sinne sind es Betriebsmittel, die bereits in einer vorhergehenden → *Produktionsstufe* erstellt wurden (→ *Produktivvermögen*).

Produktivität: 1. entspricht der biologischen → *Produktion*.
2. allgemeine Charakterisierung von Prozessen der Stoff- und Energieaufnahme und -umwandlung in und bei Lebewesen.
3. Verhältnis von Produktionsmenge (→ *output*) zu Faktoreinsatz (input). Mit der P. wird die Ergiebigkeit der Produktion in der Wirtschaft gemessen, sei es für einzelne Betriebe, ganze Wirtschaftszweige oder für eine Volkswirtschaft.

Produktivkapital: das als produziertes → *Produktionsmittel* zur Güterherstellung eingesetzte → *Kapital*.

Produktivvermögen: derjenige Teil des Volksvermögens, der im Produktionsprozeß Leistungen ermöglicht. Das P. untergliedert sich in menschliches und sachliches P. Es zählen dazu alle Anlage- und Vorratsvermögen, Grund und Boden und alle für produktive Zwecke eingesetzten natürlichen Hilfsquellen. Nicht zum P. gehören der Konsum- und Gebrauchsvermögen der Haushalte sowie die Sachgüter die für militärische Zwecke eingesetzt werden.

Produktzyklus: Entwicklungsreihe, die Produkte von ihrer Neueinführung bis zur Aus-reifung durchlaufen. Der P. ist dabei meist durch eine zunehmende Standardisierung der Produkte gekennzeichnet.

Produzenten: Pflanzen, die durch → *Photosynthese* bzw. Chemosynthese aus anorganischer Materie energiereiche organische Substanzen aufbauen, was der → *Primärproduktion* entspricht.

Produzentenkartell: vertragliche Vereinbarungen zwischen rechtlich selbständigen Herstellern eines Gutes oder mehrerer Produkte zum Zwecke der gemeinsamen Abstimmung über die herzustellenden Mengen und deren Verkaufspreise (→ *Produktionskartell*, → *Preiskartell*).

Produzierendes Gewerbe: derjenige Teil des → *Gewerbes*, der Sachgüter produziert. Laut Statistik gehören in der Bundesrepublik Deutschland zum P. G. neben dem → *Verarbeitenden Gewerbe* (Industrie und Handwerk) die Energie- und Wasserwirtschaft, der → *Bergbau* und das Baugewerbe. Erfaßt werden alle Unternehmen mit 20 und mehr Beschäftigten. (→ *Dienstleistungsgewerbe*)

Profanbau: weltlichen Zwecken dienende Gebäude, im Gegensatz zu einem kirchlichen (z. B. Kirchen- oder Kloster-) Bau. Der Begriff wird vor allem in der Historischen Geographie für ältere größere, öffentlichen Zwecken dienende Gebäude verwendet.

Profundal: Tiefenregion der → *Seen*. Das bewuchslose P. ist der Sedimentationsbereich.

Profil: graphischer Querschnitt durch einen geowissenschaftlichen Sachverhalt, der den inneren Aufbau erkennen läßt. In der Physiogeographie wird es vor allem als Geländeprofil bzw. als Kausal-P. verstanden. In der Geologie ist das P. ein Geländequerschnitt durch einen Teil der Erdkruste, um den geologischen Aufbau (Gesteinslagerung, Gesteinsmerkmale) zu erkennen. In der Bodenkunde und ihr verwandter Disziplinen dient das P. als Schnitt durch den obersten Teil der Erdkruste zum Erkennen des → *Bodenprofils*.

Prognose: Voraussage über die zu erwartende zukünftige Entwicklung. P. werden in erster Linie aus Beobachtungen und Feststellungen der Vergangenheit und Gegenwart auf der Grundlage der Anwendung wissenschaftlicher Methoden abgeleitet. Die Anwendung von P.-Verfahren hat z. B. in der → *Raumordnung* und → *Raumplanung* Bedeutung. Man unterscheidet die ex-ante-P. die sich aus zukunftsrelevanten Annahmen ergibt, von der ex-post-P., die ihre Voraussagen primär aus der Überprüfung von Entwicklungen und Vorgängen in der Vergangenheit ableitet.

Programmhilfe: spezielle Form der → *Projekthilfe*. Bei der P. werden im Rahmen der → *Entwicklungshilfe* bestimmte → *Entwick-*

lungsprogramme finanziert. Dabei kann es sich um die Förderung sowohl sektoral als auch regional abgegrenzter Investitionsvorhaben handeln. Entsprechend werden integrierte Sektor- und Regionalprogramme (z. B. Bau von Verkehrswegen in Verbindung mit der Durchführung einer Agrarreform) und Parallelprogramme (z. B. der gleichzeitige Bau von Krankenhäusern und Schulen) unterschieden.

Programm Nord: landwirtschaftliches Regionalprogramm, das 1953 in Schleswig-Holstein ins Leben gerufen wurde. Das P. N. setzt sich zum Ziel, vor allem das von Natur aus benachteiligte Gebiet an der Westküste durch geeignete land- und forstwirtschaftliche sowie kultur- und landbautechnische Maßnahmen zu fördern und zu entwickeln. Die Aufgaben des P. N. lagen bisher vor allem in den Bereichen Wasserwirtschaft, Landausbau, Forstwirtschaft, Schutz der Halligbewohner, Dünenbefestigung, Flurbereinigung und Verkehrsinfrastruktur.

Programm-Region: wichtige Planungsebene in der französischen Landesplanung. 1958 erfolgte die Abgrenzung von 21 P.-R., von denen jede mehrere Départements umfaßt, um eine stärkere Dezentralisierung auf planerisch-administrativem Gebiet zu erreichen.

Progression: 1. jede auf natürlichem Wege später entstandene, erblich gewordene Weiterentwicklung von Lebewesen.
2. mengenmäßige Vermehrung von Pflanzen-, Tier- und Menschenpopulationen.

progressive Endemiten: entstehen, wenn sich in einem Gebiet durch veränderte Lebensbedingungen aus einer Stammform jüngere Sippen entwickeln, die sich nicht weiter ausbreiten können.

Projekthilfe (projektgebundene Hilfe): → *Entwicklungshilfe,* die für ein in sich geschlossenes Vorhaben gewährt wird. Sie ist meist Teil der → *Kapitalhilfe.*

Pro-Kopf-Einkommen: wichtiger Indikator für den Entwicklungsstand eines Landes. Das P.-K.-E. ergibt sich aus der Division des Bruttoinlandsprodukts oder des Bruttosozialprodukts durch die Bevölkerungszahl eines Landes. Das P.-K.-E. findet vor allem bei einer weltweiten Regionalisierung der Erde (z. B. in reiche und arme Länder) Verwendung.

Proletariat: im antiken Rom die besitzlosen Angehörigen der sozialen Unterschicht, die jedoch das Bürgerrecht besaßen. Seit dem 18. Jh. wurde die Bezeichnung für arme, ungebildete Volksschichten, im 19. Jh. für die „arbeitenden Klassen" insgesamt verwendet. Seit Marx wird unter P. meist die Klasse der Lohnarbeiter ohne Besitz an Produktionsmitteln verstanden, die ihren Lebensunterhalt durch den Verkauf ihrer Arbeitskraft

verdienen.

Prospektion (Lagerstättenerkundung): Aufsuchen nutzbarer → *Lagerstätten.* Die P. erfolgt mit geologischen, geophysikalischen, geochemischen und bergmännischen Methoden. Im Zuge einer P. werden Flach- und Tiefbohrungen, Schächte, Stollen und Schürfgräben angelegt (→ *Exploration*).

Proteine: Eiweißstoffe, die für die Ernährung des Menschen notwendig sind. P. sind vor allem in tierischen Nahrungsmitteln wie Fleisch, Fisch, Eiern und Milch enthalten, aber auch in pflanzlichen Nahrungsgütern, z. B. in Getreide und in Hülsenfrüchten.

Proteinertrag: in der Landwirtschaft Meßzahl für die → *Produktivität* bei einer Ernte. Der P. wird gemessen in kg/ha oder in g/Arbeitstag. Die Meßziffer des P. ist vergleichbar mit derjenigen des Kalorienertrags (kcal/ha).

Proteinmangel: Fehlernährung (→ *malnutrition*) bedingt durch die fehlende oder zu geringe Eiweißaufnahme. Der P. begünstigt die Ausbreitung zahlreicher Krankheiten. Ein P. tritt vor allem in Entwicklungsländern auf, wo fleischliche Nahrung nur unzureichend verfügbar ist.

Proteinstandard: Teilaspekt des → *Ernährungsstandards.* Der P. gibt das Verhältnis von Proteinverbrauch zu Proteinbedarf an.

Protektorat: 1. „Schutzherrschaft", insbesondere einer Großmacht über ein von ihr abhängiges Gebiet. Der Begriff P. wurde im Zeitalter des Kolonialismus teilweise in beschönigender Weise anstelle von Kolonialherrschaft gebraucht.
2. ein Territorium, das unter der „Schutzherrschaft" eines anderen Staates steht. Der Begriff P. wurde nie einheitlich verwendet und bezeichnete Gebiete unterschiedlichen Abhängigkeitsgrades. Teilweise war ein P. die vertraglich geregelte Form einer → *Kolonie.* Zurzeit existieren keine P. mehr.

Proterozoikum: System bzw. Periode des → *Präkambriums* und die Frühzeit der Entwicklung tierischen Lebens kennzeichnend, umfaßt Zeit und Ablagerungen zwischen Archaikum und → *Kambrium.* In manchen Formationstabellen wird P. mit Eozoikum gleichgesetzt, ebenso mit → *Algonkium.*

Protobionta: das Reich der Niederen Pflanzen, also Algen und Pilze umfassend.

Protobiozönose: die Biozönose in der Frühzeit der Erde, die nur von → *Produzenten* und → *Destruenten* gebildet wurde.

Protoklase: Zertrümmerung eines → *Erstarrungsgesteins* durch Druckwirkung bei tektonischen Vorgängen vor der endgültigen Erstarrung - im Unterschied zur → *Kataklase.*

Protopedon: Unterwasser-→ *Rohboden* mit einer geringmächtigen Lage von Pflanzenresten über mineralischen Seeablagerungen (Ton, → *Seekreide* usw.).

Provinz: politische oder administrative Einheit innerhalb eines Staates. Der Begriff P. wird in verschiedenen Staaten für unterschiedliche Gebietseinheiten gebraucht; teils sind P. reine Verwaltungsbezirke ohne Selbstverwaltungsbefugnisse, teils politische Einheiten mit gewisser Autonomie. Im Deutschen Reich hatten P. vor allem in Preußen eine längere Tradition. Es handelte sich um Selbstverwaltungskörperschaften mit eigenen Landtagen und gleichzeitig um staatliche Verwaltungseinheiten.

Provinzhauptort (P-Ort): im → *Christallerschen Modell* ein Ort oberer Zentralitätsstufe, der einen ganzen Landesteil mit spezialisierten Dienstleistungen versorgt und teilweise auch Regierungsbehörden beherbergt. Nach heutiger Terminologie handelt es sich um ein → *Oberzentrum.*

Prozeß: In Bio- und Geosystemen sowie anderen → *Ökosystemen* werden Stoffe und/oder Energie umgesetzt, weil die P. die Kompartimente des Systems miteinander verbinden.

Prozeßanzeiger: → *Indikator,* der in der Kulturlandschaft das Ablaufen eines nicht direkt sichtbaren sozio-ökonomischen Entwicklungsprozesses anzeigt. Z. B. gilt die → *Sozialbrache* als P. für Entwicklungen wie Vordringen nicht-landwirtschaftlicher Erwerbsmöglichkeiten, Aufgabe der Nebenerwerbslandwirtschaft usw.

Prozeßfeld: Teil einer modernen Erdöl-Raffinerie, in der die Verarbeitungsanlagen zusammengefaßt sind.

Prozeßwärme: in der Industrie anfallende Wärme, die bei chemischen, physikalischen oder kerntechnischen Prozessen als Wärmeenergie frei wird. Im Zuge steigender Energiekosten werden zunehmend Systeme entwickelt, die diese P. aufnehmen und sie einer Nutzung zuzuführen. Bisher sind relativ große Mengen an P. ungenutzt in Kühlwässer oder in die Atmosphäre gelangt.

Psammon (Psammon): Lebensgemeinschaft der Sandlückenräume auf Sandbänken von stehenden oder fließenden Gewässern bzw. an deren Ufern. Ihre Existenz beruht auf der Tatsache, daß zwischen den Sandkörnern die Räume kapillar mit Wasser gefüllt sind, gewöhnlich auf einem ca. 2 m breiten Streifen von der Wassergrenze an gerechnet, in welchem sich eine spezialisierte Fauna entwickelt hat, welche die obersten 4–5 cm dieses Streifens bewohnt.

Psammit: Form der → *klastischen* Ablagerungen, die nach ihrer Korngröße unterschieden werden und die hier anhand größerer Bestandteile charakterisieren, z. B. im → *Sandstein.*

Psammophyten (Sandpflanzen): Pflanzen, die Sandstandorte bevorzugen.

Psephit: Form der klastischen Ablagerungen, hier aus groben Bestandteilen, z. B. → *Konglomerate.*

pseudoannuell: ausdauernde Pflanzenarten, deren Sprosse nur einjährige Lebensdauer haben, so daß also nur letztere die Pflanzen wie → *Annuelle* erscheinen lassen.

Pseudoatoll: aus einem → *Plattformriff* entstehendes Riff, bei welchem der zentrale Riffteil durch → *Brandungserosion* erniedrigt oder abgetragen sein kann, so daß eine Form ähnlich dem → *Atoll* entsteht.

Pseudoblockstrom: Gesteinsansammlung ähnlich dem → *Blockstrom,* aber außerhalb rezenter oder eiszeitlicher Solifluktionsgebiete. Der P. entsteht, wenn in den immerfeuchten und wechselfeuchten Tropen der Grus und Zersatz zwischen oberflächennah verwitternden Gesteinen herausgespült wird. Die Blöcke haben sich dabei, abgesehen von gravitativen Bewegungen, nicht bewegt.

Pseudoeiskeil: mit Sediment ausgefüllte Spalte in Lockersedimentdecken, die aber nicht durch Periglazialvorgänge, wie die echten → *Eiskeile,* entstanden sind.

pseudoglazial: Bildungen, die Glazialformen ähnlich sehen, aber nicht glazialer Entstehung sind, wie die → *Pseudomoräne.*

Pseudohylaea: weniger gebräuchliche Bezeichnung für die temperierten Regenwälder, denen eine trockene Jahreszeit fehlt, deren Bäume aber überwiegend immergrün sind. Die üppige Vegetation erinnert an immergrüne tropische → *Regenwälder* im Sinne der → *Hylaea.*

Pseudokarren: unscharfe Bezeichnung für nicht im Kalk entstandene → *Karren,* die in der älteren Literatur nur dann als „echt" galten, wenn sie in den leichtlöslichen Gesteinen Gips, Kalk, Dolomit angelegt waren. Auch die → *Kristallinkarren* und deren Hauptvertreter, die → *Granitkarren,* müssen jedoch als echte Karren bezeichnet werden, weil es sich um echte Lösungsformen in Silikatgesteinen handelt.

Pseudokarst: wenig präzise Sammelbezeichnung für Lösungsformen, die typische Formen – ähnlich dem → *Karst* – zeigen, aber nur teilweise auf Formbildung durch Lösungsprozesse zurückgehen. Dazu gehören die → *Pseudokarren* und der → *Kryokarst.* Die Bezeichnung Karst sollte jedoch auf Formbildung und Prozesse in leichtlöslichen Sedimentgesteinen beschränkt bleiben.

Pseudomacchie: Vegetationsformation ähnlich der echten → *Macchie,* die an noch trockeneren Standorten zu finden ist und eine kürzere Vegetationsperiode als die Macchie aufweist. Die P. besteht aus xerophilen Sträuchern und Stauden, die nur z. T. immergrün sind. Die P. weist eine weite ökologische Amplitude auf und kommt deswegen sowohl an Strandstandorten als auch in der submontanen und montanen Stufe des Mittelmeerraumes vor, ohne daß sie aber die Leitpflanzen der Macchie aufweist. Typische Arten sind der Wacholder (*Juniperus oxycedrus, J. sabina*) sowie der Buchsbaum (*Buxus sempervirens*).

Pseudomoräne: pleistozäner Wanderschutt in Hochlagen europäischer Mittelgebirge, der zunächst nicht mit → *Frostsprengungsverwitterung* und → *Solifluktion* erklärt wurde, sondern als Moräne.

Pseudomycel: Kalkausfällungen in Böden von feinverästelter Struktur, die wie ein Geflecht von Pilzfäden (→ *Mycel*) aussehen (Vorkommen besonders in → *Schwarzerden* und Löß-Rendzinen).

Pseudorundhöckerlandschaft: Bezeichnung für weiterverbreitet freigelegte → *Rundhöcker,* also eine vom Verwitterungsmaterial freigelegte → *basal surface* nach der Vorstellung von den → *doppelten Einebnungsflächen.* Das freigelegte Relief ähnelt den Rundhöckern glazialer Entstehung.

Pseudosteinstreifen: ähnlich dem → *Pseudoblockstrom* durch Ausspülung der Feinmaterials mit streifenförmiger Anreicherung der Grobkomponenten entstandene Formen, die den echten → *Steinstreifen* physiognomisch gleichen.

Pseudosteppe: falsche Bezeichnung für die Vegetation im Übergangsbereich zwischen → *Wüste* und → *Savanne,* die weder ökologisch noch pflanzengeographisch mit der außertropischen kontinentalen Vegetationsformation der → *Steppe* etwas zu tun hat.

Pseudotektonik: Sammelbezeichnung für in Schollen oder größeren Gesteins- bzw. Sedimentkörpern erfolgende Bewegungen, die gravitative Ursachen haben. Dazu gehört auch die → *Salztektonik,* die ebenfalls nicht endogenen Ursprungs ist. Die entstehenden Formen und die Grenzflächen zwischen den sich bewegenden Materialeinheiten ähneln jedoch stark den Erscheinungen der echten Tektonik.

Pseudotillite: moränenähnliche Bildungen, auch mit einer Art gekritzer → *Geschiebe,* die durch nichtglaziale Vorgänge entstanden und den echten → *Moränen* gegenüberstehen. In der Geologie werden die P. auch als → *Pseudomoränen* bezeichnet, während die Geomorphologie den Begriff Pseudomoräne auf pleistozänen Wanderschutt begrenzt.

Pseudovikarianz: ähnliches ökologisches und morphologisches Verhalten von Pflanzensippen verschiedenen Ursprungs, wobei sich diese Sippen in bestimmten Gebieten im Sinne der → *Vikarianz* ablösen.

Psilophyten: blattlose Gefäßpflanzen mit äußerlich einfachem Bau, die jedoch bereits Merkmale höherer Pflanzen aufweisen und im oberen Teil des → *Silur* als erste Landpflanzen auftraten. Ihr Entwicklungshöhepunkt lag im → *Devon.* Sie sind stammesge-

schichtliche Vorläufer der Farngewächse.

psychrometrische Differenz: Temperaturdifferenz, welche ein trockenes und feuchtes Thermometer, an dessen Meßfühler aus einem übergestülpten Gazestrumpf ständig Wasser verdunstet, anzeigen. Die p. D. kann auf der Grundlage der Psychrometerformel zur Bestimmung der → *relativen Luftfeuchte* benutzt werden.

psychrophil: kälteliebend; bezeichnet niedriges Temperaturoptimum bei Organismen.

Psychrophyten: an niedrige Temperaturen angepaßte Pflanzen.

Pufferstaat: Staat, der durch seine Lage zwischen Großmächten oder deren Einflußsphären die Rolle eines Puffers spielt und verhindert, daß die Nachbarstaaten direkt aneinanderstoßen. Häufig konnten sich P. nur aufgrund ihrer Lage die Unabhängigkeit erhalten, da die Nachbarn wechselseitig die Einverleibung verhinderten. Beispielsweise war Afghanistan jahrzehntelang ein P. zwischen Rußland und England (als Kolonialmacht in Indien) oder auch Polen zwischen Rußland und dem Deutschen Reich.

Pufferungsvermögen: Fähigkeit eines Bodens, bei einer Zugabe von Basen oder Säuren die Veränderung des → *pH-Wertes* in engen Grenzen zu halten. Das P. steigt mit der → *Austauschkapazität* (Freisetzung von H^+-Ionen zur Neutralisierung von Salzen, die z. B. als Dünger zugegeben werden) und der → *Basensättigung* bzw. dem Kalkgehalt (Neutralisation zugeführter Säuren durch Erdalkali- und Alkaliionen).

Pultscholle (Halbhorst, Keilscholle, Kippscholle): Bruchscholle, die nur auf einer Seite durch eine → *Bruchstufe* entlang einer Auf- bzw. Abschiebung begrenzt wird, während diese auf der Gegenseite fehlt.

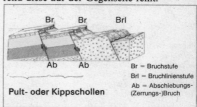

Br = Bruchstufe
Brl = Bruchlinienstufe
Ab = Abschiebungs-(Zerrungs-)Bruch

Pult- oder Kippschollen

Pultscholle

Pulverschnee: frischer, trockener Lockerschnee mit Dichten von 30–60 kg · m⁻³ (→ *Schnee*).

Pumpspeicherkraftwerk: Wasserkraftwerk, dessen Speichernutzinhalt teilweise oder ganz durch Pumpen der in einem Unterbecken befindlichen Wassermenge in das Oberbecken bereitgestellt wird. Es gibt P. ohne und mit einem natürlichen Zufluß. Da P. beträchtliche Höhenunterschiede nutzen, sind diese hauptsächlich in Gebirgsräumen rationell zu betreiben. Sie haben den Vorteil, sehr schnell auftretende → *Spitzenlast* im Stromversorgungsnetz decken zu können. Überschüssiger Strom in verbrauchsschwachen Zeiten wird zum Zurückpumpen des Wassers benutzt.

Pumpversuch: in der Praxis oft angewandtes Verfahren zur Bestimmung der Ergiebigkeit und der Absenkverhältnisse in Grundwasserkörpern und der hydraulischen Leitfähigkeit des Grundwasserleiters. Während des konstanten Abpumpens einer nachlieferbaren Wassermenge in einer vertikalen Entnahmestelle werden mit Hilfe von Grundwasserrohren Form und Ausdehnung der als → *Absenktrichter* erscheinenden Grundwasseroberfläche vermessen. (→ *Grundwasser*)

Puna: eine Vegetationshöhenstufe tropischer Hochgebirge mit wechselfeuchtem Klima, so daß eine Feucht-P., Trocken-P. und Dornund Sukkulenten-P. unterschieden werden kann. Charakteristisch ist für alle P.-Typen eine Ruheperiode während der Trockenzeit und ständiger Frostwechsel. Neben den typischen Tagesschwankungen der Temperatur ist das jahreszeitliche Schwanken des Niederschlagsregimes charakteristisch. Die im allgemeinen lichte und je nach P.-Typ verschieden dichte Vegetation setzt sich aus frostharten Horstgräsern, Hartpolster- und Rosettenpflanzen sowie Zwergsträuchern zusammen. Räumlich schließt sich an die Feuchtpuna in Richtung Äquator der immerfeuchte und in der gleichen Höhenlage befindliche → *Páramo* an.

punkt-achsiales Prinzip (punkt-axiales Prinzip): raumordnerisches Konzept, das die Siedlungsentwicklung auf → *Verdichtungsbänder* bzw. → *Entwicklungsachsen* einzuengen versucht. Beim p.-a. P. führen lineare Leitlinien auf einen zentralen Punkt zu. Die reinste Form der p.-a. P. ist die Sternstruktur. In Großstadträumen orientiert sich das p.-a. P. häufig an bereits existenten Ausfallstraßen. Mit der Anwendung des p.-a. P. sollen in verdichtungsnahen Zonen einer weiteren → *Zersiedelung* entgegengewirkt und in verdichtungsfernen Räumen wichtige Infrastrukturen (und auch Arbeitsplätze) an einer

verkehrsmäßig gut angebundenen Leitlinie konzentriert werden.

Punkthochhaus: → *Hochhaus*, das – in einem Bereich ansonsten niedrigerer Bebauung gelegen – einen deutlichen städtebaulichen Akzent setzt und im Stadtbild dominierend hervortritt.

Push- und Pull-Effekt: Auswirkungen der Wanderungen zwischen Gebieten unterschiedlicher Attraktivität (→ *Land-Stadt-Wanderung*) jeweils in den Ab- und Zuwanderungsgebieten.

Push-and-Pull-Theorie: Theorie zur Erklärung von Wanderungen zwischen Gebieten unterschiedlicher Attraktivität, hauptsächlich der → *Land-Stadt-Wanderung*. Dabei sind die Push-Faktoren die Summe derjenigen Einflüsse auf den Menschen im Abwanderungsgebiet, die ihn zum Verlassen des Raumes bewegen. Die Pull-Faktoren stellen demgegenüber die Summe der Anziehungskräfte im Zuwanderungsgebiet dar.

P-Welle (Longitudinalwelle): Wellen beim → *Erdbeben*, bei denen die Teilchen in Ausbreitungsrichtung schwingen.

Pygmäen: Sammelbezeichnung für verschiedene, sehr kleinwüchsige Völker. P. erreichen nur eine mittlere Größe von 1,50 m (Männer) und leben – z.T. noch auf der Stufe von → *Jägern und Sammlern* – in Zentralafrika und auf Inselgruppen im Indischen und Pazifischen Ozean.

Pyramidendachhaus: ein Hausformentyp mit quadratischem Grundriß und pyramidenförmigem Dach. Das P. ist eine Übergangsform zwischen dem rechteckigen Giebeldachhaus und dem runden → *Kegeldachhaus*. Das P. ist vor allem in Savannen Afrikas vertreten.

Pyramidendüne (Gurdh): pyramidenförmige, meist in Gruppen vorkommende → *Sterndünen*.

Pyrophyten: brandresistente Pflanzenarten, vor allem Bäume, die sich durch eine dicke Borke gegen die Wirkung des Feuers schützen. Zu den P. zählen auch jene Pflanzen, deren oberirdische Teile zwar abbrennen, die aber aus den im Boden beschädigt überdauernden Teilen wieder ausschlagen können.

Q

qualitative Bevölkerungspolitik: staatliche → *Bevölkerungspolitik,* deren Ziele auf eine Beeinflussung der → *Bevölkerungsstruktur* gerichtet sind. Zu einer q. B. gehören z. B. Maßnahmen für oder gegen die Einwanderung von Angehörigen bestimmter Rassen, Völker, Religionen oder Berufsgruppen, → *Heiratsbeschränkungen* zwischen Angehörigen bestimmter Rassen (→ *Apartheid*), Religionen oder Schichten, Absonderung bestimmter Bevölkerungsgruppen in → *Gettos* oder → *Reservaten* usw.

qualitatives Wachstum: Wachstum, das sich nicht nur am Bruttosozialprodukt eines Landes, sondern auch an den gesellschaftlichen Wertvorstellungen orientiert. Beim q. W. werden z. B. auch ökologische Faktoren (Umweltschutz) berücksichtigt.

Qualitätserzeugung: Produktion von Erzeugnissen mit herausragenden Gütemerkmalen. Bei der Q. erfolgt eine umfassende Qualitätskontrolle, die bei einer ausgesprochenen → *Massenfertigung* nur bedingt möglich ist.

Qualitätskonkurrenz: Wettbewerb in bezug auf Qualität der erzeugten und vermarkteten Produkte.

Qualitätskontrolle: 1. Teil der Fertigungskontrolle bei der Produktion von Gütern. 2. verbraucherorientierte Prüfung von Waren (Haltbarkeit usw.).

Qualmwasser: am Binnenfuß von → *Deichen* austretendes Wasser, welches durch hohe Wasserstände an der Außenseite aufgedrückt wird.

Quantifizierung der Landschaft: in → *Landespflege* und → *Landesplanung* häufig gebrauchte Bezeichnung für nutzungsbezogene → *Landschaftsbewertungen* unter praktischen Gesichtspunkten, meist unter Verwendung von Verfahren der → *Nutzwertanalyse.* Dabei treten die naturwissenschaftlichen Aspekte deutlich zugunsten sozioökonomischer Bereiche zurück. In den Geo- und Biowissenschaften wird unter Q. d. L. eine quantitative Beschreibung des → *Ökosystems* auf seine Funktionalität und die dabei erzielten Umsätze verstanden.

quantitative Bevölkerungspolitik: staatliche → *Bevölkerungspolitik,* deren Ziele auf eine Beeinflussung der Bevölkerungszahl gerichtet sind. Zu einer q. B. können, je nach Situation des betreffenden Landes, sowohl Maßnahmen zugunsten eines Bevölkerungswachstums gehören (z. B. Förderung der Einwanderung, Anreize für vermehrte Geburten) als auch der zur Drosselung eines als zu hoch angesehenen Wachstums (Förderung der Geburtenkontrolle, Straffreiheit für Abtreibungen, Erleichterung der Auswanderung usw.).

Quantitative Geographie: eigentlich kein Fachgebiet, sondern jene Bereiche der → *Geographie* umfassend, in denen vorzugsweise mathematisch-statistische Verfahren und Modelle eingesetzt werden mit dem Ziel der Theoriebildung und Modellfindung. Dadurch bestehen enge Beziehungen zur → *Theoretische Geographie.* Ein Beispiel ist die → *Quantitative Geomorphologie.*

Quantitative Geomorphologie: kein eigentliches Fachgebiet, sondern jene Bereiche der → *Geomorphologie,* in denen mit Maß und Zahl gearbeitet wird, d. h. unter dem Einsatz mathematisch-statistischer Verfahren einschließlich jener Arbeitsweisen und Methodiken, die quantitative Ergebnisse zeitigen. Aus der Q. G. leitet sich die → *Theoretische Geomorphologie* ab. Zur Q.G. gehören jedoch auch all die älteren und neueren Bereiche der Geomorphologie, die vom → *geomorphographisch-geomorphometrischen Ansatz* ausgehen.

quantitative Raumkennzeichnung: im Sinne der → *Quantifizierung der Landschaft* eine quasiquantitative Darstellung geographisch-raumwissenschaftlicher Sachverhalte, wobei sich sowohl auf sozioökonomische als auch auf naturwissenschaftlich begründete Räume bezogen wird. Zu deren Kennzeichnungen wurden zahlreiche Verfahren innerhalb und außerhalb der Geographie entwickelt, meist für praxisbezogene Zwecke.

Quantitative Revolution: sowohl im englischen als auch im deutschen Sprachraum verwandte Bezeichnung für den Arbeitsweisenwandel innerhalb der Geographie, der auf dem Einsatz exakter Techniken mit möglichst quantitativen Ergebnissen beruht. Eine Folge dieser sich auch in natur- und geisteswissenschaftlichen Nachbardisziplinen abspielenden Entwicklung war die → *Quantitative Geographie.*

Quarantäne: gemäß dem Internationalen Sanitätsabkommen der Weltgesundheitsorganisation (WHO) die befristete Isolierung von Personen, die unter dem Verdacht stehen, an einer Infektionskrankheit erkrankt oder Überträger einer entsprechenden Krankheit zu sein. Als quarantänepflichtige Krankheiten gelten z. B. Pest, Cholera, Gelbfieber und Pocken.

Quartär: innerhalb der → *Formationstabellen* an erster Stelle stehendes geologisches System, das die jüngste geologische Epoche charakterisiert. Das Q. setzt sich aus einer älteren, unteren Abteilung, dem → *Pleistozän,* und einer jüngeren oberen, dem → *Postglazial* (Holozän) zusammen. Das Q. erstreckt sich über ca. 1,5–1,8 Mill. Jahre und ist vor allem von den → *pleistozänen Kalt-* und *Warmzeiten* mit ihren Floren- und Faunenwandeln gekennzeichnet. Auch seine jüngste Abteilung, das → *Holozän* oder Postglazial, zeichnet sich durch lebhafte Wandel der Ökosysteme aus. Dabei kam es zum Herausbilden der gegenwärtigen Klima- und Vegetationszonen der Erde und zu entsprechenden Anpassungen der Faunen sowie einer zunehmend stärkeren Einflußnahme des Menschen auf seine Lebensumwelt.

quartärer Sektor: im Rahmen der Einteilung der Wirtschafts- und Erwerbstätigkeit in Sektoren ein Bereich, der z. T. wegen seiner Sonderstellung vom → *tertiären Sektor* abgetrennt wird. Zum q. S. gehören → *Dienstleistungen* im weiteren Sinn auf den Gebieten Erziehung, Lehre, Forschung, Entscheidungstätigkeiten im öffentlichen (Regierung und Verwaltung) und im privaten Bereich (Firmen-Management). Bisher hat sich diese Aufspaltung des Dienstleistungssektors nicht allgemein durchgesetzt.

Quartärforschung: allgemeine Sammelbezeichnung für jene Teildisziplinen und Fachbereiche, die sich mit dem → *Quartär* beschäftigen. Die Hauptgebiete sind → *Quartärgeologie* und → *Quartärgeomorphologie*. Die Q. ist hochgradig interdisziplinär, weil ein in Raum und Zeit scharf umrissener Gegenstand hochkomplexer Natur untersucht wird, der zahlreiche Aspekte von der Geologie bis zur Anthropologie aufweist.

Quartärgeologie: Teilgebiet der → *Geologie*, das sich mit den Sedimenten, z. T. aber auch mit Formen – die überwiegend mit den Sedimenten identisch sind – des → *Quartärs* beschäftigt. Probleme der Substratart und der -lagerung stehen im Vordergrund. Wichtigste Nachbardisziplin ist die → *Quartärgeomorphologie*.

Quartärgeomorphologie: Nachbargebiet der → *Quartärgeologie*, das sich überwiegend mit den Prozessen der Formbildung und den Formen selbst beschäftigt, dies jedoch meist auf einer methodologisch breiten Grundlage der allgemeinen → *Quartärforschung* vollzieht.

quarternäre Konsumenten: in Verbindung mit der → *Nahrungskette* und der → *Nahrungspyramide* stehender Begriff. Er bezieht sich auf Parasiten der Gipfelraubtiere und ist somit Bestandteil der komplizierten → *Wirt-Parasit-Verhältnisse* in den Nahrungsnetzen.

quarter section: Ergebnis der Flurparzellierung in Nordamerika nach dem auf Thomas Jefferson zurückgehenden Landvermessungssystem. Die „land ordinance" von 1785 sah eine Vermessung und anschließende Landvergabe der neuerworbenen Staatsländereien nach → *townships* und → *sections* vor. Die q. s. sind das Ergebnis einer weiteren Unterteilung der sections in vier Quadrate von je 65 ha.

Quartier: 1. Stadtviertel. Als Q. werden vor allem von der Bevölkerungsstruktur her relativ homogene, kleine bis mittelgroße Wohnviertel in einer größeren Stadt bezeichnet. 2. Unterkunft, Lager. Der Begriff Q. wird hauptsächlich in Zusammensetzungen wie Nacht-Q., Massen-Q. (z. B. in Flüchtlingslagern), Obdachlosen-Q. gebraucht. 3. Wohnung von Soldaten bei Zivilisten (Einquartierung).

quartier d'affaires: im französischsprachigen Bereich Bezeichnung für ein innerstädtisches Geschäftszentrum. Mit q. d.'a kann sowohl die → *City* als auch ein größeres → *Subzentrum* gemeint sein.

Quartiererneuerung: Sanierung von → *Stadtvierteln*. Dabei wird unterschieden nach Teilerneuerung und Gesamterneuerung. Im ersten Fall handelt es sich um die durchgreifende Erneuerung einzelner Teile oder Strukturen des Quartiers, im zweiten Falle um Abbruch, Umstrukturierung, Neuordnung und Wiederaufbau ganzer → *Quartiere* (→ *Flächensanierung*).

quartier latin: nach dem namengebenden alten Pariser Hochschulviertel gelegentlich gebrauchte Bezeichnung für Universitäts- und Studentenviertel in Hochschulstädten.

Quartierpflege: im Rahmen der → *Stadterneuerung* die Erhaltung von Qualitäten und der Schutz vor negativen Entwicklungen in → *Stadtvierteln*.

Quartierstruktur: der innere Aufbau eines Wohnviertels, insbesondere hinsichtlich der Zusammensetzung seiner Bevölkerung, z. B. nach sozialen Gruppen oder Schichten.

Quartierverbesserung: im Rahmen der

quarter section

Prärie-Township

36 Quadratmeilen = 36 Sections zu je
4 Quartersections (zu 160 acres = ca. 65 ha)

      Land der Eisenbahngesellschaft   Schulland

      Hudson's Bay Co.   freies Farmland

→ *Stadterneuerung* Behebung von Mängeln und teilweise Erneuerung bzw. Verbesserung bestehender Strukturen auf der Ebene des → *Stadtviertels.*

Quartierzentrum: im Rahmen der → *innerstädtischen Hierarchie* der Versorgungszentren ein untergeordnetes Einkaufszentrum zur Versorgung eines Wohnviertels mit Gütern und Diensten des täglichen (Lebensmittel) und des einfacheren periodischen Bedarfs (Haushaltswaren, Textilien; Postamt, Sparkassenzweigstelle usw.). Der Begriff Q. wird häufig gleichbedeutend mit → *Nachbarschaftszentrum* gebraucht.

Quarz: weit verbreitetes gesteinsbildendes Mineral der Formel SiO_2. Q. ist Bestandteil von → *Plutoniten,* → *Ergußgesteinen,* marinen und terrestrischen Sedimenten. Er ist sehr verwitterungsresistent und reichert sich demzufolge in Böden mit der Zeit selektiv an.

Quarzit (Quarzfels): eine Gesteinsgruppe der → *Metamorphite,* die überwiegend aus → *Quarz* besteht und gelbliche, graue oder blaugraue Farbe aufweist. Ein Teil der Q. gehört auch den Sedimenten an. Unterschieden werden metamorpher und sedimentär Q. Der Fels-Q. oder metamorphe Q. entsteht aus Sandsteinen, die durch Gebirgsdruck verdichtet wurden und die deswegen eine größere Verwitterungsresistenz aufweisen. Sedimentärer Q. entsteht aus tonigen Sanden, deren Quarzkörner durch Kieselsäure verkittet wurden. Je nach Intensitätsgrad der Verkittung, der abhängig von den Bildungsbedingungen ist, werden verschiedene Subtypen unterschieden, wie Zement-, Süßwasser-, Braunkohlen- und Knollenstein-Q.

Quarzporphyr: häufig auftretendes → *Ergußgestein* violetter, brauner, grauer und/oder grünlicher Farbe mit einer Grundmasse aus → *Quarz,* → *Feldspat* und → *Biotit,* in die Einsprenglinge der gleichen Minerale eingebettet sind.

quasi: in Geo- und Biowissenschaften in Wortzusammensetzungen gebraucht für Eigenschaften und Merkmale gewisser Phänomene, die üblicherweise, aber nicht ständig vorhanden sind bzw. auftreten.

quasinatürliche Formen: 1. Reliefformen, die unter Einwirkung der wirtschaftenden Tätigkeit des Menschen entstanden und sich durch naturgesetzlich ablaufende geomorphologische Prozesse weiterentwickeln. Dies geschieht gegebenenfalls auch ohne weiteres Zutun des Menschen.
2. Formen, die durch natürliche geomorphologische Prozesse entstehen, die von der wirtschaftenden Tätigkeit des Menschen ausgelöst und/oder beschleunigt werden, und die sich naturgesetzlich weiterentwickeln. Dies geschieht gegebenenfalls auch ohne weiteres Zutun des Menschen.

quasistatische Prozesse: Vorgänge im Ökosystem, die als reversibel gelten. Bei ihnen können Veränderungen, die durch einen Prozeßablauf im → *System* und in seiner Umgebung aufgetreten sind, durch einen rückläufigen Prozeß wieder zum Verschwinden gebracht werden. Der Endzustand des Systems ist demnach durch ähnliche oder gleiche Werte der Parameter charakterisiert wie der Anfangszustand.

Quellbarkeit: Fähigkeit von einigen → *Tonmineralen,* durch innerkristalline Einlagerung von Wassermolekülen die Abstände zwischen den Gitterschichten aufzuweiten. Q. ist bei → *Montmorillonit* besonders ausgeprägt.

Quellbewohner: Spezialisten unter den Tieren, die in ihrer Lebensweise an → *Quellen* gebunden sind, wobei krenobionte, die nur in Quellen vorkommen, krenophile, also Quellen bevorzugende, und krenoxene, in Quellen normalerweise nicht lebende Organismen unterschieden werden.

Quelle: Stelle an der Erdoberfläche, an der → *Grundwasser* aus dem Untergrund an die Oberfläche tritt und über ein oberirdisches Gewässer abfließt. In den meisten Fällen handelt es sich um Wasser, das aus den Niederschlägen stammt. Selten tritt an Q. Wasser aus dem Erdinnern zutage, das neu in den aktuellen Wasserkreislauf gelangt. Im Grundtypus werden absteigende Q., bei denen Wasser zum Q.-Austritt hin abwärts läuft, und aufsteigende Q., bei denen unter hydrostatischem Druck stehendes Wasser aufwärts steigt, unterschieden. Im weiteren untergliedert man Q. nach ihrem Schüttungsrhythmus (ständig fließend, episodisch bzw. periodisch fließend, in regelmäßigen Abständen intermittierend fließend) und nach ihren physikalischen und chemischen Eigenschaften (→ *Pege,* → *warme Q.,* → *Mineralquelle,* → *Heilquelle*), (→ *artesischer Brunnen,* → *Hungerquelle,* → *Naßgalle,* → *Karstquelle,* → *Geysir,* → *Akratopege,* → *Akratotherme,* → *Bitterquelle*)

Quellerosion: Form der → *Fluvialerosion,* bei der das Wasser von → *Quellen* abträgt, wobei verschiedene oberirdische und unterirdische geomorphologische Prozesse zusammenspielen. Dabei wird – nach vorheriger Wasserdurchtränkung – Substrat bzw. Boden vor dem Quellaustritt ausgespült und weggeführt. Es entstehen als neue Hohlformen die → *Quellmulde* und die → *Quellnische.* Q. spielt auch bei der Zurückverlegung von → *Schichtstufen* und der Herausbildung der → *Schichtstufenlandschaft* in Feuchtklimaten eine große Rolle.

Quellenband (Quellenlinie): eine Kette von → *Schichtquellen.*

Quellfalte: Effekt der → *Pseudotektonik,* der durch → *Quellfaltung* entsteht und kleinen

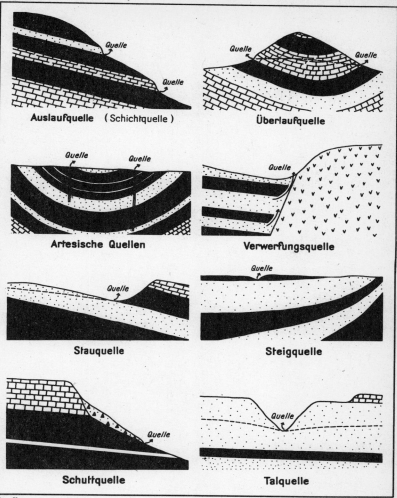

Auslaufquelle (Schichtquelle)

Überlaufquelle

Artesische Quellen

Verwerfungsquelle

Stauquelle

Steigquelle

Schuttquelle

Talquelle

Quellen

echten Falten gleichen kann.
Quellfaltung: infolge Quellung, d. h. Volumenvergrößerung durch Wasseraufnahme, in seinem Inneren gefaltetes Gestein, dem die Möglichkeit zur Ausdehnung fehlte. Q. tritt vor allem im → *Anhydrit* und im → *Gips* auf. Entsteht nicht nur Fältelung, sondern eine größere Form, wird von einer → *Quellfalte* gesprochen.
Quellflur: lockere Bestände feuchtigkeitslie-

bender Gewächse am Rande von Bächen und Quellen, die als typische → *Quellbewohner* bezeichnet werden.
Quellfluß: in direktem Zusammenhang mit einem Quellgebiet stehendes Gerinne, das sich noch nicht mit Gerinnen aus anderen Quellgebieten vereinigt hat.
Quellgebiet: Raum, meist im lokalen oder regionalen Maßstab, von dem bestimmte Verkehrsströme (→ *Quellverkehr*) ihren Aus-

gang nehmen. Z. B. sind Großstädte an Wochenenden das Q. größerer Ströme des → *Naherholungsverkehrs.*

Quellhorizont: Schichtfläche eines undurchlässigen Gesteins, entlang deren Ausstreichlinie mit der Erdoberfläche eine Kette von Quellen austritt.

Quellkuppe: durch → *Vulkanismus* und damit verbundene → *vulkanogene Prozesse* entstandene Vulkanform. Sie setzt eine zähflüssige Lavaförderung voraus, wobei aus dem Schlot zunächst eine Aschendecke ausgestoßen und ausgebreitet wird, in die in einer zweiten Ausbruchsphase das zähe Magma eindringt und als kugliger Vulkankörper steckenbleibt, dessen Gesteinsgefüge gewöhnlich Fließstrukturen aufweist. Eine Q. ist der durch spätere Abtragung freierodierte Drachenfels (Siebengebirge).

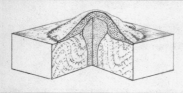

Quellkuppe

Quellmoor: in der vernäßten Umgebung eines Quellaustrittes entstandenes → *Niedermoor.*

Quellmulde: bei → *Quellerosion* durch Ausspülung und/oder Rutschung entstandene flache Geländehohlform.

Quellnische: durch → *Quellerosion* an steileren Hängen entstandene größere oder kleinere Hohlform, wobei der aquatische Materialaustrag deutlich durch Rutschprozesse unterstützt wird, also durch → *gravitative Massenbewegungen.*

Quellschüttung: in $1 \cdot sec^{-1}$ oder $m^3 \cdot sec^{-1}$ angegebene angegebene Wassermenge pro Zeiteinheit, welche aus einer Quelle fließt.

Quelltopf: Quelle, die in eine trichter- oder schalenförmige Vertiefung austritt und in dieser einen kleinen überfließenden See bildet.

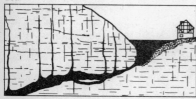

Quelltopf

Quelltrichter: Hohlform an steilen Gebirgshängen mit trichterförmiger Gestalt, die durch → *Quellerosion* im Bereich mehrerer nebeneinanderliegender → *Quellen* hervorgegangen ist.

Quelltrichterkar: aus → *Quelltrichtern* durch mehr oder weniger starke glaziale Überformung entstandenes → *Kar.*

Quellung: 1. senkrechtes Aufschießen von → *Wolken* bei starker vertikaler Luftbewegung durch Thermik und Turbulenz. Die typische, quellende Wolkenform zeigen die → *Cumuli.*

2. Aufweitung von Tonmineralen (→ *Quellbarkeit*).

3. physikalisch-chemischer Prozeß, der in lebenden Körpern auftritt und der meist als Entquellung rückgängig gemacht werden kann. Die Q. spielt im Wasserhaushalt lebender Organismen eine große Rolle, weil zahlreiche Bestandteile der lebenden Zelle quellfähig sind und viele Stoffwechselvorgänge von einem gewissen Q.-Zustand abhängen.

Quellunterschneidung: Teilprozeß der → *Quellerosion,* der vorzugsweise in wechselnd-widerständigen Schichtpaketen wirksam werden kann. Dabei werden durch Quellerosion wenig widerständige Liegendschichten abgetragen, wodurch das Widerlager der Hangendschichten beseitigt wird, so daß diese nachbrechen. Der Vorgang der Q. ist bei der Entwicklung der → *Schichtstufenlandschaft* in Feuchtklimaten von Bedeutung.

Quellverkehr: bezogen auf einen Standort oder einen Raum derjenige Verkehr, der dort seinen Ursprung hat. So ist z. B. der → *Pendelverkehr* bezüglich der Auspendlergemeinden als Q. zu bezeichnen (→ *Zielverkehr*).

Quellwolke: hochaufschießende Wolkenballung mit Formen, die wie verwachsende Knollen oder Blumenkohl aussehen (→ *Cumulus,* → *Quellung*).

Querdüne: Sammelbezeichnung für Dünen, deren Hauptachse sich zur Windrichtung quer anordnet, wozu die meisten Typen der → *Dünen* angehören. Der Q. gegenübergestellt wird die Längsdüne oder → *Longitudinaldüne.*

Querdünenwall: Sonderform der Bildung von → *Dünen,* wobei durch Drehen der Windrichtung Einzelformen zu längeren Dünenreihen, den Q. zusammengeschlossen werden.

Querfalte: meist vergesellschaftet auftretende und beim Durchkreuzen von zwei Faltensystemen entstehende Falte, die man auch als „vergittert" bezeichnen kann.

quergeteiltes Einheitshaus (quergeteilter Einheitshof, quergeteiltes Einhaus): Typ des → *Einheitshauses,* bei dem der Wohn- und Wirtschaftsteil durch senkrecht zur Firstlinie verlaufende Innenwände voneinander getrennt sind. Ein Beispiel für ein q. E. ist das Bayerische Einhaus. (→ *längsgeteiltes Einheitshaus*)

Querkluft (Q-Kluft, Zugkluft): quer zur Faltenachse oder zur Streckung des Gesteins, d. h. parallel zur Druckrichtung verlaufende → *Kluft*. Die Q. sind oft zu Spalten geöffnet und daher mit Mineralien wie Quarz oder Kalkspat bzw. → *Erstarrungsgesteinen*, z. B. den Apliten, gefüllt.

Querküste: senkrecht zum Streichen der Gesteinsschichten, die die Küste aufbauen, verlaufende Küste. Es ergeben sich meist stark gegliederte, tiefe Buchten und Täler, die senkrecht zum Hinterland verlaufen, die voneinander durch felsige Vorsprünge getrennt sind.

Quermoräne: Moränenmaterial, das im Zungenbereich des Gletschers aus → *Querspalten* zur Gletscheroberfläche gepreßt wird und dort als band- bis wallartige Ablagerung liegen bleibt.

Querschnittsplanung: diejenigen → *Fachplanungen* (→ *Sachplanung*), die einen Einfluß auf andere Fachplanungen ausüben. Beispiele dafür sind die → *Raumplanung* und die Finanzplanung.

Querspalte: quer zur Fließrichtung verlaufender Riß im Gletschereis. Die Q. entstehen im Bereich großer Geschwindigkeitsänderungen des fließenden Eises, besonders häufig und mächtig an konvex geformten, steilen Geländeformen (→ *Gletscher*).

Querstufe: niedrige Hohlform im Gletschertal, die charakteristisch für das gestufte Längsprofil des → *Trogtales* ist. Da ihr Steilabfall oft talaufwärts zeigt, werden sie mit glazialem Tiefenschurf und nicht mit Fluvialerosion erklärt.

Quertal: beschreibender Begriff für → *Durchbruchstal* – im Sinne des Durchbruchs durch eine Vollform –, ohne auf die Genese Bezug zu nehmen. Das Q. läuft in jedem Fall quer zur Streichrichtung der Falten bzw. Gesteinsschichten.

Querverwerfung: gegenüber der → *Längsverwerfung,* die einen streichenden → *Bruch* darstellt, quer zum Streichen der Falten verlaufende Verwerfung.

Quickerde (Quicksand, Quickton): fließgefährdete, feinkörnige Lockergesteine, die sich bewegen, ohne daß Wassergehaltsänderungen auftreten. Es handelt sich um den Vorgang der → *Thixotropie.*

Quieszenz: Entwicklungshemmung bei wechselblütigen Tieren, die direkt von den Umweltfaktoren abhängig ist und die in jeder Phase der → *Ontogenese* bei ungünstigen Bedingungen auftreten kann, aber nach Eintreten günstigerer Umweltverhältnisse sofort wieder aussetzt. Dazu gehören → *Überwinterung* und → *Dormanz.*

Quote: Anteil eines Ganzen. Als statistische Beziehungszahl tritt die Q. in verschiedenen Indikatoren auf, z. B. als → *Arbeitslosenquote* oder als → *Erwerbsquote.* In der Wirtschaft versteht man unter Q. die Menge an Produkten, die aufgrund von getroffenen Vereinbarungen in einem bestimmten Zeitraum produziert bzw. abgesetzt werden darf (→ *Kontingent*).

R

rad (rd): Energiedosis ionisierender Strahlungen. rad ist die Abkürzung für *radiation absorbed dose*. 1 rad entspricht 0,01 Joule pro kg Materie. Als neue Einheit der Energiedosis wird das Gray (Abkürzung Gy) eingeführt. 1 Gy entspricht 100 r.

Radialflur: Flurformentyp, bei dem sich die Parzellen kreisförmig anordnen. Meist sind R. das Ergebnis einer Planungshandlung (→ *Radialhufenflur*). Sofern die R. nicht ausschließlich topographisch bedingt ist, wird ihr Zentrum von einer bäuerlichen Siedlung gebildet. (→ *Hufendorf*)

Radialform: mit bestimmter Intention gewählte Grundrißform von Siedlungen oder Fluren (→ *Radialflur*). Bei Stadtgründungen war die R. vor allem im Barock beliebt (z. B. Karlsruhe, wo ursprünglich alle Straßen vom Schloß als Mittelpunkt radial nach außen verliefen).

Radialhufenflur: besondere Form der → *Hufenflur*. Beim R. gruppieren sich Gehöfte und Hufen kreisförmig um den Mittelpunkt der Siedlung. R. treten insbesondere beim → *Radialwaldhufendorf* auf.

Radialspalte: im Zungenbereich von der Peripherie zum Zentrum des Eislappens verlaufender Riß im Gletschereis.

Radialwaldhufendorf: ländlicher Siedlungstyp und Sonderform des → *Waldhufendorfs*. Beim R. sind die Gehöfte radial um ein Zentrum angelegt. Entsprechend strahlenförmig stellt sich die Hufenflur dar. Die Anlage des R. orientiert sich häufig an den Gegebenheiten des Geländes. So findet sich das Zentrum der Siedlung etwa in Quellmulden.

radioaktive Emission: Emission, die radioaktive Isotope enthält. Die besondere Gefahr der r. E. besteht in der Kumulation der Strahlenwirkung.

radioaktive Isotope: instabile, und deshalb radioaktiv zerfallende Abarten chemischer Elemente mit gleicher Ordnungs- aber verschiedenen Massenzahlen wie das stabile Element.

radioaktiver Abfall (Atommüll): nicht mehr weiter verwendbare radioaktive Spaltprodukte, die vor allem bei der Energiegewinnung durch Kernspaltung bzw. bei der Aufarbeitung der Kernbrennstoffe anfallen. Man unterscheidet konventionell schwach, mittel und hoch.A., welcher unterschiedliche Anforderungen an eine endgültige Deponierung stellt. Zum hochr. A. gehören die Rückstände, welche bei der Wiederaufbereitung ausgebrannter Kernelemente der Atomkraftwerke anfallen. Besonders problematisch sind r. A. in gasförmigem oder flüssigem Zustand, da hier mögliche Schadwirkungen auf den Menschen schlechter unter

Kontrolle zu bringen sind als bei r. A. in festem Zustand. Letztere lassen sich sicherer transportieren und auch einlagern (→ *Endlagerung*).

radioaktive Substanzen: chemische Verbindungen mit radioaktiven Elementen (→ *Radioaktivität*).

Radioaktivität: Eigenschaft bestimmter chemischer Elemente und Isotope, dauernd und ohne äußeren Einfluß Energie in Form von Strahlung auszusenden. Die instabilen Atomkerne der radioaktiven Elemente wandeln sich durch Ausschleudern eines Teils ihrer Masse und Energie in stabile Kerne um. Alle auf der Erde vorkommenden Elemente mit Ordnungszahlen über 80 und je ein Kalium-, Rubidium-, Samarium-, Lutetium- und Rhenium-Isotop sind natürlich radioaktiv (→ *natürliche R.*). Alle durch Kernreaktionen neu entstehenden Isotope sind künstlich radioaktiv. Der radioaktive Zerfall verläuft nach einem exponentiellen Gesetz. Die Zeit, nach der nur noch die Hälfte des ursprünglich vorhandenen radioaktiven Stoffes nachgewiesen wird, heißt Halbwertszeit. R. findet u.a. weite Anwendung in der Altersbestimmung.

Radiolarienschlamm: rote, tonige marine Ablagerung des Eupelagials, die sich aus den aus Kieselsäure bestehenden Skeletten der Radiolarien aufbaut und ca. 1,5% des Meeresbodens deckt. Hauptvorkommen sind die größten Tiefen des Pazifik und des Indik, in denen die Kalkschalen anderer Organismen aufgelöst werden und nur Kieselsäureskelette überdauern. Aus R. entsteht der → *Kieselschiefer*.

Radionuklid: instabiler, radioaktiver Atomkern. Die wichtigsten natürlich vorkommenden R. sind K-40, Rb-87, U-238, U-235, Th-232, Po-210, Rn-220 und Rn-222. Daneben sind viele Hunderte künstliche R. bekannt, die bei Kernspaltungsvorgängen entstehen.

Radioökologie: Lehre vom Einfluß ionisierender Strahlung auf Organismen, welche die sekundäre → *Globalstrahlung*, die natürliche Radioaktivität der Erdkruste und die künstliche Radioaktivität durch Kernspaltungsprozesse bewirken. Die Strahlenschäden treten als somatische Effekte direkt bzw. mit Phasenverzögerungen sowie als genetische Effekte, mit Spätwirkungen in den Folgegenerationen, auf. (→ *rem*)

radizikol: Organismen, die auf oder in Pflanzenwurzeln leben.

Radweg: Weg, der als besonders gekennzeichneter und abgegrenzter Teil einer Straße oder mit selbständiger Linienführung dem Fahrradverkehr dient. Um die Benutzung von Fahrrädern zu fördern und gefahrloser zu machen, werden insbesondere in Städten verstärkt eigene R.-Netze angelegt.

Raffinerie: Komplex großtechnischer Anlagen zur Reinigung und Veredlung bestimmter Rohstoffe (z. B. Erdöl, Metalle, pflanzliche und tierische Öle, Zucker). Besonders landschaftsbestimmend sind weltweit die Erdöl-R. In ihnen erfolgt die Aufbereitung und Verarbeitung von Rohöl (→ *Rohöldestillation*) zu verkaufsfähigen Fertigprodukten. Durch neue Transporttechnologien (→ *Pipeline*) hat sich die Standortstruktur der Erdöl-R. verändert. Stark zugenommen haben die absatzorientierten Binnenlandstandorte.

Raffineriesterben: in der Energiewirtschaft ein Schlagwort, das in den beginnenden achtziger Jahren entstand. Das R. verdeutlicht den Abbau der Raffinerie-Überkapazitäten als Folge des zweiten → *Ölschocks* und der daraus sich entwickelnden Konjunkturabschwächung. Allein in der Bundesrepublik Deutschland hat sich die Kapazität der Mineralölraffinerien von 143 Mill. t (1981) auf 112 Mill. t (1983) verringert.

Rahmenfaltung: bei → *germanotyper Faltung* wandert im Anschluß an die → *Stammfaltung* die Faltung in die Außenzonen der → *Geosynklinale,* wobei die Umrisse jener Krustenteile den weiteren Verlauf der Faltenstränge bestimmen, die der Faltung selber widerstehen. Es handelt sich also um eine → *Faltung,* die sich innerhalb eines starren Schollenrahmens abspielt.

Rahmenhaus: Konstruktionstyp eines Hauses, der aus einem Holzgerüstbau mit Plankenverkleidung besteht. Mit dem Aufkommen der Sägewerke trat der R.-Konstruktion vielerorts (z. B. in den Kolonisationsgebieten Nordamerikas) anstelle des Blockhauses.

Rahmenhöhe: beschreibender Begriff für beidseitige Randhöhen von → *Flachmuldentälern.*

Rahmenhöhe

Rahmenplan: Plan, der mit Rahmendaten ausgestattet ist und die Grundzüge weiterer, detaillierterer Planungen vorgibt. Ein Beispiel für einen R. ist der → *Landschaftsrahmenplan.*

Rain: 1. allgemein eine schmale Begrenzung von Kulturlandschaftselementen, z. B. Feldern, meist von einer gewissen Längserstreckung.

2. Die allgemeine Bezeichnung wird ausgedehnt auf kleine, bis zu mehreren Metern hohe Vollformen im Sinne von Hoch-R. und Stufen-R., welche dann auch als → *Ackerterrassen* bezeichnet werden können. Sie wurden entweder direkt angelegt, um steileres Gelände für die Bearbeitung einzuebnen, oder sie entstehen durch das Abwärtspflügen sukzessive durch Bodenmaterialbewegungen hangabwärts bis zur nächsten Feldgrenze. Teilweise sind die Hoch- und Stufen-R. auch aus Lesesteinstreifen hervorgegangen, die an Feldrändern zusammengetragen wurden.

Råmark: Sammelbezeichnung für die wenig entwickelten arktischen und alpinen Rohböden. Die R. ist sehr flachgründig, zeigt keine Horizontdifferenzierung, enthält sehr viel Steine und ist nur im Bereich von Wurzelpolstern etwas humushaltig. Bodenfrost beeinflußt häufig deren Struktur (→ *Frostmusterböden*).

Rambla: → *Rohboden* auf Auesedimenten mit einer noch geringmächtigen und lückenhaften Lage abgestorbener organischer Substanz auf dem unverwitterten Flußsediment (→ *Alluvialböden*).

Rampe: unscharfe Bezeichnung für Flachform vom Typ des → *Pediments.*

Rampenhang: sehr flache und langgestreckte Hänge der tropischen Flächenspülzone, die an Restberge bzw. → *Inselberge* anschließen und oberflächlich aus zersetztem anstehendem Gestein bestehen. Auf sie folgen, ohne besondere Formunterschiede, die → *Flachmuldentäler.* In dieser Formensequenz können die anschließenden höheren Inselberge auch als → *Rahmenhöhen* bezeichnet werden.

Rampenstufe (Chevron, Flat iron): auf den Rückhängen von Schichtkämmen liegende unterschiedlich hohe Sekundärstufen im widerständigen Gestein, die einen winkelförmigen Grundriß aufweisen, wobei die Spitzen dieser „Bügeleisenform" auf den First des → *Schichtkamms* weisen.

Raña: wenig geneigte und fast horizontale mächtige Grobschotterkörper vom Materialtyp des → *Fanger,* die als Form den → *Glacis* entsprechen und als → *Fußflächen* der Gebirge auf der Iberischen Halbinsel auftreten. Die R. entstehen aus Schlammströmen, die als Massenselbstbewegungen in der Nähe der Gebirgsränder erfolgten. Weiterhin ist beteiligt eine Fluvialdynamik wie in den → *Torrenten,* an die sich gleichmäßigere Abflußverhältnisse anschließen, unter denen sich die Dachfläche der R. selbst bildet. Die R.-Fläche gilt als Ausdruck der Geomorphogenese am Übergang Tertiär/Quartär.

Ranch: vor allem in den USA übliche Bezeichnung für einen extensiven Weidewirtschaftsbetrieb. Die minimale Betriebsfläche einer R. liegt bei ca. 500 ha. Im Gebiet der Great Plains und des Intermontanen Beckens werden Größenordnungen von über 100 000 ha erreicht. Wie diese Art der Viehhaltung aus dem mexikanisch-spanischen Raum übertragen wurde, stammt auch die Bezeichnung vom spanischen „rancho".

ranching: von Ranch abgeleiteter Begriff, der eine extensive Weidewirtschaft bezeichnet.

Ranchos: Bezeichnung für die → *Hüttensiedlungen* Venezuelas. (→ *Favelas,* → *shantytown*)

Randfeuer (Randbefeuerung): in der Luftfahrt Bezeichnung für Leuchten, die die Start- und Landebahn eines Flughafens an allen Seiten begrenzen und dem landenden Piloten ihren Verlauf anzeigen.

Randgebirge: → *Schollengebirge* am Rand von Grabenbrüchen, z. B. Schwarzwald, Vogesen, Libanon, Antilibanon.

Randgemeinde: Gemeinde, deren Gemarkung unmittelbar an die einer größeren Stadt anschließt. R. haben meist eine herausragende → *Wohnfunktion* als Ergebnis einer → *Suburbanisierung.* Durch die → *Randwanderung* der Industrie entstehen überdies immer mehr Industrie-R.

Randgruppe (marginale Gruppe): → *soziale Gruppe,* die nicht oder nur teilweise in die Gesellschaft integriert ist und die bezüglich ihrer sozialen Stellung, ihrer Herkunft, Rassen- oder Religionszugehörigkeit, ihres Berufs usw. eine Außenseiterrolle in der jeweiligen Gesellschaft einnimmt. R. werden in der Regel diskriminiert und erreichen nicht Einkommen und Lebensstandard der übrigen Bevölkerung.

Randhügel: geomorphographischer Begriff, der mehr oder weniger breit entwickelte Hügelformengesellschaften beschreibt, die sich entlang von größeren Talformen anordnen und/oder vor Gebirgsrändern. In der Regel handelt es sich um ältere Flußterrassen und/oder nur teilweise herausgehobene bzw. nicht abgesenkte Gebirgsrandschollen. Typische R.-Bereiche finden sich am südbadischen und pfälzischen Rheintalgrabenrand.

Randkluft: spaltenartiger Zwischenraum zwischen dem Gletschereis und dem Fels. Die R. ist eine Abschmelzform, die durch Wärmeabgabe des sich stärker erwärmenden Gesteins und das Eis entsteht.

Randlage: Lage an der → *Peripherie.* Der Begriff R. wird u. a. in der politischen Geographie verwendet und meint hier die abseitige Lage eines Staates in bezug auf Zugang zum Meer oder in bezug auf die großen Welthandelsplätze.

Randmeer: vom offenen → *Meer* durch Inseln, Inselgruppen und -ketten oder Halbinseln abgetrennter Meeresteil an einem Kontinentrand (z. B. die Nordsee).

Randrasse: biogeographischer Begriff, der sich auf die Dynamik der → *Arealsysteme* bezieht und die Rassenbildung an Arealgrenzen beschreibt. Dort können sich periphere Randrassenzentren ausbilden, die auf die besonderen ökologischen Bedingungen in den Arealgrenzbereichen zurückgehen.

Randschwelle: Großform, die auf langanhaltende epirogenetische Bewegungen zurückgeht und die Kontinente säumt. Ihre Entstehung wird mit den Kontinentrandhebungen seit dem jüngeren Mesozoikum erklärt. Das klassische Gebiet der R. ist der Subkontinent Südafrika, der etwa von der Kongomündung – über den südlichsten Teil des Kontinents – bis nach Moçambique von R. flankiert ist. Die Oberflächenformen werden von → *Rumpftreppen* oder → *Schichtstufen* gebildet.

Randsee: See vor meist länglicher bis langgestreckter Form am Rande ehemals vergletscherter Gebirge. Die R. liegen meist im Vorland, können aber auch in die Gebirgstäler eingreifen. Sie entstehen durch glaziale Übertiefung, oft in Mulden, die bereits tektonisch vorgegeben sind.

Randsenke: 1. allgemeiner geomorphographischer Begriff, der kleinere oder meist größere Hohlform neben einer Vollform, meist einem Gebirgsrand, beschreibt.
2. Großräumige Hohlform an der Außenseite eines im Aufstieg begriffenen → *Faltengebirges,* hier als → *Vortiefe* bezeichnet.

Randspalte: Riß im Gletschereis, der vom Rand mit einem Winkel von etwa 30–45° gletscherwärts gerichtet ist. R. entstehen, wenn die Fließgeschwindigkeit des Eises im Querschnitt ungleich ist.

Randstaffel: wenig gebräuchlicher Begriff für Hochschollen an Gebirgsrändern, die durch großräumige Brüche voneinander getrennt sind und die sich auch morphologisch als eine großräumige Gebirgsrandtreppe ausweisen. Sie sind nicht zu verwechseln mit einem → *Staffelbruch.*

Randstörungen: in Gruppen auftretende → *Zyklonen* und Frontsysteme, die um ein annähernd stationäres Zentraltief herumgesteuert werden.

Randsumpf (Lagg): den relativ steilen, stufenartigen Hang des → *Hochmoors* begleitender Sumpf, er zeichnet sich durch andere hygrische und floristische Bedingungen aus.

Randtrog: → *Parageosynklinalen,* wenn diese alte Massive umsäumen.

Randtropen: Zone der äußeren → *Tropen* mit einer sommerlichen → *Regenzeit.* Die R. liegen im Bereich der → *Wendekreise.* Ihre Vegetation ist durch die → *Savanne* geprägt.

Randwanderung: Verlegung des Wohnstandortes aus dem städtischen Kerngebiet hinaus an den Stadtrand oder in das engere Stadt-Umland. Die R. ist ein typisches Phänomen der großen Städte. Der Begriff bezieht sich aber auch auf die Wirtschaft. Bereits Ende des 19. Jh. kam es in verschiedenen Großstädten zu einer R. der Industrie. Zunächst erfolgt die Standortverlagerung nur in den City-Randlagen. Im 20. Jh. war jedoch die R. zunehmend auf die → *Randgemeinden* gerichtet (→ *Suburbanisierung*).

Randwüste: nicht präzis festgelegter Begriff für Randbereiche der Wüsten, gelegentlich mit dem Begriff → *Halbwüste* gleichgesetzt. Tatsächlich beschreibt letzterer den Inhalt des Übergangsbereiches zwischen → *Savanne* bzw. → *Steppe* und Wüste, während der Begriff R. die räumliche Lage bezeichnet.

Randzone: im Modell der → *Stadtregion* der sich nach außen an die → *verstädterte Zone* anschließende Bereich. Die Gemeinden der R., die noch in eine engere und eine weitere R. unterteilt werden kann, bilden zusammen mit der verstädterten Zone eine der Außenzonen der Stadtregion und werden vom → *Umland* umgeben. Die Zuordnung zur R. erfolgt nach Struktur-(Agrarerwerbsquote) und Verflechtungsmerkmalen (Auspendlerquoten).

Rangierbahnhof (Verschiebebahnhof): Eisenbahnanlage, auf der ankommende Güterzüge zerlegt und die einzelnen Wagen, entsprechend ihrem Bestimmungsbahnhof, neuen Zügen zugeordnet werden. Die Wagen werden entweder durch Verschiebeloks oder über künstliche Ablaufberge durch das Gefälle bewegt.

Rankenkletterer: Gruppe der → *Lianen,* die zu Ranken umgebildete Blatt- oder Sproßteile aufweisen.

Ranker: A-C-Boden auf carbonatfreiem oder carbonatarmen Fest- oder Lockergestein. R. entstehen als Dauerstadien auf sehr verwitterungsresistenten silikatischen Festgesteinen. Auf leichter verwitterbaren Festgesteinen und auf Lockersedimenten entwickeln sich die R. unter ungestörten Bedingungen zu → *Braunerden* und → *Podsolen* weiter. An diesen Standorten kommen sie also nur als junge Übergangsbodentypen vor oder wenn eine weitergehende Bodenentwicklung durch Erosion verhindert wird. Die Eigenschaften der R. sind stark gesteinsabhängig. R. auf Festgesteinen sind skelettreich, meist flachgründig, sauer, oft relativ nährstoffarm und vielfach nur mäßig wasserhaltefähig.

Rank-size-rule (Rang-Größen-Regel): Größenverteilungsmodell in der Stadtgeographie, das von regelhaften Beziehungen zwischen Rangfolge und Einwohnerzahl für die Städte eines Landes ausgeht. Nach der r.-s.-r. sollte die n-größte Stadt eines Landes 1/n der Einwohnerzahl der größten Stadt haben. Die Berechnung der r.-s.-r.-Verhältnisse gibt Hinweise auf Siedlungsstruktur und Bevölkerungsverteilung in einem Land. So konnte die r.-s.-r. vielfach bestätigt werden, während sie in Ländern mit → *Primatstruktur* nicht anwendbar ist.

Rapakiwi: grobkörniger, leicht verwitterbarer → *Granit* Süd-Finnlands, der als → *Geschiebe* mit dem skandinavischen Inlandeis nach Nord-Mitteleuropa gelangte.

Raseneisenstein: 10–20 cm mächtiger, verkitteter, harter → *Oxidationshorizont* in → *Gleyen* mit gering schwankendem, stark eisenhaltigem Grundwasser. Der R. erreicht hohe Eisenkonzentrationen (bis 40%) und wurde in einzelnen Gebieten bis in jüngste Zeit verhüttet, weshalb auch die Bezeichnung Raseneisenerz gebräuchlich ist.

Rasengalle: wenig gebräuchlicher Begriff für → *Naßgalle.*

Rasenhügel (Thufur): durch → *Frostwechsel* entstehendes Kleinrelief unter einer gleichmäßigen Pflanzendecke mit dickem Wurzelgeflecht, wobei der Wurzelpilz die Materialsortierung im Sinne der → *Frostmusterböden* verhindert, ebenso das Zusammensinken der Hügel beim sommerlichen Auftau des Frostbodens. Eine Weiterentwicklung dieses von der Vegetation bestimmten Kleinreliefs ist die → *Fleckentundra.* Die R. gehören zu den → *Hydrolakkolithen.*

Rasenpodsol: Nanoeisen- und Nanoeisenhumuspodsole (→ *Nanopodsol*), die sich unter alpinen Grasheiden entwickelt haben.

Rasenschälen: Aufreißen der Vegetationsdecke und Auflösung in Streifen und Polster durch frostbedingtes Bodenfließen (→ *Solifluktion*). R. ist eine häufige Erscheinung in periglazialen Gebieten (Arktis, Hochgebirge).

Rasenschlipf: kleinere Form, die bei langsamen → *gravitativen Massenbewegungen* entsteht. Dabei reißt zunächst die geschlossene Grasnarbe durch die Bewegung auf, so daß hinter der kleinen Bodenscholle des R. eine kahle Abrißstelle zurückbleibt.

Rasenwälzen: Vorgang in der periglazialen Stufe des Hochgebirges, wobei ein von Vegetation bedeckter Untergrund in Bewegung gerät und → *Girlandenböden* bildet. Dabei bewegt sich die Rasendecke mit, ohne aufzureißen und es entsteht eine Folge von Miniaturwülsten und -terrassen, die nach wie vor mit Vegetation überzogen sind. Der Folgeprozeß ist dann das → *Rasenschälen.*

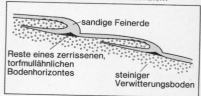

Rasenwälzen

Rasse (Unterart, Subspezies): 1. Populationen, die sich durch ihren Genbestand von anderen Populationen unterscheiden, die aber einer Art angehören und damit – obwohl verschiedener R. – untereinander fruchtbar sind. Unterschieden werden geographische R. von ökologischen. Eine geo-

graphische R. ist eine lokale Population einer Art, die ein Teilgebiet innerhalb des Gesamtareals der Art besiedelt und taxonomisch von anderen Populationen der gleichen Art getrennt werden kann. Sie gelten als Anpassung an lokale Bedingungen und können gelegentlich die Vorstufe der Bildung einer neuen Art sein. Ökologische R. sind Populationen mit unterschiedlichem Genbestand, die im gleichen geographischen Gebiet, aber unter verschiedenen ökologischen Bedingungen leben.
2. Kurzform für → Menschenrasse, insbesondere in Wortzusammensetzungen.

Rassenkreis: eine der drei Haupt-→ Menschenrassen (→ Europide, → Mongolide, → Negride). Die Zuordnung verschiedener Rassen zu den R. ist umstritten; so passen z. B. die → Pygmäen und die Australiden nicht in das Schema der R.

Rassenkunde: gelegentlich gebrauchte Bezeichnung für den Teil der → Anthropologie und der → Physischen Anthropogeographie, der sich mit den → Menschenrassen und ihren Unterschieden befaßt. R. wurde in der Vergangenheit häufig als Pseudowissenschaft zur Unterbauung von Theorien des → Rassismus betrieben.

Rassenmischung: geschlechtliche Verbindung von Angehörigen unterschiedlicher → Menschenrassen. Das Ergebnis von R. sind → Mischlinge, für die, je nach elterlichen Rassenzugehörigkeit, verschiedene Bezeichnungen existieren. R. wird in vielen Gesellschaften und einzelnen Staaten abgelehnt oder sogar verboten (z. B. Südafrika). Die Bezeichnung R. wird auch kollektiv für die allmähliche Vermischung von Angehörigen mehrerer Rassen in einem Raum gebraucht.

Rassentrennung: Trennung von Angehörigen verschiedener → Menschenrassen, die in einem Raum (Staat, Stadt usw.) zusammenleben, bezüglich Wohnung, Arbeitsplatz, Ausbildung, Freizeitgestaltung und/oder gesellschaftlichem Leben. De facto besteht R. in verschiedenster Form und Abstufung in den meisten mehrrassischen Staaten der Erde (z. B. Südstaaten der USA, Australien, Indien), wenn sie auch gesetzlich in der Regel aufgehoben ist. Das bekannteste Beispiel für gesetzlich verankerte R. ist die → Apartheid in der Republik Südafrika.

Rassismus: übersteigerter Glaube an die Überlegenheit der eigenen Rasse und die Minderwertigkeit der Angehörigen anderer Rassen oder ethnischer Gruppen. R. kann sich zu Rassenhaß steigern und zur Verfolgung und Ausrottung bestimmter Gruppen, insbesondere ethnischer Minderheiten, führen (z. B. Juden).

Rasthaus: gastronomischer Betrieb, meist auch mit Beherbergungsmöglichkeiten, der an Hauptverkehrsstraßen und Autobahnen liegt und speziell für den Bedarf von Durchreisenden eingerichtet ist. Häufig sind R. auch mit Tankstellen, Verkaufsstellen für Reisebedarf usw. verbunden.

Rastplatz (Raststation): in Räumen ohne dicht ausgebildetes Siedlungsnetz (z. B. an den Grenzen der → Ökumene, in Hochgebirgen, Wüsten usw.) eine Verkehrssiedlung, die dem → Fernverkehr, vor allem dem → Karawanenverkehr, die Möglichkeit zur Übernachtung, Verpflegung, Treibstoffaufnahme usw. gibt.

Rastsiedlung: Siedlungstyp, der sich aus der Benutzungsdauer der Siedlung ergibt. Die R. (→ ephemere Siedlung) ist eine flüchtige Siedlung und wird nur einige Tage benützt. Sie ist charakteristisch für Wildbeuter, die in Abhängigkeit vom natürlichen Nahrungsangebot häufig ihren Rastplatz wechseln müssen. (→ Temporäre Siedlung, → Dauersiedlung, → semipermanente Siedlung)

Rathaus: Gebäude, in dem der Bürgermeister, der Gemeinderat und die Verwaltung einer Gemeinde ihren Sitz haben. Insbesondere Städte besitzen ein, häufig repräsentativ ausgestattetes, R., das meist an zentraler Stelle der Stadt erbaut wurde.

Rationalisierung: Maßnahmen im technischen und organisatorischen Bereich zum Zwecke der Verbesserung der → Produktivität. Es werden dabei die Arbeitsabläufe so gestaltet, daß durch Einsparung an Kosten ein optimales Verhältnis von Leistung zu Kosten erzielt wird. R. bedeutet in der Praxis, daß auch menschliche Arbeitskraft durch maschinelle Funktionen ersetzt wird. Ein R.-Schub ist nach dem II. Weltkrieg durch die zunehmende Automatisierung und in jüngster Zeit durch den Einsatz der → Mikroelektronik erfolgt (→ Roboterisierung).

Rationalprinzip: Prinzip der Wirtschaftlichkeit. Das R. versucht, die vorhandenen Mittel rationell einzusetzen, d. h. mit einem sinnvollen Aufwand einen optimalen Ertrag zu erwirtschaften.

Raubbau (Raubbauwirtschaft): Wirtschaftsweise, bei der ohne Rücksicht auf die möglichen Folgen für die Zukunft → Ressourcen ausgebeutet werden. R. in der Landwirtschaft führt zu → Bodenzerstörung, in der Waldwirtschaft zu Kahlschlägen. R. bei sich erneuernden → Ressourcen bedeutet, daß die Regenerationsfähigkeit stark gestört wird oder evtl. überhaupt nicht mehr gegeben ist (Vegetation, Grundwasser). (→ Überweidung, → Überfischung)

Raubektoparasitismus: eine der Lebensweisen der → Ektoparasiten, wobei der Parasit nacheinander bei mehreren Individuen schmarotzt, weil ein Wirtskörper nicht ausreicht.

Räuber-Beute-Verhältnis: eine Art (Räuber) aus einer höheren → Ernährungsstufe jagt

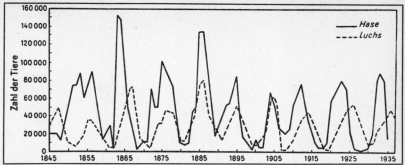

Räuber-Beute-Verhältnis

und ernährt sich von einer anderen Art (Beute) aus einer niedrigeren Ernährungsstufe.

Raublandschaft: Ergebnis einer Landschaft, in der der Mensch → *Raubbau* getrieben hat. Beispiele für R. sind die entwaldeten Gebirgsräume in den Mittelmeerländern oder teilweise die → *badlands* in den amerikanischen Great Plains.

Rauch: gasähnlicher Abgang aus Verbrennungsvorgängen. R. bildet sich natürlicherweise bei Vulkanausbrüchen und bei Wald- und Steppenbränden. Der R. reichert die Luft mit schwebstoffhaltiger Substanz an. Diese besteht aus Ruß, Flugasche usw. und bildet Kondensationskerne bei der Bildung von Nebeltröpfchen (→ *smog*). Je nach ihrer stofflichen Zusammensetzung greifen R.-Gase Organismen mehr oder minder stark an (→ *Rauchgasentschwefelung*, → *Rauchfahnentyp*).

Rauchdunst: in großen Steppengebieten aus dem feinverteilten, von Steppenbränden herrührenden Rauch gebildeter Dunst.

Rauchfahnentyp: charakteristische wetterlagenabhängige Emissionsfahnenform über Schornsteinen von Fabrik- bzw. Kraftwerksanlagen. Der R. gibt Aufschluß über die Distanzen, innerhalb derer – ausgehend von der Emissionsquelle – mit Immissionsfolgen zu rechnen ist. Aus der angelsächsischen Literatur sind bekannt: 1. Fanning (fächerförmige Rauchfahne), 2. Looping (schleifenförmige Rauchfahne), 3. Coning (konische Rauchfahne), 4. Fumigating (Verrauchung) und 5. Lofting (Dachwindfahne). (→ *Immission*)

Rauchgasentschwefelung: Verfahren zur Reinigung schwefelhaltiger Abgase. Ein hoher Schwefeldioxidgehalt kann bei Mensch, Tier und Pflanze, aber auch aufgrund der Säurewirkung Baustoffen und Metallen schweren Schaden zufügen. Vor allem die Verbrennung schwefelhaltiger Kohle in Kraftwerken macht eine R. notwendig. (→ *Saurer Regen*, → *Waldsterben*)

Rauchhärte: nur relativ und stark abhängig von den lokalen geoökologischen Bedingungen sowie den Immissionen bestehende Resistenz der Pflanzen. Nadelbäume erweisen sich, wegen der mehrjährigen Lebensdauer ihrer Nadeln, als weniger rauchhart als Laubbäume. Sehr empfindlich sind in Europa Tanne, Fichte und Kiefer sowie Esche. Als relativ rauchhart erweisen sich Lärche, Blaufichte und Eiche.

Rauchschaden (Rauchgasschaden): Schäden durch Immissionen, vor allem Schwefeldioxid, aus Verbrennungseinrichtungen, die an Tieren und Pflanzen auftreten, wobei die Schädlichkeitsgrenze von zahlreichen Faktoren abhängt (Konzentration, Einwirkungsdauer, geoökologische Randbedingungen, Wetter und Witterung, Sekundärschädigungen usw.). Wegen des komplexen Wirkens und kumulativer Effekte sind die toxischen Dosen der jeweils schädigenden Bestandteile nicht exakt zu ermitteln. Pflanzen werden überwiegend an den Blättern geschädigt. Wild und Bienen sind besonders unter den Tieren gefährdet. Neben physiologischen treten chronische Schädigungen auf, schließlich Absterbeerscheinungen, die zum Aussterben ganzer Populationen überleiten. Vor allem Waldbestände können durch R. vernichtet werden. Auch die → *Flechtenzonierungen* beim Einsatz von Flechten als → *Bioindikatoren* beziehen sich auf R. Manche Pflanzenarten zeigen eine gewisse → *Rauchhärte*.

Rauchverwitterung: besonders an Bauwerken, wo natürliche Gesteine als Baumaterial verwandt wurden, und auf Immissionen zurückgehende Verwitterung. Es bilden sich charakteristische Verwitterungsformen. Außerdem laufen diese Verwitterungsprozesse, die sich in Gebieten mit → *Stadtklima* vollziehen, mit gesteigerter Intensität und damit rascher als in der Natur ab. Es handelt sich demzufolge um → *Rauchschäden* an Gesteinsoberflächen.

Rauheis: im Extremfall panzerartiger Eisansatz in der Vegetationsdecke, an Ästen und an festen Gegenständen, der durch das Gefrieren von Regentropfen, die die stark unterkühlte Bodenoberfläche noch in flüssigem Zustand erreichen, entsteht.

Rauheit (Rauhigkeit): Reliefunstetigkeiten kleinen und kleinsten Ausmaßes, die unterhalb der Größenordnung des → Mikroreliefs flächig auftreten. Sie haben eine Grundrißbreite von kleiner als 1 m und werden bei der geomorphologischen Kartierung als Formenbereich flächenhaft erfaßt, also nicht als Einzelform ausgewiesen.

Rauhfrost: massige Eisanlagerung durch das Niederschlagen von Nebel- und Wolkentröpfchen in federähnlichen Formen und als Zapfenreihen an Ästen, Masten, Drähten usw.

Rauhfutter: alle getrockneten Futterarten im Gegensatz zum → Saftfutter (→ Grünlandwirtschaft). Zum R. zählen Grasheu, Feldfutterheu und Stroh.

Rauhreif: Anlagerung von Nebel- und Wolkentröpfchen in Form feinster, lockerer Eiskristalle an Pflanzen und Gegenständen. Die R.-Bildung setzt im Gegensatz zur Reifbildung erst bei Temperaturen unter −6 bis −8 °C in größerem Umfang ein (→ Reif) und kann zu Schäden an den Bäumen führen.

Rauhweide: extensive, ungepflegte Gebirgsweide oberhalb der Kultivierungsgrenze.

Raum: in räumlich bezogen arbeitenden Gebieten von Wissenschaft und Praxis ein dreidimensionales Gebilde im Bereich der Erdoberfläche mit unterschiedlich großen Ausdehnungen in der Vertikalen und Horizontalen.

1. In der → Geographie wird als Untersuchungsobjekt ein → geographischer R. definiert.

2. Entsprechend den Betrachtungsperspektiven der geographischen Teildisziplinen werden → Landschafts-, → Natur-, → Wirtschafts-, → Siedlungs-, → Verkehrs-R. usw. untersucht.

3. In der → Raumordnung wird der R. als → Lebensraum begriffen, d. h. eine multifunktionale und multistrukturelle Gesamtheit, in der Mensch seine → Grunddaseinsfunktionen realisiert.

4. In der → Sozialgeographie wird als R. das durch gleichartige → raumrelevante Verhaltensweisen menschlicher Gruppen und durch die Standorte für die Ausübung ihrer → Grunddaseinsfunktionen geschaffene System verstanden. Der R. umfaßt somit ein durch Funktionsstandorte markiertes Bezugssystem sozialen Handelns, das bei der Ausübung der Grunddaseinsfunktionen gesellschaftlicher Existenz entsteht; er ist in seinen Dimensionen veränderlich und abhängig von den Verhaltensweisen, Reichweiten und Funktionsfeldern der in ihm agierenden → sozialgeographischen Gruppen. Er wurde deshalb auch als → Kapazitäten-Reichweiten-System bezeichnet.

Raumabgrenzung: Ziehung von Grenzen zur Fixierung eines → Raumes. Je nach dem Charakter des abzugrenzenden Raumes gibt es vielfältige Methoden der R. So können z. B. funktionale Räume aufgrund von → Pendlerverflechtungen oder Einkaufsbeziehungen, sozialgeographische Räume mit Hilfe der → Reichweiten der in ihnen agierenden sozialgeographischen Gruppen abgegrenzt werden. Bei der R. von politischen, Verwaltungs- oder Planungsräumen spielen entsprechende Kriterien eine Rolle (→ Regionalisierung).

Raumbeanspruchung: Inanspruchnahme eines Raumes für menschliche Nutzung. Zur R. zählen insbesondere die → Landnutzung durch die Landwirtschaft, die Besiedlung eines Raumes und die an bestimmte Standorte gebundene industriell/gewerbliche Tätigkeit. Jede R. ist eine → raumrelevante Aktivität.

raumbedeutsame Planung: Planung, durch die Grund und Boden in Anspruch genommen oder die räumliche Entwicklung eines Gebietes beeinflußt werden.

Raumbeobachtung: 1. in der → Raumplanung Bezeichnung für die systematische Fortschreibung und Auswertung aller aus statistischen Erhebungen gewonnenen Daten eines Raums.

2. in der Geographie die Wahrnehmung und Erfassung von Strukturen und Prozessen im Raum, in ihrer ständigen Veränderung und typischen physiognomischen Ausprägung. Dabei werden bestimmte, den verschiedenen Teildisziplinen der Geographie eigene Methoden zugrundegelegt und auf unterschiedliche Arbeitstechniken zurückgegriffen. Der direkte Kontakt zum Untersuchungsobjekt (Geländearbeit) ist meist unumgänglich.

Raumbewertung: im Rahmen der von verschiedenen Disziplinen betriebenen → Raumforschung am Gegenstand → Raum nach verschiedenen Kriterien und im Hinblick auf die Nutzung als → Lebensraum erfolgende Einschätzung. Dabei stehen zahlreiche Verfahren nebeneinander, die – je nach disziplinären Interessen – auf eher naturwissenschaftlicher oder auf eher sozioökonomischer Grundlage beruhen. In vieler Hinsicht entspricht die R. der → Landschaftsbewertung.

Raumdaten: statistisch faßbare Merkmale eines Raumes. Die R. schließen Daten zur physiogeographischen Ausstattung, zur Bevölkerungs- und Wirtschaftsstruktur usw. ein.

Raumdiagnose: Ergebnis einer Raumanalyse. Die R. steht zwischen der Erhebung der

→ *Planungsgrundlagen* und der → *Raumplanung.* Ohne R. ist keine sichere Raumentwicklungsprognose möglich.

raumdifferenzierende Faktoren: die Bestimmungsgründe der räumlichen Differenzierung. Im wirtschaftlichen Bereich sind dies vornehmlich Agglomerationsfaktoren, Transportkosten und die Abhängigkeit vom Produktionsfaktor Boden.

Raumdisparitäten (räumliche Disparitäten): Unterschiede in der Ausstattung von Räumen und ihren Bewohnern mit → *Infrastrukturen,* → *Ressourcen,* Wirtschaftsgütern und Wirtschaftskraft usw. Man spricht z.B. von R. zwischen Industrie- und Entwicklungsländern bezüglich ihrer Wirtschaftsleistung und des Lebensstandards ihrer Bewohner oder von R. zwischen wirtschaftsstarken → *strukturschwachen* Räumen bzw. peripheren ländlichen Räumen innerhalb eines Staates.

Raumeinheit: ein → *geographischer Raum,* der im Rahmen verschiedener Verfahren der → *Raumbewertung* bzw. → *Landschaftsbewertung* ausgeschieden wurde und der gewöhnlich in Vielzahl vorkommt und somit durch einen Typ repräsentiert werden kann. Die R. werden für die verschiedenen Stufen → *geographischer Betrachtungsdimensionen* ausgeschieden. Es handelt sich z.B. um → *landschaftsökologische* R. oder um wirtschaftsräumliche Einheiten.

Raumforschung: 1. allgemein Erforschung des → *Raumes* durch Geo- und Biowissenschaften, vor allem die → *Geographie,* sowie verschiedene Praxisbereiche.
2. Heute wird R. überwiegend bezogen auf die → *Raumordnung,* innerhalb derer die R. als Methode zur Bestimmung der Bedingungen des Lebensraumes für dessen Weiterentwicklung durch die → *Raumplanung* bzw. Raumordnung. Die R. ist stark generalistisch orientiert, weil sie den komplexen Gegenstand Raum im Detail nur über zahlreiche Ergebnisse aus Einzelwissenschaften erfassen kann. Sie gilt deswegen als ein Forschungsgebiet mit interdisziplinären Interessen.

Raumgefüge: wird von der → *Raumstruktur* und damit den → *Raumeinheiten* ausgemacht, die sich in einem charakteristischen → *Raummuster* anordnen. Der Begriff bezieht sich überwiegend auf physiognomische Merkmale, hinter denen jedoch Prozesse und Kräfte stehen, welche die Herausbildung des sichtbaren R. bewirken.

Raumgewicht (Volumengewicht): Dichte der trockenen Bodensubstanz einschließlich der Hohlräume. Da R. ist vor allem vom → *Porenvolumen* abhängig, da die Dichte der Festsubstanz nur in engem Bereich variiert. Mineralböden, haben R. von 1,1–1,8 $g \cdot cm^{-3}$, organische Böden um $0,2 \, g \cdot cm^{-3}$.

Raumgliederung: Verfahren der Ausscheidung von → *Raumeinheiten,* um über das → *Raummuster* bzw. das → *Raumgefüge* den Wirkungsmechanismus der → *Räume* zu erkennen. Verfahren der R. sind die → *naturräumliche,* die → *wirtschaftsräumliche* und die → *sozialräumliche Gliederung.*

Raumkategorie: strukturell und funktionsspezifisch einheitlicher Raumtyp. Der Begriff R. wird in der → *Raumordnung* und → *Raumplanung* verwendet und meint z.B. den Raumtyp des → *Verdichtungsraums,* des → *ländlichen* Raums oder des → *Zonenrandgebietes.*

Raumklima: Klima der Innenräume (Gebäude, Wohnungen usw.). Das R. zeichnet sich im allgemeinen durch viel niedrigere Temperaturschwankungen als das Außenklima, Trockenheit der Luft im Winter und höhere CO_2-Gehalte in der Luft aus. Ein Sonderfall des R. ist das Gewächshausklima.

Raumlage (geographische Lage): großräumliche Lage eines Standorts, im Gegensatz zur kleinräumlichen → *Ortslage* (topographische Lage). Z.B. bedeutet die R. einer Stadt ihre Situation und Position innerhalb des gesamtstaatlichen Siedlungsnetzes oder ihre großräumliche natürliche Lage (Küstenlage, Gebirgslage usw.).

räumliche Aktivität (Raumaktivität): eine im Raum durchgeführte und in ihren Auswirkungen → *raumrelevante* Handlung von Personen, Gruppen, Wirtschaftsunternehmen, Verwaltungen, Körperschaften usw. Geographisch von Bedeutung sind insbesondere solche r. A., die im Rahmen gruppenspezifischen Handelns bei der Ausübung der → *Grunddaseinsfunktionen* raumprägend bzw. -verändernd wirken.

räumliche Dendriten: Schneekristallform aus entlang einer Achse zusammengesetzten Säulen mit Verzweigungen (→ *Schneekristalle*).

räumliche Differenzierung: Prozeß, der unterschiedliche Strukturelemente im Raum entstehen läßt sowie das Ergebnis dieses Prozesses. Diese herauszuarbeiten, ist wichtiges Ziel der geographischen Forschung. Eine sehr wesentliche r. D. ist z.B. weltweit durch die → *Industrialisierung* ausgelöst worden. Sie verstärkte den Kontrast zwischen den verschiedenen → *Raumkategorien.*

räumliche Interdependenz: räumliches → *Verbundsystem,* das sich zwischen allen Grunddaseinsbereichen ausbildet. Besonders deutlich wird die r. I. innerhalb der Wirtschaft. Hier kommt es zu derartigen Raumverflechtungen z.B. im Zuge der Industrientwicklung, bei der Betriebsspaltungen zur Gründung von Zweigbetrieben an unterschiedlichen Standorten führen können, produktionswirtschaftliche Beziehungen zwischen selbständigen und räumlich getrennten Unternehmen entstehen, oder bei der sich über die auswärtigen Industriebeschäftigten Pendelverflechtungen einstellen.

räumliche Konzentration: Prozeß der Verdichtung von Elementen im Raum. Eine r. K. von Bevölkerung und Wirtschaft erfolgt z. B. in städtischen Siedlungen bzw. in → *Verdichtungsräumen.* Die r. K. führt z. T. zu verschiedenen Belastungen, so daß über planerische Maßnahmen eine → *Dezentralisation* angestrebt wird. (→ *Agglomeration*)

räumliche Mobilität: allgemein der Wechsel eines Individuums, einer Gruppe oder eines Standortes zwischen verschiedenen Positionen in einem räumlichen System. Hierbei spielen die Entfernung sowie die Häufigkeit oder Einmaligkeit des Vorgangs keine Rolle. Zur r. M. gehören demnach sowohl → *Verkehr* als auch → *Wanderungen* sowie → *Standortverlagerungen* etwa im Bereich der Industrie oder des Dienstleistungssektors. Anstelle von r. M. finden sich gelegentlich auch die Ausdrücke regionale Mobilität oder geographische Mobilität, die jedoch ihrer Mehrdeutigkeit wegen vermieden werden sollten.

räumliche Ordnung: diejenige Ordnung der Kulturlandschaftselemente im Raum, wie sie sich derzeit darstellt (→ *Raumordnung*).

räumliche Organisation: die zielgerichtete Ordnung (Steuerung) von Funktionen bzw. sozialer und wirtschaftlicher Prozesse im Raum, wie sie von sozialen Gruppen, Betrieben, Behörden, Verbänden, Genossenschaften usw. ausgeht.

Raummuster: die charakteristische Anordnung von → *Raumeinheiten,* die physiognomisch in der Realität, in der Karte und/oder im Luft- bzw. Satellitenbild wahrgenommen werden kann. Die R. weisen typische Gefügemerkmale auf, aus denen auf die Entwicklung der Räume bzw. die sie gestaltenden natürlichen und anthropogenen Kräfte und Prozesse geschlossen werden kann.

Raumordnung: die in einem Staatsgebiet angestrebte räumliche Ordnung von Wohnstätten, Wirtschaftseinrichtungen, der → *Infrastruktur* usw. Teilweise wird R. auch als die Tätigkeit des Staates verstanden, die zur planmäßigen Gestaltung des Raumes führt. Im letzten genannten Fall spricht man aber besser von → *Raumordnungspolitik.*

Raumordnungsbericht: in der Bundesrepublik Deutschland amtlicher Bericht der Bundesregierung bzw. der Landesregierungen über erfolgte bzw. in Gang befindliche raumordnerische Aktivitäten. Die R. der Bundesregierung erscheinen seit 1963 (zunächst in zweijährigem Abstand).

Raumordnungsgesetzgebung: in der Bundesrepublik Deutschland Rahmengesetzgebung, die großräumig konzipierte landesplanerische Ziele formuliert und aus der sich überfachliche Leitbilder ergeben. Die R. ist seit 1965 im → *Bundesraumordnungsgesetz* (ROG) zusammengefaßt. Die R. regelt die organisatorische Zuständigkeit sowie die materiellen Ziele und Inhalte der → *Raumordnung* bundesweit.

Raumordnungskataster: Sammlung von topographischen Karten in den Maßstäben 1:5000 bis 1:25000, in die raumplanungsrelevante Themen eingetragen sind. Aufgenommen in die Karten werden z. B. Bauflächen, Baugebiete, Verkehrsflächen, Leitungen, wasserwirtschaftliche Gebiete, Natur- und Landschaftsschutzgebiete sowie landwirtschaftliche Vorranggebiete. Das R. wird den für die Landesplanung zuständigen höheren Landesbehörden geführt und dort auch fortlaufend aktualisiert.

Raumordnungsklausel: Bestimmung in Fachgesetzen und speziellen Verordnungen, wonach die Ziele der → *Raumordnung* und der → *Landesplanung* zu beachten sind. Die R. garantiert den Landesplanungsbehörden eine Mitbeteiligung bei der Durchführung fachlicher Maßnahmen. R. bestehen vor allem für das Bau- und Verkehrswesen, die Wasserwirtschaft sowie die Land- und Forstwirtschaft.

Raumordnungskonzeption: Zielvorstellung, welche die angestrebte räumliche Ordnung zum Ausdruck bringt. Versteht man den Begriff → *Raumordnung* nicht als eine Tätigkeit, so entspricht R. letzterem.

Raumordnungsplan (Raumordnungsprogramm): übergeordnete, förmlich zusammengefaßte und aufeinander abgestimmte Programme und Pläne des Bundes bzw. der Länder. Der R. enthält Vorstellungen zur Ordnung und Entwicklung der Planungsräume, in denen rechtsverbindlich die Ziele der → *Raumordnung* und → *Landesplanung* festgelegt sind. Im Bundesraumordnungsprogramm (BROP) wird das Bundesgebiet in 38 Gebietseinheiten unterteilt mit dem Ziel, die Notwendigkeiten einer effizienten → *Regionalpolitik* besser erkennen zu können.

Raumordnungspolitik: Gesamtheit der staatlichen Maßnahmen zur Erreichung einer leitbildgerechten Ordnung im Sinne des → *Bundesraumordnungsgesetzes* (ROG). Die R. hat die Aufgabe, raumplanerische Konzeptionen mit Hilfe der zur Verfügung stehenden staatlichen Mittel (Anreiz-, Anpassungs- und Abschreckmittel) in die Wirklichkeit umzusetzen.

Raumordnungsverfahren (raumplanerisches bzw. landesplanerisches Verfahren): förmliche Prüfung eines raumbedeutsamen Vorhabens auf seine Übereinstimmung mit den Erfordernissen der → *Raumordnung* und Abstimmung mit Vorhaben anderer Planungsträger. Das R. mündet in eine Beurteilung von Einzelvorhaben aus landesplanerischer Sicht (Bedenklichkeit- bzw. Unbedenklichkeitsfeststellung). Das R. ersetzt nicht das fachliche Genehmigungsverfahren. Bei einer Bedenklichkeitserklärung hat die jeweilige Fachbehörde ein Vorhaben aufgrund der → *Raumordnungsklausel* des Fachgesetzes abzulehnen. R. werden z. B. bei der Planung von Bundesfernstraßen, Wasserstraßen, Kraftwerken oder Überlandleitungen durchgeführt.

Raumorganisation: Art und Weise, wie ein bestimmter Raum als Teil der → *Kulturlandschaft* in sich strukturiert und gegliedert bzw. für die ihm zugeordneten Zwecke ausgestattet ist. So besteht z. B. die R. eines Staates für Verwaltungszwecke in seiner Gliederung in Verwaltungseinheiten, die R. für Verkehrszwecke in seiner Ausstattung mit einem Netz von Verkehrswegen.

Raumplanung: zusammenfassende Bezeichnung für → *Landesplanung*, → *Regionalplanung* und → *Ortsplanung* bzw. → *Stadtplanung* (→ *Bauleitplanung*). Im Gegensatz zur → *Raumordnung* liegt in der Bundesrepublik Deutschland die Kompetenz für die R. bei den Ländern bzw. den Gemeinden. Die R. füllt planerisch den Rahmen aus, den die Raumordnung vorgibt. Die R. läßt sich als vorbereitende Stufe der vollziehenden → *Raumordnungspolitik* verstehen.

raumrelevant (räumlich relevant, raumbedeutsam): Bezeichnung für Verhaltensweisen, Aktivitäten, Maßnahmen usw. von → *sozialen Gruppen* und deren Mitgliedern, aber auch der → *öffentlichen Hand*, die eine räumliche Bedeutung haben. D. h., daß sie sich in irgendeiner Weise in der → *Kulturlandschaft* ausdrücken können, sei es im Sinne einer Veränderung oder einer Festigung von Raumstrukturen oder einer Beeinflussung räumlicher Prozesse.

raumrelevante Verhaltensweisen: Verhaltensweisen sozialgeographischer Gruppen bei der Ausübung ihrer → *Grunddaseinsfunktionen*, die eine Raumbedeutung haben. Diese kann sich darin äußern, daß bestehende Raumstrukturen verfestigt oder verändert bzw. daß räumliche Prozesse beeinflußt werden. Die regionalspezifische Ausprägung der Kulturlandschaft ist weitgehend beeinflußt durch die r. V. der in ihr agierenden sozialgeographischen Gruppen.

Raumsperre: biogeographischer Begriff, der sich auf Landschaftsmerkmale bezieht, die auf die Entwicklung der → *Arealsysteme* Einfluß nehmen, wie Gebirgszüge, Ozeane oder festländische Gewässer.

Raumstruktur: entsprechend der → *Landschaftsstruktur* eine vom Erscheinungsbild des → *Raummusters* und den Prozessen und Kräften, die innerhalb der → *Raumeinheiten* als System funktionieren, bestimmte Struktur. Auch die R. kann, entsprechend der jeweiligen disziplinären Perspektive, mit Hilfe einschlägiger Verfaren bestimmt werden, also für z. B. den → *Natur-*, den → *Wirtschafts-*, den Verkehrsraum usw.

Raumtyp: entsprechend dem → *Landschaftstyp* Herausarbeitung eines Repräsentanten aus einer Vielzahl von Raumeinheiten einer gewissen Größenordnung und von gewissen Inhalten. Der R. liefert demzufolge ein „mittleres Bild" der Physiognomie und/oder Funktion eines → *Natur-*, → *Wirtschafts-*, → *Verkehrsraums* usw.

Raumwiderstand: Begriff aus einer deterministischen Geographie, der sich auf die Nutzung des → *Naturraumpotentials* durch den Menschen bezieht, wobei der Natur gewisse Widerstände gegenüber den Aktivitäten des Menschen bietet, die mit technischen Mitteln überwunden werden müssen. Deren Einsatz ist vom jeweiligen Stand der Technologien abhängig, so daß sich der Widerstand des Raumes als zeitbedingtes Phänomen erweist. Der Begriff spielt in der modernen Geographie, auch in der stärker auf den Lebensraum bezogenen → *Ökogeographie*, kaum noch eine Rolle.

Raumverhalten (räumliches Verhalten): Art und Weise wie Personen sich in ihrer räumlichen Umwelt und in bezug auf diese verhalten, d. h. wie sie räumlich agieren und reagieren. R. ist in der Regel → *raumrelevantes*, häufig auch → *raumwirksames Verhalten*. Die Sozialgeographie untersucht insbesondere die gruppentypische Ausprägung des R. bei der Ausübung der verschiedenen → *Grunddaseinsfunktionen*, die zur Ausbildung spezifischer → *Raummuster* führt.

raumwirksam: Bezeichnung für Verhaltensweisen, Aktivitäten, Maßnahmen, Gesetze usw., die darauf gerichtet sind, Raumstrukturen und räumliche Prozesse zu beeinflussen, insbesondere zu verändern. Im Gegensatz zu lediglich → *raumrelevanten* Verhaltensweisen oder Aktivitäten werden als r. solche bezeichnet, bei denen die Raumveränderung das Hauptmotiv ist. Es wird z. B. von der r. Tätigkeit des Staates gesprochen, wenn dieser durch Maßnahmen der → *Raumplanung* räumliche Strukturen im Sinne eines angestrebten → *Leitbildes* zu verändern versucht.

Raumwirksamkeit: in der Kulturgeographie Eigenschaft von Aktivitäten oder Verhaltensweisen, insbesondere der öffentlichen Hand, aber auch von sozialgeographischen Gruppen, die raumprägend oder -verändernd wirken. Vor allem im Bereich der → *Raumplanung* kommt es darauf an, die R. von Maßnahmen zu prüfen und sie entsprechend dem gewünschten Ziel der → *Raumordnung* einzusetzen.

raumwirtschaftlicher Ansatz: methodisches

Konzept der → *Wirtschaftsgeographie*. Der r. A. stellt sich die Aufgabe, räumliche Strukturen und ihre Veränderungen zu erklären, zu beschreiben und zu bewerten. Wichtig ist dabei die Herausarbeitung interner Entwicklungsdeterminanten und die Analyse räumlicher Interaktionen. Die Verteilung ökonomischer Aktivitäten im Raum (Struktur), die räumlichen Interaktionen zwischen den ökonomischen Aktivitäten (Funktion) sowie deren Entwicklungsdynamik (Prozeß) stellen sich als interdependentes Raumsystem dar.

Raumwirtschaftslehre: Zweig innerhalb der Wirtschaftswissenschaften, der sich mit den räumlichen Aspekten der Wirtschaft beschäftigt. Die R. gibt eine theoretische Erklärung zur räumlichen Ordnung der Wirtschaft (→ *Raumwirtschaftstheorie*). Abstraktion von der Wirklichkeit durch Modellbildung und Formulierung von Theorien zur Erklärung dieser Wirklichkeit im Rahmen eines übergeordneten Zusammenhangs sind zentrale Aufgaben. Durch die bewußte Beschränkung auf wesentliche, den räumlichen Differenzierungsprozeß bestimmende Faktoren und durch die Möglichkeit, Modellvariablen kontrolliert verändern zu können, leisten Theorie und Modelle einen wichtigen Beitrag zur Erklärung der Wirkungsmechanismen und der Dynamik ökonomischer Systeme.

Raumwirtschaftstheorie: Theorie zur Erforschung und Erklärung der räumlichen Ordnung der Wirtschaft. Dazu gehören sowohl die räumliche Verteilung der Produktions- und Konsumptionsstandorte von Gütern als auch die der Wohnstandorte der in der Produktion Tätigen. Die R. ist Teil der → *Raumwirtschaftslehre* (→ *raumwirtschaftlicher Ansatz*).

Raum-Zeit-System: 1. in den Geowissenschaften, vor allem der Geographie, Umschreibung des geographischen Forschungsobjektes als R.-Z.-S.; wobei der → *Raum* in Vergangenheit, Gegenwart und Zukunft eine Entwicklung erfährt.
2. Die gleiche Betrachtungsweise liegt der → *Raumforschung* in der → *Raumordnung* zu Grunde.
3. In der Bioökologie wird das → *Areal* als R.-Z.-S. begriffen, was in der Bezeichnung → *Arealsystem* zum Ausdruck kommt.
4. In der Verhaltensforschung ist das R.-Z.-S. ein Maschenwerk von Punkten, an denen ein tierischer oder menschlicher Organismus zu bestimmten Zeiten bestimmte Tätigkeiten ausübt.

Ravine: metertiefe, steilhängige Erosionsrinne im subtropischen Munsunasien, etwa dem gully der → *Grabenerosion* entsprechend.

Raxlandschaft: 1. Geomorphologischer Begriff aus den Ostalpen für eine tertiäre, eventuell im jüngeren Miozän entstandene Landoberfläche, die sich durch ausgedehnte Verebnungen im Gelände zu erkennen gibt. Es handelt sich um die höchste Flachformengesellschaft unterhalb der → *Gipfelflur* der Alpen, deren Entstehung durch mittelmiozäne oder frühere Flächenbildungsprozesse erklärt wird. Durch später erfolgende tektonische Heraushebungen gerieten die Flachformen der R. in verschiedene Höhenlagen. Die Flächen sind jedoch nicht mehr als einheitliche Formen erhalten, sondern durch die spätere Fluvialerosion in Teilstücke zergliedert. Ihr älterer hypothetischer Vorläufer ist die Augensteinlandschaft mit den → *Augensteinen*.
2. Der Begriff R. wurde auf andere Teile der Alpen übertragen, die anscheinend analoge Entwicklungen durchgemacht haben, weil sie einen ähnlichen Formenschatz zeigen. Dabei wandelte sich der Begriff, und er galt von da ab als synonym für → *Altflächen*. In diesem Sinne wurde er dann in andere Gebirge übertragen, denen jedoch die Merkmale der eigentlichen R. fehlen. Dort ist von Altflächen zu sprechen oder → *Altrelief*, so daß der Begriff R. auf die ursprüngliche Bedeutung begrenzt bleibt.

Rayleigh-Atmosphäre: die staub- und wasserdampffreie → *Atmosphäre*.

Rayon: 1. Gebiet vor den Befestigungsanlagen (Wall, Graben usw.) einer Festung, insbesondere einer befestigten Stadt, das zur besseren Verteidigung von Bebauung freizuhalten war. Nach der Entfestigung der Städte im 18./19. Jh. bot das R. häufig günstig gelegenes Bau- und Stadterweiterungsgelände.
2. aus dem Französischen stammender Begriff für Bezirk, Gebiet, gelegentlich auch im Sinne von → *Region*.
3. in der Sowjetunion eine untere Verwaltungseinheit in Großstädten (Stadtbezirk) und in ländlichen Räumen (Verwaltungseinheit aus mehreren Gemeinden).

Rayonierung: Gebietsabgrenzung, Gebietsgliederung, vor allem in wirtschafts- und sozialräumlicher Hinsicht und für raumplanerische Zwecke. Insbesondere in der UdSSR und DDR wird R. vielfach gleichbedeutend mit → *Regionalisierung* verwendet.

Reaktion: 1. in der → *Autökologie* die Antwort des Organismus auf Umweltreize.
2. in der → *Synökologie* – als Funktionsbegriff im → *Biosystem* – die Einwirkung der Organismen auf ihre Umgebung.

Reaktionsbasis (Konstitution): Gesamtheit der genotypisch bedingten strukturellen, physiologischen und verhaltensmäßigen Eigenschaften einer Art, welche die Grundlage für das → *Vermehrungspotential* und die → *Mortalität* bildet, aber auch für das erblich festgelegte Verhalten gegenüber den

Geoökofaktoren der Lebensumwelt.

Reaktionsbreite: der für eine Art ohne Schaden ertragbare Bereich eines Geoökofaktors, der weit oder eng sein kann. Die mit dem Begriff R. verwandten Begriffe → *ökologische Plastizität*, → *ökologische Potenz* und → *ökologische Valenz* differenzieren den Begriff R.

Reaktionslage: absolute Lage des von einer Art oder eines seiner Entwicklungsstadien ertragbaren Bereiches eines Geoökofaktors.

Reaktionsnorm (Disposition): das erblich in der → *Reaktionsbasis* verankerte Verhalten eines Organismus gegenüber Geoökofaktoren, wie es sich in → *Reaktionsbreite*, → *Reaktionslage* und → *Reaktionstyp* ausdrückt.

Reaktionssystem: eine Beschreibung des Wirkungszusammenhangs von physiologischen Lebensprozessen der Organismen und Geoökofaktoren der Lebensumwelt. Zum R. gehören im nicht veränderbaren Teil der Betriebsstoffwechsel und im veränderbaren Teil der Baustoffwechsel mit seinen Teilprozessen Wachstum, Entwicklung und Vermehrung.

Reaktionstyp: unterschiedliche Ausprägung der Umweltabhängigkeit der → *Reaktionsnorm*. Der R. kann fixiert und nicht fixiert sein. Bei letzterem besteht eine starke Abhängigkeit von den Geoökofaktoren. Beim fixierten R. hingegen besteht eine Pufferung gegenüber den Schwankungen der Geoökofaktoren durch verschiedene körpereigene Regulationsmechanismen, z. B. Wärme- und/ oder Wasserhaushalt, sowie durch zeitlich begrenzte Entwicklungshemmungen im Sinne der → *Diapause* oder der Einschaltung von Latenzstadien, wodurch eine gewisse Umweltunabhängigkeit erzielt wird.

Reaktionsweite: die → *Reichweite*, bis zu der → *sozialgeographische Gruppen* in spezifischer Art auf Handlungsanstöße, Motivationen usw. räumlich reagieren. Die R. begrenzt also das Gebiet, innerhalb dessen in gruppenspezifischer Weise raumrelevante Reaktionen stattfinden; sie wird deshalb z. T. verwendet, um → *sozialgeographische Räume* abzugrenzen.

Realeinkommen: das unter dem Gesichtspunkt der → *Kaufkraft* betrachtete Einkommen. Das R. mißt sich an der damit käuflichen Gütermenge.

reale Vegetation: gegenwärtig vorhandene Vegetation, die nur noch kleinflächig mit der → *potentiell natürlichen Vegetation* übereinstimmt. Sie entspricht damit der → *aktuellen Vegetation*.

Realgemeinde (Altgemeinde): die in verschiedenen Nachbargemeinden ansässigen Nutzungsberechtigten an der → *Allmende*. Im Rahmen der Durchführung von Flurbereinigungsmaßnahmen sind die alten R. bis heute fast gänzlich verschwunden.

Realkapital: das gesamte Sachkapital einer Unternehmung, das als die Gesamtheit der eingesetzten Produktionsmittel zu verstehen ist. Im Gegensatz dazu steht das Geld- oder Finanzkapital.

Realkomplex: unscharfe Bezeichnung der klassischen → *Landschaftskunde* für die → *Landschaft* als „Ganzes".

Reallandschaft: kaum noch gebräuchlicher Begriff der klassischen geographischen Landschaftskunde, die mit den R. „individuelle Landschaftsräume" ausscheiden und nach ihrer Größenordnung gliedern wollte.

Reallohn: der in Kaufkraft ausgedrückte Lohn, im Gegensatz zum → *Nominallohn*. Der R. drückt direkt die Warenmenge aus, die man dafür kaufen kann.

Realmilieu: etwa der → *geographischen Realität* entsprechender Begriff; er ist somit auf den aktuellen, d. h. auch anthropogen bedingten Zustand der → *Landschaft* bezogen.

Realsteuerkraft: neben dem → *Bruttoinlandsprodukt* und dem → *Industriebesatz* wichtiger Indikator für die Wirtschaftskraft eines Raumes. Die R. drückt das Aufkommen an Grund- und Gewerbesteuern der Gemeinden, auf die Einwohnerzahl bezogen, aus. Nicht berücksichtigt werden bei der R. die unterschiedlichen Hebesätze.

Realteilung (Realerbteilung): Erbsitte, bei der im Gegensatz zum → *Anerbenrecht* in der Landwirtschaft die gesamte Nutzfläche eines Betriebs unter allen Erbberechtigten aufgeteilt wird. Die R. ist ursächlich verantwortlich für die starke Parzellierung und → *Besitzersplitterung* der Flur. Klassische R.-Gebiete liegen vor allem in Südwestdeutschland, Hessen und Franken. Über die → *Flurbereinigung* werden R.-Folgen beseitigt.

Rebbaugemeinde: Gemeinde, deren Existenzgrundlage zu einem sehr wesentlichen Teil der → *Weinbau* ist.

Rebfläche: eine mit Weinreben (→ *Weinbau*) bestandene bzw. bestockte landwirtschaftliche Nutzfläche.

Rebflurbereinigung: → *Flurbereinigung* im Bereich von → *Rebflächen*.

Rech: regionalgeographische Bezeichnung für → *Raine* mit oder ohne Stufe, mit oder ohne Lesesteinkern sowie mit oder ohne Busch- bzw. Baumbewuchs.

Rechteckbau: eine der wichtigsten Grundformen der Baukonstruktion und des Behausungsgrundrisses. Andere Grundformen sind der Gewölbebau, der Firstbau und der → *Rundbau*.

Rechteckplatzdorf: → *Platzdorf*, das im Gegensatz zum → *Rundplatzdorf* einen rechteckigen zentralen Platz aufweist. Ein Beispiel für ein R. ist das → *Forta-Dorf*.

Rechtsablenkung: nach dem → *Baer'schen Gesetz* auf der Nordhalbkugel bei Tieflandsflüssen auftretende Seitenerosion in Fließrichtung rechts.

Recycling: Rückführung von Abfallprodukten (bzw. Abwärme) in den Produktions- und Verbraucherkreislauf. Abfälle treten als Neben-, Zwischen- und Endprodukte auf. Im Zuge der → *Rohstoffverknappung* und zunehmenden Umweltbewußtseins gewinnt das R. stark an Bedeutung. Das R. erstreckt sich von der Aufarbeitung von Altpapier, Lumpen, Schrott über Glas, Altöl und Altgummi bis zur Verarbeitung von Hausmüll.

Redox-Eigenschaften: Fähigkeit des Bodens, organische und mineralische Substanzen je nach den besonderen Verhältnissen zu oxidieren oder zu reduzieren. Der Boden enthält verschiedene Systeme, an denen R.-Vorgänge ablaufen, z. B. $NH_4 \leftrightharpoons N_2 \leftrightharpoons NO_3$, $CH_4 \leftrightharpoons C \leftrightharpoons CO_2$, $Fe^{2+} \leftrightharpoons Fe^{3+}$ usw. Das → *Redox-Potential* variiert in Böden etwa zwischen -300 mV (stark reduzierende Verhältnisse) und $+800$ mV (stark oxidierende Verhältnisse). Hohe R.-Potentiale finden sich in gut belüfteten Böden mit hohem Sauerstoffgehalt im Bodenwasser und hohen Anteilen an oxidierten Verbindungen. Die R.-E. des Bodens haben Bedeutung für die Bodenentwicklung (→ *Oxidationsverwitterung,* → *Verwesung,* → *Mobilisierung* bzw. → *Immobilisierung* von Oxiden) und den → *Nährstoffhaushalt* (Verfügbarkeit oxidier- und reduzierbarer → *Nährelemente*).

Redox-Potential: als elektrische Spannung meßbares Maß für das Verhältnis der oxidierten und reduzierten Stoffe in einem wäßrigen System. Das R.-P. gibt an, in welche Richtung Oxidations- bzw. Reduktionsvorgänge ablaufen. Gut durchgelüftete Böden weisen hohe positive R.-P. auf, schlecht durchgelüftete, völlig wassergesättigte Böden bei hohem pH-Wert verfügen über niedrige oder sogar negative R.-P.. Im jahreszeitlichen Verlauf kann sich das R.-P. ziemlich stark ändern. Wichtige Redox-Reaktionen und zugehörige R.-P. sind:

Experimentell ermittelte Redox-Potentiale für verschiedene Redox-Reaktionen

Redox-Reaktion	E_7 (V)
Beginn der NO_3-Reduktion	0,45–0,55
Beginn der Mn^{2+}-Bildung	0,35–0,45
O_2 nicht mehr nachweisbar	0,33
NO_3^- nicht mehr nachweisbar	0,22
Beginn der Fe^{2+}-Bildung	0,15
Beginn der SO_4^{--}-Reduktion und S^{2-}-Bildung	$-0,05$
SO_4^{--} nicht mehr nachweisbar	$-0,18$

Reducción: in Lateinamerika seit dem 16. Jh. durch die spanischen Eroberer angelegte Zwangssiedlungen für Indianer. In der Regel hatte die R. einen Schachbrettgrundriß mit

zentraler Plaza. Vor allem im Jesuitenstaat Paraguay wurde die Indianerbevölkerung in Missions-R. angesiedelt, um sie zum Christentum zu bekehren und mit dem Landbau vertraut zu machen. In R. außerhalb Paraguays wurden die Indianer von den weißen Grundherrn teilweise wie Sklaven gehalten.

Reduktion: in der Landwirtschaft ein für Teilerwerbsbetriebe kennzeichnender Vorgang, der sowohl eine innerbetriebliche Vereinfachung als auch eine Verringerung des Betriebsumfangs einschließt.

Reduktionshorizont: in Grundwasserböden (→ *Gley*) der grau gefärbte, ständig unter dem Grundwasserspiegel liegende untere Bereich (G_r-Horizont), in dem wegen des Sauerstoffmangels reduzierende Bedingungen herrschen. Reduziertes Eisen und Mangan sind hier als Hydrogencarbonate und Chelate löslich und deshalb verlagerbar. (→ *Oxidationshorizont)*

Reduzent (Destruent): Bakterien und Pilze, welche die organische Substanz abbauen und zu organischem Material reduzieren. Ihnen gegenüber stehen die → *Produzenten* sowie die → *Konsumenten*.

Reede: geschützter Ankerplatz außerhalb des Hafens oder an einer Küste ohne Hafen. Vor allem übergroße Ozeanschiffe müssen auf R. gehen, da sie aufgrund ihrer Größe nicht in den Hafen einfahren können. Ihre Fracht wird mittels → *Leichtern* gelöscht. Passagiere müssen aus- bzw. eingebootet werden.

Reederei: gemäß → *Seerecht* eine Gesellschaftsform, bei der mehrere Personen das ihnen gehörende Schiff zum Erwerb durch Seefahrt benützen. In der Binnenschiffahrt ist die R. ein Transportunternehmen, das Land einen kaufmännischen Betrieb zur Frachtwerbung, -abwicklung und -distribution besitzt.

Reff: Dünenwallfolge aus küstenparallelen äolischen Sandakkumulationen im Bereich von natürlicher Festlandsbildung an Küsten. Die zwischen den R. oder Horsten liegenden Vertiefungen heißen Riegen.

Reflexion: Zurückwerfen der Lichtstrahlung. Es werden diffuse R. und spiegelnde R. unterschieden, wobei Letztere auf Wasseroberflächen bedeutsam sein kann. Die diffuse R. an festen Oberflächen hängt von der Beschaffenheit und Farbe der reflektierenden Oberfläche ab. An der Erdoberfläche ist die R. außerordentlich unterschiedlich und reicht von fast 0% (schwarze Böden) bis 85% (frisch gefallener Schnee) der eingestrahlten Energiemenge. (→ *Strahlungsbilanz,* → *Albedo*)

Refraktion: 1. Brechung von Lichtstrahlen durch atmosphärische Luft. Erscheinungen der R. sind Verformungen der flach stehenden Sonne, welche etwas abgeplattet erscheint, und Luftspiegelungen. Neben der R.

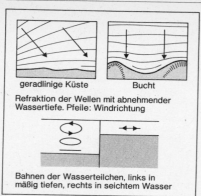

geradlinige Küste   Bucht

Refraktion der Wellen mit abnehmender
Wassertiefe. Pfeile: Windrichtung

Bahnen der Wasserteilchen, links in
mäßig tiefen, rechts in seichtem Wasser

Refraktion
steht die völlig andere Erscheinung der
Lichtstreuung (→ *Diffraktion*).
2. allmählicher Richtungswechsel an Wasserwellen, wenn diese schräg zur Küste auflaufen, wobei Fortpflanzungsgeschwindigkeit und Wassertiefe in einem Wechselverhältnis stehen, das sich in der Richtungsänderung, der R., ausdrückt. Der äußere Flügel
eines Wellenberges kommt schneller voran
als der innere, weil er sich über tieferem
Wasser befindet. Dadurch erfolgt das Einschwenken zur Küste. Wenn der Bogenkamm bricht, ist der Winkel, den er mit der
Strandlinie bildet, spitzer, als er es beim Anlaufen war. Dringt die Welle in eine Bucht
ein, so eilt der Mittelteil den beiden Flügeln voraus. Die Welle nimmt deswegen Bogenform an und wird gleichzeitig gedehnt.
Damit sinkt auch ihre Energie, d. h. sie greift
die Flanken der Bucht und Küstenvorsprünge stärker an, während sie im Buchtinneren die Anlandung begünstigt.
Refugium (Refugialgebiet, Residualgebiet):
Rückzugs- oder Erhaltungsgebiet eines tierischen oder pflanzlichen → *Reliktes.* Auch im
Zusammenhang mit den menschlichen Populationen wird von Refugien gesprochen.
Sie haben sich aufgrund ungünstiger Bedingungen (Änderungen der klimatischen Verhältnisse, Verfolgung durch übermächtige
Feinde, bei Volksstämmen und Bevölkerungsgruppen Vertreibung aus den ursprünglichen Siedlungsgebieten durch Eroberer usw.) aus ihren vorherigen Lebensräumen dorthin zurückgezogen. Häufig sind
in den R. nur noch Relikte früher zahlreicherer Populationen erhalten.
Reg: Geröllwüste, etwa entsprechend dem
Begriff → *Serir*, der in der algerischen Sahara mit Geröll bedeckte flache Schwemmkegel meint.
Regelation: Vorgang des wechselnden Auf

tauens und Wiedergefrierens von Eiskörpern
in → *Gletschern* oder von → *Bodeneis*. Die R.
induziert Bewegungsvorgänge im → *Frostboden* und spielt auch bei der Gletscherbewegung eine Rolle.
Regelfälle der Witterung (Regularitäten, Singularitäten): typische Wetterperioden, die
mit hoher prozentualer Häufigkeit (bezogen
auf eine große Anzahl von Jahren) zu einem
gewissen Zeitpunkt im Jahresverlauf in Erscheinung treten. Beispiele sind der → *Altweibersommer*, der → *Martinssommer*, das
→ *Weihnachtstauwetter*, die → *Schafkälte*
usw. Der für diese R. häufig anzutreffende
Begriff Singularität sollte wegen seiner Mißverständlichkeit besser nicht gebraucht werden.
Regelkreis: zusammengesetztes → *System,*
bei dem ein Ausgangswert fortlaufend mit
einer vorgegebenen Führungsgröße verglichen wird. Jede Abweichung von der Führungsgröße leitet der → *Regler* gemäß seinen
Kenngrößen an das Stellgied weiter, das die
zu regelnde Größe beeinflußt, und vermindert durch diesen Eingriff die Abweichung
entsprechend seiner Leistungsfähigkeit. Den
gesamten Wirkungsablauf, der sich in einer
geschlossenen Kette vollzieht, bezeichnet
man als R. Der R. stellt damit ein geschlossenes → *Rückkopplungssystem* dar, das gegenüber äußeren oder inneren Einwirkungen
relativ stabil bleibt. Er besteht aus mindestens zwei Hauptteilen, dem zu regelnden
Objekt, der → *Regelstrecke,* und der zu regelnden Einrichtung, dem → *Regler.* Letzterer hat die Aufgabe, eine bestimmte veränderliche Größe, die Regelgröße, entgegen
störenden Einwirkungen gemäß einer vorgegebenen Funktion, der Führungsgröße, zu
variieren. Das wird dadurch erreicht, daß
der Regler die Ergebnisse seiner regulierenden Maßnahmen, die über die Stellgröße er
Regelkreis

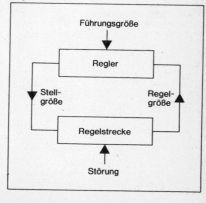

Führungsgröße

Regler

Stell-
größe

Regel-
größe

Regelstrecke

Störung

folgen, ständig kontrolliert und dementsprechend seine weiteren Maßnahmen gestaltet. Die Bedeutung des R.-Prinzips besteht darin, komplizierte Prozesse in einem einfacheren → *Modell* der jeweils wirkenden realen Systeme darzustellen. Die R. werden für die Darstellung von Funktionsabläufen in → *Ökosystemen* verwendet.

Regelstrecke (Steuerstrecke): innerhalb der Gesamtheit der Glieder einer Steuerung oder → *Regelung* die Bezeichnung für den Teil des Wirkungsweges in Steuerungen oder Regelungen, dem die aufgabengemäß zu beeinflussenden Glieder des Systems angehören. Die R. ist Bestandteil des → *Regelkreises.*

Regelung: Informationsverarbeitung mit → *Rückkopplung,* wobei es zur Aufrechterhaltung der Stabilität eines dynamischen → *Systems* durch Regelkreisstrukturen kommt. Die Regelung im → *Regelkreis* beruht auf Rückkopplung.
1. Wiederherstellung des vorhergehenden funktionellen Zustandes (Sollwert, Regelgröße) nach Einwirken einer Änderung (Störgröße) durch im System bereitstehende → *Regler,* also Reaktionsmechanismen. Die Regelung spielt sich in einem Regelkreis nach dem Prinzip der → *Rückkopplung* ab, wobei stets das Gegenteil dessen veranlaßt wird, was im System als Störung geschieht.
2. Die R. stellt auch jede Form der Regulation in Systemen dar, die zu kompensatorischen Reaktionen oder Rückkopplungen führt.

Regen: flüssige Form des → *Niederschlags.* R. entsteht durch Kondensation von atmosphärischem Wasserdampf nach Unterschreiten des → *Taupunktes.* Der Wasserdampf lagert sich dabei bevorzugt an → *Kondensationskernen* (Eiskeime, Staubpartikel) an und bildet Tropfen verschiedener Größe, die in der Masse als Wolke in Erscheinung treten. Sobald die Tropfen zu schwer sind, um mit der Luftströmung noch transportiert werden zu können, fallen sie auf die Erde nieder. (→ *Niesel,* → *Landre-Regen*

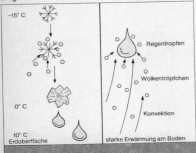

gen, → *Starkregen,* → *Eisregen,* → *Blutregen,* → *Platzregen,* → *Steigungsregen*)

Regenbogen: bogenförmige Erscheinung spektraler Lichtbrechung und -beugung, die bei flach stehender Sonne (nicht höher als 52°) mit relativ intensivem Licht und gleichzeitigem Regenfall entsteht, wobei der R. nur mit der Sonne im Rücken beobachtet werden kann. Der R. ist meist doppelt ausgebildet. Im inneren Bogen zeigt sich das Lichtspektrum von blau zu rot (von innen nach außen) und im äußeren Bogen spiegelbildlich von rot zu blau.

Regeneration: 1. Fähigkeit eines Organismus, verletzte, abgestorbene oder verlorengegangene Körperteile mehr oder weniger vollständig wieder zu ersetzen bzw. ihren Verlust weitestgehend zu kompensieren. R.-Erscheinungen treten bei Pflanzen und Tieren auf.
2. in der Klimatologie das Wiederbeleben eines bereits in Auffüllung begriffenen Tiefdruckgebietes, so daß es an den Fronten zu neuerlichen Niederschlägen und zu auffrischendem Wind kommt. Ursache ist meist der Zustrom frischer Luftmassen, der die thermischen Gegensätze steigert.
3. in der Geologie die Rückführung von konsolidierten Bereichen der Erdkruste in den beweglichen, faltbaren Zustand der → *Geosynklinale* durch erneutes Absinken der versteiften Zonen.
4. in der Glaziologie das Zusammenwachsen von Eisträmmern, die dadurch entstanden, daß ein steilerer und meist felsiger Hangabschnitt den Eisstrom des Gletschers störte. Die R. erfolgt oft bei → *Hängegletscher,* die an ihrem Ende abbrechen, eine Gletscherlawine bilden und am Steilhangfuß zu einem neuen, also regenerierten Gletscher zusammenfinden.

regenerative Energien: Energien, die aus erneuerbaren Energiequellen stammen. Dazu zählt Energie aus Sonne, Wind, Biomasse und aus Wasserkraft.

Regenfaktor: Indexzahl, die den mittleren Jahresniederschlag zur mittleren Jahrestemperatur (nur positive Monatsmittel berücksichtigt) in Beziehung setzt. Wachsender Niederschlag erhöht die Feuchte eines Gebietes; steigende Temperatur erhöht die Verdunstung und vermindert damit die Feuchte. Der R. ist also ein Hilfsmittel, → *Humidität* und → *Aridität* zu kennzeichnen. Er dient der Abgrenzung von Klimagebieten und erlaubt gewisse verallgemeinernde Aussagen über den Wasserhaushalt. Der R. nach Lang lautet R = N/T. Eine andere Formulierung ist der → *Ariditätsindex* nach de Martonne.

Regenfeldbau (Trockenfeldbau): Ackerbau, bei dem im Gegensatz zum Bewässerungsfeldbau die Nutzpflanzen ihren Wasserbedarf vollständig aus den Niederschlägen decken. Die Grenze des R. ist die → *Trockengrenze* des Anbaus. Sie kann durch extensivere Anbauformen (→ *dry farming*) u. U. weiter in die Trockengebiete hinein verschoben werden.

regengrüner Wald: alle Wälder, die auf Grund von Regenniederschlag existieren, im Gegensatz zum → *Nebelwald* und → *Galeriewald.* Dabei kann es sich sowohl um den immerfeuchten tropischen → *Regenwald, die* → *Hyläa,* handeln als auch um den → *sommergrünen Laubwald* und vergleichbare, auf Regenzeiten angewiesene Waldtypen.

Regenrille: Kleinstform der aquatischen Erosion, welche die vegetationsfreien Substratdecken nach Starkregen, seltener nach Dauerregen, überzieht und die in ariden Klimagebieten Vorläufer der Bildung von → *Badlands* ist.

Regenklima: feuchtes Klima mit ganzjährigen Niederschlägen und im Mittel ganzjährig positiver klimatischer Wasserbilanz (N > V). Die Niederschläge fallen zum großen Teil als Regen. In den gemäßigten R. können ausnahmsweise einzelne Hochsommermonate trocken sein.

Regenkurve: die Kurve der Niederschlagsschwankungen in einem Gebiet über mehrere Jahrzehnte hinweg. Je größer die Niederschlagsamplitude von Jahr zu Jahr ausfällt, um so mehr wird der Ackerbau im Gebiet der Trockensavanne von der extensiveren Weidewirtschaft in feuchtere Regionen zurückgedrängt.

Regenschatten: Erscheinung geringerer Niederschläge auf der der Hauptwindrichtung abgewandten Seite von Erhebungen. Die Situation des R. ergibt sich aus der Tatsache des Ausregnens der Wolken beim Aufsteigen (→ *Steigungsregen,* → *orographische Niederschläge*) auf der „Wetterseite" des Gebirges.

Regentag: in der meteorologischen Statistik ein Tag, an dem eine bestimmte definierte Regenmenge gefallen ist. Es werden z. B. die Tage mit > 0,01, > 1,0 und > 10,0 mm R. gezählt. Auch die Einführung weiterer Grenzwerte für die Zählung ist möglich.

Regenwald (immerfeuchter tropischer Regenwald, Hyläa, Hygrodrymium, Pluviisilva): üppigste Vegetationsformation auf der Erde überhaupt und Vegetationstyp der regenreichen Tropen, bestehend aus immergrünen Gewächsen mit einem charakteristischen Stockwerkbau und großer Artenmannigfaltigkeit. Die Bäume weisen typische Lebensformen auf, wie schlanken Wuchs, → *Kauliflorie* oder Brettwurzeln. Das Vorkommen des R. ist auf Räume mit gleichbleibend hoher Temperatur (kein Monat unter + 18 ℃) und regelmäßiger hoher Feuchtigkeit (jährliche Niederschläge über 2 000 bis 4 000 mm) beschränkt, in denen keine ausge-

prägte Trockenzeit auftritt. Das Treibhausklima mit hoher Feuchtigkeit und hoher Wärme ist Ursache für die große Üppigkeit der Vegetation. Dadurch ist der R. auch wenig lichtdurchlässig, weshalb zahlreiche → *Lianen* und → *Epiphyten* im Kronenraum leben oder zu diesem aufstreben.

Regenwaldklima: warm-feuchtes Klima der Äquatorialgebiete mit ganzjährigen Monatsmitteln über 18°, einer regenärmeren Zeit im Winter und einer gegabelten doppelten Regenzeit im Sommer (auf die beiden Tagundnachtgleichen folgend).

Regenzeit: auf eine (relativ) trockene Zeit folgende Jahreszeit, in der regelmäßig Regen fällt. R. sind für die Tropen und Subtropen charakteristisch (tropische Regenzeit), wo die R. auf die jeweiligen Sonnenhöchststände folgen (→ *Äquinoktialregen,* → *Zenitalregen*). Von R. kann auch bei der → *Monsunzirkulation* gesprochen werden.

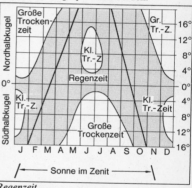

Regenzeit

Regenzeitfeldbau: → *Regenfeldbau,* der aufgrund der variablen Niederschlagsverhältnisse im wesentlichen nur während der Regenzeit betrieben werden kann. Je nachdem, in welcher Jahreszeit die Regenzeit liegt, läßt sich nach Sommer- und Winterregenfeldbau unterscheiden. Ein typischer R. findet sich in den Savannen.

Regierungsbezirk: in der Bundesrepublik Deutschland in den Bundesländern mit dreistufigem Verwaltungsaufbau (Baden-Württemberg, Bayern, Hessen, Niedersachsen, Nordrhein-Westfalen, Rheinland-Pfalz) der obere staatliche Verwaltungsbezirk – die sog. Mittelinstanz zwischen Land und Kommunen –, der in → *Landkreise* und → *kreisfreie Städte* gegliedert ist. In Bayern ist der R. gleichzeitig das Gebiet eines kommunalen Selbstverwaltungsverbandes, des Bezirks, mit einem gewählten Bezirkstag. Die Verwaltungsbehörde der R. ist das Regierungspräsidium (in Bayern die Regierung, in

Rheinland-Pfalz die Bezirksregierung). Innerhalb eines R. übt das zuständige Regierungspräsidium als Mittelbehörde die Rechtsaufsicht über die Landkreise und kreisfreien Städte aus.

Regierungsviertel: Stadtteil einer → *Hauptstadt* oder → *Residenzstadt*, in dem sich die wichtigsten Bauten der Ministerien und hoher Behörden, die Amtssitze des Staats- und Regierungschefs, oft auch diplomatische und konsularische Vertretungen ausländischer Staaten, Büros von → *Pressure Groups*, Presseorganen usw. konzentrieren. Voll ausgebildete R. befinden sich in historischen Hauptstädten größerer Staaten (z. B. London, früher Berlin) sowie in geplanten und speziell für ihre Funktionen ausgebauten neueren Hauptstädten (z. B. Canberra, Brasilia, aber auch Bonn).

Regimefaktor: Erscheinung, die das jährliche Abflußverhalten von Flüssen prägt (z. B. die Hauptschneeschmelze, die Niederschlagsverteilung usw.). (→ *Abflußregime*)

Region: 1. in der Geographie ein konkreter dreidimensionaler Ausschnitt aus der Erdoberfläche, unabhängig von dessen Größe.
2. Größere geographische → *Raumeinheit*, die mehrere → *Landschaften* umfaßt, ohne daß hinsichtlich Größe und Inhalt der R. besondere Forderungen gestellt werden.
3. in der → *Landeskunde* ein meist historisch und/oder administrativ bedingtes Territorium, manchmal mehr oder weniger identisch mit Naturräumen oder Teilen von diesen.
4. Großraum der → *regionischen Dimension* der → *Dimensionen landschaftlicher Ökosysteme.*
5. im weitesten Sinne eine geographisch-räumliche Einheit mittlerer Größe, die sich funktional oder auch strukturell nach außen abgrenzen läßt (sozio-ökonomischer → *Verflechtungsraum* bzw. homogener Raum). In der → *Raumplanung* ist die R. die Planungseinheit für die → *Regionalplanung*. Dementsprechend sind die R. der Bundesländer auf der Grundlage der vorgegebenen Verwaltungsgrenzen gegliedert. In der Regel wird eine R. aus mehreren Landkreisen und evtl. kreisfreien Städten gebildet. (→ *Planungsregion*, → *Stadtregion*)

Regionalbewußtsein: Zusammengehörigkeitsgefühl der Bevölkerung einer → *Region* oder allgemein eines bestimmten Teilraums innerhalb eines Staates. Die Bevölkerung fühlt sich bewußt als Einwohner des betreffenden Raumes, den sie als ihre → *Heimat* betrachtet. R. wurzelt häufig in einer gemeinsamen, von den anderen Staatsteilen unterschiedlichen Geschichte, in gemeinsamen Sitten und Gebräuchen, im Dialekt usw.

regionale Bildungsplanung: Fachplanung auf regionaler Ebene (→ *Region*) mit dem Ziel, das noch bestehende Bildungsgefälle, vor allem vom → *Verdichtungsraum* zum → *ländlichen Raum*, abzubauen und die bundesweite Chancengleichheit bei der Bildung herzustellen.

regional ecology: Vorläufer einer → *Ökogeographie*, welche den Systemzusammenhang zwischen physiogenen und anthropogenen Systemelementen untersucht.

regionale Differenzierung: Ausprägung unterschiedlicher räumlicher Strukturen und/oder Prozesse in Teilbereichen - insbesondere solchen von überörtlicher Ausdehnung - eines größeren Gesamtraums. Der Begriff r. D. wird meist zur Kennzeichnung eines Zustand gebraucht, kann aber auch den Prozeß divergierender Raumentwicklung bezeichnen.

regionale Disparitäten: → *Raumdisparitäten* auf regionaler Ebene, d. h. zwischen Teilräumen eines Staates. Der Begriff r. D. wird in ungenauer Weise z. T. auch gleichbedeutend mit Raum- oder räumliche Disparitäten gebraucht.

Regionale Geographie: Teile der Erde als funktionale Einheiten unter länderkundlichem bzw. landeskundlichem Aspekt behandelnde → *Geographie*. Die R. G. ist nicht nur eine neue Bezeichnung für → *Landeskunde* und → *Länderkunde*, sondern ihr liegt eine problembezogene bzw. systemanalytische Betrachtung der Erdräume zu Grunde, wobei physiogeographische, anthropogeographische und/oder ökogeographische Aspekte im Vordergrund stehen können. Dies ergibt sich aus der Problemlage des Gegenstandes, aber auch aus dem Ziel und Zweck der Untersuchung. Gegenüber der Länderkunde ist die R. G. deutlich problembezogen, wobei regionalgeographische Komplexe einer systematischen Untersuchung unterzogen werden. Die R. G. kann übrigens nicht mehr als „Endziel" geographischen Arbeitens betrachtet werden, ebenso nicht als Überbau der → *Allgemeinen Geographie*, sondern sie ist als eine reguläre geographische Teildisziplin wie Geomorphologie oder Siedlungsgeographie zu begreifen, bei der aber - im Gegensatz zu diesen oder anderen geographischen Teilgebieten - die regionalgeographische Problematik eines kleineren oder größeren Erdraums (Land oder anderes Territorium) im Mittelpunkt des Interesses steht.

regionale Planungsgemeinschaft: Körperschaft des öffentlichen Rechts, welche die staatliche Landesplanung auf der Ebene der → *Regionalplanung* ausführen. R. P. waren ursprünglich freiwillige Zusammenschlüsse von Gemeinden innerhalb einer Region bzw. Teilregion. In den südlichen Bundesländern der Bundesrepublik Deutschland, wo es die r. P. seit über einem Jahrzehnt gibt, haben sie in der Landesplanung inzwischen einen festen Platz mit klar umrissenen Aufgaben erhalten. In Baden-Württemberg heißen die r. P. nun Regionalverbände, in Bayern regionale Planungsverbände. Aufgabe der r. P. ist im wesentlichen die Erstellung und Fortschreibung der → *Regionalpläne.*

regionaler Ansatz: 1. In der Geographie erfolgt die Datengewinnung grundsätzlich regional, auch wenn allgemeingeographische Probleme angegangen werden. Dieses Vorgehen entspricht auch dem anderer Geo- und Biowissenschaften und repräsentiert den → *geographischen Ansatz.* 2. Wird der r. A. für die Lösung eines komplex-geographischen Problems eines Territoriums oder einer Landschaft eingesetzt, also im Sinne der → *Regionalen Geographie* vorgegangen, geht dies über das raumfunktionale Vorgehen von benachbarten Geo- und Biowissenschaften oder allgemein-geographischen Einzeldisziplinen hinaus.

regionales Aktionsprogramm: in der Bundesrepublik Deutschland ein von Bund und Ländern als Gemeinschaftsaufgabe getragenes Programm zur „Verbesserung der regionalen Wirtschaftsstruktur". Die r. A. fassen seit 1969 die früheren → *Bundesfördergebiete* zu größeren räumlichen Einheiten zusammen. Es sollen auf diese Weise die materiellen Hilfsmaßnahmen besser auf die speziellen Strukturprobleme der → *Regionen* abgestimmt werden können.

regionale Stenökie: Aussage, daß die Bindung eines Lebewesens an einen bestimmten Biotoptyp nur begrenzte Gültigkeit besitzt und nicht absoluten Charakter. Sie entspricht etwa der → *Relativen Standortkonstanz.*

regionale Strukturpolitik: regionale Wirtschaftspolitik, die zum Ziele hat, wachstumsschwachen (z. B. Agrargebiete) und monostrukturierten Gebieten (z. B. Bergbaugebiete) sowie dem Zonenrandgebiet über öffentliche Hilfen (Investitionszuschüsse, Zulagen, Darlehen) zu einer ausgeglicheneren Wirtschaftsstruktur zu verhelfen.

regionale Wirtschaftsförderung: in der Bundesrepublik Deutschland Aktionsprogramm zur „Verbesserung der Regionalen Wirtschaftsstruktur", das Ende der sechziger Jahre ins Leben gerufen wurde (→ *regionales Aktionsprogramm*). Die r. W. sieht die Bereitstellung von Fördermitteln vor, die jeweils zur Hälfte von Bund und Ländern aufgebracht und als Investitions- oder Zinszuschüsse, Darlehen oder Bürgschaft im Rahmen des Programms vergeben werden.

regionale Wirtschaftspolitik: derjenige Teil der Wirtschaftspolitik, der sich als → *Raumordnungspolitik* versteht und auf die Beeinflussung der Wirtschaftsstruktur in einzelnen Regionen abhebt. Die r. W. wird auch als regionale Strukturpolitik bezeichnet, da sie die

Struktur (bezogen auf Wirtschaftssektoren und deren Untergliederungen) verändern und die regionale → *Infrastruktur* verbessern will. Statt r. W. wird abgekürzt auch von Regionalpolitik gesprochen.

Regionalforschung: Forschungsrichtung innerhalb der Raumwissenschaft, die sich durch ihren interdisziplinären Charakter und ihre Orientierung an den Bedürfnissen der → *Raumplanung* auszeichnet. Die R. analysiert unter Beteiligung z. B. der Geographie, Ökologie, Ökonomie, Soziologie und Bevölkerungswissenschaft die Raumstrukturen größerer Regionen in ihren fachspezifischen Ausprägungen. Der Forschungsinhalt der R. ist ähnlich dem der → *regional science* und der → *Raumforschung.*

Regionalisierung: allgemein die Aufteilung oder Untergliederung eines Raumes oder räumlicher Sachverhalte in kleinere Einheiten nach einem zweckbestimmten Aufteilungsschema, meist mit Hilfe von problemorientierten statistischen Merkmalen. Der Begriff wird vor allem in der → *Angewandten Geographie* und der → *Raumplanung* verwendet, insbesondere in folgenden Zusammenhängen:
1. Untergliederung eines Staatsgebietes in → *Regionen,* vor allem in → *Planungsregionen.*
2. Aufteilung finanzieller Mittel (z. B. Staatshaushalt, Subventionen für bestimmte Wirtschaftszweige) auf räumliche Einheiten des Gesamtraums.

Regionalismus: Bewußtsein regionaler Eigenständigkeit und das Durchsetzen regionalspezifischer Interessen in einem (zentralverwalteten) Staat. Der R. geht meist von Bevölkerungsteilen mit geschichtlichem oder stammesmäßig überkommenem Zusammenhang (→ *Minderheit*) aus. R. gibt es z. B. im Baskenland, auf Korsika, in der Bretagne oder in Südtirol. Politisches Ziel des R. ist u. U. das Erreichen eines autonomen Status (→ *Autonomie*).

Regionalmetamorphose: Art der → *Metamorphose,* bei der mechanische und thermische Effekte gleichbedeutend an der Verformung der Gesteine beteiligt sind. Diese Bedingungen treten in den tieferen Stockwerken der → *Faltengebirge* auf. Durch Umkristallisation und Streckung der Mineralbildungen entstehen → *Kristalline Schiefer* oder Tektonite. Die R. spielt sich in den → *Geosynklinalen* ab und trägt in ihrer Bezeichnung wegen der weiten räumlichen Ausdehnung der Gesteinsumwandlungen.

regionalökonomische Disparität: räumliche Unausgewogenheit in der Wirtschaftsstruktur als Ergebnis regional ungleichgewichtigen Wirtschaftswachstums. R. D. können sehr wesentlich durch bereits vorgegebene natur- und kulturlandschaftliche Strukturen bedingt sein.

Regionalplan: Plan, der als Bindeglied zwischen der → *Landesplanung* und der kommunalen Planung (→ *Ortsplanung*) einzustufen ist. Der R. ist eine wichtige Voraussetzung für die Verwirklichung landesentwicklungspolitischer Vorstellungen. Der R. hat die Zielsetzungen für die Entwicklung des Planungsraumes zu enthalten und muß mit den Grundsätzen der → *Raumordnung* nach dem Bundesraumordnungsgesetz (ROG) und denen der Landesplanung im Einklang stehen. Der R. wird vom Träger der Regionalplanung (→ *regionale Planungsgemeinschaft*, → *regionaler Planungsverband*, → *Regionalverband*) aufgestellt und fortgeschrieben.

Regionalplanung: diejenige Ebene der → *Raumplanung*, die zwischen der → *Landesplanung* und der → *Ortsplanung* liegt. Sie ist eine übergemeindliche Planung und gilt rechtlich als Teil der Landesplanung. Der R. fällt die Aufgabe zu, die anzustrebende räumliche Ordnung und Entwicklung der → *Region* in einem → *Regionalplan* festzulegen. Die Durchführung der R. obliegt in der Bundesrepublik Deutschland den → *regionalen Planungsgemeinschaften* bzw. → *regionalen Planungsverbänden* (→ *Regionalverband*).

Regionalprognose: operationales Instrument der Raumordnung und Raumplanung zur regionalisierten Voraussage künftiger räumlicher, wirtschaftlicher und sozialer Entwicklungen. Die Grundlagen für die R. bilden Prognosen der Gesamtentwicklung von Bevölkerung und Wirtschaft. Die R. ermöglicht die Formulierung raumordnungspolitischer Zielkonzeptionen. Sie zeigt für die → *Raumordnungspolitik* Entwicklungstendenzen auf, so daß diese entsprechend steuernd darauf einwirken kann.

regional science: in den USA begründete und den Wirtschaftswissenschaften nahestehende Forschungsrichtung, die die regionale Verteilung ökonomischer Einzelerscheinungen bzw. deren Standorte im Raum verfolgt. Mit Hilfe mathematisch berechneter Modelle soll das wahrscheinliche Verhalten bestimmter, wandelbarer ökonomischer Faktoren für eine bestimmte Region vorausbestimmt werden. Dabei wird auch auf die Input-Output-Analyse zurückgegriffen. (→ *Regionalforschung*, → *Raumforschung*)

Regionalstadt: eine hoch urbanisierte und stark verdichtete Region, die neben einer → *Kernstadt* und weiteren Städten mit unterschiedlichen Funktionsschwerpunkten auch Freiräume, → *Naherholungsgebiete* usw. umfaßt. Der Begriff R. wird hauptsächlich im Sinne eines Modells für die ausgedehnte → *Stadtregion* mit Dezentralisation der städtischen Funktionen und Einbeziehung des Umlands in den städtischen Lebens- und Wirtschaftsraum verstanden.

Regionalverband: die Körperschaft des öffentlichen Rechts in Baden-Württemberg, die als Träger der → *Regionalplanung* dient. Die R. sind gleichbedeutend mit den Planungsverbänden bzw. → *regionalen Planungsgemeinschaften* in anderen Bundesländern. Der R. hat die Aufgabe, den → *Regionalplan* aufzustellen und fortzuschreiben.

Regionalzentrum: → *Zentraler Ort* mittlerer Stufe, der sein → *Einzugsgebiet* mit Gütern und Dienstleistungen kurz- bis mittelfristigen Bedarfs versorgt. In der Bundesrepublik Deutschland ist der Begriff R. weniger gebräuchlich. Es handelt sich meist um → *Mittelzentren*.

regionische Dimension: Bestandteil der → *Dimensionen landschaftlicher Ökosysteme*. Sie beschreibt → *Makrochoren*, d.h. Großverbände naturräumlicher Einheiten, die als Großreliefeinheiten bzw. Landschaftssubzonen erdräumlich in Erscheinung treten. In der r. D. wird überwiegend mit den Merkmalen geographischer Raumtypen gearbeitet und in der Betrachtungsweise von kleinräumigen Differenzierungen der Geoökosysteme stark abstrahiert.

Registerberkerung: die mit Hilfe der → *Bevölkerungsfortschreibung* auf dem laufenden gehaltene und in der Einwohnerkartei (Einwohnermelderegister) aufgezeichnete Wohnbevölkerung einer Gemeinde. Bei lascher Handhabung der Meldepflicht kann die R. erheblich von der tatsächlichen Wohnbevölkerung abweichen.

Regler: Bestandteil des → *Regelkreises*, der durch die Regelgröße mitgeteilte Informationen zu Befehlen verarbeitet, welche als Stellgröße auf die → *Regelstrecke* zurückwirken.

Regolith: die tiefgründige Verwitterungsdecke in tropischen Klimaten.

Regosol: nähere Bezeichnung für → *Rohböden* auf Lockergesteinen. (→ *Syrosem*, → *Yerma*)

Regradation: Vorgang der Rückbildung bestimmter Bodentypenmerkmale auf ein früheres Stadium der Bodenentwicklung durch die Nutzung. So erhalten z. B. als Ackerböden genutzte Podsole unter dem Einfluß der Kalkung und Düngung mit der Zeit wieder Braunerdemerkmale, weil die bodenchemischen Bedingungen völlig verändert werden. (→ *Degradierung*)

Regression: 1. in der Geomorphologie Rückzug des Meeres infolge epirogenetischer Bewegungen oder globaler Wasserhaushaltsänderungen, aufgrund derer bisher marine Bereiche zu Festland werden. Dabei entsteht die → *Regressionsküste*. Der R. gegenüber steht die → *Transgression*. 2. in der Biogeographie Rückzug von Tier- und Pflanzengesellschaften bei ökologischen Veränderungen in den → *Arealsystemen*.

Regressionsdurchbruchstäler: durch → *rück-*

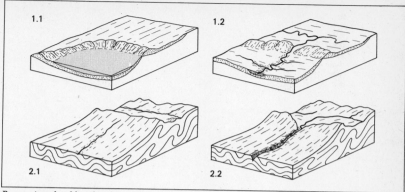

Regressionsdurchbruchstäler

schreitende Erosion in einem Gebirgszug, den sie quer zum Längsverlauf gliedern, entstehende Täler. Die Bildung des R. ist oft mit der → *Anzapfung* von Flüssen verbunden. Beispiele sind die → *Klusen* im Schweizer Jura und verschiedene Quertäler der Appalachen.

Regressionsküste (Hebungsküste): infolge tektonischer oder epirogenetischer Hebung der Küste oder Zurückweichen des Meeres im Sinne der → *Regression* gelangen ehemals marine oder limnische Formungsabschnitte der Küste unter subaerischen Einfluß, wobei → *Strandterrassen* freigelegt sowie → *Kliffs* und → *Strandwälle* scheinbar weiter landeinwärts „verlegt" werden. Weil Hebung bzw. Regression meist phasenhaft erfolgen (können), sind oft mehrere marine Terrassen und vorzeitliche Strände hintereinander und übereinander angeordnet. Charakteristisch sind weiterhin breite, flache Küstenvorländer mit jungen marinen oder potamogenen Sedimenten, deren mehr oder weniger ebene Oberflächen leicht in Richtung Meer einfallen.

Regressionssee (Reliktsee): ein See, der ursprünglich einen Teil eines Meeres bildete und nach dem Absinken des Wasserspiegels (z.B. infolge Landhebung) als „Rest" isoliert wurde.

Regressionstheorie: auf die Bildung von → *Regressionsdurchbruchstälern* bezogene Theorie. Sie besagt, daß ein einfacher Abdachungsfluß sein Quellgebiet soweit rückwärts verlegt, bis er entweder einen entgegengesetzt fließenden Abdachungsfluß oder den im nächsten Längstal fließenden Fluß erreicht und durch → *Anzapfung* sein hydrographisches System erweitert.

Regulation: Erscheinung, daß ein Organismus oder ein → *System* nach Störung seines Normalzustandes bestrebt ist, diesen wieder herzustellen oder wenigstens den Funktionszustand dem ursprünglichen anzunähern. Der Begriff R. entspricht damit etwa der → *Regelung.*

Regulationsmechanismen: als ökosystemeigene und ökosystemfremde Mechanismen auftretende → *Regulationen.* Außerdem können Subsysteme des → *Geoökosystems* regelnd wirken. Bei bioökologischer Betrachtung stehen die R. der Umwelt und die populationseigenen im Vordergrund der Betrachtung, bei geoökologischer Betrachtung die physikalischen Regelungen durch die → *abiotischen Faktoren.*

Regur: zur Gruppe der → *Vertisole* gehörender, schwarzer, tonreicher Boden in Indien mit ausgeprägter → *Selbstmulchung* und fehlender Horizontierung. R. sind für den Baumwollanbau besonders geeignet und heißen deshalb auch „black cotton soils".

Rehburger Phase (Rehburger Stadium): ältere Phase einer Gruppe weiterer, die als → *Drenthe-Stadium* der → *Saale-Kaltzeit* zusammengefaßt werden. Die R. P. wird von Endmoränen bei Lingen, den Dammer Bergen, niedrigen Höhenzügen bei Rehburg (westlich des Steinhuder Meeres) sowie im Raume Hannover und Braunschweig repräsentiert. Die R. P. ist ein geomorphologisch markanter Stauchendmoränenzug mit sehr komplizierten Lagerungsverhältnissen, der als eine Phase aus der Vorstoßzeit der Saale-Kaltzeit gedeutet wurde. Weil jedoch die Stauchendmoränen überfahren wurden, wird neuerdings die R. P. lediglich als ein Vorstoß-Halt des Drenthe-Eises gedeutet.

Reibungshöhe: Höhe, bis in welche sich der Einfluß des Geländes auf den Wind bemerkbar macht. Sie hängt nicht nur von der Geländebeschaffenheit, sondern vor allem von der Stärke des Windes ab. Die Schichtmächtigkeit des → *Reibungswindes* beträgt ungefähr 200 bis mehrere hundert Meter.

Reibungsschicht: unterste Luftschicht der → *Atmosphäre,* in der die Luftbewegungen durch die Erdoberfläche beeinflußt sind. (→ *geostrophischer Wind,* → *Reibungshöhe)*

Reibungswind: der bodennahe Wind, welcher in Geschwindigkeit, Richtung und Strömungsart von der Erdoberfläche beeinflußt ist. (→ *Reibungshöhe)*

Reichsbodenschätzung: im Deutschen Reich durchgeführte Bodenbegutachtung für steuerliche Zwecke. Nach einem Schätzungsrahmen (→ *Ackerschätzungsrahmen)* erhielten die ertragreichsten Böden (Magdeburger Börde) die Zahl 100, die ertragsärmsten die niedrigste Zahl 7. Allen anderen Böden wurden Werte dazwischen zugeordnet. Die Ergebnisse der R. sind heute nur noch bedingt verwendbar, da die Systematik verschiedene methodische Fehler enthält und heute weitere Erkenntnisse über die unterschiedlichen Bodentypen vorliegen, die damals nicht bekannt waren.

Reichsdorf: im Deutschen Reich (bis 1806) eine Landgemeinde, die nicht dem Landesherrn, sondern unmittelbar Kaiser und Reich unterstand. Die R. besaßen ähnliche Rechte wie die → *Reichsstädte,* gehörten jedoch nicht zu den → *Reichsständen.* Zeitweise gab es über 100 R.; die letzten wurden 1803 mediatisiert.

Reichsfreiheit (Reichsunmittelbarkeit): im Deutschen Reich (bis 1806) die staatsrechtliche Stellung der Territorien und Personen, die Kaiser und Reich unmittelbar unterstanden und größtenteils zu den → *Reichsständen* gehörten. Die R. besaßen insbesondere die geistlichen und weltlichen Landesherren, die → *Reichsstädte* und -dörfer, die Reichsritter und bestimmte hohe Reichsbeamte und -richter.

Reichsgebiet: das Staatsgebiet des Deutschen Reiches. Für die Rechtsprechung in der Bundesrepublik Deutschland gilt heute als R. – bis zur endgültigen Regelung durch einen Friedensvertrag – das Territorium des Deutschen Reiches in den Grenzen vom 31. 12. 1937.

Reichsstadt (reichsunmittelbare Stadt): im alten Deutschen Reich (bis 1806) eine unmittelbar dem Kaiser unterstehende, d. h. keinem Landesherrn untertänige Stadt. Die ältesten R. gingen aus → *Pfalzstädten* hervor; andere durch Verleihung der → *Reichsfreiheit* durch den Kaiser. Die meisten R. waren bedeutende Handels- und Verkehrs-, auch kulturelle Zentren (z. B. Köln, Frankfurt, Nürnberg, Augsburg); es gab aber auch relativ kleine R., vor allem in Schwaben. Nur einige wenige R. konnten ihre Freiheit über die → *Mediatisierung* retten, Hamburg und Bremen in Form von → *Bundesländern* bis heute.

Reichsstände: im Deutschen Reich (bis 1806) die unmittelbar Kaiser und Reich unterstehenden Landesherrn bzw. Territorien. Alle R. besaßen die → *Reichsfreiheit.* Zu ihnen gehörten insbesondere die geistlichen und weltlichen Landesherren verschiedenen Ranges, die → *Reichsstädte* und außerdem zeitweise sonstige Einzelpersonen, denen die Reichsstandschaft verliehen worden war.

Reichsteilhauptort (RT-Ort): im → *Christallerschen Modell* ein → *Zentraler Ort* der höchsten Hierarchiestufe unter der Reichshauptstadt. Der R. ist ein → *Oberzentrum* in herausgehobener Stellung mit einem → *Einzugsgebiet,* das beträchtliche Teile des Gesamtstaates abdeckt.

Reichweite: in der Kulturgeographie die metrisch oder zeitlich gemessene Entfernung, bis zu der die räumliche Wirkung und räumliche Aktivitäten einer Person bzw. Gruppe oder eines Standortes reichen. Die R. begrenzt also den Aktionsradius (→ *Aktionsreichweite)* bzw. das Gebiet, das von raumrelevanten Handlungen von Personen oder von räumlichen Wirkungen von Sachen erfaßt und beeinflußt wird. Der Begriff R. wird hauptsächlich in der Sozialgeographie verwendet, wo die regionale Differenzierung von Raumstrukturen und räumlichen Prozessen vielfach auf gruppenspezifische R. zurückgeführt werden kann, sowie in der → *Zentrale-Orte-Forschung,* wo die R. eines zentralen Gutes oder eines → *Zentralen Ortes* dessen → *Einzugsgebiet* begrenzt.

Reidsche Kämme: bis mannshohe, zackige Rücken auf dem Eis zentralasiatischer Gletscher, die durch → *Ablation* entstehen.

Reif: Niederschlag von Wasserdampf in Form von feinsten Eiskristallen an der unterkühlten Vegetationsdecke und an anderen kalten Oberflächen. R. bildet sich nach Unterschreiten des Gefrierpunktes in Bodennähe bei feuchter Luft rasch und ist in den Übergangsjahreszeiten häufig.

Reifgraupel: eine feste Niederschlagsart, die durch koagulationsähnliche Zusammenballung von Eiskristallen und Wassertröpfchen entsteht. R.-Körner sind weniger als 5 mm groß.

Reihenbauweise: Bauweise, bei der die Hausreihen in regelhafter Form parallel zur Straße verlaufen. Sie können dabei einen → *Baublock* völlig umschließen. Die Aufreihung erfolgt meist genau entlang der im → *Bebauungsplan* vorgegebenen → *Baulinie.* Eine R. ist bei Einzelhaus-, Doppelhaus- und Reihenhausbebauung (→ *Reihenhaus)* möglich.

Reihendorf: dörfliche → *Reihensiedlung,* die im Gegensatz zum → *Zeilendorf* locker angelegt und kilometerlang sein kann. Die Gestalt der Gehöfte ist dabei weniger regelhaft, stets jedoch in klarem Bezug zur Flurparzellierung.

Reihenfertigung: in der Industriewirtschaft technische Organisationsform, bei der eine räumliche Anordnung der Arbeitsplätze und der Produktionsmittel nach der Bearbeitungsfolge des Produkts vorgenommen wird. Eine besondere Form der R. ist dabei die Fließfertigung (→ *Fließbandarbeit*), bei der die Bearbeitungsvorgänge vom Zeitaufwand her optimiert sind.

Reihenhaus: Bauform, bei der mehrere Einfamilienhäuser (maximal dreigeschossig) aneinander gebaut sind und damit eine Reihe bilden. R. haben im Vergleich zu freistehenden Einfamilienhäusern einen geringeren Flächenbedarf. Die Grundstücksgrößen liegen in der Regel unter 300 m². Vor allem im suburbanen Bereich der Verdichtungsräume sind seit den sechziger Jahren im größeren Umfang R.-Siedlungen entstanden.

Reihensiedlung: Siedlungsgrundrißtyp, bei dem sich die Wohn- und Wirtschaftsgebäude entlang einer Leitlinie (Fluß, Kanal, Deich usw.) aufreihen. Die Reihung kann eng, locker, ein- oder zweizeilig sein.

Reinbestand: Waldbestand, der aus einer Baumart – die mit mindestens 90 % vertreten ist – gebildet wird. Der R. ist damit eine → *Monokultur* und wird vor allem von → *Forsten* repräsentiert. Natürliche R. sind selten.

reine Blockflur: Flur, die nur aus einem Parzellentyp, nämlich der → *Blockflur*, besteht und eine geschlossene Besitzeinheit (→ *Einödflur*) bildet. (→ *reine Kampflur*)

reine Flur: Flurform, bei der ein Parzellentyp vorherrscht. Ein Beispiel der r. F. ist die → *reine Blockflur*.

Reine Geographie: ein methodisch-methologisches Vorgehen der → *Geographie* im deutschen Sprachraum während des 19. Jh. mit sehr unterschiedlicher Bedeutung. Einmal wurde unter R. G. die Forderung nach Behandlung von „natürlichen" Landschaften oder Territorien verstanden, die beschreibend dargestellt wurden. Gegen Ende des 19. Jh. wandelte sich die Ansicht über eine „wissenschaftliche" Geographie, die sich überwiegend mit der Erdoberfläche – unabhängig von deren Bedeckung und ihren Bewohnern – beschäftigen sollte. In den ersten Jahrzehnten des 20. Jh. wurde der Begriff neuerlich verwandt, diesmal jedoch für eine Geographie mit anthropozentrischem Standpunkt und dem Ziel regionaler Ganzheiten. Sämtliche Ansätze der R. G. sind mit dem heutigen Fachgebiet kaum noch in Verbindung zu bringen, zumal deren methodologische Grundlegungen sehr unsicher waren.

reine Kampflur: Flur, die aus eingehegten Blöcken (→ *Kampflur*) besteht und eine geschlossene Besitzeinheit bildet.

Reinertrag: in der Wirtschaft derjenige Ertrag, der nach Abzug des Aufwands übrigbleibt. Der R. ist der → *Rohertrag* abzüglich der aufgewendeten Kosten.

reine Streusiedlung: ländliche Siedlungsform, die keine Konzentration der Behausungen und Gehöfte erkennen läßt. Der Abstand zwischen den einzelnen Einheiten liegt bei mindestens 50 m, kann aber in größeren Gebieten Entfernungen von über 1000 m erreichen. (→ *Schwarmsiedlung*)

reines Wohngebiet: nach der → *Baunutzungsverordnung* eine Festsetzung im → *Bebauungsplan* einer Gemeinde. Das r. W. dient, im Gegensatz zum allgemeinen Wohngebiet, ausschließlich Wohnzwecken. Andere Nutzungen sind nicht zulässig.

Reingewichtsmaterial: gemäß der Industriestandorttheorie von Alfred Weber ein Material, das mit dem ganzen Gewicht in das Fertigerzeugnis eingeht, z. B. Mineralwasser. Das R. unterscheidet sich vom Gewichtsverlustmaterial (z. B. Erze). (→ *Ubiquitäten*)

Reinkultur: in der Landwirtschaft der Anbau von nur einer Nutzpflanzenart, bezogen auf eine bestimmte → *Fruchtfolge* oder in Form einer → *Monokultur*. In der Forstwirtschaft spricht man von einer R., wenn der Wald ein → *Reinbestand* ist.

Reinluft: die → *Luft* fernab von Verunreinigungsquellen, welche nur natürliche Staubpartikel (→ *Aerosol*) enthält.

Reinsaat: in der Landwirtschaft die Aussaat einer Pflanzenart im Gegensatz zur Gemengesaat.

Reinwasser: 1. Wasser, in dem keinerlei gelöste Substanzen vorhanden sind (chemisch reines H_2O).
2. aufbereitetes Wasser (→ *Brauchwasser*), das jedoch keine → *Trinkwasser*qualität besitzt.

Reisböden (Paddy soils): durch den Reisanbau geschaffene, also rein anthropogen bedingte Böden. Die R. zeigen infolge der periodisch wiederkehrenden, langandauernden Wasserüberstauung hydromorphe Merkmale und sind durch im Jahresverlauf wechselnde Oxidations- und Reduktionsbedingungen gekennzeichnet. Dadurch werden Fe- und Mn-Oxide mobilisiert und z. T. an der Grenze zum Oberboden ausgefällt. Intensive Bearbeitung im wassergesättigten Zustand führt zu ständiger starker Durchmischung und schafft ein feines Einzelkorngefüge. Eine nähere allgemeingültige Beschreibung ist wegen der durch die Bearbeitung geschaffenen Vielformigkeit nicht möglich.

Reiseantrieb (Reisemotiv): psychologischer Impuls, der beim Individuum Reisewünsche auslöst. Die Motivforschung hat als wichtigste R., die meist gebündelt auftreten, erkannt: Wunsch nach Entspannung und Erholung, nach Abschalten vom Alltag und ungestörter Ausübung von Sport und Hobby, nach Bildung und Erweiterung des Horizontes, nach neuen menschlichen Kontakten. Die Kenntnis der R. ist besonders für das Tourismusgewerbe und die Werbung von Fremdenverkehrsgemeinden wichtig.

Reisegeschwindigkeit: Durchschnittsgeschwindigkeit unter Einbeziehung aller Zwischenaufenthalte, Umsteigezeiten usw., mit der man mit einem bestimmten Verkehrsmittel ein Reiseziel erreicht. Mit Hilfe der R. und der Entfernung kann die reale Reisedauer berechnet werden.

Reisegewohnheiten: Verhaltensweisen der Bevölkerung bezüglich des Urlaubsreiseverkehrs und während Urlaubsaufenthalten. Zu den R. gehören unterschiedliche Verhaltensweisen bei der Wahl des Reiseziels, der Reiseform und des Verkehrsmittels sowie am Urlaubsort selbst. Sie sind als Teil des gesamten → *Freizeitverhaltens* abhängig insbesondere von der Zugehörigkeit zu Alters- und Sozialgruppen, vom Bildungsstand und vom Einkommen.

Reisehäufigkeit: Zahl der → *Urlaubsreisen,* die von der Bevölkerung eines bestimmten Raumes jährlich im Durchschnitt pro Person unternommen werden. Die R. ist insbesondere von der → *Alters-,* → *Sozial-* und Einkommens*struktur* der Bevölkerung abhängig; sie wird auch für bestimmte Alters- und Sozialgruppen berechnet.

Reiseintensität: prozentualer Anteil an der Gesamtbevölkerung eines Raumes oder von einzelnen Bevölkerungsgruppen (gruppenspezifische R.), der im Laufe eines Jahres mindestens einmal am längerfristigen → *Reiseverkehr* (mindestens fünf Tage Dauer) teilgenommen hat. Die R. ist ein Indikator für das → *Freizeitverhalten* der Bevölkerung; sie ist abhängig insbesondere vom Alter, von der Zugehörigkeit zu sozialen Gruppen und Schichten und vom verfügbaren Einkommen.

Reisertorf: überwiegend aus Heidekrautstengeln (in erster Linie von der Besenheide (*Calluna vulgaris*)) bestehender → *Torf,* der bei oberflächlicher Austrocknung durch die Verheidung eines Moores entsteht.

Reisestrom: durch eine größere Anzahl von Reisenden mit gleichem Reiseweg entstehender Verkehrsvorgang. Größere R. sind vor allem im längerfristigen Reiseverkehr (→ *Urlaubsreiseverkehr*) zu beobachten, insbesondere zwischen den großstädtischen Verdichtungsräumen als → *Quell-* und den beliebtesten Fremdenverkehrslandschaften als → *Zielgebieten.*

Reiseverkehr: Personenverkehr über größere Entfernungen. Je nach Zweck wird vor allem zwischen → *Geschäfts-R.* und → *Urlaubs-R.* bzw. → *Erholungs-* und → *Freizeitverkehr* unterschieden. Nach dem benutzten Verkehrs-

mittel wird von Bahn-, Auto-, Bus-, Schiffs- oder Flug-R. gesprochen.

Reiseverkehrsbilanz: Gegenüberstellung der Einnahmen, die ein Land durch touristische Ausländerbesuche an Devisen erzielt und der Ausgaben, die Angehörige des betreffenden Landes bei Auslandsreisen tätigen. Die wichtigsten Zielländer im Urlaubsreiseverkehr (z. B. Österreich, Italien) haben eine positive R. Länder mit negativer R. führen häufig Devisen- und Reisebeschränkungen zur Stützung der → *Zahlungsbilanz* ein. Zu den Ländern mit besonders hohem Defizit in der R. gehört die Bundesrepublik Deutschland.

Reizklima: bio- und heilklimatische Bezeichnung für ein Klima mit häufigen starken Winden und großen täglichen Temperaturschwankungen. R. zeigen hohe Werte bei der → *Abkühlungsgröße.*

Rekolonisation (Wiederbesiedlung): biogeographischer Begriff, der sich auf die Entwicklung der → *Arealsysteme* bezieht und vor allem für solche Lebensräume zutrifft, die extreme geoökologische Bedingungen aufweisen und starken anthropogenen Eingriffen unterlagen. Bei der R. werden art- und gesellschaftseigene Merkmale wirksam, wie z. B. große Nachkommenzahl.

Rekultivierung: Maßnahmen zur Wiedereingliederung der durch wirtschaftliche Aktivitäten gestörten Landschaftsteile in eine ausgewogene Kulturlandschaft. R. werden z. B. in ehemaligen → *Bergbaulandschaften* durchgeführt. Rekultivierungsbedürftig sind dabei vor allem die → *Tagebaue.* Über die R. werden vornehmlich Flächen für die → *Naherholung* geschaffen. Es wird jedoch auch die Wiedergewinnung von Ackerland und Nutzwaldflächen angestrebt. Zu den Maßnahmen der R. gehören das Auffüllen ehemaliger Gruben, das Einebnen oder Begrünen von Abraumhalden, das Auftragen von Mutterboden und das Anlegen von Neupflanzungen.

Relaisbeben (Simultanbeben): ein Typ des → *Erdbebens,* der von schweren Weltbeben an anderen, oft weitentfernten Stellen ausgelöst wird.

Relative biologische Wirksamkeit (RBW): auf die Strahlungsbelastung von Organismen bezogene Einwirkungen. Sie können je nach Strahlenart bei gleicher rad-Zahl ganz unterschiedliche biologische Folgen zeitigen, da die Strahlenbelastung von zahlreichen exogenen und endogenen Faktoren abhängig ist.

Relative Luftfeuchtigkeit: Wasserdampfgehalt der Luft in Prozent der bei einer bestimmten Temperatur maximal möglichen Sättigung. Die Wasserdampfaufnahmefähigkeit der Luft nimmt mit steigender Temperatur exponentiell zu. Bei gleichbleibendem absolutem Luftfeuchtegehalt nimmt demzufolge die R. L. mit steigender Temperatur ab und mit sinkender Temperatur zu, bis sie 100% erreicht (→ *Taupunkt*) und der überschüssige Wasserdampf zu kondensieren beginnt.

relativer Bestand: Begriff der → *Populationsökologie*, der sich auf die Populationsgröße bezieht, die meist nur auf Grund von Stichproben an mehreren Punkten des Populationsareals geschätzt werden kann, so daß der r. B. ermittelt ist, der dem absoluten Bestand einigermaßen nahe kommt. Übereinstimmung beider wird mit Wahrscheinlichkeitsrechnungen überprüft.

relativer Minimumfaktor: in der Wirtschaftsraum-Analyse eine durch Einsatz von technologischen Mitteln bis zu einem bestimmten Grad veränderbare natürliche Determinante, im Gegensatz zu absoluten physischen Grenzwerten für wirtschaftliche Aktivitäten. So können z. B. im Bereich der Anbaugrenzen entsprechend dem Mitteleinsatz und der Abwägung von Aufwand und Ertrag agrarische Nutzungen ausgedehnt oder zurückgenommen werden.

Relative Standortkonstanz (Relative Stenotopie, Zonaler Stationswechsel): Biotopbindung von Tieren und Pflanzen mit mehr oder weniger starker Abhängigkeit von bestimmten Geoökosystemzuständen gewisser Landschaftstypen. Durch größerräumig verbreitete Sonderbedingungen kann somit den Lebensansprüchen bestimmter Arten auch innerhalb verschiedener Großklimagebiete gedient sein. Die sehr verschiedenen Begriffe für die R. S. haben ihre Ursache darin, daß die Konstanz der Lebensraumbedingungen in jeweils anderen Größenordnungen gesehen wird. Gewöhnlich erfolgt jedoch diese überwiegend in der Biogeographie und Bioökologie eingesetzte Betrachtungsweise in der chorologischen bis regioni-

Reliefelement

schen Dimension.

Relief: 1. allgemeiner Begriff für Oberflächengestaltungen an geo- und biowissenschaftlichen Gegenständen.

2. zusammenfassende Bezeichnung für die Oberflächenformen der Erde, die von der → *Geomorphologie* untersucht werden, so daß dementsprechend vom → *Georelief* gesprochen wird.

3. in der Kartographie ein dreidimensionales Geländemodell, überwiegend zur Darstellung der Formen der Erdoberfläche.

Reliefelement: baut sich aus → *Fazetten* des → *Georeliefs* auf und setzt in Vielzahl die Reliefformen zusammen. Die R. sind die kleinsten, in sich homogenen Bausteine des Georeliefs, deren Homogenität auf einer einheitlichen Tendenz der → *Wölbung* beruht. Ihnen fehlt zwar der absolut homogene Charakter der Fazetten, sie sind aber skulpturell, geomorphogenetisch und geomorphodynamisch hochgradig homogen. Die Geomorphodynamik der R. ist neigungs- oder expositionsdifferenziert. Sie sind einphasig sowie mono- oder polygenetisch. Die R. werden bei der geomorphologischen Kartierung praktisch eingesetzt.

Reliefenergie: der geomorphographischen Charakterisierung des → *Georeliefs* und seiner Einzelformen dienender Begriff. Er war ursprünglich ein Maß der relativen Höhen innerhalb eines natürlich oder künstlich angegrenzten Gebietes. Die R. wird als Höhenunterschied und damit als Differenzbetrag zwischen dem höchsten und niedrigsten Punkt einer kleinen Flächeneinheit ermittelt. Bei starker Verringerung der Flächengröße kann die R. auch mit dem Winkel der → *Hangneigungsstärke* angegeben werden.

Relieffaltung: tektonische Verbiegungen der Erdoberfläche, die innerhalb von relativ kurzer Zeit auftraten und die für die gegenwär-

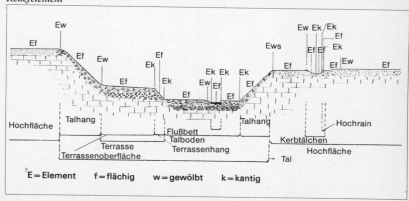

Hochfläche   Talhang   Flußbett   Talhang   Hochrain

Terrasse   Talboden   Kerbtälchen

Terrassenoberfläche   Terrassenhang   Hochfläche   Tal

E = Element   f = flächig   w = gewölbt   k = kantig

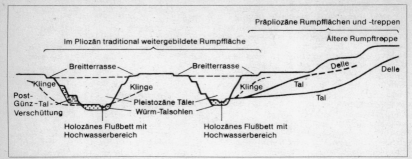

Präpliozäne Rumpfflächen und -treppen

Im Pliozän traditonal weitergebildete Rumpffläche

Ältere Rumpftreppe

Breitterrasse

Breitterrasse

Delle

Delle

Klinge

Klinge

Klinge

Tal

Post-
Günz-Tal-
Verschüttung

Pleistozäne Täler

Würm-Talsohlen

Tal

Holozänes Flußbett mit
Hochwasserbereich

Holozänes Flußbett mit
Hochwasserbereich

Reliefgenerationen

tige Formgestalt eines Gebietes (meist Hochgebirges) maßgebend sind, wobei zwischen Reliefantiklinalen und Reliefsynklinalen unterschieden wird. In gleichem Sinne wird der Begriff Reliefflexur verwandt.

Reliefgeneration: Alters- und Prozeßdokument der → *Geomorphogenese* eines Gebietes, ausgehend vom → *geomorphogenetischgeomorphochronologischen Ansatz.* Nach diesem sind die Reliefformen der Erde meist altersbedingte Formenabfolgen, die im Laufe ihrer Entwicklung sehr verschiedenartigen geomorphologischen Prozessen unterlagen. Vor allem in enggekammerten Landschaften sind die einzelnen R. ineinander verschachtelt.

Reliefhülle: etwas unscharfe Bezeichnung der Geomorphologie mit völlig unterschiedlichen Bedeutungen.

1. Analog der → *Landschaftshülle* der Erde wird die → *Reliefsphäre* auch als R. der Erde bezeichnet. Sie würde damit der → *Geodermis* entsprechen.

2. Die → *Reliefhüllfläche* oder Hüllfläche wird abgekürzt ebenfalls als R. bezeichnet.

Reliefhüllfläche (Hüllfläche): diejenige Fläche, die unter Außerachtlassen der Skulptureinzelheiten, aber unter Berücksichtigung der Großformen die jeweils höchstens Aufragungen eines in Abtragung befindlichen Georeliefs unter Annahme einer gleichbleibenden Neigung miteinander verbindet. Sie entspricht damit praktisch der → *Gipfelflur*, bezieht aber zur Reliefkennzeichnung den Neigungswert mit ein. Die R. charakterisiert – und zwar unabhängig vom Taltiefsten – die gegenseitigen Lagenverhältnisse der örtlich jeweils höchsten Gipfel. Ihre geomorphogenetische Bedeutung liegt darin, daß sie die Richtungen ursprünglicher Abdachungsverhältnisse und den Verlauf alter Tiefenlinien und Höhenzüge erkennen läßt. Der Begriff steht der → *Sockelfläche* gegenüber.

Reliefklimax: Begriff aus der Theorie der → *Klimageomorphologie,* nach der die Reliefentwicklung dann eine Endstufe erreicht,

wenn der aktuelle Formenschatz ein vollkommenes Abbild klimatypischer Bildungsbedingungen ist. Der R. kann sich jedoch kaum oder nie einstellen, weil durch Klimawechsel auch in kürzeren Abschnitten der Erdgeschichte die geomorphologischen Prozesse aktiviert werden und meist eine neue Tendenz bekommen.

Reliefmerkmale: Reliefeigenschaften des Reliefs als Merkmalgruppen (Lage, Gefüge, Gestalt und Größe), Baumaterialeigenschaften (Oberflächennaher Untergrund) und genetische Eigenschaften (Art der Prozesse, Alter der Prozesse). Die R. repräsentieren gleichzeitig die Möglichkeiten geomorphologischer Reliefbetrachtung.

Reliefsphäre: Bestandteil der → *Landschaftshülle* der Erde und somit die → *Geodermis* umfassend, nebst jenen Teilen der Landschaftshülle, welche an der Herausbildung des → *Georeliefs* beteiligt sind. Die R. ist ein dreidimensionaler Ausschnitt aus der Landschaftshülle der Erde und somit ein Teilsystem derselben, das aus den Wechselwirkungen der am Aufbau und der Funktion der Landschaften beteiligten Geoökofaktoren und den zwischen ihnen ablaufenden Prozessen entsteht.

Reliefumkehr (Inversion): häufig zu beobachtende Erscheinung, bei der in → *Faltengebirgen* oder in → *Bruchschollengebirgen* die orographisch höchsten Erhebungen aus Schichten hervorgegangen sind, die sich in tektonischer Tieflage befinden, z. B. geologische Mulden oder tektonische Gräben. Demgegenüber befinden sich die Tieflinien einschließlich der Täler in Bereichen tektonischer Hochlagen, z. B. → *Antiklinalen.* Eine weitere Voraussetzung für R. besteht in der verschiedenen geomorphologischen Widerständigkeit der Gesteine innerhalb der gefalteten bzw. gehobenen und gesenkten Schichtpakete. Bestehen nämlich die Antiklinalen aus wenig widerständigen Gesteinen, werden diese zunächst auch orographisch hochliegenden Gebiete zuerst und am inten-

Art der Charakterisierung	Merkmalgruppen			
räumlich	RELIEFEIGENSCHAFTEN	LAGE	{	Situation (= Lage im Landschaftsraum und Gradnetz) Position (= Lage innerhalb übergeordneter Reliefformen)
		GEFÜGE		(= „Reliefstruktur" oder „Vergesellschaftung der Reliefeinheiten")
habituell		GESTALT	{	Neigung (= „Neigungsstärke") Exposition (= „Neigungsrichtung") Wölbung Grundriß („Figur") Aufriß („Profil")
		GRÖSSE		(Ausmaße der Formen und ihrer Bestandteile)
substantiell	BAUMATERIAL (Oberflächennaher Untergrund)			
genetisch/dynamisch (historisch-genetisch, aktualdynamisch-prognostisch)	GENESE	GENESE		(kausal; Genese i.e.S., d.h. Art der formbildenden Prozesse)
		ALTER		(chronologisch; Zeit der Genese bzw. Zeit der formbildenden Prozesse)

Reliefmerkmale

sivsten abgetragen, so daß anstelle der Antiklinal-Vollform bald eine Mulde entsteht, während die tektonischen Tieflagen, die sich in widerständigen Gesteinen befinden, sukzessive zu orographischen Vollformen „herauswachsen", weil sie weniger rasch oder gar nicht abgetragen werden.

Reliefunstetigkeit: unscharfe Sammelbezeich-
Reliefumkehr

nung für Kleinformen, die als Einzelformen kaum anzusprechen sind, sondern meist als Gruppe größere Areale prägen und die heute eher mit dem Begriff → *Rauhigkeit* belegt werden.

Religionsgeographie: Teilbereich der Kulturgeographie, der sich mit den raumprägenden Einflüssen von Religionen bzw. religiöser

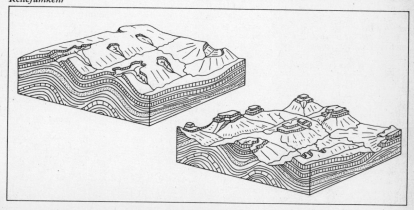

Lehren befaßt. Die R. untersucht, insbesondere unter sozialgeographischem Aspekt, solche Einflüsse, angefangen von den unmittelbar im Stadt- bzw Landschaftsbild sichtbaren Erscheinungen, wie Kultbauten und -stätten, über die Beeinflussung des Wirtschaftslebens durch religiöse Vorschriften, bis hin zu den demographischen Auswirkungen religiöser Differenzierung (z. B. Heirats- und generatives Verhalten).

Religionsverkehr: religiös motivierter Verkehrsvorgang. Zum R. gehören Fahrten zu Gottesdiensten oder sonstigen Kulthandlungen – die analog zum → *Pendelverkehr* ablaufen können – sowie der → *Wallfahrt-* und → *Pilgerverkehr*. Besonders letztere Formen des R. haben in vielen Ländern örtlich starke kulturlandschaftsprägende Wirkung sowie, als Sonderform des → *Fremdenverkehrs*, große wirtschaftliche Bedeutung.

Religionszugehörigkeit: Zugehörigkeit von Individuen bzw. der Wohnbevölkerung eines Raumes zu einer Religionsgemeinschaft. Die R. z. B. der Einwohner einer Stadt oder eines Landes ist ein wichtiges demographisches Merkmal, da sie vielfach die Geburtenhäufigkeit stark beeinflußt. Das sich u. U. mit der Zeit ändernde Mischungsverhältnis der Bevölkerung bezüglich der R. kann Hinweise auf sozial-, insbesondere bevölkerungsgeographische Prozesse geben (→ *Wanderungen,* Urbanisierungstendenzen usw.).

Relikt: belebte oder tote Gegenstände der Geo- oder Biowissenschaften, die in früheren erdgeschichtlichen Epochen entstanden und sich, nur wenig oder gar nicht verändert, bis in die Gegenwart hinein erhalten haben. Dazu gehören → *Reliktboden,* → *Reliktgletscher,* → *Reliktpflanzen,* → *Relikttiere* und → *Reliktseen.* Dabei war das ursprüngliche Verbreitungsgebiet meist ausgedehnter, aber infolge von makroklimabedingten Ökosystemänderungen, ggf. durch Konkurrenz anderer Arten oder durch Ausrottung haben sich die R. in → *Refugien* zurückgezogen, die damit → *Reliktareale* bilden. Die R. können auch nach Ökosystemzuständen bezeichnet werden, wie die aus der letzten Eiszeit in Refugien vorkommenden Glazial-R. oder die Xerotherm-R. aus der Zeit des nacheiszeitlichen Wärmeoptimums, wie die → *Steppenheide.* R. können auch zeitlich bezeichnet werden, z. B. Tertiär-R., also subtropische Arten, die während des Tertiärs in Europa verbreitet waren, oder Pleistozän-R., wie die arkto-alpinen Floren- und Faunenelemente, die sich in extreme Lagen der heute vergletscherten Hochgebirgsteile zurückgezogen haben.

Reliktareal: Restlebensraum eines ehemals größeren Verbreitungsgebietes, das sich letztlich durch Makroklimawandel und damit Veränderungen der Geoökosystemzustände

verkleinerte, so daß sich die Populationen darauf einstellen mußten.

Reliktböden: Böden an der rezenten Erdoberfläche, die Entwicklungsmerkmale aufweisen, welche nicht mehr den jetzigen Standortbedingungen entsprechen, die also unter andersartigen Klima- und Vegetationsvoraussetzungen entstanden. (→ *Paläoboden*)

Reliktform: unter vorzeitlichen Klimabedingungen und damit vorzeitlichen Erosions- und Akkumulationsprozessen entstandene Reliefform, die von den aktuell herrschenden geomorphologischen Prozessen in ihrem Grundbestand nicht verändert wurde. Das gilt allerdings nur für wenige Formen, insofern handelt es sich eher um ein theoretisches Postulat. Für R. wird auch der falsche Begriff → *fossile Form* verwandt. In jedem Fall handelt es sich um eine → *Vorzeitform.*

Reliktgletscher: Resteismasse ohne Nährgebiet, die auf dem Weg zur völligen Abschmelzung ist, weil kein neues Eis mehr gebildet wird. (→ *Gletscher*)

Reliktpflanze: Gewächs, das auch nach Veränderung der makroklimatischen Situation und damit der geoökologischen Verhältnisse der Landschaftszone innerhalb dieser in → *Refugien* mit Sonderbedingungen überdauern konnte.

Reliktstandort: in der Wirtschaftsgeographie ein Standort, dessen ursprüngliches Gewerbe bzw. deren früher dort bedeutend vertretene Industrie nur noch in einigen wenigen Betrieben weiterlebt. Als Beispiel lassen sich die R. der Metallverarbeitung im Siegerland anführen.

Relikttiere: tierische Organismen, die auch nach Veränderung der makroklimatischen Situation und damit der geoökologischen Verhältnisse der Landschaftszone innerhalb dieser in → *Refugien* mit Sonderbedingungen überdauern konnten.

rem: Maß für die Schädlichkeit einer radioaktiven Strahlung auf biologische Systeme. rem ist die Abkürzung für roentgen equivalent man. Wird 1 rem von einem bestrahlten Gewebe aufgenommen, so ist dies jene Dosis, die dieselbe biologische Wirkung hat wie 1 rad Röntgenstrahlen. (→ *rad*)

Remigration: → *Rückwanderung,* insbesondere von Gastarbeitern, die nach einigen Jahren der Arbeit im Ausland wieder in ihr Heimatland zurückkehren.

Rendzina (Humuskarbonatboden, Rußboden, Fleinsboden): A-C-Boden auf Karbonatgestein. R. sind im allgemeinen skelettreich und flachgründig, verfügen über eine geringe Wasserkapazität und trocknen leicht aus, weil das Wasser in den durchlässigen Kalken rasch in den Untergrund versickert. Die R. zeigen neutrale Reaktion und ihr Nährstoffreichtum läßt einen stark belebten

→ *Mull* entstehen. Je nach der Zusammensetzung des Karbonatgesteins, insbesondere des Kalkes (Tongehalt, Eisengehalt) wird durch die Gesteinslösung Feinmaterial unterschiedlicher Menge und Zusammensetzung freigesetzt. Dieses Feinmaterial beeinflußt die Humusstruktur und läßt bei größerer Menge auch B_v-C_v-Übergangshorizonte entstehen (R.-Braunerden). Trotz ihres Nährstoffreichtums werden R. im allgemeinen nicht als Ackerböden genutzt. Sie sind zu flachgründig und zudem oft Wassermangelstandorte. Eine alpine Sonderform der R. ist die → *Tangelrendzina*. In der neuen Bodenformenklassifikation werden auch die A-C-Böden auf karbonathaltigen Lockergesteinen (→ *Pararendzina*) als R. bezeichnet. Die Eigenschaften dieser Böden weichen von den Fels- oder Schutt-R. stark ab.

Renkform: krummschäftige Baumform mit sperrigen, gewundenen Ästen, die sich an den Extremstandorten der → *Baumgrenzen* ausbilden.

Rennsche Haarregel: auf Lebensformenmerkmale bei Säugetieren bezogene Regel, nach der sie in Geoökosystemen mit hohen Temperaturen eine Haarreduktion aufweisen.

Rentabilität: in Prozent ausgedrücktes Verhältnis zwischen erzieltem Gewinn und eingesetztem Kapital während einer bestimmten Zeit. Die R. berechnet sich nach der Formel: Rohgewinn (Rohertrag) × 100 : Kapital (oder Umsatz).

Rentabilitätsgrenze: in der Agrarwirtschaft eine wirtschaftliche Grenze des Anbaus. Die R. ist eine zeitgebundene Anbaugrenze. Sie verläuft dort, wo der Gewinn den Nullwert erreicht.

Rente: Einkommen, die nicht auf Arbeitsleistung beruhen. Zu unterscheiden ist nach → *Grundrente* und nach der R. die als Vorsorge-(Sozialversicherung) oder Fürsorgeleistung zu deuten ist. Ferner wird u. U. das Einkommen aus Kapitalzinsen als R. verstanden.

Rentenkapitalismus: Wirtschaftssystem, das vornehmlich im Orient bzw. im Mittelmeerraum verbreitet ist. Die Eigentümer der Produktionsmittel, die in der Regel einer städtischen Oberschicht angehören, betreiben eine ständige Abschöpfung ihrer Ertragsanteile (Renten), ohne Investitionen zur Erhaltung oder Steigerung der Produktivität vorzunehmen. Die Pachtabgaben in der Landwirtschaft führen häufig zu einer Verschuldung der abhängigen Kleinbauern. Der R. gilt als einer der ursächlichen Faktoren für die Unterentwicklung in den Verbreitungsgebieten.

Rentiernomadismus: Form des → *Nomadismus*, wie er in den Tundren und Waldgebieten des nördlichen Eurasiens bzw. Nordamerikas vorkommt. Die Nomaden des R. halten Rentierherden, die sie auf ihren jahreszeitlichen Wanderungen begleiten. Das Ren ist Zug- und Tragtier; ferner liefert es Fleisch und Milch sowie das Fell als vielseitiges Ausgangsmaterial für Gebrauchsgegenstände. In Nordeuropa ist die Bedeutung des R. stark zurückgegangen. Dort wurde mit staatlicher Hilfe eine weitgehende stationäre → *Rentierwirtschaft* organisiert.

Rentierwirtschaft: Form der Weidewirtschaft in den Tundren und Waldgebieten der nördlichen Halbkugel. Die R. kann sich in Form des → *Rentiernomadismus* darstellen, als marktorientierte Form (Kanada, Alaska, nordeuropäische Länder) oder wie in der UdSSR in Form von Rentierkolchosen betrieben werden.

Rentnerreise: als → *Pauschalreise* mit einem längeren Aufenthalt (bis ca. drei Monate) in einem klimatisch begünstigten Raum außerhalb der Saison (→ *off-season*) zu einem relativ niedrigen Preis angebotene Reise, die hauptsächlich von Rentnern und Pensionären gebucht wird. R. werden häufig mit Kuren kombiniert.

Rentnerstadt: stadtähnliche Wohnsiedlung, die in landschaftlich attraktiver und klimatisch begünstigter Lage für Rentner und Pensionäre errichtet wurde. R. sind vor allem in Florida und Kalifornien anzutreffen, wohin im Zuge der → *Ruhesitzwanderung* viele ältere Amerikaner aus den Verdichtungsräumen zuwandern.

Reproduktionskraft: Fähigkeit einer → *Population*, z.B. der Bevölkerung eines Staates, sich mit Hilfe des → *Reproduktionsprozesses* langfristig am Leben zu erhalten. Nur bei langjährig auftretenden → *Geburtenüberschüssen* reicht die R. aus, den Bestand der Population zu erhalten; andernfalls nimmt ihre Zahl ab, wenn von Zuwanderungen abgesehen wird.

Reproduktionsprozeß: Erneuerungsprozeß einer Population. Der R. wird durch den ständigen Ersatz gestorbener Individuen durch → *Lebendgeborene* aufrechterhalten.

Reproduktionsrate: Maßzahl in der → *Demographie* zur Angabe der → *Populationsdynamik*. Die R. gibt an, wieviele Mädchen im Durchschnitt pro fortpflanzungsfähige Frau (Altersjahrgänge 15 – 49) geboren werden, ob also in dem betreffenden Raum – meist auf Länder bezogen – die Bevölkerung langfristig wachsen (R.>1), stagnieren oder schrumpfen wird. Im Gegensatz zur ungenaueren Brutto-R. bezieht die Netto-R. zusätzlich die Sterblichkeit der Frauen ein. Der Unterschied zwischen Brutto- und Netto-R. ist um so größer, je höher die Sterblichkeit der Frauen bis zum Erreichen des reproduktionsfähigen Alters und während dieses Alters ist.

Republik: ursprünglich allgemein die Bezeichnung für einen Staat, der nicht nur den Interessen der Herrschenden, sondern der Allgemeinheit dient. Heute wird unter R. jeder Staat verstanden, der nicht als → *Monarchie* regiert wird. Vielfach wird der Begriff R. auf demokratisch regierte Staaten begrenzt, doch nennen sich im allgemeinen auch → *Oligarchien* und Einparteiendiktaturen R. (z. B. Volks-R., Räte-R.).

Requisiten: allgemeine Umschreibung für die Erfordernisse, die ein tierischer oder menschlicher Organismus in den Geoökosystemen seiner Lebensumwelt benötigt.

resequenter Fluß: Fluß in der Fließrichtung des konsequenten Flusses, also des → *Abdachungsflusses,* welcher der natürlichen Neigung einer Geländeoberfläche folgt, die von der Schichtlagerung oder der tektonischen Schrägstellung einer Scholle bedingt sein kann. Im Gegensatz zum Abdachungsfluß handelt es sich beim r. F. jedoch um Flüsse 2. Ordnung, d. h. Nebenflüsse, die auf den von den Flüssen neugebildeten → *Dachflächen* fließen. Die r. F. treten in der → *Schichtstufenlandschaft* auf.

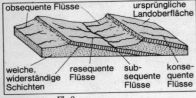

obsequente Flüsse · ursprüngliche Landoberfläche

weiche, widerständige Schichten · resequente Flüsse · subsequente Flüsse · konsequente Flüsse

resequenter Fluß

Reservat (Reservation): Schutzgebiet für autochthone Bevölkerungsgruppen bzw. Eingeborene. R. sollen den Resten von Naturvölkern die Möglichkeit geben, ihre eigene Kultur zu bewahren und nach althergebrachter Weise weiterzuleben. R. sind vor allem in Amerika eingerichtet worden (z. B. Indianerreservate in den USA. (→ *Reducción*)

Reserven: in der → *Rohstoffwirtschaft* diejenigen → *Ressourcen,* für die nachgewiesen ist, daß sich daraus von der Industrie benötigte → *Rohstoffe* wirtschaftlich gewinnen lassen. R. sind Lagerstättenvorräte, die in technisch gewinnbare R. und in ökonomisch ausbringbare R. unterteilt werden können.

Reservewirt: meist wildlebender, latent erkrankter Parasitenträger, der ein → *Reservoir* für → *Parasiten* darstellt, von dem aus immer wieder eine Übertragung auf Haustiere oder Mensch erfolgt. Die Bekämpfung der R. ist wegen ihrer verborgenen Lebensweise oder nicht erkennbarer Krankheitsanzeichen schwierig.

Reservoir: parasitologischer Begriff für infizierte Parasitenträger, die es Übertägern immer wieder ermöglicht, sich mit → *Parasiten* zu beladen. Das R. entspricht damit dem → *Reservewirt.*

Residenzdorf: ländliche Siedlung aus der frühen Neuzeit mit stadtähnlichem Aussehen. Grundrißbestimmend für R. wurde z. B. die auf den innerörtlichen Herrschaftssitz orientierte Hauptachse.

Residenzstadt: Stadt, in der ein Monarch seinen Sitz hatte oder noch hat, meistens die Hauptstadt einer → *Monarchie.* In Deutschland existiert die R. wegen der bis ins 19. Jh. kleinteiligen politischen Gliederung als häufig vertretener Stadttyp. Im Grund- und Aufriß sind R. vielfach noch heute durch ihre regelmäßige Stadtanlage oder die Bauten der Fürsten geprägt (z. B. Mannheim, Karlsruhe, Würzburg); sie entwickelten sich oft zu Zentren des → *Städtetourismus.*

Residualanreicherung: relative Anreicherung eines Stoffes in einem Bodenhorizont durch das Wegführen anderer Stoffe. R. geschieht also nicht durch Zuschuß. Residual angereichert werden verwitterungsresistente Minerale (z. B. Quarz) oder durch die Verwitterung freigelegte Stoffe, die zu neuen unlöslichen Verbindungen zusammentreten (z. B. Eisen- und Aluminiumoxide).

Residualmethode: Methode zur nachträglichen Erfassung des → *Wanderungssaldos* für einen Raum. Aus der Differenz zwischen zwei Bevölkerungsständen (z. B. Volkszählungen) und der erfaßten Daten der → *natürlichen Bevölkerungsbewegung* läßt sich die Bilanz der Zu- und Abwanderung berechnen.

Resistenz (Nichtanfälligkeit, Widerstandsfähigkeit): generell der Komplex aller Eigenschaften eines pflanzlichen, tierischen oder menschlichen Organismus, die das Wirksamwerden schädigender → *Geoökofaktoren* oder eines → *Parasiten* hemmen. Die Organismen können dabei alle Übergänge von Anfälligkeit über schwache R. bis zu höchstgradiger R. aufweisen. R. ist dabei nicht mit → *Immunität* zu verwechseln. Unterschieden werden passive und aktive R. Die passive R. ergibt sich aus strukturellen oder physiologischen Eigenschaften des Körpers, die Befall, Eindringen oder Ausbreitung eines Parasiten unmöglich machen bzw. extreme Umwelteinflüsse abpuffern. Die aktive R. äußert sich in stofflichen Abwehrreaktionen des angegriffenen Körpers, um den Parasiten zu lokalisieren, zu schwächen oder zu tolerieren bzw. die extremen Umweltbedingungen abzupuffern oder zu tolerieren. Über Tier- und Pflanzenzüchtungen war der wirtschaftende Mensch in der Vergangenheit bestrebt, möglichst resistente Tierrassen und Pflanzensorten hervorzubringen.

Ressortplanung: sachbezogene Planung (Sachplanung), die auch als Sektorplanung oder Sektoralplanung bezeichnet wird. Die R. wird in der Bundesrepublik Deutschland in der Regel als → *Fachplanung* bezeichnet.

Ressourcen: im weitesten Sinne alle natürlichen Produktionsmittel und Hilfsquellen. Es sind dies im wesentlichen → *Rohstoffe* sowie produktions- und lebensbedeutsame Umweltgüter für die wirtschaftliche Tätigkeit des Menschen. Im engeren Sinne sind R. Anreicherungen von Wertelementen in der Erdkruste, für die eine wirtschaftliche Gewinnung des Wertelements möglich ist oder in Zukunft möglich erscheint. Dabei wird unterschieden nach identifizierten R. und hypothetischen R. Beides zusammen ergibt die Gesamt-R. (→ *Reserven*)

Ressourcentransfer: in der Entwicklungspolitik die Überführung von → *Ressourcen* aus Entwicklungsländern in Industrieländer bzw. umgekehrt. Im Gegensatz zum in den Geowissenschaften enger gefaßten Begriff Ressourcen werden beim R. auch Kapital und Know-how der Industrieländer begrifflich eingeschlossen.

Restfamilie: unvollständige Familie, die durch Ehescheidung oder den Tod eines Ehepartners hervorgerufen wird.

Restgehölz: forstwirtschaftlicher Begriff für Waldrest unter einer Flächengröße von ca. 3 ha in landwirtschaftlicher Umgebung, der schon nicht mehr über ein → *Bestandsklima* des Waldes verfügt, sondern vom Meso- bzw. Mikroklima der landwirtschaftlichen Umgebung beeinflußt ist. Die ehemaligen Hauptbestandsbildner sind zudem an der natürlichen Verjüngung gehemmt bzw. es breiteten sich durch oder nach intensiven Nutzungseingriffen licht- und wärmeliebende Gehölze und Sträucher der → *Mantelgesellschaften* aus. Die R. werden wegen ihres Standortes in den Feldfluren auch als Flurgehölz bezeichnet. Aus dem Standort ergeben sich bioökologische und gesamtökologische Folgen. Die R. stellen oft kleinräumige → *ökologische Ausgleichsräume* dar.

Restinga-Biom: Lebensräume der tropischen, windflüchtigen Strandgehölzgürtel des Supralitorals im Hügelrelief, der vom Breitsandstrand mit Dünenwall zum Küstenhochwald überleitet. Es ist der typische Übergangsraum zwischen einerseits tropischen Küstensüßwässern und Sümpfen sowie andererseits marinen Einflüssen, woraus sich differenzierte Süß-, Brack- und Salzwasserverhältnisse ergeben, deren kleinräumige Wechsel die R.-B. bestimmen.

Restitution (Sekundärsukzession): Wiederherstellung des ursprünglichen Ökosystemzustandes nach einem stärkeren natürlichen oder anthropogenen Eingriff, Bestandteil des Begriffes → *Sukzession*.

Restkarbonat: noch nicht gelöste feine Calciumcarbonatteilchen in einem lehmigen Verwitterungshorizont. Das R. verhindert durch ständige Basennachlieferung eine Versauerung.

Restvölker: Volksstämme oder ethnische Gruppen, die von militärisch und meist auch zahlenmäßig und kulturell überlegenen Völkern aus ihren ursprünglichen Siedlungsgebieten an den Rand der → *Ökumene* bzw. in → *Rückzugsgebiete* abgedrängt worden sind und hier, meist zahlenmäßig stark dezimiert, häufig vom Aussterben bedroht sind. Oft werden R. auch von Nachbarvölkern assimiliert. Gelegentlich wurden R. in → *Reservaten* angesiedelt, um ihr Überleben zu sichern.

Resublimation: direkter Übergang des Wasserdampfes vom gasförmigen in den festen Zustand durch Anlagerung an Eis. Die R. (oft, wie die direkte Verdampfung, einfach Sublimation genannt) spielt bei der Niederschlagsbildung und im Wasserhaushalt der Schneedecken eine wichtige Rolle.

Retention: Zurückhaltung von Niederschlagswasser in der Pflanzendecke, im Boden, im Untergrund (als Grundwasser), in einem See oder im Gesamteinzugsgebiet. Die R. wirkt sich auf den → *Abfluß* aus, indem sie diesen bei hohen Niederschlagsmengen dämpft (Bedeutung für den Hochwasserschutz). Sie beeinflußt auch den Wasserhaushalt: In der Pflanzendecke zurückgehaltenes Wasser (→ *Interception*) verdunstet direkt wieder ohne den Boden zu erreichen; im Boden und im Grundwasser zurückgehaltenes Wasser steht für die produktive Verdunstung zur Verfügung. In → *Einzugsgebieten* mit niedrigem R. vermögen ist demzufolge der Abflußanteil höher.

retrogressive Methode: historisch-geographische Arbeitsweise, bei der die Forschung versucht, von jüngeren zu älteren Raumstrukturen zurückzuschreiten und räumliche Entwicklungsprozesse rückläufig nachzuvollziehen.

Reutbergwirtschaft (Reutfeldwirtschaft): regionale Bezeichnung der vor allem im Schwarzwald früher verbreiteten → *Feld-Wald-Wechselwirtschaft*. (→ *Haubergwirtschaft*)

Revelation: Wiederaufdeckung; in der Geomorphologie und Paläogeographie gebraucht für die → *Exhumierung* eines → *Altreliefs*. Meist handelt es sich um Rumpfflächen, die oft mesozoisch überdeckt wurden und während des Mesozoikums selber oder später durch vollständige Abräumung der Schichten und des in diesen entwickelten Reliefs - z. B. eine Schichtstufenlandschaft - wieder in den Bereich der subaerischen Abtragung gerieten.

Revier (Territorium): 1. allgemein ein Bereich im Sinne des → *Territoriums*, der irgendwelche sichtbaren oder nichtsichtbaren, jedenfalls wirksamen Grenzen aufweist.
2. in der Forstwirtschaft ein territorialer Be-

reich mit gewissen definierten Grenzen.

3. in der Bioökologie das gegen Artgenossen des gleichen Geschlechts verteidigte Mindestwohngebiet eines Tiers und somit vom Aktionsradius des Tieres bestimmtes Territorium, dessen Größe sich auf Grund eines gewissen → *R.-Verhaltens* ändern kann, etwa der Stellung in der sozialen Hierarchie oder dem Nahrungsangebot. Das R. spielt bei Vögeln und Säugetieren während mancher Lebensabschnitte eine große Rolle, z. B. während der Brutzeit oder der Brunstzeit.

4. Bezeichnung für ein Bergbau- und Industriegebiet, z. B. Saar-R., Ruhr-R. Bei Bergbau-Unternehmen wird mit R. eine selbständige Abbauabteilung innerhalb einer Bergwerksanlage verstanden.

Revierferne: eine → *Verkehrslage* fernab von einem Industrie- bzw. Bergbaurevier.

Reviertreue: bioökologischer Begriff, der das Gebundensein von Individuen an einen speziellen Standort beschreibt. Er entspricht etwa dem Begriff der → *Ortstreue.*

Revierverhalten (Territorialverhalten): tierökologischer Begriff für die Aufteilung des Lebensraumes unter die Glieder einer Population. Dabei wird ein bestimmter Lebensraumausschnitt vom Individuum, der Familie oder Sippe in Besitz genommen und gegebenenfalls auch gegen Artgenossen verteidigt. Die Reviergrenzen werden markiert, z. B. durch Duftstoffe und Lautäußerungen.

Rezedente: Arten von geringer → *Dominanz* in einer Lebensgemeinschaft.

rezent: gegenwärtig, in der Gegenwart oder unter gegenwärtigen Bedingungen stattfindend bzw. gebildet. Der Gegenbegriff ist → *vorzeitlich* bzw. → *fossil.*

rezente Böden: → *Böden,* die sich unter gegenwärtigen Standortbedingungen entwickelt und ihr → *Klimaxstadium* erreicht haben oder einem den Jetztbedingungen entsprechenden Klimaxstadium zustreben.

Rezession: Abschwungphase im → *Konjunkturzyklus.* Während einer R. ist das Wachstum des realen → *Bruttosozialprodukts* unterbrochen. Im Gegensatz zur Stagnation ist es jedoch noch nicht ganz zum Stillstand gekommen. R. treffen einzelne Wirtschaftszweige und -räume unterschiedlich. Auf der anderen Seite wirken sich R. meist weltweit aus, vor allem wenn die Nachfrage nach Industriegütern durch eine drastische Verteuerung wichtiger Produktionsmittel (→ *Ölschock*) sinkt.

Rezessionsabfluß: bei einem Abflußereignis der leicht verzögerte Abfluß, welcher aus den kurzfristig aufgefüllten Speichern (Boden- und Grundwasser) eines Einzugsgebietes gespeist und dessen Verlauf weitgehend von den Gebietseigenschaften bestimmt wird. In der Abflußganglinie ist der R. der absteigende konkav geformte Ast.

RGT-Regel (Van't Hoff'sche Regel): eine der → *Ökologischen Regeln,* die in ihrer biologischen Modifikation besagt, daß bei einer Temperatursteigerung um 10°C Lebensprozesse der Tiere um das zwei- bis dreifache gesteigert werden können. Die RGT-R. gilt jedoch nur in der Gedeihzone der betreffenden Art.

RGW (Comecon; Rat für Gegenseitige Wirtschaftshilfe): die 1949 gegründete Organisation der → *Ostblockstaaten* zur Koordination der Wirtschaftspläne, zur Arbeitsteilung auf dem Gebiet der Industrieproduktion und zur gemeinsamen Durchführung bestimmter wirtschaftlicher Projekte. Im Unterschied zur → *EG* ist der R. keine überstaatliche Organisation mit eigener Legislative. Mitglieder sind z. Z. die Sowjetunion als Führungsmacht, Bulgarien, Cuba, DDR, Mongolei, Polen, Rumänien, Tschechoslowakei, Ungarn und Vietnam.

Rhaetian (Rhät, Rät): oberste Stufe der → *Trias* bzw. dessen oberster Abteilung → *Keuper* und Teile des → *Norian* umfassend. Das R. zeichnet sich, wegen des damals raschen Klimawechsels, durch zahlreiche Fazien der Gesteine aus.

Rhazeit (Echeneisphase der Ostsee, Echeneiszeit, Echeneis-Stadium): Übergangsphase vom → *Yoldiameer* zum → *Ancylussee* in der Ostsee an der Wende vom → *Präboreal* zum → *Boreal,* ca. 8800 bis 6500 v. h. Die R. erscheint in der südlichen Ostsee wegen der sukzessiven Landhebung Skandinaviens als Transgressionszeit.

rheinische Richtung: eine der drei Hauptstreichrichtungen im tektonischen Bau Europas, die sich auch in den Erdoberflächenformen auswirken. Die r. R. entspricht etwa dem Verlauf des Oberrheingrabens, d. h. von Nordnordost nach Südsüdwest. Die r. R. wiederholt sich in vielen Formen und geologischen Strukturen Europas und ist mit der → *erzgebirgischen* und der → *herzynischen Richtung* vergittert.

Rheinisches Lineament: bedeutendste geotektonische Linie in Mittel- und Westeuropa. Sie ist durch den Oberrheingraben repräsentiert, der überregional in geotektonische Strukturen eingeordnet ist, die im Bereich des Mittelmeeres ansetzen, über die Saône-Rhône-Furche, den Oberrheingraben, die Hessische Senke und den Leinegraben sich nach Norden in Richtung Oslograben fortsetzen.

rheobiont: Tiere, die ausschließlich in Gewässern starker Strömung leben.

Rheobiozönose (Flußbiozönose): bioökologischer Begriff, der die sehr differenzierten Lebensraumverhältnisse in Flüssen nach der Bodenbeschaffenheit klassifiziert. Unterschieden werden Litho-R. auf Festgestein oder Steinen, Psammorheobiozönosen auf

Sand, Pelo-R. auf Schlamm und Phyto-R.-auf dicht von Pflanzen überdecktem Grund. Zur Flußbiozönose gehört aber auch das freie Wasser, das wegen der verschiedenen Strömungsgeschwindigkeiten in seinen Teilbereichen nicht mehr so scharf wie der Flußboden gegliedert werden kann. Gleichwohl ist die Strömungsgeschwindigkeit für die Zusammensetzung der Flußlebensgemeinschaften ausschlaggebend. Bei den mitteleuropäischen Flüssen wird der Lebensraum des freien Wassers in → *Fließgewässergliederungen* nach Fischarten benannt und in → *Äschenregion*, → *Barbenregion*, → *Forellenregion* und → *Kaulbarsch-Flunder-Region* gegliedert.

Rheokrenen: Typ der → *Quelle*, hier Sturzquelle.

rheophil: tierische und pflanzliche Organismen, die überwiegend in stark strömenden Gewässern leben.

Rheotaxis (Rheotropismus): Erscheinung bei Pflanzen in Fließgewässerökosystemen, die sich durch das Ausrichten der Wurzeln mancher Arten entgegen der Strömungsrichtung äußert.

Rhitral: Lebensbereich in der → *Rheobiozönose* und die Bachregion der Flüsse repräsentierend, nach der → *Fließgewässergliederung* auch mit der → *Forellenregion* identisch. Das R. zeichnet sich durch starke Strömung sowie harten Untergrund aus. Diesem Hauptlebensraum wird das je nach Strömung und Flußbettmorphologie anders beschaffene → *Potamal* gegenübergestellt.

Rhizosphäre: im → *Boden* der Bereich der lebenden Pflanzenwurzeln, welcher am intensivsten mit Pilzen und Bakterien belebt ist und in dem die größten Nährstoffumsatzvorgänge stattfinden.

rhythmische Phänomene: allgemein bei geo- und biowissenschaftlichen Sachverhalten zeitlich, räumlich, gestaltmäßig und/oder funktionell wiederholtes Auftreten; in der Geomorphologie direkt bezogen auf → *geomorphologische Strukturen*.

Ria: Meeresbucht, die aus einem mehr oder weniger langen Flußtal hervorgegangen ist, das durch → *Transgression* des Meeres unter Wasser gesetzt wurde. In Vielzahl auftretend bilden die R. die → *Riasküste*.

Riasküste (Riaküste): stark gegliederte, von länglichen, parallelen und meist gestreckten Buchten, den → *Rias*, gegliederte Küste, der die dalmatinische Canaliküste entspricht. Die R. findet sich in Irland, Cornwall, der Bretagne, in Nordwestspanien, auf Korsika, in Korea und in Ostbrasilien. Sie darf nicht mit der → *Fjordküste* verwechselt werden, deren ehemalige Täler vor der Überflutung glazial überformt wurden.

ribbon development: das linienhafte Wachstum der Städte Großbritanniens in der Zwischenkriegszeit. Dieses vollzog sich aus Kostengründen entlang vorhandener Straßen und Versorgungsleitungen, meist in der Form der Doppelhausbebauung.

Richtbetrieb: Richtgröße für einen landwirtschaftlichen Betrieb in der Europäischen Gemeinschaft, wie sie im Mansholt-Plan festgelegt wurde. Der R. hatte in jenem Agrarentwicklungskonzept 80 ha Größe.

Richtlinien: in der Raumplanung Handlungsanweisungen, die eine unterschiedliche Verbindlichkeit haben können. Sie sind verbindlich, sofern sie auf allgemeinen Gesetzen beruhen oder durch Erlaß bzw. Verordnung verfügt worden sind. Beispiele für Planungs-R. sind die R. für die städtebauliche Planung, R. für den Straßenbau oder R. für Demonstrativbauvorhaben des Bundes. Bekannte Bau-R. sind die DIN-Vorschriften, die Wohnungsbau-R. oder die Verdingungsordnung für Bauleistungen (VOB). (→ *Richtwert*)

Richtwert: in der Raumplanung praktischer Erfahrungswert, der als Orientierungshilfe zu verstehen ist. R. können durch eine Verordnung für Planungsträger verbindlich werden und somit den Charakter von → *Richtlinien* erhalten. Ein Beispiel für einen gesetzlich verbindlichen R. ist das zulässige Maß der baulichen Nutzung. (→ *Baunutzungsverordnung*)

Ried: feuchtes Niederungsgebiet im Bereich hochstehenden Grundwassers oder am Rande von offenen Wasserflächen, meist mit der Vegetation der → *Sümpfe* und/oder → *Moore*.

Riedel: vielfältig verwandte geomorphographische Bezeichnung für niedrige und eher langgestreckte, z. T. plattenartige bis rückenartige Vollformen. Meist handelt es sich um ehemalige Flußterrassen, die nachträglich durch → *Fluvialerosion* zerschnitten wurden. Wenn sie jüngere Sedimentdecken tragen (Löß, Hangschutt), weisen sie eine sanfte, rundliche Gestalt auf.

Rieder: Vegetationsformation der Seggensümpfe bzw. Niedermoorsümpfe. Zu ihnen gehören die holarktischen Großseggen-R. die Everglades Floridas und die isländischen Floar.

Riasküste

Riegel: 1. geomorphographischer Begriff, der langgestreckte kleinere oder größere natürliche oder anthropogene Vollformen beschreibt.

2. kleinere, langgestreckte anthropogene Steinanhäufungen im Sinne der → *Rossel*.

3. meist größere gesteinsbedingte Vollform. In glazial überformten Tälern sind es eingeschaltete Felsberge, die mit ungleichmäßigem Tiefenschurf erklärt werden. Sie sitzen oft auf den Talstufen der Trogtäler und müssen als → *Härtlinge* gedeutet werden. Auch harte Gesteinspartien, die bei der Bildung → *antezedenter* Täler zwar von Fluß mit zerschnitten werden, aber im Tallängsverlauf als Engstellen in Erscheinung treten, heißen R.

Riegenschlagflur: Flurformentyp, der vor allem im Hannoverschen Wendland verbreitet war. Die R. wird aus mehreren Streifensystemen gebildet, in deren Flurteilen geordnete Besitzabfolge besteht. Die Parzellengruppen des Streifensystems weisen gleiche Besitzabfolge oder -anteile auf. Die R. tritt in Verbindung mit dem → *Rundling* auf und wird der frühen deutschen Ostkolonisation (12. Jh.) zugeschrieben.

Rieselbewässerung: Form der landwirtschaftlichen Bewässerung, häufig auf leicht geneigten Grünlandflächen. Bei der R. wird das meist aus Vorflutern entnommene Wasser mit Hilfe von Verteilerrinnen über den Boden geleitet. Entwässerungsrinnen führen überschüssiges Wasser ab. (→ *Berieselung*, → *Wiesenbewässerung*)

Rieselfeld: Wiesen- oder Ackerland, das zur natürlichen Reinigung verschmutzten Wassers eingesetzt wird. Diese heute nur noch bedingt anwendbare Methode einer biologischen Abwasserklärung ist dort möglich, wo Sandböden ein gleichmäßiges Versickern des Wassers erlauben. Mitgeführte Abfallstoffe bleiben durch die Filterwirkung des Sandes im Boden hängen und werden mit Hilfe von Bakterien abgebaut, sofern im Abfall keine anorganischen Schadstoffe (z. B. Schwermetalle) enthalten sind.

Riff: 1. langgestreckte, meist felsige Aufragung des Meeresgrundes, die in die Nähe der Wasseroberfläche reicht und verschiedener Entstehung sein kann.

2. durch marine Akkumulation aus Sand als → *Brandungsriff* entstanden.

3. durch organisches Wachstum der Korallen als → *Korallenriff* gebildet.

Riffkanal: Flachwasserbereich zwischen einem → *Lagunenriff* und der dahinterliegenden Küste, der sowohl gegenüber dem Riff selbst als auch gegenüber dem anschließenden Küstenbereich hydrologische und biologische Sonderverhältnisse aufweist, z. B. Anlandung von Korallendetritus.

Riffkappe: stark reliefierte, aus der → *Riffplatte* des → *Riffs* durch fortgesetzte Heraushebung des Untergrundes entstehend. Durch Hebung wird die R. immer weiter vom Meeresspiegel entfernt, so daß sich eine Abfolge von → *Strandterrassen* herausbilden kann, die wegen der Verkarstungsfähigkeit des Korallenriffs meist stark verkarstet sind, zahlreiche → *Brandungshohlkehlen* aufweisen, sowie durch eine Abfolge von Miniaturterrassen gegliedert sind.

Riffplatte: Oberfläche des → *Riffs*, die durch Sturmfluten sowie Dislokations- und Eruptionswogen erodiert und von lockeren Bestandteilen, z. B. dem Korallendetritus, freigehalten wird. Wenn sich der Sockel des Riffs hebt, wird die R. zur Strandterrasse. Sie befindet sich damit auf dem Weg zur Entwicklung einer → *Riffkappe*.

Rigolen: Verfahren der Kulturtechnik. R. ist tiefgründiges Umschichten von Bodenmaterial (früher manuell, heute maschinell) bis in Tiefen von 80–150 cm zum Zwecke der Bodenverbesserung (nährstoffhaushaltliche Verbesserung durch „Hochbringen" von mineralstoff- oder kalkreichem Unterboden, wasserhaushaltliche Verbesserung durch „Aufbrechen" von wasserstauenden Horizonten). (→ *Rigosole*)

Rigosole: durch tiefgreifendes Umschichten von Bodenmaterial entstandene künstliche Böden. Je nach der Art der umgewandelten Profile gibt es verschiedenste R. Typische Vertreter sind die Weinbergböden (viele Jahrhunderte alt), Sandmischkulturen mit abgetorften → *Mooren* sowie tiefumgebrochene → *Parabraunerden* und → *Podsole* (Aufbrechen der stauenden Tonanreicherungs- bzw. Ortsteinhorizonte). Die R. sind bei völliger Durchmischung von Ober- und Unterbodenmaterial ungeschichtet, beim Aufbrechen von Unterbodenhorizonten durch Tiefpflügen z. T. schräg geschichtet und am Verlauf der ehemaligen A_p-Horizonte gut erkennbar.

Rillenkarren (Firstkarren): Form der → *Karren*, bestehend aus schmalen, meist parallelen Rillen, die sich in scharfen Kanten verschneiden und nur auf geneigten Gesteinsoberflächen auftreten. Ihr Vorkommen und ihre Gestalt weisen auf zwei Entstehungsursachen hin, auf die → *Lösungsverwitterung* und auf die Abspülung durch rinnendes Wasser.

Rillenspülung: Form der → *Bodenerosion*, hier durch fließendes Wasser in kleinen Rinnsalen, wobei nur kleine, bis maximal mehrere Zentimeter tiefe Rillen ausgespült werden. Da die Rillen durch die Bodenbearbeitung und/oder natürliche geomorphologische Prozesse an der Erdoberfläche rasch beseitigt werden, findet eine „schleichende" Abtragung des Bodens statt, die an der Kappung des Bodenprofils jedoch erkennbar wird.

Rillenstein: Kanellierung von Einzelsteinen und kleinen Gesteinsoberflächen in kalten und warmen Wüsten durch Windarbeit oder durch → *Lösungsverwitterung,* die in Trockengebieten auch durch Tau erfolgt, so daß sich → *Taurillen* bilden.

Rinde: Sammelbegriff für jene Gewebe, die bei Dikotyledonen und Gymnospermen vom Kambium nach außen gebildet werden, wobei sich bei älteren Bäumen im Laufe der Entwicklung eine Innenrinde und die vom Korkkambium gebildete verkorkte Außenrinde herausbilden.

Rindviehhaltungsform: landwirtschaftliche Betriebsform bei der Haltung von Rindern. Man unterscheidet als vorherrschende R. in der Europäischen Gemeinschaft: 1. Abmelk- und Durchhaltebetriebe, 2. selbstergänzende Milchviehbetriebe, 3. Milchvieh-Aufzuchtbetriebe, 4. Milchvieh-Rindermastbetriebe, 5. Rindermast-Milchviehbetriebe und 6. Rindermastbetriebe.

Ringleitung (Ringkanalisation): in der Wasserwirtschaft Rohrleitungssystem um ein stehendes Gewässer (See) zum Zwecke des Auffangens der dem Gewässer zufließenden Abwässer. Da die Selbstreinigungskraft stehender Gewässer gering ist, wird hier die Notwendigkeit besonders groß, die Einleitung von Abwässern zu unterbinden und sie der Reinigung in einer → *Kläranlage* zuzuführen. Vor allem in Seenlandschaften, die als Naherholungsgebiete fungieren, wurde der Bau von R. vorangetrieben.

Ringmoor: Form des → *Hochmoores,* auf dessen uhrglasförmiger Oberfläche durch Stränge und → *Flarken* konzentrische Ringe entstehen, die einen asymmetrischen Querschnitt aufweisen mit einer steileren Böschung nach außen, die in die Richtung des allgemeinen Oberflächengefälles weist. Die R. gehören, ebenso wie die den Netzmooren zugehörigen Strangmoore, dem Gebiet des diskontinuierlichen → *Dauerfrostbodens* an. Sie werden als Hinweis auf dessen Schwinden gedeutet.

Ringstraße: Straße, die eine Stadt oder deren Innen- bzw. Altstadt ringförmig umgibt und vor allem den Zweck hat, einzelne Stadtteile miteinander zu verbinden und den Durchgangsverkehr aus dem Stadtzentraum fernzuhalten. Manche Großstädte haben mehrere konzentrische R. (z. B. Köln, München), bis hin zu einem Autobahnring an der Peripherie. Innerstädtische R. wurden häufig im 19. Jh. nach der Entfestigung der Städte auf den alten Wall- und Grabenanlagen in repräsentativer Breite angelegt (z. B. Wien); oft sind sie heute der Standort von Verwaltungsbauten, kulturellen Einrichtungen usw.

Ringtheorie (Ringmodell, Kreistheorie, Kreismodell): zuerst von Burgess entwickelte Modellvorstellung vom Aufbau einer Stadt.

Die R. geht davon aus, daß sich in einer größeren Stadt Ringe oder Gürtel unterschiedlicher Struktur und Funktionen in annähernd konzentrischen Kreisen anordnen (z. B. Wohn- und Industrievororte unterschiedlicher Ausprägung). Die R. läßt sich in den meisten Großstädten ansatzweise verifizieren, wird jedoch der räumlichen Wirklichkeit nur teilweise gerecht und bedarf der Ergänzung durch andere Modelle (→ *Sektorentheorie*).

Rinne: allgemein eine längliche und meist schmale sowie unterschiedlich tiefe Hohlform.
1. kleine, nicht allzu tiefe Talkerbe oder episodisch durchflossene Hohlform im Sinne der Rachel bzw. → *Calanche.*
2. langgestreckte, meist flachere und fast talartige Hohlform in den ehemaligen pleistozänen Vereisungsgebieten. Die Entstehung ist gewöhnlich durch Vorformen induziert und überwiegend mit dem fließenden Eis zu erklären. Teilweise kommt, jedoch nicht überwiegend, subglaziäre Schmelzwassererosion für ihre Entstehung in Frage. Dagegen sprechen aber in vielen Fällen die gegen die Fließrichtung ansteigenden Rinnböden.
3. Hohlform des → *Rinnensees.*
4. Hohlformen auf Gesteinsoberflächen oder in diesen angelegt, im Sinne der → *Rinnenkarren.*
5. unscharfe Bezeichnung für submarine Hohlformen im küstennahen Bereich des → *Wattenmeeres,* die verschiedene andere Lokalbezeichnungen tragen, wie Tiefs, Löcher oder Aue.
6. in den Flußbetten durch Strömung angelegte und besonders übertiefte → *Stromrinnen.*

Rinnenkarren: Form der → *Karren,* die man von den → *Kluftkarren* bzw. → *Schichtfugenkarren* unterscheidet, weil bei den R. die Richtung der Firste und Rinnen durch die Abdachung der Gesteinsoberfläche bedingt ist.

Rinnensee: langgestreckter, tiefer See im glazialen Aufschüttungsbereich, entstanden durch Erosion subglaziärer Gerinne. Letztlich handelt es sich um subglaziäre Erosionstäler, die von Schmelzwasserströmen durchflossen waren und die beim Abschmelzen des Inlandeises sich mit Wasser füllten. Der Verlauf der oft kilometerlangen R. wurde bestimmt vom Spaltennetz des ehemaligen Inlandeises, so daß die R. als dessen Projektion auf den Untergrund betrachtet werden können. Die Hohlformen der R. wurden z. T. bis in das Spätglazial durch → *Toteis* ausgefüllt und somit längere Zeit vor Zusedimentation bewahrt. In den Bereichen, wo Toteis fehlte, konnte Sedimentation erfolgen. Hier finden sich heute im Längsverlauf der R.

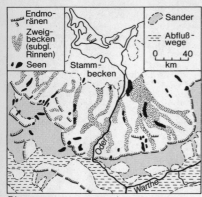

Endmoränen	Sander
Zweigbecken (subgl. Rinnen)	Abflußwege
Seen	Stammbecken

0   40
km

Rinnenseen
Schwellen, welche die durch Toteis vorgegebenen Teilbecken der R. voneinander abtrennen.

Rippelmarken: Kleinstform, die nur eine Modellierung von Reliefformenoberflächen darstellt und als Grenzflächenphänomen zwischen sich bewegenden Agentien im Wind-Bodenoberflächen- und im Wasser-Bodenoberflächen-Bereich vorkommt. Sowohl die Wasser- als auch die Windrippeln sind quer zur herrschenden Strömungsrichtung angeordnet und mit flachen Luv- und steileren Leeseiten versehen, bei einer meist recht gleichmäßigen Wellenlänge von wenigen Zentimetern. Seltener sind Phasenlängen bis zu mehreren Dezimetern. Die asymmetrische Gestalt kann jedoch den R. im Wasser verloren gehen, wenn sich das Wasser mit gleichmäßiger Geschwindigkeit über einer Sand- oder Schlickfläche hin und her bewegt. Dann sind die Rippeln gleichzeitig geböscht und abgerundet. In Sand- und Kalksteinen, vor allem des Mesozoikums - aber nicht ausschließlich -, findet man fossile R.

Riß-Kaltzeit: eine der vier klassischen alpinen Kaltzeiten des → *Pleistozäns*. Ihre Sedimente sind, im Gegensatz zur → *Mindel-Kaltzeit* und zur → *Günz-Kaltzeit*, z. T. noch flächendeckend erhalten, d. h. dort, wo das nachfolgende Eis der → *Würm-Kaltzeit* diese Formen und Sedimente nicht überfuhr. Die R.-K. ist im Bereich der Alpen die vorletzte und gleichzeitig bedeutendste Vereisung. Ihre Ablagerungen und die daraus entstandenen Formen bilden die → *Altmoränenlandschaft*. Neben den Altmoränen kommen fluvioglaziale Schotter vor, die als → *Hochterrasse* bezeichnet werden. Die R.-K. entspricht der → *Saale-Kaltzeit* im nordeuropäischen Vereisungsgebiet.

Riß-Würm-Interglazial: letztes → *Interglazial* der → *pleistozänen Kalt-* und Warmzeiten im alpinen Vereisungsbereich, das sich zwischen → *Riß-* und → *Würm-Kaltzeit* anordnet und dem → *Eem-Warmzeit* Nord-Mitteleuropas entspricht. Die Klimaverhältnisse ähnelten jenen im → *Postglazial,* bei vermutlich etwas mehr Feuchtigkeit und geringfügig höherer Wärme.

Rivier: periodisch bis episodisch fließender und daher nur zeitweise geomorphodynamisch aktiver Fluß in den Trockengebieten des Großraums Südafrikas, damit etwa dem → *Wadi* entsprechend.

roaring forties („brüllende Vierziger"): Zone der konstanten Westwinddrift mit regelmäßigen hohen Windstärken zwischen 40-60 °S. Die südliche Westwinddrift ist viel konstanter ausgeprägt als ihr nördliches Gegenstück, da der Einfluß von größeren Landmassen fehlt.

Rodung: 1. Beseitigen von Waldvegetation einschließlich des Ausgrabens von Baumstümpfen. Ziel der R. ist die Gewinnung von Flächen für die Anlage von Siedlungen oder zur landwirtschaftlichen Nutzung.
2. gerodetes Areal. Liegt dieses inselhaft im Wald, spricht man von R.-Inseln bzw. von R.-Gassen, wenn entlang von bestimmten Leitlinien (Wege, Flüsse) gerodet wurde. R. sind in Mitteleuropa vornehmlich in der Rodezeit des Früh- bis Spätmittelalters entstanden. Als R.-Siedlungen werden alle Siedlungen auf R.-Flächen bezeichnet. Häufig sind diese planmäßig angelegt (z. B. → *Waldhufendorf*).

Rodungskloster: Kloster, das zum Zweck der Landerschließung und Erweiterung des von christianisierten Volksstämmen besiedelten Gebietes im mittelalterlichen Deutschland angelegt wurde. Die Mönche, vor allem Prämonstratenser und Zisterzienser, der R. leiteten die Waldrodung und die Anlage und Besiedlung neuer Dörfer.

Rodungskolonisation: Gewinnung von neuen Siedlungsgebieten und landwirtschaftlichen Nutzflächen durch Waldrodung. Insbesondere bei der frühmittelalterlichen Landnahme germanischer Volksstämme in Deutschland handelte es sich meist um R. (→ *Binnenkolonisation*).

Rohbauland: die grundsätzlich planungsrechtlich oder nach ihrer Lage (innerhalb der im Zusammenhang bebauten Ortsteile) für eine Bebauung bestimmten Flächen. R. ist aber noch nicht in ortsüblicher Weise ausreichend erschlossen (→ *Erschließung*). Die Vorstufe von R. ist das → *Bauerwartungsland*. (→ *baureifes Land*)

Rohboden: Anfangsstadium der Bodenbildung. R. bestehen aus einer lückenhaften, oft nur filmartigen Lage aus noch kaum zu Humus zersetzter abgestorbener pflanzlicher Substanz über dem noch weitgehend unverwitterten Festgestein. Sie sind demzufolge von den Gesteinseigenschaften geprägt. Es werden subhydrische (→ *Protopedon*), semiterrestrische (→ *Rambla*) und terrestrische R. (→ *arktischer R.*, → *Syrosem*, → *Yerma*) unterschieden.

Roheisenerzeugung: Prozeß des Ausschmelzens von Eisenerzen im Hochofen unter Zugabe von Koks (Brennstoff und Reduktionsmittel) sowie Kalk (Schlackenbildung). Das flüssige Roheisen wird am Boden des Hochofens abgestochen und in einer Hitze für die → *Rohstahlproduktion* verwendet oder der Eisengießerei zugeleitet. Das bei der R. anfallende Gichtgas betreibt die Winderhitzer, mit Hilfe derer heiße Luft in den Hochofen eingeblasen wird.

Rohertrag: das wertmäßige Ergebnis der Gütererzeugung. Im Vergleich zum → *Reinertrag* sind beim R. Kosten oder Aufwand noch nicht abgezogen.

Rohgewicht: Gewicht eines Materials, wie es im Fertigungsprozeß eingesetzt wird. Es setzt sich im wesentlichen aus → *Reingewichtsmaterial* und → *Verlustgewichtsmaterial* zusammen.

Rohgewinn: im Handel gebräuchliche Bezeichnung für → *Rohertrag.*

Rohhumus: dreilagiger (O_L-O_F-O_H-Profil), huminstoffarmer Auflagehumus mit stark verlangsamtem Streuabbau. R. ist quasi extrem sauer, nährstoffarm und wenig belebt. Er entsteht unter kühl- und kaltgemäßigten Klimabedingungen (niedrige Bodenwärme verlangsamt die biologische Abbauaktivität) auf nährstoffarmen Gesteinen unter Vegetation, die schwer abbaubare Streu liefert (Nadelwälder, Zwergstrauchheiden). R. bildet viel niedermolekulare ungesättigte organische Säuren (→ *Fulvosäuren*), die Podsolierungsprozesse in Gang setzen. Sofern das Gestein nicht außerordentlich widerstandsfähig ist, entsteht unter einer R.-Decke deshalb ein → *Podsol.*

Rohmarsch: durch Bodenentwicklungsprozesse noch unveränderte → *Marsch.*

Rohmaterial: im Gegensatz zum Begriff → *Rohstoff*, Produkte niedriger Verarbeitungsstufen. R. sind z.B. die Erzeugnisse der → *Metallurgie*, der Grundchemie oder der Zementindustrie.

Rohöldestillation: Anlagen zur Aufspaltung des Rohöls in bestimmte Anteile, wie z.B. Naphtha, Kerosin oder Gasöl (→ *Raffinerie*).

Rohöleinheit (RÖE): Maßeinheit, mit Hilfe derer verschiedene Energiearten, bezogen auf ihren → *Heizwert*, verglichen werden können. Die RÖE, auch als Öläquivalent oder im Englischen als Oil equivalent bezeichnet, geht dabei primär vom Erdöl aus und mißt daran andere Energieträger. 1 kg RÖE entspricht 10000 kcal oder 11,63 kWh oder 41868 kJ. Gebräuchlicher in Deutsch-

land ist die → *Steinkohleneinheit* (SKE).

Rohproduktenhandel: Handel mit Alt- und Abfallstoffen. Unter den R. fallen sowohl der Handel mit Altmetallen als auch der mit Papier, Pappe, und inzwischen einer Reihe weiterer → *Sekundärrohstoffe*, die im Rahmen des → *Recycling* wieder dem Produktionskreislauf zugeführt werden.

Röhre: beschreibender Begriff für das kreisförmige Querprofil einer → *Höhle*, die über ihre Länge das Profil beibehält.

Röhricht: Vegetation des Ufergürtels, an Binnengewässern, die sich aus Schilf, Rohrkolben und Binsen zusammensetzt, die meist dicht gedrängt stehen und bis etwa 2 m Wassertiefe im Schlamm wurzeln.

Rohrleitung: meist metallenes oder hölzernes Rohr, das zum Transport von flüssigen oder gasförmigen, gelegentlich auch von festen Materialien (Rohrpost) dient. Im Gegensatz zu anderen Verkehrsmitteln erfüllt die R. gleichzeitig auch die Funktion der Fahrbahn (→ *Pipeline*, → *Rohrleitungsverkehr*)

Rohrleitungsverkehr: Transport von flüssigen oder gasförmigen Materialien, in Ausnahmefällen auch von festen Stoffen, mit Hilfe von Rohrleitungen (→ *Pipelines*), wobei das Transportmaterial aufgrund der Schwerkraft fließt oder durch Pumpen bewegt wird. Wichtigste im Rahmen der R. transportierte Stoffe sind Trink- und Brauchwasser, Erdöl, Erd- und Stadtgas und Erdölprodukte. In Verkehrsstatistiken wird allerdings der Transport von Wasser und Abwasser, insbesondere im Rahmen der Trinkwasserversorgung und Abwasserkanalisation, in der Regel nicht zum R. gezählt.

Rohstahlproduktion: die Herstellung von schmied- und walzbarem Eisen aus Roheisen (→ *Roheisenerzeugung*) bei Verminderung des Kohlenstoffgehaltes sowie der Eliminierung anderer Verunreinigungen, wie Schwefel oder Phosphor. Durch die Beimengung von → *Stahlveredlern* wie Chrom, Mangan oder Nickel erhält der Rohstahl spezielle zusätzliche Qualitäten. Die R. erfolgt nach besonderen Verfahren (→ *Stahlindustrie*), wobei in unterschiedlichem Umfang die Verwendung von Schrott möglich ist.

Rohstoff: in den Produktionsprozeß eingehende Grundsubstanz, die bisher weder aufbereitet noch verarbeitet ist. Nach ihrer Herkunft unterscheidet man nach pflanzlichen, tierischen, mineralischen oder chemischen R. Üblich ist auch die Unterscheidung nach agrarischen R., forstwirtschaftlichen R., fischereiwirtschaftlichen R. und bergbaulichen R. Gesondert zusammengefaßt wird häufig die Gruppe der Energie-R. Eine weitere Differenzierung besteht nach erneuerbaren R. (z.B. → *regenerative Energien*) und nicht erneuerbaren R. Letztlich gibt es die Begriffe

→ *Primärrohstoff* und → *Sekundärrohstoff* (→ *Rohmaterial*).

Rohstoffabkommen: vertragliche Vereinbarung zwischen den → *Rohstoffländern* und den Abnehmerstaaten, wodurch reguliert (Preis, Abnahmemenge) auf den internationalen Rohstoffmarkt eingewirkt werden kann. Bereits 1937 wurde das erste R. (Zucker) abgeschlossen. Bis heute sind acht weitere R., zum überwiegenden Teil für Agrarprodukte, zustandegekommen.

Rohstoffaufbereitungsindustrie: Industrie, die nach der Rohstoffgewinnung eine erste Bearbeitung des Materials vornimmt. Dazu gehört das Sortieren, das Reinigen oder das Zerkleinern des Rohstoffmaterials. Bei der Gewinnung mineralischer (bergbaulicher) Rohstoffe fällt die Aufbereitung meistens noch dem Bergbau (extraktive Industrie) zu. Ein Beispiel ist die Aufbereitung des Eisenerzes. Diese bedeutet bezüglich des Transports zu den Schwerindustriezentren eine wichtige Kostenersparnis.

Rohstoffergänzungsraum: Räume, die aufgrund ihres Rohstoffreichtums vornehmlich eine Rohstoffversorgungsfunktion für Industriegebiete (Industrieländer) haben. Z. B. ist der Nahe Osten für die westlichen Industrieländer ein wichtiger R. bezüglich der Erdölversorgung.

Rohstoffindustrie: diejenige Industrie, die sich hauptsächlich mit der Aufbereitung, Be- und Verarbeitung von Rohstoffen befaßt. Statistisch ist die R. im Bereich der Grundstoff- und Produktionsgüterindustrie angesiedelt.

Rohstoffkartell: Zusammenschluß von Rohstoffproduzenten (-ländern) zum Zwecke der Marktbeherrschung bei bestimmten Rohstoffen (→ *Kartell*). Das wirksamste R., das bisher zustande kam, ist das R. der → *OPEC*.

Rohstoffland: ein Land, das, gemessen an den dort vorkommenden → *Reserven* bzw. → *Ressourcen*, reich an bestimmten Rohstoffen ist. Nach dieser weiter gefaßten Definition fallen unter R. sowohl Industrie- als auch Entwicklungsländer. R. im engeren Sinne sind demgegenüber jene Länder, deren Wirtschaft zu einem sehr wesentlichen Teil auf dem Export von Rohstoffen basiert und selbst noch keine nennenswerte eigene industrielle Rohstoffverarbeitung vornimmt. Ein Hauptproblem, die extreme Preisschwankungen bei Rohstoffen, soll durch → *Rohstoffabkommen* bzw. über ein → *integriertes Rohstoffprogramm* abgebaut werden.

Rohstofforientierung: sich in der Wahl des Standorts auswirkendes Merkmal bestimmter Industriezweige. R. bedeutet, daß wegen hoher Transportkosten die Be- bzw. Verarbeitung von Rohstoffen am Ort der Rohstoffgewinnung oder in unmittelbarer Nähe

davon stattfindet. Eine R. ist in der Regel bei der → *Grundstoff*- und *Produktionsgüterindustrie* erkennbar.

Rohstoffpolitik: als Teil der Wirtschaftspolitik diejenigen staatlichen Maßnahmen bzw. Bemühungen auf internationaler Ebene (→ *Nord-Süd-Dialog*), welche die Sicherstellung der Rohstoffversorgung zum Ziele haben. Wichtig ist dabei die Preisstabilisierung, die über ein Exportquotensystem (→ *Rohstoffabkommen*) oder über → *Buffer-Stocks* (→ *integriertes Rohstoffprogramm*) erreicht werden soll.

Rohstoffsicherung: eine wichtige Aufgabe der → *Rohstoffpolitik*. Im Rahmen der allgemeinen → *Rohstoffverknappung* betreiben vor allem Industrieländer eine langfristige Erschließungs- und Vorratspolitik.

Rohstoffverknappung: Vorgang der zunehmenden Erschöpfung nichtregenerierbarer → *Rohstoffe* oder das Ergebnis von Unzulänglichkeiten in der Rohstoffversorgung bzw. die Folge eines gezielten Boykotts (z. B. → *Ölembargo*). Die R. wirkte sich bereits bei einer größeren Zahl von mineralischen Rohstoffen und Energierohstoffen aus. Eindringlich aufmerksam gemacht auf das Problem der R. hat zu Beginn der siebziger Jahre der → *Club of Rome*.

Rohstoffvorkommen: natürliches Rohstoffpotential, das sich z. B. im Falle von mineralischen Rohstoffen als → *Lagerstätte* darstellt. Die R. lassen sich nach → *Ressourcen* und → *Reserven* klassifizieren.

Rohstoffwirtschaft: derjenige Teil der Wirtschaft, der sich mit der Erzeugung und Vermarktung von → *Rohstoffen* befaßt.

Rohwasser: in der Wasserwirtschaft unbehandeltes Wasser, das im Wasserwerk für einen bestimmten Verwendungszweck (→ *Trinkwasser*, → *Brauchwasser*, → *Reinwasser*) aufbereitet wird.

Roller: auf den Strand auflaufende, sich brechende Wellen.

Roll-on-roll-off-Verkehr: ein Verfahren beim → *Fährverkehr* mit Fahrzeugen, das ein rasches Be- und Entladen des Schiffs ermöglicht. Die Fährschiffe sind mit Bug- und Heckklappen versehen, so daß die transportierten Kraftfahrzeuge oder Eisenbahnzüge mit eigener Kraft das Schiff befahren und wieder verlassen können.

Römerstadt: von den Römern gegründete Stadt. Die Bezeichnung R. wird heute insbesondere für solche Städte gebraucht, die ihren Ursprung auf eine römische Gründung zurückführen und in der Regel in ihrem Grundriß, in erhaltenen Gebäuderesten oder durch Bodenfunde noch Erinnerungen an die Römerzeit bewahren. In Deutschland sind z. B. Köln, Mainz, Regensburg, Trier und Augsburg R.

Roois: etwas unscharfe Bezeichnung für

Trockentalsysteme in Westindien.

Roßbreiten: die zonenartigen Gebiete der → *subtropischen* Hochdruckgürtel zwischen etwa 30–40°N und S. In den R. herrschen häufig Windstillen oder nur schwache Winde. Die Hochdruckgebiete der R. (im nördlichen Atlantik z.B. das → *Azorenhoch*) sind äußerst konstant und bilden ein wichtiges Glied der der → *allgemeinen Zirkulation der Atmosphäre.*

Rossby-Wellen: die typische wellenförmige (mäandrierende) Strömung der außertropischen Höhenwestwinde (→ *Jet stream*). Die sehr konstanten R.-W. sind das Ergebnis der wechselnden Wirkung der Coriolisbeschleunigung (→ *Corioliskraft*) und der relativen → *Vorticity.*

Rossel (Lesesteinrücken, Riegel, Steinriegel): durch anthropogene Tätigkeit zusammengetragene und in niedrigen, aber langgestreckten Wällen aufgehäufte → *Lesesteine,* die z.T. mit Erde überhäuft und/oder bewachsen sind, meist mit Hecken. Die Bezeichnungen wechseln innerhalb der verschiedenen mitteleuropäischen Landschaften.

Rosterde (Rostbraunerde): Übergangsbodentyp, der zur Gruppe der oligotrophen Braunerden gerechnet wird. R. sind schwach podsolierte (→ *Podsolierung*) und gleichzeitig schwach tondurchschlämmte (→ *Lessivierung*) → *Braunerden.* Sie weisen einen schwach gebleichten Oberbodenhorizont (A_{he}-Horizont) und dünne Tonbändchen im deutlich rostbraun gefärbten Unterboden (B_{sv}-Horizont) auf. R. entstehen durch Inkulturnahme von → *Podsolen,* da sich diese wegen der veränderten Dynamik in Richtung von Braunerdestadien zurückentwickeln.

Rostfleckung: Fleckigkeit in → *Oxidationshorizonten* von → *Gleyen* und Stauhorizonten von → *Staugleyen,* die durch feinverteilt ausfallende Eisenoxide hervorgerufen wird.

Rostgley: Übergangsbodentyp zwischen dem → *Gley* und der → *Rosterde,* der bei relativ tiefstehendem Grundwasserspiegel entsteht. Über dem Oxidationshorizont ist ein anhydromorpher rostfarbener B_{sv}-Horizont eingeschoben.

Rostpodsol: gelegentlich auftretende Bezeichnung für die Eisenpodsole (→ *Podsole*).

Röt: oberste Stufe des → *Buntsandsteins,* die zum → *Muschelkalk* überleitet und die sich durch gipsführende, meist rotgefärbte Letten auszeichnet.

Rotationsbereich: in der DDR Flurstück, das einer einheitlichen Bewirtschaftung unterliegt. Die Gliederung des R. erfolgt nach → *Schlageinheiten.*

Rotationsbrache: besondere Form der Brache. Bei der R. findet sich in einem Fruchtfolgesystem (→ *Fruchtwechselwirtschaft*) ein Brachjahr. Das Einschalten einer solchen R. kann arbeitstechnische Gründe haben oder aus Gründen der Bodenregenerierung erfolgen.

Rotationsellipsoid: die sich aus der leichten Abplattung an den → *Polen* und der leichten Ausbauchung im → *Äquatorbereich* ergebende geometrische Idealgestalt der → *Erde.* Das R. ist die mathematisch am besten zugängliche Annäherung an die durch Schwereanomalien etwas unregelmäßige wahre Gestalt (→ *Geoid*) der Erde.

Rotationsprinzip: bei Gastarbeiterbeschäftigung das Bestreben, die ausländischen Arbeitskräfte nach relativ kurzen Zeiträumen (meist wenige Jahre) in ihr Heimatland zurückkehren zu lassen und gegen Neuankömmlinge auszutauschen. Zweck des R. ist es vor allem, die → *Integration* und evtl. Seßhaftwerdung der Gastarbeiter im Beschäftigungsland zu verhindern und die Rückgewöhnung an das Leben im Heimatland zu erleichtern.

Roterde

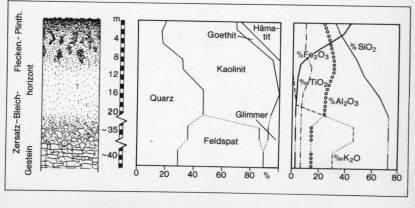

Roterde: Boden der wechselfeuchten Tropen, der zu Gruppe der → *Latosole* gehört. Intensive chemische Verwitterung bewirkt in den R. eine Verarmung an verwitterbaren Primärmineralen. Die Kieselsäure wird größtenteils weggeführt (→ *Desilifizierung*), und die verbleibenden Eisen- und Aluminiumoxide flocken in Trockenperioden aus und schaffen ein hartkrümeliges Erdgefüge. Die Eisenminerale → *Hämatit* und → *Goethit* geben der R. intensiv rote und gelbrote Färbung. Neben der Sesquioxidanreicherung findet auch eine Tonmineralneubildung statt, wobei vor allem → *Kaolinite* entstehen. Unter bestimmten Bedingungen verkrustet die R. zu → *Laterit*. Wegen des sehr raschen Humusabbaus und der niedrigen Sorptionskraft für Nährstoffe haben R. chemisch ungünstige Eigenschaften. Demgegenüber stehen jedoch gute bodenphysikalische Voraussetzungen durch stabiles Gefüge und Tiefgründigkeit (Abb. S. 155).

Rotlehme: rotgefärbte plastische tropische Böden mit dichtem Lehmgefüge, die aus Silikatgesteinen verschiedener Zusammensetzung entstehen. Die R. gehören zur Gruppe der → *Plastosole*.

Rotlehmrelikt: für die Datierung der → *Altflächen* in der Geomorphologie als → *Paläoklimazeugen* für tropisch-subtropisch wechselfeuchtes Klima während des → *Tertiärs* in Mitteleuropa herangezogene fossile Bodenbildung.

Rotliegendes: ältere Abteilung des → *Perm* mit den Stufen Sakmarian (unteres), Artinskian (mittleres) und Kungurian (oberes), die von 280 bis 240 Mill. Jahre dauerte und sich in Europa durch überwiegend terrestrische Sedimente roter Farbe auszeichnet (→ *Zechstein*). Es handelt sich um Abtragungsprodukte des → *Variscischen Gebirges*, welche die Tröge, die sich zwischen Hebungsgebieten herausbildeten, füllten. Bei aridem Klima kam es zu Rotverwitterungen, welche die charakteristische Farbe der Konglomerate, Sandsteine und Schiefertone des R. erklären.

r-Strategie: Form der Lebensstrategie, die der → *K-Strategie* gegenübersteht. Organismen mit r.-S. (wobei r für die endogene Wachstumsrate der Population steht) sind Arten mit schneller Entwicklung, hoher Nachkommenszahl, relativ kurzem Leben und starken Bevölkerungsschwankungen, die in der Lage sind, Lebensräume mit kurzfristig wechselnden Bedingungen rasch zu besiedeln. Dazu gehören zahlreiche Unkräuter, das limnische → *Plankton*, sowie Blattläuse und Mäuse. Der Begriff spielt in der Theorie der → *Populationsbiologie* eine Rolle.

Rubefizierung: zusammenfassende Bezeichnung für die Bodenbildungsprozesse, welche zu einer Ausscheidung und Anreicherung wasserarmer Eisenverbindungen (z. B. → *Hämatit* und → *Goethit*) in subtropischen und tropischen Böden (→ *Roterde*, → *Rotlehme*, → *Terra rossa*) führen.

Rübelsches Prinzip: die Umschreibung der Gleichwertigkeit verschiedener Umweltbedingungen, ist somit das Prinzip der Vertretbarkeit oder Ersetzbarkeit der Geoökofaktoren, nach welchen durch verschiedene ökologische Gegebenheiten die gleiche Wirkung auf einen Organismus erzielt werden kann. Das R. P. erklärt zugleich die Relativität der Biotopbindung, außerdem weist es auf die Kompensationen verschiedenartiger Geo- und Bioökofaktoren hin.

Rücken: 1. steile, gewölbte → *Schwelle*, meist Mesoform, sehr verschiedener Genese. R. sind meist von rundlich-länglicher Gestalt mit einer geringeren Breite gegenüber einer größeren Länge.
2. als Mega- und Makroformen vor allem im submarinen Formenbereich verbreitet, z. B. als mittelozeanische R.

Rückhaltebecken: Auffangbecken für Niederschlagswasser. Das R. ist eine den Abfluß der Gewässer regelnde Stauanlage, die bei Wasserüberangebot (starker Regen, Schneeschmelze) Wasser speichert. Es können somit nicht nur Überschwemmungen vermieden, sondern es kann bei Abgabe des gestauten Wassers während Trockenperioden der Abfluß des Vorfluters erhöht werden.

Rückkopplung: Funktionsprinzip von → *Regelkreisen*, nach welchem dynamische → *Systeme* bzw. deren Teilsysteme dann über eine R. verfügen, wenn die Änderung einer seiner Ausgangsgrößen auf Eingangsgrößen zurückwirkt. Unterschieden werden kompensierende und kumulative R. Bei kompensierender R. tragen die Rückwirkungen dazu bei, daß die Stabilität des Systems aufrecht erhalten wird. Kumulative R. hingegen liegt

Rückkopplung

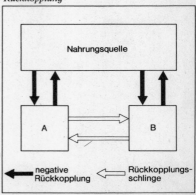

vor, wenn die Rückwirkungen die Stabilität des Systems aufheben, wobei es zur qualitativen Veränderung oder zur Zerstörung des → *Systems* kommen kann.

Rückkopplungssystem (Feed-Back-System): in lebenden → *Systemen* repräsentiertes System, wobei durch einen Informationsverarbeitungsprozeß das Ergebnis der Wirkung eines Stellgliedes wieder zur Aktion dieses Stellgliedes benutzt wird.

Rückkreisung: Wiedereingliederung einer → *kreisfreien Stadt* als → *kreisangehörige Gemeinde* in einen → *Landkreis.* Im Zuge der → *Verwaltungsreformen* der siebziger Jahre kam es in der Bundesrepublik Deutschland zur R. zahlreicher Städte.

Rückkühlanlage: technische Anlage zur erneuten Abkühlung von in Kraftwerksanlagen bzw. in industriellen Großbetrieben erwärmten Kühlwasser. Durch das Rückkühlverfahren wird das Kühlwasser mehrfach benützt und damit die → *Wärmebelastung* der Gewässer reduziert (→ *Kühlturm,* → *Naßkühlturm,* → *Trockenkühlturm*).

Rücklage: im → *Wasserhaushalt* der Anteil des Wassers, welches kurz- oder mittelfristig in den Speichern eines Einzugsgebietes verbleibt. Die Funktion von Speichern erfüllen das Bodenwasserreservoir, das Grundwasser, die Seen, die Schneedecke und Eismassen. Da der → *Wasserkreislauf* langfristig ausgeglichen ist, verändert sich auch die Gesamtspeicherung langfristig nicht, d. h. neu in Speicher gelangendes Wasser wird auch irgendwann wieder aufgebraucht. (→ *Wasserhaushaltsgleichung*)

rückläufiges Delta: Deltabildung, wenn stark strömendes Seewasser durch ein Tief in ein → *Haff* einströmt, so daß auf der Haffseite ein → *Delta* mit dem üblichen Aufbau entsteht – nur hier dem Meer abgewandt.

rückschreitende Akkumulation: steigt der Meeresspiegel an, wird das Akkumulationsgebiet in Flüssen sukzessive flußaufwärts verlegt. Sie steht damit der → *rückschreitenden Erosion* gegenüber.

rückschreitende Erosion: Erosion im Quellbereich und am Flußbett. Weil die Arbeit der → *Grundwalzen* überwiegend flußaufwärts gerichtet ist, wird das → *Flußbett* durch → *Tiefenerosion* versteilt, die damit im Sinne einer r. E. flußaufwärts fortschreitet, wie es sich beim Zurückverlegen von Wasserfällen dokumentiert. Die r. E. geht überwiegend *rückschreitende Erosion*

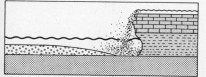

von der → *Erosionsbasis* gegen den Mittellauf und den Talanfang vor, sie kann aber auch von lokalen Erosionsbasen ausgehen.

rückschreitende Subkutandenudation: Begriff aus der Theorie der → *doppelten Einebnungsflächen,* wobei das Wachstum der unteren Einebnungsfläche durch r. S. erfolgen soll. Dabei kann durch die stärkere Durchfeuchtung der randlichen Verwitterungsdecke eine Rückverlegung und Steilerhaltung der Rückhänge erwartet werden.

Rückseitenwetter: typisches Schauerwetter, welches hinter der vordringenden → *Kaltfront* einer → *Zyklone* herrscht.

Rückstand: Restmenge von Fremd- und Zusatzstoffen aus chemischen Reaktionen. R. finden sich in Boden, Grundwasser und Pflanzen. Durch die Nahrungsaufnahme gelangen sie auch in den menschlichen bzw. tierischen Organismus. Gefährliche R. bilden sich z. B. bei der Anwendung von Pflanzenschutz- und Schädlingsbekämpfungsmitteln. Nicht weniger problematisch sind die R. aus den Emissionen der Industrie bzw. den Autoabgasen.

Rückstandsproblem: stellt sich bei exponierten Organismen und Freilandpopulationen, die Schadstoffen ausgesetzt sind, wobei es zu einer → *Belastung* kommt, die oft dadurch gesteigert wird, daß Schadstoffe in den Organismen eine kumulative Wirkung entfalten. Rückstandsanalysen werden vor allem an → *Bioindikatoren* durchgeführt. Amtlich festgesetzte Grenzwerte haben deswegen in der Regel keinerlei Aussagekraft, zumal die → *Belastbarkeit* der Individuen – auch solche der gleichen Art – außerordentlich verschieden ist.

Rückstaudeich: Deich im Bereich von Flüssen, die mit → *Deichen* versehen sind. Er wird gewöhnlich entlang von Nebenflüssen aufwärts bis zum Anschluß an das hochwasserfreie Gebiet angelegt.

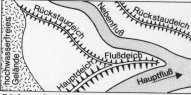

Rückstaudeich

Rückstausee: nach sommerlichen Starkregen und Schneeschmelzen in großen Flußeinzugsgebieten entstehender See infolge gehemmten Abflusses in eingedämmten Hauptströmen, so daß die Nebenflüsse ihr Wasser nicht abführen können, sondern im Unterlaufbereich großflächige Überschwemmungen mit Wasserspiegelanstiegen von 10–20 m bilden können.

Rückwanderung: Rückkehr von → *Auswanderern* in ihr Heimatland. R. tritt vor allem bei wirtschaftlichen Depressionen im Einwanderungsland auf, daneben bei Angehörigen älterer Jahrgänge, die ihren Ruhestand wieder in der Heimat verbringen wollen. Im Falle von Gastarbeitern wird von den Aufnahmeländern vielfach eine R. nach einigen Jahren gewünscht, um einer → *Überfremdung* vorzubeugen.

Rückzugsmoräne: in Stillstands- oder Rückzugsphasen eines → *Gletschers* in Form von Geschiebehügeln im Gletschervorfeld abgelagerte Moräne. Es kommt also keine → *Endmoräne* zustande, sondern Geschiebe aller Größenordnungen schmelzen aus der zurückweichenden und zerfallenden Gletscherzunge aus, so daß es zu keiner regelmäßigen Formbildung kommt.

Rückzugsstadium: durch Endmoränen und durch an diese anschließende Rückzugsschotter belegter Vereisungsstand nach dem Höchststand der einzelnen Vereisungen, wobei die → *Endmoränen* des R. sowohl einen längeren Eisstillstand als auch einen erneuten Vorstoß anzeigen können. Das R. oder Rückzugsstadial ist nicht zu verwechseln mit der → *Rückzugsmoräne.* Je nach Abstand der einzelnen Eisrandlagen von der „Eismitte" bzw. entsprechend der Amplitude der Gletscheroszillationen wird vom R. noch die weniger weitreichende Rückzugsphase und die noch weiter zurückliegende Rückzugsstaffel unterschieden.

Rückzugsvolk: Restgruppe eines ehemals größeren Volkes, das aus seinem angestammten Lebensraum vertrieben wurde und sich in ein → *Refugialgebiet* am Rande der → *Ökumene* zurückgezogen hat. Meist leben R. nahe am Existenzminimum; oft handelt es sich um → *Naturvölker.*

Ruderalboden: im weitesten Sinne → *Schuttboden,* bezieht sich aber überwiegend auf anthropogenen Schutt (Siedlungsschutt, Bauschutt, Trümmerschutt), auf welchem innerhalb von 5–25 Jahren echte → *Bodenbildung* mit Profildifferenzierungen auftritt. Sie äußert sich durch eine Zunahme des $CaCO_3$-Gehaltes der Feinerdefraktion mit der Tiefe von 6 auf 10%, des pH-Wertes von 7 auf 7,5 und einer Abnahme des Gehaltes an organischem C von ca. 3,0 auf 0,5%. Feinerdereiche R. weisen gewöhnlich größere verfügbare Nährstoffgehalte als natürliche Böden auf. Ihr Problem ist jedoch der hohe Steingehalt von 25–50%, der sowohl schnellen Wasserabfluß als auch vermindertes Speichervermögen verursacht, also einen ungünstigen Bodenfeuchtehaushalt.

Ruderalpflanzen (Ruderalpflanzengesellschaft, Ruderalgesellschaft): Pflanzengesellschaften, die sich an Schuttplätzen, Wegrändern sowie in der Nähe menschlicher Siedlungen auf → *Ruderalböden* finden. Wegen des Reichtums an anorganischen Stickstoffverbindungen sowie an anderen Mineralsalzen in den Ruderalböden sind die R. salzliebende bis salzertragende Gewächse, die häufig beträchtliche Nitratmengen in ihren Blättern speichern. Die R. kommen jedoch auch auf stickstoffhaltigen natürlichen Böden vor, wie in manchen Abschnitten der Flußauen oder auf Tangwällen an den Küsten. Typische R. sind Brennessel, Gänsefuß, Melde.

Ruderalstelle: anthropogen geprägter Standort, der ursprünglich oder zeitweise pflanzenarm und verhältnismäßig stickstoffreich ist und sich durch einen → *Ruderalboden* auszeichnet, bei dem die Bodenbildung noch nicht weit fortgeschritten ist und vor allem der A-Horizont fehlt. Charakteristisch für die Ökosysteme der R. sind die großen Schwankungen in Bodentemperatur und -feuchtigkeit. R. sind Müllhalden, Abfallhaufen, Trümmerstellen, Hofplätze und anthropogene Lockersedimentaufschüttungen. Feldraine, Wegränder, Brachfelder und Flußauenabschnitte gelten nicht als Standorte vom Typ der R., obwohl sie → *Ruderalpflanzen* aufweisen.

Ruheform: unscharfer Begriff der Geomorphologie, welcher der → *Arbeitsform* gegenübergestellt wird und bedeuten soll, daß sich an einer Form keine aktuelle Weiterentwicklung des Reliefs oder von Teilen desselben vollzieht.

ruhender Verkehr: Fahrzeuge, die außerhalb der Verkehrszeiten abgestellt worden sind. R. V. tritt hauptsächlich durch private Kraftfahrzeuge auf und zwar einerseits im → *Quellgebiet* (Garagen und Parkplätze in Wohnungsnähe des Fahrzeughalters), andererseits im → *Zielgebiet.* Hier konzentriert sich der r. V. am Straßenrand, auf Parkplätzen, in Parkhäusern, Garagen usw. in Arbeitsplatznähe (→ *Pendelverkehr*), in den städtischen Haupteinkaufsgebieten, in den → *Naherholungsgebieten,* an Freizeit- und Sportstätten usw.

Ruheperiode (Ruhezustand): bei Pflanzen Zeitabschnitt mit stark verminderter Stoffwechselaktivität, in denen das Wachstum vorübergehend eingestellt wird. Die R. drücken sich in bestimmten → *Ruhestadien* aus. Bei Tieren wird die R. vor allem von der → *Überwinterung* repräsentiert.

Ruhesitzwanderung: die → *Wanderung* älterer Menschen in Wohnorte, die als Altersruhesitz dienen. Die R. als spezielle Form der altersspezifischen Wanderung hat in vielen Industriestaaten bereits ein bedeutendes Ausmaß angenommen. Ihre Zielgebiete sind vor allem landschaftlich und klimatisch attraktive und infrastrukturell gut ausgestattete Gemeinden, auch Kurorte, wo häufig spezielle Appartementhäuser, sog. Seniorenheime usw., für Ruhesitzwanderer errichtet werden. In den USA hat die R. bereits zur Bildung von → *Rentnerstädten* geführt.

Ruhestadium: in der → *Ruheperiode* als bestimmte morphologische und anatomische Ausgestaltung der ruhenden Organe und Gewebe bei Pflanzen ausgebildetes Stadium.

Rülle: breite, rinnenförmige Einsenkung in der Oberfläche von → *Hochmooren,* die von der Mitte zum Rande hin verlaufen und natürliche Wasserleitbahnen bilden. Diese radial nach außen verlaufenden Rinnen leiten das Wasser des Hochmoores langsam in den → *Randsumpf,* das Lagg, ab.

Rummel: meist relativ kurze, steilhängige Trockentäler mit starkem Gefälle, die vom Rand pleistozäner Hochflächen und Endmoränen in vorgeschaltete Tiefenlinien führen. Dabei erfolgte die Entstehung ursprünglich periglazial auf → *Dauerfrostboden;* später geschah aber durch anthropogen ausgelöste → *Bodenerosion* eine Weiterformung. Die Steilhängigkeit wird z. T. auch durch anthropogene Überformung dieser kastentalartigen Hohlformen bewirkt. Verwandt mit ihnen sind die → *Tilke* und der → *Siek.*

Rumpffläche (Rumpfebene): rezente oder vorzeitliche Landoberfläche, die unabhängig von Faltenstrukturen, Bruchlinien oder widerständigen Gesteinsbereichen als leichtgewellte Flachform den festen Gesteinsuntergrund als → *Kappungsfläche* schneidet. Sie ist wegen der fehlenden Beziehung zwischen Form und innerem Bau des Gebirges als → *Skulpturform* zu bezeichnen, die auf Flächenbildungs- und Denudationsvorgänge zurückgeht. Für diese wird warm-wechselfeuchtes Klima angenommen, das intensive Gesteinsverwitterung ermöglicht. Auf diesem → *Regolith* vollzog bzw. vollzieht sich die → *Flächenbildung.*

Rumpfgebirge (Rumpfschollengebirge): aus dem Unterbau, d. h. dem Rumpf, eines weitgehend abgetragenen alten → *Faltengebirges* entstandenes Gebirge, das später wieder als → *Bruchscholle* emporgehoben wurde und das von Bruchlinien begrenzt ist, so daß es sich gleichzeitig um ein → *Bruchschollengebirge* handelt. Die Oberfläche des R. wird von → *Rumpfflächen* gekennzeichnet, die entweder alte Abtragungsflächen darstellen oder die sich neu gebildet haben.

Rumpfscholle: ähnlich dem → *Rumpfgebirge* eine entlang von Bruchlinien herausgehobene, von Abtragungsflächen gekennzeichnete Scholle begrenzten Ausmaßes.

Rumpfstufe: Außenrand einer → *Rumpffläche,* der gegenüber dieser steiler ist und entweder strukturell, endogen-kinetisch oder denudativ bedingt ist. Die R. ordnen sich in der → *Rumpftreppe* an, aus deren Gesamtzusammenhang auch die Theorie der Rumpf-

flächen- und R.-Bildung verständlich wird.

Rumpftreppe (Gebirgstreppe): Abfolge von verschiedenen → *Rumpfstufen,* die → *Rumpfflächen* in unterschiedlichen relativen Höhenlagen voneinander trennen, welche als eine Treppung des → *Endrumpfes* begriffen werden, die sich um ein höheres zentrales Bergland anordnet. Dabei greift die jeweils tiefere Rumpffläche in den Talbereichen breit in die nächst höhere Rumpfstufe ein, oberhalb derer sich die nächste Rumpffläche anschließt, die wiederum in die nächst höhere Stufe mit breiten Flächen hineingreift. Die Entstehung der R. ist nicht endgültig geklärt. Es wird davon ausgegangen, daß für die Flächenbildung ein wechselfeucht-warmes Klima Voraussetzung war, unter welchem sich intensive Verwitterungsprozesse mit flächenhaftem Abtrag auch in widerständigen Gesteinsbereichen abspielen konnten. Zum anderen wird für die Abfolge der Rumpfstufen in der R. ein phasenhaftes tektonisches Heraushebung angenommen, das durch Zeiten relativer tektonischer Ruhe getrennt war, in denen dann die Flächenbildung erfolgte. Eine der zahlreichen Theorien über die Rumpftreppenentstehung ist jene der → *doppelten Einebnungsflächen.*

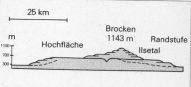

Rumpftreppe

Rumpftreppenkuppel: von → *Rumpftreppen* umgebene → *Rumpfgebirge,* wobei sich die Verebnungsflächen ringförmig und in verschiedenen Höhenlagen um ein zentrales Bergland anordnen. Die R. werden als Folge schildförmiger Aufwölbung von → *Rumpfschollen* erklärt. Typische Gebirge mit R. sind Harz und Fichtelgebirge.

Rundangerdorf: ländlicher Siedlungstyp, der zwischen dem → *Straßendorf* und dem → *Rundplatzdorf* (→ *Rundling*) einzuordnen ist. Beim R. spaltet sich die Straße an den beiden Dorfenden auf und umschließt innerhalb des Ortes einen freien Platz, der die Kirche aufnimmt. Gegenüber dem Rundling ist das R. weniger geschlossen und hat einen größeren Platz. R. gibt es vor allem in Schleswig-Holstein. Es ist noch unsicher, ob es sich um eine Variante des → *Forta-Dorfes* handelt.

Rundfunk: Medium zur meist drahtlosen Übertragung von Ton (Hörfunk) und Bild (Fernsehfunk). Zusammen mit der Zeitung ist der R. das wichtigste → *Massenmedium.*

In Entwicklungsländern mit hohem Analphabetenanteil oder unzureichenden Verkehrsverbindungen ist der R. häufig die einzige regelmäßige Verbindung zur Außenwelt.

Rundhaus: Behausungstyp, der vor allem in Afrika und Südamerika in einem breiten Gürtel um den tropischen Regenwald verbreitet ist. Die Wände des R. bestehen aus senkrechten Pfählen mit Lehmflechtwerk oder aus dicht beieinanderstehenden Pfählen bzw. aus fachwerklichem Stangenwerk mit Bruchsteinfüllung. In holzärmeren Gebieten können R. auch aus gras- oder strohgemischten Trockenlehmziegeln, Stampflehm oder Bruchstein errichtet sein. Das ihnen eigene Kegeldach ist meist ein Gestänge, das mit einer Gras-, Schilf- oder Strohdecke überzogen ist. Der Durchmesser eines R. kann bis zu 10 m betragen.

Rundhöcker (Rundbuckel): glazial geformte längliche Hügel aus anstehendem Gestein, deren gegen die Fließrichtung des Gletschereises gerichtete Seite geglättet, die entgegengesetzte Seite jedoch durch → *Detersion* und → *Detraktion* aufgerauht ist. Die Oberfläche der R. weist oft → *Gletscherschrammen* und → *Gletscherschliff* auf. Ein Teil der R. repräsentiert Gesteinsunterschiede, ein anderer Teil findet sich jedoch auch in homogenen Gesteinsgebieten, so daß das Vorkommen mit dem Bewegungsrhythmus des Gletschers zu erklären ist.

Rundhöckerflur (roches mountonnées): Vergesellschaftung von Rundhöckern, die besonders dort auftreten, wo Gletscher über Felsschwellen flossen.

Rundhöckerlandschaft: großflächiges Auftreten von Rundhöckerfluren in Gebieten, wo ausgedehntere und wenig geneigte Felsflächen vom Gletscher überfahren wurden. R. treten vor allem in Skandinavien auf, z. T. in

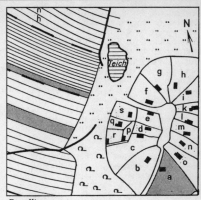

Rundling

marin überfluteter Form als → *Schären*.

Rundholz (Rohholz): das in der Länge unzerteilte Holz von Baumstämmen (Langholz).

Rundling: besondere Form des → *Rundplatzdorfes*. Beim R. gruppieren sich um einen Platz mit einem einzigen Zugang hufeisenförmig bis nahezu kreisförmig die Hofstellen. Letztere haben Anschluß an eine Streifengemengeflur. Die Verbreitung des R., wie z. B. im Hannoverschen Wendland, läßt deutliche Beziehungen zu früheren Stadien der Ostkolonisation, ihren westlichen Randgebieten und zu slawischer Bevölkerung erkennen.

Rundplatzdorf: ländliche Siedlung, bei der die Höfe um einen rundlichen Dorfplatz angeordnet sind. Von diesem aus führt nur ein Weg zur außerhalb gelegenen Landstraße. Der bekannteste Typ einer R. ist der → *Rundling*. (→ *Sackgassendorf*)

Rundhaus

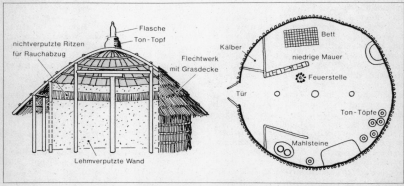

Rundreise: im Unterschied zu einer Aufenthaltsreise eine touristische Reise, die sich aus Kurzaufenthalten mit Besichtigungen an mehrmals wechselnden Orten zusammensetzt. R. werden vor allem als → *Omnibusreisen* im Rahmen des Bildungstourismus organisiert; sie werden aber auch als → *Individualreisen*, meist per Pkw, durchgeführt.

Runrig: kleinflächiges Dauerackerland in keltischen Rückzugsgebieten (z. B. Schottland, Wales, Irland). Das R. war gewannartig eingeteilt und lag inselartig inmitten von Allmendland. Die Parzellen des R. wurden jährlich an die Mitglieder der Feld- und Pfluggenossenschaften verteilt.

Runse (Hangrunse): kurze, steilwandige Talrinne, überwiegend mit Kerbprofil, die im Hochgebirge durch intensive → *Fluvialerosion* von fließendem bis schießendem Wasser gebildet wurde. Die R. dienen im Hochgebirge auch als → *Lawinengassen.* Sie entsprechen als Form den → *Calanchi.*

Runsenspülung: Steilhangbereich, der durch → *Fluvialerosion* in den Runsen geprägt wird, wobei die Runsenzwischenbereiche sich bei großer Dichte seitlich verschneiden und damit zu einer flächenhaften Erniedrigung des Hanges führen.

rural: „ländlich", spezifische Eigenschaft des → *ländlichen Raums,* insbesondere bezüglich Wirtschafts- und Sozialstruktur und Verhaltensweisen der Bevölkerung.

Ruralität: zusammenfassender Ausdruck für die spezifischen Merkmale des → *ländlichen* Raumes. R. äußert sich vor allem in den Verhaltensweisen der Bevölkerung, in deren Berufs- und Sozialstruktur, in der Wirtschaftsstruktur des Raumes, auch in der Physiognomie der Siedlungen usw. – jeweils als Gegenposition zu entsprechenden → *urbanen* Merkmalen.

rural-urban-fringe: Übergangsbereich am Rand eines großstädtischen Verdichtungsraums zwischen städtisch geprägtem Raum und ländlichem Umland. Der Übergangscharakter zeigt sich sowohl in der baulichen Struktur als auch in der Sozial- und Erwerbsstruktur der Bevölkerung. Der r.-u.-f. ist ein Gebiet, in dem durch den → *Suburbanisierungs-* und den → *Urbanisierung*sprozeß meist rasch ablaufende Wandlungen stattfinden.

Ruschelzone: stark zerklüftete, schmale Ge-

steinszone, die sich bei tektonischen Bewegungen bildete und in deren Bereich das Gestein durch die Bewegung zertrümmert wurde.

rush-hour (Stoßzeit): Zeit des zweimaligen werktäglichen → *Stoßverkehrs,* insbesondere in den größeren Städten und Verdichtungsräumen. Die r.-h. ergibt sich durch die Arbeitsanfangs- und -schlußzeiten, die zu einer starken räumlichen und zeitlichen Konzentration des → *Pendelverkehrs* führen.

Ruß: feine Kohlenstoffpartikel, die bei nicht vollständiger Verbrennung von Kohlenwasserstoffen entstehen und emittiert werden können. R. stellt eine Umweltbelastung dar.

Rußzahl: Meßziffer zur Kennzeichnung des Ausmaßes der Verunreinigung durch → *Ruß.* Die R. wird festgestellt mit Hilfe der neunstufigen Bacharach-Scale.

Rutschung (Hangrutschung): Bezeichnung für Prozeß und Form.

1. eine → *Massenbewegung* unter feuchten Bedingungen im Bereich von Hängen, die aus feinkörnigen und wasseraufnahmefähigen Substraten bestehen, wobei bei hohen Wassergehalten der Boden aufquillt, gegen die Vegetationsdecke drückt, diese aufreißt und als Schlammstrom ausfließt. Es entsteht eine → *Abrißnische* als Erosionsform und ein → *Rutschwulst* als Akkumulationsform.

2. Mit dem Begriff R. werden z. T. auch andere, unter ähnlichen Bedingungen verlaufende Substratbewegungen bezeichnet.

Rutschungsfließen: plötzliche Bodenbewegungen, die nicht nur → *gravitative Massenbewegungen* darstellen, sondern die sich im Bereich stark wasseraufnahmefähiger Substratschichten, die auf wasserundurchlässigen liegen, abspielen.

Rutschwulst: Vollform, die unterhalb einer → *Abrißnische* im Bereich einer → *Rutschung* als zungenförmiges, meist wellig-höckriges Gebilde entsteht.

Ryd-Scherhag-Effekt: die dynamische, im Strömungsfeld der Höhenströmung begründete Druckänderung im Bodendruckfeld. Der Druckabfall am Boden entsteht durch Massenverlust von Luft in der Höhe, wenn diese im Divergenzbereich starker Strömungen an der → *planetarischen Frontalzone* wegen der Massenträgheit zum hohen Druck hin abgelenkt wird. Dieser Mechanismus ist grundlegend für die Entstehung von → *Zyklonen.*

S

Saale-Kaltzeit: vorletzte und gleichzeitig ausgedehnteste Kaltzeit im Bereich des skandinavischen Inlandeises während des → *Pleistozäns,* zwischen der → *Holstein-Warmzeit* und der → *Eem-Warmzeit.* Die Endmoränen beginnen im Bereich der Rheinmündung und der Niederrheinischen Bucht und ziehen über das Münsterland entlang der Mittelgebirgswelle in das Tiefland Osteuropas. Zwischen Harz und Isergebirge sowie nördlich der Karpaten blieb jedoch die Eisgrenze hinter der → *Elster-Kaltzeit* zurück. Sedimentologisches Hauptcharakteristikum ist eine → *Geschiebemergel*decke von mehreren Metern Mächtigkeit, die tiefgründig verwitterte und meist als → *Geschiebelehm* auftritt. Durch Wind- und Wasserabtrag während der → *Weichsel-Kaltzeit* und im → *Postglazial* wurde das Feinmaterial weggeführt und Grobmaterial angereichert. Im Periglazialgebiet entstanden während der S.-K. Flußterrassen, die als → *Hochterrasse* bzw. als → *Mittelterrasse* bezeichnet werden. Charakteristisch für das Sedimentationsgebiet der S.-K. ist dessen Decke aus → *Löß,* die sich während der Weichsel-Kaltzeit über die saalezeitlichen Formen legte. Die S.-K. gliedert sich in zwei Stadien, das ältere → *Drenthe-Stadium* und das jüngere → *Warthe-Stadium.* Beide sind durch die → *Treene-Zeit* getrennt, deren interstadialer oder interglazialwarmzeitlicher Charakter umstritten ist. Bei warmzeitlichem Charakter würde daraus folgen, daß Drenthe und Warthe eigenständige Kaltzeiten seien, die durch ein Treene-Interglazial voneinander getrennt wurden. In der Literatur wird dabei gelegentlich der Begriff S.-K. mit dem des Drenthe gleichgesetzt. Bei einer Zweiteilung der S.-K. in zwei oder gar drei eigenständige Kaltzeiten ergeben sich dann allerdings Korrelationsschwierigkeiten zur → *Riß-Kaltzeit* des Alpenvorlandes, der die S.-K. bislang gleichgesetzt wurde.

Säbelwuchs: einseitige Verkrümmung des unteren Stammteiles eines Baumes durch Wind-, Schnee- oder Bodendruck und als Folgebewegungen des → *Gekriechs* oder des → *Hakenwerfens.*

Sachgut: materielles Gut, das im Gegensatz zum immateriellen Gut gegenständlich ist und für das sich ein → *Sachwert* formulieren läßt.

Sachwert: Wert eines Gutes, der von den Anschaffungs- bzw. Herstellungskosten abgeleitet ist. Der S. spielt als Festwert besonders dann eine Rolle, wenn bei sinkendem Geldwert (Inflation) die Funktion des Geldes als Zahlungsmittel eingeschränkt ist. Es kommt dann häufig zu einer sog. Flucht in die S.

Sackgassendorf: geschlossener Ortsformentyp, der durch die Reduzierung des Straßennetzes auf eine oder mehrere blind endende Gassen gekennzeichnet ist. Auf letztere ist – im Gegensatz zum → *Rundling* – das Hofreitengefüge jedoch nicht streng ausgerichtet. Das S. wird häufig als Entwicklungsform des Rundlings oder des nur über eine Gasse zugänglichen → *Platzdorfes* gesehen. Die Entstehung der Sackgassen ist ferner durch eine Überbauung großer Hofareale durch → *Nachsiedler* oder → *Spätsiedler* denkbar, bei der nur der zum Althof führende Weg offenblieb. Von der mitteleuropäischen Form des S. sind die orientalischen S. zu unterscheiden, bei denen die älteren sich besonders irregulär, jüngere oft linear, teils mit, teils ohne Platz darstellen.

Sackgassengrundriß: Grundrißform von Siedlungen, insbesondere Städten. Der S. ist vor allem im Orient verbreitet, wo oft nur wenige Durchgangsstraßen eine Stadt durchqueren, die Wohnviertel dagegen ganz überwiegend durch Sackgassen erschlossen sind.

Safari: ursprünglich in Afrika eine Reise von Europäern mit eingeborenen Lastträgern. Heute ist S. die touristische Bezeichnung für eine Reise, insbesondere durch die Steppen Ostafrikas, zur Großwildjagd oder zur Tierbeobachtung und -photographie (sog. Photo-S.).

Saftfutter: in der landwirtschaftlichen Tierhaltung Futterstoffe, die einen hohen Gehalt an Wasser haben. Zum S. zählen → *Grünfutter,* Gärfutter und → *Hackfrüchte.*

Saharo-sindhische Region: ein biogeographischer Begriff, der jenen Verbreitungstyp von Tieren und Pflanzen nach Arten und Gattun-

Sackgassengrundriß

gen zusammenfaßt, welcher die Halbwüsten- und Wüstengebiete Nordafrikas bis zum nordwestindischen Trockengebiet bewohnt.

Sahel: regionalgeographische Bezeichnung für den Südrand der Wüste Sahara mit 100–500 mm Niederschlag pro Jahr, die sehr unregelmäßig einkommen und zu einer Dorn- und Sukkulentensavanne führen, die den Charakter einer Halbwüste aufweist. Wegen der Unregelmäßigkeit des Niederschlagseinkommens sind → *Dürren* häufig. Dieser Lanschaftstyp ist vom Westrand der Sahara mehr oder weniger bis zum Nil verbreitet, gilt aber als Prototyp des Lebensraumes am Rande der warm-ariden → *Ökumene,* der sich durch große Wirtschafts- und Überlebensrisiken auszeichnet.

saiger: bergmännische Bezeichnung für senkrecht stehende Gesteinsschichten, im Gegensatz zur söhligen, also waagerechten Lagerung.

Saison: jahreszeitlich bedingte Hauptgeschäfts- bzw. Hauptarbeitszeit, insbesondere im Handel, in der Landwirtschaft und im Fremdenverkehr. Der saisonale Rhythmus wird teils durch klimatische Gegebenheiten (Erntezeit, Urlaubsreisezeit), teils durch Feste, Sitten und Gebräuche hervorgerufen (z. B. Weihnachtsgeschäft im Handel).

Saisonarbeiter: Arbeitskraft, die nur während der → *Saison* zusätzlich zu den ständigen Arbeitskräften beschäftigt wird, um besondere Arbeitsspitzen zu überbrücken. S. werden überwiegend in Ländern mit noch geringer Mechanisierung vor allem in der Landwirtschaft zur Zeit der Ernte eingesetzt; daneben sind sie häufig im Fremdenverkehrsgewerbe und im Handel beschäftigt. S. stammen häufig aus entfernt gelegenen Räumen mit geringen Erwerbsmöglichkeiten und hoher Arbeitslosigkeit.

Saisonarbeiterwanderung: → *Wanderung* von → *Saisonarbeitern* von ihrem Wohnort zum saisonalen Arbeitsplatz oder zwischen Saisonarbeitsplätzen, z. B. zwischen Sommer- und Winterfremdenverkehrsgebieten. S. finden meist jährlich zur gleichen Jahreszeit zwischen bestimmten → *Quell-* und → *Zielgebieten* statt.

Saisonbetrieb: Betrieb, der bezogen auf den Auftragseingang und die daraus sich ergebende Arbeitsbelastung periodischen bzw. zyklischen Schwankungen ausgesetzt ist. Diese können, z. B. bei Gärtnereien, jahreszeitlich bedingt sein.

Saisondiphormismus (Zyklomorphose): allgemein die Entwicklung verschiedener Formen eines Organismus zu verschiedenen Jahreszeiten. Sie wird überwiegend ausgelöst durch die Rhythmik der abiotischen Geoökofaktoren, z. T. auch durch die damit verbundenen Nahrungsverhältnisse, der sich auch in einem periodisch wiederkehrenden Form-

und/oder Farbwechsel aufeinander folgender Generationen einer Art auswirkt. Dem entspricht z. B. die → *Saisontracht.* Der Begriff S. ist teilidentisch mit → *Ökomorphose.*

Saisonnomadismus: → *Nomadismus,* der durch jahreszeitliche Wanderungen, z. B. vom Gebirge zum Tiefland oder zur Meeresküste, gekennzeichnet ist.

Saisonsiedlung: jahreszeitliche (annuell-temporale) Siedlung, die nur während einiger Monate im Jahr benutzt wird. Die S. findet sich primär bei den Wirtschaftsformen → *Nomadismus,* → *Halbnomadismus* und höheres Jägertum. Der Siedlungswechsel wird entweder zwischen Sommer und Winter oder zwischen Regen- und Trockenzeit vollzogen. (→ *temporäre Siedlung,* → *ephemere Siedlung,* → *Dauersiedlung)*

Saisontracht: Form des → *Saisondiphormismus,* wobei ein jahreszeitlich bedingter Wechsel von Farbmerkmalen des gleichen Individuums einer Art erfolgt, ausgelöst durch Außenfaktoren und physiologisch durch Hormone gesteuert. Schildwanzen (*Palomena*) färben sich im Herbst braun und im Frühjahr wieder grün; das Hermelin (*Mustela erminea*) ist im Sommer braun und im Winter weiß. Besonders die Rhythmik von Licht und Temperatur scheinen die S. zu regeln.

Saisonwanderung: jahreszeitliche Verlegung des Wohnstandortes. Zu den S. gehören z. B. die Arbeiterfernwanderungen (→ *Saisonarbeiterwanderung),* die jahreszeitlichen Bewegungen in der → *Fernweidewirtschaft* oder im → *Saisonnomadismus.*

säkular: im Laufe von Jahrhunderten.

Säkularisation (Säkularisierung): allgemein Verweltlichung ursprünglich religiöser oder kirchlicher Sachverhalte, Begriffe, Güter usw. Geographisch bedeutsam sind die im Laufe der Geschichte in vielen Ländern vorgenommenen S. im Sinne einer Enteignung von kirchlichen Besitztümern, Ländereien bzw. Herrschaften durch den Staat. Dazu zählen z. B. die S. im Verlauf der Reformation, der französischen Revolution, unter napoleonischem Einfluß zu Beginn des 19. Jh. im Deutschen Reich und nach dem II. Weltkrieg in den kommunistischen Staaten Osteuropas.

Salar (Salina): Form der → *Salztonebenen,* die Salzausblühungen zeigen und abflußlose Hohlformen darstellen sowie von → *Pedimenten* und → *Glacis* umgeben sind.

salinär: salzliebend, an salzigen Orten wachsend oder sich aufhaltend.

salinare Serie: Abfolge von löslichen Gesteinen, die in allen Erdteilen und in fast allen Erdzeitaltern auftreten. Dazu gehören in Mittel- und Westeuropa → *Steinsalz,* → *Anhydrit* und → *Gips.* Die Gesamtheit aller Formen und Erscheinungen, die durch Auflösung einer bestimmten s. S. entstehen, bilden

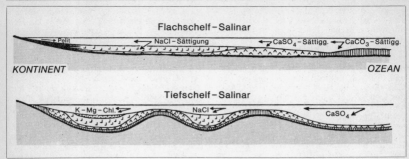

Flachschelf – Salinar

Pelit   NaCl – Sättigung   CaSO₄ – Sättigg.   CaCO₃ – Sättigg.

KONTINENT   OZEAN

Tiefschelf – Salinar

K – Mg – Chl.   NaCl   CaSO₄

salinare Serie
die → *Auslaugungsserie.* Alle Formen, die innerhalb einer Serie während ein und derselben Phase auftreten, stellen die Auslaugungsgruppe dar.
Saline: Anlage, in der Kochsalz aus wäßrigen Salzlösungen (z. B. Meerwasser, Salzseen, kochsalzhaltige Quellen) durch Verdunstung des Wassers gewonnen wird. Eine weitverbreitete Methode ist die Gewinnung des Salzes aus der → *Sole* in sog. Salzgärten.
Salinität: Salzgehalt im Meerwasser oder in Binnenseen trockener Gebiete (→ *Endsee*). Der Salzgehalt des Meerwassers der offenen Ozeane beträgt ungefähr 35‰. In abgetrennten Meeresteilen im Bereich von Trockengebieten ist er etwas höher, in Randmeeren mit viel Süßwasserzufluß z. T. viel geringer (z. B. westliche Ostsee 11‰). In Binnenseen arider Gebiete kann der Salzgehalt mit der Zeit bis zur völligen Sättigung ansteigen (→ *Salzpfanne,* → *Evaporite*). Die S. ist in ihrem unterschiedlichen Maß ein wichtiger Umweltfaktor für die im Wasser lebenden Organismen.
Salinitätsgrad: Konzentration des Salzes im Wasser (→ *Salzwasser,* → *Brackwasser*).

in %

30–45	euryhalin	Meer-	See-
18–30	brachyhalin	wasser	marsch
			——— 20
10–18	pliohalin	Brack-	Brack-
3–10	mesohalin	wasser	marsch
0,5–3	oligohalin		
			———0,5
<0,5		Süß-	Fluß
		wasser	marsch

Salinoplankton: das → *Plankton* salziger Binnengewässer.
Salm: 1. Feinmaterial der Körnungsart lehmiger Sand bis sandiger Lehm (→ *Korngrößen,* → *Bodenart*).
2. ein → *Substrat,* das aus einer mehr als 80 cm mächtigen Feinmaterialdecke aus lehmigem Sand bis sandigem Lehm besteht.
Salmonidenregion: als Bestandteil der → *Fließgewässergliederung* die kalte strömende Gebirgswasserregion bezeichnend.
Salpausselkä: fennoskandische Endmoränen, die längere Rückzugshalte des Eisrandes der letzten Vereisung, der → *Weichsel-Kaltzeit,* markieren. Sie werden auf 10 800 bis 9 800 Jahre v. h. datiert und umrahmen die Finnische Seenplatte. In der Gliederung des → *Postglazials* werden sie etwa in die Jüngere Tundrenzeit gestellt.
Salz: 1. im weiteren Sinne die Gruppe aller aus Ionen (Kationen und Anionen) aufgebauten Verbindungen, die nicht Säuren, Basen oder Oxide sind. Als Kationen treten Metalle, Metallkomplexe und das Ammoniumion (NH_4^+) auf; Anionen sind im wesentlichen alle Reste von Säuren, z. B. in der Natur wichtig CO_3, SO_4, NO_3, PO_4, Cl). Bedeutende und häufige Sedimentgesteine wie Kalk ($CaCO_3$), Dolomit ($CaMg(CO_3)$), Gips ($CaSO_4 \cdot H_2O$) usw. sind S.
2. häufig verwendeter Synonymbegriff für → *Steinsalz.*
Salzbergbau: bergmännische Gewinnung von Salz. Bereits um 900 v. Chr. war das erste Salzbergwerk (Hallstatt) in Betrieb. Dieses Salz wurde damals unter einer 40 m mächtigen Deckschicht abgebaut. In modernen Salzbergwerken geht der Salzabbau bis zu 1 000 m Tiefe. Das Salz wird vollautomatisch gebrochen, so daß bis zu über 1 000 t Salz pro Stunde und Anlage gefördert werden können. Salz wird jedoch nicht nur abgebaut, sondern häufig aus der → *Sole* gewonnen (→ *Saline*).
Salzböden: Böden der Senken → *semiarider* und → *arider Klimate,* in denen sich infolge der starken Verdunstung durch Grund- und Stauwasser herangeführte Salze angereichert haben. Das Salz kann aus dem Gestein stammen oder eine langfristige Anreicherung der im Wasserkreislauf befindlichen gelösten Salze sein. Es werden Salze verschiedener

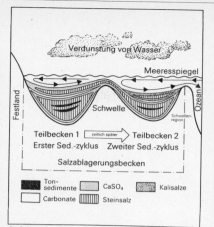

Teilbecken 1 → Teilbecken 2
Erster Sed.-zyklus   Zweiter Sed.-zyklus

Salzablagerungsbecken

Tonsedimente CaSO₄ Kalisalze
Carbonate Steinsalz

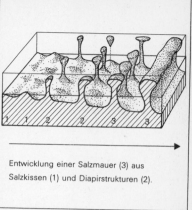

Entwicklung einer Salzmauer (3) aus
Salzkissen (1) und Diapirstrukturen (2).

Salzlagerstätte

Art angereichert, insbesondere Chloride und
Sulfate des Natriums, Magnesiums und Kaliums sowie Carbonate des Natriums und
Magnesiums. Nach den ausgefällten Salzen
und deren Konzentrationen im Boden werden die S.-Typen → *Solontschak,* → *Solonetz*
und → *Solod* unterschieden. S. mit niedrigen
Salzkonzentrationen bezeichnet man auch
als Alkaliböden.

Salzdiapir: Form des → *Diapirs,* die im Steinsalz angelegt ist und auch als → *Salzstock*
bezeichnet wird.

Salzgarten: in heißen Ländern Anlage zur
Gewinnung von Salz aus Meerwasser. Dabei
wird Meerwasser in abgeschlossenen künstlichen Teichen verdunstet. Im Mittelmeerraum werden die S. im Frühjahr gefüllt;
etwa im August kann das nach der Verdunstung des Meerwassers zurückbleibende Salz
erstmals „geerntet" werden. S. können auch
im Binnenland im Zuge der Nutzung von
Solquellen (→ *Sole*) entstehen (→ *Saline*).

Salzgletscher: im Bereich von oberflächennahen → *Salzstöcken* arider Zonen anstehende Salzmassen, die im Kulminationsbereich abgetragen sind, so daß der salinare
Kern an der Erdoberfläche liegt. Das plastische → *Steinsalz* quillt heraus und fließt in
flachen Zungen über die Hänge in die Täler.
Die S. können mehrere Kilometer lang werden. Selbst in Winterregengebieten können
sie sich als salinare Akkumulationsformen
halten.

Salzhang: unterirdische Randbereiche flachlagernder → *Salzlagerstätten.* Sie sind die flachen und kuppelförmig aufgewölbten Salzstockflanken. Sie weisen schräge Auslaugungsfronten auf, an denen Auflösungs- und
Lösungsmetamorphoseprozesse stattfinden,

Salzmauer

die denen am → *Salzspiegel* gleichen.

Salzkaverne: natürliche unterirdische Speicherkammer in Salzlagern und Salzstöcken
für Flüssigkeiten und Gase. Die Speicherräume werden durch Aussolen (→ *Sole*) des
Salzes gewonnen. Die erste S. entstand 1964
in Frankreich östlich von Avignon.

Salzkissen: relativ flache, kuppelförmige
Salzaufwölbung, die das erste Stadium des
Salzaufstiegs darstellt, aus der sich dann
→ *Salzstöcke* und → *Salzmauern* entwickeln.

Salzkruste: Form der → *Kruste* als Ausdruck
der → *Krustenbildung,* hier im Salz. Durch
aufsteigende Lösungen bilden sich in Klimaten mit starker Verdunstung auf Oberflächen
S., vor allem in episodisch oder periodisch
befeuchteten Lockersedimentbereichen, wie
den → *Salztonebenen.*

Salzlagerstätte: natürliche Lagerstätte von
Salzen. S. bilden sich in erster Linie bei Verdunstung von Meerwasser (→ *Evaporite*),
z.B. in vom Meer getrennten Seen (→ *Barrentheorie*). Sie enthalten Steinsalz (NaCl),
Anhydrit (CaSO₄), Gips (CaSO₄·2H₂O),
Salzton, seltener sind Kali-, Kalium- und
Magnesiumsalze usw. vertreten. Zuerst werden die am schwersten löslichen Salze abgelagert, zuletzt die am leichtesten löslichen.
Dies geschieht als *salinare Serie,* die meist
gewisse, während der Ablagerung relevante
Gebietsmerkmale zum Ausdruck bringen.
Infolge der Plastizität des Salzgesteins sind
S. nicht immer in ihrer ursprünglichen Lagerung anzutreffen, sondern sie steigen in
Schwächezonen der Erdkruste kuppelförmig
als → *Diapire* (Salzstock, Salzdom) empor.

Salzmarsch: einige Dezimeter über das mittlere Tidenhochwasserniveau aufgeschlickter
frischer Marschboden (→ *Marsch*) mit salz-

haltigem Oberboden und sehr hohem Porenvolumen. Das Bodenstadium der S. ist instabil. Sobald nur noch eine gelegentliche Überflutung stattfindet, beginnt sich der Oberboden zu setzen, die Salze werden rasch ausgewaschen und Sulfidoxidation setzt ein. Es folgt die Entwicklung zur → *Kalk-* und → *Kleimarsch.*

Salzmauer: aus → *Salzstöcken* sich dort entwickelnde Struktur, wo im Untergrund besonders viel Salz vorhanden ist und durch sukzessiven weiteren Salzaufstieg langgestreckte, zusammenhängende Salzkörper unterirdisch entstehen können. Sie erreichen Längen bis über 100 km (Abb. s. S. 165).

Salzpfanne: sehr flache, abflußlose Hohlform in Trockengebieten, deren Boden mit → *Salzkrusten* überdeckt ist. Die S. stellen eine Form der → *Salztonebenen* dar.

Salzreihe: nach dem Entsalzungsgrad des Bodens gürtelförmig angeordnete Pflanzengesellschaften, die in unterschiedlichem Maße Anteile von → *Halophyten* aufweisen.

Salzsee: abflußloser See (→ *Endsee*) in Trockengebieten, in dem sich durch hohe Verdunstung die mit dem Flußwasser eingebrachten Salze angereichert haben. Die Anreicherung ist fortschreitend, weshalb der Salzgehalt auch vom Alter eines Sees abhängt. Im Extremfall erreichen die Salze Sättigungskonzentration und fallen aus, wobei Salzgesteine entstehen (→ *Evaporite*).

Salzspiegel: mehr oder weniger horizontale unterirdische Auslaugungsoberfläche auf → *Salzstöcken*, die jedoch nicht eben ist, sondern regelrechte S.-Täler aufweist. Treten Prozesse der → *Lösungsmetamorphose* im S. auf, entsteht der Gips- und/oder Kainithut.

Salzsprengungsverwitterung (Salzsprengung): Folgeprozeß der → *Hydratation,* die Volumenvermehrungen bis über 300% zur Folge hat, wenn Salze wie Na_2CO_3, Na_2SO_4, $CaSO_4$ oder $MgSO_4$, die im wasserfreien Zustand ausgeschieden werden, anschließend Befeuchtung durch Tau, Nebel oder Regen erfahren. Diese Prozesse spielen sich in Poren, Klüften und Kapillaren des Gesteins ab, wo Salzausblühungen erfolgen bzw. auch Salz von außen herangeweht wurde. Die Wirkung der S. ist bedeutender als die der → *Frostsprengungsverwitterung,* die mit den physikalischen Teilen der S. verglichen werden kann. Die S. ist typisch für Trockenklimate.

Salzstaub: in Trockengebieten wichtiger Bestandteil chemischer Verwitterungsprozesse, wie der → *Salzsprengung.*

Salzstaubboden: Boden der Trockengebiete aus feinem salzreichem Gesteinsmehl, das durch eine Schuttablage oder eine krustenartige Rinde vor der Ausblasung geschützt ist.

Salzsteppe (*Artemisia-Steppe*): ein Typ der → *Steppe,* deren Pflanzen dem Salzgehalt des Bodens angepaßt sind, der im Bereich von → *Salzseen* und → *Salzsümpfen* extrem hohe Werte erreichen kann. Deren episodische Wasserführung geht auf die periodischen oder episodischen Niederschläge zurück. S. sind vor allem in Eurasien verbreitet und durch *Artemisia*-Arten charakterisiert.

Salzstock (Salzdiapir, Salzdom, Salzhorst): Salzkörper, der in überlagernde Gesteinsschichten eingedrungen ist, dabei glocken- oder pilzförmige Körper bildet und die überlagernden Schichten ganz oder teilweise durchbrochen hat. Die S. gehen aus → *Salzkissen* hervor, wobei durch weiteren Salzaufstieg das Salz Klüfte und Spalten der Deckschichten durch Eindringen erweitert und aufreißt und dabei diese in ihrer Schichtlagerung wesentlich stört. Die Aufstiegsraten der nordwestdeutschen S. betrugen in der Zeit ihres Durchbruchs zwischen 0,1 und 0,5 mm pro Jahr. Der Salzauftrieb geht bis in die Nähe der Oberfläche und kann im Extremfall zu → *Salzgletschern* führen. In Feuchtklimaten bildet sich jedoch eine Auslaugungsfront an der Oberfläche, der → *Salzspiegel,* wo sich Auslaugungsprodukte bilden, die als Salzhut bezeichnet werden, die Hutgesteine.

Salzsumpf: in den verschiedensten Trockenklimaten meist im Überrest eines → *Endsees* oder in → *Lagunen* von Meeren der Warm- und Trockenklimate. Außerdem treten S. in episodisch bis periodisch überfluteten → *Salztonebenen* auf.

Salztektonik: nicht gleichzusetzen mit → *Halokinese,* weil bei der S. das Salz nur ein passives Medium ist, das verformt wird. Die Wellen in gefalteten → *Evaporiten,* die großräumig-flachgelagert sind, werden mit S. erklärt.

Salztoleranz: bei pflanzlichen und tierischen Organismen, die im Meer, an der Küste, oder in Trockenklimaten leben, die Fähigkeit, höhere Salzkonzentrationen im Boden bzw. Wasser zu ertragen.

Salztonebene (Alkaliflat, Bajir, Bolson, Kawir, Kewir, Ova, → *Pfanne,* Playa → *Salar,* Salina, Schala, Schor, → *Schott,* → *Sebcha*): muldige bis ebene Flachformen, die in Trockenklimaten weitverbreitet sind und auch als Einzelformen große Ausdehnung aufweisen können. Sie werden von Niederschlagswasser oder periodisch bis episodisch kommenden Fließgewässern gespeist, die Feinsediment führen, das beim Verdunsten des Wassers als salzreicher Ton oder Lehm zurückbleibt. Die Salzton- bzw. Salzlehmsedimente können große Mächtigkeiten erreichen. Wegen der zeitlich gestaffelten Materialzufuhr und des zwischenzeitlichen Ausblühens von Salzen bis zur Bildung von → *Salzkrusten* sind die Sedimente der S. meist feingeschichtet und von blättriger Struktur. Während der

Regenzeit erscheinen die S. als → *Salzseen* oder → *Salzsumpf.* Während der Trockenzeit bilden sie harte Flächen, die Trockenrisse aufweisen. Die S. sind ihre Umgebung sind die Standorte von → *Halophyten.* Das gleiche Entstehungsprinzip gilt für die Ton- und Lehmebenen der Trockengebiete, nur daß denen, meist aus lokalen hygrischen Gunstsituationen heraus, die Salzanteile fehlen.

Salzwasser: das salzhaltige Wasser der Meere und der abflußlosen Binnenseen in Trockengebieten. Das Meerwasser ist schwach alkalisch (pH 7,5–8,4) und enthält im Mittel 35‰ Salze. Die Zusammensetzung ist auch bei verschiedenen Gesamtkonzentrationen nahezu konstant, wobei die Chloride mit Abstand die größte Menge ausmachen. Die Anteile der einzelnen Salze am Gesamtgehalt sind NaCl 77,8%, $MgCl_2$ 10,9%, $MgSO_4$ 4,7%, $CaSO_4$ 3,6%, K_2SO_4 2,5%, $CaCO_3$ 0,3% und $MgBr_2$ 0,2%. (→ *Salinität,* → *Salinitätsgrad,* → *Sole*)

Salzwasserbiozönose: vom Salzgehalt bestimmte → *Biozönose.* Sie weist ein auf diesen eingestelltes Spektrum der → *Lebensformen* und der Artenzusammensetzung auf, wobei die Arten gegenüber dem Salzgehalt differenzierte Reaktionen zeigen.

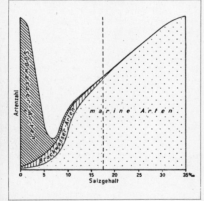

Salzwasserbiozönose

Salzwasserkarst: Lösungsformen in Festgesteinen an Küsten, die auf chemische Verwitterungsprozesse zurückgehen, deren Salz aus Flut- und Spritzwasser stammt.

Salzwiese: charakteristische Pflanzengesellschaft an Küsten der gemäßigten Zone, die auf → *Salzböden* stockt und gewöhnlich mit dem salzhaltigen Grundwasser in Verbindung steht. Pflanzen und Tiere der S. weisen markante Anpassungen an die Salzgehalte von Wasser und Boden auf und verfügen oft über Mechanismen zur Salzregulation (selektive Salzaufnahme, Abwerfen alter Blätter

mit salzgesättigten Lösungen, Salzspeicherung in Geweben, Ausscheiden von Salz aus Drüsen, Sukkulenz, Verdünnung der Zellsaftkonzentrationen durch schnelles Wachstum usw.).

Salzwüste: Typ der Wärmewüste mit → *Salzseen,* → *Salzsümpfen* und → *Salzböden,* in der sich charakteristische Lebensformentypen herausgebildet haben, die Anpassungen an Trockenheit und Salz in den Geoökosystemen aufweisen. Kennzeichnend für die S. sind → *Salztonebenen.*

Samen: der Verbreitung und Arterhaltung dienendes Organ höherer Pflanzen, das aus dem Keimling, dem Nährgewebe und einer mehr oder weniger festen S.-Schale besteht.

Samenreifejahre: in kalten Klimaten mit kurzer → *Vegetationszeit* ein Jahr mit warmem und länger dauerndem Sommer, der das Ausreifen der Samen ermöglicht. Die Ausreifung ist z. B. im Waldgrenzbereich in vielen ungünstigeren Jahren nicht möglich. Die S. haben deshalb für die Verjüngung und Ausdehnung des Waldes große Bedeutung.

Samenruhe: bei einzelnen Pflanzenarten unterschiedlich ausgeprägte Keimruhe der Pflanzen, mit meist großer Widerstandsfähigkeit gegenüber ungünstigen Geoökofaktoren der Lebensumwelt.

Samenverbreitung: Vermehrung und Ausbreitung von Pflanzenarten durch einen meist charakteristischen Transportvorgang reifer → *Samen,* die spezielle Einrichtungen für die Verbreitung aufweisen. Die Vorgänge sind → *Anemochorie,* → *Allochorie,* → *Autochorie,* → *Anthropochorie,* → *Hydrochorie,* → *Myrmekochorie* und → *Zoochorie.*

Sammelart: eine Gruppe verwandter, untereinander bastardisierender Arten.

Sammelhändler: Händler, der von den Produzenten oder Sammlern von Naturprodukten (meist aus der Landwirtschaft, aber auch aus primitivem Bergbau) die betreffenden Güter in kleinen Mengen aufkauft und seinerseits an Großhändler oder Verarbeitungsbetriebe verkauft. Besonders in Entwicklungsländern stellt der S. vielfach noch heute die Verbindung zwischen Kleinbauern und Binnen- oder sogar Weltmarkt dar.

Sammelwirtschaft: eine okkupatorische Wirtschaftsform, die zusammen mit der → *Wildbeuterstufe* eine Frühphase der Wirtschaftsentwicklung der Menschheit darstellt. Diese aneignende Wirtschaftsform, die heute noch vereinzelt von Sammler-Völkern (Buschleute, Pygmäen, Aborigines usw.) betrieben wird, besteht aus dem Sammeln von wildwachsenden Früchten, Knollen und Wurzeln. Zur Gewinnung der im Boden verborgenen Sammelprodukte wird der → *Grabstock* benützt.

Sammler: besondere Art und → *Lebensform* des Nahrungserwerbs mit entsprechenden organischen Anpassungen.

Sammler und Jäger: Naturvölker, die eine rein okkupatorische Wirtschaftsform betreiben. Sie sorgen für ihren Lebensunterhalt durch Sammeln von Früchten (→ *Sammelwirtschaft*), durch Jagen oder Fischfang. Zu den S. u. J. zählen z. B. die Pygmäen Afrikas oder verschiedene Indianerstämme Südamerikas.

Samtgemeinde: in Niedersachsen Bezeichnung für einen → *Gemeindeverband,* der für die Mitgliedsgemeinden die wichtigsten Verwaltungsaufgaben übernimmt. Die S. entsprechen den in anderen Bundesländern bestehenden Kommunalverbänden wie → *Amt* oder → *Verwaltungsgemeinschaft.*

Sand: 1. feines, körniges, mineralisches Material der Größen 0,06–2 mm. Es werden Feinsand (0,06–0,2 mm), Mittelsand (0,2–0,6 mm) und Grobsand (0,6–2 mm) unterschieden.
2. Sediment, das zu mindestens 50–70% aus Mineralkörnern der Größe 0,06–2 mm besteht. S. enthält sehr häufig viel → *Quarz,* da dieses Mineral sehr verwitterungsresistent ist. (→ *Decksand,* → *Treibsand,* → *Sandlöß,* → *Flugsand,* → *Sander*)

Sandbank: flache Akkumulationsform in Fließgewässern, Seen oder in der Nähe von Küsten, die bei Nachlassen der Fließgeschwindigkeit entsteht und die sich überwiegend aus Komponenten der Sandkorngrößen zusammensetzt. S. sind meist temporäre Akkumulationsformen.

Sandboden: Feinmaterialboden, der zu mindestes 75–85% aus Sand besteht. Je nach der Beimengung feinerer Kornfraktionen werden reine, schwach lehmige, lehmige und schluffige S. unterschieden. S. sind locker, gut durchlüftet und tief durchwurzelbar. In reinsandiger Form verfügen sie jedoch über eine niedrige Wasserkapazität und geringe Sorptionskraft für Nährstoffe. S. trocknen sehr leicht aus und unterliegen besonders der Gefahr der Erosion.

Sanddeckkultur: besondere Moorkultur bei Flachmooren. Gebräuchlicher ist die Kurzbezeichnung → *Deckkultur.*

sand devil: durch starke lokale Erhitzung hervorgerufene schlotartig wirbelnde Luftströmung, die wandert und am aufgewirbelten Staub sichtbar ist.

Sander (Sandr): Bestandteil der → *Glazialen Serie,* aus Schottern und Sanden aufgebaut und eine schwemmfächerähnliche Akkumulationsform im Vorfeld von Inlandeisen bildend. Sein erster Teil, in der Nähe der Eisrandlage, ist überwiegend ein → *Übergangskegel,* der erst in einer gewissen Entfernung von der → *Endmoräne* in die flachgeneigte bis ebene S.-Fläche übergeht. Der S. weist eine Materialsortierung vom Gletscherrand bis zum Außensaum des S.-Kegels auf, mit

in Gletschernähe gröbstem und in Gletscherferne feinstem Material. Während der Bildung der S. ist der gesamte Kegel von einem Gewirr flacher Schmelzwassergerinne überzogen, die in einem weitverzweigten Netz mit raschen Laufänderungen dem Außensaum mit der Sammelrinne des → *Urstromtales* zuströmen. Auf den trockenliegenden Teilen des S. erfolgt → *Deflation.* Reste von eingebettetem → *Toteis* können zu Hohlformenbildungen führen, die später Seen bilden können. Die S. sind charakteristisch für die rezenten Inlandeise Islands oder die pleistozänen Eisrandlagen des skandinavischen Inlandeises in Mitteleuropa. Deren S. sind vorzeitlich und bilden heute den Landschaftstyp der → *Geest.*

Sandgebläse (Sandstrahlgebläse): Form des äolischen flächenhaften Abtrags, der → *Deflation.* Sie kann vor allem in vegetationsarmen bis vegetationsfreien Gebieten wirksam sein, d.h. in Kälte- und Wärmewüsten einschließlich mancher Periglazialgebiete.

Sandlöß (Flottsand, Schleppsand): grobkörniges → *Löß*derivat mit relativ hohen Sandanteilen, vor allem der Mittelsandfraktion (0,2–0,6 mm). Der S. ist häufig ohne Schichtung, gelegentlich aber auch gestriemt, meist karbonatfrei und gröberporiger als der Löß. Der S. weist eine charakteristische Verbreitung entlang des Nordrandes des europäischen Lößgürtels auf und gilt als Sediment, das in der Nähe der Auswehungsgebiete abgelagert wurde. An ihn schließt sich der Bereich des Triebsandes oder → *Flugsandes* an, der noch geringere Transportentfernungen aufweist. Zum Löß bestehen zahlreiche Übergänge infolge Umlagerungs- und/oder Verlehmungsprozesse. Aus Löß ausgeschwemmte und geschichtet abgelagerte Varietäten werden gelegentlich als Flottlehm bezeichnet.

Sandmischkultur: Verfahren der Kultivierung geringmächtiger → *Hochmoore.* Durch Tiefpflügen bis 1,8 m unter Flur werden Sand- und Torflagen (→ *Torf*) überkippt und liegen im Bodenprofil in schräger Wechselschichtung vor. Die dadurch entstehenden Böden sind aufgrund ihrer guten physikalischen Eigenschaften (Durchlässigkeit, Wasserhaltefähigkeit) und Tiefgründigkeit ackerfähig.

Sandmull: Sonderform der Humusform → *Mull.* Er besteht aus einer Mischung von Aggregaten aus Wurmlosung und groben mineralischen Einzelkörnern.

Sandrippeln: → *Rippelmarken,* die in überwiegend sandigen Substraten entstanden.

Sandschwemmebene: fluviale Aufschüttungsform in Trockengebieten, vor allem Wüsten, die ihre Entstehung einer kombinierten Wirkung von Spülfluten und äolischer Umlagerung verdanken. Bei Ablösung des Begriffes von der klimazonalen Betrachtung ist der → *Sander,* weil ein ähnliches Prozeßgefüge an seiner Oberfläche wirksam wird, ebenfalls eine S.

Sandstein: weitverbreiteter → *Sedimentit* in zahlreichen Abschnitten der Erdgeschichte. Der S. besteht aus Quarzsand, der durch verschiedene Bindemittel verkittet sein kann, die dann meist auch die Farbe des S. bestimmen. Unterschieden werden daher Eisen-, Kalk-, Kiesel-, Mergel- und Ton-S. Weitverbreitet ist eine gelblich-bräunliche bis rötliche und rote Farbe, die auf wechselndem Gehalt an Eisenverbindungen beruht. S. ist in Mitteleuropa vor allem als Nebengestein der Steinkohle, als Kohlen-S. - also aus dem → *Karbon* - bekannt sowie aus dem → *Buntsandstein,* und der → *Kreide,* in deren Verbreitungsgebieten er die Reliefformen bestimmt und wegen seiner wechselnden Widerständigkeiten der einzelnen Schichtglieder zur Bildung von → *Schichtstufen* neigt. S.-Derivate sind die Felsquarzite bzw. → *Quarzite,* → *Grauwacken* und → *Arkosen.*

Sandstrahlgebläse (Sandschliff, Windschliff): etwas unscharfer Begriff, der im Sinne des → *Sandgebläses* die abtragende Wirkung des Windes beschreibt, aber der gezielt an Einzelsteinen und an Kleinformen wirkt. Dabei kann es zur Glättung und Umgestaltung von Gesteinsstücken zu → *Windkantern* oder von Einzelfelsen mit wechselnd widerständigen Gesteinen zu → *Pilzfelsen* kommen. Diese Form des Wind- bzw. Sandschliffes wird dann auch als → *Korrasion* bezeichnet.

Sandstreifenlöß: ein → *Lößderivat,* das durch Wechsellagerung von → *Flugsand* und → *Löß* entstand.

Sandsturm: starker trockener Wind, der in Trockengebieten (Wüsten, Halbwüsten und Steppen) viel Sand aufwirbelt und z. T. weit mitführt.

Sandverwehung: unscharfe Bezeichnung für äolischen Transportprozeß im Sinne der → *Deflation,* der unregelmäßig gestaltete äolische Akkumulationsformen zur Folge hat, die jedoch noch nicht die Gestalt von → *Dünen* besitzen.

Sandwatt: sedimentologische Differenzierung des → *Watts* für dessen Bereiche mit vorherrschender Sandkorngröße, im Unterschied zum Schlickwatt.

Sandwelle: wenig gebräuchliche Bezeichnung für → *Sandrippeln.*

Sandwüste: ein geomorphologischer Typ der → *Wüste,* dessen Formen und sonstige geoökologische Randbedingungen vom Sand als vorherrschender Bodenart geprägt sind. Die S. treten als wellige, mehr oder weniger amorphe Sandflächen oder als → *Dünen* auf, deren Entstehung nicht nur vom Wind, sondern auch vom Sand selbst, der als Verwitterungsprodukt bereitstehen muß, abhängt.

Viele S. der Erde entstanden nicht aus Sanden, die in unmittelbarer Nähe aus Sandsteinen verwitterten, sondern aus vorzeitlichen Verwitterungsbildungen, die meist mehrfache Umlagerungen und Umformungen - oft über Distanzen subkontinentalen Ausmaßes hinweg - erfahren haben. S. sind große Teile der Sahara und der Namib sowie die westasiatischen Wüsten.

Sanidin: → *Orthoklas* junger Ergußgesteine, der tafelige Kristalle ausbildet mit meist glasiger Beschaffenheit und der z. B. im → *Trachyt* des Drachenfelses vorkommt.

Sanierung: 1. in der Wirtschaft Wiedergesundung eines Unternehmens oder eines ganzen Wirtschaftszweiges (z. B. Stahlindustrie).
2. im Städtebau bzw. in der → *Bauleitplanung* alle Maßnahmen, die zu einer Verbesserung der Lebensbedingungen in Altbaugebieten bzw. Altbauwohnungen führen (→ *Stadtsanierung,* → *Dorfsanierung*).
3. bei der → *Wasserwirtschaft* die Verbesserung der Wasserbeschaffenheit von Flüssen und Seen.

Sanierungsbaumart: biologisch und/oder bestandsstrukturell pflegend wirkende Baumart, die den Standort sanieren und den Bestand festigen hilft. Dazu gehören auf entsprechenden Standorten Ahorn, Eiche, Hainbuche oder Tanne.

Sanierungsgebiet: Gebiet mit städtebaulichen Mißständen. Diese liegen vor, wenn das Gebiet nach seiner vorhandenen Bebauung oder nach seiner sonstigen Beschaffenheit den allgemeinen Anforderungen an gesunde Wohn- und Arbeitsverhältnisse sowie den allgemeinen Sicherheitsbestimmungen nicht mehr entspricht. Die Gemeinde kann ein solches Gebiet durch Beschluß als S. festlegen (förmlich festgelegtes S.).

Santonien: Stufe des → *Senonian* der oberen → *Kreide* zwischen 82 und 78 Mill. Jahren v. h.

Saprobiegrad: in Biomasse und Umsatz der Transformenten (→ *heterotrophe* → *Destruenten*) ausgedrückte Eigenschaft eines Gewässers. Gegenübergestellt wird der → *Trophiegrad.*

Saprobien: Organismen, die im Wasser leben, das faulende Stoffe enthält, deren Menge bestimmte S.-Gesellschaften bedingt.

Saprobiensystem: System zur Klassifizierung der Gewässergüte nach ihrem Verschmutzungsgrad. Man unterscheidet die Stufen polysaprob (stärkste Verschmutzung), α-mesosaprob, β-mesosaprob und oligosaprob (Reinwasser). Jede dieser Stufen weist charakteristische Merkmale und kennzeichnende Tier- und Pflanzenarten (Schmutzwassertiere, Saprobionten, z. B. Wasserasseln) auf.

Saprobiont: Bewohner faulender Stoffe, besonders stark verschmutzter faulender Abwässer und damit des → *Sapropels.*

saprogen: fäulniserregend, bewirkt vor allem von Bakterien.

Sapropel (Faulschlamm): Unterwasserboden sauerstoff- und nährstoffarmer Gewässer. S. entsteht unter anaëroben Bedingungen, wobei sich unter Fäulnisprozessen feine, tiefschwarze, eisensulfidhaltige Humusstoffe bilden. Die Profilabfolge ist A-G$_r$. Trockenfallender S. versauert wegen der Schwefelsäurebildung sehr rasch. (→ *Dy,* → *Gyttja*)

Sapropelgestein: Gesteinsbildungen aus → *Sapropel,* also Faulschlamm, der sich submarin unter Druck- und Temperatureinflüssen verhärtet, so daß Sapropelkohle sowie Öl- und Kupferschiefer entstehen können.

saprophag: Ernährung von Tieren durch bereits in Zersetzung begriffene Organismen.

saprophil: bezeichnet pflanzliche und tierische Organismen, die in oder an sich zersetzenden organischen Materialien leben.

Saprophyten (Fäulnisbewohner): heterotrophe Organismen, die ihre organische Nahrung toten oder verwesenden organischen Stoffen entnehmen. Zu den S. gehören vor allem Bakterien und Pilze, die im übrigen auch die Fäulnis- und Verwesungsvorgänge bewirken.

Saproplankton: Typ des → *Planktons,* nämlich Mikroplankton, das in organogen verunreinigtem Wasser lebt.

Saprozoen: tierische Fäulnisbewohner, die ihre organische Nahrung toten oder verwesenden organischen Stoffen entnehmen.

sarkophag: differenziert den Begriff → *karnivor* und bezeichnet Tiere, die Fleisch anderer toter Tiere verzehren.

Sarmatia (Russia): Bestandteil des Urkontinents → *Fennosarmatia,* repräsentiert durch die Osteuropäische Tafel und Podolien.

Sarmatian (Sarmat, Sarmatische Stufe): im Bereich der Paratethys eine Stufe des mittleren → *Miozäns,* die etwa dem mediterranen Serravallian des Cessolian entspricht und ca. 13–10,5 Mill. Jahre v. h. dauerte.

sarmatisch: 1. in der Geologie bezogen auf das → *Sarmatian.*

2. in der Pflanzengeographie Bewohner des polnisch-russischen Tieflandes, etwa des Gebietes zwischen Weichsel und Wolga und damit auf die → *Sarmatische Region* bezogen.

3. Pflanzen, die im → *Postglazial* aus der südosteuropäischen Waldsteppe bis nach Mitteleuropa vordrangen. Sie fehlen heute, wegen der ozeanischen Klimaverhältnisse, in Westeuropa.

Sarmatische Region: Gebiet eines Florenbezirkes, der mitteleuropäischen Florenprovinz mit räumlichem Bezug auf das Gebiet zwischen Weichsel und Wolga, jedoch in der Pflanzengeographie ohne genaue Festlegung

des Raumes.

SARO-Gutachten: Gutachten des Sachverständigenausschusses für Raumordnung, das 1955 von der Bundesregierung mit dem Ziel in Auftrag gegeben wurde, raumbedeutsame Zielsetzungen für das Bundesgebiet zu entwickeln. Das Gutachten sollte für die Raumordnungspolitik als Entscheidungs- und Orientierungshilfe dienen und wurde 1961 unter dem Titel „Die Raumordnung in der Bundesrepublik Deutschland" vorgelegt.

Sastrugi: durch kräftige Verblasung des Trockenschneeoberflächen herauspräparierte kleine Rücken mit teilweise deckelartig überhängenden Lappen auf der Vorderseite.

Satellitenstaat: → *Staat,* der zwar völkerrechtlich souverän ist, aber unter dem bestimmenden Einfluß eines anderen Staates, insbesondere einer Großmacht steht, vor allem hinsichtlich ihrer militärischen und außenpolitischen Orientierung, aber auch ihres wirtschaftlichen und innenpolitischen Systems. Als S. gelten zur Zeit insbesondere die ost- und südosteuropäischen kommunistischen Staaten in ihrem Verhältnis zur Sowjetunion.

Satellitenstadt: Stadt in der Nähe einer Großstadt – meist innerhalb einer → *Stadtregion* gelegen – die funktional sehr eng an die → *Kernstadt* angebunden ist. S. sind insbesondere im Bereich der Versorgung im Einzelhandel und im Dienstleistungsbereich und bezüglich Arbeitsplätzen von der Kernstadt abhängig; charakteristisch ist daher ein hoher → *Auspendler*anteil. S. werden oft als → *Schlafstädte* bezeichnet. Der Begriff wird gelegentlich auch gleichbedeutend mit → *Trabantenstadt* gebraucht, doch besitzt diese eine größere funktionale Eigenständigkeit.

Säterwirtschaft: der → *Almwirtschaft* vergleichbare Weidewirtschaft auf den Gebirgsflächen Skandinaviens. Wichtigstes Charakteristikum ist die enge Verbindung einer Gebirgsweide mit einem Talbetrieb, der das Winterfutter liefert und wo die Tiere in der kalten Jahreszeit eingestallt werden.

satisfying behavior: suboptimales Befriedigungsverhalten bei reduziertem Anspruchsniveau. Wirtschaftsraumanalysen zeigen, daß das Handeln des Menschen nicht immer eine wirtschaftliche Optimierung zum Ziele hat. Der Begriff des s. b. steht dem des → *optimizing behavior* gegenüber.

Sattel: 1. in der Geologie (auch Gewölbe, Antiklinale, Antikline) den nach oben gewölbten Teil einer → *Falte* repräsentierend. Kurze S. mit rundlicher oder ovaler Grundrißgestalt werden → *Brachantiklinalen,* → *Dome* oder Kuppeln genannt.

2. in der Geomorphologie ein geomorphographischer Begriff, der eine Einmuldung/ Einsattelung zwischen zwei höheren Vollfor-

men im Sinne des → *Passes* umschreibt.

Sattelachse: Linie, längs derer im → *Sattel* einer → *Falte* das Umbiegen der Schichten erfolgte.

Sattelkern: Inneres des → *Sattels* einer → *Falte, wo* sich die ältesten gefalteten Schichten befinden.

Sattelscheitel (Sattelfirst): höchster Teil eines → *Sattels* einer → *Falte,* in dessen Bereich die Achsenebene der Falte ausstreicht.

Sattelal: entspricht dem → *Antiklinaltal* und ist Repräsentant der → *Reliefumkehr.*

Sättigung: Zustand der maximal möglichen Anreicherung eines bestimmten Stoffes in einem anderen Stoff, einem Stoffgemenge oder in einer Festsubstanzmatrix (z. B. Wasserdampf in der Luft, Salze in einer Lösung, Austauschnährstoffe an → *Austauschern.*

Sättigungsdampfdruck: in Millimeter Quecksilbersäule angegebener maximal möglicher Wasserdampfgehalt von Luft einer bestimmten Temperatur.

Sättigungsdefizit: Menge an Wasserdampf, die Luft gegebener Temperatur bis zur vollen Sättigung noch aufnehmen kann.

Sättigungslinie: im Schneeakkumulationsgebiet von Gletschern die Trennlinie zwischen dem durchlässigen sickerfähigen Firnschnee und dem völlig wasserdurchtränkten, durchgefrorenen → *Firn* unmittelbar oberhalb der → Firnlinie.

Sättigungspunkt (Sättigungswert): Grenzwert maximal möglicher Wasserdampfmenge, die Luft bestimmter Temperatur aufnehmen kann. Über dem S. kondensiert der überschüssige Wasserdampf.

Satzendmoräne (Ablationsendmoräne): durch sukzessive Moränenmaterialanreicherung im Eisrandbereich bei stationärem oder zurückschmelzendem Eisrand entstehende → *Moräne.* Dabei kann das Moränenmaterial als äußere S. vor dem Eisrand oder als innere S. gegen Toteis abgesetzt und auch gehäuft werden.

Sauerbraunerde (oligotrophe Braunerde): basenarme, stark versauerte → *Braunerde, die* viel Eisen- und Aluminiumoxide enthält und deshalb ein gut verkittetes Aggregatgefüge aufweist. S. entwickeln sich bevorzugt auf calciumarmen Silikatgesteinen und auf quarzreichem Sand. Sie bilden oft nur ein Übergangsstadium zu den → *Podsolen.*

Sauergräser (Riedgräser): krautige, grasähnliche Pflanzen mit meist dreikantigem, hohlem Stengel. Die einkeimblättrigen S. wachsen besonders an Feuchtstandorten, vor allem Sümpfen und Mooren. Zwar kommen die ca. 3 200 Arten S. überwiegend in kalten und gemäßigten Klimazonen vor, doch gibt es auch Vertreter in Tropen und Subtropen.

Säuglingssterblichkeit: spezifische → *Sterblichkeit* der Säuglinge, statistisch definiert als Kleinkinder im ersten Lebensjahr. Das Aus-

maß der S. wird in der Regel durch die Säuglingssterblichkeitsrate ausgedrückt. Sie liegt in Entwicklungsländern mit ungenügenden hygienischen Verhältnissen und unzureichender medizinischer Betreuung sehr hoch, während sie in den Industrieländern in den letzten Jahrzehnten stark gesenkt wurde.

Säuglingssterblichkeitsrate: Maßzahl zur Messung der Säuglingssterblichkeit. Die S. wird berechnet als Anzahl der in einem Kalenderjahr vor Vollendung ihres ersten Lebensjahres gestorbenen Kinder pro 1 000 in diesem Kalenderjahr Lebendgeborener.

Saugloch: bezeichnet die Wirkungsweise von → *Ponoren,* die aus dem → *Polje* abfließendes Wasser aufnehmen, die aber zeitweise auch als Speilöcher fungieren können. Die Funktionsweise kann auch getrennt sein, je nach dem ausgebildeten karsthydrographischen System.

Saugspannung (Wasserspannung): vom Boden durch Adsorptions- und Kapillarkräfte auf das Bodenwasser ausgeübter Saugdruck (ein „negativer" Druck), der einer Wasserentnahme durch das Wurzelsystem Widerstand entgegensetzt. Die S. ist also ein Maß für die Bindung des Wasser im Boden. Sie wird in Zentimeter Wassersäule oder in Atmosphären gemessen und meist logarithmisch als → *pF-Wert* angegeben. Die S. ist am höchsten bei niedrigen Wassergehalten (feine Wasserfilme als Adsorptionswasser an Bodenpartikelchen und Wasser in → *Feinporen)* und am niedrigsten bei hohen Wassergehalten. Böden verschiedener Körnung zeigen wegen ihrer unterschiedlichen → *Porengrößenverteilungen* auch variierende → *Wasserspannungskurven.* (→ *permanenter Welkepunkt,* → *Feldkapazität,* → *pflanzenverfügbares Wasser)*

Saugwirbel: senkrechter, rotierender Wasserkörper in einem Fluß mit Drehsinn zur Flußmitte hin. Die wandernden S. entwickeln sich vor allem im Uferbereich und unterhalb von Hindernissen.

Säulengefüge: 1. im Boden durch Quellung und Schrumpfung entstehendes, grobes → *Segregatgefüge* aus mehrere Zentimeter dicken, senkrecht stehenden, prismenartigen Formen mit gerundeten Kanten.

2. säulenartige, regelmäßige kantige Struktur, die durch Absonderung in → *Erstarrungsgesteinen* (z. B. → *Basalten)* entsteht.

Saum: in den Geo- und Biowissenschaften für Randbereiche von Lebensräumen gebrauchter Begriff. Ein S. zeigt meist eine eigenständige biotische Ausstattung aufgrund des besonderen Angebotes der → *Geoökofaktoren.* Dazu gehören → *Ökoton,* → *Mantelgesellschaft* und → *Waldsaum.*

Saumverkehr: Lastentransport auf Gebirgspfaden mit Hilfe von Tragtieren (Saumtieren). S. wird vor allem mit Eseln und Maul-

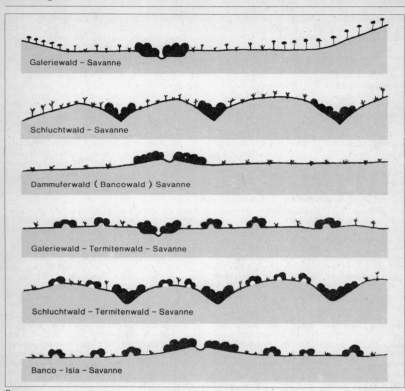

Galeriewald – Savanne

Schluchtwald – Savanne

Dammuferwald (Bancowald) Savanne

Galeriewald – Termitenwald – Savanne

Schluchtwald – Termitenwald – Savanne

Banco – Isla – Savanne

Savannen

tieren durchgeführt, da diese besonders trittsicher, genügsam und ausdauernd sind.

Saurer Regen: durch Schwefel- und Salpetersäure sowie saure Sulfate und Nitrate angereicherter Niederschlag. Quellen saurer Substanzen sind die Verbrennung fossiler Energieträger (Kohle, Öl, Benzin), die Ölverarbeitung, die Verhüttung S-haltiger Erze und Prozesse in der chemischen Industrie. Die ausgestoßenen Schwefeldioxide und Stickoxide werden durch verschiedene physikalisch-chemische Prozesse bereits in der Atmosphäre zu sauren Substanzen umgewandelt oder gelangen unverändert auf den Boden, wo sie an sauren Reaktionen beteiligt sind. Der S. R. ist ein weitverbreitetes Phänomen geworden. Ein Absinken des pH-Wertes kann für die letzten 30 Jahre nachgewiesen werden (bis in Bereiche von pH 4 und darunter). Es bestehen jedoch ziemliche regionale Unterschiede, da z. B. kalkhaltiger atmosphärischer Staub puffernd wirkt. Die Wirkung des S. R., insbesondere auf das

→ *Waldsterben,* ist unbestritten, jedoch im einzelnen unklar. Die angenommene fortschreitende Bodenversauerung kann bis heute nicht schlüssig bewiesen werden, ihre schädlichen Folgen auf Wurzelsystem und Nährstoffhaushalt lassen sich jedoch experimentell nachvollziehen. Völlig eindeutig ist der Zusammenhang zwischen dem S. R. und den stark versauerten Oberflächengewässern in Gebieten mit Urgesteinen (z. B. in Südskandinavien).

Säurezeiger: Pflanzen, welche die → *Bodenreaktion* oder Bodenazidität anzeigen, wobei fünf Reaktionsgruppen ausgeschieden werden können: vorwiegend auf stark sauren Böden gedeihende Arten (z. B. Borstgras *Nardus stricta*); auf sauren Böden vorkommende, gelegentlich aber auch alkalische Reaktion zeigenden Arten (z. B. Pillensegge *Carex pilulifera*); vorwiegend auf schwach sauren Böden auftretende Arten (z. B. Himbeere *Rubus idaeus*); auf schwach sauren bis alkalischen Böden vorkommende Arten (z. B.

Ackerdistel *Cirsum arvense*); auf neutralen bis alkalischen Böden vorkommende Arten, d. h. die meisten kalkliebenden Pflanzen (z. B. Sichelmöhre *Falcaria vulgaris*) und gegen die Bodenreaktion indifferente Arten (z. B. Wiesenrispengras *Poa pratensis*). Dabei ist zu beachten, daß auch sog. → *Sauergräser* (*Carex sp.*) nicht nur auf Böden mit saurer Reaktion vorkommen. Die Bodenreaktion wechselt im übrigen mit den Horizonten und jahreszeitlich, so daß der praktische Wert von S. erheblich eingeschränkt ist.

Savanne (Mesopoium): die Vegetationsformation der wechselfeuchten Tropen und Subtropen mit getrennter Regenzeit bzw. Regenzeiten und ausgeprägter Trockenzeit sowie weitgehender Frostfreiheit, so daß Wärme nicht im Pessimum auftritt. Kennzeichnend ist der Wechsel von Gras- und Holzgewächsen sowie → *Sukkulenten*, deren Anteile je nach Dauer der humiden Jahreszeit(en) schwanken. Je niederschlagsreicher die S., um so höher ist der Anteil der Baumgewächse. Charakteristisch ist die → *Aspektfolge* mit Vegetationsruhe (und z. T. Laubfall) während der Trockenzeit und regengrünen Pflanzen während der Regenzeit. Die trockneren Varianten der S. unterliegen gelegentlichen → *Dürren*. Wichtige S.-Typen sind die → *Dornstrauchsavanne*, die → *Dornbaumsavanne*, die → *Trockensavanne* und die → *Feuchtsavanne*. Die S. tragen oft Regionalnamen wie → *Campos*, → *Miombo* oder → *Llanos*. Neben den Anpassungen der Pflanzen mit xeromorphen und sukkulenten Merkmalen weist die S. auch charakteristische Lebensformen bei den Tieren auf, wie Antilopen als schnelle Läufer und Nager als Bodenwühler.

Savannenklima: warmes, frostfreies Klima, dessen Jahresverlauf durch eine Regenzeit und eine ausgeprägte Trockenzeit geprägt ist. Die S. sind je nach der Länge der Trockenzeit zwischen drei bis maximal zehn Monaten in bezug auf Feuchte sehr verschieden, weshalb der Savannengürtel in drei Hauptvegetationsformationen gegliedert ist (→ *Feuchtsavanne*, → *Trockensavanne* und → *Dornsavanne*).

Savannenwald: etwas unscharfe Bezeichnung für den regengrünen → *Trockenwald* der Tropen und Subtropen mit ausgeprägter Trockenzeit, der jedoch sehr niedrig, licht und mit Gras durchsetzt ist. Es handelt sich eher um einen „Busch", der vor allem vom Typ des → *Miombo* repräsentiert wird.

Sawahkultur: hochentwickelte, intensive Form des Naßreisbaus in SE-Asien. Die S. mit Pflugkultur und Viehhaltung wird vornehmlich auf Java und Bali sowie auf den Hochebenen Sumatras betrieben.

saxaphil: felsliebend, auf Felsen wachsend.

saxikol: in Geröll und Schutt lebend.

Saxonische Gebirgsbildung: die im außeralpinen Europa vom obersten → *Jura* bis zur oberen → *Kreide* andauernden schwachen → *Faltungsphasen* des nordwestdeutschen → *gemanotypen* → *Bruchfaltengebirges* in Niedersachsen, Westfalen, am Harzrand und im Thüringer Becken.

S-Bahn: Abkürzung für Stadtbahn oder Schnellbahn. Die S.-B. ist ein Massenverkehrsmittel auf Schienen für den intraregionalen Personenverkehr in großen Verdichtungsräumen. Sie wird im dicht bebauten Stadtbereich teilweise in Hochlage oder als Untergrundbahn geführt. S.-B. verbinden vor allem → *Kernstädte* mit den Randgemeinden oder - in polyzentrischen Ballungen - Kernstädte untereinander. Sie erreichen insbesondere im → *Berufspendler-*, *Schüler-* und Einkaufsverkehr eine große Bedeutung.

Schaar (Schar): küstengeomorphologischer Begriff mit sehr unterschiedlicher Bedeutung: 1. S. entspricht als Sandriff dem → *Brandungsriff*.
2. Sie bildet den → *Vorstrand* auf der Seite des → *Boddens* einer Landzunge.
3. S. bezeichnet den Bereich der Uferbank eines → *Binnensees*.
4. S. ist eine sandige Untiefe, die im Anschluß an die Küste entsteht und allmählich über den Wasserspiegel hinauswächst, so daß sich ein → *Haken* bzw. eine → *Nehrung* bilden kann.

Schaardeich: (Gefahrdeich): → *Deich*, der an besonders gefährdeten, weil aus der Küstenlinie vorspringenden Stellen errichtet wurde.

Schachbrettgrundriß (Schachbrettmuster): Grundrißform von Siedlungen, die dadurch gekennzeichnet ist, daß die Straßen sich rechtwinklig schneiden und dadurch die Baublöcke die Form von Quadraten (bei gleichem Kreuzungsabstand) oder von Rechtecken erhalten. Der S. ist seit der Antike eine beliebte Grundform für neugegründete Städte oder Stadterweiterungen. Er findet sich besonders häufig in anglo- und lateinamerikanischen Kolonialstädten, in Stadtanlagen des Barocks (z. B. Mannheim) und des Klassizismus, aber auch in vielen Neubausiedlungen der Nachkriegszeit in Deutschland.

Schacht: im Bergbau der meist senkrecht angelegte Zugang eines Bergwerks. Durch S. erfolgt die Förderung der abgebauten Bodenschätze, das Abpumpen des Grubenwassers, der Transport der Bergarbeiter sowie die Belüftung der Gruben.

Schachtbau: Bergbaumethode, bei der im Gegensatz zum → *Stollenbau* das Grubenwasser mit Hilfe von Pumpen gehoben wird. Es werden lotrecht Förderschächte in die Tiefe getrieben. Von ihnen gehen in verschiedenen Stockwerken die fast horizontalen Querschläge (→ *Stollen*) aus, die wiederum in Grund- und Abbaustrecken (Flachschächte) übergehen. (→ *Tiefbau*)

Schachtdoline: an sich eine → *Einsturzdoline,* deren Untergrund jedoch ein mit verstürztem Gestein erfüllter → *Naturschacht* sein kann; nicht zu verwechseln mit → *Karstschacht.*

Schachtelrelief: unscharfe Bezeichnung für die räumliche Aufeinanderfolge von verschiedenen → *Reliefgenerationen,* wobei die jüngeren in den älteren „eingeschachtelt" sind, d.h. die räumliche Abfolge als Ausdruck des zeitlichen Nacheinanders der Entstehung gilt. Der Begriff S. geht von der Beobachtungsregel aus, daß sich die älteren Generationen meist außerhalb von zentralen Tiefenlinien und in größeren Höhenlagen befinden.

Schädlinge: Organismen, die nach Werturteil des Menschen ihn selbst, seine Nutztiere und/oder Nutzpflanzen in ihrer von ihm als normal betrachteten Entwicklung und Gesundheit beeinträchtigen und gegebenenfalls deren Wert mindern. Unterschieden werden tierische und pflanzliche S., die nach der Art und Weise ihres Auftretens oder ihres Wirkungsgrades in den Geoökosystemen bzw. Nutzungsräumen untergliedert werden können. Dem S. gegenüber steht der → *Nützling.*

Schädlingsbekämpfung: Maßnahmen zur Vernichtung und/oder Niederhaltung von → *Schädlingen* an Pflanzen, Tieren und Menschen oder in menschlichen Behausungen durch biologische, physikalisch-technische und chemische Methoden. Die S. hat im Zusammenhang mit der Stellung des Schädlings in → *Nahrungsketten* und innerhalb der → *Ökosysteme* zu erfolgen, um das biologische Gleichgewicht nicht zu gefährden. (→ *Insektizide,* → *Pestizide*)

Schaffhausener Stadium: äußerste Eisrandlage der → *Würm-Kaltzeit* im alpinen Raum, hinter der sich noch zwei andere Stadien anordnen, die den Eisrückzug außerhalb der Alpen markieren.

Schafskälte: → *Regelfall* der Witterung in Mitteleuropa. Die S. ist ein Kälterückfall etwa zwischen dem 5. und 18. Juni, der durch NW-Kaltluftvorstöße verursacht wird. Ihre relative Häufigkeit ist mit dem Eintreffen in 89% aller Jahre sehr hoch.

Schaft: lange, blattlose oder nur mit wenigen kleinen Hochblättern versehene Achse, die am oberen Ende einen deutlich abgesetzten Blütenstand oder eine Blüte trägt.

Schala: eine → *Salztonebene* in Innerasien.

Schale: 1. flache, kreisförmige bis ovale Hohlform, die gegenüber ihrer Umgebung nur wenig eingetieft ist und von dieser sich durch sanfte konvexe Wölbungen absetzt. Die Größe ist nicht festgelegt, meist handelt

es sich aber um eine → *Mikro-* bis → *Mesoform.*

2. Gesteinsschalen, die bei der → *Krustenbildung* entstehen oder bei der → *Schalenverwitterung.*

3. die einzelnen S. im schichtförmigen → *Schalenbau der Erde.*

Schalenbau der Erde: der innere Aufbau der Erde aus Schalen verschiedener Beschaffenheit und Dichte, zu der auch die → *Erdkruste* gehört. Dabei wird die → *Asthenosphäre* der → *Lithosphäre* gegenüber gestellt.

Schalenverwitterung (Exfoliation): bei → *Insolationsverwitterung* das Abplatzen von oberflächenparallelen Platten in massigen Gesteinen mit gesteinsoberflächenparallelen → *Lager-* und → *Druckentlastungsklüften* als Leitbahnen. Die S. ist für Wärmewüsten charakteristisch sowie auch für andere Gebiete mit starken täglichen Temperaturschwankungen.

Schälwald: ein → *Niederwald,* der zur Gerbrindegewinnung gezogen wird.

Schanierzone: unscharfe Bezeichnung für Grenzbereiche von Hebungs- und Senkungsgebieten, die vorzeitlich oder rezent bewegt wurden oder bewegt werden. Dabei kann es sich sowohl um → *Flexuren* als auch um → *Brüche* handeln.

Schäre: kleine Insel, die vom → *Inlandeis* überströmt und abgeschliffen wurde und die meist vergesellschaftet an den skandinavischen Küsten auftritt. Geomorphogenetisch handelt es sich um → *Rundhöcker* und bei der daraus entwickelten S.-Küste, der → *Fjärden*küste, um eine marin überflutete → *Rundhöckerlandschaft.* Im Gegensatz zu den vegetationslosen S. stehen die → *Holme.*

Scharte: geomorphographische Bezeichnung für schmale Einsattelung in einer langgestreckten und höheren Vollform.

Scharung: 1. in der Geomorphologie spitzwinkliges Zusammenlaufen von Ketten eines → *Faltengebirges.*

2. in der Geologie bzw. Geotektonik das engbenachbarte Auftreten von → *Bruchlinien* im Sinne der → *Bruchbüschel.*

3. auf Karten der engbenachbarte Verlauf von Höhenlinien (Isohypsen).

Schattbaumart: nur teilidentisch mit den → *Schattenpflanzen.* Eine S. weist meist große Toleranz gegenüber Beschattung durch andere Bäume auf, vor allem in den Jugendstadien.

Schattenblätter: meist größere und durch Verminderung der Zellschichten dünnere Blätter als Sonnenblätter, so daß sich die S. bei Bäumen in den Kroneninneren befinden bzw. überhaupt zu → *Schattenpflanzen* gehören, die nur an schattigen Standorten und in deren gedämpften Licht gedeihen.

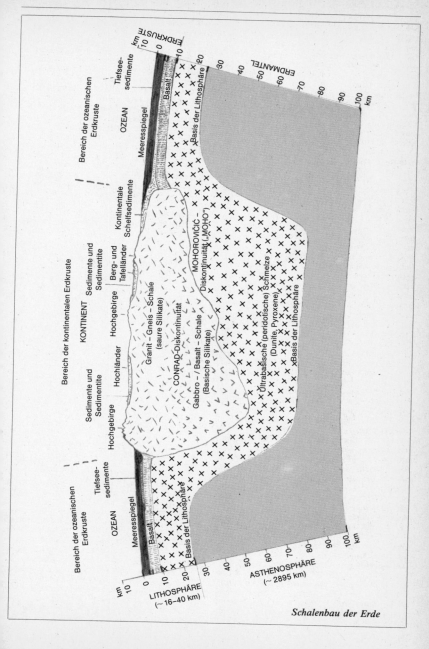

Schalenbau der Erde

Schattenpflanzen (Skiophyten, Schwachlichtpflanzen): im Schatten gedeihende Pflanzen mit dünnen Blättern, welche sich senkrecht zum stärksten Licht einstellen. Die S. erreichen die beste Photosyntheseleistung bereits bei extrem geringen Lichtmengen. Das Wachstum wird dabei vom hohen CO_2-Gehalt der bodennahen Luftschicht ebenso gefördert wie von der Anatomie der S., deren dünne Blätter und große Interzellulare das Licht gut nützen und leichten Gasaustausch ermöglichen. Extreme S. können infolge spezieller Schwachlichtanpassung des Plasmas bei starker Belichtung nachhaltig geschädigt werden.

Schattenverwitterung: Sammelbezeichnung für Vorgänge der → chemischen Verwitterung, die sich in warmariden Klimaten im Schatten wegen der dort zur Verfügung stehenden relativ hohen Feuchten vollziehen kann. Es entstehen z. B. → Tafoni. In Schattenbereichen fehlen daher meist die → Hartrinden.

Schauer: kurzanhaltender, in Frontsystemen meist wenig ergiebiger Regen, der oft in mehreren Wellen fällt. Ergiebige S.-Regen hoher Dichte bringen dagegen → Gewitter.

Schaufensterindex: Maßzahl, die in der Stadtgeographie zur Abgrenzung von Geschäftsgebieten (z. B. → City, → Subzentrum) verwendet wird. Der S. wird in der Regel als prozentualer Anteil der Summe aller Schaufensterlängen an der Straßenlänge oder an der Summe der Häuserfronten, bezogen auf Straßen, Straßenabschnitte oder → Baublökke, berechnet. Mit Hilfe von stadttyp- oder gebietsspezifischen Schwellenwerten kann eine Abgrenzung und innere Differenzierung des städtischen Geschäftsgebietes vorgenommen werden.

Schaumboden: beschreibender Begriff für lufthaltige Ton- bis Lehmböden in Trockengebieten, in denen sich ein Luftpolster bildet, so daß kurzfristig und konzentriert fallender Regen nicht sofort eindringen kann. Dies geschieht einerseits wegen des → Benetzungswiderstandes, andererseits wegen des hohen Bodenluftgehaltes. Erst bei längerer Durchfeuchtung füllen sich die Hohlräume mit Wasser, und es bilden sich vegetationshemmende S. Schon vorher tritt der geomorphogenetisch wichtige Prozeß der → Flächenspülung auf.

Scheindiskordanz: sedimentologischer Effekt, der durch die besonderen Ablagerungsbedingungen im bewegten Wasser entsteht und sich in → Schrägschichtung bzw. → Diagonalschichtung äußert.

Scheinepiphyten: Wurzelkletterer, wie → Lianen, die sich mit ihren Luftwurzeln an Stützpflanzen emporranken und die Verbindung mit dem Erdboden verlieren. Ihr Substrat bildet dann jener Humus, der sich auf Ästen und in Gabeln der Bäume auf der Rinde angesammelt hat.

Scheinfaltung (atektonische Faltung): Faltung mit nichttektonischen Ursachen, die gegenüber echter → Faltung vor allem nur kleine Ausmaße erreichen und gewöhnlich nur Schichten von begrenzter Mächtigkeit erfaßt. Beispiele für S. sind → Gleitfaltung, Eisstauchung und ptygmatische Faltung, die im magmatischen Füllmaterial von Injektionsfalten auftreten kann.

Scheinleitung: Wärmeleitung in der Luft durch turbulenten Massentransport. Die echte Wärmeleitung ruhiger Luft ist äußerst gering und klimatologisch vernachlässigbar.

Scheinnutzung: vor allem auf Grünland betriebene Nutzung, die nicht agrarwirtschaftlichen Zwecken, sondern zur Vorbeugung von Verwahrlosung und Wertminderung dient. Die S. kann in gewisser Weise als Form der → Sozialbrache verstanden werden.

Scheinresistenz: Effekt, daß es trotz Anwesenheit von Krankheitserregern nicht zur Infektion kommt. Ursache dafür ist, daß die Organismen dem Anfälligkeitsstadium entwachsen sind, wenn der Erreger pathogen wird. Dies entspricht damit nicht der echten → Resistenz.

Scheinstamm: aus ineinandergerollten Blattscheiden zu einem stammähnlichen Gebilde entwickelter Stamm. Die S. treten bei ausdauernden tropischen Blattgewächsen auf.

Scheitelabfluß: Spitzenabfluß eines einzelnen Abflußereignisses in einem Gerinne. In der → Abflußganglinie ist der S. der oberste, konvex gewölbte Bereich der Kurve. Unter der Annahme eines anhaltenden Niederschlags tritt der S. zu dem Zeitpunkt ein, an dem das sofort in den Abfluß gelangende Wasser aus dem entferntesten Bereich des → Einzugsgebietes der Meßstelle erreicht.

Scheitelbruch: Verwerfungsbildung im Scheitel von → Falten.

Schelf (Kontinentalschelf, Kontinentalsokkel): in der → Hypsographischen Kurve ein Teil der → Kontinentalplattform, der bis zur 200 m-Isobathe reicht und dort vom → Kontinentalabhang abgelöst wird. Es handelt sich um den → neritischen Meeresbereich, der sich als ein sehr divers ausgestatteter mariner Lebensraum erweist, der ökologisch und wirtschaftlich große Bedeutung besitzt. Die Bereiche des S. zeigen meist junge Formen, die während des Pleistozäns zeitweise Festland waren und die erst in geologisch jüngster Zeit neuerlich überflutet wurden. Ozeanographisch heißt der marine Bereich des S. → Schelfmeer, wobei es sich meist um → Nebenmeere handelt, wie die Nordsee oder das Südchinesische Meer. Um den Kontinent Antarktika ist ein Teil des S. von → Schelfeis bedeckt.

Schelfeis: auf die antarktischen → Schelfe übergreifendes Inlandeis, welches im Wasserkörper des → *Schelfmeeres* schwimmt und auf seiner Oberseite aus dem Niederschlag und auf seiner Unterseite aus dem Wasser genährt wird (→ *Eisschelf*).

Schelfmeer: das seichte, im allgemeinen weniger als 200 m tiefe Meer über einem Kontinentalsockel (→ *Schelf*). Die heutigen → *Nebenmeere* sind weitgehend S.

Schenkel (Flügel): die Bereiche auf beiden Seiten der Ebene der → *Sattelachse* einer → *Falte*. Er verbindet den Sattel und das Muldentiefste.

Schenkelbruch: → *Bruchlinien* im Bereich von → *Falten*, die auf dem → *Schenkel* einzeln oder als → *Bruchbüschel* auftreten können.

Scherbenkarst: Folge der → *Frostsprengungsverwitterung* im → *Karst* in dessen Klüften und Karren sowie → *Kluftkarren* Frostsprengungsverwitterung leicht wirken kann, so daß → *Frostschutt* entsteht, der als S. bezeichnet wird.

Scherbenschutt: beschreibender Begriff für grobstückigen und scharfkantigen → *Schutt*, scherbiger Gestalt, wie er im → *Scherbenkarst* oder als → *Solifluktionsschutt* auftreten kann.

Scherbrett: bei → *Scherfaltung* entlang von Scherflächen als Zerlegungsform des Gesteines entstehende Schichtfolge, wobei sich die S. längs der Scherflächen gegeneinander bewegen und sich treppenartig zu Scherfalten anordnen.

Scherfaltung: eine Form der → *Faltung*, die dann eintritt, wenn in einem unter Spannung stehenden Gestein die → *Scherfestigkeit* überschritten wird. Der S. hängt stark von der Körnung, dem Wassergehalt und der Bindigkeit ab.

Scherfestigkeit (Scherwiderstand): aus innerer Reibung und Haftung resultierende Kraft, welche zwischen gegeneinander bewegten Bodenteilchen oder Bodenmassen wirkt.

Scherfläche: meist in Mehrzahl bei der → *Scherfaltung* senkrecht zur Druckrichtung entstehende Flächen. Sie zerlegen das Gestein in → *Scherbretter*.

Scherkluft (Diagonalkluft): eine Form der → *Kluft*, diagonal zur Druckrichtung verlaufend.

Scherung: 1. in der Geologie die Zusammenfassung der Vorgänge der → *Scherfaltung* sowie der damit verbundenen Einzeleffekte.
2. in der Glaziologie Bezeichnung für Bewegungs- und Druckvorgänge, die zur Bildung von Klüften im Eis führen, die als Scherrisse bezeichnet werden und die eine Art → *Scherbretter* durch Scherflächen voneinander trennen.

Scheune: in der Landwirtschaft Gebäude zur Bergung von Erntegut. Nach letzterem wird unterschieden in Getreide-, Stroh- oder Futter-S. Entsprechend der unterschiedlichen

Standorte der S. wird z. B. nach Hof-S. oder Feld-S. differenziert.

Schicht: 1. in der Geologie ein plattiger Gesteinskörper von erheblicher flächenhafter Ausdehnung, der durch Ablagerung entstanden ist und der sich durch → *Schichtung* ausweist.
2. in der Vegetationsgeographie und Botanik Bestandteil der Schichtung einer Pflanzengesellschaft in verschiedene Stockwerke, die als S. bezeichnet werden.
3. in der Geographie ein methodisch-methodologischer Begriff. Die Informations-S. geographischer Betrachtungsmöglichkeiten setzen ein → *Schichtenmodell* eines geographischen Raumes zusammen. Die dreidimensionale Betrachtungsweise des → *Geoökosystems* basiert auf der Existenz verschiedener S. wie der → *Atmosphäre*, → *Hydrosphäre*, → *Pedosphäre* und → *Lithosphäre*, die in einem geoökologischen Funktionszusammenhang stehen.
4. in Soziologie und Sozialgeographie eine gesellschaftliche Gruppierung, die sich bei einer hierarchischen Abstufung und/oder einer nach qualitativen Gesichtspunkten bewerteten Gliederung der Gesamtgesellschaft ergibt. Man spricht insbesondere von Ober-, Mittel- und Unter-S., evtl. mit Zwischenstufen, wie obere Mittel-S. Neben Gesellschafts-S. allgemein, die sich aus dem sozialen Status anhand von Herkunft, Bildung, Beruf, Einkommen usw. ergeben, gibt es spezielle S., z. B. Einkommens-S., Bildungs-S. Bestimmte historische Typen von S. sind insbesondere → *Kasten*, → *Klassen* und → *Stände*.

Schichtanpassungsfläche: etwas unscharfer Begriff aus der geomorphologischen Theorie der → *Schichtstufen*, bei denen die Dachfläche der Schichtstufe mehr oder weniger mit der → *Schichtfläche* des Gesteinsverbandes übereinstimmen kann. Die S. entspricht damit weitgehend der → *Akkordanzfläche*.

Schichtdeckungsgrad: analytisches Merkmal zur Kennzeichnung eines Pflanzenbestandes, wobei die Blatt- und Sproßfläche einer Vegetationsschicht auf den Boden projeziert gedacht wird. Es handelt sich somit um eine Technik der Vegetationsaufnahme.

Schichtenmodell: Darstellungsform für die klassische Betrachtungsmethodik der Geographie für Erdräume nach dem länderkundlichen Schema mit einer systematischen Abhandlung der Sachverhalte nach Einzelfaktoren und dem Effekt einer eher enzyklopädischen Gebietsmonographie.

Schichtfläche: obere und untere Begrenzung einer → *Schicht* im Gestein, die genetisch begründet ist.

Schichtflut: flächenhaftes Fließen von Niederschlagswasser bei Stark- oder Dauerregen auf kaum geneigten Flächen in den wechselfeuchten Tropen und Subtropen mit Wasserhöhen bis maximal zwei oder mehr Dezimeter. Dabei kommt es zum geomorphogenetisch als wichtig erachteten Prozeß der → *Flächenspülung*. Deren Wirkung ist besonders dort groß, wo die Vegetation nur dünn ist.

Schichtfuge: Fläche oder Linie, welche zwei Schichten im Gestein voneinander trennt und die sich in der Regel auf den Ablagerungsprozeß der Schicht zurückführt.

Schichtfugenhöhle: an der Fuge zwischen benachbarten → *Schichten* gleicher Gesteinsbeschaffenheit befindlich und bei söhliger bis flacher Lagerung auch von flacher und niedriger Gestalt.

Schichtfugenhöhle:

Schichtfugenkarren: ähnlich den → *Kluftkarren*, als Typ der → *Karren*, entstehende Formen, wenn Schichtfugen dem Wasser den Weg vorzeichnen.

Schichtfurche: unscharfe Bezeichnung für muldige Hohlformen zwischen zwei → *Schichtrippen*, wobei die S. und die Schichtrippen parallel streichen und die S. im weniger widerständigem Gestein liegt.

Schichtgrenzhöhle: eine → *Karsthöhle*, deren Entstehung auf unterschiedliches Verkarstungsverhalten von zwei aufeinander liegenden Gesteinsschichten zurückgeht. Die S. kann sowohl an der Grenze zwischen verkarstungsfähigem und wasserundurchlässigem Gestein entstehen als auch an der Kontaktzone zwischen zwei verkarstungsfähigen Gesteinen, die aber voneinander abweichendes Lösungsverhalten zeigen. Die S. neigen zur Großraumbildung, wenn die Wechsel der

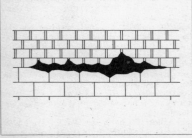

Schichtgrenzhöhle

Gesteinsverhältnisse mehrfach übereinander auftreten.

Schichthang: etwas wenig scharfe Bezeichnung für niedrige und schwach gewölbte, aus widerständigem Gestein aufgebaute Vollform, die meist aus einer stark abgetragenen → *Schichtrippe* hervorging und von zwei → *Schichtfurchen* flankiert wird.

Schichtkamm (Schichtrippe): meist langgestreckter Bergrücken mit markantem Kamm, der an einer widerständigen Gesteinsschicht in einer Wechselfolge von widerständigen und weniger widerständigen Schichten vorkommt, die stark geneigt sind. Im Vergleich zur → *Schichtstufe* gibt sich zwar ein ähnliches Querprofil beim S.-Stirnhang, der Rückhang des S. ist jedoch wesentlich steiler als bei Schichtstufen. Weiterhin ist der Grundriß der Stirnseite von S. gestreckt, bei Schichtstufen hingegegen gebuchtet. Ursache dafür ist die an S. aus Gründen der Gesteinslagerung fehlende grundwasserbedingte Quellerosion. Typische Schichtkammlandschaften finden sich als erosive Folge der → *germanotypen* Rahmenfaltung in Mitteleuropa zwischen Harzvorland und Weserbergland.

Schichtkopf: an der Erdoberfläche ausstreichender Teil einer steiler geneigten Gesteinsschicht, unabhängig von ihrer geomorphologischen Wirksamkeit.

Schichtkopfkarst (gerichteter Karst, Schichtrippenkarst): durch selektive → *Korrosion* entstehender Karst, wo an der Erdoberfläche Schichtverbände wechselnder Widerständigkeit ausstreichen und nur im Bereich der widerständigen, verkarstungsfähigen Vollformen, die auch als → *Schichtkämme* auftreten können, → *Karst* möglich ist. Der S. tritt meist kleinräumig und als → *Mikroform* auf.

Schichtlücke (Hiatus): Aussetzen einer gleichförmig erfolgten Ablagerung, die sich äußerlich meist in einer → *Diskordanz* ausdrückt.

Schichtmulde: als *Mulde* als Ergebnis einer → *Faltung*, wobei wechselnd widerständige Schichtverbände gefaltet wurden, so daß die an den Schichtenbau angelehnte orographische Mulde im wesentlichen geotektonisch bedingt ist. Die S. kann als → *Meso-* und als → *Makroform* auftreten, wie die Ith-Hils-Mulde oder das Pariser Becken.

Schichtprofil: ein Bodenprofil, welches über mehrere geringmächtige Sedimentschichten hinweg entwickelt ist. Typische S. entstehen z. B. in Auesedimenten (z. B. Sand oder Lehm über Schotter) oder in wechselnd geschichteten Gehängelehmen bzw. Gehängeschutten.

Schichtquelle: Wasseraustritt an der Erdoberfläche an der Grenze zwischen einer durchlässigen Gesteinsschicht in der das Wasser absteigend zur Quelle fließt, und einer undurchlässigen Gesteinsschicht, die das

Wasser staut. S. treten oft als Quellenband in Reihen auf. (→ *Quelle*)

Schichtsilikat: blattartig aufgebaute silikatische Minerale aus Tetraeder-Oktaeder-Lagen (Zweischicht-Silikate) oder Tetraeder-Oktaeder-Tetraeder-Lagen (Dreischicht-Silikate). Die Tetraeder bestehen aus SiO_4, die an ihre freien Sauerstoffatome Kationen (z. B. Mg^{++}, Al^{3+}) binden können. Zwischen den sperrholzartigen Schichtpaketen sind Kationen (K, Na, Ca) eingelagert. Diese Alkaliionen können durch OH^- ersetzt werden. Die S. sind ausgezeichnet spaltbar (entlang der Netzebenen). Zu den S. gehören die → *Glimmer,* → *Chlorite* und → *Tonminerale.*

Schichtstufe (Cuesta): oft mit dem doppeldeutigen Begriff → *Landstufe* belegte Großform, die jedoch ganz bestimmte Voraussetzungen erfüllen muß. Sie ist deswegen als Geländestufe im Bereich flachlagernder Gesteine definiert, weil die Stufe an widerständige hangende Gesteine gebunden ist und der → *Stufenunterhang* im Bereich der weniger widerständigen Gesteine liegt. Der → *Trauf,* der → *First* sowie der → *Walm* markieren einzeln oder zusammen den Bereich der Stufenstirn, an die sich die → *Landterrasse* der → *Stufenfläche* anschließt. Die → *Dachfläche* kann eine → *Schichtfläche* oder eine → *Kappungsfläche* sein. Die Entwicklung der S. ist von der Gesteinsart, der Mächtigkeit der verschiedenen Gesteinsschichten sowie der Neigung der Schichten bestimmt. Die Geomorphodynamik auf den Dachflächen und an der → *Stufenstirn* ist unterschiedlich. Beide unterschiedlichen Entwicklungstendenzen sind zudem von Klimazone zu Klimazone anders gestaltet, so daß – bei aller Übereinstimmung der Formen der S. – die Geomorphodynamik klimazonal jeweils eine andere ist. Bei der Rückverlegung der S. kommt es zur Bildung von → *Ausliegern* und → *Zeugenbergen.* Auch → *Achterstufen* können entstehen.

Schichtstufenlandschaft: weitverbreiteter geomorphologischer Landschaftstyp, der sich aus einer Abfolge von → *Schichtstufen* zusammensetzt, die voneinander durch mehr oder weniger ausgedehnte → *Dachflächen* meist geringer Neigung – getrennt sind. Die S. ordnen sich meist geotektonischen Hebungsbereichen zu, in deren Nähe oder Nachbarschaft sie sich entwickeln. Typische S. Europas sind das Pariser Becken und das Schwäbisch-Fränkische Stufenland. Durch die Abfolge von Flächen und Stufen sowie die unterschiedlichen Gesteinsbeschaffenheiten und die damit verbundenen Wasserhaushaltseigenschaften hat sich in der S. Mitteleuropas ein charakteristisches Muster von offenem Land, dem → *Gäu,* und dem Waldland herausgebildet, die auch unterschiedliche Kulturlandschaftsentwicklungen durchliefen.

Schichttafelland: eine → *Abtragungsebene,* bei der die Flachformen an bestimmte flachlagernde Gesteinsschichten gebunden sind, die aber an deren Außenrande → *Schichtstufen* bilden.

Schichtterrasse: weniger gebräuchliche Bezeichnung für die → *Landterrasse* im Sinne der → *Dachfläche* einer → *Schichtstufe.*

Schichtung: 1. in der Geologie Merkmal der → *Sedimentite,* die wegen ihres Schichtcharakters auch als Schichtgestein bezeichnet werden. S. tritt sowohl bei Lockergesteinen (→ *Sedimenten*) als auch bei Festgesteinen (→ *Sedimentiten*) auf. Die S. ist bedingt durch den Wechsel im Gesteinsmaterial und/ oder durch Verfestigung einer → *Schicht* vor Ablagerung der nächst jüngeren, d.h. wenn ein kurzes Aussetzen der Sedimentation erfolgt. Unterschieden werden diverse S.-Typen wie → *Diagonalschichtung,* → *Schrägschichtung* und → *Parallelschichtung.* Der Typ der S. weist auf die Entstehungsbedingungen des Sedimentes bzw. Sedimentites hin. Da Ablagerungen auch längerzeitig unterbrochen sein können, entstehen → *Schichtlücken.*

2. in der Biologie, Bioökologie und Geoökologie gelten die Lebensräume als „geschichtet", wie der Begriff → *Schicht* zeigt.

3. in der Vegetationsgeographie und Geobotanik wird von S. (Stratifikation) einer Pflanzengesellschaft gesprochen, die eine Moosschicht, Krautschicht, Strauchschicht und Baumschicht unterscheidet, wobei vor allem die Baumschicht mehrfach in sich gegliedert sein kann. Die S. wird metrisch angegeben (Boden- 0,03 m, Kraut- oder Staudenschicht in untere, mittlere und höhere bis 0,1, 0,3 und 0,8 m; Strauchschicht bis 2 m, Baumschicht als Niederwald bis 6 m und als Hochwald über 6 m).

4. hierarchischer Aufbau einer Gesellschaft, die sich aus → *Schichten* mit unterschiedlichem sozialen Status zusammensetzt. Eine besonders ausgeprägte S. besitzen Gesellschaften mit → *Klassen-* oder → *Kasten-* struktur.

Schichtverband (Schichtfolge, Schichtgruppe, Schichtkomplex, Schichtpaket, Schichtreihe, Schichtserie): mehrere aufeinanderfolgende → *Schichten* im Gestein, die auf Grund ihrer Entstehung und/oder ihres Inhaltes an → *Fossilien* als zusammengehörig erkannt werden und die sich dadurch von Hangenden und Liegenden anderer S. unterscheiden.

Schichtwasser: → *Grundwasser,* das in einem durchlässigen Gestein über einer undurchlässigen oder gering durchlässigen Gesteinsschicht strömt.

Schiefe der Ekliptik: Winkel zwischen der Ebene der → *Ekliptik* und der Äquatorebene.

Der Winkel beträgt 23° 27′ und ist geringen langperiodischen Veränderungen unterworfen. Die Schräglage der Erde gegenüber der Erdbahnebene ist die Ursache des jahreszeitlich wechselnden Sonnenstandes, somit auch der Wende- und Polarkreise.

schiefe Falte: → *Falte,* deren → *Achsenfläche* sich durch vorherrschend einseitigen Druck geneigt hat. Aus ihr entsteht später eine → *überkippte Falte.*

Schiefer: 1. eine Hauptgruppe der → *Metamorphite* wird als → *Kristalline S.* bezeichnet.
2. durch Gebirgsdruck entstehen geschieferte, aber nicht metamorph veränderte → *Tonschiefer.*
3. am üblichsten ist der allgemeine Begriff, der S. als ein Gestein definiert, das sich in dünne, mehr oder weniger ebene Platten brechen bzw. spalten läßt, wobei die Spaltflächen meist den → *Schichtflächen* entsprechen und die Spaltbarkeit auf die → *Diagenese* des Gesteins zurückgeht. Dazu gehört vor allem der → *Schieferton,* der → *Mergelschiefer,* der → *Ölschiefer,* der → *Kupferschiefer* und der → *Lithographenschiefer.*

Schieferton: verfestigter → *Ton,* aber weniger verfestigt als → *Tonschiefer,* der hellgrauer oder manchmal auch schwarzer oder bunter → *Schiefer* nach untereinander parallelen Schichtflächen spaltbar ist.

Schieferung: Vorgang, der zur Bildung von → *Schiefer* führt und darin besteht, daß mineralische Gemengeteile des Gesteins unter starker Druckeinwirkung sich mit ihren größten Achsen senkrecht zum Druck stellen, wobei diese Mineraleinregelung Bewegungen von einzelnen Gleitbrettern in Richtung der größten Mineralachsen entlang der S.-Flächen erlaubt. Die Zerteilung der Gesteine in parallele Gleitbretter ist Ursache der guten Spaltbarkeit des Schiefers. Die S. findet gewöhnlich erst nach der → *Faltung* von Gesteinen statt, wenn neuerlich tektonische Drucke eintreten. Dies erklärt auch, weshalb die S.-Flächen sich gelegentlich quer durch tektonisch bedingte Formen und die → *Schichtung* der Gesteine fortsetzen.

Schieferungsfläche: Merkmal des → *Schiefers* und die Plattigkeit und Spaltbarkeit bewirkend und durch → *Schieferung* entstandene Flächen im Gestein, die Pseudo-Schichtflächen, darstellend.

Schienenverkehr: Transport von Personen und Gütern mit schienengebundenen Verkehrsmitteln. Der S. wird mit Eisenbahn, Straßenbahn, U- und S-Bahn durchgeführt; daneben gibt es Sonderformen wie → *Schwebebahn,* → *Standseilbahn* oder → *Zahnradbahn.* Der S. besitzt insbesondere durch hohe Transportleistung bei relativ geringem Personal- und Energieaufwand Vorteile gegenüber dem → *Straßenverkehr.* Nachteile sind vor allem die Inflexibilität der Linienführung und die Unterauslastung in ländlichen Räumen.

schießender Abfluß: sehr rascher Gerinneabfluß, dessen Fließgeschwindigkeit höher ist als die Geschwindigkeit der Grundwelle. S. A. herrscht z B. in → *Stromschnellen.*

Schießrille: ähnlich dem → *Kolk* eine Erosionskleinform, die bei schießendem Abfluß in engen Gerinnebetten im Festgestein entsteht. Die S. treten häufig in → *Klammen* auf.

Schießstrecke: Teilstück eines Flußlaufes, in dem → *schießender Abfluß* herrscht (z. B. in → *Stromschnellen,* an Schwellen).

Schiffahrt (Schiffsverkehr): Transport von Personen und Gütern mit größeren Wasserfahrzeugen. S. wird auf Flüssen, Seen und Kanälen als → *Binnen-S.,* auf dem Meer als → *See-S.* betrieben. Im Güterverkehr unterscheidet man Linien und → *Tramp-S.* → *Kombi-S.* ist kombinierte Fracht- und Personenbeförderung. Die Bedeutung der S. für den Personenverkehr hat seit dem Aufkommen des schnelleren Kraftfahrzeug-, Eisenbahn- und Flugzeugverkehrs stark nachgelassen; sie beschränkt sich heute weitgehend auf → *Fährverkehr* und → *Seetouristik.* S. ist vor allem für → *Massengüter* eine besonders rentable Beförderungsart, da das Verhältnis von Kosten zu Frachtmenge sehr günstig ausfällt, allerdings um den Preis relativ langsamer Beförderung.

Schiffahrtskanal: → *Kanal,* der ausschließlich oder zumindest als Teilnutzung dem Schiffsverkehr dient. S. existieren sowohl als → *Binnenwasserstraßen* wie auch als → *Seekanäle* für die → *Küsten-* oder → *Hochseeschiffahrt.*

Schiffahrtslinie: 1. regelmäßig mit Fracht- oder Passagierschiffen befahrene Verkehrsverbindung zwischen zwei oder mehreren Häfen.
2. Reederei, die einen Schiffsliniendienst unterhält.

Schiffahrtsweg (Schiffahrtsstraße): 1. in der → *Binnenschiffahrt* eine schiffbare Wasserstraße, wie Fluß oder Kanal.
2. in der → *Seeschiffahrt* eine häufig befahrene, oft auch durch → *Seezeichen* markierte und vielfach durch internationale Verträge festgelegte Route zwischen zwei Häfen oder durch ein Meer. Insbesondere in Randmeeren und Meeresarmen mit regem Schiffsverkehr, mit Untiefen und Engstellen sind zur Sicherheit der Schiffahrt häufig S. festgelegt (z. B. im Ärmelkanal oder Persischen Golf).

Schiffbarkeit: Fähigkeit eines natürlichen Gewässers (Fluß, See), als → *Schiffahrtsweg* zu dienen. Die S. hängt vor allem von der Breite und Tiefe, der regelmäßigen Wasserführung und den Gefällsverhältnissen des Gewässers ab. Durch Begradigung, Ausbaggerung der Fahrrinne, Bau von Staustufen, → *Schleusen* und → *Schiffshebewerken* und ähnliche Maßnahmen kann die S. verbessert oder überhaupt erst hergestellt werden.

Schiffbau: Industriezweig, der zur Industriegruppe der Investitionsgüterindustrie gehört. Differenziert nach dem Verwendungszweck, unterscheidet der S. den Bau von Fracht-, Fahrgastschiffen, Fischereifahrzeugen, Kriegsschiffen usw. Eine weitere Unterscheidung ist nach Fahrgebieten (See-, Küsten-, Binnenschiff) sowie nach der Art der Ladung (Stückgutfracht-, Massengutfracht-, Container-, Tank-, Kühlschiff usw.) möglich.

Schiffbruch: Unfall zu Wasser, bei dem ein Schiff durch Kollision, Strandung, Sturm usw. verloren geht.

Schiffelwirtschaft: neben der → *Haubergwirtschaft* und der → *Moorbrandwirtschaft* eine weitere ältere Form der → *Urwechselwirtschaft.*

Schiffshebewerk: Vorrichtung zur Überwindung größerer Höhenunterschiede im Verlauf von Schiffahrtskanälen oder zu Verbindung zweier schiffbarer Flußsysteme. Im Gegensatz zur → *Schleuse* arbeitet das S. fast ohne Wasserverbrauch. Das Schiff wird schwimmend in einem wassergefüllten Trog gehoben oder gesenkt, wobei der Energieverbrauch durch Gegengewichte stark verringert werden kann.

Schild (Kristalliner S., Urgebirgsmassiv, Urkontinent, Urkraton): alte, nicht mehr faltbare Krustenstücke im Sinne des → *Kratons,* die seit dem → *Proterozoikum* bestehen und an die sich später → *Faltengebirge* angliederten, aus denen sich die heutigen → *Kontinente* entwickelten. Zu den S. gehören der → *Kanadische S.,* → *Fennosarmatia* und → *Angaraland.*

Schildinselberg: geomorphographische Bezeichnung für flache → *Inselberge,* die sich nach der Theorie der → *doppelten Einebnungsflächen* durch Verwitterung im Untergrund gebildet haben und die durch flächenhafte Abtragung sukzessive aus der Verwitterungsdecke des → *Regoliths* herauswachsen.

Schildvulkan: Typ des → *Vulkans,* der durch Förderung aus einem zentralen Schlot entsteht und durch radiales Abfließen fast reiner, dünnflüssiger Lava gekennzeichnet ist. Dabei entsteht eine flache Vulkanform mit

Schildvulkan

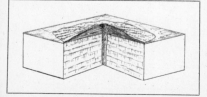

geringen Hangneigungen (maximal 10°), wie der Mauna Loa und der Mauna Kea. Die geringen Hangneigungen bedingen eine lange Erhaltung der Schildform.

Schizolith (diaschistes Gestein, Spaltungsgestein): Gruppe der → *Ganggesteine,* die sowohl in Zusammensetzung als auch im Gesteinsgefüge vom Muttertiefengestein abweichen, wie Aplit, → *Pegmatit* oder → *Lamprophyr.*

Schlachthof: bauliche Einrichtung zum Schlachten des Viehs. In den S. werden die meist vom ländlichen Umland angelieferten Tiere getötet, evtl. enthäutet und zerlegt. Das Frischfleisch dient zur Versorgung der Fleischereien der Umgebung bzw. kleinerer Fleischverarbeitungsbetriebe. Liegt ein S. direkt im Fleisch-Produktionsgebiet, fernab vom Markt, spricht man von Versand-S. In diesem Falle wird das Frischfleisch auf Kühlwagen, teilweise auch tiefgefroren, zu den Abnehmern gebracht. Die S. stehen unter Veterinäraufsicht und verfügen über die Tierkörperbeseitigungs- und Abwasserkläranlage.

Schlacke: Brocken von → *Lava* in unregelmäßiger Gestalt bei blasig-poröser Beschaffenheit, die sich an der Unter- und Oberseite von Lavaströmen bilden oder als Auswurfprodukte eines → *Vulkans* auftreten.

Schlackenvulkan: in Entstehung und Form dem → *Lavavulkan* verwandt, aber überwiegend durch Bildung von → *Schlacke* gekennzeichnet.

Schlafdeich: alter → *Deich,* der keine Schutzfunktion mehr hat und vor dem sich → *Polder* bzw. → *Köge* mit neuen Deichen ausbreiten.

Schlafgesellschaft: aus einer oder mehreren Arten bestehende Gruppe von Tieren, die gemeinsam Ruhe- und/oder Übernachtungsplätze aufsuchen.

Schlafstadt: Bezeichnung für eine → *Satellitenstadt* oder eine große Wohnsiedlung am Rande eines großstädtischen Verdichtungsraums, die nur eine geringe Zahl von Arbeitsplätzen bietet. Der größte Teil der erwerbstätigen Bevölkerung pendelt daher aus, und die → *Tagbevölkerung* ist wesentlich geringer als die → *Nachtbevölkerung.*

Schlag: 1. ein größeres Feld, bei der → *Schlagflur* eine von der Größe her gleiche Abfolge des Besitzgemenges, u. U. eine → *Zelge* oder das → *Außenfeld* (Außenschläge) einer Flur. Die → *Fruchtwechselwirtschaft* kennt die Aufteilung des Ackerlandes in S. (Getreide-S., Kartoffel-S. usw.).
2. Schlag (Fruchtfolgeschlag): Ackerstück, das fruchtfolgemäßig einheitlich oder annähernd einheitlich behandelt bzw. bebaut wird.
3. In der Forstwirtschaft wird eine flächenweise Abholzung oder ein Forstdistrikt als S.

bezeichnet. Diese forstwirtschaftliche Bedeutung tritt heute noch als Waldname auf (z. B. Buchen-S., Geschläge usw.).

Schlageinheit: in der Agrarwirtschaft der DDR ein nach rationellen Gesichtspunkten abgegrenzter Flurteil, der zu einem → *Fruchtfolgesystem* gehört.

Schlagflora (Schlagvegetation): ansamungshemmende Zwergstrauch-, Gras- und/oder Unkrautvegetation, die sich auf Kahlschlägen einstellt.

Schlagflur: → *Plangewannflur,* die meist nach 1700 in Mitteldeutschland durch Rodung, Umlegung oder Separation von Gutsland entstand. Die Parzellenstreifen waren in mehrere gleiche Abfolgen des Besitzgemenges (→ *Schlag*) untergliedert. Der Parzellierungsgrad wurde dabei durch die Gehöftzahl bestimmt. (→ *Hufenschlagflur,* → *Riegenschlagflur*)

Schlagwirtschaft: → *Fruchtwechselwirtschaft,* die sich unter dieser Bezeichnung auf den einstigen Mecklenburgischen Großbetrieben entwickelte. Besonderes Kennzeichen ist dabei die Aussonderung der Ackerweide aus der normalen Fruchtfolgerotation. Dadurch werden die Koppeln (→ *Koppelwirtschaft*) überflüssig, was im Landschaftsbild zur Folge hat, daß ausgedehnte Ackerfluren lediglich kleineren, eingefriedeten Graskoppeln in den Niederungen gegenüberstehen.

Schlamm: wasserdurchtränktes Lockersediment meist sehr feiner Korngrößen.

Schlammbank: Feinsedimentationskörper mit sich verändernder Gestalt, in stehenden oder fließenden Gewässern oder an Meeresküsten vorkommend.

Schlammkegel: vom → *Schlammvulkan* aufgebauter und meist mehrere hundert Meter Höhe erreichender Kegel mit einem oben eingesenkten → *Krater.*

Schlammstrom: 1. aus einem Vulkan geförderte und mit Wasser durchtränkte Aschenmasse (→ *Aschenstrom*).
2. aus einem → *Schlammvulkan* austretende, durch Grundwasser aufgeweichte tonige Gesteinsmasse.
3. mit Wasser angereicherter Lockersedimentstrom, der als → *Fanglomerat* abgelagert wird.

Schlammvulkan (Salse, Schlammsprudel): an

sich kein → *Vulkanismus,* sondern Austrittsstelle von Schlamm und Gasen an der Erdoberfläche, wobei die Gase vor allem unterirdischen Zersetzungsprozessen entstammen. Die Gase bewirken die Bewegung und den Austritt des Schlamms, der durch Aufweichen toniger Gesteine mit Grundwasser entsteht, so daß → *Schlammströme* die Folge sind. Es können auch → *Schlammkegel* entstehen.

Schlauchmündung: schlauchförmige Flußmündung im Sinne des → *Ästuar.*

Schleiergesellschaft: Vegetation, die sich in Form schmaler Bänder an Grenzen von Nutzungsartenbereichen, wie Waldrand, Feldrain, Flußufern usw., einstellt und charakteristische Artkombinationen aufweist, oft aber ohne Charakterarten. Die S. treten als Hecken und Gebüsche auf.

Schleifzone: Streifen am Rande eines ausgedehnten → *Tiefdruckgebietes,* mit einer Serie von dicht aufeinanderfolgenden, quasistationären Wellenstörungen, die anhaltende → *Aufgleitniederschläge* bringen.

Schlenke: muldenförmige oder rinnenartige Vertiefung in der Oberfläche von → *Hochmooren,* in der sich Wasser sammelt und in der oft etwas nährstoffreicheren Bedingungen als auf den Erhebungen (→ *Bulten*) des Moores herrschen.

Schleppblatt: durch Schleppung entstandene → *Blattverschiebung* im Gegensatz zur Verbiegung beim Flexurblatt.

Schleppental: periglazial gebildetes asymmetrisches Talquerprofil mit flachmuldigem Grund und einem mehr oder weniger scharfen Knick gegen den Fuß des Steilhanges.

Schlepperbesatz: Meßziffer der Landwirtschaft, die angibt, wieviel Zugmaschinen auf je 1000 ha landwirtschaftlicher Nutzfläche entfallen. Der S. betrug z. B. 1973 in der VR China 0,5, in der Bundesrepublik Deutschland 97,0 und in den USA 10,1.

Schleppkraft: aus Erosions- und Transportkraft zusammengesetzte Transportkraft fließender Gewässer. Sie wirkt sich in der → *Fluvialerosion* aus.

Schleppnetz: trichterförmiger Maschensack für den Fischfang im Meer. Das S. wird entweder von einem oder von zwei Booten (Trawler) gezogen. Zu unterscheiden ist das Grund-S., welches über den Meeresboden

Schleppental

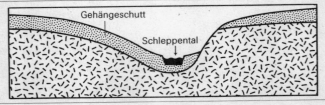

Gehängeschutt

Schleppental

geschleppt wird, vom Schwimm-S., das im Wasser frei schwimmt.

Schleppschiffahrt: in der → *Binnenschiffahrt* das Ziehen von unmotorisierten Lastkähnen und Flößen durch Schleppschiffe. In den letzten Jahren ist die S. durch die Entwicklung leistungsfähiger kleiner Schiffsdieselmotoren für den Eigenantrieb sowie durch die → *Schubschiffahrt* stark zurückgegangen. Auf See ist S. nur in Ausnahmefällen üblich, z. B. bei der Überführung von Docks, Bohrinseln usw.

Schleppung: geotektonischer Begriff für das Mitreißen und Verbiegen von Schichten an einer geotektonischen Störungslinie, z. B. einer → *Bruchlinie* oder einer → *Überschiebung* an Falten, wobei die Schichten in der Nähe der Bewegungsfläche in Richtung der Bewegung „abgeschleppt" sind. Die S. wird bewirkt durch die bei Bewegung von Krustenteilen auftretende Reibung. Es wird unterschieden doppelseitige und einseitige S. Sie tritt auch auf bei der Bildung von → *Diapiren* bzw. bei → *Salzstöcken* sowie beim Aufstieg von → *Magma* aus dem Erdinneren.

Schlernstadium: ein Rückzugsstadium der → *Würm-Kaltzeit*, das bereits innerhalb der Alpen liegt und zu dessen Zeitpunkt die Schneegrenze ca. 800 - 900 m tiefer als heute lag. Es folgte auf das → *Ammerseestadium* und vor dem → *Gschnitzstadium*.

Schleuse: 1. Kammer zwischen zwei Räumen mit je einer Tür zum Ausgleich von Unterschieden des Luftdrucks oder der Luftzusammensetzung in den Räumen. So werden z. B. im Tiefbau unter Wasser mit künstlichem Überdruck S. verwendet.
2. Vorrichtung zum Aufstau und zur Regulierung von Gewässern für Bewässerungszwecke. Durch Öffnen verschiedener S. wird das Bewässerungswasser abschnittweise auf die zu bewässernden landwirtschaftlichen Nutzflächen geleitet.
3. (Schiffs-S.): Bauwerk im Verlauf einer Wasserstraße, insbesondere eines Kanals, in dem Schiffe zwischen Gewässerabschnitten unterschiedlicher Spiegelhöhe gehoben und gesenkt werden. S. finden daneben auch in → *Dockhäfen* Anwendung. Die S. besteht hauptsächlich aus einer wassergefüllten S.-Kammer, die beidseitig durch Tore abgeschlossen werden kann. Das Schiff fährt in die S.-Kammer ein und wird durch Wasserzu- oder abfluß auf das höhere oder tiefere Niveau des benachbarten Gewässerabschnitts gebracht, in den das Schiff nach Öffnen des entsprechenden S.-Tores einfahren kann. Zur Beschleunigung des Schiffsverkehrs werden heute im Verlauf einer Wasserstraße bei Bedarf möglichst wenig S. mit entsprechend größerem Höhenunterschied gebaut (→ *Schiffshebewerk*).

Schleusentreppe: zur Überwindung großer Höhenunterschiede in Schiffahrtskanäle eingebaute Folge von mehreren → *Schleusen*, die mit nur kurzen Zwischenhaltungen unmittelbar aufeinanderfolgen (z. B. im Welland Canal zwischen Erie- und Ontariosee). Zur Beschleunigung des Schiffsverkehrs werden anstelle von S. heute → *Schiffshebewerke* gebaut.

Schlick: im Meer, in Seen und im Überschwemmungsgebiet von Flüssen abgelagertes Gemisch aus feinsten Mineralbestandteilen und organischer Substanz. Der meist grau gefärbte S. enthält Schwefeleisen.

Schlickfall: geomorphodynamisch bedeutsamer Vorgang der Aussonderung von → *Schlick* bei der Entwicklung des → *Watts*. Der stärkste S. erfolgt in der Ruhepause zur Zeit des Stromkenterns, d. h. in jener Zeitspanne, in der sich → *Flut*- und → *Ebbestrom* ablösen. Außerdem wird der S. begünstigt durch das Zusammentreffen von Salz- und Süßwasser, wobei es zur Koagulation und Ausflockung auch feinster Schwebstoffe kommt.

Schlickküste: etwas unscharfe Bezeichnung für Gezeitenküsten, an denen → *Schlickfall* erfolgt und die dadurch für die Bildung von → *Watten* besonders geeignet sind. Die tropischen Watten sind gleichzeitig der Lebensraum der → *Mangrove*.

Schlierenstadium: ein Rückzugsstadium der → *Würm-Kaltzeit*, das wenige Kilometer hinter dem → *Schaffhausener Stadium* als eine der äußeren Eisrandlagen vor den Alpen auftritt.

Schliffbord: Bestandteil des alpinen → *Trogtales* oberhalb der steilen Trogwände auftretend und einen etwas weniger steilen Teil der Trogwand bildend, der an der → *Schliffgrenze* endet. Das S. ist jene Stelle des Gletscherbettes, die zwischen dem Auffüllen des Tales mit Gletschereis und dem Abschmelzen des Gletschers am kürzesten vom Eis berührt und dadurch am wenigsten stark erodiert wurde.

Schliffgrenze: die Obergrenze der Schleifwirkung des vom Eis mitgeführten Moränenmaterials und den Bereich markierend, wo die Gletscheroberfläche beiderseits des → *Trogtales* den höchsten Punkt am Hang erreichte. Oberhalb folgen rauhe, durch → *Frostsprengungsverwitterung* gekennzeichnete Felsoberflächen.

Schliffkehle: die Hohlkehle unterhalb der → *Schliffgrenze*, die mehrere Meter bis Dekameter hoch sein kann und die sowohl auf Verwitterungsvorgänge als auch auf intensive Schleifwirkung des Gletschers zurückgeht.

Schlinger: makrophage Tiere, die oft große Beutestücke unzerkleinert verschlingen und verdauen. Die S. gibt es in fast allen Tiergruppen.

Schlingpflanzen (Windepflanzen): Typ der Kletterpflanzen bzw. → *Lianen,* die eine Achse windend umschlingen und dabei emporklettern, wie Hopfen oder Bohnen.

Schlipf: Scholle aus Bodenmaterial oder anderem Material des oberflächennahen Untergrundes, die aus hygrischen und/oder gravitativen Gründen den Zusammenhang mit dem Untergrund verliert und in Fließbis Gleitbewegungen übergeht. Eine mergelige bis tonige Unterlage sowie das Einfallen der Schichten und die ursprüngliche Hangneigung können sich fördernd auswirken. Der Begriff wird am häufigsten im Zusammenhang mit → *Erdschlipf* und → *Bergschlipf* gebraucht.

Schlittenverkehr: Transport von Personen und Gütern auf Schlitten, die von Menschen, Zugtieren oder in neuerer Zeit auch von Traktoren u.ä. gezogen werden. S. ist, häufig im Wechsel mit sommerlichem Wasserverkehr, vor allem in den weitgehend wegelosen Tundren Eurasiens und Nordamerikas verbreitet. Vor dem Beginn der Motorisierung spielte der S. auch im übrigen Europa bei winterlichen Wegeverhältnisse eine Rolle.

Schloß: repräsentativer Bau, der als Wohnsitz, z.T. auch Regierungssitz, von regierenden Fürsten und sonstigen Adligen, später auch von reichen Bürgern errichtet wurde. In Europa entwickelten sich S. im Verlauf des Mittelalters aus → *Burgen,* als die Verteidigungsfunktion des Wohnsitzes in den Hintergrund trat. Heute dienen die meisten S. nicht mehr ihrem ursprünglichen Zweck, sondern sind vielfach Museen und Besichtigungsobjekte und damit Anziehungspunkte für den Fremdenverkehr, insbesondere den → *Städtetourismus.* S.-Bauten existieren in fast allen Kulturkreisen.

Schloßsiedlung: Siedlung, die sich im Anschluß an ein Schloß entwickelte und in der ursprünglich hauptsächlich Schloßbedienstete und mit dem Schloß in Verbindung stehende Beamte und Handwerker wohnten. In Europa entwickelten sich aus S. teilweise → *Residenzstädte.*

Schlot: 1. in der Späleologie Bestandteil einer → *Höhle* und Bezeichnung für jene überwiegend vertikal entwickelten Höhlenstrekken, die von der Höhlendecke nach oben gehen und die durch Auslaugung oder unter deren wesentlicher Mitwirkung entstanden und meist nach oben hin blind enden.
2. in der Vulkanologie durch vulkanische Gasexplosionen entstandener Gang, der mit → *Erstarrungsgestein* gefüllt ist und in der Erdkruste einen meist senkrechten Verlauf aufweist.
3. unscharfe geomorphographische Bezeichnung für enge, vertikale Hohlräume in den oberen Teilen der Erdkruste mit oder ohne

Verbindung zur Erdoberfläche sowie selten gebrauchter Begriff für kleine, enge Tälchen mit meist kurzem Längsverlauf, etwa dem → *Tobel* entsprechend.

Schlotbrekzie: in einem vulkanischen → *Schlot befindliche* → *Brekzie,* die sich aus Bruchstücken des durchschossenen Gesteins, sowie Tuffen und/oder Kittsubstanzen zusammensetzt und im Extremfall als Festgestein auftreten kann.

Schlotfüllung: Füllung vulkanischer → *Schlote,* die aus → *Ergußgesteinen,* vulkanischen → *Aschen,* vulkanischen → *Tuffen* oder → *Schlotbrekzien* bestehen kann. Die S. ist abhängig von der Genese des Vulkanschlotes und den endogenen Folgeprozessen.

Schlotten: Kleinform des → *Karstes,* die durch → *Lösungsverwitterung* entsteht und zu schmalen, aber langgestreckten Hohlräumen im Gestein führt, die oft mit einem tonigen Verwitterungsrückstand erfüllt sind.

Schlucht: enges Tal mit leicht abgeschrägten Wänden, starker Tiefenerosion und fehlender bis geringer Hangdenudation. Letztere vollzieht sich als Abbruch. Die Vertiefung der S. geschieht durch Strudellochbildung, Kavitationskorrosion und Sohlenerosion.

Schlucht

Schluff (Silt): sehr feines mineralisches Material der Korngrößen 0,002–0,063 mm. (→ *Bodenart*)

Schlußbaumart (Klimaxbaumart): Baumart, die bei natürlicher Entwicklung auf durchschnittlichen Standorten das vom Makroklima bestimmte Endglied der → *Sukzession* darstellt.

Schlüsselarten-Ökosystem: von einer Art bestimmtes Ökosystem, dessen Existenz mehr oder weniger direkt mit der Existenzmöglichkeit der Art verbunden ist. Wird die Art vernichtet, folgt die Zerstörung des Ökosystems.

Schlüsselgruppe: Organismengruppe, die nahe der Basis einer → *Nahrungspyramide* bzw. → *Nahrungskette* steht und die durch ihr Massenauftreten infolge hohen Vermehrungspotentials entscheidende Nahrungsbasis zahlreicher anderer Organismen ist. Eine S. sind z.B. Nager oder Blattläuse.

Schlüsselindustrie: Industriezweig, dessen Produkte (z.B. Stahl) wichtige → *Rohmaterialien* für andere Industrien darstellen. S. sind ferner auch solche Industrien, von denen auftragsmäßig eine Vielzahl von → *Zulieferbetrieben* leben (z. B. Automobilindustrie). Beim Industrialisierungsprozeß spielt die Entwicklung von S. (→ *Industrialisierungsstrategie*) eine große Rolle. In größeren Entwicklungsländern wird mit der Errichtung von S. die Entwicklung von → *Wachstumspolen* verfolgt.

Schlußgesellschaft (Klimaxgesellschaft): Ausdruck des → *Klimax*, also Endstadium der Sukzession einer Lebensgemeinschaft oder Art, die am Normalstandort in Übereinstimmung mit dem Makroklima steht und die keine anthropogene Einwirkung erfahren hat.

Schlußgrad: Maß der Überschirmung der Bodenoberfläche durch die Kronen eines Bestandes von Baumgewächsen.

Schlußwaldgesellschaft: regionale oder lokale Endphase in der Entwicklung einer Waldvegetation, die sich in Übereinstimmung mit dem Makroklima des Raumes befindet, aber geringfügige, meist höhenbedingte Differenzierungen aufweisen kann.

Schmalspur: Eisenbahn- → *Spurweite* von weniger als der → *Normalspur* mit 1435 mm. S.-Bahnen wurden wegen des geringeren Kurvenradius vor allem in Gebirgslagen gebaut, daneben für schwach belastete Nebenstrecken, da Geländebedarf und Baukosten geringer sind als bei Normalspurbahnen. In Übersee ist die S. weit verbreitet, insbesondere durch die Meterspur (Südamerika, Südasien) und die Kapspur (1067 mm, in Südafrika).

Schmalstreifenflur: Flurformentyp, der aus schmalstreifigen Parzellen besteht, wobei ein Betrieb meist mehrere nebeneinanderliegende Schmalstreifen bewirtschaftet. Die Breite der Schmalstreifen liegt zwischen ca. 6 und 40 m, in Extremfällen (Teilung oder Zusammenlegung) zwischen ca. 2 m und 60 m. Für die Länge der Schmalstreifen sind Größenordnungen zwischen ca. 100 und 700 m anzunehmen, die vor allem nach oben häufig noch überschritten werden. S. haben nicht selten über 1000 m lange Streifen bei nur sehr geringen Breiten (Moorstreifen, Flur der deutschen Ostkoloniation). (→ *Streifenflur*, → *Streifengewannflur*)

Schmarotzerkegel: etwa dem → *Adventivkrater* entsprechender Vulkankegel. Dabei fließt gasarme oder daher wenig gespannte → *Lava* seitlich in kleinen, meist zahlreich *Schmarotzerkegel*

vorkommenden Kegeln aus, die gewöhnlich auf tektonischen Schwächebereichen, wie Verwerfungslinien, sitzen und daher reihenförmig angeordnet sind. Die S. sind für → *Stratovulkane* charakteristisch.

Schmelzkegel (Schmelzpyramide): Schmelzform des Eises auf Gletschern, die nach Art der → *Gletschertische* entsteht, von deren Oberfläche aber das grobe Material abgerutscht und das feinere fortgespült ist. Die S. können mehrere Meter Höhe erreichen und dann in → *Büßerschnee*formen übergehen.

Schmelzschale: regelmäßig geformte Vertiefung auf der Eisoberfläche von → *Gletschern*, die durch gerichtetes Abschmelzen von Eis bei direkter Sonnenbestrahlung entsteht (→ *Mittagslöcher*).

Schmelztiegel: ein Einwandererland, in dem Menschen verschiedener Völker und Sprachen zusammen wohnen und zu einem neuen Volk – meist außerhalb der Wohngebiete der → *Urbevölkerung* – durch gesellschaftliche Vermischung verschmelzen. Vor allem Länder wie die USA oder Brasilien gelten als S.

Schmelzwärme: Wärmeenergiemenge, die beim Übergang eines Stoffes vom festen in den flüssigen Zustand verbraucht und beim umgekehrten Vorgang frei wird. Die S. des Wassers beträgt 79,9 cal·g^{-1} oder 333,7 Joule·g^{-1}.

Schmelzwasser: an Gletschern entstehendes und für die Reliefformung bedeutsames Wasser, je nach Art des Auftretens. Intraglaziäres S. tritt in Spalten innerhalb des Eiskörpers auf. Subglaziäres S. tritt in Spalten und sonstigen Hohlräumen des Gletschers auf, jedoch an dessen Basis. Supraglaziäres S. tritt auf der Oberfläche des Gletscherzungenbereiches auf. Proglaziäres S. tritt vor dem Gletscher auf, z. B. als → *Gletscherbach*. Die Führung von S. hängt von der Gletschertemperatur ab, damit auch die Sedimentation im und am Gletscher, die Beweglichkeit des Eises und die Glazialerosion. Markanteste geomorphologische Wirkung des S. sind die → *Schmelzwasserrinnen*.

Schmelzwasserabfluß: Abfluß des bei der Schnee- und Eisschmelze im Frühjahr und Sommer anfallenden Wassers, der in den Flüssen mit → *glazialem*, → *nivalem* und → *pluvio-nivalem* Regime ein deutliches Maximum der Wasserführung bedingt, welches je nach der Lage des Einzugsgebietes im Frühjahr, Frühsommer oder Hochsommer eintritt.

Schmelzwasserrinne: durch subglaziäre Schmelzwasserströme entstandene Form. Sie bildet tiefe subglaziäre Erosionstäler, aus denen später → *Rinnenseen* hervorgehen.

Schmuggel: zollgrenzüberschreitender Warenverkehr unter Nichtbeachtung der Zollvorschriften. S. entwickelt sich inbesondere an Grenzen, die Staaten mit beträchtlichen Unterschieden von Preis, Qualität, Steuer- und Abgabenbelastung gewisser Waren trennen und an denen deshalb beim Warenverkehr hohe Zölle bzw. Verbrauchssteuern zu entrichten sind oder aber Warenexport bzw. -import gänzlich untersagt sind. Für Grenzorte kann der S. zeitweise einen wichtigen Wirtschaftsfaktor darstellen.

Schnee: häufigste Form des festen Niederschlags. S. besteht aus Eiskristallen. Er fällt meist als Flocken zusammengeballter Kristalle verschiedenster Formen und nur bei sehr großer Kälte körnig. Der S. lagert sich im Gelände durch Windverfrachtung unregelmäßig ab, weshalb seine Messung viel größere Probleme stellt, als die Erfassung des flüssigen Niederschlags. Nach der Ablagerung des S. laufen in der S.-Decke verschiedene Veränderungen ab (→ *Metamorphose*). Neuschnee verdichtet sich zu Altschnee, und Auftau- und Wiedergefriervorgänge leiten die Bildung von → *Firn* ein. Besondere Formen des S. sind der → *Pulverschnee*, → *Packschnee*, → *Polarschnee*, → *Schwimmschnee*, → *Triebschnee*.

Schneeaërosole: durch die Luft wirbelnde Schneepartikel, z.B. beim Abgang von → *Staublawinen*.

Schneebarchan: durch Windverblasung entstehende Formung der Schneeoberfläche in der Gestalt einer sichelartigen Düne.

Schneebrett: trockene Festschneelawine, die entlang einer quer zum Hang verlaufenden Linie abbricht (oft mit lautem Knall) und in brettartigen Schollen auf einem Gleithorizont in der Schneedecke mit relativ geringer Geschwindigkeit zu Tal gleitet. (→ *Lawine*)

Schneebruch: Abbrechen von Ästen an Bäumen durch die Überlastung mit hängenbleibendem Naßschnee.

Schneedecke: Gesamtheit des abgelagerten Schnees im ursprünglichen Schichtzustand.

Schneedrift: Windverlagerung von Schnee in großem Umfang.

Schneefegen: flache Verblasung von Schnee unmittelbar über der Schneeoberfläche. S. führt zu bedeutenden Massenverlagerungen, wobei Kamm- und Kuppenlagen teilweise oder sogar ganz freigeblasen werden. An schneegefegten Standorten fehlt also die *Schneefegen*

schützende Schneedecke, was sich in Hochlagen stark auf Wuchs und Zusammensetzung der Vegetation auswirkt. S. kann auch Bäume und Sträucher mechanisch schädigen (Schliffwirkung der nadelartigen Eiskristalle).

Schneefilz: Übergangsform zwischen → *Neu-* *und* → *Altschnee*. Der S. besteht aus zerbrochenen Eiskristallen, deren Teilstrukturen noch einigermaßen erhalten sind.

Schneefleckenlandschaft: Verteilungsmuster des Schnees, zurückgehend auf kombinierte Schnee-Wind-Wirkung und reliefabhängig, so daß sich die S. etwa in der halben Ausaperungszeit einstellt. Sie ist für das Verteilungsmuster der Vegetation wichtig.

Schneeflocke: Aneinanderballung von mehreren, ineinander verzahnten → *Schneekristallen*.

Schneegeröll: schneeball- bis blockartiges Ablagerungsmaterial von lockeren Naßschneelawinen.

Schneeglätte: Rutschschicht aus festgefahrenem und verdichtetem Lockerschnee.

Schneegrenze: die Höhengrenze zwischen dem ganzjährig schneebedeckten und dem im Sommer schneefrei werdenden Gebiet. Die Lage der S. ist von den Mitteltemperaturen und den Niederschlagsverhältnissen einer Klimazone abhängig. Sie steigt von den Polargebieten zum Äquator hin vom Meeresniveau bis über 5000 m Höhe an und erreicht in den (trockenen) Subtropen ihre maximale Höhe. Die wirkliche lokale S. hängt stark von der Geländegestalt (Schneeablagerung, Besonnung, Bergschatten) ab und kann auf Nord und Süd exponierten Hängen um mehrere 100 m abweichen. Für großräumige Vergleiche wird deshalb mit der besonders definierten → *klimatischen S.* gearbeitet.

Schneehöhe: in Zentimeter gemessene Mächtigkeit der Schneedecke vom Boden bis zur Schneeoberfläche.

Schneekriechen: langsame, kontinuierliche Hangabwärtsbewegung der sich setzenden Schneedecke. S. nimmt vom Boden gegen die Schneeoberfläche hin zu. Der durch S. ausgeübte Druck kann erheblich sein und zur Deformation und Zerstörung von Hindernissen (z.B. Zäune, Verbauungen usw.) führen und bei gefrorenen Schichten in der

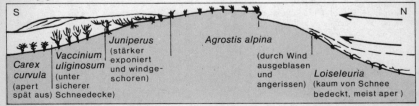

S

Juniperus (stärker exponiert und windgeschoren)

Agrostis alpina

N

Vaccinium uliginosum (unter sicherer Schneedecke)

Carex curvula (apert spät aus)

(durch Wind ausgeblasen und angerissen)

Loiseleuria (kaum von Schnee bedeckt, meist aper)

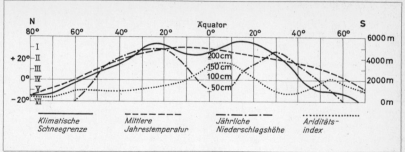

| N | | | | Äquator | | | S |
| 80° | 60° | 40° | 20° | 0° | 20° | 40° | 60° |

Klimatische Schneegrenze   *Mittlere Jahrestemperatur*   *Jährliche Niederschlagshöhe*   *Ariditäts-index*

Schneegrenze

Schneedecke Sträucher bzw. Jungwuchs entwurzeln. Die dabei entstehenden Bodenanrisse sind Ansatzstellen für die Hangerosion.

Schneekristalle: hexagonale Eisgebilde in Plättchen-, Stern-, Säulen- oder Nadelform, die bei Gefriertemperaturen aus atmosphärischem Wasserdampf entstehen.

Schneeregen: bei Temperaturen zwischen 0 bis $+2\,°C$ fallender Niederschlag aus einem Gemisch aus Schneeflocken und Regentropfen.

Schneeschlipf: lokales Abrutschen von nassem Lockerschnee über weniger als 50 m Länge.

Schneesterne: sechsstrahlige, etwa 1–3 mm große Eiskristalle der verschiedensten Formen. Die atmosphärischen Entstehungsbedingungen für S. sind eng begrenzt. Sie bilden sich nur im schmalen Temperaturbereich von -14 bis $-17\,°C$ bei Wasserdampfübersättigung von mehr als 108%.

Schneetälchenvegetation: in der hohen subalpinen und in der alpinen Höhenstufe auftretende Vegetation, wo muldige bis tälchenförmige Standorte eine lange Schneedeckendauer garantieren. So besteht hier nur eine extrem kurze Vegetationszeit, in der eine nur artenarme, aber charakteristische Pflanzendecke möglich ist, deren Zusammensetzung sich an der Dauer der Ausaperungszeit orientiert.

Schneetreiben: horizontale Verfrachtung von bereits gefallenem Schnee durch den Wind. Das S. ist für die lokalen Standortbedingungen von Bedeutung, da an windgeschützten Stellen große Schneemengen abgelagert und exponierte Geländelagen freigefegt werden.

Schneitelwirtschaft (Schnaitelwirtschaft): Futter- und Streugewinnung in Laubwäldern durch Abschneiden von Ästen. Die S. hatte bis ins 18. Jh. in allen Laubwaldgebieten Europas Bedeutung. Heute findet man sie noch vereinzelt in Südosteuropa oder in den Pyrenäen.

Schnellbahn: zusammenfassende Bezeichnung für verschiedene Arten von Eisenbahnzügen, die – insbesondere im Personenver-

Schneekristalle

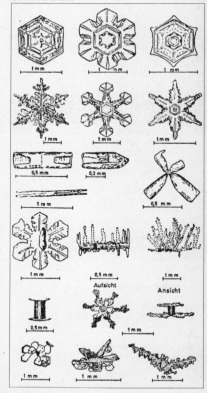

kehr – eine relativ schnelle Beförderung gewährleisten. S. im Regionalverkehr sind vor allem die → *S-Bahnen* großstädtischer Verdichtungsräume. Im Fernverkehr werden die verschiedenen Typen von → *Schnellzügen* als S. bezeichnet.

schneller Brüter (Brutreaktor): Kernreaktor, dessen Kettenreaktion durch schnelle Neutronen aufrechterhalten wird und der mehr spaltbares Material erzeugen kann als er verbraucht. In der Bundesrepublik Deutschland ist derzeit als s. B. der SNR 300 in Kalkar im Bau. Als Problem gilt die hohe Kostenintensität der aufwendigen Brütertechnologie.

Schnellzug: Eisenbahnzug, der im Personenverkehr über eine relativ große Strecke mit hoher → *Reisegeschwindigkeit* verkehrt und nur in größeren Städten oder Eisenbahnknotenpunkten hält. Im Eisenbahnverkehr innerhalb der Bundesrepublik Deutschland werden die wichtigsten S.-Linien durch Intercity-Züge bedient. Daneben verkehren auch Güter-S.

Schnittholz: Bezeichnung für die Produkte der Sägewerke. Dazu zählen z. B. Kanthölzer, Bretter, Bohlen oder Latten. Vom Typ des Produktes her ist S. ein Halbfabrikat, das in der Regel einer weiteren Verarbeitung zugeführt wird.

Scholle: durch → *Bruchlinien* begrenzter Teil der Erdkruste, der gegenüber Nachbarbereichen eine andere geotektonische Bewegungstendenz (Hebung, Senkung, Schrägstellung) aufweist. Je nach Bewegungstendenz werden die → *Bruchschollen* in Hoch- (→ *Horste*) und Tiefschollen (→ *Gräben*) sowie schräggestellte → *Pultschollen* unterschieden, außerdem → *Faltenschollen*, → *Rumpfschollen* und → *Tafelschollen*.

Schollengebirge: große → *Bruchschollen*, die mehr oder weniger en bloc herausgehoben wurden und die Größe von Gebirgen erreichen, wie Harz oder Rheinisches Schiefergebirge.

Schollenmosaik: ausgedehnteres Areal zahlreicher → *Bruchschollen*, deren begrenzende → *Bruchlinien* in der Horizontalprojektion ein gewisses Muster ergeben. Dieses ist meist von tektonischen Generalrichtungen bestimmt, wie das S. der Ränder des Oberrheingrabens mit ihrer → *rheinischen* Richtung.

Schollenüberschiebung (Deckscholle): bei der Bildung von → *Überschiebungsdecken* auftretende Bildung einer Deckscholle, die über einer anderen geotektonischen Einheit im Sinne einer → *Scholle* zu liegen kommt.

Schonung: Forstbezirk mit Baumsaat oder jungen Bäumen, der besonderem Schutz unterliegt. Vor allem wird der Jungwuchs geschützt, der in frühen Entwicklungsphasen gegenüber den Einwirkungen von Außenfaktoren besonders anfällig ist.

Schonungsklima: mildes, windruhiges, luftreines ausgeglichenes und in bezug auf → *Schwüle* und Abkühlung (→ *Abkühlungsgröße*) behagliches Klima mit erholsamer und heilender Wirkung. (→ *Reizklima*, → *Heilklima*)

Schonwald: Wald, der aus forstwirtschaftlichen, landschaftsökologischen und/oder landespflegerischen Gründen besonderen Schutzmaßnahmen unterliegt, um ihn vor anthropogenen Eingriffen durch Wirtschaft oder Erholungssuchende zu schützen. Eine meist forstökonomisch bestimmte Form des S. ist die → *Schonung*, eine eher landschaftsökologisch determinierte der → *Bannwald*.

Schöpfwerk: in einem Be- oder Entwässerungssystem eine Anlage zur mechanischen Hebung des Wassers. Bei einfachen S. geschieht dies mit Hilfe von Schöpfrädern, Eimerwerken oder durch sog. Wasserschnecken.

Schor: eine → *Salztonebene* der Wüste Turkmeniens, meist mit einem niederschlagsbedingten Salzsumpf in der zentralen Senke, der in der ariden Jahreszeit austrocknen kann und einen Salzlehmboden und/oder → *Salzkrusten* bildet.

Schott (Chott): nordwestafrikanische → *Salztonebene*.

Schotter: abgelagerte fluviale oder marine → *Gerölle*.

Schotterbett (Schottersohle): meist temporäre Ablagerung von → *Geröllen* am Grunde von Bächen oder Flüssen, die bei ihrer Bewegung → *Seiten-* und/oder → *Tiefenerosion* leisten.

Schotterfächer: Akkumulationsbereich eines Flusses, der dort entsteht, wo das Gefälle plötzlich nachläßt, so daß der größte Teil der Schotter im Flußbett und an den Uferrändern liegen bleibt. Dabei wird allmählich ein flacher, wenig geneigter und im Grundriß meist dreieckiger bis kegelmantelförmiger S. in das Flachgelände hinein aufgebaut. Aktive S. weisen meist mehrere Gerinnearme auf ihrer Oberfläche auf, die sich ständig verlagern, vor allem bei jahreszeitlich wechselnder Wasserführung, Dem S. stehen der → *Schotterkegel*, der → *Schwemmfächer* und der → *Schwemmkegel* zur Seite.

Schotterfläche: unscharfe Bezeichnung für flächenhafte Ausbreitung von → *Schottern* in Form von → *Schotterterrassen*, → *Schotterfächern* oder → *Schotterkegeln*. Bei sehr ausgedehnten und wenig gegliederten Schotterakkumulationen entsteht der Eindruck einer S.

Schotterkegel: Akkumulationsbereich eines Flusses, der dort entsteht, wo das Gefälle plötzlich nachläßt, so daß der größte Teil der Schotter im Flußbett und an den Uferrändern liegen bleibt. Dabei wird allmählich ein gegenüber dem → *Schotterfächer* steiler ge-

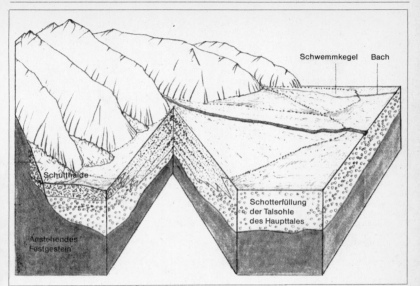

Schotterkegel

neigter und im Grundriß meist dreieckiger bis kegelmantelförmiger S. in das Flachgelände hinein aufgebaut. Aktive S. weisen meist mehrere Gerinnearme auf ihrer Oberfläche auf, die sich ständig verlagern, vor allem bei jahreszeitlich wechselnder Wasserführung. Dem S. stehen → *Schwemmkegel* und → *Schwemmfächer* zur Seite.

Schotterkörper: die Gesamtheit von → *Schottern,* entweder einen Sedimentationszyklus oder einer ganzen Abfolge verschiedener Zyklen.

Schotterplatte: ausgedehnte → *Schotterterrasse,* die postsedimentär an zwei oder mehr Seiten fluvial zerschnitten wird, so daß ein flächenhaft ausgedehnter Terrassenrest von der Gestalt einer S. zurückbleibt. Dazu zählen z. B. die Niederterrassen auf der badischen Rheingrabenseite zwischen Karlsruhe und Heidelberg.

Schottersohle: an sich identisch mit dem Begriff → *Schotterbett,* wird aber häufig als Gegensatz zur Felssohle eines Fließgewässers gebraucht.

Schotterterrasse: aus → *Schottern* aufgebaute → *Terrasse.* Der Begriff soll vor allem betonen, daß es sich um ein fluviales Schottersediment handelt. Oft wird er auch im Gegensatz zu einer Felsterrasse im Sinne der → *Erosionsterrasse* gebraucht, wobei allerdings für diese gilt, daß auch erosiv geschaffene Felsterrassen eine Schotterdecke tragen können.

Schranne: in Süddeutschland und Österreich Bezeichnung für den bis gegen Ende des 19. Jh. bestehenden öffentlichen Getreidemarkt. Das S.-Recht besaßen nur bestimmte Städte oder Marktorte. Dort wo S.-Zwang bestand, mußte das gesamte, in einer Gegend erzeugte Getreide zur S.-Halle zum Verkauf gebracht werden. Mit der Einführung der Gewerbefreiheit verlor die S. ihre Bedeutung.

Schrattenkalk: grobbankige Schicht der unteren Kreide in den Allgäuer Alpen, in welcher mächtige → *Karrenfelder* ausgebildet sind.

Schrebergartenkolonie: eine → *Kleingartenkolonie,* deren Gärten seit 1864 nach dem Schwiegervater des Begründers Hausschild, einem gewissen Schreber, benannt wurden. Seine Idee war, über die Gründung entsprechender Vereine neben dem Gartenbau auch die körperliche und seelische Erziehung der Kinder durch Sport und Spiel zu fördern.

Schrödinger-Satz: der Organismus nährt sich von negativer → *Entropie,* wobei er sich von erzeugter positiver Entropie befreit. Der S.-S. bezieht sich auf den Entropiewechsel zwischen Organismus und Umwelt.

Schrott: jede Art von Metallabfällen, die entweder als Alt.-S. einzustufen sind, wenn es sich um Altmaterialien handelt, oder in Form von Neu-S. (Abfälle) bei der Metallverarbeitung anfallen. S. ist ein wichtiger Rohstoff für die Hüttenindustrie.

Schrumpfungsriß: in austrocknenden Substraten als eine Form des Trockenrisses auftretender Riß. Dabei bilden sich durch Wasserentzug im Substratkörper Risse, weil sich der Körper zusammenzieht.

Schubeinheit: eine Transporteinheit in der → *Schubschiffahrt,* bestehend aus einem Schubschiff und mehreren, meist paarweise angeordneten, → *Leichtern.*

Schubschiffahrt: Form der → *Binnenschiffahrt,* bei der unbenannte kastenförmige Kähne (→ *Leichter*) – meist paarweise nebeneinander und zu mehreren hintereinander – von einem Schiff geschoben werden. Die S. hat in den letzten Jahren die → *Schleppschiffahrt* weitgehend verdrängt, da sie weniger Personal erfordert und bessere Transportbedingungen aufweist. Sie hat sich insbesondere im Massenguttransport in Verbindung mit → *Lash-Schiffen* durchgesetzt (z. B. für den Erztransport Rotterdam-Ruhrgebiet).

Schuldendienst: Zins- und Tilgungsleistungen auf gewährte Kredite. Als Folge der weltwirtschaftlichen Entwicklung (→ *terms of trade,* → *Ölschock*) wurde vor allem bei vielen Entwicklungsländern der S. schwierig.

Schulgeographie: Anwendung von → *Geographie* im didaktisch-schulischen Bereich, auch mit → *Erdkunde* bezeichnet. Die S. hat die Aufgabe, die Erkenntnisse der → *Allgemeinen Geographie* und der → *Regionalen Geographie* zur Beschreibung und Erklärung der Umwelt für den Schulunterricht pädagogisch umzusetzen. Vor allem zwischen 1960 und 1980 wechselten die dabei verwandten Konzepte der S. mehrfach. Generell vollzog sich ein Wandel von der → *Länderkunde* zum allgemeingeographisch-exemplarisch-thematischen Unterricht mit Schwerpunkten auf → *Raumplanung,* → *Geoökologie* und → *Wirtschafts-* sowie → *Sozialgeographie.*

Schuppenschnee: durch Windverblasung entstandene feinschuppige Formung der Schneeoberfläche.

Schuppenstruktur (Schuppung): tektonische Form stark gefalteter Gebiete mit mehrfacher Wiederholung der gleichen Schichtenfolge, die dadurch zustande kam, daß Schichtpakete schuppenartig übereinander geschoben wurden. Die S. tritt auch in → *Stauchmoränen* auf.

Schüssel: geomorphographischer Begriff, sinnverwandt mit → *Mulde.*

Schüsseldoline: Form der → *Doline,* meist sehr flach und von schüsselförmiger Gestalt bei rundlichem bis ovalem Grundriß und relativ unbekanntem Boden. Der Begriff ist eher beschreibend und weniger genetisch zu verstehen. Mehrere zusammengewachsene S. ergeben die größere Form der → *Uvala.*

Schutt: eckige bis kantengerundete Gesteinsfragmente, in der Größenklasse der Grobsedimente, überwiegend durch physikalische Verwitterung entstanden.

Schuttdecke: beschreibende Bezeichnung für Akkumulationskörper aus → *Schutt,* ohne Hinweis auf die Genese.

Schüttergebiet: Bereich, in dem ein → *Erdbeben* ohne Instrumente wahrgenommen werden kann. Die Größe des S. hängt von der Schwere des Erdbebens ab.

Schuttfächer: flacher Akkumulationskörper aus → *Schutt,* der in der Form dem → *Schotterfächer* bzw. → *Schwemmfächer* entspricht, aber durch die Art des Materials sich von ihnen unterscheidet. Der S. steht dem steilerhängigen → *Schuttkegel* gegenüber.

Schuttformation: eine Vegetation aus → *Schuttpflanzen* auf sich bewegenden → *Schutthalden* mit besonderer Anpassung an den stark wasserdurchlässigen und damit trockenen → *Schutt* und die gravitativen Bewegungen der Halde. Die Gräser und sich durch Ausläufer verbreitenden Kräuter der S. bilden dichte Wurzelgeflechte, um den gravitativen Hangbewegungen Widerstand zu leisten.

Schuttfuß: geomorphographische Bezeichnung für meist räumlich begrenzte Akkumulationen von → *Schutt* an Hängen von Vollformen bei meist bandartiger Verbreitung. Die S. entstehen in einer gewissen Längserstreckung sowohl unterhalb von verwitternden Hängen oder Wänden als auch durch das seitliche Zusammenwachsen von → *Schuttkegeln* bzw. → *Schuttfächern.*

Schuttgleitung: unscharfe Bezeichnung für Schuttbewegung an Rändern von → *Schichtstufen* durch gravitative und/oder solifluidale Prozesse.

Schuttgletscher: vieldeutige und unscharfe geomorphogenetische Bezeichnung, sinnverwandt mit → *Blockgletscher;* oder Bezeichnung für einen stark mit → *Schutt* überdeckten → *Gletscher;* oder beschreibender Begriff für eine → *Schuttdecke* mit zungenförmiger Gestalt.

Schutthalde: spezifiziert den Begriff → *Halde* für Ansammlungen von Schutt unterhalb von Felswänden oder steileren Hängen. Die Formung der Oberfläche der S., des → Haldenhanges, weist eine von Größe und Rauhigkeit des Schuttes abhängige Neigung zwischen 26° und 42° auf. Sie entspricht dem → Haldenwinkel. Der S. wird geomorphogenetisch besondere Bedeutung dadurch zugemessen, daß sie das anstehende Felsgestein überdeckt und vor Verwitterung durch exogene Kräfte schützt, so daß hier der Felshang gegenüber der oberhalb anstehenden Felswand erhalten bleibt.

Schuttkar: Bezeichnung für jene → *Kare,* deren Boden und/oder Hänge mit Gesteinsschutt bedeckt sind, der durch → *Frostsprengungsverwitterung* auf dem Karboden und an den Karwänden entstanden ist und z. T. eine moränale Überformung erfahren haben kann.

Schuttkegel: meist sehr steilhängige Akkumulation aus → *Schutt* unterhalb von Wänden, die sich vor Spalten und Runsen, die als Steinschlagrinnen fungieren, aufbaut, meist in gewölbt-kegelmantelflächiger Gestalt. Flachere Formen werden als → *Schuttfächer* bezeichnet, zu denen zahlreiche Übergänge bestehen. Fälschlicherweise wird die Bezeichnung auch für → *Schotterkegel* bzw. → *Schwemmkegel* benutzt.

Schuttpflanzen (Schuttflur): offene Pflanzengesellschaft, die sich auf mechanisch zertrümmertem Fels- und Gesteinstein finden. Sind die Schuttplätze anthropogenen Ursprungs, handelt es sich um → *Ruderalpflanzen.*

Schuttquelle: Wasseraustritt am Fußes eines Schuttkegels, der die zwischen verschiedenen Gesteinsschichten liegende eigentliche Quelle verhüllt.

Schuttrampe: im Zusammenhang mit den → *Rampenstufen* in → *Schichtstufenlandschaften* arider Klimate stehende Form, deren unteren Stirnhangpartien im Bereich des Stufensockels eine Hangschuttdecke in dreieckiger Gestalt auflagert. Die Spitze weist gegen die Stufenfront und die Basis geht in ein → *Pediment* oder → *Glacis* über.

Schuttschleppe: unscharfe Bezeichnung für flachere → *Schutthalden* bzw. → *Schuttrampen,* meist mit größerer Längsausdehnung.

Schuttstrom: unscharfe Bezeichnung für → *Erdschlipf* bzw. Erdgletscher, wenn deren Masse hohe Anteile an → *Schutt* aufweist, in Bewegung ist und eine bandartige Gestalt aufweist.

Schutttransport: grundsätzlich als → *gravitative Massenbewegung,* glazial durch → *Gletscher* und solifluidal durch → *Solifluktion* erfolgende Verfrachtung von → *Schutt.* Meist, aber nicht immer, erfolgt beim S. Beanspruchung des Untergrundes und somit Reliefformung. Die so transportierten Schuttkomponenten können dabei Gestaltveränderungen erfahren.

Schutttropfen: ein → *Solifluktionsschuttstrom,* der durch geringe seitliche Ausdehnung eine tropfenartige Gestalt aufweist.

Schüttung: 1. in der Sedimentologie eine gerichtete Ablagerung von → *Sedimenten,* unabhängig vom transportierenden Agens. 2. Wassermenge, die eine → *Quelle* pro Zeiteinheit spendet.

Schuttwüste: unscharfe Bezeichnung für jene → *Wüsten,* deren Oberflächen mit meist scharfkantigen Gesteinsbruchstücken überdeckt sind. Als Prototyp der S. gilt die → *Hamada.*

Schutzaggregation: bei Zebras, Straußen, Antilopen und Gazellen in den Lebensräumen der offenen Savannen gegenüber Räubern auftretende Herdenbildung, wobei die Herde als solche Schutz bietet.

Schutzanpassung: in Organ- oder Körperform, Färbung und Zeichnung, Körperhaltung oder Verhaltensweise erfolgende Anpassung, um ihren Träger vor ungünstigen Einwirkungen durch andere Organismen zu schützen. Markantester Ausdruck der Schutzanpassung ist die → *Schutztracht.*

Schutzbereich (Schutzzone, Schutzgebiet): exakt abgegrenzter Raum, der aufgrund seiner natürlichen Beschaffenheit, seiner ökologischen, ästhetischen oder historischen Erhaltungswürdigkeit oder auch seiner wirtschaftlichen und sozialen Funktion durch Gesetz oder Verordnung unter besonderen Schutz gestellt worden ist und in der Regel nur unter besonderen Bedingungen genutzt oder verändert werden darf. S. sind z. B. → *Natur-* und → *Landschaftsschutzgebiete,* Wassergewinnungs- und Quellgebiete (Trinkwasser-S.), → *Bannwälder,* Sicherungszwekken dienende Gebiete oder Geländestreifen um Flughäfen oder Verteidigungsanlagen (z. B. → *Lärmschutzzonen),* Flächen zur Gewinnung von Bodenschätzen usw. (→ *Grüngürtel)*

Schutzkolloide: Anlagerung polyphenolischer organischer Verbindungen an Seitenflächen von → *Tonmineralen,* die durch Neutralisation der positiven Ladungen die Neigung zur Flockung vermindern und damit die Verlagerung erleichtern.

Schutzlage: topographische Lage eines Standorts, insbesondere einer Siedlung, die im Hinblick auf Schutz vor Naturkatastrophen (z. B. Überschwemmungen, Lawinen) sowie vor feindlichen Überfällen gewählt wurde. Vor allem Städte wurden in der Antike und im Mittelalter vorzugsweise in S. gegründet. Als S. dienten z. B. Lagen auf einem Berg (→ *Akropolislage),* einem Schwemmkegel, einer Insel oder Halbinsel usw.

Schutzrand: Saum des → *Schutzwaldes* zur waldfreien Umgebung. Dem S. kommt durch seinen Übergangscharakter zwischen unterschiedlichen Nutzungsbereichen und oft unterschiedlichen Geoökosystemtypen besondere Bedeutung zu – sowohl hinsichtlich verschiedener ökologischer Auswirkungen als auch hinsichtlich besonderer Gefahren durch Nutzungsbeanspruchungen.

Schutzsiedlung: Siedlung, deren Hauptfunktion darin besteht, ein Territorium oder eine einzelne Siedlung und ihre Bewohner, aber auch einen Verkehrsknotenpunkt, einen Hafen, ein Bergwerk usw., vor feindlichen Überfällen zu schützen. Zu den S. gehörten seit der Antike, später insbesondere im Mittelalter und in den überseeischen Kolonien, mit Militär besetzte Anlagen wie Forts, Kastelle, Burgen, Grenzfestungen usw.

Schutztracht (phylaktische Tracht): sehr differenzierte Form, Färbung und Verhaltensweise von Organismen, um vorhandene Schutzmöglichkeiten zu unterstützen oder zu ergänzen durch → *Tarntrachten* und → *Trutztrachten.*

Schutzwald: Wald, welcher dem Schutz und der Wohlfahrt dient, was durch die Art seiner Bestockung und Bewirtschaftung erreicht wird. Geschützt werden z. B. der Boden vor Wind- oder Wassererosion oder die Siedlungen vor Lawinen. Wird der Wald selbst geschützt, handelt es sich um → *Schonwald.*

Schutzwaldstreifen (Waldschutzstreifen): eine schmal- oder breitstreifige Waldanpflanzungen, vor allem als Bodenerosionsschutz in semihumiden Geoökosystemen.

Schutzzoll: Abgabe, die bei der Einfuhr von Waren zum Schutze der heimischen Wirtschaft vor ausländischer Konkurrenz erhoben wird. Der S. ist ein wesentliches Instrument der Wirtschaftspolitik und findet z. B. im Rahmen von → *Industrialisierungsstrategien* in den Entwicklungsländern Anwendung.

Schwaige (Schwaighof): in Süddeutschland landwirtschaftlicher Betrieb, der ganz auf Viehhaltung ausgerichtet ist. Eine derartige Spezialisierung gab es bereits bei Betrieben im Alpenvorland während der Zeit der Grundherrschaft. Die S. wurden mit den nötigen Nahrungsmitteln und z. B. auch mit Stroh von den anderen Höfen versorgt.

Schwall: hydrodynamischer Begriff für Wasser, das in dünner Schicht auf den → *Strandwall* strömt, wobei durch die Bodenreibung Energie verloren geht. Das Wasser strömt dann als Sog zurück. Sog und S. alternieren nicht nur, sondern können auch gegenläufig sein, d. h. einander auftreffen. Dabei erfolgt turbulente Durchmischung, wobei der Sog vom S. überwältigt wird. Insgesamt kommt es zu parabolischen Fortbewegungen von Wasserteilchen, die auch einen entsprechend gerichteten Sedimenttransport bewirken. Sog und S. sind demnach Ausdruck des küstenparallelen Brandungsstromes, der durch schrägauflaufende Wellen erzeugt wird.

Schwandtwirtschaft (Schwandwirtschaft): Regionalbezeichnung der → *Feld-Wald-Wechselwirtschaft* (→ *Haubergwirtschaft,* → *Reutbergwirtschaft*).

Schwarmbeben: ein → *Erdbeben,* bei dem eine lange Folge von Erdstößen und Erschütterungen hintereinander und miteinander auftreten.

Schwarmbildung: populationsbiologischer Begriff für Aggregation ganzer Populationen zu einem einzigen Komplex, wie es bei Huftieren, Vögeln, Fischen oder Kleinarthropoden vorkommt. Die ökologische Bedeutung der S. drückt → *Allees Prinzip* aus.

Schwarmsiedlung: Einzelhofgruppe, die sich als Siedlungseinheit aus dem dünn besiedelten Umland heraushebt.

Schwarzarbeit: der Verwaltung nicht angezeigte, strafbare Arbeitsleistungen. Die S. unterliegt somit nicht der Besteuerung und der Abführung von Sozialabgaben sowie von -versicherungsbeiträgen. Ihre Arbeitsleistungen sind statistisch nicht erfaßbar. In den Entwicklungsländern trägt die S. zu einem sehr wesentlichen Teil den → *informellen Sektor.*

Schwarzbrache: Form der → *Brache,* bei der das Feld mehrfach umgepflügt wird, um das Erdreich zu durchlüften und den Unkrautwuchs zu bekämpfen.

Schwarzgley: Übergangsbodentyp, der zwischen dem vollentwickelten → *Gley* und der → *Feuchtschwarzerde* steht. S. zeichnen sich durch einen bis 60 cm mächtigen Humushorizont mit Humusgehalten unter 10% aus. Rostfleckung in dessen unterstem Teil leitet zum → *Oxidationshorizont* des grundwasserbeeinflußten Unterbodens über. In S. steigt der Grundwasserspiegel nie höher als etwa 40 cm unter Flur.

Schwarzkultur: Form der → *Moorkultur* auf Flachmooren. Bei der S. erfolgt eine intensive und mehrfach sich wiederholende Durcharbeitung, Nährstoffanreicherung (mit Phosphor, Kali, evtl. Kalk) und ein Walzen der oberen Bodenschicht. Nach mehrjähriger Nutzung als Ackerland folgt Grünlandeinsaat.

Schwarztorf: gut humifizierter (→ *Humifizierung*), braunschwarz gefärbter Hochmoortorf (→ *Torf*), der neben feiner Huminsubstanz auch viel erkennbare Pflanzenreste enthält. (→ *Weißtorf,* → *Hochmoor*)

Schwarzwasserfluß: durch Huminsäuren und organische Schwebstoffe dunkel gefärbter Fluß. Die Bezeichnung ist vor allem in Teilen des Amazonasgebietes üblich (→ *Weißwasserfluß*)

Schwarz-Weiß-Grenze: Bezeichnung für einen Grenzbereich zwischen Eis bzw. Schnee und (Fels-)Gesteinsoberfläche, die unterschiedliche Ein- und Ausstrahlungskoeffizienten aufweisen und dadurch die → *Frostsprengungsverwitterung* intensivieren. Die S.-W.-G. ist geomorphologisch besonders bei Gletschern im Hochgebirge wirksam.

Schwebebahn: Bahn, deren Wagen oder Kabinen hängend befördert werden. Die häufigste Form der S. ist die → *Seil-S.,* deren Räder auf einem Tragseil rollen. Seltener ist die Schienen-S., bei der die Wagen an einem Fahrwerk hängen, das auf Schienen läuft (in Wuppertal). S. werden im Personen- und im Güterverkehr eingesetzt (→ *Seilbahn*).

Schwebstoffe: organische und mineralische Partikel, die im Wasserkörper (und nicht am Boden rollend) eines Gerinnes transportiert werden. Die Größe der S.-Teilchen kann nicht exakt definiert werden, da sie auch von der Wasserführung abhängt. Bei normaler Wasserführung liegt die untere Grenze etwa bei 1 000 Å (Grenze zu den gelösten Stoffen) und die obere Grenze etwa bei 0,05 mm. Bei Hochwasser mit hohen Fließgeschwindigkeiten werden sogar Grobsandkörner bis 2 mm schwebend mitgeführt.

Schwefeldioxidbelastung: Belastung der Landschaft mit SO_2, einem farblosen, stechend riechenden Gas. Die S. stammt aus dem Schwefelgehalt fossiler Brennstoffe. Sie geht insbesondere von Großkraftwerken, Chemiebetrieben, Hütten- oder Zellstoffwerken aus. Die S. kann zu erheblichen Vegetations- und Korrosionsschäden führen ($\to$ *Saurer Regen*).

Schwelle: flachgewölbte Vollform unterschiedlicher Größenordnung im terrestrischen, subglazialen und subhydrischen Bereich. Es kann sich dabei sowohl um Mikroformen handeln, wie Fels-S. in Flußbetten, als auch um solche kontinentalen Ausmaßes, also Megaformen, wie die $\to$ *Randschwellen* der Kontinente.

Schwellenland: Entwicklungsland, das in seiner Entwicklung verhältnismäßig weit fortgeschritten ist. Kriterien für die Einordnung eines Landes in die Reihe der S. sind z.B. der Industrieanteil am $\to$ *Bruttoinlandsprodukt,* Energieverbrauch, $\to$ *Alphabetisierung* und Lebenserwartung. Ein gemeinsames Negativmerkmal der S. ist, daß die gesellschaftliche und soziale Entwicklung im Lande mit der wirtschaftlichen nicht Schritt halten kann. 1982 gab es weltweit ca. 30 S.; zu ihnen zählten z.B. Brasilien, Mexiko, Südkorea und Singapur.

Schwemmfächer: Akkumulationsbereich von feineren Sedimenten eines Flusses, der dort entsteht, wo das Gefälle plötzlich nachläßt, so daß der größte Teil der Fracht im Flußbett und an den Uferrändern liegenbleibt. Dabei wird allmählich ein flacher, wenig geneigter und im Grundriß meist dreieckiger bis kegelmantelförmiger S. in das Flachgelände hinein aufgebaut. Aktive S. weisen meist mehrere Gerinnearme auf ihrer Oberfläche auf, die sich ständig verlagern, vor allem bei jahreszeitlich wechselnder Wasserführung. Dem S. stehen der $\to$ *Schwemmkegel,* der $\to$ *Schotterfächer* und der $\to$ *Schotterkegel* zur Seite.

Schwemmkegel: Akkumulationsbereich von feineren Sedimenten eines Flusses, der dort entsteht, wo das Gefälle plötzlich nachläßt, so daß der größte Teil der Fracht im Flußbett und an den Uferrändern liegen bleibt, wobei allmählich ein gegenüber dem

$\to$ *Schwemmfächer* steiler geneigter und im Grundriß meist dreieckiger bis kegelmantelförmiger S. in das Flachgelände hinein aufgebaut wird. Aktive S. weisen meist mehrere Gerinnearme auf ihrer Oberfläche auf, die sich ständig verlagern, vor allem bei jahreszeitlich wechselnder Wasserführung. Dem S. stehen $\to$ *Schotterkegel* und $\to$ *Schotterfächer* zur Seite.

Schwemmlandboden: junge Substratakkumulation, die marin oder fluvial erfolgte und auf der sich Böden im Anfangszustand ihrer Entwicklung befinden. Gelegentlich werden diese als $\to$ *Alluvialböden* zusammengefaßt.

Schwemmlanddoline: Typ der $\to$ *Doline* im $\to$ *Karst,* bei der die der $\to$ *Korrosion* unterliegende Oberfläche mit einem mehr oder weniger mächtigen Verwitterungsprodukt oder $\to$ *Schwemmlandboden* bedeckt ist. Die Karstform paust sich dann in die junge Sedimentdecke durch, so daß scheinbar im Verwitterungslehm oder in der fluvialen Sedimentdecke eine Doline entstanden ist.

Schwemmlandebene: Flachform mit geringem Gefälle, die in einer ausgedehnten und meist sehr mächtigen Lehm- bis Sandakkumulation angelegt ist.

Schwemmlinge: Pflanzen, die durch fließendes Wasser verbreitet werden.

Schwemmlöß (Tallöß): eines der $\to$ *Lößderivate,* das sich durch plattiges Gefüge ausweist und aquatisch umgelagerten $\to$ *Löß* darstellt. Dieser ist infolge des Transportes z.T. mit gröberem Material, z.B. Kies oder Grus, durchsetzt.

Schwerchemie: Zweig der Chemie, der sich mit der großtechnischen Herstellung vor allem anorganischer Chemikalien, wie Säuren, Laugen, Salze befaßt. ($\to$ *Leichtchemie*)

Schwereanomalie: Schwereabweichung im gravitativen Kraftfeld der Erde, die durch ungleiche Verteilung spezifisch besonders leichter oder schwerer Gesteinsmassen in der Erdrinde bedingt ist.

Schwerefeld: durch die Massenanziehung gebildetes Kraftfeld der $\to$ *Erde,* dessen Intensität durch die Beschleunigung eines frei fallenden Körpers wiedergegeben wird, deren Normalwert $9{,}81 \; m \cdot s^{-2}$ beträgt. Die Schwere ist an den Polen etwas höher und am Äquator etwas geringer (Einfluß der Zentrifugalkraft) und durch $\to$ *Schwereanomalien* unterschiedlich.

Schwerindustrie: im engeren Sinne zusammenfassende Bezeichnung für die Eisen- und Stahlindustrie. Der weitergefaßte Begriff schließt den von der Eisen- und Stahlindustrie erfaßten Bereich der $\to$ *Montanindustrie* (Eisen- und Steinkohlenbergbau) mit ein. Teilweise wird der Begriff S. mit dem der Montanindustrie gleichgesetzt, was sicherlich nicht sehr sinnvoll ist. Auch infolge der Abgrenzungsschwierigkeiten gegenüber

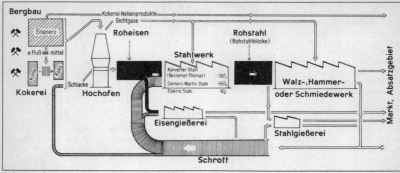

Schwerindustrie

dem Begriff Hüttenindustrie scheint es geboten, auf die Verwendung des Begriffes S. ganz zu verzichten.

Schwerindustriegebiet: Standortraum der Eisen- und Stahlindustrie, der mit seinen Hochöfen, Gießereien, Stahl- und Walzwerken stark landschaftsprägend wirkt (→ *Industrielandschaft*).

Schwerkraftgleitung: unscharfer Begriff für flächenhafte → *gravitative Massenbewegungen*, bei denen Versetzung ohne Gesteinsaufbereitung auf gleitfähiger Unterlage erfolgt. Die S. gehört somit zur → *gravitativen Denudation*.

Schwermetalle: Sammelbezeichnung für Metalle, die eine Dichte über 4,5 g/cm³ haben. S. sind z. B. Blei, Chrom, Eisen, Gold, Kobalt, Nickel, Platin, Plutonium, Quecksilber, Silber, Uran, Wolfram, Zink, Zinn. Von gewissen S.-Verbindungen können besonders starke umweltschädigende Wirkungen ausgehen.

Schwerminerale: die Sammelbezeichnung für alle → *Minerale* mit einem spezifischen Gewicht $>2,9$ g·cm^{-3} (z. B. → *Apatit*, → *Magnetit*, → *Pyrit*, Zirkon, Turmalin, Rutil).

Schwerpunktförderung: in der → *regionalen Wirtschaftspolitik* die gezielte Förderung bestimmter Gemeinden im Gegensatz zu einer → *Flächenförderung*. In der Bundesrepublik Deutschland bestand die erste bundesweit konzipierte S. in der Förderung der → *Bundesausbauorte*. Heute erfolgt die S. im wesentlichen im Rahmen der Gemeinschaftsaufgabe von Bund und Ländern bzw. im Rahmen der landeseigenen Programme.

Schwesterstädte: räumlich eng benachbarte Städte. Der Begriff S. wird teils gleichgesetzt mit → *Doppelstädte* oder → *Nachbarstädte,* teils definiert als Städte mit ähnlichen oder gleichartigen Funktionen, die jedoch jede eine gewisse Selbständigkeit bewahrt haben, also z. B. eigene zentralörtliche Einzugsbereiche versorgen.

Schwimmende Inseln: im Zusammenhang mit der biogenen → *Verlandung* auftretende Vegetation. Sie entstehen dadurch, daß Teile des → *Schwingrasens* und der durch Wurzeln und Rhizome wenig oder schlecht verankerte Verlandungsgürtel sich losreißen und auf der Wasseroberfläche schwimmen. S. I. können sich zu → *Bruchwäldern* weiter entwikkeln.

Schwimmpflanzen: Pflanzen, die auf der Wasseroberfläche, seltener im Wasser, frei schwimmen. Sie gehören zu den → *Hydrophyten*.

Schwimmsand: wenig präzise Bezeichnung für tonfreien Sand, der bei Steigerung des Wassergehaltes Fließbewegungen ausführen kann, die mit abnehmendem Wassergehalt wieder aufhören. Der damit verbundene Fließ- bis Gleitvorgang hat nichts mit → *Thixotropie* zu tun.

Schwimmschnee (Tiefenreif): ein aus Kristallneubildungen in Form von getreppten Bechern, Blättchen und Pyramiden bestehender Altschnee. Der lockere S. ist wenig bindig und wirkt daher in der Altschneedecke als Gleithorizont.

Schwingrasen: schwimmende Pflanzendecke, die vom Ufer aus immer weiter in einen See hinauswächst und eine rasenartige Verlandungsvegetation darstellt. Sie baut sich aus Torfmoosen (*Sphagnaceen*) sowie höheren Pflanzen auf, wie Sumpfporst (*Ledum*), Wollgras (*Eriophorum*), Moosbeere (*Vaccinium oxycoccus*), Sumpfblutauge (*Comarum*) und Sonnentau (*Drosera*). Die S. sind für Seen mit → *Braunwasser* charakteristisch, die also → *dystroph* sind. Wegen der geringen pH-Werte, der Nährstoffarmut und der gelösten Humusstoffe im Wasser fehlen → *Plankton*, Unterwasserpflanzen und Röhrichtgürtel. Sie werden durch den S. ersetzt, dessen Wachstum auch die dystrophen Seen „erblinden" lassen kann.

Schwüle: Bezeichnung für den Zustand hoher Wärme bei gleichzeitig hoher → *relativer Luftfeuchte.* Der S.-Zustand ist physikalisch nicht exakt definierbar, sondern muß eher am Wohlbefinden gemessen werden, woraus sich zwangsläufig ergibt, daß von Individuum zu Individuum Unterschiede bestehen. Ein Wetterzustand wird als schwül empfunden, wenn der Körper zu seiner Wärmeregulation (= Abkühlung wegen hohen Umgebungstemperaturen) infolge zu hoher Luftfeuchte nicht mehr ausreichend Wasser verdunsten kann. Auf Erfahrungswerten lassen sich Grenzwerte für die S. ermitteln.

Schwülegrenze: Trennlinie, welche im Raster Temperatur – relative Luftfeuchte den als behaglich und den als schwül empfundenen Bereich trennt.

Scrub: australischer Typ der → *Dornstrauchsavanne* bzw. → *Dornstrauchsteppe.* Es werden der Mallee-S., überwiegend strauchartigen Eukalypten, und Mulga-S., überwiegend mit strauchartigen Akazien und z. T. mit Salzböden, unterschieden.

seafloor spreading: charakteristischer Prozeß bei Bewegungen der → *Plattentektonik,* wobei sich infolge Auseinanderrücken der verschiedenen ozeanischen Platten ein tektonischer Graben durch Spreizen des Tiefseebodens bildet, gleichzeitig verbunden mit einem Aufwölben der Grabenränder und der Bildung mittelozeanischer Rücken. Ursache für das s. s. ist das Aufsteigen von Magmakonvektionsströmen in der → *Asthenosphäre.*

seamount: generell submarine Einzelerhebung der Tiefsee, meist aber Bezeichnung für den → *Guyot.*

Sebcha: zeitweise oder dauernd ausgetrocknete, mit Ton und Salz bedeckte Niederung in der Sahara, praktisch ein Typ der → *Salztonebene.*

Section: im Landvermessungssystem der → *Townships* ein Quadrat von 1 Meile Seitenlänge. Eine S. besteht aus vier → *quarter sections.*

sedentär: aufgewachsene Massen, z. B. → *Torf,* im Unterschied zu abgesetzten, d. h. → *sedimentären* Substraten.

Sediment: vom Wasser, Eis und/oder Wind in → *Schichten* abgelagerte Verwitterungsprodukte, je nach Ablagerungsmilieu als terrestrisch, marin, fluvial, glazial usw. bezeichnet. Die S. können weiterhin nach physikalischen und chemischen Eigenschaften unterschieden werden. Sie sind locker bis erdig, können sich aber im Sinne der → *Diagenese* zu → *Sedimentiten* verfestigen. Eine wichtige Materialunterscheidung bei den S. ist die in → *Feinsedimente* und in → *Grobsedimente.*

sedimentär: abgesetzt, abgelagert.

Sedimentite (Ablagerungsgesteine, Absatzgesteine, Schichtgesteine, Sedimentgesteine): durch → *Ablagerung* von → *Sedimenten* und deren Verfestigung durch Prozesse der → *Diagenese* entstehende Gesteine. S., die aus Produkten der mechanischen Verwitterung entstanden, sind die → *klastischen* Gesteine oder Trümmergesteine, solche aus Produkten der chemischen Verwitterung die chemischen S. (Ausfällungsgesteine, Eindampfungsgesteine), wie → *Gips,* → *Salz,* → *Sinter* und → *Oolithe.* Unter Mitwirkung von Organismen oder aus Organismenresten gebildete S. repräsentieren die organogenen Sedimentgesteine, z. B. die → *Kreide.*

Sedimentzyklus: allgemeine Bezeichnung für in vielen Variationen auftretende Sedimentfolgen, die wegen der zeitlichen Wiederholung des Sedimentationsprozesses unter ähnlichen oder gleichen geoökologischen Bedingungen zu einer Abfolge des gleichen oder ähnlichen Sedimentcharakters führen. Für die einzelnen erdgeschichtlichen Zeitabschnitte gibt es charakteristische S.

See: Wasseransammlung in einer natürlichen geschlossenen Hohlform. S. entstehen entweder durch Abdämmung offener Hohlformen (durch Moränen, Bergstürze) oder durch Eintiefung der Festlandsoberfläche (erosive Eintiefung durch Gletscher, Einsturz durch Auslaugung des Untergrundes, vulkanische Explosionen, tektonische Verbiegung und Grabenbildung). Etwa 1,8% der Festlandsfläche ist seebedeckt. Die S. sind dabei sehr unregelmäßig verteilt und vor allem in ehemals vergletscherten Gebieten häufig (z. B. Finnische Seenplatte). Die S. der humiden Gebiete sind Süßwasser-S., die abflußlosen S. (→ *Endsee*) der ariden Gebiete Salz-S., in denen sich die mit den Flüssen herangeführten Salze wegen der starken Verdunstung anreichern. Die in die Flußsysteme einbezogenen S. sind stark vom Wasserhaushalt ihrer Einzugsgebiete abhängig. Ihr Wasserstand schwankt mit der Wasserzufuhr, wobei größere S. aber wegen ihres Speichervermögens auf die Wasserführung der sie durchfließenden Flüsse ausgleichend wirken (→ *Seeretention*). Der Wärmehaushalt der S. ist sehr wichtig für die → *Seezirkulation.* Wasser leitet die Wärme sehr schlecht und erreicht bei + 4 °C die größte Dichte. In den gemäßigten Breiten kann demzufolge nur Durchmischung stattfinden, wenn im Frühjahr und im Herbst diese Grenztemperatur in der oberen Wasserschicht erreicht wird. S. haben erdgeschichtlich kurzen Bestand. Sie verlanden mit der Zeit durch das Auffüllen des S.-Beckens mit Sedimenten und durch Zuwachsen (→ *Verlandung*). (→ *Abdämmungsee,* → *Regressionssee,* → *Randsee,* → *Eisstausee,* → *Karsee,* → *Lensee,* → *Salzsee,* → *Karstsee,* → *Maar,* → *Grabensee*)

Seebad: 1. gleichbedeutend mit → *Seeheilbad* verwendet.

2. allgemeine Bezeichnung für einen Badeort

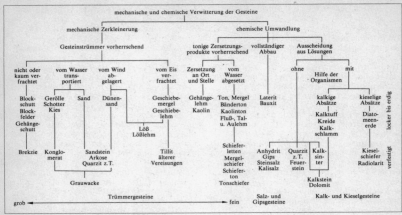

Sedimente (nach Särchinger 1958)

am Meer mit entsprechender Infrastruktur, Beherbergungskapazität usw. zur Unterbringung und Betreuung von Touristen oder Naherholern.

Seebeben: ein → *Erdbeben,* bei dem sich das Hypozentrum unter dem Meer befindet. Die S. lösen oft Flutwellen aus, die an den Küsten der betroffenen Gebiete Zerstörungen verursachen. (→ *Tsunami*)

Seedeich: ein → *Deich,* der das Festland vor → *Sturmfluten* schützen soll. Die S. werden oft im Zusammenhang mit Maßnahmen der → *Landgewinnung* errichtet.

Seefischerei: gewerbsmäßiger Fang von Fischen und anderen Wassertieren zur wirtschaftlichen Nutzung. Die S. unterscheidet sich von der → *Binnenfischerei* dadurch, daß sie in küstenfernen Gebieten (große Hochseefischerei), in Küstennähe (kleine Hochseefischerei) und an der Küste (Küstenfischerei) dem Fischfang nachgeht.

Seegang: Welligkeit der Meeresoberfläche.

Seegangsrippeln: → *Rippelmarken,* die durch Seegang entstehen und eine Form der Wasserrippeln darstellen.

Seegat (Gat, Tief): tiefe, vom Strom der → *Gezeiten* erodierte, aber relativ schmale Durchlässe zwischen den Inseln im → *Wattenmeer,* in denen die Gezeitenströme hohe Geschwindigkeiten und bedeutende Transportkräfte entwickeln und damit die Fahrrinnen ins freie Meer freihalten.

Seegraswiesen: in 1–2 km Entfernung vom → *Strand* gehäuft auftretendes Seegras. S. bilden sich in Tiefen, die der unmittelbaren Wirkung der → *Brandung* entzogen sind und die nicht von den in der Küstenströmung wandernden Sandbänken verschüttet werden. Die S. setzen sich überwiegend aus ech-

tem Seegras (*Zostera marina*) – einem Laichkrautgewächs –, vergesellschaftet mit Tang, zusammen. Die S. finden sich bis in Wassertiefen von um 10 m an zahlreichen holarktischen Küsten.

Seehafen: → *Hafen,* der der Seeschiffahrt dient und mit entsprechender Infrastruktur ausgestattet ist, insbesondere auch mit Verkehrsanschluß an sein → *Hinterland.* S. liegen entweder direkt am offenen Meer – bei stärkeren Gezeitenunterschieden als → *Dockhafen* – oder landeinwärts an → *Seekanälen* (z. B. Manchester) oder an Mündungstrichtern von Flüssen (z. B. Hamburg). S. dienen hauptsächlich dem Güterverkehr; im Personenverkehr ist ihre Bedeutung nach Einführung des transkontinentalen Flugverkehrs sehr stark zurückgegangen (Ausnahmen → *Kreuzfahrten* und → *Fährverkehr*).

Seehalde (Meerhalde): am Vorderrand der → *Abrasionsplattform* als Akkumulationsbereich von Brandungsschutt und Brandungsgeröllen sowie Feinsedimenten gebildete Halde. Die S. ist eine submarine Form, deren Größe von den Felsverhältnissen des Untergrundreliefs sowie der Richtung der Brandungsströmung bestimmt ist.

Seeheilbad: → *Kurort* an einer Meeresküste. häufig auf einer Insel, dessen therapeutische Wirkungen auf den besonderen klimatischen Eigenschaften (→ *Reizklima*) und auf der Anwendung von Meerwasser bei der Heilbehandlung beruhen. In Deutschland sind z. B. Helgoland, Norderney und Cuxhaven S. Die Bezeichnung S. ist gesetzlich geschützt und wird entsprechenden Orten verliehen.

Seekanal: künstlich angelegte oder ausgebaute Wasserstraße für den Seeschiffsverkehr. S. sind entweder → *Stichkanäle* (z. B.

Manchester Ship Canal) oder Durchgangskanäle. Letztere verbinden teils Ozeane miteinander (Suez- und Panamakanal), teils durchschneiden sie Halbinseln zur Abkürzung des Seewegs (z. B. Nord-Ostsee-Kanal).

Seekreide (Alm): limnisches Sediment, zu den → *Mudden* gehörend, das sich durch sehr starke Kalkanreicherung auszeichnet. Es bildet sich unter Mitwirkung von Algen und Moosen sowie aus zerfallenen Muscheln- und Schneckenschalen am Boden von Seen und Mooren. Sie gilt auch als ein Derivat der → *Kreide*.

Seelöß: eines der → *Lößderivate*, das aquatisch herantransportiert und schichtig im Wasser abgelagert wurde.

Seemarsch: an der Küste (→ *Watt*) sedimentierter, grauer, meist kalkreicher mariner → *Schlick* mit hohem Schluff- und Feinsandanteil. (→ *Salzmarsch*, → *Marsch*)

Seenkreuz: durch verschieden gerichtete Seen in Eisrandlagenbereichen entstandene Anordnung von Seen. Ein S. tritt häufig in jungvereisten Gebieten der nordhemisphärischen Inlandvereisung auf.

Seenplatte: Tieflandsbereiche mit zahlreichen Seen, die ein glazial bezogenes Grundriß- und Verteilungsmuster aufweisen und die überwiegend im Bereich der Inlandvereisungen vorkommen, wie die Finnische oder Mecklenburgische S. Sie sind oft eine Abbildung des Gesteinskluftnetzes, weil die Eis- und Schmelzwassererosion sich an den vorgegebenen Strukturen im Gestein orientierten. Die → *Rinnenseen* der S. sind oft geknickt oder weisen einen winkligen Verlauf auf oder bilden → *Seenkreuze*.

Seentreppe: im → *Karst* auftretende Seenreihe, die hinter rasch wachsenden → *Kalksinterstufen* das Wasser aufstauen. Solche natürliche Stauseen ordnen sich in Tälern der Karstlandschaft treppenartig hintereinander an.

Seerauch: über Seen gebildeter Nebel, der durch die sofortige Kondensation von aus dem See verdunstetem Wasser in einer wenig wasserdampfaufnahmefähigen kalten Luftschicht über der Seeoberfläche verursacht ist.

Seerecht: die das Recht der See und der Seeschiffahrt betreffenden international gültigen Sondernormen. Das S. hat sich historisch durch Ansprüche von Küstenstaaten und Seefahrtnationen sowie in neuerer Zeit durch Konferenzen (→ *Seerechtskonferenz*) entwickelt. Das bisherige S. ging von zonen vor den Küsten aus, die der Souveränität des angrenzenden Landes unterstellt sind. Dieses → *Küstenmeer* (3-Meilen-Zone) war von der → *Hohen See* abgegrenzt, wo die → *Freiheit der Meere* galt. Das neue S. soll vor allem die Nutzungsrechte im Meeresraum (einschließlich Meeresboden) regeln und die

bisherigen Bestimmungen den durch den heutigen Stand der Technik veränderten Interessen der Staaten anpassen.

Seerechtskonferenzen: internationale Konferenzen zur Regelung des Seevölkerrechts. Die bisher maßgeblichen S. waren Haager S. (1930), Genfer S. (1958 und 1960) und die New Yorker S. (1973 ff.). Seit Den Haag werden die S. von den UN einberufen (UNCLOS I, II, III). Aufgrund der unterschiedlichen Interessensgegensätze konnte die III. S. erst nach elf Sessionen Ende April 1982 mit der Vorlage einer neuen Konvention abgeschlossen werden. Diese Konvention bedeutet Verzonung und Nationalisierung der Meeresressourcen durch die Einrichtung der → *Küstenmeere*, der → *Wirtschaftszonen* und der Festlandssockelzonen. Im → *Tiefseebergbau* kommt es durch die Einrichtung der UN-Meeresbodenbehörde funktional zum Einstieg in die → *Neue Weltwirtschaftsordnung*.

Seeretention: vorübergehende Speicherung von abfließendem Niederschlagswasser in einem See. Die S. wirkt dämpfend auf den Hochwasserabfluß (Abb. S. 198).

Seeschiffahrt (Seeverkehr): → *Schiffahrt* auf dem offenen Meer. Man unterscheidet dabei → *Küstenschiffahrt*, kleine Fahrt (Nord- und Ostsee und angrenzende Bereiche), mittlere Fahrt (Mittelmeer und Schwarzes Meer) und große Fahrt (Ozeanschiffahrt). Die S. befördert hauptsächlich trockene (z. B. Erze, Kohle, Getreide) und flüssige Massengüter (vor allem Erdöl); der Stückgutverkehr wird heute vielfach mit den → *Containern* abgewickelt. Im Personenverkehr dominieren der → *Fährverkehr* über kürzere Entfernungen und die → *Seetouristik* (→ *Kreuzfahrt*). Während als Antriebsmittel in der S. früher die Windenergie unentbehrlich war (→ *Segelschiff*) und später kohlebeheizte Dampfschiffe dominierten, überwiegen heute dieselbetriebene Motorschiffe.

Seestraße (Seeschiffahrtsstraße, Seeweg): → *Schiffahrtsweg* auf dem offenen Meer.

Seeterrasse: Terrassen an Meeren und Seen, durch Meeres- bzw. Seespiegelschwankungen entstanden, die sich langfristig vollziehen und zu Erosions- und Akkumulationsprozessen an den Ufern führen. Es bilden sich gewöhnlich mehrere S., die sich als → *Terrassentreppe* anordnen, ähnlich den fluvial gebildeten Terrassen. Die Ursachen für die Wasserspiegelschwankungen sind großklimatischer Natur und gehen meist auf das Eiszeitalter zurück, wie die → *eustatischen Meeresspiegelschwankungen*.

Seeton: Derivat des → *Tones*, das abgetragen und aquatisch bzw. fluvial transportiert wurde und in einem Wasserbecken zur Ablagerung kam.

Seetouristik: Sammelbezeichnung für den

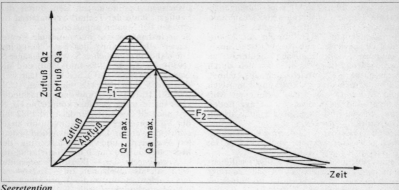

Seeretention

Fremdenverkehr mit Seeschiffen. S. findet meist in Form von → *Kreuzfahrten* statt, aber auch auf Linienschiffen.

Seetüchtigkeit: (Seefähigkeit): Fähigkeit eines Wasserfahrzeugs, von seiner Konstruktion und seinem baulichen Zustand her den Beanspruchungen der Fahrt auf dem offenen Meer gewachsen zu sein.

Seewind: im periodischen Land-See-Windsystem der tagsüber vom Meer zum Land wehende Wind. Der S. ist eine Ausgleichsströmung, die durch das Aufsteigen der über den Landflächen stärker erhitzten Luft in Gang gesetzt wird. (→ *Landwind*)

Seezeichen (Schiffahrtszeichen): Markierungen entlang von → *Schiffahrtswegen,* die zur Sicherheit der Schiffahrt, insbesondere in küstennahen Gewässern, angebracht sind. S. stehen teils auf dem Land (z. B. → *Leuchttürme,* Baken, Stangen), teils schwimmen sie fest verankert auf dem Wasser. (→ *Feuerschiffe,* Leuchtbojen, Kugel- und Faßbojen usw.)

Seezirkulation: Austauschvorgänge im Wasserkörper der Seen. Die S. ist vom Jahresgang der Temperatur und vom Windeinfluß abhängig, wobei die Tatsache wichtig ist, daß Wasser bei + 4 °C die größte Dichte erreicht und die Wärme schlecht leitet. Für die gemäßigten Breiten gilt als Grundmechanismus: Im Winter herrscht stabile inverse Schichtung, weil das oberflächlich stark abgekühlte Wasser wegen seiner geringeren Dichte nicht absinken kann. Im Frühjahr erwärmt sich das Oberflächenwasser, und die Temperaturschichtung erreicht Einheitlichkeit. Vor allem bei Windeinfluß findet jetzt eine tiefgreifende Umschichtung und Durchmischung des ganzen Wasserkörpers statt (Frühjahrsvollzirkulation). Im Sommer erwärmt sich das Oberflächenwasser. Wegen dessen viel geringeren Dichte ergibt sich eine sehr stabile Schichtung mit einer auf die → *Sprungschicht* unter der geringmächtigen warmen Oberflächenschicht (→ *Epilimnion*) konzentrierten Temperaturabnahme. Im Herbst wiederholt sich der gleiche Vorgang wie im Frühjahr (Herbstvollzirkulation). Die kalten Seen der Polargebiete sind praktisch ganzjährig invers stabil geschichtet. Zirkulation findet allenfalls während einer kurzen hochsommerlichen Erwärmung statt. Die warmen Seen der Innertropen zeigen wegen der ständig stabilen Schichtung kaum eine Durchmischung.

Segelschiff: Schiff, das durch Windenergie mit Hilfe von Segeln fortbewegt wird. S. werden heute nur noch für Schul- und Sportzwecke sowie in manchen Entwicklungsländern in der → *Küstenschiffahrt* und Fischerei verwendet.

Segregatgefüge (Absonderungsgefüge): Bodengefüge, das durch Absonderung kantiger Teile aus einer tonhaltigen Bodenmatrix entsteht. S. bildet sich unter dem Einfluß wiederholter Quellung und Schrumpfung und läßt verschiedene Gefügeformen unterschiedlicher Größe entstehen. (→ *Polyedergefüge,* → *Plattengefüge,* → *Säulengefüge*)

Segregation: Prozeß der räumlichen Trennung und Abgrenzung von sozialen Gruppen gegeneinander, insbesondere innerhalb einer Siedlungseinheit, sowie der dadurch hervorgerufene Zustand. Die S. beruht auf gemeinsamen Merkmalen der segregierten Gruppe (z. B. Rasse, Sprache, Religion, soziale Schicht), durch die sie sich von der übrigen Bevölkerung unterscheidet. Sie kann der betreffenden Gruppe aufgezwungen sein (durch Diskriminierung, Abdrängung in ein → *Getto*), kann aber auch gewünscht sein (z. B. Abkapselung ethnischer Minderheiten). Der Begriff S. wird heute vielfach speziell auf rassische und/oder sprachliche

Minderheiten bezogen, z. B. die Situation der Negerbevölkerung in den USA oder die S. der Ausländerbevölkerung in deutschen Städten.

Sehnenberg: vom → *Umlaufberg* unterschiedener Berg, er entspricht dem → *Durchbruchsberg.*

Seiche: einer stehenden Welle ähnliche Schaukelbewegung der Wasserfläche großer Seen. S. werden durch Erschütterungen des Bodens, durch Winde und durch Schwankungen des atmosphärischen Druckes verursacht. Ihre maximale Wasserstandsschwankung beträgt 1–2 m und ihre Schwingungsperiode einige Stunden.

Seife: Ablagerung von sandigem Feinmaterial und/oder Geröll mit abbauwürdiger Konzentration an Schwermineralien oder Edelsteinen. S. sind sekundäre Lagerstätten. In typischer und häufigster Form treten sie als Geröll- oder Sandbänke in Flußläufen auf, in denen sich durch einen natürlichen Schlämmvorgang das schwere und wertvolle Material (z. B. Gold durch Goldwäscherei) angereichert hat.

Seihwasser (uferfiltriertes Grundwasser): Wasser, das aus Flüssen und Seen durch den Untergrund ins → *Grundwasser* einsickert.

Seilbahn: Bahn, deren Wagen oder Kabinen durch ein Seil gezogen werden (Zugseil). Die Wagen laufen entweder mit Rollen auf einem Tragseil (→ *Seilschwebebahn*, Drahtseilbahn oder Luftseilbahn), sie fahren auf Schienen auf dem Boden (→ *Standseilbahn*) oder hängen an Schienen in der Luft. S. werden vor allem zur Personenbeförderung im Gebirge (Transport zum Wintersport, auf Aussichtsberge usw.) sowie in Städten mit großen Höhenunterschieden verwendet. Zum Transport von Gütern dienen sie als Material-S. im Gebirge (Versorgung von Berg- und Almhütten) sowie zum Transport von Massengütern über geringere Entfernungen (z. B. Erze vom Bergwerk zum Verladehafen, Kalkstein vom Steinbruch zur Zementfabrik).

Seilschwebebahn: häufigster Typ der → *Seilbahn.* Die Kabinen der S. rollen hängend an einem Tragseil entlang und werden durch ein Zugseil gezogen oder hinabgelassen. S. werden sowohl zum Personen- als auch zum Gütertransport verwendet.

Seismik: 1. endogene Erdkrustenbewegungen im weiteren Sinne, vor allem → *Erdbeben.*
2. Kurzbezeichnung im Sinne von Seismologie für Erdbebenkunde und Erdbebenforschung.
3. Kurzbezeichnung für geophysikalische Aufschlußmethoden bei der Erforschung des oberflächennahen und tieferen Untergrundes.

seismische Verwerfung: sehr tiefreichende Zerrüttungszone der Erdkruste, durch zahlreiche Bruchlinien gekennzeichnet. Die s. V. hat Verbindung zum Bereich einer → *Geosynklinale,* deren Bewegungen sie mitsteuert.

Seismogramm: Aufzeichnung der Bewegungen des → *Erdbebens* mit Hilfe eines Seismographen.

Seitendenudation: Bestandteil der Theorie der → *doppelten Einebnungsflächen,* wobei durch intensive chemische Verwitterung am Bergfuß subkutan eine flächenhafte Erniedrigung bzw. Zurückverlegung des Festgesteins zu Gunsten einer → *Regolith*decke erfolgt. Die Wirkung der subkutanen S. wird deswegen bezweifelt, weil → Inselberge oder → *Rahmenhöhen* meist direkt auf einem Felsgesteinssockel ansetzen.

Seitenerosion (Lateralerosion): Prozeß der → *Fluvialerosion,* der sich in Unterschneidung der Uferböschungen äußert, wobei das dort anfallende Abtragungsmaterial sofort wieder als Schleifmittel zur Weiterbearbeitung der Ufer bereitsteht. Die Intensität der S. wird von der Fließgeschwindigkeit, der Flußbettgestalt sowie dem Material des Flußbettes und der Ufer (Festgestein oder Lockergestein) bestimmt. Durch S. können die Flußbetten und Ufer verlagert werden.

Seitenkorrosion: geomorphologischer Prozeß im → *Karst,* der in → *Poljen* auftritt, deren Boden mit unlöslichen Sedimenten und/oder Verwitterungsschichten bedeckt ist. Überstau mit Starkregenwassern oder gelegentlich Überschwemmungen mit kohlensäurereichem Wasser bewirken seitliche → *Korrosion* am Fuß von → *Karstbergen* und/oder in → *Fußhöhlen.* Dem Unterschneidungseffekt folgt eine sukzessive Abtragung der Vollformen und somit eine seitliche Erweiterung der Poljeböden. Es entstehen die → *Karstrandebenen.*

Seitenmoräne (Marginalmoräne): seitlich vom Gletscher abgelagerte → *Moräne,* meist in

Seismogramm

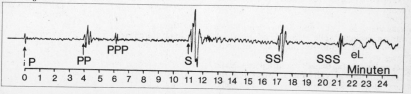

Form eines mehr oder weniger hohen Walles aus überwiegend vom Gletscher transportierten Material, aber auch → *Frostschutt* von den angrenzenden Berghängen. Die S. haben z. T. Kontakt entlang der Wände des → *Trogtales* mit der → *Grundmoräne*. S. treten nur bei Gebirgsgletschern auf. Ein Derivat der S. ist die → *Ufermoräne*.

Seitentafoni: einseitige Bildung von → *Tafoni* infolge → *Schattenverwitterung*, Luv-Lee-Effekten oder sonstigen expositionsbedingten Verwitterungsgunstbedingungen.

Sekretion: in der Geologie und Petrologie mineralische Füllung von Gesteinshohlräumen, die im Unterschied zu den → *Konkretionen* von außen nach innen wachsen.

Sektoralstruktur: 1. die Gliederung der Wirtschaft in die Sektoren → *primärer Sektor*, → *sekundärer Sektor* und → *tertiärer Sektor*.
2. die Struktur in einem Kreissektorenmodell (→ *Stadtstrukturmodell*).

Sektorentheorie: → *Stadtstrukturmodell* zur Darstellung der innerstädtischen funktionalen Gliederung. Die S.-T. wurde von Hoyt (1939) entwickelt. Sie leitet sich aus Untersuchungen der Bodenpreise sowie der Wohnungsmieten in 142 amerikanischen Städten ab. Dabei ergeben sich sektoral strukturierte Funktionsgebiete, die ältere Radialgliederungen überlagern. Ein Vorteil gegenüber älteren Modellen ist die Berücksichtigung – neben der Distanz – auch von Richtungskomponenten. (→ *Ringtheorie*, → *Mehrkerntheorie*)

Sektor-Theorie: Theorie, die besagt, daß wirtschaftliches Wachstum zwangsläufig von einer Verlagerung des Schwergewichts der Wirtschaftstätigkeit vom primären über den sekundären zum tertiären Sektor begleitet wird. Die Geschwindigkeit der Strukturverschiebungen in der Produktion und Beschäftigung wird als wesentlicher Bestimmungsfaktor der Zunahme des Volkseinkommens betrachtet. Der Strukturwandel ergibt sich aus Veränderungen der Einkommenselastizität, der Nachfrage und auch der Angebotsseite aus Unterschieden in den sektoralen Zuwachsraten der Produktivität. Die Anwendbarkeit der S.-T. im regionalen Maßstab ist jedoch beschränkt, da intraregionale Einflußfaktoren des Wirtschaftswachstums, wie etwa Veränderungen der Produktionsfaktoren sowie der externen Wachstumsdeterminanten, im Grunde vernachlässigt werden.

sekundär: in Geo- und Biowissenschaften für an zweiter Stelle stehend, oder zeitlich nachfolgend beim Ablauf einer Entwicklung.

sekundäre Aufkalkung: nachträgliche Kalkanreicherung in vollständig entkalkten Böden durch Kalkzufuhr mit Hang- oder Grundwasser oder künstliches Einbringen von Kalk zur Bodenverbesserung.

sekundäre Minerale: → *Minerale*, die durch Verwitterung neu gebildet wurden. S. M. kommen in → *Sedimenten* und im → *Boden* vor und lassen sich in drei Hauptgruppen gliedern, nämlich in die Salze (z. B. $CaCO_3$), die Oxide und die → *Tonminerale*.

Sekundärenergie: veredelte → *Primärenergie*. Die S. wurde einem oder mehreren Umwandlungsprozessen unterworfen. Zu den so gewonnenen S.-Trägern gehören Steinkohlenkoks, Briketts, Mineralölerzeugnisse, Kokereigas, in Wärmekraftwerken erzeugter Strom usw. Die S. wird dem Letztverbraucher als → *Endenergie* zugeführt (→ *Nutzenergie*).

sekundärer Ausflugsverkehr: Ausflugsverkehr, den nicht Einheimische von ihrem Wohnsitz aus, sondern Touristen von ihrem Urlaubsquartier aus unternehmen. Insbesondere die wichtigsten Zielgebiete des → *längerfristigen Reiseverkehrs* sind ihrerseits wieder Quellgebiete des s. A. Die wirtschaftliche Bedeutung des s. A. ist groß, da durch ihn auch Gebiete abseits der Fremdenverkehrszentren am Tourismus teilhaben können, vor allem im Bereich der Gastronomie.

sekundärer Sektor: der Wirtschaftsbereich (→ *Wirtschaftssektor*), in dem → *Rohstoffe* be- und verarbeitet werden. Zum s. S. gehören Industrie (einschließlich Energiegewinnung und Aufbereitung von Bergbauprodukten), Bauwesen, Handwerk und Heimarbeit.

sekundäres Milieu: gegenüber dem → *primären Milieu* und in der Theorie der Geographie als Gegensatz zur → *Landesnatur* aufgefaßt, die vom Menschen bewertet und zum natürlichen Potential des Wirtschaftens umgewandelt wird. Dies erfolgt durch eine jeweils vom Interesse der Inwertsetzung bestimmte Prozeßkombination.

sekundäres Ökosystem: ähnlich dem → *primären Ökosystem* ein Begriff, der – wie *sekundäres* → *Milieu* deutlicher auf das → *Ökosystem* bzw. → *Geoökosystem* bezieht. Es weist nicht nur Wechselbeziehungen zur wirtschaftenden und siedelnden Tätigkeit des Menschen auf, sondern ist vor diesem bestimmt, so daß die Ökosystemfunktionen stark auf die menschlichen Bedürfnisse abgestellt sind. Das kann im Extremfall dazu führen, daß dem s. Ö. die Fähigkeit zur Selbstregulierung fehlt.

Sekundärflora: eine natürliche Nachfolgeflora auf eine – ebenfalls natürliche – Primärflora.

Sekundärförderung: Verfahren zur Erzielung einer besseren Ausbeute bei der Erdölförderung. Im Gegensatz zur → *Primärförderung* wird bei der S. zur Druckerhaltung in der Lagerstätte Wasser bzw. Gas mit Hilfe von Pumpen injiziert. Damit kann der Ent-

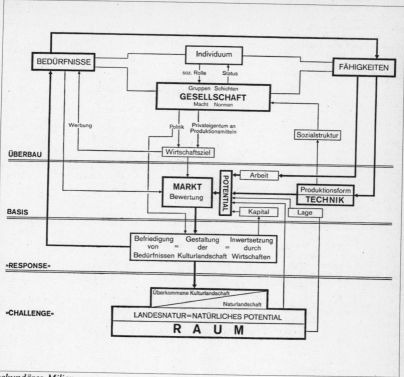

sekundäres Milieu

ölungsgrad durchschnittlich um weitere 17% gesteigert werden. (→ *Tertiärförderung*)

Sekundärformation (Sekundärvegetation): unter dem verändernden Einfluß der wirtschaftenden und siedelnden Tätigkeit des Menschen entstandene → *Vegetationsformation*. Sie ist in der Regel lichter, artenärmer und weniger geschichtet als der ursprüngliche primäre Bestand. Langfristig kann die S., wenn die anthropogenen Eingriffe aussetzen, wieder in eine ursprüngliche Vegetation übergehen. Dieser Fall kann bei der gegenwärtigen Beanspruchung des Naturraumpotentials nur als theoretisch bezeichnet werden.

Sekundärhöhlen: die meisten der vorhandenen → *Höhlen*. Sie haben sich also aus bereits vorhandenen Hohlräumen durch verschiedene höhlenbildende Prozesse entwikkelt und stehen den → *Primärhöhlen* gegenüber.

Sekundärkalorie: diejenige → *Kalorie,* die

aus Produkten tierischen Ursprungs gewonnen wird (→ *Primärkalorie*).

Sekundärkonsumenten (Konsumenten zweiter Ordnung, Tierfresser, Zoophage): → *Ernährungsstufe* in → *Nahrungsketten,* auf der nur Tiere verzehrt werden.

Sekundärlagerstätte: genetischer Lagerstättentyp, bei dem eine Umlagerung des Materials erfolgt ist. → *Primärlagerstätten* sind z. B. durch Einwirkung des Wassers abgebaut und mit ihrem Material an anderer Stelle wieder abgelagert worden. So sind z. B. Zinnseifen S. (→ *Seifen*).

Sekundärporen: Bodenporen, welche durch Gefügebildung, Schrumpfungsrisse, Frostbewegung, Bearbeitung, Durchwurzelung und Durchwühlung entstehen. Die S. stehen den körnungsbedingten → *Primärporen* gegenüber. (→ *Porenvolumen,* → *Porengrößenverteilung*)

Sekundärproduktion: im Gegensatz zur → *Primärproduktion* auf die Qualität der → *Bio-*

masse bezogene Produktion, die von den Heterotrophen mit Hilfe organischer Nährstoffe hergestellt wird.

Sekundärrohstoff: Rohstoff, der durch die Verwendung in Produkten und den daraus sich ergebenden Verschleiß seinen ursprünglichen Gebrauchswert als → *Produktionsmittel* bzw. Konsumgut verloren hat, über das → *Recycling* aber wieder in den Produktionsprozeß eingebracht werden kann.

Sekundärstoffwechsel: liefert Verbindungen zur Stoffspeicherung und Substanzen, die nicht mehr unmittelbar am Grundstoffwechsel beteiligt sind. Die Stoffwechselprodukte des S. können öfter wieder in den Primärstoffwechsel einbezogen werden.

Sekundärtektogenese: unscharfer Begriff der Geotektonik.
1. die sekundärtektonischen Vorgänge, also tektogenetische im weiteren Sinne, denen die der → *Primärtektogenese* gegenüberstehen. Die sekundärtektonischen Vorgänge sind diesen gegenüber kleinerräumig.
2. differenziert den Begriff Tektogenese in Primärtektogenese gleich → *Orogenese* und S. gleich → *Epirogenese*.

Sekundärwald: sich natürlich einstellender Folgebestand nach Zerstörung des natürlichen → *Urwaldes* oder eines seiner natürlichen Sukzessionsstadien durch den Menschen. Auch jener S., der sich nach natürlichen Katastrophen durch Feuer, Ascheregen, Wasser oder Insektenschäden einstellt, wird als S. bezeichnet. Der S. ist meist lichter und artenärmer. In den Tropen ist der S. vor allem in Gebieten der → *shifting cultivation* zu finden.

Sekundärzentrum: innerstädtisches Versorgungszentrum. Der Begriff S. wird seltener gebraucht und teils mit → *Nebenzentrum,* teils mit → *Subzentrum* oder → *Stadtteilzentrum* gleichgesetzt.

Selbständiger: Erwerbstätiger, der keine abhängige → *Stellung im Beruf* hat, also kein Arbeitnehmer ist, sondern einen wirtschaftlichen Betrieb oder eine Arbeitsstätte (auch einen „Einmannbetrieb") als Eigentümer oder Pächter wirtschaftlich selbständig leitet. Der Personenkreis der S. ist sehr heterogen zusammengesetzt; es gehören hierzu z.B. Landwirte, freiberuflich Tätige wie Ärzte oder Rechtsanwälte, selbständige Kaufleute, aber auch Unternehmer und Fabrikbesitzer.

Selbstberasung: die Begrünung eines sich selbst überlassenen Feldes mit Gräsern und Unkräutern nach Jahren ackerbaulicher Nutzung. Die S. ist z.B. ein Vorgang im Rahmen der → *Feldgraswirtschaft* bzw. der süddeutschen → *Egartwirtschaft*.

Selbstmulcheffekt: starke Durchmischung von Ober- und Unterbodenmaterial in tonreichen Böden wechselfeuchter warmer Klimate. Der S. entsteht durch periodische Quellung und Schrumpfung, wobei Oberbodenmaterial in die Trockenrisse eingespült und bei der Quellung im Unterboden eingepreßt wird. (→ *Mulchen*)

Selbstregulation: eine → *Regelung,* bei der alle Vorgänge im → *Regelkreis* nur durch Systeme ausgeführt werden, die ohne bzw. ohne unmittelbaren Eingriff des Menschen arbeiten. Die S. tritt bei Organismen, in → *Biosystemen* und in → *Geoökosystemen* auf. Sie ist in der Realität allerdings fragwürdig, weil Biozönosen Wechselbeziehungen zu Bereichen außerhalb der Ökosysteme aufweisen bzw. ökologische Nachbarschaftsbeziehungen bei den Geoökosystemen bestehen. Insofern ist die S. eher ein theoretisch eintretender Vorgang.

Selbstreinigungskraft: Fähigkeit von Gewässern, durch Wassererneuerung, Wegtransport, Verdünnung und organischen Abbau belastende Stoffe zu beseitigen. Die S. ist Bestandteil eines komplizierten ökologischen Systemgefüges mit einem bestimmten Gleichgewicht. Sie bleibt nur erhalten, solange das System an sich funktionsfähig ist und die Menge an belastenden Stoffen begrenzt bleibt.

Selbstunverträglichkeit (Autointoleranz): die Erscheinung, daß manche Pflanzen nicht beliebig oft unter den gleichen Geoökosystembedingungen nacheinander angebaut werden können, weil ihre Wurzeln oder Rückstände Stoffe ausscheiden, die für sie giftig sind. Der S. steht die → *Selbstverträglichkeit* gegenüber.

Selbstversorgerort (Selbstversorgungsort): städtische Siedlung, die über → *zentralörtliche Einrichtungen* der unteren, meist der mittleren Stufe verfügt, jedoch kein → *Versorgungsgebiet* und damit keine zentralörtlichen Funktionen besitzt, sich also nur selbst versorgt. In Teilbereichen der Versorgung, insbesondere auf der mittleren und höheren Stufe, bedienen sich die Einwohner eines S. der Einrichtungen eines echten → *Zentralen Ortes.* S. sind besonders im Umland von Großstädten sowie in Fremdenverkehrsgebieten häufig anzutreffen.

Selbstversorgungsanteil: derjenige Teil der Beschäftigten im Dienstleistungssektor eines → *Zentralen Ortes,* der nicht für die Versorgung des Umlands, sondern des Orts selbst tätig ist. Die Beachtung des S. ist dann wichtig, wenn auf der Basis von tertiär Beschäftigten die zentralörtliche Bedeutung einer Stadt bestimmt werden soll.

Selbstversorgungswirtschaft: Form der Wirtschaft, die mit dem Ziel der Eigenversorgung betrieben wird. Bei der S. wird nahezu alles, was zum Leben benötigt wird, selbst erzeugt, sowohl im landwirtschaftlichen als auch im gewerblichen Bereich. (→ *Subsistenzwirtschaft*)

Selbstverträglichkeit (Autotoleranz): Eigenschaft mancher Pflanzen, beliebig lange nacheinander unter gleichbleibenden Ökosystemzuständen angebaut werden zu können, ohne daß sie durch eigene Stoffausscheidungen ihren neuerlichen Anbau hemmen oder unmöglich machen. Die S. steht der → Selbstunverträglichkeit gegenüber. Die S. setzt dabei voraus, daß beim Wiederanbau keine Pflanzenkrankheiten einstellen oder generell keine Ertragsminderung auftritt. Kommt es zur → Unverträglichkeit, ist eine → Fruchtfolge notwendig.

Seldner: in Südwestdeutschland verbreitete Bezeichnung für landwirtschaftliche Kleinstellenbesitzer, die im späten Mittelalter vor allem in den Anerbengebieten als → Nachsiedler auftraten. Die S. waren gegenüber den Bauern durch geminderte Allmendrechte benachteiligt. Ihre kleinen Betriebe ermöglichten nur Teilselbstversorgung. Der Haupterwerb erwuchs aus Arbeit in vollbäuerlichen Betrieben, herrschaftlichen oder adeligen Gütern, aus Dorfhandwerk oder aus gewerblicher Betätigung. Zu S. vergleichbare Bezeichnungen sind Häusler, Köbler oder → Kötter.

Selektion: die allgemeine Erscheinung, daß bei Vorhandensein von Eignungsunterschieden jene Organismen mit größerer Wahrscheinlichkeit zur Fortpflanzung gelangen, die den gegebenen Ökosystemzuständen der Umwelt am besten entsprechen. Sie sind damit quantitativ stärker am Aufbau der Folgegeneration beteiligt. Die S. war und ist ein wesentlicher Evolutionsfaktor in den Lebensumwelten sämtlicher Epochen der Erdgeschichte. Unterschieden wird die objektiv wirkende natürliche S. oder → Auslese, und die künstliche S. oder → Zuchtwahl, die vom Menschen in der Tier- und Pflanzenzüchtung entsprechend seinen Bedürfnissen betrieben wird.

Selektionstheorie: von Darwin begründete Theorie über die Entstehung und Umbildung der Arten durch natürliche → Auslese. Sie beruht auf drei Voraussetzungen, dem Nachkommensüberschuß, der Existenz erblicher Variationen und dem Kampf ums Dasein. Die S. klärt den Wandel der Organismen in Funktion und Gestalt im Laufe der stammesgeschichtlichen Entwicklung, ihre allmähliche Vervollkommnung und organische Zweckmäßigkeit ohne Rückgriff auf metaphysische Begründungen.

selektiv: ausgewählt, ausgesondert bedeutend.

self-reliance: Entwicklungskonzept, das sich als Alternative zu wachstums- und weltmarktorientierten → Entwicklungsstrategien versteht. Die s.-r. versucht eigenständige Kräfte und Ressourcen im eigenen Bereich (Land) zu mobilisieren. Sie ist ein Weg zur → autozentrierten Entwicklung und primär binnen-

marktorientiert.

Semaphoront (Merkmalsträger, Daseinsform): Individuum während eines gewissen Lebensabschnittes, in dem es Merkmale aufweist, die sich während dieses Zeitraumes nicht ändern. Ein Individuum kann also verschiedene S. aufweisen, wie der Maikäfer als Engerling, Puppe und Imago.

semiarid: Bezeichnung für Klimate, in denen die Jahresniederschlagssumme im allgemeinen geringer ist als die Jahresverdunstung, wobei jedoch während drei bis fünf Monaten die Niederschlagsmengen größer sind als die Verdunstungssummen.

semiautark: die Fähigkeit eines Haushalts oder einer Wirtschaft, sich zu einem großen Teil selbst zu versorgen. (→ Selbstversorgungswirtschaft)

Semigley (Halbgley): Sammelbezeichnung für alle Übergangsbodentypen mit Grundwassereinfluß und entsprechender Horizontentwicklung im tieferen Profilbereich (→ Gley) und terrestrischer Bodenentwicklung im oberen Profilbereich. S., wie Braunerde-Gleye (→ Braungley), Podsol-Gleye und → Schwarzgleye, entstehen, wenn der Grundwasserspiegel auch bei Hochstand nicht höher als 40–50 cm unter Flur steht.

semihumid (subhumid): Bezeichnung für Klimate, in denen während einiger Monate die Verdunstung höher ist als der Niederschlag, die also im Jahresverlauf zeitweise → arid sind. (→ humid)

Semihylaea: halbimmergrüner tropischer Wald mit ausgeprägten Regen- und Trockenzeiten, aber bei insgesamt hohen Niederschlägen, die dichten Waldwuchs ermöglichen, wie der → Monsunwald.

Semiökumene: Zwischenbereich zwischen → Ökumene und → Anökumene. Die S. umfaßt die nur zeitweise, vor allem saisonal, aber auch im Geschichtsablauf, bewohnbaren und wirtschaftlich nutzbaren Räume. Teils wird S. auch mit → Subökumene gleichgesetzt.

semipermanente Siedlung: halbfeste Siedlung oder Halbdauer-Siedlung, die nur einige Jahre lang benutzt wird. Die s. S. ist vor allem für die Gebiete des tropischen → Wanderfeldbaus charakteristisch. Hier besteht der Zwang, wegen sinkender Erträge die Felder nach einiger Zeit zu verlegen.

Semispezies: eine durch geographische Isolation aus einer anderen Spezies abgespaltene „Art".

semiterrestrisch: → Böden, → Humusformen, → Standorte und → Pflanzengesellschaften, deren Entwicklung bzw. Milieu zeitweilig stark wasserbeeinflußt ist (Grundwasser, Hochwasser von Flüssen, Meerwasser, Seewasser, Quellnässe, Hangwasser). Zu den s. Böden gehören die → Gleye, → Auenböden, → Marschen und → Moore, zu den s. Humusformen Hochmoortorf (→ Torf), → Anmoor und Feuchtrohhumus.

Senkungsfeld: unscharfer geomorphographisch-geomorphogenetischer Begriff.
1. allgemeine Bezeichnung für → Depression.
2. ein tektonisches Sekungsgebiet.
3. anthropogenes Senkungsgebiet, z. B. durch Bergbau.
4. Senkungsbereich über Untergrund mit lösungsfähigem Gestein.

Sennalm: → Alm, auf der vorwiegend Milchviehhaltung betrieben wird. Die auf der S. erzeugte Milch wird in der → Sennerei zu Milchprodukten verarbeitet (→ Galtalm).

Sennerei: die Wirtschaftsgebäude der → Sennalm, in denen die Milch nach dem Abmelken gesammelt und – sofern sie nicht ins Tal gebracht wird – zu Milchprodukten (insbesondere zu Käse) verarbeitet wird.

Senonian (Senon): Unterabteilung der oberen → Kreide, das Coniacian, Santonian, Campanian und Maastrichtian umfassend und von 86 bis 65 Mill. Jahre v. h. dauernd. Während des oberen S. kam es z. B. zur Ablagerung der Schreibkreide.

Separation: geographische Isolierung von Taxa, die zur Art- und Rassebildung führt und Bestandteil der Entwicklung von → Arealsystemen ist.

Separationsbarriere: die Entwicklung von → Arealsystemen beeinflussendes Hindernis. Es kann durch Flüsse, Gebirge, Meere oder sogar biochemisch verarmte Standorte, die eine separativ relevante Größe aufweisen, repräsentiert werden.

Separatismus: von der Bevölkerung eines Teilraumes innerhalb eines Staates ausgehende Bestrebungen, diesen Raum aus dem Staatsgebiet auszugliedern und entweder einem Nachbarstaat anzuschließen oder als eigenen Staat zu verselbständigen. S. geht häufig von → ethnischen Minderheiten oder sich im Staatsganzen benachteiligt fühlenden Bevölkerungsgruppen aus.

Sequenz: 1. in der Regionalen Geographie Abfolgen im Sinne des → Geographischen Formenwandels.
2. in der Pedologie und Bodengeographie die reliefbedingte Abfolge der Bodentypen auf Grund des gesetzmäßigen Geöokofaktorenwandels infolge des regelnden Einflusses des Georeliefs, als → Catena bezeichnet.
3. in der Geoökologie räumliches Ordnungsprinzip, das eine Topo-S. und eine Choro-S. unterscheidet. Die Topo-S. ist eine lückenlose Abfolge topischer Einheiten und dient der Charakterisierung chorischer Raumeinheiten. Die Choro-S. stellt eine Abfolge ausgewählter, repräsentativer chorischer Einheiten dar, die in regionalgeographischen Darstellungen verwandt wird.

Sérac: prismatische Pfeiler, Blöcke und Säulen, die sich im Bereich eines → Gletscherbruches durch die Vergitterung von → Längsspalten und → Querspalten bilden.

Serienfertigung: die Herstellung einer größeren Zahl gleichförmiger Erzeugnisse, die jedoch gegenüber der → Massenfertigung zeitlich begrenzt ist (→ Sortenfertigung).

Serir (Geröllwüste, Kieswüste, Sserir): geomorphologischer Landschaftstyp der → Wüste, die von Flachformen beherrscht wird, welche eine Geröll- bzw. Kiesdecke tragen, die z. T. nur als Schleier ausgebildet sein kann. Dem S. verwandt ist der → Reg.

Servitutsalm (Berechtigungsalm): → Alm in öffentlichem Eigentum, auf der eingetragene, meist auf alte Lehensverhältnisse zurückgehende, Nutzungsrechte (Weide- und vielfach auch Holznutzung) für bestimmte Landwirte bestehen.

Sesquioxide: die Gruppe der Oxide dreiwertiger Metalle, insbesondere Fe_2O_3 und Al_2O_3, die in Verwitterungsbildungen sehr häufig sind. S. entstehen in Böden durch Oxidation von Metallen, die durch die → hydrolytische Verwitterung freigesetzt werden, insbesondere im Zusammenhang mit der Verbraunung, → Podsolierung und → Lateritisierung. Die Konzentration der S. in bestimmten Horizonten gestattet Rückschlüsse auf den Verwitterungsgrad und erfolgte Verlagerungsvorgänge. Durch Einwaschung reichern sich S. in → Podsolen und durch → Residualanreicherung in → Latosolen an. Sie geben den Böden je nach ihrer Konzentration und Verteilung die charakteristische braune oder rostrote Färbung. (→ Hämatit, → Goethit, → Limonit)

seßhafte Bevölkerung: Bevölkerung mit mindestens einem festen Wohnsitz im Gegensatz zu Nichtseßhaften (z. B. → Naturvölker auf der Stufe der → Sammler und Jäger, → Nomaden, → Landfahrer). Zwischen s. und nicht-s. B. gibt es ein breites Spektrum von Übergangsformen, z. B. Wanderhackbauern, → Halbnomaden, die in den Industriestaaten beruflich bedingte häufige und lange Abwesenheit vom Wohnort.

Seßhaftigkeit: Vorhandensein eines festen Wohnsitzes und seine Benutzung durch die → seßhafte Bevölkerung.

sessil: seßhaft, sitzend, auf einer Unterlage festgewachsen; bezeichnet Organismen, die unfähig zu aktiver Fortbewegung sind wie die Pflanzen sowie verschiedene Tiergruppen. Der Gegensatz ist → vagil.

Seston: Gesamtheit aller im Wasser schwebenden belebten und unbelebten Teile. Zu ersteren, dem Bio-S., gehören → Plankton, → Neuston, → Pleuston und → Nekton. Den unbelebten Anteil, das Abio-S., repräsentiert der → Detritus.

sestonophag: sich vom → Seston ernährende Tiere.

Seter: vorzeitliche → *Strandlinie* im skandinavischen Raum, die deutlich über der heutigen liegt und deren Höhenlage mit einer Landhebung im → *Postglazial* erklärt wird.

Setzung: langsames Zusammensacken der lockeren Neuschneedecke im Verlauf der Umwandlungsvorgänge (→ *Metamorphose*), welches mit einer starken Erhöhung der Dichte verbunden ist (das Wasseräquivalent bleibt also gleich). (→ *Schnee*, → *Firn*, → *Altschnee*)

Seuchensterblichkeit: durch seuchenartig auftretende Krankheiten hervorgerufene erhöhte → *Sterblichkeit* einer Population. Die S. ist der Hauptgrund für die hohen → *Sterberaten* in Ländern mit unterentwickelter medizinischer Versorgung.

Sexualproportion: zahlenmäßiger Ausdruck des → *Geschlechterverhältnisses* einer Bevölkerung. Die S. wird in der Regel durch die Zahl der weiblichen pro 1000 männliche Einwohner angegeben. Sie ergibt sich aus der S. der Neugeborenen, der unterschiedlichen → *Sterblichkeit* der Geschlechter sowie durch geschlechtsspezifische Wanderungen. Für bestimmte Zwecke werden auch alters- und sozialgruppenspezifische S. berechnet.

Shannon-Formel: die → *Entropie* bzw. Information jedes beliebigen → *Systems* charakterisierende Formel, die Form und Inhalt der Information außer acht läßt und nur von der Wahrscheinlichkeitsverteilung abhängt. Sie eignet sich für die Berechnung der bioökologischen Mannigfaltigkeit. Die ursprünglich als Maß der Informationsmenge eines Nachrichtenkanals aufgestellte S.-F. wurde für bioökologische Zwecke umgeändert, indem man Begriffe wie „Element der Menge" und „Teilmenge" durch das biologische Individuum bzw. die Population ersetzte. Danach ist die Wahrscheinlichkeit eines jeden Ereignisses $i = p_i =$ (Individuenzahl der Art i): gesamte Individuenzahl. Die biologische Umwandlung der S.-F. trifft nur dann das Maß der ökologischen Mannigfaltigkeit, wenn die Individuen in ihrer Körpergröße nicht stark voneinander abweichen. Ebenso werden die intensiven zwischenartlichen Wechselwirkungen, welche die Lebensgemeinschaften oft erst begründen, von der S.-F. nicht widergespiegelt.

shanty town: in der Literatur gebräuchliche Bezeichnung für → *Hüttensiedlung*.

Shibeljak: sommergrüne, wärmeliebende Strauch-, Halbstrauch- und Strauchbaumformation, die physiognomisch der mediterranen → *Gariden* gleicht, aber nicht mehr echt mediterran ist. Die Gewächse des S. ertragen heiße, trockene Sommer und frost- und schneereiche Winter. Wegen des xerophilen Charakters tritt die S. nicht in Küstennähe auf, reicht aber dafür bis in hohe Gebirgslagen und ist für kontinental getönte Standorte

typisch. Charakterpflanzen sind Granatapfel, Sumachgewächse, Forsythia, Flieder, Erdbeerstrauch und Wolliger Schneeball. Hauptverbreitungsgebiet sind das östliche Mittelmeergebiet und anschließende Trockenräume wie Anatolien, Transkaukasien, Iranisches Hochland und Afghanistan. Im westlichen Mittelmeergebiet findet sich der S. in zentralen Landschaften der Iber. H.-I.

shifting cultivation: Sammelbezeichnung für die Formen der → *Feld-Wald-Wechselwirtschaft*, meist auf der Grundlage der → *Brandrodung* mit mehreren Regionalnamen (→ *Wanderfeldbau*). Aufgrund des besonderen Bodenchemismus und des daraus bedingten Nährstoffverlustes bei Abbrennen der Vegetation tritt die s. c. vor allem in den Tropen auf. Diese → *exploitierende Wirtschaftsform* kann vom Ökosystem allerdings nur dann verkraftet werden, wenn sie in dünnbesiedelten Räumen betrieben wird.

Shopping Center: häufig gleichbedeutend mit → *Einkaufszentrum* gebrauchte Bezeichnung für eine einheitlich geplante räumliche Konzentration von Einzelhandels- und Dienstleistungsbetrieben. Gelegentlich wird, im Gegensatz zum städtebaulich integrierten Einkaufszentrum, das S. C. in der Regel nicht integrierter Versorgungsstandort bezeichnet (→ *integriertes S. C.*).

S-Horizont: durch → *Stauwasser* beeinflußter → *Bodenhorizont*, der je nach der Lage im Stau- oder Stausohlenbereich Verfahlung, Schlierung oder auch → *Marmorierung* zeigt (→ *Staugley*).

short-run-Betrachtung: Analyse, die auf kurze Sicht angelegt ist (→ *long-run-Betrachtung*).

Shredderanlage: Einrichtung zur Beseitigung ausgedienter Kraftfahrzeuge. Metallteile werden zerkleinert und aussortiert, um diese als → *Schrott* im Zuge des → *Recyclings* wiederzuverwenden.

Sial: äußere Schicht des → *Erdmantels*, die sich überwiegend aus Silizium (Si) und Aluminium (Al) zusammensetzt. Sie ist Bestandteil des → *Schalenbaus der Erde*. Die S.-Schicht besteht überwiegend aus sauren kristallinen Gesteinen, die eine relativ dünne und vielfach unterbrochene Sedimentdecke tragen. Ihre Dichte liegt zwischen 2,7 und 3,1. Der Tiefgang des S. ist sehr verschieden. In Mitteleuropa schwankt er zwischen 10 und über 20 km. Die Zusammensetzung des S. entspricht etwa der granitischer Gesteine, weshalb auch von → *Granitschale* gesprochen wird, obwohl zu ihr auch die → *Gabbroschale* gehört.

siallitisch-allitische Verwitterung: Bestandteil der → *Silikatverwitterung* und eine Mischform zwischen der tonigen und hydratischen Verwitterung, die in den etwas niedriger temperierten immerfeuchten Tropen sowie in vielen Bereichen der Subtropen vorkommt.

Als Böden entstehen → *Plastosole* und → *Terrae calcis*.

siallitische Verwitterung: charakteristische Verwitterungsart für die gemäßigte Zone, in der die → *hydrolytische Verwitterung* nur langsam voranschreitet. Dabei löst sich SiO_2 nicht auf, und es kommt zu einer relativen Anreicherung von Quarz im Boden. Als Verwitterungsprodukte entstehen überwiegend → *Illite*.

Sibirischer Winter: extreme winterliche Kälteperiode in Mitteleuropa, die durch nordrussische oder nordsibirische Kaltluft, welche durch ein stabiles Hochdruckgebiet über dem Baltikum herangesteuert wird, bedingt ist.

Sibirisches Hoch: das mächtige, stabile kontinentale Kältehoch, welches sich im Winter in Innerasien ausprägt. Das S. H. ist ein wichtiges Glied in der Luftdruckverteilung der Nordhemisphäre und beeinflußt auch die → *Monsun*-Zirkulation.

Sichelrasen: unscharfe, beschreibende Bezeichnung für Formen, die beim → *Rasenwälzen* bzw. Rasenschälen entstehen und die in etwa den → *Girlandenböden* entsprechen.

Sichelsee (Halbmondsee): bogenförmiger → *Altwasser*arm, der bei natürlichen oder künstlichen Flußdurchbrüchen als funktionsloses altes Flußschlingenstück erhalten bleibt.

Sicherungsraum (Sicherungsbereich): Raum, der durch Gesetz oder Verordnung in seiner Nutzung beschränkt und häufig unter besonderen Schutz gestellt ist, um seinen derzeitigen Zustand zu erhalten (z.B. → *Naturschutzgebiet*) oder um erwünschte künftige Nutzungen nicht zu beeinträchtigen (z.B. Vorbehaltungsgelände für Bodenschatzgewinnung). Die S. gehören zu den → *Schutzbereichen*.

Sicilian: Stufe der jüngeren Erdgeschichte, die im Übergangsbereich zwischen → *Pliozän* und → *Quartär* angeordnet war und die heute nach der → *Kalabrischen Stufe* ins Altquartär gehört. Sie wird bei etwa 500 000 Jahr v.h. angesetzt.

Sickerung: Vorgang der senkrecht nach unten gerichteten Wasserbewegung im Boden oder in einem Lockersediment.

Sickerwasser: im Boden befindliches, frei bewegliches Wasser, welches sich im Porensystem senkrecht nach unten verlagert, bis es einen Grundwasserkörper erreicht. Das S. bewegt sich in den gröberen Poren mit Durchmessern über etwa 0,01 mm. Mit dem S. werden Stoffe in gelöster und dispergierter (Tonteilchen) Form verlagert. Diese Verlagerung ist ein wichtiger Prozeß für die Entwicklung der Böden humider Klimate (→ *Podsolierung*, → *Lessivierung*, → *Desilifizierung*). (→ *Bodenwasser*)

Sickerwasserhöhle: wenig präziser Begriff für jene → *Karsthöhlen*, deren Wände durch → *Lösungsverwitterung* infolge des → *Sickerwassers* Korrosionserscheinungen zeigen, z.B. → *Karren*.

Siebenschläfer: Bauernregel, welche besagt, daß bei Regen am Siebenschläfertag (27. Juni) eine Regenperiode von sieben Wochen folgen soll. Die Regel enthält einen mit klimatologischer Statistik belegbaren Wahrheitskern (→ *Regelfall*). Sie spiegelt die Erfahrung wider, daß sich Ende Juni eintreffende maritime Luftvorstöße mit verbreiteten Niederschlägen in mehreren Wellen wiederholen und einen verregneten Juli bringen können. Die S. darf aber selbstverständlich nicht auf den Tag genau angewandt werden, zumal sich durch die gregorianische Kalenderreform der Siebenschläfer eigentlich auf den 7. Juli verschoben hat.

Siedewasserreaktor: Typ eines → *Leichtwasserreaktors*, bei dem – im Gegensatz zum → *Druckwasserreaktor* – das Wasser an der Oberfläche der Brennstoffelemente im Reaktordruckbehälter siedet. Der so erzeugte Dampf läßt sich direkt den Turbinen zuleiten, so daß der Wirkungsgrad des S. größer ist als der des Druckwasserreaktors; die Reaktortechnik ist hier jedoch schwieriger zu steuern.

Siedlung: menschliche Niederlassung. Dazu gehören die Behausungen als Wohn-, Arbeits-, Erholungs-, Kultstätten usw. in ihren Gruppierungen, vom einfachen → *Windschirm* des Wildbeuters bis zur modernen Großstadt. Nach der Benutzungsdauer der S. unterscheidet man → *temporäre S.,* saisonale S. (→ *Saisonsiedlung*), → *ephemere S.* sowie → *semipermanente S.* Unterscheiden wir ferner nach städtischen S. (→ *Stadt*) und → *ländlichen S.* Aufgrund besonders hervortretender Merkmale werden die S. in zahlreiche → *Siedlungstypen* untergliedert.

Siedlungsausbau: vor allem in der Neuzeit erfolgte Erweiterungen einer Siedlung, die z.T. starke Veränderungen des Siedlungsbildes nach sich zogen. Der S. hat entweder zu einer Verdichtung geschlossener Ortschaften geführt oder/und eine Ausweitung in die Flur hinein mit sich gebracht. Teilweise kam es zur Gründung von Ausbausiedlungen, z.B. die frühneuzeitlichen Kötterviertel (→ *Kötter*). (→ *Ausbauzeit*)

Siedlungsdichte: Dichteziffer, die den mittleren Abstand der Wohnplatzeinheiten in einem besiedelten Gebiet wiedergibt. Sie gibt an, wieviele Orte (Siedlungen) auf 1 km^2 oder ha entfallen. In Streusiedlungsgebieten ist dabei die Festlegung wichtig, in welcher Weise Einzelhäuser bzw. -höfe Berücksichtigung finden.

Siedlungsform: Besiedlungsweise sowie Art und Zahl der menschlichen Behausungen in ihrer Lage zueinander. Dies drückt sich großmaßstäblich im Siedlungsmuster eines → Siedlungsraumes, kleinmaßstäblich im Grund- und Aufriß eines Ortes aus. Unterschieden wird zwischen ländlichen und städtischen S. Bei den ländlichen S. sind die → Einzelsiedlungen von den → Gruppensiedlungen zu unterscheiden. Wird die Siedlungsweise eines größeren Gebietes durch Einzelsiedlungen (mit Einödfluren) bestimmt, kann man von → Streusiedlung sprechen. Die Gruppensiedlungen können sich als → Linearsiedlungen oder als Siedlungen mit flächigem Grundriß (→ Platzdorf) darstellen. Aufgrund zusätzlicher funktionaler oder genetischer Merkmale lassen sich eine Vielzahl von → Siedlungstypen unterscheiden.

Siedlungsgang: Entwicklung einer Siedlung von ihren Anfängen bis in die allerjüngste Zeit. Von besonderem siedlungsgeographischen Interesse sind dabei diejenigen Zeitabschnitte, in denen es zu auffälligen Ausweitungen oder Schrumpfungen von Siedlungen oder Siedlungsräumen kam. Betrachtet werden Ursache und Ablauf der jeweiligen Vorgänge, wie → Landnahme, → Binnenkolonisation, → Neulandgewinnung oder Wüstungsvorgänge (→ Wüstung).

Siedlungsgeographie: Zweig der → Geographie, der die menschlichen Siedlungen nach ihrer Physiognomie (Größe, Grundriß, Aufriß), Lage, Verteilung und Dichte, Funktion und Genese, nach ihrer räumlichen Organisation und hierarchischen Ordnung sowie insbesondere nach ihrer regionalen Differenzierung untersucht und erklärend beschreibt. Als Teil der → Anthropogeographie (Kulturgeographie) hat sich die S. vor allem auch mit dem Menschen als sozialem Wesen (→ Sozialgeographie) zu befassen, der in den Siedlungen seine → Grunddaseinsfunktionen ausübt. Die S. unterscheidet nach den verschiedenen Siedlungsmerkmalen → Siedlungstypen und untersucht die → Siedlungsstruktur im → Siedlungsraum. Die S. gliedert sich in die Geographie der → ländlichen Siedlungen und in die → Stadtgeographie.

Siedlungsgeschichte: Teildisziplin der Geschichte, die enge Berührungspunkte mit der historischen → Siedlungsgeographie hat. Die S. bemüht sich vor allem um die Erhellung der Siedlungsgenese über das Studium historischer Quellen und arbeitet mit der Archäologie zusammen.

Siedlungsgrenze: diejenige Linie bzw. derjenige Grenzsaum, der den Siedlungsraum begrenzt. Die S. verläuft dort, wo → Dauersiedlungen nicht mehr möglich sind. Zwischen besiedeltem und unbesiedeltem Raum (→ Anökumene) gibt es periodisch oder episodisch bewohnte Grenzräume (→ Sub- oder Semiökumene). Man unterscheidet die polare S. von der Höhengrenze des Siedlungs-

raumes. Ferner spricht man von S., die mit der Trockengrenze bzw. der Naßgrenze des Anbaus zusammenfallen. Die S. hat sich in der Vergangenheit sehr dynamisch entwickelt. Während sie in vielen Gebirgsräumen zurückwich (→ Höhenflucht), erfuhr sie in den Waldländern jenseits des Polarkreises oder auch in den Gebieten des tropischen Regenwaldes eine Ausweitung.

Siedlungskolonie: von einer Gruppe von Menschen außerhalb ihres Heimatgebietes gegründete Niederlassung. S. wurden von Einwanderungsgruppen aus verschiedenen Ländern, vor allem in der Neuen Welt, angelegt.

Siedlungskolonisation: → Kolonisation eines Raumes mit dem primären Zweck, neuen Siedlungsraum für die Angehörigen des kolonisierenden Volkes zu schaffen. S. wird meist in Anschluß an das bereits besiedelte Gebiet des betreffenden Volkes oder Staates durchgeführt (z. B. deutsche → Ostkolonisation), wurde aber auch in entfernteren Räumen und in Übersee ausgeübt, von der antiken S. der Griechen im Mittelmeerraum bis zur europäischen S. in Nordamerika. (→ Agrarkolonisation)

Siedlungskontinuität: die zeitliche Beständigkeit einer Siedlung ohne Unterbrechung. Die S. kann sich beziehen auf eine Ortschaft (Siedlungsplatz), auf den Flurkern ländlicher Siedlungen (Altackerland), auf einen Siedlungsraum als kleinere oder größere Gebietseinheit und auf die Siedler in einer Ortschaft oder in einem Siedlungsraum.

Siedlungskunde: interdisziplinäre Forschungsrichtung, die sich mit der Erforschung der Siedlungen befaßt. Zur S. gehören z. B. die → Siedlungsgeographie, die Siedlungsgeschichte oder die Siedlungsarchäologie.

Siedlungslandschaft: Kulturlandschaftstyp (→ Kulturlandschaft), bei dem Siedlungen als besonders landschaftsbestimmend hervortreten. Dies ist vor allem im Bereich großstädtischer Verdichtungen (→ Stadtlandschaft) der Fall. Die Verwendung des Begriffes S. ist in der Literatur umstritten.

Siedlungsraum: diejenigen Teile der Erde, die zum ständigen Lebensraum des Menschen gehören. Die S. wurden in der Geschichte des Menschen ständig ausgeweitet, jedoch gibt es deutliche → Siedlungsgrenzen, die nur schwer zu überschreiten sind. Durch Wüstungsvorgänge (→ Wüstung) sind S. zeitweise auch wieder eingeengt worden. Der Begriff S. wird häufig mit dem der → Ökumene gleichgesetzt. Im engeren Sinne sind S. auch als die Lebensräume bestimmter ethnischer und sozialer Gruppen zu verstehen.

Siedlungsschwerpunkt: in der Landesplanung von Bayern Bezeichnung für größere

→ *Selbstversorgerorte* in → *Verdichtungsräumen*. Die S. liegen als → *Stadtrandgemeinden* im engeren Verflechtungsbereich der → *Kernstädte* und sollen hauptsächlich den in Zukunft noch auftretenden intraregionalen Bevölkerungszuwachs aufnehmen.

Siedlungsstilregion: ein Gebiet aller Größen- und Funktionstypen, die zu bestimmten physiognomischen und sozioökonomischen Merkmalskomplexen gehören. Sie unterscheiden ein solches Siedlungsgebiet von Siedlungsgebieten mit anderen Stilmerkmalen. Großräumige S. sind die Bereiche der alten Hoch- bzw. Stadtkulturkreise (z. B. Orient, Vorderindien, China, Lateinamerika). (→ *Kulturerdteil*)

Siedlungsstruktur: Aufbau und Gefüge einer Siedlung oder der Siedlungen insgesamt im → *Siedlungsraum*. Die S. ist das Ergebnis einer meist langen Entwicklung, die von vielen Faktoren beeinflußt wurde. Sie ergab sich weitgehend aus der räumlichen Ausprägung der im → *Siedlungsraum* vertretenen → *Siedlungsformen* und → *Siedlungstypen*.

Siedlungssystem: Gesamtheit der Siedlungen eines Raumes, die durch eine arbeitsteilige Funktionsverflechtung untereinander verbunden sind. Die Funktionsverflechtungen finden z. B. ihren Ausdruck in Arbeitspendlerströmen. Ein Zentrale-Orte-System (→ *Zentraler Ort*) ist ein S., das auf dem Merkmale der Zentralität beruht.

Siedlungstyp: nach verschiedenen Merkmalen oder Merkmalskombinationen definierte und typologisch festgelegte Siedlung. Wichtige Merkmale für die Bildung von S. sind die geographische und topographische Lage, die Siedlungsgröße, Physiognomie, Struktur, Funktion und Genese. Im S. werden oft ein dominantes Merkmal oder eine herausragende Funktion, seltener Merkmalskombinationen (→ *Gemeindetyp*) hervorgehoben. Beispiele für S. sind Industriestadt, Fischerdorf, orientalische Stadt, Waldhufendorf.

Siedlungsverband: 1. historische Organisationsform bei Siedlungen in Ur- bzw. Altlandschaften. S. geben einen Hinweis auf eine frühe, zielbewußte Lenkung der Siedlungstätigkeit. Typisierung von Siedlungsräumen sollten sich nicht nur nach dem Beginn der Besiedlung, sondern auch nach dem Grad ihrer Lenkung orientieren. So wurde z. B. für Waldhufensiedlungen im Erzgebirge und für Marschhufensiedlungen in der Weserflußmarsch nachgewiesen, daß die Lenkung des Siedlungsvorgangs sich von vornherein auf Gefüge aus mehreren Gruppensiedlungen bezog und daß die Siedlungsformen in Anpassung an die Erfordernisse des S. gestaltet wurden.
2. die 1920 gegründete übergeordnete Planungsbehörde für das Ruhrgebiet und Randgebiete. Der S. Ruhrkohlenbezirk (SVR)

wurde Ende 1979 organisatorisch neu gegliedert, verlor viele seiner Funktionen und wurde in Kommunalverband Ruhrgebiet (KVR) umbenannt.

Siedlungswasserwirtschaft: derjenige Bereich der → *Wasserwirtschaft*, der sich mit den wasserwirtschaftlichen Planungen und der Durchführung von Maßnahmen im Bereich der Siedlungen befaßt. Die wichtigsten Aufgabenbereiche der S. sind die bedarfsgerechte Bereitstellung von Trink- und Brauchwasser für die Bevölkerung sowie von Betriebswasser für die Industrie und das Gewerbe, ferner die Aufbereitung bzw. Reinigung der Haushalts-, Industrie- und Gewerbeabwässer (→ *Kläranlage*). Träger der S. sind Gemeinden, Genossenschaften, Wasserverbände bzw. Zweckverbände. (→ *Wasserschutzgebiet*)

Siedlungswesen: in Planung und Verwaltung derjenige Sachbereich, der sich mit der Entwicklung der Siedlungen im städtischen und ländlichen Bereich befaßt. Der Staat übt sowohl im planerischen Bereich (→ *Raumordnung*) als auch über die Bauverwaltung (z. B. → *Baunutzungsverordnung*) Einfluß auf das S. aus.

Siefe: Erosionseinriß im Übergangsbereich von → *Dellen* in Täler, die meist zur Zeit größerer Waldverbreitung in Mitteleuropa entstanden und seit der Rodung und den damit verbundenen Bodenerosionsprozessen wieder allmählich mit Substrat auffüllen. Die S. sind damit den → *Tilken* verwandt.

Siek: wie die → *Siefe* eine anthropogene Form, bei der aus einem ursprünglichen Muldentälchen ein flaches Sohlenkerbtal entstand, das beidseitig von → *Hochrainen* begrenzt wird. Im Querprofil gleicht es der → *Tilke*. Diese Form tritt vor allem in leicht erodierbaren Löß- und Buntsandsteinlandschaften auf.

Siel: meist selbständig schließende Öffnung im Deich. Das S.-Tor ist bei Hochwasser geschlossen, um vom Meer eindringendes Wasser zurückzuhalten. Bei Niedrigwasser ist es entgegengesetzt geöffnet, so daß eine Entwässerung des → *Polders* möglich ist.

Siemens-Martin-Verfahren: Stahlerzeugungs-Verfahren, das nach den Erfindern Wilhelm und Friedrich Siemens sowie Emile und Pierre Martin benannt ist. Bei dem 1864 erstmals angewandten Verfahren befindet sich das zu frischende Eisen in einer großen, feuerfest ausgemauerten Wanne, die auf eine Temperatur von bis zu 2000 °C aufgeheizt wird. Die Stahlqualität kann während des Vorgangs durch Veränderung der Zusatzstoffe gut beeinflußt werden. Ein Vorteil des S.-M-V. besteht darin, daß auch größere Mengen → *Schrott* eingesetzt werden können. In Deutschland ist das Verfahren weitgehend durch das → *Oxygenstahl-Verfahren*

(→ *LD-Verfahren*) abgelöst worden. (→ *Thomas-Verfahren*)

Sierosem: Halbwüstenboden mit einem geringen Humusgehalte aufweisenden, wenig mächtigen A-Horizont (5-10 cm) über einem teilweise mit Kalk- und Gipskrusten durchsetzten Unterboden. S. entwickeln sich unter einer sehr lückenhaften xerophytischen Pflanzendecke und sind oft mit → *Salzböden* vergesellschaftet.

Siggeis: schwimmende Eisklumpen in Flüssen, die sich aus der Grundvereisung auf dem Flußbett gelöst haben.

Silcrete: eine → *Krustenbildung* aus Silicium an der Erdoberfläche oder in Erdoberflächennähe durch oberflächenbezogene physikochemische Prozesse ohne Beteiligung regulärer sedimentologischer, metamorpher, vulkanischer oder plutonischer Vorgänge.

Silikate: große Mineralgruppe (Mineralklassen), zu der alle Verbindungen von SiO_2 mit basischen Oxiden gehören. Die S. werden nach der Kristallstruktur (Anordnung der SiO_4^{4-}-Tetraeder inselartig, kettenartig, schichtartig, gerüstartig) näher klassifiziert. Die S. sind mit etwa 75 % am Massenaufbau der Erde beteiligt. Zu ihnen gehören die → *Feldspäte,* → *Glimmer,* → *Augite,* → *Amphibole,* → *Pyroxene,* → *Olivine,* → *Tonminerale* usw.

Silikatgesteinskarren: praktisch den → *Granitkarren* entsprechende und fälschlich als → *Pseudokarren* bezeichnete → *Karren.*

Silikatschale: unscharfe Bezeichnung für das → *Sial* des Erdmantels im → *Schalenbau der Erde.*

Silikatverwitterung: Gesamtheit der chemischen Umsetzungsprozesse in verwitternden silikatischen Mineralen, welche nach den Gegebenheiten der → *hydrolytischen* Verwitterung ablaufen. Die S. führt zu einer Wegfuhr löslicher Kationen und der Kieselsäure und läßt neue sekundäre Minerale (→ *Tonminerale* und → *Sesquioxide*) entstehen. (→ *Karbonatverwitterung*)

Silo: Großspeicher für Schüttgüter (→ *Massengut*), wie Erze, Sand, Zement usw. In der Nahrungs- und Futtermittelindustrie hat das S. z. B. als Getreide-S. Bedeutung. In der Landwirtschaft werden Futter-S. zur Einlagerung von Gärfutter verwendet.

Silur: Periode bzw. System des → *Paläozoikums,* das auf das → *Ordovizium* ab 435 Mill. Jahre v. h. folgt und 395 Mill. Jahre v. h. vom → *Devon* abgelöst wird. Geotektonisch ist das S. charakterisiert von der Auffaltung der Appalachen in Nordamerika, die an der Wende Ordovizium/S. begann. In Nordeuropa kam es gegen Ende des S. zur → *Kaledonischen Gebirgsbildung.* Charakteristisch für das S. ist die reich entwickelte marine Tierwelt mit Graptoliten, Armfüßern, Nautiliden und Trilobiten, neben zahllosen Schwämmen, Muscheln und Schnecken. Im S. treten erstmals die Fische auf, die im brackischen Flachwasserbereich lebten. Das S. gehört zwar zum → *Eophytikum,* aber gegen Ende des oberen S. treten die ersten Landpflanzen als blattlose Gefäßpflanzen, die → *Psilophyten,* auf.

Silvaea: Sammelbezeichnung für sommergrüne Laubwälder der kühlgemäßigten Zone des östlichen Nordamerika, von Ostasien und Mitteleuropa. Die Vegetationszeit dauert – bei milden Wintern – 4-6 Monate. Charakteristischer Bodentyp ist die → *Braunerde.* Kennzeichnend für die S. ist eine Jahresperiodik, die sich auch auf die Zusammensetzung der einzelnen Vegetationsschichten auswirkt.

silvikol: Organismen, die in Wäldern leben.

Sima: im → *Schalenbau der Erde* die Schale, die, mit gewissen Übergängen, unter der → *Sialschicht* liegt, mit hauptsächlich aus Silizium (Si) und Magnesium (Mg) zusammengesetzten Steinen, wie Gabbro, Dioriten und Basalten. Es handelt sich somit um die → *Gabbroschale,* die eine Mächtigkeit von einigen Zehner Kilometern aufweist. An ihrer Basis befindet sich die → *Mohorovičić-Diskontinuität.* Darunter folgt dann im Schalenbau der Erde die → *Peridotitschicht.*

Simpson-Index: die bioökologische → *Diversität* eines Lebensraumes charakterisierende Formel $D = 3 \dfrac{n(n-1)}{N(N-1)}$. Dabei ist n die Zahl der Individuen jeder Art, N die Gesamtindividuenzahl aller Arten der Probe. D kann die Größe zwischen O und 1 einnehmen. Gehören alle Individuen einer Probe zu einer Art, ist D gleich 1. Je kleiner der Wert für D ist, um so größer ist die bioökologische Diversität.

Simulation: die wirklichkeitsgetreue Nachahmung von Vorgängen und Abläufen sowie deren modellhafte Darstellung (S.-Modelle). Die S. findet z. B. im → *Planspiel* Anwendung. Aufgrund der zwangsweise starken Vereinfachung ist die S. in der praktischen Raumplanung nur bedingt einsetzbar.

Sinkstoffe: feine mineralische und organische Partikel, welche in bewegtem Wasser in Schwebe transportiert werden und in ruhendem Wasser langsam zu Boden sinken. Die S. (Tonteilchen, Organismenreste verschiedener Zusammensetzung) bauen die Seebodensedimente der Seen und die Tiefseesedimente der Meere auf.

Sinter: kristalliner oder amorpher Mineralabsatz an Quellen, Fließgewässern sowie im Bereich wandernder Lösungen, der am häufigsten von kristallisierendem → *Calcit* gebildet wird, unter Sondervoraussetzungen auch von Aragonit. Unterschieden wird neben dem → *Kalksinter* der Kiesel-S., der sich um heiße Quellen absetzt. Die → *Tropfsteine* bestehen aus Kalk-S.

Sinterkruste: Kalkabscheidung, die im Zuge der → *Lösungsverwitterung* im → *Karst* entsteht, wobei Hänge und Wände von Karstformen mit Krusten überzogen werden.

Sinterstufe (Sinterkaskade, Sinterterrasse): unscharfe Bezeichnung für treppen- bis stufenartige Formen um Quellen oder in Betten von Fließgewässern, die durch Ablagerung von → *Kalksinter* und/oder → *Kalktuff* entstanden sind. Beim Material bestehen dann auch Übergänge zum → *Travertin*. Auch die → *Seentreppen* sind letztlich S.

Sintflut: in vielen Kulturkreisen alte Berichte über die ca. 4000 v. h., also im → *Postglazial*, als Nachwirkung des Eiszeitalters stattfindende große → *Transgressionen*.

Siphon: speläologischer Begriff für eine Höhlenstrecke, die sich unter einem Wasserspiegel befindet.

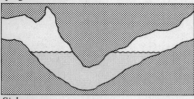

Siphon

Sippe: Gemeinschaft blutsverwandter Familien. Die Abgrenzung von S. gegenüber → *Großfamilie*, → *Klan* oder → *Stamm* ist in Ethnologie und Soziologie nicht immer einheitlich. Die S. besitzt insbesondere bei → *Naturvölkern* und in Agrargesellschaften eine große soziale, politische, z. T. auch militärische Bedeutung. In modernen Industriegesellschaften mit ihrer vorherrschenden Kleinfamilienstruktur ist die Bedeutung der S. gering geworden.

Sippenbauer: Mitglied einer sozialen Gruppe in einer weniger entwickelten → *Agrargesellschaft*. Der S. ist gesellschaftlich gänzlich in die Sippe eingebunden. Wirtschaftliche Tätigkeiten (z. B. Feldbestellung) werden häufig in der Gemeinschaft ausgeführt, z. T. auf Anordnung des Sippenältesten.

Site: 1. in Geo- und Biowissenschaften unscharfe Bezeichnung für einen kleinen Untersuchungsbereich im Sinne einer Fundstätte oder eines Meßplatzes.
2. in der Geoökologie wenig gebräuchliche Bezeichnung für → *Fliese*.

Sitte: nicht zwingend gesetzlich festgelegte Normen, an denen das Verhalten von Individuen und Gruppen innerhalb ihrer gesellschaftlichen Zuordnung gemessen und beurteilt wird. Die S. kennzeichnet das äußere Verhalten, das über die sog. S. und Bräuche vor allem Forschungsgegenstand der Volks- und Völkerkunde, aber auch der Kulturgeographie ist. S. meint auch das innere Verhalten. Letzteres ist insbesondere Forschungsgegenstand der Ethik.

Skelettboden: 1. → *Rohboden* mit hohem Steinanteil.
2. Bodenmaterial, das mehr als 76 % Steine enthält.

skiophil: Organismen, die Schattenstandorte bevorzugen.

Sklavenhandel: zunächst Tausch von Kriegsgefangenen gegen Güter bei Naturvölkern und bei Hochkulturen des Altertums. Zu einer Blüte des S. kam es in der Neuzeit durch den Handel mit afrikanischen Sklaven. In der Neuen Welt wurde der S. zum wesentlichen Bestandteil des sog. Dreieckshandels. Mit der Abschaffung des S. begannen die Briten als erste (Abolition Act von 1817).

Sklaverei: Zustand einer einseitigen, rechtlich und wirtschaftlich bedingungslosen Abhängigkeit eines Sklaven (Unfreien) vom Sklavenhalter. Die S. war bereits in der Antike bekannt und erreichte einen Höhepunkt in der frühkapitalistischen und frühkolonialen Epoche. Die Neger-S. wurde die tragende Basis der europäischen und später auch der amerikanischen → *Plantagenwirtschaft*. Die Ausweitung der kolonialzeitlichen S. brachte einen bedeutsamen → *Sklavenhandel* mit sich.

Skleraea: Sammelbezeichnung für Trockenwälder und Trockenstrauchheiden der gemäßigten und subtropischen Zonen. Dazu gehören die → *Gariden*, die → *Hartlaubvegetation* allgemein (auch außerhalb des europäischen Mediterranbereiches) und der → *Chaparral*.

sklerikol: tierische Organismen, die auf hartem Untergrund leben.

sklerophil: Organismen, die einen harten Untergrund bevorzugen.

sklerophyll: hartblättrige, lederige immergrüne Gewächse mit häuf. bzw. reduzierten Blättern. Die Sklerophyllen setzen die → *Hartlaubvegetation* zusammen.

Sklerophyten: Angehörige der → *Hartlaubvegetation*, die sich durch Lederblättrigkeit auszeichnen, die dadurch zustandekommt, daß die Epidermis sich verdickt und kräftige Cuticulaschichten ausgebildet sind. Die Blätter bleiben meist mehrjährig am Gewächs, so daß nur ein allmählicher Blattwechsel stattfindet und die Bäume und Sträucher immergrün sind. Typischer Vertreter ist der Lorbeer (*Laurus nobilis*).

skotophil: Organismen, die dunkle Stellen als Lebensstätte bevorzugen.

Skulpturfläche: Flachform, die über widerständige und weniger widerständige Gesteinsschichten weggreift, ohne daß sich in deren Bereichen größere Voll- oder Hohlformen besonderer Ausprägung ergeben. Für die Flächenbildung muß also ein Mechanismus angenommen werden, der auch widerständige Gesteinsbereiche beseitigen konnte. Es handelt sich bei der S. also um eine → *Kappungsfläche* im Sinne der → *Rumpffläche* und ihrer Bildungsmechanismen.

Skulpturform: unabhängig von der Krustenbeschaffenheit, d. h. der Lagerung und der Widerständigkeit der Gesteine entstehende Form. Die S. ist allein durch das skulpierende Agens bedingt. Eine S. wäre die → *Rumpffläche,* aber auch ein Tal, dessen Verlauf und Gestalt allein vom erodierenden Fluß bestimmt ist.

Skulpturinselberg: im Gegensatz zu jenen → *Inselbergen,* die → *Strukturformen* sind, solche, die aus dem gleichen Gesteinsmaterial bestehen wie die Rumpffläche, aus der sie sich erheben, und mit deren Niveau ihr Gipfelniveau mehr oder weniger korrespondiert. Sie wurden durch Denudationsprozesse aus einem mehr oder weniger homogenen Gesteinsbereich herausgearbeitet, scheinen aber gegenüber den → *Strukturinselbergen* seltener zu sein.

Skythian (Skyth): untere Abteilung und gleichzeitig Stufe der → *Trias,* die sich aus den beiden Unterstufen Induan und Olenekian zusammensetzt und von 225 bis 215 Mill. Jahre v. h. dauerte. Sie entspricht dem → *Buntsandstein.*

Slaptide: wenig gebräuchlicher Begriff für → *Nipptide.*

Slum: → *Elendsviertel,* das im Gegensatz zu den randstädtischen Hüttenvierteln (→ *Hüttensiedlung*) als in der Regel innerstädtisches Notquartier zu verstehen ist. Die S. sind durch eine heruntergekommene Bausubstanz gekennzeichnet; entsprechend niedrig sind der Wohnungsstandard und schlecht die Ausstattung mit Infrastruktur. Aufgrund dieser Merkmale haben S. eine einseitige → *Sozialstruktur.* In den Ländern der Dritten Welt sind sie meist Auffangquartiere für die städtischen Zuwanderer.

Slumsanierung: Verbesserung der Lebensbedingungen in den meist innerstädtischen Elendsquartieren (→ *Stadtsanierung*).

Smectite: Gruppe der stark aufweitbaren → *Dreischicht-Tonminerale* mit ähnlichem Gitterbau wie die → *Vermiculite.* Es existieren Mg-, Fe- und Al-reiche Formen. Der wichtigste Vertreter ist der → *Montmorillonit.*

Smog: ein Mischungsprodukt aus Rauch (smoke) und Nebel (fog), das sich über Großstädten und industriellen Ballungsgebieten bei Wetterlagen mit geringem Luftaustausch (Inversions-, Hochdrucklagen) bildet. Der S. besteht aus Wasserdampf, Staub, Ascheteilen, Salzkristallen, verschiedenen z. T. giftigen Gasen und Säurebeimengungen. Neben dem Industrierauch und Hausbrand sind die Autoabgase wesentlich am Entstehen beteiligt. S. reichert sich bei tagelang anhaltenden begünstigenden Wetterlagen immer mehr an und kann gesundheitsschädigende Konzentrationen erreichen.

Smonitza: regionaler bodentypologischer Begriff für die → *Vertisole* Südosteuropas.

social costs: in einer Volkswirtschaft diejenigen Aufwendungen, die bei Produktionsprozessen entstehen, sich aber nicht in den Kalkulationen der Unternehmen wiederfinden. Ein Beispiel sind die Kosten zur Verminderung der Umweltbelastung, die dem Staat bzw. der Allgemeinheit zufallen.

Sockel: unscharfer geomorphographischer Begriff für die Basisbereiche größerer Vollformen, die im Bereich des S. gewöhnlich in Flachformen übergehen.

Sockelbildner: wenig widerständige Gesteine unter der widerständigen Dachfläche der → *Schichtstufe.* Der S. ist meist durch weichere Formen und ein lebhaftes Mikrorelief gekennzeichnet, außerdem an den meisten Schichtstufen in Feuchtklimaten quellen- und wasserreich. Über die Abtragung des S., z. B. durch → *rückschreitende Erosion* oder durch → *Rutschungen,* vollzieht sich auch die Rückverlegung der stufenbildenden widerständigen Schicht. Andererseits wirkt sich deren Resistenz gegenüber der Abtragung auch auf die Hangneigung im Bereich des S. aus. Die Böschung des S. kann zwar nicht steiler als die des S. werden, sie ist aber nicht selten - trotz sehr gringer Widerständigkeiten des sockelbildenen Substrats - ebenso steil.

Sockelfläche (Reliefsockel, Reliefsockelfläche, Reliefsockeloberfläche): derjenige Teil eines Erdkrustenstückes, der noch nicht von der Zertalung erfaßt ist und dessen Oberfläche im aktueller Abtragung befindlichen Raum von unten her tangiert und somit das Skulpturrelief vom Sockelrelief trennt. Die S. steht der → *Reliefhüllfläche* gegenüber.

Soffione: toscanischer Begriff für Erdspalte, aus der heiße Wasserdämpfe mit einem geringen Gehalt an Borsäure strömen.

Sohlenerosion: Bestandteil der → *Fluvialerosion* und neben der → *Seitenerosion* vor allem Repräsentant der → *Tiefenerosion,* wobei die Flußbettsohle durch die flotierend bewegten Gerölle beansprucht, abgeschliffen und somit tiefergelegt wird. Der Begriff S. impliziert auch die Möglichkeit einer lateralen Bearbeitung der Flußsohle, so daß die S. nicht direkt mit Tiefen- oder Vertikalerosion gleichgesetzt werden kann.

Sohlengefälle: dem → *Spiegelgefälle* gegenüberstehende und insgesamt zwar flußabwärts gerichtetes, durch Kolke, Rinnen im Flußbett und Sedimentbänke jedoch nicht gänzlich gleichsinniges Gefälle. Die Art, wie das S. ausgebildet ist, entscheidet über die

Möglichkeiten der → *Fluvialerosion* und damit der → *Sohlenerosion*.

Sohlenkerbtal: Ausdruck starker Tiefenerosion und starken Hangabtrags, der auf die → *Tiefenerosion* eingestellt ist. Das S. weist gestreckte, konkave und konvexgewölbte, meist steile Hänge auf sowie → *Seitenerosion* und Akkumulation, so daß neben Fels- auch Fels-Schottersohlen entstehen. Der Hangabtrag ist relativ intensiv. Er erfolgt durch verschiedene Denudationsprozesse. Die Seitenerosion kann am Hangfuß den Hangabtrag regeln.

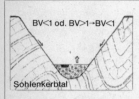

⇧ Akkumulation   ↙ Hangdenudation
BV = Belastungsverhältnis   ➔ Seitenerosion
H = Hangabtrag E_T = Tiefenerosion

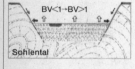

Sohlenkerbtal   *Sohlental*

Sohlental: Sonderform des → *Sohlenkerbtales* mit Tiefe kleiner als Breite und überwiegend Akkumulationssohle, seltener Felssohle. Das S. entsteht durch starke → *Seitenerosion* nach Aussetzen der → *Tiefenerosion* mit Zurückverlegung der Talhänge, die meist niedrig und von konvexer oder konkaver Gestalt sind.

soil conservation: Sammelbegriff für sämtliche Maßnahmen, die zur Erhaltung und zum Schutz des Bodens gegenüber den Prozessen der → *Bodenerosion* dienen. Es handelt sich also nicht nur um die Beseitigung der Zerstörungsformen, sondern auch um vorbeugende Maßnahmen, bevor Bodenerosion eintritt, also um Maßnahmen der → *Bodenerhaltung*.

soil erosion: dem Begriff → *Bodenerosion* entsprechend in dieser Form auch im deutschen Sprachraum üblich.

solar: durch die → *Sonne* bedingt, durch die Sonne beeinflußt.

solares Klima: die durchschnittlichen Bedingungen der tages- und jahresperiodischen typischen Sonneneinstrahlung an einem Standort in bezug auf Andauer, Einfallswinkel und Intensität der Strahlung, jedoch ohne Berücksichtigung der Bewölkung. (→ *Strahlung*, → *Strahlungsbilanz*, → *Beleuchtungsjahreszeiten*)

Solarkonstante: Wärmeenergie, welche bei mittlerem Sonnenstand und senkrechtem Strahlungseinfall eine Einheitsfläche am oberen Atmosphärenrand pro Zeiteinheit erhält. Sie beträgt im Mittel 8,15 Joule $\cdot$ cm^{-2} $\cdot$ min^{-1} oder 1,37 kW $\cdot$ m^{-2}. Die S. ist die Energieeingangsgröße für alle strahlungshaushaltlichen Berechnungen im System Erdatmosphäre-Erde.

Sole: 1. allgemeine Bezeichnung für stark salzhaltiges Wasser (vor allem NaCl), also für Salzlösungen.
2. in der Bäderkunde ein Quellwasser, welches mehr als 1,5% Kochsalz enthält.
3. in der Salzgewinnungstechnik ein wirtschaftlich nutzbares salzhaltiges Wasser, das mindestens 3% NaCl enthält. S. entsteht z. B. im Bereich von Salzstöcken, indem im Untergrund durch eingepumptes Wasser das Salz gelöst und in der Form der S. aus der Tiefe heraufgepumpt wird. Auch kommt die S. mancherorts als natürliche Solquelle an die Oberfläche. Wird das Wasser verdampft, so bleibt aus der S. das Siedesalz zurück (→ *Saline*, → *Salzgarten*)

Solfatare: vulkanische Aushauchung (→ *Vulkan*) schwefelhaltiger Dämpfe mit Temperaturen von 100–200 °C. S. sind ein Zeichen abklingender Vulkantätigkeit.

solifluidal: durch → *Solifluktion* entstanden, unter Solifluktionsbedingungen sich abspielend.

Solifluktion (Gelisolifluktion, periglaziale Denudation, subnivale Denudation): eine Form des → *Bodenfließens*, die sich als → *periglaziale* Denudation unter periglazialen Bedingungen abspielt und → *Dauerfrostboden* voraussetzt. In dessen Auftauschicht laufen die Solifluktionsprozesse ab, wobei → *Solifluktionsschutt* mit mehr oder weniger großen Feinerdeanteilen auch bei geringen Hangneigungen in Fließ- und/oder Kriechbewegungen gerät. S. ist auch außerhalb der Dauerfrostbodengebiete in Bereichen mit häufigen → *Frostwechseln* möglich. Sie kann als → *Makrosolifluktion* und → *Mikrosolifluktion* auftreten. Es bestehen in den Prozeß- und Formauswirkungen der S. viele Übergänge zu → *Rutschungen*, → *Blockmeeren* und → *Girlandenböden*. Weiterhin wird Jahreszeiten- und Tageszeiten-S. unterschieden. Ersteres erfolgt in polaren und subpolaren Gebieten mit jahreszeitlichem Frostwechsel, der auch zu großen Auftaumächtigkeiten führt. Letztere findet sich in fast allen Hochgebirgen der Erde, soweit diese in Höhenstufen mit Frostwechseln hineinreichen, wobei jedoch nur geringmächtige Bodenbereiche gefrieren und wieder auftauen. Sowohl bei

Jahreszeiten- als auch bei Tageszeiten-S. kommt es zur Bildung von → *Kryoturbationen* und → *Frostmusterböden*. Unterschieden wird zudem die freie S., die sich in der vegetationslosen Frostschuttzone und -stufe – durch Vegetation ungehindert – auswirkt, die man der gebundenen S., unter einer Vegetationsdecke, gegenüberstellt.

Solifluktionsgrenze: horizontal und vertikal ausgeprägte Grenze. In der Horizontalen ist sie identisch mit der Grenze des → *Dauerfrostbodens*. In der Vertikalen wird eine obere und untere S. unterschieden. Die obere fällt mit der orographischen → *Schneegrenze* zusammen, die untere S. liegt jeweils einige hundert Meter tiefer.

Solifluktionslöß (Fließlöß): unter periglazialen Bedingungen umgelagerter → *Löß*, der bei seinen Fließbewegungen meist mit Fremdmaterial vermischt wurde. Die S. kommen als verunreinigte Löß- bzw. Lößlehmdecken überwiegend an Hängen vorzeitlicher Periglazialgebiete vor.

Solifluktionsnische: kleine Hohlformen am Hang, aus denen sich → *Schutttropfen* und → *Schuttgletscher* unter periglazialen Bedingungen bildeten und lösten.

Solifluktionsrumpf (Kryoplanationsflächen, pénéplaine périglaciaire, periglaziale Einebnungsflächen): Kappungsfläche, die bei zunehmender Verflachung von → *Glatthängen*, die unter überwiegend periglazialen Bedingungen gebildet wurden, und Anhalten der Solifluktionsprozesse entsteht. Die erforderliche Denudation wird dabei vom → *Solifluktionsschutt* bewirkt, der sich als Decke bewegt.

Solifluktionsschutt: → *Frostschutt*, der unter periglazialen Bedingungen durch → *Solifluktion* aus dem Bereich des anstehenden Ausgangsgesteins herausbewegt wird und in Decken unterschiedlicher Mächtigkeit vorliegt, die dann zur Ruhe kommen, wenn die Solifluktion aussetzt. Im Periglazialgebiet Mitteleuropas sind fast sämtliche Hangschuttdecken aus S. aufgebaut, die der postglazialen Abtragung und Bodenbildung unterlegen hat.

Solifluktionsschuttstrom: ein → *Schuttstrom*, der vor allem durch → *Solifluktion* bewegt wurde und der meist große Reichweiten aufweist wegen der großklimatisch verursachten Periglazialbedingungen. Gegenüber den allgemeinen Decken des → *Solifluktionsschuttes* ist der S. gerichtet bewegt und bandartig verbreitet.

Solifluktionsschuttstufe: Höhenstufe, in welcher der → *Solifluktionsschutt* auftritt, die auch als → *periglaziale Höhenstufe* bezeichnet wird.

Solifluktionsterrasse: Ablagerungsform des → *Solifluktionsschuttes* an Hängen in Form von wulstigen und z. T. bogenförmigen Terrassen geringer Höhe. Die S. können sowohl in rezenten Periglazialgebieten auftreten, als auch als Vorzeitformen erhalten sein.

soligelid: Erscheinungen, Formen und Prozesse, die im Bereich von Frostböden auftreten und überwiegend Ausdruck der → *Solifluktion* sind.

soligenes Moor: Hangmoor, das unter wasserstauendem Einfluß des Bodens und des Gesteinsuntergrundes infolge Quell- oder Hangnässe entstanden ist.

solitär: einzeln lebend, einzeln auftretend.

Soll (Pfuhl): kleine, rundliche, mit Wasser oder Torf erfüllte Hohlformen der Landschaft der → *Grundmoräne* im ehemals vergletscherten Gebiet. Sie werden als Einsenkungstrichter über abgeschmolzenen Blöcken von → *Toteis* erklärt. Ein Teil der S. gilt auch als anthropogene Hohlform.

Solod (Steppenbleicherde): infolge Senkung des Grundwasserspiegels aus ehemaligen Salz- und Natriumböden (→ *Solontschak*, → *Solonetz*) entstandener, schwach saurer Boden mit starker Huminstoffverlagerung. Die Natriumsättigung im Unterboden der S. liegt unter 7%. Unter dem geringmächtigen A_h-Horizont prägt sich ein Huminstoffverarmter Bleichhorizont aus. Der B-Horizont ist mit Ton angereichert (stärker als in Solonetzen) und besitzt → *Prismengefüge*.

Solonetz: (Schwarzalkaliboden): Grundwasserboden semihumider bis semiarider Gebiete mit hoher Natriumsättigung und einem A_h-B-G_o-G_r-Profil. Der Salzgehalt ist in den S. oberhalb der Grundwasserhorizonte niedrig, die Natriumsättigung kann dagegen bis 90% ansteigen und fördert die Peptisierung und Verlagerung von → *Huminstoffen* und → *Tonmineralen*, die im dunkel gefärbten B-Horizont angereichert werden. S. sind oft tonreich und bilden infolge Quellung und Schrumpfung ein → *Säulengefüge* aus. Im Oberboden reichert sich wegen des stärkeren Bewuchses mehr Humus an als in den → *Solontschaken*.

Solontschak (Weißalkaliboden): Salzboden mit einem wenig humushaltigen A-Horizont über einer den → *Gleyen* vergleichbaren Horizontabfolge. S. entwickeln sich in trockenen Klimabereichen in Senken mit hoch anstehendem salzhaltigem Grundwasser. Der durch hohe Verdunstung bedingte kapillare Aufstieg des Wassers führt zu einer starken Anreicherung verschiedener Salze in wechselnden Anteilen (NaCl, Na_2SO_4, Na_2CO_3, $MgSO_4$, $CaSO_4$ und $CaCO_3$). Im Oberboden erreicht die Konzentration Werte über 0,3%, und auf der Bodenoberfläche bilden sich teilweise Salzkrusten und Ausblühungen. S. sind alkalisch (bis pH 8,5) und zeigen ausgezeichnete Gefügebildung.

Solstitiallinie: gerade Verbindungslinie der beiden → *Solstitialpunkte*.

Solstitialpunkte: die beiden Punkte auf der scheinbaren Umlaufbahn der Sonne um die Erde, an denen die senkrecht stehende Sonne den nördlichsten bzw. südlichsten Punkt auf der Erde erreicht. Die S. sind die Sonnenwendpunkte.

Solstitialregen: die etwa einen Monat vor dem Sonnenhöchststand beginnenden und bis höchstens zwei Monate danach andauernden Regen der randtropischen Gebiete mit einfacher → *Regenzeit.*

Solstitium (Sonnenwende): Zeitpunkt des höchsten bzw. tiefsten Mittagsstandes der Sonne über dem Horizont, der dem maximalen Winkelabstand von $+23°27'$ über dem → *Himmelsäquator* entspricht (Senkrechtstehen der Sonne über dem nördlichen bzw. südlichen → *Wendekreis*). Im S. wird auf der Halbkugeln der Erde die höchste bzw. niedrigste Tageslänge erreicht.

Solum: oberste Schicht der festen Erdsubstanz, in der die bodenbildenden Prozesse ablaufen. Der Begriff S. wird auch als zusammenfassende Bezeichnung für die A- und B-Horizonte des Bodens verwendet.

Somatolyse: optische Auflösung eines Tierkörpers durch → *Schutztracht* in einzelne, scheinbar unzusammenhängende Teile, die mit den visuellen Merkmalen bestimmter Aufenthaltsorte ein optisches Aggregat bilden.

Sommatyp: Vulkan, genannt nach dem Monte Somma als Vorläufer des Vesuvs, der den Rest einer → *Caldera* eines → *Stratovulkans* darstellt, bei welchem mehrere Vulkankegel- und damit Krater bzw. Kraterteile ineinander verschachtelt sind.

Sommer: die astronomisch um den 21. Juni beginnende und um den 23. September endende Jahreszeit. Klimatologisch werden Juni, Juli und August zu den S.-Monaten gezählt. Der warme Hochsommer erstreckt sich in den kühlgemäßigten Breiten nur auf die Zeit von etwa Ende Juni bis Mitte August.

Sommerannuelle: monokarpische Pflanzen, die in derselben Vegetationsperiode keimen und fruchten, ersteres im Frühjahr, letzteres nach dem Blühen im Sommer desselben Jahres. Sie gehören zu den → *Annuellen.*

Sommerdeich: niedriger → *Deich,* dem → *Winterdeich* gegenübergestellt und nur gegen die sommerlichen Hochwasser geschaffen. Der S. ist Bestandteil der → *Landgewinnung* an Küsten durch Deiche. Er wird beim Fortschreiten der Landgewinnung zum Winterdeich aufgehöht. In seinem → *Vorland* errichtet man dann einen neuen S.

Sommerdorf: häufig auftretende Form der → *Saisonsiedlung.* Die S. sind nur während der Sommermonate bewohnt. Dabei wandert ein Teil der Versorgungs- und zentralen Funktionen mit. S. gibt es hauptsächlich in Gebirgsregionen oder in nördlichen Breiten.

In jüngerer Zeit hielten viele S. zunehmend die Funktion von Fremdenverkehrssiedlungen (Feriendörfer).

Sommerfeldbau: der Jahreszeitenfeldbau der gemäßigten Zone. Der S. beschränkt sich im wesentlichen auf die Nordhalbkugel. Kleine Gebiete des S. existieren auf der Südhalbkugel in Südostaustralien, Tasmanien, Neuseeland, Südafrika und Südchile. Dem S. vergleichbare Typen eines Jahreszeitenfeldbaus sind die Winterregenfeldbaugebiete der subtropischen Zone und die Sommerregenfeldbaugebiete der äußeren Zenitalregenzone.

sommerfeuchte äußere Tropen: die Klimazone zwischen etwa 12–20° N bzw. S, die durch Sommerregen in der Zeit des Sonnenhöchststandes und eine ausgeprägte Trockenzeit im Winter geprägt ist. Neben dem Feucht-trocken-Wechsel macht sich in den s. ä. T. auch ein mäßiger Jahresgang der Temperatur bemerkbar mit den Maximumwerten kurz vor dem Einsetzen der → *Regenzeit.*

Sommerfrische: früher häufiger gebrauchter Ausdruck für einen, meist im → *ländlichen Raum* gelegenen, kleineren Fremdenverkehrsort, der überwiegend zum Zwecke der Erholung und Heilung – oft durch Luftveränderung im Gebirge oder an der See – aufgesucht wird.

sommergrün: Pflanzen, deren Laubblätter nur während einer Vegetationsperiode tätig sind, dann abfallen und durch neue Blätter ersetzt werden.

sommergrüner Laubwald (Aestisilva, sommergrüner Wald, Sommerwald, Therodrymium): charakteristische Lebensform des Waldes der gemäßigten Klimazonen der Nordhemisphäre, vor allem in Nordamerika, Europa, Asien, Nordchina, Japan sowie auf Sachalin. Er hat sommergrüne Bäume, die im Herbst regelmäßig das Laub abwerfen, Knospenschutz aufweisen und eine kälte- und trockenheitsbedingte Winterruhe halten. Typische s. L. sind die Buchen- und Eichenwälder der gemäßigten Klimazonen der Nordhemisphäre.

Sommersaat (Sommerkultur): in der Landwirtschaft Bezeichnung für die im Frühjahr ausgesäten und im Sommer bzw. Herbst geernteten Nutzpflanzen (→ *Wintersaat*).

Sommerschicht: an Eisverkrustung, Staub und Pollengehalt erkennbarer sommerlicher Schmelzhorizont im Firnprofil.

Sommerschlaf: ähnlich dem → *Winterschlaf* eintretender Ruhezustand im Sinne der → *Dormanz,* der z. B. bei Kleinsäugern subtropischer Wüsten zu beobachten ist und dazu dient, die trockensten Abschnitte des Jahres zu überdauern. Zahlreiche Übergänge existieren zwischen S. und Sommerruhe, wie sie auch bei anderen Tiergruppen, z. B. Reptilien, eintritt. Sommerruhe unterscheidet sich vom normalen S. nur durch besondere

Tiefe und Länge, ohne daß die Körperfunktionen wesentlich verändert sind.

Sommertag: in der meteorologischen Statistik ein Tag, an dem die Maximumtemperatur 25 °C erreicht und überschreitet, dagegen nicht über 30 °C geht. (→ *Tropentag*)

Sommerung (Sömmerung): 1. das Sommergetreide bzw. das Sommergetreide bestellte → *Zelge*.
2. der ununterbrochene Aufenthalt des Viehs auf der → *Sommerweide* (→ *Almwirtschaft*).
3. in der → *Teichwirtschaft* die sommerliche Trockenlegung eines Karpfenteichs.

Sommerweide: in der Weidewirtschaft dasjenige Weideareal bzw. diejenigen Weidegebiete (→ *Nomadismus*, → *Transhumanz*), die während der Sommermonate beweidet werden.

Sondergebiet: Sonderbaufläche, die nach der Baunutzungsverordnung im → *Flächennutzungsplan* oder im → *Bebauungsplan* ausgewiesen ist. S. bezeichnen dort Flächen für Schulen, Krankenhäuser, Kasernen, Hafenanlagen usw.

Sonderkultur: → *Spezialkultur*, die nicht in die übliche statistische Einteilung Getreide, Hackfrüchte und Futterpflanzen hineinpaßt. Sie wird mit besonders großer Sorgfalt und vielfach mit großem Arbeitsaufwand kultiviert, ist meist mehrjährig, verursacht hohe Investitionskosten und steht daher zum großen Teil außerhalb der sonst üblichen Fruchtfolge. In der amtlichen Statistik der Bundesrepublik Deutschland werden zu den S. Obstanlagen, Baumschulen, Rebland, Hopfen, Tabak, Heil- und Gewürzpflanzen gerechnet. Nehmen sie über 10% der Betriebsfläche ein, zählt der Betrieb nach dem → *Bodennutzungssystem* zu den S.-Betrieben. Bedingt durch den höheren Arbeitsaufwand werden S. in erster Linie von landwirtschaftlichen Kleinbetrieben angebaut.

Sondermüll: Abfallstoffe, die wegen ihrer toxischen Wirkung nicht zusammen mit dem normalen Haus- und Gewerbemüll beseitigt bzw. behandelt werden dürfen. S. unterliegt einer speziellen Behandlung und ist auf S.-Deponien zu lagern.

Sonderwirtschaftswald: bestockte und unbestockte Waldflächen, die aus übergeordneten, jedenfalls nicht forstwirtschaftlichen Gründen einer besonderen Bewirtschaftung unterliegen. Sie dienen keiner regelmäßigen Holzproduktion. Zu den S. zählen → *Bannwald*, → *Schutzwald*, → *Schutzwaldstreifen*, → *Schonwald* sowie Hecken und Flurgehölze der Agrarlandschaften.

Sonderziehungsrechte (SZR): Zahlungsmittel des internationalen Währungsfonds (IWF), das seit 1969 besteht und nur im Zahlungsverkehr zwischen den Zentralbanken verwendet wird. Die S. eröffnen in Not geratenen Staaten zusätzliche Kreditmöglichkeiten, z.B. bei starken Einnahmerückgängen als Folge von Naturkatastrophen (Exportkultur Kaffee usw.), oder bei Schwierigkeiten, die z.B. durch die rasche Anhebung der Erdölpreise verursacht wurden.

Sonderzug: Eisenbahnzug, der im Personenverkehr außerhalb des Fahrplans aus besonderem Anlaß eingesetzt wird. S. verkehren insbesondere im Erholungsverkehr, aber auch als Zubringer zu großen Sportveranstaltungen, Messen, Ausstellungen usw. sowie zu Gastarbeiter-Rückfahrten.

Sonne: der Zentralkörper des S.-Systems, um den sich alle Planeten in elliptischer Kreisbahn bewegen. Die S. ist eine strahlende komprimierte Gaskugel mit einem Durchmesser von 1,39 Mill. km, einer Masse von $1,99 \cdot 10^{30}$ kg, einer Oberflächentemperatur von 5785 K und einer Strahlungsleistung von 6,35 kW · cm^{-2}. Die Entfernung S.-Erde beträgt 149,6 Mill. km. Die S. rotiert um die eigene Achse und bewegt sich im Weltall mit einer Geschwindigkeit von 19,4 km · s^{-1} auf das Sternbild des Herkules zu. Außerdem umkreist sie den Zentralpunkt des Milchstraßensystems einmal in 230 Mill. Jahren. Die Planeten des → *Sonnensystems* machen diese Bewegungen mit, weshalb von ihnen aus gesehen die S. ein Fixstern ist. Die scheinbaren tages- und jahreszeitlichen Bewegungen der S. am Himmel sind das Abbild der Erdrotation und der Kreisbewegung der Erde um die Sonne. Die S. beeinflußt das Geschehen auf der Erde in vielerlei Hinsicht. Sie hält die Erde durch ihre Anziehungskraft auf der Erdbahn und ist die entscheidende Energiequelle aller irdischen Vorgänge. Ihre Massenanziehung wirkt sich auch auf die → *Gezeiten* aus. Von der S. ausgehende elektromagnetische Teilchenströme bewirken → *Polarlichter* und Unstetigkeiten im Erdmagnetfeld. Die S. prägt als Licht- und Wärmespender den Lebensrhythmus aller Lebewesen auf der Erdoberfläche. Ihre Bedeutung als „Quelle des Lebens" wirkt sich auf die menschliche Psyche stark aus, und die S. war und ist vielen Völkern Objekt göttlicher Verehrung.

Sonnenenergie: → *regenerative Energie*, die von der Sonne ausgeht. S. wird im Innern der Sonne durch thermonukleare Reaktionen erzeugt, an die Sonnenoberfläche transportiert und von dort abgestrahlt. Pro Quadratmeter Sonnenoberfläche sind dies je Sekunde $3,9 \times 10^{26}$ Joule (→ *Sonnenkraftwerk*, → *Sonnenkollektor*, → *Sonnenofen*).

Sonnenfinsternis: zeitlich begrenztes, vollständiges oder teilweises Verschwinden der Sonnenscheibe, welche durch den zwischen Erde und Sonne tretenden Mond verdeckt wird. Die eine totale S. bedingende Stellung der drei Gestirne tritt für einen bestimmten Ort auf der Erdoberfläche etwa alle 200

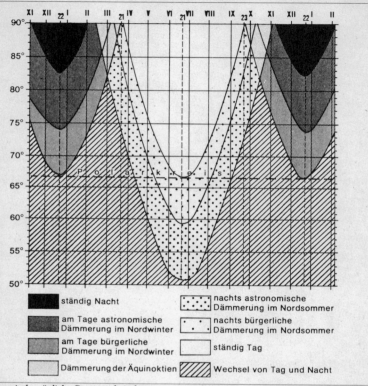

astronomisch mögliche Sonnenscheindauer

Jahre ein.

Sonnenflecken: unstetige, große fleckige Gebilde von im Mittel etwa 2000–50000 km Durchmesser auf der Sonnenscheibe. Es sind elektromagnetische stark aktive Gebiete mit gegenüber der normalen Oberfläche der → *Sonne* etwas erniedrigter Temperatur, in denen Materie nach außen strömt. Die S. haben eine Lebensdauer von einigen bis maximal etwas über 100 Tagen. Die S.-Häufigkeit schwankt stark in einer Periode von 11,07 Jahren.

Sonnenkollektor: energietechnische Vorrichtung, mit der Sonnenenergie aufgenommen und zur Warmwasserbereitung, Gebäudeheizung usw. eingesetzt wird. Der Einsatz der S. und ihre Effizienz hängen weltweit von der Sonnenscheindauer ab.

Sonnenkraftwerk: Kraftwerk, das seine Energie aus der Sonnenstrahlung bezieht. S. arbeiten nach dem Prinzip der parabolischen Zylinderwannen, parabolischen Schüsseln oder nach dem Konzept der Heliostaten mit zentralem Sonnenturm. Für eine großtechnische Anwendung ist das Turmkonzept den beiden erstgenannten überlegen. Beim Sonnenturm befindet sich das Kraftwerk unmittelbar im Turm; Übertragungsverluste fallen somit weg. Die Heliostaten sind dreidimensional verstellbar, so daß jeweils der optimale Strahlungswinkel erzielt wird.

Sonnenofen: energietechnische Anlage zur Erzielung hoher Temperaturen durch Konzentrierung der Sonnenstrahlung mit Hilfe eines Parabolspiegels. Der bekannteste S. ist der von Odeillo in den französischen Pyrenäen.

Sonnenscheindauer: zeitliche Länge der direkten Sonnenbestrahlung, welche pro Tag, Monat oder Jahr in Stunden oder in Prozenten der astronomisch möglichen Sonnenscheindauer angegeben wird. Die S. beträgt in Mitteleuropa im Flachland nicht ganz 40% und im Gebirge etwa 50% im Jahresmittel.

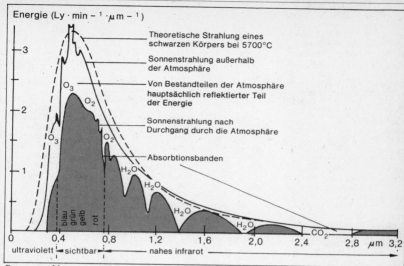

Sonnenstrahlung

Sonnenstrahlung: die wärme- und lichtenergetische Strahlung der Sonne, welche fast die einzige Energie ist, die ins irdische System eintritt. Sie beträgt am Oberrand der → *Atmosphäre* 8,15 Joule · cm⁻² · min⁻¹ (→ *Solarkonstante*). Sie wird beim Durchgang durch die verschiedenen Atmosphärenschichten vermindert und in ihrer spektralen Zusammensetzung verändert, wobei die Herausfilterung der lebensbedrohenden kurzwelligen UV-Strahlung in der → *Ozon*-Schicht besonders bedeutsam ist. Die S. ist

Sonnenstrahlung

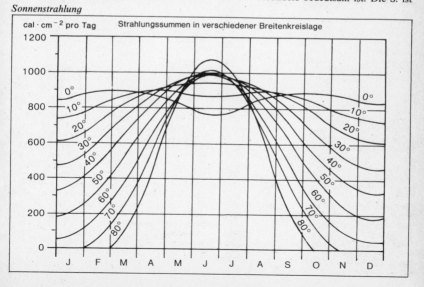

der „Motor" aller Witterungsvorgänge und der Prozesse im belebten und unbelebten System an der Erdoberfläche. Die S.-Menge, welche ein Standort an der Erdoberfläche erhält, ist von seiner Breitenlage, seiner Bewölkungshäufigkeit, seiner Ausrichtung gegenüber der Sonne (Neigung und Hangexposition) und seiner Bodenbeschaffenheit (Beeinflussung des reflektierten Anteils) abhängig. Die S. ist Bestandteil der → Strahlungsbilanz. (→ Strahlung, → Wärmestrahlung)

Sonnensystem: die Gesamtheit der Körper, welche dauernd den Anziehungskräften der Sonne und der sie umkreisenden Planeten unterworfen sind. Das S. umfaßt neun → Planeten, 31 → Monde, zehntausende von kleinen Himmelskörpern (Planetoiden), Kometen, Meteore und interplanetarische Materie. Die Körper des S. bewegen sich nach den Keplerschen Gesetzen in meist elliptischen Kreisbahnen um die Sonne, in der als Schwerpunkt des Systems der größte Teil der Masse konzentriert ist. Das S. selbst bewegt sich als Gesamtheit im Weltall.

Sonnentag: Zeitdauer zwischen zwei aufeinanderfolgenden unteren Kulminationen der Sonne (im Mittel 86 400 s).

Sonnenweite: mittlere Entfernung der Erde von der Sonne (149 504 000 km).

Sonnenwind: von der → Sonne stetig abströmende ionisierte Teilchenstrahlung, welche das Erdmagnetfeld gering beeinflußt.

Sonnenzeit: die wahre, durch den Sonnenstand gegebene Zeit eines Ortes. Sie beginnt mit 0 Uhr zum Zeitpunkt der unteren Kulmination der Sonne.

Sorbenten: Stoffe, die Ionen austauschbar anlagern können (→ Sorption). Die S. des Bodens sind die → Tonminerale und die → Huminstoffe.

Sörensen'scher Ähnlichkeitsquotient: den Verwandtschaftsgrad x von Artenkombinationen in verschiedenen → Biotopen ausdrückender Bruch $x = \dfrac{2c}{a+b} \cdot 100$. Dabei ist a die Artenzahl in Biotop 1, b in Biotop 2, c in Biotop 1 und 2 gemeinsam vorkommende Arten. Die Aussage des S. Ä. trifft besonders bei dominanten Arten zu, während → Rezedente das Ergebnis verfälschen.

Sororat: bei gewissen Völkern bestehende Regelung, die einen Witwer verpflichtet, die ledige Schwester seiner verstorbenen Frau zu heiraten.

Sorption: 1. im allgemeinen Sinn die Aufnahme eines Stoffes durch einen anderen Stoff oder ein stoffliches System.
2. Eigenschaft der Bodenkolloide (→ Tonminerale und → Huminstoffgruppen, in geringem Umfang auch Oxide und Kieselsäure), Ionen an freien Ladungsplätzen austauschbar zu binden. Die S. ist für die Nährstoff-

versorgung der Pflanzen außerordentlich wichtig, da auf diese Weise in erster Linie kationische, aber auch anionische Nährstoffe verfügbar im Boden gespeichert sind und durch äquivalenten → Austausch (vor allem mit H^+-Ionen) in die Bodenlösung übergehen. Die Menge der sorbierten Nährstoffe hängt von der → Austauschkapazität und der → Basensättigung ab.

Sorptionsvermögen: Fähigkeit von → Tonmineralen und → Huminstoffen, an freien äußeren bzw. zugänglichen Ladungsplätzen Ionen zu fixieren. Das S. hängt von der Ladungsverteilung und der Größe der inneren Oberfläche ab. Es ist in Huminstoffen höher als in Tonmineralen und bei Letzteren für die → Kaolinite am geringsten und die → Vermiculite am höchsten. (→ Sorption)

Sorte (Cultivar): unterste Kategorie der → Kulturpflanzen, die eine zu einem bestimmten Zweck angebaute mehr oder weniger einheitliche Population darstellt, die zeitweilig innerhalb gewisser Grenzen künstlich konstant gehalten wird.

Sortenfertigung: Fertigung mehrerer gleichartiger Erzeugnisse. Diese unterscheiden sich entweder durch die Verwendung unterschiedlicher Materialien oder durch verschiedene Fertigungsprozesse. Evtl. gehören die Produkte unterschiedlichen Güte- und Größenklassen an. (→ Serienfertigung, → Massenfertigung)

Sortimentsstruktur: Zusammensetzung des Einzelhandelsangebots eines Standorts. Der Begriff S. wird insbesondere verwendet, um Breite und Tiefe des Angebots → Zentraler Orte vergleichend zu bewerten. Die S. wird auch zur Einordnung eines Zentralen Ortes in ein hierarchisches System benutzt.

Souveränität: allumfassende höchste Hoheitsgewalt des → Staates, die nach innen (gegenüber den Staatsbürgern) und nach außen (gegenüber anderen Staaten) gilt und nur durch die Verfassung und die Grundrechte des einzelnen bzw. durch das Völkerrecht beschränkt ist.

Sowchose: staatseigener landwirtschaftlicher Großbetrieb in der UdSSR. Die S. sind meist hochspezialisierte Produktionsbetriebe, vor allem für Getreideanbau und Viehwirtschaft. Die Beschäftigten der S. sind Lohnarbeiter, im Gegensatz zu den Genossenschaftsbauern der → Kolchose. Die S. erreichen teilweise Größenordnungen von über 100 000 ha. In der gesamten UdSSR werden ca. 60% der landwirtschaftlich genutzten Fläche durch S. bewirtschaftet.

Sozialanthropologie: Teilgebiet der → Anthropologie, das die Wechselbeziehungen zwischen der biotischen Struktur des Menschen und sozialen Prozessen untersucht. Dabei können sowohl die anthropologischen Unterschiede der verschiedenen Sozialgruppen als auch die sozialen Regelfaktoren, die sich biotisch auswirken, untersucht werden. Zur S. gehört der → *Sozialdarwinismus.*

Sozialbilanz des Waldes: unscharfer Sammelbegriff für die Bilanz jener Leistungen, welche die Waldwirkungen für die Gesellschaft erbringen, unter Berücksichtigung betriebswirtschaftlicher, physikalischer, bioökologischer und humanökologischer Sachverhalte, die in Geldwert ausgedrückt wird.

Sozialbrache: landwirtschaftlich nutzbare und bisher genutzte Fläche, deren Bestellung – meist aus wirtschaftlichen Gründen – nicht mehr erfolgt. S. tritt ein, wenn sich dem Inhaber der Fläche anderswo bessere Erwerbsmöglichkeiten auftun (z. B. Tätigkeit in der Industrie), er die Fläche aber aus persönlichen Gründen oder mangels Interessenten nicht verkauft oder verpachtet. Nicht selten verbirgt sich auch hinter einer S. die Spekulation auf Verkaufsmöglichkeit als Bauland. In der Sozialgeographie wurde die S. häufig als Indikator für sozio-ökonomische Veränderungen verwendet.

Sozialdarwinismus: Teilgebiet der → *Sozialanthropologie,* der sehr einseitig das Prinzip vom „Kampf ums Dasein" auf die sozialen Gruppen der Menschen übertrug und stark ideologisch geprägt war.

soziale Differenzierung: unterschiedliche Ausprägung von menschlichen Verhaltensweisen sowie räumlichen Strukturen und Prozessen aufgrund sozialgruppentypischer Unterschiede der agierenden Personen. Man spricht z. B. von der s. D. des Bildungs- oder Freizeitverhaltens oder der s. D. der Agrarlandschaft und ihrer Entwicklung.

soziale Distanz: Form der → *subjektiven Distanz,* die sich aus der Zugehörigkeit zu bestimmten → *sozialen Gruppen* ergibt. Das Phänomen der s. D. kann z. B. bei Wanderungen beobachtet werden, wenn die Angehörigen unterschiedlicher Gruppen eines Abwanderungsgebietes verschiedene Zielgebiete wählen, da sie von den Wandernden, je nach deren sozialer Lage, in unterschiedlicher Weise bewertet und präferiert werden.

soziale Erosion: die Schwächung oder sogar langsame Zerstörung der gewachsenen → *Sozialstruktur,* insbesondere der Vielfalt → *sozialer Gruppen,* eines Raumes. Vor allem die selektive Abwanderung mittlerer und oberer → *sozialer Schichten* unter Zurücklassung allein der Grundschicht wird vielfach als s. E. eines Raumes bezeichnet.

soziale Gruppe (Sozialgruppe): Anzahl von Individuen, die nach gesellschaftlich relevanten Kriterien zusammengefaßt werden können und eine relativ festgefügte Einheit bilden. Die s. G. gehören zum zentralen Forschungsgebiet der → *Soziologie,* wobei die unterschiedlichsten sozialen Gebilde als s.

G. bezeichnet werden. Kriterien der Bildung s. G. sind z. B. menschliches Zusammenleben (z. B. Familie, Sippe, Stamm), gemeinsame Berufsausübung, gemeinsame politische, wirtschaftliche, soziale oder kulturelle Interessen (Parteien, Gewerkschaften, Genossenschaften usw.), gleiche Weltanschauung (Religions- und Kultgemeinschaften), gleiches Freizeitverhalten (Sportvereine, Hobbyclubs), gemeinsame Herkunft (ethnische Minderheit, Gastarbeiter) usw. Inwieweit die Gruppenmitglieder ein Gemeinschaftsgefühl aufweisen bzw. miteinander in Kontakt treten müssen, um von einer s. G. sprechen zu können, ist strittig. Allgemein gilt, daß jeder einzelne gleichzeitig und im zeitlichen Ablauf in aller Regel mehreren s. G. angehört. Wenn s. G. Raumwirksamkeit entfalten, können sie gleichzeitig → *sozialgeographische Gruppen* sein.

soziale Gruppierung: Anzahl von Individuen, die nach bestimmten soziologisch und/oder sozialgeographisch relevanten Kriterien zusammengefaßt werden können. Die bedeutendsten s. G. sind → *soziales Aggregat,* → *soziale Gruppe,* → *sozialstatistische Merkmalsgruppe,* → *sozialgeographische Gruppe,* → *aktionsräumliche Gruppe* und → *Lebensformgruppe.*

soziale Kräfte: in der Anthropo-, insbesondere der Wirtschaftsgeographie, Bezeichnung für solche raumwirksamen Kräfte, die sich aus der Existenz bestimmter → *Sozialstrukturen* und dem Agieren spezifischer → *sozialer Gruppen* in dem betreffenden Raum ableiten lassen.

soziale Marktwirtschaft: wirtschaftspolitische Konzeption, die sich grundsätzlich als freie Marktwirtschaft versteht, jedoch auftretende soziale Härten auszugleichen versucht. Die s. M. nennt Ziele wie Vollbeschäftigung, Preisstabilität, soziale Sicherheit und Vermögensbildung für alle Bevölkerungsschichten. Die s. M. sieht auch freie Gewerkschaften vor, die sich für die sozialen Belange der Arbeitnehmer einsetzen.

soziale Mischung: Zusammenwohnen einer aus verschiedenen sozialen Gruppen und Schichten zusammengesetzten Bevölkerung in einem Raum. Der Begriff der s. M. ist vor allem in Städtebau und Stadtplanung üblich und bezeichnet einen im Gegensatz zur → *Segregation* angestrebten Zustand in städtischen Wohnvierteln.

soziale Mobilität: Wechsel eines Individuums oder einer Gruppe zwischen verschiedenen Positionen eines sozialen Systems, z. B. zwischen Berufen, Einkommenspositionen, Gruppenzugehörigkeiten usw. S.M. ist sowohl als vertikale (gesellschaftlicher Auf- oder Abstieg) als auch als horizontale → *Mobilität* möglich (Wechsel in eine gleichrangige andere Position). Ferner sind als Formen der s. M. die → *Inter-* und die → *Intra-generationsmobilität* zu unterscheiden.

soziale Morphologie: Forschungsrichtung der empirischen Soziologie, die die Untersuchung und Beschreibung von → *Bevölkerungsstrukturen* nach Merkmalen der sozialen Gruppierung und Schichtung zum Ziel hat. Daneben wird die s. M. einer Bevölkerung in Teilaspekten auch von der → *Soziographie,* der → *Demographie,* der → *Humanökologie* und der → *Sozialgeographie* untersucht.

sozialer Gemeindetyp: Gruppe von Gemeinden, die sich aufgrund weitgehend ähnlicher Ausbildung von Merkmalen aus dem gesellschaftlichen Bereich zu einem Typ zusammenfassen lassen. In der Praxis werden zur Gliederung der Gemeinden in s. G. verschiedene Aspekte der → *Sozialstruktur* der Bevölkerung herangezogen, z. B. die Zusammensetzung nach der → *Stellung im Beruf,* die Schichtengliederung oder die Bildungsstruktur. S. G. sind meist eng mit → *wirtschaftlichen G.* verbunden.

sozialer Verhaltenswandel: Änderung → *sozialer Verhaltensweisen* im Laufe der Zeit. S. V. wird in der Regel durch einen Wandel der sozioökonomischen Rahmenbedingungen, insbesondere durch Veränderungen der wirtschaftlichen Situation, der gesellschaftlichen Rangordnungen usw. in einem Raum induziert.

sozialer Wandel: Veränderungsprozeß, der während eines bestimmten Zeitraums innerhalb einer → *Gesellschaft* stattfindet und, meist relativ langsam, ihre inneren Strukturen verändert. Insbesondere das Gefüge der → *sozialen Gruppen* und → *Schichten* einer Gesellschaft ist vom s. W. betroffen. In modernen Industriegesellschaften folgt s. W. meist bestimmten technologischen Neuerungen (→ *technischer Wandel*).

sozialer Wohnungsbau: der staatlich geförderte Bau von Wohnungen für die sozial schwächeren Bevölkerungsgruppen. Dem s. W. kam vor allem nach 1945 zur Überwindung der Nachkriegsnotlage auf dem Wohnungsmarkt große Bedeutung zu. Merkmal des s. W. sind die staatlich festgelegten Kostenmieten, die in den beiden letzten Jahrzehnten aber zunehmend als Folge der Bau- und Grundstückspreissteigerungen hinter den tatsächlichen Kosten zurückgeblieben sind.

soziales Aggregat: Anzahl von Individuen in zeitlicher und räumlicher Konzentration, die jedoch, im Gegensatz zur → *sozialen Gruppe,* keine dauerhafte Gruppierung bilden und auch keine persönlichen Beziehungen zueinander pflegen. Sie bilden jedoch häufig eine → *sozialgeographische Gruppe,* da s. A. in der Regel bei der gleichgearteten Ausübung einer → *Grunddaseinsfunktion* zusammentreten und dabei → *Raumwirksamkeit* entfalten.

S. A. sind z. B. die Naherholungsuchenden mit gleichem Zielgebiet, die Kunden und Benutzer der Geschäfte und Dienstleistungsbetriebe eines → *Zentralen Ortes* oder die Summe der Pendler, die einen → *Pendlerstrom* zwischen Aus- und Einpendlergemeinde bilden.

soziale Schicht (Gesellschaftsschicht): gesellschaftliche Gruppierung, die sich durch eine bestimmte Position in einer hierarchisch geordneten Gesamtgesellschaft von anderen Gruppierungen unterscheidet. Meist wird statt s. S. verkürzt nur von → *Schicht* gesprochen.

soziale Schichtung (gesellschaftliche Schichtung): hierarchischer Aufbau einer → *Gesellschaft* aus → *sozialen Schichten.* Meist wird verkürzt nur von → *Schichtung* gesprochen.

soziales Merkmal: in der Bevölkerungsgeographie ein Merkmal, das zur Gliederung der Bevölkerung, insbesondere auch bei → *Gemeindetypisierungen* nach der → *Bevölkerungs-* und → *Sozialstruktur,* benutzt wird und Aussagen über die Zugehörigkeit zu → *sozialen Gruppen* oder → *Schichten* erlaubt. S. M. sind z. B. die → *Stellung im Beruf,* die Zugehörigkeit zu einer Einkommensklasse oder der Bildungsstand, ausgedrückt durch den höchsten erreichten Schulabschluß.

soziales Problem: Sachverhalt oder Entwicklung im Bereich der → *Gesellschaft* oder einzelner → *sozialer Gruppen,* die als negativ und verbesserungsbedürftig angesehen werden. S. P. sind in der Regel an bestimmte → *Gruppen* oder → *Schichten* gebunden; häufig hängt es von der eigenen Gruppensituation ab, ob ein s. P. als solches anerkannt wird. In der Geographie werden s. P. besonders im Bereich der Stadtgeographie (z. B. → *Stadtsanierung,* → *ethnische Minderheiten,* → *Segregation*) und der Geographie der → *ländlichen Räume* und der → *Entwicklungsländer* behandelt.

soziales Verhalten (gesellschaftliches Verhalten): menschliches Verhalten im Rahmen der Zugehörigkeit zu einer → *Gesellschaft* bzw. einer → *sozialen Gruppe* oder → *Schicht* innerhalb dieser Gesellschaft.

soziale Verhaltensweise: menschliche Verhaltensweise, die sich aus der Zugehörigkeit des agierenden Individuums zu einer bestimmten → *sozialen Gruppe* oder → *Schicht* ergibt. In der Sozialgeographie werden die unterschiedlichen s. V. bei der Ausübung der → *Grunddaseinsfunktionen* durch die Angehörigen verschiedener sozialer Gruppen untersucht, da sie Aufschluß über die → *Raumwirksamkeit* dieser Gruppen geben.

Sozialforschung (empirische Sozialforschung): interdisziplinärer, empirisch arbeitender Bereich der → *Sozialwissenschaften,* der sich der Erforschung konkreter → *Sozial-*

strukturen und sozialer Entwicklungen in bestimmten Räumen widmet und häufig die Aufgabe hat, Grundlagenmaterial für die sozialwissenschaftliche Theorienbildung zu erarbeiten. Techniken und Arbeitsmethoden der S. sind z. B. → *Statistik,* Interview, Beobachtung, → *Sozialkartierung* und andere Arten der sozialwissenschaftlichen Feldforschung.

Sozialfunktion des Waldes: Funktionen des Waldes, die in der → *Sozialbilanz des Waldes* dargestellt werden, d. h. seine Funktion als Schutz-, Erholungs-, Wirtschafts- und Ökosystemfaktor.

Sozialgeographie: im allgemeinsten Sinn der Forschungsaspekt der → *Anthropogeographie,* der sich mit den Zusammenhängen zwischen menschlichen Gesellschaften und dem Raum befaßt, in dem diese Gesellschaften leben und den sie auch prägen. Im deutschsprachigen Bereich ist heute die Auffassung am verbreitetsten, daß die S. als Wissenschaft von räumlichen Organisationsformen und raumbildenden Prozessen der → *Grunddaseinsfunktionen* menschlicher Gruppen und Gesellschaften eine übergreifende Forschungskonzeption der gesamten Anthropogeographie darstellt, da die gesamte Kulturlandschaft mit ihren Teilaspekten ihre räumlich differenzierte Ausprägung durch das Agieren menschlicher Gruppen im Raum (→ *sozialgeographische Gruppe*) im Rahmen der Ausübung ihrer Grunddaseinsfunktionen bekommt. Daneben existieren andere Auffassungen, die die S. als den Zweig der Anthropogeographie sehen, der sich mit der räumlichen Verbreitung sozialer Gruppen und sozialer Verhältnisse befaßt. Wieder andere Meinungen wollen die S. in die → *Wirtschaftsgeographie* integrieren oder zu einer → *Wirtschafts- und Sozialgeographie* ausbauen.

sozialgeographische Gruppe: Anzahl von Personen in zeitlicher und/oder räumlicher Konzentration, die bei der Ausübung ihrer → *Grunddaseinsfunktionen* ähnliche → *Verhaltensweisen* entwickeln und ähnliche → *Aktionsräume* ausbilden und somit gleichartige → *Raumwirksamkeit* entfalten, die also als Aggregat gruppen- und funktionsspezifisch raumprägend wirken. Der einzelne gehört in der Regel im Tages- und Jahresablauf und bei der Ausübung verschiedener Daseinsfunktionen unterschiedlichen s. G. an. Hierbei sind weder Interaktionen zwischen Gruppenmitgliedern noch das Bewußtsein der Gruppenmitgliedschaft zur Bildung einer s. G. notwendig, wenn dies auch häufig vorhanden ist. Die s. G. sind ein wichtiges Instrument sozialgeographischer Forschung. Die wichtigsten Typen s. G. sind → *aktionsräumliche G.,* → *Verhaltensgruppen* und → *Lebensformgruppen;* aber auch andere → *soziale*

Gruppierungen (z. B. → *soziale Aggregate,* → *soziale Gruppen* und → *sozialstatistische Merkmalsgruppen*) können gleichzeitig s. G. sein.

sozialgeographische Konzeption (sozialgeographisches Konzept): Forschungsrichtung in der sozialwissenschaftlich arbeitenden Geographie, die die → *Sozialgeographie* als übergeordnetes Forschungskonzept der gesamten → *Anthropo-* bzw. → *Kulturgeographie* versteht.

sozialgeographischer Raum: nach der → *sozialgeographischen Konzeption* üblicher Begriff von → *Raum,* dessen Grenzen durch die → *Aktionsreichweiten* der in ihm agierenden → *sozialgeographischen Gruppen* markiert werden. Der s. R. ist also als soziales Bezugssystem zu verstehen.

Sozialgeschichte: Teilbereich der Geschichtswissenschaft, der das Schwergewicht auf die Entwicklung der gesellschaftlichen Strukturen eines Raumes, der sozialen Gruppen und ihrer Schichtung usw. legt. Die S. arbeitet eng mit den → *Sozialwissenschaften* zusammen und ist insofern eine unentbehrliche Hilfswissenschaft der → *Historischen Geographie,* insbesondere der Historischen → *Sozialgeographie.*

Sozialimitation: Nachahmen einer Handlung durch Angehörige einer → *Sozietät,* angeregt von einem Einzelindividuum, was zufällig oder absichtlich geschieht und durch optische, akustische und/oder chemische Signale ausgelöst werden kann, z. B. durch das entschlossene Verhalten eines Tieres beim Erkennen einer Gefahr oder durch Leittiere. Die S. erweist sich überwiegend als arterhaltend, weil sie nicht nur die Handlungen der Sozietät abstimmt, sondern auch damit deren Bestand sichert.

Sozialindikator (sozialer Indikator): Operationalisierung eines theoretischen Konstrukts bzw. einer empirisch nicht unmittelbar zugänglichen Variablen aus dem Bereich der Struktur und Entwicklung der Gesellschaft. S. sind in der Regel statistische Meßzahlen und Kennziffern, mit deren Hilfe Strukturen, Probleme und Veränderungen in einer Gesellschaft bzw. vergleichend in verschiedenen Gesellschaften erfaßbar gemacht werden können (→ *Indikator*).

Sozialisation (Sozialisierung): Hineinwachsen des Individuums in die → *Gesellschaft,* insbesondere durch Annahme sozialer Verhaltensweisen und Angleichung an die Formen und Regeln, die in der jeweiligen Gesellschaft gelten und deren Beachtung vom einzelnen erwartet wird. Der Begriff S. wird zur Bezeichnung des Vorgangs wie des Ergebnisses verwendet. Die S. gehört zu den wichtigsten Aufgaben der Erziehung.

Sozialisierung: die Überführung von Produktionsmitteln aus Privat- in Gemeinschaftseigentum. Die S. ist ein Ziel der sozialistischen → *Planwirtschaft* (→ *Nationalisierung*).

sozialistische Landwirtschaft: Landwirtschaft, die nach sozialistischen Prinzipien und Grundsätzen organisiert ist. So wird in den meisten sozialistischen Ländern die Landwirtschaft ganz überwiegend (Ausnahme Polen) in staatlichen (volkseigenen) oder genossenschaftlichen Betrieben (landwirtschaftliche Produktionsgenossenschaft) betrieben (→ *Landwirtschaftliche Produktionsgenossenschaft,* → *Sowchose,* → *Kolchose*). Die private Landwirtschaft ist auf kleine Flächen und geringe Viehzahlen pro Betrieb beschränkt.

sozialistischer Sektor: in den sozialistischen bzw. kommunistischen Staaten Bezeichnung für denjenigen Teil der Wirtschaft, der nicht auf privater Basis betrieben wird, sondern durch den Staat selbst, durch gesellschaftliche Organisationen oder Produktionsgenossenschaften. In den Ländern des Ostblocks gehört die Industrie fast ausschließlich zum s. S., während im Handwerk, im Dienstleistungsbereich und insbesondere bei der Landwirtschaft größere Unterschiede bezüglich des Anteils des s. S. bestehen (→ *landwirtschaftliche Produktionsgenossenschaft*).

sozialistische Stadt: Stadttyp in sozialistisch/kommunistischen Gesellschaften. Die s. S. wurde als Modell seit der russischen Revolution und nach dem II. Weltkrieg im gesamten → *Ostblock* häufig beschrieben und von Partei und Staat zu realisieren versucht. Eine voll dem Modell entsprechende s. S. existiert jedoch nicht; Ansätze sind stärker in → *Neuen Städten* (z. B. Halle-Neustadt, Eisenhüttenstadt, Dunaujvaros, Akademgorodok), schwächer in umgestalteten historischen Städten (z. B. Moskau, Ostberlin) zu finden.

Typische Kennzeichen der s. S. sind das Fehlen privaten Bodeneigentums und von Bodenpreisen und somit unbeschränkte Planungsfreiheit der Behörden, Betonung kollektiver Lebensformen bei der Flächennutzung, große zentrale Aufmarschplätze und -alleen, bauliche Dominanz von Partei-, Verwaltungs- und Kulturbauten im Zentrum, während ein ausgeprägtes Hauptgeschäftszentrum ohne Wohnfunktion nach Art westlicher Großstädte fehlt.

Sozialkartierung: Arbeitsmethode der empirischen → *Sozialgeographie,* die insbesondere bei agrar- und stadtgeographischen Arbeiten Anwendung findet. Bei der S. wird die großmaßstäbige räumliche Verteilung raumrelevanter → *sozialer Gruppen* parzellenweise (Eigentümer oder Landnutzer) bzw. häuserweise (Eigentümer, Mieter) erfaßt und kartographisch dargestellt. Häufig wird die S. in Verbindung mit einer Kartierung der

→ *Land-* oder Haus*nutzung* durchgeführt.

Sozialkosten: 1. die bei Unternehmen anfallenden gesetzlichen Sozialabgaben und freiwilligen Sozialaufwendungen (gesetzliche Sozialversicherung, Berufsgenossenschaftsbeiträge, freiwillige Altersversorgung, Gratifikationen usw.).
2. in einer Volkswirtschaft diejenigen Aufwendungen, die beim Produktionsprozeß entstehen, sich aber nicht in der Kalkulation der Unternehmen wiederfinden (→ *social costs*).

Soziallandschaft: selten gebrauchte Bezeichnung für einen Teilbereich der → *Kulturlandschaft,* der aufgrund seiner spezifischen → *Sozialstruktur* als Einheit betrachtet werden kann.

Sozialleistungen: die von den Arbeitgebern über die Entlohnung hinausgehenden Leistungen. S. bestehen aus den gesetzlich vorgeschriebenen sowie aus den freiwillig gewährten Zuwendungen (→ *Sozialkosten*).

Soziallohn: Entgeld, das sich nicht nach der Arbeitsleistung richtet, sondern sich an der Bedürftigkeit des Empfängers bzw. an bevölkerungspolitischen Aspekten orientiert. Als S. gelten z. B. Lohnzuschläge, die verheirateten oder kinderreichen Arbeitnehmern gewährt werden.

Sozialökonomie (Sozialökonomik): Volkswirtschaftslehre bzw. Nationalökonomie unter besonderer Berücksichtigung der gesellschaftlichen Wirtschaft, d. h. z. B. der Wirtschaft bestimmter sozialer Gruppen.

Sozialparasitismus: Parasitentum in → *Biosystemen,* deren Glieder sich aus einer Vielzahl von Individuen zusammensetzen, wie staatenbildende Insekten. S. besteht dann, wenn im Biosystem die ganze Gruppe der einen Seite geschädigt wird.

Sozialplan: 1. im → *Städtebauförderungsgesetz* festgelegter Rechtsbegriff. Der S. ist die Ergebnisniederschrift von Erörterungen, die mit den von der → *Sanierung* unmittelbar Betroffenen durchgeführt wurden. Der S. soll nachteilige Auswirkungen bei den Betroffenen vermeiden bzw. mildern. Dies betrifft z. B. einen zwangsweisen Wohnungswechsel oder die Verlagerung eines Gewerbebetriebes.
2. Die Bezeichnung S. gilt – unabhängig von städtebaulichen Sanierungsmaßnahmen – bei Betriebsstillegungen, wenn hier für freigesetzte Arbeitskräfte soziale Härten entstehen, die der S. durch finanzielle Leistungen ausgleichen soll.

Sozialplanung: → *Fachplanung,* die das Verhalten und die Bedürfnisse von Menschen in einem räumlichen Bereich erfaßt, ihre Bedeutung für eine angestrebte räumliche Ordnung formuliert und der Verwaltung Verbesserungsmaßnahmen zur Durchführung vorschlägt. S. wird z. B. im Rahmen der → *Stadt-*

entwicklungsplanung durchgeführt. Hier geht es z. B. um die Wohnbedingungen in → *Sanierungsgebieten* oder um die Planung baulicher Anlagen für das Gesundheits- und das Sozialwesen (z. B. Krankenhäuser, Pflegeheime) sowie um die Einrichtung sozialer Betreuungs- und Ausbildungsstätten.

Sozialprodukt: Geldwert aller in einer Periode (meist ein Jahr) produzierten Sachgüter und erbrachten Dienstleistungen, abzüglich des Eigenverbrauchs der Betriebe. Zu unterscheiden ist das S. zu Marktpreisen, bei dem indirekte Steuer und Subventionen nicht berücksichtigt sind, und das S. zu Faktorkosten, bei dem indirekte Steuern und Ergänzungen in Höhe der Subventionen abgezogen sind. Es ist das → *Bruttosozialprodukt* vom → *Nettosozialprodukt* zu unterscheiden. Das Inlandsprodukt ergibt sich daraus, daß die Erwerbs- und Vermögenseinkommen von Inländern im Ausland abgezogen und die von Ausländern im Inland aufaddiert werden.

Sozialpsychologie: zwischen → *Soziologie* und Psychologie stehende Wissenschaft, die die Beziehungen zwischen dem Individuum und seiner Psyche und der gesellschaftlichen Umwelt untersucht. Dazu gehören z. B. die individuellen Auswirkungen sozialer Prozesse, die Beziehungen zwischen Gruppenverhalten und Verhalten des Individuums, auch die Auswirkungen der → *Sozialisation* auf den einzelnen.

Sozialquote (Sozialleistungsquote): in Prozentwerten ausgedrückter Anteil der Sozialleistungen am → *Bruttosozialprodukt*.

sozialräumliche Gliederung: Gliederung eines Raumes nach typischen Vergesellschaftungen → *sozialer Gruppen* und → *Schichten*. Zur praktischen Durchführung einer s. G., die strukturale und prozessuale Aspekte berücksichtigen muß, werden insbesondere statistische Merkmale und → *Indikatoren* verwendet, die Auskunft über → *Sozialstruktur* und → *sozialen Wandel* im betreffenden Raum und seinen Teilräumen geben. S. G. werden hauptsächlich für Städte durchgeführt, um → *sozialräumliche Stadtviertel* ausweisen zu können.

sozialräumliches Stadtviertel: Teilraum einer größeren Stadt, der im Sinne einer → *sozialräumlichen Gliederung* abgegrenzt worden ist. Ein s. S. ist durch eine typische → *Sozialstruktur* und/oder durch raumspezifische Prozesse des → *sozialen Wandels* gekennzeichnet. Beispiele für s. S. einfacherer Art sind Arbeiterviertel, Beamtenviertel, Großwohnanlagen des sozialen Wohnungsbaus am Stadtrand, sozial schlecht integrierte Cityrandzone mit hoher Mobilität usw.

Sozialsegregation: Synonym zu → *Segregation*. Der besonders auf die innerstädtische Viertelsbildung bezogene Begriff soll speziell die sozialräumliche Komponente der Segregation betonen.

Sozialstaat: Staat, der eine Wohlfahrtsfunktion gegenüber seinen Bürgern wahrnimmt sowie Ausgleich bzw. Überwindung sozialer Gegensätze und Probleme zu seinen Pflichten zählt. Im Unterschied zum sozialistischen Staat verfolgt der S. diese Ziele jedoch unter Aufrechterhaltung jeglichen Privateigentums und Wahrung der überkommenen Gesellschaftsstrukturen.

Sozialstatistik: derjenige Teil der → *Statistik*, der sich mit den gesellschaftlichen Strukturen und Entwicklungen in einem Raum befaßt. Insbesondere gehört zur S. die Erfassung der → *Sozialstruktur* der Bevölkerung. Demgegenüber ist die amtliche S. enger gefaßt und versteht sich im wesentlichen als Statistik der sozialen Einrichtungen (z. B. Kinder- und Altenheime, Krankenhäuser) und der öffentlichen Sozialleistungen.

sozialstatistische Merkmalsgruppe (Sozialkategorie): Anzahl von Personen, die sich aufgrund eines oder mehrerer soziologisch bzw. sozialgeographisch relevanter und statistisch erfaßbarer Merkmale einer → *Gruppe* zuordnen lassen. Soziale Interaktion oder räumliche Nachbarschaft der einzelnen Mitglieder einer s.M. sind nicht notwendig. Merkmale zur Zusammenstellung s. M. sind z. B. Alter, Einkommenshöhe, Berufszugehörigkeit, Grundeigentum, Pendlereigenschaft. S. M. können gleichzeitig → *sozialgeographische Gruppen* sein, wenn sich im Einzelfall aufgrund der Merkmalszugehörigkeit gleiches raumwirksames Verhalten ergibt.

Sozialstimulation: Wechselwirkungen zwischen Angehörigen einer Gruppe von Tieren, die sich im Verhalten äußert, z. B. bei Angriff oder Flucht. Während Einzeltiere oder kleinere Gruppen bei Gefahr oft flüchten, werden größere → *Sozietäten* aggressiv.

Sozialstruktur (Gesellschaftsstruktur): zusammenfassender Ausdruck für das innere Gefüge, den Aufbau und die Organisation der Gesellschaft in einem Raum, insbesondere auch für ihre → *Schichtung*, das Verhältnis ihrer Gruppen zueinander und ihre vorherrschenden Handlungsmuster und Wertvorstellungen. Die S. eines Raumes ist als solche empirisch nur schwer erfaßbar; Teilaspekte der S. ergeben sich jeweils durch eine Untersuchung der Berufs-, Erwerbs- und Einkommensstruktur, der Bildungsstruktur, der sozialen Gruppierung und Schichtung usw. Für die → *Sozialgeographie* gehört das Studium der raumwirksamen Aspekte der S. zu den wichtigsten Forschungszielen.

Sozialterritorialität: differenziert den Begriff → *Territorialität* und drückt sich im → *Revierverhalten*, also dem Territorialverhalten, aus.

Sozialtourismus: Tourismus für bestimmte finanziell schwächer gestellte oder sozial benachteiligte Gruppen. Der S. wird staatlicherseits durch subventionierte Erholungseinrichtungen, verbilligte Fahrten, direkte finanzielle Unterstützung der Betroffenen usw. gefördert. Zum S. gehören insbesondere Familien-, Mütter- und Altenerholung, Jugendreisen und Reisen für Behinderte.

Sozialverhalten: 1. die Tendenz bei Tieren, bestimmte oder alle Verhaltensweisen in Nähe anderer Individuen oder auf diese bezogen abzuwandeln. Dabei sind zahlreiche Bezugsformen möglich. Bei den Tieren gehören die → *Sozialimitation* und die → *Sozialstimulation* dazu.

Sozialwirtschaftsgeographie: heute nicht mehr übliche ältere Bezeichnung für eine Forschungsrichtung der → *Wirtschaftsgeographie*, die den Einfluß → *sozialer Kräfte* und räumlich differenzierter → *Sozialstrukturen* auf die Entwicklung der Wirtschaft berücksichtigte und insoweit Gedanken der → *Sozialgeographie* vorwegnahm.

Sozialwissenschaften (Gesellschaftswissenschaften): zusammenfassende Bezeichnung für alle Wissenschaften, die sich der Erforschung der Grundlagen und Bedingungen, der Organisation und der Strukturen sowie den Entwicklungsprozessen menschlichen Zusammenlebens und der menschlichen → *Gesellschaften* sowie von Teilen davon (→ *soziale Gruppen,* → *Schichten*) widmen. Zu den S. gehören insbesondere → *Soziologie,* → *Politologie,* Kommunikationswissenschaften, → *Demographie,* → *Sozialgeographie,* → *Sozialpsychologie,* → *Sozialgeschichte* und → *Humanökologie.* Im weiteren Sinne werden auch die → *Wirtschaftswissenschaften* (→ *Volks-* und → *Betriebswirtschaftslehre*) zu den S. gezählt.

Soziation: Vegetationskomplex, der durch eine oder wenige dominierende Arten in jeder Schicht gekennzeichnet ist. Tritt in einem mehrschichtigen Vegetationskomplex nur in einer Schicht eine Dominante auf, gilt dieser Teilkomplex als Konsoziation. Bei komplizierter aufgebauten, d. h. vor allem artenreichen Pflanzengesellschaften sind fast nur Konsoziationen ausscheidbar. Dies geschieht über die Ermittlung der → *Frequenz.*

Sozietät: Begriff der → *Tiersoziologie* für Organismenkollektive gleicher Artzugehörigkeit, die einen Verband bilden, der auf arteigenem Geselligkeitstrieb beruht, wie die Rudelbildung bei Säugern oder die Staatenbildung bei Insekten. Unterschieden werden homotypische und heterotypische S. Erstere stellen Verbände von Individuen einer Art dar, letztere Verbände verschiedener Tierarten. Die S. beruhen auf interspezifischen Beziehungen, die unterschiedlich starke Bindungen innerhalb einer S. erwachsen lassen.

Die Bindung kann vorübergehend und auf wenige Funktionen bezogen sein, z. B. bei → *Schlafgesellschaften,* oder eine ständige Abhängigkeit aller beteiligten Einzelindividuen umfassen, wie bei der Staatenbildung von Insekten.

Soziofaktoren: gelegentlich gebrauchte Bezeichnung für die sich aus dem gesellschaftlichen Leben der Menschen ergebenden → *Geofaktoren,* im Gegensatz zu den Naturfaktoren.

Soziogeographie: früher gelegentlich gebrauchte, heute aber veraltete Bezeichnung für → *Sozialgeographie.*

Soziographie: ursprünglich Bezeichnung für den Versuch der Zusammenarbeit zwischen Geographie und Soziologie zu gemeinsamer Erforschung der räumlichen Verbreitung und Differenzierung gesellschaftlicher Sachverhalte. Insofern ist die S. eng mit der → *Sozialgeographie* verwandt. Heute wird S. vor allem als empirisch arbeitende und beschreibende Teildisziplin der → *Soziologie* mit starker Anwendungsorientierung, insbesondere für die → *Raumplanung* verstanden.

Soziologie (Gesellschaftswissenschaft): 1. Wissenschaft von den menschlichen Gesellschaften. Die S. untersucht die Formen, Ordnungen, Gesetzmäßigkeiten, Entwicklungstendenzen und Beeinflussungen innerhalb einer Gesellschaft und ihrer → *sozialen Gruppen,* zwischen verschiedenen Gesellschaften, zwischen Gesellschaft und Individuum sowie zwischen Kultur, Wirtschaft, Politik usw. und gesellschaftlichem Leben. Vom Forschungsgebiet her bestehen enge Verbindungen zwischen S. und → *Sozialgeographie,* jedoch ist die Zielsetzung eine andere. Die Sozialgeographie untersucht die Raumwirksamkeit menschlicher Gruppen und Gesellschaften, die S. dagegen die Gruppen und Gesellschaften eines Raumes als solche.

2. Lehre von den Gesellschaften der Organismen, mit einer Unterscheidung in → *Pflanzensoziologie,* → *Tiersoziologie* und → *S. des Menschen.*

soziologische Artengruppe: Gruppe von Pflanzenarten, die in einem räumlich begrenzten Areal immer gemeinsam auftreten und daher pflanzensoziologisch als ähnlich gelten. Die s. A. können in verschiedenen → *Assoziationen* vorkommen und werden statistisch durch den Vergleich zahlreicher pflanzensoziologischer Aufnahmen gewonnen. Sie gelten nur für jene Formation, die der Aufstellung zugrunde liegt, z. B. Acker, Wald, Wiese, Rasen. Bei der Ausscheidung der → *soziologisch-ökologischen Artengruppen* wird ähnlich vorgegangen, jedoch unter stärkerer Berücksichtigung der geoökologischen Randbedingungen.

soziologische Progression: ein Begriff aus der

→ *Pflanzensoziologie* und Bestandteil der Lehre von den → *Charakterarten.* Die s. P. dient als Kriterium zur Anordnung der Charakterarten zu höherrangigen pflanzensoziologischen Einheiten.

soziologisch-ökologische Artengruppen: Pflanzenarten mit einer ähnlichen ökologischen Amplitude innerhalb eines floristisch und geoökologisch einheitlichen Raumes, die zu Gruppen von jeweils übereinstimmendem → *Zeigerwert* zusammengefaßt werden.

Soziometrie: quantitative Beschreibung sozialer Sachverhalte sowie die Entwicklung von Methoden hierzu. Die S. ist ein Arbeitsbereich der → *Sozialforschung* und eng mit der → *Soziographie* und der → *Sozialstatistik* verwandt.

sozio-ökonomisch: Bezeichnung für Sachverhalte, Strukturen, Entwicklungen usw., die auf Kräfte, Verhaltensweisen, Aktivitäten und Entwicklungen im Bereich von Wirtschaft und Gesellschaft zurückgehen (z. B. s.-ö. Bevölkerungsstruktur, s.-ö. Gemeindetypisierung, s.-ö. Rahmenbedingungen der Raumentwicklung). Hierbei können die sozialen und die ökonomischen Sachverhalte häufig nicht voneinander getrennt werden.

sozio-ökonomische Verflechtungen: Gesamtheit des sozialen und wirtschaftlichen Beziehungsgefüges innerhalb eines Raumes (z. B. innerstädtisch oder intraregional) oder zwischen zwei oder mehreren Räumen (z. B. im Rahmen der → *Stadt-Land-Beziehungen*). S.-ö. V. können insbesondere mit Hilfe von statistischen Merkmalen quantifiziert werden, z. B. im Bereich der Arbeitsfunktion durch Zahlen über → *Pendlerströme* oder der Versorgung durch Daten über Einkaufsverkehr und Kundenströme.

Soziotomie: bei staatenbildenden Insekten auftretende Erscheinung als Abtrennung von Teilen eines bestehenden Staates, der zur Gründung eines neuen führt. Die S. findet sich häufig bei Ameisen, Termiten und Bienen.

Soziotop: räumlich eng begrenzte Standortgemeinschaft → *sozialer Gruppen* in typischer Vergesellschaftung. S. können als kleinste Bausteine sozialräumlicher Einheiten aufgefaßt werden.

Spalte: Gesteinsfuge, aus einer → *Kluft* entstehend durch Verwitterungsprozesse, gravitative Bewegungen oberflächennaher Substratschichten oder endogener Bewegungen verursacht durch Erdbeben oder Vulkanismus. Die S. können unterschiedliche Breite und Länge erreichen sowie über verschiedene vertikale und/oder horizontale Verbreitungen im Raum verfügen. Die S. bleiben meist nicht offen, sondern sind mit magmatischen Substraten, Verwitterungs- und Ausfällungsprodukten gefüllt. Eine sekundär gefüllte S. heißt → *Gang*.

Spalteneruption: Reihung von → *Vulkanen* und ihren Kratern auf langen Spalten, verwandt der → *Lineareruption*.

Spaltenfrost: Ausdruck der Verwitterung und generell mit → *Frostsprengungsverwitterung* identisch, gelegentlich aber nur auf oberflächennahe Gesteinsspalten bezogen. Der S. wirkt häufig im Karst und verursacht den → *Scherbenkarst*.

Spaltenkorrosion: → *Korrosion* in Spalten verkarstungsfähiger Gesteine, auf der wesentlich der Verkarstungsprozeß beruht, weil er über die Spalten tief in Gesteinskörper eindringen kann und dadurch meist die Untergrenze der lösbaren Gesteine erreicht.

Spaltensystem: mehrere parallel zueinander verlaufende → *Spaltenzüge*.

Spaltentheorie: überholte Vorstellung von der Entstehung von → *Durchbruchstälern*, aufgrund derer → *Spalten* und → *Klüfte* als Leitlinien der Fluvialerosion und damit der Talanlage gedient haben sollen. Diese Vorstellung gilt allenfalls für die Uranlage eines Tales in einem noch nicht herausgehobenen Gebirge.

Spaltenzirkulation: charakteristische Zirkulation von → *Karstwasser*, das unter hydrostatischem Druck steht und innerhalb der Gesteinshohlräume im → *Karst* bis tief unter den Meeresspiegel reichen kann. Die S. bildet damit den → *phreatischen* Bereich.

Spaltenzug: aus mehreren Teilabschnitten längerer → *Spalten* zusammengesetzte Folge von Spalten, die im Längsverlauf ab und zu aussetzen, dann aber wieder erscheinen.

Spangenberg: bei ähnlicher Gestalt verwandt dem → *Sehnenberg*, aber anderer Entstehung. Der S. entsteht bei der Ausräumung vollkommen verschütteter – also fossiler – Täler, wobei eine in die Schotterebene eingesenkte neue Talschlinge ein altes, im Untergrund befindliches Talstück zweimal anschneidet. Sind diese Füllsedimente locker, werden sie allmählich ausgeräumt, und das alte Flußtal begrenzt als Trockental-Spange den so herausgearbeiteten S.

Sparquote: derjenige Prozentanteil des Volkseinkommens, der gespart und nicht sofort dem Konsum zugeführt wird. Die S. gilt als Indikator für die Kapitalbildung und die Investitionsfähigkeit in einem Lande.

Sparre: bogenförmige Wülste, die sich auf manchen Gletschern im Zehrgebiet unterhalb von Gefällssteilstücken bilden. Sie werden als eine Art „Fließwülste" erklärt, die durch den Schub des fließenden Eises entstehen. Sie ähneln den → *Ogiven*.

Sparschleuse: Schiffs-→ *Schleuse*, bei der beim Entleeren der Schleusenkammer ein Teil des Wassers in ein sog. Sparbecken geleitet wird, von wo es beim Füllen wieder entnommen werden kann. S. werden vor allem an Kanälen in Gebieten gebaut, in denen Wasserknappheit herrscht.

Spätaussiedler: Bezeichnung für diejenigen deutschen Volkstumsangehörigen, die in den deutschen Siedlungsgebieten in Ostmittel-, Ost- und Südosteuropa lebten, während der Massenaussiedlung bzw. -vertreibung in der Folge des II. Weltkriegs in ihrem Wohngebiet blieben und erst in der Zeit seit den fünfziger Jahren bis in die Gegenwart in die Bundesrepublik Deutschland auswanderten. S. kamen und kommen noch vor allem aus der Sowjetunion, Polen und Rumänien.

Spätfrost: Nachtfrost im Frühjahr (in Mitteleuropa bis spätestens Anfang Juni), der die in voller Entwicklung befindlichen Kulturen schädigen kann. Extreme S. sind bei voller Blüte am gefährlichsten und können gebietsweise große Teile einer Ernte vernichten. Gefährdet sind in erster Linie Mulden- und Talbodenlagen, in denen sich abfließende Kaltluft sammelt. S. werden mit technischen Maßnahmen bekämpft (Beheizung, Schutz der Blüten durch Eispanzer mit gezielter Beregnung). Lokale Kaltluftgefährdungslagen lassen sich auch durch die Errichtung von Kaltluftdämmen, Hecken usw. entschärfen (→ *Frostgefährdung*).

Spätglazial (Späteiszeit): Zeitabschnitt zwischen dem Hochstand der letzten pleistozänen Vereisung, also der → *Weichsel-Kaltzeit*, und dem Ende des → *Gotiglazials* oder dem Zerfall des skandinavischen Inlandeises bzw. dessen → *Bipartition*. Nach neueren Vorschlägen wird das S. auf die kurze Zeitspanne von ca. 14000 bis 13000 Jahre v.h. beschränkt. In der Gliederung des → *Postglazials* und der dazugehörigen Tabelle wird eine dazu leicht verschobene Angabe gemacht. In den Alpen wird das S. von den Rückzugsstadien bis zum → *Egesenstadium* repräsentiert. Das S. ist gekennzeichnet durch eine Reihe beträchtlicher Klimaschwankungen, zu denen z. B. das → *Alleröd-Interstadial* und das → *Bölling-Interstadial* gehören. Überwiegend herrschte eine Tundrenvegetation.

Spätsiedler: in der frühen Neuzeit in den Anerbengebieten (→ *Anerbenrecht*) auftretende soziale Gruppe, die sich von den → *Nachsiedlern* vor allem durch fehlenden oder sehr geringen Landbesitz unterscheidet. Die S. besaßen in der Regel nur Haus und Garten. Häufig wurde Pachtland bewirtschaftet, wobei durch Arbeitsleistung bei den Besitzern der Pachtzins erbracht werden mußte. Allmendnutzung wurde den S. verweigert oder sehr stark eingeschränkt.

Spättreiber: an spätfrostgefährdete Standorte angepaßte → *Lebensformen*.

Speicherheizung: Heizsystem, bei dem die Elektrizität ausschließlich während der sog. Schwachlastzeiten (z. B. 21–6 Uhr und 13–15 Uhr) in Wärme umgewandelt und vorzugsweise für eine spätere Wärmeabgabe gespeichert wird. Die S. trägt zur gleichmäßigeren Auslastung von Kraftwerken und Netzen bei. Sie ist volkswirtschaftlich bedeutsam, denn sie benötigt keine zusätzlichen Kraftwerkskapazitäten.

Speicherkoog: vollständig eingedeichtes Marschland, das bei Sturmflut vorübergehend das Wasser der Flüsse aufzunehmen hat. In dieser Zeit können die → *Siele* zum Meer hin nicht geöffnet werden.

Speicherkraftwerk: Wasserkraftwerk an Stauseen, meist im Gebirge. S. haben oft weniger Wasser zur Verfügung als → *Laufwasserkraftwerke*. Dies wird aber ausgeglichen durch den großen Höhenunterschied zwischen Stausee und Turbinenhaus. Das Speicherbecken kann als Tagesspeicher oder als Jahreszeitenspeicher dienen. Tagesspeicher sollen die Schwankungen des Strombedarfs im Tagesablauf ausgleichen. In den Jahreszeitenspeichern wird das Wasser für jene Zeiten aufbewahrt, in denen der Elektrizitätsverbrauch saisonal besonders hoch ist (→ *Pumpspeicherkraftwerk*).

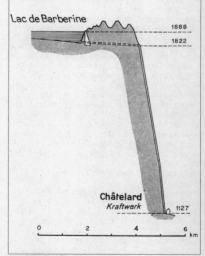

Speicherkraftwerk

Speläologie (Höhlenkunde): Wissenschaft von den natürlichen Hohlräumen der Erde, die im Sinne der → *Höhle* begehbar sind und die auf ihre Entstehung sowie deren Randbedingungen untersucht werden. Die S. untersucht ebenso auch die Höhle als → *Ökosystem* und als Lebensraum von Pflanze, Mensch und Tier, woraus sich verschiedene Teilgebiete der S. ergeben, wie Geo-, Bio- und Anthropo-S. sowie Angewandte, Historische und Technische S.

Sperrschicht: Luftschicht mit Temperaturumkehr infolge Absinktendenz (→ *Inversion*, → *Absinkinversion*), die konvektive Luftbewegungen völlig unterbindet.

Sperrzone (Sperrgebiet): abgegrenztes, häufig eingezäuntes oder ummauertes Gebiet von Parzellen- bis zu Regionsgröße, dessen Betreten durch Unbefugte aufgrund eines hoheitlichen Aktes verboten oder zumindest stark reglementiert ist. Meist handelt es sich bei S. um militärisches Gelände, Truppenübungsplätze usw.

Spezialbetrieb: Bezeichnung, die vor allem in der Landwirtschaft Betriebe mit einer größeren → *Spezialisierung* auf wenige Betriebszweige kennzeichnet.

Spezialfalte (Kleinfalte): größeren Faltenelementen aufgeprägte Kleinfalten, die im Zuge der allgemeinen Bildung der → *Falte* entstanden sind.

Spezialisation: Vorgang in phylogenetischen Stammesreihen, bei dem sich Gruppen zunehmend an einen speziellen Lebensraum anpassen bzw. eine spezielle Lebensweise herausbilden. Daraus ergibt sich für die jeweilige Gruppe ein Existenzvorteil, der jedoch meist mit einer Begrenzung der Evolutionspotenz verbunden ist. Dadurch erweisen sich stark spezialisierte Formen gegenüber Ökosystemänderungen anfälliger, so daß sie auch leichter aussterben als weniger spezialisierte. Der Begriff S. wird noch differenziert, mit Verschiebung der inhaltlichen Akzente: 1. Allmähliche S.: Artneubildung durch → *geographische Isolation* einer Population, ausgehend von einer älteren Art, sich über längeren Zeitraum erstreckend. 2. Explosive S.: plötzliches Auftreten einer Anzahl neuer Arten im Areal der Parentalformen. 3. Sympatrische S.: Artbildungsprozeß aufgrund der Vervielfachung der arteigenen, aber auch strukturell verschiedenen Chromosomengarnitur, die neue Arten innerhalb einer einzigen Lokalpopulation entstehen läßt, ohne daß geographische Isolation auftreten muß. Die dabei entstandenen Individuen können Vorfahren neuer Arten sein.

Spezialisierung: 1. in der Biologie jene Sonderentwicklung, die sich bei Organismen zeigt, die sich an besondere Ökosystembedingungen in der Lebensumwelt anpassen (→ *Spezialisten*).
2. in der Wirtschaft die Aufteilung produktiver Tätigkeit auf unterschiedliche Personen, Gruppen, Betriebs- oder Raumeinheiten. Eine S. ist vor allem in der industriellen Produktion ausgeprägt. Eine weit vorangeschrittene Arbeitsteilung weist die → *Fließbandarbeit* auf. In der Landwirtschaft heißt S. Beschränkung bzw. Konzentration auf wenige Bodennutzungs- und/oder Viehhaltungszweige.

Spezialist: an bestimmte Ökosystembedingungen, einschließlich der biotischen Randbedingungen, besonders angepaßter Organismus.

Spezialkosten: in der Wirtschaft die einem einzelnen Betriebszweig eindeutig zurechenbaren Kosten. Die S. können nach variablen S. und nach fixen S. untergliedert werden. Während die variablen S. vom Produktionsumfang abhängig sind, sind die fixen S. von diesem unabhängig. Als Beispiel sei hier die Anschaffung einer Maschine mit ganz speziellen Funktionen genannt. Ihre Selbstkosten lassen sich nicht auf mehrere Betriebszweige verteilen, sondern nur dadurch, daß man demjenigen Betriebszweig, dem die Maschine dient, einen genügend großen Umfang gibt.

Spezialkultur: der Anbau von Nutzpflanzen, die einen hohen Grad an Spezialisierung außerhalb des Getreide-, Hackfrucht- und Futterbaus erkennen lassen. S. können eine Vielzahl von Nutzpflanzen sein, die weit über diejenige hinausgeht, die in der Gruppe der → *Sonderkulturen* zusammengefaßt werden. Der Anbau von S. ist häufig sehr stark von natürlichen Gegebenheiten, vom Einsatz an Kapital und der Verfügbarkeit von Fachkräften abhängig. Bekannte S., die nicht zu den Sonderkulturen zählen, sind Beeren (vor allem Erdbeeren), Spargel und Blumen (z. B. Tulpenzwiebeln).

Spezialwald: nur eine einzige bestimmte Funktion erfüllender Wald, wie Holzproduktion, → *Schonwald* oder → *Schutzwald*. Der Begriff wird jedoch überwiegend im Zusammenhang mit der Holzwirtschaftsnutzung des Waldes gebraucht, die gewisse Spezialformen aufweisen kann, welche ebenfalls als S. bezeichnet werden.

spezifische Arten: Spezies, die fast oder ganz ausschließlich in einem bestimmten → *Biotop* auftreten und die zusammen mit den → *Präferenten* die → *Charakterarten* einer Lebensstätte bilden.

spezifische Luftfeuchte: Gewicht des Wasserdampfes in g/kg feuchter Luft. Die s. L. ändert sich bei Druckänderungen nicht, solange keine Kondensation einsetzt.

spezifische Wärme: Wärmeenergieinhalt der Luft pro Volumeneinheit. Die s. W. ist verschieden groß, je nach dem ob eine Temperaturänderung bei konstantem Volumen oder bei veränderlichem Volumen abläuft, da beim Ausdehnen bzw. Schrumpfen der Luft zusätzlich Energie verbraucht bzw. frei wird (→ *adiabatisch*).

sphagnikol: die Torfmoose bewohnenden Organismen.

Sphäroid: theoretische Erdfigur, die sich unter Annahme gleichmäßiger Dichteverteilung in der Erdkruste aus der Massenanziehung und Rotation ergibt. Das S. ist in der

Berechnung sehr kompliziert und wird deshalb durch das → *Rotationsellipsoid* ersetzt, welches nur gering (maximal 20 m) vom S. abweicht.

Sphäroidalverwitterung (Kryptogene Abschalung): beschreibender Begriff für unter tropischen Bedingungen verwitternde Massengesteine, bei denen Blöcke entstehen, die im Verwitterungslehm „schwimmen" und eine kuglige Gestalt aufweisen. Dabei sind die Kerne der Blöcke zunächst noch fest, während die konzentrischen Verwitterungsschalen sich als dünn und brüchig erweisen. Bei fortschreitender Verwitterung lösen sich auch die harten Kerne auf. Diese sind dann im Verwitterungsprofil nur noch an den verschieden gefärbten konzentrischen Streifen der ehemaligen Schalen der Kerne zu erkennen. Werden der Zersatz und Grus sowie der hangende Verwitterungslehm abgetragen, reichern sich die noch fest gebliebenen Reste der kryptogen gebildeten Blöcke an der Erdoberfläche an.

Spiegelgefälle: steht dem → *Sohlengefälle* gegenüber und bezieht sich auf den Flußspiegel, der ein gleichsinniges Gefälle aufweist.

spillways: Umfließungsrinnen im anstehenden Fels, wo während der pleistozänen Vereisungen der Britischen Inseln der Rand des → *Inlandeises* und großer Vorlandgletscher gegen steilere Gebirgsflanken aufgeschoben war.

Spitzbergentyp: Variante der Talvergletscherung innerhalb von Gebirgen mit wachsender Vereisung, wobei sich infolge starker Eiszufuhr die Gletscherzungen gegenseitig aufstauen und über die → *Firnlinie* emporwachsen. Dabei können sich die Eisströme miteinander vereinigen und auch größere Vollformen überströmen oder → *Bifurkationen* bilden. Der S. ist die Vorstufe des → *Eisstromnetzes*.

Spitzenkraftwerk: Kraftwerk, das primär zur Stromlieferung in den Stunden des größten Verbrauchs (→ *Spitzenlast*) eingesetzt wird. Typische S. sind z.B. → *Pumpspeicherkraftwerke*.

Spitzenlast: in der Stromversorgung derjenige Teil der Gesamtlast, der sich deutlich aus der Tagesbelastungskurve heraushebt und von den Stromverbrauchern nur kurze Zeit in Anspruch genommen wird.

Splittersiedlung: in der Raumplanung Bezeichnung für eine nichtselbständige kleine Wohnsiedlung außerhalb von Ortschaften.

Spodosol: im US-Bodenklassifikationssystem die Ordnung der Böden mit einem durch → *Podsolierung* entstandenen Sesquioxid- und Humusstoffanreicherungshorizont (→ *Podsole* und verschiedene Übergangstypen).

Sporen: ungeschlechtliche Keim- oder Fortpflanzungszellen, die sich ohne Befruchtung entwickeln können.

Sporenpaläontologie (Paläopalynologie): Spezialgebiet der → *Palynologie,* die pollen- und sporenanalytische Untersuchungen älterer geologischer Schichten vornimmt. Wegen der Erhaltung der Pollen bzw. Sporen erfolgt nicht immer eine Zuordnung zu taxonomischen Einheiten, sondern oft eine Einteilung zu morphologischen Gruppen. Während bei der → *Pollenanalyse* vorzeitliche Vegetationsformationen rekonstruiert werden sollen, dient die S. vorzugsweise stratigraphischen Gliederungszwecken, z.B. der Kohlenlagerstätten.

Sporn: geomorphographischer Begriff für größeren oder kleineren, meist schmal-länglichen Vorsprung aus einer größeren Vollform, wie Vorsprünge an Schichtstufen (im Sinne der → *Auslieger*) oder Vorstufen bei der Bildung eines → *Umlaufberges*.

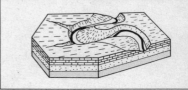

Sporn

Sprachgebiet: Raum, in dem eine bestimmte Sprache als Muttersprache oder → *Verkehrssprache* gesprochen wird. S. sind meist, jedoch nicht immer, identisch mit den Wohngebieten bestimmter Völker. In Räumen gemischter Volkszugehörigkeit oder in Wohngebieten ethnischer Minderheiten kann es zur Überlagerung mehrerer S. kommen. S. werden durch → *Sprachgrenzen* voneinander getrennt.

Sprachgrenze: Grenze, durch die zwei → *Sprachgebiete* voneinander getrennt werden. S. sind selten als Grenzlinien ausgebildet; meist haben sie den Charakter mehr oder weniger breiter → *Grenzsäume,* in denen zweisprachige Bevölkerung oder Sprecher der benachbarten Sprachen gemischt wohnen.

Sprachinsel: deutlich abgrenzbares Gebiet innerhalb eines größeren anderssprachigen Raumes, in dem eine eigene Sprache gesprochen wird. Meist handelt es sich um → *Rückzugsgebiete* von Ureinwohnern des Landes oder um Siedlungsgebiete ethnischer Minderheiten, die sich häufig auch in anderer Hinsicht (Volkstum, Religion, Wirtschaftsweise usw.) von der Bevölkerung des Gesamtraumes unterscheiden.

Spreizklimmer: zu den → *Lianen* gehörende Kletterpflanzen. Sie stellen jenen Typ der Befestigung an einer Unterlage dar, der sich

– wie Brombeere oder Kletterrose – frei in das Geäst anderer Gewächse hineinschiebt und durch rückwärtsgerichtete Sproßteile bzw. durch Haare, Stacheln und/oder Dornen sich an diesen gegen Zurückrutschen sichert.

Sprengel: ursprünglich der Amtsbezirk eines Geistlichen (Bereich einer Pfarrei oder Diözese), davon abgeleitet auch Verwaltungsgebiet oder Amtsbezirk einer Behörde oder staatlichen Einrichtung (z. B. Gerichts-S., Schul-S.).

Springflut: der bei Neumond und Vollmond erhöhte Hochwasserstand der → *Flut* (→ *Gezeiten*), wenn die Anziehungskräfte des Mondes und der Sonne in Konjunktion oder Opposition wirken (→ *Sturmflut*).

Spritzwasserzone (Spritzzone): an Steilküsten der obere Küstenbereich, der nur von Brandungsspritzern erreicht wird (keine Bespülung). Er kann in ständig, häufig und selten bespritzte Streifen untergliedert werden. Die S. ist als Formungsbereich und Lebensraum morphologisch und biologisch von Interesse.

Sproß: Teil der höheren Pflanzen, der → *Sproßpflanzen,* der gewöhnlich oberirdisch lebt, dem Licht zugewandt ist und aus Sproßachse, Blättern und Blüten besteht und mit einer Wurzel im Boden verankert ist. Bei Krautgewächsen assimilieren sowohl die Sproßachse als auch die Blätter, bei Holzgewächsen nur letztere. Eine Ausnahme sind im Boden lebende Erdsprosse oder Rhizome vieler ausdauernder Krautgewächse, die farblos sind und nicht assimilieren.

Sproßpflanzen (Kormophyten): an das Landleben angepaßte Pflanzen der höchsten morphologischen Organisationsstufe, die im Gegensatz zu den → *Lagerpflanzen* in Wurzel und → *Sproß* gegliedert sind. Zu den S. gehören → *Phanerogamen* und → *Farnpflanzen.*

Sprühregen: feinster, wenig ergiebiger flüssiger Niederschlag.

Sprung: tektonische Lagerungsstörung im Sinne des → *Bruches,* das Auseinanderrücken ursprünglich gleich hoher Schichtglieder ausdrückend, die dann eine in Metern anzugebende Sprunghöhe aufweisen.

Sprungschicht (thermische Sprungschicht): 1. im geschichteten Seewasser der oberflächennahe, geringmächtige Bereich, in dem die Temperatur rasch abnimmt (Metalimnion). Die S. ist eine Folge der schlechten Wärmeleitung des Wassers, die bedingt, daß sich die sommerliche Erwärmung auf die oberste Wasserschicht (Epilimnion) konzentriert, welche mehr oder weniger scharf abgetrennt über dem kühlen Tiefenwasser (Hypolimnion) liegt. Die Mächtigkeit der erwärmten Schicht – und damit die Tiefe der S. – hängt von der Stärke des Windeinflusses

ab. Starker Wind setzt die S. wegen der turbulenten Durchmischung von warmem Oberflächenwasser mit kühlem Wasser tiefer. Ein Seewasserkörper mit einer S. ist sehr stabil geschichtet. (→ *Seezirkulation*)
2. Sprungschicht in der Atmosphäre. Luftschicht, in der sich die Temperatur rasch ändert (Grenze zweier Luftmassen, → *Inversion*).

Sprungsystem: räumlich dichte Abfolge parallel zueinander verlaufender → *Brüche,* praktisch dem → *Bruchbüschel* entsprechend.

Sprungwelle: Flutwall der → *Springflut* in Trichtermündungen (3–4 m höch).

Spüldenudation: unscharfe Bezeichnung für flächenhaften Abtrag im Sinne der → *Flächenspülung.*

Spülfläche: Flachform, durch → *Flächenspülung* in einer → *Regolithdecke* entstehend und damit letztlich eine → *Kappungsfläche* darstellend.

Spülflut: unscharfe Bezeichnung für linearflächenhaft bis flächenhaften Abfluß mit Abtragswirkung. Die S. wirkt als → *Flächenspülung.*

Spülmuldenflur: charakteristisch für → *Rumpfflächenlandschaften* der wechselfeuchten Tropen, die sich durch eine Abfolge flachgewölbter Zwischentalscheiden und → *Flachmuldentäler* auszeichnet.

Spülpediment: Flachform arider bis semihumider Gebiete und an sich eine → *Felsfußfläche,* die überwiegend durch → *Flächenspülung* zustande gekommen ist.

Spülrille: linienhafte Abspülform mit maximal 50 cm Breite, die durch einen linienhaften Bodenerosionsprozeß, wie die Rillenerosion, geschaffen wird und die bei regulärer landwirtschaftlicher Bearbeitung wieder verschwindet. Bei Tiefen zwischen 1 und 15 cm erreicht sie maximal 25 cm Breite.

Spülrinne: lineare Form der → *Bodenerosion* mit Tiefen von über 15 cm bis maximal 50 cm und/oder Breiten zwischen 25 und 200 cm, die durch den Prozeß der Rinnenspülung entsteht. Die S. verschwindet bei regulärer landwirtschaftlicher Bearbeitung normalerweise wieder, nur im Bereich ihrer Tiefenlinie muß Material eingefüllt werden.

Spülrunsen: flächenhaft-lineare Form der → *Bodenerosion,* repräsentiert durch ein Netzwerk von → *Spülrinnen* und → *Spülrillen,* die in Vielzahl auftreten und mehr oder weniger gleichmäßig über eine größere Fläche verteilt sind. Ihre Entstehung orientiert sich oft an Bearbeitungsspuren; sie entsteht durch den Prozeß der → *Runsenspülung.*

Spülsaum: entsteht bei der Bildung des → *Strandwalles,* der die steilere Böschung dem Meer zukehrt und auf welchem Tang, Seegras und Holz mit dem → *Schwall* den → *Strand* aufwärts befördert werden und dort als bogenförmige Materialstreifen nach dem Abrinnen des Wassers liegen bleiben. Verschiebt sich die Wasserlinie auf Dauer, kann sich im Bereich des S. ein neuer Strandwall bilden.

Spülscheide: schwache Wölbung auf → *Rumpfflächen,* die verschiedene Neigungsbereiche mit unterschiedlichen Abtragsrichtungen voneinander trennen, d. h. → *Spülflächen,* die seitlich in → *Spülmulden* übergehen.

Spülsockel: präzisiert den Begriff → *Spülpediment* der wechselfeuchten Tropen, dessen Vorkommen an tiefgründige chemische Verwitterung gebunden ist und damit an sich nicht dem Charakter eines → *Pediments* bzw. einer → *Felsfußfläche* entspricht.

Spurennährelement (Spurenelement): Nährelemente, die von den Lebewesen nur in geringen bis geringsten Mengen benötigt werden, die jedoch vor allem für Stoffwechselfunktionen absolut lebensnotwendig sind. Die sieben S. treten im Boden in unterschiedlicher Konzentration auf. Eisen, Mangan und Chlor sind relativ reichlich vorhanden; Bor, Molybdän, Zink und Kupfer dagegen unter natürlichen Bedingungen nur in geringsten Mengen in ppm- bis ppb-Bereich verfügbar. (→ *Hauptnährelemente,* → *Nährstoffhaushalt*)

Spurenstoffe: in der Atmosphäre außer den Hauptbestandteilen Stickstoff und Sauerstoff und dem Wasserdampf alle natürlichen und künstlichen Stoffe, welche in geringer Konzentration Bestandteile des atmosphärischen Luftgemisches sind (Argon, Kohlendioxid, Neon, Wasserstoff, Helium, Krypton, Xenon, Ammoniak, Ozon, Wasserstoffperoxid, Jod, Radon und Verunreinigungsstoffe wie Staub, Schwefeldioxid, künstlich angereichertes Kohlendioxid, Kohlenmonoxid, Stickoxide).

Spurwechsel: Übergang eines Eisenbahnzuges von einer → *Spurweite* auf eine andere. S. - vor allem mit Hilfe untergesetzter Rollböcke - wird insbesondere im Güterverkehr an den Grenzen von Ländern verschiedener Spurweite durchgeführt, um ein Umladen zu vermeiden.

Spurweite: bei Kraftfahrzeugen die Achsbreite (Abstand der Reifenmitten), bei Eisenbahnen der Abstand der Schieneninnenkanten. Bei letzteren unterscheidet man zwischen → *Normalspur,* → *Breitspur* und → *Schmalspur* (→ *Spurwechsel*).

Squatter: wilder Siedler, der bei der Errichtung von S.-Siedlungen beteiligt ist. Die S. treten meist in Gruppen auf, da sie so ihr in Besitz genommenes Land besser „verteidigen" können.

Squattersiedlung: → *Hüttensiedlung,* die spontan und ohne Erlaubnis der Behörden oder des Besitzers auf fremdem Boden errichtet wird. Die S. entstehen vornehmlich in Entwicklungsländern am Rande der großen Städte bzw. in deren zentrumsnahen Bereichen in sog. ökologischen Nischen. Die S. werden zum kleineren Teil direkt von Zuwanderern aus ländlichen Räumen errichtet; meistens wohnten die Squatter vorher in innerstädtischen Slums. Nicht selten ist also der Einzug in eine S. für den Siedler ein sozialer Aufstieg.

SST (supersonic transport): Luftverkehr mit Überschallgeschwindigkeit. Im zivilen Bereich wurde SST vor einigen Jahren zur Personenbeförderung auf einigen Routen eingeführt, jedoch inzwischen wegen Unwirtschaftlichkeit z. T. wieder aufgegeben.

Staat: als politische Einheit ein abgegrenzter Teilraum der Erdoberfläche mit einer Bevölkerung, die sich als → *Staatsvolk* im Rahmen einer gemeinsamen Rechtsordnung zusammengeschlossen hat und die, vertreten durch eine Regierung, im Innern Hoheitsgewalt zur Wahrung dieser Rechtsordnung ausübt sowie nach außen volle → *Souveränität* gegenüber anderen S. besitzt. Wichtigste Regierungsformen des S. sind → *Republik* und → *Monarchie.* Nach der ethnischen Zusammensetzung der Bevölkerung unterscheidet man vor allem → National- und → Nationalitätenstaat. S. können sich zu → *Staatengruppen,* → *Staatenbünden* und - unter Aufgabe ihrer Souveränität - → *Bundesstaaten* zusammenschließen. Ein S. kann Herrschaftsgewalt oder Einfluß über von ihm mehr oder weniger abhängige politische Gebilde ausüben (z. B. → *Kolonie,* → *Protektorat,* → *Satellitenstaat*). 1983 bestehen auf der Erde ca. 175 S. (Bei einigen ist der Charakter als S. international strittig.)

Staatenbund: Zusammenschluß souveräner Staaten, ohne daß ihre völkerrechtliche Unabhängigkeit - wie beim → *Bundesstaat* - aufgegeben würde. Die zum S. zusammengeschlossenen Staaten verzichten lediglich in gewissen Sachbereichen auf Teile ihrer Souveränität (z. B. Verteidigungs-, Wirtschafts- und Währungspolitik). S. sind z. B. die → *EG* oder Benelux.

Staatengeographie: Teilbereich der → *Politischen Geographie.* Die S. untersucht → *Staaten* als kulturgeographische Raumeinheiten; im Vordergrund stehen die → *Raumwirksamkeit* von Staaten und ihre kulturlandschaftsprägende Bedeutung sowie die Typisierung von Staaten nach räumlichen Kriterien (Lage, Größe, Bevölkerungszahl und -struktur, Wirtschaftsstruktur und -entwicklung in Beziehung zur Lage auf der Erdoberfläche usw.).

Staatengruppe (Staatenblock): Anzahl von Staaten, die aufgrund gleicher wirtschaftlicher, politischer oder militärischer Interessenlage, gleicher ideologischer Ausrichtung, gleicher oder verwandter Sprache und Kultur oder nur benachbarter Lage eine lose Einheit darstellen, ohne zu einem → *Staatenbund* zusammengeschlossen zu sein. Eine S. bilden z. B. die Nordischen Staaten, die Arabischen Staaten, die → *ABC-Staaten* usw.

Staatenloser: Person, die keine → *Staatsangehörigkeit* besitzt und daher in keinem Staat die staatsbürgerlichen Rechte in Anspruch nehmen kann. S. entstehen meist durch Ausbürgerung aus ihrem Heimatstaat oder durch Annexion eines Gebietes, Wechsel eines Gebietes zu einem anderen Staat, Untergang eines Staates usw. ohne automatischen Übergang der Bewohner in eine andere Staatsangehörigkeit.

Staatsangehöriger: bezogen auf einen Staat eine Person, die die → *Staatsangehörigkeit* dieses Staates besitzt. Dabei ist es unerheblich, ob der S. seinen Wohnsitz im betreffenden Staat hat oder nicht. In der Regel besitzt nur der S., der auch im Heimatstaat wohnt, die vollen Bürgerrechte.

Staatsangehörigkeit: Zugehörigkeit zum → *Staatsvolk* und Besitz aller staatsbürgerlichen Rechte und Pflichten eines Staates. Die S. wird durch Geburt als Kind eines → *Staatsangehörigen* oder durch Einbürgerung (Zuerkennung der S.), in manchen Staaten auch durch Geburt im Inland – unabhängig von der S. der Eltern – oder durch Eheschließung mit einem Staatsangehörigen erworben. Dadurch kann sich u. U. eine doppelte S. einer Person ergeben. Die Aberkennung der S. (Ausbürgerung) ist in der Bundesrepublik Deutschland und in vielen anderen demokratischen Staaten nicht ohne Zustimmung möglich.

Staatsbad: → *Heilbad,* dessen Kureinrichtungen in staatlichem Eigentum stehen und vom Staat betrieben werden. In der Bundesrepublik Deutschland sind z. B. Bad Kissingen, Bad Oeynhausen und Norderney S.

Staatsgebiet: das Territorium, das der → *Gebietshoheit* eines Staates untersteht. Zum S. gehören die durch die → *Staatsgrenze* umschlossene Landfläche, der Luftraum darüber, der Erdraum darunter sowie die → *Territorialgewässer.* Innerhalb des S. übt der betreffende Staat die Herrschaftsgewalt aus, ausgenommen Gebiete oder Personen unter → *Exterritorialität.*

Staatsgrenze: Außengrenze eines souveränen Staates. Die S. ist in der Regel durch völkerrechtlich gültige Verträge mit den Nachbarstaaten festgelegt (→ *Delimitation*) und im Gelände durch → *Grenzzeichen,* Zäune, z. T. auch Befestigungsanlagen, markiert (→ *Demarkation*). S. dürfen in der Regel nur an festgelegten Grenzübergangsstellen, an denen eine Paß- und Zollkontrolle vorgenommen wird, passiert werden (→ *Politische Grenze*).

Staatsgut: landwirtschaftlicher Großbetrieb, der in Besitz des Staates ist. S. findet man vor allem in sozialistischen Ländern. Im Ostblock sind sie entweder durch Enteignung von Privatgütern oder durch Zusammenfassung mehrerer landwirtschaftlicher Betriebe entstanden. (→ *Sowchose*)

Staatshandelsland: zentralverwaltetes Land (→ *Ostblockstaaten*), dessen Außenhandel von staatlichen Organisationen abgewickelt wird. Diese führen z. B. mit westlichen Unternehmern die Verhandlungen.

Staatsraumwirtschaft: Wirtschaft, die unter zentraler Lenkung auf das gesamte Staatsgebiet orientiert ist. Eine ausgesprochene S. gab es in der Zeit des → *Merkantilismus,* in der wirtschaftliche und staatliche Maßnahmen weitgehend interessensgleich waren und zu einer gegenseitigen Stärkung führten.

Staatssiedlung: Siedlung, die auf staatliche Veranlassung hin entstanden ist. Ein Beispiel ist die Zeit des absolutistischen Landesausbaus im 18. Jh., bei dem im Rahmen der Erschließung von Mooren, Überschwemmungsgebieten und Heiden z. B. mit Hilfe von Glaubensflüchtlingen S. angelegt wurden.

Staatssprache (Amtssprache): die offizielle Sprache eines Staates, die insbesondere im amtlichen Schriftverkehr, in Politik, Wirtschaft und Kultur gebraucht wird. Die S. hat vor allem in mehrsprachigen Staaten eine große Bedeutung; sie ist meist die am weitesten verbreitete unter den Volkssprachen des Staates, kann aber auch die Sprache eines Eroberervolkes oder eine zumindest unter den oberen Sozialschichten verbreitete → *Verkehrssprache* sein (z. B. Englisch in Indien in den ersten Jahren der Unabhängigkeit).

Staatsverwaltungswirtschaft: die staatlich gelenkte Wirtschaft sozialistischer Länder, z. B. diejenige der → *Ostblockstaaten.* (→ *Staatshandelsland*)

Staatsvolk (Staatsbevölkerung): Gesamtheit der → *Staatsangehörigen* eines Staates. Ein S. kann aus Angehörigen mehrerer verschiedener Völker unterschiedlicher Rasse, Sprache, Religion usw. bestehen (z. B. das S. der Sowjetunion, der USA, Indiens), andererseits kann ein Volk zur mehrere Staaten mit jeweiligem S. aufgeteilt sein (z. B. das deutsche Volk).

Stabex: System zur Stabilisierung von Exporterlösen im Rahmen der Lomé-Abkommen zwischen der → *EG* und den → *AKP-Staaten.* Die begünstigten Rohstoffe sind mit Ausnahme von Eisenerz alles Agrarprodukte. Diese zählen meist zu den wichtigsten Ausfuhrgütern der AKP-Staaten. Das S. sieht für den Fall von Exporterlös-Ausfällen Kredite bzw. Zuschüsse für die betroffenen Länder aus Mitteln der EG-Staaten vor.

Stabilement: Produkt der Lebenstätigkeit von Tieren, das in deren Aktivitäten einbezogen ist und zu einem Teil des → *Biotops* wird, wie Vogelnest oder Spinnennetz.

stabiles Ökosystem: Anwendung des Begriffes → *Stabilität* auf → *Ökosysteme,* wobei die s. Ö. den → *labilen Ökosystemen* gegenübergestellt werden. Die s. Ö. befinden sich im Zustand eines relativen, dynamischen Gleichgewichts, der auf → *Störungen* reagieren kann, der aber durch Prozesse der → *Rückkopplung* das System wieder in seinen Ausgangszustand zurückkehren läßt. Die s. Ö. stagnieren demnach nicht, sondern sie befinden sich - innerhalb einer bestimmten Amplitude der Funktionen – in permanenter Veränderung.

Stabilität: Zustand, der sich im allgemeinen auf → *Systeme* bezieht, speziell auf verschiedene → *Ökosysteme,* zu denen als Subsysteme auch Pflanzen- und Tierbestände gehören. S. eines dynamischen Systems gegenüber einer → *Störung* liegt dann vor, wenn das durch die Störung aus einem Gleichgewichtszustand gebrachte System in diesen wieder zurückkehrt. Dies geschieht durch → *Rückkopplung,* wodurch die Störung kompensiert wird. Eine S. an sich gibt es nicht, sondern nur S. gegenüber bestimmten Typen oder Intensitäten von Störungen.

Stabilitätsreihe (Verwitterungsstabilitätsreihe): Abfolge von → *Mineralen* oder Mineralgruppen, die nach ihrer Verwitterungsstabilität geordnet sind. Die S. der wichtigsten gesteinsbildenden → *Silikate* lautet: Olivine < Granat < Pyroxene < Amphibole < Biotit < Plagioklase < Orthoklas < Muskovit < Quarz.

Stadial (Stadium): Teil einer → *Kaltzeit* mit Eisvorstoß, die durch → *Interstadiale,* also wärmere Abschnitte, untergliedert wird. Einzelvorstöße innerhalb eines S. werden als Phasen bezeichnet, die sich von Intervallen unterbrochen finden. Als eine methodische Faustregel für die Unterscheidung S./Phase gilt die Entfernung von der „Eismitte des Inlandeises", was aber methodisch unzureichend ist, weil dies kein starrer Fixpunkt ist und die einzelnen Eisrandlagen zudem nicht konzentrisch um das Zentrum eines Eisschildes angeordnet waren. Außerdem verlagerten sich sowohl Eismitte als auch Eisscheide des Inlandeises. Insofern sind die Unterscheidungen von S., Interstadialen und deren Untergliederungen eher pragmatischer Natur. Dazu gehört auch die methodisch nicht immer klar abgegrenzte → *Staffel.*

stadiale Bodenbildung: fossiler Boden bestimmter typischer Ausprägung, der sich einem Zeitraum der jüngsten Erdgeschichte zuordnen läßt (z. B. eemzeitliche Parabraunerden).

Stadientheorie (Wirtschaftsstufentheorie): von W. W. Rostow (1960) entwickelte Theorie, die den historischen Ablauf des wirtschaftlichen Wachstums eines Staates in fünf Wachstumsstadien einteilt: 1. die traditionelle Gesellschaft, 2. die Gesellschaft im Übergang, 3. der wirtschaftliche Aufstieg (→ *take-off*), 4. die Entwicklung zur Reife und 5. das Zeitalter des Massenkonsums. Nach der Vorstellung von Rostow durchlaufen alle Länder diese Stadien der Entwicklung. (→ *Modernisierungstheorie*)

Stadium: 1. in der Glazialgeomorphologie und Glazialgeologie ein Eisvorstoß im Sinne des → *Stadials.*
2. in der Pflanzensoziologie Bezeichnung eines floristisch abgrenzbaren Abschnittes innerhalb einer → *Sukzession.*
3. in der Entwicklungsphysiologie der Biologie ein gewisser Entwicklungszustand eines Tierorganismus, z. B. Larven-S.

Stadt: formal gesehen, eine administrative Einheit (→ *Gemeinde*) mit → *Stadtrecht* bzw., nach statistischer Abgrenzung, eine Siedlung mit mindestens 2 000 (→ *Landstadt*) oder 5 000 Einwohnern (→ *Kleinstadt*). Aus geographischer Sicht sind derartige → *Stadtdefinitionen* weitgehend unbrauchbar. Hier müssen insbesondere funktionale, sozialgeographische und physiognomische Merkmale herangezogen werden, um die verschiedenen Ausprägungen des Siedlungstyps S. weltweit zu erfassen. Als Bestandteile einer Definition der S. - die teilweise nur während bestimmter Epochen oder in bestimmten Räumen zutreffen - sind zu nennen: größere Einwohnerzahl (im Vergleich zu ländlichen Siedlungen), die in relativ viele → *Gruppen* und → *Schichten* gegliedert werden kann; relativ geschlossene Ortsform und dichte Bebauung; Konzentration von Arbeitsstätten außerhalb der Landschaft; Multifunktionalität, verbunden mit stark arbeitsteiliger Wirtschaft und Beschäftigung ihrer Bewohner im sekundären und tertiären Wirtschaftssektor mit geringem Anteil der Landwirtschaft; → *zentralörtliche Funktionen* für ein Umland, vor allem im Bereich der Versorgung mit Gütern und Dienstleistungen, aber auch mit Arbeitsplätzen; Bedeutung als Verkehrszentrum; eine Lebensform ihrer Bewohner, die sich deutlich von der der → *Landbevölkerung* unterscheidet; eine innere Differenzierung, insbesondere durch die Ausbildung von → *Stadtvierteln.* Als allgemeinstes Merkmal gilt, daß die S. in sozio-ökonomischer, aber auch politischer und kultureller Hinsicht eine führende Rolle unter den Siedlungen eines Raumes spielt und als → *Innovationszentrum* des sozialen und technologischen Wandels fungiert. (→ *Stadttyp,* → *Stadtklassifikation,* → *Stadtlage,* → *Einwohnergrößenklasse*)

Stadtbegriff: der regional und zeitlich unterschiedlich zu bestimmende Inhalt der Siedlungs-, Lebens- und/oder Rechtsform → *Stadt*. Man kann insbesondere einen geographischen, soziologischen und verwaltungsjuristischen S. unterscheiden. Aber auch der geographische S. muß differenziert gesehen werden, je nachdem, ob von der Vorstellung eines → *Stadt-Land-Gegensatzes* oder eines → *Stadt-Land-Kontinuums* ausgegangen wird.

Stadtbevölkerung (städtische Bevölkerung): die in → *Städten* bzw. → *städtischen Siedlungen* lebende Bevölkerung. Die S. unterscheidet sich nicht nur durch ihren Wohnort von der → *Landbevölkerung*, sondern vor allem auch durch andere → *Sozialstrukturen* und unterschiedliche → *raumrelevante* Verhaltensweisen. Der Anteil der S. an der Gesamtbevölkerung eines Raumes wird als Maßzahl für den Grad der → *Verstädterung* verwendet. Internationale Vergleiche sind jedoch dadurch erschwert, daß Stadt und damit S. unterschiedlich definiert werden.

Stadtbezirk: Stadtteil, der in einigen deutschen Bundesländern mit gewissen Selbstverwaltungsrechten ausgestattet ist. Die Einrichtung von S. ist in Bayern für Städte mit mehr als 100 000 Einw. sowie in Nordrhein-Westfalen für kreisfreie Städte gesetzlich vorgeschrieben. In Baden-Württemberg und im Saarland besteht die Möglichkeit, nicht jedoch die Pflicht der Festlegung von S. In Hamburg und in Berlin (West) gibt es die den S. vergleichbaren Bezirke; in Hessen und Rheinland-Pfalz existiert die Bezeichnung Ortsbezirk. In Niedersachsen gibt es S. nur in Großstädten.

Stadtbild: Physiognomie einer Stadt, insbesondere ihre Aufrißgestalt und das Aussehen ihrer Straßenzüge und Gebäude. Das S. wurde früher oft als Teil einer → *Stadtdefinition* herangezogen (z. B. dichte Bebauung); es ist heute Ausdruck einer bestimmten Zeit (z. B. Kunstepochen) und kann zur Erklärung der Genese, ursprünglicher Funktionen, älterer Sozialstrukturen usw. beitragen. Heute bemüht sich der → *Denkmalschutz* um die Erhaltung historisch und ästhetisch bedeutender S.

Stadtbiota: Lebewesen, die im Lebensraum Stadt existieren und die spezielle → *Arealsysteme* ausbilden, die von den speziellen ökologischen Randbedingungen in der Stadt bestimmt sind. Ihre Funktionszusammenhänge im Ökosystem Stadt werden von der → *Stadtökologie* untersucht.

Stadtdefinition: das Problem, den in der Umgangssprache wie auch als Fachterminus verwendeten Begriff → *Stadt* exakt gegenüber anderen Siedlungsformen und -typen abzugrenzen. Entsprechend dem unterschiedlichen → *Stadtbegriff* und dem Wandel der Stadt in Raum und Zeit ist eine allgemeingültige geographische S. nur in sehr abstrakter und verallgemeinerter Form möglich.

Stadtdichte (Städtedichte): die Anzahl der Städte pro Flächeneinheit. Für einen bestimmten Raum, z. B. ein Land, eine naturräumliche Einheit, wird die S. in der Regel durch die Städtezahl pro 1 000 km² angegeben.

Stadtdorf: agrarische Siedlung städtischen Aussehens. S. haben meist eine Größe zwischen ca. 2 000 und 15 000 Einw.; sie erreichen jedoch auch Größenordnungen von über 50 000 Einw. Die Bewohner der S. sind vorwiegend agrarisch tätig und zwar entweder als ländliche Tagelöhner oder als Kleinbauern. Das S. ist besonders in Latifundiengebieten (→ *Latifundienwirtschaft*) des Mittelmeerraumes verbreitet. Auch wird der Begriff auf große, oft ehemals befestigte Rebbausiedlungen Mittel- und Westeuropas sowie auf die befestigten, großen Oasensiedlungen Nordafrikas angewandt.

Städteband: achsiale Aneinanderreihung (→ *punkt-achsiales Prinzip*) von Siedlungskernen entlang einer Verkehrsleitlinie (Verkehrsachse), ohne daß zwischen den Siedlungen der Grad der Überbauung merklich abnimmt.

Städtebau: 1. Berufsfeld, dessen Tätigkeitsobjekt die menschliche Ansiedlung mit ihrem Umland ist. Der Städtebauer ist von seiner Ausbildung her im Regelfall Architekt bzw. Bauingenieur.
2. die langfristig wirksame, vorsorgende räumliche Ordnung und bauliche Organisation größerer Siedlungen. Das S. im Vergleich zur Raumordnung schafft der S. ein planerisches → *Leitbild* auf der Ebene der (städtischen) Gemeinde. Dabei strebt der S. nicht nur eine zweckmäßige räumliche Ordnung und architektonische Gestaltung der Siedlung nach ästhetischen Gesichtspunkten an, sondern orientiert sich zunehmend an den gesellschaftlichen Bedürfnissen und umweltpolitischen Erfordernissen.

Städtebauförderungsgesetz (StBauFG): Gesetz über städtebauliche Sanierungs- und Entwicklungsmaßnahmen in den Gemeinden der Bundesrepublik Deutschland (verabschiedet 1971, Neufassung 1976). Das S. stellt eine Ergänzung des Bundesbaugesetzes (BBauG) dar, das die Vorschriften über die Vorbereitung, Durchführung und Finanzierung städtebaulicher Sanierungs- und Entwicklungsmaßnahmen (→ *Stadtsanierung*) enthält. Das Gesetz ermöglicht es den Gemeinden, anhand von vorgegebener Kriterien die Sanierungsbedürftigkeit eines Stadtgebietes festzustellen und die förmliche Festlegung von Sanierungsgebieten zu beschließen. Die Belange der von der Sanierung Betroffenen werden von dem Gesetz ebenfalls berücksichtigt.

städtebauliche Ordnung: Erarbeitung baurechtlicher Festsetzungen für den Einzelfall als Teilgebiet des → *Städtebaus* bzw. als Aufgabengebiet der → *Stadtplanung*. Das Ergebnis der s. O. ist in den → *Bauleitplänen* fixiert.

städtebauliche Orientierungswerte: in der Planungspraxis gebräuchliche Richtziffern, die als Mindest-, Mittel- oder Höchstwerte Anhaltspunkte z. B. über bestimmte Dichtewerte (→ *Nettowohndichte*) oder über den Flächenbedarf (z. B. bei der Planung von Sportflächen) vermitteln.

Städtebücher: 1. im Mittelalter rechtserhebliche Aufzeichnungen städtischer Behörden in Buchform.
2. eine nach politischen Räumen (Ländern) geordnete Reihe von historisch-geographischen Stadtlexika, die sämtliche deutschen Städte umfaßt.

Städteklasse: Gruppe von → *Städten,* die aufgrund gleicher oder weitgehend ähnlicher Merkmale als zusammengehörig klassifiziert werden können. Im Gegensatz zum → *Stadttyp* basiert eine S. in der Regel auf einer Quantifizierung, d. h. einer Zuordnung mit Hilfe statistischer Merkmale. Beispiele für S. sind → *Einwohnergrößenklassen,* Funktionsklassen (z. B. nach der Zahl der Beschäftigten in den einzelnen → *Wirtschaftsbereichen* oder nach den → *zentralörtlichen Funktionen*) oder sozio-ökonomische S. (meist nach der → *Erwerbs-* und → *Sozialstruktur* der Einwohner).

Stadtentwicklung: 1. Genese einer Stadt von ihren Anfängen bis zur Gegenwart oder während einer bestimmten Epoche. Aufgrund der S. lassen sich historisch-genetische → *Stadttypen* zusammenfassen.
2. In der Terminologie der Raumplanung wird demgegenüber S. in der Regel als Aufgabe der → *Stadtplanung* im Sinne eines zukunftsorientierten Konzepts zur weiteren Entwicklung einer Stadt verstanden.

Stadtentwicklungsplanung: planerische Erfassung und Steuerung der städtischen Entwicklung unter Beachtung der maßgeblichen raumwirksamen Faktoren. Ziel der S. ist die Erstellung eines zeitlich und finanziell abgestimmten Stadtentwicklungsplans, der auf einem entsprechenden → *Flächennutzungsplan* beruht.

Städter: Einwohner einer → *Stadt.* S. unterscheiden sich von den Bewohnern → *ländlicher Räume* nicht nur durch ihren Wohnort, sondern, in Verbindung damit, durch in der Regel nicht-landwirtschaftliche Berufe sowie spezifisch städtische → *Verhaltensweisen.* Unter den Bedingungen eines → *Stadt-Land-Kontinuums* ist eine klare Abgrenzung des S. gegenüber der → *Landbevölkerung* kaum noch möglich.

Stadterhebung: Verleihung des → *Stadtrechts* an eine Siedlung. S. wurden früher von den Landesherren meist in bestimmter siedlungs- und wirtschaftspolitischer Absicht, zur Verfolgung einer bestimmten Territorialpolitik, zur Förderung des Landesausbaus usw. vorgenommen. Heute hat in Deutschland eine S. keine wirtschaftlichen oder politischen Konsequenzen mehr für die betreffende Siedlung.

Stadterneuerung: übergeordnete Bezeichnung für Sanierungsmaßnahmen, die sich mit der Beseitigung städtebaulicher Mißstände (→ *Stadtsanierung*) und mit der Durchführung von Entwicklungsmaßnahmen befassen. Bei der S. geht es generell um die Verbesserung der Lebensbedingungen in bestehenden Städten (Stadtteilen) oder die Planung neuer Städte (Stadtteile). (→ *Dorferneuerung*)

Stadterweiterung: bauliches Wachstum einer Stadt. Der Begriff S. bezeichnet den Vorgang des Wachsens und den durch Anfügung neuer Baugebiete erreichten Zustand. Von S. wird insbesondere dann gesprochen, wenn größere Baugebiete aufgrund einheitlicher Bebauungspläne schwerpunktmäßig an eine Stadt angefügt werden, etwa als neue Industriegebiete oder Wohnsiedlungen zur Unterbringung von Zuwanderern. Phasen allgemeiner S. in Deutschland waren z. B. die „Gründerjahre" Ende des 19. Jh. und die Zeit nach dem II. Weltkrieg.

Städteschar: großstädtische → *Agglomeration* mit mehreren → *Kernstädten.* Letztere sind als Folge der Industrialisierung zunehmend aufeinanderzugewachsen, so daß sie eine größere → *Stadtlandschaft* bilden. Beispiele für S. gibt es in allen polyzentrischen → *Verdichtungsräumen.*

Städtetourismus: Reise in eine historisch oder kunstgeschichtlich bedeutsame oder durch ihre natürliche Lage, ihre Einkaufsmöglichkeiten oder ihr Freizeitangebot attraktive Stadt zum Zweck eines relativ kurzfristigen Aufenthalts (in der Regel 1–4 Tage). S. wird als Individual- oder Gesellschaftsreise – häufig im Rahmen einer → *Rundreise* – durchgeführt und findet häufig an Wochenenden statt. In Deutschland sind München, Berlin und Hamburg die beliebtesten Ziele des S.

Städteverdichtung: Zunahme der → *Stadtdichte* in einem Raum. S. kann durch Neugründung von Städten oder durch Wachstum und Funktionswandel von ländlichen Siedlungen und ihr Überwechseln in die Kategorie der Städte geschehen.

Städtewesen: zusammenfassender Begriff für das Vorhandensein von Städten in einem Raum und die mit ihnen zusammenhängenden Phänomene, insbesondere wirtschaftlicher und sozio-kultureller Art.

Stadtfaktor: prozentualer Anteil der Stadtbevölkerung an der Gesamtbevölkerung eines Raumes (z. B. Staat, Region). Mit Hilfe des S. kann die → *Verstädterung* eines Landes quantitativ ausgedrückt werden, jedoch sind internationale Vergleiche wegen der unterschiedlichen Definition des Stadtbegriffs erschwert. Aussagekräftiger ist daher der analog berechnete → *Großstadtfaktor.*

Stadtforschung: ein interdisziplinärer Forschungsansatz, der sich mit der → *Stadt* als räumliches, soziales, wirtschaftliches und historisches Gebilde befaßt und insbesondere ihre Struktur, ihre Entwicklung und ihre regionale Differenzierung untersucht. In der S. arbeiten Geographen, Soziologen, Volkswirte, Historiker und Kunsthistoriker, Architekten und Raumplaner, Statistiker und Angehörige verwandter Wissenschaften zusammen.

Stadtgas: Brenngas, das von einem städtischen Gaswerk aus Kohle erzeugt wird. Teilweise ist das S. ein entgiftetes Mischgas, dem Erdgas zugesetzt wurde. In der Bundesrepublik Deutschland verliert das S. zugunsten des reinen Erdgases zunehmend an Bedeutung.

Stadtgefüge: innere Struktur einer Stadt. Das Gefüge ergibt sich aus der historischen → *Stadtentwicklung* und der gegenwärtigen räumlichen Anordnung der verschiedenen Funktionsstandorte in einer Stadt. Seinen Ausdruck findet das S. vor allem in der inneren Differenzierung nach → *Stadtvierteln* und funktionalen Stadtteilen.

Stadtgeographie: Teilbereich der → *Anthropogeographie,* der sich mit der → *Stadt* als Forschungsobjekt befaßt. Insofern gehört die S. zur Teildisziplin der → *Siedlungsgeographie,* hat aber durch eigene Forschungsmethoden und enge Zusammenarbeit mit Nachbarwissenschaften in der → *Stadtforschung* – zu der fließende Grenzen bestehen – ein hohes Maß an Eigenständigkeit gewonnen. Die S. untersucht die Stadt bzw. → *städtische Siedlungen* nach ihrer Genese, ihrer Lage und Physiognomie, ihrer Struktur und inneren Gliederung, ihren Funktionen, der Struktur ihrer Bevölkerung und ihren Verflechtungen mit anderen Raumkategorien, und zwar sowohl modellhaft verallgemeinernd als auch in ihren regionalspezifischen Typen. Neben den verschiedenen → *Stadttypen* und → *Städteklassen* untersucht die S. auch die größeren Komplexe der → *städtischen Agglomerationen.*

Stadtgesellschaft: Gesellschaft, die in der von ihr geprägten Kulturlandschaft ein Städtenetz aufgebaut hat und in der die wichtigsten Funktionen politischer, wirtschaftlicher und kultureller Art in Städten konzentriert sind. Seit der Antike wurden alle → *Hochkul-*

turen von S. getragen.

Stadtgestaltung: Teilgebiet der → *Stadtentwicklungsplanung.* S. ist die planerische Umsetzung des Konzepts für ein angestrebtes Stadtbild. Die S. ist häufig das Spiegelbild der gesellschaftlichen Entwicklung bzw. architektonischer Strömungen. In jüngster Zeit hat vor allem ein verändertes Umweltbewußtsein Auswirkungen auf die S. gezeigt.

Stadtgliederung: Untergliederung einer → *Stadt* in Teilräume, insbesondere in → *Stadtviertel,* die nach Kriterien der Homogenität, der Funktionalität, der Genese und der Physiognomie vorgenommen werden kann. Geographisch relevante S. sind z. B. die wirtschaftsräumliche und die → *sozialräumliche Gliederung,* die Gliederung nach der überwiegenden Flächennutzung (Wohn-, Industriegebiet usw.) oder nach der → *innerstädtischen Hierarchie* der Versorgungszentren (→ *City,* → *Subzentren* usw.).

Stadtgrenze: kommunale Grenze, die das Gebiet einer Stadt von dem ihrer Nachbargemeinden trennt. Diese verwaltungsmäßige S. ist – insbesondere unter der Voraussetzung eines → *Stadt-Land-Kontinuums* – in der Regel nicht identisch mit der Grenze der Stadt als bauliche, funktionale oder bevölkerungsmäßige Einheit, die meist eine beträchtliche Zahl von Gemeinden außerhalb der S. einschließt (→ *Stadtregion*).

Stadtgröße: die durch die Einwohnerzahl ausgedrückte Größe einer Stadt. In der Statistik dient die S. dazu, um Städte nach ihrer Zugehörigkeit zu einer → *Einwohnergrößenklasse* zu klassifizieren. Bei → *Stadtdefinitionen* wird häufig eine gewisse Mindestgröße verlangt, um eine Siedlung als Stadt bezeichnen zu können.

Stadtgründung: durch eine Regierung oder – in historischer Zeit – einen Landesherrn vorgenommene Gründung einer Siedlung, die von vornherein das → *Stadtrecht* und → *städtische Funktionen* bekommt. Im Gegensatz zur S. steht die → *Stadterhebung* einer schon vorher bestandenen Siedlung.

städtische Agglomeration (städtischer Verdichtungsraum): Synonym zu → *Agglomerationsraum,* → *Verdichtungsraum* oder → *Ballungsgebiet,* das benutzt wird, um insbesondere auf den städtisch/großstädtischen Charakter dieser Raumkategorien hinzuweisen.

städtische Funktion (Stadtfunktion): Aufgabe bzw. Tätigkeit, die der → *Stadt* als Raumkategorie eigen ist und von ihr ausschließlich oder bevorzugt wahrgenommen wird. Vielfach dienen die s. F. dazu, im Rahmen einer → *Stadtdefinition* Städte als solche zu klassifizieren. Die wichtigsten s. F. sind Industrie- und Dienstleistungsfunktionen, darunter z. B. die Versorgungs-, die Verwaltungs- und die → *zentralörtliche Funktion.* Zu einer voll ausgebildeten Stadt gehört → *Mul-*

tifunktionalität, d.h. die Wahrnehmung verschiedener s. F.

städtische Lebensform: typische Art und Weise, in der das Leben in einer Stadt und dasjenige ihrer Bewohner abläuft, im Unterschied zur Lebensform des → *ländlichen Raumes.* Zur s. L. gehören insbesondere die Existenz einer Vielzahl von → *sozialen Gruppen* und *Schichten* mit vielfältiger beruflicher Differenzierung und mit typischen → *raumrelevanten Verhaltensweisen*, Tätigkeiten im Bereich des sekundären und tertiären Sektors der Wirtschaft sowie Versorgungsfunktionen für ein → *Umland.*

städtische Siedlung: zusammenfassende Bezeichnung für voll ausgebildete → *Städte* und Siedlungen, die zwar gewisse → *städtische Funktionen* ausüben, aber wegen des Fehlens anderer in einer → *Stadtdefinition* verlangter Merkmale nicht als Stadt bezeichnet werden können. Zu letzteren gehören z. B. kleine Marktorte im ländlichen Raum oder stark urbanisierte → *Stadtrandgemeinden* von Großstädten, die, funktional gesehen, eher Vorortcharakter tragen.

Stadtkern: zentraler Bereich einer → *Stadt* mit der stärksten baulichen Verdichtung und der höchsten Konzentration → *städtischer Funktionen.* Der S. ist im allgemeinen identisch mit der → *City* bzw. dem Hauptgeschäftsgebiet. Gelegentlich wird der Begriff S. nur für historische Städte verwendet und mit → *Altstadt* gleichgesetzt.

Stadtklassifikation (Stadtklassifizierung, Städteklassifikation): Ordnung und Gliederung der Städte eines Raumes in → *Städteklassen.* Der Begriff S. wird teilweise gleichbedeutend mit → *Stadttypisierung* gebraucht, meist aber auf solche Zuordnungsmethoden beschränkt, die quantitativ arbeiten (z. B. wirtschaftliche S. mit Hilfe statistischer Maßzahlen).

Stadtklima: lokales Klima, welches sich in größeren Städten und in Ballungsräumen entwickelt. Das S. wird durch das Fehlen einer Vegetationsdecke, die zusätzliche Wärmeproduktion der Stadt und den verunreinigungsbedingten Dunst geprägt. S. zeichnen sich durch relative Sommerhitze (höhere Wärmeaufnahme überbauter Gebiete), relative Wintermilde (Wärmeproduktion), häufigeren Dunst und Nebel (hohe Konzentration an Kondensationskernen durch Luftverunreinigungen), etwas geringere Einstrahlung und Belastung der Luft mit Staub, Rauch und Abgasen aus. Die sommerlichen und winterlichen Temperaturunterschiede zum Freiland können 1–3 °C ausmachen.

Stadtkreis: häufig gebrauchte Bezeichnung für → *kreisfreie Stadt.*

Stadtkultur: Kultur, die sich in einer → *Stadtgesellschaft* entwickelt hat und deren wesentliche materielle und immaterielle Lei-

stungen in Städten entstanden. Typische S. waren z. B. die antiken Kulturen im Mittelmeerraum.

Stadtlage: Situierung einer Stadt in großräumiger (geographische Lage) oder kleinräumiger Hinsicht (topographische Lage, Ortslage). Zur geographischen Lage von Städten gehört vor allem ihre Lage im Naturraum (z. B. Küstenlage, Gebirgslage), im Verkehrsnetz (→ *Verkehrslage*), im Siedlungsnetz und hier insbesondere im zentralörtlichen Gefüge. Die topographische S. bezieht sich auf die unmittelbare kleinräumige Lage der Stadt, insbesondere bezüglich der natürlichen Voraussetzungen (Flußmündungs-, Paß-, Schwemmkegellage), aber auch der Lage im Siedlungsgefüge (z. B. Großstadtrand-, Siedlungsachsen-, monozentrische Lage).

Stadt-Land-Beziehungen: Gesamtheit der Interaktionen zwischen städtischen und ländlichen Siedlungen bzw. Räumen, besonders im sozio-ökonomischen Bereich. Die Art der S.-L.-B. basiert vor allem auf den unterschiedlichen Funktionen der beiden Gebietskategorien. Die wichtigsten S.-L.-B. sind versorgungsfunktionaler Art (Versorgung eines ländlichen Einzugsgebiets durch einen → *Zentralen Ort* bzw. Nahrungsmittelversorgung einer Stadt durch die Landwirtschaft im → *ländlichen Raum*). (→ *Stadt-Land-Dichotomie* und → *Stadt-Land-Kontinuum*)

Stadt-Land-Dichotomie (Stadt-Land-Gegensatz): insbesondere in Agrargesellschaften bzw. heute in Entwicklungsländern anzutreffende Raumstruktur, bei der sich Stadt und Land als zwei gegensätzliche → *Raumkategorien* klar unterscheidbar gegenüberstehen. Die S.-L.-D. bezieht sich vor allem auf die Bevölkerungs- und Wirtschaftsstruktur, auf Verhaltensweisen der Bevölkerung, aber auch auf die Funktionen und Physiognomie der Siedlungen. In den Industrieländern ist die S.-L.-D. weitgehend durch ein → *Stadt-Land-Kontinuum* abgelöst worden.

Stadt-Land-Kontinuum: Raumstruktur, die in den Industrieländern weitgehend die vorher bestehende → *Stadt-Land-Dichotomie* abgelöst hat. Beim S.-L.-K. stehen sich Stadt und Land nicht mehr als klar unterscheidbare → *Raumkategorien* gegenüber, sondern es existiert aufgrund des → *Urbanisierungsprozesses* ein breites Spektrum von Übergangsformen. Das S.-L.-K. wird insbesondere in der Bevölkerungs- und Wirtschaftsstruktur und in den raumrelevanten Verhaltensweisen der Bevölkerung deutlich, aber auch bezüglich Funktionen und Physiognomie lassen sich städtische und ländliche Siedlungen aufgrund vieler Übergangstypen kaum noch eindeutig voneinander unterscheiden.

Stadtlandschaft: Teilraum der Kulturlandschaft, der nach seiner Physiognomie (weitgehend zusammenhängende Bebauung städtischer Nutzung), seinen Funktionen (→ *städtische Funktionen*) und seiner Struktur (Wirtschafts- und Bevölkerungsstruktur) ganz überwiegend von Städten bzw. städtischen Siedlungen geprägt wird. Insbesondere → *städtische Verdichtungsräume* können als S. bezeichnet werden. Ein Beispiel für eine großräumige S. ist das Ruhrgebiet.

Stadtmauer: ursprünglich zu Befestigungszwecken, d.h. als Schutz gegen feindliche Angriffe, errichtete Mauer um eine Stadt, oft auf einem Wall, mit Türmen und Toren versehen und meist mit vorgeschaltetem Graben. S. sind ein typisches Kennzeichen von Städten aus der Zeit vor der modernen Kriegstechnik, nicht nur in Europa, sondern auch in anderen Kulturkreisen (z.B. Orient, Ostasien). Zur Zeit einer → *Stadt-Land-Dichotomie* markierte die S. auch physiognomisch die scharfe Grenze zwischen den beiden Siedlungstypen. In Mitteleuropa wurden die meisten S. im Laufe der Stadterweiterungen des 19. Jh. abgebrochen; erhaltene S. sind heute vielfach Touristenattraktionen.

Stadtmodell: idealtypische Vorstellung vom strukturellen Aufbau und von der Gliederung einer → *Stadt*. Dabei ist es notwendig, entsprechend der Differenzierung in verschiedenen Kulturkreisen unterschiedliche S. zu entwickeln (z.B. die lateinamerikanische, die → *orientalische,* die → *sozialistische Stadt*). Die bekanntesten S. für die moderne europäisch-nordamerikanische Stadt sind das → *Mehrkernmodell* und die Modelle nach der → *Sektoren-* und der → *Ringtheorie.*

Stadtnebel: infolge hoher Dichte an: → *Kondensationskernen* (Staub- und Rauchpartikel) häufig über großen Städten gebildeter → *Nebel* mit Beimengungen verschiedener Abgase. Durch S. erreicht die Nebelhäufigkeit in Ballungsgebieten bis dreimal höhere Werte als im freien Umland. Während austauscharmer Wetterlagen kann sich S. zu giftigem → *Smog* verdichten. (→ *Stadtklima*)

Stadtökologie: 1. an sich Begriff der Geo- und Biowissenschaften für die Untersuchung der geo- und/oder bioökologischen Funktionszusammenhänge im Lebensraum Stadt, der sich durch extreme → *abiotische* und → *biotische Faktoren* auszeichnet und der von den → *Stadtbiota* bewohnt wird, die im Betrachtungsmittelpunkt der S. stehen. Danach wird eine Stadtflora und eine Stadtfauna unterschieden, deren Arten eine spezifische Auslese darstellen und die spezifische Arealsysteme herausgebildet haben, die vor allem in den zentralen Teilen der Städte wenig Beziehung zu natürlichen Zuständen der Ökosysteme aufweisen.
2. Von den Sozialwissenschaften wird der Begriff S. für die Darstellung sozialer Zusammenhänge in der Stadt verwendet, weitgehend ohne Beziehung zum Lebensraum Stadt oder zur Raumwirksamkeit sozialer Gruppen. Der Begriff ist hier unsauber eingesetzt, weil er mit „Ökologie" nur den Funktionszusammenhang sozialer Gruppen im System Stadt belegt oder die sozialen Gruppen als System zeigen möchte.

Stadtplan: Orientierungskarte einer Stadt oder eines Stadtgebiets in großem Maßstab (in der Regel zwischen 1:5000 und 1:20000). Zum leichteren Auffinden einzelner Objekte (z.B. öffentliche Gebäude, Plätze, Straßen) sind S. mit Register und Suchgitter versehen.

Stadtplanung: räumliche Planung auf der Ebene der Gemeinde (→ *Ortsplanung*), die unterste Stufe der → *Raumplanung*. Der S. fällt die Aufgabe zu, die räumliche Entwicklung einer Gemeinde zu lenken, vor allem ihre bauliche Entwicklung mit Hilfe von

Stadtmodell

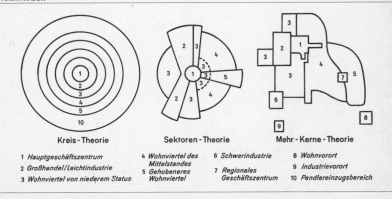

Kreis - Theorie   Sektoren - Theorie   Mehr - Kerne - Theorie

1 *Hauptgeschäftszentrum*
2 *Großhandel/Leichtindustrie*
3 *Wohnviertel von niederem Status*
4 *Wohnviertel des Mittelstandes*
5 *Gehoberenes Wohnviertel*
6 *Schwerindustrie*
7 *Regionales Geschäftszentrum*
8 *Wohnvorort*
9 *Industrievorort*
10 *Pendlereinzugsbereich*

Bauleitplänen im positiven Sinne zu beeinflussen. Als Institution (Stadtplanungsamt) ist sie für die Durchführung der → *Stadtentwicklungsplanung* zuständig. Der Begriff S. wird gelegentlich mit dem des → *Städtebaus* gleichgesetzt, was jedoch nicht sinnvoll erscheint.

Stadtrand: → *Grenzsaum* beiderseits einer → *Stadtgrenze* zwischen dem Gebiet einer Stadt und dem ihrer Nachbargemeinden (→ *Stadtrandgemeinde*). Der S. begrenzt also nicht das städtisch überbaute Gebiet oder den Raum → *sozio-ökonomischer Verflechtungen* einer Stadt, sondern allein ihr Verwaltungsgebiet.

Stadtrandgemeinde: Gemeinde, die unmittelbar an eine größere Stadt angrenzt oder zumindest in ihrem engeren Verflechtungsbereich liegt. Die S. als Gemeindetyp ist besonders deutlich im Umland von → *Groß*- oder größeren → *Mittelstädten* ausgebildet. Sie ist in der Regel funktional eng mit der → *Kernstadt* verflochten, Zielgebiet intensiver → *Stadtrandwanderung* und besitzt meist einen sehr hohen Auspendleranteil in die Kernstadt.

Stadtrandwanderung: Wanderung aus einer Stadt in ihre → *Stadtrandgemeinden* oder auch aus anderen Quellgebieten in die Randgemeinden einer größeren Stadt. S. betrifft sowohl Einwohner als auch Betriebe des sekundären und tertiären Sektors der Wirtschaft. Sie führt zu dem Phänomen der → *Suburbanisierung*, insbesondere zu Bevölkerungsverlusten in der → *Kernstadt* bei gleichzeitigem, auch baulichem, Wachstum der Randgemeinden. S. ist ein wichtiges raumprägendes Phänomen in Industriestaaten und wird vor allem durch erhöhte Flächenansprüche und die Wohn- und Gewerbestandortvorteile der Stadtrandgemeinden, daneben auch durch Verdrängungseffekte in der Kernstadt (z. B. Ausdehnung der → *City*) verursacht.

Stadtrecht: das einer Siedlung verliehene Recht, den Titel → *Stadt* zu führen sowie die damit verbundenen Rechte und Pflichten auszuüben. Das S. wurde früher vom Landesherrn als Privileg verliehen; heute kann in der Bundesrepublik Deutschland das S. auf Antrag vom Landes-Innenministerium vergeben werden. Es hat heute als reiner Ehrentitel keine wirtschaftlichen oder politischen Folgen mehr, während früher mit dem S. regional unterschiedliche Rechte verbunden waren (z. B. → *Marktrecht*, Zollrecht, Recht der Selbstverwaltung, der Befestigung usw.).

Stadtregion: Strukturmodell zur Erfassung der sozio-ökonomischen Raumeinheit, die aus einer Großstadt (→ *Kernstadt*) oder mehreren eng benachbarten Städten (polyzentrische S.) und ihrem Umlandbereich besteht. Zur Abgrenzung der S. nach außen und zur inneren Gliederung in die konzentrisch angeordneten Teilbereiche mit nach außen abnehmender Intensität der → *sozio-ökonomischen Verflechtungen* (→ *Ergänzungsgebiet*, → *verstädterte Zone*, → *Randzonen*) dienen die Merkmale → *Bevölkerungsdichte* bzw. → *Einwohner-Arbeitsplatz-Dichte*, → *Agrarerwerbsquote* und zentrumsorientierte → *Auspendlerquote*. Nach dem Modell der S. wurden mit den Ergebnissen der Volkszählungen 1950, 1961 und 1970 die S. der Bundesrepublik Deutschland ausgewiesen, wobei eine Mindesteinwohnerzahl von 80 000 zugrunde gelegt wurde.

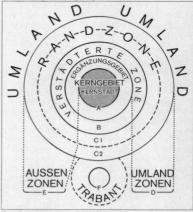

Stadtregion

Stadtsanierung: Maßnahmen, durch die ein Gebiet zur Behebung städtebaulicher Mißstände, insbesondere durch Beseitigung baulicher Anlagen und Neubebauung oder durch Modernisierung von Gebäuden wesentlich verbessert oder umgestaltet wird (→ *Städtebauförderungsgesetz*). Untergliedert wird die S. in 1. → *Flächensanierung* (Totalabriß und evtl. Neubebauung), 2. partielle Sanierung (Teilabbruch und Neuaufbau, Blockentkernung usw.) und 3. → *Objektsanierung* (Instandsetzung von Bauten bei Vermeidung des Abbruchs).

Stadtstaat: → *Staat*, der nur aus einer Stadt und evtl. ihrem engeren Umland besteht, wie Singapur, San Marino oder Monaco. Die Bezeichnung S. wird auch für Teilstaaten, Bundesländer usw. verwendet, z. B. für Berlin, Hamburg und Bremen.

Stadtstrukturmodell: → *Stadtmodell*, das sich, insbesondere unter Verzicht auf regionaltypische Besonderheiten, darauf beschränkt, nur das innere Gefüge der Stadt modellhaft abzubilden. Die meisten geographischen Stadtmodelle sind S.

Stadtteilzentrum: innerstädtisches Versorgungszentrum, dessen Geschäfte und Dienstleistungsbetriebe einen Stadtteil mit Gütern und Diensten des täglichen bis mittel- und langfristigen Bedarfs versorgt. Der Begriff S. wird z. T. gleichgesetzt mit → Subzentrum, meist aber als in der → innerstädtischen Hierarchie eine Stufe tiefer stehend verwendet.

Stadttyp: Gruppe von → Städten, die im Rahmen einer Typisierung aufgrund gleicher oder weitgehend ähnlicher Merkmale als zusammengehörig bezeichnet werden können. Im Gegensatz zur → Städteklasse basiert ein S. in der Regel auf rein qualitativen Merkmalen. Beispiele für S. sind historisch-genetische S. (z. B. → Römerstadt, → Residenzstadt, absolutistische → Planstadt), kulturraumspezifische S. (z. B. → orientalische Stadt, lateinamerikanische Stadt), oder Lagetypen (z. B. → Verkehrslage, Gebirgsrandlage, Flußmündungslage, Insellage).

Stadttypisierung: als Teilbereich der → Gemeindetypisierung die Zuordnung der Städte eines Raumes zu empirisch gefundenen oder theoretisch vorgegebenen → Stadttypen. Zum Teil wird der Begriff S. mit → Stadtklassifikation gleichgesetzt, meist aber auf solche Zuordnungsmethoden beschränkt, die rein qualitativ arbeiten (z. B. S. nach der Genese oder der topographischen Lage).

Stadtumland: unscharf begrenzter Raum um eine größere Stadt, der durch relativ enge → sozio-ökonomische Verflechtungen mit dieser Stadt verbunden ist. Als S. wird insbesondere der Raum von → Pendlerverflechtungen mit der Stadt und der → zentralörtliche Einzugsbereich auf der unteren und mittleren Stufe bezeichnet. Er ist relativ stark urbanisiert und stellt im Übergangsgebiet von den → Stadtrandgemeinden bis in den die Stadt umgebenden → ländlichen Raum dar.

Stadt-Umland-Problem: zusammenfassende Bezeichnung für die verschiedenen raumordnerischen, stadtplanerischen, infrastrukturellen, verkehrspolitischen und finanziellen Probleme, die im Verhältnis zwischen einer Stadt und den Gemeinden in ihrem Umland, insbesondere den → Stadtrandgemeinden, bestehen. Die meisten S.-U.-P. ergeben sich daraus, daß am → Stadtrand sozio-ökonomisch, häufig auch baulich, zusammenhängende Gebiete durch die → Stadtgrenze durchschnitten und verschiedenen Gebietskörperschaften zugeordnet sind. Lösungsmöglichkeiten für das S.-U.-P. sind z. B. → Eingemeindungen, die Bildung von → Zweckverbänden und Nachbarschaftsverbänden, interkommunale Vereinbarungen, gemeinsame Flächennutzungsplanung, Finanzausgleich usw.

Stadtverkehr: Transport von Personen und Gütern im innerstädtischen Bereich. Beim Personenverkehr unterscheidet man – neben dem Fußgängerverkehr – zwischen Individual- und Massenverkehr (→ Straßenbahn, → U-Bahn); von der Zweckbestimmung her entfallen die größten Anteile des S. auf den arbeits- und versorgungsfunktionalen Verkehr (insbesondere → Pendelverkehr und Einkaufsverkehr). (→ Ruhender Verkehr)

Stadtviertel: nicht-administrativer Teilraum einer Stadt, der sich bei einer funktionalen, → sozialräumlichen oder genetischen Gliederung ergibt. S. unterscheiden sich durch die überwiegende Flächennutzung, die wirtschaftliche Struktur, die Erwerbs- und Sozialstruktur der Bewohner, meist auch durch die Grund- und Aufrißgestaltung (→ Quartier).

Stadtwanderung: Wanderungsbewegung aus einer anderen Raumkategorie in eine Stadt. Die zahlenmäßig bedeutendste Form der S. ist die → Land-Stadt-Wanderung.

Stadtzentrum (Stadtmitte): zentraler Bereich einer → Stadt, in dem sich die wichtigsten → städtischen Funktionen konzentrieren und das Typische einer Stadt am deutlichsten zum Ausdruck kommt. In der Regel ist das S. der Bereich stärkster baulicher Verdichtung und Verkehrsbelastung. In historischen Städten ist das S. meist mit der → Altstadt oder Teilen davon identisch; funktional gesehen, deckt sich das S. in größeren Städten weitgehend mit der → City. (→ Stadtkern, → Downtown)

Staffel: 1. als geochronologischer Begriff ein sich meist mehrfach wiederholender Eisvorstoß innerhalb der Phase eines → Stadials. Die S. werden durch Subintervalle voneinander getrennt.
2. als geomorphographischer Begriff verschiedene, meist nahe beieinanderliegende Stillstandslagen des Eisrandes, die intermittierenden Vorstößen von kürzerer Dauer entsprechen sollen.

Staffelbruch: parallele → Brüche, z. B. an Rändern von → Gräben, führen meist zu einer Abfolge von Schollen mit unterschiedlichen Absenkungs- bzw. Heraushebungsbeträgen, die – sofern keine Abtragung dieser Vollform erfolgt – zu einer mehr oder weniger deutlich sichtbaren und mehr oder weniger räumlich ausgedehnten Treppung des Geländes führen. Es handelt sich bei den S. meist um → Abschiebungen.

Staffelwirtschaft: im Rahmen der Weidewirtschaft das zeitlich nacheinander erfolgende Beziehen unterschiedlicher Weiden innerhalb einer Vegetationsperiode. Die S. tritt vor allem bei der → Almwirtschaft oder der → Säterwirtschaft auf. Dabei liegen die Weiden entweder in verschiedenen Höhenlagen im Gebirge, an verschieden exponierten Hängen oder in verschiedener Entfernung von der Dauersiedlung.

Stagflation: Begriff der Wirtschaftstheorie,

der sich aus Stagnation und Inflation ableitet. S. beschreibt die Lage einer Volkswirtschaft, die im Konjunkturzyklus die Phase
des Tiefs bei gleichzeitigem Anstieg der
Löhne und Preise erreicht hat.

Stagnation: in der Wirtschaftstheorie der
Stillstand der wirtschaftlichen Entwicklung.
S. kann entweder als die Phase des Tiefs im
Konjunkturzyklus oder generell als Spät-
phase der wirtschaftlichen Entwicklung in
den Industrieländern verstanden werden.

Stagnationsgebiet: in der Theorie der räumlichen Ordnung neben Wachstumsgebieten
und → *Entleerungsgebieten* diejenige Raumeinheit, die auf ihrem erreichten Entwicklungsstand verharrt.

stagnikol: Organismen, die im → *lenitischen*
Bereich leben. Als s. bezeichnete Lebensgemeinschaften setzen sich aus Stillwasserfor-
men zusammen, deren Verbreitungsbereich
im strömenden Wasser endet. Gegenüber
steht der Begriff → *torrentikol.*

Stagno: Hohlform auf Sardinien, die einer
→ *Doline* ähnelt und durch intensive chemische Verwitterung im Liparit entstand.

Stagnogley (Molkenboden, Molkenpodsol):
Staunässeboden mit langanhaltender, oft
permanenter Nässe im gesamten Profil. S.
sind extreme → *Staugleye* und durch die andauernde Wirkung des Wassers schon nahe
den Grundwasserböden (→ *Gley*). Ihr Aufbau gliedert sich in einen feuchten Rohhumushorizont, einen stark gebleichten und einen marmorierten Staunässehorizont und in
einen grauen Reduktionshorizont im tieferen
Unterboden. S. entstehen vor allem auf stark
lehmigen und tonigen Substraten unter
feucht-kühlen Klimabedingungen (Mittelgebirge). Sie sind sauer, nährstoffarm, schlecht
durchlüftet, andauernd kühl und demzufolge
wenig belebt.

Stahlindustrie: Industriezweig, der sich mit
der Herstellung von Stahl aus dem im Hochofen gewonnenen Roheisen befaßt. Es gibt
verschiedene Stahlerzeugungs-Verfahren, mit
denen unterschiedlich phosphor- oder silici-
umreiches Roheisen und z.T. größere Mengen Schrott verarbeitet werden können
(→ *LD-Verfahren,*   → *Siemens-Martin-Verfahren,* → *Thomas-Verfahren*).

Stahlveredler: das dem Rohstahl zugesetzte
Legierungselement zur Erzeugung von Edel-
stahl. S. verbessern die Eigenschaften des
Stahls, so z.B. seine Elastizität, Zug- und
Reißfestigkeit sowie Hitze- und Korrosions-
beständigkeit. Wichtige S. sind Mangan,
Nickel, Chrom, Titan, Vanadium, Molyb-
dän, Kobalt und Silicium.

Stalagmit: vom Boden aufwärtswachsender
→ *Tropfstein,* der mit den von der Decke her-
abwachsenden Stalaktiten zu Tropfsteinsäu-
len, den Stalagnaten, zusammenwächst.

Stalldüngerwirtschaft: landwirtschaftliche Be-

triebstypen, die zur Agrarproduktion den bei
der → *Stallhaltung* des Viehs anfallenden
Mist als Dünger einsetzen.

Stallfütterung: Art der Futterversorgung des
Viehs. Die S. ist in den gemäßigten Breiten
z.B. bei Rindern auch während des Sommers
dort notwendig, wo keine Weideflächen verfügbar sind. Zum anderen wurde seit dem
18. Jh. eine Sommer-S. deswegen verstärkt
betrieben, weil auf diese Weise der Dung gesammelt wurde, den man zur Ertragssteigerung auf die Äcker brachte. Auch hat die
→ *Realteilung* mit ihrer Flurzersplitterung zu
einer Zunahme der S. geführt, weil die Anlage von Weiden nicht mehr möglich war. In
der modernen Landwirtschaft wird mit der
Wahl des → *Betriebssystems* entschieden, ob
im Sommer eine S. erfolgt oder nicht.

Stallhaltung: die zeitweise (saisonale) oder
ständige Haltung von Tieren in überdachten
Stallungen. Die Notwendigkeit einer S.
hängt ab von den Möglichkeiten bzw. klimatischen Bedingungen eines Weidegangs, ferner vom gegebenen landwirtschaftlichen Betriebssystem.

Stamm: 1. eine taxonomische Einheit, d.h.
eine Gruppe von Tieren oder Pflanzen, die
früher oberhalb der Abteilung angerichtet
war. Nach neueren Nomenklaturregeln ist
sie identisch mit der → *Abteilung.*
2. Hauptachse der Pflanzen, besonders der
Holzgewächse, dann als Caulom bezeichnet.
3. S. von Palmen und Baumfarnen, dann als
Caudex bezeichnet.
4. in der Züchtung durch generative Fortpflanzung erzeugte Nachkommenschaft einer Einzelpflanze, damit auch als Zucht-
stamm zu bezeichnen.
5. als „Rasse" kleinste systematische Einheit
in der Mikrobiologie.
6. größere Gruppe von Menschen, die bezüglich Herkunft, Sprache, geistiger und materieller Kultur, Sitten und Gebräuchen, meist
auch Religion homogen ist und in der Regel
in einem geschlossenen Territorium wohnt.
Ein S. setzt sich aus → *Sippen* und → *Klans*
zusammen; mehrere S. bilden ein → *Volk,* jedoch ist die Abgrenzung zwischen S. und
Volk nicht eindeutig. Ein S. kann einen Staat
bilden (→ *Stammesstaat*), häufiger sind jedoch Staaten aus mehreren S. bzw. die Aufteilung eines S. auf mehrere Staaten.

Stammabfluß (stemflow): Anteil des Nieder-
schlagswassers, der im Kronenraum der
Bäume aufgefangen wird, über die Äste zum
Hauptstamm und diesem entlang zum Bo-
den fließt. Der S. ist ein untergeordnetes
Glied des Standortswasserhaushaltes in Wäl-
dern. Er erreicht mengenmäßig weit weniger
Bedeutung als die → *Interception.*

Stammbecken: Zentralbereich großer Eislo-
ben, von dem in radialer Anordnung die

→ *Zweigbecken* ausgehen. Wegen der großen Gletschermächtigkeit ist das S. gegenüber der Umgebung eingetieft und weist eine zentripetale Entwässerung auf. Die S. induzieren Rinnen- und Depressionsbildung, in denen später Seen entstanden. Die S. im Bereich der skandinavischen Inlandvereisung sind größer als die S. der Vorlandvergletscherung der Alpen, wie z. B. der Vergleich des Oder-Stammbeckens und des Bodensee-Stammbeckens zeigt.

Stammbenetzungswert: Niederschlagsmenge, welche als Befeuchtung an Stämmen und Ästen des Waldes haftet und ohne auf den Boden zu gelangen wieder verdunstet. Der S. ist wie die Blattbenetzung Bestandteil der → *Interception.*

Stammesreihe: Entwicklungslinie von Tiergruppen während der Erdgeschichte, belegt durch Befunde der → *Paläontologie* und erarbeitet mit geochronostratigraphischen, morphologischen und biogeographischen Methodiken bzw. Merkmalen.

Stammesstaat: → *Staat,* der durch Angehörige eines Volks-→ *Stammes* gebildet wird, in dem also das → *Staatsvolk* aus einem Stamm besteht. In Deutschland waren die mittelalterlichen Staatenbildungen germanischer Stämme S. (Stammesfürstentümer); heute gibt es einige S. in Afrika (z. B. Lesotho, die Bantustaaten innerhalb der Rep. Südafrika) und im pazifischen Raum.

Stammfaltung: im zentralen Teil der → *Geosynklinale* bei der Bildung eines → *Faltentektonogens* sich vollziehende Faltung, von wo aus die → *Faltung* in die Außenbereiche der Geosynklinale weiterwandert.

Stammknie: entsteht durch → *gravitative Massenbewegungen* am Hang an Bäumen. Es handelt sich um eine Form des → *Tropismus* bzw. um → *Geotropismus.*

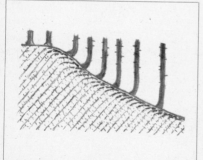

Stammknie

Stammraum: Raum eines Waldbestandes, der unterhalb der Kronen der Bäume liegt. Der S. ist ein eigenständiger Teillebensraum des Waldes, der über ein → *Bestandsklima* und damit über andersartige ökologische Bedingungen als der → *Kronenraum* oder das Freiland verfügt.

Stammraumklima: das Klima im bodennahen Raum des Waldbestandes. Das S. ist temperaturmäßig sehr ausgeglichen, im Temperaturverlauf stark verzögert, relativ kühl (insbesondere am und im Boden) und durch höhere Luftfeuchte geprägt.

Standard (Basis, Typus): Regel der Pflanzenbeschreibung, nach deren Nomenklaturregeln bei der Neubeschreibung von Pflanzensippen ein S. anzugeben ist, dem der Name verbleibt, falls der Sippenumfang geändert werden muß.

Stand: gesellschaftliche Großgruppe mit festem, historisch gewachsenen und meist auch rechtlich abgesicherten Standort in der Gesellschaftsordnung. Man unterscheidet Geburts-, Besitz-, Berufsstände usw. Beispiele für S. sind der Bürger-, Arbeiter- und Bauern-S., der Adel, die Geistlichkeit. S. haben insbesondere in agrargesellschaftlichen Ordnungen eine große Bedeutung; in Industriegesellschaften werden sie meist durch → *Klassen* und → *Schichten* ersetzt. Der → *Mittelstand* ist kein S. im eigentlichen Sinn.

Standard-Atmosphäre: die in Wirklichkeit nicht existierende, für meteorologische und klimatologische Überlegungen und Modellbildungen gedachte homogene → *Atmosphäre* mit einheitlicher und ungestörter Druck- und Temperaturabnahme mit der Höhe.

Standardbevölkerung: Bevölkerungszahl, die bestimmten demographischen Berechnungen als für einen bestimmten Raum und über eine gewisse Zeit festliegend zugrundegelegt wird.

Standard Consolidated Area (SCA): in den USA Bezeichnung für einen aus zwei oder mehreren → *Standard Metropolitan Statistical Areas* zusammengesetzten → *Agglomerationsraum* besonders großer Flächenausdehnung und Bevölkerungszahl. Größte S. C. A. ist der Raum New York-Northeastern New Jersey.

Standardisierung: in der Wirtschaft 1. die Vereinheitlichung der Produkte nach einem vorgegebenen Muster, 2. die Beschränkung der Produktion auf wenige Typen im Zuge der → *Massenfertigung* und 3. die Bildung von Güte- bzw. Handelsklassen (vor allem in der Landwirtschaft), so z. B. bei Milch, Butter und Getreide.

Standard Metropolitan Statistical Area (SMSA): in den USA Bezeichnung für einen → *Agglomerationsraum* mit einer Stadt (oder mehreren Städten) von mindestens 50 000 Einw. im Zentrum und ihrem städtisch strukturierten → *Umland.* Die Abgrenzung der S. M. S. A. erfolgt im allgemeinen auf Kreisbasis (county) mit Hilfe von statistischen Daten zur Bevölkerungsdichte, Berufsstruktur (Agrarquote), Pendlerverflechtung usw.

Standesregister (Standesamtsregister, Zivilstandsregister): bei der Gemeindeverwaltung, früher bei der Kirchengemeinde, geführtes Register, in das der Personenstand der Einwohner und seine Veränderungen (Geburt, Heirat, Tod) eingetragen werden. Das S. wird zur amtlichen Beurkundung der entsprechenden Daten herangezogen.

Ständestaat: Staat, dessen Herrschafts- und Regierungssystem auf → Ständen im weitesten Sinn aufgebaut ist. Die ständischen Gruppierungen übernehmen im S. die Funktion von Parteien.

ständige Bevölkerung: im Unterschied zur → Wohnbevölkerung die sich über einen längeren Zeitraum in einer Gemeinde aufhaltende Bevölkerung, ohne Rücksicht auf ihren Hauptwohnsitz. Zur s. B. zählen insbesondere auch Militärangehörige an ihrem Garnisonsort. Der Begriff s. B. war früher zeitweise in Deutschland üblich.

Standort: 1. allgemein ein räumlich begrenzter Bereich des Vorkommens eines geo- oder biowissenschaftlichen Phänomens, das in der Regel von eben diesen S. bedingt ist oder Beziehungen zum S. aufbaut.
2. in der Geo- und Bioökologie die Gesamtheit der ökologischen Faktoren, die den Standort prägen. Dabei sind in den Geo- und Biowissenschaften drei Begriffsinhalte möglich: a) Teil der Geobiosphäre, der sich durch geographisch homogene ökologische Verhältnisse auszeichnet, die sich umgrenzen lassen, und über eine bestimmte → geographische Lage verfügt. b) engere Lebensumwelt eines Organismus oder einer kleinen Gruppe dieser (Pflanzengemeinschaft, Tiergesellschaft, Baumbestand), der sich durch für ihn typische geoökologische Merkmale ausweist. c) ökologische Raumqualität mit einem biotischen und abiotischen Angebot von → Standortfaktoren, die in einem → Ökosystem zusammenfunktionieren.
3. Vorkommen bzw. Fundort eines geo- oder biowissenschaftlichen Objektes.
4. in der Kulturgeographie die vom Menschen für einen bestimmten Zweck gewählte oder sich durch das Interagieren verschiedener Gruppen ergebende Raumstelle im Rahmen der Ausübung von → Grunddaseinsfunktionen. In der → Standorttheorie bzw. → Raumwirtschaftslehre ist es der Ort, an dem ein Wirtschaftsbetrieb tätig ist. Unterschieden wird der natürliche S., der sich z. B. aus dem Klima ergibt, vom wirtschaftlichen S. Der letztgenannte ergibt sich aus Kostenvorteilen, die sich auf bestimmte, dort gegebene → Standortfaktoren gründen.

Standortansprüche: an den → Standort durch eine Tier- oder Pflanzenart hinsichtlich der einzelnen wachstums- und existenzbeeinflussenden → Standortfaktoren gestellte Ansprüche.

Standortbilanz: Bilanzierung von geographisch und planerisch relevanten Größen im Geoökosystem nach dem Modell des → Standortregelkreises. S. werden in verschiedenen ökologisch arbeitenden Disziplinen der Geo- und Biowissenschaften durchgeführt. In der Geoökologie wird die S. zur → Topologischen Landschaftsbilanz ausgeweitet.

Standorteigenschaften: unscharfe Bezeichnung für Eigenschaften und Merkmale der biotischen und abiotischen Faktoren, welche den → Standort prägen und auf die sich die → Standortansprüche der Individuen beziehen.

Standorteinheit (Standortraum): unscharfe Bezeichnung für ein Areal mit einer einheitlichen Standortqualität, die sich aus einheitlich zusammenwirkenden → Standorteigenschaften ergibt.

Standorterkundung: Sammelbegriff für verschiedene Verfahren der → Agrarökologie, → Forstökologie und → Geoökologie zur Ausscheidung und Darstellung von → Standorteinheiten, wobei die Kartierungs- und/oder Meßverfahren in unterschiedlichen Kombinationen eingesetzt werden. Ausgeschieden werden → Standortformen, d. h. leistungsbezogene naturräumliche Einheiten, bei deren Ausscheidung die Nutzbarkeit und die potentielle Ertragserwartung im Mittelpunkt stehen.

Standortfaktoren: 1. im → Ökosystem als Gesamtheit aller äußeren Lebensraumbedingungen für pflanzliche und tierische Organismen auftretende Bedingungen, als → abiotische und → biotische Faktoren, die über gewisse → Standorteigenschaften verfügen, die sich methodisch zwar aus dem Gesamtökosystem herauslösen lassen, die aber im → Ökosystem und auf die Individuen gesamthaft wirken. Die S. werden in der → Geoökologie auch als → Geoökofaktoren bezeichnet. Die methodische Behandlung der S. erfolgt in den einzelnen geo- und biowissenschaftlichen Disziplinen unterschiedlich, meist auf das → Geosystem oder das → Biosystem bezogen.
2. für die → Standortwahl maßgebliche Einflußgrößen, die sich aus den örtlich gegebenen Sachverhalten und Bedingungen ergeben. In der Reinen Theorie des Standorts von Alfred Weber (1909) ist der S. ein Vorteil, für den eine wirtschaftliche Tätigkeit dann eintritt, wenn sie sich an einem bestimmten Ort vollzieht. S. können sein: Angebot an Arbeitskräften, günstiges Lohnniveau, Rohstoffe, Transportkosten, Produktionsräume, Fühlungsvorteile, Absatzmarkt usw.

Standortform: 1. in der Bioökologie Sippen einer bestimmten Umweltbedingungen angepaßten Art, die durch → *Selektion* entstanden und die bei u. U. anderem Aussehen unterschiedliche physiologische und ökologische Ansprüche aufweisen. Sie entsprechen damit den → *Ökotypen*.
2. Modifikationen, die durch sich verändernde geoökologische Bedingungen bei Organismen entstanden, die aber nur solange anhalten, wie die verändernden Bedingungen auf sie einwirken. Es besteht damit eine gewisse begriffliche Übereinstimmung zur S. im Sinne des Ökotyp.
3. in Geowissenschaften sowie in der forstlichen Standortkunde der Typ eines → *Standortes*, d. h. der Typ eines → *Geoökosystems* begrenzter räumlicher Ausdehnung.

Standortgefüge: unscharfe Bezeichnung für ein → *Raummuster* verschiedener → *Standorte* im Sinne des → *Landschaftsgefüges*.

Standortgefügemuster: in der Industriegeographie eine systematische Gefügeordnung (→ *Lokalisationsform*), die unter gleichen Beobachtungsregeln gefunden wurde.

Standortgemeinschaft: Form eines → *Standortgefügemusters* der Industrie mit einem ausgeprägten Beziehungsgefüge zwischen den Betrieben. Die Beziehungen bestehen aber nicht nur zwischen gleichen Industriesparten, sondern es stehen auch gegenseitige Beziehungen unterschiedlicher Branchen im Vordergrund (→ *urbanization economies*).

standortgerechte Nutzung: Begriff der → *Agrarökologie* und der → *Forstökologie*, die auf naturwissenschaftlicher Grundlage eine Auswahl der Baumarten bzw. Feldfrüchte im Hinblick auf die → *Standorteigenschaften* treffen. Ziel der s. N. ist Schonung des → *Naturraumpotentials*, verbunden jedoch mit einem diesem Ziel zugeordneten optimalen wirtschaftlichen Ertrag.

Standortgewicht: in der Standorttheorie von Alfred Weber die Summe aus den Gewichten der lokalisierten Materialien und der Fertigerzeugnisse.

Standortgruppe: 1. vegetationsgeographischer Begriff für eine nicht genau definierte Gruppierung von Vegetationseinheiten, die eine Beziehung zum Wandel eines bestimmten geoökologischen Faktors oder eines ganzen → *Geoökosystems* erkennen lassen.
2. Form des → *Standortgefügemusters* der Industrie. Bei der S. sind verschiedene Industrien oder unterschiedliche Betriebe der gleichen Branche in einer lockeren Verflechtung zusammengefaßt (→ *Integration*). Unterschieden wird die partielle S. von der komplexen S. Die partielle S. ist in der Regel durch ein einheitliches Produktionsprogramm, die komplexe S. durch unterschiedliche Produktionsprogramme gekennzeichnet.

Standortgunst: das Zusammentreffen meist mehrerer, sich günstig auswirkender → *Standortfaktoren*.

Standortklima: stark durch mikroklimatische Bedingungen (→ *Mikroklima*) geprägtes Klima eines → *Standortes* (→ *landschaftsökologischer Standort*), welches für die Pflanzen besondere Wachstumsbedingungen schafft. (→ *Geländeklima*)

Standortkonstanz: synökologischer Begriff für die Relativität der Biotopanbindung, formuliert in der Regel von der → *Relativen S.*

Standortlehre: 1. die verschiedenen Verfahren der → *Standorterkundung* zusammenfassende Darstellung. Sie wird, je nach disziplinären Aspekten der → *Agrar-*, → *Forst-* und → *Geoökologie* im Hinblick auf die jeweils interessierenden Aspekte am → *Standort* betrieben.
2. (Standortbestimmungslehre): in der Wirtschaftswissenschaft die theoretische Behandlung des Standortes sowie die Standortwahl durch die Unternehmer. Die S. geht der Frage nach, welche Raumstelle wählt der Unternehmer als Standort für seinen Betrieb? Die S. formuliert ihre Überlegungen in → *Standorttheorien* aus.

Standortmodifikation: unscharfe Bezeichnung der Forstökologie und Geobotanik für phänotypische Ausformung von Pflanzen, die auf extrem ausgebildete → *Standortfaktoren* zurückgehen, z. B. Säbelwuchs bzw. → *Stammknie* bei Bäumen auf Hang- und/ oder Bodenbewegungen. Der Begriff S. entspricht damit z. T. der → *Standortform*.

Standortmuster: Art und Weise der Verteilung von → *Standorten* im Raum. Das S. kann regelhafte Züge aufweisen, insbesondere in bezug auf die Standorte einer bestimmten → *Grunddaseinsfunktion*.

Standortnische: Raumausschnitt, der von Tieren als Zufluchtsort und/oder Lebensstätte genutzt wird. Dieser zooökologische Begriff differenziert demnach den Begriff → *Nische* bzw. → *ökologische Nische*. In der Pflanzenökologie ist die S. ebenfalls die Lebensstätte einer Pflanzenart.

Standortorientierung: bei der Festlegung des optimalen Betriebsstandortes die Beachtung maßgeblicher Faktoren. Klassische S. sind Material-, Arbeits-, Absatz- und Verkehrsorientierung.

Standortplanung: Entwicklung von Konzepten zur Festlegung neuer Einzelstandorte oder zur Veränderung der Standortstruktur. Die S. ist Teil der Unternehmensplanung bzw. Gegenstand der Planung und der verschiedenen Ebenen der → *Raumplanung*.

Standortpotential: das → *Naturpotential* eines → *Standortes*, das für Pflanzen oder Tiere oder die agrar- oder forstwirtschaftliche Nutzung durch den Menschen bereitsteht. Das S. stellt sich demnach – je nach Nutzer – in Inhalt und räumlicher Verbrei-

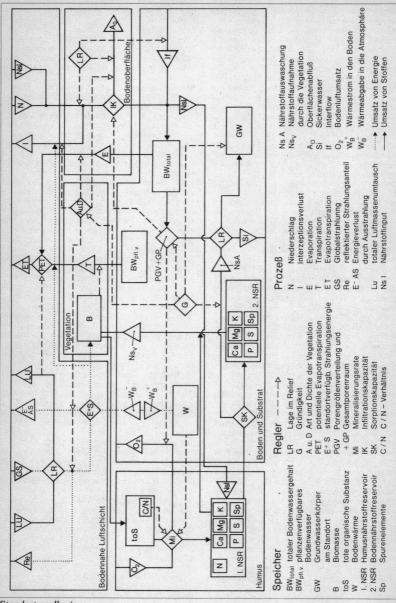

Standortregelkreis

Speicher

BW$_{total}$ totaler Bodenwassergehalt
BW$_{pfl.v.}$ pflanzenverfügbares Bodenwasser
GW Grundwasserkörper am Standort
B Biomasse
toS tote organische Substanz
W Bodenwärme
1. NSR Humusnährstoffreservoir
2. NSR Bodennährstoffreservoir
Sp Spurenelemente

Regler

LR Lage im Relief
G Gründigkeit
A u. D Art und Dichte der Vegetation
PET potentielle Evapotranspiration
E⁺ S standortverfügb. Strahlungsenergie
PGV Porengrößenverteilung und
+ GP Gesamtporenraum
Mi Mineralisierungsrate
IK Infiltrationskapazität
SK Sorptionskapazität
C/N C/N-Verhältnis

Prozeß

N Niederschlag
I Interzeptionsverlust
E Evaporation
T Transpiration
ET Evapotranspiration
GS Globalstrahlung
Re reflektierter Strahlungsanteil
E⁻ AS Energieverlust durch Ausstrahlung
Lu totaler Luftmassenumtausch
Ns I Nährstoffinput
Ns A Nährstoffauswaschung
Ns$_V$ Nährstoffaufnahme durch die Vegetation
A$_O$ Oberflächenabfluß
Si Sickerwasser
If Interflow
O₂ Bodenluftumsatz
W$_B^+$ Wärmestrom in den Boden
W$_B^-$ Wärmeabgabe in die Atmosphäre
······· Umsatz von Energie
——— Umsatz von Stoffen

tung anders dar. Die Begriffsfüllung wird letztlich von der disziplinären Betrachtungsperspektive bestimmt.

Standortprogramm: ein 1975 in der nordrhein-westfälischen Landesplanung eingeführter Begriff. Das S. schließt alle Faktoren und ihre Wechselbeziehungen ein, die bei der → *Standortplanung* des Landes maßgeblich sind. Das S. soll eine bessere Koordination der Aktivitäten von Land und Gemeinden z.B. bei Industrieansiedlungen oder beim Wohnungsbau ermöglichen.

Standortrasse: auf einen → *Standort* eingestellte → *Standortform* im Sinne des → *Ökotyp*, die sich über sehr lange Zeiträume hin als → *Rasse* herausgebildet hat. Sie gilt als Produkt der → *Selektion*. Der Begriff S. entspricht damit z.T. dem Ökotyp.

Standortraum: 1. Areal eines → *Standortes* mit gleichen Standortbedingungen.
2. potentielle → *Biochore* einer bestimmten → *Schlußgesellschaft* der Pflanzen.
3. unscharfe Bezeichnung für eine in Umfang und Inhalt nicht näher beschriebene → *naturräumliche Einheit*.

Standortregelkreis: Arbeitsinstrument der → *Geoökologie* zur Datengewinnung an der → *Tessera*, zwar standörtlich, aber im Hinblick auf eine Aussage in der → *topologischen Dimension*. Er ist Bestandteil des → *Geoökologischen Regelkreises*. Die meßmethodische Ausführung des S. im Gelände führt zum Ergebnis der → *Standortbilanz*.

Standortspaltung: räumliche Aufteilung wirtschaftlicher Aktivitäten, d.h. diese verteilen sich auf mehrere Betriebe an unterschiedlichen Standorten. Die S. ist nicht identisch mit der → *Standortverlagerung*, denn sie ist auch ohne Verlagerung möglich. Als Beispiel dafür zu nennen ist der Zusammenschluß ursprünglich selbständiger Unternehmen mit verschiedenen Standorten für Verwaltung und Produktion.

Standortstrukturtheorie: neben der Theorie der unternehmerischen Standortwahl diejenige Standorttheorie, die auf einer gesamtwirtschaftlichen Betrachtung beruht. Die erste und bekannteste S. ist die Theorie der Landnutzung von J.H. von Thünen, dem ersten Standorttheoretiker überhaupt (→ *Thünensche Ringe*).

Standortsystem: räumliches Muster von → *Standorten*, das bestimmten Gesetzmäßigkeiten, Rangordnungen bzw. wirtschaftlichen Zwängen folgt (→ *Standorttheorie*).

Standorttheorie: Theorie zur Erklärung der räumlichen Verteilung von Wirtschaftsbetrieben. Die S. befassen sich mit einzel- und gesamtwirtschaftlichen Lokalisationsproblemen. Die einzelwirtschaftlichen S. ermitteln den optimalen Standort für einen zusätzlichen Einzelbetrieb. Die gesamtwirtschaftlichen S. beschäftigen sich mit der optimalen

räumlichen Struktur aller wirtschaftlichen Aktivitäten in einem bestimmten Gebiet. Grundlegend für die weitere Entwicklung von S. waren die Modelle von J.H. von Thünen und A. Weber.

Standorttyp: 1. Zusammenfassung von → *Standorteinheiten* unter bestimmten Nutzungsaspekten, wie waldbaulich-ökologischen oder agrarwirtschaftlich-ökologischen.
2. Ergebnis der Klassifizierung bzw. Typisierung von Standorten nach bestimmten Merkmalen. Ein S. zeichnet sich durch das Wirksamwerden eines oder auch mehrerer → *Standortfaktoren* aus. Bezogen auf das Lagemerkmal gibt es z.B. den Typ des Küsten-S. oder des Mittelgebirgs-S.

Standortverlagerung: Aufgabe einer Funktion am alten Standort und Einrichtung an einem neuen. Man unterscheidet verschiedene Formen der Verlagerung. Neben der Totalverlagerung gibt es die Partialverlagerung mit unterschiedlichen Ausprägungen. Ferner kann eine S. als Nahverlagerung oder Fernverlagerung, intra- oder interregionale Verlagerung eingestuft werden.

Standortverschiebung: Produktions-, Absatzoder Beschäftigungsveränderungen an den verschiedenen Standorten eines Unternehmens. Im Gegensatz zum Begriff → *Standortverlagerung* gibt es bei den Standorten selbst keine Veränderung.

Standortwahl: die Wahl des optimalen Standortes für einen Einzelbetrieb als Ergebnis einer unternehmerischen Entscheidung. Die → *Standorttheorie* geht dabei von der Annahme aus, daß die S. stets unter rationalen Gesichtspunkten erfolgt. Empirische Untersuchungen zeigen jedoch die zunehmende Bedeutung auch produktionswirtschaftlich nicht maßgeblicher Faktoren. Es ist deshalb notwendig, dem Standortverhalten der Unternehmer größere Bedeutung zuzumessen.

Standortzeiger: unscharfer Begriff für → *Bioindikatoren*, also Tiere und Pflanzen, die auf ein oder mehrere → *Standorteigenschaften* deutlich ansprechen. Am bekanntesten sind davon die → *Zeigerpflanzen*.

Standraum: Bodenfläche, die jedem Pflanzenindividuum zur Verfügung steht. Aus ihm können sich Konkurrenzsituationen ergeben. Der S. spielt sowohl in der Geoökologie als auch im Pflanzenbau eine Rolle.

Standseilbahn: → *Seilbahn*, die auf Schienen fährt und von einem Seil in die Höhe gezogen bzw. bergab rollen gelassen wird. S. kommen vor allem in Städten mit großen Höhenunterschieden vor, wo sie auf Steilstrecken die Funktion einer Straßenbahn übernehmen.

Standwaldmoor: Stadium in der Entwicklung des → *Moores*, das dann eintritt, wenn das Klima trockener wird und/oder sich der Grundwasserspiegel absenkt. Es zeichnet sich durch Baumbewuchs mit Stieleiche, Sandkiefer und Fichte aus.

Standwirbel: senkrechter, rotierender Wasserkörper, der sich ortsfest an einem Hindernis (Pfeiler, Feldblock usw.) im Fluß herausbildet.

Stapelmoräne (Satzmoräne): wenig scharfe Bezeichnung für abgelagerte → *Moräne*. Sie wird als unbewegte Moräne, ohne Spezifizierung des Typs, der → *Wandermoräne* gegenübergestellt. Auch die nach Abschmelzen des Eises liegengebliebene, nicht mehr bewegte → *Grundmoräne* wird S. genannt.

Stapelplatz: Welthandelsplatz, in dem → *Stapelwaren* umgeschlagen werden. S. sind z. B. die großen Seehäfen, in denen ein Umschlag von Welthandelsgütern erfolgt.

Stapelrecht: im mittelalterlichen Europa ein Stadtrecht, das die Handelsstellung und die Marktfunktion der Stadt sehr wesentlich stärkte. In Städten mit verliehenem S. mußten alle Waren, die durch deren Straßen transportiert wurden, zum Verkauf angeboten werden, bevor sie die Stadt wieder verlassen durften.

Stapelware: 1. die standardisierte Ware, die als Welthandelsgut auf → *Stapelplätzen* umgeschlagen wird. S. sind z. B. Getreide, Kaffee, Baumwolle oder tropische Hölzer.
2. die billigen Massenartikel des Einzelhandels, wie sie vor allem im Kaufhaus angeboten werden.

Starkregen: ein Niederschlag hoher Intensität pro Zeiteinheit. Bei kurzzeitigen Regen gilt als S.-Grenze eine Mindestmenge von 1 mm/min. Allgemein spricht man von S., wenn die Niederschlagsmenge $h = \sqrt{5t} - (t:24)^2$ mm erreicht (t = Anzahl Minuten). S. führen bei unbewachsenem Boden zu → *Bodenerosion* und verursachen Überschwemmungen.

Starre: vorübergehende Aufhebung verschiedener Lebensäußerungen bei Organismen durch Einwirkung von Geoökofaktoren der Lebensumwelt.

Starvation: das Ergebnis vollständigen Nahrungsentzuges oder drastischer Verringerung der Nahrungsaufnahme über eine Zeit hinweg (Verhungern). S. führt zu schweren physiologischen, funktionalen, verhaltensmäßigen und schließlich morphologischen Störungen bei Mensch und Tier. S. tritt z. B. in Entwicklungsländern verstärkt nach Dürrekatastrophen auf.

stationäre Bevölkerung: Population eines Raumes von mittel- bis langfristig gleichbleibender Zahl. Eine s. B. ergibt sich, wenn sich über einen längeren Zeitraum hinweg die Zahlen der Geburten und der Sterbefälle annähernd die Waage halten.

Stationsferne: Entfernung eines Standorts zur nächsten Bahnstation. Die S. läßt sich mit Hilfe der → *Isochronenmethode* darstellen.

Statistik: 1. quantitativ ausgedrückte Informationen in geordneter Form, z. B. in Zahlenreihen, die bestimmte Sachverhalte zeitlich und räumlich geordnet darstellen. So enthält z. B. die Bevölkerungs-S. Zahlenangaben über die Einwohner eines bestimmten Raumes zu bestimmten Zeiten.
2. (statistische Methoden): Summe der Verfahren, mit denen bestimmte Sachverhalte und Prozesse quantitativ analysiert und zahlenmäßig dargestellt werden können. Methoden und Verfahren der S. sind z. B. die Berechnung von Mittelwerten und Verteilungsmaßen, die Korrelations- und Regressionsrechnung und die Faktorenanalyse.
3. im Sinne einer Institution einerseits eine an den Universitäten etablierte wissenschaftliche Disziplin, andererseits eine staatliche oder kommunale Behörde, die für das betreffende Gebiet S. erstellt (z. B. Statistisches Bundesamt, Statistische Landesämter).

Status: Zustand, Standort oder Stellung in einem System. Für sozialgeographische Untersuchungen ist der soziale S. von Personen wichtig, d. h. ihre Stellung innerhalb der sozialen → *Schichtung* oder als Mitglied von → *sozialen Gruppen*.

Staub: 1. feste Schwebestoffe aller Art in der Luft, die sich bei Luftruhe allmählich als S.-Niederschlag absetzen. S. entsteht natürlich durch Ausblasungen des Windes und künstlich durch Industrie, Verkehr, Bergbau usw.
2. im Boden die Kornfraktion von 0,06–0,01 mm Durchmesser, welche Bestandteil des → *Schluffes* ist. Die S.-Fraktion ist in äolischen Sedimenten (→ *Löß*) mit einem Korngrößenmaximum vertreten.

Staubewässerung: der Stau von oberirdischen Gewässern mit dem Ziel der unter- und oberirdischen Verteilung von Bewässerungswasser.

Staubhaut: verkitteter → *Staub*, der in semiariden bis ariden Gebieten die Erdoberfläche vor → *Deflation* schützt. Dabei orientiert sich die Staubverbreitung nicht nur an den Windrichtungen, sondern auch an den Substratgrenzen im Auswehungsgebiet.

Staublawine: trockene Lockerschneelawine, die weitgehend ohne Bodenkontakt, also durch die Luft wirbelnd zu Tal stürzt. S. wirken durch den Druck der Luft, die sie schlagartig verdrängen, vor ihrer Front verheerend. (→ *Lawine*)

Staubsturm: trockener heftiger Wind, der feinstes Bodenmaterial (Humusbestandteile und mineralisches Material der → *Schluff*-Korngröße) aufwirbelt und mitführt.

Staubtrombe: kleiner bodennaher Luftwirbel von wenigen Dezimetern bis Metern Durchmesser, der über dem erhitzten Boden Staub aufwirbelt (→ *Trombe*, → *Windhose*, → *Tornado*).

Stauchendmoräne (Deformationsendmoräne, Stauendmoräne): Typ der → *Endmoräne*, der besonders in der Vorrückphase eines Gletschers – sowohl bereits abgelagerte ältere Moränen als auch Material des präglazialen Untergrundes aufschieben und/oder aufpressen kann. Die Sedimente erhalten eine falten- bis schuppenartige Struktur, die eine Form der → *Pseudotektonik*, die → *Glazialtektonik*, entstehen läßt.

Stauchmoräne (Staumoräne): durch → *Glazialtektonik* gestauchte Moräne, überwiegend bei → *Stauchendmoränen* anzutreffen.

Staudamm: Erd-, Stein- oder Stahlbetonmauer, die ein Tal zur Wasserspeicherung absperrt. Die Errichtung von S. erfolgt zum Zwecke der Wasserspeicherung für Wassermangelzeiten (Trinkwasserversorgung, Bewässerung) oder/und zur Betreibung eines → *Speicherkraftwerkes* zur Stromerzeugung.

Staudenwald: Wald, der aus Sträuchern und überwiegend Weichhölzern, wie Birke, Erle, Hasel und Weide, zusammengesetzt ist, deswegen geringe Höhen erreicht und gebüschartigdicht ist. Auch → *Niederwälder* können in jüngeren Entwicklungsstadien S.-Charakter aufweisen.

Staudüne: großer Sandsedimentationskörper mannigfacher Form, der Höhen bis 200 m erreicht und durch unregelmäßig wehende Winde und/oder über unruhigem Untergrundrelief entsteht, z. T. in kettenförmiger Anordnung.

Staueffekt: Einfluß der Gebirge auf heranströmende Luftmassen, die durch das Hindernis zum Aufsteigen gezwungen werden, wobei Wolken- und Niederschlagsbildung (orographische Niederschläge) stattfindet.

Staugley (Pseudogley): Bodentyp, der durch einen Wechsel von starker Nässe infolge im Profil gestautem Wasser und relativer Austrocknung geprägt ist. S. entstehen durch gehemmte Sickerung, wobei die Ursache ein verdichteter Stauhorizont im Unterboden (z. B. durch Tonanreicherung bedingt) oder die generell schlechte Durchlässigkeit eines toniglehmigen Substrats sein kann. Im Normalfall folgt unter einem humosen A-Horizont der fahl gebleichte, teilweise schlierige Stauwasserbereich (S_w-Horizont), in dem das rückgestaute Wasser frei beweglich ist. Darunter liegt die verdichtete Stausohle (S_d-Horizont), welche intensive Fleckung durch Eisen- und Mangankonkretionen und Schlierung zeigt (→ *Marmorierung*). Der Wasserhaushalt der S. ist in Andauer und Tiefgründigkeit der Vernässung von Standort zu Standort unterschiedlich. Sie sind sauer und meist relativ nährstoffarm. In typischer Form entwickeln sich S. aus → *Parabraunerden* und → *Fahlerden* als Endpunkt einer Bodenentwicklungsreihe.

Staukuppe: durch → *Vulkanismus* und damit verbundene → *vulkanogene Prozesse* entstandene Vulkanform. Sie setzt eine zähflüssige Lavaförderung voraus, wobei aus dem Schlot zunächst eine Aschendecke ausgestoßen und ausgebreitet wurde, in die in einer zweiten Ausbruchsphase das zähe Magma eindringt und sie durchstößt. Wegen der Zähigkeit der → *Lava* kommt es jedoch nicht zu deren seitlichem Abfließen. Mit ihr verwandt ist die → *Stoßkuppe*.

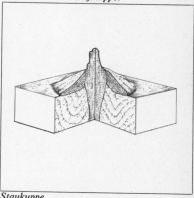

Staukuppe

Stauniederschläge: → *Steigungsregen*, die durch das Aufhalten von Luftmassen an Gebirgen entstehen.

Stauquelle: Wasseraustritt an einer gefällwärts auftretenden Grenze zwischen einem wasserdurchlässigen und einem wasserundurchlässigen Gestein (z. B. an einer → *Verwerfung*). (→ *Quelle*)

Stausee: durch natürliche (Bergsturz, Moränen, Schwemmkegel, Gletschereis) oder künstlich Abdämmung einer Hohlform oder eines Tales entstandener See. (→ *Moränenstausee*, → *Eisstausee*)

Staustufe: in Flüssen oder Kanälen senkrecht zur Strömung errichtete Mauer, an der der Höhenunterschied zwischen Ober- und Unterwasser deutlich wird. Mit Hilfe von S. kann die Wassertiefe relativ gleich gehalten werden, so daß in Verbindung mit → *Schiffshebewerken* eine Schiffahrt möglich ist. Mit den im Bereich der S. eingebauten → *Laufwasserkraftwerken* kann darüber hinaus Strom erzeugt werden.

Stauwasser (Staunässe): auf einer undurchlässigen oder wenig durchlässigen Sohle in Oberflächennähe (in der Regel oberhalb 1,5 m unter Flur) gestautes Wasser, welches aus dem Standortniederschlag stammt und periodisch im Sommer verschwindet. Das S. ist ein Sonderfall des im allgemeinen mächtigeren und tiefer gehenden → *Grundwassers*.

Stauwehr: bauliche Einrichtung zum Aufstauen von Flüssen. Mit Hilfe von S. kann die Fließgeschwindigkeit vermindert und somit bei starken Niederschlägen (oder Schneeschmelze), die Überschwemmungsgefahr vermindert werden. Vor allem wird die oft starke Erosion des Wassers eingeschränkt.

stehende Falte (aufrechte Falte): durch gleichmäßige Biegung infolge beidseitig Druckes entstehende → *Falte* mit praktisch senkrechten Achsenflächen und symmetrisch zu den Muldenachsen einfallenden Schenkeln.

Steigungsregen: Niederschläge an Gebirgen, die durch aufsteigende feuchte Luftmassen verursacht werden, deren Wasserdampf durch die → *adiabatische* Abkühlung (→ *Relative Luftfeuchte,* → *Taupunkt*) kondensiert und ganz oder teilweise ausregnet.

Steilhang: weist Hangneigungen zwischen 16–60° auf, wobei der Neigungsbereich 36–60° übersteil gilt. Bei mehr als 60° geneigten Hängen spricht man von → *Wand.*

Steilküste: steil zum meist tiefen Wasser abfallende Küste. Sie unterliegt der Brandungswellenarbeit, d. h. der marinen Erosion und Denudation, also der → *Abrasion.* So entsteht ein → *Kliff,* das durch die Brandungserosion sukzessive zurückverlegt wird. Es entwickelt sich allmählich eine charakteristische Abfolge von Formen, soweit der Wirkungsbereich des Wassers reicht.

Steilrelief: unscharfe Bezeichnung für steilhängige Vollformen verschiedenster Größenordnung, die dem → *Flachrelief* gegenübergestellt wird. S. gehen auf hangdenudative und/oder erosive Zerschneidungsprozesse zurück.

Steine: Gesteinsstücke von 6 mm bis 20 cm Durchmesser. (→ *Bodenart,* → *Block*)

Steineis: fossiles Bodeneis (→ *Permafrost*), das während der letzten Hauptvereisung im → *Pleistozän* gebildet wurde und sich bis heute erhalten hat.

Steinellipse: ein → *Frostmusterboden,* bei dem → *Steinringe* bzw. Steinpolygone infolge Gefällszunahme auseinandergezogen werden.

Steingirlande: gehört zu den → *Girlandenböden,* bei denen eine Sonderung von Schutt und Feinerde eintreten kann, wobei Feinerdefelder von S. eingerahmt werden.

Steinkern: Erhaltungsform eines → *Fossils.* Dabei wurde der Hohlraum eines Organismus von Gesteinsmasse ausgefüllt, die nach diagenetischen Prozessen den Körper als S. erhält, während die organischen Teile bei der → *Fossilisation* zerstört wurden.

Steinkohlenbergbau: Bergbau auf der Grundlage der Steinkohle, einem tiefschwarzen fossilen Brennstoff, der aus dem Prozeß der → *Inkohlung* hervorgegangen ist. Den S. gibt es als → *Tagebau* (z. B. in den Appala-

chen) oder als → *Untertagebau,* wie im nördlichen Ruhrgebiet, wo inzwischen Tiefen von über 1 200 m erreicht wurden.

Steinkohleneinheit (SKE): Maßeinheit für den Vergleich des Energiegehaltes von → *Primärenergieträgern.* Es entspricht 1 kg SKE dem Steinkohlewärmeäquivalent von 7 000 kcal/kg = 29,3 MJ/kg = 8,141 kWh. (→ *Rohöleinheit*)

Steinlage (stone line): beschreibender Begriff für lagenförmige Anordnung von Gesteinsbändern, die sich meist aus Grobsedimentkomponenten bis um Kopfgröße zusammensetzen und die in Lockersedimentdecken, auch verfestigten, eingebettet sind. Die S. treten im Profil meist als leicht gewellte Bänder auf. Die Genese der in den Tropen häufig vorkommenden S. ist nicht geklärt, weil lokal verschiedene Ursachen dafür in Frage kommen, wie Massenbewegungen an Hang, Überlagerung durch oberflächliche Abspülung und/oder Umlagerung durch Spülprozesse. Zum Teil handelt es sich um Verwitterungsresiduen.

Steinlawine: → *gravitative Massenbewegung,* bei der Steine und Blöcke in großer Zahl gleichzeitig und plötzlich bewegt werden. Die S. stellt einen „großen" → *Steinschlag* dar.

Steinnetz: beschreibender Begriff für jene → *Frostmusterböden,* die aus → *Steinringen,* → *Steinellipsen* und/oder → *Steinpolygonen* bestehen, die sich in Vielzahl zu einem S. anordnen können.

Steinpflaster (Pflasterboden): allgemein Anreicherung von Grobsedimentkomponenten an der Erdoberfläche in pflasterartiger Anordnung. S. entsteht durch Anreicherung infolge Ausblasung von Feinsedimenten durch Wind, so daß eine relative Anreicherung der Grobkomponenten zustande kommt. Das S. tritt in pleistozänen Sedimenten und in rezenten Wüsten auf. Die Einzelstücke des S. wurden durch Windschliff oft zu → *Windkantern* umgestaltet.

Steinpolygon: ein → *Frostmusterboden* mit polygonaler Gestalt, verwandt dem → *Steinring* und der → *Steinellipse,* die z. B. dadurch zustande kommt, daß die Ringe mit ihren Außenseiten aufeinander zuwachsen. S. werden oft auch nur als Steinring bezeichnet.

Steinring: ein → *Frostmusterboden,* bei dem ringförmige Sortierungen des Grobmaterials erfolgen, mit zahlreichen Übergängen zu → *Steinpolygonen* und → *Steinellipsen.* Dabei ist der eckige Schutt ringförmig um einen Feinerdezentralbereich angeordnet, plattige Komponenten sind oft hochkant gestellt. Die Durchmesser der S. sind sehr verschieden und hängen von der Häufigkeit des → *Frostwechsels* ab. Kleinformen finden sich in tropischen Hochgebirgen mit tageszeitlichem Frostwechsel, Großformen – mit mehreren Metern Durchmesser – in polaren Breiten.

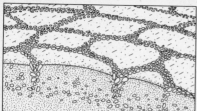

Steinringe

Steinrücken: im Zusammenhang mit → *Akkerterrassen* bzw. → *Rainen* entstandene Wälle, auf denen → *Lesesteine* zusammengetragen werden.

Steinsalz (Halit): gesteinsbildendes Mineral der Zusammensetzung NaCl (Natriumchlorid). S. gehört zu den → *Evaporiten* und kommt in unterirdischen, z. T. mächtigen Salzlagerstätten vor. Unter ariden und semiariden Klimabedingungen reichert sich S. auch als Ausblühung oder Krustenbildung auf der Bodenoberfläche oder im Boden an (→ *Salzböden*). Das S. ist das mengenmäßig dominierende → *Salz* im Meer und in Salzseen.

Steinschlag: Absturz einzelner Gesteinstrümmer, die sich durch → *Frostsprengungsverwitterung* oder bei Durchfeuchtung aus Felswänden lösen. Die Steinschlaghäufigkeit ist z. T. tages- und jahreszeitlich geregelt, vor allem wenn Verwitterungsumschwünge einsetzen oder Felswände intensiv bestrahlt werden. Der S. erfolgt oft in → *Steinschlagrinnen*. Erreicht er größere Ausmaße, wird er als → *Steinlawine* bezeichnet.

Steinschlagrinne: sehr enge, steile Tiefenlinie, die vom → *Steinschlag* benützt wird und die sich an Steilhängen in Klüften, Rissen und Spalten ausbildet. Durch die mechanische Beanspruchung der Rinnen, zusammen mit dort stattfindenden Verwitterungsprozessen, können sich die S. vergrößern. Unterhalb der S. bauen sich → *Schutthalden* bzw. → *Schuttkegel* und → *Schuttfächer* auf.

Steinsohle: fossilisiertes → *Steinpflaster* bzw. → *Steinlage*. S. müssen als vorzeitliche Landoberflächen betrachtet werden, auf denen Abtragungsprozesse – vor allem → *Deflation* – erfolgte.

Steinstreifen: ein → *Frostmusterboden*, der aus → *Steinpolygonen* bzw. → *Steinringen* an Hängen entsteht, wo zunächst bei geringerem Gefälle → *Steinellipsen* gebildet werden, die mit Intensivierung der → *Solifluktionsbewegung* an stärker geneigten Hangstücken schließlich zu S. auseinandergerissen werden.

Steinwüste (Gesteinswüste): der → *Sandwü-*

ste gegenübergestellter und inhaltlich verschieden gefüllter Begriff als zusammenfassende Bezeichnung für sämtliche S., d. h. → *Hamada* und → *Serir*. Der Begriff S. wird auch ausschließlich begrenzt auf die Hamada mit ihren eckigen Gesteinskomponenten.

Stellenäquivalenz: Erscheinung, daß zwei oder mehrere Arten, die dem gleichen Lebensformentyp angehören, in → *Isozönosen* räumlich und funktional die entsprechende → *Nische* einnehmen, daß sie sich also in den → *Biozönosen* vertreten.

Stellplatz: in der Terminologie der Stadtplanung die Bezeichnung für einen in Verbindung mit einer baulichen Anlage errichteten Auto-→ *Parkplatz*. Der S. dient entweder den Anwohnern oder den Nutzern des Gebäudes (z. B. Kunden eines Geschäfts) als Abstellfläche.

Stellung im Beruf: wirtschaftlich/arbeitsrechtliche Stellung, die eine Erwerbsperson in ihrem Beruf bzw. an ihrer Arbeitsstätte einnimmt. In der amtlichen Statistik der Bundesrepublik Deutschland werden nach der S. im B. → *Selbständige*, → *mithelfende Familienangehörige*, Arbeiter, Angestellte und Beamte unterschieden. Die Zusammensetzung einer Bevölkerung nach der S. im B. kann wichtige Hinweise auf ihre → *Sozialstruktur* geben.

Stelzwurzeln: vor allem bei der → *Mangrove* auftretende Wurzeln. Sie dienen als Stütze und zur Atmung; sie finden sich aber auch bei einzelnen Bäumen des immerfeuchten tropischen Regenwaldes und zwar bei Arten der unteren Baumschicht.

Stelzwurzeln

stenobath: Organismen, die nur innerhalb einer bestimmten Tiefenschicht im Lebensraum Wasser vorkommen. Der Gegensatz ist → *eurybath*.

stenochor: Organismen mit enger (geographischer) Verbreitung. Gegensatz ist → *eurychor.*

stenochron: Tiere, deren Aktivität auf bestimmte Jahresabschnitte beschränkt ist. Gegensatz ist → *eurychron.*

stenohalin: geringe Reaktionsbreite von Organismen gegenüber dem Salzgehalt in aquatischen Ökosystemen. Gegensatz ist → *euryhalin.*

stenohygr (stenohydr): Organismen, die eine kleine ökologische Amplitude gegenüber dem Wassergehalt bzw. Feuchtigkeitsdifferenzen haben. Gegensatz ist → *euryhygr.*

stenoion: Organismen, die gegenüber Schwankungen der Wasserstoffionenkonzentration ihres Milieus eine sehr geringe Reaktionsbreite haben. Der Gegensatz zu s. ist → *euryion.*

stenök (stenotyp): Organismen, die allgemein geringe Schwankungen von für sie wichtigen ökologischen Randbedingungen ertragen können. S. Organismen findet man daher nur in besonderen Ökosystemtypen. Der Gegenbegriff ist → *euryök.*

stenophag: Nahrungsspezialisten, die nur eine geringe → *Nahrungsbreite* aufweisen. Gegensatz ist → *euryphag.*

stenophot: Organismen, die nur einen geringen Bereich der Beleuchtungsintensität ertragen können. Gegensatz ist → *euryphot.*

stenoplastisch: Sammelbegriff, der besagt, daß ein Organismus in einem Ökosystem nur dann leben kann, wenn die Grenzwerte eines oder mehrerer für ihn unabdingbarer Umweltfaktoren nahe beieinander liegen, z.B. kann eine Spezies stenohalin, stenophot usw. sein.

stenotherm: Organismen, die sowohl nur innerhalb eines geringen Temperaturbereiches leben als auch nur geringe Temperaturschwankungen ertragen können. Gegensatz ist → *eurytherm.*

stenoxibiont: Organismen, die nur eine geringe Reaktionsbreite gegenüber Sauerstoffgehaltsschwankungen im Wasser aufweisen. Gegensatz ist → *euryoxibiont.*

stenotop: Organismen, die nur in besonders ausgestatteten Ökosystemen bzw. → *ökologischen Nischen* vorkommen können. Bezieht sich die Bezeichnung nur auf das Ertragen der Umweltbedingungen durch den Organismus, wird von → *stenök* gesprochen. Gegensatz ist → *eurytop.*

Stenotopismus: das räumlich beschränkte Vorkommen von Tier- oder Pflanzenarten sowie deren Vergesellschaftung auf räumlich eng begrenzte Areale wegen ihrer geringen Anpassungsfähigkeit an die Umweltfaktoren. Gegensatz ist → *Eurytopismus.*

stenozon: Organismen, deren Verbreitung auf eine bestimmte Höhenstufe im Gebirge begrenzt ist. Der Gegensatz zu s. ist → *euryzon.*

Stephanian (Stefan): Stufe des oberen → *Karbon* die von 295 bis 280 Mill. Jahre v.h. dauerte und unmittelbar dem → *Perm* vorausgeht.

Steppe (Xeropoium): im allgemeinen baumarme bis baumfreie Vegetationsformation, die von den Gräsern bestimmt wird, die zusammen mit Stauden, → *Geophyten* und → *Annuellen* eine Pflanzendecke bilden, die einen jahreszeitlich bedingten Aspektwechsel aufweist. Hauptgräser sind *Festuca, Stipa* und *Andropogon.* Die S. gehören außertropischen Klimazonen an. Sie finden sich demzufolge auch in den → *Subtropen* als Übergangsbereich von den → *Wüsten.* Typisch für sie sind sommerliche Trockenzeit und geringe Jahresniederschläge (ca. 400–600 mm). Nach den Niederschlägen richtet sich die Zusammensetzung der Vegetation, ebenso nach den thermischen Verhältnissen, die bei den kontinentalen S. Eurasiens extremer als in den tropischen S. sind, wo die Temperatur nur bedingt als begrenzender ökologischer Faktor auftritt. Vegetationszeit der S. sind die Frühjahrs- und Frühsommermonate, während vom Spätsommer bis zum Herbst Trockenruhe herrscht. Für die kontinentalen S. sind kalte, schneereiche Winter charakteristisch. Autochthone Fließgewässer sind selten. Meist handelt es sich um → *Fremdlingsflüsse,* die aus anderen, feuchteren Klimazonen in die S.-Zone hineinfließen. Die Bezeichnung S. wird überwiegend auf Südosteuropa bis Südsibirien sowie auf entsprechende Vegetationsformationen in Nord- und Südafrika sowie in Australien angewandt. Die nordamerikanischen S. sind die → *Prairien* und in Südamerika die → *Pampas.* Der Lebensraum S. war ursprünglich mit einer reichen Fauna auch Großtieren, ausgestattet. Heute charakterisiert ihn nur noch eine sehr differenzierte und spezialisierte Bodenfauna, vor allem Gräber und Wühler, die auch an der Weiterentwicklung des typischen S.-Bodens, der → *Schwarzerde,* beteiligt sind. Die Zerstörung von Flora, Fauna und Boden geht auf die weltweite Nutzung der S. für Getreideanbau und Großviehzucht zurück. In den S. ist die → *Bodenerosion* besonders intensiv. Wie die Gliederung der Prairie in → *Langgras-Prairie* und → *Kurzgras-Prairie* zeigt, weist die Ausbildung der Vegetation enge Beziehungen zu den Niederschlagseinkommen auf. Darauf basiert auch die Hauptunterscheidung der S. in Gras-, Baum- und Wald-S. Die Gras-S. werden von ausdauernden, winterharten und dürreresistenten Gräsern beherrscht, denen Bäume fehlen (osteuropäisch-südsibirische S., Prairien, Pampa). Die Strauch-S. weist erste Holzgewächse auf, ohne daß Bäume auftreten. Sie ist in den Randbereichen der Gras-S. verbreitet. Die

Strauch-S. geht dann in die Baum-S. über, wo an Gunststandorten einzelne oder in Trupps vorkommende Bäume auftreten. Sie stellt den Übergangsbereich zur Wald-S. dar, die sich durch lockere Wäldchen auszeichnet, die auf edaphischen und mikroklimatischen Gunststandorten auftreten und die als Vorläufer des Laubwaldgürtels gilt. Ihre Eigenständigkeit als Vegetationsformation ist gelegentlich umstritten. In Wald-S. treten Stieleiche, Ulme und verschiedene Wildobstarten als wichtigste Gehölze auf. Ebenfalls eine Übergangsformation stellt die → Wüstensteppe dar, die z. T. durch die → Salzsteppe repräsentiert ist. Der Begriff S. wird sehr vielfältig, auch für andere Vegetationsformationen und nutzungsbedingte Landschaftstypen, eingesetzt. Lange Zeit wurden die offenen Grasfluren der tropischen → Savannen als S. bezeichnet. Auch die → Tundra und vergleichbare Vegetationsformationen in Höhenstufen der Hochgebirge wurden als Kälte-S. bezeichnet. S.-Landschaften in Gebirgen oder Hochländern, wie in Vorder- und Zentralasien, bezeichnet man als Gebirgs-S. Stark genutzte Agrarlandschaften, in denen die ursprüngliche Vegetation ausgeräumt wurde, bezeichnet man als Kultur-S.

Steppenböden: Sammelbezeichnung für Böden, die im sommertrockenen Kontinentalklima unter der Vegetation der → Steppe entstehen und bei denen der Abbau der organischen Substanz durch kälte- und trockenheitsbedingte Ruhephasen der Mikrobentätigkeit im Boden (aber auch der übrigen Bodenfauna) gehemmt ist. Dadurch kommt es zu tiefgründigen und humusreichen Böden, die eine klimazonale Zuordnung von der angrenzenden gemäßigten Zone mit Laubwald bis zur angrenzenden Wüste mit ständiger Aridität erkennen lassen. Dazu gehören z. B. die → Schwarzerde, der → Kastanozem und die → Steppenbleicherde.

Steppenheide: strauch- und baumarme Vegetationsformation auf Fels- und/oder Trockenstandorten in Mitteleuropa, die sich durch zahlreiche kontinental-osteuropäische Arten auszeichnet und eine inselartig verbreitete extrazonale Vegetation Mitteleuropas darstellt, die auch zahlreiche exotherme Arten der Mediterranis enthält. Ihr Vorkommen wird mit der → Steppenheidetheorie erklärt.

Steppenheidetheorie: zur Erklärung der mitteleuropäischen Kulturlandschaftsgeschichte auf pflanzengeographischer Grundlage entwickelte Auffassung. Sie geht von der Beobachtungstatsache aus, daß Siedlungen der Jungsteinzeit und der Bronzezeit überwiegend im Verbreitungsareal der → Steppenheide auftreten. Nach der S. sollen diese Gebiete während des Klimaoptimums im → Postglazial überwiegend waldfrei gewesen sein oder allenfalls den lichten → Steppenheidewald getragen haben, der den Neolithikern die Landnutzung ermöglichte. Mit feuchteren postglazialen Klimaabschnitten hätte sich der Wald ausbreiten können, was aber - nach der S. - durch die permanente ackerbauliche Nutzung dieser offenen Landschaften verhindert wurde. Die → Pollenanalyse, welche die Wald- und Klimaentwicklung des → Postglazials genauer darstellt, widerlegte die S. in ihrer ursprünglichen Fassung. Die Übereinstimmung der Altsiedelräume mit den Steppenheidearealen kann jedoch durch die düngerlose Feldgraswirtschaft erklärt werden, die nur auf kalkreichen Böden möglich war, weil auf ihnen Kleearten und andere Schmetterlingsblütler den Boden mit Stickstoff auf natürliche

Steppenheidetheorie

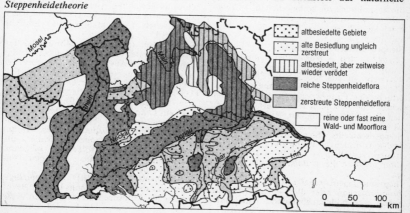

altbesiedelte Gebiete

alte Besiedlung ungleich zerstreut

altbesiedelt, aber zeitweise wieder verödet

reiche Steppenheideflora

zerstreute Steppenheideflora

reine oder fast reine Wald- und Moorflora

0   50   100 km

Weise düngten. Diese Landschaften mit kalkreichen Böden weisen aber zugleich auch die trockensten Standorte auf, die von der Steppenheide bevorzugt werden. Dies erklärt im übrigen, daß auch hochgelegene, winterkalte Landschaften Mitteleuropas, wie Hochalb und Baar, Altsiedelräume waren.

Steppenheidewald: vermutlich Sukzessionsstadium der → *Steppenheide,* aus der sie sich über Gebüschstadien zu wärmeliebenden Eichenmischwäldern entwickelt. Zu ihnen gehören submediterrane Flaumeichenwälder und wärmeliebende kontinentale Eichmischwälder, die sich aus kurzstämmigen, z. T. verkrüppelten Bäumen geringer Höhe zusammensetzen. Wegen der Lichte der S. ist eine üppige Strauch- und Staudenschicht möglich. Da die Beleuchtungswirkung bis auf den Erdboden reicht, findet sich eine reiche Kraut- und Trockenrasenbodenschicht. Die S. kommen in Mitteleuropa als Relikte vor, die mit der → *Steppenheidetheorie* erklärt werden. Ansonsten sind sie geschlossen am Nordrand des Mittelmeergebietes verbreitet, wo sie den charakteristischen Waldbestand der unteren montanen Stufe der Gebirge bilden. Während die mediterranen Vorkommen als zonal zu bezeichnen sind, sind die mitteleuropäischen S. extrazonal. Sie finden sich, wie die → *Steppenheide* selber, auf nährstoffreichen, wenngleich flachgründigen Böden an trockenen und/oder mikroklimatisch begünstigten Standorten.

Steppenklima: kontinentales, durch Hochdrucklagen geprägtes trockenes Klima mit warmen bis heißen Sommern und kalten Wintern. Die Jahresniederschlagsmenge von 300–450 mm fällt vor allem im Frühjahr und Herbst. Die Sommer sind trocken und haben einen sehr hohen Verdunstungsüberschuß. Dürrejahre treten mitunter auf. Typisch für die S. sind auch die sommerlichen → *Staubstürme.* Im Winter liegt eine meist geringmächtige Schneedecke, welche 50–150 Tage anhält.

Steppennomaden: → *Nomaden,* die im Gegensatz zu den → *Wüstennomaden* ihren Lebensraum in der Steppe haben. Bei den S. überwiegt bereits die Schaf-, Ziegen- und Pferdehaltung die Kamelhaltung. Teilweise erlaubt der Futterwuchs der Steppen auch schon eine bescheidene Rinderhaltung. Zu den S. gehören Mongolen, Kirgisen, Berber usw.

Steppenschlucht: Sammelbezeichnung für Erosionsformen in leicht abtragbaren Substraten, vor allem → *Löß,* in → *Steppen.* Zu ihren gehören die → *Balki* und die → *Owragi.*

Steppenumlagewirtschaft: wie die → *Moorbrandwirtschaft* oder die → *Waldbrandwirtschaft* eine bodenausbeutende Wirtschaftsform. Bei der S. tritt neben einer extensiven Weidewirtschaft ein → *Wanderackerbau* auf. Wegen der mangelnden Bodenbearbeitung und der fehlenden Düngung muß nach 2 bis 4 Jahren das Ackerstück auf eine andere Naturweidefläche verlegt werden.

Steppenweidewirtschaft: extensive Weidewirtschaft, die in vielen Fällen auch marktorientiert betrieben wird. Die S. untergliedert sich in die wilde S., die arbeit- und kapitalextensiv ist und keine Hirtenaufsicht erfordert, die freie S., meist mit Wollschafen und unter Hirtenaufsicht und die Kamp- oder Paddockwirtschaft, bei der durch das Einzäunen der Weideflächen (Kapitalinvestition) die Hütearbeit entfällt.

Sterbetafel (Absterbeordnung): in der Demographie eine aufgrund der bisherigen → *Sterbeziffern* berechnete Aufstellung, aus der hervorgeht, in welchem Lebensalter wieviele Angehörige eines Altersjahrgangs nach den Gesetzen der Wahrscheinlichkeit sterben werden. Zur besseren Vergleichbarkeit werden S. in der Regel auf 100 000 der Ausgangsbevölkerung bezogen. Wegen der geschlechtsspezifischen Sterbeziffern werden S. für Männer und Frauen getrennt berechnet. Aus der S. läßt sich für jedes vollendete Lebensjahr die Zahl der Überlebenden, die → *Sterbewahrscheinlichkeit* bis zum nächsten Jahr sowie die durchschnittliche → *Lebenserwartung* im betreffenden Alter entnehmen.

Sterbeüberschuß: Überwiegen der Sterbeüber die Geburtenzahl in einem bestimmten Raum, in der Regel auf ein Kalenderjahr bezogen. Durch S. ergibt sich ein negativer Saldo der natürlichen → *Bevölkerungsentwicklung* und somit ein Rückgang der Bevölkerungszahl, wenn er nicht durch einen Wanderungsüberschuß ausgeglichen wird.

Sterbewahrscheinlichkeit: der einer → *Sterbetafel* zu entnehmende Anteil von Personen eines ausgewählten Altersjahrgangs, die bis zu einem bestimmten Lebensalter nach den statistischen Gesetzmäßigkeiten gestorben sein wird.

Sterbeziffer (Sterberate, Mortalitätsziffer, Mortalitätsrate, Todesrate): Maßzahl für den zahlenmäßigen Ausdruck der → *Sterblichkeit* in einem bestimmten Raum. Die S. wird errechnet aus der Zahl der Gestorbenen pro 1 000 der mittleren Wohnbevölkerung in einem Kalenderjahr. Sie ist für einen Raum, z. B. ein Land, hauptsächlich vom Altersaufbau sowie von den Lebensverhältnissen und dem Gesundheitszustand der Bevölkerung abhängig. Neben der rohen S. für die undifferenzierte Gesamtbevölkerung berechnet man alters-, geschlechts-, gruppen- und schichtenspezifische S.

Sterblichkeit (Mortalität): zahlenmäßiger Ausdruck des Sterbevorgangs in der Bevölkerung als Teilprozeß der natürlichen → *Bevölkerungsbewegung.* Die S. wird durch die

Zahl der Todesfälle pro Jahr, insbesondere aber durch die → *Sterbeziffer* ausgedrückt; sie differiert regional entsprechend dem Altersaufbau und dem Gesundheitszustand einer Bevölkerung. Für spezielle Fragestellungen ist die alters-, geschlechts- oder sozialgruppenspezifische S., ausgedrückt durch die Sterbeziffern, von Interesse.

Sterndüne: Sonderformen der → *Dünen* und Sammelbezeichnung für → *Netzdünen* und → *Pyramidendünen*, die über ein regelmäßiges Muster verfügen und deren Einzelteile sternförmige Gestalt aufweisen, die vermutlich durch senkrecht zueinander liegende Windrichtungen zustande kommt. Die Begriffe S., Pyramidendüne und Netzdüne sind geomorphographischen Charakters, ohne Bezug zur Entstehung. Als Begriffshierarchisierung bietet sich an: S.- und Pyramidendüne können als formähnlich bis -gleich gelten. Beide Begriffe werden für Einzelformen angewandt. Hängen die Einzelpyramiden- und/oder Einzelsterndünenformen untereinander zusammen, bilden sie in jedem Fall Netzdünen.

Sterndünen

Sterntag: Zeitdauer zwischen zwei aufeinanderfolgenden Kulminationen eines Fixsterns. Der S. dauert 23 Stunden 56 Minuten 4 Sekunden und entspricht der wahren Umlaufzeit einer einmaligen Erddrehung. Der unserer Zeiteinteilung zugrunde liegende → *Sonnentag* ist wegen der Bewegung der Erde um die Sonne 4 Minuten länger.

Steuerkraftzahl: Meßziffer, die die Steuereinnahmen von Gemeinden zum Zwecke eines gerechten Finanzausgleiches mit Hilfe sog. Nivellierungssätze bundesweit vergleichbar macht. Die Berechnung der S. erfolgt vor allem durch die statistischen Ämter. Die gemeindlichen S. sind fiktive Zahlen, die nur in Ausnahmefällen mit der Wirklichkeit (Realsteuereinnahmen) übereinstimmen und deshalb nur zum Vergleich geeignet sind.

Stichbahn: Bahnlinie, die nicht dem Durchgangsverkehr dient, sondern an einer Endstation mit einem Kopfbahnhof endet. Während der Zeit des Eisenbahnausbaus im 19. Jh. wurden insbesondere im ländlichen Raum viele kleinere Städte und Märkte durch S. an die Hauptlinien angebunden. Heute sind die meisten S. wegen geringen Verkehrsaufkommens stillgelegt oder von der Betriebseinstellung bedroht.

Stichkanal: künstliche Wasserstraße, die nicht dem Durchgangsverkehr dient, sondern blind endet und einen landeinwärts gelegenen Hafen oder einen Raum an eine Binnenwasserstraße oder an das offene Meer (→ *Seekanal*) anschließt. Z. B. sind mehrere Industriestandorte durch S. an den Mittellandkanal angeschlossen.

Stickstoff (N_2): Hauptbestandteil im Gasgemisch der Luft mit einem Anteil von 78 Vol.-% und wichtiges → *Hauptnährelement* aller Organismen (Baustein der Eiweißgruppe). S. kommt in mineralischer Form als N_2, NH_3 (Ammoniak), NH_4 (Ammonium), NO_2 (Nitrit und NO_3 (Nitrat) vor. Er ist ein zentrales Element im Stoffhaushalt der → *Ökosysteme* (→ *Stickstoff-Kreislauf*) und wurde, da er in Mineralen relativ selten auftritt, auf der Erdoberfläche und im Wasser fast ausschließlich biotisch angereichert. Wegen seiner großen Bedeutung für das Pflanzenwachstum ist der S. ein wichtiger Dünger. Durch Luftstickstoffbindung (vor allem durch Knöllchenbakterien in Wurzeln von Leguminosen) wird er auf natürlichem Wege im Humus angereichert. Die S.-Verfügbarkeit in verschiedenen → *Humusformen* ist in Abhängigkeit von den Standortbedingungen sehr unterschiedlich.

Stickstoff-Kreislauf: die stetige Wanderung und Umlagerung des Bioelementes Stickstoff im System Atmosphäre-Biomasse-Boden. Der S.-K. besteht im wesentlichen aus drei „Speichern", nämlich dem unerschöpflichen Reservoir des Luftstickstoffs (N_2 = 78 Vol.-% der Luft), dem in den Lebewesen fixierten Stickstoff und dem Stickstoff der toten Biomasse und der Humussubstanzen auf und im Boden, zwischen denen durch chemische Umsetzungsvorgänge ein stetiger Stickstofftransport bzw. Austausch stattfindet. Die wichtigsten Glieder sind dabei: Oxidation von Luft-Stickstoff durch elektrochemische Prozesse (z. B. Blitz), Bindung von Luft-Stickstoff im Boden durch Mikroorganismen, Aufnahme von Stickstoff durch die Pflanzen (und Tiere), Mineralisierung und Nitrifikation von Stickstoff aus der toten Biomasse durch Mikroorganismen, Auswaschung von Stickstoff mit dem Sickerwasser, Freiwerden von gasförmigem Stickstoff (NO_x, NH_3) durch Verbrennung.

Stillegungsquote: der in Prozentwerten ausgedrückte Anteil stillgelegter Werke an der Gesamtzahl der Werke, z. B. in der Industrie.

Stillstandslagen: nicht zu Endmoränen, sondern zu → *Rückzugsmoränen* führende Eisrandlage. Eisstillstand ist ein relativer Zustand, der besonders für vorzeitliche Gletscher des → *Pleistozäns* schwer zu belegen ist.

Stillwasser: im Gezeitenrhythmus (→ *Gezeiten*) der kurze Zeitraum beim Umkehren des

Gezeitenstromes von der → *Flut* zur → *Ebbe* und umgekehrt.

Stirn: 1. vorderer Randbereich eines Gletschers.

2. vorderer Abfall einer → *Landstufe* im Sinne der → *Stufenstirn.*

Stirnmoräne: wenig präzise Bezeichnung für → *Moräne,* die sich vor der Gletscherstirn befindet, die präziser mit → *Endmoräne* und ihren Subtypen bezeichnet wird.

stochastisches System: ein → *System,* bei dem die Kopplung der Kompartimente oder Teilsysteme mindestens teilweise den Charakter stochastischer Funktionen hat. Für sie ist kennzeichnend, daß die Beziehungen zwischen Inputvektor und Outputvektor Zufallscharakter aufweisen. Letztlich ist jedes System stochastisch und kann nur teilweise als determiniert betrachtet werden, d.h. die einzelnen Systemzustände folgen nicht eindeutig aufeinander. Besonders die in den Geo- und Biowissenschaften betrachteten Systeme sind indeterminiert, woraus methodische Schwierigkeiten bei der quantitativen Beschreibung von Umfang und Funktion sowie Entwicklung des Systems entstehen.

Stock: subvulkanischer Körper aus → *Tiefengestein,* der – im Gegensatz zum → *Lakkolith* –, sich mit steilen Wänden gegen das Nebengestein abgrenzt. Die S. werden nach dem Material unterschieden, wie Intrusiv- oder Eruptiv-S., die überwiegend aus Granit bestehen, Sediment-S., wie die → *Salzstöcke* und Erzstöcke.

Stockausschlag: nach dem Einschlag der Bäume aus dem verbleibenden „Stockholz", also dem Wurzelstock, erfolgender Austrieb. Damit kann man bei bestimmten Baumarten den Bestand verjüngen, z.B. bei Eiche, Eucalyptus und Teak.

Stockrodung: die Entfernung der Baumstöcke, d.h. der Wurzelholzes gefällter Bäume. Die S. wird vorgenommen, um den Boden flächenhaft bearbeiten zu können. Im Bereich von Hanglagen besteht jedoch die Gefahr der Erosion.

Stockwerkbau: 1. in den Biowissenschaften die → *Schichtung* der Vegetation, z.B. eines Waldes.

2. in den Geowissenschaften die Anordnung raumfunktionaler Phänomene in der Vertikalen, d.h. differenziert nach dem → *hypsometrischen Formenwandel,* wie Höhenstufung der Vegetation, des Klimas oder höhenstufengebundener wirtschaftlicher Nutzungsformen.

3. in einzelnen Geowissenschaften der schichtenartige Aufbau eines Phänomens, z.B. in der Geomorphologie die Gliederung einer Landschaft in verschieden hochliegende Terrassen und Verebnungsflächen, in der Geohydrologie verschieden tiefliegende Grundwasserstockwerke, in der Speläologie

der S. verschiedener Höhlenniveaus mit ihnen zugeordneten Höhlengewässern.

4. Bauwerk, in dem mehrere Geschosse übereinander liegen (Mehrgeschossigkeit).

Stockwerkkultur: intensive Form der Bodennutzung, bei der verschiedene Kulturarten unterschiedlicher Wuchshöhe nebeneinander angebaut werden. Die vor allem im Mittelmeerraum zu findende S. (cultura mista) wird nicht selten bewässert und weist eine typische Dreigliederung (Gemüse oder Getreide/Wein/Fruchtbäume) auf (→ *Mischkultur*).

Stoffaustausch: in → *Ökosystemen* erfolgender Austausch und zwar sowohl in deren natürlicher Form, als auch in deren anthropogener. Sowohl der natürliche S., als auch jener, der auf die Begegnung von Natur, Technik und Gesellschaft zurückgeht, ist Gegenstand der Geo- und Biowissenschaften.

Stoffhaushalt: Haushalt eines → *Ökosystems,* der vom → *Stoffaustausch* bestimmt wird. Dabei vollzieht sich ein → *Stoffkreislauf,* bei dem gewisse Stoffumsätze erzielt werden, die man als Stoffbilanz darstellen kann. Bei den Stoffen handelt es sich um organische und anorganische Substanzen, die für die Funktion der verschiedenen Systeme sehr unterschiedliche Bedeutungen haben (können). → *Geoökologie,* → *Bioökologie,* Pedoökologie oder andere untersuchen den S. aus disziplinärem Blickwinkel, so daß meist nur Teilsysteme des gesamten Ökosystems untersucht werden.

Stoffkreislauf: der Umlauf von Stoffen, vor allem → *Nährstoffen,* im → *Stoffhaushalt.* Durch die anthropogene Veränderung der → *Ökosysteme* werden zunehmend auch Schadstoffe in den S. einbezogen, die damit Untersuchungsgegenstand von Geo- und Biowissenschaften sind. Der Begriff S. wird jedoch in Biologie, Bodenkunde und Pflanzenbau überwiegend auf einzelne Nährstoffe bezogen, wie den Stickstoff, Phosphor oder Kalium. Wichtige Teilkreisläufe in Ökosystemen sind → *Kohlenstoffkreislauf,* → *Sauerstoffkreislauf* und → *Stickstoffkreislauf.*

Stoffwechsel (Metabolismus): Gesamtheit der in einem lebenden Organismus ablaufenden chemischen Reaktionen, die sich in einem → *dynamischen Gleichgewicht* (Fließgleichgewicht) befinden. Mit dem S. ist ein Energiewechsel verbunden. Beide zusammen sind Kriterien des Lebens. Der S. ist durch zwei Hauptprozesse ausgezeichnet, die → *Assimilation* und die → *Dissimilation.*

Stoffwechselprodukte: auf den verschiedenen Stufen des → *Stoffwechsels* entstehende Produkte. Sie werden auch als → *Metabolite* bezeichnet. Diese sind sowohl Bestandteil des Stoffkreislaufs der Organismen, als auch des übergeordneten → *Stoffkreislaufs* im → *Ökosystem.*

Stollen: unterirdischer Gang, der als Hilfsbauwerk (Tunnelbau) oder z. B. als Druck-S. bei einem Wasserkraftwerk fungiert. Im Bergbau bezeichnet der Begriff S. einen Grubenbau, der von einem Hang in leicht ansteigender Weise in den Berg vorgetrieben wird (→ Stollenbau).

Stollenbau: alte Abbaumethode im Bergbau mit Hilfe des Anlegens von → Stollen. Der S. ermöglichte durch das Stollengefälle nach außen die Abfuhr des Grubenwassers. Der S. wurde z. B. im Ruhrgebiet in der Zeit zwischen des 16. Jh. bis zur ersten Hälfte des 19. Jh. betrieben (→ Schachtbau).

Stollenbewässerung: Form der → Bewässerung in ariden Bergländern. Dabei handelt es sich um kilometerlange, oft weit verzweigte unterirdische Bewässerungssysteme in Form von Stollen. Diese führen das Grundwasser aus dem Bereich der Berghänge heran. Regionalbezeichnungen der S. sind → Karez, → Foggara und → Qanat.

Stop-and-go-Verkehr: anglo-amerikanischer Ausdruck für den Kraftfahrzeugverkehr auf überlasteten Straßen. Infolge von Staus kommt es zum häufigen Wechsel von Anfahren und Anhalten mit sehr stark umweltbelastenden Auswirkungen. In Städten ist S.-a.-go-V. für die → rush-hour typisch.

Stoppelweide: die Beweidung abgeernteter Getreidefelder im Rahmen alter Flur- und Weideordnungen. Die Beweidung erfolgte hauptsächlich durch Kleinvieh (Schafe, Ziegen). Die Nutzung der S. ist heute gelegentlich noch in Mittelmeerländern zu finden.

Störung: 1. in der Geologie eine Dislokation an Gesteinsschichten. Unterschieden wird: 1.1 die Dislokation als tektonische oder atektonische Bewegung, welche die reguläre Gesteinslagerung stört, also den ursprünglichen Gesteinsverband unterbricht, was durch → Pressung (= kompressive Dislokation) oder → Zerrung (= disjunktive Dislokation) erfolgt. Dabei laufen horizontale und/oder vertikale Bewegungen ab. 1.2 die Lagerungs-S., die durch Krustenbewegungsprozesse entstand, wie → Falte, → Blattverschiebung, → Überschiebung und → Flexur. 1.3 Bezeichnung für den geotektonischen → Bruch. 2. unscharfe Bezeichnung für wandernde Tiefdruckgebiete (→ Zyklonen) bzw. deren Frontsysteme, also für mit Niederschlägen verbundene Tiefdrucklagen. 3. in der Forschung der → Ökosysteme der Geoökologie und Bioökologie jede Art von äußerer oder innerer Wirkung auf ein dynamisches → System bzw. dessen Kompartimente oder Teilsysteme. Der S., die von einer Störgröße besorgt wird, begegnet das System mit seinem → Regler.

Stoßbeben: ein → Erdbeben, das in Form einzelner Erdstöße auftritt; ihm steht das → Schwarmbeben gegenüber.

Stoßkuppe (Belonit, Lavanadel): verwandt der → Staukuppe, gegenüber dieser die Lava bereits im Schlot erstarrte. Durch Gasdruck nachträglicher Gasexplosionen wurde dann der Lavapfropfen ein Stück aus dem Schlot herausgedrückt. Erforderlich ist eine zähflüssige Förderung von → Lava.

Stoßverkehr: in täglichen oder wöchentlichen Stößen sehr hohen Verkehrsvolumens regelmäßig auftretender Verkehr mit starker Belastung der Verkehrswege. Insbesondere wird die morgendliche und abendliche Spitzenbelastung von Straßen und öffentlichen Verkehrsmitteln durch den → Pendelverkehr als S. bezeichnet.

Strafkolonie (Sträflingskolonie): → Kolonie, die hauptsächlich als Aufenthalts- bzw. Verbannungsort für Sträflinge, vielfach auch für politische Häftlinge, aus dem Mutterland genutzt wurde. Meist handelt es sich um Inseln oder Räume, die als klimatischen Gründen kaum als → Siedlungs- oder → Wirtschaftskolonien nutzbar waren. S. waren z. B. zeitweise Franz.-Guayana, Neukaledonien oder Sachalin.

Strahlenbelastung: Belastung der Bevölkerung durch natürliche Strahlung und durch Strahlung, die als Begleiterscheinung der Anwendung ionisierender Strahlen in Medizin und Technik sowie bei der friedlichen Nutzung von → Kernenergie ausgehen kann. Die durchschnittliche S. der Bevölkerung in der Bundesrepublik Deutschland liegt derzeit im Bereich der natürlichen S. bei 110 mrem/Jahr und im Bereich der kerntechnischen S. bei weniger als 1 mrem/Jahr.

Strahlenschutz: Voraussetzungen und Maßnahmen zum Schutze des Menschen vor schädlichen Wirkungen ionisierender Strahlung. Die Bundesrepublik Deutschland hat 1977 eine Neufassung der S.-Verordnung erlassen. Zusätzlich wurden zwischen 1978 und 1981 27 Durchführungsrichtlinien dazu verabschiedet.

Strahlung: im meteorologisch-klimatologischen Sinn Einstrahlung von Wärme- und Lichtenergie von der Sonne auf die Erde, Ausstrahlung von Wärmeenergie von der Erde in die → Atmosphäre und in den Weltraum und (reflektierte) Gegenstrahlung von Wärmeenergie von der Atmosphäre auf die Erde. Die eingestrahlte Energie beträgt am Oberrand der Atmosphäre 8,15 Joule $\cdot$ cm^{-2} $\cdot$ min^{-1} (Solarkonstante). In der Atmosphäre wird ein Teil der Sonnenstrahlung absorbiert und diffus gestreut. Weniger als die Hälfte der ursprünglichen Energiemenge erreicht die Erdoberfläche, und die S. gliedert sich hier in die direkte Sonnen-S. (als Wärme-S. fühlbar) und ungerichtete kurzwellige → Himmels-S. Die kurzwellige S. wird an der Erdoberfläche in langwellige Wärme-S. umgewandelt. Die S.-

menge pro Flächeneinheit nimmt vom Äquator zu den Polen hin ab, weil sich wegen des flacher werdenden Sonneneinfallwinkels die gleiche S. auf eine zunehmend größere Fläche verteilt. Die Erde reflektiert S. (→ *Albedo*) und strahlt Wärmeenergie aus. Bei fehlender Einstrahlung nachts wird die → *Strahlungsbilanz* negativ, weshalb Abkühlung stattfindet. Ein Teil dieser ausgestrahlten Wärme wird von der wasserdampf- und CO_2-haltigen Atmosphäre auf die Erde zurückreflektiert (Glashauswirkung: wichtig für den Wärmehaushalt). Die S. ist die einzige Energiequelle aller irdischen Vorgänge (geothermische Energie vorhanden, aber vernachlässigbar). Sie hält die atmosphärische Zirkulation in Gang, welche durch den Wärmetransport mit Luftmassen auch das S.-Energiegefälle vom Äquator zu den Polen ausgleicht, so daß der Gesamthaushalt der Erde stets im Gleichgewicht ist.

Strahlungsbilanz: die ausgeglichene Gesamtstrahlungsenergie des Systems Erde, eines Teilbereichs oder eines Standortes, welche sich aus Einstrahlung, Ausstrahlung, Reflexion, Absorption, Gegenstrahlung, Energieumsetzung (durch Verdunstung) und Wärmetransport zusammensetzt. Der Energiegewinn durch → *Strahlung* ist in den verschiedenen Zonen der Erde sehr unterschiedlich und differiert auch von Standort zu Standort stark (Neigung und Exposition gegenüber der direkten Bestrahlung, oberflächenbeschaffenheitsbedingter Anteil der reflektierten Strahlung). Die eingestrahlte Energie wird aber in jedem Fall tagesrhythmisch, saisonal oder jahresrhythmisch umgesetzt und/oder als Wärmeenergie wieder in den Weltraum zurückgestrahlt.

Strahlungsfrost: Temperaturfall unter den Gefrierpunkt durch die bodennahe Ansammlung von Kaltluft infolge starken Wärmeverlustes der Erdoberfläche durch Ausstrahlung bei klarer Witterung.

Strahlungsgenuß: Summe der Strahlungs-
Strand

energiemenge, welche ein Standort erhält.

Strahlungsinput: die aus der → *Strahlungsintensität* und der Strahlungsdauer resultierende Energiemenge, welche eine Fläche erhält.

Strahlungsintensität: Strahlungsenergie, welche eine Einheitsfläche pro Zeiteinheit erhält. (→ *Strahlung*)

Strahlungsinversion: Temperaturumkehrschicht in der untersten Atmosphäre (→ *Inversion*), die vor allem im Winter bei anhaltender starker Ausstrahlung der Erdoberfläche entsteht, weil die dabei produzierte schwere Kaltluft absinkt und sich am Boden und in Bodennähe sammelt. Die S. ist eine → *Absinkinversion*.

Strahlungsklima: 1. Klima mit häufiger intensiver direkter Sonneneinstrahlung (z.B. das → *Hochgebirgsklima*).
2. Synonym für → *solares Klima*.

Strahlungsnebel: Bodennebel, der sich in der durch Wärmeausstrahlung produzierten, bodennahen Kaltluft bildet. S. verteilen sich im Gelände sehr differenziert, da die schwerere Kaltluft abfließt und sich in Tiefenlinien, Mulden und Tälern sammelt.

Strand: aus Feinsedimenten, meist → *Sand*, aufgebauter flacher → *Uferbereich* eines Flusses, Sees oder Meeres. Im allgemeinen wird unter S. jedoch der Meeres-S. verstanden, der überwiegend für die → *Flachküsten* charakteristisch ist, sich aber lokal als schmaler Saum auch vor → *Steilküsten* bilden kann. Die Entwicklung des S. hängt eng mit der → *Brandung* bzw. → *Strandbrandung* und deren Hydro- und Geomorphodynamik zusammen, wobei als wesentliche S.-Bildungsprozesse durch das Alternieren von Sog und → *Schwall* vollziehen. Einer der wichtigsten Vorgänge ist die → *Strandversetzung*, bei der eine Reihe strandtypischer Formen entsteht.

Strandbrandung: charakteristisch Brandung an → *Flachküsten*, wobei das am → *Strand* lagernde Lockersediment umgelagert wird.

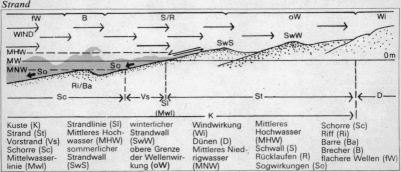

Kuste (K)	Strandlinie (Sl)	winterlicher	Windwirkung	Mittleres	Schorre (Sc)
Strand (St)	Mittleres Hoch-	Strandwall	(Wi)	Hochwasser	Riff (Ri)
Vorstrand (Vs)	wasser (MHW)	(SwW)	Dünen (D)	(MHW)	Barre (Ba)
Schorre (Sc)	sommerlicher	obere Grenze	Mittleres Nied-	Schwall (S)	Brecher (B)
Mittelwasser-	Strandwall	der Wellenwir-	rigwasser	Rücklaufen (R)	flachere Wellen (fW)
linie (Mwl)	(SwS)	kung (oW)	(MNW)	Sogwirkungen (So)	

Durch die S. bilden sich → *Strandwall*, → *Brandungsriff* und → *Brandungskanal*.

Strandflate: an der → *Schärenküste* als landeinwärts gelegenes in bis 100 m Meereshöhe liegendes Niveau etwa gleich hoher → *Schären*. Diese S. kann bis 40 km breit werden und wird geomorphogenetisch sehr verschieden gedeutet, z. B. als vorzeitliche → *Abrasionsplattform*, durch subglaziale aquatische Erosion von → *Schelfeis* oder erodiert durch → *Drifteis*.

Strandgeröll: sehr gut gerundetes → *Geröll*, das durch Arbeit der → *Brandung* am → *Strand* seine charakteristische Form erhalten hat. Ideale S. weisen eine der Kugel angenäherte Formgestalt auf.

Strandhorn: Geröllzungen an → *Flachküsten*, meist in Mehrzahl auftretend, die sich in regelmäßigen Abständen (z. T. von wenigen Metern) vom untersten → *Strandwall* aus rechtwinklig gegen die Seen hin erstrecken. Ihre Entstehung ist noch nicht geklärt.

Strandlinie (Küstenlinie): Grenze des regulären Wirkungsbereiches von Wellen und → *Brandung*, die an → *Steilküsten* durch die → *Brandungshohlkehle* markiert wird. Die S. ist der gedachte Schnittpunkt der Mittelwasserlinie mit der Grenze zwischen Meer und Land, wo → *Vorstrand* und → *Strand* aneinander grenzen.

Strandriff: unscharfer Begriff für Saumriff bzw. → *Lagunenriff*.

Strandsee: durch Weiterentwicklung eines → *Haffs* und dessen → *Nehrung* entstehender See, indem durch → *Strandversetzung* die Wasserfläche des Haffs vom offenen Meer abgeschnitten wird. Die S. unterliegen meist einer raschen Verlandung. Die S. befinden sich daher oft an → *Ausgleichsküsten*. Im strengen Sinn werden S. nicht zu den → *Seen* gerechnet, da sie nicht im Binnenland liegen.

Strandterrasse: Sammelbegriff für Flachformen an Küsten, die auf Meeresspiegelschwankungen zurückgehen. Unterschieden werden → *Küstenterrasse* und die → *Riffkappe*.

Strandverschiebung: Verlagerung der → *Strandlinie* infolge → *Transgression* und/oder → *Regression*. Transgrediert das Meer, wird also die Strandlinie höher verlegt, tritt Landverlust und somit positive S. ein. Bei Landgewinn infolge Meeresrückzug geschieht negative S. Durch die pleistozänen und postglazialen Meeresspiegelschwankungen ist es mehrfach zu S. gekommen.

Strandversetzung (Küstenversetzung): Materialumlagerungen durch küstenparallele Strömungen und durch vom schräg zum → *Strand* wehende Winde geregelte Wirkungen von Sog und → *Schwall*. Durch S. entstehen → *Haken*, → *Nehrungen* und letztlich die → *Ausgleichsküste*.

Strandwall: überwiegend an der → *Flachküste* gebildeter Wall, wo ein Teil des aus dem Meer herausgetragenen Feinsedimentes abgelagert wird. Es handelt sich um vom → *Schwall* transportiertes Material, das der Sog nicht mehr mitnehmen kann. Der S. ist eine nur niedrige Form und besitzt eher temporären Charakter, weil er sich jahreszeitlich verlagern kann. Er liegt während des Winters und der Übergangsjahreszeiten höher, weil dann die Wellenwirkung meist stärker ist. Bei → *Sturmfluten* kann er zeitweise beseitigt werden. Aus dem trockenen Sediment des S. bilden sich die → *Vordünen*.

Strangmoor (Aapamoor): typisches Moor der nordborealen und → *subarktischen* Zone, das aus einem Muster strangartiger, teilweise vernetzter, aufgewölbter kleiner Wälle (etwa 50–100 cm hoch) mit Gebüsch und Heidekräutern und dazwischen liegender niedermoorähnlicher Grasfluren besteht. S. bilden sich häufig auf schwach geneigten Hängen, jedoch auch in Mulden. Sie werden in ihrer Genese als Folge von Bodenfließen und/oder Frostschub in horizontaler Richtung gesehen.

Straße: 1. im engeren Sinn ein befestigter und unterhaltener Landkehrsweg für den → *Straßenverkehr*, insbesondere den Kraftfahrzeugverkehr. Ein Verkehrsweg gilt vor allem dann als S., wenn er ganzjährig und weitgehend witterungsunabhängig auch für größere Fahrzeuge befahrbar ist. Je nach der Verkehrsbedeutung und der Regelung der → *Straßenbaulast* unterscheidet man die verschiedenen Arten der → *klassifizierten Straßen*, die in modernen Industriestaaten jeweils eigene → *Straßennetze* bilden. Nach ihrer Funktion kann man die S. differenzieren z. B. nach Wohn-, Geschäfts-, Hauptverkehrs-, Kraftfahrzeug-, Land- und Innerorts-S. und → *Autobahnen*, nach ihrer Lage gibt es z. B. Berg-, Paß-, Küsten-, Ufer-S. usw. 2. im weiteren Sinn ein Verkehrsweg, der im Gelände nicht unbedingt festgelegt sein muß, sondern auch z. B. nur als Reiseroute bestehen kann. Beispiele sind Luft- und Wasser-, Karawanen-, Touristen-, Zug-S. von Tieren oder die historischen Salz- und Seiden-S.

Straßenangerdorf: Sonderform des → *Angerdorfes* bzw. des → *Straßendorfes*. Das S. hat eine platzartige Erweiterung des Dorfinnenraumes, den Anger, der meist rechteckig ist und sich gegen die beiden Ortsausgänge hin verengt, offen ist oder evtl. auch verbreitert. Das S. gilt als ausgereifte Planform großer Angerdörfer, wie sie z. B. in Pommern, Sachsen oder Ostpreußen gegründet wurden.

Straßenbahn: schienengebundenes, in der Regel elektrisch angetriebenes Massenverkehrsmittel in größeren Städten, das dem innerstädtischen und Stadt-Umland-Verkehr dient. Die Gleise der S. verlaufen entweder im Straßenkörper selbst - wo es häufig zu Verkehrsbehinderungen durch Kraftfahrzeuge kommt - oder auf eigenen Gleiskörpern neben den Fahrbahnen für den Individualverkehr. Die Vorteile der S. liegen in ihrer großen Beförderungskapazität, niedrigen Betriebskosten und der geringen → *Umweltbelastung.* Nachteile sind die hohen Investitionskosten und die geringe Flexibilität der Linienführung. S. werden gelegentlich auch streckenweise als Hochbahn oder → *U-Bahn* geführt.

Straßenbau: planmäßige Herstellung befestigter Verkehrswege für Straßenfahrzeuge. Dem S. gehen die Straßenplanung und die Festlegung der Linienführung voraus. Die Bauausführung (Material und Querschnitt) richtet sich nach der geplanten Verkehrsbedeutung, den geologisch-bodenkundlichen sowie geomorphologischen Verhältnissen und der Lage inner- oder außerhalb von Ortschaften. Als Material für die Deckschicht einer Straße sieht die heutige S.-Technik meist Asphaltmischungen oder Beton vor, seltener die früher meist verwendete Steinpflasterung oder wassergebundene Sand-Kies-Mischungen.

Straßenbaulast: Verpflichtung einer → *Gebietskörperschaft,* bestimmte Straßen zu planen, zu bauen und zu unterhalten. In der Bundesrepublik Deutschland obliegt die S. für die → *klassifizierten Straßen* dem Bund (→ *Bundesstraße*), einem Bundesland (→ *Landesstraße*), einem Landkreis (→ *Kreisstraße*) oder einer Gemeinde (→ *Gemeindeverbindungsstraße,* innerörtliches Straßennetz).

Straßendichte: quantitative Ausstattung eines Raumes mit Fahrstraßen. Die S. wird in der Regel durch das Straßenlänge in km/100 km² Fläche der betreffenden Raumeinheit angegeben. Eine spezifische S. kann sich z. B. auf die Innerortsstraßen, die → *klassifizierten Straßen,* die → *Autobahnen* usw. beziehen.

Straßendorf: Sammelbezeichnung für lineare Ortsformen. Das S. besteht aus einer doppelzeiligen Dorfanlage, bei der Häuser oder Gehöfte in dichter Weise entlang einer Straße aufgereiht sind. Sehr regelhafte S. können das Ergebnis einer planmäßigen Anlage, z. B. in den Gebieten der mittelalterlichen Ostsiedlung (ab 12./13. Jh.), sein. Das S. ist jedoch häufig auch eine gewachsene Siedlung. Als S.-Typen lassen sich unterscheiden: 1. regelmäßige einstraßige Dörfer und Weiler, 2. unregelmäßige einstraßige Dörfer und Weiler, 3. Anger- und Straßenangerdörfer, 4. Mehrstraßendörfer, 5. Haufendörfer mit einem linearen Ortsteil und 6. aus mehreren Kernen zusammengewachsene S.

Straßenhandel: ambulanter Handel von beweglichen Verkaufsstellen aus (Wagen, Karren) oder ohne eine solche durch einen Einzelverkäufer an vorübergehende Passanten. Im S. werden z. B. Obst und Gemüse, Blumen, Zeitungen oder auch Eßwaren zum sofortigen Verzehr verkauft (Eis, Würstchen usw.). In vielen Entwicklungsländern spielt der S. eine große Rolle bei der Versorgung der Bevölkerung und umfaßt ein wesentlich breiteres Angebot. Er gehört dort zum → *informellen Sektor* der Wirtschaft.

Straßenmarkt: breitere Straße, meist im Zentrum einer Stadt oder eines → *Marktortes,* auf der regelmäßig Waren angeboten werden und die somit die Funktionen eines → *Marktplatzes* wahrnimmt.

Straßennetz: miteinander verknüpftes System von Straßen in einem Raum. Von S. wird gesprochen, wenn Straßen einen Raum nicht nur weitabständig linienhaft durchziehen, sondern den Raum flächenhaft erschließen.

Straßenverkehr: Transport von Personen und Gütern auf öffentlichen Straßen. Zum S. zählt sowohl die Fortbewegung mit Hilfe von Kraftfahrzeugen als auch mit Fahrzeugen, die mit menschlicher oder tierischer Kraft bewegt werden. Gegenüber anderen Verkehrsarten, wie dem Schienen-, Wasser- oder Luftverkehr liegt der Vorteil des S. vor allem in der günstigen Erreichbarkeit durch das dichte → *Straßennetz.* Der Hauptnachteil des S. ist die relativ starke Umweltbelastung durch den motorisierten Verkehr. Dem S. dienen im überörtlichen Verkehr die → *klassifizierten Straßen,* im Ortsverkehr die innerörtlichen Straßen.

Stratigraphie (Schichtenkunde): eines der Hauptteilgebiete der → *Geologie,* das die Gesteinsschichten beschreibt und gliedert nach Aufeinanderfolge der → *Schichten,* der Gesteinsart und dem Inhalt an → *Fossilien.* Sie basiert auf dem → *Sedimentcharakter* der Gesteine, die wegen ihrer meist schichtigen Lagerung und ihres Fossilgehaltes geeignet sind, die gegenseitigen Altersbeziehungen der Gesteine darzustellen und überregional vergleichend zu ordnen. Endziel ist die Betrachtung der Entwicklung der Erdkruste. Die Stratigraphie liefert damit wichtige Grundlagen für die → *Historische Geologie.*

stratigraphisches System (Periode, Formation): auf den Inhalt der Schichten sich beziehende Aussage, während der Begriff → *Periode* auf den Zeitabschnitt bezogen ist in dem sich die Ablagerung bildete, einschließlich der während der gleichen Periode entstandenen Magmagesteine (→ *Erstarrungsgesteine*). Das s. S. wird durch → *Leitfossilien* genauer beschrieben. Mehrere zusammen bilden eine Gruppe oder Ärathem.

Stratopause: Obergrenze der → *Stratosphär-*

nach der Zeit	Beispiel	nach dem Inhalt
Ära	Mesozoikum	Gruppe (Ärathem)
Periode	Kreide	System (früher Formation)
Epoche	Oberkreide	Abteilung (Serie)
Alter	Turon	Stufe
Horizont	Plenus-Zone	Zone

stratigraphisches System

im weiteren Sinne. Die S. ist die Obergrenze der warmen → *Ozonschicht*. In ihrer Höhenlage beginnt die erneute starke, mit der Höhe zunehmende Abkühlung im Bereich der → *Mesosphäre*.

Stratosphäre: im engen Sinn die kalte Atmosphärenschicht mit gleichbleibender Temperatur zwischen der → *Troposphäre* und der warmen → *Ozonschicht*. Die S. beginnt im Polarbereich in etwa 10 km Höhe und im Äquatorbereich in etwa 18 km Höhe und reicht bis etwa 30 km Höhe. Sie zeigt nur noch schwache Zirkulation und ist fast wasserdampffrei. Entsprechend gering sind die Kondensationsvorgänge, welche gelegentlich zur Bildung von → *Perlmutterwolken* führen können. Im weiteren Sinn wird auch die Ozonschicht zur S. gerechnet. (→ *Atmosphäre*)

Stratovulkan (Schichtvulkan): aus gemischten Eruptions- (Aschen- und Schlackenauswurf) und Ergußvorgängen (Lavaausfluß) entstandener Vulkan. Dabei entstehen meist die charakteristischen Vulkankegel, die gewöhnlich raschen Veränderungen unterliegen, weil der oberste Teil – der Vulkangipfel mit dem Hauptkrater – meist sehr steil ist. Bereits während der Ausbrüche sacken die übersteilen Hänge und die Kraterwände zusammen. Die S. stellen den auf der Erde weitverbreitetsten Vulkantyp dar.
Stratovulkan

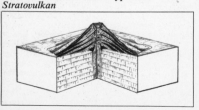

Stratozönose: Lebensverein in einer einzelnen Vegetationsschicht, einem → *Stratum*.

Stratum: Einzelschicht der Vegetation, welche die → *Schichtung* einer Pflanzengesellschaft ausmacht. Die einzelnen S. stellen dabei Teillebensräume dar, die von → *Stratozönosen* eingenommen werden.

Stratus: Typ der tiefen, z.T. mächtigen Schichtwolke, die sich im Grenzbereich verschiedener Luftmassen (besonders bei Aufgleitvorgängen an Warmfronten) und in aufsteigenden Luftmassen auf der Luv-Seite von Gebirgen bildet. S.-Wolken bringen oft anhaltende Niederschläge. (→ *Wolken*)

Strauch: kleines Holzgewächs, meist bis ca. 3 m hoch, dessen Hauptachse und Seitenachsen sich schon aus basalen oder unterirdischen Seitenknospen verzweigen oder bei denen anstelle einer Hauptachse mehrere gleichwertige Stämmchen vorhanden sind.

Strebbau: bergbauliches Abbauverfahren in flözartigen Lagerstätten. Dem Abbaufortschritt entsprechend wandert beim S. der Streb, ein etwa 100–300 m langer und bis 5 m breiter Abbauraum, durch die Lagerstätte und läßt den abgeworfenen Strebraum (Alter Mann) hinter sich. Dieser wird entweder mit taubem Gestein (Berge) verfüllt (Versatzbau) oder geht zu Bruch (→ *Bruchbau*).

Streckenbelastung: → *Verkehrsbelastung* einer Eisenbahnlinie. Die S. wird ausgedrückt durch die Zahl der Züge, die auf einer Bahnlinie fahrplanmäßig in 24 Stunden verkehren. Spezielle S. können sich auf Personen- und Güterzüge, Schnell- und Eilzüge beziehen.

Streckgehöft (Streckhof): Gehöfttyp, bei dem sich Wohn- und Wirtschaftsgebäude entlang einer Längsachse zusammenschließen.

Streichen: steht dem → *Fallen* gegenüber und gibt die Richtung der Horizontalen auf einer geneigten Fläche an. Das S. wird mit dem Geologenkompaß gemessen und nach Himmelsrichtungen angegeben, das Fallen mit dem Neigungsmesser oder Klinometer und in Grad angegeben. S.- und Fallrichtung verlaufen immer senkrecht zueinander. Sie dienen der Bestimmung der Lage einer geologischen Fläche, z.B. einer Schicht-, Schieferungs-, Verwerfungs-, Kluftfläche usw.

Streifenboden: → *Frostmusterboden* arktischer und alpiner Hanglagen aus quer zum Hang verlaufenden Steinstreifen, die durch Drucksortierung beim wiederholten Gefrieren vom dazwischenliegenden feineren Material „getrennt" wurden und sich durch das Bodenfließen (→ *Solifluktion*) in Reihen anordnen. Bei lobenartigem Fließen entstehen → *Girlandenböden*.

Streifenflur: Flurformentyp, dessen Parzellen streifenförmig sind. Das Breiten-Längen-Verhältnis geht über 1:2,5 hinaus, liegt meist über 1:10 und erreicht oft sogar über 1:50 oder mehr. Die Länge der einzelnen Streifen beträgt zwischen 50 und 2000 m; in Extremfällen werden sogar über 10 km Länge erreicht. Ein Merkmal der S. ist das gruppenweise parallele Nebeneinander der Streifen. Da sich S. durch die Länge oder Breite ihrer Parzellen erheblich unterscheiden können, wird nach → *Breitstreifenflur*, → *Schmalstreifenflur*, → *Kurzstreifenflur* und → *Langstreifenflur* unterschieden.

Streifengewannflur: Flurformentyp, der aus Schmalstreifen-Parzellenverbänden besteht, dessen Parzellen in der Längsrichtung parallel zueinander verlaufen. (→ *Gewannflur*)

Streifenkultur (Streifenanbau): Anbau in Form von Streifen quer zur Hauptwindrichtung mit dem Ziel der Verhinderung von Winderosionsschäden. Ferner werden als S. auch streifenförmig bebaute Großblöcke bezeichnet, wobei sich jeweils ein bebautes Feld mit einem Brachfeld abwechselt. Die letztgenannte Form tritt z. B. beim Baumwoll-Trockenfeldbau in den südlichen USA auf.

Streifensumpf: charakteristischer Sumpf für das → *Boreale Nadelwald*biom, in welchem ausgedehnte Grassümpfe vorkommen, die von flachen Wällen gegliedert sind, die parallel zueinander verlaufen und auf denen einzelne Laubbäume stocken.

Streß: in Geo- und Biowissenschaften allgemein für Druck, Belastung, intensive Beanspruchung.
1. in der Geologie ein einseitig gerichteter, starker Druck bei der → *Gebirgsbildung* und bei der → *Metamorphose* der Gesteine. Dadurch wird z. B. eine Mineraleinregelung bewirkt oder auch → *Schieferung*.
2. in der Geoökologie die → *Belastung* von → *Ökosystemen* durch Außenfaktoren, gewöhnlich anthropogener Ursache.
3. in der Biologie, besonders der Physiologie, Sammelbezeichnung für eine Reihe unspezifischer schädigender Einflüsse auf Organismen im Sinne von Belastung und Verschleiß, die sich in gestörten Stoffwechselverhältnissen ausdrücken. Auf S. reagiert der Körper hormonal mit Alarm, Abwehrkräften, dann aber Erschöpfung bei der Überbeanspruchung der Körperfunktionen – mit Tod.

Streßcutane: Scherfläche in tonigen Böden mit oberflächenparallel eingeregelten → *Tonmineralen.*

Streu: das frische abgestorbene (also letztjährige) pflanzliche Material, welches auf dem Boden aufliegt und die oberste Humuslage bildet. In biologisch aktiven Böden wird die S. sehr rasch abgebaut. Im biologisch trägen Humus (z. B. → *Rohhumus*) reichert sich dagegen die S. mehrerer Jahre zu einer mächtigen O_L-Lage aus kaum zersetztem pflanzlichen Material an. Je nach der Herkunft werden verschiedene S.-Arten unterschieden (Halm-, Blatt-, Nadel-, Laub-S. usw.). Diese S.-Arten sind unterschiedlich gut abbaubar. Blatt- und Laub-S. werden wegen des höheren Anteils an leicht umsetzbaren Substanzen (Proteine usw.) gut, Nadel-S. dagegen schlecht zersetzt. Die S.-Art beeinflußt deshalb auch die Bildung verschiedener → *Humusformen.*

Streuabbau: die über die Phasen Zerkleinerung, Einarbeitung, Verdauung und mikrobielle Zersetzung ablaufende Umwandlung der → *Streu* durch Bodenlebewesen. Der S. führt zu einem großen Teil zur Zerlegung der organischen Substanz in ihre mineralischen Bestandteile, die dadurch als Nährstoffe wieder verfügbar werden.

Streuhof: → *Gehöft*, dessen einzelne Gebäude nicht oder nur z. T. miteinander verbunden sind. Diese stehen aber nicht so irregulär wie beim → *Haufenhof.*

Streunutzung: Einsammeln von Laubstreu im Wald, die als Einstreu im Stall verwendet wird.

Streurecht: altüberkommenes Recht zur Streuentnahme aus grundherrschaftlichen bzw. staatlichen Wäldern. Waldstreu (auch Schilf von Sumpfflächen oder Heu von Streuwiesen) wurde früher anstelle von Stroh zum Einstreuen im Stall benutzt. Die Streuentnahme aus Wäldern führte jedoch zu einer Verarmung der Waldböden und zu Ertragsrückgängen an Holz. Das S., das vor allem von landwirtschaftlichen Kleinbetrieben in Süddeutschland wahrgenommen wurde, ist heute so gut wie ohne Bedeutung.

Streusiedlung: das vermischte Auftreten von Einzelsiedlung und kleiner Gruppensiedlung. Die Bezeichnung S. wird auch für Einzelhöfe mit gemeinsamen Flur- oder Rechtsbezirken gebraucht. Die Einzelhöfe einer S. unterscheiden sich kaum hinsichtlich der Wohnplatzanordnung, dagegen aber als Wirtschafts- und Rechtsverband von der eigentlichen Einzelsiedlung. S. mit gemeinsamer Flurnutzung finden sich besonders bei nordwestdeutschen Eschsiedlungen (→ *Esch*). (→ *Vereinödung*)

Streuweiler: sehr locker angeordnete, kleine Gruppensiedlung mit wenigen Wohnbauten bzw. Gehöften (→ *Weiler*).

Striemung: bei Gebirgsbewegungen oder dann, wenn ein sich bewegender Körper über eine Gesteinsoberfläche fährt, entstandene Kleinform. Striemen bilden sich unter Gletschern, als → *Gletscherschliff* bzw. → *Gletscherschramme*, oder bei der Bildung von → *Gleitbahnen* bei → *gravitativen Massenbewegungen*. Die bei Gebirgsbewegungen, wie Falten- und Bruchbildung, auftretenden S. sind dem → *Harnisch* verwandt.

Strohdüngung: Anreichern von Ackerböden mit organischer Substanz und den darin enthaltenen durch Abbau freisetzbaren Nährstoffen durch das Liegenlassen und spätere Einpflügen des bei der Ernte anfallenden Strohs.

Strom: großer Fluß mit einer durchschnittlichen Wasserführung von mehr als 2 000 m³/s. S. haben eine sehr ausgeglichene Längsprofilentwicklung und sind in der Regel schiffbar. Sie entwässern sehr große Flußgebiete (→ *Hauptwasserscheide*).

Strombank: großer Feinsedimentkörper in strömenden Gewässern, wie Flüssen oder im Gezeitenbereich der Meere, mit einigen Zehner Metern Breite und Hunderte von Metern Länge. Sie tragen oberflächlich meist ein Feinstrelief von → *Rippelmarken.*

strömender Abfluß: turbulenter Abfluß mit ungeregelter Bewegung der Wasserteilchen, jedoch geschlossenem Wasserkörper, in dem sich Wellen fortpflanzen.

Stromlinie: Bewegungsbahn der Teilchen in einer bewegten Flüssigkeit oder einem bewegten Gas mit stationärer Strömung.

Stromlinientheorie: Theorie über die strömende Bewegung von Gletschereis. Sie basiert auf der Gegebenheit, daß die in einen Querschnitt ein- und ausfließenden Massen der Volumenänderung pro Zeiteinheit durch Dichteänderung gleich sind. Danach lassen sich Punkte und Flächen des Nähr- und Zehrgebietes einander zuordnen. Je höher Schnee- und Eispartikel im → *Nährgebiet* abgelagert werden, desto tiefer sinken sie unter die Gletscheroberfläche und desto näher beim Zungenende schmelzen sie wieder aus. Die Strömungslinien ordnen sich um die → *Firnlinie* als Kernpunkt an. Die S. ist eine wichtige Grundlage für alle Überlegungen über die Bewegung der → *Gletscher.*

Stromschnelle (Katarakt): steilere Flußstrecke mit geringerer Wassertiefe, in der erhöhte Strömungsgeschwindigkeit und teilweise → *schießender Abfluß* herrscht. S. sind Barrieren für die Schiffahrt. Sie entwickeln sich an Stellen mit widerstandsfähigem Gestein, in das sich der Fluß im Verhältnis zur weiter unten liegenden Laufstrecke nur langsam eintiefen kann. (→ *Wasserfall*)

Stromstrich: Linie, welche die Punkte mit maximaler Oberflächengeschwindigkeit des abfließenden Wassers in einem → *Fluß* verbindet. Der S. verläuft im allgemeinen über dem tiefsten Bereich des Flußbettes. Auf geraden Flußstrecken ist der S. etwa in der Mitte, in Krümmungen wird er dagegen durch Fliehkräfte nach außen gedrückt. Im S. findet die stärkste Tiefenerosion im Flußbett statt. (→ *Prallhang*, → *Gleithang*)

Strömungsrippeln: unter strömendem Wasser entstandene Rippeln. Sie weisen eine asymmetrische Gestalt auf, mit flacher Luv- und steiler Leeseite und entsprechen somit den → *Rippelmarken;* der Begriff bezieht sich

aber nur auf Wasserrippeln.

Strömungstiere: → *rheobiont* oder → *rheophil* in stark strömendem Wasser lebende Tiere, an das sie sich durch abgeplatteten Körper, seitliches Einlenken der Beine, Anheften von Eiern, Larven- und Puppenstadien sowie Haftorganen am Körper oder an den Beinen angepaßt haben.

Stromverbund: die leitungsmäßige Kopplung mehrerer Kraftwerke (Versorgungsbetriebe) miteinander. Der S. trägt zu einer sicheren Elektrizitätsversorgung bei, vor allem in Zeiten der → *Spitzenlast* oder bei technisch bedingtem Ausfall von Kraftwerkseinheiten.

Stromverwilderung: breite Entwicklung eines Stromes in mehrere, streckenweise parallel laufende, stellenweise untereinander vernetzte, ihren Lauf immer wieder wechselnde Arme, die mit Stillwasserbereichen durchsetzt sind. S. findet in breiten → *Flußgauen* statt. Die Laufsituation ändert sich praktisch nach jedem Hochwasser wieder, da Seitenarme durch Sedimentation abgedämmt und neue wieder geöffnet werden. Durch Flußkorrektionen sind S. größtenteils beseitigt worden.

Strudel: Wirbel im fließenden Wasser, der eine trichterförmige, abwärtssaugende Vertiefung in der Mitte hat.

Strudelnische: Kleinst- und Kleinform im Festgesteinsbett von Fließgewässern, aber auch an Felsbrandungsküsten des Meeres, aus dem sich durch fortgesetzte Hydro- und Morphodynamik ein → *Kolk* bildet.

Strudler: Wasserbewohner, mit Einstrudeln suspendierter Kleinnahrung an oder in den Körper, wobei – meist durch Wimpern – ein Strom erzeugt wird. Diese Form der Nahrungsaufnahme ist bei Muscheln, Schwämmen, verschiedenen Polychaeten, Bryozoen usw. üblich.

Struktur (Organisation): in Geo- und Biowissenschaften sehr häufig verwandter Begriff, vor allem im Zusammenhang mit der → *Systemtheorie* und mit → *Raummustern.*

1. in der allgemeinsten Form repräsentiert von jenen Relationen, welche die Menge der Kompartimente eines → *Systems* miteinander verbinden. Die Kompartimente können stofflichе, energetische oder informatorische sein, die Relationen zwischen ihnen werden durch Kopplungen repräsentiert. Die S. eines Systems kann graphisch dargestellt werden, wie es z. B. im → *Standortregelkreis* geschieht.

2. In der Geologie und Geomorphologie wird der Begriff für Muster von Phänomenen an der Erdoberfläche verwandt, wie den → *Frostmusterböden.* Außerdem für die Gesteinsbedingtheit gewisser Formen, im Sinne der → *Strukturfläche* oder für die Anordnung von Mineralien in Gestein, z. B. beim → *Gesteinsgefüge,* oder in der Bodenkunde bei der

Anordnung der Bodenaggregate, im Sinne der → *Bodenstruktur.*
3. Aufbau und innere Ordnung (Gefüge) eines Ganzen. Da der Begriff S. sehr vielseitig gebräuchlich ist, tritt er häufig in Wortkombinationen wie → *Siedlungs-,* → *Wirtschafts-,* → *Sozial-* oder → *Infrastruktur* auf. Das Erkennen und Erklären von Raum-S. ist eine zentrale Aufgabe der Geographie (→ *Strukturforschung*).

strukturalistische Theorie: Entwicklungstheorie, welche die Unterentwicklung der Dritten Welt auf eine Reihe externer und interner struktureller Entwicklungshemmnisse zurückführt.

Strukturanalyse: in der Geo- und Bioökologie an → *Ökosystemen* im Hinblick auf deren → *Struktur* erfolgende Untersuchung, um durch den Vergleich zahlreicher S. zu Gesetzesaussagen über die Funktion der → *Systeme* zu gelangen. Daneben arbeitet die S. an → *Raummustern,* die als sichtbarer Ausdruck systemarer Funktionen an der Erdoberfläche angesehen werden.

Strukturfläche: Dachfläche von → *Landterrassen* bzw. → *Schichtstufen,* bei denen die Landoberfläche mehr oder weniger der Schichtoberfläche entspricht und damit eine → *Akkordanzfläche* darstellt. Bei der hält sich der Abtrag an die vorgegebenen Gesteinsstrukturen, die Fläche wird also parallel zu den Schichtflächen erniedrigt.

Strukturform: 1. der → *Skulpturform* gegenüberstehende Form. Sie zeichnet sich durch mehr oder weniger starke Anpassung der Formbildung an die vorgegebenen Lagerungs- und Gesteinsartenverhältnisse aus. Prototyp einer S. ist die → *Akkordanzfläche.*
2. Grundformen des Reliefs an der äußeren Erdkruste, die durch endogene Kräfte und Prozesse entstanden, wobei die Lagerungsverhältnisse der Gesteine den Formbau grundsätzlich bestimmen. Ihnen werden Skulpturformen gegenübergestellt, die durch exogene Kräfte geschaffen worden sind. Diese Definition geht auf ältere Betrachtungsweisen der → *Strukturgeomorphologie* zurück, bevor sich die → *Klimageomorphologie* entwickelte.

Strukturforschung: für viele Disziplinen bedeutsame Forschungsrichtung. In der → *Raumforschung* werden Strukturanalysen abgegrenzter Räume vorgenommen. Dabei können zunächst die unterschiedlichen Strukturbereiche (z. B. → *Agrarstruktur*) untersucht werden. Wichtig ist das Erkennen von Strukturelementen und die Verfügbarkeit von Strukturziffern (Daten). Letztere beziehen sich vor allem auf besonders kennzeichnende Strukturmerkmale. Wichtiges Ziel, vor allem der geographischen S., ist die Analyse des → *Strukturwandels.*

Strukturgeomorphologie: 1. ältere geomor-phologische Betrachtungsweise, die auf den Vorstellungen der Tektonik und den davon bedingten geologischen Lagerungsstrukturen basierte.
2. jener Bereich der → *Geomorphologie,* der sich mit gesteins- und lagerungsangepaßten Formbildungen befaßt, z. B. der → *Strukturfläche.* Eine so verstandene S. unterliegt den Betrachtungsweisen der Klimageomorphologie.

Strukturinselberg: steht dem → *Skulpturinselberg* gegenüber und geht von der Beobachtungstatsache aus, daß zahlreiche → *Inselberge* sich bei ihrer Entstehung an Gesteinswiderständigkeiten und/oder deren Lagerungsverhältnissen anlehnen, so daß Größe, Gestalt und Anordnung der Inselberge zueinander von Strukturmerkmalen bestimmt sind.

Strukturkante: auf das Ausstreichen widerständiger Gesteinsschichten zurückgehende Kante. Sie wird auch als → *Gesimse* bzw. → *Hangleiste* bezeichnet.

Strukturmodell der Landschaft: graphische Darstellung des allseitigen Funktionszusammenhangs der → *Geoökofaktoren,* das sich im → *Geoökosystem* repräsentiert und sich räumlich als → *Landschaftsgefüge* und zeitlich in der → *Landschaftsgenese* dokumentiert.

Strukturpolitik: Gesamtheit der Maßnahmen zur Veränderung sektoraler oder regionaler → *Strukturen.* Als Teil einer → *Wirtschaftspolitik* bzw. → *Raumordnungspolitik* versucht die S. eine unausgewogene Wirtschaftsstruktur zu verbessern bzw. zurückgebliebene Gebiete (z. B. → *Zonenrandgebiet*) zu entwickeln und den sozialen, wirtschaftlichen und kulturellen Erfordernissen anzupassen.

Strukturraum: Raumtyp, der sich auf die strukturellen Elemente im Raum bezieht. Vor allem in der Wirtschaftsgeographie wird der Unterschied zwischen dem S. und dem Funktionsraum als Ergebnis einer unterschiedlichen Raumbetrachtung deutlich. Hier ist der S. ein geographisches Wirkungsgefüge, in dessen Rahmen sich auf der Grundlage natürlicher Eignungen und historisch gegebener Standortbedingungen die wirtschaftliche Tätigkeit des Menschen bzw. sozialer Gruppen entfaltet.

strukturschwacher Raum: hinter der allgemeinen Entwicklung zurückgebliebener Raum mit ungünstigen Strukturmerkmalen. S. R. sind meist ländliche Räume oder altindustrialisierte Problemgebiete. Die → *Raumordnungspolitik* versucht mit ihren Maßnahmen in den s. R. eine Strukturverbesserung zu erreichen. Der aus der Raumordnung und Raumplanung stammende Begriff hat sich im heutigen Sprachgebrauch allgemein durchgesetzt, obgleich die Bezeichnung

„strukturschwach" eine unglückliche Formulierung darstellt.

Strukturteile oder Biozönose: 1. sehr unscharfe Bezeichnung für jegliche Form der räumlichen Strukturierung einer Lebensumwelt.
2. Teillebensraum einer größeren Gesamtheit, z. B. eines → *Biotops,* die jedoch in der Natur nur in einem Funktionszusammenhang und im räumlichen Verbund vorkommen, wie → *Mikrozönose* und → *Merotop.*

Strukturterrasse: Flachform größerer Ausdehnung, die sich in ihrer Ausbildung – trotz stattgehabter Erosion und Denudation – an der Lagerung und der Art der Gesteine orientiert. Die S. schließt seitlich meist mit einer → *Strukturkante* ab.

Strukturwandel: längerfristige und meist irreversible Veränderung der → *Struktur* im sozioökonomischen Bereich. Der S. eines Raumes wird von verschiedenen Parametern (z. T. gleichzeitig) beeinflußt. Durch strukturpolitische Maßnahmen (→ *Strukturpolitik*) kann ein S. gesteuert, d. h. in seiner Entwicklungsrichtung beeinflußt oder zumindest im Ablauf des S. beschleunigt oder verlangsamt werden.

Stückelung: in der Landwirtschaft die Aufsplitterung des zu einem Anwesen gehörenden Grund und Bodens. Ausgedrückt wird das Ausmaß der S. durch die Zahl und Durchschnittsgröße der Parzellen je Betrieb.

Stückgut: Güter, die einzeln abgepackt bzw. verpackt sind und entsprechend entgegen den → *Massengütern* als Kisten, Fässer, Ballen, Bündel, Säcke usw. transportiert werden.

Stückguthafen: Hafen, über den im Güterverkehr – im Gegensatz zum → *Massenguthafen* – überwiegend → *Stückgüter* verladen werden und der in seiner Infrastruktur entsprechend eingerichtet ist (Lagerhallen, Verladeeinrichtungen).

Stücklohn: Arbeitsentgelt, das nach der Zahl der hergestellten Stücke bzw. der Zahl der erbrachten Leistungseinheiten bemessen wird. Als Leistungslohn bzw. Akkordlohn (→ *Akkordarbeit*) unterscheidet sich der S. grundsätzlich vom → *Zeitlohn.*

Studienreise: Informations- und Besichtigungsreise, die in der Regel als Gruppenreise unter sachkundiger Führung fachorientiert für Teilnehmer mit bestimmten Bildungsinteressen durchgeführt wird. Ziele von S. sind historisch/kunsthistorisch, geographisch, volkskundlich, botanisch oder sonstwie bedeutende Orte und Landschaften, Museen, Ausstellungen, wissenschaftliche und technische Einrichtungen usw.

Stufe: 1. in der Geomorphologie eine Vollform unterschiedlichen Ausmaßes, die → *Skulptur-* oder → *Strukturform* sein kann.

Zu den S. gehören sowohl Gefälls-S. in Flußbetten, als auch Tal-S. in glazial überformten Tälern, wie auch → *Rumpf-* oder → *Schichtstufen.* Auch → *Raine* und Ackerterrassen schließen mit kleinen, meist anthropogenen S. ab.
2. in der Geologie Bestandteil des → *stratigraphischen Systems,* dort die Untergliederung einer Abteilung bzw. Serie.
3. Ausdruck für den → *hypsometrischen Formenwandel* geo- und biowissenschaftlicher Phänomene auf der Erde im Sinne der → *Höhenstufe.*
4. Bezeichnet charakteristische Lebensraumabschnitte in der Tiefengliederung von Seen und Meeren im Sinne der → *Tiefenstufe.*

Stufenbildner: Bestandteil der → *Schichtstufe* und repräsentiert von widerständigen Gesteinsschichten, die darüber hinaus auch den Charakter der → *Schichtstufenlandschaft* bestimmen durch Anzahl, Mächtigkeit, vertikalen Abstand und → *Fallen.*

Stufenfläche: unscharfer geomorphographischer Begriff für Flächen, die sich an → *Rumpfstufen* oder → *Schichtstufen* anschließen; meist aber im Sinne der Dachflächen einer Schichtstufe gebraucht. In diesem Sinne eine Fläche im Bereich flachlagernder Gesteine, die vom → *Trauf* bzw. → *First* einer Schichtstufe zum Fuße der nächsten Schichtstufe zieht.

Stufenhang: Bestandteil einer → *Schichtstufe* und gegliedert in den Stufenoberhang und den Stufenunterhang. Ersterer ist der Hangteil im Bereich der hangenden widerständigen Gesteinsschichten, letzterer der Hangteil im Bereich der liegenden, weniger widerständigen Gesteinsschichten.

Stufenkar (Kartreppe, Treppenkar): Abfolge von mehreren → *Karen* an Talenden, die in verschiedenen Niveaus angeordnet sind und im Prinzip zwar auf ähnliche geomorphodynamische Prozesse zurückgehen, aber differenzierte Ausformungen erfuhren. Vor allem den unteren Stufen erteilen die steilen Rückwände, so daß es sich bei diesen um eine Art → *Durchgangskare* handelt.

Stufenlehne: Gliederung der → *Schichtstufe* in ihre Vorderseite mit der → *Stirn* und der flach abgedachten Hochfläche, die wenig präzise als S. bezeichnet wird. Besser wird von → *Stufenhang* an der Vorderseite der Schichtstufe und von der oben anschließenden → *Stufenfläche* gesprochen.

Stufenrain: Begrenzung von → *Ackerterrassen* zur Minderung der Bodenabtragung in Hangbereichen. Die Dichte der S. richtet sich nach der Hangneigung. Auf diese Weise kann eine → *Besitzparzelle* durchaus durch mehrere S. gegliedert sein. Der S. entsteht durch hangabwärtiges Pflügen am Rand von Besitzparzellen, so daß die allmählich als Vollformen entstehenden S. Ackerterrassen voneinander trennen.

Stufenrand: unscharfe Bezeichnung für den Rand einer → *Schichtstufe,* der sehr unterschiedliche Verläufe aufweisen kann, z. B. charakterisiert durch → *Stufenrandbuchten.*

Stufenrandbucht: für stark zerschnittene → *Schichtstufen* charakteristische Bucht, wobei zwei Vorsprünge der Stufe, z. T. als → *Auslieger* ausgebildet, eine S. umschließen. Ihre Ausweitung in den → *Stufenrand* hinein erfolgt überwiegend durch → *rückschreitende Erosion.*

Stufenrandfluß: Bestandteil der Theorie der Entwicklung von → *Schichtstufen,* wobei der S. subsequent ist und somit theoretisch die weichen Gesteinsbereiche abräumt und zur Herauspräparierung harter, widerständiger Gesteine als Stufe beiträgt. Der subsequente Fluß soll damit gleichzeitig auch → *Pedimente* entstehen lassen. Subsequente Flüsse mit durchgehendem Verlauf vor einer Schichtstufe sind jedoch in der Realität sehr selten.

Stufenrückhang: Bereich der Abdachung der → *Stufenfläche* in Richtung des Schichtfallens, auch teilweise als → *Stufenlehne* bezeichnet.

Stufenrückland: wenig präzise Bezeichnung; einmal verwendet für → *Stufenrückhang,* zum anderen für jenen Bereich der → *Stufenfläche,* der vom → *Trauf* bzw. → *First* weit entfernt ist und allmählich zum → *Sockelbildner* der nächsten Schichtstufe überleitet.

Stufenrückverlegung: durch ein komplexes geomorphologisches Prozeßgefüge, das in seinen Wirkungen durch Gesteinsart und -lagerung gesteuert wird, erfolgende Abtragung. Wesentlicher Prozeß der S. ist die → *rückschreitende Erosion,* verbunden mit → *gravitativen Massenbewegungen* bzw. → *Rutschungen.* Die S. weist in den verschiedenen klimageomorphologischen Zonen der Erde unterschiedliche Intensitäten auf. Auch der Mechanismus kann anders sein, wie der Ersatz der Quellerosion humider Klimate durch oberflächlich abrinnendes Niederschlagswasser in ariden oder periglazialen Klimaten zeigt. Die S. erfolgt vor allem durch Spornverschneidungen, die von den Fließgewässern und Quellen in den → *Stufenrandbuchten* ausgehen.

Stufenrumpf: Bezeichnung für → *Stufenflächen* von → *Schichtstufen,* weil diese auch bei enger Anpassung an Gestein und Lagerung → *Kappungsflächen* darstellen können. Der Begriff darf nicht mit → *Rumpfstufe* verwechselt werden.

Stufenstirn (Stirn): Rand einer → *Schichtstufe,* der als → *Frontstufe* oder als → *Achterstufe* erscheinen kann und der verschiedene Querprofile (→ *Trauf-Schichtstufe,* → *Walm-Schichtstufe*) aufweisen kann.

Stufentheorien: in der Entwicklungstheorie

Ansätze zur Gliederung und begrifflichen Erfassung der wirtschaftlichen Entwicklung. Ein Teil der S. ist wirtschaftshistorisch orientiert. Bekannte S. sind die → *Dreistufentheorie* oder die → *Stadientheorie* von Rostow.

stufenvag: Lebewesen in Bergländern und Gebirgen, die eine enge Bindung an eine Höhenstufe besitzen. Dem Begriff s. entspricht → *euryzon.*

Stundenböden (Minutenböden): schwere Tonböden vom Typ des → *Pelosols,* die nur während einer kurzen Zeitspanne bearbeitet werden können, wenn sie bindig sind. Im langanhaltenden feuchten Zustand schmieren sie zu stark und im trockenen Zustand sind sie zu hart.

Sturm: starker Wind mit Geschwindigkeiten zwischen 20 und 32 m·s^{-1} (Beaufortskala 9-11). Die Wucht der auf dem Festland relativ seltenen S. reicht aus, um Bäume zu entwurzeln, Häuser zu beschädigen usw. (→ *Wind,* → *Orkan*)

Sturmfeld: der wolken- und niederschlagsreiche, relativ scharf abgegrenzte stürmische Bereich eines → *tropischen Wirbelsturms.* Dem S. steht das fast windstille „Auge" im Zentrum gegenüber.

Sturmflut: außergewöhnlich hohe Flut an Gezeitenküsten, die durch gleichzeitiges Eintreffen der → *Springflut* und starker auflandiger Stürme verursacht wird. Brandung und Windstau führen dabei zu extremer Verstärkung der Flutwelle, so daß Deichbrüche mit katastrophalen Überschwemmungen und Verwüstungen des Hinterlandes die Folge sein können. Viele schwere S. an der Nordseeküste sind geschichtlich belegt.

Sturmgasse: Geländestreifen, in dem ein in der Breite eng begrenzter Sturmwirbel (→ *Tornado*) Zerstörungen angerichtet hat.

Sturmlückenstruktur: kennzeichnend für Bereiche, an denen durch → *Windwurf* an Waldbeständen Lücken entstanden, in denen sich eine neue → *Biozönose* bildet, die sich von den vorherigen Verhältnissen wesentlich unterscheidet.

Sturmriegel: stabiler Waldbestandsstreifen, der angelegt und gepflegt wird gegenüber einer → *Naturgefahr.* Man legt den S. gewöhnlich mit Tiefwurzlern quer zur Hauptgefahrenrichtung an.

Sturmschaden: in der Wald- und Forstwirtschaft der Bruch oder Wurf von Bäumen, der bei Windgeschwindigkeiten von über 20 m/s auftritt. Die Wirksamkeit der S. ist im Winterhalbjahr am größten, in welchem sie relativ regelmäßig auftreten. Sommer-S. erfolgen im Zusammenhang mit Gewitter- und Wirbelstürmen. Sowohl bei Laub- als auch bei Nadelbäumen lassen sich die Arten nach ihrer Sturmgefährdung ordnen, die nicht nur davon abhängt, ob es sich um Tief- oder Flachwurzler handelt, sondern auch davon, wie der oberflächennahe Untergrund beschaffen ist.

Sturmtief (Sturmzyklone): Tiefdruckwirbel mit hohem Luftdruckgegensatz vom Rand zum Zentrum und demzufolge starken, zum Zentrum hin konvergierenden Winden. Im Entwicklungsverlauf erreicht eine → *Zyklone* das S.-Stadium im Zustand der stark verschmälerten Warmfront vor der beginnenden → *Okklusion.*

Sturzbewegung: eine der → *gravitativen Massenbewegungen,* die der → *Gleitbewegung* und der → *Versatzbewegung* verwandt ist und die vor allem in Steilreliefs als → *Fels-* und → *Bergsturz* sowie → *Sturzdenudation* auftritt. Es ist eine Materialbewegung größeren Ausmaßes, wo an Steilhängen der innere Zusammenhalt des Gesteins verlorengeht und die Schwerkraft wirksam werden kann. S. vollziehen sich vorzugsweise während der Schneeschmelze und während Stark- und Dauerregen, die den angewitterten Gesteinsmassen destabilisierende physikalische Eigenschaften verleihen.

Sturzdenudation: eine der → *Sturzbewegungen,* die sich in Steilreliefs größerräumig vollzieht und dabei ausgedehntere Areale einem plötzlichen flächenhaften Abtrag aussetzt.

Sturzfließung: eine der → *Sturzbewegungen,* denen Fließung vorausgeht, d. h. Lockergesteine infolge Wasserdurchtränkung in einen flüssigen Brei verwandelt werden, der unter einem hangenden, widerständigen Gestein ausfließt. Die hangende Scholle verliert ihr Widerlager, löst sich vom Hinterhang und bewegt sich als S. bzw. Rutschfließung talwärts.

Sturzhalde: Anhäufung von → *Sturzschutt* auf einer meist steilhängigen → *Halde,* in der Regel unterhalb von → *Steinschlagrinnen.*

Sturzschutt: meist grobblockiger → *Schutt,* der → *Sturzbewegungen* unterliegt.

stygobiont: bezeichnet Organismen, die praktisch ausschließlich im Grundwasser leben.

stygophil: bezeichnet Organismen, die bevorzugt im Grundwasser leben und dort Massenentwicklung zeigen können.

stygoxen: bezeichnet Zufallsgäste im Grundwasser.

sub: in Zusammensetzung bei geo-, bio- und hydrowissenschaftlichen Begriffen Übergangs- oder Randbereiche naturwissenschaftlicher Phänomene bezeichnend.

subaërisch: sich unter Luft befindend, unter Luftzutritt entwickelt. Der Begriff wird vor allem in der Geomorphologie für die festländische Formenentwicklung gebraucht im Unterschied zu → *subaquatisch* oder → *subglazial.*

subalpine Stufe: mehrere hundert Meter mächtige → *Höhenstufe* zwischen dem geschlossenen Hochwald und dem baumwuchsfreien alpinen Rasen. Die s. Stufe ist der Bereich, in dem sich der Wald nach oben hin allmählich auflöst, weil die zunehmend ungünstigen Klimabedingungen das Wachstum, die Verjüngung und das winterliche Überleben der Bäume immer mehr erschweren. Die Vegetationszeit dauert noch ungefähr 100–120 Tage, und ein bis zwei Monate erreichen Mitteltemperaturen über 10 °C. Die Vegetation der s. Stufe ist durch Zwergsträucher, Krummholz und besondere s. Waldtypen (in den Zentralalpen der lockere und lichte Lärchen-Arvenwald) geprägt.

subaquatisch: Prozesse und Erscheinungen, die sich unter der Wasseroberfläche abspielen oder entstehen.

Subarktis: Kurzbezeichnung für das Gebiet der → *subarktischen Zone.*

subarktische Zone: Gürtel zwischen der nördlichen Waldgrenze und den nur noch wenig belebten, durch Eis und Schnee beherrschten Polargebieten. Im engen Sinn wird z. T. auch nur das Übergangsgebiet zwischen Wald- und Baumgrenze, also der → *Waldtundra,* zur s. Z. gerechnet. Das wichtigste klimatische Merkmal der s. Z. (im Vergleich zur → *Arktis*) ist ein kurzer milder Sommer, der eine Vegetationszeit von 70–100 Tagen ermöglicht und den Boden oberflächlich auftauen läßt (→ *arktisches Klima*). Es entwickelt sich die mehr oder weniger geschlossene Vegetationsdecke der Zwergstrauch- und Grastundren, und am südlichsten Randsaum ist in geschützten Lagen vereinzelter Baumwuchs möglich. Sie s. Z. ist als Gebiet am Rande der Ökumene nur sehr schwach besiedelt.

Subassoziation: Pflanzengemeinschaft unterhalb der Größenordnung der → *Assoziation,* durch → *Differentialarten* von anderen Subassoziationen der gleichen Assoziation unterschieden.

Subassoziationsgruppe: Subassoziationen zusammenfassende Gruppe unter Herausarbeitung von → *Differentialarten;* allerdings gibt es auch S. ohne Differentialarten.

Subatlantikum (Nachwärmezeit): Abschnitt des → *Postglazials* mit charakteristischen Vegetations- und Klimaverhältnissen, der sich dem → *Subboreal* anschloß und in Mitteleuropa ab etwa 2 800 v. h. wieder zu kühlfeuchteren Klimabedingungen führte. Das S. war in seinem früheren Abschnitt durch Rotbuche, Tanne und/oder Hainbuche gekennzeichnet, während die wärmeliebenden Gewächse, wie der Eichenmischwald oder der Haselstrauch, die für das → *Atlantikum* charakteristisch waren, zurücktraten. Bei der marinen Entwicklung kam es zunächst zur → *Dünkirchen-Transgression* in der Nordsee und zum → *Myameer* in der Ostsee. Der jüngste Abschnitt des S., von etwa 1 400 v. h.

an gerechnet, reicht bis in die Gegenwart. Die natürliche Ausbreitung von Buche und Hainbuche wurde durch die zunehmende Bewirtschaftung der Landschaften, später auch der Wälder, gehemmt.

Subboreal (Späte Wärmezeit, Eichenmischwald-Buchenzeit): Abschnitt des → *Postglazials* mit charakteristischen Vegetations- und Klimaverhältnissen, der von ca. 4500 bis 2800 v.h. dauerte und sich durch Wärme und Trockenheit auszeichnete. Das S. gilt als Klima- bzw. Wärmeoptimum des Postglazials und ähnelt klimatisch noch stark dem vorangegangenen → *Atlantikum*. Trotzdem weist das S. Übergangscharakter auf, was sich in der Waldgeschichte ausdrückt, weil der Eichenmischwald sukzessive durch Buche, Tanne und Hainbuche ersetzt wird. In seinen trockenwarmen Abschnitten mit Steppencharakter breiteten sich in Mitteleuropa mediterrane und pontische Florenelemente aus. In der Ostsee bestand das → *Litorinameer*, und am Übergang zur postglazialen Nachwärmezeit trat die Ostsee am Ende des Subboreals in ihr → *Limneameer*-Stadium ein. Während des S. breitete sich auch die vorgeschichtliche Besiedlung in Europa aus, so daß erste wesentliche Einflüsse auf die Vegetation erfolgten und der Grundstein zur Kulturlandschaftsentwicklung Mitteleuropas gelegt wurde.

subboreal: der Übergang von Klima und Vegetation zwischen der borealen und der nemoralen Zone.

Subdelta: fossiles → *Delta*, meist in Mehrzahl vorkommend und ineinander verschachtelt den Sockel eines jeden rezenten Deltas bildend.

Subduktionszone: Absenkungs- bzw. Eintauchungszone der ozeanischen Platte unter einer Kontinentalplatte und Bestandteil der Magmaströme in der → *Asthenosphäre*, von welcher aus ein rückströmendes Magma in Richtung der ozeanischen Plattengrenzen mit Gräben und → *mittelozeanischen Rücken* erfolgt. S. können sich aber auch an Tiefseerinnen im Bereich zweier sich aufeinander zubewegender ozeanischer Platten befinden, wo ebenfalls Erdkruste in den Erdmantelbereich eingeschmolzen wird. Die S. sind Bestandteil der Erklärung von Vorgängen der → *Plattentektonik*.

Subfloreszenz: Ausblühen von Salzen und Gesteins- und/oder Bodenhohlräumen. Die Salze kommen aus dem Mineralgefüge und werden von kapillar aufsteigenden Lösungen in die Hohlräume transportiert. Sie können sich zu → *Effloreszenzen* weiterentwickeln.

Subfossil: Bestand ausgestorbener Organismen, die sich in Sedimenten aus historischen Zeiten finden. Sie stehen in der Entwicklung zwischen den rezenten Organismen und den eigentlichen → *Fossilien*.

subglazial: unter Gletscher- und Inlandeis auftretende geomorphologische und hydrodynamische Prozesse und Effekte, wie die → *Tunneltäler*.

subjektive Distanz: im Gegensatz zur objektiven metrischen Distanz die Entfernung zwischen zwei Standorten, wie sie von einer Person empfunden wird. Die s. D. kann kürzer oder länger sein als die metrische D., je nach Art des Weges und der Standorte und nach den Emotionen der Person diesen gegenüber. S. D. sind Bestandteile von → *mental maps* und können im Rahmen der → *Wahrnehmungsforschung* unter Umständen zur Erklärung von Motivationen räumlichen Handelns beitragen.

Subklimax: Bestandteil einer → *Sukzessionsreihe* einer Vegetation aufgrund besonderer geoökologischer Randbedingungen, der nicht zu dem vom Makroklima bestimmten → *Klimax* führt, gleichwohl eine stabile → *Dauergesellschaft* darstellt.

subkortikol: bezeichnet unter Baumrinde lebende Organismen.

Subkultur: Partialkultur relativ eigenständiger Ausprägung innerhalb einer größeren Kultur, insbesondere die Kultur einer → *ethnischen Gruppe* oder sonstiger → *Minderheiten*, einer → *Randgruppe* innerhalb einer Gesellschaft usw. In neuerer Zeit werden auch kulturelle Ausprägungen und besondere soziale Verhaltensweisen einzelner → *Schichten* oder Altersgruppen als S. bezeichnet.

subkutan: unter der Haut (Oberfläche, Erdoberfläche) befindlich bzw. sich dort abspielend. S. wird als geowissenschaftlicher Begriff für Verwitterungsprozesse, die unter sog. Schutzrinden von → *Krustenbildungen* ablaufen oder für Prozesse des → *Bodenfließens* von der Art des → *subsilvinen Bodenflusses* verwendet.

subkutanes Bodenfließen: Ausquellen durchfeuchteter feinkörniger Unterböden unter erosiv angeschnittenen Krusten oder festen Sedimentdecken an Unterhängen und an Talrändern in der Wüstenzone.

subletal: an der Grenze der Lebensfähigkeit stehen. Der Tod tritt meist vor der Fortpflanzung ein.

Sublimation: direkter Übergang eines Stoffes vom festen in den gasförmigen Zustand und umgekehrt. Die S. des Wassers ist in gewissem Umfang am Wasserhaushalt von Schneedecken und Eismassen beteiligt, und sie spielt auch bei der Schneemetamorphose eine Rolle. In der Atmosphäre ist S. relativ selten, weil zu wenig Eispartikelchen als Kristallisationskeime zur Verfügung stehen.

Sublimationswärme: Wärmeenergie, welche beim direkten Übergang von Eis in die dampfförmige Phase verbraucht bzw. umgekehrt wieder frei wird. Die S. entspricht der Summe aus → *Schmelzwärme* und → *Ver-*

dampfungswärme.

Sublitoral: der ständig überflutete Uferstreifen von Binnengewässern, der unterhalb der Niedrigwasserlinie liegt.

submarin: unter dem Meer, im untermeerischen Bereich liegend.

submarine Formen: durch untermeerische geomorphologische Prozesse, wie Gleitungen, Rutschungen und Vulkanismus, entstandene Formen. Ein Teil der s. F. im küstennahen Bereich, besonders auf dem → *Schelf,* entstand jedoch → *subaërisch,* als während des → *Pleistozäns* der Meeresspiegel eustatisch abgesenkt war.

submariner Cañon: tief eingeschnittene, steilhängige Schluchttäler mit dem Querprofil eines → *Kerbtales* mit meist großer Länge, die an den Mündungen großer Ströme ansetzen, über den → *Schelf* verlaufen und im Bereich des → *Kontinentalabhangs* extrem eingetieft sind. Ihre Entstehung wird der erosiven Wirkung von → *Trübeströmen* zugeschrieben, die vor allem während des → *Pleistozäns* besonders aktiv waren.

submediterran: der nördliche Randbereich der → *Mediterranis* mit klimatischen und biotischen Übergängen zu den Verhältnissen der nemoralen Zone.

submers: völlig untergetaucht lebende Pflanzen. Zu ihnen gehört der größte Teil der → *Hydrophyten.*

subnival: die Höhenstufe in Gebirgen zwischen der Obergrenze der geschlossenen alpinen Rasen und der → *klimatischen Schneegrenze.* In der s. Stufe tritt noch eine fleckenoder polsterhafte Pioniervegetation auf. Der Schnee schmilzt in vielen Lagen nur in warmen Sommern völlig ab. Frost und Frostwechsel dominieren die Formungsprozesse. (→ *Frostsprengung,* → *Solifluktion,* → *Frostmusterböden,* → *periglazialer Formenschatz*)

Subökumene: Zwischenbereich zwischen → *Ökumene* und → *Anökumene.* Der Begriff S. wird teils identisch mit → *Semiökumene* gebraucht, teils auf solche Räume beschränkt, die sich aufgrund menschlicher Umgestaltung in einem Übergangsstadium zur Ökumene befinden.

Subparamo: Typ des → *Paramo,* der zu den andinen Bergwäldern überleitet und sich in 3 000–3 500 m Höhe anordnet mit Compositen- und Ericaceen-Gebüschen in seiner unteren und mit Rubiaceen und Ericaceen in seiner oberen Stufe.

Subpermafrostwasser: → *gespanntes Grundwasser* unter einer ständigen Bodenvereisung.

Subpluvial: überholte Bezeichnung für die „äquatorialen" → *Pluviale,* die nach der Pluvialtheorie mit den mediterranen/polaren Pluvialen alterniert haben sollen.

subpolare Tiefdruckgürtel: kräftig entwickelte, dynamisch bedingte Tiefdruckzonen polseits der → *planetarischen Frontalzone* zwischen etwa 50° und 75° N bzw. S, deren Achsen nahe der Polarkreise liegen.

subpolare Tiefdruckrinne: beständiges, gürtelartiges aus quasistationären → *Zentraltiefs* und zyklonalen Zellen zusammengesetztes, zonales Tiefdruckgebilde zwischen etwa 55 und 65° N bzw. S. Die s. T. ist mit der → *Polarfront* identisch und Bestandteil der globalen Luftdruckverteilung.

Subpolartief: → *Tiefdruckgebiet* des → *subpolaren Tiefdruckgürtels.* Die beiden wichtigen subpolaren Kerntiefs der Nordhalbkugel (Islandtief und Aleûtentief) sind beständig und wichtige → *Aktionszentren* der → *außertropischen Westwindzirkulation.* Sie steuern ozeanische Polarluft in die Mittelbreiten.

Subpolyedergefüge: Aggregatgefüge des Bodens aus in der Grundform polyederähnlichen Gefügeteilen, die unregelmäßig gestaltet und stark kantengerundet sind (→ *Bodengefüge,* → *Polyedergefüge*).

Subrosion: 1. Sammelbegriff für subterrane Abtragung durch → *Ausspülung* und → *Auslaugung.*

2. gelegentlich nur begrenzt auf subterrane Ausspülungsprozesse in Feinsedimenten, z. B. Löß, verwandter Begriff.

Subrosionsformen: meist ausgedehntere Hohlformen, die durch → *Subrosion* entstehen und in der Regel vergesellschaftet auftreten. Es entsteht meist ein welliges bis kesseliges Relief durch Nachsacken ungestörter Hangendschichten. Daneben entstehen scharferkantige Einbrüche, wenn die Subrosion in Erdoberflächennähe erfolgt, wie im Löß.

subsequenter Fluß: charakteristischer Flußverlauf für → *Schichtstufenlandschaften,* in denen → *Stufenrandflüsse* einen Lauf parallel zur Längsrichtung der Schichtstufe einnehmen können und die als Sammler für (konsequente) → *Abdachungsflüsse* und (obsequente) → *Gegenflüsse* dienen.

subsequenter Magmatismus: Form des → *Plutonismus,* der dann auftritt, wenn das Tektonogen noch aufsteigt und → *germanotyp* überformt wird.

Subsequenzfurche: vor → *Schichtstufen* sich erstreckende Furche. Sie ist überwiegend im Bereich wenig-widerständiger Gesteine, also des Stufensockels, angelegt. Je nach Schichtneigung können zur S. aber auch Schnittflächenbereiche jener Schichtstufe gehören, deren Stufenfläche in den Stufensockel der nächstfolgenden übergeht.

subsilviner Bodenfluß: Form → *gravitativer Massenbewegungen* in tropischen Feuchtwäldern, bei denen infolge starker Niederschläge der chemisch tiefgründig verwitterte Boden wasserdurchtränkt ist und plastisch wird. So gerät er unterhalb des relativ geringmächtigen Wurzelhorizontes ins Fließen und verursacht sowohl Wald- als auch Bodenschäden

Subsistenzwirtschaft: Wirtschaftsweise, deren Ziel die Eigenversorgung ist. Die S. ist nicht arbeitsteilig organisiert im Vergleich zum absatzorientierten, kommerzialisierten Betrieb. Die Leistung der S., die in vielen Entwicklungsländern verbreitet ist, läßt sich zum Zwecke der Sozialproduktberechnung nur schwer erfassen. (→ *Selbstversorgungswirtschaft*)

Subspeziation: Bildung von → *Rassen* durch Arealdynamik, Wanderungen und sonstige Differenzierungen der Lebensumwelt.

Substitution: 1. populationsbiologischer Begriff, meist in Verbindung mit dem Ersatz einer Haustierform durch die Domestikation einer anderen Wildart mit gleichen oder ähnlichen Nutzungsmöglichkeiten.
2. Ersetzung von Gütern, Produktionsfaktoren oder Dienstleistungen durch jeweils andere. Die S. kann abrupt vollzogen werden oder sich als längerer Prozeß darstellen.

Substitutionsgüter: Produktions-, Investitions- oder Konsumgüter, die jeweils vergleichbare Güter ihrer Gruppe ersetzen können. Beispiele sind die Substitution von Margarine und Butter oder Natur- und synthetischem Kautschuk.

Substitutionsprinzip: in der Wirtschaft die → *Substitution* von Produktionsfaktoren und -verfahren zur Durchsetzung der kostenminimalen Produktionsmethode.

Substrat: 1. in der Bioökologie und Biologie Unterlage, Grundlage; meist im Sinne von Nährboden.
2. in den Geowissenschaften meist im Sinne von Ausgangsmaterial, z.B. einer → *Bodenbildung*, verwendeter Begriff.

Substratfresser: Tiere, die Schlamm, Sand und/oder Humus verzehren, um die darin enthaltenen verdaulichen Stoffe zu erlangen, während der größte Teil des Substrates als unverdauliche Substanz und damit Ballaststoff den Darmtraktus durchläuft. Typische S. sind viele Bewohner des → *Watts* oder die Regenwürmer.

subterran: Prozesse, die sich unterhalb der Erdoberfläche – aber in Erdoberflächennähe – abspielen. Gegensatz ist → *supraterran* bzw. → *subaërisch*.

subterrane Abtragung: unscharfer Sammelbegriff für verschiedene unterirdisch verlaufende geomorphologische Prozesse, wie → *Subrosion*, → *Suffosion*, → *subsilviner Bodenfluß* sowie Prozesse der → *Lösungsverwitterung* im Karst.

Subtropen: in der Abgrenzung diskutierbare Übergangszonen zwischen den Tropen und den → *kühl-gemäßigten Breiten*, die etwa von den → *Wendekreisen* bis maximal 45° Breite reichen. Die S. sind der Bereich der Anlauf-

zonen der → *Passate* und der → *subtropischen Hochdruckgürtel*, von welchen sie klimadynamisch geprägt werden. Die subtropische Zone gliedert sich in zwei große Klimagürtel, nämlich die passatischen Trockengebiete (→ *Passatzone*) und die warmgemäßigten (mediterranen) Klimazonen, deren Ausprägung auf der West- und Ostseite der Kontinente verschieden ist (→ *mediterranes Klima*). Eine generelle Aussage über das Klima der S. ist demzufolge nicht möglich. Allgemein gültig ist lediglich eine deutliche Jahresschwankung der Temperatur mit hoher Sommerwärme und milden Wintern. Die Feuchteverhältnisse sind in den verschiedenen Teilbereichen der S. völlig unterschiedlich (0–12 humide Monate möglich).

Subtropenhoch: beständige Kernzelle des → *subtropischen Hochdruckgürtels* (z.B. das → *Azorenhoch* und das → *Pazifische Hoch* auf der Nordhalbkugel).

subtropischer Hochdruckgürtel: Zone zwischen 20–40° N bzw. S mit im Mittel beständigen, hochreichenden → *Hochdruckgebieten* (Bodenhochs) in warmer Luft. Der s. H. ist eine dynamische Erscheinung, die sich am Südrand der → *planetarischen Frontalzone* als Folge der Höhenströmungsdivergenz, die mit einem Massenzufluß von Luft auf die südliche Seite der Hauptströmung verbunden ist, ausprägt. Die Wirkung dieses Massenzuflusses in der Höhe ist absteigende Tendenz der Luft. Der s. H. verschiebt sich jahreszeitlich und liegt im Sommerhalbjahr vor allem über den Festlandsmassen weiter nördlich als im Winter. In seinen Randzonen bilden sich dadurch typische feucht-trockene Wechselklimate aus (z.B. die mediterranen Winterregenklimate, die nur im Sommer unter den Einfluß des s. H. stehen und im Winter in den Einzugsbereich der → *außertropischen Westwindzirkulation* gelangen).

subtropisches Klima: nicht aussagekräftige Bezeichnung für verschiedene Klimate der Subtropen.

suburbaner Raum: Gebiet der → *Stadtrandgemeinden*, die in den Prozeß der → *Suburbanisierung* einbezogen sind. Kennzeichen des s. R. sind insbesondere starke Zunahme der Bevölkerungs- und Arbeitsstättenzahl, die überwiegend auf die → *Stadt-Rand-Wanderung* zurückgeht.

Suburbanisierung: Dekonzentrationsprozeß von → *Agglomerationsräumen* bzw. → *Stadtregionen*. Verursacht durch den Prozeß der → *Stadt-Rand-Wanderung* von Bevölkerung und Wirtschaftsbetrieben, führt die S. zu einem flächenhaften Wachstum größerer Städte und Agglomerationsräume über die Stadtgrenzen hinaus in den → *suburbanen Raum*, wobei aufgrund gleichzeitiger Entleerungstendenzen der innerstädtischen Bereiche die Gesamtzahl der Einwohner und Arbeitsstätten häufig gar nicht oder nur gering anwächst. Der Prozeß der S. wurde zuerst in den USA beobachtet und zeigt sich heute mehr oder weniger stark in allen westlichen Industrieländern.

Subvention: staatliche bzw. generell aus öffentlichen Mitteln stammende Unterstützungszahlungen, die eine lenkende, korrigierende und strukturumschichtende Wirkung haben. Als direkte S. kann man Finanzhilfen des Staates bezeichnen, als indirekte S. Vergünstigungen sonstiger Art (z. B. Steuernachlässe usw.). S. können an Haushalte, Unternehmen und Vereinigungen gezahlt werden. Das Ziel der S. können schwerpunktmäßig bestimmte Standorte bzw. Regionen (z. B. → *Zonenrandgebiet*) oder ausgewählte Wirtschaftszweige (z. B. Landwirtschaft, Stahlindustrie) sein.

Subventionspolitik: im Rahmen der Wirtschaftspolitik der Einsatz von Subventionen zur Unterstützung der Wirtschaft bzw. der Steuerung der Wirtschaftsentwicklung in bestimmten Gebieten.

Subzentrum: im Rahmen der → *innerstädtischen Hierarchie* der Versorgungszentren ein höherrangiges Geschäfts- und Dienstleistungszentrum unterhalb der Stufe der → *City*. S. haben sich vor allem in Großstädten aus den zentralen Geschäftsgebieten der größeren eingemeindeten → *Vororte* entwickelt. Sie versorgen ihr Einzugsgebiet – in der Regel ein oder mehrere Stadtteile – mit Gütern und Diensten des täglichen wie mittel- und langfristigen Bedarfs und weisen in mancher Hinsicht City-Funktionen auf.

Sudd: Überschwemmungs- und Sumpfgebiet mit dichter, undurchdringlicher Sumpfvegetation. An sich handelt es sich um eine (arabische) regionalgeographische Bezeichnung für Überschwemmungs- und Sumpflandschaften im Mittellauf des Weißen Nils, die aber auch für gleiche oder ähnliche Landschaftstypen in anderen Räumen Verwendung findet.

Südhemisphäre: die Erdhalbkugel südlich des → *Äquators*.

Südlicht: die → *Polarlichter* der Südhalbkugel.

Süd-Süd-Beziehungen: die Beziehungen zwischen den Entwicklungsländern untereinander. Als Gegengewicht zu den problematischen Nord-Süd-Beziehungen (→ *Nord-Süd-Gegensatz*) haben vor allem die → *Gruppe der 77* sowie die auf der blockfreien Staaten die Entwicklung stärkerer S.-S.-B. propagiert.

Süd-Süd-Handel: der Handel zwischen den Entwicklungsländern. (→ *Süd-Süd-Beziehungen*)

Suffosion: 1. eine Form des subterranen Abtrags durch → *Auslaugung* und oft mit → *Subrosion* verwechselt oder gleichgesetzt. Es entstehen → *Suffosionsformen.*

2. Herausspülen von feinen Sedimentpartikeln aus dem Gewässerbett der Flüsse. S. findet bei starker Strömung (Hochwasserabfluß) statt. Sie führt zu einer Erhöhung der Durchlässigkeit des Gerinnebettes.

Suffosionsformen: in verschiedener Größenordnung durch unterirdische Auslaugungsprozesse der → *Suffosion* an der Erdoberfläche im Bereich von oberirdischen und/oder lösungsfähigen Gesteinen entstandene Formen. Am charakteristischsten sind die Formen der → *Karstsuffosion.*

Suk (Souk, Suq): Geschäftszentrum mit Einzel-, Großhandels- und Handwerksbetrieben, jedoch ohne Wohnbevölkerung, in der traditionellen islamisch-orientalischen Stadt. Der Ausdruck S. ist identisch mit der im deutschsprachigen Raum gebräuchlichen Bezeichnung → *Basar.*

Sukkulente: Trockenpflanzen, also → *Xerophyten*, die einen xeromorphen Bau aufweisen, zusätzlich aber über wasserspeichernde Gewebe in Blättern, Achsen oder Wurzeln verfügen, die während feuchter Jahresabschnitte Wasser aufnehmen. Nach der Lokalisierung der Wasserspeicherung werden Blatt-, Stamm- und Wurzel-S. unterschieden. Durch die Wasserspeicherung sind die S. meist fleischig-saftig. Ihre Oberflächen verfügen – meist zusätzlich – über verschiedene Formen des Verdunstungsschutzes.

sukkulent-xeromorph (nano-xeromorph): Eigenschaft von Pflanzen, dauernd starke Trockenheit bei geringen, meist episodischen Niederschlägen und gleichzeitig hohen Verdunstungsraten zu ertragen.

Sukzession: in Geo- und Biowissenschaften allgemein Aufeinanderfolge, Abfolge, meist von verschiedenen Entwicklungsstadien einer → *Sukzessionsreihe*.

1. zeitliche Aufeinanderfolge von Pflanzengesellschaften in einem bestimmten Ökosystem, dessen Zustand sich wandelt. Damit können die Pflanzen-S. Kriterium für Gliederung bzw. Anordnung von Pflanzengesellschaften sein. Das Ende einer Reihe bildet die → *Schlußgesellschaft*, die bei anhaltend gleichen Umweltbedingungen auch eine → *Dauergesellschaft* darstellt.

2. in der Tierökologie die Aufeinanderfolge von Tierartenkombinationen als Folge einer Entwicklung der Geoökosystembedingungen.

3. Ausweitung des bioökologischen Sukzessionsbegriffes auf die → *Geoökologie* als → *Landschaftssukzession.*

Sukzessionsreihe (Entwicklungsreihe, Sukzessionsserie): Abfolge von mehreren Stadien in der zeitlichen Aufeinanderfolge von → *Biozönosen*, welche den Wandel der Bedingungen in den Geoökosystemen der Umwelt repräsentiert.

Sula: wasserfallartiger Katarakt (Stromschnelle).

Sulfathärte: Summe der mit SO_4^{2-} gelösten Salze im Wasser (→ *Gesamthärte,* → *Karbonathärte,* → *Nichtkarbonathärte*).

Sulzschnee: nasser, weicher oberflächlicher Auftauschnee, der sich vor allem während der Schneeschmelze in Frühjahr bildet. (→ *Schnee*)

Sumpf: sehr flache stehende Wasserfläche, die völlig mit Sumpfpflanzen durchwachsen ist.

Sumpfeisenerz: ein Brauneisenstein, entsprechend dem → *Raseneisenerz.*

Sumpftaiga: Standorttyp der → *Taiga* mit großflächiger Ausdehnung in der Borealzone Nordamerikas und Nordeurasiens, wo in Tieflandsbereichen bzw. auf abflußlosen Plateaus sich ausgedehnte Waldsümpfe bzw. → *Sumpfwälder* befinden. Sie sind meist nur dünn bestockt und von geringer Wuchsleistung. Lärche und Schwarzfichte treten hier als Sumpfbäume auf.

Sumpfwälder: treten an Feuchtstandorten in fast allen Klimazonen auf, z. B. in den Tropen als Überschwemmungssumpfwälder des Tieflandes oder als → *Sumpftaiga.*

superaqual: in Verbindung mit dem Begriff → *Biotop* einen Bereich kennzeichnend, in welchem Grundwasser in geringer Tiefe ansteht. Gelegentlich werden auch Uferbiotope als s. bezeichnet.

superimposed ice (Schmelzwassereis): der tiefstgelegene Firnschnee unmittelbar über der → *Gleichgewichtslinie* von Gletschern, der in der Naßschneephase durch Schmelzwasser so stark durchtränkt wurde, daß er zu einer geschlossenen Eismasse gefriert.

Supermarkt: größeres Einzelhandelsgeschäft mit völliger oder partieller Selbstbedienung. Der Begriff wird vor allem für Geschäfte des Handels mit Lebensmitteln und Haushaltsbedarf angewandt.

Superparamo: der in 4100–4800 m, also bis etwa zur Schneegrenze reichende Teil des → *Paramo,* der durch große Frostwechselhäufigkeit und Strukturböden gekennzeichnet ist und von den Pflanzengattungen *Draba, Lycopodium, Alchemilla, Poa* und *Agrostis* besiedelt wird.

Superparasitismus: Sonderform des → *Parasitismus,* bei der mehrere → *Parasiten* der gleichen Art im oder am gleichen Wirt vorkommen.

Superspezies: 1. Gruppe von Arten, die von einer gemeinsamen Urform abstammen, die aber wegen markanter morphologischer Unterschiede nicht zu einer Art zusammengefaßt werden können.
2. Art, die aus einer Primärart durch Vervielfachung des Chromosomenbestandes entstand.

Supralitoral: der Uferstreifen oberhalb des Höchstwasserstandes von Binnengewässern.

Supraspezies (Großart, Sammelart): Pflanzengruppe, deren Arten und Unterarten schwer voneinander abzugrenzen und zu bestimmen sind.

supraterran: gleichbedeutend mit dem häufiger gebrauchten → *subaërisch.* Gegensatz ist → *subterran.*

Suspensionsfracht: Gesamtheit der in einem Fließgewässer als → *Schwebstoffe* transportierten festen Partikel.

Süßgräser: den → *Sauergräsern* gegenübergestellte Familie einkeimblättriger Pflanzen, die mit ca. 4500 Arten weltweit verbreitet ist und in vielen Vegetationsformationen der Erde vorherrschender Bestandteil ist, z. B. in den → *Steppen* und → *Savannen.* Sie werden weidewirtschaftlich genutzt, und ihre Abkömmlinge sind die heutigen Getreidearten.

Süßwasser: das Wasser der Binnengewässer, welches weniger als 0,5‰ Salze enthält und demzufolge bei 8–12°C nicht salzig schmeckt (Richtlinie).

Süßwasserbiozönose: eine → *Biozönose,* deren abiotische Bestandteile vom → *Süßwasser* bestimmt werden. Dabei kann es sich um eine Flußwasser- oder eine Seewasserbiozönose handeln. Sie steht der → *Salzwasserbiozönose* durch andere Lebensformenspektren und Artenzusammensetzungen gegenüber, die von der andersartigen biochemischen Beschaffenheit sowie den anderen abiotischen Faktoren bestimmt wird.

Süßwasservegetation (Limnium): die → *Hydrophyten* und das → *Phytoplankton* in Binnengewässern umfassend.

Suzeränität: Oberherrschaft eines Staates, insbesondere einer Großmacht, über einen teilsouveränen Vasallenstaat. S. bestand z. B. im Osmanischen Reich. Heute existiert diese staatsrechtliche Form de jure nicht mehr.

Swamps: Zypressensümpfe an den flachen Gezeitenküsten des Golfes von Mexico.

sweep zone (Fegezone): an Gezeitenküsten der Bereich zwischen den höchsten Punkten der Strandwälle und Riffe einerseits und den tiefsten Punkten der Senken andererseits, innerhalb dessen sich Materialtransport mit Aufbau und Zerstörung von Sandriffen abspielt. Graphische Darstellungen der s. z. repräsentieren Materialbilanzen der küstengeomorphodynamischen Prozesse.

S-Wert: in Milliäquivalent (mval) pro 100 g Boden angegebene Summe der austauschbaren Erdalkali- und Alkali-Ionen Calcium, Magnesium, Kalium und Natrium. (→ *Kationenaustausch,* → *Austauschkapazität,* → *Sorption*)

Syenit: dem → *Granit* verwandtes, meist grobkörniges → *Tiefengestein,* bestehend aus Kalifeldspat und Hornblende, z. T. auch Glimmer und Augit, im Vergleich zum Granit jedoch mit weniger Quarz. Die meist rötliche Farbe bewirkt der Reichtum an Kalifeldspat. Der S. ist grob- bis feinkörnig, gelegentlich auch von porphyrischem Gefüge.

Symbiose: 1. Zusammenleben von zwei oder mehr Organismen verschiedener Art mit gewissen Wechselbeziehungen untereinander. 2. im engeren Sinne eine interspezifische Wechselwirkung zwischen zwei Arten im Sinne des → *Bisystems.*

Symbionten (Symbioten): 1. die beiden in einem → *Bisystem* zusammenwirkenden Partner. 2. die mit einem größeren Organismus in → *Symbiose* lebenden Mikroorganismen, z.B. Bakterien, Pilze, Algen, Protozoen. Die S. leben zeitweise oder dauernd zusammen, sie sind artverschieden und aneinander angepaßt mit einer stark ausgeprägten gegenseitigen Abhängigkeit, bei einem etwa gleichwertigen Nutzen für beide Partner. Sie leben in der Symbiose zusammen und zeigen oft Übergänge zum → *Parasitismus.*

symbiotroph: bezeichnet Pflanzen, die sich mit Hilfe von Mykorrhizen, Knöllchenbakterien usw. ernähren.

Symorphismus: Eingepaßtsein eines Organismus in seine Lebensumwelt durch seine Körperform.

sympathische Färbung: Farbe eines Organismus, die mit den Farben seiner Lebensumwelt übereinstimmt.

sympathische Tracht: allgemeine Übereinstimmung von Farb- und Strukturmerkmalen eines Organismus mit Farben und Formen seiner Umgebung.

Sympatrie: Vorhandensein von zwei oder mehr genetischen Populationen gleicher Art am gleichen Ort.

sympatrisch: bezeichnet 1. Sippen mit gleichen oder sich überschneidenden Arealen. 2. im übertragenen Sinne eingesetzt für verwandte Parasiten, die den gleichen Wirt haben.

Symphilie (Symphilium): 1. allgemein die Beziehung von Organismen untereinander. 2. Form des → *Mutualismus,* hier ein Gastverhältnis, bei dem ein Partner dem anderen Nahrung, Wohnung und/oder Schutz bietet und der andere dafür Säfte oder Drüsensekrete geboten bekommt. Meist handelt es sich um ein → *Bisystem* zwischen verschiedenen Insektenarten, aber auch zwischen Insekten und Pflanzen, z.B. den → *Myrmekophyten.*

Symphorismus: Sonderform von Tiervergesellschaftungen, bei der eine Tierart die andere ständig transportiert. Der S. ist in hygrischen Lebensräumen häufig, wo sich sessile Tiere auf Krebsen, Muscheln und Schnecken festsetzen.

Synanthropie: 1. allgemein die Erscheinung, daß sich Organismen dem menschlichen Siedlungsbereich anschließen. 2. spontane Mitgliedschaft von Organismen im Bereich menschlicher Wohnstätten, ohne Absicht und direktes Zutun des Menschen, wie Stubenfliege oder Ratte. 3. im Sinne der → *Kulturfolger* Pflanzen und Tiere, die in vom Menschen gestalteten Lebensräumen siedeln und eine mehr oder weniger große Abhängigkeit von diesen Bedingungen erlangen.

Synchorologie: Lehre von der Verbreitung der Lebewesen auf der Erde, praktisch der → *Biochorologie* entsprechend.

Synchromatismus: durch die körpereigene Färbung erfolgtes Eingepaßtsein von Tieren oder Pflanzen in ihre (charakteristisch gefärbte) Umwelt.

Synchronologie: Lehre von der Entwicklung der Tier- und Pflanzengesellschaften im Laufe der Erdgeschichte.

Syndynamik: Lehre von den sich in der Gegenwart abspielenden gesetzmäßigen Abfolgen der Pflanzengesellschaften im Sinne der → *Sukzession* und somit Begriff der → *Pflanzensoziologie.* Als Forschungsbereich ist sie verwandt mit der → *Syngenetik.*

Synechthrie (Raubgastgesellschaft): Sonderform des Räubertums in Ameisen- und Termitenbauten durch Arten, die im gleichen Bau leben, um sowohl Vorräte als auch Brut der Gastgeber zu verzehren.

Syneklise: ausgedehntes Senkungsgebiet in der Größenordnung von epirogenen Elementen im Bereich der alten Tafeln. Ein ausgedehntes Hebungsgebiet ähnlicher Merkmale ist die Antiklise.

Synergen: wenig gebräuchlicher Begriff für Landschaftskomplex, landschaftliches System im Sinne des → *Geoökosystems.*

Synergetik: wenig gebräuchliche Bezeichnung für geographische → *Landschaftslehre,* Landschaftsforschung, Landschaftswissenschaft als der Teil der → *Geographie,* der sich systematisch und vergleichend mit dem Wirkungsgefüge der Geosphäre befaßt.

Synergismus: 1. in Geo- und Biowissenschaften allgemein das Zusammenwirken von Stoffen oder Faktoren mit einem Wirkungsgefüge, das in seiner Gesamtfunktion anders beschaffen ist als die Einzelwirkungen und -funktionen der Faktoren des → *Systems.* 2. in der → *Biookologie* die synergistischen Wirkungen von Faktoren der Lebensumwelt auf bestimmte Stoffwechsel-, Wachstums- und/oder Entwicklungsprozesse. 3. in der Landschaftslehre die Wirkungen des landschaftlichen → *Ökosystems* innerhalb einer → *naturräumlichen Einheit,* die als geographischer Funktionskomplex, Geokomplex oder → *Geographischer Komplex* zusammenwirken.

Synergisten: allgemeine biookologische Bezeichnung für verschiedene Organismen, die in → *Bisystemen* oder anderen lebensförderlichen Beziehungen zueinanderstehen. Den S. werden die Antagonisten gegenübergestellt, die in Konkurrenz oder in direkter Feindbeziehung zueinanderstehen.

Synergochor: wenig gebräuchlicher Begriff für einen Landschaftsraum des geosphärischen Wirkungsgefüges im weitesten Sinne, der in mehr oder weniger begrenzten geographischen Raumeinheiten in der Geosphäre repräsentiert ist und allgemeiner auch als → *Idiochor* definiert werden kann.

Synergont: wenig gebräuchlicher Begriff für Landschaftsteil im Sinne von elementaren Komponenten der geosphärischen Substanz, die im S. zusammenwirken. Eine Assoziation von S. ist eine → *Synergose*.

Synergose: wenig gebräuchlicher Begriff für konkrete Einzellandschaft, die sich aus dem → *Synergismus* als räumliche Grundeinheit ergibt.

Synergotyp: wenig gebräuchliche Bezeichnung für Landschaftstypus bzw. → *Landschaftstyp*.

Syngenetik: Lehre, die sich mit den Regeln und Gesetzen des Entstehens, Entwickelns und Vergehens von Pflanzengesellschaften beschäftigt auf Grund der Gesetze der Genetik. Die Gleichsetzung von S. und → *Syndynamik* ist nur z. T. gerechtfertigt.

Synklinalstufenlandschaft: Stufenfolge, deren Stufenränder nach außen gekehrt sind, bei Einfallen der Schichten zum Beckeninneren. Die S. ordnen sich um großräumige tektonische Mulden an, wie Thüringer, Pariser und Londoner Becken. Der S. wird die → *Antiklinalstufenlandschaft* gegenübergestellt.

Synklinaltal: meist Typ des → *Längstales* in großen Gebirgen, das den Schichtmulden bzw. Mulden von Großfalten folgt. Es steht dem → *Antiklinaltal* gegenüber.

Synkretismus: Vermischung von Elementen zweier oder mehrerer Kulturen verschiedenen Ursprungs als Ergebnis eines → *Akkulturationsprozesses*. S. ist besonders bei Religionen häufig zu beobachten (z. B. Aufnahme fremder Elemente in das Christentum in Missionsgebieten).

Synökie (Einmietung, Inquilinus): 1. → *Bisystem*, bei dem eine Art in der Behausung einer anderen lebt, ohne dieser zu schaden. 2. Bisysteme, die zudem → *Epöke*, → *Eutökie* und → *Paröke* umfassen.

Synökologie: Teilgebiet der → *Bioökologie*, das sich mit den Wechselbeziehungen zwischen Lebensgemeinschaften verschiedener Organismen und ihrer Lebensumwelt befaßt. Sie ist Bestandteil der → *Biozönologie* (der Tiere) und der → *Pflanzensoziologie*. Die biotischen und abiotischen Faktoren der → *Geoökosysteme* werden nur soweit mitberücksichtigt, als sie zur Erklärung der Wechselbeziehungen zwischen Tier/Pflanze und

standörtlichem Lebensraum notwendig sind. Sie erklärt damit noch nicht das Geoökosystem im Sinne der Geoökologie. Zur Seite steht der S. die → *Autökologie*.

Synökosystem: wenig gebräuchlicher synthetischer Begriff für die Umschreibung des Gesamtzusammenhangs von → *Bioökosystem* und → *Bioökozönose* als einen nach den abiotischen und biotischen Faktoren einheitlichen Lebensraum.

Synopsis: in Geo- und Biowissenschaften häufig für Vorschau, Zusammenschau, Übersicht über Einzelsachverhalte, die miteinander in einem sachlichen Zusammenhang stehn.

Synoptik: Teilgebiet der → *Meteorologie*, das sich mit der Beobachtung der Wetterabläufe über größere Räume und den Möglichkeiten der Vorhersage befaßt. Wichtigste Anwendung der S. sind die Wetterprognosen.

synoptische Jahreszeit: kürzerer Zeitabschnitt im Jahresverlauf, der durch eine in typischer Weise und statistisch häufig auftretende Großwetterlage geprägt ist. Die s. J. sind Zeiträume, in denen die → *Regelfälle* der Witterung eintreffen.

synoptischer Regionalwind: in einem bestimmten Gebiet typisch auftretender Wind, der ausschließlich durch eine öfter wiederkehrende Wetterlage bedingt ist (z. B. der Scirocco des Mittelmeergebietes). (→ *Lokalwinde*)

syntektonogener Magmatismus: → *Plutonismus*, der räumlich und zeitlich an intensive, alpinotype Tektogenese gebunden ist, dem der → *initiale Magmatismus* vorausgeht.

Synthese: Vereinigung, Verbindung, Zusammensetzung, Zusammenschau verschiedener Stoffe, Faktoren oder geo- und biowissenschaftlicher Einzelsachverhalte zu einer Einheit/Raumeinheit/Funktionseinheit.

synthetische Landschaftsbezeichnung: Fachausdruck der klassischen geographischen → *Landschaftskunde*, der den ganzen landschaftlichen Erscheinungskomplex charakterisiert, unter Einbezug von physio- und anthropogeographischen Sachverhalten, z. B. Marsch-, Gäu-, Börden- oder Geestlandschaft.

Syntop: wenig präziser Begriff für Wohnraum eines → *Lebensvereins*, damit Sammelbezeichnung für → *Stratum* und → *Strukturteil* einer Biozönose.

Synusie: 1. in der Vegetationsgeographie und Geobotanik eine Lebensformengruppe, die sich aus verschiedenen Arten zusammensetzt, die aber gleiche → *Standortansprüche* aufweisen. Die floristische, auf den Arten beruhende Zusammensetzung ist für die Beschreibung der S. unbedeutend. Gegenüber der → *Vegetationsformation* stellt die S. eine kleine Einheit dar. Der Begriff kann z. B. sich nur auf eine Vegetationsschicht beziehen. Mit der S. wird heute nur noch wenig gearbeitet, weil die Methoden der → *Pflanzensoziologie* weiterentwickelt und verbreiteter sind.

2. entspricht in der → *Zooökologie* der → *Organismengemeinschaft.*

synzoische Verbreitung: absichtliches Verschleppen von Verbreitungseinheiten der Pflanzen durch Tiere.

Syrosem: der → *Rohboden* der gemäßigten Breiten.

System: 1. in der → *Taxonomie* ein Ordnungssystem für Lebewesen auf Grund seiner Merkmale.

2. in der Geologie entsprechend Periode/Formation im → *stratigraphischen S.*

3. innere Ordnung von Wissenschaftsgebieten, wie → *S. der Geographie.*

4. Komplex bzw. Funktionseinheit aus verschiedenen Komponenten, die miteinander in Wechselbeziehungen stehen und ein Wirkungsgefüge bilden im Sinne des → *Ökosystems.*

5. „Das" S. allgemein als eine Menge von Elementen und eine Menge von Relationen, die zwischen diesen Elementen bestehen, wobei letztere die Systemstruktur repräsentiert. Die in Geo- und Biowissenschaften untersuchten S. sind dynamisch, d. h. ihre Elemente sind „aktiv", weil sie von anderen Elementen desselben oder eines anderen S. beeinflußt werden. Die aktiven oder funktionalen → *Systemelemente* sind durch Relationen verknüpft, die stoffliche, energetische und/oder informatorische Kopplungen darstellen. Die Merkmale des S. drücken sich in seiner → *Struktur* aus, die das S. auch in eine → *Systemhierarchie* einordnen läßt bzw. dessen Stellung in dieser klärt. Außerdem gibt die Struktur Auskunft über die Funktion, zu der gesetzmäßige Beziehungen bestehen. Unterschieden werden → *geschlossene* und → *offene S.*

systemanalytische Geomorphologie: auf dem → *geomorphologisch-geoökologischen Ansatz* beruhendes Fachgebiet, welches das → *Georelief* als → *System* erkennt und nach den Grundsätzen der → *Systemtheorie* untersucht. Dies erfolgt auf verschiedenen Maß-

stabsebenen, um geomorphologische → *Systemhierarchien* herauszuarbeiten.

System der Geographie: Organisationsplan, der die Anordnung der einzelnen Teilgebiete der Wissenschaft → *Geographie* darstellt.

Systemelement: allgemeine Bezeichnung für Bestandteile eines → *Systems,* in der Regel mit den Faktoren des Systems gleichgesetzt, obwohl auch → *Regler* und → *Prozesse* Bestandteile eines Systems im Sinne der S. sind.

Systemhierarchie: setzt sich aus zwei oder mehr → *Systemen* zusammen und kann als System höherer Ordnung betrachtet werden, das wiederum mit gleichrangigen zu Systemen noch höherer Ordnung gekoppelt ist.

systemtheoretischer Ansatz (systemanalytischer Ansatz, systemarer Ansatz): Anwendung der → *Systemtheorie* auf die unterschiedlichsten Gegenstände der verschiedenen Wissenschaften, wobei die Objekte als → *Systeme* dargestellt werden. Vor allem bei komplexen Systemen sichert der s. A. ein sachgerechtes Vorgehen, d. h. es wird zur methodischen und theoretischen Klarheit durch Sonderung der → *Systemelemente* und deren sauberer Belegung mit Begriffen beigetragen. Außerdem werden mit dem s. A. die → *Systemhierarchien* erkannt und herausgearbeitet werden.

Systemtheorie: Theorie über das → *System.* Sie stellt die Beziehungen zwischen den → *Systemelementen* dar, um Struktur und Funktion der Systeme sowie der → *Systemhierarchien* herauszuarbeiten. Hauptziel ist die Klassifikation von Systemen, z. B. in → *offene,* → *geschlossene Systeme* oder stabile, instabile usw. Die S. stellt die Systeme nicht nur graphisch dar, sondern versucht, die Struktur- und Funktionszusammenhänge mit Hilfe von Vektoren- und Matrizenrechnungen, der Topologie, der Funktionentheorie und mit Differentialgleichungen mathematisch zu formulieren. Die S. ist nicht an die Naturwissenschaften gebunden, sondern sie findet auch in sozial- und wirtschaftswissenschaftlichen Disziplinen Verwendung, in denen ebenfalls komplexe Systeme die Untersuchungsobjekte darstellen.

T

taches d'huile: völlig glatte Wasserflecken auf der durch schwache Winde gekräuselten Seeoberfläche, welche die immer vorhandene Unregelmäßigkeit des Windfeldes widerspiegeln.

Tafel: 1. mehr oder weniger horizontale, ausgedehnte Flachform ohne oder mit nur wenigen → *Mikroformen*, allenfalls durch → *Rauheit* gegliedert, damit etwa der → *Ebene* entsprechend.
2. Flachform im Sinne von 1., gebildet durch eine mehr oder weniger horizontal lagernde Gesteinsschicht, wobei die Schichtfläche Ursache der Flachform ist, daher auch als Schicht-T. bezeichnet.

Tafelberg (Mesa): räumlich begrenzte → *Tafel*, die als Einzelberg den Schichttafeln aufsitzt oder vor einer → *Schichtstufe* einen → *Zeugenberg* bildet.

Tafeleisberg: riesige, im Meer schwimmende Eistafel mit einer Flächenausdehnung bis über 100 km² (typisch für die Antarktis).

Tafelland: unscharfe Bezeichnung für Makro- oder Megaformen vom Relieftyp der → *Tafel*.

Tafelrumpf: eine Abtragungsebene größerer Ausdehnung, bei der eine → *Rumpffläche* im Bereich flachlagernder Gesteine ausgebildet ist und die → *Kappungsfläche* sich bereits stark an den flachlagernden Gesteinen und deren Schichten orientiert. Andere, noch unschärfere Definitionsvarianten setzen den T. mit der Kappungsfläche in schräggeneigten Sedimentgesteinen gleich, so daß sich der Begriff → *Tafel* nur auf die Flachform bezieht – die allerdings auch bei einem → *Faltenrumpf* ausgebildet ist.

Tafelscholle: in flachlagernden Sedimentgesteinen ausgebildet, ringsum von → *Bruchlinien* begrenzte Flachform.

Tafone: eine Verwitterungskleinform in Gestalt einer kleineren oder größeren Höhlung in Felswänden oder größeren Gesteinsblöcken, die auf chemische Vorgänge zurückzuführen ist, die sich in den „Schutzrinden" von → *Krustenbildungen* bzw. → *Hartrinden* von Massengesteinen abspielt. Im Endeffekt können durch diese → *Tafonierung* → *Hohlblöcke* entstehen. Mit den T. verwandte Kleinstverwitterungsformen sind die → *Bröckellöcher*. Die T. werden vor allem in Winterregenklimaten beobachtet.

Tafonierung: Prozeß, der zur Bildung der → *Tafoni* führt und eine Aushöhlung durch → *Kernverwitterung* bzw. → *Schattenverwitterung* und → *Salzsprengungsverwitterung* darstellt. Meist sind alle Vorgänge gemeinsam beteiligt, durch lokale mikroökologische Bedingungen aber in unterschiedlichem Maß.

Tag: 1. Zeit, während der die Sonne über dem Horizont steht.
2. in der Zeiteinteilung der Zeitraum zwischen zwei unteren Kulminationen der → *Sonne* (→ *Sonnentag*, → *Sterntag*).

Tagbevölkerung: Bevölkerung, die sich tagsüber an Werktagen an einem bestimmten Ort aufhält. Der Begriff wird vor allem im Gegensatz zur → *Nachtbevölkerung* gebraucht und errechnet sich aus der → *Wohnbevölkerung* abzüglich → *Auspendler* zuzüglich → *Einpendler* oder auch nach der Formel Wohnbevölkerung minus → *Erwerbstätige* plus → *Beschäftigte*. Die T. ist in Stadtzentren und Industriegebieten größer, in Wohnvororten kleiner als die Nachtbevölkerung.

Tagbogen: scheinbare tägliche Bahn, auf der sich die Gestirne über dem Horizont bewegen. Der T. der → *Sonne* ist im jahreszeitlichen Verlauf wegen der Schräglage der Erdachse unterschiedlich lang und bestimmt das Verhältnis von Tag und Nacht. (→ *Beleuchtungsjahreszeiten*)

Tagebau: Form des → *Bergbaus*, bei dem die → *Lagerstätten* von der Erdoberfläche aus abgebaut werden. T. ist nur möglich, wenn die Deckschichten geringmächtig sind. Beim → *Tieftagebau* können jedoch Tiefen von über 500 m erreicht werden. Große T. entstehen weltweit beim Abbau der Braunkohle (→ *Braunkohlenbergbau*). Im Rheinischen Braunkohlenrevier befindet sich der zur Zeit größte T. der Erde (→ *Tiefbau*).

Tagelöhner: Arbeiter, der tageweise beschäftigt und entlohnt wird. Der Arbeitgeber vereinbart mit dem T. den Tagelohn für die während eines Tages anfallende Arbeit. Ein Anspruch auf Weiterbeschäftigung an den folgenden Tagen besteht von seiten des T. nicht. T. gehören meist zur niedersten agrarabhängigen Sozialschicht. T. werden auch heute noch in verschiedenen Ländern des Orients und Lateinamerikas beschäftigt.

Tagesausflugsverkehr: im Rahmen der Freizeitgestaltung durchgeführte Reise ohne auswärtige Übernachtung, die in der Regel mit einem mehrstündigen Aufenthalt am Zielort verbunden ist. Der T. ist Teil des → *Naherholungsverkehrs* und wird meist individuell oder durch Vereine, bei Betriebsausflügen usw. durchgeführt. Auf kommerzieller Basis wird T. häufig als → *sekundärer Ausflugsverkehr* von Fremdenverkehrsorten aus veranstaltet.

Tageswert (Tagespreis): der Preis (Börsen-, Markt-, Wiederbeschaffungspreis) eines Vermögensgegenstandes an einem bestimmten Stichtag (z. B. Bilanzstichtag).

Tageszeitenklima: Klima, das viel stärker durch Tagesschwankungen wichtiger → *Klimaelemente* (besonders der Temperatur) als durch jahreszeitliche Schwankungen geprägt ist. T. sind vor allem die → *tropischen Klimate*.

Tageszeitensolifluktion: Formen und Prozesse der → *Solifluktion* in → *Tageszeitenklimaten,* bei der sich vor allem Kleinformen im Sinne der → *Mikrosolifluktion* bilden.

Tagkreis: Kreisbahn, die ein Gestirn infolge der Erdrotation in 24 Stunden am Himmel scheinbar durchläuft.

Tagwerk (Tagewerk): altes Flächenmaß, das in den meisten Fällen 1 Morgen oder 1 Joch (25–36 Ar) entsprach.

Taifun: → *tropischer Wirbelsturm* im ostasiatischen Gebiet.

Taiga: Landschaftstyp des → *borealen Nadelwaldbioms* mit Hauptverbreitungsgebiet in Eurasien, welcher der borealen Florenprovinz angehört und überwiegend urwaldartige Nadelwaldformationen aus Lärche, Zirbelkiefer, Tanne, Fichte und Kiefer darstellt, und der in verschiedenen räumlich sehr ausgedehnten Varianten – wie der → *Sumpftaiga* – auftritt. In den Übergangsbereichen zur gemäßigten, nemoralen Klimazone sind zahlreiche Laubbäume eingestreut. Das klassische Gebiet der T. Eurasiens findet sein Gegenstück in Nordamerika. Klimatisch ist die T. charakterisiert durch lange, schneereiche Winter und kurze, meist kühle Sommer. Die kalte Jahreszeit dauert über sechs Monate, worauf die Vegetation eingestellt ist. Mit Ausnahme der Lärche handelt es sich um immergrüne Nadelhölzer, die Anpassung an Kälte und Frosttrocknis zeigen. Die Niederschläge gelangen nur z. T. in den Bodenwasserhaushalt, weil sie von der Baumschicht, spätestens aber von der Moos- und Streuschicht zurückgehalten werden. Der für die Vegetation lebenswichtige Bodenwasserhaushalt ist zudem noch durch den → *Dauerfrostboden* eingegrenzt, der für weite Teile der T. typisch ist. Bodentypen der T. sind → *Podsol,* → *Pseudogley,* → *Gley* und → *Moor.* Wegen der reichlich anfallenden und sich schwer zersetzenden Nadelstreu ist die Bildung von → *Rohhumus* weitverbreitet. Bei den Tieren zeigen sich im Lebensformenspektrum große Übereinstimmungen zwischen T. und → *Silvaea.* Viele ökologische Merkmale lassen sich in den Wäldern der montanen Stufe der Gebirge in gemäßigten Klimazonen wiederfinden.

Taimyrpolygon: Riesenform des → *Frostmusterbodens* in Gestalt von drei- bis sechseckigen Feldern mit Durchmessern von um einige Zehner Meter, genannt nach einem Hauptvorkommensgebiet.

take-off: in der → *Stadientheorie* (Stufentheorie) von Rostow die Phase des wirtschaftlichen Aufstiegs. Das Wachstumsstadium des t.-o. ist der Zeitraum, in dem die Entwicklung eines Landes ihren Wendepunkt vom Agrarland zum Industrieland erfährt.

taktische Bewegungen: freie Ortsbewegungen

von Organismen, veranlaßt durch einen Reiz.

Takyr: Typ der → *Salztonebenen* in Turkmenistan, der aus austrocknenden Seen oder Niederungen entsteht, die beim Trockenfallen eine Salzkruste aufweisen, in die Polygone zerreißt.

Tal: 1. eine vom Fluß geschaffene und in der Vorzeit oder heute durchflossene langgestreckte Hohlform mit sehr verschiedenen → *Talquerprofilen.*
2. langgestreckte Hohlform, die durch → *Fluvialerosion* in Zusammenwirken mit anderen formbildenden Prozessen oder ohne Mitwirkung ersterer entstand, dann oft als → *Talung* bezeichnet.

Talanfang: geomorphogenetisch wichtiger Teil des → *Tales,* der ganz unterschiedliche Entstehungsursachen aufweisen kann und von dem aus besondere formbildende Prozesse ausgehen (können), die zur Entstehung bzw. Weiterentwicklung des Tales beitragen. Charakteristische T. sind z. B. → *Dellen,* → *Ursprungsmulden,* → *Trogschluß* oder → *Quellnischen.*

Talasymmetrie: Tal mit einem ungleichseitigen Querschnitt, also verschieden stark geböschten Hängen. Das systematische Auftreten der T. geht auf verschiedene Ursachen zurück. Tektonische Schrägstellung einer Scholle zwingt den Fluß auf die niedrige Seite, so daß der Hang dort stärker unterschnitten wird. Im Streichen von Gesteinsschichten fließende Flüsse erodieren in wechsellagernden harten und weichen Gesteinen in den weniger widerständigen stärker, so daß durch die widerständigen Gesteine eine steilere Talseite gebildet wird. Unter periglazialen Klimabedingungen werden die Sonnen- und Schatthänge unterschiedlich erodiert, wobei eine Unterstützung durch Denudationsprozesse erfolgt. Eine weitere Form der T. vor allem bei den osteuropäischen Flüssen wird durch die Ablenkungskraft der Erdrotation nach dem → *Baerschen Gesetz* erklärt. Den genannten Formen der systematischen T. steht die unsystematische in solchen Gebieten gegenüber, wo beide Talhänge aus verschiedenwiderständigen Gesteinen aufgebaut sind, wobei der Flachhang im weniger widerständigen Gestein angelegt ist.

Talaue: Teil des → *Talbodens,* der bei Hochwasser überflutet ist und das Flußbett eingesenkt ist. Da die meisten Flüsse der Industrieländer reguliert wurden, werden die T. hier gewöhnlich nicht mehr überflutet.

Talbildung: eine Folge der → *Fluvialerosion,* d. h. durch Prozesse der → *Sohlen-* und der → *Seitenerosion,* die sich an Gesteinsart und -lagerung sowie geotektonische Hebungs- und Senkungstendenzen orientieren. Voraussetzung für die T. überhaupt ist das Vorhandensein eines Fließgewässers, das einer tieferliegenden → *Erosionsbasis* zustrebt.

Talboden (Talgrund, Talsohle): mehr oder weniger stark durch Kleinrelief geprägte Flachform, die von den → *Talhängen* begrenzt wird. Bei ungestörter → *Fluvialerosion* erodiert der Fluß am gesamten T., der eine Erosionsform ist, die als → *Schottersohle* oder als Felssohle ausgebildet sein kann.

Talbodengefälle: dem Hochwassergefälle eines Flusses entsprechendes Gefälle, es gibt die Richtung für das → *Flußbett* und den → *Talweg* an.

Talbodenmäander: Sonderform der → *Mäander* auf breiten, gestreckten Talböden eines Gebirges, in welchem bei anhaltender tektonischer Ruhe und gleichmäßiger Wasserführung kaum → *Tiefenerosion* auftritt. Die dann allein wirksame → *Seitenerosion* schafft einen Talboden, auf dem der Fluß in freien Mäandern fließt.

Talbodenrelikte: unscharfe Sammelbezeichnung für all jene Formen an Hängen, die über dem heutigen → *Talboden* liegen und die überwiegend durch die → *Flußterrassen* repräsentiert werden. Sie können in der Form von Erosions- und Akkumulationsterrassen auftreten – d. h. sowohl als Felsterrassen, als überschottete Felsterrassen oder als reine Schotterterrassen mit oder ohne nichtfluviale Sedimentdecken.

Taldichte: 1. allgemein der Horizontalabstand der → *Täler* voneinander.
2. Kilometer Talstrecke pro gewählte Flächeneinheit. Die T. ist in den verschiedenen Gesteinslandschaften unterschiedlich ausgeprägt und von Gesteinsart und damit Sickerfähigkeit abhängig. Die T. muß nicht identisch sein mit der Dichte der Fließgewässer an der Erdoberfläche, weil Talnetze auch unter vorzeitigen Klimabedingungen angelegt sein können.

Taldurchlüftung: durch die besondere Lage, die Reliefverhältnisse und markante Geländehindernisse (z. B. Engstellen) differenzierter Luftumsatz in einer Talform. Die T. bestimmt die Zeitdauer der Lufterneuerung und ist damit für die Anreicherung von vorhandenen luftverunreinigenden Stoffen von Bedeutung. (→ *Bergwind*, → *Talwind*)

Talform: unscharfer Begriff für → *Talquerprofil*.

Talfurche: unscharfe Bezeichnung für tiefere, meist steilhängige größere oder kleinere Täler.

Talgletscher: Eisstrom (→ *Gletscher*), der in einem Tal fließt, ohne dieses ganz zu erfüllen. T. sind die typische Gletscherform der stark reliefierten Gebirge.

Talhang (Talgehänge, Tallehne): Übergangsbereich zwischen → *Talboden* und oberer Begrenzung des → *Tales*, der sowohl die Grundformen des → *Hanges* (gestreckt, konvex, konkav) als auch eine → *Terrassentreppe*

aufweisen kann. Je größer das Tal, um so differenzierter ist in der Regel der T. Symmetrische T. sind selten, obwohl dann nicht in allen Fällen von → *Talasymmetrie* gesprochen wird, mit der sich bestimmte genetische Vorstellungen verbinden. Unterschieden werden rechter und linker T., orientiert an der Hauptgefällsrichtung des Tales bzw. der Richtung des darin befindlichen Fließgewässers.

Talik: Niefrostboden unter dem → *Dauerfrostboden* in den polaren, subpolaren und winterkalten Klimaten der Mittelbreiten.

Talkante: gelegentlich vorhandene obere Begrenzung des → *Talhanges*, die eine Erosionsform darstellt und vielfach gesteinsbedingt ist, vor allem dann, wenn geomorphodynamisch widerständige Schichtköpfe am oberen Talrand ausstreichen.

Talkerbe: 1. unscharfe Bezeichnung für kleines → *Kerbtal*.
2. unscharfe Bezeichnung für eine talartige Erosionsform, die zeitweise Wasser führt.
3. Talabschnitt in steilhängigen Oberläufen von rezenten oder vorzeitlichen Fließgewässern, der räumlich meist begrenzter Ausdehnung ist und nach oben in eine → *Ursprungsmulde* und nach unten in das allgemeine → *Talquerprofil* übergeht.

Talklima: durch die besondere Reliefsage geprägtes → *Klima* der Tallagen. Die typischen Merkmale des T. sind relativer allgemeiner Windschutz, Einfluß besonderer Windsysteme (→ *Bergwind*, → *Talwind*, → *Fallwinde*), Ansammlung von Kaltluft bei Ausstrahlungswitterung mit der Folge häufiger Talnebelbildung und lokale Besonnungsarmut durch Beschattung (in engen Gebirgstälern).

Talköpfung: durch → *rückschreitende Erosion* zum → *geköpften Tal* führende Talgenese.

Tallängsprofil: Profil zwischen der Quelle eines Fließgewässers und einer → *Erosionsbasis*, dem Meer oder einem Vorfluter, ausgebildet und soll im Idealfall als → *Ausgleichskurve* bzw. → *Ausglättungsprofil* entwickelt sein. Das T. erweist sich um so differenzierter, d. h. durch Gefällsbrüche gekennzeichnet, je länger das Tal ist.

Talleiste: schmale → *Erosionsterrasse* im Sinne einer Felsterrasse an den → *Talhängen*.

Talmündung (Talausgang): das untere Ende eines → *Tales*, die tiefste Stelle des → *Talbodens* darstellend und oft die Mündung eines → *Nebentales* in ein Haupttal.

Talmulde: unscharfe geomorphographische Bezeichnung für ein kleineres Tal mit muldenförmigem Querschnitt, gegenübergestellt der → *Talfurche*.

Talnetz: eine überwiegend systematische Anordnung von vorzeitlich oder rezent geformten Tälern, basierend auf dem → *Haupttal*, an das sich eine Hierarchie von → *Nebentälern* (1., 2., 3. usw. Ordnung) anschließen. Der Begriff T. ist nicht mit dem Begriff Flußnetz identisch.

Taloase: 1. eine → *Flußoase.*

2. eine → *Oase*, die auf Grund- oder Quellwasser zurückgeht und sich durch eine Dauervegetation von Gehölzen und Stauden auf dem Talboden auszeichnet.

Talprofil: 1. unscharfer geomorphographischer Begriff ähnlich → *Talform* mit der Bedeutung von → *Talquerprofil.*

2. Sammelbegriff für → *Talquerprofil* und → *Tallängsprofil.*

Talquerprofil (Talquerschnitt): Formtypen von → *Tälern*, die an bestimmte Gesteinslagerungen und -arten (meist) gebunden sind und deren Gestalt und Entwicklung von → *Belastungsverhältnis*, Eintiefungsbeträgen der → *Tiefenerosion* sowie dem Wirkungsgrad der → *Seitenerosion* und Hangabtrag bestimmt sind. Daraus entstehen als charakteristische T. → *Cañon*, → *Kastental*, → *Kerbtal*, → *Klamm*, → *Muldental*, → *Schlucht*, → *Schlenkerbtal*, → *Sohlental* und → *Wannental*. Das T. ist oft durch eine → *Terrassentreppe* gegliedert.

Talrand: Grenz- oder Übergangsbereich von den → *Talhängen* in andere anschließende Formungsbereiche, somit die oberste Begrenzung des Tales darstellend.

Talsand: überwiegend fluviales Sediment in den Talniederungen der → *Urstromtäler* bzw. anderer Talniederungen im Periglazialgebiet. Der T. erreicht große Mächtigkeiten (bis um 20 m) und kann mit anderen Fluvialsedimenten, auch Schottern der Niederterrasse, verzahnt sein. T. kommen auch auf Flachhängen der Geest vor und werden dort als deluvial-solifluidales Abspülsediment erkannt. Postglazial wurden die T. noch zu Dünen aufgeweht.

Talschluß: oberes Ende eines → *Tales,* das ganz unterschiedlich geformt sein kann, z. B. als → *Delle*, → *Trogschluß*, → *Ursprungsmulde* usw.

Talscheide: im Sinne der → *Wasserscheide* eine Vollform, die zwei Täler voneinander trennt und als diese unterschiedlich gestaltet sein kann.

Talschneide: im Sinne der → *Talscheide* ein Übergangsbereich zwischen zwei Tälern, wobei sich hier die Rückhänge der → *Talschlüsse* gegenseitig „verschneiden", d. h. einen Grat bilden.

Talsperre: technische Anlage (→ *Staudamm*) zur Absperrung eines Gebirgstales und zum Aufstau eines Flusses (Stausee). Der Bau von T. erfolgt mit dem Ziel, ein → *Speicherkraftwerk* zu betreiben, den Hochwasserschutz zu verbessern oder in Wassermangelgebieten die Trinkwasserversorgung sicherzustellen bzw. Bewässerungsmöglichkeiten zu schaffen.

Talstufe: Gesteinsschwelle, die meist in Mehrzahl vorkommt und häufig in glazial überformten Tälern die Talböden gliedert, wodurch ebene Talbodenstrecken mit Abschnitten stärkeren Talbodengefälles wechseln. Die T. sind vor allem für die Böden von → *Trogtälern* charakteristisch.

Talstufenmoor: Moor in den Depressionen, die sich hinter den → *Talstufen* befinden und in denen feinkörnige Sedimente für einen gestörten Wasserabzug sorgen, so daß ein Feuchtgebiet entstehen kann.

Talsystem: 1. ein → *Talnetz* mit einer Haupt- und Nebentalhierarchie.

2. eine → *Terrassentreppe*, als Repräsentant verschiedener Talgenerationen im Sinne der → *Reliefgenerationen.*

Talterrasse: 1. wenig gebräuchlicher Begriff für → *Flußterrasse.*

2. als Flußterrasse in einem Taleinschnitt der oberhalb des Taleinschnittes liegenden → *Höhenterrasse* gegenübergestellt.

Taltrichter: meist breite → *Talmündung* eines Tales in das gewöhnlich niedrigere Vorland eines Gebirges, oft verbunden mit der Bildung von → *Schwemmfächern* oder → *Schotterfächern* bzw. → *Glacis.*

TA-Luft (Technische Anleitung zur Reinhaltung der Luft): Verwaltungsvorschrift nach dem Immissionsschutzgesetz der Bundesrepublik Deutschland mit Immissionsgrenzwerten für anorganische Luftverunreinigungen. Die TA-L. enthält Langzeit- und Kurzzeitgrenzwerte für die Stoffe Chlor, Chlorwasserstoff, Fluorwasserstoff, Kohlenmonoxid, Schwefeldioxid, Schwefelwasserstoff, Stickstoffdioxid, Stickstoffmonoxid und Staub.

Talung: wenig präziser Begriff für eine talähnliche Form ohne rezentes Fließgewässer, deren Entstehung nur in manchen Fällen unter Mitbeteiligung der → *Fluvialerosion* erfolgte. Ansonsten waren aber andere Bildungsprozesse wirksam, wie → *Subrosion* bzw. → *Suffosion.*

Talus: unscharfe Bezeichnung für Schuttanhäufung an Hangfüßen, praktisch aber → *Schuttfächer*, → *Schutthalde* und → *Schuttkegel* entsprechend.

Talverschüttung: Akkumulation auf einem fluvial geschaffenen → *Altrelief* durch großräumige Sedimentationsprozesse, so daß das ursprüngliche Tal zur fossilen Form wurde. Bei der Bildung von → *epigenetischen* → *Durchbruchstälern* werden verschüttete Talstrecken freigelegt und geomorphodynamisch reaktiviert.

Talwand: 1. unscharfe geomorphographische Bezeichnung für einen → *Talhang.*

2. geomorphographische Bezeichnung für steile → *Talhänge* mit den Merkmalen von

→ *Steilhängen* oder → *Steilwänden.*

Talwasserscheide: durch spätere Ablagerungen (z. B. Schuttkegel) entstehende → *Wasserscheide* in einem früher durchgängigen Tal.

Talweg: Verbindungslinie der tiefsten Punkte eines Flußlaufes.

Talwegterrasse: kaum noch gebräuchliche Bezeichnung für Flußterrassen, etwa den → *Mittelterrassen* entsprechend. Dadurch besteht keine Beziehung zum geohydrodynamischen Begriff des → *Talweges.*

Talwind: im tagesperiodischen Berg-Tal-Wind-System von Gebirgstälern der etwa vom frühen Mittag an talaufwärts wehende Wind. Der T. entsteht als Folge der starken Erwärmung der Gebirgshänge durch direkte Sonnenbestrahlung, die ein Aufsteigen der über dem Boden erhitzten Luft bewirkt und damit durch einen bergwärts gerichteten Sog eine Ausgleichsbewegung in Gang setzt. Nachts wird der T. vom umgekehrten → *Bergwind* abgelöst.

Tangelhumus: über Kalkstein entwickelte alpine Sonderform des → *Rohhumus.* Der T. besteht aus einer sauren, relativ nährstoffreichen, für Rohhumusverhältnisse stark belebten Lage aus dunkelbraunen, zerkleinerten und gering zersetzten Pflanzenresten über einem dunklen, huminstoffreichen A_h-Horizont. (→ *Rendzina*)

Tangwälder: von großen, meerbewohnenden und meist schnellwüchsigen Algen gebildete submarine Vegetationsformationen. Es sind meist Braunalgen, seltener Rot- und Grünalgen, die als „waldbildende" Arten sich vor allem im Felsküstenbereich finden. Die T. bilden das → *Phytal,* das anderen pflanzlichen und tierischen Organismen als Wohn- und Aufenthaltsbereich dient.

Tankbewässerung: Form der Bewässerung, bei der Wasser eingesetzt wird, das aus Regenwasser-Tanks stammt. Die Tanks sind künstlich angelegte Speicherbecken, in denen das abgeregnete Oberflächenwasser gesammelt wird.

Tanker: Spezialschiff zur Beförderung flüssiger Stoffe, insbesondere von Mineralölen und Flüssiggasen.

Tankgilgai: Typ des → *Gilgai* mit annähernd rechteckiger Struktur, in denen sich Wasser ansammeln kann.

Tannensterben: häufig zu beobachtende, großflächige Erscheinung ohne erkennbare Einzelursache. Krankheitsbefall und physiologische Schwäche, gegebenenfalls auch falsche Waldbaumaßnahmen, gelten als Ursachenbündel. Ein Teil davon wird durch anthropogene Veränderungen der Luft- und Bodenqualität verursacht, so daß über den gestörten Bodenchemismus eine physiologische Schwächung der Tannen erfolgt.

Tarntracht (kryptophylaktische Tracht, Unauffälligkeitstracht, Verbergetracht): eine → *Schutztracht,* bei der Form- und/oder Farbmerkmale Organismen in ihrer Lebensumwelt unauffällig oder schwer sichtbar erscheinen lassen.

Taschenboden: ständig frostbeeinflußter Boden, dessen Horizonte und Schichten durch frostbewegungsbedingte Verwürgungen unregelmäßig taschenartig eingestülpt sind (bis in 2–3 m Tiefe).

tätige Oberfläche: Grenzfläche zwischen der Atmosphäre und einem festen System auf der Erdoberfläche, an der die hauptsächlichen Energieumsetzungsvorgänge und damit auch der größte Teil der Verdunstung stattfinden. An der t. O. wird Strahlung reflektiert, die kurzwellige Strahlung in Wärmestrahlung umgesetzt und Wärme ausgestrahlt. Die t. O. liegt entweder direkt auf dem Erdboden oder aber an der Oberfläche eines Pflanzenbestandes.

Tau: Typ des flüssigen atmosphärischen

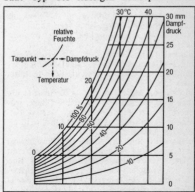

Taschenboden

Taupunkt

Niederschlags, der sich bei starker Ausstrahlung durch Anlagerung von feinen Wassertröpfchen an unterkühlten Oberflächen (Vegetation, Boden, Gegenstände) bildet, wenn der → *Taupunkt* in Bodennähe unterschritten wird. Der T.-Niederschlag einer Nacht beträgt in den Mittelbreiten höchstens 0,5 mm und meist viel weniger. In der Jahressumme erreicht der T. maximal 3–5% der gesamten Niederschlagssumme, er ist also wasserhaltlich im gemäßigten Klimabereich unbedeutend. In Trockenklimaten dagegen ist der T.-Niederschlag im Standortwasserhaushalt außerordentlich gewichtig. Die T.-Bildung kann hier 2–3 mm pro Nacht erreichen, und der T. ist oft über längere Zeiträume die einzige Wasserspende. (→ *Lomavegetation*)

Taubrunnen: gemauertes kuppelartiges Bauwerk von mindestens 7–10 m Grundrißbreite und Höhe, das in Trockengebieten bereits im Altertum zur Gewinnung von Wasser aus der in der Luft enthaltenen Feuchtigkeit eingesetzt wurde. Die durch viele enge Öffnungen in den kühlen Hohlraum der Kuppel eintretende Luft unterschreitet den → *Taupunkt,* und die kondensierende Feuchte lagert sich als Wasserfilm am Mauerwerk an, von wo das gewonnene Wasser in einen unter der Bodenoberfläche liegenden Sammelbehälter fließen kann.

Tauchdecke: eine → *Überschiebungsdecke* mit abwärts gerichteter Stirn.

Tauchfalte: eine um über 90° überkippte → *Falte,* bei der der Sattelscheitel nach unten gerichtet ist.

Tauen: Schmelzen von Eis und Schnee.

Taunutzung: Wasseraufnahme durch besonders angepaßte Pflanzen, vor allem einige → *Epiphyten* und Flechten. Im Gegensatz zur → *Nebelvegetation* handelt es sich bei diesen um → *Nebelpflanzen.*

Taupunkt: Zustand, bei der eine feuchte Luftmasse voll gesättigt ist, also eine → *relative Luftfeuchte* von 100% aufweist. Bei Unterschreiten der am T. herrschenden Temperatur setzt → *Kondensation* ein.

Taupunktsdifferenz: Unterschied zwischen der aktuell herrschenden Temperatur und der → *Taupunktstemperatur.* (→ *Tau*)

Taupunktstemperatur: Temperatur, bei der eine Luftmasse mit bestimmter gleichbleibender Luftfeuchte 100% → *Relative Luftfeuchte* (volle Sättigung) erreicht.

Taurillen: an → *Rillensteinen* durch → *Lösungsverwitterung* entstandene Kannelierungen, die ausschließlich auf mehr oder weniger regelmäßigen Fall von → *Tau* zurückgehen.

Tauschhandel: einfache Form des Handels, bei der Ware gegen Ware getauscht wird.

Tauschwirtschaft: Wirtschaft, in der die Versorgung mit Gütern nicht allein durch Eigenproduktion (→ *Selbstversorgungswirt-*

schaft) erfolgt, sondern auch auf dem Wege des Tausches (→ *Tauschhandel*). Dennoch ist die T. meist noch eine primitive → *Naturalwirtschaft.*

Tautochrone: Kurve, die den Zusammenhang einer gleichzeitig an verschiedenen Orten gemessenen Erscheinung darstellt (z. B. die Tiefenverteilung der Temperatur oder des Wassergehaltes im Boden zu einem bestimmten Zeitpunkt).

Tautonym: Artname, bei dem das Epitheton den Gattungsnamen unverändert wiederholt. In der Nomenklatur der Botanik sind T. ungültig, in der zoologischen hingegen zulässig (z. B. *Bufo bufo* – Erdkröte; *Riparia riparia* – Uferschwalbe).

Tauwetter: winterlicher Einbruch milder Luftmassen mit Temperaturen deutlich über dem Nullpunkt, die nach einer Frostperiode viel Schnee und Eis wegschmelzen lassen. T. ist ein Witterungsregel zur Jahreswende.

Taxien: reizgerichtete Ortsbewegung von freibeweglichen Organismen in Richtung einer Reizquelle oder von ihr fort, d. h. positiver oder negativer Taxis. Nach Art des Umweltreizes werden Chemotaxis (bei chemischen Reizen), Galvanotaxis (bei elektrischen Reizen), Geotaxis (bei gravitativen Reizen), → *Phototaxis* (bei Lichtreizen) und → *Thigmotaxis* (bei Berührungsreizen) unterschieden.

Taxon: beliebige systematische Kategorie der → *Taxonomie,* z. B. Art, Gattung, Familie, Ordnung, Klasse.

Taxonomie (Systematik): Teilgebiet der Biologie, das die Verwandtschaftsbeziehungen pflanzlicher und tierischer Organismen klärt und sie danach in einem hierarchischen System ordnet. Die Gruppierungen der → *Taxa* sind „natürlich" begründet und basieren auf dem → *Taxon* Art als genetische Einheit miteinander fruchtbarer Individuen, die eine Fortpflanzungsgemeinschaft bilden können. Die Art ist demnach eine Kategorie, die auf einem objektiven Kriterium beruht. Die Verwandtschaftsverhältnisse der Taxa basieren auf morphologischen, embryologischen, physiologischen, biochemischen, ethologischen, zytogenetischen, biogeographischen und paläontologischen Fakten. Die Benennung erfolgt nach festgelegten Regeln der botanischen und zoologischen Nomenklatur. Die systematischen Kategorien sind: Art (Spezies), Gattung (Genus), Unterfamilie (Subfamilie), Familie (Familia), Unterordnung (Subordo), Ordnung (Ordo), Klasse (Classis), Unterstamm (Subphylum), Stamm (Phylum), Unterabteilung (Subdivisio), Abteilung (Divisio), Unterreich (Subregnum) und Reich (Regnum).

technische Hilfe: im Rahmen der → *Entwicklungshilfe* die Unterstützung der Entwicklungsländer durch die Entsendung von

Fachkräften und die Schaffung von Ausbildungsmöglichkeiten bzw. Gewährung von Ausbildungsstipendien im technischen Bereich. (→ *Technologietransfer*)

technische Meteorologie: Teilgebiet der angewandten → *Meteorologie*, das sich mit dem Einfluß von Wetter und Klima auf technische Einrichtungen, dem Klima in Gebäuden, Kühlhäusern, Stollen usw. und dem Einfluß technisch-industrieller Aktivitäten auf das Klima befaßt.

technischer Fortschritt: Entwicklung und Umsetzung effizienterer Verfahren und Techniken. Der t. F. ist ein entscheidender Faktor zur Steigerung des Wohlstands in einer Volkswirtschaft. Durch Kapitaleinsatz bringt der t. F. entweder höhere Produktivität oder – von Ausnahmen abgesehen – bessere Arbeits- und Lebensbedingungen.

technisch gewinnbare Reserven: derjenige Teil der identifizierten → *Ressourcen*, der mit heutiger Abbautechnologie theoretisch abbaubar ist (Reservenbasis).

Technisierung: Vorgang des zunehmenden Einsatzes technischer Mittel, z. B. Maschinen, bei gleichzeitigem Verzicht auf menschliche Arbeitskraft. Die Entwicklung der T. führt über die Mechanisierung bzw. Maschinisierung zur → *Automatisierung*.

Technologietransfer: die Übertragung von technischem Wissen aus den Industrieländern in die Entwicklungsländer. Der T. kann in Form von Produkten (Maschinen usw.) oder in nicht-gegenständlicher Form (technische Beratung, Blaupausen, Patente) erfolgen.

technologische Grenze des Anbaus: diejenige Grenze des Anbaus, bis zu der die Landbewirtschaftung nach dem jeweiligen Stand der Technik getrieben werden könnte, wenn man auf Wirtschaftlichkeitserwägungen verzichtete.

technologischer Wandel: der Vorgang des ständig sich verändernden Einsatzes technischer Mittel im produktiven wie im konsumtiven Bereich. Ein erster großer t. W. wurde durch die → *industrielle Revolution* eingeleitet. Neue Basistechnologien (→ *Mikroelektronik*) brachten um 20. Jh. Veränderungen, die zu weitgreifenden gesellschaftlichen Auswirkungen führten. Vor allem wirkt sich in jüngster Zeit der t. W. durch eine Einsparung von Arbeitsplätzen aus. (→ *Technisierung*)

Technotelma: anthropogenes → *Mikrogewässer.*

Technotop: wenig präzise Bezeichnung für ein vollkommen vom Menschen geschaffenes → *Biotop.*

TEE-Zug (Trans-Europ-Expreß): besonders komfortabler und schneller Zug im internationalen Reiseverkehr zwischen europäischen Staaten. T.-Z. werden vor allem für den Geschäftsverkehr eingesetzt.

Teichwirtschaft: Wirtschaftszweig, der sich mit der Produktion (Zucht) von Speisefischen in künstlich angelegten (ablaßbaren) Teichen befaßt. Die T. wird häufig im Nebenerwerb zur Landwirtschaft betrieben. Teilweise erfolgt während des Sommers (→ *Sömmerung*) die Bebauung des Teichbodens mit Getreide.

Teilbrache: eine auf einen Teil der Vegetationszeit beschränkte → *Brache.*

Teilgewichtsverlustmaterial: in der → *Standorttheorie* dasjenige Gewichtsverlustmaterial, das gewichtsmäßig nur z. T. im Fertigerzeugnis enthalten ist. Ein Beispiel für T. sind → *Erze.*

Teilgroßstadt: gelegentlich gebrauchte Bezeichnung für eine → *Großstadt*, die zwar eine selbständige administrative Einheit darstellt, jedoch funktional als Teil einer polyzentrischen → *Stadtregion* oder eines großstädtischen → *Verdichtungsraumes* nur einen Teil der → *städtischen Funktionen* wahrnimmt.

Teilökosystem: unscharfe Bezeichnung für aus disziplinären, arbeitstechnischen und/oder methodischen Gründen (theoretisch) abgetrennter Teil eines → *Ökosystems* bzw. → *Systems.* Es existiert aber in der Realität der Lebensumwelt nicht, sondern ist immer Bestandteil eines Systems. T. sind z. T. → *Biosystem* und → *Geosystem.*

Teilpacht (Teilbau): Pachtsystem, bei dem der Grundbesitzer das Land, unter Umständen auch Gebäude, Dünger und Saatgut stellt, der Pächter (Teilbauer) die Arbeitskraft und meist auch das Inventar. Die → *Roherträge* werden bei der T. im vereinbarten Verhältnis geteilt. Werden sie halbiert, so spricht man von → *Halbpacht* (Halbbau). (→ *Mezzadria*)

Teilverlagerung (Partialverlagerung): im Gegensatz zur → *Totalverlagerung* eine unvollständige → *Standortverlagerung*. Formen der T. sind: 1. die T. der Produktion und Verlagerung der gesamten Hauptverwaltung, so daß nur Teile der Produktion oder Abteilungen mit anderer Funktion am alten Standort verbleiben; 2. die Verlagerung der gesamten Produktion ohne Veränderung des Standortes für die Hauptverwaltung und andere Abteilungen; 3. die T. der Fabrikation, wobei andere Teile der Produktion und die Verwaltungsabteilungen usw. am alten Standort verbleiben; 4. T. von Verwaltungs-, Verkaufs-, Beschaffungs-, Forschungsabteilungen usw. ohne Veränderung des Standortes der Produktionsstätte.

Teilzeitarbeit: Arbeit mit einer kürzeren als der durchschnittlich üblichen Arbeitszeit. Häufig ist die T. eine Halbtagsarbeit, die vor allem von Frauen in Anspruch genommen wird. Eine regelmäßige T. von weniger als 20

Wochenstunden unterliegt nicht der Arbeitslosenversicherungspflicht. (→ *Kurzarbeit*)

Teilzentrum (teilausgestatteter Zentraler Ort): → *Zentraler Ort*, meist der unteren bis mittleren Stufe, der nur im Bereich gewisser Funktionen zentralörtliche Bedeutung hat oder der im Teilbereichen Aufgaben eines Zentralen Ortes der nächst höheren Stufe wahrnimmt (z. B. → *Mittelzentrum* mit Teilfunktionen eines → *Oberzentrums*).

tektogene Prozesse: in der Geomorphologie die auf der → *Tektonik* beruhenden formbildenden Prozesse, wobei trotz nachträglicher Überformung durch → *exogene Formbildung* die tektonische Anlage in den Formen noch erkennbar ist. Die t. P. sind Bestandteil der → *endogenen Formbildung*.

Tektogenese: Sammelbegriff für jene Vorgänge, die das Gefüge und die Lagerungsverhältnisse der Krustenstücke der Erde verändern und die der → *Epirogenese* gegenübergestellt werden. Hauptprozesse der T. sind die Bildung von → *Brüchen* und die → *Faltung*. Von der T. wurde inzwischen der Begriff → *Orogenese* abgetrennt.

Tektonik: 1. unscharfe Sammelbezeichnung für Prozesse der → *Tektogenese* und ihre Folgen.
2. Teilgebiet der → *Geologie*, auch als → *Tektonische Geologie* bezeichnet.

tektonische Beben: wenig präzise Bezeichnung für → *Erdbeben* vom Typ der → *Dislokationsbeben*.

tektonische Bewegungen (Krustenbewegung): unscharfe Sammelbezeichnung für → *tektogene Prozesse*, die präziser als → *Tektogenese* bezeichnet werden.

tektonische Diskordanz (Winkeldiskordanz): Typ der → *Diskordanz*, bei welcher zwischen der Ablagerung von Schichtpaketen → *tektogene Prozesse* erfolgten, z. B. Faltung. Die gefalteten Schichten bilden mit dem hangenden und später sedimentierten Material eine Winkeldiskordanz.

Tektonische Geologie (Geotektonik, Tektonik): Teilgebiet der → *Geologie*, das sich mit dem Bau der Erkruste und den sich darin abspielenden tektonischen Bewegungen beschäftigt. Über die Klärung lokaler tektonischer Bewegungen und Effekte hinaus zielt die T. G. auf das Erkennen von Gesetzmäßigkeiten in der Erdkrustenentwicklung ab, d. h. sie strebt die Klärung der Größtformen und deren Entwicklungsgeschichte an.

Tektonische Geomorphologie (Tektonische Morphologie): älteres Teilgebiet der Geomorphologie, welches die tektonischen Bewegungen oder zwischenzeitliche tektonische Ruhe als wesentlich für die Formenbildung ansah, d. h. die Abtragungs-, Erosions- und Akkumulationsprozesse auf → *tektogene Prozesse* reagierend betrachtete. Hauptarbeitsgegenstand der T. G. waren die → *Rumpf-*

flächen und die → *Talterrassen*.

tektonische Kluft (Klufttektonik): Folge von Druck- und Zugvorgängen in der Erdkruste und mit meist großräumigen Folgen. Im Gegensatz zu anderen → *Klüften* können die t. K. in allen Gesteinen vorkommen, sind aber in dichten Gesteinen besonders gut entwickelt. Sie zeichnen sich durch Geradlinigkeit und Stetigkeit aus. Die Vorgänge, die zur Bildung t. K. führen, werden unscharf als „Klufttektonik" bezeichnet.

tektonische Linie: wenig präzise Bezeichnung für durch → *Tektogenese* gebildete linienförmige Schwächebereiche in der äußersten Erdkruste, z. B. → *tektonische Klüfte*, → *Brüche* oder Strukturen, die bei der → *Faltung* entstanden sind und die eine linienhafte Verbreitung aufweisen.

tektonische Ruhe: Zeitabschnitt zwischen Phasen mit → *Tektogenese*. Der t. R. kommt in verschiedenen geomorphologischen Theorien, z. B. über → *Rumpfflächen* oder über → *Terrassen*, große Bedeutung zu, weil während Zeiten t. R. bestimmte geomorphodynamische Prozesse ablaufen oder nicht ablaufen konnten.

Telefonmethode: erstmals von Christaller angewandte Methode zur Ermittlung der Hierarchie der → *Zentralen Orte*. Die Zahl der Telefonanschlüsse pro Ort wird zur Zahl der Einwohner in Beziehung gesetzt, um den → *Bedeutungsüberschuß* der Zentralen Orte zu ermitteln. Inzwischen ist die T. nicht mehr brauchbar, da das Telefon ubiquitär wurde. Eine Ausnahme bilden jedoch die meisten Entwicklungsländer.

Teleologie: Lehre von der zweckmäßigen Einrichtung der belebten Natur und somit Bestandteil einer älteren „Naturkunde", aus der sich später → *Biologie* und → *Geographie* herauslösten.

Telergone (Pheromone): spezifische Wirkstoffe, mit denen sich Tiere gegenseitig beeinflussen, z. B. im Verhalten der gleichen oder gegenüber anderen Arten. Die T. bestimmen somit, neben der Entwicklung einer Art und deren Individuenzahl, auch die Zusammensetzung einer → *Biozönose*. Sie sind z. B. im → *Räuber-Beute-Verhältnis* wirksam.

tellurisch: irdisch, von der Erde abhängend.

tellurische Gliederung: Ausscheidung lithogeomorphostruktureller Einheiten, mit denen in der → *regionischen* und in der → *geosphärischen* Dimension der → *Naturräumlichen Gliederung* gearbeitet wird. Es handelt sich demnach um orographisch-tektonische Großräume.

Telma: künstliches oder natürliches Kleinstgewässer, das zeitweise oder dauernd als Lebensraum des Bios dient. Es entspricht etwa dem → *Mikrogewässer*.

Tempelstadt: insbesondere im hinduistischen und buddhistischen Bereich Asiens anzutreffender Typ einer → *Kultsiedlung.* T. sind stadtähnliche Siedlungen, die im wesentlichen aus Tempelanlagen, Klöstern und Einrichtungen zur Beherbergung und Versorgung von Wallfahrern und Pilgern bestehen.

temperat: in der Pflanzengeographie ein überwiegendes oder ausschließliches Vorkommen innerhalb der Zone des → *sommergrünen Laubwaldes* bzw. der → *Steppen* der gemäßigten Zonen.

Temperatur: Maß für den Wärmezustand von festen Körpern, flüssigen und gasförmigen Stoffen und Stoffgemischen. Die T. ist thermodynamisch der Ausdruck der Bewegungsenergie der Moleküle. Diese Bewegungsenergie erreicht beim absoluten Nullpunkt von −273,15 °C den Wert Null. Die T. wird in Graden gemessen nach verschiedenen gebräuchlichen Skalen, deren Fixpunkte konventionell festgelegt wurden. Die absolute Temperatur wird mit der Kelvinskala (K) vom absoluten Nullpunkt aus gemessen. In der Klimatologie hat sich die Celsiusskala (°C) durchgesetzt. 0 °C entspricht dem Gefrierpunkt, 100 °C dem Siedepunkt des Wassers. 1 °C entspricht 1 K. In Ländern mit englischem Meßsystem wird immer noch die wenig praktische Fahrenheitskala verwendet (1 °F = 0,555 °C bzw. K), in der +32 °F 0 °C entspricht. In der nicht mehr gebräuchlichen Reaumur-Skala entsprachen 100 °C 80 °R.

Temperaturfaktor: für Tiere und Pflanzen wirksamer Geoökofaktor. Bei Pflanzen wirkt er auf Wuchsort, Bau und Produktionsleistung ein, indem die Temperatur als begrenzender Faktor auftreten kann. Bei Tieren ist die T. unter den abiotischen Faktoren einer der wesentlichsten, weil er die Stoffwechselprozesse beeinflußt. Während das Tier z. T. die Fähigkeit zur Thermoregulation besitzt, haben sich bei Pflanzen markante Anpassungen ergeben, wie → *Kältepflanzen* und → *Wärmepflanzen* beweisen.

Temperaturgefälle: Temperaturunterschied zwischen zwei Punkten in horizontaler oder vertikaler Richtung.

Temperaturgradient: Maßzahl, welche die auf eine Einheitsdistanz bezogene Temperaturänderung in vertikaler oder horizontaler Richtung in einem System (Luftkörper, Wasserkörper, Boden) angibt. In der Klimatologie besonders wichtig ist der → *vertikale Temperaturgradient* in der Atmosphäre.

Temperaturregime: typische jahreszeitliche Abfolge des Temperaturganges und der räumlichen Temperaturverteilung in einem Wasser- oder Eiskörper.

Temperaturschwelle: 1. Grenzwert der Temperatur, bei dem sich bestimmte Zustände und Vorgänge deutlich und innerhalb enger Temperaturbereiche rasch ändern.

2. statistisch festgelegter konventioneller Grenzwert für meteorologische und klimatologische Klassifizierungen.

Temperatur-Seiches (Internal-Seiches): die schwingenden Temperaturänderungen in Seewasserkörpern, die eine Folge windbedingter Wellenbewegungen sind.

Temperatursummenregel: aus der → *RGT-Regel* abgeleitete Formel für die Beziehung zwischen Temperatur und Reaktionsgeschwindigkeit von Lebewesen. Die T. besagt, daß das Produkt aus der Entwicklungszeit (t) und der Temperatur (T), die über dem Entwicklungsnullpunkt (K) liegt, konstant (C) ist (C = t (T−K). Die T. gilt nur für die im optimalen Bereich liegende Temperaturspanne.

Temperaturumkehr: in einem Luftpaket die normalerweise auf eine relativ eng begrenzte Schicht konzentrierte Zunahme der Temperatur mit der Höhe an Stelle der troposphärischen normalen Abnahme. T. entsteht beim Aufgleiten warmer Luftmassen über kalte Bodenluft und über Becken mit gesammelter Kaltluft. (→ *Inversion*)

Temperaturverwitterung: Sammelbezeichnung für physikalische Verwitterungsprozesse, an denen die Temperatur beteiligt ist. Dazu gehören → *Isolationsverwitterung* und → *Frostsprengungsverwitterung.* Letztere wird auch als mittelbare T. bezeichnet.

Temperaturzonen: die fünf großen Klimagürtel der Erde, die sich als Folge der vom Äquator zu den Polen hin abnehmenden Sonneneinstrahlung in ihrer Wärme unterscheiden (Tropen, Subtropen, kühl-gemäßigte Breiten, Borealgebiet und Arktis).

temperiert: ein → *See,* dessen Temperatur im Sommer über 4° und im Winter unter 4 °C liegt, so daß zweimal im Jahr beim Übergang an der 4 °C-Grenze (höchste Wasserdichte) eine Durchmischung stattfindet. Zu den t. S. gehören die Seen der gemäßigten Breiten. (→ *Seezirkulation*)

temporär: zeitweilig, zeitweise, vorübergehend; bezieht sich auf zahlreiche geo- und biowissenschaftliche Phänomene, z. B. t. Gewässer und t. Akkumulationen.

temporäre Schneedecke: Schneedecke, die nur während einer beschränkten Zeit in der kalten Jahreszeit liegt.

temporäre Schneegrenze: untere Höhengrenze der Schneebedeckung zu einem bestimmten Zeitpunkt im Jahresverlauf.

temporäre Siedlung (Zeitsiedlung): Siedlung, die nur für mehrere Wochen besteht. Sie findet sich vor allem bei höheren Jägern und Hirtennomaden. Die Wanderungen der eigenen bzw. Wildtierherden sind die Ursache der ständigen Verlegung der Behausungen. Die t. S. wird auch als Frist- oder Temporalsiedlung bezeichnet.

Terminologie: Lehre von den wissenschaftlichen Fachausdrücken, die sich in disziplinäre Terminologien (botanische, geologische, geographische usw.) untergliedert.

Terminus technicus: Fachbegriff, Fachwort. Die T. t. sind Bestandteile der disziplinären → *Terminologien.*

Termitensavanne: Landschaftstyp der → *Savannen,* der sich unter Beteiligung der Termiten in Relief, Boden und Vegetation ausdrückt. Diese Sonderform der → *Trockensavanne,* die auch kleinräumig in der → *Feuchtsavanne* auftreten kann, besteht aus einem Mosaik von inselartigen Baumgruppen auf rezenten oder zerfallenen Termitenhügeln. Wegen der tiefgründigen Lockerung entstehen günstigere Bodenfeuchteverhältnisse, die im Bereich der bestehenden oder ehemaligen Termitenhügel Bauminseln gedeihen lassen. Die Termitenhügel sind von Flachgebieten umgeben, die z. T. überschwemmt werden und damit Bodenverdichtungen erfahren, in deren Bereich der Baumwuchs gehemmt oder unmöglich wird.

Termitophilie: 1. in Termitenbauten lebende → *Synöken.*
2. vorübergehende oder dauernde Vergesellschaftung von Termiten und anderen Arthropoden, wobei sich verschiedene Formen des Zusammenlebens herausbilden können, wie → *Synökie,* → *Symphilie* und → *Synechthrie.*

terms of trade: Verhältnis aus dem Index der Exportgüterpreise und dem Index der Importgüterpreise. Für die Entwicklungsländer spiegeln sie vor allem die realen Austauschrelationen zwischen den von ihnen gelieferten Rohstoffen und den importierten Industriegütern wider. Entsprechend umgekehrt verhält es sich bei den Industrieländern. Steigen die Importpreise im Verhältnis zu den Exportpreisen, so spricht man von sich verschlechternden t. of t.

Terrae calcis: Sammelbezeichnung für die dichten tonreichen mediterranen Böden aus Kalkstein (→ *Terra rossa* und → *Terra fusca*).

Terra firme: hochwasserfreier Rand von tropischen Überschwemmungsgebieten, der den Standort der → *Hyläa* darstellt, d. h. wo sich artenreicher Hochwald entwickelt. Die angrenzenden Überschwemmungsniederungen sind die → *Varzea.*

Terra fusca (Kalksteinbraunlehm): ockerfarbiger oder hellbrauner bis schwach rötlich brauner, dicht plastischer toniger Boden auf Kalkstein. Unter einer geringmächtigen Humusdecke folgt ein stark lehmiger, völlig entkalkter saurer, durch Quellung und Schrumpfung geprägter mächtiger → *B-Horizont.* Die T. f. entwickelt sich aus tonhaltigen karbonatreichen Gesteinen in subtropischen Winterregenklimaten (typisch im Mittelmeergebiet) und kann hier als Endstadium

einer langen Bodenentwicklung angesehen werden. T.-f.-Vorkommen in Mitteleuropa sind fossil. Die T. f. ist wegen ihrer Zähigkeit und Dichte schwer bearbeitbar und verfügt über ungünstige Luft- und Wasserhaushalteigenschaften.

Terra rossa (Kalksteinrotlehm): der → *Terra fusca* ähnlicher, ton- und eisenreicher Boden, der sich unter feucht-subtropischen Klimabedingungen aus harten, reinen, oft eisenschüssigen Karbonatgesteinen entwickelt. Die T. r. ist in der Regel nur schwach sauer und wegen der flockenden Wirkung im Lehmgefüge „erdiger" als die Terra fusca. Ihre ziegelrote Färbung erhält sie durch feinverteilten → *Hämatit,* der zusammen mit dem massenmäßig viel stärker vertretenen → *Goethit* die Eisengehalte auf bis zu 10% steigen läßt. Die Entstehung der T. r. ist umstritten und bis heute nicht abschließend geklärt. Viele Indizien weisen darauf hin, daß sie sich nicht unter heutigen Voraussetzungen im Mittelmeergebiet gebildet hat, sondern einen fossilen Erosionsrest eines unter noch wärmeren Bedingungen gebildeten Bodens darstellt. Eine Ausnahme sind möglicherweise Bildungen auf stark eisenhaltigen Kalksteinen. In jenem Fall ist die T. r. eine sehr alte Bodenbildung. (→ *Rotlehm,* → *Rubefizierung*)

Terrasse: 1. im weiteren Sinne eine Geländestufe unterschiedlicher Länge und Breite, wobei niveaugebundene und nichtniveaugebundene, sog. „unechte" T. unterschieden werden können. Die niveaugebundenen T. besitzen geomorphogenetische Relevanz, die nichtniveaugebundenen sind überwiegend anthropogenen Ursprungs.
2. natürliche oder künstliche stufenförmige Vollformen, deren wichtigste → *Flußterrasse,* → *Solifluktionsterrasse,* → *Strandterrasse* und → *Ackerterrasse* sind.
3. Ohne erklärenden Zusatz steht der Begriff T. fast ausschließlich für → *Flußterrasse* bzw. → *Schotterterrasse,* die aber nach den Bildungsprozessen, nach dem Erscheinungsbild und nach dem Materialcharakter noch weiter differenziert werden können.

Terrassendecke: 1. wenig präziser Begriff für Sedimente auf einer → *Terrasse,* die äolisch, fluvial, glazial oder periglazial aufgebracht worden sein können und die sowohl für die zeitliche Einordnung der Formen als auch für die Ausweisung der geomorphologischen Prozesse methodisch von großer Bedeutung sind.
2. unscharfe Bezeichnung für Gesteinspakete der → *Schichtstufe,* die als deren Oberfläche auftreten, wobei es sich nicht immer um widerständige, sondern auch um weniger widerständige Sedimentgesteine handeln kann.

Terrassenfläche (Terrassenflur): Oberfläche

einer → *Terrasse*, die sowohl im Fels als auch im Lockersediment (Schotter) erosiv angelegt wurde. Die T. nimmt ein bestimmtes Niveau zur Erosionsbasis ein und wird von → *Terrassenhang* und → *Terrassenkante* seitlich begrenzt. Sie ist in der Regel Rest einer ausgedehnteren Flachform, die im Bereich von Tälern nach Bildung der Terrasse erosiv zerschnitten wurde.

Terrassenhang: vorderer Abfall einer → *Terrasse*, meist mehr oder weniger steil und bis auf einen → *Talboden* oder eine andere → *Terrassenfläche* hinabreichend.

Terrassenkante: Übergangsbereich zwischen → *Terrassenfläche* und → *Terrassenhang*, der gelegentlich sehr scharfkantig ist, besonders – aber nicht ausschließlich – bei frischen Formen, der aber auch eine konvexe Wölbung mit kleinem bis mittlerem Wölbungsradius darstellen kann.

Terrassenkonvergenz: 1. beschreibt die Übereinstimmung von → *Terrassenflächen* in *Terrassentreppen*

mehr oder weniger enger räumlicher Nachbarschaft, die ein Niveau bilden, so daß die Terrassenflächen als gleich alt betrachtet werden können.

2. bezieht sich auf die tektonische Verstellung von Terrassen, wobei die Terrassenflächen divergieren oder konvergieren können, so daß an der Divergenz bzw. Konvergenz von Terrassen die Tendenz der Krustenbewegung abzulesen ist. In Richtung auf ein Hebungsgebiet divergieren die Terrassen.

Terrassenkultur: Form der landwirtschaftlichen Bodennutzung in Hangbereichen. Bei der T. erfolgt eine Herstellung ebener Parzellen am Hang durch den Bau von Stufen. T. sind z. B. aus Südostasien (Reiskultur) oder durch den Weinbau in Mitteleuropa bekannt.

Terrassenlehne: wenig gebräuchlicher Begriff für jenen Oberhang, der sich hinter einer → *Terrassenfläche* erhebt und mit der Herausbildung von deren Niveau geomor-

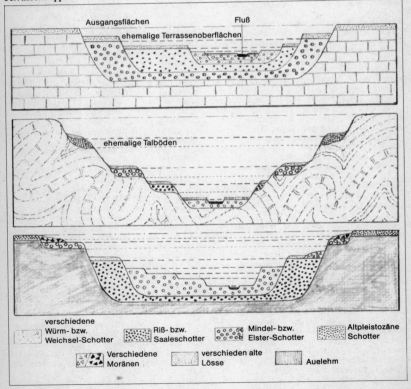

Ausgangsflächen   Fluß
ehemalige Terrassenoberflächen

ehemalige Talböden

verschiedene
Würm- bzw.   Riß- bzw.   Mindel- bzw.   Altpleistozäne
Weichsel-Schotter   Saaleschotter   Elster-Schotter   Schotter

Verschiedene   verschieden alte
Moränen   Lösse   Auelehm

phogenetisch nicht im Zusammenhang zu stehen braucht. Von der T. werden durch Hangabtragsprozesse oft Sedimente für die Überdeckung der Schotterkörper einer Terrasse, also die → *Terrassendecke*, geliefert.

Terrassensystem: horizontal und vertikal gerichtete Abfolge von → *Flußterrassen* oder → *Strandterrassen*, die über die geomorphogenetische Entwicklung eines Tales oder einer Küste Auskunft geben und die aus gewöhnlich räumlich begrenzt vorkommenden Resten von → *Terrassenflächen* in unterschiedlichen Höhenlagen rekonstruiert werden. Einem T. wird räumliche und zeitliche Repräsentanz zugesprochen. Außerhalb eines solchen Systems stehen die → *Lokalterrassen*.

Terrassenträger: bezeichnet → *Sockelbildner* der → *Schichtstufe*. Der wenig gebräuchliche Begriff ist mißverständlich, weil er voraussetzt, daß die → *Terrassendecke* ausschließlich im widerständigen Gestein ausgebildet ist.

Terrassentreppe: 1. im Sinne der vielfältigen Anwendung des Begriffes → *Terrasse* allgemein eine Abfolge von verschieden hoch gelegenen → *Terrassenflächen*.

2. vorwiegend wird der Begriff T. auf die vertikale Abfolge pleistozäner Flußterrassen bezogen, die je nach Gesteinslandschaft, tektonischen Bewegungen und klimabedingten Erosions- und Akkumulationsverhältnissen unterschiedlich gestaltet sein kann. Die T. kann sowohl aus ineinander geschachtelten Sedimentkörpern unterschiedlichen Niveaus bestehen als auch aus verschiedenen Talbodenresten in verschiedenen Höhenlagen, die von tektonischen Ruhe- und Bewegungsphasen bestimmt wurden.

terrestrisch: im Bereich der festen Landoberfläche entstanden, zu dieser gehörig, die Landoberfläche betreffend; z. B. → *t. Böden*, → *t. Fazies*, t. Lebewesen.

terrestrische Böden (Landböden): Abteilung der Böden, die sich auf der festen Erdoberfläche ohne Beeinflussung durch stehendes oder gestautes Wasser entwickeln. Zu den t. B. gehört der größte Teil der bekannten → *Bodentypen*.

terrestrische Fazies (kontinentale Fazies, Landfazies): eine der → *Fazien*, die unter festländischen Verhältnissen entstand, wobei unterschieden wird zwischen → *äolischer*, → *glazialer* und → *limnischer Fazies*.

Terrestrische Ökologie: 1. Teilgebiet der → *Bioökologie*, das sich mit den Landorganismen und ihren Beziehungen zur Lebensumwelt beschäftigt.

2. Fachbereich, der die T. Ö. der Bioökologie und die überwiegend terrestrisch betriebene → *Geoökologie* umfaßt.

terrigen: entstanden aus Material des Festlandes, „erdbürtig".

terrikol: bezeichnet Organismen, die den Erdboden bewohnen.

territoriale Charakterarten: → *Charakterarten*, die für eine größere → *naturräumliche Einheit* Gültigkeit besitzen.

Territorialgewässer: zum → *Territorium* eines Küstenstaates gehörender Meeresstreifen, der sich vor der Küste erstreckt. Als T. gilt seit Mitte des 18. Jh. das → *Hoheitsgebiet* der → *Dreimeilenzone*. Später wurden die T. von der Mehrheit der Staaten auf 12 sm ausgedehnt. Einige weitere Staaten haben inzwischen ihre T. eigenmächtig auf 200 sm erweitert, vor allem zur Sicherung des Fischfangs. Die Regelung der UN-→ *Seerechtskonferenz* sieht T. von 12 sm vor, an die sich bis 200 sm Entfernung von der Küste eine → *Wirtschaftszone* anschließt.

Territorialität: Erscheinung bei Pflanzen, Tieren und Menschen, die auf ein → *Territorium* bezogen ist. Die T. kann als Verbreitung eines geo- oder biowissenschaftlichen Phänomens gegeben sein oder ein auf das Territorium bezogenes → *Revierverhalten* umschreiben.

Territorialkomplex: die → *Territorialstruktur* eines Erdraumes, deren Komponenten in einem Funktionskomplex - im Sinne des → *Systems* - zusammenwirken.

Territorialplanung: in der DDR üblicher Ausdruck für → *Landesplanung*, teilweise auch für → *Raumplanung*. Im Gegensatz zu den Verhältnissen in der Bundesrepublik Deutschland ist jedoch in der DDR auch die im politischen System der DDR bestehende räumliche Wirtschaftsplanung enthalten.

Territorialreform (territoriale Verwaltungsreform): in der Bundesrepublik Deutschland gelegentlich gebrauchter, in der DDR und den übrigen Ostblockstaaten üblicher Ausdruck für → *Gebietsreform*.

Territorialstruktur: jene Struktur eines Raumes, die sich aus den natürlichen Gegebenheiten eines Territoriums und der darin wirksamen sozioökonomischen Maßnahmen ergibt. Die Zusammenhänge der einzelnen Komponenten werden im Modell der T. dargestellt.

Territorialwissenschaft: Sammelbegriff für jene Fachgebiete, die sich mit territorialpolitischen Fragen beschäftigen, wie Verwaltungswissenschaft, Raumordnung sowie verschiedene Teilbereiche der Kulturgeographie.

Territorium: 1. in der Biologie ein → *Revier* bzw. → *Heimrevier*, in dem eine Tierart oder eine Tiergemeinschaft ein charakteristisches → *Revierverhalten* zeigen kann.

2. → *Hoheitsgebiet* eines Staates. Das T. umfaßt die Landfläche des Staates (einschließlich der Binnengewässer) und die → *Territorialgewässer* sowie den Untergrund und den Luftraum über diesem Gebiet.

3. bis 1806 die Gebiete unterschiedlichen Grades von → *Souveränität* und verschiedener Herrschaftsform, die im Deutschen Reich zusammengeschlossen waren.

4. in → *Bundesstaaten* ein Verwaltungsgebiet, das – meist wegen seiner Unerschlossenheit und dünnen Besiedlung – nicht als eigener Teilstaat organisiert ist, sondern direkt der Bundesverwaltung untersteht. Beispiele sind die T. in Kanada und Australien.

5. ein staatsrechtlich zu einem bestimmten Staat gehörendes, aber gesondert verwaltetes und außerhalb von dessen geschlossenem Hoheitsgebiet liegendes Gebiet dieses Staates. Z. B. werden die französischen Überseebesitzungen als Übersee-T. bezeichnet.

Territorialsystem (regional system): Erdraumausschnitt im Sinne des → *Territoriums,* der über eine charakteristische → *Territorialstruktur* verfügt, deren Funktionsweise von Maßnahmen des Menschen im Territorium bestimmt wird.

Tertiär: erstes System bzw. erste Periode des → *Känozoikums,* die sich tektonisch durch weltumspannende Gebirgsbildungen auszeichnet, wobei die → *Faltungsgürtel* der Erde entstanden. Das. T. dauerte von ca. 65 bis ca. 1,8 Mill. Jahre v. h. Ihm folgt das → *Quartär* und voraus ging die → *Kreide.* Während der beiden ältesten Abteilungen, das → *Paläozän* und das → *Eozän,* verhältnismäßig schlecht gegliedert sind, konnten für die anderen drei Abteilungen (→ *Oligozän,* → *Miozän* und → *Pliozän*) differenzierte Gliederungen aufgestellt werden. Während des T. spielten sich bedeutende erdgeschichtliche Vorgänge ab, so nahmen die heutigen Kontinente und Ozeane sukzessive die heutige Gestalt an. Neben marinen Sedimenten finden sich weitverbreitet limnische bis kontinentale Ablagerungen. Mitteleuropa wurde während langer Zeiten des T. von ausgedehnten Sumpfmoorwäldern bestimmt, aus denen die → *Braunkohlen* entstanden. Mit Hinwendung auf das Quartär nahmen die Klimaschwankungen zu – mit tropischen bis subtropischen Zügen – bei allmählichem Absinken der Temperaturen.

Während des gesamten T. waren reiche Floren und Faunen, mit gebietstypischen und klimazonalen Ausprägungen, auf der Erde verbreitet. Vor allem marine Lebewesen (Foraminiferen, Muscheln, Schnecken, Schwämme, Korallen und Armfüßer) dienen der Gliederung des marinen T. Charakteristisch ist auch die sprunghafte Entwicklung der Säugetiere, die nicht nur mit allen Ordnungen vertreten waren, sondern die sich mit Hinwendung auf das Pleistozän zunehmend differenzierten. Bei den Pflanzen wanderten die subtropisch-tropischen Florenelemente mit dem allmählichen Klimawandel in äquatoriale Breiten ab.

Mill. Jahre:						Pleistozän	
1,8		Pliozän				Piacentian	
						Tabianian	
5						Messinian	
			o.			Tortonian	
11		Miozän				Serravallian	
			m.			Langhian	
15.5						Burdigalian	
			u.			Aquitanian	
23,5	Tertiär		o.			Chattian	
32		Oligozän	m.			Rupelian	
			u.			Lattorfian	
37,5			o.			Priabonian	
43						Biarritzian	
		Eozän				Lutetian	
49							Cuisian
			u.	Ypresian			Ilerdian
53,5							
		Paläozän	o.			Thanetian	
60			m.			Montian	
65			u.			Danian	

Tertiärdüne (tote Düne, Walddüne): Entwicklungsstadium der → *Küstendüne,* das eintritt, wenn die äolische Geomorphodynamik sich infolge einer mehr oder weniger geschlossenen Vegetationsdecke einstellt und die → *Düne* somit festliegt.

Tertiärenergie: weniger gebräuchliche Bezeichnung für → *Nutzenergie.*

Tertiärer Sektor: im Gegensatz zum → *Primären* und → *Sekundären S.* derjenige Wirtschaftsbereich, in welchem die → *Dienstleistungen* (→ *Dienstleistungssektor*) zusammengefaßt werden. Zum T. S. zählen im wesentlichen Handel, Verkehr, Verwaltung, Bildungs- und Schulwesen sowie die → *freien Berufe* (Ärzte, Rechtsanwälte, Architekten usw.).

Tertiärförderung: Verfahren zur Steigerung der Ausbeute bei der Erdölförderung. Im Gegensatz zur → *Primärförderung* und zur → *Sekundärförderung* wird bei der T. versucht, die physikalischen und chemischen Kräfte zu beeinflussen, die das Erdöl in der Lagerstätte zurückhalten. Bei der T. werden 1. thermische Verfahren, d. h. Injektion von heißem Wasser oder Dampf bzw. Sauerstoff zur Teilverbrennung des Öls im Porenraum (Wärme), 2. chemische Verfahren, d. h. Einsatz von Tensiden (Weichmacher) und Polymeren (Wasserverdicker) eingesetzt.

Tertiärrelikt: als → *Relikte* aus dem → *Tertiär* gelten nur jene Taxa, die mindestens seit dem → *Pliozän* unverändert bis in die Gegenwart in einem → *Refugium* mit für sie günstigen ökologischen Bedingungen überdauern konnten. Es muß also durch Merkmalskonstanz und Standortkonstanz der präglaziale Reliktcharakter einer Art bzw. deren Population gesichert sein. T. finden sich in jenen Refugien, die von den Klimaschwankungen des → *Pleistozäns* nicht allzu stark beeinflußt wurden, wie Inseln, Höhlen, Thermalquellen oder alte Seen. Auch jene Tier- und Pflanzenarten, die nur geringe Evolutionsgeschwindigkeiten aufweisen, gehören oft zu den T.

Tessera: kleiner, begrenzter Raumausschnitt unterhalb der Größenordnung der → *topologischen Dimension,* dessen dreidimensionale Struktur untersucht wird, um den vertikalen Metabolismus eines Ökosystems in der Größenordnung des → *Ökotops* repräsentativ zu untersuchen. Arbeitstechnisch wird die innerhalb des Ökotops an einem charakteristischen Platz ausgewiesene T. von einem „Meßgarten" für klima-, wasser- und nährstoffhaushaltliche Untersuchungen unter landschaftsökologischem Aspekt repräsentiert.

Tethys: großes, erdumspannendes „Mittelmeer", das vom → *Paläozoikum* bis ins → *Tertiär* bestand und sich von Europa/Nordafrika bis Südostasien ausdehnte. Sein Verlauf steht in Beziehung zur Auffaltung des alpidischen → *Faltungsgürtels,* weil die T. eine große → *Geosynklinale* war, in der sich mächtige Sedimente ablagerten, aus denen die alpidischen → *Faltengebirge* entstanden. Mit deren Entstehung verschwand auch die T. bis auf einen Rest, das heutige Mittelmeer. Wegen der großen West-Ost- und der gelegentlich bedeutenden Nord-Süd-Erstreckung bestanden über die T. Austauschmöglichkeiten für Faunenelemente.

Teufe: in der Bergmannssprache (Bergbau) die Tiefe. Die T. bezeichnet z. B. die in Meter ausgedrückte Lage einer Lagerstätte im Untergrund. Im Zuge ihrer Erschließung wird ein → *Schacht* „abgeteuft".

Textur: 1. allgemein die Oberflächenbeschaffenheit eines Organs bzw. eines Organismus.
2. in der Biologie die Gliederung von Zellwänden.
3. Körnungszusammensetzung des Bodens, d. h. die → *Bodenart.*

thalassobiont: Organismen, die ausschließlich im Meer oder in marin geprägten Le-

bensräumen der Küste leben.

thalassogen: durch marine Prozesse entstandene Erdoberflächenformen.

thalassophil: Organismen, die das Meer oder die Meeresküste als Lebensraum bevorzugen, ohne darauf beschränkt zu sein.

Thallo-Chamaephyten: Moose, Flechten, Pilze und Algen, welche die für sie ungünstige Jahreszeit in Bodennähe überdauern.

Thallo-Epiphyten: Moose, Flechten, Pilze und Algen, die auf anderen Pflanzen – im Sinne der → *Epiphyten* – aufsitzend leben.

Thallo-Geophyten: Moose, Flechten, Pilze und Algen, welche – im Sinne der → *Geophyten* – die für sie ungünstige Jahreszeit im Boden überdauern.

Thallo-Hemikryptophyten: Moose, Flechten, Pilze und Algen, welche die für sie ungünstige Jahreszeit unmittelbar am Boden überdauern.

Thallo-Hydrophyta natantia: freischwimmende niedere Pflanzen.

Thallo-Therophyten: einjährige Moose und Pilze, welche die für sie ungünstige Jahreszeit – im Sinne der → *Therophyten* – als → *Sporen* überdauern.

Thallus: Vegetationskörper der → *Lagerpflanzen* oder Thallophyten, also aller niederen Pflanzen, die zwar vielzellig, aber morphologisch nicht in Wurzel, Sproßachse und Blätter gegliedert sind.

Thanatose: bei Tieren die Bewegungslosigkeit auf einen Reiz durch Berührung, Licht, Erschütterung usw. hin, der eine Muskeldauerkontraktion zugrunde liegt, die bei neuerlicher Reizwirkung meist vertieft wird.

Thanatozönose: Sterbegemeinschaft von als → *Fossil* erhaltenen Lebewesen, die verschiedenen Lebensräumen entstammen. Die T. kann autochthon, also am Lebens- und Sterbeort entstanden sein, sie kann auch allochthon sein, d. h. die Fossilien wurden nicht am Sterbeort in das Substrat eingebettet.

Theoretische Geomorphologie: 1. die Theorie der → *Geomorphologie,* betreffend die einzelnen Formen und die formbildenden Prozesse. 2. ein auf die physikalischen Grundlagen der Reliefformenbildung zielendes Teilgebiet der Geomorphologie, das von der quantitativen Darstellung der Formen und Prozesse ausgeht und physikalische Gesetzesaussagen anstrebt. Sie weist stark quantitativen Charakter auf und steht in der Nähe der → *Quantitativen Geomorphologie,* aus deren Ergebnissen am Objekt sie Regeln und Gesetzmäßigkeiten für die allgemeine Theorie der Geomorphologie ableitet.

theoretische Naturlandschaft: eine → *Naturlandschaft,* die wieder entstehen würde, wenn der Einfluß des Menschen auf die → *Landschaft* verschwände. Der Begriff ist Bestandteil der klassischen → *Landschaftskunde* und hat Beziehungen zur → *imaginä-*

ren Naturlandschaft.

Thermalbad: → *Heilbad,* dessen therapeutische Wirkung auf der Anwendung von → *Thermalquellen* beruht.

Thermalorganismen: niedere Pflanzen und Tiere, die in Gewässern mit → *Thermalwasser* leben und meist extrem hohe Temperaturen vertragen (können).

Thermalquelle: 1. Synonym für → *Therme.* 2. warme Heilquelle mit oft hohem Gehalt an Mineralien. (→ *Mineralwasser*)

Thermalwasser: das Quellwasser einer warmen Quelle.

Therme (Thermalquelle): 1. Quelle, deren Wassertemperatur über dem Jahresmittel der Lufttemperatur des jeweiligen Gebietes liegt (allgemeingültige Definition). 2. Quelle, deren Wasser Temperaturen von mehr als 20 °C aufweist (in Mitteleuropa gebräuchliche Definition).

Thermik: aufwärts gerichtete Strömung warmer Luft, die durch starke Einstrahlung über dem Boden erhitzt wurde oder durch Abwärme in Ballungs- und Industriegebieten entsteht. (→ *Konvektion*)

Thermikschlauch: röhrenartiges Gebilde aufschießender warmer Luft, die über dem Erdboden erhitzt wurde und wegen des geringeren spezifischen Gewichts tropfenartig in die Höhe strebt.

thermisch: in bezug auf Wärme, durch Wärme verursacht.

thermische Belastung: die Belastung der Gewässer mit Abwärme, insbesondere aus Kraftwerken und Industrieanlagen. Die t. B. beschleunigt die natürlichen Abbauprozesse, was zu Sauerstoffmangel und zu einem Fischsterben führen kann.

thermische Höhenstufung: durch eine bestimmte regelmäßige Abnahme der mittleren Temperaturen gekennzeichnete vertikale Gliederung der Naturräume und Nutzungsstufen in einem Gebirge. Die t. H. ist der landschaftliche Ausdruck der physikalisch bedingten Temperaturabnahme mit zunehmender Höhe in der unteren Lufthülle. Der → *vertikale Temperaturgradient* (→ *feuchtadiabatischer Temperaturgradient*) beträgt in Mitteleuropa 0,5–0,6 °C pro 100 m.

thermische Kontinentalität: die sich aus der Lage im Inneren einer Festlandsmasse ergebenden besonderen Temperaturverhältnisse. T. K. ist geprägt durch hohe Sommer- und tiefe Wintertemperaturen, demzufolge also große Jahresschwankungen der Temperatur. (→ *thermische Ozeanität*)

thermische Konvektion: durch Auftrieb in Gang gesetzte senkrechte Aufwärtsbewegung von relativ zur Umgebung wärmeren Luftpaketen bei allgemein labiler Schichtung. T. K. entsteht bei starker Erwärmung der Luft über dem Erdboden bei direkter Sonneneinstrahlung und bei Lufterwärmung durch andere Wärmequellen (Abwärme).

thermische Ozeanität (thermische Maritimität): die sich aus der Lage einer Küste oder in Meeresnähe ergebenden besonderen Temperaturverhältnisse. T.O. ist durch einen für die jeweilige Breitenlage ausgeglichenen Verlauf der Temperaturen im Jahresverlauf geprägt. (→ *maritimes Klima*)

thermischer Äquator (Wärmeäquator): Linie, welche die Orte mit den höchsten Jahresmitteltemperaturen auf der Erdkugel miteinander verbindet. Wegen der ungleichen Verteilung von Land und Wasser (Konzentration von Landflächen auf der Nordhalbkugel) liegt der t. Ä. bis zu 10 Breitengrade nördlich des Erdäquators.

thermischer Flußtyp: verallgemeinerte Zusammenfassung charakteristischer Temperaturverhältnisse (Höhe und Jahresgang) in Flüssen. In den Mittelbreiten werden drei t. F. unterschieden: 1. Flachlandflüsse, in denen die Monatsmittel und das Jahresmittel der Temperatur über den entsprechenden Werten der Lufttemperatur liegen. 2. Gebirgsflüsse, deren Wassertemperatur in einigen Sommermonaten unter der Lufttemperatur liegt (bei ähnlichen Jahresmitteln von Luft und Wasser). 3. Gletscherbäche, deren Wasser nur im Winter wärmer ist als die Luft.

thermisches Hoch: Gebiet hohen Luftdrucks, das durch temperaturbedingte Luftbewegungen entstanden ist (großräumiges Absinken kalter Luft).

thermisches Tief: flaches bodennahes Gebiet tiefen Luftdrucks, das durch temperaturbedingte Luftbewegungen entstanden ist (Luftmassenverlust durch Aufsteigen erwärmter Luft).

thermische Turbulenz: durch Temperaturunterschiede in Gang gesetzte, mit Konvektionsvorgängen einhergehende, ungeregelte Austauschbewegungen von Luftmassen.

Thermodynamik: Wissenschaft von der Wärme bzw. Wärmeenergie und ihren Zusammenhängen mit mechanischer Arbeit und den dabei auftretenden Zustandsänderungen. Die theoretischen Grundsätze der T. spielen für die Betrachtung der → *Ökosysteme* und die Existenz der → *Biosysteme* innerhalb dieser eine große Rolle. Von fundamentaler Bedeutung auch für die Ökologie ist der Satz von dem unveränderlichen Energiegehalt des Universums und der Satz von der Zunahme an → *Entropie* im Universum.

thermohaline Konvektion: Wassermassenaustausch im Meer als Folge von Unterschieden der Temperatur und des Salzgehaltes. (Die Dichte des Wassers hängt von beiden Faktoren ab.)

Thermoisoplethen: Linien, welche die Punkte gleicher Temperatur in einem raum-zeitlichen Raster miteinander verbinden.

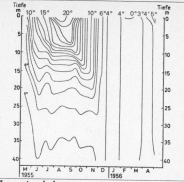

Thermoisoplethen

Thermokinese: Umschreibung des Einflusses der Temperatur auf die Bewegungsgeschwindigkeit eines Tieres.

Thermokline: → *Sprungschicht* der Temperatur (und Dichte) im Meerwasser.

Thermo-Makrophanerophyten: sommergrüne Laubbäume, deren Knospen im Winter geschützt sind.

Thermomorphose: Gestaltveränderung an Organismen, die durch Temperatureinfluß bewirkt wurde.

Thermonastie: periodische Bewegungen bei Pflanzen, die auf einem verschieden starken Wachstum der Organseiten beruhen und die durch Temperaturwechsel hervorgerufen werden.

Thermoökologisches Konzept: Auffassung der Bioökologie, daß Pflanzen und Tiere bestimmter Höhenstufen tropischer Gebirge ökologisch jenen Arten entsprechen, die in äquivalenten Klimazonen außerhalb der Tropen vorkommen. Dabei bleibt unberücksichtigt, daß vom → *Tageszeitenklima* und vom → *Jahreszeitenklima* unterschiedliche Regelungen der Ökosysteme ausgehen, an denen sich auch die Lebensweise und die morphologische Anpassung von Tieren und Pflanzen orientieren (können).

Thermoperiodismus: die bei Pflanzen zu beobachtende Anpassung an einen Temperaturwechsel zwischen Tag und Nacht, der sich auch auf die Entwicklung der Gewächse auswirkt. Dabei kann für eine thermoperiodisch reagierende Pflanzenart die optimale Nachttemperatur tiefer als die optimale Tagestemperatur liegen. Eine optimale Entwicklung erfolgt daher nur, wenn der entsprechende Temperaturwechsel auch erfolgt.

thermophil: wärmeliebend. T. sind vor allem Pflanzen, insbesondere Mikroorganismen, deren optimale Wachstumstemperatur und deren Temperaturmaxima sehr hoch liegen.

thermopluvialer Faktor: dimensionslose Kennzahl für die Klassifikation von Klimaten (→ *Klimaklassifikation*), die nach verschiedenen Berechnungsformeln aus Temperatur- und Niederschlagswerten gewonnen wird.

Thermoregulation: Fähigkeit von Organismen, Aufnahme und Abgabe von Wärme zu regulieren. Dafür haben Pflanzen und Tiere spezielle physiologische und/oder morphologische·Mechanismen ausgebildet, wie Öffnen und Schließen von Spaltöffnungen, Stoffwechselveränderungen usw. Auch soziale T. findet statt, z.B. bei staatenbildenden Insekten.

Thermotaxis: durch Temperaturdifferenzen induzierte → *Taxien*, wobei die als Reiz erforderliche Temperaturdifferenz sehr verschieden groß sein kann.

Thermotropismus: durch Temperaturdifferenzen induzierter → *Tropismus*, der sich in temperaturbedingten Wachstumsreaktionen zeigt, z.B. einer Seite eines Pflanzenorgans, so daß thermotropische Krümmungen die Folge sind. Auch die → *Kompaßpflanzen* werden – neben dem → *Phototropismus* – vom T. induziert.

Thero-Belonido-Makrophanerophyten: sommergrüne Nadelbäume, z.B. die Lärche.

Thero-Chamaephyta frutescentia: vollständig verholzte → *Zwergsträucher* mit sommergrünen Blättern.

Therophyten (Einjährige): Lebensformengruppe wurzelnder einjähriger Pflanzen, welche die für sie ungünstige Jahreszeit als Samen überdauern.

Thigmonastie: Organbewegung bei Pflanzen durch Berührungsreiz.

Thigmotaxis: Orientierung von Organismen aufgrund von Tastreizen bei Berührung einer festen Oberfläche. Viele Tiere gelangen erst bei intensivem Oberflächenkontakt in Ruhehaltung.

Thigmotropismus: eine Kontaktreizbarkeit von Pflanzen, die sich in Krümmungsbewegungen äußert, die zur Aufrechterhaltung eines mechanischen Kontaktes dienen, wie beim Klettern oder Winden von Pflanzenteilen.

Thixotropie: materialzustandsbedingte Variante der allgemeinen → *Rutschung* in feinkörnigen Substraten, ausgelöst durch Erschütterung, Stoß, Schlag oder Porenwasserdruckveränderungen. Sie ist überwiegend in See-, Schwemm- und verschiedenen Verwitterungstonen sowie Watt- und Flußschlickablagerungen möglich. Die Lockermaterialdecke bewegt sich ohne Wassergehaltsänderung, wobei das Material vom Gel- in den Solzustand übergeht, anschließend jedoch wieder in den Gelzustand. Die dabei eintretende reversible Viscositätsänderung erklärt sich mit der Materialbeschaffenheit, weil

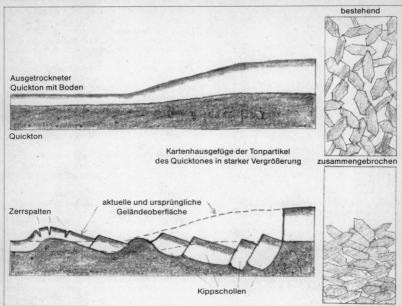

Thixotropie

fließgefährdete Lockergesteine in Tonkorngröße oft als „konzentrierte Suspensionen" auftreten, die also wenig Wasser zwischen Tonmineralblättchen locker verteilt enthalten. Beim Zusammenbruch des Kartenhausgefüges der Tonmineralblättchen erfolgt die Bewegung und damit die Formbildung.

Thomas-Verfahren: Stahlerzeugungs-Verfahren, das die Massenverwendung phosphorreicher Erze (z. B. Minette-Erze) ermöglicht. Das von den Engländern Gilchrist und Thomas 1877 entwickelte Verfahren hatte ferner den Vorteil, daß sich der mit Dolomit ausgekleidete Konverter mit dem Phosphor verbindet, so daß als Nebenprodukt das phosphorreiche Düngemittel Thomas-Mehl anfällt. Das T.-V. ist inzwischen durch billigere und moderne Verfahren abgelöst worden. (→ *L.-D.-Verfahren*)

Thorium-Hochtemperatur-Reaktor (THTR): Reaktortyp, der auf hohem Temperaturniveau (bis zu 1000 °C) arbeitet. Die von ihm betriebenen Heißdampfturbinen haben einen guten Wirkungsgrad bei der Stromerzeugung. Mit dem THTR kann ferner Prozeßwärme, z. B. zur → *Kohlevergasung,* auf hohem Temperaturniveau geliefert werden. Der Reaktor, der neben Uran 235 auch Thorium 232 in Oxydform in seinen Brennelementen enthält, wird derzeit in Schmehausen

(THTR 300) gebaut.

T-Horizont: aus → *Torf* bestehender Bodenhorizont der → *Moore.*

Thufur: ein → *Hydrolakkolith,* der in der isländischen → *Tundra* als ein dem → *Rasenhügel* verwandter Torfhügel im Gebiet des → *Dauerfrostbodens* auftritt.

Thünen'sche Ringe: nach J. H. von Thünen

Thünen'sche Ringe

(1783–1850) benannte Ringe eines Kreismodells, die den Zusammenhang von Grundrente und Standort der landwirtschaftlichen Produktion verdeutlichen sollen. Die T. R. erklären das Thünensche Intensitätsgesetz, indem sie die landwirtschaftlichen Nutzungszonen in ihrer Abfolge so ausweisen, wie sie sich aus der Entfernung zum Markt, d. h. unter Beachtung des Transportkostenaufwands und der Arbeitsintensität am wirtschaftlichsten darstellen. Generelles Merkmal der T. R. ist die abnehmende Intensität vom Marktzentrum aus.

Tidehafen: Hafen für die Seeschiffahrt – an der Meeresküste, an einer Flußmündung oder an einem Seekanal gelegen – dessen Wasserstand nicht, wie beim → *Dockhafen,* durch Schleusen geregelt wird. Durch die Gezeiten verändert sich in einem T. der Wasserstand; häufig können größere Schiffe einen T. nur bei Flut anlaufen oder verlassen

(z. B. Hamburg).

Tidenhub: Ausmaß des Ansteigens des Wasserstandes bei → *Flut* (→ *Gezeiten*). Der T. beträgt oft 1,5–3 m, weicht aber in besonderen Meeres- und Küstenlagen stark von diesem häufigen Wert ab. In Binnenmeeren beträgt er z. T. nur einige Zentimeter, in Trichtermündungen mit gestauter Flutwelle dagegen bis 21 m (Fundy Bay, Kanada).

Tief: 1. im Sinne einer Tiefenlinie eine subaquatische Hohlform, welche eine Verbindung zwischen dem Wasserkörper eines → *Haffs* und dem offenen Meer herstellt.
2. Tiefenlinie im → *Wattenmeer* im Sinne des → *Seegatts.*
3. Kurzbezeichnung für → *Tiefdruckgebiet.*

Tiefausläufer: aus einer großen, oft stationären → *Zyklone* abgesonderter wandernder Tiefdruckwirbel, der instabil ist und sich relativ rasch auffüllt.

Tiefbau: 1. Form des → *Bergbaus,* bei der

Tidenhub

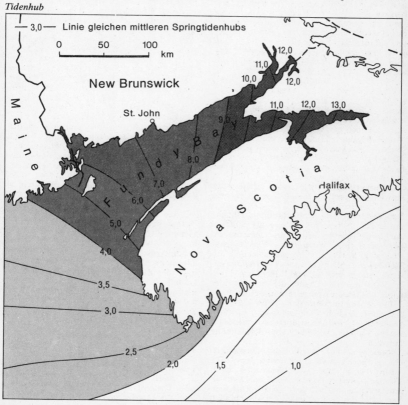

nutzbare Lagerstätten im Gegensatz zum → *Tagebau* untertage (Untertagebau) abgebaut werden. Je nach Form der Lagerstätte (flözartig, massig, gangartig) sowie der Standfestigkeit des Nebengesteins und der des Minerals kommen spezielle Abbauverfahren zum Zuge (→ *Strebbau*, → *Kammerbau*, → *Teilsohlenbruchbau*, → *Weitungsbau*). 2. Teilgebiet des Bauwesens, das sich im wesentlichen mit dem Erd- und Grundbau, Verkehrswegebau und Wasserbau befaßt. (→ *Hochbau*)

Tiefbrunnen: weit in die Tiefe reichender Rohrbrunnen zur Erschließung qualitativ hochwertigen Wassers.

Tiefdruckgebiet (Tief, Depression): Gebiet, in dem relativ zur benachbarten Luftmassenumgebung tiefer → *Luftdruck* herrscht. Die Luftströmungen führen demzufolge von außen nach innen, wobei sie nach dem → *barischen Windgesetz* eine Drehung erfahren (auf der Nordhalbkugel gegen den Uhrzeigersinn, auf der Südhalbkugel im Uhrzeigersinn). T. ist ein Oberbegriff für in der Entstehung grundverschiedene Erscheinungen tiefen Luftdrucks. Am häufigsten und wegen ihrer Wetterwirksamkeit am bedeutendsten sind die wandernden → *Zyklonen*. Im großräumigen Maßstab existieren daneben die stationären → *Zentraltiefs*. Diesen dynamisch entstehenden T. stehen die thermisch entstehenden → *Hitzetiefs* gegenüber, welche sich als große Gebilde im Innern ausgedehnter Festlandsmassen und als lokale Gebilde überall bilden können. (→ *Hochdruckgebiet*)

Tiefdruckrinne (Tiefdruckfurche): langgestreckte Zone relativ tieferen Luftdrucks zwischen zwei Hochdruckgebieten (im planetarischen Maßstab die → *äquatoriale* und die → *subpolare T.*).

Tiefdrucksystem: gürtel- oder streifenartig entwickeltes großes Gebiet, das aus mehreren → *Zyklonen* besteht.

Tiefdrucktrog: tiefe Einbuchtung im Höhendruckfeld, in typischer Weise als Südausbuchtung an der wellenartig entwickelten → *planetarischen Frontalzone*. Das Gegenstück zum T. ist der → *Hochdruckkeil*.

Tiefebene: 1. nicht genau von → *Tiefland* geschiedener Begriff für eine Flachform. 2. allgemein eine Ebene, die sich im oder nahe dem Meeresspiegelniveau befindet. 3. Flachform, im Sinne der → *Ebene*, die sich gegenüber einem Gebirge oder sonstigen größeren Vollformengruppen in deutlich relativer Tieflage befindet, aber Küstennähe aufweist.

Tiefenerosion (Vertikalerosion): Bestandteil der → *Fluvialerosion*, und neben der → *Seitenerosion* in der → *Sohlenerosion* eines Fließgewässers wirksam. Die T. wirkt vor allem durch die Arbeit der → *Grundwalzen* an der Sohle des → *Flußbettes*, die jedoch auch

seitlich – durch Seitenerosion – ausgeweitet wird, so daß seiten- und tiefenerosive Prozesse gemeinsam die Sohle ausweiten und tiefer legen. Die Grundwalzen arbeiten flußaufwärts, so daß die T. auch als → *rückschreitende Erosion* bezeichnet werden kann. Die T. ist auf die Beseitigung von Höhenunterschieden im Flußbett und im gesamten Flußlauf ausgerichtet und arbeitet auf das Gleichgewichtsprofil der → *Ausgleichskurve* hin. Wesentlich beteiligt ist auch die → *Evorsion*. Die T. ist von vielen Randbedingungen abhängig, wie Gestein, Gesteinslagerung, Geröllfracht, Gefälle usw.. Charakteristische Formen der T. sind → *Klamm* und → *Kerbtäler*.

Tiefengestein (Plutonit): durch das Erstarren des → *Magmas* in der Tiefe entstandene Gestein, was langsam vor sich geht, so daß die Mineralbestandteile auskristallisieren können. Dies hat eine vollkristalline und gleichmäßig-körnige bis grobkörnige Struktur der T. zur Folge. T.-Körper erstarren jedoch nicht gleichmäßig, sondern an den Rändern rascher, so daß dort andere Kristallisationsbedingungen herrschen und feinkörnigere Struktur auftritt. Die Reihe des T. beginnt mit hellen (sauren) → *Graniten* und führt über Granodiorit, → *Syenit*, → *Diorit*, → *Gabbro* zum → *Peridotit*, endet also mit dunklen (basischen) Gesteinen. Das häufigste T. ist der Granit mit einem Anteil von 90–95%. Er erklärt, daß Granit nicht nur aus Urmagma entsteht, sondern auch aus Magmen, die erst durch Aufschmelzen sialischen Gesteinsmaterials entstanden sind. Die T. treten als große Körper, die → *Plutone*, auf, daneben als plattige Lagergänge, pilzförmige → *Lakkolithe* oder keulenförmige → *Stöcke*.

Tiefenlinie: häufig gebrauchter, aber wenig präziser Begriff für größere oder kleinere längliche Hohlform, die von Vollformen oder höheren Flachformen begleitet wird, z. B. ein → *Flußbett* an einer Talsohle, eine → *Delle* in einem Hang.

Tiefenreif (depth hoar): bei der Umwandlung des → *Schnees* (Firnbildung) entstehende typische Altschneeart. Der T. besteht aus neugebildeten → *Becherkristallen*, die nach der Zerstörung der primären Schneekristalle durch Kondensations- und Sublimationsvorgänge aufgebaut werden. Der T. hat wegen seiner Sprödigkeit wenig inneren Zusammenhang und wirkt deshalb als Unstetigkeitsfläche und Gleithorizont in der Schneedecke. (→ *Schwimmschnee*, → *Schneebrett*)

Tiefenverwitterung (Kryptogene Verwitterung): überwiegend Prozesse der → *chemischen Verwitterung*, die in tieferen Bereichen des oberflächennahen Untergrundes wirken und Festgesteine in → *Verwitterungslehme* bzw. → *Verwitterungstone* umwandeln. Es entstehen sehr mächtige Verwitterungsdek-ken, die besonderen Abtragungsprozessen unterliegen. Die Theorie der → *doppelten Einebnungsfläche* setzt z. B. intensive T. voraus.

Tiefenvulkanismus: Form des → *Vulkanismus,* die dem → *Kryptovulkanismus* zur Seite gestellt wird. Er entspricht damit praktisch dem → *Plutonismus,* wird aber gelegentlich auch dem Kryptovulkanismus gleichgesetzt.

Tiefenwasser: 1. in Seen das unter der → *Sprungschicht* liegende Wasser (Hypolimnion), welches im Sommer kaum erwärmt und nur im Zustand der Vollzirkulation (→ *Seezirkulation*) in Durchmischungsprozesse einbezogen wird.
2. tiefgelegenes → *Grundwasser,* das bereits seit einigen Jahrtausenden nicht mehr in den atmosphärischen Wasserkreislauf einbezogen war.

Tiefherdbeben: ein → *Erdbeben,* dessen Hypozentrum in Tiefen von 300–700 km liegt.

Tiefkultur: mechanische Bodenbearbeitung in der Landwirtschaft, die weiter als die übliche Pflug in den Boden eindringt. Ziel ist dabei, dem Pflanzenwuchs abträgliche Bodenverdichtungen, z. B. Ortsteinschichten, aufzubrechen. (→ *Sandmischkultur*)

Tiefland (Flachland): 1. größerer Flachformenbereich mit geringen Höhenunterschieden und kleinen Hangneigungsstärken. Im Gegensatz zur → *Tiefebene* weist das T. in sich größerflächig verbreitete Hügel- und/oder Plattenlandschaften auf, die für eine Reliefierung sorgen. Gegenüber der Tiefebene tritt das T. auch abseits von Küsten auf. Eine an sich erforderliche geomorphometrische Unterscheidung zwischen T. und Tiefebene gibt es noch nicht.
2. in der → *hypsographischen Kurve* als Niveaubereich zwischen 0 und plus 200 m ü. M. definiert; es macht damit ca. 25 %, der festen Erdoberfläche aus.

Tieflehm: zweischichtiges → *Substrat,* das aus einer 40–80 cm mächtigen, sandigen Deckschicht verschiedener Zusammensetzung (reiner bis lehmiger Sand) über → *Lehm* aufgebaut ist.

Tiefpflügen: Tiefumbruch des Bodens mit Hilfe von Spezialpflügen bis maximal 2 m Tiefe. T. ist eine Meliorationsmaßnahme, die durch Aufbrechen wasserstauender Horizonte oder Schichten oder durch Hochbringen mineralischen Bodens in moorige Deckschichten eine generelle Bodenverbesserung anstrebt.

Tiefscholle: eine tektonisch tiefliegende → *Scholle,* die der benachbarten Hochscholle gegenübergestellt wird. Beide sind meist durch → *Brüche* von einander abgetrennt.

Tiefsee: 1. Meeresbereiche unterhalb 800 m Tiefe. Die T. reicht in bezug auf die Formen

des Meeresbodens von unteren → *Kontinentalabfall* über die → *T.-Böden* bis in die T.-Gräben. Im lichtlosen T.-Bereich kommt nur tierisches Leben vor.
2. → *See,* der mindestens so tief ist (im Minimum 20–30 m), daß sich eine deutliche thermische Schichtung aus einer warmen Oberflächenschicht, einer → *Sprungschicht* und einer Tiefenwasserschicht (→ *Tiefenwasser*) entwickeln kann.

Tiefseebecken: tiefste Meeresbecken begrenzt von Schwellen, wie dem → *Mittelozeanischen Rücken* und/oder dem → *Kontinentalabhang.* Die T. gliedern die Böden der Ozeane und werden voneinander durch ozeanische Rücken begrenzt. Die T. sind submarine Größtformen mit einem komplexen Relief, zu dem z. B. die → *Tiefseeebenen* gehören.

Tiefseeberg: geomorphographischer Sammelbegriff für die verschiedensten Einzelberge der → *Tiefsee,* die als Tiefseekuppen oder als Tiefseeeinzelberge – im Sinne den → *Guyots* – auftreten. Die Terminologie der Tiefseeinzelvollformen überschneidet sich vielfach noch.

Tiefseebergbau: → *Meeresbergbau,* der im Bereich von mehr als 1 000 m Tiefe den unteren Teil des Kontinentalabhanges, die Tiefseebecken, -gräben sowie den größten Teil des Meeresbodens im Bereich der mittelozeanischen Rücken erfaßt. Ziel des T. ist die Gewinnung von Tiefseeerzen, z. B. der auf dem Meeresboden lagernden Manganknollen, Phosphoritknollen und hydrothermalen Erzschlämme. Durch die aufwendige Bergbautechnik ist der T. sehr kapitalintensiv. Die Durchführung des T. regelt das neue → *Seerecht.* (→ *Seerechtskonferenz*)

Tiefseeboden: 1. allgemein der – insgesamt beträchtlich reliefierte – Boden der → *Tiefsee* mit einer Becken-Schwellen-Struktur, die von ausgedehnten → *Tiefseebecken* und z. T. hochaufragenden ozeanischen Rücken bestimmt ist.
2. Flachformen vom Typ der → *Tiefseeebenen,* mit mehr oder weniger zusätzlichen Reliefierungen durch Berg- und Hügelländer, die meist vulkanischen Ursprungs sind.

Tiefseeebene: ausgedehnte Flachformen im Bereich der → *Tiefseebecken* mit nur geringen oder fehlenden Reliefierungen, von einzelnen → *Tiefseebergen* abgesehen.

Tiefseefauna: Tiere, die an die Lichtlosigkeit der → *Tiefsee* angepaßt sind und die fast allen Tierstämmen angehören. Die Biomasse der T. nimmt mit zunehmender Tiefe rasch ab, ebenso auch der Artenreichtum. Zahlreiche Tiergruppen weisen Tiefengrenzen in ihrer Verbreitung auf. Randbedingungen des Lebens in der Tiefsee sind gleichbleibend niedrige Temperaturen, Dunkelheit und großer hydrostatischer Druck. In der Tiefsee

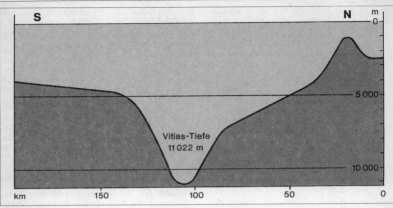

S   N   m
                                                            0

                                                           5 000

Vitias-Tiefe
11 022 m

                                                           10 000

km   150   100   50   0

Tiefseegraben

sind differenzierte Nahrungsketten ausgebildet, die auf → *Plankton* und → *Detritus* basieren. Räuberische Lebensweise ist weitverbreitet.

Tiefseefazies (abyssische Fazies): überwiegend aus sandig-tonigen, schluffig-tonigen oder tonigen Sedimenten bestehende Fazies. Auch kalkige Beschaffenheit ist für die T. charakteristisch.

Tiefseegraben (Tiefseegesenke): langgestreckte, meist rinnenförmige Einsenkung mit Tiefen von mehr als 6 000 m (bis über 11 500 m). Bei einem Teil handelt es sich um echte tektonische → *Gräben*. Es gibt periphere am Rande der großen → *Ozeane,* marginale in → *Randmeeren* und transversale nach der Lage zu den → *Mittelozeanischen Rücken* sowie intermediäre, die zwischen vulkanischen und nichtvulkanischen Inselbögen liegen. Die T. sind mit einem Flächenanteil von ca. 1% an den Meeresböden beteiligt. Ihr Breite-Längen-Verhältnis beträgt im Durchschnitt 1:14. Ihre Wände sind in der Regel nicht allzu steil. Besonders schmale und tiefe langgestreckte Gräben befinden sich innerhalb der Mittelozeanischen Rücken. Die T. hängen mit der Entwicklung der Erdkruste zusammen und werden heute mit der Theorie der → *Plattentektonik* erklärt, letztlich also Magmaströmungsvorgängen unter der festen Erdkruste.

Tiefseehügel: Vollformen der Tiefsee unterhalb der Größenordnung der → *Tiefseeberge* und im Bereich der → *Tiefseebecken* vorkommend.

Tiefseerinne: wenig verbreiteter, aber präziser Begriff für Hohlformen am → *Tiefseeboden* im Sinne der → *Tiefseegräben*.

Tiefseeschwelle: Vollform am → *Tiefseeboden,* ohne genauere geomorphographische

oder geomorphogenetische Spezifizierung, welche die → *Tiefseebecken* teilweise oder ganz voneinander abtrennt.

Tiefseesedimente: Gruppe der marinen Ablagerungen, auch als pelagische Sedimente bezeichnet, die ca. 93% des Meeresbodens in Tiefen von über 800 m bedecken. Nach Tiefe und Sedimentationsraum erfolgten charakteristische Ablagerungen. Zwischen 800 und 2 400 m finden sich die hemipelagischen Schlicke, vertreten durch Blauschlick, glaukonitischen Grünsand und Grünschlick. Darunter folgen zwischen 2 400 und 5 000 m die eupelagischen Sedimente → *Globigerinenschlamm* und → *Diatomeenschlamm*. In Tiefen darunter folgt dann der → *Radiolarienschlamm* und → *Roter Tiefseeton*. Es handelt sich also überwiegend um Fein- und Feinstsedimente, die größtenteils aus Resten mariner Lebewesen entstanden.

Tiefseetafel: keine Einzelform der → *Tiefsee,* sondern ozeanisches Krustenstück, das den → *Kontinenten* gegenübersteht. Die T., die im weiteren Sinne Tiefseeböden darstellen, bestehen fast ausschließlich aus → *Basalt*. Im Konzept der → *Plattentektonik* repräsentieren sie die ozeanischen Platten.

Tiefseeton: charakteristisches Sediment der tiefsten Teile der → *Tiefseeböden,* repräsentiert vor allem vom Roten T., der mit ca. 36% an den → *Tiefseesedimenten* beteiligt ist und eine Sedimentationsrate von 0,05 bis 0,8 cm/ 100 Jahre aufweist.

Tiefstlehm: im Aufbau dem → *Tieflehm* entsprechendes → *Substrat,* dessen unterlagernde Lehmschicht erst in 80–120 cm unter Flur einsetzt.

Tieftagebau: Form des → *Tagebaus,* bei dem zur Nutzung der Lagerstätte erst relativ mächtige Schichten an Lockermaterial (bei meist hohem Grundwasserstand) abgeräumt werden müssen. Ein → *Tiefbau* (Untertagebau) ist in diesen Fällen kaum möglich. Bekannt durch seine großen T. ist z.B. das Rheinische Braunkohlenrevier westlich von Köln.

Tieftauen: tiefgründiges Auftauen von gefrorenem Boden (→ *Permafrost*), z.B. als Folge veränderter Standortbedingungen (Entfernung isolierender Bodenschichten, Rodung usw.).

Tiefwasserhafen: Seehafen, der von den Zufahrtsmöglichkeiten und der Tiefe der Hafenbecken her geeignet ist, von Schiffen mit besonders großem Tiefgang angelaufen zu werden. T. sind vor allem für die Ölversorgung mit großen → *Tankern* notwendig.

Tiefwassersee: See mit mächtigem → *Tiefenwasserbereich*.

Tiere: Lebewesen, die zur Aufrechterhaltung ihrer Lebensfunktionen organische Stoffe benötigen und deren einfachste Formen von den → *Pflanzen* schwer zu trennen sind. Gegenüber diesen weisen sie charakteristische Eigenschaften auf: Vom Licht unabhängige Ernährungsweise, Notwendigkeit zur Aufnahme hochmolekularer organischer Verbindungen als Nahrung, heterotrophe Ernährungsweise, Stoffaustausch mit der Lebensumwelt findet überwiegend in inneren Körperhohlräumen statt und nicht an der Körperoberfläche statt, vorwiegend reiche innere Gliederung mit großen inneren Oberflächen bei kleiner Außenoberfläche des Körpers. Die T. verfügen über Nervengewebe, die ihnen spezielle Eigenschaften verleihen, z.B. Erregbarkeit, Sinneswahrnehmung oder Bewegungskoordination, die sich dann in speziellen, oft komplizierten Verhaltensweisen gegenüber anderen Tieren und ihrer Umwelt zeigen.

Tierformation: wenig präziser Begriff für Gruppierung von Tieren im Sinne einer Lebensgemeinschaft innerhalb eines → *Lebensraumes*. Der Begriff entspricht etwa dem der → *Vegetationsformation*.

Tiergemeinschaft: entspricht etwa der → *Tierformation* und beschreibt, wenig präzis, eine tierische → *Lebensgemeinschaft* in einem → *Lebensraum*. Die T. entspricht damit auch in etwa dem Begriff → *Biozönose*.

Tierpsychologie: Grenzbereich zwischen Psychologie des Menschen und → *Zoologie*, der die mit der Nerventätigkeit gleichzeitig im Tier ablaufenden physiologischen Prozesse als psychische Vorgänge deutet, denen auch bei Tieren ein gewisser subjektiver Charakter zugeschrieben wird.

Tierreiche: 1. Die → *Bioreiche der Erde* können nach → *Pflanzenreichen* und T. differenziert werden. Dies erfolgt in der → *Biogeographie*, wobei für die Ausscheidung der T. andere Kriterien als bei den Pflanzenreichen

zu Grunde gelegt werden, so daß selbst bei kleinmaßstäblichem Darstellungen die Grenzen voneinander abweichen. Ähnlich den Bioreichen der Erde erfolgt eine weitere Untergliederung in Regionen und Gebiete. 2. oberste Kategorie der → *Taxonomie*, die das T. dem Pflanzenreich gegenüberstellt.

Tierschutz: im Sinne des → *Naturschutz* sämtliche Maßnahmen zur Erhaltung vom Aussterben bedrohter Tiere. Im übergeordneten Sinne stellt der T. auch Schutz der Ökosysteme und damit der Lebensumwelt des Menschen dar.

Tiersoziologie (Soziologie der Tiere, Zoozönologie): Lehre von den verschiedenen Formen der Vergesellschaftungen von Tieren, die homotypische oder heterotypische Verbände der → *Sozietäten* bilden. Homotypische Verbände entstehen aus Individuen einer Art. Sie vergesellschaften sich aus sehr verschiedenen Ursachen. Diese können mit der Population selber zusammenhängen, die zu groß wird, oder auf Umweltbedingungen im weiteren Sinne zurückgehen. Homotypische Verbände sind z.B. die Schlafgesellschaften, die → *Überwinterungsgesellschaften* sowie Wander-, Fraß-, Jagd-, Fortpflanzungs- und Brutgesellschaften. Heterotypische Verbände setzen sich aus verschiedenen Tierarten zusammen und basieren auf interspezifischen Beziehungen, die unterschiedlich starke Bindungen aufweisen und oft nur vorübergehend oder auf bestimmte Funktionen bezogen sind. Bei heterotypischen Verbänden stehen vor allem Wander- und Fraßgesellschaften im Vordergrund. Repräsentant der heterotypischen Verbände sind die → *Symbiosen*.

Tierstaat (Staatenbildung bei Tieren): bei Insekten ausgebildete hochentwickelte Familiengemeinschaft mit stark differenzierter Arbeitsteilung mit deren Mitgliedern, die sich in morphologisch und physiologisch begründeten Funktionstypen ausdrückt. T. bestehen meist mehrere Jahre und müssen als höherrangige Ordnung, die über der Lebensweise des Einzelorganismus steht, betrachtet werden.

Tierstock (Tierkolonie): 1. Vergesellschaftung von Tieren im Sinne des → *Tierstaates*. 2. Vergesellschaftung von Einzelorganismen im Sinne einer Tierkolonie infolge unvollkommener Teilung oder Knospung, z.B. Schwämme, Nesseltiere, Moostierchen.

Tiersynusien: Artenkombination von Tieren, die im Sinne einer → *Synusie* zusammenleben.

Tierwanderungen: 1. aktive Ortsveränderung von Tieren, die periodisch oder abiotisch auftritt und die verschiedene Ursachen hat, die sowohl auf periodische bis episodische Änderungen der Lebensumwelt als auch auf die Entwicklungs- und Populationsdynamik

- - - Zugscheide   ▨ Brutgebiet

Tierwanderungen

der Arten zurückgehen. Unterschieden werden z. B. Fortpflanzungs-, Nahrungs-, jahreszeitenklimatisch bedingte und populationsdynamisch bedingte Wanderungen. Das Wanderungsvermögen einer Tierart hängt von der körpereigenen Fortbewegungsmöglichkeit ab, so daß zwischen aktiver Bewegung und passiver Verfrachtung sämtliche Möglichkeiten offenstehen.
2. erdgeschichtlich bedingte Wanderungen, von kontinentalen bis subkontinentalen Ausmaßen, die vor allem während des → *Pleistozäns* erfolgten und die Bestandteil einer überregionalen Entwicklungsdynamik der → *Arealsysteme* sind.

Tierzucht (Viehzucht): 1. Haltung, Ernährung und Vermehrung von Nutztieren für die Landwirtschaft.
2. Haltung und Vermehrung von Haustieren zur Steigerung der Leistungsfähigkeit.

Tilke: flache, anthropogen bedingte Hohlform mit einem dem Sohlenkerbtal angenäherten Querprofil, die einen ebenen, meist gefällsreichen Boden besitzt, dem jedoch ein Fließgewässer fehlt. Die Form war ursprünglich natürlich, erhielt aber durch Bodenerosionsmaterial einen mehr oder weniger ebenen Talgrund. Ähnlich dem → *Siek* und der → *Rummel* kommt die T. überwiegend in Gebieten mit leicht erodierbaren Substraten, wie Löß oder Buntsandstein, vor.

Tillit (glaziogener Diamiktit, Moränengestein): völlig verfestigte Moränenablagerun-

gen älterer, d. h. präpleistozäner → *Eiszeiten*. Dem T. fehlen Schichtung und Korngrößensortierung, gleichwohl können die → *Geschiebe* eingeregelt sein. Geschrammte Blöcke sind regelmäßig vorhanden, die Basis meist tonig bis lehmig und in größeren Anteilen als die Geschiebe vertreten.

Tilloid: 1. → *Diamiktite*, die wahrscheinlich oder möglicherweise Moränen sind und durch Moränengesteine im Sinne des → *Tillit* repräsentiert werden.
2. gelegentlich auch für → *Diamiktite* gebrauchte Bezeichnung, die in jedem Fall keine Moränen sind und daher dem → *Pseudotillit* entsprechen.

timber cropping: geregelte → *Forstwirtschaft* im Gegensatz zu → *timber mining*.

timber mining: Holzraubbau in den Wäldern im Gegensatz zur geordneten Waldbewirtschaftung des → *timber cropping*.

Tirs (Terre noire): zur Gruppe der → *Vertisole* gehörender, dem → *Regur* ähnlicher, tonreicher dunkler humoser Boden Afrikas.

Tischfelsen: beschreibender Begriff für Einzelfelsen mit ähnlicher Gestalt und mit gleicher Genese wie → *Pilzfelsen*.

Tischlers Prinzip: andere Bezeichnung für das → *Aktionsprinzip*. Es zielt auf eine ähnliche Aussage wie das → *Gauze-Prinzip*.

Titularstadt: Gemeinde, die zwar das → *Stadtrecht* besitzt, aber in geographischem Sinn keine → *Stadt* ist. Im Laufe der historischen Entwicklung können bei Veränderungen der Lagebewertung, Verlust der wirtschaftlichen Grundlagen usw. aus echten Städten T. werden. (→ *Minderstadt*, → *Zwergstadt*)

Tobel: 1. tief eingeschnittenes, meist schmales und verhältnismäßig kurzes, steilhängiges → *Kerbtal* im Hochgebirge, das von Wildbächen geschaffen wurde. Der Hochgebirgs-T. setzt sich aus einem steilhängigen, fast trichterförmigen Quellgebiet zusammen, an das das enge Kerbtälchen anschließt, vor welchem meist ein Schuttkegel anhäuft. Die T. werden häufig von → *Muren* als Leitbahnen benützt, z. T. dienen sie auch als Lawinengassen.
2. der Begriff wurde auch auf andere kurze, steilhängige Kerbtälchen mit und ohne Wasserführung in bewaldeten Berg- und Hügelländern übertragen, denen aber die Hydro- und Geomorphodynamik des → *Wildbachs* fehlt.

Tochterzyklone: Tiefdruckwirbel, der sich am äquatorseitigen Rande einer meist schon in Auflösung befindlichen größeren → *Zyklone* bildet.

Toleranz: Fähigkeit eines Organismus, die abiotischen und biotischen Einwirkungen seiner Umwelt zu ertragen.

Toleranzbereich: Minimal- und Maximalwerte, d. h. die Variationsbreite, eines Ökofaktors, die für einen Organismus erträglich ist. Daraus ergibt sich eine artspezifische Toleranzkurve, deren Gipfelpunkt das Optimum darstellt.

Toleranzgesetz: aus dem → *Minimumgesetz* entwickeltes Gesetz, das letztlich einen Spezialfall des T. darstellt. Das T. besagt, daß der Erfolg einer Art im Biotop dann am größten ist, wenn eine qualitative und quantitative Vollständigkeit des Komplexes von biotischen und abiotischen Randbedingungen erfüllt ist, von denen die Fortpflanzung abhängt, d. h. eine ideale Lebensumwelt vorliegt, in der die äußeren Bedingungen ein ökologisches Optimum für die Art repräsentieren. Da ein Optimalwert aller Faktoren zum selben Zeitpunkt aber selten wahrscheinlich ist, sind der Erfolg und die Individuenzahl einer Art vom Grad der Abweichung eines oder mehrerer Faktoren vom Optimum abhängig.

Tomalandschaft: Schutthügellandschaft mit einem sehr unruhigen Oberflächenrelief im Akkumulationsgebiet eines → *Bergsturzes*.

Tomillares: Art der → *Garigue*, die im westlichen Mediterrangebiet auftritt, besonders in den Trockengebieten der zentralen Iberischen Halbinsel, und die sich aus Zwergsträuchern, Geophyten und Gräsern zusammensetzt. Diese Trockenheide weist zahlreiche Gewächse mit ätherischen Ölen auf, wie *Thymus, Salvia, Satureja, Stachys, Marrubium* und *Teucrium.* Der Name leitet sich von der spanischen Bezeichnung für Thymian, „el tomillo", her.

Ton: 1. mineralische Partikel, die kleiner als 0,002 mm sind. (→ *Bodenart*)
2. als Gestein ein Gemenge von → *Tonmineralen,* das zu mehr als 70% aus Partikeln unter 0,002 mm besteht. Reiner T. ist weißlich gefärbt. Humussubstanzen färben T.-Sedimente sehr häufig dunkelgrau, freigesetzte Eisenverbindungen geben tonigen Verwitterungsbildungen die bräunliche bis rötliche Färbung. T. nimmt viel Wasser auf und quillt dabei, so daß er im gesättigten Zustand immer wasserstauend wirkt (Grundwasserstau, Vernässung in Böden). Erodierter T. bildet den Hauptbestandteil der Schwebstoffe in Gewässern. Die feinen T.-Partikel werden sehr weit transportiert und sinken nur in stehenden Gewässern zu Boden (Sedimentation auf Seeböden, in abgeschlossenen Meeresbecken und im Tiefseebereich). T. wird für die Herstellung keramischer Produkte abgebaut.

Tonboden: schwerer, dichter, überwiegend aus → *Ton* bestehender Boden. T. sind im trockenen Zustand steinhart und im feuchten gequollenen Zustand zäh und deshalb außerordentlich schwer bearbeitbar. Sie zeigen typische Absonderungsgefügeformen (→ *Polyeder-,* → *Prismen-* und → *Plattengefü-*

ge). Schlechte Durchlüftung und andauernde Vernässung schaffen ungünstige Wurzelraumbedingungen. T. verändern sich durch Verwitterung kaum.

Tonebene: überwiegend in semiariden bis ariden Landschaften vorkommende Flachform mit Feinstsedimentakkumulationen, oft der zentrale Bereich größerer abflußloser Hohlformen oder Beckenlandschaften, die während der Trockenzeiten glatte und ebene Flächen bilden. Sie sind mit → *Salztonebenen* bzw. → *Lehmebenen* vergesellschaftet bzw. bilden mit diesen eine Sequenz (Lehmebene-T.-Salzebene vom Rand zum zentralen Teil eines → *Beckens*).

Toneinschlämmung: Vorgang der Tonanreicherung im Unterboden durch → *Lessivierung* der zur Entstehung eines B$_t$-Horizontes führt. Durch T. erhöht sich der Tongehalt des Anreicherungshorizontes im Extremfall bis auf 30–40%.

Tonhäutchen: im Tonanreicherungshorizont von → *Parabraunerden* und → *Fahlerden* durch Toneinschlämmung entstehende Tonüberzüge auf Bodenaggregaten und an Wandungen grober Poren.

Ton-Humus-Komplex: organo-mineralische Verbindung aus kolloidalen → *Huminstoffen* und → *Tonmineralen,* wobei sich die Huminstoffkomplexe außen an die Tonminerale anlagern. Die T.-H.-K. schaffen wegen der verkittenden Wirkung der Huminstoffe ein stabiles Aggregatgefüge, welches die gute Ackerkrume kennzeichnet. Sie werden durch Bodenlebewesen weitgehend im Verdauungstrakt geschaffen und sind typisch für die Humusform → *Mull.* Die T.-H.-K. haben ein hohes Sorptionsvermögen für Nährstoffe, und der aus ihnen zusammengesetzte Humus speichert bei gleichzeitig guter Durchlässigkeit viel Feuchte.

Tonminerale: blättchenförmige, OH-haltige K-, Na-, Ca-, Mg-, Fe- und Al-Silikate mit unterschiedlichem Schichtaufbau (Zweischicht- und Dreischichtsilikate), deren Einzelpartikel fast immer kleiner als 0,002 mm (Tonfraktion) sind. Die T. setzen sich im Rahmen ihres Grundaufbaues aus Tetraeder- und Oktaederlagen chemisch sehr unterschiedlich zusammen und bilden viele Übergänge. Sie entstehen durch → *hydrolitische Verwitterung* der Silikate (vor allem Glimmer, Feldspäte, Olivine, Pyroxene, Amphibole), entweder durch Umwandlung (aus Glimmern und Chloriten) oder durch Neubildung. T. sind durch innerkristalline Wassereinlagerung je nach Typ unterschiedlich aufweitbar (Quellfähigkeit). Sie können an freien Ladungsplätzen Ionen austauschbar binden (→ *Austauscher,* → *Austauschkapazität*) und sind damit mit den Huminstoffen zusammen für die Nährstoffversorgung der Böden sehr wichtig. (→ *Kaolinit,* → *Illit,*

→ *Montmorillonit,* → *Vermiculit,* → *Chlorit,* → *Hallyosit,* → *Smectite*)

Tonpfanne: kleine, meist rundliche und sehr flache Hohlform der Trockengebiete, die überwiegend ausgetrocknet ist und sich nur in der Größe von der → *Tonebene* unterscheidet.

Tonschiefer: häufig vorkommendes Sedimentgestein aus der Gruppe der → *Schiefer,* das bei Gebirgsbildungen durch Druck aus → *Schieferton* entsteht. Bei blaugrauer bis grauer Farbe besteht der T. überwiegend aus feinstkörnigem Quarz, Muskovit und Chlorit; er kann auch Pyrit- und Kohlebeimengungen enthalten. Andere Mineralbeimengungen können den T. auch grün (Chlorit) oder rot (Eisenoxid) sowie braun (Eisenhydroxid) bzw. schwarz (Kohle) färben. Aus T. bilden sich durch Oxidations- und sonstige Umwandlungsprozesse Alaun-, Dach- und Tafelschiefer. Die T. treten in fast allen Stufen des → *Paläozoikums* auf.

Tonverarmungshorizont: in durch → *Lessivierung* geprägten Böden (→ *Parabraunerden* und → *Fahlerden*) der unter dem Humus folgende Mineralbodenhorizont. In ihm hat durch Wegtransport von Tonteilchen mit dem Sickerwasser und im fortgeschrittenen Versauerungsstadium auch durch → *Tonzerstörung* der Gehalt an Ton abgenommen (oft bis auf wenige Prozente).

Tonverlagerung: senkrechter Transport von Ton in Böden durch → *Lessivierung.*

Tonzerstörung: im einzelnen chemisch wenig bekannter Mechanismus der Auflösung von Schichtstrukturen von → *Tonmineralen* im stark sauren Milieu und unter Anwesenheit von organischen Komplexbildnern. Die T. beschleunigt die → *Lessivierung.*

Top (geographische Standorteinheit, topische Einheit, topologische Einheit): 1. in der → *Geoökologie* homogene Grundeinheit mit geographischer Homogenität bei den Merkmalen und damit einer homogenen Geoökodynamik. Die T. werden in der → *topologischen Dimension* für abiotische und biotische → *Geoökofaktoren* ausgeschieden, z. B. → *Hydrotop,* → *Klimatop,* → *Morphotop,* → *Pedotop,* sowie → *Phytotop* und → *Zootop.* Durch methodisch begründete Integrationsschritte können komplexe T. ausgeschieden werden, wie → *Biotop* oder → *Geotop* sowie → *Ökotop* und → *Geoökotop.* Die landschaftshaushaltliche Beschreibung der ökologischen Funktionen des T. erfolgt in der → *Topologischen Landschaftsbilanz.*
2. in den wirtschafts- und sozialwissenschaftlichen Bereichen eine der → *kulturräumlichen Grundeinheiten,* die nach verschiedenen Kriterien und mit → *geographischer Homogenität* ausgeschieden werden, z. B. als → *Soziotop.*

Topengefüge: Form des → *Landschaftsgefü-*ges und ein → *Raummuster* → *landschaftsökologischer Raumeinheiten* unterschiedlichen Komplexitätsgrades repräsentierend. Ein T. kann aus den → *Topen* der einzelnen → *Partialkomplexe* gebildet werden, z. B. T. der Morphotope, T. der Klimatope usw., oder auch von komplexeren landschaftsökologischen Raumeinheiten, wie den → *Geoökotopen.*

topische Reaktion: 1. freie Ortsbewegung von Organismen zur Reizrichtung hin, indem sich die Körperachse in Richtung des Konzentrationsgefälles direkt einstellt.
2. ein aktives Hinbewegen auf eine Stoffquelle.

topogen: unter dem dominierenden Einfluß der besonderen Geländelage entstanden, z. B. unter dem Einfluß von in Mulden gesammeltem Wasser. Der Begriff wird vor allem im Zusammenhang mit → *Mooren* angewandt.

Topoklimatologie (Geländeklimatologie): Wissenszweig der → *Klimatologie,* der sich mit der Erforschung des → *Geländeklimas* befaßt.

Topologie: in zahlreichen Wissenschaften sehr unterschiedlich verwandter Begriff mit mehreren Bedeutungen für die Geowissenschaften.
1. in der klassischen → *Landeskunde* kleinräumige Beschreibung geographischer Gegenstände im Sinne von Ortsbeschreibung.
2. in den mathematisch-statistisch arbeitenden Teilen der Geowissenschaften die Lehre von der Lage und Anordnung geometrischer Gebilde im Raum.
3. in der → *Geoökologie* wenig gebräuchlicher Begriff für die → *Raummuster* der → *Tope* im → *Topengefüge.*
4. Zweig der → *Landschaftskunde,* der sich mit den homogenen → *landschaftsökologischen Grundeinheiten,* den → *Topen,* beschäftigt, die auf empirischer Grundlage ausgeschieden werden. Von hier wird er auf die Bedeutung in der Geoökologie (3.) übertragen, obwohl die Topen dort mit der → *Topologischen Landschaftsbilanz* ermittelt werden.

topologische Dimension: Bestandteil der → *Dimensionen landschaftlicher Ökosysteme* und Maßstabsbereich der Betrachtungsgrößenordnung für die Ausscheidung der → *Topen,* d. h. der → *landschaftsökologischen Grundeinheiten.* Hauptziel der topologischen Arbeit in der t. D. ist die flächenhafte Abgrenzung und die Klassifikation von stofflich homogenen Arealen mit Hilfe der → *Topologischen Landschaftsbilanzen.*

Topologische Landschaftsbilanz (TLB): zentrale Methodik der geoökologischen Feldforschung, die großmaßstäblich auf größeren Flächen und quantitativ erfolgt mit dem Ziel, Stoffumsatzbestimmungen und Bilanzierung der Umsätze durch Umsatzmessung in allen drei Aggregatzuständen sowie dreidimensional vorzunehmen. Die T. L. basieren auf → *Standortbilanzen*, die mit dem → *Standortregelkreis* dargestellt und realisiert werden, die man aber mit Komplexgrößen im → *Geoökosystem* sowie den (statischen) Geofaktoren des Ausstattungstyps auf die Fläche überträgt. Die T. L. stellt demnach eine komplexe Erfassung geographisch und planerisch relevanter Größen dar und ist auf die – über den Standort mit der → *Tessera* hinausgehende – umfassendere → *topologische Dimension* bezogen. Der T. L. liegt der räumlich umfassende → *geoökologische Regelkreis* zu Grunde. Die T. L. ist demnach das Ergebnis der → *Komplexen Standortanalyse*.

Topoökologie: wenig gebräuchliche und irreführende Bezeichnung für → *Geoökologie* bzw. → *Landschaftsökologie*.

topoökologische Einheit: in Geo- und Biowissenschaft verschieden verwendeter Begriff, meist jedoch überwiegend in Beziehung zum → *Regler* → *Georelief*.
1. eine → *landschaftsökologische Raumeinheit* beliebiger Größenordnung.
2. eine topische Einheit im Sinne des → *Tops*.
3. eine vom Regler Relief bedingte topische Einheit im Sinne des Tops, die Bestandteil einer Abfolge räumlicher Einheiten im Sinne der → *Toposequenz* ist.

Toposequenz: 1. räumliche Abfolge von → *topoökologischen Einheiten*, im Sinne des → *Tops* allgemein.
2. räumliche Abfolge von → *landschaftsökologischen Grundeinheiten*, die wesentlich von → *Georelief* geregelt wird.
3. räumliche Abfolge von geo- und biowissenschaftlichen Phänomenen allgemein, die vom Relief verursacht ist, wie z. B. die → *Bodencatena*.

Topotaxis: eine der → *Taxien*, hier eine topisch orientierte, d. h. die Reizquelle wird vom Organismus direkt angegangen.

Tor: Einzelberge vom Typ des → *Inselberges*, die starke Spuren der Frostverwitterung aufweisen und mit pleistozäner → *Kryoplanation* erklärt werden. Der in Jakutien übliche Begriff für solche Einzelberge wurde auf Formen gleicher Entstehung in anderen rezenten oder vorzeitlichen Kaltklimaten übertragen.

Torf: Gemenge aus hellbraunen bis braunschwarzen, sehr schwach zersetzten, mehr oder weniger humifizierten abgestorbenen Pflanzenteilen. Bei einem Gemisch dieser Pflanzenteile mit mineralischem Material spricht man nach konventioneller Festlegung bereits von T. (im Sinne einer → *Humusform*), wenn die organische Substanz mehr als 30% Massenanteil ausmacht. T. entsteht

unter semiterrestrischen Bedingungen in → *Mooren*, wo der Abbau der organischen Substanz wegen der dauernden Durchnässung stark gehemmt ist. In den verschiedenen Moortypen (→ *Hochmoor*, → *Niedermoor*, → *Übergangsmoor*) entstehen entsprechend den unterschiedlichen Wasserbedingungen (Grundwasser, Regenwasser) und den jeweiligen typischen Pflanzengesellschaften verschiedene T. (Schilftorf, Seggentorf, Bruchwaldtorf, → *Weißtorf*, → *Schwarztorf*). T. wird seit Jahrhunderten als Brennstoff und für Moorbäder sowie für die Herstellung von Gartenerden genutzt, z. B. als Torfmull.

Torfhügeltundra: Typ der → *Tundra*, die im Gebiet des → *Dauerfrostbodens* auftritt und sich durch Torfhügel gliedert, die letztlich kleine → *Hydroakkolithen*, wie die → *Thufure*, darstellen.

Torfmoor: 1. aus Torfschichten aufgebauter Boden.
2. Moor mit abbauwürdigen Torflagen.
3. unscharfer Ausdruck für → *Hochmoor*.

Torfmoose: Sammelbezeichnung für die unter extrem sauren Bedingungen lebenden Moose der Gattung *Sphagnum*, welche massenmäßig stark am Aufbau der → *Hochmoore* beteiligt sind.

Torfmudde: in Flachseen und Sümpfen entstehender, an schlecht zersetzter organischer Substanz sehr reicher Schlamm.

Torfschwund: Erscheinung des beschleunigten Torfabbaus durch Mineralisierung auf meliorierten und in landwirtschaftliche Intensivnutzung genommenen Mooren. Der T. wird durch die gute Durchlüftung, die hohe Bodenwärme und den Düngenährstoffreichtum ausgelöst. Sein Ausmaß kann 0,5–1 cm Bodenmächtigkeit pro Jahr erreichen. Der T. zehrt also die Moorfläche mit der Zeit in ihrer Substanz auf und führt zusammen mit den auf entwässerten Mooren einsetzenden Sackungsvorgängen dazu, daß in den einer Melioration folgenden Jahrzehnten der Grundwasserspiegel wieder in Oberflächennähe rückt (Alterung der Moorkulturen).

Tornado: festländischer wandernder Wirbelwind von wenigen 100 m Durchmesser und kurzer Lebensdauer und Weglänge, aber extremer Stärke, der auf seinem Weg eine Gasse von Verheerungen hinterlassen kann. T. sind rotierende Schläuche, in denen Windfeld die höchsten auf der Erde bekannten, aber wegen der riesigen Gewalt nicht meßbaren, Windstärken auftreten und in deren Zentrum (Auge) extremer Unterdruck herrscht, der Gebäude explosionsartig bersten läßt. T. sind eine typische Erscheinung im mittleren Nordamerika und kommen gelegentlich auch in anderen Kontinenten vor. Sie entstehen an Frontalzonen im Bereich von Luftmassengrenzen mit außerordentlichen thermischen Gegensätzen, wobei in den USA eine Höhenkonfluenz zweier → *Jet stream* – Äste im Lee der Rocky Mountains möglicherweise von besonderer Bedeutung ist. (→ *Tropischer Wirbelsturm*)

Torpidität: starrer Zustand von Organismen, der bei der → *Überwinterung* auftritt.

Torr: heute weniger gebräuchliche Einheit des Luftdruckes. 1. T. entspricht dem Druck einer 1 mm hohen Quecksilbersäule und ist 1/760 des → *Normaldrucks*.

torrentikol: Organismen, die Wild- und Sturzbäche bewohnen bzw. an Brandungsufern von Meeren und Seen, vorkommen, wo stark bewegtes Wasser und hohe Sauerstoffgehalte herrschen, die für diese Organismen unabdingbar sind. Wegen der starken Wasserbewegung weisen t. Lebewesen meist markante zoologische Anpassungen auf, wie Schildform, Saugnäpfe, Haftfäden. Der Gegensatz ist → *stagnikol*.

Torsion: 1. allgemein die Drehung von Pflanzenorganen oder Organteilen.
2. Bewegung von Pflanzenorganen, unter Beibehaltung der Wuchsrichtung, aber Drehung um die eigene Achse, bei ruhender Basis.
3. Krümmungsbewegungen, die autonom erfolgen, wie bei den Winden, oder induziert werden, wie vom → *Geotropismus* oder → *Phototropismus*.

Totalcharakter: in der klassischen → *Landschaftskunde* Charakterisierung der → *Landschaft* als ein Integrationsergebnis aus zahlreichen geosphärischen Komponenten, so daß die Landschaft als Ganzheit gesehen wird. Da die Beschreibung des T. einer Landschaft methodisch nicht erfüllt werden kann, wird die Aufnahme und Darstellung des geographischen Forschungsobjektes Landschaft vom → *systemtheoretischen Ansatz* her unternommen.

Totalgewichtsverlustmaterial: in der → *Standorttheorie* dasjenige Gewichtsverlustmaterial, das gewichtsmäßig nicht in das Fertigerzeugnis eingeht. T. sind z. B. die Energieträger Kohle, Heizöl oder Gas. (→ *Teilgewichtsverlustmaterial*)

Totalität: Ähnlichen dem → *Totalcharakter* der älteren → *Geographie* spielt in der theoretischen Grundlegung der → *Bioökologie* die T. des Seins eine wissenschaftstheoretisch schwer zu begründende Rolle. Hinter dem Begriff steht die Erkenntnis von der komplexen Funktion und Wirkung der Ökosysteme, die jedoch heute vom → *systemtheoretischen Ansatz* her angegangen werden.

Totalverlagerung: diejenige → *Standortverlagerung*, bei der alle Teile eines Unternehmens von einem Standort zu einem neuen Standort bewegt werden. (→ *Teilverlagerung*)

Toteis: 1. größere oder kleinere Eismassenreste eines → *Gletschers* oder → *Inlandeises*, die beim Eisrückzug und Zerfall des Gletschers bzw. Inlandeises von der Haupteismasse abgetrennt worden sind und oberflächlich lagernd oder unter Moränenmaterial verschüttet sich noch längere Zeit halten können. Im Gefolge ihres Abschmelzens entstehen die → *Toteisformen*.
2. allgemein jede sich nicht bewegende Eismasse.

Toteisformen: zwischen einzelnen Toteisblöcken aus Schmelzwasseraufschüttungen entstandene Formen, wie die → *Kames*, oder aus kleineren Toteiskörpern, die unter Moränenschutt lagern, später austauen und an der Erdoberfläche zu einem unruhigen Kesselrelief führen. Die dabei gebildeten unregelmäßig gestalteten Hohlformen füllen sich mit Schmelz- und/oder Niederschlagswasser und bilden dann Seen bzw. Moore, die kleineren die → *Sölle*. Die → *Rinnenseen* gelten größtenteils als T.

tote Landformen: wenig präziser Begriff für → *Vorzeitformen*, deren Geomorphodynamik durch Klimawandel beendet wurde und die in der Folgezeit weder zerstört noch weitergebildet wurden.

totes Kliff: ein → *Kliff*, das aus dem Aktivitätsbereich der → *Brandung* sowie des Hochwassers herausgeriet und daher nicht mehr der aktuellen Formung unterliegt. Es büßt meist seine Steilheit ein, weil die allgemeine Abtragung mit Hangerosion und -denudation die Formenfrische beseitigt, den Hang verflacht und die Erdoberfläche erniedrigt. Oft entsteht eine → *Kliffhalde*.

Totgeborenenquote: in der Demographie die Anzahl der Totgeborenen bezogen auf 1 000 Geborene insgesamt.

Totreife: an die → *Vollreife* anschließende Phase. Sie führt z. B. beim Getreide zur Brüchigkeit des Strohs und zur Sprödigkeit des Korns, verbunden mit zunehmendem Kornausfall.

Totstellreaktion: Bewegungslosigkeit von Tieren auf äußere Reize hin.

Totwasser: in den Feinporen (Durchmesser unter 0,2 μm) des Bodens gebundenes Wasser, das wegen der hohen → *Saugspannung* (→ *pF-Wert* über 4,2) durch die Pflanzenwurzeln nicht aufgenommen werden kann. Das T. ist also die nicht nutzbare Wasserreserve des Bodens. Der T.-Anteil steigt mit dem Tongehalt der Böden. (→ *Bodenwasser*, → *nutzbare Feldkapazität*, → *Porengrößenverteilung*)

Tourismus: weitgehend als Synonym für → *Fremdenverkehr* verwendet, insbesondere im internationalen Sprachgebrauch. Allerdings wird der in der → *Fremdenverkehrsstatistik* mit erfaßte → *Geschäftsreiseverkehr* nicht zum T. gezählt. Grenzfälle sind Messe-,

→ *Kongreß*- oder Bildungs*tourismus*, wo sich arbeits- und freizeitfunktionale Aktivitäten überschneiden.

Tourist: Person, die am → *Fremdenverkehr* (im Sinne von → *Urlaubsreiseverkehr*, d. h. nur zu nicht-geschäftlichen Zwecken) teilnimmt. Nach der Definition der UNO-Statistik ist ein T. eine Person, die sich für mindestens 24 Stunden in ein anderes Land als das ihres gewöhnlichen Aufenthaltes begibt, ohne dort eine bezahlte Tätigkeit auszuüben.

Tournaisian (Tournai): zusammen mit dem → *Visian* die untere Stufe des → *Karbon* zwischen 345 und 325 Mill. Jahre v. h. bildend.

Township: schematisch lineare, schachbrettähnliche, oft am Gradnetz orientierte Landesaufteilungseinheit von ursprünglich 6×6 Quadratmeilen mit 36 Sektionen (→ *section*) zu je 1 Quadratmeile, deren jede in Viertelsektionen (→ *quarter section*) zu je 160 acres aufgeteilt ist. Das System der T. geht auf Thomas Jefferson zurück und hat sich vor allem in Nordamerika durchgesetzt. Aber auch in Australien und in anderen Erdräumen (Teilbereiche Skandinaviens) ist ein derartiges Landvermessungssystem zu finden.

Toxikologie: Lehre von den Giften und den Vergiftungen.

Toxine: 1. von Pflanzen und Tieren gebildete spezifische Giftstoffe.
2. giftige Stoffwechselprodukte, die von parasitisch lebenden Organismen gebildet werden, vor allem von pathogenen Bakterien.

toxisch: giftig.

Toxizität: 1. allgemein Giftigkeit, Giftwirkung.
2. unerwünschte Giftigkeit von Schädlingsbekämpfungsmitteln gegenüber Menschen und Haustieren.

Trabantenstadt: Stadt in der Nähe einer Großstadt – meist innerhalb einer → *Stadtregion* bzw. an ihrem Rande liegt –, die funktional relativ eng an die → *Kernstadt* angebunden ist. Sie besitzt jedoch eine größere Eigenständigkeit als die → *Satellitenstadt*, insbesondere auf dem Versorgungssektor. Im arbeitsfunktionalen Bereich weist die T. eine größere Anzahl eigener Arbeitsstätten und einen eigenen → *Pendlereinzugsbereich* mit Einpendlerüberschuß auf, hat aber auch eine relativ hohe Auspendlerquote in die Kernstadt.

Tracer: ungefährliche radioaktive Substanzen, welche als Markierung eines Stoffes in ein System eingegeben werden, um den Weg des markierten Stoffes zu verfolgen. T. finden in der Biologie und in der Hydrologie Verwendung. In der Hydrologie wird die Bewegung von Boden- und Grundwasser mit T. erforscht. Gebräuchliche hydrologische T. sind ^{3}H (Tritium), ^{51}Cr, ^{58}Co, ^{60}Co, ^{82}Br, ^{131}J und ^{198}Au.

Tracht: 1. im Sinne von Habitus die Gesamtheit aller äußerlich erkennbaren Merkmale eines Organismus, bedingt durch Gestalt, Oberflächenbeschaffenheit, Färbung – und z. T. – auch Verhalten.
2. das von Honigbienen eingetragene Nektar-Pollen-Gemisch.

Trachyt: ein → *Ergußgestein* grauer bis rötlicher Farbe aus rauher, poröser Grundmasse leistenförmig strukturierten Kalifeldspats, dem *Sanidin*, mit Magnetit und gut auskristallisierten Sanidinen sowie Oligoklas- und Amphibol-Einsprenglingen. Letzterer kann durch Biotit oder Augit vertreten sein. Neben diesem Alkalikalk-T. gibt es die Alkali-T. mit vorwiegend natronhaltigem Plagioklas. Die T. treten in verschiedenen Formen auf, d. h. sie können Gänge, Ströme und Decken bilden. Als Verwitterungsformen bilden sie Kuppen.

Trachyttuff (Puzzolan): ein → *Tuff*, der in unterschiedlichen Ablagerungsformen und Farben vorkommt. Zu ihm gehört auch der → *Traß*.

Tradition: die Überlieferung, d. h. die Übernahme und Weitergabe von Brauchtum, Sitten, Erfahrung, Konventionen und Institutionen. Die T. kommt z. B. in der Wirtschaftsgesinnung eines Volkes, eines Stammes oder allgemein einer sozialen Gruppe zum Ausdruck, durch die wirtschaftliche Entscheidungen beeinflußt werden. Ein traditionelles Verhalten im wirtschaftlichen Bereich hemmt meist den → *technischen Fortschritt*. Siedlungsgeographisch wird T. in der Übernahme und Erhaltung bestimmter regionalspezifischer Baustile und Siedlungsmuster deutlich.

tradewinds (Handelswinde): aus der Segelschiffahrtszeit stammende Bezeichnung für die stetig wehenden Passatwinde (→ *Passat*).

Trägerschaft: die Übernahme und Ausübung einer Treuhänder-Funktion, z. B. bei größeren städtebaulichen Vorhaben (→ *Stadtsanierung*). So treten als Wohnungsbauträger häufig freie oder gemeinnützige Wohnungsunternehmen auf.

Trägerverkehr: Lastentransport durch Menschen. Die Last wird hierbei auf dem Rükken, z. T. mit Hilfe eines Stirnbandes (Südamerika), auf dem Kopf (Tropisch-Afrika) oder mit einem Joch auf den Schultern getragen (Süd- und Ostasien). T. ist heute vor allem noch in Gebieten üblich, in denen eine Wegeinfrastruktur fehlt und/oder wegen der Armut der Bevölkerung, gelegentlich auch aus klimatischen Gründen, keine Tragtiere zur Verfügung stehen.

Tragfähigkeit: 1. auf einen bestimmten Lebensraum von Pflanzen und Tieren bezogen, der über ein gewisses → *Naturraumpotential* verfügt, d. h. ein ökologisch begrenztes Fassungsvermögen aufweist.

2. diejenige Menschenmenge eines Raumes, die in diesem unter Berücksichtigung des dort erreichten Kultur- und Zivilisationsstandes auf agrarischer (agrarische T.), natürlicher (naturbedingte T.) oder gesamtwirtschaftlicher (gesamte T.) Basis unter Wahrung eines bestimmten Lebensstandards auf längere Sicht leben kann. Zu unterscheiden ist die effektive T. von der potentiellen T., die maximale T. von der optimalen T. sowie die innenbedingte T. von der außenbedingten T.

3. in der Bauwirtschaft die Belastbarkeit des Baugrunds durch Bauwerke.

4. in der Technik die Belastbarkeit eines Bauteils oder der Gesamtkonstruktion.

5. in der Schiffahrt das Gewicht der Nutzladung, ausgedrückt in Tonnen (metr. Tonnen oder tons).

Tragtierverkehr: Beförderung von Personen und Gütern mit Hilfe von Reit- und Tragtieren (→ *Transporttiere*). Es kommen insbesondere Pferde, Esel, Maultiere, Kamele, Büffel, Rentiere, Lamas usw. infrage. Der T. hat heute noch in vielen Räumen ohne ausgedehntes Straßen- und Wegenetz eine größere Bedeutung (Hochgebirge, Tundra, Wüste und Wüstensteppe). Eine Sonderform des T. ist der → *Saumverkehr.*

Trampschiffahrt: im Gegensatz zur Linienschiffahrt die Güterbeförderung auf See im → *Gelegenheits-* oder → *Charterverkehr.* In der T. wird ohne vorher festgelegte Fahrtrouten und Fahrpläne die Fracht allein nach Bedarf von Hafen zu Hafen befördert.

Transatlantische Sperre: ökologische Makrostruktur des Meeres, die von der Beschaffenheit der Wasserkörper und/oder den Größtformen des Meeresbodens bestimmt ist.

Transfluenz: das Überfließen von Gletschereis über eine Gletscherscheide und damit von einem Nährgebiet in das eines anderen Gletschers. Die geomorphologische Folge ist der → *Transfluenzpaß.*

Transfluenzpaß: geomorphographischer Flachbereich im Gebiet eines vergletscherten Gebirgskammes, von welchem aus an sich Gletscher in zwei Richtungen gehen. Am T. jedoch erfolgt über die Reliefscheide eine → *Transfluenz* von einem Gletscher zum anderen.

Transformationspotential: entsprechend dem → *Produktionspotential* eines Pflanzenbestandes die Fähigkeit von → *heterotrophen* Organismen, innerhalb einer gewissen Zeit eine bestimmte Menge organischer Stoffe – und potentielle chemische Energie – umzusetzen.

Transformator (Umspanner): Einrichtung zur Umwandlung elektrischer Energie mit einer gegebenen Spannung in solche einer anderen Spannung. T. sind notwendig, da die elektrische Energie mit Spannungen von 6 000–20 000 Volt in den Kraftwerken erzeugt, mit hohen Spannungen über große Entfernungen transportiert und vom Verbraucher mit nur niedriger Spannung (z. B. 380/220 Volt) abgenommen wird.

Transformenten: praktisch dem Begriff → *Destruenten* entsprechend, also abbauende heterotrophe Bakterien und Pilze sowie umbauende autotrophe Bakterien.

Transgression: Übergreifen des Meeres auf Festlandsflächen infolge eines eustatischen Meeresspiegelanstiegs (→ *eustatische Meeresspiegelschwankungen*) oder einer Festlandssenkung.

Transgressionskonglomerat (Basalkonglomerat): Typ der → *Konglomerate,* die sehr häufig als T. vorliegen, d. h. Aufarbeitungsprodukte eines allmählich durch → *Transgression* vorrückenden Meeres. Viele mesozoische Sedimentationsfolgen beginnen mit einem T., das → *diskordant* auf einer → *Kappungsfläche* älterer Sedimente lagert. Wegen seiner stratigraphischen Position wird das T. auch Basalkonglomerat genannt.

Transhumanz (Transhumance): Form der → *Fernweidewirtschaft.* Die T. ist gekennzeichnet durch eine jahreszeitliche Wanderung der Herden zwischen einem im Winter schneefreien Küsten-, Tal- oder Niederungsgebiet und der Höhenzone eines oder mehrerer Gebirge. Dabei werden große Entfernungen zurückgelegt. Im Gegensatz zur → *Almwirtschaft* wird das Vieh bei der T. nicht eingestallt. Vom → *Nomadismus* unterscheidet sich die T. dadurch, daß die Besitzer der Herden nicht mitwandern, sondern Fremdhirten diese Funktion wahrnehmen. Eines der bekanntesten T.-Gebiete ist der Mittelmeerraum. (→ *Wanderschäferei*)

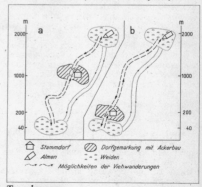

Transhumanz

Transitgut: Ware, die im Rahmen des Handelsaustauschs zwischen zwei Ländern durch ein Drittland (→ *Transitland*) transportiert wird (→ *Transitverkehr*) und dabei nicht den Zollvorschriften dieses Landes unterliegt. T. werden häufig in verplombten Lastkraftwagen oder Eisenbahnwaggons befördert. Mit dem Schiff aus Übersee transportierte Ware für → *Binnenstaaten* muß in jedem Fall als T. in das Bestimmungsland gebracht werden.

Transitland: Land, durch das → *Transitverkehr* stattfindet. Z. B. ist Österreich ein wichtiges T. für Personen- und Güterverkehr auf dem Wege von Deutschland nach Italien oder Jugoslawien.

Transitstrecke (Transitroute): Verkehrsweg (Straße, Eisenbahn, Luft- oder Wasserstraße), der zur Aufnahme des → *Transitverkehrs* durch ein Land festgelegt worden ist. T. werden meist durch internationale Verträge zwischen dem → *Transitland* und den angrenzenden Staaten festgelegt. Häufig ist Transitverkehr ausschließlich auf diesen T. erlaubt, z. B. im Verkehr zwischen der Bundesrepublik Deutschland und Berlin-West durch die DDR.

Transitverkehr: Personen- und Güterverkehr, der auf dem Wege von einem Land in ein anderes durch ein Drittland (→ *Transitland*) führt. T. von Gütern wird in der Regel anders behandelt als Ein- oder Ausfuhr, da Transitgüter normalerweise nicht den Zoll- und Handelsbestimmungen des Transitlandes unterliegen. Fahrzeuge im T. werden häufig verplombt, um Ein- und Aussteigen bzw. -laden im Transitland zu unterbinden. Häufig findet T. auf international festgelegten → *Transitstrecken* statt.

Transmission: Durchlassen von Strahlung in der → *Atmosphäre* (im Gegensatz zur → *Adsorption*).

Transmissivität: Produkt aus dem → *Durchlässigkeitsbeiwert* und der Mächtigkeit der grundwasserleitenden Schicht. (→ *Darcy-Gleichung*)

Transpiration: 1. → *Verdunstung* durch lebende Organismen (bei Pflanzen vor allem durch die Blattorgane). Die T. ist Teilglied der aus Bodenverdunstung (Evaporation) und Vegetationsverdunstung zusammengesetzten Gesamtverdunstung (→ *Evapotranspiration*) eines Festlandstandortes. Bei geschlossener Vegetationsdecke geschieht praktisch die gesamte Verdunstung über T. 2. Bei den Pflanzen wird unterschieden die kutikuläre T., d. h. Wasserabgabe durch die Kutikula der Epidermis, und die stomatäre T., d. h. Wasserabgabe durch die Stomata (also Spaltöffnungen), die sich überwiegend auf den Blattunterseiten befinden und deren Öffnungsgröße veränderbar ist.

Transportkraft: unscharfer Begriff der Fluvialgeomorphodynamik, der sich auf die Transportfähigkeit eines Fließgewässers bezieht, die von dessen mittlerer Fließge-

schwindigkeit abhängt. Der Transport kann in Erosion und Akkumulation übergehen, was zusätzlich von den beförderten Korngrößen abhängt. Das → *Belastungsverhältnis* ist demgegenüber eine aussagekräftigere Größe.

Transportkostenminimalpunkt (tonnenkilometrischer Minimalpunkt): in der → *Standorttheorie* (A. Weber) derjenige Standort, an dem die Transportkosten am niedrigsten liegen.

Transporttiere: Tiere, die zum Transport von Menschen oder Gütern abgerichtet und verwendet werden. Man unterscheidet Reit- und Trag- oder Packtiere (→ *Tragtierverkehr*) von Zugtieren. T. sind insbesondere Pferde, Ochsen, Büffel, Esel, Maultiere, Kamele, Elefanten, Lamas, Schlittenhunde und andere. T. waren früher weltweit verbreitet; heute geht ihre wirtschaftliche Bedeutung mit der Motorisierung, insbesondere in den Industriestaaten, rasch zurück.

Transportwirt: Tier, das andere Organismen transportiert, ohne von diesen organisch beansprucht zu werden. Der T. tritt bei → *Phoresie* auf.

Transversaldüne (Reihendüne): regelmäßigunregelmäßiges Muster aus → *Barchanen*, die sich bei ihrer Wanderung vor dem Wind seitlich berühren und dabei zusammenwachsen. Die T. können Längen von einigen Zehner Kilometern erreichen. Die Einzelformen sind nicht immer gut erkennbar, ebenso wenig Luv- und Leeseite.

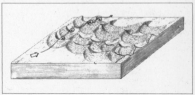

Transversaldüne

Transversalgeotropismus (Plagiogeotropismus, Horizontalgeotropismus): plagiotropes, d. h. praktisch horizontales Wachstum von Pflanzenorganen (Seitenwurzeln erster Ordnung, Seitenzweigen, Blättern und Rhizomen) unter Schwerkrafteinfluß.

Transversalphototropismus: Art des → *Phototropismus*, bei dem sich die Pflanzenorgane schräg zum Lichteinfall orientieren.

Trapp: Gesellschaft von dunklen → *Ergußgesteinen*, die meist als Deckenerguß an die Erdoberfläche gelangen. Sie bilden petrographisch bestimmte T.-Decken, die auch geomorphologisch als Plateaus großer Ausdehnung und in bedeutender Mächtigkeit auftreten können. Die Ränder der Plateaus sind wegen der petrographischen Unterschiede der T.-Ablagerungen getreppt. Überwiegend handelt es sich um T.-Basalte, z. T. auch um – ebenfalls dunkle – T.-Granulite, die meist gebändert sind.

Traß: ein → *Trachyttuff* graugelber Farbe, der einen ungeschichteten, aber verfestigten Bimssteinaschentuff darstellt, der möglicherweise auf einen → *Schlammvulkan* zurückgeht. Der aus der Eifel stammende Lokalname T. wurde auf ähnliche oder gleiche Sedimente übertragen.

Trauf: 1. Kante bzw. konvexe Wölbung des oberen → *Stufenhanges* einer → *Schichtstufe*. Er wird von einem widerständigen, wasserdurchlässigen Gestein gebildet, dessen Schichtköpfe im Bereich des T. bzw. unterhalb diesem ausstreichen.
2. Sturmfester, weil tief mit Ästen versehener und standfester Mantel eines Waldbestandes, der von den Baumarten des Bestandes (Naturtrauf oder von eigens angepflanzten sturmfesten Baumarten (Kunsttrauf) gebildet wird, die nicht am übrigen Bestandsaufbau beteiligt sind.

Trauf-Schichtstufe: Typ der → *Schichtstufen,* der am → *Trauf* einen markanten Knick der Dachfläche gegen den → *Stufenhang* aufweist.

Trauf-Schichtstufe mit Walm: Typ der → *Schichtstufe* deren Stufenstirn einen First und einen → *Trauf* aufweist, zwischen denen sich ein → *Walmbereich* anordnet. Dabei liegt der höchste Teil der Schichtstufe, der First, hinter dem Trauf, der bei der T.-S. m. W. bereits Bestandteil des Stufenoberhanges ist.

traufständig: die mit abfallendem Dach zur Straße gerichtete Stellung eines Hauses im Gegensatz zu einer giebelständigen Stellung.

Traufstufenhang: ein → *Stufenhang* mit → *Trauf,* der sowohl mit als auch ohne → *Walm* ausgebildet sein kann.

Traumatropismus: an Pflanzen durch Verletzung bedingte tropistische Krümmungen.

Trawler: mit einem Schleppnetz ausgestattetes Schiff der Hochseefischerei. Die wichtigsten Typen sind die kleineren Seiten-T., bei denen das Netz über die Bordwand eingeholt wird, und die neueren größeren Heck-T., die in der Regel als Fabrik-T. ausgestattet sind und Einrichtungen zur Fischverarbeitung besitzen.

Treene-Zeit: Teil der → *Saale-Kaltzeit,* der sich als Treene-Warmzeit zwischen → *Warthe-Stadium* und → *Drenthe-Stadium* als echte Interglazialzeit einschalten soll. Der interglaziale Charakter der T.-Z. ist jedoch umstritten, so daß es sich nur um ein → *Interstadial* handeln könnte, für das stratigraphisch einwandfreie interglaziale Sedimente nicht vorliegen.

Treibeis: auf Flüssen oder mit Meeresströmungen schwimmend verfrachtetes Eis. Das T. der Flüsse ist aufgestiegenes → *Grundeis* oder die in Schollen zerlegte aufgebrochene Eisdecke. Die Eisschollen und → *Eisberge* der Meere lösen sich von der Eisdecke des nördlichen Eismeeres und von den ins Meer führenden Gletschern und Inlandeismassen und werden mit kalten Meeresströmungen äquatorwärts verfrachtet. (→ *Treibeisgrenze*)

Treibeisgrenze: Linie, bis zu der → *Treibeis* äquatorwärts vordringt. Die T. befindet sich auf der Nordhalbkugel etwa auf dem 36. und auf der Südhalbkugel etwa auf dem 38. Breitengrad.

Treibhaus-Effekt (Glashaus-Effekt): die Rolle, die CO_2, Wasserdampf, Wolken usw. im Strahlungshaushalt spielen, indem sie einen Teil der kurzwelligen Sonnenstrahlung durchlassen, die langwellige terrestrische Ausstrahlung aber absorbieren bzw. davon wiederum einen Teil zum Erdboden zurückstrahlen und den anderen Teil in den Weltraum abgeben. Der Begriff T.-E. ist nicht ganz glücklich, da die Erwärmung der Luft in Treibhäusern vorwiegend durch Unterdrückung des konvektiven Wärmeverlusts zustandekommt und nur zum kleineren Teil durch Verminderung der Wärmeabstrahlung erzeugt wird. Eigenschaft der wasserdampf- und kohlendioxidhaltigen → *Atmosphäre,* Wärmestrahlung in hohem Maß auf den Erdboden wegen dieser Tatsache zurückzureflektieren. Eine Wolkendecke verhindert eine starke nächtliche Abkühlung. Der T. ist für die Wärmebilanz der Erdoberfläche bedeutsam. Im globalen Rahmen könnte der CO_2-abhängige T. zudem eine langfristige Erhöhung der Temperatur, und damit eine Klimaänderung bewirken.

Treidelverkehr (Treidelschiffahrt): Schiffsverkehr auf Binnengewässern, bei dem das Schiff, meist ein Lastkahn, vom Ufer aus durch Menschen, Zugtiere oder Kraftfahrzeuge geschleppt wird. Als Sonderform der → *Schleppschiffahrt* war T. mit Zugtieren vor Beginn der Motorisierung weit verbreitet. Entlang von Flüssen und Kanälen waren vielfach → *Leinpfade* für die Zugmannschaft angelegt. Heute ist T. z. T. noch mit Hilfe von Lokomotiven an Kanälen oder im Bereich von → *Schleusen* üblich, um Uferbeschädigungen durch Wellengang zu vermeiden.

Trennart: in der → *Pflanzensoziologie* die → *Differentialart*.

Trennsystem: bei der Stadtentwässerung ein Rohrleitungssystem, bei dem Schmutz- und Brauchwasser vom Regenwasser separat gesammelt und der → *Kläranlage* zugeführt wird. Das Regenwasser gelangt über die Kanalisation direkt zum → *Vorfluter*.

Treue: 1. in der → *Pflanzensoziologie* die → *Gesellschaftstreue*.
2. in der Zooökologie die mehr oder weniger

intensive Bindung einer Art an eine Pflanzengesellschaft oder eine tierische Lebensgemeinschaft, daher auch als Gemeinschafts-T. bezeichnet.

Treuhandgebiet (Treuhandschaftsgebiet): unselbständiges Gebiet, das von einem fremden Staat treuhänderisch für die Bevölkerung verwaltet wird. Der Begriff T. entspricht weitgehend dem des → *Mandatsgebiets.*

Trias: ältestes System des → *Mesozoikums,* das von 225 bis 192 Mill. Jahre v. h. dauerte und nach seiner in mehreren mitteleuropäischen Landschaften zu beobachtenden Dreigliederung in → *Buntsandstein,* → *Muschelkalk* und → *Keuper* gegliedert wird. Diese germanische T. wird der pelagischen alpinen T. gegenübergestellt, wobei erstere in einem großen Sedimentationsbecken durch festländische und binnenmeerische Sedimente entstand, während die mächtigere und stratigraphisch differenzierte alpine T. im Bereich der → *Tethys* entstand, die auch den späteren Bereich der Alpen überdeckte. Die mächtigen und weitgehend horizontal abgelagerten Sedimente der T. entstanden in Zeiten tektonischer Ruhe, in der auch weltweit festländische Verhältnisse mit klimatischen Bedingungen herrschten, die ausgeglichener als im vorausgegangenen → *Perm* waren. Mill. Jahre v. h.:

192		ob.	Rhaetian	
			Norian	
205			Carnian	
	Trias	mittl.	Ladinian	
215			Anisian	
		unt.	Skythian	Olenekian
225				Induan

Trotz gleichförmiger Lebensbedingungen erfolgten lebhafte Entwicklungen der Tier- und Pflanzenwelt. Charakteristisches Leitfossil sind die Ammoniten, deren Formen sich stark differenzieren und in der T. den höchsten Entwicklungsstand erreichen. Andere wichtige marine Lebewesen waren Muscheln, Schnecken, Foraminiferen, Schwämme, Korallen, Armfüßer, Stachelhäuter und Fische. In den oberen Teilen der T. treten erste primitive Säugetiere auf. Bei den Pflanzen entwickeln sich vor allem die ab dem Perm auftretenden Nacktsamer weiter. Florengeschichtlich gehört die T. zum → *Mesophytikum.* Auf die T. folgte der → *Jura.*
triassisch (triadisch): zur → *Trias* gehörend, in der Trias entstanden.
Tributär: ein Fließgewässer, das in ein größeres einmündet und diesem tributär ist.

Triebsand: 1. dem → *Flugsand* verwandt, gegenüber diesem sich jedoch in Bodennähe und über kurze Distanzen bewegend.
2. ein tonfreier Sand, der bei zeitweise vorhandenem Wassergehalt Fließbewegungen durchmacht, die Bewegungen aber mit abnehmendem Wassergehalt einstellt.
Triebschnee: windverfrachteter, in Lee-Lagen abgelagerter → *Schnee.*
Trift: 1. Meereis- und Meerwasserströmungen im Sinne der → *Drift.*
2. eine lückige und niedere Weidevegetation auf armen Böden oder unter Trockenklimabedingungen.
3. ein → *Xerophorbium,* das man als meist beweidete, gehölzarme und mit Kurzrasen ausgestattete Vegetationsformation trockener Standorte umschreiben kann.
Trinkwasser: für den menschlichen Genuß geeignetes Wasser aus Quell-, Grund- und Oberflächenwasser oder durch Meerwasserentsalzung gewonnen und mit Hilfe von Filteranlagen keimfrei gemacht. (→ *Brauchwasser,* → *Rohwasser*)
Tripton (Peritripton): in Humusgewässern und im Meer eine Suspension von Wasser, kolloidalen organischen Substanzen und feinstem → *Detritus,* das von Wassertieren zusammmen mit → *Plankton* als Nahrung verarbeitet wird.
Trittkarren: beschreibender Begriff für Kleinformen der → *Karren,* bei denen kleine Hohlformen an ebensolchen Nachbarformen durch kleine Stufen („Tritte") getrennt sind.
trockenadiabatische Zustandsänderung: Temperaturänderung trockener auf- und absteigender Luftmassen, die ohne den Einfluß von Kondensations- und Verdampfungsvorgängen mit einem Gradienten von ungefähr 1 °C pro 100 m (trockenadiabatischer Temperaturgradient) abläuft.
Trockenbrache: die im Rahmen des Trockenfarmsystems (→ *dry farming*) eingelegte → *Brache.* T. werden in semiariden Gebieten notwendig, wo durch die nur kurzen Niederschlagsperioden das Wasser für einen kontinuierlichen Anbau nicht ausreicht und daher für 1–2 Jahre über die T. im Boden gespeichert werden muß.
Trockendelta: praktisch ein → *Binnendelta,* d. h. deltaartige Formen und Sedimente eines unter ariden Bedingungen akkumulierenden Flusses, der im Bereich des Binnendeltas versiegt.
Trockenfluß: Gerinne eines Halbwüsten- oder Wüstengebietes, das nur episodisch Wasser führt. (→ *Wadi*)
Trockenfronthang: im Niederschlagslee befindliche hochaufragende Gebirgsrückländer, vor denen sich → *Pedimente* mit anschließenden → *Glacis* ausbilden.
Trockengebiet: Gebiet, in dem → *arides*

Klima herrscht.

Trockengrenze: wichtige klimatische Trennlinie, welche Gebiete mit Niederschlagsüberschuß von Gebieten mit Niederschlagsdefizit im Vergleich zur jährlichen Gesamtverdunstung abgrenzt. An der T. ist N = V. Da kaum Verdunstungsmessungen zur Verfügung stehen, wird die T. anhand verschiedener Formeln aus Niederschlags- und Temperaturwerten berechnet. (→ *humid,* → *Humiditätsgrad,* → *arid,* → *Ariditätsindex*)

Trockeninsel: Gebiet in einem humiden Klimabereich, das im Vergleich zu seiner weiteren Umgebung relativ wenig Niederschlag erhält, wobei die Bedingung der → *Aridität* nicht erfüllt sein muß. T. liegen in den Mittelbreiten in tiefen Lagen im Lee von Gebirgen (z. B. die zentrale südliche oberrheinische Tiefebene).

Trockenkühlturm: Kühlturm zur Rückkühlung von Wasser, bei dem kein direkter Kontakt zwischen dem zu kühlenden Wasser und dem Kühlmedium Luft besteht. Das erwärmte Wasser wird in einem geschlossenen System (nach dem Prinzip des Kraftfahrzeugkühlers) von Luft gekühlt und wieder dem Kondensator zugeleitet.

Trockenmonat: mit Hilfe von Temperatur- und Niederschlagswerten auf pflanzenökologischen Befunden basierend definierter Monat mit → *ariden Klimabedingungen.* Die T. werden auf den → *Walter-Klimadiagrammen* dargestellt.

Grenzwerte der Temperatur- und Niederschlagsmittel für Trockenmonate

Temperatur in °C	Niederschlag in mm
< 10	< 10
10–20	< 25
20–30	< 50
> 30	< 75

Trockenrisse (Trockenrißpolygone): beim Austrocknen von zunächst feuchten Feinsedimenten entstehendes, meist polygonales Muster, das unterschiedliche Durchmesser aufweisen kann, wobei Kleinstpolygone, die durch feine Risse voneinander getrennt werden, die Großpolygone, die durch spaltenartige Risse begrenzt sind, gliedern können. Die T. sind für Ton-, Lehm-, Schluff- und Feinsandablagerung (mit oder ohne Kalk- und/oder Salzbeimengungen) arider bis semihumider Landschaften charakteristisch. Sie können aber auch in allen anderen Klimalandschaften der Erde vorkommen, wo feinsedimentreiche Böden oder sonstige Substrate austrocknen. Auch für vorzeitliche Sedimente sind T. typisch, z. B. den → *Buntsandstein.* Sie werden dann meist als → *Netzleisten* bezeichnet.

Trockensavanne: Typ der → *Savanne* mit 5–7,5 ariden Monaten, wodurch Busch- und Grasformationen überwiegen und Bäume gegenüber der → *Feuchtsavanne* zurücktreten. Die auch als T.-Wald bezeichnete T. weist jedoch keinen Waldcharakter auf, sondern ist nur an manchen Standorten dichter mit schirmkronigen Bäumen bestanden, die meist klein sind und fiederblättriges Laub aufweisen. Zahlreiche standörtliche Varianten, die auf günstigere Bodenfeuchteverhältnisse zurückgehen, ändern jedoch nichts an dem Gras-Holzgewächs-Gleichgewicht, das seine Ursachen im begrenzten Bodenfeuchtehaushalt hat. Eine Sonderform der T. ist die → *Termitensavanne.* Die T. kommen als Landschaftszone zwischen der Feuchtsavanne und der → *Dornstrauchsavanne* vor. Gebietsweise ist auch die Bezeichnung → *Trockenwald* berechtigt.

Trockenschnee: kalter, loser, aus feinen Kristallen bestehender → *Schnee* (→ *Pulverschnee,* → *Wildschnee,* → *Polarschnee*).

Trockenschneelawine: Gruppe der → *Lawinen* aus trockenem lockerem oder festem Schnee. (→ *Staublawine,* → *Schneebrett*)

Trockenschutt: wenig präzise Substratbezeichnung der Geomorphologie für → *Schutt der* verschiedenen Wüsten der Erde, der sowohl in Wärmewüsten als auch in Kältewüsten durch mechanische Verwitterungsprozesse entstehen kann. Ein Teil der in den Wüsten vorkommenden Schutte ist vorzeitlicher Entstehung.

Trockensee: in einer → *Salzpfanne* der Halbwüsten- und Wüstengebiete gelegener seichter See, der nur episodisch und kurze Zeit nach Regenfällen besteht, weil er durch Verdunstung sehr rasch aufgezehrt wird.

Trockensteppe: 1. in der Literatur nicht seltene Bezeichnung für → *Trockensavanne* als sog. „tropische" → *Steppe.*

2. wenig präzise Bezeichnung für die → *Federgrassteppe* als ariderer Raum als die → *Wiesensteppe,* die zur → *Wüstensteppe* überleitet.

Trockensubstanz: wasserfreie organische Substanz, die aus Frischsubstanz durch Trocknung bei + 105 °C gewonnen wird. T. besteht zwar überwiegend aus organischen Verbindungen, daneben aber auch aus Mineralstoffen, die einen - wenn auch sehr geringen Anteil – gebundenen Wassers enthalten. Die T. wird in Prozent der Frischsubstanz angegeben. Der Begriff bezieht sich sowohl auf Böden als auch auf Pflanzen.

Trockensubstanzproduktion: jährliche Produktion von → *Trockensubstanz* von Pflanzen mit voller Berücksichtigung vom Blatt bis zur Wurzel sowie den gegebenenfalls dazwischen befindlichen verholzten Teilen.

Trockentag: regenloser Tag mit niedriger → *Relativer Luftfeuchte.*

Trockental: allgemein ein → *Tal* ohne Fließgewässer, aber mit allen geomorphologischen Merkmalen der Fluvialdynamik. Die T. treten unter verschiedenen Bedingungen auf. Durch Tieferlegung der → *Erosionsbasis* in durchlässigen Gesteinen ist der Grundwasserspiegel soweit abgesunken, daß kein Fließen mehr möglich ist. Weiterhin kann infolge Klimaänderungen die Wasserführung verändert oder eingestellt sein, wie in zahlreichen Trockengebieten der Erde. In Karstlandschaften oder anderen Gebieten mit durchlässigen Gesteinen können die Täler auch unter kaltzeitlichen Bedingungen entstanden sein, wobei z. B. der Dauerfrostboden ein Versickern des Wassers verhinderte. Weiterhin kann durch anthropogene Maßnahmen, wie Trockenlegungen, Rodungen oder industrielle Wasserentnahmen, der Wasserhaushalt so verändert werden, daß die Fließgewässer trockenfallen. Schließlich kann durch die Fluvialdynamik, z. B. bei der Bildung von Durchbruchsbergen oder → *Umlaufbergen* eine Talstrecke trockenfallen.

Trockentod (Trocknis): durch Wasserstreß bei Pflanzen auftretendes Absterben. Es wird mit gestörtem Zellstoffwechsel erklärt. Dabei ist der Wassermangel im Pflanzenorganismus nicht nur wärmebedingt, sondern kann auch durch langen, anhaltenden Frost – als Frost-T. – eintreten.

Trockentorf: wenig präzise Bezeichnung für Rohhumus.

Trockenwald: wenig präzise Sammelbezeichnung für alle laubwerfenden Vegetationsformationen mit baumartigen Holzgewächsen in den wechselfeuchten Tropen und Subtropen vom Typ der → *Dornbaumsavanne,* des → *Monsunwaldes* und des → *Savannenwaldes.* Im Grunde handelt es sich um baumreiche, waldartig erscheinende Teile der → *Trockensavanne.*

Trockenwetterlinie

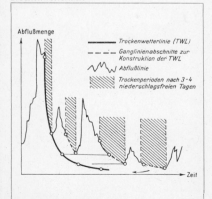

Abflußmenge

── Trockenwetterlinie (TWL)
─ ─ ─ Ganglinienabschnitte zur Konstruktion der TWL
⋀⋁ Abflußlinie
▨ Trockenperioden nach 3–4 niederschlagsfreien Tagen

Zeit

Trockenwetterabfluß: Abflußmenge in Gerinnen mindestens drei Tage nach dem letzten Niederschlag. Der T. wird größtenteils aus dem → *Grundwasser* gespeist und ist über längere Zeit relativ konstant.

Trockenwetterlinie (Trockenwetterkurve): im Abflußmengen-Zeit-Diagramm konstruierte Linie, welche aus den aneinandergefügten fallenden Abschnitten der Wasserstandsganglinie gebildet wird. Verlauf und Neigung der T. geben Aufschluß über das → *Retentionsvermögen* und den Grundwasserabfluß eines → *Einzugsgebietes.* (→ *Unit Hydrograph*)

Trockenzeit: niederschlagsarme oder niederschlagsfreie Jahreszeit der wechselfeuchten tropischen und subtropischen Gebiete (→ *Regenzeit*).

Trockenzonen (Trockengürtel): die subtropischen Gürtel im Bereich der → *Wendekreise,* in denen unter dem Einfluß der beständigen Passatströmung (→ *Passat*) ganzjährige Niederschlagsarmut herrscht. Die Niederschlagssummen der T. liegen im allgemeinen unter 100 mm pro Jahr. (→ *arides Klima*)

Trog: 1. Synonym für → *Tiefdrucktrog.*
2. Kurzbezeichnung für → *Trogtal.*
3. Kurzbezeichnung für einen großen Sedimentations-T. im Sinne der → *Geosynklinale.*

Trogfläche: geomorphographischer Begriff für eine Flachform, die man auch als → *Hochboden* bezeichnet und die sich oberhalb der pleistozänen Taleinschnitte um → *antezedente Durchbruchstäler* in Mitteleuropa findet und in der Form nur wenig mit einem → *Trog* gemein hat.

Trogkante: meist sehr abrupter, stark gewölbter Übergangsbereich zwischen → *Trogschultern* und Trogwänden beim → *Trogtal.*

troglobiont: Tiere, die nur in → *Höhlen* leben.

troglophil: Tiere, die zwar überwiegend in → *Höhlen* leben, für die aber auch außerhalb dieser eine Existenz möglich ist.

Trogschluß: Ende des → *Trogtales,* das meist als Steilstufe ausgebildet ist und eine halbrunde, bisweilen zirkusartige Form aufweist. Oberhalb der Steilstufe schließen sich die → *Kare* an.

Trogschulter: Flachformen oberhalb des → *Trogtales,* die eisüberschliffen sind und nur ein Kleinrelief aufweisen. Gegen das Trogtal enden sie mit der → *Trogkante* und gegen die anschließende steileren Hänge mit → *Schliffbord* bzw. → *Schliffkehle.*

Trogsee: unscharfe Bezeichnung für Seen, die sich in → *Trogtälern* hinter Moränenaufschüttungen, Felsschwellen oder in Wannen des übertieften Trogtalbodens nach Rückzug des Eises gebildet haben.

Trogtal (Trog, U-Tal): charakteristische, vom Gletschereis im Gebirge geschaffene Talform, die auf beiden Seiten von steilfelsi-

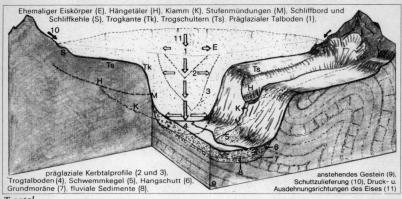

Ehemaliger Eiskörper (E), Hängetäler (H), Klamm (K), Stufenmündungen (M), Schliffbord und Schliffkehle (S), Trogkante (Tk), Trogschultern (Ts), Präglazialer Talboden (1), präglaziale Kerbtalprofile (2 und 3), Trogtalboden (4), Schwemmkegel (5), Hangschutt (6), Grundmoräne (7), fluviale Sedimente (8), anstehendes Gestein (9), Schuttzulieferung (10), Druck- u. Ausdehnungsrichtungen des Eises (11)

Trogtal

gen Talhängen und einem im Querschnitt gerundeten Talboden gebildet wird. Die Talhänge sind steil-schräg geneigt oder fast senkrecht, glazialerosiv geglättet und/oder gestriemt. Sie können Höhen von mehreren hundert Metern erreichen. Zusätzlich weisen sie auch Spuren der Schmelzwassererosion auf, die von den Schmelzwasserströmen zwischen Felswand und Gletscherkörper ausging. Die Urform des T. war ursprünglich ein → *Kerbtal,* das durch → *glaziale Übertiefung* geschaffen wurde. Der Boden des T. ist, gegenüber den praktisch sedimentfreien Trogwänden, entweder im anstehenden Fels angelegt oder dieser ist mit fluvioglazialen Schottern und/oder Moränen überdeckt. Zum T. gehören auch jene Formen, die sich oberhalb der → *Trogkante* anschließen, wie → *Trogschulter,* → *Schliffbord* und → *Schliffkehle.* Das T. endet gewöhnlich mit dem → *Trogschluß.*

Trogterrasse: praktisch identisch mit dem Begriff → *Hochboden* bzw. → *Trogfläche.* Sie nimmt aber auf den bisweilen deutlichen Terrassencharakter dieser Flachform Bezug und weist darauf hin, daß es sich um eine fluvial gestaltete Fläche handelt – im Gegensatz zu den in der Höhe meist anschließenden (älteren) → *Rumpfflächen.*

Trombe: Luftwirbel in der Form eines wandernden Wirbelwindes von meist relativ lokaler Begrenzung. T. entstehen bei labiler Luftschichtung und gleichzeitig starken vertikalen Temperaturgegensätzen (besonders bei sommerlicher Erhitzung der Luft am Erdboden). Die gewaltigsten T. sind die → *Tornados.*

Trompetental: miteinander vergesellschaftete kleine Tälchen, die sich – ineinander verschachtelt – in verschieden alte glazi-fluviale Schwemmkegel eingeschnitten haben, die Zeugnis des zurückweichenden Eises sind. Die glazifluviale Sonderform der T. kommt vor allem im ehemals vergletscherten nördlichen Alpenvorland vor.

Tropen (tropische Zone): 1. die → *mathematische Klimazone* zwischen den beiden → *Wendekreisen.*
2. die geographische Zone beidseits des → *Äquators* bis etwa zum 20. Breitengrad, in

· Trompetental

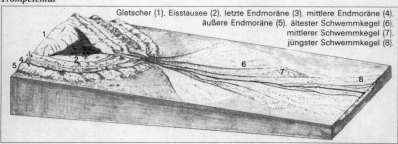

Gletscher (1), Eisstausee (2), letzte Endmoräne (3), mittlere Endmoräne (4), äußere Endmoräne (5), ältester Schwemmkegel (6), mittlerer Schwemmkegel (7), jüngster Schwemmkegel (8).

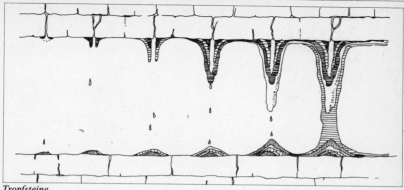

Tropfsteine

der warme → *tropische Klimate* mit unterschiedlichen Feuchteverhältnissen (immerfeuchte innere T. und wechselfeuchte äußere T.) herrschen (→ *Regenzeit*). Die T. gliedern sich in die zwei Hauptvegetationszonen des → *tropischen Regenwaldes* und der → *Savannen.*

Tropentag: in der meteorologischen Statistik ein Tag, dessen Maximumtemperatur über 30 °C lag.

Tropfenboden: periglazialer Auftauboden mit tropfenartigen Einschlüssen eines etwas dichteren hangenden Sedimentes, die im breiigen Auftauzustand in ein liegendes Sediment eingesunken sind.

Tropfsteine: Formen aus → *Kalksinter,* die überwiegend in → *Höhlen* von Karstgebieten entstehen, die dann als Tropfsteinhöhlen bezeichnet werden. Stalaktit und → *Stalagmit* bzw. Stalagnat sind die Hauptformen der T. Der T. hat seinen Namen von dem tropfenden kalkreichen Wasser, das aus Gesteinsfugen und -klüften dringt und das nach Verdunstung Calciumcarbonat ausfallen läßt. Die Wachstumsgeschwindigkeiten des Kalksinters sind außerordentlich verschieden, weil von zahlreichen Randbedingungen – einschließlich des Oberflächenreliefs der Karstlandschaft – abhängig.

Trophallaxis: Nahrungsaustausch zwischen fütternden Tieren und Larven sowie den übrigen Stockinsassen staatenbildender Hymenopteren.

Trophie: 1. allgemein die Ernährung mit Mineralstoffen, z. B. von Pflanzen.
2. ungleichmäßige Entwicklung von Pflanzenorganen oder Gewebeteilen.

Trophiegrad: bezieht sich auf Nährstoffaspekte des Gewässerhaushaltes und wird repräsentiert von der Menge der Biomasse und dem Umsatz autotropher Organismen eines Gewässers, d. h. die vom Nährstoffan-

gebot abhängige Produktion an Biomasse.

trophisch (nutritiv): die Ernährung betreffend.

trophische Ebenen: → *Ernährungsstufen,* auf denen verschiedene Nahrungsangebote herrschen.

trophische Stoffe: in der Bioökologie Nährstoffe, Baustoffe.

Trophobiose (Trophobium): Sonderform des → *Mutualismus,* bei der eine Insektenart einer anderen Exkremente oder Körpersäfte als Nahrung anbietet und dafür Schutz vor Fremden geboten bekommt, wie bei den → *Bisystemen* zwischen Ameisen und Blattläusen.

trophogen: allgemein Nahrung erzeugend, Nährstoffe liefernd, Primärnahrung bildend. Gegensatz ist → *tropholytisch.*

Trophologie: Lehre von den Ernährungsverhältnissen und den → *Ernährungsstufen* und → *Energiestufen* der Organismen.

tropholytisch: nahrungszersetzend, nahrungumsetzend. Gegensatz ist → *trophogen.*

Tropikluft: feucht-warme Luftmasse, die aus dem Wendekreisgebiet stammt (subtropische Herkunft).

tropische Böden: Sammelbezeichnung für die unter tropischen und subtropischen Klimabedingungen entstehenden Böden, deren gemeinsame Merkmale intensive chemische Verwitterung (Armut an Primärmineralen), beschleunigter Humusabbau und große Profilmächtigkeit sind. Zu den t. B. gehören in erster Linie die → *Latosole* und → *Plastosole* sowie die stark lithomorph geprägten → *tropischen Schwarzerden.* Zum Teil werden auch die → *Terrae calcis* dazu gezählt.

tropischer See: → *See,* dessen Temperatur ganzjährig über +4 °C liegt und der deshalb stabil geschichtet ist (→ *Seezirkulation*).

Tropisches Reich: eines der → *Bioreiche* des Meeres, d. h. das → *Litoral* in der tropischen

Klimazone, das den Lebensraum der → *Korallenriffe* und der → *Mangrove* bildet.

Tropische Wälder: Sammelbezeichnung für Wälder der Klimazone der → *Tropen* mit der → *Hyläa* und den verschiedenen Formen des Trockenwaldes.

tropischer Wirbelsturm: rotierender, wandernder, frontenloser Luftwirbel mit extremem Unterdruck im Auge und orkanartigen Windgeschwindigkeiten im Rotationsring. T. W. entstehen vor allem im Spätsommer und Herbst der jeweiligen Halbkugel über weiten > 26,5 °C warmen Meeresgebieten im Bereich der → *innertropischen Konvergenz* mindestens 5–8 Breitengrade vom Äquator entfernt (Wirkung der → *Coriolis-Kraft*). Sie wandern auf einer parabelartigen Bahn westwärts und biegen immer mehr polwärts ab. T. W. bringen große Regenfälle und können durch hohe Sturmstärken und → *Sturmfluten* an den Küsten zerstörend wirken. Auf dem Festland verlieren sie rasch an Wirkung und sacken wegen der Abkühlung zusammen. Die t. W. haben in den verschiedenen Gebieten der Erde typische lokale Namen. (→ *Taifun*, → *Hurrikan*)

tropische Schwarzerden: Sammelbezeichnung für dunkle, stark und tiefgründig humose, tonreiche (bis 35 % Tongehalt, Montmorillonite) Böden wechselfeuchter tropischer und subtropischer Gebiete. Die t. S. sind wegen ihrer hohen → *Austauschkapazität* und der intensiven Durchmischung organischer Abbauprodukte mit dem Mineralboden durch Quellung und Schrumpfung (→ *Selbstmulcheffekt*) hochwertige Böden. Die t. S. haben verschiedene Regionalnamen (Regur, Tirs, Terre noire usw.).

tropisches Klima: warmes und während der → *Regenzeiten* sehr feuchtes Klima der Gebiete an und beidseits des Äquators. Das t. K. zeichnet sich durch stetig hohe Temperaturen mit beschränkten Tages- und sehr geringen Jahresschwankungen aus (thermische Jahreszeiten fehlen). Der kälteste Monat liegt im Temperaturmittel im allgemeinen nicht unter 18 °C und Frost fehlt ganz. Dieser mehr oder weniger allgemein gültigen Temperaturcharakteristik stehen die in den verschiedenen Gebieten der Tropen in Menge und jährlicher Verteilung sehr unterschiedlichen Niederschlagsverhältnisse gegenüber. Zudem existieren die besonderen Höhenstufenklimate der tropischen Gebirge. Nach dem Verhältnis von Regen- und Trockenzeiten lassen sich drei t. Klimazonen mit unterschiedlichen Feuchteverhältnissen ausscheiden: die äquatoriale Zone der immerfeuchten inneren Tropen an der → *innertropischen Konvergenz* (Fehlen einer Trockenzeit), die wechselfeuchten inneren Tropen mit zwei Regenzeiten und einer langen sowie einer kurzen Trockenzeit und die wechsel-

feuchten äußeren Tropen mit einer Regen- und einer ausgeprägten langen Trockenzeit. (→ *tropischer Regenwald*, → *Savanne*, → *Savannenklima*, → *Passat*)

tropisch-pluvial: in der Klimageschichte Bezeichnung für eine regenreiche Periode, die durch die Ausdehnung tropischer Klimareiche bedingt war.

Tropismus: Sammelbezeichnung für tropistische Krümmungsbewegungen festgewachsener Pflanzen, die durch Reize von außen induziert werden und die eine Beziehung zur Richtung des Reizanlasses aufweisen. Dazu gehören z. B. → *Geotropismus* und → *Phototropismus*.

tropoide Alterde: unscharfe Bezeichnung für tropische Bodenbildungen, die vor allem während des → *Tertiärs* entstanden sein sollen und die als Hinweis auf Vorzeitklimate und daran gebundene bestimmte geomorphologische (Abtrags-)Prozesse gedeutet werden. Dafür gelten aber zahlreiche zeitliche und räumliche Einschränkungen - neben methodischen, die Ansprache und Klassifikation tropischer Bodenbildungen der Vorzeit betreffend.

Tropopause: als → *Inversion* ausgeprägte Obergrenze der → *Troposphäre*, oberhalb derer die Temperatur wiederum zunimmt und die Luft nur noch Feuchtigkeit in Spuren enthält.

Trophyten: Pflanzen, die an Standorten mit deutlich wechselndem Bodenfeuchteangebot vorkommen, das nicht nur durch Regen- und Trockenzeit bestimmt ist, sondern auch von den thermischen Jahreszeiten, weil innerhalb von Frostperioden die → *Hydratur* nicht aufrecht erhalten werden kann, da aus gefrorenem Boden keine Wasseraufnahme möglich ist. Deswegen können auch in feuchten Kaltklimaten die Gewächse einen xeromorphen Habitus zeigen. Die T. verhalten sich in den Jahresabschnitten mit Feuchteangebot wie → *Hygrophyten*, in Jahresabschnitten mit Wassermangel wie → *Xerophyten*.

Troposphäre: die unterste, 8 km (Polargebiet) bis 17 km (Tropen) mächtige Schicht der → *Atmosphäre*. In der T. befindet sich die atmosphärische Luftfeuchtigkeit, und hier spielt sich das gesamte Wettergeschehen durch Umlagerung von Luftmassen (Bereich der atmosphärischen Zirkulation) ab. Die T. wird in erster Linie von der Wärmeausstrahlung des Erdbodens und nicht von der Sonnenstrahlung direkt erwärmt. Die Temperatur nimmt deshalb mit einem mittleren Gradienten von etwa 0,6 °C pro 100 m ab und erreicht an der Obergrenze der T. (→ *Tropopause*) −50 °C. Die T. gliedert sich in die → *Grundschicht* und die → *Advektionsschicht*.

trüber Tag: in der meteorologischen Statistik

ein Tag, an dem das Mittel der → *Bewölkung* über 8/10 liegt.

Trübestrom (Suspensionsstrom, turbidity current): rasch ablaufende Materialbewegung, die auf Seebeute oder gravitative Einflüsse zurückgeht und bei der ein feinverteiltes Feinsediment-Wasser-Luft-Gemisch unter Entwicklung großer Energien sich submarin bewegt und Korrosionsformen schafft, z. B. → *submarine Cañons.* Die T. bewegen sich vor allem am → *Kontinentalabhang* und sind in ihrer Dynamik mit → *Staublawinen* vergleichbar.

Trübung (Lufttrübung): Streuung und Abschwächung des Lichtes in der Atmosphäre durch → *Dunst* und → *Aërosol* (→ *Trübungsfaktor).*

Trübungsfaktor: Verhältnis der → *Trübung* der Atmosphäre an einem bestimmten Standort im Vergleich zur theoretischen trockenen Reinatmosphäre. Da letztere in Wirklichkeit nicht existiert, liegt der T. immer über 1. Er beträgt im luftreinen Gebirge 1,5–2 und über Ballungsgebieten 3,5–5.

Trullo: italienische Bezeichnung für eine runde Kuppelhütte, die aus aufeinander geschichteten Natursteinen erbaut ist. T. finden sich im zentralen und südlichen Apulien und dienen als Hirten- und Feldhütten, örtlich auch als Wohnhäuser.

Trümmererz: Typ einer → *Sekundärlagerstätte* bei Erzen. T. sind Erzanreicherungen, die durch stückweise Aufbereitung älterer Lagerstätten unter dem Einfluß fließenden Wassers, der Brandung oder der Gezeiten entstanden. Beispiel einer T.-Lagerstätte sind die Eisenerze von Salzgitter.

Trümmerflora: Vegetation auf Ruinen und Trümmerbergen, repräsentiert von → *Ruderalpflanzen.*

Trümmerhalde: wenig scharfe Bezeichnung für eine → *Halde* aus groben, meist eckigen Festgesteinsbruchstücken, der → *Schutthalde* verwandt. Die T. zeichnet sich durch eine sehr ungeordnete Lagerung und das Fehlen kleinerer Komponenten aus. Die Trümmer wittern von Felswänden ab und unterliegen dann gravitativen → *Sturzbewegungen.*

Trümmersprung: zerlegt die durch → *Kernsprünge* aus größeren Blöcken entstandenen Trümmer in kleinere Komponenten.

Trust: Unternehmenszusammenschluß mit dem Ziel monopolistischer Marktbeherrschung. Im Gegensatz zum → *Konzern* verlieren die einzelnen Unternehmen beim T. meist ihre rechtliche und wirtschaftliche Selbständigkeit.

Trutztracht (sematophylaktische Tracht): eine → *Tarntracht* eines Tieres, das entweder durch auffallende Form und/oder Farbe Beute anlockt oder Feinde abschreckt.

Tschernosem (Schwarzerde): zu den Steppenböden gehörender, mächtig humoser A_h-

C-Boden auf kalkhaltigem Lockersediment (in erster Linie → *Löß*). T. sind durch einen 100 cm mächtigen, dunkelgraubraunen bis grauschwarzen, gut gekrümelten Humushorizont mit hohen Gehalten an Huminstoffen (maximal 10–15%) geprägt. Intensives Bodenleben bei schwach alkalischer bis schwach saurer Reaktion führt zu einer starken tiefgehenden Durchmischung von humosem und mineralischem Material. Typisch für T. sind die → *Krotowinen* (materialerfüllte Gänge von Bodenwühlern). Im unteren Teil des Humushorizontes und im oberen C-Horizont finden sich fadenartige Kalkausblühungen und augen- bzw. knollenartige (→ *Lößkindchen*) Kalkanreicherungen. T. sind außerordentlich fruchtbare und hochwertige Ackerböden. T. entstehen in den winterkalten kontinentalen → *Steppen,* in deren Klimaten die → *chemische Verwitterung* durch Winterruhe und Sommertrockenzeit gehemmt ist. Das starke Wachstum der Steppengräser im feuchteren Frühjahr läßt viel organische Substanz entstehen, die später nicht vollständig zersetzt werden kann und sich deshalb anreichert. (→ *Kastanozem*)

Tschernitza (schwarzerdeartiger Aueboden): grauer, schluffiger, tiefgründig humoser, kalkhaltiger Aueboden mit A_h-C- oder A_h-C_oC-Profil. T. sind relativ selten und vermutlich z. T. fossil (aus ehemaligen Anmoorgleyen entwickelt).

Tsunamis: durch Vulkanausbrüche, Seebeben und Massenverlagerungen am Meeresboden ausgelöste langperiodische, extrem hohe Wellen (5–10 m) großer Energie und Zerstörungskraft an Meeresküsten. Rund um den Pazifik besteht ein T.-Warndienst.

Tuff: praktisch zu jedem Oberflächengestein vorkommendes Gestein, wobei ältere T. verfestigt sind, jüngere meist Lockergesteine bilden.
1. T.-Gestein, das zwischen → *Magmatiten* und → *Sedimentiten* steht, dessen Baustoff zwar dem → *Magma* entstammt, aber durch Zertrümmerung und Zerstäubung in der Luft anschließend wie Sedimente abgelagert werden konnte. Das T.-Gestein ist also ein verfestigtes, vulkanisches Lockerprodukt, eine → *Asche*. Dazu gehört unter anderem der → *Traß*.
2. das Umlagerungsprodukt → *Tuffit.*
3. Absätze fließenden Wassers oder von Quellen aus Kieselsäure, dem Kieseltuff, oder Calciumcarbonat, dem → *Kalktuff*, der meist porös und wenig widerständig ist.

Tuffbrekzie: eine → *Brekzie,* bei der vulkanische Lockermassen eckige Gesteinsbruchstücke enthalten.

Tuffit: umgelagerter → *Tuff,* der mit fremdem Sedimentmaterial vermischt wurde.

Tuffvulkan: entsteht aus einem → *Maar,* aus

dessen Explosionsschlot Ascheausbrüche erfolgen, wobei um die ursprünglich nichtvulkanische Hohlform eine Lockermassenumwallung gelegt wird. Der T. muß als Akkumulationsform betrachtet werden, dessen „Krateröffnung" sich im → *Explosionstrichter* des Maars repräsentiert.

Tümpel: überwiegend natürlich entstandenes Kleingewässer mit geringem Tiefgang und periodischer bis ständiger Wasserführung.

Tundra: baumfreie bis baumarme niedrige Vegetation der Subpolargebiete, von Moosen, Flechten, Grasfluren, Zwergsträuchern und z. T. echten Sträuchern gebildet. Die T. ist heute zwar nur innerhalb des Polarkreises verbreitet, reichte aber im → *Pleistozän* und während des frühen → *Postglazials* bis in die heute gemäßigten Breiten Mitteleuropas. Die kurzen und kühlen Sommer bringen nur geringe Wärmesummen, die für Baumwuchs nicht ausreichen. Charakteristisch ist der → *Dauerfrostboden*, der auch im Sommer nur in einer geringmächtigen Schicht auftaut. Typisch ist der lange, kalte und dunkle Winter mit Schneedeckendauern bis zu 300 Tagen. Bei den Pflanzen ist starke Anpassung durch Spezialisierung zu beobachten. Das Wachstum der Pflanzen geht nur sehr langsam vonstatten, die Regenerationsfähigkeit der Pflanzendecke ist gering und braucht daher lange Zeiträume. Typische → *Tundraböden* sind → *Rohböden* vom Typ der → *Syrosem*, der → *Tundraranker* oder der Råmark. Je nach Breitenlage und Kontinentalitätsgrad ist die T. verschieden ausgebildet. Haupttypen sind die → *Fleckentundra* und die → *Torfhügeltundra*. Daneben kann nach der Vegetationsdecke die Flechten-, die Rasen-, die Moos- und Kraut- sowie die Flachmoor-T. unterschieden werden. Wo die T. an den borealen Nadelwald angrenzt, tritt die Wald-T. auf, die aus Birken, Kiefern und Lärchen zusammengesetzt ist, die in kleinen Beständen und in Krüppelform auftreten.

Tundraböden: wenig aussagekräftige Sammelbezeichnung für die verschiedenen flachgründigen Bodenbildungen der → *Tundra*. (→ *Tundragley*, → *Arctic Brown Soil*, schwach entwickelte → *Nanopodsole*, → *Råmark*, → *Tundraranker*)

Tundragley: Stauwasserboden der Niederungen in den Tundrengebieten mit einem $O_H–S_W–(S_d)$-Profil. Unter dem anmoorig-nassen Humushorizont folgt der wasserdurchtränkte, oft breiige, graue und z. T. schwach braune, fleckige Auftauhorizont, der über dem als Stausole wirkenden Bodeneis liegt. T. sind je nach Auftautiefe 30–80 cm mächtig. (→ *Gley*, → *Staugley*, → *Permafrost*)

Tundraranker: sehr flachgründiger $O_F–O_H–C$-Boden auf Silikatgestein (Fels- und glaziale

Ablagerungen) in bodentrockenen Lagen der Tundrengebiete (Kuppen, Hänge usw.). T. sind durch einen 2–5 cm mächtigen, filzigen Rohhumushorizont (→ *Rohhumus*) über dem unveränderten Gestein geprägt. (→ *Ranker*)

Tundrenklima: durch lange strenge Winter, kurze schneefreie Zeit (60–100 Tage) und weitgehendes Fehlen von Übergangsjahreszeiten, kurze milde Sommer (Mittel des wärmsten Monats höchstens $+10°C$, einzelne warme Tage mit Maxima bis 20–25°C) sowie geringe Niederschlagsmengen (100–300 mm pro Jahr) geprägtes subarktisches Klima der → *Tundra*. (→ *arktisches Klima*)

Tundrenzeit: Zeitabschnitte des → *Spätglazials* vor dem → *Postglazial* und gegliedert in die ältere und jüngere T. Während ersterer vollzog sich der Rückzug des skandinavischen Inlandeises vom → *Pommerschen Stadium*, auch als → *Daniglazial* bezeichnet. Nach der etwas wärmeren → *Allerödzeit* folgte dann die jüngere T., die einen Eisvorstoß bis etwa Mittelschweden und Südfinnland brachte. Die T. wird auch als → *Dryaszeit* bezeichnet.

Tunneltal: subglazial vom Schmelzwasser gebildete Hohlform meist langgestreckter Gestalt, deren Richtungen den Strukturen der Gletscheroberflächen des Inlandeises entsprechen. Im Bereich ehemaliger Tunneltäler entstanden später → *Rinnenseen*.

Tunturi: der skandinavische Landschaftstyp → *Fjell* in Finnland.

Turbation: Oberbegriff für alle im Boden stattfindenden Durchmischungsprozesse, d. h. → *Kryo-*, → *Hydro-* und → *Bioturbation*.

Turbulenz: 1. durch innere Reibung der Luftmoleküle und äußere Reibung an der Erdoberfläche beeinflußter ungeordneter Vertikalaustausch von Luftmassen. 2. ungeregelte Austauschvorgänge bei der Durchmischung verschiedener Wasserschichten im Meer und in Seen. 3. ungeregelte Strömung in fließenden Gewässern.

Turmkarst: durch Weiterentwicklung aus dem → *Kegelkarst* entstandener Karst. Er stellt wie dieser eine klimabedingte Form dar, die jedoch durch isolierte, steil aufragende → *Türme* charakterisiert ist, die aus ebenen Flachformen aufragen.

Turonian (Turon): Stufe der oberen → *Kreide*, von 92 bis 86 Mill. Jahre v. h.

Tussok: hohe, steifborstige Horstgräser der → *Paramo*-Region, die nicht nur in tropischen Hochgebirgen, sondern auch auf den klimatisch ähnlichen subantarktischen Inseln vorkommen sowie auf Neuseeland.

T-Wert: die in Milliäquivalenten pro 100 g Boden ausgedrückte gesamte → *Austauschkapazität* des Bodens.

tychozön: bezeichnet – entsprechend → *eurytop* – eine Art, die in sehr verschiedenartig ausgestatteten Lebensräumen vorkommt.

Tyemorowald: ein lichter, an Unterholz armer → *Savannenwald* im Osten Javas, angepaßt an die dortigen Feuchtsavannenbedingungen und vor allem aus Casuarinen – „Keulenbäumen" mit rutenförmigen Zweigen – zusammengesetzt.

Typenbildung: 1. in der Geoökologie zum → *Geoökotyp* führende Gliederung; sie beruht auf dem → *Katalog der ökologischen Grundeinheiten* und der → *ökologischen Variabilität.*

2. (Typisierung) in der → *Kulturgeographie* häufig angewandtes Verfahren zur Systematisierung von Phänomenen und Entwicklungen der → *Kulturlandschaft.* Bei der T. werden gleiche und ähnliche Objekte oder Prozesse zu übergeordneten Typen zusammengefaßt, wobei – im Gegensatz zur eher quantifizierenden Klassifikation – in der Regel qualitative Verfahren im Vordergrund stehen. Beispiele sind → *Gemeinde-* oder → *Stadttypisierung.*

Typochor: Raum bzw. Areal eines → *Synergotyps,* z. B. repräsentiert durch die Zonen der Geosphäre.

Typologische Gradation: vor allem auf die Morphologie der Pflanzen bezogen und dabei die Rangfolge der → *Typen* repräsentierend, wobei untergeordnete Typen von ihnen übergeordneten umschlossen werden.

Typus: 1. nomenklatorischer T.; im Sinne des → *Standard.*

2. thematischer T.; bei Pflanzen die charakteristische Pflanze einer Population, bei welcher die Merkmale einer bestimmten Sippe am besten ausgeprägt sind.

3. morphologischer T.; in der Pflanzenmorphologie durch Abstraktion entwickelter einheitlicher Grundbauplan, auf den verschiedene Pflanzengestalten zurückgeführt werden.

tyrphobiont: Arten, die auf das → *Hochmoor* als Lebensraum beschränkt sind.

tyrphophil: Organismen, die im → *Hochmoor* optimale Entwicklungsbedingungen finden, jedoch auch in anderen Ökotopen auftreten.

tyrphoxen: Organismen, die im → *Hochmoor* nur befristet existieren können.

Tyrrhenis-Brücke: vermutete Landbrücke zwischen der Toskana und Korsika-Sardinien, die während der → *Riß-Kaltzeit* bestanden haben soll und die mit engen Verwandtschaftsbeziehungen der Herpetofauna begründet wird.

U

U-Bahn (Untergrundbahn): innerstädtisches, in der Regel elektrisch betriebenes Schienenverkehrsmittel zur Personenbeförderung, das zur Entlastung des Straßenverkehrs und zur Erreichung schnellerer → *Reisegeschwindigkeiten* völlig oder überwiegend unterirdisch verkehrt. Wegen der hohen Baukosten und der großen Kapazität von U.-B. kommen sie nur als Massenverkehrsmittel für große Städte auf Linien mit sehr hohem Verkehrsaufkommen in Betracht.

überadiabatische Schichtung: Zustand der Luftmassen einer begrenzten Schicht der → *Troposphäre*, bei dem die Temperatur um mehr als 1 °C pro 100 m Höhendifferenz ändert. Ü.S. kann nur in besonderen Situationen eintreten, wenn kalte Luft in stark erwärmte Bodenluftmassen einbricht. L. mit ü. S. sind äußerst labil, weil Konvektionsvorgänge praktisch von selbst ablaufen.

Überalterung: → *Altersstruktur* der Bevölkerung eines Raumes, die durch einen überdurchschnittlich hohen Anteil älterer, insbesondere im Renten- und Pensionsalter stehender Personen gekennzeichnet ist. Der Begriff Ü. wird vor allem in negativ bewertendem Sinn verwendet, um Nachteile für den betreffenden Raum anzudeuten. Ü., z. B. einer Gemeinde, aber auch einer Region oder eines ganzen Landes, kann durch starke Zuwanderung älterer Menschen (z. B. in bevorzugte Altersruhesitzgemeinden) oder durch Abwanderung jüngerer Jahrgänge und Geburtendefizit (z. B. in wirtschaftlichen → *Problemgebieten*) hervorgerufen werden.

Überbevölkerung: Bestandteil des → *Massenwechsels*, bei dem es zur Ü. durch → *Massenvermehrung* kommt, wobei die → *Populationsdichte* so stark ansteigt, daß das Potential des Lebensraumes – und somit sein Fassungsvermögen – nicht mehr ausreicht. Die Folge ist Nahrungsverknappung, woraus sich wieder populationsdynamische Konsequenzen ergeben.

Überdauerungsorgane: dem Überstehen von für die Pflanzen ungünstigen Jahreszeiten bzw. Jahresabschnitten mit Begrenzungen durch Licht, Temperatur und/oder Wasser dienende Organe.

Überdüngung: übermäßige Gaben von Pflanzennährstoffen in Form der → *Düngung* mit dem Effekt der Übermineralisierung des Bodens und der Gewässer, die mit den Äckern durch den Bodenwasserhaushalt verbunden sind. Eine Folge ist die → *Eutrophierung* der Oberflächengewässer.

Überernährung: Ergebnis einer Nahrungsaufnahme, die mengenmäßig über den täglichen Kalorienbedarf hinausgeht. Ein Großteil der Bevölkerung in den westlichen Industrieländern weist das Merkmal der Ü. auf. (→ *Unterernährung*)

Überfischung: Dezimierung des Fischbestandes in einem Gewässer, und zwar dadurch, daß mehr Fische gefangen werden als durch natürliche Vermehrung nachwachsen. Maßnahmen gegen die Ü. sind Überfischungsabkommen bzw. die Einrichtung von Fischerei-Schutzzonen.

Überfremdung: meist in abwertendem Sinn gebrauchte Bezeichnung für starkes Eindringen ausländischer bzw. auswärtiger Einflüsse, die häufig als gefährlich und bedrohlich für die Identität des → *Wohnumfeldes*, der → *Heimat* oder sogar des Staates empfunden werden. Beispiele, in denen häufig eine mögliche Ü. gesehen wird, sind starker Zustrom ausländischer Arbeitskräfte und ihre Konzentration in bestimmten Wohngebieten, das Einströmen ausländischen Kapitals in die einheimische Wirtschaft oder der Erwerb von → *Zweitwohnungen* durch Auswärtige in landschaftlich attraktiven Räumen.

Übergangseis: Eismasse, die vom Festland auf das Meer übertritt (z. B. im Meer endender Talgletscher).

Übergangsgebiet: 1. großräumiger Übergang zwischen verschiedenen Landschaftszonen mit einem grundsätzlichen Wandel der Ökosystemstruktur, der makroklimatisch und letzthin strahlungshaushaltlich bedingt ist. 2. als Saumökotop bzw. Saumbiotop im Sinne des → *Ökoton* kleinräumiger Übergang zwischen verschieden ausgestatteten Ökosystemen. 3. biogeographische Bezeichnung für großräumige Ü. zwischen den Floren- und Faunenreichen der Erde. 4. unscharfe Bezeichnung für jegliche Ü. zwischen geo- und biowissenschaftlichen Phänomenen in der erdräumlichen Realität als Ausdruck von deren Kontinuumcharakter.

Übergangshorizont: → *Bodenhorizont*, der als Zwischenlage zwischen zwei Haupthorizonten Eigenschaften beider Horizonte jeweils in abgeschwächter Form aufweist. Ü. sind eine sehr häufige Erscheinung, da sich Merkmale im natürlichen Boden oft allmählich ändern und ineinander übergehen. Mächtige Ü. werden als solche gesondert ausgeschieden und entsprechend kombiniert bezeichnet.

Übergangskegel: der vor dem Gletscherende bzw. dem → *Gletschertor* befindliche → *Schwemmkegel* des Gletscherbaches, der in einer gewissen Entfernung vom Gletscherende in die fluvioglazialen Schotterfelder bzw. den → *Sander* übergeht. Der Ü. besteht sowohl aus durch subglaziale Schmelzwasser transportierten Geröllen als auch aus Moränenschutt. An seiner Ansatzstelle verzahnt er sich oft mit den Sedimenten der Endmoräne.

Die Schichtung ist nicht immer stark ausgeprägt.

Übergangsminerale: → *Tonminerale,* die zwischen den → *Illiten* und → *Montmorilloniten* sowie → *Vermiculiten* stehen und in vielfältiger Kombination Eigenschaften der Hauptminerale aufweisen (insbesondere auch Wechsellagerung der Schichten).

Übergangsmoor (Zwischenmoor): Übergangsstadium zwischen einem → *Nieder-* und einem → *Hochmoor* mit einer Mischvegetation aus typischen Nieder- und Hochmoorarten (z.T. mosaikartig gemischt) und entsprechendem → *Torf* (holzreicher Sphagnumtorf). Die Ü. leiten die Hochmoorentwicklung ein, weshalb sie nur während einer gewissen Übergangszeit Bestand haben und später im gesamten Moorprofil als Schicht im Mittelteil in Erscheinung treten, unter dem darüber folgenden Hochmoortorf.

Übergangsrasse: Zwischenstufe zwischen → *Umweltrasse* und → *Zuchtrasse,* die aus der Umweltrasse durch intensivere züchterische Bearbeitung hervorgegangen ist, ohne deren Vorzüge zu verlieren.

übergeordnete Vergletscherung: mächtige Festlandsvereisung, welche die Oberflächenform völlig oder mit Ausnahme der Gipfel überdeckt (z. B. in der Antarktis).

übergreifende Charakterarten: Pflanzenarten, die zwar in einer bestimmten Gesellschaft vorkommen, in einer anderen jedoch ihr Optimum haben.

übergreifende Lagerung: die über einer → *Diskordanz* befindlichen jüngeren Schichten. Sie weisen eine wesentlich größere Ausdehnung als die liegenden älteren auf.

Übergußschichtung: jene fluvialen Sedimente, die mit diskordanter Parallelstruktur über dem Wasserspiegel bei der Bildung des → *Deltas* abgelagert werden.

Überhalt: jene alten, aber gesunden und wuchskräftigen Bäume, auch als Überhälter bezeichnet, die nach Abschluß eines Produktionszeitraumes einzeln oder als Gruppen bestehen bleiben, um einerseits der Stark- und Wertholzproduktion, andererseits als Samenbäume für die Naturverjüngung zu dienen, mit dem Ziel, neuen → *Unterwuchs* zu schaffen.

Überhang: ein → *Hang,* dessen Neigung mehr als 90° beträgt und der damit steiler als die → *Wand* ist.

überkippte Falte: aus einer → *schiefen Falte* so entstandene Falte, daß die Schenkel in gleicher Richtung einfallen bei weiter anhaltendem einseitigem Druck. Die ü. F. geht dann in die → *liegende Falte* über.

Überkippung: Gesteinspakete, die durch seitlichen Druck über 90° hinaus aufgerichtet wurden, wobei ältere Schichten ins → *Hangende* und jüngere ins → *Liegende* gelangten.

Überlagerungsgebiet: Raum, in dem sich die → *Einzugsgebiete* zweier etwa gleich gewichtiger → *Zentraler Orte* überlagern, der also keine eindeutige Zuordnung zu einem einzigen Zentralen Ort der betreffenden Hierarchiestufe aufweist. Ü. können auf allen Stufen der zentralörtlichen Hierarchie vorkommen.

Überlaufdurchbruchstal (Überflußdurchbruchstal): ein Tal überwiegend in Landschaften mit Glazialsedimenten aus Moränen- bzw. Endmoränenstauseen, die sich nach steigendem Schmelzwasserstand – oft katastrophal – entleeren können. Das Durchbruchstal bildet sich dabei in der Endmoränenlandschaft.

Überlaufquelle (Überfallquelle): Wasseraustritt, der von frei beweglichem → *Grundwasser* gespeist wird, das auf einer gegen die Oberfläche hin ansteigenden stauenden Schicht liegt. Ü. sind → *Schichtquellen.*

Überlauftheorie: eine der Theorien für die Bildung von → *Durchbruchstälern,* real aber nur bei den → *Überlaufdurchbruchstälern* wahrscheinlich.

Überlebenskurve: für tierische und menschliche Populationen charakteristisches Diagramm, das den Anteil der Überlebenden mit fortschreitendem Alter zeigt. Die meist stufenförmig ausgebildeten Kurven lassen bei Tier und Mensch gewisse Ähnlichkeiten erkennen.

Überlebenswahrscheinlichkeit: analog zur → *Sterbewahrscheinlichkeit* der aus einer → *Sterbetafel* ablesbare Anteil von Personen eines ausgewählten Altersjahrgangs, der ein bestimmtes Lebensalter nach den statistischen Gesetzmäßigkeiten überleben wird.

Überlebensziffer: Zahl der Überlebenden einer Ausgangspopulation in einem bestimmten Alter. Die Überlebensziffer wird in der → *Überlebenskurve* graphisch ausgedrückt.

Übernachtungszahl: in der → *Fremdenverkehrsstatistik* die Zahl der Fremdenübernachtungen in einem bestimmten Raum (z. B. → *Fremdenverkehrsgemeinde,* aber auch ganzes Land). Die Ü. werden meist für Monate, Sommer- und Winterhalbjahr und Jahre ausgewiesen und häufig nach Übernachtungen in Beherbergungsbetrieben und in → *Privatquartieren* sowie nach In- und Ausländern gegliedert.

überörtliche Planung: in der → *Raumplanung,* die Planung auf den Ebenen, die über der Ebene der → *Ortsplanung* (Stadtplanung) bzw. → *Bauleitplanung* liegen. Zur ü. P. gehören die → *Regionalplanung,* die → *Landesplanung* und die Raumordnung des Bundes sowie überörtliche Fachplanungen.

Überproduktion: die Erzeugung von Waren über den Bedarf des Marktes hinaus. Ü. führt durch den verstärkten Wettbewerb zu einem Sinken der Preise oder zur Vernichtung der Ware.

Übersättigung: Zustand feuchter Luft, die mehr Wasser enthält, als sie aufgrund ihrer Temperatur in dampfförmiger Phase aufnehmen kann. Ü. hat → *Kondensation* zur Folge.

Überschiebung: tektonische Lagerungsstörung infolge seitlicher Pressung von Gesteinsschichten, wobei längs einer → *Überschiebungsfläche* mit einem Einfallen von unter 45° ein Erdkrustenstück auf ein anderes hinauf und schließlich darüber hinweg geschoben wird, wobei es zu einer Umkehrung von → *Hangendem* und → *Liegendem* kommen kann. Prototyp der Ü. ist die Faltenüberschiebung, die bei → *Faltungen* auftritt und bei der infolge starker Pressung der Mittelschenkel einer → *überkippten* oder einer → *liegenden Falte* ausgequetscht und durch eine Überschiebungsfläche ersetzt wird. Andere Formen der Ü. sind die → *Schollenüberschiebung* und die → *Überschiebungsdecke*.

Überschiebungsdecke: bei der Bildung von Decken durch → *Überschiebung* aus einer Faltenüberschiebung entstehende geotektonische Baueinheit. Bei ihr verlor das bewegte Gesteinspaket die Verbindung zu seinem Herkunftsgebiet und die Decke gelangte auf eine neue Unterlage.

Überschiebungsfläche: Bereich der Bewegungen, der bei → *Überschiebungen* entsteht und auf dem sich die Umlagerung von Gesteinspaketen vollzieht. Die Ü. besitzt meist den Charakter einer → *Diskordanz*.

Überschußgebiet: in der Wirtschaftsgeographie Erdräume, die bei bestimmten Welthandelsgütern Überschüsse produzieren.

Überschußproduktion: Erzeugung von Produkten über den Bedarf des Erzeugungsgebietes hinaus. Die Ü. ist die Grundlage für eine → *Exportorientierung* der Wirtschaft.

Überschwemmungsfeldbau: Form des → *Bewässerungsfeldbaus*, bei der das über die Ufer tretende Wasser eines Flusses auf die Felder geleitet wird bzw. selbsttätig die Felder kurzzeitig überflutet.

Überschwemmungsreihen: wenig präzise geobotanische Bezeichnung für streifenförmig angeordnete Pflanzengesellschaft im Überschwemmungsbereich von Flüssen, deren Abfolge von Dauer und Auftretenshäufigkeit des Hochwassers bestimmt ist.

Überschwemmungssavanne: Sonderform der → *Savanne*, die sich durch bis zu 3 m hohe Grasfluren auszeichnet, die ein- bis zweimal jährlich überflutet werden, wobei das Wasser monatelang stagnieren kann. Die regelmäßige Überschwemmung verhindert Baumwuchs. Die Gehölzanteile nehmen in der Ü. zu, je kürzer der Überschwemmungszeitraum ist. Die für die wechselfeuchten Tropen charakteristischen Ü. weisen stark verdichtete Böden auf. Prototyp der Ü. sind die → *Llanos*.

Überschwemmungssee: für die Flußtiefländer der wechselfeuchten Tropen charakteristischer See, wobei Niederungsbereiche oft für Monate zu Seelandschaften werden. Als ein möglicher Landschaftstyp tritt die → *Überschwemmungssavanne* auf.

Überseehafen: Seehafen, der ganz überwiegend der Hochseeschiffahrt dient. Ein Ü. muß von seiner Lage und Ausstattung her für diesen Zweck geeignet sein (insbesondere durch eine genügend tiefe Fahrrinne der Hafenzufahrt) und entsprechende Verkehrsverbindungen mit seinem → *Hinterland* besitzen, um den Umschlag durchführen zu können.

Überseehandel: als Teil des → *Welthandels* der Warenaustausch mit Ländern anderer Kontinente. Der Ü. wird mit Hilfe der Überseeschiffahrt, bei besonders wertvollen Gütern auch des Frachtflugverkehrs durchgeführt.

Überseewanderung: → *Wanderung* von Personen in ein überseeisches Gebiet. Ü. tritt vor allem in Form der → *Auswanderung* (z. B. die starke Ü. aus Europa nach Nordamerika im 19. Jh.) und der → *Gastarbeiterwanderung* auf (z. B. Wanderung von chinesischen und indischen Arbeitskräften in den afrikanischen und pazifischen Raum).

Übersommerung (Ästivation): Überstehen einer trocken-warmen Jahreszeit im inaktiven Zustand durch → *Sommerschlaf* bzw. durch Sommerruhe.

Übersprungshandlung (Übersprungsbewegung): in der Verhaltensforschung gebrauchter Begriff für solche Handlungen, die scheinbar unmotiviert und nicht situationsgerecht auftreten und für die im aktuellen Verhaltensablauf keine Erfordernisse bestehen, z. B. Putzbewegungen während eines Kampfes. Ursachen der Ü. sind z. B. Triebkonflikt, Aktivierung antagonistischer Dränge, Ausbleiben von äußeren Reizen usw.

Überstauung (Überstaubewässerung): Form der Bewässerung, bei der eingedämmte, polderartige Flächen mit am Sinkstoffen reichem Hochwasser zeitweilig überflutet werden. (→ *Überschwemmungsfeldbau*)

übersteil: charakterisiert → *Überhänge*, die zwar aus standfestem Gestein bestehen, aber durch rezente Geomorphodynamik rasch verändert und meist für ü. gehalten werden. Ü. Hänge entstehen auch durch die verschiedensten Unterschneidungsprozesse, z. B. durch Wasser oder Eis.

Überstockung: übermäßiges Besetzen von Weideland mit Vieh, so daß als Folge die → *Überweidung* auftritt. Ü. ist auch unter natürlichen Bedingungen möglich, wenn Wildpopulationen sich aus natürlichen und/oder anthropogenen Gründen zu stark vermehren, so daß das Nahrungsangebot im Lebensraum nicht mehr ausreicht und eine Vegetationsschädigung die Folge ist.

Übertiefung: 1. überwiegend bezogen auf → *glaziale Ü.*
2. auch durch Fluvialerosion, besonders → *Sohlenerosion,* in verschiedenen Bereichen einer Flußbettsohle mögliche Eintiefung.

Übertragungsverluste: in der Energiewirtschaft diejenigen Verluste elektrischer Energie, die durch die Umspannung, Fortleitung und Umformung von Strom entstehen. Die Ü. sind die Summe aus den Aufspannverlusten in den Kraftwerkstransformatoren (→ *Transformator*) und den → *Netzverlusten.*

Übertrittsquote: Anteil der Kinder, die nach dem Besuch der Grundschule in eine weiterführende Schule übertreten. Es gibt insbesondere spezifische Ü. für Realschulen und Gymnasien. Die Ü. in einem bestimmten Raum ist ein Indikator für das Bildungsverhalten und die → *Sozialstruktur* der Bevölkerung.

Übervölkerung: Mißverhältnis zwischen der Einwohnerzahl eines Raumes und den im Vergleich dazu ungenügenden Möglichkeiten, diese Bevölkerung angemessen zu ernähren, zu beherbergen und mit Erwerbsmöglichkeiten zu versorgen. In weitgehend autarken Agrargesellschaften bezieht sich der Begriff Ü. fast ausschließlich auf den → *Nahrungsspielraum,* während in Räumen, die mit den nationalen und internationalen Handelsströmen verflochten sind und die Möglichkeit zur Einfuhr von Nahrungsmitteln haben, eher die letzteren Kriterien gelten (→ *Tragfähigkeit*). Für Ü. kann kein allgemeingültiger Richtwert, etwa in Form einer maximalen → *Bevölkerungsdichte,* angegeben werden, da dieser von der jeweiligen wirtschaftlichen und sozialen Entwicklung des Raumes und vom Lebensstandard und den Lebenserwartungen der Bevölkerung abhängt.

Überwanderung: biogeographischer Begriff aus der Dynamik der → *Arealsysteme,* wobei ältere Restpopulationen von ursprünglich weiter verbreiteten Taxa von jüngeren „überwandert" werden.

Überweidung: Folge der → *Überstockung* infolge zu starken Beweidens der Vegetation semihumider bis arider Geoökosysteme, oft zentriert um eine Wasserstelle, um die sich dann letztlich anthropogen verursachte Wüstenbereiche ausbilden mit einer konzentrisch um die Wasserstelle gestaffelten „Vegetationszonierung" infolge negativer Auslese durch das Weidevieh. Die Folge ist → *Bodenerosion* und/oder → *Desertifikation.*

Überwinterung: eine → *Ruheperiode* im Leben von Tieren der gemäßigten bis kalten Klimazonen bzw. kalten Höhenstufen, worauf sich Lebens- bzw. Verhaltensweisen eingestellt haben. Ü. kann durch → *Tierwande-*

rung, → *Kältestarre,* allgemein → *Diapause* sowie Winterruhe und → *Winterschlaf* erfolgen.

Überwinterungsgesellschaften: soziales Verhalten von Tieren zum Zweck der Überwinterung, wobei sich die Tiere in Schlupfwinkeln zusammenfinden. Ü. trifft man unter anderem bei Fröschen, Kröten, Salamandern, Kreuzottern und Fledermäusen an.

Ubiquist: eine in völlig verschiedenartig ausgestatteten Lebensräumen auftretende → *euryöke* Tier- oder Pflanzenart ohne strenge Bindung an einen Standort, woraus sich nicht keine generelle Verbreitung ergeben muß, wie die weltweite der → *Kosmopoliten.*

ubiquitär: überall verbreitet, allgemein vorkommend.

Ubiquitäten: überall vorkommende Stoffe bzw. → *natürliche Ressourcen,* die keinen Einfluß auf den Standort eines Betriebes ausüben. Wasser und Strom können U. sein, sofern sie in einem Gebiet überall in gleichen Mengen und zum gleichen Preis zur Verfügung stehen.

Ufer: Übergangssaum zwischen einem Gewässer und Festland. Das U. erstreckt sich vom Beginn des Flachwasserbereiches bis zur höchsten Hochwasserlinie. U. sind stark bewachsen und geomorphologisch der Formungsbereich der Wellen. Sie lassen sich in mehrere → *Uferzonen* gliedern. (→ *Küste*)

Uferbank (Schaar, Wysse): dem → *Strand* eines Sees vorgelagerter Lockersedimentationsbereich vor dem Abfall ins tiefere Wasser. U. sind Lebensraum von bodenwurzelnden Wasserpflanzen, welche die Seen gürtelförmig umziehen. Der Vorderabfall der U. ist die → *Seehalde.* Zwischen Strand und angeschwemmter U. kann sich noch ein erodierter U.-Bereich einschalten.

Uferdamm (Uferwall, banco): natürlicher Damm von Flüssen, bestehend aus meist feinkörnigen Lockersedimenten, die bei Hochwasser sukzessive aufgehöht werden. Es entstehen → *Dammuferflüsse* und → *Dammuferseen,* z. T. mit → *Dammuferwall.*

Uferfiltration: Einsickern von Wasser aus einem oberirdischen Gewässer durch das Gerinnebett oder den Seeboden in das Grundwasser.

Uferfiltrierung: Gewinnung von Grundwasser in der Nähe von Wasserläufen. Dabei werden in einem Mindestabstand von 50 m vom Ufer Brunnen niedergebracht. Dort erfolgt die Förderung des Grundwassers, das sehr wesentlich durch das nahe Süßgewässer angereichert ist. Zwischen Wasserlauf und Brunnen kommt es zu einer natürlichen Filtrierung im Erdreich.

Uferflucht: typisches Verhalten für viele Arten des → *Zooplanktons* in Seen und Meeren, wobei z. T. eine Tagesperiodik erkannt werden kann, die offensichtlich lichtgesteuert ist.

Uferlinie: aktuelle äußere Begrenzung des wasserbespülten Bereiches im Uferstreifen eines Gewässers.

Ufermoräne: 1. oft, aber fälschlich für → *Seitenmoräne* verwandter Begriff.

2. innerer Moränenwall, der bei Gletscherrückgang vom aktiven Gletscher und seiner Seitenmoräne getrennt ist und als gletscherrandparalleler Wall zurückbleibt, da er höher als die aktuelle Gletscheroberfläche ist und auf einen höheren Eisstand hinweist.

Uferterrasse: um → *Binnenseen* angeordnete Terrassen, die auf klimatisch bedingte Wasserstandsschwankungen hinweisen, bisweilen auch als → *Seeterrasse* bezeichnet.

Uferzonen: durch verschiedene Formen und Vegetationstypen geprägte Streifen der Uferregion, die Ausdruck des unterschiedlichen Wasserstandes und der dauernden, periodischen oder episodischen Überflutung sind.

Ultisol: Ordnung der US-Bodenklassifikation, zu der die stark verwitterten Silikatböden mit Tonanreicherungshorizont gehören (→ *Plastosole* usw.).

umbauter Raum: bei Hochbauten der Rauminhalt innerhalb deren äußerer Begrenzungsflächen. Die Berechnung des u. R. erfolgt nach DIN-Vorschriften. Ziel der Normierung ist die Vergleichbarkeit der Baukosten sowie die Wirtschaftlichkeit von Bauwerken. (→ *Baumassenzahl*)

Umbruch: in der Landwirtschaft das Umbrechen, d. h. das Umpflügen des Bodens. Dabei ist in der Regel das Umpflügen seitherigen Dauergrünlandes bzw. des im Rahmen der → *Feldgraswirtschaft* periodisch genutzten Grünlandes gemeint.

Umgebung: unscharfe Bezeichnung für engere oder weitere Lebensumwelt eines Organismus, oft ähnlich → *Umwelt* gebraucht.

Umkristallisation: unter Beteiligung von Schmelzen und in Verbindung mit einer Verdichtung ablaufende Ab- und Umbau- sowie kristalline Neubildungsprozesse in abgelagertem festen atmosphärischen Niederschlag. U. ist wesentlich an der Bildung von → *Firn* und Gletschereis aus → *Schnee* beteiligt. (→ *Metamorphose*)

Umlagerungsprodukt: in Geomorphologie, Sedimentologie und Pedologie Bezeichnung für ein Material, das durch Erosions- und/ oder Denudationsprozesse von seinem Ursprungsvorkommen entfernt und umgelagert wurde. Dabei ist die Umlagerung meist durch einen charakteristischen Prozeß bestimmt, der dem Material neue oder teilweise neue Eigenschaften verleiht. Charakteristische Umlagerungsprozesse sind → *Bodenerosion* oder → *Solifluktion*.

Umlagewirtschaft: Umlage des Ackerlandes

in der Urvegetation, d. h. es findet ein → *Wanderfeldbau* statt. Die U. erfolgt ohne intensive Bodenbearbeitung, Düngung usw. Sie ist vor allem wegen der nachlassenden Erträge erforderlich. Eine weit verbreitete U. ist die Steppen-U. Diese bildete auch in Teilen Europas den Anfang des → *Ackerbaus*.

Umland: allgemeine Bezeichnung für den Raum um eine → *Stadt* oder einen → *Zentralen Ort,* der relativ enge → *sozioökonomische Verflechtungen* mit dem Zentrum aufweist. Im Falle von Zentralen Orten wird U. häufig mit → *Einzugsgebiet* gleichgesetzt, bei größeren Städten wird insbesondere der Raum als U. bezeichnet, der in den Prozeß der → *Suburbanisierung* einbezogen ist. (→ *Hinterland,* → *Stadt-Umland-Problem*)

Umlandbedeutung: Summe der Funktionen, die ein → *Zentraler Ort* für seinen → *Einzugsbereich* leistet. Die U. entspricht dem → *Bedeutungsüberschuß,* den ein Zentraler Ort über die Versorgung seiner eigenen Bevölkerung hinaus aufweist.

Umlandmethode (empirische Umlandmethode): Methode zur Abgrenzung des → *Einzugsbereiches* eines → *Zentralen Ortes.* Bei der U. wird im weiteren → *Umland* das zu untersuchenden Ortes, also im Quellgebiet des auf diesen Ort gerichteten Verkehrs, die Bevölkerung nach dem Ort der Inanspruchnahme zentralörtlicher Dienste befragt, um auf diese Weise die äußerste Grenze bzw. den Grenzraum des Einzugsgebietes oder auch evtl. · → *Überlagerungsräume* festzustellen.

Umlandzone: im Modell der → *Stadtregion* Bezeichnung für die sich an das → *Ergänzungsgebiet* anschließenden äußeren Zonen (→ *verstädterte Zone* und → *Randzone*), die nach außen abnehmende → *sozioökonomische Verflechtungen* mit der → *Kernstadt* unterhalten.

Umlaufberg (Halsdurchbruchsberg): dort entstehender Berg, wo Windungen von Talmäandern sich sehr nahe kommen und durch starke Seitenerosion am flußabwärtigen Prallhang der Mäanderhals durchbrechen kann. Die von dem → *Umlauftal* umschlossene Vollform ist der U.

Umlaufsee: in tropischen Schwemmlandebenen durch → *Dammuferflüsse* neben den → *Dammuferseen* als rundliche Formen entstehender See, die innerhalb abgeschnittener Mäanderschlingen liegen, von denen sich der Fluß nach dem Durchbruch durch Dammaufschüttung selber isoliert hat. Die Hohlform, die tiefer als die Dammufer und der Fluß liegt, füllt sich mit Niederschlags- und Grundwasser zum U., der demnach kein → *Altwasser* ist.

Umlauftal: ehemaliges Laufstück eines Flusses, das einen → *Umlaufberg* umschließt und das – wegen der Verkürzung des Flußlaufes und der Abschnürung der Schlinge – ein → *Trockental* bildet.

Umlegung: die Veränderung von Grundstücksgrenzen in unbebauten und bebauten Gebieten als Voraussetzung zur Durchführung einer sachgerechten → *Bauleitplanung*. Von U. spricht man insbesondere im Zusammenhang mit der → *Flurbereinigung*. Hier wird landwirtschaftlicher Grundbesitz im Rahmen der U. zusammengefaßt und neu verteilt. Erfolgt die U. in Baugebieten, so spricht man von einer Bauland-U.

Umsatz: in der Wirtschaft das wert- und mengenmäßig Umgesetzte, d. h. die abgesetzten Produkte bzw. erbrachten Leistungen. Der U. ist eine wichtige betriebliche Meßziffer zur Beurteilung des Erfolgs bzw. der Leistungsfähigkeit einer Wirtschaftseinheit.

Umsatzschwelle: Mindestumsatz, der in einem marktwirtschaftlichen System in einem bestimmten Ort von einem bestimmten Gut erreicht werden muß, um dieses Gut anbieten zu können. Berechnungen über U. für einzelne Güter sind vor allem bezüglich der Ausstattung → *Zentraler Orte* in Abhängigkeit von der Größe ihres → *Einzugsgebietes* und der dort vorhandenen Kaufkraft wichtig.

Umsatzüberschußmethode: Methode zur Ermittlung der → *Zentralität* – im Sinne von → *Bedeutungsüberschuß* – eines → *Zentralen Ortes*. Bei der U. wird die Differenz zwischen dem in einem Ort erzielten Gesamtumsatz in zentralitätstypischen Dienstleistungsbetrieben, insbesondere Einzelhandelsgeschäften, und dem auf die einheimische Bevölkerung selbst zurückgehenden Teil des Umsatzes als Zentralitätsmaß verwendet.

Umsatzwasser: → *Grundwasser,* das jährlich oder in Perioden von wenigen Jahren in den Wasserkreislauf einbezogen ist.

Umschlag: Umladen von Waren im Rahmen des → *gebrochenen Verkehrs* von einem Transportmittel auf ein anderes. Der Begriff wird insbesondere für das Umladen von Land- auf Seeverkehrsmittel und umgekehrt gebraucht, z. T. aber auch für das Be- und Entladen von Transportmitteln am Produktions- bzw. Bestimmungsort verwendet.

Umschlaghafen: Hafen, an dem bestimmte Güter ver- und entladen werden. So ist z. B. Hamburg ein wichtiger U. für zahlreiche Erzeugnisse der tropischen Landwirtschaft.

Umschlagplatz (Umschlagort): Ort, insbesondere → *Verkehrsknotenpunkt,* an dem Waren von einem Verkehrsmittel in ein anderes verladen werden. U. sind z. B. Häfen oder Güterbahnhöfe.

Umsiedler: Angehöriger einer Volksgruppe, die auf der Grundlage gesetzlicher bzw. vertraglicher Festlegungen in ein anderes Gebiet umgesiedelt wird. U. sind z. B. die im Zuge des II. Weltkrieges aus Südosteuropa nach Deutschland umgesiedelten Volksdeutschen.

Umsiedlung: die auf gesetzlichem bzw. vertraglichem Wege eingeleitete Wohnsitzverlagerung geschlossener Bevölkerungsgruppen. U. werden vorgenommen, um Nationalitäten zusammenzuführen oder auch aus politischen Erwägungen heraus die Bevölkerungs- und Sozialstruktur eines Siedlungsgebietes zu verändern. Auch kommt es wegen großflächiger Bebauungs- und Abbauvorhaben (→ *Tagebau*) zu U. Ganze Dörfer mußten ferner wegen der Errichtung von → *Talsperren* umgesiedelt werden.

Umteilungsflur: meist periodisch, evtl. durch Losentscheid, an die berechtigten Flurgenossen neu verteilte Flur. Das Prinzip der U. gibt es weltweit. Bekannt wurde vor allem das bis in 19. Jh. in Rußland praktizierte → *Mir-System*.

Umtrieb: forstwirtschaftlicher Begriff für die mittlere Zeitspanne von der Begründung eines Waldbestandes bis zur Endnutzung durch Abräumen der Fläche und somit den mittleren Produktionszeitraum repräsentierend, in welchem ein Bestandstyp das geplante Betriebsziel erreicht. Der U. kann von der natürlichen Lebensdauer, aber auch von forsttechnischen und/oder ökonomischen Gesichtspunkten bestimmt sein.

Umtriebsdauer: 1. in der Landwirtschaft generell die Nutzungsdauer von Pflanzen- oder Viehbeständen. Sie wird für die jeweiligen Kulturen (z. B. Reb- oder Obstanlagen) und Nutztierarten in Jahren angegeben.

2. die Länge des Fruchtumlaufes (→ *Rotation*) bei der → *Fruchtfolge*, ausgedrückt in Jahren.

3. in der Forstwirtschaft die Dauer vom Pflanzen eines Jungbaums an gerechnet bis zum Zeitpunkt des Schlagens.

Umtriebsweide (Koppelweide): Weidesystem, bei dem das Vieh kleinere eingezäunte Weideflächen 5–7 mal während einer Weideperiode rotationsartig wechselt. Durch dieses umschichtige Beweiden werden eine zwischenzeitliche Wuchserneuerung und damit insgesamt eine rationelle Bestandsnutzung möglich.

Umvolkung: heute nur noch selten gebrauchte Bezeichnung für den Prozeß der allmählichen ethnischen und/oder sprachlichen Umwandlung eines Volkes, insbesondere durch intensive Vermischung mit Angehörigen eines anderen Volkes (Eroberer, Einwanderer).

Umwälzfaktor: Kennzahl, welche die Zeitdauer angibt, innerhalb derer sich das Wasser eines Sees durch Zu- und entsprechende Abflüsse völlig erneuert.

Umwandlungsgesteine: wenig gebräuchliche Bezeichnung für → *Metamorphite*.

Umwelt: allgemeine Bezeichnung für Lebensumwelt, → Milieu, also den Bereich, in dem sich das Dasein eines Lebewesens abspielt. Zahlreiche Wissenschaften beschäftigen sich mit der Umwelt und verwenden den Begriff unterschiedlich.

1. gesamte → Umgebung eines Organismus, die von biotischen, abiotischen und anthropogenen Faktoren bestimmt ist, zu denen der Organismus in direkten und indirekten Wechselbeziehungen steht.

2. Verengung des U.-Begriffes auf den Komplex der lebensnotwendigen Faktoren in der Umgebung eines Organismus und der daraus resultierenden Beziehungen, so daß er überleben und sich vermehren kann, entsprechend der → Minimalumwelt.

3. psychische U.-Beziehungen eines Organismus, welche die U. als eine „Eigenwelt" erscheinen lassen.

4. in der Biologie unter genetischen Aspekten die Gesamtheit aller inneren und äußeren Faktoren und Bedingungen, welche die genetischen Informationen beeinflussen und bei der Merkmalsausbildung eines Organismus mitwirken, d.h. der → Phänotyp eines Organismus resultiert aus dem Genotyp und den Umweltbedingungen. Dabei legt der Genotyp die Reaktionsnorm fest, während die U. darüber entscheidet, welcher Ausschnitt der Reaktionsnorm realisiert werden kann.

5. in Geo- und Biowissenschaften Sammelbegriff für das → Ökosystem bzw. → landschaftliche Ökosystem.

6. in der Geographie und in geographieanwendenden Fachbereichen mit deutlicher Anthropozentrik wird, auf der Basis des Ökosystems, die U. unter verschiedenen Aspekten teilweise oder insgesamt betrachtet mit natürlicher oder physischer, sozialer oder kultureller und technischer U. Dabei repräsentiert die natürliche U. die Gesamtheit der abiotischen und biotischen → Geofaktoren im Sinne des → Naturraumpotentials. Die soziale U. umfaßt die gesellschaftlichen Rahmenbedingungen des menschlichen Lebens, wobei die Betrachtung des Naturraumpotentials der U. peripher oder ausgeschlossen bleibt oder bleiben kann. Die technische U. stellt die technischen Randbedingungen des menschlichen Lebens dar, von denen direkte oder indirekte Auswirkungen auf die natürliche U. und ihre Ökosysteme ausgehen (können).

Umweltabgaben: finanzielle/steuerliche Abgaben zur Erreichung umweltpolitischer Ziele.

Umweltauflagen: umweltbezogene Verhaltensvorschriften für Wirtschaft und Bevölkerung in Form von Verboten und Geboten.

Umweltbeanspruchung: aus anthropozentrischer Sicht die Folge im Hinblick auf die → Umwelt als Lebens- und Wirtschaftsraum.

Die allgemeine U. umfaßt auch Bereiche der Einflußnahme auf die Umwelt durch → Umweltbeeinflussung und → Umweltbelastung, die beide eine → Umweltgefährdung bedeuten können.

Umweltbeeinflussung: ein Sammelbegriff für Einwirkungen auf die → Umwelt, von denen ein Teil natürlich, ein Teil künstlich (anthropogen bzw. technogen) ist, wobei letztere vom Beginn des Industriezeitalters an zunehmend zur → Umweltgefährdung werden. Die biologische U. ergibt sich durch Stoffwechselprodukte, die in von der Populationsdichte bestimmten Mengen anfallen und andere Umweltfaktoren im Sinne der → ökologischen Faktoren beeinflussen können. Die anthropogene U. entsteht durch einerseits Stoffwechselprodukte, andererseits chemophysikalische Eingaben und/oder Einwirkungen auf die → Ökosysteme der Umwelt. U. erfolgt auch durch → Umweltbelastung.

Umweltbelastung: im Sinne der → Belastung von Ökosystemen technogene bzw. anthropogene Eingriffe in die → Umwelt. Sie führen meist zu → Umweltschäden.

Umweltbilanz: statistische Aufstellung von Umweltdaten zur Darstellung der Veränderungen in der Umwelt. (→ Umweltstatistik)

Umweltforschung: etwas unscharfe Bezeichnung für einzelne Fachbereiche der Natur-, Wirtschafts- und Sozialwissenschaften, die sich mit der → Umwelt des Menschen, der → Umweltbeeinflussung und den daraus resultierenden ökologischen, ökonomischen und sozialen Folgen beschäftigen. Wegen der großen Komplexität der Umwelt und den zahlreichen möglichen Betrachtungsperspektiven wird zwar ein → integrativer Ansatz angestrebt, aber forschungspraktisch aus methodischen Gründen meist nur selten verwirklicht. Ziel der U. ist die Erkenntnis vom Funktionieren der Umwelt, Gefahren für die Umwelt zu erkennen und Abwehrmaßnahmen auszuarbeiten sowie Normen und Wertvorstellungen zu entwickeln, die der Umwelt als Lebensraum des Menschen gerecht werden.

Umweltforum: eine in der Bundesrepublik Deutschland im Rahmen des → Umweltprogrammes von der Bundesregierung begründete Institution, die sich aus Vertretern von Vereinen und Verbänden zusammensetzt, um Sachverhalte der → Umwelt, des → Umweltschutzes und der → Umweltplanung zu diskutieren, woraus Grundlagen für die → Umweltpolitik erwachsen sollen.

Umweltgefährdung: erfolgt durch anthropogene bzw. technogene Eingriffe in die → Ökosysteme der → Umwelt, so daß die → Umweltqualität Schaden nimmt. So wird nicht nur die Funktionsfähigkeit der Natur schlechthin beeinträchtigt bis vernichtet, sondern letztlich auch die Produktivität der

Wirtschaft und somit die Existenz des Menschen in Frage gestellt, die vom → *Naturraumpotential* direkt und indirekt abhängig sind. U. geht vorwiegend auf ökonomisches Handeln zurück, dem eine Beziehung über die Funktion einer natürlichen Lebensumwelt des Menschen weitgehend fehlt.

Umweltgeographie: thematische Schwerpunktsetzung gegenüber einer „klassischen" → *Geographie,* in der der Systemzusammenhang Natur-Technik-Gesellschaft im Sinne der → *geographischen Realität* behandelt werden soll. Die U. entspricht damit zu großen Teilen der → *Ökogeographie,* jedoch mit verstärkt sozialwissenschaftlicher Betrachtungsperspektive.

umweltgerechte Technik: Sammelbegriff für jene Techniken bzw. Wirtschafts- und Landnutzungsmethoden, die einer geordneten Funktion der natürlichen → *Umwelt* - im Sinne der Erhaltung des → *Lebensraumes* des Menschen - gerecht werden und trotzdem der Verwirklichung technischer und wirtschaftlicher Ziele dienen. Eine u. T. soll verhindern, die → *Umweltqualität* und deren natürliche Grundlagen zu gefährden.

Umweltkapazität: 1. biogeographisch-bioökologischer Begriff für das biologische Fassungsvermögen eines Lebensraumes, dessen → *Umweltfaktoren* es einer gewissen Individuenzahl einer Population ermöglichen zu überleben und sich zu vermehren. 2. auch - nicht ganz präzise - verwendet für das aus der Natur resultierende „Angebot" der → *Umwelt* im Sinne des → *Naturraumpotentials.*

Umweltkontrolle: eine Folge der → *Umweltschutzpolitik;* gesetzgeberische Maßnahmen, welche die Überwachung qualitätsbestimmender Größen der → *Umwelt* zum Ziele haben.

Umweltkunde: ein Schulfach, das zeitweise den Geographieunterricht ersetzte oder ersetzt und z. T. auch als Weltkunde bezeichnet wird, wobei eine bruchstückhafte Wissensvermittlung erfolgte und übergeordnete Zielsetzungen - etwa im Sinne der → *Schulgeographie* - nicht erkennbar waren und sind.

Umweltlizenz (Umweltzertifikat): umweltpolitisches Instrument des Staates zur Durchsetzung umweltpolitischer Ziele über die Ausgabe bzw. den Verkauf von Umweltverschmutzungsrechten. Mit Hilfe von U. soll ein politisch fixierter Umweltstandard mit minimalen volkswirtschaftlichen Kosten erreicht werden.

Umweltmedien: die Sachbereiche Luft, Wasser, Boden und Organismen, auf die sich Umweltbelastungen auswirken können.

Umweltökologie: 1. unscharfe Bezeichnung aus dem Bereich der Wirtschafts- und Sozialwissenschaften sowie verschiedener planerischer Bereiche mit einer Behandlung der → *Umwelt* ohne Belange der klassischen → *Ökologie.*
2. sehr unscharfe Bezeichnung für die Sachverhalte der natürlichen Umwelt und als Gegensatz zur → *Umweltökonomie* verstanden.

Umweltökonomie: 1. eine überwiegend wirtschaftswissenschaftliche, z. T. auch sozioökonomische Betrachtungsweise der Umwelt mit Teilberücksichtigung einzelner Aspekte des Naturraumpotentials, soweit diese direkte ökonomische und/oder soziale Bezüge aufweisen.
2. überwiegend wirtschaftswissenschaftliche Betrachtungsweise, die Umwelt als anthropogenes → *System* betrachtend.

Umweltpflege: unscharfe Sammelbezeichnung für die von der → *Umweltpolitik* geplante Beeinflussung der Umwelt zur Erhaltung des → *Naturraumpotentials,* praktisch aber vor allem repräsentiert durch Maßnahmen der → *Landschaftspflege.*

Umweltplanung: Sammelbezeichnung für verschiedene Planungsmaßnahmen zur Verwirklichung von Zielen der → *Umweltpolitik* in Form einer überfachlichen Rahmenplanung, die aber konkret durch → *Raumordnung* und → *Landesplanung* realisiert wird. Ziel der U. ist es, eine von gesellschaftspolitischen Normen und Traditionen bestimmte lebenswerte → *Umwelt* als → *Lebensraum* des Menschen zu erhalten. Genaugenommen ist jede raumbezogene Planung eine Planung der Umwelt, also U.

Umweltpolitik (Umweltschutzpolitik): 1. eine Sammelbezeichnung für politische und planerische Maßnahmen, die der Gestaltung der Umwelt im Sinne eines menschlichen Lebensraumes dienen.
2. Gesamtheit der politischen und planerischen Maßnahmen, welche das → *Naturraumpotential* der Umwelt schützen und die → *Umweltbeeinflussung* steuern sowie die → *Umweltgefährdung* regulieren sollen, wobei man sich dabei des Instrumentariums der → *Raumordnung* und → *Landesplanung* bedient. In diesem spezifischen Sinne wäre die U. auch Umweltschutzpolitik.

Umweltprogramm: in der Bundesrepublik Deutschland Bestandteil der Innenpolitik und Handlungsrahmen für die → *Umweltpolitik,* realisiert durch die verschiedensten Maßnahmen der → *Umweltplanung.*

Umweltqualität: unscharfer Sammelbegriff für die Zustände von einigen „ *Umwelten"* für die aus sozialen, wirtschaftlichen, historischen und kulturellen Belangen Normen und Wertmaßstäbe festgesetzt werden. Dabei umfaßt die U. natürliche, soziale, ökonomische und technische Bereiche der Lebensumwelt.

Umwelttrasse (Landrasse, Naturrasse, Primitivrasse): in der Tierzucht durch natürliche

Zuchtwahl entstandene und vom Menschen züchterisch noch wenig bearbeitete → *Rassen,* die sich unter dem Einfluß der natürlichen → *Umwelt* herausgebildet haben, wo sie durch Kulturrassen nicht oder kaum bedrängt wurden. Sie zeichnen sich durch hohe Anpassungsfähigkeit, hochgradige Umweltresistenz und geringe Haltungsansprüche aus. Sie stehen den → *Zuchtrassen* gegenüber.

Umweltrecht: Gesamtheit der gesetzgeberischen Maßnahmen zur Durchsetzung des Umweltschutzes. In der Bundesrepublik Deutschland gibt es noch kein einheitliches U. Durch die Kompetenz der Länder in diesem Sachgebiet und die Vielzahl unterschiedlicher Gesetze, Verordnungen und Verwaltungsvorschriften ist die bundesweite Durchsetzung des Umweltschutzes nicht immer ganz leicht.

Umweltschäden: überwiegend auf Schäden im → *Naturraumpotential,* entstanden durch → *Umweltbelastung,* bezogener Begriff. Dabei kann zwischen reversiblen und irreversiblen Umweltschäden unterschieden werden, die ausschließlich anthropogen-technogene Ursachen haben.

Umweltschutz: Gesamtheit der Maßnahmen und Verhaltensweisen des Menschen, die der Erhaltung und Verbesserung seines → *Lebensraumes* im Sinne der natürlichen → *Umwelt* dienen und die nicht nur direkte Eingriffe in das → *Naturraumpotential* bedeuten, sondern auch indirekte Maßnahmen wie Immissionsschutz, Gewässerschutz, Bodenschutz usw. umfassen. Die Maßnahmen des U. werden von der → *Umweltpolitik* bestimmt und sind an sich seit Beginn des Industriezeitalters erforderlich, spätestens aber seit der Potenzierung der Industrialisierung nach dem II. Weltkrieg.

Umweltstatistik: Erhebung, Verarbeitung und Speicherung von Umweltdaten mit Hilfe statistischer Methoden. Die U. soll in der Bundesrepublik Deutschland gesetzliche Grundlagen erhalten.

Umweltverschmutzung: Folge verschiedener Effekte der → *Umweltbeeinflussung* und ausschließlich anthropogen-technogener Ursache. Sie erfolgt in den → *landschaftlichen Ökosystemen* durch Einbringen von Abfall, Abwasser, Abwärme, Lärm, Schädlingsbekämpfungsmittel usw. Im weiteren Sinne wird unter U. auch die Schädigung und Zerstörung von Naturschönheit und Ortsbildern verstanden, also neben den ökofunktionalen auch visuell-ästhetische Schädigungen einer weiteren Lebensumwelt des Menschen, was begrifflich und inhaltlich inkorrekt ist. Von der U. gehen → *Umweltschäden* aus.

Umweltverträglichkeitsprüfung (UVP): von staatlichen Institutionen durchgeführte Prüfung zur Feststellung möglicher schädlicher

Umwelteinwirkungen, die von öffentlichen Maßnahmen (z. B. Bauplanungen, neue Verordnungen) ausgehen können. Die U. kann die Erstellung einer Risikoanalyse oder eines Risikokatasters notwendig machen.

Umweltwahrnehmung: psychologischer Ansatz sozialwissenschaftlicher Teilbereiche der → *Anthropogeographie,* der sich auf die Wahrnehmung und kritische Betrachtung der sozialen, ökonomischen und technischen → *Umwelt* des Menschen bezieht.

Umweltwiderstand: jene → *ökologischen Faktoren,* welche die Höhe der → *Mortalität* einer Population vor Erreichen ihres fortpflanzungsfähigen Alters bedingen.

Umweltwirkung: 1. allgemein die Wirkung der → *Umwelt* auf den Menschen unter sozialen, ethischen und/oder ästhetischen Aspekten.
2. Gesamtfunktion der Umwelt im Sinne des → *Ökosystems* mit Beziehungen zum Menschen durch ihren Charakter als → *Naturraumpotential.*

Umwidmung: nachträgliche Änderung einer bereits beschlossenen planungsrechtlichen Einordnung eines Grundstücks im Rahmen der → *Bauleitplanung.* Durch U. entstehen z. B. Baugebiete aus vormals nicht bebaubarem Land. (→ *Bauerwartungsland,* → *Bauland*)

Umzug: allgemein die dem Prozeß der → *Wanderung* zugrundeliegende Verlegung einer Wohnung oder eines Betriebsstandorts. Im engeren Sinn wird unter U. nur die innergemeindliche Wanderung verstanden, im Gegensatz zu Zuzug oder Fortzug über Gemeindegrenzen hinweg.

unbalanced growth: Entwicklungsstrategie, die bei Verknappung von Investitionsmitteln gezielt eine ungleichgewichtige Förderung bestimmter Wirtschaftsbereiche bzw. Industriezweige zum Ziele hat. Aus den daraus entstehenden Engpässen in vor- und nachgelagerten Bereichen/Branchen ergibt sich eine immer weiter um sich greifende Belebung der Investitionstätigkeit, Beschäftigung usw. auch außerhalb der ursprünglich geförderten Schwerpunkte.

unbedeckter Karst: unscharfer Begriff für den → *nackten Karst* gegenübergestellt dem → *bedeckten Karst.*

UNCLOS (UN Conference on the Law of the Sea): → *Seerechtskonferenz* der Vereinten Nationen (→ *Seerecht*).

UNCTAD (UN Conference of Trade and Development): Welthandels- und Entwicklungskonferenz, die 1964 als Organ der UN-Generalversammlung mit dem Ziel errichtet wurde, die internationalen Wirtschaftsbeziehungen in Richtung auf eine volle Integration der Entwicklungsländer weiterzuentwickeln. Der UNCTAD gehörten 1983 155 Mitglieder an. Die Verhandlungen erfolgen in der Regel nach Ländergruppen. Gruppen sind die westlichen Industrieländer, die Ostblockländer, die Volksrepublik China und die → *Gruppe der 77* (127 Entwicklungsländer). (→ *Neue Weltwirtschaftsordnung*)

Undation: ähnlich der → *Epirogenese* großräumige und langzeitig ablaufende Verbiegung der Erdkruste und der → *Undulation* gegenübergestellt.

UNDP: (UN Development Program): Entwicklungsprogramm der Vereinten Nationen. Ziel des UNDP ist es, Entwicklungsländern → *technische Hilfe* zu gewähren sowie Vorhaben zu finanzieren, die die Voraussetzungen für neue Kapitalinvestitionen schaffen oder deren Wirksamkeit erhöhen. Die einzelnen Projekte werden in der Regel von UN-Sonderorganisationen durchgeführt.

Undulation: gegenüber der → *Undation* relativ kleinerräumige Störungen in der Erdkruste, z.B. als → *Tektogenese,* wobei auch → *Bruchlinien* und → *Faltungen* auftreten.

unechtes Grundwasser: → *Grundwasser,* welches nicht durch Versickerung von Niederschlagswasser, sondern durch Übertritt von Flußwasser aus dem Gerinnebett in den Grundwasserkörper (besonders bei Hochwasser) gebildet wurde.

Unehelichenquote: in der Demographie Maßzahl für die → *Legitimität* von Geburten. Die U. für einen Raum errechnet sich als prozentualer Anteil der unehelich Geborenen an der Gesamtzahl der Geborenen; sie kann ein Hinweis auf regional differenzierte → *Sozialstrukturen* sein.

UNEP (UN Environment Program): Umweltschutzprogramm der Vereinten Nationen. Im UNEP werden die UN-Projekte auf dem Gebiet des Umweltschutzes koordiniert.

UNESCO (UN Educational, Scientific and Cultural Organization): Erziehungs-, Wissenschafts- und Kulturorganisation der → *UNO.* Die U. ist eine 1946 gegründete Sonderorganisation der UNO mit Sitz in Paris.

ungespanntes Grundwasser (freies Grundwasser): frei fließendes → *Grundwasser,* dessen Oberfläche mit dem atmosphärischen Druck im Gleichgewicht steht (→ *gespanntes Grundwasser*).

Ungeziefer: im Sinne der → *Schädlinge* jene Organismen, die der Gesundheit des Menschen, seiner Nutzpflanzen und Nutztiere entgegenwirken.

ungleicher Tausch: Begriff aus der → *Entwicklungstheorie,* der davon ausgeht, daß Waren nicht entsprechend der Menge gesellschaftlich notwendiger Arbeit, die in ihnen enthalten ist, ausgetauscht werden.

UNIDO (UN Industrial Development Organization): Organisation für industrielle Ent-

Unit Hydrograph

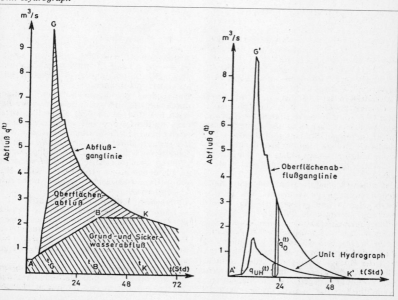

wicklung der Vereinten Nationen. Aufgabe der UNIDO ist die Förderung der industriellen Entwicklung in den Ländern der Dritten Welt. Die UNIDO koordiniert alle UN-Aktivitäten in diesem Bereiche und fördert Investitionen in Entwicklungsländern sowie die industrielle Kooperation zwischen Industrie- und Entwicklungsländern bzw. zwischen verschiedenen Entwicklungsländern.

Unit Hydrograph: in vereinheitlichtem Maßstab konstruierte Ganglinie des Oberflächenabflusses eines Einzugsgebietes, der durch 1 mm effektiven (direkt in den Abfluß gelangenden) Niederschlag, welcher gleichmäßig verteilt und mit gleichbleibender Intensität während einer bestimmten Zeit gefallen ist, zustandekommt. Der U. H. kann für die Untersuchung von Niederschlags-Abfluß-Beziehungen verschiedener Einzugsgebiete hilfreich sein. Er erlaubt Aussagen über den Hochwasserabfluß und vergleichende Untersuchungen über die im Hochwasserbereich wirksamen Wasserhaushaltsfaktoren. (Abb. S. 323)

Universalrasse: eine → *Standortrasse,* die große Anpassungsfähigkeit besitzt und → *euryök* ist.

Universalsorte: Pflanzen mit hoher Anpassungsfähigkeit, allgemein verbreitet (wenn auch räumlich begrenzt) und → *euryök,* ähnlich dem Begriff → *Universalrasse.*

Universitätsstadt: allgemein eine Stadt mit einer Universität. Speziell werden solche Städte als U. bezeichnet, in denen die Universität eine besonders große und meist in längerer Zeit historisch gewachsene Rolle im wirtschaftlichen und gesellschaftlichen Leben der Stadt spielt und mit ihren Professoren und Studenten das städtische Leben entscheidend prägt. U. in diesem Sinn sind z. B. Tübingen und Göttingen oder, besonders ausgeprägt, Oxford und Cambridge.

Universitätsviertel: Stadtviertel in einer → *Universitätsstadt,* in dem die Universität liegt und für das universitätsnahe Nutzungen charakteristisch sind (Studentenheime, Buchhandlungen, Studentenlokale usw.). Typische U. sind vor allem in historischen Universitätsstädten ausgebildet; das Pariser U. → *quartier latin* wurde international namengebend.

Unkräuter (Segetalpflanzen): aus wirtschaftlichen Gründen unerwünschte, oft als Bodenvegetation und gelegentlich Massenverbreitung aufweisende Pflanzen in Kulturpflanzengemeinschaften. Durch Konkurrenz werden den → *Kulturpflanzen* Bodenraum, Licht, Wasser und Nährstoffe genommen, so daß Behinderungen im Wachstum auftreten und die Erträge verringert werden können. Die U. verfügen gewöhnlich über eine größere Vitalität, ausgedrückt in langjähriger Keimfähigkeit der Samen, rascher Vermehrungsfähigkeit, raschem Keimen usw. Die U. werden auch als → *Wildkräuter* bezeichnet.

Unkrautgesellschaft: Bezeichnung für Pflanzengemeinschaften der → *Unkräuter,* die generell weltweit verbreitet sind und vor allem von → *Ackerunkrautgesellschaften* repräsentiert werden.

Unland: verwandt dem → *Ödland* und Repräsentant jener Bodenflächen, die aus natürlichen Gründen keine land- oder forstwirtschaftliche Nutzung zulassen, weil sie nicht (mehr) kultiviert sind, oder die keinen land- oder forstwirtschaftlichen Ertrag liefern.

UNO (United Nations Organization, Vereinte Nationen): eine 1945 von 51 Staaten gegründete Gemeinschaft souveräner Staaten zum Zweck der internationalen Zusammenarbeit im politischen, wirtschaftlichen und kulturellen Bereich. Der Sitz ist New York; die Mitgliederzahl beträgt 158 (1983), d. h. fast alle souveränen Staaten der Erde. Die Arbeit der U. erfolgt vor allem durch Unter- und Sonderorganisationen, z. B. durch die → *FAO,* → *UNESCO,* → *UNIDO,* → *UNCTAD.*

unproduktive Verdunstung: direkt aus dem Boden oder einer Wasserfläche, ohne Beteiligung von pflanzlichen Organismen erfolgende → *Verdunstung* (→ *Evaporation*).

Unproduktivland: in der Landwirtschaft das nicht in die Bodennutzung miteinbezogene Land.

Unterbeschäftigung: im Gegensatz zur → *Vollbeschäftigung* und Teilzeitbeschäftigung (→ *Teilzeitarbeit*) Form der Beschäftigung, bei der wegen des zu kleinen Arbeitsumfangs die Arbeitsleistung der für diese Arbeit eingeteilten Arbeitskräfte nicht voll ausgenützt werden kann. U. tritt z. B. häufig durch personelle Aufblähung im öffentlichen Sektor von Drittweltländern auf.

Unterboden: der kaum humose, geringer durchwurzelte und wenig belebte untere Bereich des Bodens, in dem Mineralverwitterung stattfindet und verlagerte Stoffe angereichert werden. In bearbeiteten Böden wird der gesamte durch die Bearbeitung nicht erfaßte Bereich zum U. gezählt. Pedogenetisch gehören aber mineralische → *Bodenhorizonte,* aus denen Stoffe (Ton, Oxide, Salze, Huminstoffe) ausgewaschen werden, nicht zum U. sondern zum → *Oberboden.*

Unterboden-Melioration: Verfahren der → *Kulturtechnik,* bei dem durch → *Tiefpflügen* oder Tieflockern ungünstige Eigenschaften des → *Unterbodens* (Wasserstau, Verdichtungen) beseitigt und der tiefere Bodenbereich für die Pflanzen zugänglich gemacht werden soll.

Unterdrückungszeitraum: Entwicklungsabschnitt von Schatt- und Halbschattbaumarten der subalpinen und montanen Hochgebirgsstufe, die in der Unterschicht bis zu 200 oder 300 Jahre existieren können und die auf Grund ihrer unterdrückten Vitalität nach Wegfall der Überschirmung in die Oberschichten durchwachsen und dann fünf bis sechs Jahrhunderte alt werden können.

Unterelement: → *Florenelement*, das für eine Unterregion einer → *Florenregion* charakteristisch ist.

unterentwickeltes Land: früher gebräuchliche Bezeichnung für → *Entwicklungsland*. Da mit dem Begriff u. L. einer verbalen Diskriminierung kein Vorschub geleistet werden sollte, wurde die neue Bezeichnung gewählt.

Unterentwicklung: der Tatbestand eines erheblichen Rückstandes in der Entwicklung wirtschaftlicher und gesellschaftlicher Strukturen in einem Erdraum im Vergleich zu Ländern, in denen alle essentiellen Grundbedürfnisse der Bevölkerung befriedigt werden können (→ *Entwicklungsland*).

Unterernährung: Tatbestand einer unzureichenden Ernährung. Bei U. kann der Kalorienbedarf des Organismus nicht ausreichend gedeckt werden. Bei länger andauernder U. kommt es zu körperlicher und geistiger Schwäche, oft auch zu bleibenden Gesundheitsschäden. U. bzw. → *Mangelernährung* ist ein ernstes Problem in vielen Ländern der Dritten Welt.

Unterflurbewässerung (Untergrundbewässerung): wassersparende Form der → *Bewässerung*, bei der die Wasserzufuhr über Rohrleitungen unterhalb der Bodenoberfläche erfolgt. Wasserverluste durch Verdunstung und Versalzungsgefahr bleiben somit gering.

untergeordnete Vergletscherung: wassergespeiste Vereisung mit Talgletschern, welche der Reliefformen angepaßt (= untergeordnet) ist.

Unterglaskultur: Pflanzen, die in Gewächshäusern (Hochglas) und Frühbeeten (Niederglas) herangezogen werden. U. sind vor allem in Klimabereichen von Bedeutung, wo es, jahreszeitlich bedingt, zu einem Wachstumsstillstand der Vegetation kommt. U., im wesentlichen Gemüse und Zierpflanzen, werden häufig ausgesprochen verbrauchernah produziert (am Rande von Verdichtungsräumen).

Untergrund: unter der Bodendecke liegende, von Verwitterungsprozessen unbeeinflußte Gesteinsschichten.

Unterhaltskonzept: bei Volkszählungen angewandtes statistisches Konzept zur Feststellung der überwiegenden Unterhaltsquelle einer Person (z. B. durch eigene oder fremde Erwerbstätigkeit in einem der drei Wirtschaftssektoren, durch Rente, Pension, Vermögenserträge usw.). Im Gegensatz zum → *Erwerbskonzept* wird beim U. nicht die eigene Beteiligung am Erwerbsleben festge-

stellt, sondern der Lebensunterhalt, gleichgültig ob er durch eigene Quellen oder durch andere Personen (Eltern, Ehegatten usw.) gewährleistet wird.

Unterhang: zentraler Begriff der → *Hangforschung* in der Geomorphologie, der dem → *Oberhang* und dem → *Mittelhang* zugeordnet ist und der sich in - meist konkaver oder gestreckter Form - an den eher gestreckten Mittelhang nach unten anschließt. Dem U. kommt in der Theorie besondere Bedeutung zu, weil an ihm verschiedene Flachformen ansetzen, wie → *Pedimente* und → *Glacis*.

Unterholz: der im → *Mittelwald* als → *Niederwald* behandelte Stockausschlagnebenbestand, welcher der Brennholzerzeugung dient.

unterirdischer Karst: Sammelbezeichnung für jene Typen des → *Karstes*, die dem → *Oberflächenkarst* gegenübergestellt werden und wie dieser auf die → *Lösungsverwitterung* zurückgehen, aber durch ihre Lageposition im Gesteinskörper zu den verschiedensten unterirdischen Formen führen, wie → *Karsthöhlen*. Der u. K. ist gleichzeitig der Bereich des → *Karstwassers* und zeichnet sich durch eine besondere → *Karsthydrographie* aus.

unterirdisches Wasser: Oberbegriff für alles unter der Erdoberfläche befindliche Wasser (→ *Grundwasser*, → *Kluftwasser*, → *Karstwasser*, → *Höhlenwasser*, → *juveniles Wasser*, → *Poreneis*, → *Bodenwasser*). Nur ein Teil des u. W. ist in den Wasserkreislauf einbezogen.

unterkühltes Wasser: Wasser, das kälter als 0 °C ist.

Unterkultur: Anbau von niedrigen Nutzpflanzen unter hochwüchsigen Kulturen (meist → *Dauerkulturen*), z. B. Obstbäumen oder Rebstöcken. Die U. ist im Mittelmeerraum weit verbreitet. (→ *Stockwerkkultur*, → *Mischkultur*)

Unterlage: 1. in der Meteorologie und Klimatologie Bezeichnung für die Erdoberfläche.
2. Gesteinsschicht, auf der sich Massenbewegungen vollziehen.

Unternehmer: Person, die einen Wirtschaftsbetrieb auf eigene Rechnung und Gefahr führt und dabei unselbständige Erwerbstätige als Arbeitgeber beschäftigt. Die wichtigste Funktion des U. liegt in der Bereitstellung des Kapitals und der Führung des Unternehmens.

Unternehmenskonzentration: der verstärkte wirtschaftliche und rechtliche Zusammenschluß von → *Unternehmungen* in der Form von → *Konzernen*, → *Kartellen* oder → *Trusts*.

Unternehmung (Unternehmen): rechtliche und organisatorische Wirtschaftseinheit, in der die Produktionsfaktoren Arbeit und Kapital in einem marktwirtschaftlichen System zusammengefaßt werden. Eine U. kann mehrere Betriebe umfassen. Sie ist die kleinste gesondert bilanzierende, rechtlich selbständige, örtlich aber nicht gebundene Wirtschaftseinheit. (→ *Mehrwerksunternehmen*)

Unterregion: Untereinheit einer → *Florenregion,* die durch bestimmte Pflanzen charakterisiert ist.

Untersaat: das Einsäen von Nutzpflanzen in eine andere Kultur. Häufig fungiert Klee oder Kleegras als U. bei Getreide, der sog. → *Deckfrucht.* Dabei kommt erst nach der Ernte der Deckfrucht die U. voll zur Entfaltung. Eine Klee-U. erfolgte häufig bei der verbesserten Dreifeldwirtschaft in Zusammenhang mit dem Sommergetreideanbau.

Unterschicht: 1. untere Waldbestandsschicht bis ein Drittel der Oberhöhe.

2. unterstes Kronenstockwerk eines stark geschichteten Waldes.

3. allgemein die unterste Schicht bei der → *Schichtung* einer Pflanzengesellschaft.

4. (Grundschicht): bei einer drei- oder mehrgliedrigen sozialen → *Schichtung* der Gesellschaft die unterhalb der → *Mittelschicht*(en) angeordnete soziale → *Schicht.* Die Zugehörigkeit zur U. ergibt sich, je nach Gesellschaftssystem, durch Kriterien wie Vermögenslosigkeit, Geburt (insbesondere in Agrargesellschaften), geringes Bildungs- und Ausbildungsniveau, Beruf und → *Stellung im Beruf,* Zugehörigkeit zu einer sozialen → *Randgruppe* usw.

Unterschiebung: Vorgang bei der → *Unterströmung* verwandten Prozessen in der Erdkruste, wobei es zu Materialverlagerungen unter die feste Erdkruste kommt.

Unterschneidungsebene: geomorphodynamisch wirksame Leitform bei der Herausbildung des → *Turmkarstes,* von der aus durch Fluvialdynamik und seitliche → *Korrosion* die Karsttürme aufgezehrt werden.

Unterstadt: Teil einer Stadt, der wesentlich tiefer liegt als die übrigen Stadtteile. In Gebirgsräumen oder an Talhängen haben sich Städte häufig stockwerkartig in Form einer älteren → *Oberstadt* (oft eine historische Burgsiedlung) und einer jüngeren U. entwickelt. Meist kam es dabei auch zu einer sozialen und funktionalen Differenzierung (U. als Handwerker- und Arbeiterviertel).

Unterstand: die im unteren Drittel des → *Plenterwaldbestandes* überschirmten Bäume, die nach einer Wartephase – im Gegensatz zur → *Unterschicht* – freigestellt werden und z. T. auch nach 100 Jahren noch in den Oberschicht umsetzen können.

Unterströmung: Vorgänge im fließfähigen Material des Erdmantels, wovon Bewegungen der obersten Erdkruste, z. B. im Sinne der → *Plattentektonik,* ausgelöst werden.

Unterströmungstheorie: steht der → *Kontraktionslehre* gegenüber und versucht mit Hilfe von → *Konvektionsströmen* die Dynamik des Erdmantels und damit letztlich die Bewegungen der Erdkruste zu erklären. Eine zentrale Stellung nehmen dabei die → *Unterströmungen* ein, die als Ursache sämtlicher tektonischer Vorgänge und damit auch als der Motor für die Erdkrustenbewegungen angesehen werden, aufgrund derer sich die Größtformen und Großformen an der Erdoberfläche gebildet haben und weiterbilden.

Untertagebau: der Abbau von → *Bodenschätzen* in Tiefen von oft über 1 000 m mit Hilfe von Stollen und → *Schächten.* Im → *Bergbau* ist für U. die Bezeichnung → *Tiefbau* gebräuchlich. (→ *Tagebau*)

Unterterrasse: wenig präziser geomorphographischer Begriff für Terrassen, die sich über der → *Niederterrasse* befinden und oberhalb derer z. B. → *Mittelterrasse* und → *Oberterrasse* folgen können. Sie ist meist Bestandteil eines umfangreicheren → *Terrassensystems.*

Unterwasserbifurkation: submarine Wasserströme, die sich vor den Armen eines → *Deltas* aus einem zunächst einheitlichen Wasserstrom teilen.

Unterwasserböden (subhydrische Böden): organische Substanz führende Ablagerungen am Grunde stehender Gewässer. Die U. bilden eine besondere Bodenabteilung, zu der die Typen → *Protopedon,* → *Dy,* → *Sapropel* und → *Gyttja* gehören.

Untervölkerung: Mißverhältnis zwischen der Größe und den → *Ressourcen* eines Raumes und der Bevölkerungszahl bzw. -dichte, die zu gering ist, um den betreffenden Raum zu besiedeln, zu erschließen und wirtschaftlich zu entwickeln. Insbesondere die für einen intensiveren wirtschaftlichen Aufbau und einen angemessenen Lebensstandard der Bevölkerung notwendige Infrastruktur kann im Fall einer U. aus Kosten- und Rentabilitätsgründen in der Regel nicht gewährleistet werden.

Unterwuchs: jüngere Bäume und Sträucher, die unter einem Bestandsschirm heranwachsen.

Unterzentrum: im hierarchisch aufgebauten System der → *Zentralen Orte* ein auf der unteren Stufe stehendes Zentrum zur Versorgung seines → *Nahbereichs* mit Gütern und Dienstleistungen, insbesondere des alltäglichen bis mittelfristigen bzw. gering- bis mittelwertigen Bedarfs. Der Begriff U. ist vor allem bei einer dreistufigen Hierarchisierung der Zentralen Orte im Gegensatz zum → *Mittel-* und → *Oberzentrum* üblich und wird – allerdings z. T. unter Vorschaltung des untergeordneten → *Kleinzentrums* – auch in der Landesplanung der meisten deutschen Bundesländer verwendet. Es handelt sich meist um → *Kleinstädte* oder → *Marktorte* im → *ländlichen Raum.*

Unverträglichkeit: beim Anbau der Umstand, daß bestimmte Nutzpflanzen nicht mehrere Jahre hintereinander auf dem gleichen Feld angebaut werden können. Dabei wird unterschieden zwischen Selbst-U. und U. zusammen mit anderen Nutzpflanzen (z. B. Weizen mit Gerste oder Rotklee mit Erbsen). Die U. entsteht aus einseitigem Nährstoffentzug und der Anreicherung von schädlichen Wurzelausscheidungen bzw. Verseuchung durch artenspezifische Schädlinge oder Krankheitserreger. (→ *Selbstverträglichkeit*)

unvollkommener Brunnen: Brunnen, der nur aus einem Teilbereich eines Grundwasserkörpers Wasser fördert.

unvollständige Familie: in Demographie und Bevölkerungsstatistik z. T. übliche Bezeichnung für eine Familie, die aus einem Ehepaar ohne Kind(er) oder einer ledigen, verwitweten oder geschiedenen Person mit Kind(ern) besteht.

urban fringe: anglo-amerikanische Bezeichnung für das Gebiet derjenigen → *Stadtrandgemeinden*, die baulich weitgehend mit der Stadt zusammengewachsen sind. Der u. f. entspricht im wesentlichen dem inneren → *suburbanen Raum*.

Urbanisation: 1. gelegentlich als Synonym für → *Urbanisierung* gebraucht.
2. in Anlehnung an die entsprechenden fremdsprachigen Ausdrücke, insbesondere im Mittelmeerraum, verwendete Bezeichnung für eine städtische Neubausiedlung oder auch eine einheitlich geplante und infrastrukturell erschlossene Fremdenverkehrssiedlung. In diesem Sinn wird der Begriff vor allem für außerhalb der historischen Ortschaften gelegene touristische Neubaukomplexe an der spanischen Mittelmeerküste gebraucht.

Urbanisierung: → *Verstädterung* im Sinne einer Ausbreitung städtischer Verhaltensweisen und Lebensformen der Bevölkerung und der sich daraus ergebenden räumlichen Strukturen und Prozesse. U. ist also weniger ein bevölkerungsmäßiges oder bauliches Wachstum von Städten, sondern ein → *Innovationsprozeß*, in dessen Verlauf bisher ländlich geprägte Räume bezüglich Sozial-, Berufs- und Erwerbsstruktur, raumrelevanter Verhaltensweisen und der Physiognomie der Kulturlandschaft verstädtern.

Urbanisierungsgrad: Ausmaß der → *Verstädterung* eines Raumes im Sinne einer Übernahme sozio-ökonomischer Strukturen und räumlicher Verhaltensweisen, die für Städte und ihre Bevölkerung typisch sind. Der U. kann in der Regel mit Hilfe von Indikatoren für urbane Strukturen und urbanes Verhalten gemessen werden, z. B. durch die Bevölkerungs- und Sozialstruktur, die Gebäude- und Landnutzung usw.

Urbanistik: Bezeichnung für den praxisorientierten Teil der → *Stadtforschung*, der in enger Beziehung zur → *Stadtplanung* und Architektur steht. Die U. versteht ihre Arbeit vor allem als Beratungstätigkeit und Arbeitshilfe für Stadtplanung und Städtebau.

Urbanität: städtische Art, städtisches Wesen, städtischer Charakter. Der Begriff U. wird häufig mit relativ unbestimmtem Inhalt verwendet und bezeichnet die Gesamtheit der Qualitäten, die städtisch/großstädtisches Leben, den Geist und die Wesensart einer größeren Stadt ausmachen, insbesondere in kultureller und gesellschaftlicher Hinsicht. Von seiten der Architektur wird der Begriff U. häufig auf Siedlungsbild und Bebauung städtischer Art beschränkt.

Urbanization economies: →*Agglomerationsvorteile*, die als → *externe Ersparnisse* dadurch entstehen, daß sich verschiedene Produktionszweige räumlich an einem Standort konzentrieren. (→ *Localization economies*)

urban sprawl: in den USA übliche Bezeichnung für großflächige → *Verstädterung* im Sinne eines starken Flächenwachstums von Großstädten und ihren Vororten. U. s. ist vor allem eine Folge der → *Suburbanisierung* und starker Zuwanderung in die großstädtischen Verdichtungsräume. (→ *Zersiedlung*)

Urbar: Güter- und Abgabeverzeichnis größerer Grundherrschaften im Mittelalter. Durch die ausführlichen Besitzbeschreibungen sind U. eine wichtige Quelle für die Geschichtsforschung bzw. historische Geographie.

Urbarmachung: die Umwandlung von im Naturzustand befindlichem Land (z. B. Urwald, Moor, Steppe, Heide) in für die Landwirtschaft geeignetes Kulturland. Die U. kann die Durchführung aufwendiger kulturtechnischer Maßnahmen bedeuten. (→ *Bodenkultivierung*, → *Bodenmelioration*)

Urflur: die Parzellierung eines Flur, wie sie zur Zeit der → *Landnahme* bestand. U. bezeichnet auch Fluren, deren Zustand sich bis in jüngere Zeit erhalten hat. (→ *Neuflur*)

Urhof: Bezeichnung für die ursprüngliche Form eines landwirtschaftlichen Anwesens. Bei → *Gruppensiedlungen* ist heute nicht immer ganz einfach nachzuweisen, ob der U. als → *Einzelsiedlung* oder bereits mit anderen Höfen zusammen als → *Weiler* gegründet wurde.

Urlandschaft: Zustand der → *Landschaft* vor den umweltwirksamen Eingriffen des Menschen.

Urlaubsreiseverkehr: derjenige Teil des → *Fremdenverkehrs*, der – bei Erwerbspersonen während des Jahresurlaubs – zum Zwecke der Erholung und der Freizeitgestaltung unternommen wird (einschließlich Ausübung von Sport- und Hobbies, Suche nach Erlebnissen und Bildungseindrücken usw.).

Typisch für den U. sind seine starke Konzentration auf die Sommersaison und die Ausbildung von starken Verkehrsströmen zwischen den wichtigsten Quell- und Zielgebieten. (→ *längerfristiger Reiseverkehr*)

Uroberfläche: theoretische Vorstellung einer in der Realität meist nicht mehr auffindbaren Oberfläche, die nach → *Regression* des Meeres freilag und deren Relief die Leitlinien für ein ursprüngliches konsequentes Fließgewässernetz von → *Abdachungsflüssen* bildete.

Urpassat: Hauptwindgürtel der konstanten tropischen Ostwinde, der beidseits des Äquators maximal bis zum 30. Breitengrad reicht. Der U. ist über dem Äquator bis 10 km mächtig und erreicht Geschwindigkeiten von 10 m·s⁻¹. Er resultiert unter dem Einfluß der → *Gradient-* und → *Corioliskraft* aus dem Luftdruckgefälle zwischen dem → *subtropischen Hochdruckgürtel* und der → *äquatorialen Tiefdruckrinne*. Der → *Passat* ist die durch die Wirkung der Bodenreibung zum tiefen Druck hin abgelenkte bodennahe Komponente des U. (→ *allgemeine Zirkulation der Atmosphäre*)

Urpflanze: allgemeine Form der höheren Pflanze, aus der sich nicht nur alle bestehenden speziellen Pflanzenformen ableiten sollen, sondern von der aus eine unbegrenzte Mannigfaltigkeit weiterer neuer Formen denkbar ist. Die U. stellt demnach eine theoretische Abstraktion dar.

Urproduktion: die Gewinnung materieller Güter unmittelbar aus der Natur. Zur U. zählen diejenigen Bereiche der Land- und Forstwirtschaft, Fischerei und des Bergbaus, die sich mit der Gewinnung der Rohstoffe, oft noch mit einer gewissen Aufbereitung derselben, befassen.

Urschnittfläche: wenig gebräuchlicher Begriff für → *Initialfläche* und in der Theorie der → *Rumpfflächen* und → *Schichtstufen* mit z. T. verschobenen Bedeutungen, ohne daß grundsätzliche Unterschiede erkennbar sind.

ursprüngliche Vegetation: diejenige → *natürliche Vegetation*, die vor der anthropogenen Einflußnahme auf die Landschaft vorhanden war, d. h. in Mitteleuropa vor dem Neolithikum, die man aber allenfalls mit historischen Methoden rekonstruieren kann. Die heutige natürliche Vegetation kann mit der u. V. deswegen nicht verglichen werden, weil sich seitdem verschiedene postglaziale Klimawandlungen vollzogen haben.

Ursprungsmulde: Bezeichnung für → *Delle*, an deren unterem Ende eine Quelle austritt, von der aus die lineare Erosion beginnt. Die U. fungiert damit als Quellmulde.

Ursprungsraum: Herkunftsraum bestimmter Völkerschaften, Tier- und Pflanzenarten. Ebenso spricht man vom U. bestimmter

Landbauformen (→ *Ackerbau*) usw.

Ursprungszentrum: Entwicklungszentrum eines tierischen oder pflanzlichen Taxons.

Urstromtal: breite, flache Kasten- bis Sohlentäler des nordmitteleuropäischen Tieflandes, die von Schmelzwässern während der Kaltzeiten des → *Pleistozäns* als Hauptgerinnebetten benutzt wurden, welche die Schmelzwässer des → *Inlandeises* überwiegend nach Nordwesten, zur Nordsee führten. Die U. nahmen die Schmelzwässer von ausgedehnten → *Sandern* auf, die vor den Endmoränen ansetzten. Die Haupturstromteiler sind das Elbe-U. und die "dahinter", also nach Norden anschließenden: Thorn-Eberswalder U., Warschau-Berliner U. und Glogau-Baruther U., die der → *Weichsel-Kaltzeit* und ihren Stadien zugeordnet werden, sowie das Bremen-Magdeburg-Breslauer U., das sich vor dem → *Warthe-Stadium* der → *Saale-Kaltzeit* ausdehnt. Die U. werden teilweise von den heutigen Strömen und Flüssen des nordmitteleuropäischen Tieflandes benutzt, die jedoch die Täler nicht ausfüllen.

Urwald (Primärwald): 1. ein → *Naturwald* mit natürlichem Bestandsaufbau, der bisher keiner Form anthropogener Beeinflussung und/oder Nutzung unterlag.
2. landläufige Bezeichnung für den äquatorialen tropischen Regenwald, die → *Hyläa*, der als Prototyp des U. angesehen wird, obwohl auch z. B. der Laubwald der gemäßigten Klimazone U. sein kann, was neuerdings mit den → *Bannwäldern* als → *Sekundärwald* bzw. sekundärer U. wieder versucht wird.

Urwaldriesen: Charakterbäume der → *Hyläa*, welche sich durch besondere Größe auszeichnen und verschiedene Formeigentümlichkeiten aufweisen, wie astfreie, schlanke Säulenstämme und verhältnismäßig kleine schirmige bis kuglige Kronen sowie verschiedene Formen von Stützwurzeln.

Urwechselwirtschaft: Ackerbausystem, bei dem eine Umlage des Ackerlandes in der Urvegetation erfolgt. Zu dieser exploitierenden Form der Bodennutzung zählen z. B. die Steppen-Umlagewirtschaft (→ *Umlagewirtschaft*), die → *Waldbrandwirtschaft* (→ *shifting cultivation*), die → *Haubergwirtschaft* → *Schiffelwirtschaft* und → *Moorbrandwirtschaft*.

Uvala: große, unregelmäßig gestaltete Hohlform des → *Karstes*, die durch Zusammenwachsen mehrerer benachbarter → *Dolinen* durch fortschreitende → *Korrosion* entsteht, welche allmählich die trennenden Kalkgesteinsränder zwischen den Einzeldolinen erniedrigt oder beseitigt. Der zusammengesetzt erscheinende ungleichmäßig tiefe Boden sowie die bogenförmigen Ränder weisen auf diese Entstehung aus Dolinen hin.

UV-Schutzfilter: Atmosphärenschicht, die harte (gesundheitsschädliche oder lebensbedrohende) Ultraviolettstrahlung absorbiert. Diese Funktion erfüllt die → *Ozon-Schicht*.

UV-Strahlung: nicht sichtbare kurzwellige Strahlung im ultravioletten Spektralbereich mit Wellenlängen unter 0,36 µm. Die UV-S. der Sonne erreicht nur zu einem geringen Teil die Erdoberfläche. Insbesondere der gesundheitsschädliche kurzwellige Anteil unter 0,3 µm wird durch die → *Ozon-Schicht* absorbiert. Der Anteil der übrigen UV-S. am Sonnenlicht ist in Meereshöhe am geringsten und nimmt mit der Höhe zu (Abnahme der generellen Absorption durch verkürzten Strahlungsweg durch die Atmosphäre).

V

vados: in wasserführenden unterirdischen Hohlraumsystemen (→ *Karst,* → *Grundwasserleiter*) Bezeichnung für den oberen, nur periodisch oder episodisch wassererfüllten Bereich (→ *phreatisch*).

vadoses Wasser: vorübergehend in der obersten Erdkruste befindliches, zirkulierendes Wasser, das in den Niederschlags-Abfluß-Kreislauf einbezogen ist. Fast alle Quellen schütten v. W. Der Gegensatz zum v. W. ist das → *juvenile Wasser.*

Vagabundieren: ungerichtete Suchbewegungen eines tierischen Organismus, ausgelöst von inneren Reizen wie Hunger oder Geschlechtstrieb, bis seine angeborenen Auslösemechanismen auf Außenreize reagieren.

vagil: Organismen, die sich aktiv fortbewegen können. Gegensatz ist → *sessil.*

Valanginian: Stufe der unteren → *Kreide,* ursprünglich als Valanginien zusammen mit dem Berriasian das Valendis bildend, nach neuerer Gliederung an das Berriasian (136–131 Mill. Jahre v. h.) anschließend und von 131–126 Mill. Jahre v. h. dauernd.

Valloneküste: Typ der → *Riasküste* in Istrien mit schlauchartig-gewundenen Buchten, verwandt der → *Canaliküste* und der → *Calaküste.*

Valorisation: Maßnahmen zur Preisstabilisierung, vor allem bei Rohstoffen. V. kann über eine Produktionsbeschränkung, staatliche Lagerhaltung oder Preisfestsetzung erfolgen. Eine V. bei Kaffee ist z. B. mehrfach durch Vernichtung eines Teiles der Ernte in den Erzeugerländern erreicht worden.

Van-Allen-Strahlen-Gürtel: ringförmiger Röntgenstrahlungsgürtel hoher Strahlungsintensität, der die Erde in der Äquatorebene zwischen etwa 600 km bis mehrere 10000 km Höhe umgibt.

Variabilität: allgemein Abänderung, Schwankung; in den Geo- und Biowissenschaften die Abänderungsfähigkeit eines Erscheinungsbildes in morphologischer, physiologischer und funktionaler Hinsicht.

Variante: 1. allgemein in den Geo- und Biowissenschaften veränderte Form, Abwandlung.
2. in der Geobotanik Pflanzengesellschaften, die sich durch eine bestimmte, oft wiederkehrende Artenverbindung auszeichnen, ohne daß ausgesprochene → *Differentialarten* vorhanden sind.
3. Einzelobjekt einer variierenden Individuengruppe, die unter bestimmten Aspekten zusammengefaßt ist.

Varianz: in der → *Geoökologie* die Breite geosystemeigener Verhaltensweisen unter den periodisch oder episodisch wechselnden, den Landschaftshaushalt steuernden Klimabedingungen. Eine geringe geoökologische V. bedeutet relative natürliche Stabilität des Geoökosystems und damit ein stabiles → *Naturraumpotential.*

Variation: 1. in den Geo- und Biowissenschaften allgemein Ausdruck der geoökologischen → *Varianz* in morphologischer bzw. physiognomischer Hinsicht.
2. nach der Vererbungslehre die Veränderung von Organismen durch Außen- und Innenbedingungen, die sich im → *Phänotyp* ausdrückt.

Varietät (Abart, Spielart): systematische Kategorie unterhalb der → *Art* und von geringerem systematischen Wert als die Unterart. Die V. weicht erblich vom Arttypus ab. V. einer Art unterscheiden sich durch nur wenige Merkmale und treten im räumlichen und zeitlichen Zusammenhang auf. Anstatt V. verwendet die Züchtung nicht ganz eindeutig die Begriffe → *Rasse* und → *Sorte.*

Varisciden (Variscisches Gebirge): Überbleibsel der → *Variscischen Gebirgsbildung,* bei der man in Europa – ausgehend vom französischen Zentralplateau – das Armorikanische Gebirge (Nordwestrichtung über Bretagne und Südwestengland) und das eigentliche Variscische Gebirge (nördliche Richtung mit Südwest- und Mitteldeutschland, dann südöstliche Richtung zu den Sudeten) unterscheidet. Die V. führten im Bereich des Variscischen Bogens zur variscischen Richtung, auch → *erzgebirgische* Richtung genannt.

Variscische Gebirgsbildung: Gebirgsbildungsprozeß der variscischen Ära vom → *Devon* bis zum → *Rotliegenden,* der sich vor allem in Mitteleuropa während des oberen → *Karbon* abspielte, wobei sich aus der variscischen Geosynklinalen die → *Variscen* aufrichteten.

Várzea: Überschwemmungsbereich im Gebiet des tropischen Tieflandregenwaldes außerhalb der Dammufer der Flüsse, wo sich Flutrasengesellschaften und Sumpfwälder vom Typ des → *Igapó* im Bereich der → *Hyläa* bildeten, bei monatelangem Überstau des Niederungsgebietes. Der Begriff kommt ursprünglich aus dem immerfeucht-tropischen Amazonas-Regenwaldgebiet, wurde aber auf regelmäßig überschwemmte und mit Vegetation bestandene Flußauen tropischer Gebiete übertragen.

Várzea-See: See in der Alluvialniederung großer Dammflüsse (Amazonas) zwischen Hochufern, Flußdämmen, Flußinseln und dem Rand der Ebene, der bei Hochwasser periodisch aufgefüllt wird.

Vega (Auenbraunerde): 1. ockerbraun bis rotbraun gefärbter, sandig lehmiger bis lehmiger → *Auenboden* mit basenreichen → *Braunerden* vergleichbaren Eigenschaften. Es werden autochthone V., die sich als Braunerdebildung vor Ort auf lange Zeit nicht mehr überfluteten Auesedimenten entwickelt haben, und allochthone V., die aus abgelagerten braunen Lehmen (aus erodiertem Verwitterungsmaterial stammend) aufgebaut sind, unterschieden.

2. fruchtbare bewässerte Ebene mit Garten- und Obstbau (in Spanien). (→ *Huerta*)

Vegetation: Gesamtheit der Pflanzen bzw. → *Pflanzengesellschaften,* die einen bestimmten Erdraum bedecken. Ihr gegenüber wird die → *Flora* gestellt. Unterschieden werden die → *natürliche,* → *potentiell natürliche,* → *ursprüngliche* und → *aktuelle* V.

Vegetationsdynamik: drückt sich in den → *Vegetationsentwicklungstypen* aus, die verschiedene Stadien einer → *Sukzession* durchlaufen.

Vegetationseinheit: 1. regelmäßig wiederkehrende Artenkombination, die im System oder in der natürlichen Ordnung der Vegetation keine bestimmte Ranghöhe einnimmt und in der Taxonomie etwa der Sippe entspricht.

2. Begriff der → *Vegetationsgeographie* für eine vegetationsräumliche Einheit, entsprechend etwa der → *naturräumlichen Einheit.*

Vegetationsentwicklungstyp: bestimmte Entwicklungsstufe der Vegetation, die sich aus vorangegangener, augenblicklicher und nachfolgender → *Pflanzengesellschaft* ergibt.

Vegetationsform: Gewächse, deren Bau mehr oder weniger deutlich ausgeprägte, gleichartige Anpassungserscheinungen an die Lebensumwelt aufweist; damit auch dem Begriff → *Lebensformen* bzw. Wuchsform entsprechend.

Vegetationsformation: physiognomische Vegetationseinheit floristisch unterschiedlicher Gewächse, die jedoch eine einheitliche → *Lebensform* erkennen lassen.

Vegetationsgebiet: unscharfe Bezeichnung für Teilräume der Erdoberfläche, die sich durch bestimmte → *Vegetationsformationen* auszeichnen und die man in → *Vegetationseinheiten* gliedern kann.

Vegetationsgeographie: Teilgebiet der Physiogeographie, das sich mit der Pflanzendecke der Erde und deren regionalen Unterschieden im Hinblick auf die Gliederung von Ländern oder Landschaften beschäftigt, die → *Vegetation* als Bestandteil der Landschaft und damit des → *Ökosystems* betrachtend.

vegetationsgeographischer Ansatz: verwendet in verschiedenen Geo- und Biowissenschaften, vor allem aber in der → *Geoökologie,* in welcher die → *Vegetation* ein landschaftsökologisches Hauptmerkmal darstellt, das nicht nur Bestandteil des → *landschaftlichen Ökosystems* an sich ist, sondern mit den abiotischen Geoökofaktoren in haushaltlichen Beziehungen steht.

Vegetationskomplex: unscharfe geobotanische Bezeichnung für das charakteristische Pflanzengesellschaftsinventar eines Erdraumes unbestimmter Größe.

Vegetationskunde: Sammelbegriff für verschiedene Fachbereiche, die sich mit der → *Vegetation* beschäftigen und die aus disziplinärer Sicht lediglich mit dem unscharfen Begriff V. belegt werden. Dazu gehören → *Pflanzengeographie,* → *Pflanzensoziologie* und → *Vegetationsgeographie.*

Vegetationslinien: unscharfe Bezeichnung für jene Verbreitungsgrenzen von Pflanzengesellschaften oder Vegetationsformationen, die mit Klimagrenzen übereinstimmen.

Vegetationsmosaik: beschreibender Begriff für ein differenziertes Gefüge von Arten oder Artengruppen, das in verschiedenen Erdräumen beobachtet werden kann, ohne daß über Größenordnungen etwas ausgesagt wird. Die Vegetationszonen der Erde stellen in ihrer Gesamtheit ebenso ein V. dar, wie → *Pflanzengesellschaften* in einem → *Biotop.*

Vegetationspunkt: Bereich des Pflanzenkörpers, an welchem die Neubildung von Organen durch Bildungsgewebe erfolgt.

Vegetationsschicht: Bestandteil der → *Schichtung* einer Pflanzengesellschaft und Ausdruck der vertikalen Strukturierung eines → *Biotops.*

Vegetationsstufen: Abfolge der → *Höhenstufen* der Vegetation in Abhängigkeit von jenen → *Geoökofaktoren,* die vom → *hypsometrischen Formenwandel* differenziert werden.

Vegetationstyp: wenig präzise Bezeichnung für eine Pflanzengesellschaft, die gewisse einheitliche Merkmale aufweist, unabhängig von der Größe des Areals sowie der floristischen Zusammensetzung.

Vegetationszeit (Vegetationsperiode, Wachstumszeit): im Gegensatz zur Vegetationsruhe in Jahreszeitenklimaten die Zeitdauer, während der pflanzliches Wachstum möglich ist, d.h. in der die Pflanzen blühen, fruchten und reifen. Die V. ist von den klimatischen Verhältnissen abhängig und wird daher auch „klimatische V." genannt, deren Angabe aber nichts über die während dieser Zeit zur Verfügung stehende Wärmesumme aussagt oder über sonstige Extreme, die das Pflanzenwachstum einschränken können. Die V. hängt in erster Linie von der Temperatur ab (Anzahl Tage, während derer eine für das Wachstum förderliche Mitteltemperatur erreicht wird), wird aber auch durch Trockenheit und in Gebieten mit winterlicher Schneedecke von den Ausaperungs- und Einschneiterminen begrenzt. Die V. wird nach verschiedenen Gesichtspunkten abgegrenzt. Klimatisch definiert man die Anzahl Tage mit Mitteltemperaturen über 5 ℃ (Hauptwachstumszeit) als V. Im Gebirge entspricht die V. meist der schneefreien Zeit und ist wegen der sehr unterschiedlichen

Schneeablagerung (Verwehungen, Lawinenschnee usw.) innerhalb der gleichen Höhenstufe von Standort zu Standort sehr verschieden. Im landwirtschaftlichen Jahr beginnt die V. mit der Sommergetreideaussaat und endet mit der Bestellung des Winterweizens. Phänologisch setzen z. B. Blattaustrieb und Laubfall Grenzen der artspezifischen V. In Mitteleuropa dauert die V. vom April bis Anfang Oktober. Die Hauptvegetationsperiode erstreckt sich von Mai bis Juli.

vegetative Phase: im Gegensatz zur → *Vegetationszeit* bei höheren Pflanzen jener Zeitraum, in welchem Sprosse, Blätter und Wurzeln gebildet werden. Er ist artspezifisch und kann je nach Art wenige Wochen bis mehrere Jahre dauern. Es folgt eine reproduktive Phase, in welcher sich die Blüten- und Fruchtbildung abspielt.

Vektor: in der Parasitologie und Geomedizin tierischer Organismus, der Parasiten und Krankheitserreger überträgt.

Veränderungssperre: nach dem Bundesbaugesetz ein auf 2–4 Jahre befristetes Verbot, Neu- oder Umbauten bzw. generell Nutzungsänderungen auf einem Grundstück vorzunehmen, für das ein → *Bebauungsplan* aufgestellt werden soll.

Verarbeitende Industrie: diejenige → *Industrie,* die im Gegensatz zur stoffgewinnenden und stoffbearbeitenden Industrie Grundstoffe, Rohmaterialien und Zwischenprodukte umwandelt bzw. veredelt. Die V. I. umfaßt in der Regel Betriebe, die Güter aus vorgeschalteten Produktionsstufen beziehen und diese zu Teil- oder Endprodukten verarbeiten. Wichtige Industriezweige der V. I. sind z. B. die metallverarbeitende und die holzverarbeitende Industrie.

Verarbeitendes Gewerbe: derjenige Teil des → *Produzierenden Gewerbes,* der sich mit der Verarbeitung bzw. Veredelung von Grundstoffen bzw. Rohmaterialien oder Zwischenprodukten befaßt.

Verband (Allianz, Föderation): 1. Stufe im pflanzensoziologischen System von Braun-Blanquet, die floristisch einander naheste-

hende → *Assoziationen* zusammenfaßt und die durch Verbandscharakterarten ausgewiesen wird.
2. privatrechtliche Vereinigung von natürlichen oder juristischen Personen zur Verfolgung eines bestimmten, meist wirtschaftlichen Zwecks. V. sind meist in Form von Vereinen organisiert. Beispiele sind Berufs-V., V. von Wirtschaftsunternehmen gleicher Branche, Zusammenschlüsse von Vereinen gleicher Ziele auf nationaler Ebene usw. V. agieren häufig als → *Pressure Groups.*
3. öffentlich-rechtliche Körperschaft, insbesondere Gebietskörperschaft als Zusammenschluß von Gemeinden. Beispiele sind → *Gemeinde-V.* und → *Zweckverbände.*
4. im soziologischen Sinn eine → *soziale Gruppe* mit relativ straffer, meist hierarchisch aufgebauter Organisation und einer Führungsspitze. Der Zusammenschluß zu einem V. erfolgt zur Erreichung gemeinsamer Ziele; V. im soziologischen Sinn sind z. B. Interessenvereine, politische Parteien, religiöse Orden usw.

Verbauungstyp: die bei Siedlungen vorkommenden Bauweisen. V. ergeben sich aus der Einzel-, Doppelhaus-, Ketten- (→ *Kettenhaus*), Gruppenhaus-, Reihenbauweise (→ *Reihenhaus*) und deren Sonderform, die Zeilenhausbauweise. Zu nennen ist letztlich die Gebäudekomplexbauweise (z. B. Krankenhauskomplex) sowie der V. des → *Baublocks.*

Verbiß: erfolgt durch Wildtierarten, aber auch durch im Freien lebende Haustierarten, die ein naschhaftes Äseverhalten zeigen und auch außerhalb der Gras- und Krautschicht an Sträuchern und Bäumen die erreichbaren Triebe, Knospen, Blüten und Blätter verzehren. Der V. wirkt sich oft nachteilig auf die Zusammensetzung der Vegetation aus. So kann der V. z. B. Baum- und Strauchwuchs vollkommen zurückhalten.

Verbrauch: Inanspruchnahme von frei erhältlichen oder käuflich zu erwerbenden Gütern oder Dienstleistungen. Im Ablauf der Wirtschaft ist V. der letzte Schritt auf dem

Verbiß

Weg von der Rohstoffgewinnung über die Verarbeitung und Verteilung von Waren bzw. das Ziel der Erbringung von Dienstleistungen. Im Rahmen der Wirtschaftsgeographie befassen sich vor allem die → *Handelsgeographie* sowie die → *Zentralitätsforschung* mit den geographisch relevanten Aspekten des V.

Verbrauchermarkt: ein Einzelhandelsbetrieb, der auf relativ großer Verkaufsfläche (in der Regel mindestens 1000 m²) ein kaufhausähnliches Sortiment – häufig mit dem Schwerpunkt Lebensmittel und Haushaltsbedarf – in Selbstbedienung anbietet. Größere V., etwa ab 3000 m² Verkaufsfläche, werden auch als Selbstbedienungswarenhäuser bezeichnet. V. befinden sich wegen des großen Flächenbedarfs, auch für Parkplätze, meist in Stadtrandlage und werden überwiegend von motorisierten Kunden aufgesucht.

Verbrauchsgewohnheiten: über längere Zeit ausgeprägtes und meist schwer zu beeinflussendes Verhalten der Bevölkerung eines bestimmten Raumes bzw. einzelner sozialer Gruppen bei der Inanspruchnahme von Gütern und Dienstleistungen. Aufgrund spezifischer V. können sich z. B. bestimmte zentralörtliche Raummuster ausbilden.

Verbrauchshäufigkeit: Häufigkeit, mit der bestimmte Güter oder Dienstleistungen vom Verbraucher am Angebotsort nachgefragt werden. Je größer die V. eines Gutes ist, desto disperser sind in der Regel die Orte verteilt, an denen es angeboten wird. Je höherrangiger ein → *Zentraler Ort* ist, desto geringer ist die V. der Güter und Dienste, mit denen dieser Ort sein → *Einzugsgebiet* versorgt.

Verbrauchsverhalten: Verhalten bei der Inanspruchnahme von Gütern und Dienstleistungen durch die Bevölkerung eines bestimmten Raumes. Das V. ist sozialgruppen- und regionalspezifisch ausgeprägt; es hängt, bezogen auf einen Raum, von dessen Bevölkerungs- und Sozialstruktur und der Einkommenslage, von Traditionen und Gewohnheiten, von der Angebotssituation, aber auch z. B. vom Klima ab.

Verbraunung: Verwitterung eisenhaltiger Silikatminerale (→ *Biotit,* → *Augit,* → *Olivine,* → *Amphibole,* → *Pyroxene* usw.) unter Bildung von Eisenoxidhydraten (→ *Goethit,* → *Ferrihydrit*), wobei die freigesetzten Eisenverbindungen eine braune bis rotbraune Färbung des Substrats bewirken. V. setzt erst nach der Kalkauswaschung bei pH-Werten unter 7 (saures Milieu) ein. Sie ist eng verbunden mit der → *Verlehmung.* Beide Prozesse sind charakteristisch für die Entwicklung der → *Braunerden* und typisch für die → *Silikatverwitterung* der Mittelbreiten.

Verbreitungsmuster: ähnlich dem → *Raummuster* Hinweis auf regelhafte Erscheinun-

gen in der Verbreitung geo- und biowissenschaftlicher Phänomene im Raum.

Verbundbetrieb: 1. Betrieb, der horizontal oder vertikal mit anderen Betrieben verflochten ist (→ *Integration*). 2. in der Landwirtschaft ein Betrieb, der im Gegensatz zum → *Monoproduktbetrieb* und zum → *Spezialbetrieb* ein vielseitiges Produktionsprogramm aufweist.

Verbundnetz: Zusammenschluß von Elektrizitäts- und Gasversorgungsunternehmen zum Ausgleich der regional unterschiedlich auftretenden Belastungen in der Energieversorgung (→ *Spitzenlast*). Der → *Energieverbund* ist in Europa stark ausgebaut worden. Hier spielen vor allem auch die Energieerzeugungskosten eine Rolle. So geben bei günstigem Wasserstand die → *Wasserkraftwerke* an die → *Kohlekraftwerke* Strom ab, um im Gegenzug dafür in wasserarmen Zeiten von diesen Strom zu beziehen.

Verbundproduktion: in der Landwirtschaft die vielseitige Produktion von Produkten. Ursachen der V. sind → *Arbeitsausgleich,* → *Fruchtfolge,* Düngerausgleich, Futterausgleich, Selbstversorgung und Risikoausgleich.

Verbundsystem: die rechtliche und organisatorische Verflechtung von Wirtschaftseinheiten, aus der sich bestimmte → *Standortmuster* ergeben können (→ *Industrielles V.*).

Verbundverkehr: öffentlicher Personenverkehr, in der Regel Personennahverkehr, der durch einen → *Verkehrsverbund* verschiedener → *Verkehrsträger* durchgeführt wird.

Verbundwirtschaft: Zusammenschluß mehrerer Betriebe in der Form einer horizontalen, vertikalen oder diagonalen → *Integration.* Dabei kann die wirtschaftliche und rechtliche Selbständigkeit der einzelnen Betriebe verlorengehen (→ *Konzern,* → *Trust*). In der → *Energiewirtschaft* ist der Verbund demgegenüber nur organisatorisch; die Betriebe bleiben meist selbständig. (→ *Verbundnetz*)

Verbuschung: Vorgang, der auf dem labilen Wettbewerbsgleichgewicht zwischen Gras-, Strauch- und Baumanteilen der → *Savanne* beruht, das durch Beweidung der → *Gräser* gestört wird. Der durch Vernichtung der Gräser bestehende Bodenfeuchteüberschuß kommt den Holzgewächsen – überwiegend Dornsträuchern und -bäumen – zugute, die sich dadurch übermäßig entwickeln, weil ihnen auch die Konkurrenz des intensiven → *Wurzelsystems* der Gräser fehlt. Außerdem ist das Weidevieh aktiv an der Verbreitung der Holzgewächse beteiligt, weil es die Schoten mit den Samen frißt und diese bei freier Weide mit dem Kot über größere Areale verstreut. Endeffekt der V. ist eine → *Dornstrauchsavanne* mit Dornbäumen, die nur noch z. T. von Schafen und Ziegen, nicht jedoch von Rindern beweidet werden kann.

Verdampfung: Übergang eines Stoffes vom flüssigen in den gasförmigen Zustand am Siedepunkt.

Verdampfungswärme: Wärmemenge, die beim Übergang des Wassers am Siedepunkt vom flüssigen in den dampfförmigen Zustand verbraucht und umgekehrt wieder frei wird. Sie beträgt 539 cal bzw. 2255 ± 2 Joule $\cdot$ g^{-1}.

Verdichtung: 1. räumliche Konzentration von Einwohnern und Arbeitsplätzen und der dazugehörigen → *Infrastruktur*. Der Begriff V. wird sowohl im Sinne eines Prozesses als auch einer Zustandsbeschreibung gebraucht. Als Ergebnis eines großräumigen V.-Prozesses bildet sich ein → *Verdichtungsraum* aus. 2. Vorgang der Verringerung des Gesamtvolumens des Bodens durch Verpressung oder Setzung. Als Folge davon steigt der Anteil der Festsubstanz (erhöhte → *Lagerungsdichte*), das → *Porenvolumen* verringert sich und die Porengrößenverteilung verändert sich. V. wirken sich auf die Bodenwasserbewegung aus. Eine Hemmung der Sickerung und erhöhte Neigung zur Vernässung kann die Folge sein, wodurch u. U. auch der Oberflächenabfluß und damit das Erosionsrisiko ansteigt. Künstliche V. von landwirtschaftlich genutzten Böden sind wegen der zunehmenden Bearbeitung mit großen schweren Maschinen zum Problem geworden.

Verdichtungsband: bandförmiger → *Verdichtungsraum* bzw. entlang einer → *Entwicklungsachse* zusammengewachsene Verdichtungsräume. Insbesondere in Flußtälern und entlang überregionaler Verkehrsachsen bilden sich häufig V. aus (z. B. am Niederrhein).

Verdichtungsbereich: in der Landesplanung von Baden-Württemberg Bezeichnung für verdichtete Räume innerhalb des → *ländlichen Raumes*. Die V. weisen die gleichen Verdichtungsmerkmale auf wie die → *Verdichtungsrandzonen*, liegen jedoch räumlich von den → *Verdichtungsräumen* getrennt.

Verdichtungsrandzone (Verdichtungsrandgebiet): Übergangsbereich zwischen einem → *Verdichtungsraum* und dem angrenzenden → *ländlichen Raum*. In der V. erreichen die Merkmale der → *Verdichtung*, insbesondere die → *Einwohner-/Arbeitsplatzdichte*, noch nicht die hohen Werte des eigentlichen Verdichtungsraums, sie wachsen jedoch in der Regel im Zuge des Prozesses der → *Suburbanisierung*.

Verdichtungsraum: regionale Konzentration von Einwohnern und Arbeitsplätzen mit entsprechender Bebauung und Infrastruktur und mit intensiven internen sozioökonomischen Verflechtungen. Der Begriff V. wird teilweise gleichbedeutend mit → *Agglomerationsraum*, → *Ballungsgebiet* oder → *Konurbation* verwendet. In der Bundesrepublik

Deutschland wurde der Begriff in den sechziger Jahren durch die Raumordnungsgesetzgebung, später auch durch Landesplanungsgesetze einzelner Bundesländer, definiert und verbindlich festgelegt. Die Ministerkonferenz für Raumordnung beschloß 1968 die Festlegung von 24 V. im Bundesgebiet, deren Grenzen durch die → *Einwohner-/Arbeitsplatzdichte*, eine Mindesteinwohnerzahl von 150000 und eine Mindestfläche von 100 km^2 bestimmt wurden. Seitdem erfolgten in den einzelnen Bundesländern z. T. Modifizierungen der Abgrenzungsmerkmale und ihrer Schwellenwerte.

Verdorfung: Konzentration der Bevölkerung aus Einzelsiedlungen, Weilern und kleinen Dörfern in größeren Dörfern. Ursachen der V. können z. B. Bevölkerungswachstum und Flurvergrößerung, Wüstungsbildung, länger anhaltende Unsicherheit durch Kriege oder grundherrliche Einflüsse sein.

Verdrahtung: Verunstaltung der Landschaft mit Stromleitungen (auf Leitungsmasten). Der V. wird dadurch entgegengewirkt, daß vor allem in dichtbesiedelten Räumen verstärkt unterirdische Kabel verlegt werden. Der Begriff V. wird auch für vom Tourismus erschlossene Gebirgslandschaften benützt, wo landschaftlich störende Seilbahnen errichtet wurden. Auch in Gebieten intensiver Viehwirtschaft, wo Weiden mit Draht bzw. in jüngerer Zeit mit Elektrozäunen eingezäunt wurden, spricht man von V. der Landschaft. Ein bekanntes Beispiel ist die sog. V. der Pampa.

Verdrängungslagerstätte: epigenetischer Lagerstättentyp, bei dem die Lagerstätte metasomatisch gebildet wurde. Durch chemische Vorgänge erfolgt ein Mineralaustausch, bei dem nicht abbauwürdige Minerale durch abbauwürdige verdrängt werden.

Verdunstung: langsamer Übergang eines Stoffes vom flüssigen in den dampfförmigen Zustand unter dem Siedepunkt. Da des Wassers verbraucht für den Wechsel des Aggregatzustandes Wärmeenergie (→ *Verdunstungswärme*), die bei der → *Kondensation* wieder frei wird. Die klimatische V. hängt in erster Linie vom → *Sättigungsdefizit* (ergibt sich aus der Temperatur und der bereits in der Luft vorhandenen Feuchte), der Temperatur auf der verdunstenden Oberfläche und der Intensität der Luftbewegung ab. Die V. ist ein Hauptglied des Wasserhaushalts, ein sehr wichtiges Klimaelement und zudem am Energiehaushalt wesentlich beteiligt. Als Prozeß, der sich im System Boden-Pflanze-Atmosphäre abspielt, ist sie äußerst schwierig präzise meßbar, weshalb ihre Bestimmung oft als Differenzglied aus den übrigen Größen des Wasserhaushaltes erfolgt. Die Gesamtverdunstung setzt sich aus der direkten V. der Boden- und Wasseroberflächen

(→ *Evaporation*) und der in bewachsenen Gebieten mengenmäßig viel bedeutenderen V. durch die Pflanzendecke (→ *Transpiration*) zusammen. (→ *Wasserkreislauf*)

Verdunstungsformel: auf theoretischer Herleitung und experimenteller Erfahrung beruhende Berechnungsformel, welche die näherungsweise Bestimmung der → *Verdunstung* aus sie beeinflussenden Klimaelementen erlaubt.

Verdunstungsgröße: Differenz von → *Niederschlag* und → *Abfluß* im Wasserhaushalt von → *Einzugsgebieten.*

Verdunstungskälte: aus dem Energieverbrauch beim Übergang vom flüssigen in den dampfförmigen Zustand resultierende Temperaturabnahme.

Verdunstungskraft (Dampfhunger): Ausmaß der Fähigkeit der Luft, Wasserdampf aufzunehmen. Die V. hängt von der Temperatur, der schon vorhandenen Luftfeuchte und dem Luftaustausch ab. Sie ist in ständig bewegter, trockener heißer Luft am höchsten.

Verdunstungsmenge: in Millimeter gemessene Summe der Verdunstung während eines bestimmten Zeitraumes.

Verdunstungsschutz: Effekt der Herabsetzung der → *Verdunstung* durch Beschattung und Verminderung der Luftbewegung. Einen typischen natürlichen V. bildet die Baumschicht des Waldes in Bezug auf den Waldboden. Landwirtschaftliche Kulturen werden durch Verminderung der Luftbewegung durch Hecken vor zu hohen Verdunstungswerten und möglichen Trockenschäden geschützt. Auch → *Mulchung* ist ein V.

Verdunstungsüberschuß: Anteil, um den die mittlere Verdunstung eines Gebietes höher ist als der mittlere Niederschlag. V. bewirkt → *Aridität.*

Verdunstungswärme: die Wärmemenge, die beim Übergang des Wassers unter dem Siedepunkt vom flüssigen in den dampfförmigen Zustand verbraucht bzw. umgekehrt wieder frei wird. Sie beträgt je nach der Temperatur 539–600 cal bzw. 2255–2510 Joule·g^{-1}.

Verebnungsfläche: eine Flachform, die durch Prozesse der → *Einebnung* entsteht.

Veredelung: Form der vegetativen Vermehrung bei Pflanzen, bei der abgetrennte, knospentragende Teile einer Kulturpflanze auf einen anderen, anspruchsloseren und/oder widerständigeren Pflanzenkörper übertragen und mit diesem zum Verwachsen gebracht werden.

Veredelungswirtschaft: derjenige Teil der Wirtschaft, der sich mit der Umwandlung und der damit verbundenen Wertsteigerung von Produkten befaßt. Dabei wird unterschieden in die industrielle V. (Veredelungsindustrie), bei der durch die → *Verarbeitende Industrie* Grundstoffe und → *Rohmaterialien*

bzw. → *Halbfertigwaren* zu höherwertigen Verkaufsprodukten umgewandelt werden, und die landwirtschaftliche V., bei der eine Umwandlung von Bodenerzeugnissen als Futterstoffe in hochwertige Vieherzeugnisse (Fleisch, Milch, Eier, Wolle) erfolgt. Kommt es dabei zu einem Zukauf von Futtermitteln, wie dies meistens bei der Geflügelmast der Fall ist, liegt eine flächenunabhängige V. vor.

Vereinödung: Auflösung von → *Gruppensiedlungen* sowie → *Gemengefluren* mit dem Ziel der Bildung von Einzelhöfen (evtl. Weilern) mit → *Einödflur.* Die Durchführung umfassender V. ist vor allem für England (Enclosure-Bewegung), Skandinavien und für das Allgäu bekannt. Im Allgäu vollzog sich die V. nach 1770, wobei die Aussiedlung in Verbindung mit Allmendaufteilungen (→ *Allmende*) und Zusammenlegungen geschah.

Vereinte Nationen: deutschsprachige Bezeichnung für die Staatenorganisation → *UNO.*

Vereisung: 1. Vorgang der Bildung und Ausbreitung von → *Inlandeis* und → *Gletschern.* 2. unscharfer Begriff für → *Eiszeit* oder → *Eiszeitalter.*

Vereisungsdauer: 1. Dauer der Vereisungen während der → *Eiszeiten.* 2. Zeit zwischen Zufrieren und Eisaufbruch von Flüssen und Seen, damit dem → *Eiserschluß* entsprechend.

Vereisungsgebiet: 1. Bereich der aktuellen Eisverbreitung auf der Erde in Form von → *Inlandeisen* und von Gebirgsvergletscherungen. 2. die pleistozänen oder anderen vorzeitlichen Areale, die einer Vereisung unterlagen.

Vereisungsniveau: in der atmosphärischen Luft die Höhenlage, in der 0 °C erreicht wird.

Vereisungsverfahren: Technik des Frostschutzes von Obstkulturen durch gezielte Beregnung in Frostnächten, wodurch die Pflanzen mit einer schützenden Eiskruste überzogen werden, deren Erstarrungswärme Zellschädigung verhindert.

Vereisungszentrum: Gebiet, von dem aus sich die → *Gletscher* in einer Kaltzeit ausdehnen und in das sie sich in der nächstfolgenden Warmzeit auch wieder zurückziehen. Die V. Europas im → *Pleistozän* waren Nordskandinavien, die Britischen Inseln und die Alpen.

vererbte Mäander: theoretische Vorstellung über die Bildung von → *Mäandern.* Sie setzt voraus, daß zunächst freie Mäander, also → *Flußmäander,* vorliegen müssen, um → *Zwangsmäander* entstehen zu lassen. Deren Entstehung ist aber nicht an die Präexistenz freier Schlingen gebunden.

Vererbungssitte: in der Agrargeographie die

Art der Vererbung des landwirtschaftlichen Grundeigentums. Unterschieden wird zwischen den beiden Hauptvererbungsformen, der → *Anerbensitte* und der → *Realteilung*, deren regionale Verbreitung erhebliche Auswirkungen auf die Flurformen und die landwirtschaftliche Betriebsstruktur haben.

Verfahlung: Prozeß der Aufhellung von Bodenhorizonten durch Lösung und Wegführung von Ton (→ *Lessivierung*) oder Eisen-, Mangan- und Aluminiumoxiden (→ *Podsolierung*, → *Marmorierung*).

Verflechtung: in Wirtschafts- und Sozialgeographie, Raumordnung und -planung übliche Bezeichnung für relativ enge und dauerhafte funktionale Beziehungen zwischen Räumen oder zwischen Objekten oder Funktionsbereichen innerhalb eines Raumes. Die wichtigsten V. sind → *sozio-ökonomische V.*, daneben gibt es z. B. historische, kulturelle, infrastrukturelle oder technische V. Wenn sich V. innerhalb eines bestimmten Raumes besonders stark verdichten und diesen dadurch von Nachbarräumen funktional trennen, entstehen → *Verflechtungsbereiche* oder -räume.

Verflechtungsbereich (Verflechtungsraum): Raum, der durch intensive interne → *sozioökonomische Verflechtungen* gekennzeichnet ist und dessen Grenzen (in der Regel Grenzsäume) durch signifikanten Intensitätsabfall der Verflechtungen markiert werden können. V. bilden sich auf der Mikro-, Meso- und Makroebene aus. Neben multifunktionalen V. – z. B. das Gebiet einer → *Stadtregion* – spricht man auch von V. einzelner Funktionen (z. B. arbeitsfunktionaler V. eines Einpendlerzentrums oder versorgungsfunktionaler V. eines → *Zentralen Ortes*.

Verfügungseigentum (Nutzungseigentum): das Eigentum, über das zwar keine rechtliche Sachherrschaft besteht, worüber jedoch wirtschaftlich voll verfügt werden kann. Das V. unterliegt in gleicher Weise der Besteuerung wie rechtliches Eigentum.

Vergenz: das Auseinanderstreben von → *Falten* in → *Faltengebirgen* und → *Deckengebirgen* entgegen dem Schub, der die Faltung bewirkte. Bei manchen Faltengebirgen können die Falten in zwei Richtungen vergieren, so daß z. B. von Nord- oder Süd-V. gesprochen wird.

Vergesellschaftung: 1. in der Geo- und Bioökologie jede Form des Zusammenfindens mehrerer Individuen der gleichen Art oder verschiedener Arten mit und ohne interspezifische Beziehungen.

2. in der → *Pflanzensoziologie* die → *Assoziation* von Pflanzen, die zwar interspezifische Beziehungen aufweisen (können), die aber für die Zusammensetzung der → *Pflanzengesellschaft* nicht entscheidend sind.

3. in den Geowissenschaften unscharfe Bezeichnung für das gemeinschaftliche Auftreten von Einzelgegenständen wie Einzelreliefformen, Bodentypen, naturräumliche Einheiten usw.

Vergetreidung: Vorgang der Ausdehnung des Getreidebaus im Hochmittelalter und in der frühen Neuzeit. Im Flurbild brachte die V. eine Ausweitung der Langstreifen (→ *Langstreifenflur*) durch zusätzliche Streifensysteme oder Blöcke (Zusatzgewanne) mit sich. Regional gibt es auch heute V., z. B. durch Markteinflüsse.

Vergitterung: tritt bei → *Brüchen* mit verschiedenen Richtungen, z. B. → *rheinischer* oder → *herzynischer* Richtung auf, die dann ein Bruchliniengitter bilden und somit ein → *Schollenmosaik* bedingen.

Vergleichsmiete: 1. gemäß dem Wohnungsraumkündigungsschutzgesetz ein Mietzins, bis zu dessen Betrag der bisher verlangte Mietzins erhöht werden kann, sofern dieser mindestens ein Jahr unverändert bestand. Die V. richtet sich hierbei nach dem ortsüblichen Mietzins (ortsübliche V.).

2. im Sozialwohnungsbau der zulässige Mietzins, der sich an der → *Kostenmiete* des öffentlich geförderten Wohnungsbaus orientiert.

Vergletscherung: 1. Vorgang der Bildung von → *Gletschern*.

2. unscharfe Bezeichnung im Sinne von → *Vereisung*.

Vergleyung: Prozeß der Eisen- und Manganumlagerung durch → *Grundwasser* in Böden. Die V. besteht im wesentlichen in einer Lösung des reduzierten Eisens und Mangans im ständig grundwassererfüllten Unterboden (→ *Reduktionshorizont*) und einem Aufwärtswandern dieser Metalle mit dem schwankenden Grundwasserspiegel und mit Kapillarwasser, wobei nach Luftzutritt Oxidation stattfindet und die Fe- und Mn-Oxide im zeitweise durchlüfteten oberen Unterboden in konkretionären Flecken ausfallen (→ *Oxidationshorizont*). (→ *Gley*)

Vergroßstädterung: ein in Anlehnung an → *Verstädterung* gebildeter Begriff. Er bezeichnet einerseits das absolute und relative Wachstum der → *Großstädte* eines Raumes im Verhältnis zu den übrigen Siedlungskategorien, andererseits den hohen prozentualen Anteils der in Großstädten wohnhaften Bevölkerung eines Raumes (Region, Land, Kontinent usw.).

Vergrünlandung: Vorgang der Zunahme des Grünlandes auf Kosten des Ackerlandes. Die V. hat in Mitteleuropa vor allem in der zweiten Hälfte des 19. Jh. zugenommen. Durch die Verwendung von chemischen Düngemitteln auf den besseren Böden und die damit verbundenen Ertragssteigerungen konnten in der Landwirtschaft zunehmend geringwertige Ackerflächen in Grünland umgewandelt werden. Auch war die V. vielfach eine Extensivierung der landwirtschaftlichen Nutzung, die durch den Industrialisierungsprozeß bedingt war. Noch in jüngerer Zeit kam es, bedingt durch arbeits- oder marktwirtschaftliche Gesichtspunkte, zu einer V. Dies gilt z. B. für das Alpenvorland aufgrund der günstigen Erlössituation bei Milchprodukten.

Vergrusung: Prozeß des Gesteinszerfalls durch → *Verwitterung* zu → *Grus*, welcher als tiefer in die Erdoberfläche reichender Prozeß der → *Abgrusung* gegenübergestellt wird. Vor allem körnige Gesteine, wie → *Granit*, neigen zur V.

Verhagerung: Verarmungsprozeß des Waldbodens, bei dem durch starke Austrocknung und Windeinwirkung Humusstoffe und Bodenfeinbestandteile zerstört und abgetragen werden.

Verhalten: Handeln von Personen in ihrer Umwelt im raum-zeitlichen Ablauf. Für die Geographie ist das spezifische → *raumrelevante* V. → *sozialgeographischer Gruppen* bei der Ausübung ihrer → *Grunddaseinsfunktionen* interessant, da es zur Erklärung der kulturlandschaftlichen Raumstrukturen und ihrer Veränderungen beiträgt.

Verhaltensänderung: Änderung von → *raumrelevanten Verhaltensweisen* bei der Ausübung spezifischer → *Grunddaseinsfunktionen* durch → *sozialgeographische Gruppen*. V. führen in der Regel zu Veränderungen im Gefüge der Kulturlandschaft bzw. zu veränderten Tendenzen ihrer Entwicklung. V. können durch veränderte Rahmenbedingungen, etwa wirtschaftlicher Art, aber auch durch → *Innovationen,* neue Moden usw. hervorgerufen werden.

Verhaltensforschung: Untersuchung der Verhaltensweisen von Lebewesen. Für die Geographie ist die V. bei → *sozialgeographischen Gruppen* von großer Bedeutung, wobei insbesondere die den Verhaltensweisen zugrundeliegenden Raumbewertungen und Handlungsmotivationen erforscht werden.

Verhaltensgeographie (verhaltensorientierte Geographie): gelegentlich gebrauchte Bezeichnung für den Teilaspekt der → *Sozialgeographie*, der die → *Verhaltensweisen* → *sozialgeographischer Gruppen* analysiert und zur Erklärung der Kulturlandschaftsentwicklung heranzieht.

Verhaltensgruppe: → *soziale Gruppierung*, deren Mitglieder bei der Ausübung bestimmter → *Grunddaseinsfunktionen* gleiche oder zumindest sehr ähnliche → *raumrelevante Verhaltensweisen* zeigen. V. gehören wegen ihrer typischen raumprägenden Wirkung zu den → *sozialgeographischen Gruppen*.

Verhaltenskodex: Kodifizierung von Verhaltensweisen. Die Aufstellung eines V. z. B. für multinationale Konzerne wurde im Rahmen

des → *Nord-Süd-Dialogs* gefordert.

Verhaltensmuster: Komplex von → *Verhaltensweisen*, dessen einzelne Komponenten in der Regel gemeinsam oder in bestimmtem zeitlichem Ablauf auftreten. Bestimmte V. → *sozialgeographischer Gruppen* können von hoher kulturlandschaftsprägender Wirkung sein.

Verhaltensweise: in geographischem Sinne die Art und Weise, wie Personen in ihrer Umwelt im Rahmen der Ausübung ihrer → *Grunddaseinsfunktionen* im raum-zeitlichen Ablauf agieren und reagieren. Die gruppen-, funktions- und regionalspezifischen V. → *sozialgeographischer Gruppen* sind die Basis für viele Ansätze zur Erklärung kulturlandschaftlicher Raumstrukturen, insbesondere wenn zusätzlich die den V. zugrundeliegenden Bewertungen und Motivationen untersucht werden.

Verheiratungsquote (Verheiratetenquote): Anteil der verheirateten Personen an allen Einwohnern in heiratsfähigem Alter eines Raumes oder an den Männern oder Frauen einer bestimmten Altersgruppe (geschlechts- und altersspezifische V.). Die V. ist von Bedeutung, um z. B. regional unterschiedliche Geburtenziffern zu interpretieren.

Verholzung: sekundäre Veränderung pflanzlicher Zellwände durch Holzstoffeinlagerung in die verdickten Membranen der Gefäße und Holzfasern, wodurch zwar die Quell- und Dehnbarkeit der Zellwände verringert, die Starrheit und Druckfestigkeit jedoch erhöht werden. Verholzte Pflanzenteile sind jedoch nach wie vor für Wasser und gelöste Substanzen durchlässig.

Verhüttung: der Prozeß der Verarbeitung von Erzen (z. B. bei Eisenerz mit Hilfe des Hochofens) zur Gewinnung von Metallen.

Verjüngung: 1. in der Botanik die V. von Pflanzen, die möglich wird, weil nicht der gesamte Pflanzenkörper altert und Sproß und Wurzelbasis in der Jugendphase verbleiben.

2. in der Forstwirtschaft bezogen auf die Bestandsentwicklung. – 2.1. Bezeichnung für verjüngten Bestand aus Sämlingen bis niedrigem Stangenholz. – 2.2 Prozeß waldbaulicher Maßnahmen mit dem Ziel der Regeneration des Bestandes. – 2.3 ein natürlich oder künstlich wiederbegründeter Bestand jugendlichen Alters.

Verkarstung: entsprechend der Vielfältigkeit des Begriffes → *Karst* jene Vorgänge bezeichnet, die zur Herausbildung verschiedener „Karste" führen.

1. Prozeß der Bildung des geomorphologischen Landschaftstypes Karst, basierend auf → *Lösungsverwitterung*.

2. bezeichnet die Rodungsprozesse im Mediterranraum, die → *Bodenerosion* zur Folge hatten und die kahlen Kalkfelsen mit „geo-

morphologischem" Karst und Felsoberflächen aus anderen Gesteinen freilegten.

3. in Anlehnung an den 2. Begriff unpräzise Bezeichnung für anthropogene Landschaftszerstörungsprozesse durch Übernutzung der landschaftlichen Ökosysteme, unabhängig von Rodung, natürlichen Abtragungsvorgängen oder sogar der geomorphogenetischen Karstbildung.

Verkehr: 1. in der Soziologie alle Arten von sozialen Kontakten zwischen Personen oder Gruppen (gesellschaftlicher V.).

2. in der Geographie die Bewegung zwischen Standorten zum Zwecke der Raumüberwindung von Personen (Personen-V.), Gütern (Güter-V.) oder Nachrichten (Nachrichten-V.). Bewegungen an einem Standort zählen also nicht zum V. (z. B. in einem Haushalt oder Betrieb). V. findet in der Regel auf besonderen → Verkehrswegen (z. B. → Straßen-, → Schienen-, → Luft-V.) und mit bestimmten → Verkehrsmitteln statt (z. B. Fuhrwerks-, Kraftfahrzeug-, Eisenbahn-, Schiffs-V.). Der Nachrichten-V., insbesondere in Form des → Rundfunks, nimmt eine Sonderstellung ein. Nach der Art der Beförderung unterscheidet man → Individual- und → Massenbzw. öffentlichen V., nach der zurückgelegten Entfernung → Nah- und → Fernverkehr, nach der Funktion z. B. → Pendel-, → Urlaubsreise-, → Naherholungs-V. usw.

Verkehrsangebot: durch → Verkehrswege und → Verkehrsmittel in einem bestimmten Raum oder an einem Standort gegebene Möglichkeit, Transport von Personen und Gütern durchzuführen. Häufig wird der Begriff V. auf die Bereithaltung öffentlicher Verkehrsmittel und das Vorhandensein kommerzieller Verkehrsanbieter (z. B. Spediteure, Reisebüros usw.) beschränkt.

Verkehrsanlage: Bauwerk, das dem Verkehr dient und, als Teil der → Verkehrsinfrastruktur, in der Regel vom → Verkehrsträger oder von der öffentlichen Hand errichtet und unterhalten wird. Zu den V. gehören → Verkehrswege, wie Straßen, Eisenbahntrassen, Rohrleitungen usw., sowie Bauten, die mit der Benutzung von → Verkehrsmitteln in Zusammenhang stehen, z. B. Bahnhöfe, Häfen, Flughäfen.

Verkehrsaufkommen: Volumen des Personen- oder Güterverkehrs auf einer bestimmten Strecke insgesamt oder nach einzelnen Verkehrsträgern differenziert. Das V. wird entweder durch die Zahl der beförderten Personen bzw. die Menge der transportierten Güter ausgedrückt oder durch die erbrachte Verkehrsleistung in Personen- oder Fracht-Tonnenkilometer.

Verkehrsbelastung: Inanspruchnahme eines → Verkehrsweges oder auch eines Raumes durch den Verkehr. Bei hoher → Verkehrsdichte spricht man z. B. von starker V. des betreffenden Verkehrsweges. Ein hohes Verkehrsaufkommen kann aber auch zu einer starken V. im Sinne einer → Umweltbelastung oder sogar -gefährdung eines ganzen Raumes führen (z. B. einer Paßregion durch den → Transitverkehr).

Verkehrsbeziehung: funktionale Beziehung zwischen Standorten oder Räumen, die sich durch Personen- und/oder Güterverkehr, der zwischen ihnen stattfindet, äußert.

Verkehrsbündelung: Konzentration bzw. Zusammenfassung von Verkehrswegen und -strömen. Der Begriff wird einerseits auf → Verkehrsknotenpunkte angewandt, an denen die Wege eines oder mehrerer Verkehrsmittel zusammengeführt werden. Andererseits bezeichnet V. die Parallelführung der Wege mehrerer Verkehrsmittel, z. B. die Bündelung von Eisenbahnlinien, Autobahnen und Landstraßen, evtl. auch Schiffahrtswegen und Rohrleitungen, in Tälern.

Verkehrsdichte: Volumen des fließenden Verkehrs in einem Zeitabschnitt, bezogen auf Verkehrswege oder – seltener – Räume. Die V. wird durch die Zahl der Fahrzeuge, der beförderten Personen oder Gütermenge pro Zeiteinheit (meist 24 h) und Strecke bzw. Raumeinheit gemessen. Neben der weniger gebräuchlichen Gesamt-V. werden vor allem V. für bestimmte → Verkehrsmittel berechnet, z. B. die V. im Personenverkehr auf einem Autobahnabschnitt oder einer Eisenbahnstrecke.

Verkehrserschließung: Erschließung eines Raumes durch Bereitstellung von → Verkehrswegen und/oder Verkehrsmitteln. Man unterscheidet quantitative V. (gemessen an der Anzahl der Verkehrsmittel und -wege in einem Raum) und qualitative V. (z. B. bezüglich der Fahrthäufigkeit öffentlicher Verkehrsmittel, des Ausbauzustands des Straßennetzes usw.); außerdem ist zu unterscheiden zwischen der internen V. eines Raumes und seiner V. im Rahmen des nationalen oder kontinentalen → Verkehrsnetzes im Sinne einer Verkehrsanbindung an andere Räume.

Verkehrsfläche: die dem Verkehr dienende, insbesondere durch → Verkehrsanlagen bebaute Fläche. Vor allem in → Verdichtungsräumen kann die V. einen hohen Anteil an der Gesamtfläche ausmachen. Zur V. zählen insbesondere die Flächen der Straßen und Eisenbahntrassen, Parkplätze, Bahnhöfe, Häfen, Flughäfen usw.

Verkehrsflughafen: → Flughafen, der dem öffentlichen Flugverkehr im nationalen und internationalen Liniendienst, daneben auch dem → Charterverkehr und in beschränktem Umfang dem privaten Flugverkehr dient. Im Gegensatz zum → Landeplatz muß ein V. eine aufwendige technische und personelle Infrastruktur besitzen.

Verkehrsfunktion: Aufgabe einer Siedlung als Verkehrszentrum, insbesondere durch Bereitstellung von → *Verkehrsanlagen.* Besonders ausgeprägt ist die V. in → *Verkehrssiedlungen,* aber auch für die meisten Städte und sonstigen Zentralen Orte gehört die V. zu den wichtigsten → *städtischen Funktionen.*

Verkehrsgeographie: Teilbereich der → *Anthropogeographie,* meist der → *Wirtschaftsgeographie* untergeordnet, der sich mit dem → *Verkehr* als räumlicher Erscheinung befaßt. Während früher die → *Verkehrsmittel* und → *Verkehrswege* in ihrer Verteilung über die Erdoberfläche, ihrer Abhängigkeit von den natürlichen (z. B. geomorphologischen) Grundlagen und der technischen Entwicklung und ihren kulturlandschaftsprägenden Wirkungen im Mittelpunkt der V. standen, wird heute stärker die funktionale V. betont. Hierbei stehen die Aufgaben des Verkehrs, seine Bedeutung für das Funktionieren des Wirtschafts- und Gesellschaftslebens, sozialgruppenspezifische Aktivitätenmuster des Verkehrs bei der Ausübung der → *Grunddaseinsfunktionen* usw. im Vordergrund.

Verkehrsgunst: Vorliegen günstiger Voraussetzungen für die Durchführung von Verkehr an einem Standort oder in einem Raum. Die V. kann auf der natürlichen Lage beruhen (z. B. Möglichkeiten zur Anlage natürlicher Häfen an einer buchtenreichen Küste), sie kann aber auch durch die → *Verkehrserschließung* hervorgerufen worden sein (z. B. V. eines Industriestandorts an einer Autobahn- oder Eisenbahnkreuzung).

Verkehrshafen: dem Personen- und/oder Güterverkehr dienender → *Hafen,* im Gegensatz zum Fischerei- oder Kriegshafen.

Verkehrsinfrastruktur: derjenige Teil der → *Infrastruktur,* der dem Transport von Personen und/oder Gütern dient. Zur V. gehören insbesondere die → *Verkehrswege* und die → *Verkehrsmittel.* Eine gut ausgebaute und funktionierende V. ist eine wichtige Voraussetzung für die wirtschaftliche, insbesondere industrielle Entwicklung eines Raumes.

Verkehrsknotenpunkt: Ort, an dem sich → *Verkehrsströme* kreuzen oder verbinden und Umsteige- bzw. Umladebeziehungen bestehen. Der Begriff V. kann auf Städte bzw. → *Zentrale Orte* angewandt werden, sich aber auch auf → *Verkehrsanlagen* eines bestimmten → *Verkehrsmittels* (z. B. Autobahnkreuz) oder Standorte mit Umladebeziehungen im → *gebrochenen Verkehr* (z. B. Hafen) beziehen.

Verkehrslage: Lage eines Standortes, insbesondere einer Siedlung, im → *Verkehrsnetz.* Durch die V. wird einerseits die natürliche Lage im Raum unter dem Aspekt der Führung von Verkehrswegen (z. B. Küsten-, Gebirgs-, Paßlage), andererseits die Erreichbarkeit durch die qualitative und quantitative → *Verkehrserschließung* des Standortes ausgedrückt. Man unterscheidet die → *Nahverkehrslage* als Lage im intraregionalen und die → *Fernverkehrslage* als Lage im überregionalen, nationalen bis kontinentalen Verkehrsnetz.

Verkehrslandeplatz: dem öffentlichen Flugverkehr, insbesondere im nationalen Rahmen, dienender → *Landeplatz.*

Verkehrsmittel: Transportgerät, das zur Beförderung von Personen und/oder Gütern eingesetzt wird. Man unterscheidet insbesondere öffentliche oder Massen-V., wie Omnibus oder Eisenbahn, und Individual-V., z. B. PkW, Fahrrad. Nach dem Verkehrsweg unterscheidet man V. für den Land- (Straßen- und Schienen-), den Wasser- bzw. Schiffs- (Binnen- und Seeschiffs-) und den Luftverkehr. Die regional und nach Transportzweck unterschiedliche Benutzung von V. hängt vom Stand der Technik, den jeweiligen Transportkosten, der gewünschten Reisegeschwindigkeit, der Verfügbarkeit, aber vielfach auch von naturgeographischen Gegebenheiten ab.

Verkehrsnachfrage: Bedürfnis an → *Verkehrsmitteln* und → *Verkehrswegen,* um Transporte von Personen oder Gütern durchzuführen. Die V. richtet sich einerseits an die öffentliche Hand bezüglich des Ausbaus von Verkehrswegen und der Bereithaltung öffentlicher Verkehrsmittel, andererseits an Unternehmen (Spediteure, Reisebüros usw.), bei denen Möglichkeiten zur Verkehrsteilnahme nachgefragt werden.

Verkehrsnetz: miteinander verknüpftes System von → *Verkehrswegen* in einem Raum. Von einem V. spricht man, wenn Verkehrswege einen Raum nicht nur linienhaft durchziehen, sondern den Raum mehr oder weniger intensiv flächenhaft erschließen. Entsprechend dem → *Verkehrsmittel* unterscheidet man z. B. Straßen-, Eisenbahn- und Flugnetze, wobei in der Regel das → *Straßennetz* am dichtesten geknüpft ist, während das Flugnetz nur im nationalen, kontinentalen oder globalen Maßstab Netzcharakter aufweist.

Verkehrsorientierung: Ausrichtung eines Standortes auf → *Verkehrswege* oder -ströme. Man spricht z. B. V. von der V. eines Betriebes, der seinen Standort der günstigen Erreichbarkeit wegen an einem → *Verkehrsknotenpunkt* gewählt hat.

Verkehrsplanung: Teilbereich der räumlichen → *Fachplanung,* der sich mit der künftigen Entwicklung des Verkehrswesens im Planungsraum befaßt. Zur V. im weiteren Sinn gehören z. B. Überlegungen zur künftigen Rolle der einzelnen Verkehrsmittel, zum weiteren Ausbau von Individual- oder öffentlichem Verkehr, zur Optimierung der → *Verkehrsnetze* der einzelnen → *Verkehrsträger* usw. V. im engeren Sinn ist die Trassenfestlegung für die verschiedenen Verkehrsmittel von der nationalen bis hinunter zur gemeindlichen Ebene und die ingenieurmäßige Gestaltung der → *Verkehrswege* und *-anlagen*.

Verkehrspolitik: Gestaltung des Verkehrs durch Maßnahmen des Gesetzgebers und der Verwaltung. V. ist Teil der öffentlichen Daseinsvorsorge für Bevölkerung und Wirtschaft; sie ist einerseits Strukturpolitik (Einsatz des Verkehrswesens zur Erreichung raumordnerischer Ziele), andererseits Ordnungspolitik (z. B. Koordination der → *Verkehrsträger*, Steuerung von → *Verkehrsangebot* und *-nachfrage*, Setzung von Prioritäten zugunsten bestimmter → *Verkehrsmittel*, Tarifpolitik usw.).

Verkehrsraum (Verkehrsgebiet): nicht exakt definierter Begriff, mit dem ein unscharf begrenztes Gebiet umschrieben wird, in dem eine bestimmte Verkehrsnachfrage, ein bestimmtes Verkehrsangebot oder bestimmte Verkehrsmittel bestehen bzw. vorherrschen. So kann man z. B. vom V. eines bestimmten öffentlichen → *Verkehrsträgers* sprechen, vom V. der Binnenschiffahrt oder der Eisenbahn in einem Land (d. h. dem Raum, in dem entsprechende Verkehrswege vorhanden sind).

Verkehrsrecht: Recht, auf einer bestimmten Linie unter bestimmten Bedingungen ein öffentliches Verkehrsmittel zu betreiben. Z. B. werden von Gebietskörperschaften an private Omnibusunternehmer V. (Konzessionen) zum Betreiben eines Linienverkehrs vergeben. Der Begriff V. wird mit spezieller Bedeutung im Luftverkehr verwendet, wo V. aufgrund zwischenstaatlicher Abkommen an Luftfahrtgesellschaften vergeben werden.

Verkehrssiedlung: Siedlung, für die die Verkehrsfunktion eine besonders wichtige Rolle spielt, insbesondere wirtschaftlich gesehen, oder die sogar aus einer Verkehrsanlage oder an einem → *Verkehrsknotenpunkt* entstanden ist. Typisch ist für alle V. eine günstige → *Verkehrs-*, insbesondere → *Fernverkehrslage*. Beispiele für V. sind Verkehrsstädte, aber auch dem Verkehr dienende und oft abseits ständig bewohnter Siedlungen liegende bauliche Anlagen wie Autobahnraststätten und *-tankstellen*, Flughafenanlagen usw.

Verkehrsspannung: Bedürfnis nach Verkehrsbeziehungen zwischen verschiedenen Standorten. Die V. kann als potentielle → *Verkehrsnachfrage* verstanden werden, die zu ihrer Befriedigung ein entsprechendes → *Verkehrsangebot* benötigt. Treffen Nachfrage und Angebot zusammen, entsteht aus der V. tatsächlicher Verkehr.

Verkehrssprache (Lingua franca): Sprache, die in einem mehrsprachigen Raum als Verständigungsmittel zwischen Menschen verschiedener Muttersprache dient. In vielen Staaten Afrikas werden z. B. Englisch oder Französisch als V. zwischen Angehörigen verschiedener Sprachgruppen benutzt.

Verkehrsstadt: Stadt, für deren Wirtschaft und Entwicklung die → *Verkehrsfunktion* eine besonders wichtige Rolle spielt bzw. die zum Teil nur aufgrund ihrer Verkehrsfunktion – z. B. an einem → *Verkehrsknotenpunkt* – entstanden ist. Die wichtigsten Typen von V. sind → *Hafenstädte* und Eisenbahnstädte (an Eisenbahnknotenpunkten gelegen und oft mit Rangierbahnhöfen, Reparaturwerkstätten usw. ausgestattet), im Orient → *Karawanenstädte*. Der Kraftfahrzeugverkehr hat in den Industriestaaten wegen seiner Ubiquität keinen eigenen Stadttyp hervorgebracht.

Verkehrsstrom: Summe der Verkehrsbewegungen von Personen und Gütern auf einer bestimmten Strecke zwischen zwei Standorten. Starke V. entstehen dann, wenn zwischen Ziel- und Quellgebiet → *Verkehrsnachfrage* und → *Verkehrsangebot* gleichermaßen hoch sind (z. B. Pendel- und Naherholungsverkehr, Personen- und Güterverkehr zwischen wirtschaftlich verflochtenen Städten).

Verkehrssystem: Organisationsform des Verkehrs in einem Raum, unterschieden nach Personen- und Güterverkehr. Differenzierte V. verschiedener Räume ergeben sich vor allem durch die unterschiedliche Beteiligung der einzelnen → *Verkehrsmittel* am Gesamtverkehrsaufkommen sowie durch unterschiedliche Anteile des Individual- und des öffentlichen Verkehrs. Daneben spielen für die Ausgestaltung der V. auch die Funktionen des Verkehrs und ihre gebietsspezifischen Anteile am Verkehrsaufkommen eine Rolle.

Verkehrsträger: 1. Unternehmen, das ein öffentliches Verkehrsmittel betreibt. So sind z. B. die größeren Städte V. öffentlicher Massenverkehrsmittel, wie Straßenbahn und Omnibus.

2. → *Verkehrsmittel*, das ein bestimmtes Verkehrsaufkommen in einem Raum bewältigt. In der Bundesrepublik Deutschland sind z. B. Lastkraftwagen die wichtigsten V. des Güterverkehrs.

Verkehrsverbund: organisatorischer und finanzieller Zusammenschluß mehrerer → *Verkehrsträger* des → *öffentlichen Personennahverkehrs* in einem → *Verkehrsraum*, so daß der Fahrgast die im V. betriebenen Fahrzeuge zu einem gemeinsamen Tarif und nach einem aufeinander abgestimmten Fahrplan benutzen kann. In der Bundesrepublik Deutschland bestehen V. in mehreren Verdichtungsräumen, wo sich jeweils städtische Verkehrsbetriebe, Bundesbahn und -post, z. T. auch private Verkehrsunternehmen, zum gemeinsamen Betrieb von Straßenbahn, Bus, U- und/oder S-Bahn zusammengeschlossen haben.

Verkehrsweg: zusammenfassende Bezeichnung für alle Arten von Wegen, Linien oder Trassen, auf denen sich der Verkehr bewegt. Ein V. kann den Charakter einer baulichen Anlage haben (z. B. Straße, Eisenbahngleise, Kanal), er kann aber auch nur in Form einer gedachten Linie bestehen (Schiffahrtsweg, Luftverkehrsweg). Die ersteren V. sind Teil der → *Verkehrsinfrastruktur* des betreffenden Raumes.

Verkehrswert: in der → *Bauleitplanung* der gemäß → *Bundesbaugesetz* von Gutachterausschüssen, Ortsgerichten oder vereidigten Sachverständigen ermittelte Wert eines Grundstückes und anderer Immobilien. Die Ermittlung des V. kann nach dem Ertragswertverfahren oder nach dem Sachwertverfahren erfolgen. Der Ertragswert richtet sich nach der Nutzung des Grundstückes, beim Sachwertverfahren werden die Werte von Grund und Boden, Gebäuden und Außenanlagen unter Berücksichtigung der Herstellungskosten, Abschreibungen und Mängel getrennt ermittelt. Beim V. werden auch die Planungsgewinne aus öffentlichen Investitionen berücksichtigt.

Verkehrswesen: zusammenfassende Bezeichnung für die → *Verkehrsanlagen*, → *Verkehrsmittel*, → *Verkehrswege* und die wirtschaftliche und technische Organisation des → *Verkehrs* in einem Raum.

Verkehrswirtschaft: derjenige Teil des tertiären Sektors der Wirtschaft, der sich der gewerbsmäßigen Beförderung von Personen, Gütern oder Nachrichten widmet. Zur V. gehören einerseits öffentliche Unternehmen (z. B. Bundesbahn und Bundespost, kommunale Verkehrsbetriebe), andererseits private Unternehmen wie Speditionen, Omnibusunternehmen, Reedereien usw.

Verkieselung (Silizifikation, Silifizierung): 1. die Bildung von → *Kieselkrusten*.
2. allgemein die mehr oder weniger reichliche nachträgliche Durchtränkung eines Gesteins oder Fossils mit Kieselsäure. Sie scheidet sich als Quarz, Hornstein oder – seltener als Opal ab und kann gegebenenfalls den ursprünglichen Mineralbestand vollkommen ersetzen. Die V. ist insofern ein wichtiger Prozeß der Gesteinsbildung, z. B. für → *Quarzit* und → *Feuerstein*.
3. Prozeß der → *Fossilisation* von Organismen oder Teilen dieser, wie Baumstämmen, Seeigeln oder Korallen.

Verkittung: Prozeß der Gefügebildung im Boden, bei dem durch mineralische oder organomineralische Fällungsprodukte (Kalk, Oxide, Humusstoffe) mineralische und oder organische Bodenpartikel zu Aggregaten verklebt werden (→ *Hüllengefüge*).

Verklappung: die Beseitigung von festen oder flüssigen Abfällen mit Hilfe von Schiffen oder Booten in Gewässern, z. B. im offenen Meer; wegen ihrer Umweltschädigung umstritten.

Verkleibung: 1. allgemein die Abdichtung von Flachformen des → *Karstes* durch autochthone → *Verwitterungslehme* oder → *Verwitterungstone* oder durch allochthone Sedimente.
2. in der → *Schichtstufenlandschaft* die Bildung akkumulativer Flachformen auf → *Landterrassen*, wobei allmählich die Grenze zwischen dem Sockelbildner und dem hangenden Stufenbildner überdeckt wird und die Zurückverlegung des Stufenrandes ihrer strukturellen Voraussetzung beraubt ist.

Verknüpfungsmuster: regelhaft ausgebildete Art der Verbindung der verschiedenen Funktions-Standorte in der Kulturlandschaft, z. B. durch Verkehr und Kommunikation. Die Funktions-Standorte der verschiedenen → *Grunddaseinsfunktionen* bilden jeweils unterschiedliche V. untereinander sowie mit den Standorten anderer Funktionen aus (z. B. Verknüpfung der Wohn- und Arbeitsstandorte durch den Pendelverkehr).

Verkokung: im Rahmen der → *Kohleveredelung* die thermische Zersetzung von Kohle unter Luftabschluß. Die Hauptprodukte der V. sind Koks und Kokereigas.

Verkoppelung: Zusammenlegung der → *Parzellen* eines Besitzes bzw. einer Gemarkung zu größeren Einheiten. Entsteht dabei eine räumlich geschlossene Betriebsflächeneinheit bei einem landwirtschaftlichen Betrieb, so spricht man von → *Arrondierung*. Umfassende V. in verschiedenen Teilen Europas führten in der Neuzeit zum Prozeß der → *Vereinödung*. Die moderne Form der V. wird als → *Flurbereinigung* bezeichnet.

Verlagerung: im Boden der Transport von gelösten oder peptisierten Stoffen (Salze, Oxide, Humusstoffe, Ton) mit dem Sickerwasser in vertikaler Richtung in tiefere Profilbereiche oder mit dem Hangwasser hangabwärts. Die V. ist im humiden Klimabereich ein Verwitterungsprozeß von zentraler Bedeutung. Sie läßt die typische Gliederung der Bodenprofile in Auswaschungs- und Anreicherungshorizonte entstehen (→ *Parabraunerde*, → *Podsol*). Wichtige Teilprozesse der V. sind → *Entkalkung*, → *Lessivierung* und → *Podsolierung*.

Verlagerungsquote: der in Prozentpunkten ausgedrückte Anteil der verlagerten Einheiten einer Grundgesamtheit. Die V. wird vor allem benützt, um das Ausmaß der Industrieverlagerung darzustellen. Hier wird der Anteil der verlagerten Industriebetriebe an der Gesamtzahl der vorhandenen Industriebetriebe zum Ausdruck gebracht (→ *Stillegungsquote*).

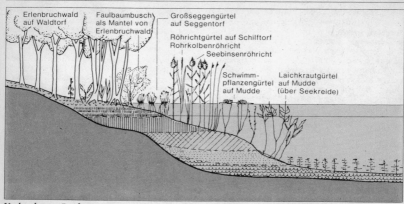

Verlandungsgürtel

Verlagssystem: Organisationsform des Gewerbes, bei dem der → *Verleger* für Aufträge, Materialbeschaffung und Absatz sorgt und Geräte und Maschinen zur Verfügung stellt. Im Gegensatz zur Kundenarbeit des → *Handwerks* und zum örtlich konzentrierten Fabrikbetrieb fehlt beim V. eine einheitliche organisatorische Leitung des Produktionsvorganges. Dieser erfolgt in den Wohnungen bzw. Kleinwerkstätten von Heimarbeitern, die über eine Art → *Hausindustrie* in das V. integriert sind. Bekannt ist das V. heute in erster Linie in der Form des Buch-, Zeitschriften- und Zeitungsverlagswesens, das auf eigene Kosten Bild- und Textwerke anderer vervielfältigen und verbreiten läßt.

Verlandung: allgemein ein Prozeß der Landwerdung.
1. großräumiger Vorgang, bedingt durch → *Regression* des Meeres und der Bildung von → *Festland* allgemein.
2. Ausfüllen von Gewässern durch (überwiegend) Feinsedimente und sukzessive Besiedlung mit Pflanzen, deren lebende und tote Biomasse zur Bodenbildung beiträgt. Unterschieden werden der kleinräumige Vorgang des Wandels eines offenen Gewässers, d. h. Teich, Flußufer oder See, zu einem terrestrischen Ökosystem mit der Bildung einer → *Verlandungsfolge,* angeordnet in → *Verlandungsgürteln* und der Prozeß, der bei der anthropogenen → *Landgewinnung* eintritt und ebenfalls zu terrestrischen, aber anthropogen bestimmten Ökosystemen führt.

Verlandungsebene: mit organischen Böden bedeckte Flachform, entstanden aus einer flachen → *Glazialwanne,* in der sich zunächst ein See bildet, aus dem sich ein → *Verlandungshochmoor* entwickelt, das schließlich in ein rein terrestrisch bestimmtes Ökosystem übergeht.

Verlandungsfolge: eine kontinuierliche Sukzessionsfolge, die jedoch klimabestimmt ist und daher bei der → *Verlandung* von offenen Gewässern in den einzelnen Klimazonen unterschiedlich abläuft. Mit dem Begriff V. wird überwiegend die sich abspielende Sukzession bei der Verlandung offener Gewässer der gemäßigten Klimazonen gemeint. Aber auch dabei gibt es Differenzierungen. Fließgewässer und stehende Gewässer verlanden unterschiedlich, ebenso → *oligotrophe* oder → *dystrophe.*

Verlandungsgürtel: beschreibt die räumliche Verbreitung der → *Verlandungsfolge* in der Horizontalen, die sich entlang von verlandenden Flußufern als Band oder um verlandende Tümpel und Seen als Gürtel herumzieht.

Verlandungshochmoor: ein relativ flach gewölbtes → *Hochmoor* im Bereich nährstoffarmer Sande, das sich aus → *oligotrophen* oder → *dystrophen* Seen entwickelt und das zunächst ein Flachmoor- und ein Zwischenmoorstadium durchlaufen hat. Die Wurzeln seiner Pflanzen befinden sich im Bodenwasserbereich. Ein Mindestniederschlag von ca. 600 mm ist vorausgesetzt, um seine Existenz zu erhalten. Das V. tritt überwiegend im nordmitteleuropäischen Flachland im Bereich des Vereisungsgebietes der → *Weichsel-Kaltzeit* auf.

Verleger: Händler, der sich zu Beginn der Neuzeit aus dem Handwerkerstand entwickelt hat. Die V. boten zunächst neben den Produkten anderer Handwerker auf den Märkten auch selbsthergestellte Waren an. Später kam es jedoch zu einer Trennung von Produktions- und Handelsfunktion (→ *Verlagssystem*). V. ist heute vor allem eine übliche Bezeichnung für Buch- und Zeitungsproduzenten.

Verlehmung: Bildung von → *Tonmineralen* bei der → *Silikatverwitterung* unter feuchten Bedingungen (→ *hydrolytische Verwitterung*), wobei im mineralischen Feinmaterial als typisches Körnungsgemisch oft, aber nicht nur, → *Lehm* entsteht. Die Tonbildung verläuft entweder direkt durch physikalisch-chemische Umwandlung von → *Glimmer* oder über Neubildungsvorgänge aus → *Feldspäten*, → *Pyroxenen*, → *Amphibolen* usw. V. ist immer auch mit → *Verbraunung* verbunden und mit dieser zusammen typisch für die Entwicklung der → *Braunerden*. Sie führt zu einem Ansteigen des Tongehalts bis in Größenordnung von 20–30% und schafft ein charakteristisches Subpolyeder- oder Bröckelgefüge.

Verlustgewichtsmaterial (Gewichtsverlustmaterial): Differenz zwischen → *Rohgewichtsmaterial* und → *Reingewichtsmaterial*, wie sie sich durch den Fertigungsprozeß ergibt.

Vermarktung: der erwerbsmäßig betriebene organisierte Verkauf von Produkten auf Binnen- und Exportmärkten. Vor allem auf der Stufe des → *Großhandels* ist die V. durch eine ausgeprägte Produktspezialisierung gekennzeichnet.

Vermehrungspotential: präzisiert den Begriff → *Fertilität* und wird repräsentiert durch die Zahl der Nachkommen, die ein Weibchen bzw. eine Population während einer Zeiteinheit erzielen würden, wenn die Nachkommen alle bis zu ihrer Fortpflanzung am Leben blieben.

Vermehrungsziffer: bestimmt durch die gegenseitigen Beziehungen von → *Natalität* und → *Mortalität* die Individuenzahl einer abgeschlossenen Population. Die V. ist jedoch eher eine theoretische Größe, weil bei den meisten freilebenden Pflanzen- und Tierpopulationen über Natalität und Mortalität keine präzisen Angaben vorliegen.

Vermiculit: grünliches bis bräunliches, mäßig aufweitbares und unter Kaliumzusatz kontrahierendes, sehr sorptionsfähiges → *Dreischicht-* → *Tonmineral*, welches vornehmlich aus Glimmern entsteht.

Vermoderung: Abbauphase in der Humusdecke, in der die leicht zersetzbaren Bestandteile des pflanzlichen Abfalls bereits abgebaut oder im Abbau begriffen sind und bei den noch gut erkennbaren schwer zersetzbaren Anteilen (Holz, Blatt- und Stengelgerüste usw.) die → *Humifizierung* eingeleitet ist. (→ *Moder*)

Vermoderungshorizont (O_F-Horizont): Humuslage, die aus in Zersetzung begriffenen, in ihren Strukturen mindestens noch teilweise erkennbaren Pflanzenresten besteht. In dreilagigen Humusdecken (→ *Moder*, → *Rohhumus*) ist die V. die mittlere Lage zwischen der obenliegenden → *Streu* und dem untenliegenden Humusstoff-Horizont.

Vermögen: alle Güter und Rechte, die einer natürlichen oder juristischen Person (bzw. dem Staat) zu einem bestimmten Zeitpunkt gehören. Das Rein-V. ergibt sich nach Abzug der Schulden vom Wert der V.-Gegenstände. (→ *Einkommen*)

Vermullen: durch starke Austrocknung bedingter staubiger Zerfall von Humussubstanz, der das Gefüge zerstört.

Vermurung: unschöner Begriff für den allmählichen Übergang eines → *Wildbaches* und seines → *Tobels* durch häufige → *Murgänge* in einen Bereich gravitativer Massenbewegungen unter aquatischem Einfluß.

Vernalaspekt: Bestandteil der → *Aspektfolge* und in den gemäßigten Klimazonen den Frühling von Mai bis Anfang Juni beschreibend.

Vernässung: Zustand anhaltend hoher Wassersättigung im Boden, besonders typisch in → *Staugleyen* und → *Tonböden*.

Vernetzungstyp: Ausdruck der Ökosystemstruktur, er wird bei der → *Strukturanalyse* ermittelt. Er hängt von der → *Bindungsdichte* in → *Ökosystemen* ab und weist eine der Komplexität des → *System* entsprechende Kompliziertheit auf.

Verockerung: in Böden (→ *Gley*) und Brunnenfiltern der Vorgang der Ausfällung von gelöstem Eisen aus Grundwässern durch Oxidation zu dreiwertigem Eisenhydroxid. Die V. läßt helle rost- bis ockerbraune, fleckige bis dichte Eisenanreicherungshorizonte entstehen (G_o-Horizont, → *Raseneisenstein*).

Verortung: Festschreibung von Funktions-Standorten im Raum. So kann z.B. das räumliche Muster der → *Zentralen Orte* als V. der → *Versorgungsfunktion* verstanden werden.

Verrucano: ein Quarzkonglomerat der Ostalpen, das von Geröllen (Quarzporphyr, Tonschiefer, Melaphyr oder anderen Gesteinen) durchsetzt ist und im → *Perm* entstand.

Versandgeschäft: Organisationsform des Einzelhandels, bei der die Ware nicht im Laden verkauft, sondern auf Bestellung des Kunden (z.B. nach Katalog) per Post versandt wird. Das V. ist häufig ein Versandwarenhaus, das neben V. mit Spezialversand (z.B. für Kaffee, Tee oder Bücher) ein umfassendes Warensortiment anbietet.

Versandhandel: Form des → *Einzelhandels*, bei der über ein → *Versandgeschäft* die Ware veräußert wird.

Versalzung: Oberbegriff für alle Prozesse der Salzanreicherung in Böden. V. findet unter besonderen Bedingungen auch im humiden Klimabereich statt (Salzanreicherung durch Meer- oder Brackwasser in → *Marschen*), ist jedoch für die semiariden und → *ariden* Klimate ein besonders typischer Bodenbildungsprozeß. Die in Trockenböden angereicherten Salze stammen aus dem Niederschlag (besonders in Meeresnähe) oder aus dem → *Grundwasser.* Der Anreicherungsmechanismus beruht darauf, daß wegen der hohen Verdunstungswerte kein Niederschlagswasser in die Tiefe versickert, sondern Grundwasser kapillar nach oben steigt, wobei die gelösten Salze bei der Verdunstung ausfallen und sich im Boden als Ionenbelag oder Krusten und an der Bodenoberfläche als Ausblühungen oder Krusten anreichern. Die in Böden wichtigen Salze sind die Chloride, Sulfate und Carbonate des Natriums, Magnesiums und Calciums (Salz, Soda, Gips, Borax, Kalk usw.). Die künstliche Salzanreicherung erfolgt durch Bewässerung (→ *Solonetz,* → *Solontschak,* → *Natriumböden,* → *Salzpfanne,* → *Salztonebene*)

Versatzbewegung: langsame Differentialbewegungen größerer Massen und Prozeß der → *gravitativen Massenbewegung,* damit den → *Gleit-* und → *Sturzbewegungen* verwandt.

Versatzdenudation: → *Versatzbewegungen,* bei denen durch die sich bewegende Masse flächenhaft abgetragen wird.

Verschlämmung.: Vorgang der Anreicherung von Ton in Unterbodenhorizonten durch Zufuhr mit dem Sickerwasser, der zu einer Verdichtung der Bodenmatrix und einer Verstopfung der sickerfähigen Poren führt. V. hat also → *Vernässung* zur Folge. Sie resultiert aus intensiver und langandauernder → *Lessivierung.*

verschleppte Mündung: tritt bei Nebenflüssen auf, die in einen stark sedimentierenden Hauptfluß münden, dessen Sedimente die Nebenflußmündung ständig verschließen und somit den Nebenfluß zwingen, sich ständig hauptflußabwärts eine neue Mündung zu suchen. Dies führt zu einem parallelen Fließen und einer spitzwinkligen Einmündung in den Hauptfluß, die dann eintritt, wenn die Aufschüttungen von Haupt- und Nebenfluß sich in einem Niveau befinden.

Verschleppung: passive Ausbreitung einer Tier- oder Pflanzenart durch Wind, Wasser, Tiere oder Menschen, ohne daß dies mit Absicht geschieht. Unterschieden werden z. B. → *Anemochorie,* → *Hydrochorie* oder → *Zoochorie.*

Verschrattung: unschöner Sammelbegriff für die Bildung von → *Karren,* also Schratten.

Versickerung: Eindringen von Niederschlagswasser in den Boden und Gesteinsuntergrund. Der Anteil des versickernden Niederschlagswasser ist von der Dichte des Niederschlags, der Oberflächenbeschaffenheit (Bewuchs, Benetzungswiderstand durch Austrocknung) und der Infiltrationskapazität abhängig. (→ *Sickerung*)

Versorgung: Zurverfügungstellung von materiellen und immateriellen Gütern und Diensten. In der Geographie werden insbe-

sondere die V.-Standorte (→ *Zentrale Orte*) und die räumlichen Muster ihrer Verteilung und ihrer Inanspruchnahme (→ *Versorgungsbereich*) untersucht. Vor allem die → *Handelsgeographie* und die → *Zentralitätsforschung* befassen sich mit der V.

Versorgungsbereich (Versorgungsgebiet): derjenige Raum, der von einem Versorgungszentrum aus (einem → *Zentralen Ort* oder einem innerstädtischen Zentrum, wie → *City* oder → *Subzentrum*) mit Gütern und Dienstleistungen versorgt wird. Die Grenzen eines V. - meist als breiter Grenzsaum ausgebildet – lassen sich durch die Grenzen des überwiegend auf das betreffende Zentrum ausgerichteten versorgungsfunktionalen → *Einzugsbereiches* festlegen. Es gibt V. verschiedener Hierarchiestufen (z. B. → *Nah-,* → *Mittel-* und → *Oberbereiche*); daneben spricht man von spezifischen V. bestimmter Waren oder Dienste (z. B. Einzelhandels-V. oder ärztlicher V.).

Versorgungsbeziehung: sozio-ökonomische Beziehung zwischen einem → *Versorgungsstandort* und den in dessen → *Einzugsbereich* wohnenden Konsumenten der dort angebotenen Güter und Dienstleistungen. Die Grenzen des Einzugsbereichs eines → *Zentralen Ortes* lassen sich anhand der Reichweite der V. bestimmen.

Versorgungsfunktion: 1. eine der → *Grunddaseinsfunktionen.* Zur geographischen Untersuchung der V. gehört einerseits die Betrachtung der Angebotsseite, der sich vor allem die → *Handelsgeographie* widmet, andererseits der Nachfrageseite (Studien über → *Verbrauchsverhalten,* → *Verbrauchsgewohnheiten* usw.). Beide Aspekte werden in der → *Zentralitätsforschung* berücksichtigt.
2. eine der wichtigsten → *städtischen Funktionen.* Die V. einer Siedlung besteht darin, für die eigenen Einwohner sowie - im Fall von → *Zentralen Orten* - für die Bevölkerung des → *Einzugsbereiches* ein Angebot an Gütern und Dienstleistungen bereitzuhalten. In der → *City* und sonstigen → *innerstädtischen Zentren* ist die V. besonders ausgeprägt.

Versorgungsnahbereich: Einzugsbereich eines → *Zentralen Ortes* für die → *Grundversorgung.* Meist wird nur verkürzt von → *Nahbereich* gesprochen.

Versorgungsort: Ort, von dem aus die Bevölkerung eines bestimmten Raumes mit Gütern und Dienstleistungen versorgt wird. Ein V. ist in der Regel ein → *Zentraler Ort* oder ein → *innerstädtisches Zentrum,* es kann sich aber auch um einen → *Selbstversorgerort* - als V. für die eigene Bevölkerung - handeln.

Versorgungsprinzip (Marktprinzip): das dem → *Christallerschen Modell* der → *Zentralen Orte* zugrundeliegende Verteilungsmuster der Versorgungszentren. Das V. geht von optimaler Erreichbarkeit der Zentralen Orte und einem flächendeckenden System von → *Einzugsbereichen* dieser Orte aus. Aus dem V. ergibt sich ein Sechseckschema der Anordnung der Zentralen Orte einer Hierarchiestufe.

Versorgungsstandort: Ort, an dem die Versorgungseinrichtungen für einen Raum konzentriert sind. So ist z. B. die → *City* der wichtigste innerstädtische V., ein → *Zentraler Ort* ist der V. seines → *Einzugsbereiches.* Der Begriff V. wird häufig gleichbedeutend mit → *Versorgungsort* gebraucht.

Versorgungsüberschußmethode: Methode zur Ermittlung der → *Zentralität* eines → *Zentralen Ortes.* Bei der V. wird der → *Bedeutungsüberschuß* des betreffenden Zentrums gemessen, indem das Versorgungsvolumen des Ortes bzw. einzelner zentralörtlich relevanter Funktionen im Verhältnis zur eigenen Einwohnerzahl gesetzt wird. Die Zahl der darüber hinaus versorgten Personen im → *Einzugsbereich* ergibt sich somit als Versorgungsüberschuß.

Versorgungsverhalten: Art und Weise, wie die → *Versorgungsfunktion* ausgeübt wird. Das V. ist regional, gruppen- und schichtenspezifisch, aber auch entsprechend dem Versorgungsangebot differenziert ausgebildet. Geographisch relevant ist das V. vor allem in der → *Zentralitätsforschung* und konkret bei der Abgrenzung der → *Einzugsbereiche* → *Zentraler Orte* sowie bei der Planung Zentraler Orte und innerstädtischer Versorgungszentrum.

Versorgungszentralität: die → *Zentralität* im engeren Sinne im Gegensatz zur → *Arbeitsplatzzentralität.* Die V. basiert auf der Versorgung eines Raumes (→ *Einzugsbereich*) mit Gütern und Diensten durch einen → *Zentralen Ort.*

Versorgungszentrum: gelegentlich gebrauchter zusammenfassender Begriff für → *Zentrale Orte* und → *innerstädtische Zentren,* die jeweils einen → *Einzugsbereich* mit Gütern und Dienstleistungen versorgen.

Verstaatlichung (Nationalisierung): Überführung eines Wirtschaftsunternehmens oder eines ganzen Wirtschaftszweiges aus der Privatwirtschaft in Staatsbesitz, entweder durch Enteignung oder Kauf. V. werden auch in ansonsten privatwirtschaftlich organisierten Wirtschaftssystemen durchgeführt, um bestimmte Schlüsselindustrien besser kontrollieren zu können oder um in wirtschaftliche Schwierigkeiten geratene oder nicht rentabel zu betreibende Unternehmen durch den Staat weiterführen zu können (z. B. Eisenbahn).

verstädterte Zone: im Modell der → *Stadtregion* die sich an das → *Kerngebiet* anschließende innere Umlandzone. Die Zuordnung von Gemeinden zur v. Z. erfolgt nach Dich-

te- (→ *Einwohner-/Arbeitsplatzdichte*), Struktur- (Agrarerwerbsquote) und Verflechtungsmerkmalen (Auspendlerquoten).

Verstädterung: Ausdehnung, Vermehrung und/oder Vergrößerung der Städte eines Raumes nach Zahl, Fläche und Einwohnern, sowohl absolut als auch im Verhältnis zu den nicht-städtischen Siedlungen und zur ländlichen Bevölkerung. Der Begriff V. wird zur Beschreibung des Wachstumsprozesses städtischer Siedlungen sowie des erreichten Zustands benutzt, der sich im → *Verstädterungsgrad* ausdrückt. V. ist ein in fast allen Teilen der Erde zu beobachtendes Phänomen; in der Regel ist sie mit dem Prozeß der → *Urbanisierung* verbunden.

Verstädterungsgebiet: größeres zusammenhängendes Gebiet hohen → *Verstädterungsgrades.* Vor allem → *Agglomerationsräume* und → *Stadtregionen* stellen V. dar.

Verstädterungsgrad: Ausmaß der → *Verstädterung* in einem Raum, gemessen am Anteil der städtischen Bevölkerung an der Gesamtbevölkerung. Der V. wird zahlenmäßig durch die → *Verstädterungsquote* ausgedrückt, z. T. werden die Begriffe auch synonym verwendet.

Verstädterungsquote: Maßzahl zum Ausdruck des → *Verstädterungsgrades* eines Raumes. Die V. errechnet sich als prozentualer Anteil der in städtischen Siedlungen wohnenden Bevölkerung an der Gesamtbevölkerung und wird meist für Staaten oder Länder berechnet. V. verschiedener Staaten sind häufig nicht miteinander vergleichbar, da städtische Bevölkerung bzw. städtische Siedlungen unterschiedlich definiert werden. (→ *Stadtdefinition*)

Versteinerung: 1. ein Vorgang der → *Fossilisation,* bei dem die organische Substanz von Organismen durch mineralische Stoffe ersetzt wird.
2. Sammelbezeichnung für → *Fossilien,* die durch Versteinerung oder auf andere Weise versteinert erhalten sind, d. h. als → *Abdruck* oder auch als → *Steinkern.*

Versteppung: 1. anthropogener Prozeß, der in Trockengebieten abläuft und von einer nichtstandortgerechten Landnutzung ausgelöst wird, wobei das weidewirtschaftlich bedeutsame Gleichgewicht zwischen Gras- und Holzgewächsen nachhaltig gestört wird. Der Begriff wird in dieser Bedeutung heute besser durch → *Desertifikation* ersetzt.
2. die Verarmung agrarisch intensiv genutzter Landschaften durch Vernichtung der Sträucher und Bäume sowie gleichzeitig starker Beanspruchung der übrigen biotischen und abiotischen Faktoren der Landschaft. Es entsteht eine Kultursteppe, die jedoch nur teilweise Beziehungen zur echten → *Steppe* besitzt. Eine in diesem Sinne verstandene V. kann aber den Charakter ei-

ner natürlichen Steppe in Richtung einer Kultursteppe verändern.

Versumpfung: 1. in allen niederschlagsreichen Gebieten auftretender Vorgang, wo stauende Schichten den Abzug des Sickerwassers hemmen. Den gleichen Effekt erzielt der → *Dauerfrostboden,* der zur Ausbildung der → *Sumpftaiga* führt.
2. In nährstoffreichen Flußniederungen von Tiefländern infolge regelmäßiger Überschwemmungen oder zu hoch stehenden Grundwassers tritt V. gleichfalls auf.

Versumpfungsbruchmoor: in Mitteleuropa in den Kammlagen der Mittelgebirge und in den Alpen bis ca. 2000 m ein → *Moor,* das sich in wasserstauenden, abflußarmen Mulden und auf nährstoffarmen sauren Gesteinen bildet, wo durch hohe Niederschläge und niedrige, verdunstungshemmende Temperaturen das Wachstum der Torfmoose gefördert wird.

Verteidigungsanlage: bauliche Anlage, die Verteidigungs- bzw. allgemein militärischen Zwecken dient. Zu den V. gehören die in historischen Städten häufig noch erhaltenen Stadtbefestigungen (Mauern, Wälle, Tortürme usw.), heute insbesondere Kasernen, Militärflughäfen und -plätze, militärische Übungsgelände usw.

Verteilungsmuster (Standortmuster): regelhaft ausgebildete räumliche Anordnung der verschiedenen Funktions-Standorte in der Kulturlandschaft. Die verschiedenen → *Grunddaseinsfunktionen* bilden jeweils unterschiedliche typische V. ihrer Funktions-Standorte aus (z. B. das V. der Zentralen Orte als Versorgungsstandorte, der Arbeitsstätten, der Wohnstandorte usw.).

Vertikalaustausch: durch Temperatur- und dadurch bewirkte Dichteunterschiede in Gang gesetzte senkrechte Verlagerung von Luftmassen. (→ *Horizontalaustausch*)

vertikale Integration: in der Wirtschaftsgeographie Bezeichnung für enge Zusammenarbeit von Betrieben aufeinanderfolgender Produktionsstufen, z. B. Stahlproduktion und -verarbeitung (→ *Integration*).

vertikale Mobilität: derjenige Teilprozeß der → *sozialen Mobilität,* der gesellschaftlichen Auf- oder Abstieg beinhaltet. V. M. ist als → *Inter-* oder → *Intragenerationsmobilität* möglich.

vertikaler Temperaturgradient: Ausmaß der Temperaturabnahme mit der Höhe in einer Luftschicht. Der v. T. in der → *Troposphäre* der Mittelbreiten beträgt im Mittel etwa 0,6 °C pro 100 m Höhenunterschied (→ *feuchtadiabatische Temperaturabnahme*). (→ *thermische Höhenstufen*)

Vertikalismus: Begriff der Geographie und der Geoökologie für die → *Dreidimensionalität* geographischer Erscheinungen.

Vertikalkreis: senkrecht auf dem → *Horizont* stehender Großkreis am scheinbaren Himmelsgewölbe, der durch den → *Zenit* und → *Nadir* geht.

Vertikalstruktur der Landschaft: funktional und methodisch wichtiges Merkmal → *landschaftlicher Ökosysteme,* das sich auf die → *Dreidimensionalität* geographischer Räume bezieht und das bei landschaftshaushaltlicher Betrachtung fordert, sowohl die vertikalen als auch die lateralen Stofftransporte im → *Geoökosystem* zu berücksichtigen.

Vertikalverschiebung: unscharfe Bezeichnung für verschiedene Vertikalbewegungen der äußersten Erdkrustenstücke ohne Bezug zu deren räumlicher Ausdehnung und zu Verschiebungsbeträgen. Sie tritt als Folge von → *Erdbeben* und → *Seebeben* in den obersten Teilen der Erdkruste auf. In größerem Rahmen erfolgen V. bei den Prozessen der → *Plattentektonik.*

Vertikalwanderung: bezieht sich auf die Dynamik von → *Arealsystemen* und die Verteilung von Organismen im Raum, wobei auch Bezug auf die → *Dreidimensionalität* der Ökosysteme und die → *Höhengliederung* landschaftlicher Erscheinungen genommen wird.

Vertisole: Gruppe der dunklen tiefgründig humosen, tonreichen (vor allem → *Montmorillonit*), meist kalkhaltigen Böden der weiten Senken und Ebenen warmer wechselfeuchter und gemäßigt-semihumider Klimate. V. sind geprägt durch eine tiefgründige Durchschung von humosem und mineralischem Material infolge Quellung und Schrumpfung (→ *Selbstmulcheffekt*), die bis zu 100 cm mächtige A_h-Humushorizonte entstehen läßt und an der Oberfläche oft das typische → *Gilgai-Relief* schafft. V. sind mit ihrem krümeligen Humusgefüge und der hohen → *Austauschkapazität* und → *Basensättigung* fruchtbare Ackerböden (oft nur bei ausreichender Bewässerung nutzbar). Zu den V. gehören die Smonitzen Südosteuropas, die → *Regure* Indiens und die → *Tirse* bzw. Terres noires Afrikas.

Vertorfung: Anhäufung von abgestorbenem pflanzlichem (und wenig tierischem) Material in Folge von klimatisch und/oder durch die Geländelage bedingtem Wasserüberschuß, der die Zersetzung des organischen Materials stark hemmt (unter dem Wasserspiegel Schaffung anaërober Bedingungen). (→ *Torf*)

Vertreibung: gewaltsame bzw. unrechtmäßige Aussiedlung von Bevölkerungsgruppen oder ganzen Völkern aus einem Staat oder einem Teilraum eines Staates, in der Regel verbunden mit einer entschädigungslosen Enteignung. Von V. waren bisher vor allem ethnische und religiöse Minderheiten betroffen, auch wurden sie durchgeführt, um die einheimische Bevölkerung eroberter Gebiete gegen Angehörige des Eroberervolkes auszutauschen. Die Grenzen zwischen V. und Flucht sind z. T. fließend. (→ *Heimatvertriebener*)

Vertriebenensiedlung: von → *Heimatvertriebenen* in ihrer neuen Heimat aufgebaute Siedlung. Es kann sich dabei um ländliche (Ansiedlung bäuerlicher Familien) oder städtische Siedlungen handeln. Letztere werden im Sprachgebrauch häufig mit den → *Flüchtlingsstädten* zusammengefaßt; sie treten als → *Neue Städte* oder Erweiterungen bestehender Städte auf. In der Bundesrepublik Deutschland wurden nach dem II. Weltkrieg Orte wie Neugablonz, Geretsried oder Espelkamp als V. errichtet.

Verursacherprinzip (Verursachungsprinzip): in der → *Umweltpolitik* praktizierter Grundsatz, nach dem diejenigen Produzenten bzw. Konsumenten für die Schäden durch Umweltbelastungen aufzukommen haben, die ihre Verursacher sind. Das V. trägt dazu bei, eine volkswirtschaftlich sinnvolle und zugleich schonende Nutzung der → *natürlichen Resourcen* zu erreichen. Im Gegensatz zum V. ist das sog. Gemeinlastprinzip nur dort anzuwenden, wo eine exakte Zuordnung von Umweltbelastungen zu deren Verursacher nicht möglich ist.

Verwaltungsfunktion: eine der → *städtischen Funktionen*. Die V. städtischer Siedlungen besteht darin, daß hier Behörden, die die Stadt selbst und ihr zugeordnetes Gebiet verwalten (z. B. Landkreis), aber auch Verwaltungen von privaten Wirtschaftsbetrieben ihren Sitz haben. Die V. äußert sich vor allem in einem hohen Anteil von Beschäftigten im → *tertiären Wirtschaftssektor*.

Verwaltungsgebiet: für Verwaltungszwecke geschaffene räumliche Einheit innerhalb eines Staates. Die meisten → *Flächenstaaten* sind auf mehreren Ebenen in V. gegliedert, so bestehen z. B. → *Regierungsbezirke*, → *Landkreise* und → *Gemeinden* als V. Daneben existieren bestimmte Fachverwaltungen mit eigenem Gebietszuschnitt (z. B. Arbeitsamtsbezirke). V. können Selbstverwaltungsbefugnisse haben (z. B. die Gemeinden und Landkreise), sie können aber auch lediglich der Ausübung der Staatsverwaltung dienen, wie die Regierungsbezirke.

Verwaltungsgebietsreform: Reform des Gebietszuschnittes von → *Verwaltungsgebieten* (z. B. Landkreisen und Gemeinden). Meist wird nur die Kurzbezeichnung → *Gebietsreform* gebraucht.

Verwaltungsgemeinschaft: in Bayern Bezeichnung für einen → *Gemeindeverband*, der für die Mitgliedsgemeinden die Verwaltungsaufgaben übernimmt. Die Mitglieder einer V., meist 3–6 Gemeinden, sind politisch selbständig, besitzen jedoch keine eigene Verwaltung. Die V. entspricht weitgehend den in anderen Bundesländern bestehenden Kommunalverbänden wie → *Amt*, → *Samtgemeinde* usw.

Verwaltungsgliederung: Untergliederung eines Staates in → *Verwaltungsgebiete*. Die V. erfolgt in der Regel vertikal in mehrere Verwaltungsebenen (z. B. Regierungsbezirk, Landkreis und Gemeinde) sowie innerhalb dieser Ebenen horizontal in einzelne Verwaltungseinheiten. Neben dieser V. in → *Gebietskörperschaften* kann eine weitere V. in die Gebiete von Fachbehörden erfolgen (z. B. Arbeitsamts- oder Gerichtsbezirke).

Verwaltungsgrenze (administrative Grenze): im Gegensatz zur → *politischen Grenze* eine innerstaatliche Grenze, die → *Verwaltungsgebiete*, z. B. Regierungsbezirke, Landkreise oder Gemeinden, abgrenzt. Aber auch die Zuständigkeitsbereiche von Fachbehörden, die unter Umständen nicht mit den Bereichen von Gebietskörperschaften übereinstimmen, sind durch V. abgegrenzt (z. B. die Grenzen der Arbeitsamtsbezirke, der Bereiche von Wasserwirtschaftsämtern, Flurbereinigungsämtern usw.).

Verwaltungshauptstadt: Stadt, in der die Verwaltung eines Staates oder eines → *Verwaltungsgebietes* innerhalb eines Staates ihren Sitz hat. Die V. eines Staates ist in der Regel mit der → *Hauptstadt* als Regierungs- und Parlamentssitz identisch; Unterschiede bestehen z. B. in der Republik Südafrika, wo Pretoria die Regierungs- und V., Kapstadt der Parlamentssitz ist.

Verwaltungsplanung: Planung, die sich mit dem institutionellen Aufbau und der räumlichen Abgrenzung einer Verwaltungsorganisation befaßt. Die räumliche V. befaßt sich z. B. mit der Bestimmung des Verwaltungssitzes und seines räumlichen Zuständigkeitsbereichs. Dazu zählt auch die Festlegung der räumlichen Verteilung von Verwaltungseinrichtungen. Die V. obliegt als Teil der staatlichen Organisation der Staatsverwaltung bzw. den kommunalen Gebietskörperschaften (Gemeinden, Landkreise).

Verwaltungsreform: Reform der Aufgaben und Zuständigkeiten (→ *Funktionalreform*) und des Gebietszuschnitts (→ *Gebietsreform*) von → *Verwaltungsgebieten*. V., bei denen in der Regel beide Aspekte gemeinsam in Angriff genommen wurden, haben in allen → *Flächenstaaten* der Bundesrepublik Deutschland stattgefunden.

Verwandte: alle Menschen, die mit einer Person durch gemeinsame Vorfahren (Blutsverwandtschaft) oder durch Heiratsbeziehungen (Verschwägerung) verbunden sind. Bestimmte größere Gruppen von V. bilden → *Sippen* und → *Klans*.

Verwandtschaft: 1. bei Organismen Besitz gemeinsamer Ahnformen. Auf der V. ist das natürliche System der Organismen, die

→ *Taxonomie* aufgebaut.

2. Zusammengehörigkeit von Personen aufgrund gemeinsamer Vorfahren (Blutsverwandtschaft) oder von Heiratsverbindungen (Verschwägerung).

Verwehung: durch Windverblasung entstandene Ablagerung äolisch transportfähiger Partikel (Flugsand, Schnee).

Verweildauer: 1. in der → *Fremdenverkehrsstatistik* die durchschnittliche Dauer des Aufenthalts eines Touristen an einem Ort bzw. in einer Unterkunft, gemessen in Tagen. Die V. wird aus dem Verhältnis von Gästeankünften zur Zahl der Übernachtungen berechnet.

2. bei → *Saison-* oder → *Gastarbeitern* die durchschnittliche Dauer des Aufenthaltes im Beschäftigungsort bzw. -land. Insbesondere bei Anwendung des → *Rotationsprinzips* wird darauf geachtet, die V. relativ kurz zu halten, um eine Integration der Gastarbeiter im Beschäftigungsland zu verhindern.

Verwerfungsquelle: aufsteigende → *Quelle* an einer → *Verwerfung* mit einer wasserundurchlässigen neben einer durchlässigen Schicht, wodurch das unter hydrostatischem Druck stehende Wasser zum Aufsteigen gezwungen wird.

Verwesung: Abbau der abgestorbenen organischen Substanz durch Organismen. Die V. verläuft in drei Hauptphasen: 1. biochemische Veränderungen in der pflanzlichen Substanz selbst ohne Beteiligung anderer Organismen (Initialphase); 2. mechanische Zerkleinerung durch große Bodenorganismen (Regenwürmer, Arthropoden usw.) und Aufbereitung im Verdauungstrakt; 3. mikrobieller Abbau (biotische Oxidation) durch Bodenmikroorganismen zu molekularen und ionischen Endprodukten (→ *Mineralisierung*), also anorganischen Stoffen. Die mineralischen Endprodukte sind wiederum als Nährstoffe verwertbar. Die Intensität der V. hängt stark von den Standortsbedingungen ab. Sie ist bei mittlerer Feuchte, hohen Temperaturen, guter Durchlüftung, neutraler bis schwach basischer Reaktion und von der Zusammensetzung her leicht abbaubarer Substanz am höchsten. Bei zunehmend ungünstigeren Bedingungen wird die V. immer stärker durch die → *Humifizierung* abgelöst.

Verwestlichung: in Ländern der → *Zweiten Welt* und → *Dritten Welt* das Zurückdrängen traditioneller Lebens- und Verhaltensweisen zugunsten westlicher, d.h. westeuropäischer und nordamerikanischer Lebensgewohnheiten und Wirtschaftsauffassungen. Durch Aufkommen traditionalistischer, nationalreligiöser und ähnlicher Bewegungen im Rahmen der Bestrebungen, eine eigene Identität aufzubauen, wird die V. vor allem in Entwicklungsländern zunehmend bekämpft.

Verwilderung: 1. charakterisiert die Fluvialdynamik von Mittelläufen zahlreicher Flüsse, in denen die Wasserführung durch zahlreiche Nebenflüsse sich zu hohen Fließgeschwindigkeiten steigert und stoßweise erfolgt, die Gefällsverhältnisse jedoch nicht ausgeglichen sind. Eine weitere Voraussetzung der V. ist eine starke Sedimentzufuhr. Das Gefälle ist zu steil und müßte durch → *Tiefenerosion* vom Fluß ausgeglichen werden, was aber durch die starke Geröllführung verhindert wird. Der Fluß reagiert, indem er sich zerteilt, wobei die einzelnen Arme des wildernden Flusses ein steileres → *Gleichgewichtsgefälle* als der gesammelte Strom haben, weil sie über eine geringere Wassermenge verfügen. Für den Fluß hat sich somit wieder ein Gleichgewichtsgefälle eingestellt. Den wildernden Fluß charakterisieren ständige Verlagerungen der Teilarme und der Schotter- und Kiesbänke, weil Erosion und Akkumulation gleichzeitig oder in raschem Wechsel stattfinden.

2. der → *Domestikation* entgegenlaufender Prozeß beim Aus- bzw. Zurückversetzen von Haustieren in eine natürliche Lebensumwelt. Zwar stellt sich nicht wieder die → *Wildform* ein, aber die Domestikationsmerkmale schwächen sich über Generationen hinweg ab, z.B. nimmt die Hirnmasse gegenüber den Haustierformen wieder zu. Verwildert sind z.B. die Dingos Australiens und die Mustangs Nordamerikas.

Verwitterung: unter dem Einfluß der atmosphärischen Bedingungen bzw. der vom → *Klima* abhängigen physikalischen und chemischen Kräfte und Prozesse und unter Beteiligung von Lebewesen ablaufende Aufbereitung, Veränderung, Zerstörung und Umwandlung von → *Gesteinen* und → *Mineralen* an der Erdoberfläche. Die V. hat drei Hauptbedeutungen: 1. Sie bereitet durch Lockerung und Verkleinerung das Festgestein auf und schafft damit die Voraussetzungen für den → *Abtrag*. 2. Sie bereitet die Gesteinsoberfläche durch Bildung einer lockeren Auflage für die in enger Kopplung mit der V. ablaufende → *Bodenentwicklung* vor und schafft Wurzelraum für die als V.- und → *Bodenbildungsfaktor* wichtige Vegetation. 3. Sie läßt typische Formen entstehen und beeinflußt damit die Reliefentwicklung. Die V.-Prozesse lassen sich in die Hauptgruppen der → *physikalischen* oder mechanischen *V.* mit den Teilprozessen → *Insolations-V.,* Frost-V., → *Salzsprengung* und → *physikalisch-biogene V.* sowie der → *chemischen V.* mit den Teilprozessen der → *Lösungs-V.,* → *hydrolytischen V.,* → *Oxidations-V.,* → *Hydration* und → *chemisch-biogenen V.* gliedern. Physikalische V. und chemische V. laufen eng miteinander verknüpft ab, wobei in → *ariden* und → *nivalen* Klimaten die physikalische und in → *humiden* Klimaten die chemische V. stark dominiert. V. ist mit der Zeit fortschreitend. Unter gleichen Klimabedingungen sind alte → *Verwitterungsdecken* viel mächtiger und viel stärker verwittert (→ *Verwitterungsgrad*) als junge.

Verwitterungsanfälligkeit: das Gegenteil der → *Verwitterungsstabilität.*

Verwitterungsdecke: Schicht aus verwittertem Gesteinsmaterial, die an der Erdoberfläche über dem unveränderten Gestein liegt. Die V. kann vor Ort entstanden sein oder (in Hang- und Hangfußlagen) weitgehend aus abgelagertem, an anderer Stelle entstandenem Verwitterungsmaterial bestehen und in diesem Fall große Mächtigkeit erreichen. In der V. entwickelt sich der → *Boden.*

Verwitterungsformen: 1. unscharfe Bezeichnung für die verschiedenen Einzelprozesse der Verwitterung, z. B. → *Lösungsverwitterung,* → *hydrolytische Verwitterung,* → *Hydratationsverwitterung.*
2. jene Formen, die bei bestimmten Verwitterungsprozessen entstehen, z. B. → *Karren,* → *Tafoni,* → *Opferkessel.*

Verwitterungsgrad: 1. im allgemeinen Sinn das Ausmaß der Veränderungen, die durch Verwitterung in einem Gestein an der Erdoberfläche stattgefunden haben.
2. im engen Sinn der → *chemischen Verwitterung* das Verhältnis verwitterungsstabiler zu verwitterungsinstabilen Mineralen oder von → *Primärmineralen* zu → *Verwitterungsneubildungen* im Boden.

Verwitterungsindex: Wertzahl, die das Verhältnis eines verwitterungsstabilen zu einem verwitterungsinstabilen → *Mineral* im Boden angibt (z. B. der Quarz/Feldspat-Index).

Verwitterungslehme: jene → *Lehme,* die auf Grund verschiedener → *chemischer Verwitterungs*prozesse entstehen und die z. T. Bestandteil der Prozesse der Bildung von → *Böden* sind. Die V. weisen klimaspezifische Merkmale auf, so daß sie als vorzeitliche Bildungen einen Hinweis auf frühere Ökosystemzustände der Landschaft zulassen.

Verwitterungsmaterial: Allgemeinbegriff (im sedimentologischen Sinn) für lockere Gemische aus → *Verwitterungsprodukten.*

Verwitterungsneubildung: Mineral oder Mineralgemenge, das durch Umwandlung oder Neuaufbau aus bei der Verwitterung freigesetzten Substanzen entsteht. Die wichtigsten V. sind die → *Tonminerale* und → *Sesquioxide.*

Verwitterungsprodukt: Mineralgemenge, das durch Verwitterungsvorgänge entstanden ist. V. können Mineralneubildungen sein (→ *Tonminerale,* Oxide, Salze), die oft Gemische mit Ursprungsmineralen bilden, oder aber durch Freisetzung aus dem Gestein und → *Residualanreicherung* entstehen (z. B.

Quarzsand).

Verwitterungsprofil: meist mit dem → *Bodenprofil* identische, durch Verwitterungs- und Bodenbildungsprozesse entstehende Abfolge von strukturell und stofflich unterschiedlich zusammengesetzten Lagen (→ *Bodenhorizont*) innerhalb einer Verwitterungsdecke.

Verwitterungsstabilität: Widerstandsfähigkeit eines → *Minerals* oder → *Gesteins* gegenüber der Zersetzung durch Verwitterungsvorgänge. Bei Mineralen hängt die V. von der Kristallstruktur, dem Verhältnis von festen (Si—O) zu instabilen (Na—O, K—O, Mg—O, Ca—O) Bindungen und dem Vorhandensein oxidierbaren Eisens, Mangans und Schwefels ab (→ *Stabilitätsreihe*). Bei Gesteinen bestimmen Festigkeit, Körnungsstruktur, Klüftung, Schichtung, Schieferung, die Widerstandsfähigkeit gegenüber der → *physikalischen Verwitterung* die V., und bei Sedimenten ist die chemische Resistenz des Bindemittels (Salze, Ton, Oxide, Kieselsäure) maßgebend.

Verwitterungstone: jene → *Tone,* die auf Grund verschiedener → *chemischer Verwitterungs*prozesse entstehen und die z. T. Bestandteil der Prozesse der Bildung von → *Böden* sind. Die V. weisen klimaspezifische Merkmale auf, so daß sie als vorzeitliche Bildungen einen Hinweis auf frühere Ökosystemzustände der Landschaft zulassen.

Verwitwung: in der Demographie Bezeichnung für die Beendigung einer Ehe durch den Tod eines Ehepartners.

Vicosol: Boden mit einer schwärzlichen Humusanreicherung unter einer geringmächtigen jüngeren Sedimentauflage, der im Bereich ur- und frühgeschichtlicher Siedlungen durch langdauernden Auftrag organischer Abfallstoffe entstanden ist.

Viehbesatz: Meßziffer zur Darstellung des Viehbestandes eines landwirtschaftlichen Betriebes. Der V. wird in → *Großvieheinheit* (GV) je Hektar landwirtschaftlicher Nutzfläche bzw. Grünlandfläche ausgedrückt.

Viehgangeln (Viehtritte): Kleinform an steilgeneigten Hängen, die als hangparallele, treppenförmige schmale Grasstufen auftreten. Die Trittfläche von ihnen ist meist erdig, der Außenrand und der Stufenabfall jedoch grasbedeckt. Die V. können Auslöser von → *Bodenerosion* oder → *Rasenwälzen* sein. Sie treten dort besonders häufig auf, wo die Hänge infolge Quell-, Hang- oder Grundwasseraustritt feucht sind.

Viehhaltungssystem: entsprechend der Gliederung nach → *Bodennutzungssystemen* die typisierende Gliederung der Viehhaltung (→ *Viehwirtschaft*). Dabei werden die vier wichtigsten Viehhaltungszweige erfaßt: die Milchvieh-, die Jungrinder-, die Kleinwiederkäuer- und die Schweinehaltung. Die Geflügelhaltung bleibt beim V. unberücksichtigt. Nach dem Arbeitsbedarf der Nutzviehhaltung unterscheidet man nach dem Leitviehzweig (an erster Stelle genannt) und dem Begleitviehzweig (an zweiter Stelle genannt). Beispiele für V. sind Milchvieh-/Schweinehaltung und Jungrinder-/Milchviehhaltung.

Viehpacht (Viehleihe): bis Ende des 19. Jh. in West- und SW Deutschland auftretende Form der Viehhaltung. Die V. sah die leihweise Überlassung eines oder mehrerer Stück Vieh an einen Pächter vor. Dieser war für die Fütterung und Pflege zuständig, wofür ihm Milcherträge, Arbeitsleistung und Dung zufielen. Einnahmen aus der Nachzucht wurden von Pächter und Verpächter geteilt. Die V. wurde vor allem für die vieharmen Kleinbetriebe des Hunsrücks bekannt.

Viehseuche: Infektionskrankheit bei landwirtschaftlichen Nutz- und Zuchttieren. Eine bekannte V. ist z. B. die Maul- und Klauenseuche.

Viehstapel: in einem landwirtschaftlichen Betrieb der Bestand an lebendem Nutzvieh.

Viehtrieb: der in den Alpen im Rahmen der → *Almwirtschaft* Ende Mai erfolgende Almauftrieb und Ende September stattfindende Almabtrieb des Viehs. Der Begriff V. ist auch bei der → *Transhumanz* üblich.

Viehwirtschaft (Viehhaltung): in der Landwirtschaft wichtiger Zweig neben dem → *Ackerbau*, der in vielen Teilen der Erde als Folge der extremen klimatischen Bedingungen (z. B. Trockengebiete, Tundren) die einzig mögliche Form der Bodennutzung ist. Zur V. gehören die Haltung, Nutzung und Züchtung von Vieh. Innerhalb der V. unterscheidet man die Rinder-, Pferde-, Schweine-, Geflügelhaltung usw. Bei einer V., die mehrere Vieharten umfaßt, liegt eine gemischte Tierhaltung vor. Je nachdem, in was für einem landwirtschaftlichen Betriebssystem V. betrieben wird, kann der Schwerpunkt der Viehhaltung auf Milchwirtschaft, Jungviehaufzucht, Rinder- oder Schweinemast usw. liegen. Die V. ist die tragende wirtschaftliche Basis des → *Nomadismus,* der → *Transhumanz* oder der → *Almwirtschaft.* Sie tritt ferner als bodenständige Weidewirtschaft und als reine Stallhaltung auf.

Viehzucht: Form der → *Viehwirtschaft,* bei der vor allem Tiere zur Nachzucht gehalten werden. Im allgemeinen Sprachgebrauch wird häufig der Begriff V. mit dem der Viehhaltung gleichgesetzt.

vielgewannige Flur: Flur mit zahlreichen kleinen → *Gewannen,* meist in der Form einer → *kreuzlaufenden Gewannflur.*

Vielkernballung: gelegentlich gebrauchter Begriff für ein → *Ballungsgebiet* mit einer größeren Anzahl von → *Kernstädten,* die

nicht in hierarchischer Ordnung zueinander stehen, sondern nach Einwohnerzahl und zentralörtlicher Bedeutung ungefähr der gleichen Größenordnung angehören. Die V. gehört zu den → *polyzentrischen Ballungsgebieten;* in der Bundesrepublik Deutschland ist das Ruhrgebiet die einzige V.

Vielvölkerstaat: Staat, der Angehörige einer größeren Anzahl verschiedener Völker umfaßt. V. sind z. B. die Sowjetunion und Indien; auch die österreichisch-ungarische Monarchie war ein V.

Vierfelderwirtschaft: → *Fruchtfolgesystem* mit stark betontem Getreidebau. Die → *Fruchtfolge* bei der V. ist Blattfrucht – Getreide – Getreide – Getreide.

Vierkanthof (Vierkanter): Gehöftform, bei der ähnlich wie beim → *Vierseithof* die Gebäude (Wohnhaus, Stall, Scheune, Schuppen) einen rechtwinkligen Innenhof umschließen, die Gebäude an ihren Enden aber jeweils miteinander verbunden sind. Ein typisches Verbreitungsgebiet für V. ist z. B. Mittelschweden.

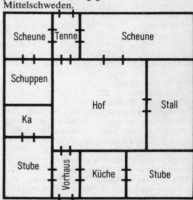

Vierkanthof

Vierschicht-Minerale: → *Tonminerale* mit einem den → *Dreischicht-Mineralen* ähnlichen Aufbau mit einer zusätzlichen Hydroxid-Zwischenschicht. Der wichtigste Vertreter ist → *Chlorit.*

Vierseithof (Vierseitgehöft): Gehöftform, bei der die Bauten (Wohnhaus, Stall, Scheune, Schuppen) einen rechtwinkligen Innenhof umschließen. V. gibt es z. B. in Niederbayern. (→ *Vierkanthof*)

Vierständerhaus: Konstruktionstyp von → *Einheitshäusern,* z. B. bei den niederdeutschen Hallenhäusern. Zur Abstützung der Dachlast liegen die äußeren Ständerreihen in der Außenlängswand, so daß für die Erntebergung ein großer Dachraum bleibt. (→ *Gulfhaus*)

Viertel (Quartier): 1. nicht-administrativer Teilraum einer Siedlung, der sich bei einer

genetischen, funktionalen oder sozialräumlichen Gliederung ergibt. Da die → *Viertelsbildung* zu den typischen Merkmalen der Stadt gehört, bestehen V. in der Regel als → *Stadtviertel.*
2. in Österreich historische Bezeichnung für bestimmte Landschaften, z. B. Wald-, Mühl-, Innviertel.

Viertelsbildung: Ausbildung von → *Vierteln,* insbesondere von → *Stadtvierteln.* Die V. kann historische Ursachen haben (Zusammenwachsen unterschiedlich strukturierter Siedlungen zu einer Stadt), in der Regel ist sie aber das Ergebnis innerer funktionaler Differenzierung und sozialer → *Segregation,* die in einer Stadt von einer bestimmten Größe und funktionalen Vielfalt an eintreten. Entsprechend äußert sich die V. durch unterschiedliche Funktionen, Flächennutzungen und Bevölkerungsstrukturen in den verschiedenen Vierteln. (→ *Stadtmodell*)

Viertelszentrum: → *innerstädtisches Zentrum* zur Versorgung eines → *Stadtviertels* mit Gütern und Dienstleistungen, insbesondere des Grundbedarfs. Der Begriff wird häufig mit ähnlichen Begriffen, wie → *Quartierzentrum* oder → *Stadtteilzentrum,* identisch gebraucht; er steht in der → *innerstädtischen Hierarchie* deutlich unter dem → *Subzentrum* oder → *Nebenzentrum.*

Vierte Welt: Gruppe ärmerer Entwicklungsländer (→ *least developed countries*), die wegen fehlender eigener Rohstoff- und Energiereserven von Rohstoffpreissteigerungen (insbesondere bei Erdöl) besonders hart betroffen sind (→ *MSAC*). (→ *Dritte Welt*)

Vikarianz: Vertretung nahe verwandter Tier- oder Pflanzensippen, die wegen unterschiedlicher ökologischer oder physiologischer Ansprüche nicht am gleichen Standort gemeinsam vorkommen können. Diese allgemeine Definition erfährt in der Botanik einige feinere, nicht immer eindeutige Differenzierungen. 1. Die geobotanische V. unterscheidet: 1.1. als pflanzengeographische V., die einen Spezialfall der Bildung von → *Arealsystemen* darstellt, wobei einander nahestehende Arten einer Gattung oder Unterarten einer Art in benachbarten Gebieten vorkommen, sich aber gegenseitig ausschließen. 1.2. bei der geographischen V. handelt es sich um Sippen benachbarter geographischer Räume. Sie entspricht damit der geobotanischen V. nach 1.1.–1.3. die ökologische V. geht auf unterschiedliche Standortsprüche zurück, z. B. saure oder basische Böden, die von Arten einer Gattung jeweils bevorzugt werden, während sie am jeweils anderen Standort fehlen. – 2. die pflanzensoziologische V. entsteht beim Auftreten floristisch ähnlicher Pflanzengesellschaften, die in verschiedenen Erdräumen von der Lebensumwelt bedingte Abwandlungen zeigen und in den einzelnen Gebieten einander ersetzen.

Villa: in der römischen Antike und in der Renaissance ein größeres Landhaus mit Park, meist von Städtern, Patriziern, Adligen usw. bewohnt. Nach heutigem Sprachgebrauch ist eine V. ein großes repräsentativ ausgestattetes Einfamilienhaus mit größerem Garten, das häufig in einem → *Villenviertel* liegt.

Villafranchian (Villafranca): Zeitabschnitt am Übergang vom → *Pleistozän* zum → *Quartär* und in verschiedenen erdgeschichtlichen Zeittafeln unterschiedlich eingeordnet. Ursprünglich Bestandteil des → *Pliozäns,* wird das V. heute überwiegend in das Altpleistozän gestellt. Im Mediterrangebiet gilt das Calabrian von 1,8 bis 0,5 Mill. Jahre v. h. als das V. Nach einer faunistischen Gliederung kontinentaler Bereiche entspricht es etwa dem Piacenzian bis obersten Pliozän und reicht in das Quartär mit dem Calabrian hinein. Beim Ausbau der paläomagnetischen Zeitbestimmung könnte diese überwiegend auf Faunenfunden basierende Gliederung präziser werden und somit die erdgeschichtlich wichtige Grenze zwischen dem → *Tertiär* und dem Quartär genauer festlegen.

villas miserias: → *Elendsviertel* in Lateinamerika, insbesondere in Argentinien.

Villenviertel: → *Stadtviertel,* in dem überwiegend Angehörige der sozialen → *Ober-* und oberen → *Mittelschicht* in → *Villen* oder villenartigen Einfamilienhäusern wohnen. V. gehören innerhalb von größeren Städten in der Regel zu den attraktivsten Wohnvierteln mit den höchsten Bodenpreisen.

Virenzperiode: Zeitabschnitt, in dem die Evolution von Organismen rascher erfolgt und neue Organisationstypen entstehen. V. gab es in allen Zeiten der Erdgeschichte, vor allem in Abschnitten mit markanten Wechseln der Lebensumweltbedingungen.

Virgation: gegenüber der → *Scharung* das Auseinandertreten – meist in Fächergestalt – von Faltengebirgssträngen, so daß sich zwischen diesen breite Talformen ausbilden können.

virtuelle Temperatur: Rechengröße der → *Temperatur,* die für hydrostatische Berechnungen von Luftbewegungen gebraucht wird. Die v. T. berücksichtigt die Tatsache, daß die atmosphärische Luft wegen des veränderlichen Feuchtegehaltes kein ideales Gas darstellt. Sie ist der berechnete Temperaturwert, welcher absolut trockene Luft gleicher Dichte wie die betrachtete feuchte Luft haben müßte. Die v. T. ist immer höher als die tatsächliche Temperatur. Sie kann Tabellen entnommen werden.

Virulenz: Differenz zwischen der Aggression eines → *Schädlings* oder → *Parasiten* und der → *Resistenz* seines Wirtes. Beide Komponenten der V. sind überwiegend durch die

Lebensumwelt reguliert.

Visean (Visé): zusammen mit dem Tournaisian das untere → *Karbon* bildend, mit einer Zeitdauer von 345–325 Mill. Jahre v. h.

Viskosität: Zähigkeit von Flüssigkeiten und halbfesten Körpern infolge innerer Reibung.

Vitalbereich: artspezifischer, von einer bestimmten Konstellation der Geoökofaktoren bestimmter Bereich, markiert durch die unteren und oberen Stoffwechselgrenzen des Organismus, die sich jedoch im Laufe der Entwicklungszustände verschieben und z. B. während der Jugend oder des Alters anders liegen.

Vitalität (Lebensfähigkeit): 1. charakteristische Eigenschaft eines pflanzlichen, tierischen oder menschlichen Organismus, erblich bedingt und von den Umweltverhältnissen bestimmt.
2. in der Demographie Ausdruck für das Verhältnis von Lebend- zu Totgeborenen. Eine hohe V. einer Bevölkerung bedeutet also eine geringe Totgeborenenquote (Anzahl der Totgeborenen auf 1 000 Geborene).

Vitamine: lebensnotwendige organische Stoffe, die dem tierischen und menschlichen Organismus mit der Nahrung zugeführt werden, weil sie vom Organismus nicht synthetisiert werden können.

Vivianit: blaues bis schwärzlich-grünes, wasserhaltiges Eisenphosphat (Verwitterungsmineral).

Viviparie: allgemein lebendgebärend. – 1. bei Pflanzen das Auskeimen der Samen bereits auf der Mutterpflanze, aus der sich dann Jungpflanzen entwickeln, die für das weitere Wachstum am Boden abfallen.
2. bei Tieren das Gebären lebender Jungen, die nicht nur die Keimesentwicklung, sondern auch erste nachembryonale Entwicklungsstadien im Mutterkörper durchliefen.

Vley: flache Hohlform südafrikanischer Trockengebiete, ähnlich der → *Pfanne,* jedoch teilweise oder ganz mit einer Strauchbis Buschvegetation bestanden oder umstanden. Gegenüber dem V. ist die Pfanne praktisch vegetationsfrei.

Vogelfußdelta: geomorphographischer Begriff für jene Form des → *Deltas,* das bei → *Dammuferflüssen* entsteht, wobei sich die Sedimentation über die natürlichen Uferdämme vollzieht und vom Vergabelungspunkt des Deltas aus die einzelnen Arme meerwärts wachsen, so daß der Grundriß eines Vogelfußes entsteht. Zwischen den einzelnen Fortsätzen des V. befinden sich Flachwasserbereiche, in denen die Sedimentation von → *Schlick* erfolgt.

Vogelzug: charakteristische Form der → *Tierwanderung,* bei der manche Vogelarten aus klimatischen Gründen jahreszeitlich in andere, z. T. weitentfernte Lebensräume ausweichen. Das V.-Verhalten ist erblich verankert.

Volk: eine in einem relativ geschlossenen Wohngebiet lebende Bevölkerung, die durch gemeinsame Abstammung, Sprache, Kultur, Geschichte und/oder Zusammenleben in einem gemeinsamen Staatsverband verbunden ist. Der Begriff V. ist nicht eindeutig abgrenzbar, insbesondere nicht gegenüber → *Nation.* Während letzterer Begriff eher eine staatlich-politische Gemeinschaft bezeichnet, ist V. eher eine sprachlich-ethnisch-kulturelle Gemeinschaft. Im Gegensatz hierzu steht allerdings der Begriff → *Staatsvolk.*

Völkerkunde: Wissenschaft von den verschiedenen → *Völkern* und ihren materiellen und geistigen Kulturen. Neben der Erforschung einzelner Völker bemüht sich die V. auch um allgemeingültige Aussagen bezüglich völkisch und damit auch räumlich differenzierter Kulturphänomene. Entsprechend wird die V. häufig in die → *Ethnographie* und die → *Ethnologie* unterteilt.

Volkseigener Betrieb (VEB): die in der DDR verstaatlichten bzw. vom Staat neu gegründeten Betriebe. Bedingt durch die sozialistische Planwirtschaft ist die Selbständigkeit der VEB stark eingeschränkt.

Volkseigenes Gut (VEG): in der DDR landwirtschaftliche Großbetriebe, die im wesentlichen durch die Kollektivierung nach 1945 entstanden. Damals wurden aller privater Grundbesitz über 100 ha Betriebsfläche bzw. die ehemaligen Domänen enteignet. Die VEG erreichen heute Größenordnungen von 1 000 ha landwirtschaftlich genutzter Fläche. Sie sind z. T. stark spezialisiert, so z. B. auf die Produktion von Saat- und Pflanzgut oder auf die Haltung von Zucht- und Nutzvieh. Auch erfolgt auf den VEG die Ausbildung landwirtschaftlicher Fachkräfte. Vergleichbar sind die VEG mit den → *Sowchosen* in der UdSSR.

Volkseinkommen: Gesamtheit aller den inländischen Wirtschaftssubjekten in einem bestimmten Zeitraum zufließenden Einkommen aus dem In- und Ausland. Mit V. ist speziell das → *Nettosozialprodukt* zu Faktorkosten gemeint. Verallgemeinernd versteht man unter V. die Summe der Einkommen in einem Staatsgebiet während eines Jahres.

Volkskommune: in der Volksrepublik China eine Gemeinschaft mit mehreren 1 000 Familien, die anstelle früherer Landgemeinden eine Verwaltungseinheit bilden. Alle Produktionsgüter (Boden, Betriebe usw.) befinden sich in gemeinschaftlichem Besitz. Die Mitglieder der V. bearbeiten z. B. gemeinsam die Felder und leben in Wohngemeinschaften, die größtenteils von Gemeinschaftsküchen versorgt werden. Der V. unterstehen Aufgaben der Verwaltung, Produktion und

Versorgung sowie der Ausbildung.

Volkskunde: Wissenschaft von den Volksbräuchen, -traditionen, der Volkskunst, den Mundarten und der Volksdichtung in Gesellschaften der → *Hochkulturen.* Ein Hauptziel der V. ist dabei das Sammeln älterer Zeugnisse der materiellen und geistigen Volkskultur, häufig im Zusammenhang mit der Denkmalpflege.

Volkswirtschaft: Gesamtheit der Einrichtungen und Maßnahmen in einem Staatsgebiet, die zur Deckung des Bedarfs an privaten und öffentlichen Gütern bzw. Leistungen gegeben sind. Eine V. kann als → *Marktwirtschaft* oder als → *Planwirtschaft* organisiert sein. Besonders die marktwirtschaftlich organisierten V. sind als Folge einer internationalen Arbeitsteilung weltweit miteinander verflochten.

Volkswirtschaftslehre (Nationalökonomie, Sozialökonomie, Politische Ökonomie): wichtiges Teilgebiet der → *Wirtschaftswissenschaften.* Die V. analysiert die gesamtwirtschaftlichen Zusammenhänge in einer → *Volkswirtschaft.* Zur Untersuchung von Gesetzmäßigkeiten geht sie auch einzelwirtschaftlichen Phänomenen nach. Ein wichtiger Bereich innerhalb der V. ist die → *Wirtschaftstheorie.* Zur V. zählen ferner die Finanzwissenschaft, Teile der Wirtschaftsgeschichte sowie die theoretische Wirtschaftspolitik.

Volkszählung (Zensus): in regelmäßigen Abständen, meist alle zehn Jahre, durchgeführte Bestandsaufnahme der Bevölkerung eines Landes. Zweck von V. ist es, durch Zählung aller Einwohner an ihrem Wohnsitz Aufschluß über die Zahl der Bevölkerung für den Gesamtraum und seine Verwaltungsgebiete sowie über ihren Familienstand, ihre Alters-, Sozial-, Bildungs- und Erwerbsstruktur als Grundlage für Verwaltungshandeln, Raumplanung und Fachplanungen, aber auch für wissenschaftliche Zwecke, zu bekommen. Außerdem werden V. häufig mit Berufs-, Gebäude-, Wohnungs- und Arbeitsstättenzählungen verbunden. V. finden praktisch in allen Ländern der Erde statt; die letzte allgemeine weltweite V. (ohne Bundesrepublik Deutschland) war 1980/81.

Vollbeschäftigung: Zustand des → *Arbeitsmarktes,* bei dem jede → *Erwerbsperson* einen Arbeitsplatz besitzt oder – bei gewünschtem Wechsel – ohne Schwierigkeiten einen neuen bekommt, somit also nur eine geringfügige Zahl von Arbeitslosen existiert. Die → *Arbeitslosenquote* beträgt bei V. nahe 0% (unter 4%).

Volldünger (Mehrnährstoffdünger): mineralische Dünger (→ *mineralische Düngung),* welche mehrere Hauptnährstoffe (besonders Phosphor und Kalium in einem fixen Verhältnis) enthalten und teilweise auch mit Spurennährstoffen ergänzt sind.

Vollerntegerät (Vollernter): Landmaschine, die alle beim Erntevorgang anfallenden Arbeitsgänge ausführt. Bekannte V. sind Mähdrescher, Kartoffel- und Rübenvollernter oder Baumwollpflückmaschine.

Vollerwerbsbetrieb: in der Landwirtschaft Betrieb mit mindestens einer ständigen Vollarbeitskraft bzw. einer außerlandwirtschaftlichen Tätigkeit des Betriebsleiters von unter 480 Stunden im Jahr. Ein weiteres Kriterium für die Einstufung als V. ist das jährliche Betriebseinkommen, das – ausgedrückt in DM pro Arbeitskraft – mit anderen Wirtschaftszweigen größenordnungsmäßig vergleichbar sein muß. (→ *Zuerwerbsbetrieb,* → *Nebenerwerbsbetrieb)*

Vollerwerbslandwirt (Vollbauer): Angehöriger einer agrarsozialen Gruppe, der selbständig ein genügend großes Bodeneigentum bewirtschaftet, welches einer Familie mit mindestens 1–2 mitarbeitenden Vollarbeitskräften ein angemessenes Einkommen sichert. Der V. lebt teilweise auch heute noch in einer Hausgemeinschaft, die eine 2–3-Generationen-Familie ist. Im Gegensatz zur Bezeichnung V. ist Vollbauer eine mehr historische Bezeichnung, im Gegensatz zum Teilbauern.

Vollform: allgemeiner geomorphologischer Begriff, der → *Flachform* und der → *Hohlform* gegenüberstehend. Bei der V. fallen die Hänge nach mehreren Seiten, mehr oder weniger stark geneigt und höchstens engräumig durch Verebnungen oder Steigungen unterbrochen, von einer Fläche, Linie oder einem Punkt aus ab.

Vollkarst: jene Landschaft im → *Karst,* deren Oberfläche durch → *Dolinen,* → *Karren,* → *Poljen* und → *Uvalas* bestimmt ist und der fluvial geformte Täler fehlen.

vollkommener Brunnen: Brunnen, der Wasser aus einem gesamten Grundwasserkörper fördert. (→ *unvollkommener Brunnen)*

Vollmechanisierung: das Ergebnis des mechanisch-technischen Fortschritts, der sich vor allem in der Landwirtschaft arbeitssparend und produktivitätssteigernd ausgewirkt hat. Die V. hat hier z. B. → *Vollerntegeräte* gebracht, die bisher empfindliche Arbeitsspitzen brechen halfen.

Vollmotorisierung: 1. Vorgang des gänzlichen Ersatzes tierischer und menschlicher Arbeits- bzw. Zugkraft durch motorisierte Geräte bzw. Fahrzeuge.
2. V. kennzeichnet auch einen Zustand, bei dem alle infrage kommenden Familien eines Raumes individuell motorisiert sind.

Vollnomadismus: ausgeprägteste Form des → *Nomadismus,* bei dem ausschließlich die Viehhaltung Grundlage der Ernährung und dauernde Mobilität der ganzen sozialen Gruppe gegeben ist (→ *Halbnomadismus).*

Vollökumene: → *Ökumene* im eigentlichen Sinn im Gegensatz zur → *Sub-* und → *Semiökumene.*

Vollpension: im Beherbergungsgewerbe eine Pauschale für Übernachtung, Frühstück und zwei Hauptmahlzeiten. V. wird vor allem im längerfristigen → *Urlaubsreiseverkehr* sowie bei Kuraufenthalten in Anspruch genommen.

Vollreife: ein Reifestadium, z. B. des Getreides, bei dem Schrumpfung, Verhärtung, Ausfall und Verfärbung der Körner auftritt.

vollständige Familie: in der Demographie Bezeichnung für eine aus einem Ehepaar und mindestens einem Kind bestehende Familie.

Vollwüste: Bereich extremer Aridität, d. h. Gebiet nur mit episodischen Niederschlägen in Jahrzehntabständen und durch völliges Fehlen von Vegetation und Böden ausgezeichnet. Lediglich → *Ephemere* können vorkommen. Die V. entspricht damit der → *Kernwüste,* der man die → *Randwüste* gegenüberstellt.

Vollzirkulation: Situation der → *Seezirkulation,* bei der das gesamte Wasser des Sees umgeschichtet und durchmischt wird. V. findet in den Mittelbreiten im Frühjahr und Herbst statt.

Volterra's Fluktuationsgesetze: quantitative Charakterisierung der → *Populationsdynamik* der Tiere mit dem ersten Gesetz des periodischen Zyklus (Bevölkerungsschwankungen im → *Räuber-Beute-Verhältnis* und im → *Wirt-Parasit-Verhältnis* sind periodisch, wobei die Periode in den Anfangsbedingungen und dem Koeffizienten der Zu- und Abnahme der Population bestimmt ist. Die Periodizität stellt sich nur in einem → *Bisystem* ein.), dem zweiten Gesetz der Erhaltung der Mittelwerte (Mittelwerte der → *Populationsdichte* von zwei Arten sind unabhängig von den Anfangsbedingungen und bleiben bei unveränderten Bedingungen der Lebensumwelt konstant.) und dem dritten Gesetz der Störung der Mittelwerte. (Bei Vernichtung einer im Verhältnis zu ihren Gesamtzahlen stehenden Individuenmenge von zwei Arten im → *Bisystem* steigt die mittlere → *Populationsdichte* des Verfolgten, die des Verfolgers fällt. Wird der Verfolgte stärker geschützt, nehmen beide Arten zu.)

Volumenstrom: Grundwasservolumen, das pro Zeiteinheit einen Fließquerschnitt durchströmt.

Vorberg: unscharfe geomorphologische Bezeichnung für Einzel- oder Gruppenformen, die sich vor einem höheren Gebirgsland befinden, z. B. als → *Randhügel* oder als → *Zeugenberg* vor einer Schicht- oder Rumpfstufe.

Vorderseitenwetter: ein durch tiefhängende Schichtwolken (Nimbostratus) und z. T. aus-giebige → *Aufgleitniederschläge* geprägtes Wetter an der Vorderseite der Warmfront einer → *Zyklone.*

Vordüne (Sekundärdüne): eine → *Küstendüne,* die sich allmählich aus alten → *Strandwällen* entwickelt und die Höhen bis zu 20 m über dem → *Strand* erreichen kann. Das Wachstum der V. wird wesentlich von der Vegetation gefördert, vor allem von Strandhafer und Strandroggen. Wird die Vegetationsdecke natürlich oder anthropogen zerstört, kann sich aus der V. eine → *Wanderdüne* bilden.

Vorfluter: offenes Gewässer, das abfließendes Wasser aus Gerinnen niedrigerer Ordnung, aus Grundwasserkörpern, Hangwasser- oder Oberflächenabflußsystemen aufnimmt. Praktisch jedes Gewässer erfüllt gegenüber andern Wasservorkommen V.-Funktion.

Vorfrucht: bei der → *Fruchtfolge* die jeweils vorangehende Frucht. Die V. kann sich u. U. negativ auf die ihr folgende Kultur auswirken. V. haben z. B. einen unterschiedlichen Nährstoffbedarf und können so den Bodenzustand sehr wesentlich beeinflussen. → *Blattfrüchte* sind z. B. gute V. für die nachfolgenden Halmfrüchte (abtragende Früchte).

Vorfruchtwert: die Bedeutung einer Nutzpflanze in der → *Fruchtfolge* als → *Vorfrucht.* In der Regel läßt man Pflanzen mit hohen Vorfruchtansprüchen auf solche mit hohem V. folgen und stellt solche mit nur geringen Vorfruchtansprüchen hinter solche mit geringem V.

Vorfrühling: 1. durch kontinentale Hochdruckgebiete geprägter → *Regelfall* der Witterung in Mitteleuropa in der zweiten Hälfte des Monats März (Häufigkeit 70%). Der V. bringt die erste deutliche mittägliche Erwärmung.
2. eine → *phänologische Jahreszeit.*

Vorgebirgsinselberg: ein „echter" → *Inselberg,* der im Sinne eines → *Vorberges* vor der Stufe einer geschlossenen Rumpffläche liegt und der als Abtragungsrest dieser anzusehen ist.

vorgerückte Küste: Bereich, in dem sich → *Transgression* vollzieht.

Vorhafen: Hafen, der – von der See aus gesehen – vor dem ursprünglichen Hafen liegt, insbesondere seewärts an einer Flußmündung. Ein V. entwickelte sich vor allem dann als jüngerer Hafen, wenn der ältere Hafen vor den Erweiterungsmöglichkeiten her (z. B. eingeengte Stadtlage) oder wegen der Schiffbarkeit der Zufahrt den neueren Verkehrsbedürfnissen nicht mehr entspricht. Beispiele für V. sind Bremerhaven oder die Häfen an der Themsemündung unterhalb von London.

Vorhafengruppe: mehrere sich funktional ergänzende → *Vorhäfen* im Bereich eines größeren Hafens. Z. B. hat sich an der Themsemündung eine Londoner V. mit spezialisierten Aufgaben entwickelt.

Vorkaufsrecht: Recht, in einen Kaufvertrag zwischen dem Veräußerer und einem Dritten einzutreten. Das V. hat z. B. bei der Sicherung der → *Bauleitplanung* der Gemeinden Bedeutung. Für die Umsetzung von Planungen wichtige Grundstücke bzw. Gebäude können über das V. der Gemeinde nach dem → *Bundesbaugesetz* von dieser zum → *Verkehrswert* erworben werden.

Vorkommen: 1. Fundstelle z. B. von Gesteinen, Fossilien oder Erzen.
2. → *Lagerstätte,* die meist keine abbauwürdigen Anreicherungen aufweist. (→ *Ressourcen,* → *Reserven*)

Vorland: 1. Gebiet vor einer größeren oder kleineren → *Vollform,* das sich als eine meist niedriger gelegene, mehr oder weniger gegliederte Landschaft erweist.
2. Bereich vor dem → *Deich* eines Flusses oder einer Küste, der noch nicht geschützt wird, gleichwohl einer Beanspruchung durch den Menschen unterliegt und wo z. B. → *Lahnungen* als erste Maßnahmen der → *Landgewinnung* angelegt werden. Das V. wird noch regelmäßig überflutet.
3. allgemein ein Bereich, der einem → *Hinterland* gegenübergestellt wird und in diesem Sinne auch in der Anthropogeographie als Begriff Verwendung findet.

Vorlandgletscher (Piedmontgletscher): → *Gletscher,* der aus einem Gebirge auf das flache Vorland hinaustritt, wo er sich in der Regel stark verbreitert und im Zungenbereich ausfächert.

Vorort: 1. historische Bezeichnung für den führenden Ort einer Region oder den Sitz eines wirtschaftlichen oder politischen Zusammenschlusses.
2. ehemals selbständige Gemeinde, die als Stadtteil in eine größere Stadt eingemeindet wurde. Ein V. kann noch eine getrennte bauliche Einheit bilden, aber auch völlig mit der Stadt zusammengewachsen sein. Größere Versorgungszentren von V. werden als → *Subzentren* bezeichnet.

Vorrat: die am zu erwartenden Bedarf gemessene und abrufbereit gelagerte Menge an Gütern unterschiedlichster Art.

Vorratsänderung: wasserhaushaltliche Zu- oder Abnahme der in einem Speicher (ein Grundwasserkörper, das gesamte Grundwasser eines Einzugsgebietes) befindlichen Wassermengen. In der → *Wasserhaushaltsgleichung* wird die V. durch die Glieder → *Rücklage* und *Aufbrauch* beschrieben.

Vorratshaltung: Art und Weise, wie eine Nahrungsvorsorge für Mangelperioden gelöst ist. Die V. umfaßt in erster Linie die Techniken zur Haltbarmachung und die Gebäude zur Lagerung von Nahrungsmitteln. Im weitesten Sinne ist unter V. generell die Form der vorsorgenden Bevorratung in der Wirtschaft zu verstehen.

Vorratswässer: Grundwasservorkommen, welche nicht in den periodischen Umsatz mit dem Wasserkreislauf einbezogen sind. V. zirkulieren unterhalb der niedrigsten Vorfluter-Niveaus. (→ *Umsatzwässer,* → *Tiefenwässer*)

Vorratswirtschaft: Erwirtschaftung eines Überschusses an Gütern zum Zwecke der Überbrückung von Mangelperioden. Vor allem in den Erdräumen, wo aus klimatischen Gründen jahreszeitlich begrenzt (→ *Jahreszeitenfeldbau*) Nahrungsmittel erzeugt werden können, ist eine V. notwendig. Eine V. ist z. B. an Spezialbauten (z. B. Silos, Scheunen, Keller) erkennbar. Die V. ist heute über den engen Bereich der Nahrungs- und Futtermittelversorgung hinaus in jeder modernen Produktionswirtschaft zu finden, wo zur Sicherung des Produktionsfortgangs Mindestreserven an essentiellen Rohstoffen und Materialien eingelagert werden.

Vorsaison: im Tourismus die Monate vor der → *Hauptsaison.* In Mitteleuropa liegt die V. im Frühjahr vor Beginn der Haupt-Urlaubsreisezeit. Im Beherbergungsgewerbe wird häufig zur besseren Kapazitätsauslastung mit verbilligten Angeboten für die V. geworben.

Vorstadt: Stadtteil einer größeren Stadt, der im Rahmen einer → *Stadterweiterung* vor der → *Altstadt,* in der Regel zur Aufnahme zugewanderter Wohnbevölkerung und neu angesiedelter Industrie, gegründet und häufig nach einheitlichen Plänen gebaut wurde. Eine V. war also, im Gegensatz zum → *Vorort,* keine selbständige Gemeinde. In Deutschland gründeten die Großstädte insbesondere zur Zeit der Industrialisierung im 19. Jh. V., bevor in weiteren Phasen des Wachstums benachbarte Dörfer eingemeindet wurden.

Vorstoßmoräne: → *Endmoränen,* besonders jedoch → *Stauchendmoränen,* der Vorstoßphasen den → *Rückzugsmoränen* gegenübergestellt.

Vorstrand: Abschnitt der → *Flachküste* zwischen → *Strand* und → *Schorre,* der vom Strand durch die → *Strandlinie* getrennt ist und welcher der Wirkung von Sog und → *Schwall* besonders ausgesetzt ist.

Vorticity (Wirbelgröße): Wirbelimpuls großräumig um eine vertikale Achse rotierender Luftmassen, der sich aus dem gekrümmten Verlauf der Isobaren ergibt. V. ist das Maß für die Rotation von Luftwirbeln. Die absolute V. setzt sich aus der Summe der relativen V. (relativ zur Erdoberfläche) und dem Coriolis-Parameter (→ *Coriolis-Kraft*) zusammen. Die absolute V. bleibt konstant, die beiden Teilparameter ändern sich somit komplementär. Die relative V. nimmt äquatorwärts zu und polwärts ab, der Coriolis-Parameter entsprechend umgekehrt. Diese Tatsache ist für die Entstehung der wellenartigen Bewegungen in der → *Westwindzirkulation* von grundlegender Bedeutung.

Vortiefe (Randsenke, Saumtiefe): Großsenke im Sinne der → *Geosynklinale*, die sich entlang der Außenseite eines → *Faltengebirges* erstreckt, das sich aus dem Meer erhebt und dabei abgetragen wird. Die → *Molasse* stellt das Sediment der V. im Molassestadium der Alpenentwicklung dar.

Vorwald: 1. in der natürlichen Sukzession des Waldes der Pionierphase, die dem eigentlichen Wald vorausgeht.
2. künstlich begründeter Saum anspruchsloser, raschwüchsiger und resistenter Lichtbaumarten, der später anzupflanzenden empfindlicheren Baumarten vorübergehend als Schirm dienen soll.

Vorwerk: Wirtschaftshof, der aus Gründen einer rationelleren Bewirtschaftung der Anbauflächen (verkürzte Wege) vom Haupthof eines landwirtschaftlichen → *Gutes* räumlich getrennt liegt. V. wurden z. B. durch die ostelbischen Großgrundbesitzer angelegt oder aus aufgekauften Gütern umgewandelt. Nach dem II. Weltkrieg entstanden aus vielen V. selbständige Betriebe.

Vorwerkssiedlung: die zum Wirtschaftshof (→ *Vorwerk*) gehörenden Gebäude wie Ställe, Scheunen und Wohngebäude.

Vorzeitflur: bäuerliche Wirtschaftsfläche aus einer vergangenen Kulturlandschaft. Die V. kann sich als totale oder partielle → *Wüstung* in der gegenwärtigen Landschaft darstellen. Merkmale einer V. können sein: gehäufte oder gereihte Lesesteine, durch früheres Pflügen oder Hacken verursachte kleinförmige Reliefstrukturen, Spuren von → *Stufenrainen*, Furchen und Beeten, die bei Luftaufnahmen durch streifenförmige Verfärbungen des Bodens oder der Vegetation deutlich werden.

Vorzeitform: der → *Jetztzeitform* gegenübergestellt und von jenen Reliefformen charakterisiert, die nicht unter aktuellen Klimabedingungen gebildet worden sind, jedoch unter diesen zerstört oder modifiziert werden. Der überwiegende Teil der Reliefformen auf der Erde heute ist vorzeitlicher Entstehung.

Vorzeitlandschaft: → *landschaftliche Ökosysteme* der Vergangenheit, die mit Hilfe verschiedener Kriterien, wie → *Vorzeitformen* oder → *Paläoboden*, von der → *Paläogeographie* rekonstruiert werden.

vorzeitlich: in der erdgeschichtlichen Betrachtungsweise der Geomorphologie verwandter Begriff für Ablagerungen und Formen, im Sinne der → *Vorzeitform* bzw. der → *Vorzeitlandschaft*, der häufig fälschlicherweise mit dem Begriff → *fossil* umschrieben

wird.

Vrulje: submarine → *Karstquelle*, die in relativ geringer Meerestiefe aus Spalten, Höhlen oder trichterartigen Öffnungen austritt und meist Brackwasser führt. Wichtige Indizien (einheitlich geringe Tiefe, Tropfsteinbildung usw.) belegen, daß die V. im Pleistozän unter Festlandsbedingungen entstanden und erst durch den postglazialen eustatischen Meeresspiegelanstieg untermeerisch wurden.

Vulkan: Bereich der Erdoberfläche, in welchem – ausgehend von einem → *Vulkanherd* – ein → *Vulkanausbruch* erfolgt, → *Magma* und/oder → *Asche* aus dem Erdmantel bzw. der Erdkruste submarin oder subaërisch an die Erdoberfläche gelangen und dort eigene, charakteristische Formen bildet. Die wichtigsten sind der → *Aschenvulkan*, die → *Caldera*, das → *Maar*, die → *Quellkuppe*, der → *Schichtvulkan*, der → *Schildvulkan*, der → *Stoßkuppe*, der → *Wallbergvulkan* und der → *Tafelvulkan*.

Vulkanausbruch: Vorgang des Magmaaustritts, auch → *Eruption* genannt, an den sich die → *Effusion* anschließt. Neben dem ausfließenden → *Magma*, der → *Lava*, werden auch zahlreiche Lockerprodukte, wie die → *Aschen*, → *Schlacken*, → *Lapilli* und → *Bomben* gefördert.

Vulkanembryo: verwandt dem → *Maar* und ebenfalls durch Gasexplosionen entstandener Vulkan, dessen Hauptfolge eine Explosionsröhre ist, in der aber überwiegend keine → *Lava* aufgestiegen ist. Die V. erscheinen an der Erdoberfläche als flache Hohlformen, ähnlich Sprengtrichtern, die im anstehenden Gestein angelegt sind und die allenfalls in Ausnahmefällen eine Akkumulation von → *Schlotbrekzie* aufweisen. Wichtigstes Vorkommensgebiet der V. ist die mittlere Schwäbische Alb.

Vulkanherd: Ansammlung von → *Magma* in ca. 10–20 km Tiefe unter der Erdoberfläche, der dann aktiv wird, wenn Druckentlastung, Temperaturabnahme und Kristallisation im Magma erfolgen, die zur Gasbildung führen, dessen → *Eruption* dann den eigentlichen → *Vulkanausbruch* zur Folge hat.

Vulkanismus: dem → *Plutonismus* gegenübergestellte Sammelbezeichnung für Vorgänge und Erscheinungen, die mit dem an die Erdoberfläche dringenden → *Magma* zusammenhängen und den man in → *Oberflächenvulkanismus* und → *Tiefenvulkanismus* gliedert. Seine wichtigste sichtbare Erscheinungsform sind → *Vulkane*. Seine Mitwirkung in der Gesteinsbildung äußert sich in den Vulkaniten oder → *Ergußgesteinen*.

vulkanogene Prozesse: Förderung von gasförmigen, breiigen bis dünnflüssigen oder festen Stoffen hoher Temperatur aus dem Erdinneren an die Erdoberfläche, wo sie → *Vulkane* und → *Vulkanembryone* bilden.

Vulkano-Pluton: subvulkanischer Bereich unter der Erdoberfläche, in welchem das → *Magma* sehr langsam abkühlt und zu → *Tiefengesteinen* erstarrt.

Vulkanruine: → *Vulkane,* die ihre ursprüngliche Gestalt verloren haben und die nur noch durch von der Abtragung freigelegte tiefere Schlotteile repräsentiert werden. Diese ragen als → *Härtlinge* über ihre Umgebung, während die umgebenden Tuffmassen sowie der ehemalige Krater beseitigt sind. Typische V. sind die Schlotstiele aus Basalt, Phonolith und Trachyt der Tertiärvulkane des Hegau, Hessens und des Böhmischen Mittelgebirges.

V-Wert: 1. Kennzahl für die → *Basensättigung* in Böden, welche den Prozentanteil der austauschbaren „Basen" (basisch wirkende Kationen Na, K, Ca und Mg) bezogen auf die gesamte → *Austauschkapazität* angibt.
2. (Vielfältigkeitswert): bei der → *Landschaftsbewertung* für die Erholung verwendete Maßzahl, mit der der Erlebniswert einer → *Landschaft* gemessen wird. In die Berechnung des V-W. gehen insbesondere das Vorhandensein von Gewässer- und Waldrändern, die Vielfalt der Bodennutzung und die Reliefenergie ein.

W

Wabenschnee: Schmelzformung auf der Schneeoberfläche aus wabenartig angeordneten, kleinen Schalen (20–30 cm Durchmesser, einige Zentimeter Tiefe), die durch Schneekämme voneinander getrennt sind.

Wabenverwitterung: Kleinformen der Verwitterung, die in Wüsten, jedoch auch in der gemäßigten Klimazone, beobachtet werden, wo sich an Felswänden extreme Mikroklimabedingungen herausbilden, die zu wüstenhaften Vereitterungsformen führen. Zum Teil entsteht die W. auch durch Prozesse ähnlich der Bildung von → Bröckellöchern.

Wachs: von Tieren und Pflanzen ausgeschiedene Fettsäureester, die leicht schmelzbar sind und bei Pflanzen als Verdunstungsschutz dienen. Bei Tieren wird W. als Baumaterial oder als Nässe-, Kälte- und Feindschutz benutzt.

Wachstum: 1. in der Biologie die an die Lebenstätigkeit des Protoplasmas geknüpfte, bleibende Gestaltveränderung mit Volumenbzw. Substanzzunahmen und bei allen vielzelligen Organismen auf dem W. der Einzelzelle beruhend. Das W. von Pflanzen und Tieren unterscheidet sich wesentlich, ebenso die verschiedenen → Wachstumsintensitäten. 2. quantitative Zunahme einer Population, dargestellt in der → Wachstumskurve.

Wachstumsbewegungen: auf → Wachstum der Pflanzen beruhende Krümmungen von Pflanzenteilen.

Wachstumsgebiet: im Gegensatz zum → Stagnationsgebiet und zum → Entleerungsgebiet eine räumliche Einheit, in der die Wachstumsrate des → Volkseinkommens deutlich über dem Landesdurchschnitt liegt. Der Wachstumsprozeß wird hervorgerufen und begleitet von stetig ansteigenden Investitionen, Exportüberschuß der ansässigen Industrie, Zunahme des räumlichen Leistungspotentials und Zufluß mobiler Produktionsfaktoren. Auch deutliches Bevölkerungswachstum ist meist Kennzeichen eines W.

Wachstumsgradtag: Berechnungseinheit für die Charakterisierung des klimatischen Wärmeeinflusses auf das Wachstum der Vegetation bzw. bestimmter ausgewählter Arten. Jeder Tagesmitteltemperaturgrad über einem festgelegten Minimalmittel, oberhalb dessen für eine bestimmte Art überhaupt Wachstum möglich ist (Grenze oft bei etwa 5 °C), ergibt einen W. Durch Aufrechnung der W. erhält man → Temperatursummen.

Wachstumsindustrie: Industriezweige, deren Produkte stark nachgefragt werden und somit zunehmende Marktanteile erobern. Der Erfolg von W. beruht häufig auf dem Einsatz von technischen Neuerungen (z. B. → Mikroelektronik). Die Anwendung des Begriffes W. ist veränderlich, da Industrien nur so lange W. sind, solange sie sich dynamisch entwickeln. Daher sind viele der nachkriegszeitlichen W. (z. B. Elektroindustrie, Kunststoffindustrie) heute nicht mehr als W. zu bezeichnen.

Wachstumsintensität: erblich bedingte, für jedes Lebewesen spezifische und von den Umwelteinflüssen abhängige Geschwindigkeiten und Ausmaß des → Wachstums, die sich in Entwicklung von Körpermasse und Körpermaßen auswirken. Während der Wachstumsperiode schwankt die W. Sie wird vom Organismus nur dann voll ausgeschöpft, wenn günstigste Ernährungsbedingungen herrschen.

Wachstumskurve: 1. Darstellung der quantitativen Veränderungen einer Population durch die → Populationsdynamik für einen bestimmten Zeitraum, so daß Schwankungen der Individuenzahl und Umwandlungen der Populationsstruktur deutlich werden. Unter idealen Bedingungen, d. h. wenn Klimaoptimum und synökologisches Optimum räumlich und zeitlich übereinstimmen, erfolgt das Populationswachstum exponentiell. 2. Darstellung der → Wachstumsrate eines Organismus.

Wachstumsmodell: in der Wirtschaftstheorie die Beschreibung erwarteter Wachstumsprozesse. Ein erstes formalisiertes W. geht auf K. Marx zurück. Die W. von Domar und Harrod gründen sich auf die Keynes'sche Wirtschaftslehre der dreißiger Jahre. Neoklassische W. versuchen, die starren Beziehungen im Faktoreinsatz aufzulockern und mehr Wirklichkeitsnähe zu erreichen. Eine Ersetzbarkeit von Kapital und Arbeit ist möglich, ferner findet der technische Fortschritt Berücksichtigung.

Wachstumsphase: Zustandsphase des → Wachstums, in welchem strukturelle Veränderungen des Organismus erfolgen.

Wachstumspol (growth pole): nach dem Entwicklungsmodell des ungleichgewichtigen Wirtschaftswachstums (→ Unbalanced growth) ein sektorialer oder regionaler Ansatzpunkt, von dem schließlich ein Impulsüberschuß auf andere Sektoren bzw. auf das Umland abgegeben wird. Im Rahmen von → Industrialisierungsstrategien wird das Konzept der W. gezielt eingesetzt, vor allem auch um eine industrielle Dezentralisierung zu erreichen. (→ Entwicklungspoltheorie)

Wachstumsrate: 1. Zuwachs des Gesamtkörpers innerhalb eines bestimmten Zeitraumes als Resultierende der erblich bedingten → Wachstumsintensität sowie der Lebensumweltbedingungen mit dem Nahrungsangebot. 2. der in Prozentpunkten ausgedrückte Zuwachs, z. B. des realen Bruttosozialprodukts oder der Bevölkerung.

Wachstumsregulatoren: die Hemmstoffe und → *Wuchsstoffe* bei Organismen, welche schon in geringen Konzentrationen das → *Wachstum* beeinflussen. Sie unterscheiden sich als Wirkstoffe von denjenigen Nahrungsstoffen, die zur Energiegewinnung und zum Körperaufbau nötig sind.

Wachstumsruhe: Zeitraum, in welchem ein Organismus durch verminderte metabolische Aktivität ungünstige Bedingungen der Lebensumwelt überdauert.

Wachstumstheorie: Teilgebiet der → *Wirtschaftstheorie*. Die W. untersucht das wirtschaftliche Wachstum langfristig auf gesamtwirtschaftlicher Ebene. Sie unterscheidet sich so von der Konjunkturtheorie, die sich vor allem mit den kurz- und mittelfristigen Veränderungen des Wachstums beschäftigt. Die W. sind in engem Zusammenhang mit den → *Entwicklungstheorien* zu sehen.

Wächte: überhängende Schneeanhäufung auf der Leeseite von Graten, Kämmen und Plateaurändern.

Wackelstein: einzelner Felsblock mit sehr kleiner Auflagerungsfläche und daher beweglich. Er ist oft auf → *Felsburgen* in Massengesteinen entwickelt.

Wadi (Oued): ein → *Trockental* der → *Wüste* oder sonstiger arider Gebiete, ähnlich dem → *Rivier* und dem → *Omuramba*, das allenfalls episodisch Wasser führt, dann jedoch in großen Mengen. Wegen des ungleichmäßigen Fließens weist das W. nur abschnittweise ein ausgeglichenes Gefälle auf.

Wadisystem: Netz von → *Wadis*, ähnlich dem → *Flußnetz*. Das W. weist auf seine Entstehung unter Vorzeitklimabedingungen hin.

Wägezahl (Intensitätszahl): in der Landwirtschaft Meßziffer zur Kennzeichnung der Arbeitsintensität bezogen auf das betriebswirtschaftliche Gewicht der einzelnen Fruchtartengruppen. Gemessen an den mitteleuropäischen Verhältnissen betragen im Mittel die W. für Wiesen und Weiden 0,5; Getreide 1,0; Zuckerrüben 2,5 oder für den Weinbau 5,0. Zu Vergleichszwecken werden die Prozentzahlen der Anbauverhältnisse mit den verschiedenen W. multipliziert, um so als Summe für den Betrieb, für eine Gemeinde oder für einen Agrarraum eine geltende Gesamt-W. zu erhalten. (→ *Nutzviehgewicht*)

Wahlkreis (Wahlbezirk, Stimmkreis, Stimmbezirk): räumliche Einheit für Zwecke parlamentarischer oder kommunaler Wahlen. In der Regel wird das gesamte Wahlgebiet in W. etwa gleich großer Einwohner- oder Wählerzahl eingeteilt; die W. dienen dann als das Gebiet, in dem ein Kandidat gewählt wird. Bei reinem Verhältniswahlrecht ist der W. nur eine Zähleinheit (z. B. bei den Zweitstimmen zur deutschen Bundestagswahl), bei Mehrheitswahlrecht dagegen ist der W. die entscheidende Ebene, auf der die Kandida-

ten gewählt werden (z. B. in Großbritannien).

Wahrnehmungsgeographie (Perzeptionsgeographie): eine junge Teildisziplin der Geographie. Sie beruht auf der → *Umweltwahrnehmung*, also der → *Perzeption* des Raumes vor sozialpsychologischem Hintergrund. Dabei wird methodisch bewußt in Kauf genommen, daß es sich hier um eine selektiv wirkende Wahrnehmung handelt, deren Motive erforscht werden und die das Verhalten verschiedener → *sozialer Gruppen* im Raum erklären sollen.

Wahrnehmungsraum: derjenige Teil der Umwelt, den der einzelne bzw. → *soziale Gruppen* wahrnehmen, insbesondere durch eigene Aktivitäten in diesem Raum, durch Verkehrsteilnahme, Informationen durch Massenmedien usw. Im W. werden Bewertungen von Raumsituationen vorgenommen, aus denen sich → *mental maps* entwickeln.

Wake: eisfreie Stelle in einem Fluß oder im Polarmeer, die auch im Winter nicht zufriert.

Wald: eine quasinatürliche oder natürliche Lebensgemeinschaft von Pflanzen und Tieren, deren Aufbau von Baumbeständen unterschiedlicher Dichte und Schichtung gekennzeichnet und dessen Verbreitung überwiegend markoklimatisch bestimmt ist. Prototyp des W. ist der → *Urwald*, dem verschiedene Waldtypen, wie → *Laubwald* oder → *Nadelwald* zur Seite gestellt werden. Außerdem gibt es charakteristische Wälder der einzelnen Klimazonen, z. B. die → *Hyläa*, den → *Savannenwald* oder den → *Monsunwald*. Die Wirtschaftsformen des W. sind → *Hoch-*, → *Mittel-* und → *Niederwald*. (→ *Forst*)

Waldbau: Sammelbegriff für die planmäßige Begründung, Pflege und Bewirtschaftung eines → *Waldes* sowie die Erforschung der waldbaulogischen und waldwirtschaftlichen Grundlagen und der Waldbaumethoden.

Waldbesitzregelung: Bestimmungen der Forstgesetzgebung, die die Erhaltung bewirtschaftungsfähiger Forstbetriebe zum Ziel haben. Die W. enthält z. B. die Vorschriften zum Grundstücksverkehr in Wäldern, so z. B. Teilungsverbote.

Waldbiozönose: der Charakter des → *Waldes* als → *Biozönose* und damit als Bestandteil des Wirkungsgefüges eines → *Geoökosystems*.

Waldbrandwirtschaft: → *Feld-Wald-Wechselwirtschaft* in den feuchten Tropen, die in der Form des → *Wanderfeldbaus* (→ *shifting cultivation*) betrieben wird. Es ist eine → *Urwechselwirtschaft*, bei der eine Umlage des Ackerlandes auf unter Urvegetation ruhenden Brachflächen erfolgt (→ *Umlagewirtschaft*). Dabei wird der Wald durch Feuer urbar gemacht. Der spezielle Bodenchemismus in den feuchten Tropen und die damit verbundene rasch sinkende Bodenfruchtbarkeit führt zu immer neuen Brandrodungen.

Waldersatzgesellschaft: natürliche → *Waldgesellschaft,* die an Mischbaumarten verarmt ist und in der eine Baumart der natürlichen Baumartenkombination praktisch rein vorherrscht, wie Fichten im Fichten-Tannen-Buchenwald. Insofern handelt es sich um eine echte → *Ersatzgesellschaft.*

Walderschließung: Maßnahmen zur Erschließung des Waldes mit einem Netz von Straßen und Wegen, die aus nutzungstechnischen und ökonomischen Aspekten in einer für den → *Waldbau* günstigen Struktur (Dichte, Verlauf, Neigung) angelegt werden.

Wald-Feldwind-System: tagesrhythmisch wechselnde, schwache, bodennahe Ausgleichsströmung der Luft zwischen dem Wald und der offenen Flur. Der Wald ist tagsüber kühler und nachts wärmer als das Freiland (→ *Waldklima*). Dadurch fließt am Tag Luft vom Wald aufs Feld und nachts umgekehrt.

Waldgebiet: Bereich, der durch bestimmte natürliche → *Waldgesellschaften* charakterisiert ist, ohne Festlegung der Zusammensetzung und ohne Bezug zur Gebietsgröße.

Waldgesellschaft: 1. gegenüber der → *Waldersatzgesellschaft* von einer natürlichen Holzartenkombination und charakteristischen Artengruppenkombination gekennzeichnete Waldvegetationseinheit im Sinne der → *Assoziation,* die über ein dynamisch-stabiles Gleichgewicht verfügt.
2. die quasinatürliche → *Waldersatzgesellschaft* aus natürlich vorkommenden und standortfremden Baumarten mit einem instabilen bis labilen Gleichgewicht.
3. naturfremde → *Forstgesellschaft* mit standortfremden Baumarten, im labilen Gleichgewicht befindlich.

Waldgrenze: Übergang geschlossener Waldbestände in Richtung auf die → *Baumgrenze,* bestimmt vom Minimumangebot abiotischer Geoökofaktoren. Alpine, polare und kontinentale W. sind heute überwiegend durch Übernutzungen des Waldes anthropogen bestimmt. Polare und alpine W. sind → *Wärmemangelgrenzen.* W. in semiariden und semihumiden Landschaften sind überwiegend → *Trockengrenzen* und zwar sowohl gegen eine benachbarte, aridere Klimazone, als auch an feuchten, bewaldeten Höhenstufen gegen trockene Tieflandsstufen. Dabei handelt es sich um eine untere W., die durch Wassermangel bedingt ist.

Waldhufendorf: vor allem im Mittelalter entstandene planmäßige Siedlungsform auf gerodetem Waldland. Das W. tritt in der Regel als doppelzeiliges → *Reihendorf* mit hofanschließenden Breitstreifenparzellen in Einödlage auf. Die Gehöfte liegen entlang einer Leitlinie (Weg, Bach). Am Ende der Hufen (hofferner Teil) blieb meist noch Wald erhalten. Eine Sonderform des W. ist das → *Radialwaldhufendorf.* (→ *Hagenhufendorf*)

Waldhufendorf

Waldhufenflur: Form der Hufenflur, die sich aus der Aufteilung von Waldland auf der Grundlage der → *Hufe* herausgebildet hat. Waldhufen wurden während der mittelalterlichen Rodungsperiode in freier Erbleihe vergeben. Die Anlage von planmäßigen → *Waldhufendörfern* bestimmte die W. als → *Breitstreifenflur.*

Waldklima: das besondere → *Bestandsklima* des Waldes, welches sich durch Lichtreduktion, ausgeglichenen und verzögerten Temperaturgang, ausgeglichene hohe Feuchte, Luftruhe, geringere Niederschläge infolge

Waldgrenze

der → *Interception* und Armut an Staub, Ruß und Gasen (Filterwirkung des Kronendaches) auszeichnet. Im einzelnen sind die W. je nach artenmäßiger Zusammensetzung, Bewirtschaftung und Alter des Waldes sehr unterschiedlich. Generell wird das W. vom menschlichen Organismus als sehr angenehm empfunden. Es gilt als Schonklima mit Eigenschaften eines Heilklimas.

Waldlandschaft: Landschaftstyp, bei dem der Wald raumbestimmend ist. W. können sich in unterschiedlicher Weise darstellen, nämlich als noch weitgehend unerschlossene Waldnaturlandschaft, agrarbestimmte Waldsiedlungslandschaft (mit Rodungsinseln und -gassen) oder forstwirtschaftlich bestimmte Nutzwaldlandschaften (Nutzwald).

Waldökosystem: der Begriff weist darauf hin, daß der Wald nicht nur eine von Tieren und Pflanzen gebildete → *Waldbiozönose* ist, sondern daß er sich zu wesentlichen Teilen auf die abiotischen Faktoren des → *Geosystems* gründet.

Waldrand: Grenzbereich des → *Waldes* zu anderen natürlichen oder künstlichen Bestandteilen der Landschaft und meist von → *Mantelgesellschaften* bzw. Saumgesellschaften charakterisiert.

Waldsaum: Randbereich des → *Waldes*, dessen Breite, Dichte und Zusammensetzung von waldbaulichen Gesichtspunkten bestimmt ist.

Waldsterben: aus natürlichen oder quasinatürlichen Ursachen auftretendes Sterben von Wäldern, die jedoch zunehmend anthropogen geregelt oder vollständig bestimmt werden. Das W. vollzieht sich weniger durch direkte Schädigung des Bestandes, als vielmehr über den Boden, d.h. gestörte Nährstoff- und/oder Wasserhaushaltsverhältnisse sowie durch Schadstoffe, die über den Boden mit den Nährstoffen zusammen aufgenommen werden. Eine der Ursachen ist der → *Saure Regen*. (→ *Tannensterben*)

Waldstruktur: in jeder Entwicklungsphase des → *Waldes* von charakteristischen Strukturmerkmalen bestimmte Eigenschaften, z.B. Mischung, Schichtung, Individuenzahl, Vitalität, Altersgefüge usw., die in einer phasenspezifischen Kombination auftreten.

Waldtextur: Verbreitungsmuster von stabileren und labileren Entwicklungsphasen naturnaher Wälder in der Horizontalen, das z.B. bestimmt ist von Flächenform, Flächenanteil oder lokalem Mosaik der auftretenden Phasen.

Waldtundra: Pflanzenformation der → *Tundra*, die im Übergang zum geschlossenen Wald der → *Taiga* bildet und durch sehr licht stehende Gehölze charakterisiert ist. Die W. wird von Moorbirke, Fichte und Kiefer gebildet, als gleichfalls lichte Strauchschicht schalten sich Wacholder und Zwerg-

birke ein. Die Bodenschicht bilden Zwergstrauch-Ericaceen mit Gräsern, Flechten und Moosen. Der Waldcharakter drückt sich auch in ausgeprägten Bildungen von → *Podsolen* aus.

Waldtyp: 1. in der Pflanzensoziologie aufgrund der Zusammensetzung und Artenhäufigkeit der Kraut- und Moosschicht statistisch ermittelte → *Soziationen*.
2. Waldbestände, die in Artenzusammensetzung und Physiognomie gewisse Ähnlichkeiten aufweisen, gelten in der Forstwirtschaft als W. Dies erfolgt unter weitgehender Umgehung der pflanzensoziologischen Systematik.

Waldweide: 1. Vorgang der Beweidung des Waldes als forstliche Nebennutzung, die beträchtliche Einflüsse auf Zusammensetzung, Entwicklung und Bestand des Waldes – vor allem durch → *Verbiß* und durch Viehtritt – haben kann.
2. Waldbestand, der als Weide dient und der auf Grund der Beweidung sich in seiner Zusammensetzung und in seiner Schichtung veränderte.

Waldwirkung: Sammelbegriff für alle im Waldökosystem ablaufenden natürlichen Prozesse mit Wasserhaushaltsstabilisierung, Lufthaushaltsausgleich, Energiehaushaltssteuerung, Bodenschutz, Tier- und Pflanzenschutz sowie Luft- und Bodenfilterwirkungen neben den sich aus der Existenz des Waldes überhaupt ergebenden Sozialwirkungen mit Erholungs- und Rekreationseffekten.

Waldwirtschaft: Anlegen und Nutzung von Wald nach wirtschaftlichen Gesichtspunkten, jedoch unter Beachtung möglicher gesetzlicher Auflagen und ökologischer Rahmenparameter. Der Begriff W. wird häufig mit dem der → *Forstwirtschaft* gleichgesetzt.

Waldwirtschaftsformation: → *Wirtschaftsformation* in Waldgebieten bzw. Waldländern. Von W. spricht man, wenn eine Raumeinheit einheitlich von der → *Waldwirtschaft* und den charakteristischen → *Folgeindustrien*, etwa von Sägereien, Papierfabriken usw., bestimmt wird.

Walfang: die mit W.-Booten gewerbsmäßig betriebene Jagd auf Wale. Die Wale werden mit der Harpune erlegt und zum Mutterschiff der Fangflotte geschleppt, wo die fabrikmäßige Verarbeitung erfolgt. Der W. konzentriert sich vor allem auf den Pottwal. Moderne W.-Flotten, die bis zu 25 Fangboote umfassen können, werden vor allem von der Sowjetunion und Japan in der Antarktis und im Pazifik betrieben. Wegen der Gefahr des Aussterbens der Wale unterliegt der W. auf die meisten Arten Einschränkungen, die von der Internationalen W.-Kommission festgelegt werden.

Wallace-Linie: bedeutende zoogeographi-

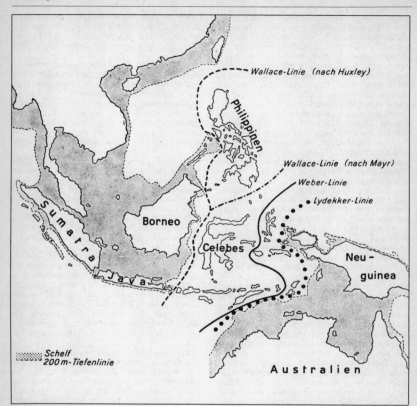

Wallace-Linie (nach Huxley)

Philippinen

Wallace-Linie (nach Mayr)

Weber-Linie

Lydekker-Linie

Sumatra

Borneo

Celebes

Java

Neu-
guinea

▒ Schelf
   200 m-Tiefenlinie

A u s t r a l i e n

Wallace-Linie

sche Grenzlinie zwischen dem → *Australischen Reich* und dem asiatischen Floren- und
Faunenbereich, die östlich Bali, westlich Sulawesi und südlich der Philippinen verläuft.
Sie grenzt an eine Übergangszone an, in der
sich australische und asiatische Formen mi-
schen und die sich bis zu einer Linie erstreckt, die zwischen den Molukken und
Neuguinea verläuft und damit die Australis
abgrenzt. (→ *Lydekker-Linie*)

Wallberg: 1. wenig gebräuchliche und mißverständlich Bezeichnung für → *Os*.
2. Kurzbezeichnung für → *Wallbergvulkan*.

Wallbergvulkan (Ringbergvulkan): niedriger
→ *Aschenvulkan* mit weiter Krateröffnung,
aber nach wie vor zentraler Förderung und
niedrigem Aschenwall.

Walldüne: eine → *Düne* mit asymmetrischem
Querschnitt, d. h. einer bis ca. 12° geneigten
Luvseite, einer Wölbung im Kammbereich
und einem Abbruch zur 25–40° abfallenden

Leeseite, die als meist langgestreckter Körper vor dem Wind wandert.

Wallfahrtsort: religiöse Kultstätte, die von
den Gläubigen aufgesucht wird, um dort zu
beten oder bestimmte Riten durchzuführen.
Im Christentum katholischer oder orthodo-
xer Prägung wurden insbesondere Orte, die
mit Heiligen in Verbindung stehen und von
denen Wundertaten, Krankenheilungen usw.
berichtet wurden, zu W.; allerdings kann
sich ihre Bevorzugung im Lauf der Zeit stark
ändern. Bekannte W. sind z. B. Altötting,
Lourdes oder Tschenstochau.

Wallfahrtsverkehr: Teilaspekt des → *Religionsverkehrs,* der → *Wallfahrtsorte* zum Ziel
hat. W. wird meist regelmäßig zu bestimmten
Feiertagen, Namenstagen von Heiligen usw.
durchgeführt. Während W. früher in der Regel zu Fuß stattfand, ist er heute auch mit
Verkehrsmitteln üblich. Bei entfernteren
Wallfahrtsorten ist W. eine Sonderform des

→ *Fremdenverkehrs.*

Walm: 1. mäßig geböschter konvexer Hangbereich zwischen dem → *Trauf* und dem → *First* einer → *Schichtstufe.*
2. abgeschrägter Giebel. Ist nur seine Spitze abgeschrägt, spricht man von Krüppel-W.

Walm-Schichtstufe: Typ einer → *Schichtstufe,* die → *Walm* und → *First,* jedoch keinen → *Trauf* aufweist und deren Stufenstirn lediglich ein flachgewölbter Bereich im widerständigen Gestein des Stufenbildners ist.

Walmstufenhang: ein → *Stufenhang* ohne → *Trauf,* bei welchem Stufenoberhang und Stufenunterhang vorzugsweise am Gesteinswechsel, nicht jedoch an der Form unterschieden werden können.

Walter-Klimadiagramm: System der komplexen Klimadarstellung mit Hilfe von in bestimmte Skalenverhältnisse gesetzten Temperatur- und Niederschlagskurven (10° Mitteltemperatur = 20 mm Niederschlag) und verschiedenen zusätzlichen Angaben wie Extremwerte, Vegetationszeit usw. Aus W.-K. können ökophysiologische Aridität und Humidität herausgelesen werden. Es bestehen jedoch einzelne sachliche und auch formale Bedenken.

Walzender Besitz: historischer Begriff aus der Zeit der Grundherrschaft. Er bezeichnet den frei veräußerlichen Besitz im Gegensatz zu dem fest an einen Hof gebundenen unveräußerlichen Besitz.

Wand (Steilwand): über 60° (61–90°) geneigter → *Hang,* dem noch der → *Überhang* folgt. Aus der W. vollziehen sich die für die Vollformenweiterentwicklung wichtigen Prozesse des → *Wandabbruches.*

Wandabbruch: jene → *gravitativen Massenbewegungen,* die sich an der → *Wand* abspielen und die durch chemische, physikalische und/oder biogene Verwitterungsprozesse vorbereitet werden (können). Der W. stellt eine Form der → *Sturzdenudation* dar.

Wanderarbeiter: Arbeitskräfte, die regelmäßig zur Wahrnehmung zeitlich begrenzter Beschäftigungsmöglichkeiten → *Wanderungen* zwischen ihrem Heimatort und einem, oft im Ausland gelegenen, Arbeitsort zurücklegen. In der Regel handelt es sich um → *Saisonarbeiter* (z. B. Erntearbeiter in der Landwirtschaft). Im Unterschied zu → *Gastarbeitern* werden durch W. nur kurzfristige Arbeitsverhältnisse eingegangen; die Familienangehörigen bleiben am Heimatort.

Wanderdüne: eine → *Düne,* unabhängig von ihrer Formgestalt, die sich wegen fehlender Vegetationsdecke bewegt. Sowohl → *Binnendünen* als auch → *Küstendünen* können W. sein. Als Prototyp der W. gilt der → *Barchan.*

Wanderfeldbau: vornehmlich in den Tropen und Subtropen verbreitete Form agrarer → *Wechselwirtschaft.* Beim W. werden außer den bewirtschafteten Flächen auch die Siedlungen nach einem gewissen Zeitraum verlegt. Letzterer hängt primär ab von der Dauer der Ertragsfähigkeit des Bodens. In der Literatur hat sich weitgehend der aus dem Englischen stammende Begriff der → *shifting cultivation* gegenüber dem W. und seinen Übergangsformen zur → *Landwechselwirtschaft* durchgesetzt.

Wandergewerbe (ambulantes Gewerbe, Reisegewerbe): im Gegensatz zum „stehenden" Gewerbe die Gewerbeausübung im Umherziehen von Ort zu Ort. Das W. umfaßt nicht nur den → *Hausierhandel,* sondern auch wanderndes Reparaturhandwerk, wie Scherenschleiferei und Korbflechterei. Das W. hatte sich vor allem in ärmeren Dörfern entwickelt, in denen die agrarische Basis der Bevölkerung nicht ausreichend war, z. B. in Gebirgsdörfern. (→ *Wanderarbeiter*)

wandernder See: seichte Wasseransammlung in Trockengebieten, die sich innerhalb eines flachen Beckens nach episodischen Regenfällen immer wieder an etwas anderer Stelle bildet und durch Verdunstung wieder aufgezehrt wird.

Wanderparkplatz: Parkplatz am Rand eines Naherholungsgebietes, Erholungswaldes, in einem Naturpark usw., der von Erholungsuchenden bei der Anfahrt benutzt wird. W. gehören zur → *freizeitorientierten Infrastruktur,* insbesondere in Fremdenverkehrs- und Naherholungsgebieten.

Wanderschäferei: Form mitteleuropäischer → *Transhumanz.* Die W. tritt mit ihren Herdenwanderungen vor allem in Südwestdeutschland, insbesondere im Gebiet der Schwäbischen Alb, des Schwarzwaldes und des Oberrheinischen Tieflandes auf.

Wanderschutt: 1. sämtlicher bei Verwitterungsprozessen entstandener → *Schutt,* der aus den verschiedensten Ursachen heraus in Bewegung gerät.
2. Verwitterungsschutt, der sich als → *Gekriech* gravitativ die Hänge langsam abwärts bewegt.
3. unter periglazialen Bedingungen bewegter oder sich bewegender Hangschutt, d. h. → *Solifluktionsschutt* und pleistozäner W.

Wandertrieb: Drang zur → *Wanderung* bei Tieren, der eine erbliche und physiologische Disposition erfordert, und der gewöhnlich gewisse artspezifische Auslöser erfordert. (→ *Vogelzug*)

Wanderung: 1. Verlagerung eines Funktionsstandortes, insbesondere im Sinne des Wechsels eines Wohn- (Wohnsitzverlegung) oder des Betriebsstandortes (Betriebsverlegung). Zusammen mit dem → *Verkehr* gehören die W. zur räumlichen → *Mobilität.* Entsprechend dem Herkunfts- und dem Zielgebiet von W. unterscheidet man z. B. → *Binnen-* und → *Außen-,* → *Nah-* und → *Fernwande-*

rung, bei Überschreitung einer Staatsgrenze → *Ein-* und → *Auswanderung,* nach wichtigen → *Wanderungsströmen* z. B. → *Land-Stadt-W.* oder → *Stadtrandwanderung,* nach dem W.-Motiv z. B. arbeits-, ausbildungs- oder freizeitorientierte W., nach den wandernden Gruppen → *Gastarbeiter-* oder → *Saisonarbeiterwanderung.*

2. Fortbewegung, meist in der Freizeit, zum Zwecke der Erholung und Entspannung, des Naturgenusses, der körperlichen Ertüchtigung, aber auch der Landschaftsbeobachtung (Lehr-W., → *Exkursion*). W. werden, z. T. auch in organisierter Form (Wandervereine), meist zu Fuß, aber auch mit Verkehrsmittel unternommen (z. B. Rad-W.).

3. biologisch-biogeographische W. von Tieren und Pflanzen werden auch als → *Migration* bezeichnet, ebenso W. menschlicher Populationen.

Wanderungsdefizit: negativer → *Wanderungssaldo* eines Raumes, d. h. die Zahl der Abwanderungen in einem Zeitraum – in der Regel während eines Kalenderjahres – liegt höher als die Zahl der Zuwanderungen.

Wanderungseffektivität: Ausdruck der Auswirkung von Wanderungsbewegungen auf die Veränderung der Bevölkerungszahl eines Raumes. Die W. wird als Quotient aus → *Wanderungssaldo* und → *Wanderungsvolumen* berechnet. Die dadurch ermittelte Effektivitätsziffer liegt zwischen +1 (ausschließlich Zuzüge) und −1 (ausschließlich Fortzüge).

Wanderungsgefälle: relativ kontinuierliche und über längere Zeiträume anhaltende, in einer Richtung verlaufende Wanderungsbewegung zwischen zwei Standorten oder Räumen. Ein W. entsteht durch unterschiedliche Attraktivität bzw. räumliche Disparitäten zwischen dem Abwanderungs- und dem Zuwanderungsgebiet. So bestand z. B. in Deutschland lange Zeit hindurch ein starkes W. zwischen ländlichen und städtischen Räumen (→ *Land-Stadt-Wanderung,* → *Landflucht*), während heute vor allem zwischen größeren Städten und ihren → *Randgemeinden* ein W. besteht. (→ *Stadtrandwanderung*)

Wanderungsgewinn: Bevölkerungszuwachs eines Raumes, der sich – im Gegensatz zum Geburtenüberschuß – aus einem → *Wanderungsüberschuß* ergibt.

Wanderungsintensität: Maßzahl für die Wanderungshäufigkeit von → *sozialen Gruppen* oder der Bevölkerung bestimmter Räume. Die W. wird durch die durchschnittliche Zahl der Wohnsitzwechsel ausgedrückt, die eine Person im Laufe ihres Lebens durchführt; sie steht in engem Zusammenhang mit der → *Sozialstruktur.* Daneben wird auch die Zahl der Wanderungen pro Jahr in einem bestimmten Raum, bezogen auf 1 000 der Be-

völkerung, als W. bezeichnet.

Wanderungssaldo: Differenz aus Zu- und Abwanderung für einen bestimmten Raum in einem Zeitraum, in der Regel in einem Kalenderjahr. Der W. wird in absoluten Zahlen oder auf 1 000 der mittleren Wohnbevölkerung angegeben. Er kann auch gruppenspezifisch berechnet werden (z. B. für bestimmte Berufe oder Altersgruppen). Ein positiver W. bedeutet einen → *Wanderungsüberschuß,* ein negativer W. ein → *Wanderungsdefizit* für den betreffenden Raum.

Wanderungsstatistik: Teil der → *Bevölkerungsstatistik,* der die → *Wanderungen* erfaßt und analysiert. Die Daten der W. basieren auf den behördlichen An- und Abmeldungen bei einem Wohnsitzwechsel und erfassen damit die Zuzüge und Wegzüge, bezogen auf Gemeinden, sowie die innergemeindlichen → *Umzüge.*

Wanderungsstrom: größere Anzahl von Wanderungsfällen, die über längere Zeiträume hinweg zwischen einem Herkunfts- und einem Zielgebiet stattfinden. Durch W. kommt es zu Bevölkerungsumverteilungen, insbesondere zwischen wirtschaftsschwachen und wirtschaftsstarken Regionen innerhalb eines Staates. Aber auch über Staatsgrenzen hinweg existieren W., z. B. im Rahmen der → *Gastarbeiterwanderung.*

Wanderungsüberschuß: positiver → *Wanderungssaldo* eines Raumes, d. h. die Zahl der Zuwanderungen in einem bestimmten Zeitraum – in der Regel während eines Kalenderjahres – liegt höher als die Zahl der Abwanderungen.

Wanderungsverlust: Bevölkerungsrückgang eines Raumes, der sich – im Gegensatz zum Sterbefallüberschuß – aus einem → *Wanderungsdefizit* ergibt.

Wanderungsvolumen: Gesamtzahl der Wanderungsfälle in einem Raum für einen bestimmten Zeitraum, in der Regel ein Kalenderjahr. Das W. setzt sich zusammen aus der Summe der Zuwanderungen, Abwanderungen und der Binnenwanderungsfälle innerhalb des betreffenden Raumes.

Wandklima: die besonderen klimatischen Bedingungen, welche sich an und im Schutz von → *Wänden* herausbilden (Wärmegenuß durch Bestrahlung, Beschattung, Windschutz, Schutz vor Ausstrahlung).

Wandpfeiler: durch Verwitterung aus einer → *Wand* herausgelöster Einzelfelsen, dessen Sockel jedoch noch mit dem Anstehenden in festem Verbund steht.

Wanne: im Gegensatz zum → *Becken* eine kleine, gegenüber ihrer Umgebung mehr oder weniger abgeschlossene Hohlform mit rundlichem bis länglichem Grundriß, die sehr unterschiedlicher Entstehung sein kann, z. B. durch → *Deflation,* durch → *glaziale Übertiefung* oder durch sonstige, räumlich begrenzt wirkende Denudationsprozesse, die zu einer Hohlform führen.

Wannental: einen flachen Talboden, aber konkaven Übergang zu flachen Hängen aufweisendes Tal. Es entsteht durch starke Hangdenudation mit großen Materialzulieferungen unter Bildung mächtiger Hangfußsedimente und bei geringer Seitenerosion des Fließgewässers aus einem → *Mulden-* oder einem → *Sohlental.*

Wärme: aus der Bewegungsenergie der Moleküle resultierende physikalische Erscheinung fester Körper, Flüssigkeiten und Gase. Physikalisch ist die W. als Energieinhalt eines Stoffes zu verstehen, und die W.-Menge wird deshalb auch in der Einheit der Arbeit (Joule) gemessen. Der W.-Zustand repräsentiert sich in der → *Temperatur.* Im System Erde-Atmosphäre spielt die W. eine energetisch dominierende Rolle, weil zusätzlich zur direkt eingestrahlten W. (langwellige → *Strahlung*) auch fast die gesamte kurzwellige Einstrahlung an der Erdoberfläche in W. umgewandelt wird.

Wärmeanomalie (thermische Anomalie, Temperaturanomalie): deutliche Abweichung der mittleren Temperaturverhältnisse eines größeren Gebietes (Unterschied im makroklimatischen Maßstab) von den für die betreffenden Breitenlage im Durchschnitt typischen thermischen Verhältnissen. T. sind durch besondere Einflüsse, wie Meeresströmungen, extreme kontinentale Beckenlagen usw. bedingt.

Wärmeaustausch: Transport von Wärme in und zwischen stofflichen Systemen. W. geschieht durch Wärmestrahlung, direkte Wärmeleitung (vor allem in festen Körpern) und Massenaustausch (in Flüssigkeiten und Gasen).

Wärmebelastung: thermische Belastung fließender und stehender Gewässer durch Einleitung erwärmten Wassers, insbesondere aus Kraftwerken und Industriebetrieben. Durch diese Abwärme werden die Gewässer aufgeheizt, so daß vor allem bei verschmutztem Wasser im Vorfluter der Ablauf der biologischen Abbauprozesse durch erhöhte Sauerstoffzehrung beeinträchtigt wird. Sauerstoffmangel kann z. B. zu Fischsterben führen. Letztlich besteht als Folge der W. die Gefahr des Umkippens von Gewässern.

Wärmeenergie (thermische Energie): Energie, die einem Körper als Folge der ungeordneten Bewegung seiner Bestandteile (Atome, Moleküle usw.) zukommt. In der → *Energiewirtschaft* spielt die W. eine herausragende Rolle. So wird in → *Kraftwerken* durch Verbrennung W. erzeugt, die dann mit Hilfe von z. B. Dampfmaschinen in Bewegungsenergie und schließlich über Generatoren in elektrische Energie umgewandelt wird.

Wärmeform: durch Einwirkung hoher Temperaturen während einer sensiblen Entwicklungsperiode eines pflanzlichen oder tierischen Organismus auftretende Farbänderungen. Ähnliche modifikatorische Farbänderungen zeigen sich bei den Kälteformen, wenn zu niedrige Temperaturen während sensibler Entwicklungsphasen einwirken.

Wärmegewinn: in einer Temperaturerhöhung repräsentierte, bilanzmäßige Zunahme des Wärmeenergieinhaltes in einem festen, flüssigen oder gasförmigen Körper oder in einem System.

Wärmegewitter: ausschließlich durch hochreichende Konvektion von über dem Festland erhitzter, feuchter Luft entstehendes → *Gewitter.*

warme Hangzone: geländeklimatische Stufe oberhalb von Kaltluftansammlungen (→ *Kaltluftsee*) in Tälern. Die w. H. folgt unmittelbar oberhalb der lokalen → *Kaltluftinversion* bei Ausstrahlungswitterung. In der w. H. herrscht keine Frostgefährdung durch lokale Kaltluft.

Wärmehaushalt: 1. in den gesamten Energiehaushalt eingebetteter und klimatologisch eng mit dem → *Strahlungshaushalt* verkoppelter Umsatz und Austausch von Wärmeenergie innerhalb eines Systems und zwischen dem System und seiner Umgebung. Von zentraler Bedeutung ist der W. im System Erdoberfläche–Atmosphäre. W.-Vorgänge innerhalb der Atmosphäre und innerhalb von Wasserkörpern wirken sich sehr stark auf den Massenaustausch aus. Der auf die obersten Dezimeter beschränkte W. der Böden beeinflußt die physikalische und chemische Verwitterung und über die Bodenlebewesen auch die Humusbildung.
2. bei Tieren, besonders Warmblütern, die Wärmeproduktion, -leitung und -abgabe zur Aufrechterhaltung einer konstanten Körpertemperatur.
3. bei Pflanzen vom → *Temperaturfaktor* bestimmter Haushalt, der Stoffwechsel und Energieproduktion bestimmt. Dies drückt sich im Unterschied zwischen → *Kältepflanzen* und → *Wärmepflanzen* aus.

Wärmeinsel: im regional- oder lokalklimatischen Maßstab ein Gebiet mit vergleichsweise zur weiteren Umgebung höheren Temperaturen (z. B. windgeschützte Lagen mit günstiger Besonnung, größere Siedlungen usw.).

Wärmekraftwerk: Kraftwerkstyp, bei dem eine Kraftmaschine, z. B. eine Dampfmaschine, die erzeugte Wärmeenergie zunächst in mechanische Energie und schließlich mit Hilfe eines Generators in elektrische Energie (Strom) umwandelt. Es kann die Wärmeenergie durch Verbrennung fossiler Energieträger wie Kohle, Erdöl oder Erdgas bzw. durch die Spaltung von Atomkernen (→ *Kernkraftwerk*) gewonnen werden. Bei letzteren tritt an die Stelle des Dampfkessels der konventionellen W. der Kernreaktor.

Wärmemangelgrenze: klimatische Grenzlinie, jenseits derer bestimmte Mindestwerte von Mitteltemperaturen nicht mehr erreicht werden, so daß das Wachstum bestimmter Pflanzenformationen, -gesellschaften und -arten sowie Kulturpflanzen eingeschränkt oder unmöglich ist.

Wärmemenge: Summe der Wärmeenergie (gemessen in Joule, früher in Kalorien).

Wärmepflanzen: den → *Kältepflanzen* gegenübergestellt und dadurch ausgezeichnet, daß sie schon bei Temperaturen deutlich über dem Gefrierpunkt „erfrieren" können. Bei tropischen Gewächsen können diese Temperaturen schon bei +10 bis +25 °C liegen. Die W. stellen bei zu niedrigen Temperaturen den Stoffwechsel und die Energieproduktion ein.

Wärmepole: Orte an der Erdoberfläche, an denen die höchsten absoluten Temperaturen gemessen werden (→ *thermischer Äquator*). Die W. befinden sich in den subtropischen Wüsten- und Halbwüstengebieten der Nordhalbkugel (Iran, Äthiopien, Libyen, Nevada USA). (→ *Kältepole*)

Wärmepumpe: Anlage, die unter Einsatz von mechanischer bzw. elektrischer Energie über einen Wärmeaustauscher (umgekehrtes Prinzip einer Kühlmaschine) Wärme gewinnen kann. In der Praxis wird in der Regel der Außenluft oder dem Grundwasser Wärme entzogen, um sie für Heizzwecke einzusetzen. Die W. ist ein Alternativkonzept zur Energiegewinnung, das vor allem seit dem → *Ölschock* verstärkt zur Ölsubstitution eingesetzt wird.

Wärmequelle: Körper, der Wärmeenergie abgibt.

warme Quelle: → *Quelle,* deren Wassertemperatur über dem Jahresmittel der Lufttemperatur im Einzugsgebiet liegt (→ *Therme*).

warmer Gletscher: → *Gletscher,* dessen Innentemperatur um den Schmelzpunkt des Eises liegt. Daraus ergibt sich als wichtiges Kennzeichen, daß Druckschwankungen die Bewegung beeinflussen, weil sie zur Druckverflüssigung des Eises im Untergrund führen. W. G. sind typisch für die Gebirge der gemäßigten Breiten und der Tropen.

Wärmescheitel der Erde: gedachte, mehr oder weniger in Breitenkreisrichtung verlaufende Linie auf der Erde, welche die Punkte mit den höchsten mittleren Temperaturen (meist Monatsmittel) miteinander verbindet. Der W. wechselt im Jahresverlauf seine Lage von der Nord- auf die Südhalbkugel und wieder zurück. Der W. der Jahresmittel ist der → *thermische Äquator.* (→ *Wärmepole*)

Wärmestarre: Erscheinung wechselwarmer Tiere, steht der → *Kältestarre* gegenüber. Die W. tritt nur innerhalb eines engen Temperaturbereiches auf und stellt sich gewöhnlich bei +40 bis +50 °C ein. Wird diese Temperatur überschritten, erfolgt → *Wärmetod.*

Wärmestrahlung: langwellige, nicht sichtbare, aber fühlbare → *Strahlung* im Infrarotbereich mit Wellenlängen über 2 μm.

Wärmestrom: in Bewegung befindliche Wärmeenergie.

Wärmesumme (Temperatursumme): 1. statistischer Wert, der durch Aufsummieren der über einem bestimmten für das Wachstum wichtigen Grenzwert (z. B. 5 °C) liegenden Tagesmittel der Temperatur einer festgelegten Periode erhalten wird. T. sind vor allem bioklimatisch aussagekräftig und geben die für das pflanzliche Wachstum wichtigen Temperaturbedingungen oft besser als die klimatischen Mittelwerte wieder, weil sich die unterhalb des genannten Grenzwertes liegenden Temperaturen kaum auf das Wachstum auswirken, da kein biologischer Stoffgewinn mehr möglich ist.
2. in der Klimatologie die Summe der positiven Tagesmittel der Temperatur.

Wärmetod: bei wechselwarmen Tieren im Anschluß an die → *Wärmestarre* eintretendes Sterben, wobei die dabei artspezifisch gerade noch zu ertragende Temperatur nur geringfügig überschritten zu werden braucht. Der bei Wärmestarre bereits herabgesetzte Stoffwechsel kommt infolge der hohen Temperaturen endgültig zum Erliegen, wobei die Enzyme ihre katalytischen Eigenschaften und die Hormone ihre physiologischen Wirkungen verlieren und das Körpereiweiß gerinnt. Nur Kleinlebewesen in heißen Quellen, wie Protozoen, Nematoden und manche Insektenlarven erfahren den W. erst einige Zehner-Grade über 45–50 °C.

Wärmeumsatz: 1. Energiefluß an der Erdoberfläche, der durch Einstrahlung, Ausstrahlung, Wärmeleitung in den Boden und zur Bodenoberfläche und Verdunstung bestimmt wird.
2. Energiefluß in der Atmosphäre, der durch Einstrahlung von der Sonne und der Erde her, Ausstrahlung in den Weltraum, konvektiven und dynamischen Massenaustausch, Verdunstungs- und Kondensationsvorgänge und thermodynamischen Energieverbrauch bestimmt wird.

Wärmezeit: drei deutlich durch Klima, Vegetation und mariner Entwicklung voneinander unterschiedene Zeitabschnitte des → *Postglazials,* d. h. vom → *Boreal* als früher, dem → *Subboreal* als später sowie dem dazwischen eingeschalteten → *Atlantikum* als mittlerer W.

Wärmezyklone: stationäres kontinentales Hitzetiefdruckgebiet, das sich am Boden durch das Aufsteigen andauernd erwärmter Luft bildet und maximal bis 5000 m hoch reichen kann. Im Vergleich zu den dynamisch entstehenden → *Zyklonen* sind die Luftbewegungen in den W. relativ gering.

Warmfront: Grenzfläche zwischen kalter und warmer Luft auf der Vorderseite des Warmluftsektors einer → *Zyklone.* Die W. ist als schräg stehende, mächtige → *Aufgleitfläche* entwickelt. Abkühlung der Warmluft am Kontakt zur Kaltluft bewirkt intensive Kondensationsvorgänge und oft andauernde Regen aus tiefhängenden Schichtwolken. (→ *Aufgleitniederschläge*)

Warmluft: 1. jede erwärmte oder aus einem warmen Gebiet stammende Luftmasse. 2. auf das Wettergeschehen in Mitteleuropa bezogen subtropische Luftmassen, die aus dem Wendekreisgebiet stammen (Tropikluft).

Warntracht (aposematische Tracht): eine → *Schutztracht,* durch Farben und/oder Körperformen bewirkt, die Feinde auf Wehrhaftigkeit oder Ungenießbarkeit hinweisen soll.

Warthe-Stadium: neben dem älteren → *Drenthe-Stadium* der jüngere Abschnitt der → *Saale-Kaltzeit,* der hinter dem Maximalstand mit dem Drenthe-Stadium liegt. Die Harburger Berge, die südliche Lüneburger Heide, der Fläming und das Katzengebirge markieren diesen äußersten Endmoränenzug des W.-S. Ein Hauptmerkmal besteht darin, daß diese Hauptrandlage in sich stark differenziert ist und ein kompliziertes End- und Stauchendmoränenrelief aufweist, das sich überwiegend an Formen anlehnt, die bereits während des Drenthe-Stadiums geschaffen wurden.

wash out: Auswaschung radioaktiver Staubpartikel aus der Atmosphäre durch den Niederschlag, mit dem sie auf die Erdoberfläche gelangen und sich anreichern (entsprechend dem → *fall out*).

Wasser: farb-, geruch- und geschmacklose Flüssigkeit mit der chemischen Zusammensetzung H_2O. Das aus einem Sauerstoff- und zwei Wasserstoffatomen bestehende Molekül des W. hat eine sehr hohe Bindungsfestigkeit und bildet einen Dipol (elektrische Ladungsverteilung). W. gefriert unter Normaldruck laut Definition bei 0 °C und siedet bei 100 °C (→ *Erstarrungswärme,* → *Verdunstungswärme,* → *Verdampfungswärme*). Es erreicht die größte Dichte von $1\,000$ g · cm^{-3} bei $+4$ °C. Die Dichte bei 0 °C beträgt $0,999$ g · cm^{-3}, für Eis bei 0 °C $0,917$ g · cm^{-3}. W. wirkt für viele Stoffe als Lösungsmittel, da es neben H_2O-Molekülen auch freie H^+- und OH^--Ionen enthält. Natürliches W. ist chemisch nie rein, sondern enthält in mehr oder weniger großer Menge gelöste mineralische und organische Stoffe und Schwebstoffe, wobei der Niederschlag wegen des Destillationseffektes der Verdunstung die geringsten Konzentrationen aufweist. W. kommt in der Atmosphäre (Wasserdampf, flüssiger und fester → *Niederschlag*), auf der Erdoberfläche (→ *Meere,* → *Seen,* → *Flüsse*), im Boden (als → *Bodenwasser*) und im Untergrund (als → *Grundwasser*) vor. W. ist unentbehrlich für Lebewesen, eines der Hauptklimaelemente und wegen seiner Bedeutung für → *Verwitterung* und → *Abtragung* ein zentraler Formungsfaktor der Erdoberfläche.

Wasseräquivalent: in Millimeter Höhe gemessenes Wasservolumen einer Schnee- oder Eisdecke.

Wasseraufbereitung: Verfahren zur Gewinnung von Wasser für die Einspeisung in Wasserversorgungsnetze. Durch die Aufbereitung werden → *Brauchwasser* und → *Trinkwasser* aus → *Rohwasser,* das meist dem Oberflächengewässer oder dem Grundwasser entstammt, gewonnen.

Wasserbau: alle baulichen Maßnahmen, die dem Schutz vor den Einwirkungen des Wassers, der Regulierung von Wasserläufen und der Nutzung von Wasservorkommen dienen. W. umfaßt den Flußbau (Regulierung von Flußläufen durch Begradigung, Dammbau, Wehre usw.), Küstenschutz (Deichbau, Uferbefestigung usw.), Verkehrswasserbau (Bau von Kanälen und Häfen, Schiffbarmachung von Flüssen durch Regulierung, Schleusen usw.), Wasserkraftbau (Bau von Fluß-, Gezeiten- und Speicherkraftwerken), landwirtschaftlichen W. (Be- und Entwässerungsanlagen) und Einrichtungen für die Wasserversorgung.

Wasserbedarf: die von Mensch und Wirtschaft benötigte Brauch- und Trinkwassermenge. In der Bundesrepublik Deutschland haben die Elektrizitätswerke den größten W. Zusammen mit der Industrie vereinigen sie über 80% des verbrauchten Wassers auf sich. Der W. der privaten Haushalte ist in den jeweiligen Raumkategorien unterschiedlich. Werden in ländlichen Gemeinden pro Tag und Einwohner 50–100 l verbraucht, so liegt der Wert in Verdichtungsräumen bei 150–300 l.

Wasserbilanz: 1. aus den Teilgliedern → *Niederschlag,* → *Abfluß* (bzw. Sickerung), → *Verdunstung,* → *Rücklage* und → *Aufbrauch* resultierende Summe der wasserhaushaltlichen Prozesse in einem Einzugsgebiet, einem Wasserkörper oder einem wasserhaltigen System (z. B. dem → *Boden*). (→ *Wasserhaushalt*) (Abb. S. 369) 2. das Mengenverhältnis von Wassergewinnung und Wasserverbrauch eines Gebietes.

Wasserbindung: 1. Fähigkeit des → *Bodens,* durch Adsorptions- und Kapillarkräfte Wasser in seinem Porensystem gegen die Schwerkraft zurückzuhalten. 2. Fähigkeit von → *Tonmineralen,* durch innerkristalline Einlagerung und Umgeben mit elektrostatisch gebundenen Wasserfilmen Wasser aufzunehmen.

Wasserblüte: grüne oder bräunliche Vegetationsfärbung des Wassers durch Massenentwicklung von Blau-, Geißel-, Grün-, Joch- oder Kieselalgen, die durch Nährstoffreichtum des Gewässers bewirkt wird.

Wassercharta: Memorandum des Europarats (1968), in dem die Sicherung der → *Wasserversorgung* als vordringliches internationales Problem herausgestellt wird. Die W. regt an, → *Abwasser* und → *Brauchwasser* verstärkt in geschlossenen Kreisläufen zu führen, um eine Wiedernutzung zu ermöglichen.

Wasserdampf: gasförmiges Wasser. Unter Normaldruck befindet sich oberhalb 100 ℃ alles Wasser im gasförmigen Aggregatzustand. (→ *Kondensation*)

Wassereis: Eis, das durch Gefrieren von flüssigem Wasser entstanden ist (im Gegensatz beispielsweise zum Gletschereis, das durch eine Metamorphose des Schnees gebildet wird).

Wasserfall (Katarakt): senkrechter Abfall von Wassermassen über eine Stufe im Flußbett, z. B. Rheinfall (Schweiz) 15–20 m, Niagarafälle (USA) 60 m, Iguaçufälle (Brasilien) 70 m, oder über eine Felswand, z. B. Staubbachfall (Berner Oberland) 287 m, Utigardfoss (Norwegen) 610 m, Yosemitefälle (USA) 792 m.

Wasserführung: aktuell in einem Gerinne fließende Wassermenge pro Zeiteinheit (Angabe meist in m³ s⁻¹).

Wassergehalt: in Volumen- oder Gewichtsprozent angegebener Wasserinhalt von Bodenproben.

Wassergewinnung: Fassen und Aufbereiten von → *Oberflächenwasser*, → *Grundwasser* bzw. → *Quellwasser*. Zur W. werden → *Zisternen*, → *Brunnen*, → *Talsperren* und andere wassertechnische Einrichtungen eingesetzt. Häufig geschieht die W. in der Form einer → *Uferfiltrierung* bzw. einer direkten Wasserentnahme und Filterung aus Flüssen und Seen. In ariden Küstengebieten spielt zunehmend die W. über die → *Meerwasserentsalzung* eine Rolle.

Wassergüte: nach Sauerstoffgehalt, Sauerstoffzehrung und Mikrobengehalt bewertete Qualität des Wassers (in Güteklassen definiert).

Wasserhalbkugel: Erdhälfte, auf der das Meer über 90% der Fläche einnimmt; ihr Mittelpunkt liegt bei Neuseeland.

Wasserhaltevermögen: Eigenschaft von Böden und feinen, schluff- und tonhaltigen Lockersedimenten (z. B. → *Löß*, alluviale Ablagerungen), im Porensystem Wasser zu speichern. Das W. nimmt mit der Größe des Porenvolumens und dem Anteil an → *Mittel-* und → *Feinporen* im gesamten Porenraum zu, es steigt also mit zunehmender Feinheit der Körnung (Höchstwerte in Tonböden).

Wasserhaushalt: allgemein die durch Wasserzufuhr, Wasserentzug und Änderung des Wasserinhaltes gekennzeichneten Umsetzungsvorgänge des Wassers in einem System und zwischen einem System und seiner Umgebung. Der W. der als Geosysteme repräsentierten → *Einzugsgebiete* setzt sich aus Niederschlag (N), Abfluß (A), Verdunstung (V), Rücklage (R) und Aufbrauch (B) zusammen (→ *Wasserhaushaltsgleichungen*). Niederschlag gelangt als Eingabe auf die Bodenoberfläche, fließt unter Umständen direkt oberflächlich in den Abfluß, versickert aber zum größeren oder größten Teil in den Boden. Eine Teilmenge des versickerten Wassers verbleibt im Boden und steht als Bodenwasserreservoir für die Verdunstung (Ausgabe) zur Verfügung; der Rest sickert in die Tiefe in die Grundwasserkörper, welche die wichtigste Speicherfunktion im Einzugsgebiet erfüllen. Der im Umsatz befindliche Anteil des Grundwassers gelangt über Quellaustritte oder als unterirdisch fließender Grundwasserstrom in die Vorfluter (Ausgabe). Der gesamte W. ist nur langfristig ausgeglichen. Das Verhältnis von Niederschlag und Verdunstung ist von Jahr zu Jahr und jahreszeitlich unterschiedlich (besonders stark in wechselfeuchten Klimaten) und wird durch Änderungen der gespeicherten Wassermenge teilweise kompensiert. Im gemäßigten Klima findet im Winterhalbjahr eine Auffüllung der Speicher statt, die sich im Sommer wieder teilweise entleeren, weil der Niederschlag die Ausgaben durch Verdunstung und Abfluß nicht voll decken kann. In seinem typischen Verlauf ist der W. ein Hauptmerkmal des Klimas. Die Hauptklimazonen unterscheiden sich wasserhaushaltlich grundsätzlich (Feucht-, Wechselfeucht-, Trocken- und Schneeklimate). (→ *Bodenwasserhaushalt*, → *Abflußregime*)

Wasserhaushaltsgleichungen (Grundgleichungen des Wasserhaushaltes): Beziehungen, welche die quantitative Beschreibung des → *Wasserhaushaltes* gestatten. Die einfache, nur langjährig gültige W. für Einzugsgebiete lautet A = N − V. Bei kürzerfristigen Betrachtungen muß die Speicheränderung berücksichtigt werden. Die W. wird demzufolge durch die Glieder Rücklage und Aufbrauch ergänzt und lautet N = A + V + (R − B).

Wasserhöhe: in Millimeter angegebener Wasserbilanzwert.

Wasserhose: durch einen Wirbelwind aufgewühlte und „hochgesogene" (Unterdruck im Auge des Luftwirbels) Wassersäule auf einer offenen Wasserfläche.

Wasserkapazität: je nach → *Wasserhaltevermögen* sehr unterschiedliche Wassermenge, die der Boden gegen die Schwerkraft festhalten kann. (→ *Haftwasser*, → *Feldkapazität*)

Wasserkraft: Energie des Wassers, die über → *Laufwasserkraftwerke* an Flüssen und durch → *Speicherkraftwerke* zur Stromerzeugung genutzt wird. Früher wurde die kinetische Energie des Wassers direkt zum Betreiben von z. B. Hammerwerken eingesetzt. Neuere Formen der Nutzung von W. sind → *Gezeitenkraftwerke* bzw. die Ausnutzung der → *Wellenenergie*.

Wasserkraftwerk: Anlage zur Nutzung der kinetischen Energie des Wassers für die Stromerzeugung. Dabei wird das strömende oder fallende Wasser auf Turbinen geleitet, die Generatoren antreiben. W. werden im wesentlichen in → *Laufwasserkraftwerke* und → *Speicherkraftwerke* untergliedert. Bei letzteren sind → *Pumpspeicherkraftwerke* ein besonderer Typ. Keine große Bedeutung hat bisher das → *Gezeitenkraftwerk* erlangt.

Wasserkreislauf: die stetige Verlagerung von Wasser vom Meer zum Land und wieder ins Meer zurück, die in den drei Teilphasen → *Verdunstung*, → *Niederschlag* und → *Abfluß* stattfindet. Wasser verdunstet über den Meeresflächen in die Atmosphäre, wird mit den Luftströmungen auf Festlandsflächen getragen, gelangt nach der Kondensation als Niederschlag auf die Erdoberfläche, von wo aus es z. T. wieder verdunstet, z. T. versickert, über Grundwasserkörper zu den Quellen gelangt und in offenen Gerinnen dem Meer zufließt. In diesen großen W. sind verschiedene Teilkreisläufe eingebettet, insbesondere die ausschließlich über den Meeresflächen und den Festlandsflächen intern ablaufenden Verdunstungs-Niederschlags-Kreisläufe. Effektiv gelangen nur etwa 20% des über den Ozeanen verdunstenden Wassers als Niederschlag aufs Festland. Im globalen W. werden jährlich etwa 380 000 km³ Wasser umgesetzt. Da die Atmosphäre nur etwa 3% dieser Wassermenge enthält, wird der gesamte atmosphärische Wasserdampf etwa dreißigmal im Jahr umgesetzt.

Wasserkultur (Hydrokultur): Heranziehen von Pflanzen in wäßrigen Mineralsalzlösungen.

Wasserlauf: fließendes Gerinne.

Wasserleiter: Bodenhorizonte und Gesteinsschichten mit einem porösen System, das für Wasser durchlässig ist. (→ *Wasserleitfähigkeit*, → *Durchlässigkeitsbeiwert*)

Wasserleitfähigkeit: Eigenschaft von Böden und Lockersedimenten, für Wasserbewegungen im gesättigten und ungesättigten Zustand durchlässig zu sein. Die W. hängt eng mit der Gestaltung des Porensystems (→ *Porengrößenverteilung*) und dem Sättigungszustand zusammen.

Wassermengendauerlinie: der → *Wasserstandsdauerlinie* entsprechende Darstellung, welche anstelle der Wasserstände die Wasserführung als Bezugsgröße verwendet.

Wassermühle: Mühle, die durch → *Wasserkraft* angetrieben wird. W. wurden vor allem im Mittelalter neben den → *Windmühlen* zu einer bedeutsamen, menschliche Arbeitskraft ersetzenden Technologie. Durch ihre Standortbindung an Wasserläufe kam es durch die Errichtung von W. zu zahlreichen Neusiedlungen in Tälern.

Wasserreinhaltung: Gesamtheit der Maßnahmen und Verfahren zur Vorbeugung einer Wasserverschmutzung. Wichtigste Maßnahme zur W. ist die separate Behandlung von häuslichem und industriellem → *Abwasser* in → *Kläranlagen*. Im Bereich der Landwirtschaft ist dafür zu sorgen, daß keine Mineraldünger sowie Insekten- und Pflanzengifte in die Vorfluter gelangen. Wegen des Problems der W. werden Gebiete der Wassergewinnung in der Regel zu → *Wasserschutzgebieten* erklärt.

Wasserscheide: oberirdisch durch Oberflächenformen (Bergketten, Kämme, Rücken, Sättel usw.) und unterirdisch durch den Ver-

Wasserkreislauf

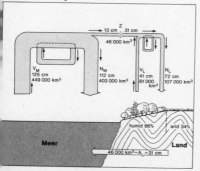

Wasserbilanz

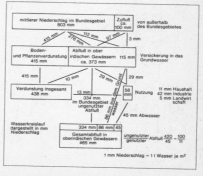

lauf wasserstauender Gesteinsschichten gegebene Begrenzung zwischen zwei → *Einzugsgebieten*. (→ *Hauptwasserscheide*, → *Talwasserscheide*)

Wasserschutzgebiet: Gebiet, in dem besondere Schutzmaßnahmen und Verbote gegen
eine mögliche Verunreinigung des Wassers
bestehen. W. dienen meist der → *Wassergewinnung*. Die Errichtung von Öltanklagern,
größeren Stallungen, Gewerbebetrieben,
Müllplätzen usw. sind daher untersagt. Ferner sind der Einsatz von Kunstdünger und
Pflanzenschutzmittel sowie der Verkehr für
Lkw's mit gefährlicher Ladung verboten.

Wasserspannungskurve: Beziehung zwischen
verschiedenen → *Saugspannungen* und den
entsprechenden Wassergehalten im Boden.

Wasserspiegel: Oberfläche stehender oder
fließender Gewässer. Der W. der Meere und
Seen ist nicht eben, sondern entspricht der
Erdkrümmung. Er wird durch die → *Gezeiten* rhythmisch verändert.

Wasserstand: Höhe des Wasserspiegels eines
stehenden oder fließenden Gewässers oder
eines Grundwasserkörpers. Der W. offener
Gewässer wird an einem auf den Nullpunkt
bezogenen und einnivellierten → *Pegel* gemessen. Den Grund-W. gibt man in Zentimeter unter Flur an. Die wichtigsten statistischen Werte des W. sind die → *Hauptzahlen*
des W.

Wasserstandsdauerlinie: gezeichnete Kurve,
welche angibt, an wievielen Tagen im Jahr
ein bestimmter Wasserstand unter- bzw.
überschritten wird. Man stellt sie dar, indem

man alle mittleren Tageswasserstände im
Zeit-Höhenraster aufträgt.

Wasserstauer: wasserundurchlässige Bodenhorizonte (tonige Horizonte, Tonanreiche-
rungshorizonte, Ortsteinhorizonte usw.) und
Gesteinsschichten (tonige Sedimente oder
Festgesteine).

Wasserstoffionenkonzentration: Menge der
freien H^+-Ionen in einer Lösung. Die W.
wird mit dem → *pH-Wert* angegeben.

Wasserstraße: Gewässer, auf dem regelmäßig Schiffahrt betrieben wird. Man unterscheidet natürliche W. (Flüsse, Seen, Meere)
und künstliche W. (Kanäle, Stauseen), außerdem Binnen- und See-W.

Wasserstube: großer, mit Wasser gefüllter
Hohlraum im Gletschereis.

Wasserstufe: durch Art des Wassers sowie
Ausmaß und Andauer der Wassersättigung
gekennzeichnete Charakteristik des ökologischen Wassereinflusses an einem Standort.

Wasserverschmutzung: Verunreinigung fließender oder stehender Gewässer durch die
Einleitung von → *Abwasser* aus Haushalten
und Wirtschaft, durch die Auswaschung von
Feststoffen und Einsickern zusammen mit
dem Niederschlagswasser (z. B. Mineraldünger). Besonders leicht möglich und gefährlich ist eine W. durch das Auslaufen bzw.
das gezielte Ablassen von Ölen oder Ölrückständen. (→ *Tanker*)

Wasserversorgung: Gesamtheit der Maßnahmen zur Sicherung des → *Wasserbedarfs* und
zur zuverlässigen Belieferung von Bevölkerung und Wirtschaft mit → *Trinkwasser* bzw.

Wasserspannungskurve

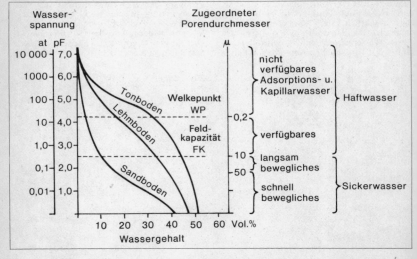

→ *Brauchwasser*. Zur W. zählen die Bereiche Beschaffung, Aufbereitung, Speicherung, Zuführung, Verteilung sowie Zukunftsvorsorge. Die W. basiert auf Einrichtungen zur Fassung von Grund-, Oberflächen- und Quellwasser sowie solcher, die Wasser wieder aufbereiten. Zur W. von Trockengebieten gibt es vereinzelt die Möglichkeit der → *Meerwasserentsalzung*. (→ *Fernwasserversorgung*)

Wasserwalze: stationäre Drehbewegung des Wassers in einem fließenden Gewässer. (→ *Grundwalze*, → *Uferwalze*, Deckwalze)

Wasserwerk: technische Anlage zur Aufbereitung des gefaßten → *Rohwassers* als → *Trinkwasser* bzw. → *Brauchwasser*. Die W. sind in der Regel für die gesamte Wasserversorgung zuständig.

Wasserwert: Wasservolumen von Schnee und Eis im flüssigen Zustand.

Wasserwirtschaft: Gesamtheit der Planungen, Maßnahmen und Tätigkeiten, die der Ordnung, Nutzung und Pflege der Wasservorkommen eines Einzugsgebietes dienen. Die wichtigen Teilbereiche der W. sind die Bewässerung, Entwässerung, Wasserversorgung, Stadtentwässerung und der Gewässerschutz.

wasserwirtschaftliche Rahmenplanung: Ergebnis großräumiger Untersuchungen über das Wasserdargebot und über die Möglichkeiten einer mengen- und gütemäßigen Bewirtschaftung der nutzbaren Wasservorkommen. Die w. R. hat die Aufgabe, die Interessen der → *Wasserwirtschaft* mit den Erfordernissen der → *Raumordnung* in Einklang zu bringen. Sie liefert die Grundlage für die künftige großräumige wasserwirtschaftliche Ordnung. In der Bundesrepublik Deutschland ist dem Bund die Zuständigkeit zum Erlaß von Rahmenvorschriften über den Wasserhaushalt eingeräumt.

Watsonsche Regel: Einzelmerkmale in phylogenetischen → *Stammesreihen* entwickeln sich nicht synchron, sondern fortschreitende Organdifferenzierungen erfolgen unter Beibehaltung altertümlicher Merkmale, so daß am Organ oder am gesamten Organismus eines Individuums sowohl konservative, als auch progressive Merkmale nebeneinander bestehen.

Watt: 1. amphibisches Land der → *Gezeitenküste*, das mit den → *Gezeiten* täglich zweimal überflutet wird und zweimal wieder trockenfällt. Das W. der Nordseeküste gilt als Prototyp. Es bildete sich im → *Postglazial* als 10–20 m mächtiger Sedimentkörper aus Sand und Schlick in verschiedenen Mischungsverhältnissen, der älteren Glazialsedimenten auflagert. Ausgedehnte Sand- und Schlickbereiche wechseln miteinander ab. Das W. verfügt über ein kompliziertes Feinrelief, das infolge der Gezeitenströme eine große Dynamik aufweist. Gleichwohl sind größere Formen mehr oder weniger ortsstet. Charakteristische Einzelformen des W. sind die → *Priele*, deren Gestalt und Dynamik von Ebbe und Flut bestimmt sind. Durch Maßnahmen der → *Landgewinnung* kann aus dem W. die → *Marsch* entstehen. W. an tropischen Gezeitenküsten sind der Lebensraum der → *Mangrove*. 2. Maßeinheit für Energie. Das nach dem Engländer James Watt benannte W., abgekürzt W, entspricht 1 Joule/s (→ *Joule*). 1 000 W entsprechen einem Kilowatt (kW) bzw. 1,36 PS. Weitere dezimale Vielfache sind das Megawatt (MW, 10^6fach), Gigawatt (GW, 10^9fach), Terawatt (TW, 10^{12}fach), Petawatt (PW, 10^{15}fach) und Exawatt (EW, 10^{18}fach).

Wattbiozönosen: überwiegend von der Fauna bestimmte Lebensgemeinschaften des → *Watts*, die hochgradige Anpassungen an die von den → *Gezeiten* bestimmten wechselnden Wasserstands- sowie Salzverhältnisse aufweisen. Die Sedimentverteilungen im Watt (Schlickwatt, Sand- und Schlickwatt, Sandwatt) bestimmen die W., die gleichzeitig durch die organische Substanz und die Kalkschalen als Subtratbildner wirken. Zu den W. gehören jedoch nicht nur die subaquatisch lebenden Tiere, sondern auch die Wasservögel.

Wattenküste: alle jene Flachküsten mit Gezeiten, an denen sich → *Watten* ausbilden.

Wattenmeer: vom Meer überspültes → *Watt*, das durch → *Nehrungen* oder niedrige Inseln vom offenen Meer abgetrennt ist und dessen Dynamik von den → *Gezeiten* bestimmt wird.

Weber-Linie: ähnlich der → *Wallace-Linie* und → *Lydekker-Linie* der Ausweisung des faunistischen Übergangsgebietes zwischen der orientalischen und der australischen Region dienend und zwischen den Philippinen, Sulawesi, Timor einerseits und den Molukken andererseits verlaufend. (Abb. S. 362)

Wechselgrünland: in der Form der → *Feldgraswirtschaft* genutztes Grünland, im Gegensatz zum → *Dauergrünland*. Das W. wird zeitweise als Ackerland, eine längere Zeit jedoch als Grünland benutzt. Zu unterscheiden ist das Wiesen-W. vom Weide-W. (Wiesen- und Weidewechselwirtschaft). (→ *Egart(en)wirtschaft*, → *Wechselwiesen*)

Wechselklima: Klima mit markanten Jahreszeitengegensätzen.

Wechsellandschaft: im Sinne der → *alternierenden Abtragung* und der → *Austauschlandschaft* gebrauchter Begriff.

Wechselweidewirtschaft: Form der → *Weidewirtschaft*, die nicht bodenständig erfolgt, sondern bei der das Vieh wegen Futtermangel im jahreszeitlichen Wechsel unterschiedliche Weidegebiete aufsucht. (→ *Transhumanz*, → *Nomadismus*, → *Almwirtschaft*)

Wechselwiesen: 1. Wiesen- → *Wechselgrünland.*

2. in der Vergangenheit Form gemeinschaftlichen Eigentums, bei dem mehrere Personen zusammen Wiesen besaßen, deren Nutzung in regelmäßigem Turnus wechselte.

Wechselwirkung: allgemein die Art und Weise eines Zusammenhanges zwischen Dingen und Prozessen der objektiven Realität. Von den W. sind Kompartimente der → *Systeme* bestimmt, auch → *Biosysteme,* → *Geosysteme* und → *Ökosysteme.* Bei Anwendung der → *Systemtheorie* auf die Beziehungen nichtnaturwissenschaftlicher Sachverhalte untereinander kann ebenfalls von W. gesprochen werden.

Wechselwirtschaft: die wechselweise Nutzung einer Parzelle als Ackerland, Grünland (Wiesenland, Weideland) oder Waldland. Neben den älteren → *Feldgraswirtschaft* und → *Feldwaldwirtschaft* wird mit W. auch der Wechsel zwischen mehrjährigen Feldfutterpflanzen und einjährigen sonstigen Feldfrüchten bezeichnet (z. B. Kleegras-W., Luzerne-W.).

Wege- und Verkehrsrecht: Teil des Bodenrechts, das die Rechtsstellung öffentlicher und privater Wege regelt. Die Eigenschaft z. B. als öffentlicher Weg wird durch einen rechtsgestaltenden Verwaltungsakt (Widmung) begründet. Bei Konflikten zwischen privater Eigentumsmacht und öffentlichrechtlichem Gemeingebrauch haben die Interessen des Privateigners zurückzutreten.

Weichholzaue: Bestandteile einer → *Standortreihe* an regelmäßig überschwemmten Flußauen und durch eine Laubmischwaldgesellschaft aus Pappeln, Weiden und Erlen repräsentiert. An die schließt sich die Hartholzaue an, die nur bei Spitzenhochwässern noch überflutet wird und von einem Erlenmischwald gebildet wird.

Weichsel-Kaltzeit: auf die → *Eem-Warmzeit* folgende jüngste Kaltzeit des → *Pleistozäns,* die mit der → *Würm-Kaltzeit* parallelisiert wird. Sie formte große Teile des nordmitteleuropäischen Tieflandes ist dort, als letzte große Vereisung, für das heutige Relief ausschlaggebend. Die W.-K. gliedert sich in das am weitesten vorstoßende und älteste → *Brandenburger,* das → *Frankfurter* und das die stärkste Reliefenergie aufweisende → *Pommersche Stadium,* welche alle drei - in unterschiedlich verlaufenden Bögen - den Raum südlich der Ostsee durchziehen. Während die drei Stadien auf der Halbinsel Jütland nahe beieinander liegen und dem → *Warthe-Stadium* der → *Saale-Kaltzeit* eng benachbart sind, fächern sie sich nach Südosten gegen Oder- und Weichselgebiet stärker auf. Zwischen ihnen verlaufen markante → *Urstromtäler.* Zur W.-K. und ihren formenden Wirkungen gehören der Belt-Vor

stoß mit seinen Moränen auf Fünen und der geomorphologisch bedeutsamere → *Langeland-Vorstoß.* Die jüngsten Abschnitte der W.-K. und deren Übergang zum → *Postglazial* sind → *Daniglazial,* → *Gotiglazial* und → *Finiglazial* des → *Spätglazials.*

Weide: im Gegensatz zur → *Wiese* derjenige Teil der → *landwirtschaftlichen Nutzfläche,* der von Nutztieren beweidet wird. Zu unterscheiden ist die Dauerweide von der Wechselweide, die im Rahmen der → *Feldgraswirtschaft* betrieben wird. Eine Zwischenform von → *Wiese* und W. stellt die → *Mähweide* dar. (→ *Naturweide,* → *Waldweide,* → *Umtriebsweide*)

Weidenomadismus: eine Form der extensiven → *Weidewirtschaft* in den Trockengebieten. (→ *Nomadismus*)

Weiderechte: die vor allem in der Vergangenheit bedeutsamen Befugnisse zur Nutzung privater, gemeindeeigener oder staatlicher Weiden. Wichtig waren vor allem die bäuerlichen W. in staatlichen Wäldern, die in den Alpen im Rahmen der → *Almwirtschaft* noch heute bestehen.

Weidewirtschaft: Form bzw. Betriebssystem der Landwirtschaft, bei der die Viehweide die wirtschaftliche Basis darstellt. Neben der stationären W., die intensiv oder extensiv sein kann, gibt es Systeme, die durch einen Weideflächenwechsel gekennzeichnet sind. Dies ist der Fall, wenn die Futtergrundlage infolge mangelnder Niederschläge oder Überweidung nicht mehr genügt und andere, teilweise weit entfernt gelegene Weidegründe, wie das beim → *Nomadismus* und bei der → *Transhumanz* der Fall ist, aufgesucht werden müssen. Eine mit Stallhaltung verbundene Form der W. stellt die → *Almwirtschaft* der Alpen dar.

Weiher (Teich): kleiner, oft künstlich angelegter oder aufgestauter Flachsee.

Weihnachtstauwetter: durch Westwindwetter mit atlantischen Warmluftvorstößen geprägter → *Regelfall* der Witterung in Mitteleuropa. Das W. tritt etwa in sieben von zehn Jahren ungefähr zwischen dem 22. 12. bis 1. 1. ein. Es läßt im Flachland bereits vorhandenen Schnee schmelzen, bringt dagegen oft im Gebirge neue Schneefälle.

Weiler: kleine ländliche Gruppensiedlung, die aus drei bis maximal 15 Wohnstätten (bzw. Gehöften) besteht. Der W. kann locker oder eng besetzt sein. Dieser Siedlungstyp ist weit verbreitet. W. entstanden in Mitteleuropa vor allem in der Zeit der frühmittelalterlichen Rodungskolonisation.

Weinbau: der statistisch zu den Sonderkulturen zählende Anbau der Kulturrebe. Die Weinrebe gilt als eine der ältesten Kulturpflanzen. Bereits 3 500 v. Chr. wurde W. betrieben. In Europa haben die Römer den W. verbreitet. Die Rebe gedeiht besonders gut zwischen 35° N und 45° S. Die jährliche Niederschlagsmenge sollte mindestens 800 mm betragen. Der größte Teil der Traubenernte (weltweit) wird zu Wein, Sekt und Weinbrand verarbeitet. Ein kleinerer Teil gelangt als Frischobst oder nach Trocknung als Rosinen, Sultaninen oder Korinthen auf den Markt. Geringere Bedeutung hat die Herstellung von Traubensaft, Marmeladen bzw. Konfitüren erlangt. Der W. wirkt sich in starkem Maße kulturlandschaftsprägend aus. W.-Landschaften zeichnen sich in der Regel durch eine hohe Siedlungsdichte aus.

Weißblätter: im geschichteten Gletschereis die Millimeter bis Dezimeter mächtigen Lagen aus weißem, lufthaltigem Eis. W. wechseln mit → *Blaublättern* ab und sind Bestandteil der überall anzutreffenden, typischen Bänderung des Eises. (→ *Ogiven*)

Weißdüne: nordmitteleuropäische → *Küstendüne,* die als jüngste gilt, weil sie praktisch nicht verwittert ist. Es folgen als Verwitterungsstadien → *Gelbdüne* und → *Braundüne.*

Weißtorf: in → *Hochmooren* die oberste Torfschicht (→ *Torf*), welche fast ausschließlich aus hellbraunen, unzersetzten Sphagnum-Moosen besteht.

Weißwasserfluß: Fluß mit trübem, an hellen mineralischen Schwebstoffen reichem Wasser im Amazonas-Einzugsgebiet (→ *Schwarzwasserfluß,* → *Klarwasserfluß*).

Weitungsbau: Abbauverfahren im Bergbau. Das im → *Tiefbau* betriebene Verfahren wird in massigen oder mächtigen steilstehenden Lagerstätten angewandt. Mit Hilfe von Bohrarbeiten entstehen in einem System von übereinanderliegenden Teilsohlen Pfeiler, die im Rückbau in die offene Weitung hineingesprengt werden.

Welketoxine (Marasmine, Welkestoffe): Toxine, die durch pflanzenpathogene Mikroorganismen gebildet werden und die bei höheren Pflanzen irreversibles Welken bedingen. Die Welkeerscheinungen sind meist von längeren Schädigungen durch Stoffwechselpro-*Wellen*

dukte der Krankheitserreger begleitet.

Wellen: rhythmisch schwankende Niveauunregelmäßigkeiten der Wasseroberfläche. W. werden durch äußere Kräfteimpulse hervorgerufen, möglich sind Erschütterungen, am wichtigsten ist der Wind. W. stellen eine Abfolge kreisender Bewegungen der nahezu stationären Wasserteilchen dar. Es pflanzt sich also nur die Bewegung der Wasserfläche fort. W. werden nach W.-Länge, -Periode, Fortpflanzungsgeschwindigkeit und Höhe charakterisiert. Die W.-Höhe erreicht in kleineren Seen kaum mehr als 0,5–1 m, in den größten Seen der Erde maximal 5–6 m. Meeres-W. können bis 20 m hoch sein. (→ *Dünung,* → *Seiches,* → *Tsunamis*)

Wellenenergie: Energie, die durch die Wellenbewegung des Wassers entsteht. Die W. wird schon seit vielen Jahren für die Versorgung von Bojen und Leuchttürmen mit elektrischer Energie ausgenutzt. Die Nutzung der W. ist sehr kostspielig und nicht sonderlich ergiebig. Die Leistung der bisherigen Anlagen ist überdies äußerst gering. Sie liegt pro Wellengenerator im allgemeinen unter 100 W.

Wellenkalk: der überwiegend kalkige untere → *Muschelkalk* der → *Trias.*

Wellenstörungen: die aus der → *Wellenzirkulation* an der Polarfront hervorgehenden zyklonalen Wirbel, welche in Abfolgen mehrerer, in verschiedenen Entwicklungsstadien befindlichen → *Zyklonen* ostwärts wandern.

Wellenzirkulation: wellenförmige, in Wellenschüben von einigen 100 km pro Tag von Westen nach Osten wandernde globale Luftströmung in der → *planetarischen Frontalzone.* Die W. ist eine Hauptform der Zirkulation in der → *außertropischen Westwindzone.* Sie entsteht bei hohen meridionalen Temperaturgradienten aus der instabil werdenden Zonalzirkulation als Mechanismus des Energieaustausches zwischen niederen und hohen Breiten. Durch das „Mäandrieren" wird tropische Luft polwärts und polare Luft äquatorwärts transportiert, wobei Hoch-

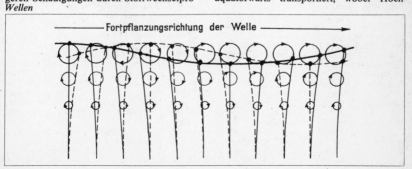

— Fortpflanzungsrichtung der Welle —

druckkeile und Tiefdrucktröge entstehen. Auch die W. ist nicht stabil. Nach einer Verstärkung der Wellenausschläge tritt nach einigen Tagen zelluläre Abschnürung ein (→ *Cut-off-Effekt*, → *Blocking action*), und die Westwinddrift wird gestoppt, um nach einer Konsolidierungsphase der Luftmassen in die Zonalzirkulation überzuleiten. Der Zyklus beginnt erneut.

Welt: das gesamte System der → *Erde*.

Welthandel: im Rahmen des internationalen → *Handels* als Folge der weltweiten Arbeitsteilung die Gesamtheit des Außenhandels aller Staaten der Erde. Statistisch sind alle Güter, die im Zuge der Ausfuhr bzw. Einfuhr Staatsgrenzen passieren, Bestandteil des W. Der W. umfaßt aber neben dem reinen Warenverkehr auch den Dienstleistungs- und Kapitalverkehr. Die Ergebnisse des W. werden in der → *Zahlungsbilanz* eines Landes deutlich.

Welthandelsgut: diejenigen Güter, von denen erhebliche Anteile der Produktion in den → *Welthandel* eingehen. Typische W. sind z. B. tropische Agrarrohstoffe, wie Baumwolle, Sisal oder Kakao.

Weltinseln: die vier völlig vom Meer umschlossenen, großen → *Festlands*massen der Erde (Eurasien-Afrika, Amerika, Australien, Antarktis).

Weltmacht: → *Großmacht* mit weltweitem politischem und/oder wirtschaftlichem Einfluß, die in der Regel eine größere Anzahl anderer Staaten als → *Satellitenstaaten* oder durch Bündnisse und vertragliche Bindungen beherrscht oder beeinflußt. In der Gegenwart gelten nur die USA und die Sowjetunion als W. (sog. Supermächte).

Weltmeer: die große zusammenhängende Wassermasse auf der Erdkugel, welche eine Fläche von 362 030 000 km² (annähernd 71% der gesamten Erdoberfläche) einnimmt und 1 300 000 000 km³ Wasser enthält. (→ *Meer*)

Weltstadt: → *Großstadt* mit übernationalen → *sozio-ökonomischen Verflechtungen* und internationalen Funktionen in den Bereichen Wirtschaft, Kultur und Kunst, häufig auch Politik. W. sind in der Regel → *Millionenstädte*, oft Hauptstädte von → *Großmächten*, meist auch historisch bedeutende Städte. Als W. der Gegenwart gelten z. B. New York, London oder Paris. Gelegentlich werden auch schematisch Großstädte mit über 1 Mill. Einwohner als W. bezeichnet.

Weltwirtschaft: Summe der Volkswirtschaften der Erde in ihren internationalen Wirtschaftsbeziehungen. Im Zuge der sich ausweitenden Industrialisierung und der damit verbundenen Arbeitsteilung hat die W. im 20. Jh. zunehmend an Bedeutung erlangt. Wichtig für den Ausbau der W. waren die Entwicklung leistungsfähiger Verkehrssysteme, der Abschluß internationaler Handels-

verträge sowie Zoll- und Währungsabkommen.

Weltwirtschaftsgeographie: Teil der Wirtschaftsgeographie, der sich vornehmlich mit den weltweiten wechselseitigen Verflechtungen der Weltwirtschaft und deren Rahmenbedingungen beschäftigt. Zentraler Forschungsgegenstand der W. ist die durch die internationale Arbeitsteilung zunehmende räumliche Differenzierung der Güterproduktion und des → *Welthandels* mit ihren geographischen Auswirkungen.

Weltzeit: in den auf dem Nullmeridian gelegenen Orten herrschende Uhrzeit, die als GMT (Greenwich Mean Time) international, insbesondere im Weltflugverkehr, als Bezugszeit verwendet wird.

Wendekreise: die beiden Breitenkreise, über denen die Sonne einmal im Jahr zum Zeitpunkt der Sommersonnenwende senkrecht steht, bevor sich ihre Zenitkulmination wieder Richtung Äquator verschiebt. Die W. haben 23°27′ nördlicher bzw. südlicher Breite.

Werft: technische Anlage zum Bau, zur Ausrüstung oder Reparatur von Schiffen (→ *Schiffbau*) bzw. Booten (Bootsbau). Der Ausdruck hat sich auch in der Luftfahrt durchgesetzt, wo man entsprechend von (Flugzeug-)Werft spricht.

Werkstattfertigung: Organisationsform der industriellen Produktion. Bei der W. werden ähnliche Arbeitsvorgänge örtlich konzentriert. Durch die Einrichtung einzelner Werkstätten (Schweißerei, Dreherei, Lackiererei usw.) ist im Gegensatz zur → *Reihenfertigung* und Fließfertigung (→ *Fließbandarbeit*) eine Gestaltung des Arbeitsablaufes möglich, der stärker verrichtungsspezialisiert ist und die Qualifikation gelernter Arbeitskräfte besser nutzt.

Werkverkehr: Beförderung von Gütern durch das produzierende Unternehmen mit eigenen Verkehrsmitteln, d. h. ohne Inanspruchnahme eines Transportunternehmens. W. wird vor allem als Straßengüterverkehr mit Lastkraftwagen durchgeführt und spielt in der Bundesrepublik Deutschland eine große Rolle bei der Güterbeförderung; er unterliegt gesetzlichen Regelungen.

Werkwohnung: durch ein Unternehmen für Betriebsangehörige erbaute und an diese vermietete Wohnung. W. gehören zur betrieblichen Sozialpolitik und sollen auch die Bindung der Belegschaft an den Betrieb fördern. Insbesondere Betriebe der Groß- und Schwerindustrie, z. B. Stahlwerke, Bergwerke (→ *Zechenkolonie*) stellen für einen hohen Anteil ihrer Beschäftigten W. zur Verfügung.

Wermutsteppe (Artemisiasteppe): eine winterkalte → *Steppe* kontinentaler Gebiete, die von trockenheitsliebenden Halbsträuchern, wie Wermut (*Artemisia*) und Radmelde (*Ko-*

chia) beherrscht wird, zu denen noch zahlreiche andere Salzpflanzen treten. Der Begriff W. ist vor allem pflanzengeographischer Natur und gilt daher auch für zahlreiche → *Salzsteppen*, → *Wüstensteppen* und außertropische → *Halbwüsten*.

Wertholz: Holz überdurchschnittlicher Qualität und Dimensionen, dessen Güte je nach Baumart unterschiedlich ausfällt und speziellen Zwecken dient.

Wertschöpfung: in der volkswirtschaftlichen Gesamtrechnung die Summe der in einer Produktionsperiode in den Unternehmen neu geschaffenen wirtschaftlichen Werte. Die W. ist der → *Bruttoproduktionswert,* vermindert um die Vorleistungen, Abschreibungen und indirekten Steuern, jedoch einschließlich staatlicher Subventionen. Werden alle W.-Beiträge aus den inländischen Wirtschaftsbereichen zusammengefaßt, so ergibt sich die W. einer Volkswirtschaft. Die W. ist identisch mit dem Nettosozialprodukt zu Faktorkosten. (→ *Volkseinkommen*)

Westfalian (Westfal): mittlere Stufe des oberen → *Karbon,* von 315–295 Mill. Jahre v.h. dauernd.

Westküsteneffekt: in niederen Breiten im Wendekreisgebiet die klimatische Erscheinung der Abkühlung und Küstennebelbildung, die aus dem Zusammenwirken ablandiger Passate und kalter außertropischer Meeresströmungen entsteht (Aufquellen von kaltem Meereswasser an die Oberfläche). Der W. bewirkt in einem schmalen Küstenstreifen die Herausbildung von → *Küstenwüsten.*

Westküstenklima: in den Mittelbreiten das → *maritime Klima* der Westseiten der Kontinente. Das W. ist durch zyklonale Tätigkeit der außertropischen Westwinde geprägt und unterscheidet sich wegen des häufigen Herantransportierens wärmerer Luftmassen aus SW in den Mitteltemperaturen deutlich vom stärker durch Kaltlufteinbrüche geprägten Ostküstenklima.

Westlage (zyklonale Westlage): typische Wettersituation in Mitteleuropa, die durch Tiefdruckgebiete über Island und Skandinavien sowie Hochdruckgebiete im Mittelmeerbereich gekennzeichnet ist, wodurch sich eine konstante, starke Westwindströmung ausprägt. (→ *Westwetter*)

West-östlicher Formenwandel: Bestandteil des → *Geographischen Formenwandels,* der als w.-ö. F. die gesetzmäßigen Unterschiede zwischen West- und Ostseiten der Kontinente, die zudem nach der geographischen Breitenlage differenziert sind, darstellt. Dabei handelt es sich vor allem um einen klimatisch bedingten Formenwandel, der auf den Luftmassenverteilungen und den Hauptwindrichtungen beruht und der die → *Landschaftszonen* und ihre Darstellung in den verschiedenen → *Zonenmodellen* mitdifferenziert.

Westwetter: typisches Wetter in Mittel- und Nordeuropa, das von → *Zyklonen* bestimmt wird, welche vom Atlantik her ostwärts ziehen und Bewölkung und Regenfälle bringen (→ *Westwindzirkulation*). Im Mittelmeergebiet herrscht nur in der Winterregenzeit W.

Westwindgürtel: die dynamisch-klimatische Zone zwischen etwa 40–65° N bzw. S, in der außertropische → *Westwindzirkulation* herrscht.

Westwindzirkulation (außertropisch) (Westwinddrift): aus dem planetarischen Luftdruckgefälle zwischen niederen und hohen Breiten und dem in den Mittelbreiten konzentrierten Temperaturgegensatz tropisch-subtropischer und polarer Gebiete unter dem Einfluß der → *Coriolis-Kraft* resultierende großräumige, globale Westströmung in der Troposphäre. Die W. ist eine durch das statistische Mittel verifizierte Generalströmung mit der Grundrichtung West, die in Wirklichkeit häufig durch N-S- und S-N-Strömungen unterbrochen wird, welche für den meridionalen Energieaustausch wichtig sind. Den Kern der W. bildet der konstante, starke Höhenwind des → *Jet-stream.* Die W. verändert ihre Konfiguration in Zyklen von zwei bis drei Wochen (→ *Zonalzirkulation,* → *Wellenzirkulation,* → *Blocking-action*). In diesen längerfristigen Zirkulationsablauf sind die äußerst wetterwirksamen kurzfristigeren zyklonalen Wirbel (→ *Zyklone*) eingebaut, die in den → *Aktionszentren* der → *Frontalzone* entstehen und mit der Westwinddrift ostwärts wandern. (→ *allgemeine Zirkulation der Atmosphäre*)

Wettbewerb: 1. Form eines → *Bisystems,* das sich als → *Konkurrenz* ausdrückt. Der W. kommt zustande, wenn zwei Arten derselben → *Ernährungsstufe* angehören und dasselbe Nahrungsobjekt benötigen, das jedoch für beide nicht ausreicht.

2. in der Marktwirtschaft die geregelte Konkurrenz von Anbietern.

Wetter: zu einem bestimmten Zeitpunkt an einem Ort wirksame Kombination der atmosphärischen Elemente (Zustand der Atmosphäre) und die sich gerade abspielenden Vorgänge in der → *Atmosphäre.* Die wetterwirksamen Austauschprozesse finden dabei alle in der → *Troposphäre* statt. Die Faktoren und Elemente des Wetters sind die gleichen wie beim → *Klima,* das sich aus den kurzfristigen W.-Abläufen als Mittel ergibt. Ein zusätzliches besonderes Interesse kommt jenen W.-Elementen zu, die Aussagen über seinen vermutlichen weiteren Ablauf geben (Druckverteilung und Strömungslage am Boden und in der Höhe). Von zentraler Bedeutung für das Wettergeschehen ist die → *allgemeine Zirkulation der Atmosphäre* mit ihren zonal wechselnden, jeweils vorherrschenden Windsystemen. Für Mitteleuropa im besonderen prägend sind dabei die mit der häufigen Westströmung herantransportierten → *Zyklonen.*

Wetterbericht: zusammenfassende Information über die momentane Wetterlage und das Wetter verschiedener wichtiger Stationen. (→ *Wettervorhersage*).

Wetterkarte: kartographische Momentanaufnahme der Verteilung der wichtigen Wetterelemente. Es werden Boden-W. und Höhen-W. unterschieden. Im Gegensatz zu den detaillierten Boden-W. stellen die für das 500 mb – Druckniveau ausgelegten Höhen-W. in der Regel nur Druckverteilung und Strömungsverhältnisse dar.

Wetterlage: Zusammenschau des in einem größeren Raum ablaufenden Wettergeschehens. Wichtige Kennzeichen für die W. sind Standorte von Druckzentren, Lage von Fronten, Luftschichtung, Strömungsverhältnisse, Wolkenverteilung, aktive Niederschlagsgebiete und Temperaturverteilung.

Wetterleuchten: nachts sichtbarer Wiederschein der → *Blitze* eines fernen → *Gewitters,* dessen Donner nicht hörbar ist.

Wetterregeln: 1. auf wissenschaftlicher Basis erarbeitete Erkenntnisse über die Zusammenhänge von Wetterabläufen, die bei der Wettervorhersage angewendet werden.

2. im Volkstum verankerte, historisch überlieferte Erfahrungen über Indizienfunktionen bestimmter allgemeiner oder lokaler Erscheinungen für das zu erwartende Wetter. Es gibt einige allgemeine → *Regelfälle* mit einer gewissen Stichhaltigkeit (z. B. die Siebenschläferregel). Viele Regeln sind jedoch durch historische Klimaschwankungen überholt, gelten nicht für den großen Raum, für den sie unterdessen genannt werden, oder sind schlichter Unsinn.

Wetterscheide: Gebirgszug, der durch seinen stauenden und ablenkenden Einfluß auf Luftströmungen und insbesondere auch durch den Luv-Lee-Effekt auf seinen beiden Seiten unterschiedliche Wetterbedingungen schafft. Die wichtigste W. Europas sind die Alpen.

Wettertyp: in bestimmter Grundstruktur und Verteilung der Elemente immer wieder auftretende → *Wetterlage.*

Wettervorhersage (Wetterprognose): vom amtlichen Wetterdienst herausgegebene zusammenfassende Beschreibung der Wetterlage und der voraussehbaren weiteren Entwicklung. W. haben seit ihren Anfängen vor etwa 100 Jahren an Zuverlässigkeit stetig zugenommen, und es kann heute mit einer Richtigkeitsquote von etwa 75% gerechnet werden. W. gliedern sich in kurz-, mittel- und langfristige Prognosen mit abnehmender Treffsicherheit.

Wetterzeichen: atmosphärische Erscheinung, die auf den Wetterverlauf hinweist (z. B. Art, Form und Zugrichtung von Wolken, die Himmelsfarbe, das Kehren des Windes usw.).

WHO (World Health Organization): die Weltgesundheitsorganisation der UNO. Aufgabe der WHO ist es, in allen Ländern zur Verbesserung der Gesundheitsverhältnisse beizutragen. Dabei geht es primär um die Ausrottung von weitverbreiteten Krankheiten, die Verbesserung von Ernährungsbedingungen der Bevölkerung sowie um die Verbesserung der ärztlichen Versorgung und der Entwicklung der medizinischen Forschung.

Widerständigkeitsprofil: Profil der Verwitterungsresistenz der Gesteine, die auf ihre Verwitterungsfähigkeit größerräumig nicht miteinander verglichen werden können, so daß man keine Skala der Widerständigkeit aufstellen kann. Stattdessen ermittelt man örtliche Skalen, die um so mehr Unterteilungen enthalten, je differenzierter die Gesteine sind und je größer die Widerständigkeitsspanne zwischen den Endgliedern ist.

Wiederaufarbeitung: Anwendung chemischer Verfahren, um aus abgebrannten Kernbrennstäben das noch vorhandene Uran sowie den neu entstandenen Spaltstoff Plutonium von radioaktiven Abfällen zu trennen. Durch eine W. wird das Volumen des hoch radioaktiven Abfalls gegenüber der direkten → *Endlagerung* auf ca. 1/70 vermindert. W.-Anlagen senken darüberhinaus sehr wesentlich die jährlich für den Betrieb von Kernkraftwerken benötigten Mengen an Natururan. (→ *Zwischenlagerung*)

Wiederaufbereitung: Vorgang der Wiedernutzbarmachung von in Abfällen enthaltenen Substanzen. Beispiele der W. bietet die Gewinnung von → *Sekundärrohstoffen* aus Altmetallen, Altpapier usw. (→ *Recycling*)

Wiedernutzbarmachung: bei der → *Rekultivierung* ein erster Arbeitsschritt, bei dem Erdbewegungen, Aufbringen von Humus und der Bau von Wirtschaftswegen bzw. Straßen durchgeführt werden. Der W. folgt der Arbeitsschritt der → *Wiederurbarmachung.*

Wiederurbarmachung: zweiter Arbeitsschritt bei der → *Rekultivierung.* Bei der W. wird nach der → *Wiedernutzbarmachung* die Fläche ertragbringend hergerichtet. Es erfolgt eine Folge- bzw. Zwischenbewirtschaftung durch land- und forstwirtschaftliche, gärtnerische und landschaftsgestaltende Betriebe nach landschaftspflegerischen Grundsätzen. Über eine bodenaufbauende Fruchtfolge werden landwirtschaftliche Nutzflächen geschaffen.

Wiese: natürliche oder anthropogene Vegetationsformation aus solchen Pflanzengesellschaften, die eine geschlossene Grasnarbe bilden, denen Holzpflanzen fehlen und die von einer mehr oder weniger regelmäßigen Kombination vorwiegend ausdauernder → *Mesophyten* gebildet werden.

Wiesenbau: zusammenfassende Bezeichnung für die Technik der Be- und Entwässerung von Wiesen. Der W. umfaßt auch die Zuleitungs- und Verteilersysteme für das Wasser. Je nach den landschaftlichen Verhältnissen sind unterschiedliche Formen des W. möglich. Die einfachste Form der Bewässerung ist die Überflutung durch Stau eines Baches.

Wiesenkalk: in Landschaften mit kalkreichen Substraten bankartige Kalkanreicherung im Oberboden von Grundwasserböden. Der in großen Mengen im Grundwasser gelöste Kalk fällt z. T. aus dem aufsteigenden Grundwasser aus und reichert sich mit der Zeit unter dem Humus der Wiesenböden in den Niederungen an.

Wiesenmäander (Auenmäander): jene → *Mäander*, die unter Idealbedingungen in gefällsarmen und von Feinsedimenten bestimmten Schwemmlandebenen entstehen, d. h. auch bei geringen Fließgeschwindigkeiten und wenig Turbulenz.

Wiesennebel: bei Ausstrahlungswetter durch starke nächtliche Abkühlung gebildeter Nebel über Wiesen oder Weiden. Diese Art von Bodennebel entsteht auf großen Wiesenflächen besonders häufig und typisch, weil sich diese ausgesprochen stark abkühlen und Tallagen einnehmen.

Wiesensteppe: einer der Typen der → *Steppe*, der sich an die → *Waldsteppe* anschließt und auch als „krautreiche W." bezeichnet wird, die auf Standorten mit günstigen Bodenfeuchteverhältnissen auftritt. Häufig sind schmalblättrige, horstbildende Gräser vor allem Feder- und Pfriemengräser (*Stipa*), Steppen- und Furchenschwingel (*Festuca sulcata* und *F. vallesiaca*), Schillergras (*Koeleria gracilis*) und Flaumhafer (*Helictotrichon pubescens*) sowie perennierende Geophytenstauden und Annuelle. Die W. weist infolge des hohen Artenreichtums eine Fülle von Blühaspekten auf. Auch bei einer Trockenruhe im Hochsommer blühen verschiedene Arten. An die krautreiche W. schließt sich, mit zunehmender Aridität, die → *Federgrassteppe* an.

Wiesenufer: charakteristisches flaches Ostufer der großen Ströme Osteuropas, während sich auf der Westseite ein Steilufer (Bergufer) befindet. Diese Erscheinung wird mit dem → *Baer'schen Gesetz* erklärt.

Wildacker: Feldflurstück, das mit Nahrungspflanzen für das Wild bebaut wird und/oder dem Wild als Schutz dient.

Wildbach: oft tief eingeschnittener, steiler Gebirgsbach mit streckenweise schießendem Abfluß und ruckhafter, nach Regenfällen

sehr stark zunehmender Wasserführung. W. haben außerordentliche Erosionskraft und transportieren viel Geschiebe, das sie beim Austritt in ein größeres Tal in mächtigen Schuttkegeln ablagern. Nach Starkniederschlägen ausbrechende W. sind eine Gefährdung für Mensch, Tier und Einrichtungen und verwüsten Kulturland. Die großen W. wurden deshalb durch umfangreiche Sohlenverbauungen und allgemeine Erosionsschutzmaßnahmen (z. B. Aufforstung) gesichert. (→ *Mure*)

Wildbachverbauung: im Hochgebirge immer häufiger ausgeübte technische Maßnahmen zum Ausbau der → *Wildbäche*, um deren Tiefenerosion und Geröllführung zu hemmen oder zu unterbinden. Dies geschieht überwiegend mit technischen Maßnahmen, wie Geröllrückhaltesperren, Buhnen, Wasserableitungsmaßnahmen usw., während die Ursachen – Nutzungsartenänderungen, Rodungen im weiteren Einzugsgebiet des Wildbaches – meist nicht angegangen werden.

Wild: die frei lebenden, insbesondere jagdbaren Tiere, im Unterschied zu den → *Haustieren*.

Wildbestand: Wildtierkollektiv in einem natürlich oder künstlich abgegrenzten Lebensraum, meist nur unter Jagdgesichtspunkten betrachtet.

Wildbeuter: Sammelbezeichnung für → *Naturvölker*, die ihren Lebensunterhalt durch Jagd, Fischfang bzw. das Sammeln von Vegetabilien und Kleingetier bestreiten (→ *Sammler und Jäger*). Bei dieser einfachen Wirtschafts- und Lebensform wird die Nahrung gänzlich in freier Natur erbeutet bzw. sich angeeignet. Eine Agrarproduktion erfolgt nicht. Von der modernen Zivilisation vollkommen unbeeinflußte W. gibt es kaum noch. Zu den W. waren bisher z. B. Buschmänner und Pygmäen in Afrika, einige Indianerstämme in Amazonien sowie ein Teil der Aborigenes Australiens zu rechnen.

Wildbeuterstufe: Phase in der Entwicklung der Menschheit, in der aneignende Wirtschaftsformen vorherrschten. Die W. war für den prähistorischen Menschen charakteristisch. Sie wurde im Neolithikum durch die produktive Wirtschaftsform abgelöst. Die okkupatorische Wirtschaftsform der W. findet man heute, zumindest noch ansatzweise, bei Rückzugsvölkern (z. B. Buschmänner, Pygmäen usw.).

Wilddichte: Anzahl von Individuen einer Wildtierart pro Flächen- bzw. Raumeinheit, die etwas über die Populationsverteilung aussagt, nicht jedoch über die Beziehungen der Lebewesen zur Umwelt. Die W. kann nach landschaftsökologischen, wirtschaftlichen und waldbaulichen Gesichtspunkten in unterschiedlichen Größenordnungen als optimal gelten.

Wildfeld (Wildland, Willerungsland): in der Vergangenheit Bezeichnung für eine wenig ertragreiche Fläche in dorfferner Lage. Das W. wurde nicht gedüngt und nur in der Form einer meist ungeregelten → *Feldgraswirtschaft* genutzt. Nach bis zu maximal drei Ernten erfolgte die → *Selbstberasung;* erst nach 8–20 Jahren wurde das W. zum Zwecke des Anbaus wieder umgebrochen. W. waren vor allem in West- und SW-Deutschland weit verbreitet. In der zweiten Hälfte des 19. Jh. erfolgte in der Regel die Umwandlung in Dauerackerland bzw. Dauergrünland. Wo Ertragsverbesserungen nicht möglich waren, wurde aufgeforstet. Das W. darf nicht mit → *Wildacker* verwechselt werden.

Wildform: 1. bei Pflanzen der Stammform einer → *Kulturpflanze* mit dem Charakter von Unkräutern.
2. bei Tieren die Stammform von → *Haustieren.*

Wildkräuter: zunehmend gebräuchlicherer Begriff für → *Unkräuter,* die lediglich als Konkurrenten der → *Kulturpflanzen* betrachtet wurden, ohne daß deren bioökologischer Wert zum Ausdruck kommt.

Wildling: 1. in der Pflanzenzüchtung Bezeichnung für eine generativ vermehrte Unterlage, also einen Pflanzenkörper, auf den knospentragende Teile einer → *Kulturpflanze* übertragen und zum Verwachsen gebracht werden.
2. in der Forstwirtschaft aus → *Naturverjüngung* hervorgegangene Forstpflanzen, die an anderen Verjüngungsflächen (Baumschule, Freikultur) wiederverwendet werden.

Wildnis: im Gegensatz zum → *Kulturland* das von der Kultur noch nicht berührte, unbewohnte Land.

Wildschaden: durch zu große → *Wilddichte* im Jungwald eintretender Schaden, wobei einzelne Arten besonders geschädigt werden. Die W. sind nicht nur durch aktuelle Zerstörungen von Belang, sondern auch als Langzeitschäden. Ein bedeutsamer W. ist der → *Verbiß.* Für die durch W. entstandenen Verluste muß der Jagdpächter aufkommen.

Wildschnee: besonders lockerer, feiner und zusammenhangloser, sehr kalter → *Pulverschnee.*

Wildtyp: der → *Phänotyp,* den die Mehrheit aller unter natürlichen Umweltbedingungen auftretenden → *Wildformen* einer Rasse oder Art bildet.

Willy-Willy: → *tropischer Wirbelsturm* im Meeresgebiet rund um das nördliche Australien.

Wind: horizontale Bewegung von Luftmassen mit Geschwindigkeiten von Zentimetern bis über 50 m pro Sekunde. Schwache W. heißen Zug (bis 1,5 m · s⁻¹), leichte bis frische W. Brise (1,5–10,5 · s⁻¹), starke W. „Wind" (10,5–20,5 m · s⁻¹), sehr starke W.

→ *Sturm* (20,5–32,5 m · s⁻¹) und extrem stürmische W. → *Orkan* (> 32,5 m · s⁻¹). Alle W. sind Ausgleichsströmungen infolge von Luftdruckunterschieden. Die W.-Bewegung wird dabei von der → *Gradientkraft,* der → *Coriolis-Kraft* und der Zentrifugalkraft beeinflußt und verläuft in der Höhe parallel zu den → *Isobaren.* In Bodennähe (bis maximal etwa 1 000–1 500 m über Grund) kommt als zusätzliche Einflußgröße die Bodenreibung hinzu, welche den W. zum Tiefdruckgebiet hin ablenkt. Generell erfährt der vom Hoch zum Tief wehende W. auf der Nordhalbkugel Rechts- und auf der Südhalbkugel Linksablenkung (→ *Barisches Windgesetz*). Gebirge beeinflussen zudem die bodennahen W.-Strömungen durch Stauwirkung und Ablenkung. Der W. ist wegen seiner ausgleichenden und abkühlenden Wirkung auf die Temperatur, seines großen Einflusses auf die Verdunstung und seiner Bedeutung für die Lufterneuerung ein wichtiger lokaler Klimafaktor. Er wirkt durch den Transport von Feinsedimenten auch formend auf die Erdoberfläche, z. B. als → *Deflation* und → *Korrasion.* (→ *Windsystem,* → *Windhose,* → *Fallwind,* → *Jet-stream,* → *tropischer Wirbelsturm,* → *Tornado,*→ *Kaltluftsee,* → *Zyklone,* → *allgemeine Zirkulation der Atmosphäre,* → *Passat,* → *Monsun,* → *Föhn,* → *Bora,* → *Gletscherwind,* → *Landwind,* → *Seewind,* → *Bergwind,* → *Talwind,* → *Hangwind*)

Windablagerung (äolische Akkumulation): 1. vom Wind bestimmter Prozeß, der zur Ablagerung eines Sedimentes führt, was nur innerhalb bestimmter Korngrößenbereiche möglich ist, weil ein Zusammenhang zwischen Korngröße und Windgeschwindigkeit besteht und somit auch die Ablagerungsentfernung determiniert ist.
2. das Material, das äolisch akkumuliert wurde, wie → *Flugsand* und → *Flugstaub,* die in sehr vielfältigen Ablagerungsformen auftreten können, z. B. als → *Dünen* oder → *Löß.*

Windabtragung: Sammelbegriff für → *Deflation* und → *Korrasion.* Nicht hingegen wird gesprochen von Winderosion oder äolischer Erosion, weil der Windarbeit das für die → *Erosion* charakteristische lineare Element weitgehend fehlt.

Winddrift: allgemeine Bezeichnung für die Fähigkeit des Windes, organisches und anorganisches Material zu transportieren, was bei der → *Verhagerung,* der → *Windablagerung* und der → *Windabtragung* geschieht.

Windenergie: die natürliche Energie der Luftströmungen. Die gegebenenfalls nutzbare W. ist besonders dort von Bedeutung, wo im Durchschnitt hohe Windgeschwindigkeiten vorherrschen. Die kinetische Energie des Windes wird schon seit langer Zeit mit Hilfe von → *Windmühlen* genutzt. (→ *Wind-*

kraftwerk)

Windenergiefarm: technische Anlage zur Nutzung der natürlichen Energie der Luftströmungen durch Errichtung einer größeren Zahl von Großwindanlagen (Rotoren) an einem windexponierten Standort. W. haben jedoch den Nachteil, daß sie das Landschaftsbild erheblich beeinträchtigen und die Ausstrahlung von Rundfunk- und Fernsehsendungen stören. Auch steht bisher der Kostenaufwand für eine W. noch in keinem Verhältnis zu ihrer Leistung, die pro Rotor nur bis zu ca. 3 MW liegt.

Windfall-profits: Gewinne, die ohne entsprechende Gegenleistung entstehen. W.-p. können sich in entsprechenden Konjunkturlagen, bei Knappheitssituationen usw. einstellen. Sehr markant waren die W.-p., die sich in der Ölwirtschaft als Folge des → *Ölschocks* einstellten.

Windflut: durch küstenwärts wehenden Wind verstärkte → *Flut.* Die W. ist eine schwache Ausprägung der → *Sturmflut.*

Windfrost: von kalten Winden begleiteter unter Beteiligung von Ausstrahlung entstehender Nachtfrost.

Windhecke: zum Zwecke des → *Wind-* und Verdunstungs*schutzes* gepflanzte Baum- oder Buschreihe. Wegen des beschränkten Wirkungsbereiches einer einzelnen W. werden immer mehrere Hecken in Abständen von 30–100 m eingerichtet.

Windhose: lokaler Wirbelwind über dem erhitzten Festland, mitunter durch Staubaufwirbelung besonders gut sichtbar.

Windkanter: Einzelsteine, die in Kälte- und Wärmewüsten vorkommen und die vom → *Sandgebläse* des Windes facettenartig zugeschliffen wurden, wobei den Drehen des Steines und anschließendem längeren Ausgesetztsein gegenüber einer Windrichtung eine neue → *Facette* setzt. Zu den W. gehören auch die → *Kantengeschiebe.*

Windkraftwerk: technische Anlage zur Nutzung der natürlichen Energie der Luftströmungen für die Stromerzeugung. Dabei treibt ein Windrad den Generator an. Man unterscheidet vertikal und horizontal laufende Windräder (Rotoren). W. mit horizontal laufenden Windrädern haben eine einfachere Technik und damit einen geringeren → *Wirkungsgrad* als vertikal laufende Windkraftmaschinen. Das erste W. wurde bereits 1941 in den USA in Betrieb genommen. Der → *Ölschock* führte zu einer Beschleunigung der weiteren Entwicklung dieser Alternativenergie. Bei Brunsbüttel wurde die Großwindanlage Growian gebaut, deren Rotor einen Durchmesser von 100 m hat. (→ *Windenergiefarm*)

Windloch: aus orographischen Gründen kanalisierter Wind, der aus einem größeren Kaltlufteinzugsgebiet hinter dem W. resul-

tiert, so daß von diesem mikroklimatisch extreme Wind- und Kaltluftbereiche, z. T. mit Sommereisbildung, entstehen.

Windmantel: vor allem gegen → *Windwurf* angelegte → *Mantelgesellschaft,* die einen mehr oder weniger homogenen Forst schützen soll, der dann besonders windwurfgefährdet ist, wenn Flachwurzler den Bestand bilden oder Tiefwurzler in skelettreiche, flachgründige Böden nicht eindringen können.

Windmühle: Mühle, die durch → *Windenergie* angetrieben wird. Die Verbreitung von W. ist zunächst für die arabischen Länder bekannt. Durch die Kreuzzüge gelangte die Technologie nach Europa. Dort wurden die W. neben den → *Wassermühlen* im Mittelalter die wichtigsten Maschinen, die menschliche Arbeitskraft zu ersetzen in der Lage waren.

Windmulde (Windriß): äolische Abtragungsform in Gestalt einer → *Wanne,* die sich in Gebieten mit lichter oder fehlender Vegetationsdecke bildet und in die Windrichtung angeordnet ist.

Windpressung: Vorgang der Verdichtung von frisch gefallenem Schnee durch starken Winddruck auf der Luv-Seite von Erhebungen.

Windrelief: unscharfe Sammelbezeichnung für Reliefformen, die vom Wind gestaltet sind, überwiegend aber für Formen der → *Windabtragung* gebraucht.

Windschirm: einfache Behausungsform, die aus in den Boden gesteckten, belaubten Zweigen hergestellt wird. Je nach seiner Formung bildet die W. eine Halb- oder Ganzkuppel, oder es gibt ihn als Pultdachhütte mit zwei Astgabeln und einem quer darüber gelegten Knüppel, über die Zweige und Blätter gelegt sind. W. bzw. einfache Kuppelhütten aus Zweigen und Laub kommen bei → *Wildbeutern* (z. B. Pygmäen, Aborigenes Australiens, Onas Feuerlands) vor.

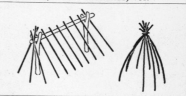

Windschirm

Windschur: Ausrichtung (nach der windabgewandten Seite) und Zerzausung von Baumkronen und Buschwerk durch stetige, heftige und richtungskonstante Winde (vor allem an Küsten und im Kammbereich der Gebirge). (Abb. S. 380)

Windschutz: Verminderung von schädlichen Einwirkungen des Windes. W.-Maßnahmen

Windschur

sollen hoher Verdunstung, Abkühlung, mechanischer Schädigung durch Windwurf und der Bodenverblasung entgegenwirken. Sie dienen also der Bodenerhaltung und einer Ertragssteigerung der Kulturen. W. wird durch eine geeignete Wahl der Geländelage, eine ausreichende Bodenbedeckung und durch gezielt angelegte Schutzpflanzungen erreicht.

Windschutzhecke: linienhaft angepflanztes Busch- und Strauchwerk zum Schutze von Kulturland vor Windschäden. W. kann man häufig in küstennahen Landschaften antreffen, wo eine durchschnittlich hohe Windgeschwindigkeit vorherrscht. W. sind z. B. für die französische Bocage-Landschaft typisch. Eine Windschutzfunktion kommt auch den norddeutschen → *Knicks* zu.

Windsee: vom Wind hervorgerufene Wellenbewegung der Meeresoberfläche. Die W. ist eine Komponente des Seeganges. Sie überlagert die → *Dünung.*

Windstärke: nach der Beaufort-Skala aufgrund der sichtbaren Auswirkungen (Festland oder See) oder einzelner Messungen in 18 Stufen geschätztes Ausmaß der Windgeschwindigkeit. (→ *Wind*)

Windsysteme (Windregime): 1. die großen Zirkulationsgürtel der Erde. (→ *Passate,* → *Westwindzirkulation,* → *Polarzirkulation,* → *allgemeine Zirkulation der Atmosphäre*) 2. lokale Systeme des Luftaustausches, die durch unterschiedliche Erwärmung in Gang gebracht werden. (→ *Berg-→ Talwind*-System, → *Land-→ Seewind*-System)

Windwurf (Windbruch): Schäden durch hohe Windstärken an Wäldern, wobei gewöhnlich nur überalterte oder durch Schädlinge befallene Bäume bzw. Bestände betroffen sind. W. tritt aber auch bei geringen Windgeschwindigkeiten auf, wenn es sich um monokulturartige Forsten handelt und/

oder der → *Windmantel* bzw. eine → *Saum-gesellschaft* fehlt. Flachwurzler sind vom W. besonders betroffen.

Windzonen: die großen Windgürtel der Erde, welche Hauptbestandteil der → *allgemeinen Zirkulation der Atmosphäre* sind.

Winter: die kalte Jahreszeit. Astronomisch beginnt der W. um den 21. Dezember (W.-Sonnenwende) und dauert bis um den 21. März (Frühlingstagundnachtgleiche). Klimatologisch zählen in Mitteleuropa die Monate Dezember bis Februar dazu.

winterannuell: einjährig-überwinternd, d.h. solche Pflanzen bezeichnend, die im Herbst keimen und im folgenden Frühjahr blühen, fruchten und absterben.

Winterdeich: besonders hoher → *Deich,* der gegen die winterlichen Hochwässer bei → *Sturmfluten* angelegt wurde.

Winterfärbung: Änderung der Haarfarbe bei Warmblütern in Klimazonen mit langen Wintern, vor allem bei Polar- und Tundratieren. Die W. geht zwar ursächlich auf den → *Photoperiodismus* zurück, der den Hormonstoffwechsel ändert, wenn der Kurztag eintritt; die Melaninbildung wird jedoch durch niedrige Temperaturen gehemmt, d.h. unter einer bestimmten Temperatur kann das dunkle Pigment des Sommerkleides nicht gebildet werden. Die W. wird daher nicht als besonderes Anpassungsmerkmal an Schnee- und Eislebensräume gewertet.

Winterhärte: artspezifische Frostwiderständigkeit von Pflanzen, bei Winterweizen bis −20 °C, bei Roggen bis −25 °C.

Winterknospen: Knospen, die vor dem Winter für das nächste Jahr gebildet werden und die für die Überwinterung mit kälteschützenden Schuppen umgeben sind.

Wintermoräne: kleine, nahe der Gletscherstirn liegende → *Endmoräne,* die durch die Gletscheraktivität während des Winters zustande kam, weil wegen der geringen → *Ablation* während des Winters die Gletschermasse zunimmt und daher ein Vorstoß erfolgen kann. Dabei wird die W. aufgehäuft, die meist in Mehrzahl auftritt.

Winterregen: allgemein die unter den Witterungsbedingungen des Winters fallenden Niederschläge. Klimatisch sind die W. ein typisches Kennzeichen der warm-gemäßigten (wechselfeuchten subtropischen) Klimate auf der Westseite der Kontinente (z.B. Mittelmeergebiet) und der monsunbeeinflußten Küstenklimate Ostafrikas. In den kühleren Mittelbreiten unterscheiden sich die W. genetisch von den Sommerregen. Sie sind → *Aufgleitniederschläge,* während die Sommerregen einen hohen Anteil an → *Konvektionsniederschlägen* aufweisen.

Winterruhe: 1. allgemein die starke Einschränkung tierischer und pflanzlicher Lebensaktivitäten während des Winters.

2. der → *Winterschlaf,* der Bestandteil einer komplexeren → *Überwinterung* ist.

3. Ruheschlaf einiger Säugetiere ohne Herabsetzung der Körpertemperatur unter Beibehaltung des Grundumsatzes beim Energiestoffwechsel.

Wintersaat: in der Landwirtschaft Pflanzenbestand, dessen Saatgut im Herbst aufs Feld gebracht wurde (z.B. Winterweizen).

Winterschlaf: generell → *Dormanz,* bei der während des Winters bei Säugetieren ein schlafähnlicher Zustand eintritt, in welchem die Lebensfunktionen auf ein Minimum herabgesetzt sind. Er unterscheidet sich damit von der → *Winterruhe.*

Winterstarre: bei Wechselblütern als → *Kältestarre* auftretendes Verhalten, das mit → *Diapause* oder → *Quieszenz* erklärt wird.

Winterstrenge: Ausmaß und Andauer der Kälte im Winter. Ein Maß für die W. ist die Summe der negativen Tagesmittel der Temperatur in der Zeit vom 1. November bis 31. März.

Wirbel: drehende Wasserkörper oder Luftmassen mit mehr oder weniger senkrechter Rotationsachse. In fließendem Wasser unterscheidet man wandernde → *Saugwirbel* und ortsfeste → *Standwirbel.* (→ *tropischer Wirbelsturm,* → *Trombe,* → *Windhose*)

Wirbelschichtfeuerung: Verfahren zur optimalen Ausnutzung des Energiepotentials der Kohle. Es werden feinkörnige Kohle sowie Kalkstein vermischt und mit Druckluft in ein Wirbelbett geblasen. Das Gemisch wirbelt dadurch auf und verbrennt bei 800–900 °C. Durch Rohrschlangen in der Wirbelschicht wird Wasser geleitet, dessen Dampf zur Erzeugung von Strom in Dampfturbinen oder als Fernwärme genutzt werden kann. Bei der W. können auch minderwertige, asche- und schwefelreiche Kohlen eingesetzt werden.

Wirkungsgefüge: geo- und biowissenschaftlicher Begriff für ein → *System,* das sich durch → *Wechselwirkungen* auszeichnet und raumzeitlich funktioniert.

Wirkungsgesetz: 1. Bestandteil der → *Ökologischen Regeln* der Bioökologie und eine andere Bezeichnung für → *Minimumgesetz.*

2. Fortführung und Ergänzung des Minimumgesetzes, wonach Ertragssteigerungen bei Pflanzen bei gleichmäßig steigender Nährstoffzufuhr immer geringer werden. Der Ertrag steigt also nicht proportional mit der Menge des zugeführten Nährstoffes.

Wirkungsgrad: in der Energiewirtschaft Maß für die Wirksamkeit eines Energieumwandlungsprozesses. Der W. wird bestimmt durch das Verhältnis von abgegebener Energie (bzw. Leistung oder Arbeit) zu aufgenommener Energie (bzw. Leistung oder Arbeit). Der W. wird in Prozent angegeben. Der W. beträgt z.B. bei Dampfturbinen 25–40%, bei Wasserturbinen dagegen 90–95%.

Wirkwelt: bioökologischer Begriff für alle jene Veränderungen in der Lebensumwelt, die ein Tier aktiv bewirkt, wie Nestbau, Höhlengraben, Gangwühlen. Die W. hängt vom artspezifischen → *Aktionsprinzip* ab.

Wirt: 1. menschlicher, tierischer oder pflanzlicher Organismus auf oder in dem sich ein → *Parasit* angesiedelt hat, sich ernährt und fortpflanzt und der, je nach Bedeutung für den Entwicklungszyklus des Parasiten, als Zwischen-, Haupt-, Neben-, Ersatz- oder Endwirt fungieren kann.
2. häufig in Zusammensetzung verwendet in der Bedeutung von Bewirtschafter (z. B. Landwirt).

Wirt-Parasit-Verhältnis: dreigliedriges System, gebildet vom → *Wirt,* dem organischen Mikrobiotop - dem → *Hostalbiotop* - und dem → *Parasiten,* das in seiner Gesamtheit Bestandteil eines → *Nahrungsnetzes* ist, das sich letztlich auf biochemischen Antagonismen von Wirt und Parasit gründet. Dabei bilden die Angriffmechanismen des Parasiten und die Abwehrreaktionen des Wirtes ein Fließgleichgewicht im Sinne des → *dynamischen Gleichgewichtes,* welches die Existenz beider an diesem → *Bisystem* beteiligten Partner sichert.

Wirtschaft: Gesamtheit aller menschlichen Aktivitäten, die auf die Beschaffung und Verwendung von Gütern und Dienstleistungen im Rahmen der Daseinsgestaltung gerichtet sind. Eine Aufgliederung der wirtschaftlichen Tätigkeit ist nach Produktion, Distribution und Konsumtion möglich. Je nach ihrem Entwicklungsstand ist die W. hochgradig arbeitsteilig (→ *Industriegesellschaft)* oder gegebenenfalls als einfache → *Subsistenzwirtschaft* ausgebildet. Aufgrund der unterschiedlichen Rahmenparameter (z. B. natürliche Gegebenheiten, → *Wirtschaftsordnung)* kommen unterschiedliche → *Wirtschaftsstrukturen* zustande; entsprechend differenziert laufen → *Wirtschaftsprozesse* in den jeweiligen → *Wirtschaftsräumen* ab. Mit der wissenschaftlichen Analyse der W. befassen sich die → *Wirtschaftswissenschaften.* Ihre räumlichen Bezüge beschäftigen insbesondere die → *Wirtschaftsgeographie.*

Wirtschaftlichkeit: das Bestreben, einen rationellen Mitteleinsatz und damit ein optimales Verhältnis von Leistung zu Kosten zu erreichen. Größte W. ist dann gegeben, wenn bei geringstem Aufwand die höchsten Leistungen erzielt werden.

Wirtschaftsabteilungen: die Zusammenfassung von Wirtschaftsbereichen in der amtlichen Statistik. In der Bundesrepublik Deutschland werden die W. weiter in Wirtschaftsgruppen, Wirtschaftszweige und Wirtschaftsklassen unterteilt.

Wirtschaftsbevölkerung: Rechengröße in der amtlichen Regionalstatistik zur Schätzung der Zahl der → *Erwerbspersonen* in einer Gemeinde. Eingeschlossen in der Zahl der W. sind die Einpendler.

Wirtschaftsblock: wirtschaftspolitisch nach außen weitgehend geschlossen auftretende Gruppe von Staaten. Innerhalb eines W. herrscht in der Regel eine ähnliche → *Wirtschaftsordnung.* Die mächtigsten W. der Welt werden von den Ländern des → *COMECON* und denen der → *OECD* gebildet.

Wirtschaftsbrache: Synonym für den Begriff → *Sozialbrache.* Ähnlich wie die Bezeichnung „Ödbrache", „Arbeitsbrache" usw. hat sich auch die W. in der Literatur nicht durchgesetzt.

Wirtschaftsdünger: organischer Dünger, der bei der landwirtschaftlichen Produktion anfällt Als W. gelten vor allem Stallmist, Gülle, Kompost sowie der im Rahmen der → *Gründüngung* erzeugte Dünger.

Wirtschaftsfläche: die von den Bewohnern einer Verwaltungseinheit (Gemeinde, Landkreis usw.) bewirtschaftete bzw. in unterschiedlichster Weise genutzte Fläche, und zwar einschließlich möglicher Nutzflächen außerhalb der Verwaltungseinheit. Dies bedeutet, daß zur W. auch Flächen außerhalb der Gemarkung einer Wohnsitzgemeinde gehören können (→ *Betriebsprinzip).* Statistisch untergliedert sich die W. nach den unterschiedlichen Nutzungsarten in neun Gruppen: 1. landwirtschaftliche Nutzflächen, 2. Waldflächen, 3. unkultivierte Moorflächen, 4. Öd- und Unland, 5. Gebäude-, Hof- und Gewerbeflächen, 6. Verkehrsflächen, 7. Gewässer, 8. Friedhöfe und öffentliche Parkanlagen und 9. Sport-, Flug- und militärische Übungsplätze. Im Zuge der → *Gebietsreform* wurde versucht, die Teilung von W. weitgehend zu beseitigen.

Wirtschaftsform: Ziel, Art, und Weise wirtschaftlicher Tätigkeit, wobei diese häufig untrennbar von der Lebensform (z. B. → *Nomadismus)* ist. Die Klassifizierung nach W., die auf E. Hahn (1892) zurückgeht, ist für heutige Begriffe wenig operationabel, zumal sie den sekundären sowie tertiären Wirtschaftssektor kaum abdeckt. Hahn unterschied aneigneide (z. B. → *Sammler und Jäger)* von produzierenden (z. B. → *Hackbau)* W., extensive (Vieh- und Weidewirtschaft) und intensive (z. B. → *Gartenbau)* sowie autochthone (z. B. → *Pflugbau)* und konsumorientierte (z. B. → *Plantagenwirtschaft)* W. W. lassen sich ferner in die Hauptwirtschaftsformen → *Sammelwirtschaft* und → *Produktionswirtschaft* gliedern.

Wirtschaftsformation: Raumbegriff, der die Anordnung der zu einem Wirtschaftszweig gehörenden Objekte und die Prozesse zwischen diesen Objekten im Raum hervorhebt. Die W. wurde von L. Waibel in Anlehnung an die vegetationsgeographischen → *Pflanzenformationen* geprägt. Die W. läßt sich nur auf Systeme anwenden, die in dem betreffenden Raum relevant in Erscheinung treten. So eignet sich die W. besonders zur Darstellung von wirtschaftlichen Systemen, die für einen Landschaftsraum strukturbestimmend sind. Dies gilt z. B. für die → *Plantagenwirtschaft* oder für die → *Montanindustrie*.

Wirtschaftsgebiet: wirtschaftsräumliche Einheit, deren Grenzen sich nicht aus der Wirtschaftsstruktur heraus begründen, sondern sich an der vorgegebenen Verwaltungsgliederung (z. B. Kreisgebiet, Region usw.) orientieren. Der auf Th. Kraus zurückgehende Begriff W. wird nicht einheitlich angewandt. (→ *Agrargebiet*, → *Industriegebiet*, → *Wirtschaftsraum*, → *Wirtschaftslandschaft*)

Wirtschaftsgeographie: Zweig der → *Anthropogeographie*. Die W. erfaßt und erklärt räumliche Verbreitungs- und Verknüpfungsmuster, die sich aus wirtschaftlichen Handlungen des Menschen bzw. sozialer Gruppen ergeben. Sie untersucht das Verhältnis zwischen Wirtschaft und Raum und bemüht sich deshalb um eine Synthese von Wirtschafts- und geographischer Forschung. Hierbei findet die Wirkung natürlicher Raumfaktoren auf wirtschaftliches Handeln besondere Beachtung. Zentraler Untersuchungsgegenstand der W. ist der → *Wirtschaftsraum* in seinen unterschiedlichen räumlichen Dimensionen. (→ *Weltwirtschaftsraum*) Die größeren Teilbereiche der W. sind die → *Agrargeographie*, → *Industriegeographie* sowie die Geographie des → *Tertiären Sektors* (Handel, Verkehr, Fremdenverkehr usw.).

Wirtschaftsjahr: steuerrechtlich das Geschäftsjahr, d. h. der Zeitraum der abschließenden buchhaltungsmäßigen Feststellung des Betriebsergebnisses.

Wirtschaftskolonie: → *Kolonie*, die primär aus wirtschaftlichen Gründen erworben wurde, insbesondere zur Ausbeutung von bergbaulichen Rohstoffen oder zur Gewinnung landwirtschaftlicher Produkte, unter Umständen auch als Absatzmarkt für industrielle Erzeugnisse.

Wirtschaftskreislauf: das geschlossene System von Güter-, Leistungs-, Geld- und Kredittransaktionen einer Volkswirtschaft, die bildlich als Ströme zwischen den Wirtschaftssubjekten dargestellt werden können. Mit dem Mechanismus des W. beschäftigt sich vor allem die Kreislauftheorie.

Wirtschaftslandschaft: vom wirtschaftenden Menschen umgestaltete → *Landschaft*. Bei dominierenden Funktionen ist die W. eine → *Agrarlandschaft*, → *Bergbaulandschaft*, → *Industrielandschaft* oder → *Fremdenverkehrslandschaft*.

Wirtschaftsordnung: die von der Gesellschaft bzw. vom Staat gesetzten Rahmenbedingungen, nach denen sich die Wirtschaftsabläufe zu orientieren haben. Grundsätzlich gliedert die W. in das Wirtschaftssystem der → *Marktwirtschaft* und der → *Zentralverwaltungswirtschaft*. Weltweit gesehen sind die W. heute größtenteils Mischformen. Bis zu einem gewissen Grad verstehen sich in Ansätzen viele moderne Volkswirtschaften als → *Planwirtschaften*. Auch entwickelt sich in manchen Ländern mit bisher reiner Marktwirtschaft in verstärktem Maße eine → *soziale Marktwirtschaft*. Die zunehmende weltwirtschaftliche Verflechtung bleibt nicht ohne Wirkung auf die jeweilige W. (→ *Neue Weltwirtschaftsordnung*)

Wirtschaftsplan: Zielkatalog bzw. Verfahrensrichtlinie von Wirtschaftseinheiten (Haushalte, Unternehmen, Körperschaften) bzw. zentraler Planungsbehörden zur termingerechten Durchführung wirtschaftlicher Maßnahmen.

Wirtschaftspolitik: Summe der staatlichen Maßnahmen zur Beeinflussung bzw. Steuerung des Wirtschaftsprozesses. Als wissenschaftliche Disziplin ist sie Zweig der → *Volkswirtschaftslehre*. Wesentliche Ziele der W. sind das Erlangen eines hohen Beschäftigungsstandes, Stabilität des Preisniveaus, → *Wirtschaftswachstum*, ausgeglichene → *Zahlungsbilanz* und eine leistungsgerechte Einkommensverteilung.

Wirtschaftsprozeß: die Summe aller in Gang befindlichen Produktions- und Konsumvorgänge. Der W. wird durch die gegebenen wirtschaftlichen Rahmenparameter beeinflußt. Eine gewisse Steuerung des W. ist durch Maßnahmen der → *Wirtschaftspolitik* möglich.

Wirtschaftsraum: Landschaftsausschnitt, der durch bestimmte sozioökonomische Strukturmerkmale (sozioökonomisch bestimmter W.) bzw. funktionale Verflechtungen (W. des zentralen Ortes) charakterisiert ist. Der W. hebt sich durch seine individuelle Struktur von den ihn umgebenden Räumen W. ab. Im Gegensatz zum → *Wirtschaftsgebiet* wird eine Abgrenzung des W. auf der Basis von Verwaltungseinheiten vermieden. W. z. B. nach Regions- oder Ländergrenzen auszugliedern, ist nur bei einer makrogeographischen Betrachtungsweise sinnvoll. Im Regelfall wird der W. auf der Grundlage kleinräumig zur Verfügung stehender Daten (z. B. auf Gemeindebasis) abgegrenzt. Der W. ist zentrales Objekt der → *Wirtschaftsgeographie*. (→ *Wirtschaftsgebiet*, → *Wirtschaftslandschaft*)

Wirtschaftsreich: großdimensionale Wirtschaftsländer mit seiner bedeutender Produktion von Wirtschaftsgütern aller Art. W. können als räumliche Einheiten in Erscheinung treten oder aus mehreren räumlich getrennten Teilen zusammengesetzt sein. Der Begriff W. läßt sich für die kolonialzeitlichen Weltmächte (Mutterländer einschließlich Kolonien bzw. Protektorate) am besten gebrauchen.

Wirtschaftssektor: Wirtschaftsbereich, in dem ähnliche → *Wirtschaftszweige* zusammengefaßt sind. Unterschieden werden der → *Primäre Sektor,* → *Sekundäre Sektor* und der → *Tertiäre Sektor.*

Wirtschaftsstufe: Entwicklungsstadium, das der Mensch im Laufe der Geschichte vor dem Hintergrund natürlicher und wirtschaftlicher Zwänge erreicht hat. In der klassischen Literatur werden vier W. unterschieden: 1. die primitive W., 2. die angepaßte W., 3. die traditionelle W. und 4. die rationale W. Sehr früh schon wurde versucht, die verschiedenen W. in eine chronologische Reihenfolge zu bringen und daraus evolutionäre Schlüsse zu ziehen. (→ *Wirtschaftsstufentheorie*)

Wirtschaftsstufentheorie: Theorie zur Erklärung der Entwicklung der Menschheit auf Grund des jeweils erreichten Wirtschaftsniveaus. Ausgangspunkt war die → *Dreistufentheorie* (Sammler und Jäger, Hirten, Ackerbauern), die im 19. Jh. widerlegt wurde. Einen neuen Versuch unternahm 1959 Bobek mit seinen sechs universalhistorisch angelegten Stufen der Gesellschafts- und Wirtschaftsentfaltung. Aufmerksamkeit erlangte 1960 auch Rostow mit seiner den → *Modernisierungstheorien* zugerechneten Stadien-Lehre (→ *Stadientheorie*). Die moderneren Theorien zur Entwicklung der Wirtschaft (z. B. Friedmann) leiten bereits sehr stark zu den allgemeinen → *Entwicklungstheorien* über.

Wirtschaftsstruktur: Aufbau und innere Gliederung der → *Wirtschaft* eines Gebietes. Dabei kann die W. ausgewogen oder einseitig beschaffen sein. Eine Verbesserung der W. ist vor allem in den → *strukturschwachen Räumen* erforderlich. Eine Verbesserung der W. zu erreichen, ist z. B. Aufgabe der → *regionalen Wirtschaftspolitik.*

Wirtschaftssubjekt: jeder, der am Wirtschaftsleben teilnimmt. W. sind neben Privatpersonen auch juristische Personen, öffentlich-rechtliche Körperschaften sowie staatliche Einrichtungen.

Wirtschaftssystem: im Sinne von W. Sombart Eigenart und historische Gestalt des Wirtschaftslebens in den jeweiligen Epochen und Kulturen. Das W. wird bestimmt durch die Wirtschaftsgesinnung, die → *Wirtschaftsordnung* und die Technik der Wirtschaft. Teilweise wird der Begriff W. mit der Wirtschaftsordnung gleichgesetzt.

Wirtschaftssystematik: im Zuge der statistischen Erfassung und Dokumentation eine Aufgliederung der Wirtschaft in mit Nummern versehene Abteilungen und Unterabteilungen bzw. Wirtschaftszweige. Neben

diesen Unternehmens- und Arbeitsstättensystematiken, deren bekannteste die International Standard Industrial Classification of all Economic Activities (ISIC) ist, gibt es Waren- und Leistungssystematiken, Systeme der volkswirtschaftlichen Gesamtrechnungen und Berufsklassifizierungen. Relativ neu in der Bundesrepublik Deutschland ist z. B. die „Systematik für das Produzierende Gewerbe" (SYPRO).

Wirtschaftstheorie: grundlegendes Stoffgebiet der → *Volkswirtschaftslehre.* Aufgabe der W. ist es, Einzel-, vor allem aber gesamtwirtschaftliche Prozesse wissenschaftlich zu beschreiben und zu erklären. Die W. gliedert sich im wesentlichen in die folgenden Teildisziplinen auf: Preis-, Kreislauf-, Konjunktur-, Geld-, Wachstums-, Produktions-, Verteilungs-, Haushalts- und Außenwirtschaftstheorie.

Wirtschafts- und Sozialgeographie: gelegentlich gebrauchter Terminus, durch den – über die bloße Zusammenfassung der – beiden Begriffe → *Wirtschaftsgeographie* und → *Sozialgeographie* hinaus – eine enge inhaltliche und konzeptionelle Verbindung ausgedrückt werden soll. Der Begriff wird vor allem benutzt, um eine auf der sozialgeographischen Konzeption beruhende Wirtschaftsgeographie zu bezeichnen.

Wirtschaftsunion: übernationaler wirtschaftlicher Zusammenschluß. Eine W. setzt eine gemeinsame → *Wirtschaftsordnung* und eine gleichsinnige Wirtschaftspolitik voraus. Merkmale einer W. sind der freie Austausch von Arbeitskräften, Gütern und Kapital sowie eine gemeinsame Währungseinheit bzw. ein fester Wechselkurs. Die Erlangung einer W. ist beispielsweise das Ziel der Europäischen Gemeinschaften. (→ *EG*)

Wirtschaftsverkehr: Verkehr, der direkt von wirtschaftlichen Einrichtungen ausgeht. Im Gegensatz zum → *Berufsverkehr* gelten für den W. häufig Sonderregelungen. So kann in verschiedenen Städten der W. während festgelegter Zeiten → *Fußgängerstraßen* zur Belieferung der Geschäfte benützen. In der Land- und Forstwirtschaft gibt es eigens Wirtschaftswege für den W., die für den sonstigen Verkehr gesperrt sind. Teilweise hängt von der Flüssigkeit des W. die Leistungsfähigkeit stark verkehrsabhängiger Wirtschaftsbetriebe ab.

Wirtschaftswachstum: Zunahme des realen → *Bruttosozialprodukts.* Angemessenes W. ist in einem marktwirtschaftlichen System in der Regel eine notwendige Voraussetzung zur Sicherung eines hohen Beschäftigungsstandes und zur weiteren Steigerung des Lebensstandards.

Wirtschaftswald: ein regelmäßig bewirtschafteter → *Wald,* der durch zielgerichtete → *Verjüngung* und durch Bestandspflege ei-

nem oder mehreren Wirtschaftszielen dient.
(→ Forst)
Wirtschaftswissenschaften: wissenschaftliche Disziplin, die sich mit der → Wirtschaft befaßt. Die wirtschaftlichen Gesamterscheinungen werden von der → Volkswirtschaftslehre, der Einzelbetrieb von der → Betriebswirtschaftslehre untersucht. Teilweise wird die Finanzwissenschaft als Lehre von der Staatswirtschaft als weitere Teildisziplin der W. geführt. Außer zur → Wirtschaftsgeographie bestehen sachlich enge Verbindungen zur Wirtschaftsgeschichte, Wirtschafts- und Sozialstatistik, Wirtschaftssoziologie und -psychologie sowie zum Wirtschaftsrecht.
Wirtschaftszone: 1. zonal angeordnete, häufig natürlich bedingte wirtschaftsräumliche Einheit. In der Agrargeographie hat sich vor allem der Begriff → Landbauzone durchgesetzt.
2. nach dem neuen → Seerecht Zweihundertmeilenzone (Exclusive Economic Zone), in der der Anrainerstaat (mit Ausnahme der ersten 12 sm des Küstenmeeres) nicht die politische Souveränität, wohl aber das Recht zur Ausbeutung der Meeresressourcen hat.
Wirtschaftszweige: 1. in der amtlichen Statistik der Bundesrepublik Deutschland Bezeichnung für → Wirtschaftsabteilungen.
2. bei der Arbeitsstättenzählung der Bundesanstalt für Arbeit zusammenfassender Oberbegriff über Abteilungen und Gruppen. Nach W. erfolgt hier auch die Zuordnung der Berufe.
Wirtsspezifität: Beschränkung eines → Parasiten auf nur einige oder wenige Wirtsarten.
Wirtswahlregel (Hopkins'sche Wirtswahlregel): bei Insekten festgestellte Regel, die besagt, daß polyphage Arten vorzugsweise wieder auf jener Wirtsart siedeln, auf der sie selbst aufwuchsen. Dies erklärt, daß Schädlinge sich von einer Wildpflanze auf eine verwandte Kulturpflanze umgewöhnen können oder daß sich bei den Parasiten ökologische Rassen bilden.
Wirtswechsel: Auftreten der einzelnen Entwicklungsstufen eines → Parasiten in oder auf mehreren → Wirten, die auch ganz verschiedenen Organismengruppen angehören können.
Witterung: abgrenzbare, für die jeweilige Jahreszeit oft typische Abfolge der atmosphärischen Zustände in einem Gebiet. Die einzelnen W.-Perioden des Jahres oder der Jahreszeiten sind durch Einstrahlungsbedingungen und atmosphärische Strömungszustände geprägt. Sie lassen sich oft durch bestimmte Temperatur- und Niederschlagsverhältnisse charakterisieren, auch in Form von Abweichungen zum langjährigen Durchschnitt, dem → Klima. Einige typische W.-Perioden treten in bestimmten Gebieten immer wieder im gleichen Zeitraum auf und

heißen deshalb → Regelfälle der Witterung.
(→ Wetter)
Witterungstyp: in bestimmter Ausprägung immer wieder auftretende und während mindestens einiger Tage anhaltende Kombination der atmosphärischen Erscheinungen.
Wochenendtourismus: touristische Aktivität während eines, oft durch einen Feiertag verlängerten, Wochenendes. Im Gegensatz zum → Naherholungsverkehr ist der W. durch eine bis mehrere auswärtige Übernachtungen und in der Regel eine größere Distanz gekennzeichnet. Besonders wichtig sind im Rahmen des W. der → Städtetourismus und Wintersportaufenthalte. (→ Kurzzeiterholung)
Wochenpendler (Wochenendpendler): jener → Pendler, dessen Heimatort relativ weit vom Arbeitsort entfernt liegt und der daher nur einmal wöchentlich am → Pendelverkehr teilnimmt. In der Regel wird der Weg zum bzw. vom Arbeitsort am Sonntagabend/Montagmorgen bzw. am Freitagabend zurückgelegt. Während der Arbeitswoche wohnt der W. in einer → Zweitwohnung, oft in einer einfachen Behelfsunterkunft am Arbeitsort. (→ Fernpendler)
Wogenwolken: durch starke Turbulenz entstehende, wellige, parallel angeordnete Wolkenstreifen.
Wohlstandsgebiet: Gebiet, dessen Bevölkerung auf Grund der erreichten wirtschaftlichen Prosperität sich eines hohen → Lebensstandards erfreut (→ Wohlstandsgesellschaft). Die Festlegung von W. hängt davon ab, was als → Wohlstandsindikatoren angesehen und welche Schwellenwerte gesetzt werden. Bei einer globalen Betrachtung lassen sich die hochentwickelten Industrieländer als W. einstufen.
Wohlstandsgesellschaft: in wirtschaftlicher Prosperität lebende Gesellschaft, die ihre materiellen Bedürfnisse zunehmend mit Luxusgütern befriedigt. Negativerscheinungen der W. sind das Auftreten von Wohlstandskrankheiten, Wohlstandskriminalität und → Wohlstandsmüll.
Wohlstandsindikator: Meßziffer zur Darstellung der Höhe bzw. der Qualität eines erreichten → Lebensstandards in einer Gesellschaft. W. geben das Ausmaß der Befriedigung der materiellen und immateriellen Bedürfniskategorien der Menschen wieder, allerdings aus der Sicht eines subjektiven Wohlstandsempfindens. Ein typischer W. ist die Zahl der Einwohner, die in einem Land auf einen PKW entfallen. Ein ähnlicher W. ist die Zahl der Einwohner, die auf einen Telefonanschluß kommen. Ein sozialer W. ist z. B. die Betten- oder Ärztezahl je 10 000 Einwohner. Wichtigster gesamtwirtschaftlicher W. ist das → Pro-Kopf-Einkommen. (→ Sozialindikator)
Wohlstandsmüll: → Müll einer → Wohl-

standsgesellschaft, der durch den hohen Anteil an Verpackungsmaterialien, insbesondere Einwegverpackungen, und kurzlebigen Verbrauchsgütern (Wegwerfgüter) gekennzeichnet ist.

Wohnbauflächen: im → *Bebauungsplan* diejenigen Bauflächen-Kategorien, die primär der Funktion Wohnen dienen sollen. Dazu gehören das reine Wohngebiet (WR), das allgemeine Wohngebiet (WA) und das Kleinsiedlungsgebiet (WS).

Wohnbauland: in der → *Bauleitplanung* die Summe derjenigen Grundstücke, die mit Wohngebäuden bebaut sind oder bebaut werden sollen. Differenziert wird nach → *Nettowohnbauland* und → *Bruttowohnbauland.*

Wohnbedarfsplan: Instrument zur Planung des → *Wohnraumbedarfs* sowie des Bedarfs an Folgeeinrichtungen. Der W. enthält Informationen über die Nachfrage nach Wohnungen und über das vorhandene Angebot am Wohnstandort. Bei der Wohnbedarfsermittlung müssen das besondere Angebot in den verschienen → *Wohnformen* berücksichtigt werden. Auch zieht der W. gegebenenfalls das Wohnraumangebot des Umlandes in die Berechnung mit ein, jedoch ist hierbei die regionale Verkehrserschließung als eine Bestimmungsgröße zu sehen. W. spielen z. B. beim Ausbau von Hochschulstandorten eine besondere Rolle. Hier gilt es die Anzahl der Untermietzimmer von Privatpersonen zu erheben sowie generell die Vermietbereitschaft der Bewohner bei bestimmten Wohnungs- und Sozialstrukturen zu ergründen.

wohnberechtigte Bevölkerung: statistischer Begriff für die Bevölkerung, die in einer Gemeinde einen → *Wohnsitz* aufweist, unabhängig davon, ob es sich um eine → *Haupt-* oder → *Zweitwohnung* handelt. Insbesondere in Gemeinden mit einer hohen Anzahl von Zweitwohnsitzlern kann die w. B. beträchtlich höher sein als die → *Wohnbevölkerung.*

Wohnbevölkerung: bezogen auf eine Gemeinde diejenige Bevölkerung, die in dieser Gemeinde ihren Hauptwohnsitz hat (→ *Wohngemeinde*). Die W. ist in der Bundesrepublik Deutschland als → *Einwohnerzahl* bezeichnet wird.

Wohndichte: 1. unscharfe bioökologische Bezeichnung für → *Populationsdichte* einer einzigen Art.

2. die Populationsdichte sämtlicher Arten im → *Areal* bzw. einer künstlich gewählten Flächen- oder einer natürlichen Raumeinheit.

3. Kennziffer aus dem Bereich von Städtebau und Stadtplanung, mit der die Verdichtung der Bevölkerung in einem Raum (Gemeinde, Stadtviertel usw.) ausgedrückt werden soll. Die W. errechnet sich aus der Zahl der Einwohner pro ha Netto- oder Brutto-

wohnbauland (→ *Netto-* bzw. → *Brutto-W.*). Daneben wird als W. gelegentlich auch die durchschnittliche Zahl der Bewohner pro Wohnraum oder pro 100 m^2 Wohnfläche bezeichnet.

Wohnfläche: Die anrechenbare Grundfläche der Räume einer Wohnung. Die durchschnittliche W./Ew. schwankt mit dem Lebensstandard und der wirtschaftlichen Konjunktur. Sie wird auch von den unterschiedlichen → *Wohnformen* beeinflußt. 1970 betrug die durchschnittliche W. in der Bundesrepublik Deutschland ca. 24 m^2/Ew.

Wohngebäude: Gebäude, das ausschließlich oder überwiegend menschlichem Wohnen dient. Man unterscheidet bei den W. insbesondere zwischen Einfamilien- sowie Zwei- und Mehrfamilienhäusern, in denen sich Miet-, Eigentums- oder Eigentümerwohnungen befinden können. Ein W. kann daneben auch andere Nutzungen beherbergen (z. B. Büro- und Geschäftsnutzung).

Wohngebiet: nach der → *Baunutzungsverordnung* ein ausschließlich oder überwiegend dem Wohnen dienendes und als solches im → *Flächennutzungsplan* einer Gemeinde ausgewiesenes Gebiet. Man unterscheidet reine W., in denen nur ausnahmsweise nicht störende Versorgungseinrichtungen und Gewerbebetriebe zugelassen sind und allgemeine W., in denen diese Nutzungen, außerdem → *Gemeinbedarfseinrichtungen,* generell zugelassen sind.

Wohngemeinde: bevölkerungsstatistischer Begriff, mit dem diejenige Gemeinde bezeichnet wird, in der eine Person mit dem → *Hauptwohnsitz* gemeldet ist. Die Einwohnerzahl einer Stadt bezieht sich z. B. auf alle Personen, für die diese Stadt die W. ist.

Wohngrube (Siedlungsgrube): in das Erdreich eingetiefte Teile von Bauten in vor- und frühgeschichtlicher Zeit.

Wohnhöhle: als Behausung genutzte Naturhöhle bzw. künstlich angelegte Höhle. W., die oft in größerer Zahl vorkommen und ganze Höhlendörfer bilden, kommen vereinzelt auch heute noch vor, vor allem in Gebirgsräumen. Bekannt sind z. B. die W. der Höhlendörfer Chenini und Matmata im Süden von Tunesien.

Wohnhügel: Siedlung auf oft künstlich angelegtem Hügel, teilweise auf die vor- und frühgeschichtliche Zeit zurückgehend. (→ *Wurt*)

Wohnraum: in Behausungen vorhandene Räume, die dem Wohnen bzw. als Wohnung dienen, sich also in der Funktion ergänzen.

Wohnraumbewirtschaftung: Maßnahmen des Staates zur Behebung vorhandenen Wohnraummangels. In der Bundesrepublik Deutschland gab es eine W. nach dem II. Weltkrieg, die im → *Sozialen Wohnungsbau* ansatzweise auch heute noch besteht.

Wohnsitz: bevölkerungsstatistischer Ausdruck für die Wohnung einer Person oder eines Haushalts. In der Statistik wird insbesondere zwischen Haupt- und → *Zweit-* bzw. → *Nebenwohnsitz* unterschieden.

Wohnstallhaus: bäuerliches → *Einheitshaus*, bei dem sich die Wohnfunktion zusammen mit der Tierhaltung unter einem Dach befindet. Das W. kann längs- oder quergeteilt sein. Liegt die Wohnung über dem Stall, so ist das W. gestelzt.

Wohnstätte: statistische Bezeichnung für ein Gebäude, das dort wohnhaften Personen als dauernde Behausung dient. Die Art des Gebäudes, auch die Unterscheidung nach → *Wohngebäude* und Nicht-Wohngebäude, spielt hierbei keine Rolle.

Wohnumfeld: unscharf abgegrenzter Bereich in der Umgebung einer Wohnung, in dem sich häufige und regelmäßige Aktivitäten und soziale Interaktionen der Bewohner abspielen. Insbesondere die → *Grundversorgung* sowie wohnungsnahe Freizeitaktivitäten (kleinere Spaziergänge, Besuche von Nachbarn usw.) spielen sich im W. ab.

Wohnung: die Summe der funktional unterschiedlichen Räume in einer Behausung. Sie kann gemietet oder Eigentum sein.

Wohnungsbau: Errichtung von Wohnungen. Der W. untergliedert sich in den → *sozialen* W., der eine umfangreiche öffentliche Förderung erfährt, den steuerbegünstigten W. und den freifinanzierten W. (→ *Wohnungsbaugenossenschaft*)

Wohnungsbaugenossenschaft: gemeinnütziges Unternehmen, an dem neben privaten Unternehmen häufig die → *öffentliche* Hand, Gebietskörperschaften, aber auch Mieter oder potentielle Käufer als Genossen beteiligt sind. Die W. erstellt auf Grund der Verwendung zinsbegünstigter Kredite, einheitlicher Bauplanung und gegebenenfalls stärkerer Inanspruchnahme öffentlicher Dienstleistungen relativ kostengünstige Miet- und Eigentumswohnungen.

Wohnungsbelegungsziffer: Meßziffer, die jene Personenzahl angibt, die in einem Bezugsgebiet durchschnittlich in einer Wohneinheit untergebracht ist. Zu Beginn der siebziger Jahre lag die W. in der Bundesrepublik Deutschland knapp über dem Wert 3. Die W. wird gemessen in Ew/WoE. (→ *Wohndichte*)

Wohnungsdichte: Meßziffer, die angibt, wieviele Wohnungseinheiten auf einem Hektar des Bezugsgebietes vorhanden oder als Planungsziel beabsichtigt sind (WoE/ha). Bei der W. wird ebenso wie bei der → *Wohndichte* nach Brutto und Netto unterschieden.

Wohnungswesen: zusammengefaßter Sachbereich, zu dem der → *Wohnungsbau*, die betroffenen Teile der → *Bauwirtschaft*, Woh-

nungsunternehmen (→ *Wohnungsbaugenossenschaft*) sowie die mit dem W. befaßten Behörden gehören. Das W. befaßt sich mit der sachgerechten und sozialverträglichen Bewirtschaftung und Nutzung des vorhandenen Wohnungsbestandes. Im Rahmen des übergeordneten → *Städtebaus* geht es dabei auch um die Frage der Modernisierung der Wohnungen sowie um eine Weiterentwicklung zukunftsträchtiger Wohnformen.

Wohnviertel: → *Stadtviertel*, das ganz überwiegend durch die Wohnfunktion geprägt ist. In einem W. befinden sich fast ausschließlich → *Wohngebäude*; an sonstigen Nutzungen sind meist nur Einrichtungen der → *Grundversorgung*, der → *freizeitorientierten Infrastruktur* und ähnliche von der Wohnbevölkerung häufig in Anspruch genommene Einrichtungen vorhanden.

Wölbacker (Hochacker): Ackerstreifen, der als → *Flurwüstung* in der Regel nur noch reliktförmig erhalten ist. Der W. ist ein 1-ca. 25 m breites Beet mit einer Scheitelhöhe bis zu ca. 1 m. Meist gehören mehrere nebeneinander liegende W. zu einer → *Parzelle*. Die aus Gründen der besseren Drainage angelegten oder durch die Art des Pflügens entstandenen W. waren in der Frühzeit und im Mittelalter verbreitet.

Wölbacker

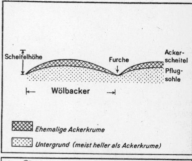

Ehemalige Ackerkrume

Untergrund (meist heller als Ackerkrume)

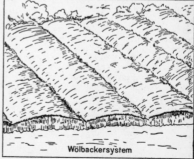

Wölbackersystem

Wölbung: geomorphographisches Merkmal des → *Georeliefs,* das in seinen Tendenzen konvex, konkav oder gestreckt als W.-Art bezeichnet wird, die man zusätzlich durch die W.-Stärke – ausgedrückt durch den Radius der W. in Metern – sowie die W.-Richtung – als Hangfall- oder in Hangstreichrichtung – darstellt. Mit Hilfe der W. können alle Formen klassifiziert werden, ohne daß man geomorphogenetische Begriffe verwenden muß. Gleichwohl lassen sich die Merkmale der W. auf irgendwelche geomorphogenetischen Prozesse zurückführen, die konvexe, konkave und gestreckte (oder daraus kombinierte) → *Reliefelemente* als Ergebnis haben. Die W. liegt demnach in den reliefbildenden Prozessen und der Reliefgestalt selbst begründet und bedingt den Regelcharakter des Georeliefs im landschaftlichen → *Ökosystem.*

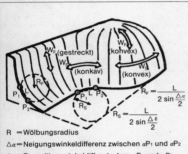

R   = Wölbungsradius

$\triangle\alpha$ = Neigungswinkeldifferenz zwischen αP_1 und αP_2

$\triangle$ = Expositionswinkeldiff. zwischen εP_1 und εP_2

Wölbung

Wolke: schleier-, schicht- oder haufenartige Ansammlung von Wassertröpfchen oder Eispartikeln in der wasserdampfhaltigen Atmosphäre, stets verbunden mit einer Turbulenz der Luft. Die W. befinden sich in verschiedenen Stockwerken der → *Troposphäre* bis zu ihrer Obergrenze (→ *Tropopause*). Die größte Häufigkeit und Dichte wird dabei in den untersten Schichten erreicht, da die Konzentration an Wasserdampf und → *Kondensationskernen* mit der Höhe rasch abnimmt. W. entstehen durch → *Kondensation* und → *Sublimation* von Wasserdampf, wenn in der feuchten Luft der → *Taupunkt* unterschritten wird. Nach Form, Ausbreitungsart und Höhenlage werden verschiedene Gattungen unterschieden. (→ *Cumulus,* → *Nimbus,* → *Stratus*)

Wolkenalbedo: in der Strahlungsbilanz der an der Wolkenoberfläche reflektierte und in den Weltraum zurückgeworfene Strahlungsanteil.

Wolkenbruch: meist kurzanhaltender, groß-

tropfiger dichter Starkregen, gelegentlich mit → *Hagel* vermischt, häufig bei → *Gewittern.*

Wolkenkerne: Sammelbezeichnung für alle Stoffe in der Atmosphäre (Salzkristalle, Staubpartikel usw.), an die sich Wasser beim Erreichen des Sättigungspunktes anlagern kann. Die W. tragen als → *Kondensations-* und Sublimations*kerne* entscheidend zur Wolkenbildung bei, da sie die Übersättigungsschwelle herabdrücken. (→ *Aёrosol*)

Wollsäcke (Wollsackverwitterung): rundliche Blöcke, die als → *Felsburgen* oder → *Blockmeere* vergesellschaftet vorkommen und die überwiegend auf verschiedene Prozesse der → *chemischen Verwitterung* zurückgehen, die Klüften nachtasten und die zu einer Gliederung der verwitterten Gesteinsmasse in Blöcke führen. Dazu gehört auch die → *Sphäroidalverwitterung.*

Wuchsbezirk: aufgrund verschiedener Kriterien innerhalb größerer, von einer einheitlichen Waldpflanzengesellschaft bestandener Areale ausgeschiedenes Gebiet. Dabei hängen die Kriterien vom Ziel der Gliederung und von der Größe des zu gliedernden Gebietes ab. Die W. setzen *Wuchsgebiete* zusammen und sind – als forstwirtschaftlicher Begriff – nicht mit dem → *Wuchsdistrikt* zu verwechseln.

Wuchsdistrikt (Wuchsbezirk): in der Geobotanik und Vegetationsgeographie die kleinste, durch ein eigenes gesellschaftsdynamisches Gefüge gekennzeichnete vegetationsräumliche Einheit.

Wuchsgebiet: Bestandteil einer forstwirtschaftlichen Raumgliederung. Sie setzt sich aus mehreren → *Wuchsbezirken* zusammen und gilt auf dieser Betrachtungsebene – ähnlich der → *geographischen Homogenität* – in pflanzengeographischer Zusammensetzung und sonstiger ökologischer Ausstattung als homogen. Aus mehreren W. setzt sich eine Wuchslandschaft zusammen.

Wuchsreihe: in der Forstwirtschaft und in der Geobotanik verschieden alte Pflanzen bzw. Bäume, die unter den gleichen geoökologischen Randbedingungen eines Gebietes bzw. Bestandes vorkommen.

Wuchsstoffe: organische Verbindungen, die bereits in geringen Konzentrationen das Pflanzenwachstum beeinflussen, ohne selbst Nährstoffe zu sein. Es handelt sich demzufolge um Wirkstoffe, die nicht dem Energieumsatz bzw. dem Baustoffwechsel dienen.

Wundparasiten: jene → *Parasiten,* die unverletzte Organismen nicht befallen können, wenn nicht ein Einlaß über Wunden besteht.

Würgeboden: Typ des → *Frostmusterbodens,* bei dem durch Druckvorgänge beim Gefrieren und Wiederauftauen verschiedene Bodenlagen ineinandergepreßt und ein- bzw. aufgestülpt wurden.

Wurmhumus: humoser Mineralboden, der durch innige Vermischung von Humusstoffen und mineralischer Substanz durch die wühlende Tätigkeit der Regenwürmer geprägt ist und Krümel- sowie Wurmlosungsgefüge aufweist. Ein wichtiger Bestandteil des W. sind die → *Ton-Humus-Komplexe.*

Würm-Kaltzeit: letzte der → *Kaltzeiten* des → *Pleistozäns* in den Alpen und Gegenstück zur → *Weichsel-Kaltzeit* der nordeuropäischen Inlandvereisung. Die Gebirgsvergletscherung der Alpen war auch im Würm eine → *Vorlandvergletscherung,* die jedoch auf der Alpensüdseite nur wenig aus dem Gebirge heraustrat, auf der Nordseite hingegen große Teile des Alpenvorlandes überdeckte. Charakteristisch sind die → *Endmoränen* der W.-K., welche in großen Bögen die Seen des Alpenrandes bzw. des Alpenvorlandes umgürten. Die Untergliederung der W.-K., auf das → *Riß-Würm-Interglazial* folgte und an die sich das → *Postglazial* anschloß, in Würm I und Würm II gilt als umstritten. Die Endmoränen von Würm I sollen überfahren worden sein, während Würm II als Maximalstand gilt, der sich in drei Stadien untergliedert (→ *Schaffhauser Stadium,* → *Schlierstadium,* → *Ammerseestadium*), die sich im Alpenvorland befinden. Weitere Rückzugsstadien der W.-K. finden sich innerhalb der Alpen. Es handelt sich um → *Schlernstadium,* → *Gschnitz-Stadium,* → *Daunstadium* und → *Egesenstadium.*

Wurmlosungsgefüge: durch Regenwürmer geschaffene, traubenartige Anhäufungen lose verkitteter, weicher Krümel.

Wurmmull: überwiegend aus Regenwurmlosung bestehender → *Mull.* (→ *Humusform*)

Wurt (Warft, Werf, Werft, Hüyük, Kom, Mound, Tell): künstlich aufgehöhter Erdhügel, der als Siedelplatz für eine Einzel- oder Gruppensiedlung dient. Er wurde aus unterschiedlichen Gründen in völlig verschieden ausgestatteten Landschaften und praktisch während der gesamten Siedelgeschichte des Menschen überwiegend zu Wohn- und Schutzzwecken errichtet. An der Marschenküste sollen die W. vor Hochflut schützen. Im vorderen Orient sollten die Hüyüks, Koms und Tells überwiegend Schutz vor kriegerischen Handlungen bieten; in Nordamerika gibt es die Mounds.

Wurzel: 1. jener Teil höherer Pflanzen, der blattlos ist, sich meist in der Erde befindet, wo er zur Befestigung im Boden dient und die Aufnahme von Wasser und → *Nährstoffen* ermöglicht, diese weiterleitet bzw. Reservestoffe bildet. 2. geologische Region, die Ausgangsbereich einer durch → *Faltung* entstandenen → *Deckfalte* bzw. → *Überschiebungsdecke* ist.

Wurzelausscheidungen: durch → *Pflanzenwurzeln* erfolgende Absonderungen. Sie sind sowohl am Bodenhaushalt als auch an der Verwitterung beteiligt, z.B. durch die Abgabe von Kohlensäure oder organischer Substanz bzw. organische Säuren. Auch werden Wirkstoffe abgegeben, die für das Bodenleben Bedeutung besitzen.

Wurzelbildung (Rhizogenese): Entwicklung des → *Wurzelsystems* höherer Pflanzen aus Keimwurzel über Primärwurzel und Seitenwurzeln, die sich aus der Primär- bzw. Hauptwurzel abzweigen.

Wurzelbrut: Ausschläge an flachstreichenden Horizontalwurzeln, d.h. eine Art natürlicher Stockausschlag.

Wurzeldruck: 1. Kraft, die auf der Osmose beruht und die das Wasser in den Leitungsbahnen emporpreßt. Neben dem Wasserzug durch → *Transpiration* hält auch der Wassertransport durch W. die → *Hydratur* der Pflanze aufrecht. 2. Sprengwirkung von Wurzeln bei der → *physikalisch-biogenen Verwitterung.*

Wurzelkletterer: zu den → *Lianen* gehörende Pflanzen. Sie haben besondere Haftwurzeln ausgebildet, welche die Pflanzen mit der Unterlage verbinden, z.B. beim Efeu.

Wurzelkonkurrenz: Wettbewerb an Standorten, wo Nährstoffe oder Bodenfeuchte als Mangelfaktor wirken, was entweder zur Vernichtung einzelner Arten oder des gesamten Bestandes führen kann.

Wurzelraum: der gesamte durchwurzelte Bereich im Boden.

Wurzelsystem: Gesamtheit der aus einer Hauptwurzel hervorgehenden → *Wurzeln,* wobei zwischen intensiven und extensiven W. unterschieden wird, die im Haushalt der Ökosysteme ganz unterschiedliche Wirkungen zeitigen. Gräser z.B. besitzen ein intensives, fein- und weitverzweigtes Wurzelsystem, das ein kleines Bodenvolumen vollkommen durchsetzen kann. Das extensive W., z.B. von Holzgewächsen, weist wenige, große und z.T. verholzte Wurzeln auf, die sowohl horizontal als auch vertikal streichen und ein großes Bodenvolumen durchwurzeln, dies aber nur sehr licht.

Wurzelzone: 1. südlicher bzw. nördlicher Randbereich der → *subtropischen Hochdruckgürtel,* in dem die äquatorwärts gerichtete → *Passatströmung* einsetzt. In der W. hat die → *Passatinversion* ihre tiefste Lage. 2. Ursprungsbereich von → *Überschiebungsdecken* nach der → *Deckentheorie.*

Wüste: ein Gebiet, das sich allgemein durch Vegetationsarmut oder Vegetationslosigkeit auszeichnet, die durch Wärme, Trockenheit und/oder Kälte bedingt wird. So werden Wärme- und Kälte-W., wie auch Trocken-W. unterschieden. Bei der Gliederung der W. stellt man die → *Kernwüste* der → *Randwüste* gegenüber. Vegetationsgeographisch gewichtet ist der Begriff → *Halbwüste.* Weiterhin können nach den Substrattypen → *Lehmwüste,* → *Sandwüste,* → *Hamada* oder → *Serir* unterschieden werden. Die Trockenheit der W. hat klimatische Ursachen, auch wenn die sonstigen Randbedingungen verschieden sein können. Charakteristisch ist ferner die Lebensfeindlichkeit der W., die nur Spezialisten unter den Tieren und Pflanzen ein Überleben ermöglicht. Für den Menschen war und ist die W. nur unter Sonderbedingungen zugänglich, gleichwohl dient die W. heute teilweise als Wirtschaftsraum, z. B. in → *Oasen* oder für den Bergbau.

Wüstenböden: Sammelbezeichnung für die salzfreien Böden der Halb-, Rand- und Vollwüsten, die durch physikalische Verwitterung geprägt sind (→ *Insolationsverwitterung*). W. sind extrem arm an organischer Substanz, jedoch meist reich an gesteinsbürtigen Nährstoffen und oft locker im Gefüge, weshalb sie sich bei einer Bewässerung landwirtschaftlich nutzen lassen. Zu den W. gehören die grauen und roten W. sowie die verschiedenen Formen der → *Yerma.* (→ *Halbwüstenböden*)

Wüstenklima: extremes Trockenklima mit großen Tagesamplituden und einem deutlichen Jahresgang der Temperatur. W. sind durch den Ein-/Ausstrahlungsrhythmus geprägt, da eine Bewölkung meist völlig fehlt. Große Tageshitze wird von starker nächtlicher Abkühlung abgelöst, wobei im Winterhalbjahr auch leichte Fröste möglich sind. Die Mitteltemperatur des wärmsten Monats liegt über 28 °C. Niederschläge sind sehr selten, in vielen Jahren fällt überhaupt kein Regen. Die gelegentlichen Schauer können allerdings heftig sein. Für die Wasserversorgung der existenzfähigen Vegetation ist die nächtliche Taubildung von zentraler Bedeutung. Einen Sonderfall stellen die → *Nebelwüsten* dar.

Wüstennomadismus: Form des → *Nomadismus,* die in Wüstengebieten auftritt. Beim W. legen die Nomaden besonders große Wanderwege zurück. Sie sind dabei auf marschtüchtige Tiere angewiesen, die lange Durstperioden überstehen können. Charakteristisch sind Kamele als Milch-, Last- und Reittiere; Kleinvieh ist kaum anzutreffen, ebensowenig Rinder. (→ *Steppennomaden,* → *Bergnomadismus*)

Wüstensavanne: Übergangslandschaft zwischen → *Wüste* und → *Savanne,* gelegentlich auch als → *Halbwüste* bzw. Dorn- und Sukkulentensavanne bezeichnet.

Wüstensteppe: ein Landschaftstyp zwischen → *Wüste* und → *Steppe,* gelegentlich auch als → *Halbwüste* bezeichnet. Sie findet ihr subtropisch-tropisches Gegenstück in der → *Wüstensavanne.*

Wüstung: Siedlung (→ *Orts-W.*) oder Wirtschaftsfläche (→ *Flur-W.*) oder Industrieanlage (→ *Industrie-W.*), die aufgegeben wurde. Unterschieden wird nach totalen W. und nach partiellen W. Bei letzteren wurden nur Teile der Siedlung bzw. der Flur aufgegeben. Gründe für das Entstehen von W. können Bevölkerungsverluste (durch Krieg, Seuchen oder natürlich bedingt) sein oder auch rein wirtschaftliche Gründe (nachlassende Ertragsfähigkeit des Bodens, Erschöpfung von Lagerstätten usw.). In Europa wirkte die spätmittelalterliche W.-Periode besonders kulturlandschaftsverändernd.

X

xenök (xenozön, xenotop, zönoxen): bezeichnet das zufällige Vorkommen von Arten in einem Ökotop, wo sie sich wegen ungeeigneter Lebens- und Vermehrungsbedingungen nicht lange aufhalten können.

Xenophilie: bezieht sich auf die → *Nahrungsbreite* und stellt eine Sonderform der Nahrungsspezialisierung dar, bei der → *primäre Konsumenten* fremdländische Wirtspflanzen gegenüber einheimischen derselben Gattung oder Familie bevorzugen. Gegensatz ist → *Xenophobie*.

Xenophobie: bezieht sich auf die → *Nahrungsbreite* und stellt eine Form der Nahrungsspezialisierung dar, bei der monophage bzw. → *polyphage* → *primäre Konsumenten* sich auf allen Arten einer Pflanzengattung bzw. Pflanzenfamilie entwickeln, ohne jedoch fremdländische Arten der gleichen Gattungen oder Familien als Wirtspflanzen anzunehmen.

xero: in Wortzusammenhängen in der Bedeutung von trocken gebraucht.

Xerodrymium (Durisilva): mediterraner Trockenwald vom Typ des → *Hartlaubwaldes*.

xeromorph: Gestalt der Pflanze bzw. ihre Organe, die der Trockenheit angepaßt sind.

Xeromorphe: Pflanzen, die an klimatische und/oder edaphische Trockenheit der Standorte durch morphologische Merkmale angepaßt sind, welche zur Verminderung von Wasserverlusten durch → *Transpiration* dienen. Sie gehören damit zu den → *Xerophyten*. Unterschieden werden die → *Sklerophyllen* und die → *Malakophyllen*.

Xeromorphie: die gestaltliche Anpassung an das Leben an trockenen Standorten bzw. unter ariden Bedingungen.

xerophil: die Trockenheit bzw. trockene Standorte liebend.

Xerophorbium (Trift): 1. gehölzarme Vegetationsformation edaphisch trockener Standorte oder arider Klimate, die von Kurzgräsern gebildet und beweidet wird.
2. Sammelbezeichnung für Trockenflora in niederschlagsarmen Bereichen bzw. auf wasserdurchlässigen Sand- oder Kalkuntergrund mit Gräsern, Kräutern, Stauden und Halbsträuchern, die z. T. → *xeromorphe* Merkmale aufweisen. Das X. kommt als → *Steppenheide*, als Trockenflora glaziärer Sande, als leeseitige Hochgebirgstrockenflora statt der Mattenvegetation und als arktische Trockenflora mit Stauden und Polstergewächsen vor, denen nur eine Vegetationszeit von 6–8 Wochen zur Verfügung steht.

Xerophyten (Trockenpflanzen): Pflanzen klimatisch oder edaphisch trockener Standorte mit zahlreichen Anpassungsmerkmalen. Sie werden vor allem repräsentiert durch die → *Xeromorphen*, aber auch durch → *Ephemeren*, die bei episodischen Regenfällen auch nach langen Trockenzeiten keimen können, oder durch → *Geophyten*, die in Landschaften mit regelmäßigen Trocken- und Regenzeiten durch unterirdische Organe (Wurzelstöcke, Knollen, Rüben, Zwiebeln) die ungünstigen Jahresabschnitte überdauern, oder durch → *Sukkulenten*, die verschiedene Formen wasserspeichernden Gewebes zeigen.

Xerorendzina: trockener, geringmächtiger, humusarmer und wenig belebter A-C-Boden auf Kalkstein in Trockengebieten. (→ *Rendzina*)

Xerosols: auf der Weltbodenkarte die Bodeneinheit der → *Halbwüstenböden*.

xerotherm (trocken-warm): bezeichnet die Geoökosysteme der → *Wüsten*, → *Steppen* und → *Savannen* sowie die diesen angepaßten Floren und Faunen.

xerothermischer Index: klimatische Kennzahl in Form einer Trockentagsumme, welche die quantitative Gliederung verschieden stark ausgeprägter Trocken- und Wechselfeuchtklimate erlaubt.

xerotisch: allgemein der Trockenheit angepaßt.

Xerowumi: eine der → *Macchie* verwandte immergrüne mediterrane Gebüschformation Griechenlands, die dem spanischen → *monte bajo* entspricht.

Y

Yerma (Wüstenrohboden): Sammelbezeichnung für die grauen, seltener rötlichen, praktisch humusfreien → *Rohböden* der Vollwüsten. Die Y. werden nach der Bodenart und dem Vorhandensein von Krusten an der Oberfläche näher bezeichnet. Es existieren Gesteins-, Sand-, Staub-, Lehm-, Kalkkrusten- und Gipskrusten-Y.

Y-Horizont: Bodenhorizont, der ausschließlich aus künstlich aufgeschüttetem Material besteht.

Yoldiameer (Yoldiazeit): nach der Muschel *Yoldia arctica* benannter Vorläufer der heutigen Ostsee, der das Schmelzwasser des abtauenden Inlandeises aufnahm, so daß nur eine arktische Fauna existieren konnte. Das Y. ging aus dem → *Baltischen Eisstausee* hervor, gegenüber dem das Gebiet der Ostsee während der Yoldiazeit erstmals eine bedeutendere Verbindung zum Weltmeer besaß, was ein Absenken des Eisstausees um ca. 50 m zur Folge hatte. Über die Verbindung zum Weltmeer erfolgte die Besiedlung des Ostseebeckens mit einer arkto-marinen Fauna. Das Y. bestand verhältnismäßig kurz und entspricht zeitlich dem → *Präboreal* des → *Postglazials*. Dem Y. folgte der → *Ancylussee*.

Z

Zackeneis: gerichtete Abschmelzform des Gletschereises, die in Entstehung und Gestalt dem → *Büßerschnee* entspricht.

Zadruga: südslawische Form der → *Großfamilie* mit patriarchalischer Struktur. Die heute nur noch in Resten in Jugoslawien erhaltene Z. bestand aus einer größeren Anzahl von Einzelfamilien mit gemeinsamer Abstammung, die in einer Art Genossenschaft gemeinsam Landwirtschaft betrieben. Teilweise konnten auch Familienfremde einer Z. beitreten.

Zählbezirk: bei → *Volkszählungen* und anderen Totalerhebungen kleinste räumliche Einheit, für die Zahlen erhoben und ausgewertet werden. In der Bundesrepublik Deutschland umfaßt bei Volkszählungen ein Z. meist ca. 30 Wohnungen oder 100 Personen. Nach Möglichkeit soll ein Z. ein zusammenhängendes Gebiet umfassen, z. B. einen Straßenabschnitt oder eine Blockseite.

Zahlungsbilanz: Gegenüberstellung aller in Geld bezifferbaren außenwirtschaftlichen Transaktionen eines Landes innerhalb eines bestimmten Zeitraums. Die Z. setzt sich aus der Leistungsbilanz (→ *Handelsbilanz*, Dienstleistungsbilanz, Übertragungsbilanz), der Kapitalbilanz sowie der Devisenbilanz zusammen. Als Folge der → *Ölkrise* und der damit verbundenen Verteuerung des Erdöls hat sich vor allem bei den armen Entwicklungsländern die Z. drastisch verschlechtert.

Zeche: Bezeichnung für eine Bergwerksanlage (→ *Bergwerk*). Der Begriff Z. ist vor allem im Ruhrgebiet üblich, im Unterschied zur Bezeichnung → *Grube*, die z. B. im Saarland gebräuchlicher ist.

Zechenkolonie: ursprünglich Bezeichnung für eine Arbeiterwohnsiedlung, meist direkt auf dem Gelände der → *Zeche* gelegen. Z. sind im Grundriß geschlossen und im Aufriß gleichförmig. Aufgrund ihrer klaren Zuordnung zur Bergbaufunktion ist die Sozialstruktur der Bewohner entsprechend einseitig. Durch relativ große Grundstücke boten die Z. im Ruhrgebiet für die Bergarbeiterfamilien die Möglichkeit zum Nebenerwerb (Kleintierhaltung, Gemüsebau).

Zechensiedlung: → *Werkssiedlung* in Bergbaugebieten. Dabei kann es sich um eigenständige Siedlungen oder um Teilsiedlungen, z. B. → *Zechenkolonien*, handeln.

Zechstein: aus Kazanian und Tatarian zusammengesetzt die obere Abteilung des → *Perm* von 240 bis 225 Mill. Jahre v. h. bildend. Sie schloß sich an das → *Rotliegende* an und war überwiegend durch marine Sedimentation, die sich in verschiedenen Zyklen abspielte, gekennzeichnet. Abgelagert wurden → *Kali-* und → *Steinsalze* sowie → *Kupferschiefer*.

Zehrgebiet: der untere Bereich eines → *Gletschers* (unterhalb der → *Gleichgewichtslinie*), in dem der Massenverlust durch sommerliche Abschmelzung größer ist als die Massenzunahme durch Schneefall im Winter. Im Z. schmilzt die Schneedecke im Sommer völlig ab und es bilden sich auf dem anstehenden Gletschereis die verschiedensten Schmelzformen.

Zeigereigenschaften (ökologische Z.): Sammelbezeichnung für Eigenschaften von Tieren und Pflanzen, die auf einzelne oder mehrere chemische und/oder physikalische Eigenschaften der Lebensumwelt reagieren können. Die Z. machen Tiere und Pflanzen zu → *Bioindikatoren*.

Zeigerpflanzen (Weiserarten): eine Form der → *Standortzeiger*, basierend auf den → *Zeigereigenschaften* der Pflanzen und überwiegend bezogen auf Bodeneigenschaften wie Kalk-, Stickstoff-, Säure-, Schwermetall-, Humus- und Feuchtigkeitsgehalt. Die Z. lassen einen ersten Hinweis auf den Bodenhaushalt zu, können aber direkte Messungen der chemischen und physikalischen Bodeneigenschaften nicht ersetzen, da die Bandbreite auch relativ exakt ansprechender Pflanzen verhältnismäßig groß ist und die Pflanzen im übrigen meist auf mehrere Eigenschaften reagieren.

Zeilendorf: ländliche Siedlungsform, bei der die Gehöfte linear angeordnet sind. Das Dorf besteht nur aus einer Zeile, die sich entlang eines Weges oder eines kleinen Gewässers erstreckt. Rein formal können Z. als in der Längsrichtung halbierte → *Angerdörfer* oder → *Straßendörfer* angesehen werden. Für Z. wird auch häufig der Begriff Reihendorf benutzt.

Zeit: Grunddimension aller Vorgänge und Erscheinungen im Sinne einer Abfolge des Geschehens. Die physikalische Z. bezieht sich auf periodisch gleichmäßig bewegte Körper, und ihre Grundeinheiten werden an die Drehung der Erde um die Sonne und um die eigene Achse angelehnt (→ *Jahr*, → *Tag*). Die Basis der Z.-Messung ist der mittlere → *Sonnentag* mit der Sekunde als 86400-stem Teil davon. Der Kalender rechnet die Zeit seit Christi Geburt (n. Chr.), der Geowissenschaftler die Jahre vor heute (v. h.).

Zeitausnutzung: in der Energiewirtschaft benützte Verhältniszahl, die angibt, inwieweit ein Kraftwerk innerhalb einer Betrachtungszeitspanne (z. B. einem Jahr) in Betrieb war. Die Z. errechnet sich als Quotient aus tatsächlicher Betriebszeit und der Nennzeit. Dabei ist unerheblich, mit welcher Leistung ein Kraftwerk in der Betriebszeit gearbeitet hat.

Zeitdistanz: in Grad angegebener Winkelabstand zwischen einem Gestirn und dem

→ *Zenit.*

Zeitgeber: jene Außenfaktoren, welche die Frequenz und Phasenlänge der endogenen Rhythmik, also der „inneren Uhr", mit dem Rhythmus der Umwelt synchronisieren. Dazu gehören die verschiedenen Formen der → *Periodizität.*

Zeitgeographie: Ausrichtung der neueren → *Kultur-,* insbesondere → *Sozialgeographie,* die sich bemüht, bei der Erklärung räumlichen Verhaltens und raumwirksamer Prozesse die zeitliche Dimension räumlicher Aktivitäten stärker zu berücksichtigen, z. B. durch Zeitbudget-Studien für bestimmte sozialgeographische Gruppen.

Zeitlohn: Vergütung einer Arbeitsleistung nach dem Umfang der aufgewandten Zeit. Im Gegensatz zum → *Leistungslohn* wird auf den Z. häufig dort zurückgegriffen, wo die Messung der Leistung schlecht möglich ist oder dadurch gegebenenfalls eine Qualitätsminderung zu befürchten wäre.

Zeitzonen: 24 festgelegte Meridianstreifen von je 15° Breite, in denen die international anerkannten, je um eine Stunde verschobenen → *Ortszeiten* gelten (z. B. die Mitteleuropäische Zeit). Im Interesse einheitlicher Zeit in bestimmten Ländern und Ländergruppen wurde bei der Festlegung der Z. in der Praxis vielfach von der Abgrenzung durch Meridiane abgewichen.

Zelge: Komplex von Ackerparzellen in → *Gemengelage,* der nach einem durch die Nutzungsberechtigten vereinbarten Modus (→ *Flurzwang*) bewirtschaftet wird. Kennzeichnend ist der einheitliche Anbau innerhalb einer Z., der im Rahmen der → *Fruchtfolge* wechselt. Bei der früher weit verbreiteten → *Dreifelderwirtschaft* war eine Unterteilung der Feldflur in drei Z. die Regel. (→ *Dreizelgenbrachwirtschaft*)

Zelgenwirtschaft: agrare Wirtschaftsweise, bei der die Flur z. B. im Rahmen der → *Dreifelderwirtschaft* in → *Zelgen* aufgeteilt war und die Bewirtschaftung in einheitlicher Weise als Folge des → *Flurzwanges* erfolgte. Die Z. war in jüngerer Zeit noch in verkehrsabgelegenen Teilen des bayerischen, ostfränkischen und schwäbisch-alemannischen Raums sowie des Taunus, Hunsrücks und Lothringens zu finden.

Zellenstruktur: entsteht als Kleinform der Verwitterung an Gesteinsoberflächen, z. B. ausgehend von → *Bröckellöchern.*

zelluläre Lage: uneinheitliche allgemeine Strömungssituation in der Atmosphäre, die durch Druckgebilde mit konzentrischem Isobarenverlauf und einzelne, eher schwache wirbelige Gebilde geprägt ist.

Zellulose: mengenmäßig sehr bedeutender Stoff in der pflanzlichen Substanz. Z. ist ein mit der Stärke eng verwandtes Kohlenhydrat mit β-D-Glucose als Grundbaustein der un-

verzweigten, gestreckten Riesenmoleküle. Die Z. baut im wesentlichen die Zellwände auf. Sie ist in der abgestorbenen organischen Substanz relativ schwer abbaubar – nur → *Lignin* ist noch abbauresistenter – und wird bei weniger günstigen Zersetzungsbedingungen überwiegend humifiziert. Die aus Holz gewonnene Z. ist der Grundstoff für die Papierherstellung.

Zelt: 1. zerleg- und transportierbare → *Behausung* nichtseßhafter Völker (z. B. → *Nomaden*). Materialmäßig bestehen die Z. aus über Pfahlgerüsten gespannte Tierhäute, Wollstoffgewebe, Filzdecken oder Grasmatten.
2. im Rahmen des → *Camping,* als Not- und Behelfsquartier sowie für zeitlich befristete Ausstellungen, Volksfeste usw. benutzter Planenbau.

Zeltdorf: → *bodenvage* Siedlung, wie sie z. B. von → *Nomaden* bewohnt wird. Die Größe des Z. ist abhängig von der Stammesstruktur der Bewohner, aber auch von der Ergiebigkeit der Weiden usw.

Zenit (Scheitelpunkt): gedachter Himmelspunkt, der sich senkrecht über dem Beobachtungspunkt auf der Erdoberfläche befindet.

Zenitalregen: Oberbegriff für die heftigen tropischen Regen, welche nach dem jährlichen oder halbjährlichen Sonnenhöchststand einsetzen oder ihr Maximum erreichen. Es werden dabei die → *Äquinoktialregen* der inneren tropischen Gebiete mit zwei → *Regenzeiten* nach den Tagundnachtgleichen und die → *Solstitialregen* der äußeren tropischen Gebiete mit einer Regenzeit nach der Sommersonnenwende unterschieden.

Zensus: Erhebung von Daten über eine Bevölkerung. Ein Z. kann sowohl eine Totalerhebung sein, z. B. eine → *Volkszählung,* als auch eine Stichprobenerhebung (→ *Mikrozensus*).

zentrale Dienste: Dienstleistungen von überörtlichem Rang, die in einem → *Zentralen Ort* angeboten und von den Verbrauchern in dessen → *Einzugsbereich* in Anspruch genommen werden. Je spezialisierter und hochwertiger z. D. sind, auf desto höherer Hierarchiestufe der Zentralen Orte werden sie angeboten und desto größer ist ihr Einzugsbereich.

zentrale Güter: Güter von überörtlichem Bedarf, die in einem → *Zentralen Ort* angeboten und von den Verbrauchern in dessen → *Einzugsbereich* nachgefragt werden. Je hochrangiger der Zentrale Ort ist, desto seltenere und wertvollere z. G. bietet er an und desto größer ist sein Einzugsbereich.

Zentrale-Orte-Forschung (Zentralitätsforschung): Teilbereich der Kulturgeographie, der sich der Erforschung der → *Zentralen Orte* und ihrer → *Einzugsbereiche* widmet, und zwar insbesondere den Gesetzmäßigkeiten und regionalen Charakteristika ihrer Verteilung, ihrer hierarchischen Ordnung, ihrer – z. T. gruppenspezifischen – Inanspruchnahme usw. Bei Fragen der Entwicklung und des zukünftigen Ausbaus von Z. O. arbeitet die Z.-O.-F. mit der Regional- und Landesplanung zusammen.

Zentraler Ort: Standort – in der Regel als Stadt oder städtische Siedlung verstanden –, an dem → *zentrale Dienste* und *Güter* für die Versorgung eines Umlands, des → *Einzugsbereiches,* angeboten werden. Ein Z. O. besitzt → *Zentralität,* d. h. → *Bedeutungsüberschuß* über die Versorgung der eigenen Bevölkerung hinaus. Die Theorie der Z. O. geht auf das → *Christallersche Modell* zurück und wurde seitdem vielfach weiterentwickelt, z. B. auch auf → *innerstädtische Zentren* übertragen und für die Landes- und Regionalplanung nutzbar gemacht. Das System der Z. O. eines Raumes ist in der Regel hierarchisch aufgebaut (→ *zentralörtliche Hierarchie*). Man unterscheidet – entsprechend dem zentralörtlichen Angebot und dem Einzugsbereich – insbesondere → *Ober-,* → *Mittel-* und → *Unterzentren* mit jeweiliger Zwischenstufen. Bezüglich der Bevölkerungs- und Erwerbsstruktur ist für Z. O. ein relativ hoher Anteil von Beschäftigten im tertiären → *Wirtschaftssektor* typisch. Voll ausgebildete Z. O. höherer Hierarchiestufe bieten sowohl private als auch kommunale und staatliche zentrale Dienste an.

Zentraleruption: 1. steht der → *Spalteneruption* bzw. → *Lineareruption* gegenüber und wird vor allem durch → *Krater* und → *Schlote* der → *Vulkane* und → *Vulkanem-Zentralität*

bryonen repräsentiert.
2. zentrale Ausbruchsstelle eines größeren Vulkans, dem noch zusätzlich → *Adventivkrater* zugeordnet sind.

zentrales Bergland: 1. geotektonischer Begriff für Bauteil eines → *Faltengebirges,* das in seiner zentralen Achse alte, starre Zentralmassive oder Zwischengebirge aufweist, an die sich nach außen Bereiche der → *Faltung* und der → *Deckenbildung* anschließen.
2. geomorphogenetischer Begriff für Abtragungsreste im Sinne von → *Härtlingen* bzw. → *Fernlingen,* die infolge großer Distanz zu den Hauptentwässerungslinien der Abtragung entgangen sind. In der Theorie der → *Rumpfflächen* gelten die z. B. als älteste und am stärksten herausgehobene Gebiete, um die sich eine → *Rumpftreppe* anordnet.

Zentralität: allgemein die Eigenschaft eines Standortes, Mittelpunkt eines Raumes zu sein. Bezüglich → *Zentraler Orte* bedeutet Z. speziell → *Bedeutungsüberschuß,* der sich darin äußert, daß im Zentralen Ort → *zentrale Dienste* und Güter für einen → *Einzugsbereich,* der über den Ort hinausreicht, angeboten werden.

zentralörtliche Hierarchie: Rangfolge der → *Zentralen Orte* eines Raumes, die mit ihren → *Einzugsbereichen* entsprechend dem → *Christallerschen Modell* aufgebaut sind. Die z. H. beruht auf der Tatsache, daß im Einzugsgebiet eines Zentralen Ortes höherer Stufe jeweils mehrere Zentrale Orte der nächst tieferen Stufe mit ihren Einzugsbereichen liegen und sich somit ein geschlossenes System ergibt.

zentralörtlicher Bereich: → *Einzugsbereich* eines → *Zentralen Ortes,* der von diesem mit

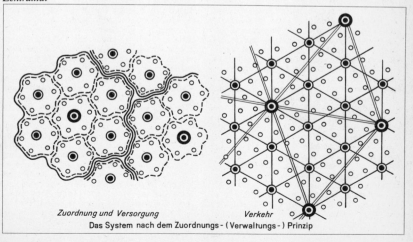

Zuordnung und Versorgung   *Verkehr*

Das System nach dem Zuordnungs- (Verwaltungs-) Prinzip

Gütern und Dienstleistungen versorgt wird. Je nach der Hierarchiestufe des Zentralen Ortes bzw. den in Anspruch genommenen Versorgungsleistungen unterscheidet man insbesondere zwischen → *Nahbereich*, → *Mittelbereich* und → *Oberbereich*.

Zentralpunkt: ein dem → *Bevölkerungsschwerpunkt* ähnlicher Ort eines Raumes. Der Z. ist definiert als der Punkt, zu dem die Summe der Entfernungen aller Einwohner des betreffenden Raumes ein Minimum erreicht.

Zentraltief: mächtiges, relativ stationäres Tiefdruckgebiet, welches die Strömungsverhältnisse eines weiten Gebietes bestimmt und kleinere → *Zyklonen* auf ihrer Zugbahn steuert. Auf Europa bezogen wirkt oft das Tief in der Region von Island als Z.

Zentralverwaltungswirtschaft: im Gegensatz zum marktwirtschaftlichen System (→ *Marktwirtschaft*) Wirtschaftsordnung, bei der die Gesamtwirtschaft von einer Zentralstelle aus geleitet wird. Die Z. ist insbesondere von den kommunistischen Ländern her bekannt. Dort werden Investitionen, Produktion, weitgehend aber auch der Verbrauch vom Staat bestimmt. Ein großer Mangel der Z. ist die fehlende Flexibilität, die sich auf der Verbraucherseite häufig durch eine Unterversorgung mit bestimmten Verbrauchsgütern äußert. (→ *Planwirtschaft*)

Zentrenausrichtung: Bevorzugung eines → *Zentralen Ortes* einer bestimmten Hierarchiestufe bei der Inanspruchnahme von Diensten oder der Versorgung mit Gütern durch die Konsumenten. Die Z. der Bewohner eines Ortes hängt insbesondere von der Erreichbarkeit der zur Wahl stehenden Zentralen Orte und von ihrer Ausstattung ab, sie ist aber häufig auch sozialgruppenspezifisch, so daß es z. B. innerhalb einer Gemeinde zu einer Mehrfachausrichtung kommen kann.

Zentrum-Peripherie-Modell: ein auf R. Prebisch (1959) zurückgehendes Modell zur Erklärung der Unterentwicklung in den Ländern der → *Dritten Welt*. Danach stellen die Industrieländer die Zentren, die Entwicklungsländer die Peripherien dar. Ausgehend von der einseitigen Abhängigkeit der Rohstoffländer (Entwicklungsländer) von den Industrieländern wird behauptet, daß Entwicklung und Unterentwicklung die Folge ein und desselben Vorgangs seien.

Zerkleinerer: spezielle Form der Nahrungsaufnahme, bei der die Nahrung – bevor sie in den Darm gelangt – mechanisch durch verschiedene Einrichtungen (Kiefer, Zähne, Reibplatten, Chitinleisten) zerkleinert wird.

Zerrachelung (Zerrunsung): typische Abtragungsvorgänge in übernutzten und vor allem von der Vegetation entblößten Landschaften, die zunächst die verschiedenen Formen der → *Bodenerosion* zeigen, später auch

→ *Runsen* und Racheln. Der Begriff Z. soll das komplexe Wirkungsgefüge der Reliefformenzerstörung durch aquatischen Abtrag beschreiben.

Zerrung: eine Form der → *Dislokation*, die zur Bildung von → *Flexuren* führt.

Zersatz: 1. Ergebnis des Gesteinszerfalls durch → *chemische Verwitterung*, wobei im Lockermaterial noch teilweise unzersetzte Komponenten vorhanden sind und das ursprüngliche Mineralgefüge meist noch erkennbar ist. Der Z. selber fördert die chemische Verwitterung, weil er Feuchtigkeit speichert, die für die Laufendhaltung chemischer Verwitterungsprozesse unabdingbar ist.
2. durch chemische, physikalische und/oder biotische Einflüsse zerstörtes organisches Material.

Zersatzdruse: Bereich chemischer Verwitterung mit Produktion von → *Zersatz*, der von Eisenhydroxidkrusten umschlossen wird. Z. entstehen unter semiariden bis ariden Klimabedingungen.

Zersatzhorizont: unscharfe Bezeichnung für den Bereich des Bodenprofils, in welchem verschiedene Zersetzungsprozesse ablaufen, die zu organischem und anorganischem → *Zersatz* führen.

Zersatzzone: im Gegensatz zum → *Zersatzhorizont*, der sich auf ein Bodenprofil von begrenzter Mächtigkeit beschränkt, ein Bereich intensiver chemischer Verwitterung im Sinne der → *Tiefenverwitterung*, bei der unter tropisch-semihumiden bis humiden Bedingungen → *Zersatz* entsteht, der allmählich in → *Rotlehm* übergeht. Eine typische Z. in den Tropen ist der → *Regolith*.

Zersetzer: Spezialisten der Nahrungsaufnahme, welche die Nahrung – vor Aufnahme in den Darm – chemisch zersetzen.

Zersetzung: Gesamtheit der Ab- und Umbauprozesse, welche unter Beteiligung von Organismen in abgestorbener organischer Substanz ablaufen und zu ihrer Zerlegung in mineralische Endprodukte und/oder stofflichen Umstrukturierung führen. Die Zersetzung verläuft in den beiden Teilprozessen der → *Verwesung* und → *Humifizierung*.

Zersied(e)lung: das unkontrollierte, flächenhaft wirkende Wachstum von Siedlungen. Die Gefahr einer Z. der Landschaft besteht vor allem am Rande der großen Städte (→ *Suburbanisierung*), und zwar nicht allein durch eine ausgedehnte Wohnbebauung, sondern auch durch flächenextensive Wirtschaftseinrichtungen (Industriebetriebe, Flughäfen usw.). Die Z. bedroht in jüngerer Zeit durch einen verstärkten Wochenendhausbau auch landschaftlich besonders reizvolle → *Naherholungsgebiete*. Hier hat der → *Landschaftsschutz*, wie generell die → *Raumordnung*, die Aufgabe, einer weiteren Z. entgegenzutreten. Der Begriff Z. ist schlecht operationalisierbar, weil seine Quantifizierung Schwierigkeiten macht.

Zertalung: durch Bildung von → *Tälern* bewirkter Prozeß der Zerstörung einer Vollform größeren oder kleineren Ausmaßes.

Zeugenberg: 1. jeder Einzelberg, der sich vor einer stufenartigen Vollform befindet, mit der er ursprünglich eine Einheit bildete. Letzthin stellen auch → *Inselberge* vor einer → *Rumpfstufe* Z. dar, sofern sie Bestandteil der Rumpfstufe waren.
2. ein aus einem → *Auslieger* einer → *Schichtstufe* hervorgegangener Berg, indem er durch → *rückschreitende Erosion* und/oder andere Abtragungsprozesse vollständig von der Stufe losgelöst wurde. Er gilt als Z. im engeren Sinne.

Zezidophyten (Phytocecidien): Pflanzen, die Gallen erzeugen, z. B. schmarotzende Mikromyziten oder Blaualgen.

Zezidozoen (Zoocecidien): Tiere, die Gallen erzeugen, z. B. Nematoden, Milben, Wanzen, Wespen, Käfer, Fliegen.

Zickzackfalte: Sonderform der → *Falte*, die meist vergesellschaftet auftritt und gerade, winklig aufeinanderstoßende → *Schenkel* aufweist.

Zielgebiet: Raum, auf den eine Aktivität, insbesondere ein Verkehrsvorgang, gerichtet ist. So ist z. B. ein Naherholungsgebiet das Z. der in seinem Einzugsbereich wohnenden Erholungssuchenden.

Zielverkehr: bezogen auf einen Standort oder Raum, derjenige Verkehr, der dorthin gerichtet ist. So ist z. B. der → *Pendelverkehr* bezüglich der Einpendlergemeinden als Z. zu bezeichnen. (→ *Quellverkehr*)

Zirkulationsgürtel: die zonalen, nach ihren Strömungsregimen abgrenzbaren Hauptbereiche der weltweiten → *allgemeinen Zirkulation der Atmosphäre.*

Zirkulationsschema: die generellen Vorstellungen über den Grundverlauf und die Grundmechanismen des globalen Luftmassenaustausches, zusammengefaßt in der Theorie der → *allgemeinen Zirkulation der Atmosphäre.*

Zirkulationstypen: durch Druck- und Temperaturverteilung, Form von Druckgebilden, Strömungsrichtung sowie Strömungsverlauf gekennzeichnete, charakteristische Strömungszustände der Troposphäre.

zirkumpolar: in der weiteren Umgebung eines Pols befindlich. Der Begriff ist sinnvoll für Gebiete polwärts der → *Polarkreise* anwendbar.

Zisterne: vor allem in Wassermangelgebieten verbreitete Auffang- und Speichervorrichtung für Niederschlagswasser.

Zodiakallicht: durch Streuung von Sonnenlicht an kosmischer Materie hervorgerufene Lichterscheinung mit der Symmetrieebene in der → *Ekliptik.* Das Z. ist in mittleren Breiten am ehesten in der Zeit der Frühlingstagundnachtgleiche am Abend und in der Zeit der Herbsttagundnachtgleiche am Morgen zu sehen.

Zoll: Abgabe, die ein Staat an seiner Grenze auf die Einfuhr, Ausfuhr oder Durchfuhr von Waren erhebt (→ *Schutzzoll*).

Zollgebiet: das von einer Zollgrenze umschlossene Hoheitsgebiet eines Staates, ausgenommen Zollausschlüsse und Zollfreigebiete.

Zollgrenzbezirk: im → *Zollgebiet* bis zu 15 km von der Zollgrenze der Bundesrepublik Deutschland entfernt sich erstreckender Bezirk, in dem zur Sicherung des Zollaufkommens bestimmte Beschränkungen des Warenverkehrs gelten sowie Zollkontrollen möglich sind.

Zollunion: Zusammenschluß mehrerer Staaten mit dem Ziel der Bildung eines einheitlichen → *Zollgebiets* mit gemeinsamem Außen-Zolltarif, im Gegensatz zur → *Freihandelszone,* bei der weiter unterschiedliche Außenzölle bestehen.

Zön: im Sinne des → *Holozöns* der Systemzusammenhang zwischen Lebensgemeinschaft und Lebensumwelt, damit dem → *Ökosystem* entsprechend.

zonal (zonar): in Zonen gegliedert, bezogen auf die → *Landschaftszonen der Erde.*

zonale Gliederung (Zonierung): Gliederung entsprechend dem → *planetarischen Formenwandel* in mehr oder weniger breitenkreisparallele erdumspannende → *Zonen.*

zonaler Boden: Bodenbildung, die unter dem Einfluß der für die jeweilige Zone charakteristischen Klimabedingungen und der davon abhängigen Vegetation entstanden ist. Z. B. sind in Zusammensetzung und Aufbau durch die zonenspezifischen, vor allem eng mit den Temperatur- und Niederschlagsverhältnissen zusammenhängenden Verwitterungsprozesse geprägt, die bei langer Verwitterungsdauer auf verschiedenen Gesteinen im Grundaufbau ähnliche Böden entstehen lassen.

zonaler Stationswechsel: Form der → *Biotopbindung,* bei der Arten mit weiter geographischer Verbreitung und bestimmten Ansprüchen an das Klima innerhalb verschiedener Klimabereiche in unterschiedlichen Biotopen auftreten, die untereinander ein gleiches oder ähnliches Geoökofaktorenangebot für die Art besitzen. Der z. S. muß sich nicht unbedingt über Klimazonen hinweg vollziehen. Bis zu einem gewissen Grade repräsentiert er das Prinzip der → *ökologischen Nische.*

zonaler Stratumwechsel: Form der → *Biotopbindung* und jene Arten weiter geographischer Verbreitung beschreibend, die in verschiedenen Klimabereichen in unterschiedlichen → *Straten* vorkommen. Sie stellen untereinander zwar völlig verschiedene Lebensumwelten dar, weisen aber das gleiche oder ähnliche Angebot an Nahrung, Behausung, Schutz usw. auf.

Zonalität: Grundtatsache der gürtelartigen Gliederung der Erdkugel in eine Abfolge verschiedener geographischer Erscheinungskomplexe vom Äquator zu den Polen hin, die letztlich auf der unterschiedlichen Strahlungsintensität in den verschiedenen Breitenlagen beruht. Die Z. äußert sich in Klima-, Vegetations- und Bodenzonen usw.

Zonalzirkulation: Typ der mehr oder weniger breitenparallel verlaufenden globalen Strömung in der außertropischen Westwinddrift. Die Z. ist die Grundströmung, welche sich unter dem Einfluß der → *Coriolis-Kraft* aus dem Luftdruck- und Temperaturgefälle zwischen niederen und hohen Breiten ergibt. Da die Z. in ihrem Effekt verstärkend auf diese Gegensätze wirkt, ist sie nicht stabil, sondern geht in Folge von meridionalen Warm- und Kaltluftvorstößen in die → *Wellenzirkulation* über.

Zonation: unscharfe bioökologische Bezeichnung für ein → *Raummuster* biotischer Erscheinungen, das einem geochemischen und/oder physikalischen Faktorengefälle entspricht im Sinne einer → *Catena* bzw. → *Toposequenz* (→ *Sequenz*). An sich sollte der Zonenbegriff nur auf zonale Erscheinungen im Sinne des → *planetarischen Formenwandels* angewandt werden.

Zonationskomplex: unscharfe bioökologische Bezeichnung für die Zusammenfassung von „Zonen" im Sinne der → *Zonation*.

Zone: 1. geowissenschaftlicher Begriff, basierend auf dem → *planetarischen Formenwandel*, der zur Ausbildung von letztlich strahlungsklimatisch bedingten → *Landschaftszonen* bzw. Z. einzelner Geoökofaktoren (z. B. Vegetationszonen, Bodenzonen) der Erde führt.
2. in politisch-geographischem Sinn ein häufig gebrauchter, aber relativ unbestimmter Begriff zur Kennzeichnung einer politischen Einheit besonderer Art, eines Gebietes vorläufiger, strittiger oder ungeklärter Zugehörigkeit oder eines unter besonderem Recht stehenden Teils eines Staates. Beispiele für den Gebrauch sind Besatzungs-Z., entmilitarisierte Z., → *Neutrale Z.*

Zonenmodell: theoretische Vorstellung von der gürtelartigen Verbreitung von Geoökofaktoren auf der Erde im Sinne der → *planetarischen Zirkulation*. Dabei überträgt die Geographie das Z. der physiogeographischen Faktoren auch auf die Kulturlandschaft, die bei kleinmaßstäbiger Betrachtung gewisse Nutzungszonen, vor allem agrarwirtschaftliche, in Kongruenz mit den natürlichen → *Landschaftszonen* der Erde zeigen.

Das in der Physiogeographie verwandte Z. erkennt einerseits die Landschaftszonen der Erde, andererseits auch Zonen der einzelnen → *Geoökofaktoren* sowie Prozeßbereichszonen, für deren planetarisch-horizontale Verbreitung die unterschiedlichen Einstrahlungsverhältnisse auf die verschiedenen Teile der Erdoberfläche ausschlaggebend sind.

Zonenrandgebiet: politisch bedingte → *Raumkategorie* in der Bundesrepublik Deutschland. Das Z. erstreckt sich als ca. 40 km breiter Streifen von Flensburg bis Passau und grenzt damit an die Ostsee, die DDR und die ČSSR. Als Folge der Teilung Deutschlands nach dem II. Weltkrieg wurde das Z. zu einem heute wirtschaftlich benachteiligten Grenzland, weswegen hier besondere staatliche Förderungsmöglichkeiten bestehen.

Zoning: im englischen Sprachgebrauch Bezeichnung für → *Bauleitplanung*.

Zönobiont: ein nur innerhalb eines bestimmten → *Biotoptyps* vorkommender Organismus.

Zonobium: die ökologische Füllung der einzelnen → *Klimazonen* der Erde, die zonale Großlebensräume im Sinne des → *Bioms* darstellen.

Zönogenese: Sammelbezeichnung für sämtliche Entwicklungen und Veränderungen der → *Biozönosen* im Laufe der erdgeschichtlichen Entwicklung.

zönophil: ein Organismus, der einen bestimmten Typ eines → *Biotops* bevorzugt, aber auch noch in anderen gedeiht.

Zönoquant: im Sinne des → *Minimumareals* der kleinste Raumausschnitt, dessen Population quantitativ charakterisierbar ist.

Zönose: Untergliederung der → *Zoozönose* nach der taxonomischen Zugehörigkeit ihrer Mitglieder, z. B. in Entomo-, Ornitho-, Nemato-, Ichthyo-Z. Der schwer objektivierbare Begriff der Z. beschreibt somit nur phylogenetisch-ökologische Gruppierungen von Arten aus derselben Klasse. Er entspricht somit der Taxo-Z. oder der → *Nomozönose*.

Zönospezies: eine Pflanzengruppe gemeinsamen evolutionären Ursprungs, damit der Spezies oder → *Art* entsprechend.

Zoochorie: Frucht- und Samenverbreitung durch Tiere als → *Epizoochorie* und → *Endozoochorie*. Eine weitere Form ist die Myrmekochorie, das Verschleppen von Samen beim Nahrungserwerb, wobei die Samen unterwegs liegenbleiben und keimen.

Zoogeographie (Tiergeographie): Bestandteil der → *Biogeographie* und der → *Bioökologie*. Sie beschäftigt sich mit der räumlichen Verbreitung der Tiere auf der Erde auf zoologisch-systematischer und biologisch-geographischer Grundlage. Die Z. wird in eine allgemeine und in eine spezielle oder vergleichende T. gegliedert. Erstere befaßt sich mit den Verbreitungsgesetzmäßigkeiten unter ökologischem, regionalem und historischem Aspekt, woraus sich ökologische und chronologische Z. ableiten. Die spezielle Z. forscht und vergleicht die Faunen von Erdräumen unterschiedlicher Größenordnung und die Verbreitung einzelner Tierformen und -gruppen.

Zooid: das Einzelindividuum eines → *Tierstocks* oder einer Tierkolonie.

Zooklima: ähnlich dem → *Phytoklima* ein Bestandteil des → *Mikroklimas* und die Wärmeausstrahlung der Kleintierwelt, z. B. in einer Grasflur oder in der Laubstreu repräsentierend, wodurch die Wärmeumsatz in der bodennächsten Luftschicht beeinflußt wird. Gegenüber dem Phytoklima wirkt das Z. eher punktuell, d. h. in der Größenordnung der → *Merotope*.

Zoologie (Tierkunde): Teilgebiet der → *Biologie* und darin die Wissenschaft vom Bau, den Lebensäußerungen und sämtlicher Erscheinungen des tierischen Lebens. Hauptteilgebiete sind Gestaltlehre (Morphologie), Zellehre (Zytologie), Gewebelehre (Histologie), Organlehre (Organographie) und Körperbaulehre (Anatomie). Daneben beschäftigt sich die Physiologie mit dem inneren Funktionieren und den Leistungen der Körperorgane und des Tierkörpers. Neben vielen zahlreichen Spezialgebieten, die sich z. T. auch nur einzelnen Tiergruppen zuwenden, oder der → *Taxonomie* bilden → *Zoogeographie* und → *Zooökologie* weitere wichtige Teilgebiete der Z.

Zoomasse: die von sämtlichen tierischen Lebewesen einem Raumeinheit oder der Gesamterde produzierte organische Masse und mit der → *Phytomasse* Bestandteil der → *Biomasse*. Die Z. basiert auf der Primärproduktion und ist Bestandteil der → *Sekundärproduktion*.

Zoomimese: eine → *Schutztracht*, bei der die Ähnlichkeit einer Tierart mit einer anderen „gefährlichen" als Schutz ausgenützt wird.

Zoonose: 1. auf den Menschen übertragbare Tierkrankheit, wie Rotlauf, Tollwut oder Milzbrand.

2. durch → *Parasiten* bedingte Infektion und/oder Krankheit, die zwischen Wirbeltieren übertragen wird.

Zoophobie: vermutete Ausbildung von → *Schutzanpassungen* bei Pflanzen gegen Tierfraß.

Zooökologie (Tierökologie): Teilgebiet der → *Zoologie* und neben der → *Zoogeographie* ener Bereich, der sich mit den Lebensumweltbeziehungen der Tiere beschäftigt. Die Z. versucht, das Leben von Tieren und Tiergemeinschaften in Beziehung zu den geoökologischen und geobotanischen Randbedingungen zu setzen, die zur Erklärung des Vorkommens, der Lebensweise und der Entwicklung der Tiere in Zeit und Raum dienen.

Zooökophysiologie: Teilgebiet der → *Zooökologie*, das sich mit den Körperfunktionen des Tieres in Beziehung zu seiner Lebensumwelt beschäftigt.

Zooplankton: neben dem → *Phytoplankton* bilden die planktisch lebenden Tiere das Z., das vermutlich die Hauptmasse des → *Planktons* darstellt. Das Z. wird vor allem nach den Lebensräumen der Tiere differenziert.

Zoosynökologie: Betrachtungsweise der → *Synökologie*, bei der die Lebensumwelt des Tieres im Mittelpunkt zoologischer Betrachtungen steht. Sie ist mehr oder weniger mit der → *Zooökologie* identisch, weil der gesamte Lebensraum in Beziehung zum Tier oder zur Tiergemeinschaft gesetzt wird.

Zootop: 1. neben dem → *Phytotop* Bestandteil des → *Biotops*, der zusammen mit dem → *Geotop* den → *Ökotop* bildet.

2. kleine geographische Raumeinheit, die von einer Art oder einer Tiergemeinschaft belebt wird, ohne weitere Beziehungen zum Phytotop oder Geotop und somit nur eine räumliche Verbreitung beschreibend.

Zoozönologie: eine der → *Phytozönologie* vergleichbare Betrachtungsweise der → *Autökologie*, die sich mit den Verhaltensweisen der Tiergemeinschaften beschäftigt und damit der → *Tiersoziologie* entspricht.

Zoozönose: Tiergemeinschaft, die Bestandteil einer → *Biozönose* ist und die miteinander durch → *Nahrungsketten* verbunden ist.

Zuchtrasse (Kulturrasse): bei der → *Tier-* und Pflanzenzüchtung durch besondere Maßnahmen des Menschen entstandene Rasse, die auf hohe Leistung abzielt, um den landwirtschaftlichen Produktion zu dienen.

Zuckerhut: formbeschreibender Begriff für einen → *Inselberg*, der in seiner Gestalt dem → *Glockenberg* ähnlich ist und in Gebieten mit kristallinen Gesteinen der wechselfeuchten bis feuchten Tropen auftritt. Er ist steilhängig und in seiner Gestalt von chemischer und physikalischer Verwitterung sowie den → *Druckentlastungsklüften* bestimmt und damit eine typische Großform der Massengesteine.

Zuerwerbsbetrieb: in der Landwirtschaft ein Betrieb, bei dem der Betriebsleiter zusätzlich einer außerlandwirtschaftlichen Tätigkeit nachgeht. Der Zeitaufwand dafür liegt zwischen 480 und 960 Stunden pro Jahr. Das Betriebseinkommen als Abgrenzungskriterium findet beim Z. keine Berücksichtigung.

Zugkrafteinheit (ZK): Meßziffer zum Zwecke des betriebsweisen oder regionalen Vergleichs der in der Landwirtschaft einsetzbaren Zugtierkräfte. 1 ZK entspricht der Zugkraftleistung eines mittelschweren Pferdes. Entsprechend fallen auf einen Ochsen

0,5 ZK und auf eine Spannkuh 0,2 ZK. Die Motorleistung eines Traktors entspricht bezogen auf je 1 PS 0,16 ZK.

Zulieferbetrieb: Betrieb, der → *Rohmaterialien,* → *Halbfertigwaren* oder → *Fertigwaren* zur Weiterverarbeitung, zum Einbau oder zum Wiederverkauf an andere Unternehmen liefert. Zu unterscheiden sind Z., die ihre Produkte selbst entwickeln, von solchen, die nach Plänen des Auftraggebers produzieren.

Zulieferbeziehungen: produktionsspezifische Verflechtungen zwischen → *Zulieferbetrieben* und ihren *Abnehmern.* Der Aufbau von Z. ist ein wichtiges Ziel der räumlichen Wirtschaftsentwicklung, z. B. im Zuge der Industrialisierung.

Zünfte: im Mittelalter entstandene und bis in das 19. Jh. hinein bestehende Organisationen von Handwerkern und nichthandwerklichen Berufen zur Regelung der Ausübung bestimmter Gewerbe. Die Z. waren von der jeweiligen Obrigkeit anerkannt; ihre Entwicklung wies eine enge Verknüpfung mit den Städten auf. Das Zunftgericht sorgte für die Einhaltung der Zunftordnungen. Die Einführung der Gewerbefreiheit bedeutete schließlich die Auflösung der Z. Einen Teil der früheren Funktionen der Z. nehmen heute die → *Handwerksinnungen* wahr.

Zungenbecken: Großhohlform im Bereich einer Gletscherzunge, die im anstehenden Gestein oder im Grundmoränensediment angelegt wurde. Die Größe der Z. steht in Beziehung zur Gletschergröße. Meist gliedert sich das Z. in ein → *Stammbecken* und mehrere davon ausgehende und flachere → *Zweigbecken.* Über besonders markante Z. verfügten die pleistozänen Gletscher, wobei die Z. der Vorlandgletscher der alpinen Vereisung kleiner als jene der skandinavischen → *Inlandeises* waren. Große Z. sind hinter den Endmoränen des → *Pommerschen Stadiums* der → *Weichsel-Kaltzeit* als Vorzeitformen erhalten.

Zungenbeckensee: See in Stamm- oder Zweigbecken von → *Zungenbecken,* die unmittelbar nach Abschmelzen des Eises meist vollständig mit Wasser erfüllt waren und die später verlandeten. Die heutigen Z. der im Pleistozän vergletscherten Gebiete füllen meist nur einen Teil des Zungenbeckens aus oder sind ganz verlandet.

Zungenberg: langgestreckter → *Auslieger* vor dem Rande einer → *Schichtstufe.*

Zupachtbetrieb: landwirtschaftlicher Betrieb, der wegen nicht ausreichender landwirtschaftlicher Nutzfläche Flächen dazugepachtet hat. Die Z. haben in den letzten Jahren stark zugenommen, weil bei dem heute erreichten hohen Stand der Mechanisierung nur noch ab einer bestimmten Flächengröße wirtschaftlich produziert werden kann.

zurückgebliebene Gebiete: gemäß dem Raumordnungsgesetz von 1965 in der Bundesrepublik Deutschland eine → *Raumkategorie,* in der die Lebensbedingungen in ihrer Gesamtheit im Verhältnis zum Bundesdurchschnitt wesentlich zurückgeblieben sind oder ein solches Zurückbleiben zu befürchten ist. Die z. G. sind demzufolge als → *Fördergebiete* eingestuft und Teil des im Rahmen der Bund-Länder-Gemeinschaftsaufgabe durchgeführten Programms „Verbesserung der regionalen Wirtschaftsstruktur" zu betrachten.

zusammengesetzte Catena: räumliche Abfolge benachbarter, aber haushaltlich eigenständiger → *landschaftsökologischer Grundeinheiten* sowie neben der → *landschaftsökologischen Catena* die Anwendung des Begriffes → *Catena* auf die räumlich-systematische Abfolge von → *Ökotopen,* die in geringer Vielzahl die z. C. bildeten.

zusammengesetzter Vulkan: den „einfachen" Vulkanen gegenübergestellter Vulkan. Er wird von mehreren, ineinander verschachtelten Vulkangenerationen repräsentiert, wobei die ältesten davon nur noch als Bruchstücke von → *Calderen* erhalten sind.

Zusammenlegung: in der Agrarwirtschaft Maßnahmen zur Minderung von Kleinparzellierung und Besitzgemenge. Die Z. ist eine wesentliche Aufgabe der → *Flurbereinigung.* Das Ziel der Z. findet sich auch in den Begriffen → *Verkoppelung,* → *Arrondierung* und → *Vereinödung.*

Zustandsstufen: zum Zwecke der landwirtschaftlichen Bodenbewertung verallgemeinerte Charakterisierung des Entwicklungsgrades der Böden, beginnend mit dem Rohboden und endend mit dem extrem ausgeprägten Podsol.

Zuwachsrate: in Demographie und Bevölkerungsgeographie Kennziffer zur Angabe des Wachstums der Bevölkerung eines bestimmten Raumes, bezogen auf ein Jahr. Die Z. errechnet sich als Quotient aus dem Zuwachs (Geburtenüberschuß + Wanderungsüberschuß) pro 1000 der mittleren Wohnbevölkerung während des betreffenden Jahres. Die natürliche Z. berücksichtigt nur den Saldo der → *natürlichen Bevölkerungsbewegung.* Die Z. kann auch negativ sein.

Zuwachsspende: → *Abflußspende* eines Teileinzugsgebietes bezogen auf ein Gerinne höherer Ordnung, welches das gesamte Einzugsgebiet entwässert.

Zuwanderung: 1. nach der Zerstörung eines Biotops oder dem Zusammenbruch von Lebensgemeinschaften aus benachbarten Gebieten durch Pioniere erfolgender Vorgang. 2. bezogen auf eine Gemeinde, eine → *Wanderung* in diesen Ort. Jeder Wanderungsfall stellt sich, statistisch gesehen, als eine Z. (auf den Zielort bezogen) und eine Abwanderung (auf den Wegzugsort bezogen) dar.

Zuwanderungsgebiet: Raum, in den ein → *Wanderungsstrom* gerichtet ist. Ein Z. ist somit ein Raum, in dem die Einwohnerzahl durch → *Wanderungsüberschuß* zunimmt.

Zwangsmäander (Talmäander): geomorphographische Bezeichnung für eingeschnittene → *Mäander* mit symmetrischem Querschnitt, die keineswegs nach der Theorie der → *vererbten Mäander* freie Schlingen voraussetzen, sondern die sich unter geeigneten petrographischen Bedingungen von allein bilden. Dies geschieht in widerständigen flachlagernden Sedimentgesteinen, z. B. Hauptbuntsandstein, Hauptmuschelkalk, Wellenkalk oder Weißjurakalk sowie in den Gesteinen des variscischen Rumpfes Mitteleuropas. Die widerständige Gesteinsplatte zwingt den Fluß zur Schlingenbildung, denn er ist bestrebt, durch ein geringeres Gefälle das gestörte Gleichgewicht wieder herzustellen. Die Schlingen bedeuten Laufverlängerung und Gefällsverminderung. Sobald diese eingetreten sind, kann das zugeführte Material abtransportiert werden. Da der Fluß auch im Gleichgewichtszustand → *Tiefenerosion* leistet, schneiden sich die Schlingen vom Moment ihrer Entstehung in das anstehende Gestein ein.

Zwangswanderung: → *Wanderung,* zu der die betreffenden Personen oder Gruppen durch Gewaltanwendung oder Androhung von Gewalt gezwungen wurden. Zu den Z. gehören insbesondere → *Vertreibungen,* Zwangs- → *Umsiedlungen,* → *Sklavenhandel* und alle Arten von Fluchtbewegungen aus politischen, religiösen, ethnischen und anderen Gründen.

Zwangswirtschaft: Form der Organisation einer Wirtschaft, bei der der Staat zentral das Wirtschaftsgeschehen steuert. Produktion und Konsumtion unterliegen nicht dem Preismechanismus des Marktes. Die → *Zentralverwaltungswirtschaften* der Ostblockländer sind weitgehend Z.

Zweckverband: öffentlich-rechtliche Körperschaft, die aus Gemeinden oder Gemeindeverbänden gebildet wird, um bestimmte öffentliche Versorgungs- und/oder Planungsaufgaben überörtlicher Art unter Wahrung der kommunalen Selbstverwaltung gemeinsam durchzuführen. Z. B. sind Wasserversorgung, Abwasser- und Müllbeseitigung häufig in Form von Z. organisiert.

Zweigbecken: vom Gletscher geschaffene Hohlform größeren Ausmaßes, die sich um im → *Stammbecken* eines → *Zungenbeckens* meist in Mehrzahl fingerförmig anordnet. Die Z. sind flacher als das glazial stärker übertiefte Stammbecken. Außen werden sie von Endmoränenwällen umsäumt.

Zweigwerk (Zweigbetrieb): Teil eines → *Mehrwerksunternehmens,* dessen Standort nicht mit dem des Hauptbetriebes identisch ist. In der Vergangenheit wurden Z. häufig zur Ausnutzung eines bestehenden Lohngefälles errichtet. Im Zuge einer Standortspaltung kam es zur Auslagerung arbeitsintensiver Produktionsschnitte.

Zweigwerkindustrialisierung: Form der Industrialisierung, die vornehmlich auf der Basis der Errichtung von → *Zweigwerken* vor sich geht. Eine Z. war in der Vergangenheit vor allem in ländlichen Räumen oder auch in Entwicklungsländern zu beobachten. Wegen der geringen Persistenz (hohe → *Stillegungsquote*) und fehlender Kopplungseffekte wird die Z. heute allgemein negativ beurteilt.

Zweikanter: Bezeichnung für ein Gehöft, das aus zwei rechtwinklig zueinander stehenden und ineinander übergehenden Gebäude besteht. Stehen die beiden Gebäude in keiner direkten Verbindung, so spricht man von einem Zweiseithof (Zweiseiter) bzw. von einem → *Hakenhof.*

Zweischicht-Tonminerale: nicht aufweitbare → *Tonminerale* mit der Grundstruktur eng aneinandergelagerter Schichten aus einer Si—O—Tetraeder- und einer Al—OH—Oktaederlage. Die Schichten werden durch OH—O—Bindungen zusammengehalten. Z.-T. können nur an Außen- und Spaltflächen Wasser anlagern und Nährstoffe sorbieren. Der wichtigste Vertreter der Z.-T. ist → *Kaolinit.*

Zweite Welt: die östliche Welt (in der Regel RGW-Staaten), im Rahmen der Einteilung der Welt in Erste W. (die westliche W.) und die → *Dritte Welt* (Entwicklungsländer) (→ *Vierte Welt*).

Zweiturlaub: innerhalb eines Jahres unternommene zweite Urlaubsreise. Insbesondere in den Industrieländern mit relativ hohem Lebensstandard besteht seit längerem eine starke Tendenz zur Durchführung eines Z., häufig im Winter, im Gegensatz zum Haupturlaub während der Sommersaison.

Zweitwohnung (Zweitwohnsitz): weiterer → *Wohnsitz,* der von einer Person oder Familie neben der → *Hauptwohnung* unterhalten wird. Eine Z. kann Arbeits- oder Ausbildungszwecken (z. B. bei → *Wochenpendlern* oder Studenten am Hochschulort) oder als → *Freizeitwohnsitz* der Freizeit- und Erholungsfunktion dienen.

Zwergstadt: stadtähnliche Siedlung unterhalb der Größe einer → *Klein-* oder → *Landstadt,* oft mit nur wenigen hundert Einwohnern. Z. besitzen zwar das → *Stadtrecht,* häufig auch eine städtische Physiognomie, es fehlen ihnen aber die meisten → *städtischen Funktionen.* In der Regel handelt es sich um historische Stadtgründungen, die sich nicht im erwarteten Ausmaß entwickelten oder sich nach einer gewissen Zeit wieder zurückentwickelten.

Zwergsträucher: eine → *Lebensform* ausdauernder und auch ausgewachsen nur ca. 0,5 m hoher Holzgewächse, denen Stamm und Krone fehlen und die strauchartig verzweigt sind.

Zwergstrauchheide („echte Heide", *Callunaheide*): von immergrünen → *Zwergsträuchern* gekennzeichneter Typ der → *Heide,* die sowohl im Hochgebirge als auch im ozeanischen Tiefland vorkommen kann. Nach der Zusammensetzung und nach den Standorten können zahlreiche Typen der Z. unterschieden werden. Typische Heidepflanzen sind *Calluna,* Ginster, Borstgräser.

Zwergwuchs: bei Pflanzen und Tieren erblich bedingt oder durch Züchtung angestrebt. Nichterblicher Z. oder Kümmerwuchs bei Pflanzen wird von Wasser- und/oder Nährstoffmangel bedingt.

Zwiehof: Übergangsform vom → *Einzelhof* zur → *Gruppensiedlung.* Der auch als → *Paarhof* (bzw. Ringhof) bezeichnete Z. besteht in Teilen Mitteleuropas aus einem Viehhof und einem Wohnhof. Eine genaue Abgrenzung zum → *Doppelhof* besteht nicht. Auch wird der Z. häufig dem Typ des → *Haufenhofes* zugerechnet.

Zwischenfertigung: im Gegensatz zur Endfertigung derjenige Produktionsabschnitt in der Industrie, bei dem aus → *Rohmaterialien* → *Halbfertigwaren* hergestellt werden. Betriebe, die sich auf eine Z. spezialisiert haben, weisen enge → *Zulieferbeziehungen* zu Betrieben der Endfertigung auf.

Zwischenform: eine → *fossile* Tierform, die Merkmale von zwei oder mehreren systematischen Gruppen aufweist, die heute voneinander getrennt sind.

Zwischenfruchtbau: Anbau von Feldfrüchten zeitlich zwischen zwei → *Hauptfrüchten.* Z. sind in der Regel → *Futterpflanzen* oder Gründüngungspflanzen (→ *Gründüngung*), deren Nutzung keine volle Ausreifung notwendig macht. Aus dem zeitlichen Zwang der Vegetationsperiode heraus werden Zwischenfrüchte häufig schon zusammen mit den vorangehenden Hauptfrüchten (→ *Deckfrucht*) bzw. in dieselben eingesät (→ *Untersaat*). Im Gegensatz zu diesem Herbst-Z. erfolgt beim Winter-Z. die Frühjahrsnutzung überwinternder Futterpflanzen.

Zwischenhoch: kaltes Hochdruckgebiet zwischen wandernden → *Zyklonen.*

Zwischenkultur: diejenigen in der Regel einjährigen Pflanzen bei → *Mischkulturen,* die zwischen weitständigen mehrjährigen Kulturen (z. B. Sträucher, Obstbäume) angebaut werden.

Zwischenlagerung: im Rahmen der Entsorgung von → *Kernkraftwerken* die zwischenzeitliche Lagerung von abgebrannten Brennelementen, bis diese einer → *Wiederaufarbeitung* zugeführt werden können.

Zwischenprodukte (Zwischengüter): Ergebnis der → *Zwischenfertigung* bei der Produktion (→ *Halbfertigwaren,* → *Halbzeug,* → *Halbfabrikat*).

Zwischensaison: im Fremdenverkehr übliche Bezeichnung für einen kürzeren Zeitabschnitt zwischen → *Hauptsaison* und → *Vor-* bzw. → *Nachsaison,* in dem Leistungen des Beherbergungsgewerbes zu einem mittleren Preisniveau angeboten werden.

Zwischenwirt: Organismus, auf oder in welchem nur bestimmte Entwicklungsstadien eines → *Parasiten* leben.

Zyklentheorie: 1. Vorstellung von der Entwicklung der Erdkruste während der Erdgeschichte, die von geotektonischen, geomagnetischen und geobiologischen Zyklen bestimmt gewesen sein soll.

2. in der Geomorphologie von W. M. Davis entwickelte Vorstellung, daß jede Reliefform einen gesetzmäßigen Entwicklungszyklus mit mehreren, aufeinanderfolgenden Stadien durchläuft und genetische Zyklen (marin, glazial, fluvial) neben Alterszyklen (Jugendstadium, Reifestadium, Altersstadium) stehen. Die für die Darstellung der Z. notwendigen Verallgemeinerungen stehen gewöhnlich nicht mit den Beobachtungstatsachen in Einklang.

zyklisch: in regelmäßiger Folge wiederkehrend, aufeinander folgend, im Kreis verlaufend, kreisförmig.

Zyklomorphose: jahreszeitlicher Gestaltwandel von Tieren durch Einwirkungen der Lebensumwelt, praktisch dem → *Saisondimorphismus* entsprechend.

zyklonal: durch Zyklonentätigkeit beeinflußt
zyklonales Westwindklima (Westwindklima): kühl- bis kaltgemäßigtes Klima (→ *gemäßigtes Klima*) der Westseite der Kontinente in den höheren Mittelbreiten, das durch ganzjährige Zyklonentätigkeit (→ *Zyklone*) mit einem Luftmassentransport vom Meer zum Land geprägt ist. Niederschläge fallen ganzjährig, im Winter allerdings wegen des Maximums der Westwindlagen häufiger. Die Temperaturen sind jahreszeitlich sehr unterschiedlich, es fehlen jedoch langanhaltende extreme Kälte und längere Hitzeperioden.

Zyklonalklima: ein → *Klima,* das ganzjährig durch die Tätigkeit von → *Zyklonen* geprägt wird (→ *Westwindklima*). Das Z. ist in typischer Weise auf der Westseite der Kontinente in den Mittelbreiten ausgeprägt (→ *Westwindzirkulation*)

Zyklonalregen (zyklonale Niederschläge): Niederschläge, die in ihrer Entstehung an die Strömungssysteme der → *Zyklonen* gebunden sind.

Zyklone (Tiefdruckwirbel): wandernde Tiefdruckwirbel mit Warm- und Kaltluftfront. Z. entstehen im Bereich der planetarischen → *Frontalzone* im Stadium der Wellenzirku-

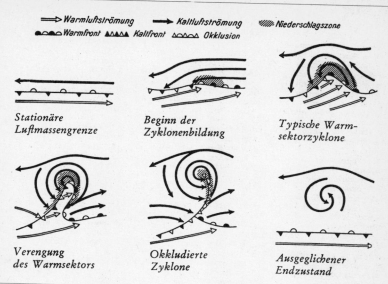

⇒ *Warmluftströmung*   ⟶ *Kaltluftströmung*   ▨ *Niederschlagszone*

●▬●▬● *Warmfront* ▲▲▲▲ *Kaltfront* △△△△ *Okklusion*

Stationäre Luftmassengrenze

Beginn der Zyklonenbildung

Typische Warmsektorzyklone

Verengung des Warmsektors

Okkludierte Zyklone

Ausgeglichener Endzustand

Zyklone

lation infolge von Divergenz in der Höhenströmung, die Druckfall bewirkt. Es handelt sich um dynamische Tiefdruckgebiete mit konzentrischen Isobaren und wirbelartigem Einströmen der Luft (auf der Nordhalbkugel entgegen dem Uhrzeigersinn). Dabei fließt Polarluft äquatorwärts und Tropikluft polwärts, und es bilden sich in der Folge eine Warm- und eine Kaltfront aus mit typischer Bewölkungsentwicklung und Niederschlagsbildung. Die sich dynamisch entwickelnden Z. wandern mit der Westdrift ostwärts und altern unterwegs durch Auffüllung. Die Kaltfront stößt rascher vor als die Warmfront, was nach wenigen Tagen zu einem Zusammenschluß beider Luftmassengrenzen führt (→ *Okklusion*). Z. sind äußerst wetterwirksam und in ihrem Haupteinflußbereich über den Westteilen der Kontinente in den Mittelbreiten prägend für das Klima.

Zyklonenfamilie: aus der wellenartig verlaufenden Höhenströmung heraus entwickelte Abfolge von mehreren → *Zyklonen* in verschiedenen Entwicklungsstadien.

Zyklonenfriedhof: Gebiet, in dem häufig die Zugbahn der okkludierten und aufgefüllten, und dadurch inaktiv gewordenen → *Zyklonen* endet. Der wichtigste Z. Europas liegt zwischen Baltikum und NW-Rußland.

Zyklonenschema: Modellvorstellung über die Entstehung und Entwicklungsabfolge von → *Zyklonen*.

Zyklus: allgemein Kreislauf, Aufeinanderfolge, in Geo- und Biowissenschaften für vielfältigste Abläufe, aber auch für Gestaltwandelbeschreibungen verwendet.

Zytoökologie: Betrachtungsweise der innerorganischen Verhältnisse im systemaren Zusammenhang. Wie alle Bereiche unterhalb der Größenordnung eines Organismus nicht mehr zur → *Ökologie* im engeren Sinne gehörend.

Register

Aalenian → *Jura*
Aapamoor → *Strangmoor*
Abart → *Varietät*
Abblasung → *Deflation*
Abendland → *Okzident*
Abhängigkeitsverhältnis → *Abhängigkeitsrelation*
Abioseston → *Seston*
Abiotikum → *Präkambrium*
abiotische Geokomponenten → *abiotische Faktoren*
Abkühlungskluft → *Absonderungskluft*
Ablagerungsgestein → *Sedimentite*
Ablationsendmoräne → *Satzendmoräne*
Absatzgestein → *Sedimentite*
Abschuppung → *Abschalung*
absoluter Bestand → *Bestand*
Absterbeordnung → *Sterbetafel*
Abteilung → *stratigraphisches System*
Abwanderungsgebiet → *Abwanderungsraum*
abyssische Fazies → *Tiefseefazies*
Achsenebene → *Falte*
Achsenfläche → *Falte*
Acker-Futterpflanzen → *Feld-Futterpflanzen*
Adaptation → *Adaption*
administrative Grenze → *Verwaltungsgrenze*
Adoption → *Adaption*
AE → *Arbeitseinheit*
Aestisilva → *sommergrüner Laubwald*
agrare (agrarische) Tragfähigkeit → *Tragfähigkeit*
agrarische Dichte → *agrare Dichte*
agrarische Wirtschaftsform → *landwirtschaftliche Betriebsform*
Agrotypus → *Agrotyp*
Akarizide → *Pestizide*
Aklé → *Netzdüne*
Aktivitätsraum → *Aktionsraum*
Albian → *Kreide*
Algonkium → *Präkambrium*
Alieni → *Biotopzugehörigkeit*
Alkalikalkgesteine → *Pazifische Gesteinssippe*
Alkalipflanzen → *Kalkpflanzen*
Allerödzeit → *Postglazial*

Allgemeine Geomorphologie → *Geomorphologie*
allgemeines Wohngebiet → *Wohngebiet*
Allgemeines Zoll- und Handelsabkommen → *GATT*
Allianz → *Verband*
allmähliche Spezialisation → *Spezialisation*
allopatrisch → *sympatrisch*
allotriomorph → *idiomorph*
Alluvium → *Holozän*
Alpiner Karst → *Hochgebirgskarst*
Alpwirtschaft → *Almwirtschaft*
Altgemeinde → *Realgemeinde*
Alttertiär → *Paläogen*
ambulanter Handel → *Hausierhandel*
ambulantes Gewerbe → *Wandergewerbe*
α-Mesosaprobien → *Saprobiensystem*
Amtssprache → *Staatssprache*
Analphabetentum → *Analphabetismus*
Anbaufolge → *Kultursukzession*
Angaria → *Angaraland*
Angewandte Geologie → *Geologie*
Anisian → *Trias*
anorganogen → *minerogen*
Anpassung → *Adoption*
Antagonisten → *Synergisten*
Antarctica → *Antarktisches Reich*
Anteklise → *Synklise*
Anthophyten → *Phanerogamen*
anthropogene Landschaft → *Anthropogaea*
Anthropophagie → *Kannibalismus*
Anwender → *Anwand*
äolische Akkumulation → *Windablagerung*
aposematische Tracht → *Warntracht*
Äquitätsmaß → *Lloyd-Ghelardi-Index*
Ära → *stratigraphisches System*
Ärathem → *stratigraphisches System*
Arbeiterwohnviertel → *Arbeiterviertel*

Archaikum → *Präkambrium*
Archinotis → *Alter Süden*
Arctogaea → *Megagaea*
Arealkunde → *Geobotanik*
Armorikanisches Gebirge → *Varisciden*
Artemisiasteppe → *Salzsteppe*
Artenmannigfaltigkeit → *Artenreichtum*
Artinskian → *Perm*
Äschenregion → *Fließgewässergliederung*
Aschhorizont → *Bleichhorizont*
Aspektwechsel → *Aspektfolge*
Asphaltsand → *Ölsand*
Astian → *Miozän*
Ästivation → *Übersommerung*
asymmetrisches Tal → *Talasymmetrie*
atektonische Faltung → *Scheinfaltung*
Atlantikum → *Postglazial*
Atommüll → *radioaktiver Abfall*
Auemäander → *Wiesenmäander*
Auenbraunerde → *Vega*
Aufblähhügel → *Hydrolakkolith*
aufrechte Falte → *stehende Falte*
Aufschiebung → *Abschiebung*
Aufsetzen → *Auskeilen*
Auftrag → *Encomienda*
Aureole → *Lichthof*
Ausbiß → *Ausstrich*
Ausgleichsprofil → *Ausgleichskurve*
Auslaugungsgruppe → *salinare Serie*
ausmärkisches Gebiet → *gemeindefreies Gebiet*
Auspendlerquote → *Pendlerquote*
Auspendlerüberschuß → *Pendlersaldo*
Australis → *Australisches Reich*
Autobahnring → *Ringstraße*
Autointoleranz → *Selbstverträglichkeit*
automorph → *idiomorph*
autonomes System → *autarkes System*
Autotoleranz → *Selbstunverträglichkeit*

Campanian → *Kreide*

canton → *Kanton*

Capensis → *Kapländisches Reich*

Carnian → *Trias*

Castellanian → *Miozän*

CBD → *Central Business District*

CDA → *centre des affaires*

Cenomanian → *Kreiden*

Cessolian → *Miozän*

Chemiefaser → *Kunstfaser*

Chemotaxis → *Taxien*

Chorosequenz → *Sequenz*

cold content → *Frostinhalt*

Congelisol → *Frostboden*

Coniacian → *Kreide*

cost benefit analysis → *Nutzen-Kosten-Analyse*

crofter → *croft*

Cuisian → *Tertiär*

Cultivar → *Sorte*

Dacian → *Pliozän*

Dammfluß → *Dammuferfluß*

Dampfhunger → *Verdunstungskraft*

Daseinsform → *Semaphoront*

Dauerfrostboden → *Permafrost*

Dauerwelkepunkt → *Permanenter Welkepunkt*

Deckenvulkan → *Deckenerguß*

Deckgestein → *Deckgebirge*

Deckschicht → *Deckgebirge*

Deckscholle → *Schollenüberschiebung*

Decoder → *Coder*

Deformationsendmoräne → *Stauchendmoräne*

Deichgraf → *Deichverband*

demoiselle → *Erdpyramide*

Demökologie → *Populationsökologie*

Depression → *Tiefdruckgebiet*

deutsche Ostsiedlung → *Ostkolonisation*

Dezentralisierung → *Dezentralisation*

Diagenese (von Schnee und Eis) → *Metamorphose*

diagonale Integration → *Integration*

Diagonalkluft → *Scherkluft*

diaschistes Gestein → *Schizolith*

Direktinvestition → *Privatinvestition*

disjunktive Dislokation → *Störung*

Dislokation → *Störung*

Disposition → *Reaktionsnorm*

Divergenz von Flußterrassen → *Konvergenz von Flußterrassen*

Docktor → *Dockhafen*

Dominante → *Dominanz*

dominante Arten → *Dominanz*

dominante Faktoren → *Dominantenlehre*

Dornstrauchsteppe → *Dornbuschsteppe*

Dorn- und Sukkulentensavanne → *Wüstensavanne*

Dreifelderfolge → *Dreifelderwirtschaft*

Dreikanter → *Windkanter*

Dreikantgehöft → *Dreikanter*

Dreiseiter → *Dreiseithof*

Drifteis → *Treibeis*

dunkelaktiv → *Licht-Dunkel-Wechsel*

durable consumer goods → *Gebrauchsgüter*

Durchschlagsröhre → *Diatrem*

Durchwanderung → *Permigration*

Durchzügler → *Biotopzugehörigkeit*

Durisilva → *Xerodrymium*

Dürrehärte → *Dürreresistenz*

dust devil → *Staubtrombe*

Dynamische Geologie → *Allgemeine Geologie*

Dynamometamorphose → *Dislokationsmetamorphose*

EAG → *EURATOM*

Echeneis-Stadium → *Rhazeit*

echte Heide → *Zwergstrauchheide*

Eck → *Eckflur*

Effusiva → *Ergußgestein*

Effusivgestein → *Ergußgestein*

Egerian → *Oligozän*

Eggenburgian → *Miozän*

EGW → *Einwohnergleichwert*

Eichenmischwald-Buchenzeit → *Subboreal*

Eichenmischwaldzeit → *Postglazial*

Einfallen → *Fallen*

Einfelderwirtschaft → *Einfeldsystem*

Einflußbereich → *Einflußgebiet*

eingesenkter Mäander → *Mäander*

Einhaus → *Einheitshaus*

Einhegung → *Enclosure*

Einheitshof → *Einheitshaus*

Einjährige → *Therophyten*

Einkaufsortsorientierung → *Einkaufsorientierung*

Einkommensschicht → *Schicht*

Einmietung → *Synökie*

Einöde → *Einödhof*

Einpendlerquote → *Pendlerquote*

Einpendlerüberschuß → *Pendlersaldo*

Einzugsbereich → *Einzugsgebiet*

Eisenkruste → *Krustenbildung*

Eisen- und Stahlindustrie → *eisenschaffende Industrie*

Eisisostasie → *Glazialisostasie*

Eisrandterrasse → *Kameterrasse*

Eistektonik → *Glazialtektonik*

Eistost → *Eisduft*

ektropische Zirkulation → *Westwindzirkulation*

Elendsviertel → *Barriada, Bidonville, Favela, Shanty Town*

empirische Sozialforschung → *Sozialforschung*

empirische Umlandmethode → *Umlandmethode*

Endobiose → *Endobiont → Endosymbiose*

endogene Tagesrhythmik → *physiologische Uhr*

Entkernung → *Blockauskernung*

Entlastungskluft → *Druckentlastungskluft*

Entlastungsstadt → *Entlastungsort*

Entstehungszentrum → *Ausbreitungszentrum*

Entwicklungspol → *Wachstumspol*

Entwicklungsreihe → *Sukzessionsreihe*

Entwicklungsruhe → *Diapause*

Entwicklungsstufentheorien → *Wirtschaftsstufentheorien*

Eolianit → *Äolianit → Dünengestein*

Eozoikum → *Proterozoikum*

Epilithen → *Felspflanzen*

Epineuston → *Neuston*

Episit → *Prädotor*

Epoche → *stratigraphisches System*

Epöken → *Epökie*

Erbmonarchie → *Monarchie*

Erdaltertum → *Paläozoikum*

Erdfrühzeit → *Proterozoikum*

Erdgeschichte → *Historische Geologie*

Erdhügel → *Erdbülte*

Erdkegel → *Erdpyramide*

Erdkruste → *Schalenbau der Erde*

Erdmittelalter → *Mesozoikum*

Erdnadel → *Erdpyramide*

Erdneuzeit → *Neozoikum*

Erdorgel → *Geologische Orgel*

Erdpfeiler → *Erdpyramide*

Erdsäule → *Erdpyramide*

Erdsproß → *Sproß*

Erdurzeit → *Azoikum*

Erholungsraum → *Erholungslandschaft*

Ernährungssituation → *Ernährungslage*

Erosionsterminante → *Endgefällskurve*

ERP → *Marshall-Plan*

Ersatzindustrie → *Nachfolgeindustrie*

Erstbesiedler → *Pionierpflanzen*

Eruptionsspalte → *Spalteneruption*

Eruptivstock → *Stock*

Erzstock → *Stock*

Eschboden → *Plaggenesch*

Esker → *Os*

Estancia → *Estanzia*

Estavelle → *Flußschwinde*

Eulimnoplankton → *Plankton*

Europäische Freihandelszone → *EFTA*

Europäische Gemeinschaft → *EG*

Europäische Wirtschaftsgemeinschaft → *EWG*

ewige Gefrornis → *Permafrost*

Exfoliation → *Schalenverwitterung*

explosive Spezialisation → *Spezialisation*

Exportbasistheorie → *Basic-nonbasic-Konzept*

Extremstandort → *Extrembiotop*

Fabriktrawler → *Trawler*

Facettengeschiebe → *Fazettengeschiebe*

Faltenbündel → *Faltenschar*

Faltenstrang → *Faltenzug*

Faltenüberschiebung → *Überschiebung*

Farmbetrieb → *Agrarbetrieb*

Fäulnisbewohner → *Saprophyten*

Faulschlamm → *Sapropel*

Fe → *Eisen*

Feed-Back-System → *Rückkopplungssystem*

Fegezone → *sweep zone*

Feinerde → *Feinboden*

Feinmaterial → *Feinboden*

Feinsedimente → *Sedimente*

Feldbereinigung → *Flurbereinigung*

Feldfutterbau → *Feld-Futterbau*

Felsenmeer → *Blockmeer*

Felsflurvegetation → *Schuttflurvegetation*

Felsterrasse → *Erosionsterrasse*

Fenster → *Geologisches Fenster*

Ferienheim → *Erholungsheim*

Fernverlagerung → *Verlagerung*

Feuchtklima → *humides Klima*

Fidelität → *Gesellschaftstreue*

Filiale → *Filialbetrieb*

Findling → *Erratica*

Firsthütte → *Firsthaus*

Firstkarren → *Rillenkarren*

Firth → *Fjord*

Fiumara → *Bajado*

Fjäll → *Fjell*

Fjordküste → *Fjord*

FK → *Feldkapazität*

Flächenflexur → *Flexur*

Flächenhafte Abtragung → *Denudation*

Flachland → *Tiefland*

Flachmoor → *Niedermoor*

Flachmoorkultur → *Niedermoorkultur*

Flachseefazies → *neritische Fazies*

Flat iron → *Rampenstufe*

Fleinsboden → *Rendzina*

Flexurblatt → *Schleppblatt*

Fließgleichgewicht → *Dynamisches Gleichgewicht*

Fließlöß → *Solifluktionslöß*

Fließstruktur → *Fluidalstruktur*

Flint → *Feuerstein*

Floar → *Rieder*

Florenaltertum → *Paläophytikum*

Florengemeinschaftskoeffizient → *Jaccard-Zahl*

Florenmittelalter → *Mesophytikum*

Florenneuzeit → *Neophytikum*

Floristische Geobotanik → *Floristik*

Flottlehm → *Sandlöß*

Flügel → *Schenkel*

Fluktuation → *Massenwechsel*

Flurgehölz → *Restgehölz*

Flußanzapfung → *Anzapfung*

Flußbiozönose → *Rheobiozönose*

Flußgebiet → *Einzugsgebiet*

Flußgefällskurve → *Gefällskurve*

Flußregime → *Abflußregime*

Flußregionen → *Fließgewässergliederung*

Flußsohle → *Flußbett*

Flußspat → *Fluorit*

Flutbasalt → *Lavaplateau*

Flutkraftwerk → *Gezeitenkraftwerk*

Flutkraftwerk → *Gezeitenkraftwerk*

fluviatil → *fluvial*

Föderation → *Verband*

Föhrenwald → *Kiefernwald*

Folgefluß → *Abdachungsfluß*

Formationsgruppe → *Pflanzenformation*

Formenwandel → *Geographischer Formenwandel*

Fossil, lebendes → *panchron*

freie Körnerwirtschaft → *Erdkornerwirtschaft*

Freie Mäander → *Flußmäander*

freies Grundwasser → *ungespanntes Grundwasser*

Freies Meer → *Hohe See*

Freizeitlandwirt → *Feierabendlandwirt*

Fremdenheim → *Pension*

Frostbeständigkeit → *Frostresistenz*

Frostbeule → *Frostaufbruch*

Frosthebung → *Frosthub*

Frostrauch → *Eisnebel*

Frostschub → *Frosthub*

Frostschuttverwitterung → *Frostsprengungsverwitterung*

Frosttag → *Eistag*

Frosttrocknis → *Trockentod*

Fruchtbarkeit → *Fertilität*

Uhr
Innerstadial → *Interstadial*
Innung → *Handwerksinnung*
Inquilinismus → *Synökie*
Insektivore → *Entomophagen*
Inselflora → *Inselfauna*
Inselnehrung → *Nehrung → Lido*
institutionelle Infrastruktur → *Infrastruktur*
Intensitätszahl → *Wägezahl*
Interglazialzeit → *Interglazial*
International Bauxite Association → *IBA*
International Development Agency → *IDA*
Internationale Luftverkehrsvereinigung → *IATA*
Internationales Seerecht → *Seerecht*
Internationale Zivilluftfahrtorganisation → *ICAO*
International Labour Organisation → *ILO*
Interne Ersparnisse → *economies of scale*
Interpluvialzeit → *Interpluvial*
Interstadialzeit → *Interstadial*
Intervall → *Stadial*
intraspezifische Evolution → *Mikroevolution*
Intrusivgestein → *Tiefengestein*
Intrusivstock → *Stock*
irisierende Wolken → *Perlmutterwolken*
Irrgäste → *Biotopzugehörigkeit*
Irrigation → *Bewässerung*
Isarhythmen → *Isolinien*
Isöcie → *Isozönose*
Isolationsbarriere → *Isolationsmechanismus*
Isosystem → *Isozönose*
ITC → *innertropische Konvergenz*

Jäger und Sammler → *Wildbeuter*
Jahresperiodik → *Periodizität*
Jahresrhythmik → *Periodizität*
Jahresringmethode → *Dendrochronologie*
Jahresspeicher → *Langzeitspeicher*
Jahreszeitenfolge → *Jahresuhr*

Jahreszeitliche Siedlung → *Saisonsiedlung*
Jama → *Karstschacht*
Jungtertiär → *Neogen*

Kaiserpfalz → *Pfalz*
Kaledoniden → *Kaledonische Gebirgsbildung*
Kalifeldspat → *Orthoklas*
Kalk → *Kalkstein*
kalkfliehend → *kalzifug*
kalkhold → *kalziphil*
Kalklösungsprozeß → *Kohlensäureverwitterung*
Kalksteinbraunlehm → *Terra fusca*
Kalksteinrotlehm → *Terra rossa*
Kälteform → *Wärmeform*
Kälteresistenz → *Kältepflanzen*
Kältesee → *Kaltluftsee*
Kältesteppe → *Steppe*
Kaltluftantizyklone → *Kältehoch*
Kamp → *Pflanzgarten*
Kanat → *Foggara*
Känophytikum → *Neophytikum*
Känozoikum → *Neozoikum*
Kapensis → *Kapländisches Reich*
Kappungsebene → *Kappungsfläche*
Karn → *Trias*
karnivor → *carnivor*
Karpatian → *Miozän*
Karstebene → *Karstrandebene*
Karstkarren → *Karren*
Karstkegel → *Karstturm*
Karstkuppe → *Karstturm*
Karstmorphologie → *Karstgeomorphologie*
Karstpediment → *Karstrandebene*
Karstschlot → *Karstschacht*
Karterrasse → *Karplatte*
Kartreppe → *Stufenkar*
Kastanienfarbener Boden → *Kastanosem*
katadrom → *anadrom*
Katarakt → *Stromschnelle*
Katarchaikum → *Präkambrium*
Katavothra → *Ponor*
Kazanian → *Perm*
Keilscholle → *Pultscholle*
Kennart → *Charakterart*
Kernraum → *Kernlandschaft*
Keulenlava → *Kissenlava*
Kewir → *Kawir*
Kieselgur → *Diatomeenerde*

Kieseltuff → *Tuff*
Kieswüste → *Serir*
KIM → *Kombinat für industrielle Mast*
Kippe → *Halde*
Kippscholle → *Pultscholle*
Kirchsprengel → *Kirchspiel*
Klause → *Kluse*
Kleinbiotop → *Merotop*
Kleinfalte → *Spezialfalte*
Kleinformen → *Mikrorelief*
Kleinklima → *Mikroklima*
Kleinlebewesen → *Mikroorganismen*
Kleinstlebensgemeinschaft → *Merozönose*
Kletterpflanzen → *Lianen*
Klimagürtel → *Klimazonen*
Klimaindizien → *Klimazeugen*
klimatische Geomorphologie → *Klimageomorphologie*
klimatologische Vegetationsperiode → *Vegetationsperiode*
Klimaxbaumart → *Schlußbaumart*
Klimaxgesellschaft → *Schlußgesellschaft*
Klimazeugen → *Paläoklimazeugen*
Klub von Rom → *Club of Rome*
Klufttektonik → *tektonische Kluft*
Klus → *Kluse*
Knick → *Hecke*
KOE → *kooperative Einrichtung*
Kohlehydrate → *Kohlenhydrate*
Kohlehydrierung → *Kohleverflüssigung*
Kohleverflüssigung → *Kohlehydrierung*
Kom → *Wurt*
Kommunarde → *Kommune*
Komplexanalyse → *Partialkomplexanalyse*
kompressive Dislokation → *Störung*
Kondensationsniveau → *Kondensationshöhe*
Konfluenzbecken → *Konfluenzstufe*
Kongelifraktion → *Congelifraktion*
konjunkturelle Arbeitslosigkeit → *Arbeitslosigkeit*
konkordante Lagerung → *Konkordanz*
Konkurrenzausschlußprinzip → *Monard'sches Prinzip*

Laurentia → *Kanadischer Schild*

Laurisilva → *Lorbeerwald*

Lavanadel → *Stoßkuppe*

LDC → *Less Developed Countries*

lebende Fossilien → *panchron*

Lebensfähigkeit → *Vitalität*

Lebensgemeinde → *Lebensgemeinschaft*

Lebenssystem → *Lebenseinheit*

Lehenswesen → *Lehnswesen*

Lehmtenne → *Lehmebene*

Lehn → *Lehen*

Leistennetz → *Netzleisten*

Leitfähigkeitskoeffizient → *Kf-Wert*

Leitplan → *Bauleitplan*

Lentikulargang → *Linse*

Lentikularlagerung → *Linse*

Lenz → *Frühling*

Lesesteinrücken → *Rossel*

Lessivé → *Parabraunerde*

Ley → *Priel*

LF → *landwirtschaftlich genutzte Fläche*

lichtaktiv → *Licht-Dunkel-Wechsel*

Liegendes → *Hangendes*

Limnoplankton → *Plankton*

Limonit → *Brauneisen*

lineare Tiefenerosion → *Linearerosion*

Lingua franca → *Verkehrssprache*

Linienfahrt → *Linienschifffahrt*

linienhafte Abtragung → *Linearerosion*

Lithoklase → *Kluft*

Lithotelmen → *Mikrogewässer*

L-Kluft → *Lagerkluft*

LLDC → *Least Developed Countries*

LN → *landwirtschaftliche Nutzfläche*

LNG → *liquified natural gas*

Lößbrunnen → *Subrosionsformen*

locational cost → *Lagekosten*

Lockervulkan → *Aschenvulkan*

Lohnindustrieller → *Hausgewerbetreibender*

lokale Erosionsbasis → *Erosionsbasis*

Lokalklima → *Geländeklima*

Longitudinalwelle → *P-Welle*

Lösungsdoline → *Korrosionsdoline*

Lotsenzwang → *Lotse*

Lößtundra → *Lößsteppe*

LPG → *Landwirtschaftliche Produktionsgenossenschaft*

LPG → *landwirtschaftliche Produktionsgemeinschaft*

Luftfeuchte → *Luftfeuchtigkeit*

Luftkörper → *Luftmasse*

Luftplankton → *Aeroplankton*

Lufttrübung → *Trübung*

Lutetian → *Tertiär*

Lydit → *Kieselschiefer*

Magmagestein → *Erstarrungsgestein*

Magmatit → *Erstarrungsgestein*

Magnetische Konvergenz → *Nadelabweichung*

makrophag → *mikrophag*

Makrophage → *Nahrungsaufnahme*

Mallee-Scrub → *Scrub*

malnutrition → *Mangelernährung*

Marasmine → *Welketoxine*

marginale Gruppe → *Randgruppe*

Marginalmoräne → *Seitenmoräne*

Marktprinzip → *Versorgungsprinzip*

Marktregal → *Marktrecht*

Marktwert → *Tageswert*

Marschvorland → *Vorland*

Massenproduktion → *Massenfertigung*

materielle Infrastruktur → *Infrastruktur*

maximale Dichte → *potentielle Dichte*

mechanische Verwitterung → *physikalische Verwitterung*

Medizinische Geographie → *Geomedizin*

Meeresfazies → *marine Fazies*

Meeresstrand → *Strand*

Mehrbetriebsunternehmen → *Mehrwerksunternehmen*

Mehrkanter → *Fazettengeschiebe*

Mergelschiefer → *Mergel*

Meridialpflanzen → *Kompaßpflanzen*

Merkmalsträger → *Semaphoront*

Messinian → *Miozän*

Metabolismus → *Stoffwech-*

sel

metamorphe Gesteine → *Metamorphite*

Mietzins → *Miete*

Mikroben → *Mikroorganismen*

Mikrohabitat → *Merotop*

Mikronährstoffe → *Makronährstoffe*

Mikrophage → *Nahrungsaufnahme*

Mimese → *Camouflage*

Mineraldünger → *Kunstdünger*

Miniaturformen → *Picorelief*

Minimalareal → *Minimumareal*

Minimalbiotop → *Merotop*

Minimalfläche → *Minimumareal*

Minorität → *Minderheit*

Mischgesteine → *Migmatite*

Mischkanalisation → *Mischsystem*

Mischwald → *Mischbestand*

Missenboden → *Stagnogley*

Mittelformen → *Mesorelief*

Mittelmeerklima → *mediterranes Klima*

mittlere Lebenserwartung → *Lebenserwartung*

Mißweisung → *Deklination*

Mixtit → *Diamiktit*

Mogote → *Karstturm*

Mohs'sche Härteskala → *Härteskala*

Molkenboden → *Stagnogley*

Monoklinaltal → *Isoklinaltal*

Monopol → *Monopolmarkt*

Montanunion → *EGKS*

Montian → *Tertiär*

Moorbrandkultur → *Moorbrandwirtschaft*

Mopanewald → *Miombo*

Morgenland → *Orient*

Morphochronologie → *Geomorphochronologie*

Morphodynamik → *Geomorphodynamik*

Morphogenese → *Geomorphogenese*

Morphographie → *Geomorphographie*

Morphometrie → *Geomorphometrie*

Mortalitätsziffer → *Sterbeziffer*

Mosor → *Fernling*

Mound → *Wurt*

MSAC → *most seriously affected countries*

MTS → *Maschinen-Traktoren-Station*

Mulga-Scrub → *Scrub*
Multiproduktfirma → *Mehr-
produktbetrieb*
Mündungstrichter → *Ästuar*
Mutterfolge → *Matrilineari-
tät*
Mutterrecht → *Matriarchat*
MW → *Megawatt*
Mylonitisierung → *Mylonit*
Myrmekochorie → *Zoocho-
rie*

Nachbarschaftsidee → *Nach-
barschaftsgedanke*
Nacheiszeit → *Postglazial*
Nachfolgesiedlung → *Nach-
folgeort*
Nachwärmezeit → *Subatlan-
tikum*
Nadeleis → *Kammeis*
Nadelstreu → *Streu*
Nahrungsnische → *Nische*
Nahrungssystem → *Nah-
rungsnetz*
Nahrungstafel → *Nahrungs-
breite*
Nahzone → *Nahverkehrs-
zone*
Náledj → *Hydrolakkolith*
nano-xeromorph → *sukku-
lent-xeromorph*
Napfkarren → *Lochkarren*
Nasse Hütte → *Küstenhüt-
tenwerk*
Naßkultur → *Naßfeldbau*
Natalität → *Geburtenziffer*
Nationalgefühl → *National-
bewußtsein*
Nationalökonomie → *Volks-
wirtschaftslehre*
Nationalprodukt → *Sozial-
produkt*
Naturausstattung → *Natur-
raumausstattung*
Naturdargebot → *Natur-
raumdargebot*
Natürliche Hilfsquellen →
natürliche Ressourcen
natürliche Ressourcen →
Naturressourcen
natürlicher Wuchsbezirk →
Wuchsbezirk
natürliches Potential → *Na-
turraumpotential*
Naturpotential → *Natur-
raumpotential*
Naturrisiko → *Hazard*
Nearktis → *Nearktisches
Reich*
Nebenerwerbssiedlung →
*landwirtschaftliche Neben-
erwerbsstelle*
Nebenkrater → *Adventivkra-*

ter
Nebenwohnsitz → *Neben-
wohnung*
neighbourhood → *Nachbar-
schaft*
NE-Metalle → *Nichteisenme-
talle*
Neotropis → *Neotropisches
Reich*
Nephelin → *Leuzit*
Nettoheiratstafel → *Heirats-
tafel*
Nettoproduktion → *Brutto-
produktion*
Nettoproduktionswert →
Bruttowertschöpfung
Nettoreproduktionsrate →
Reproduktionsrate
Neuerung → *Innovation*
Neulandgewinnung → *Land-
gewinnung*
Nichtanfälligkeit → *Resi-
stenz*
Nichtbaumpollen → *NBP*
Niederungsmoor → *Nieder-
moor*
Niederwaldwirtschaft →
Niederwaldbetrieb
Nieve de los Penitentes →
Büßerschnee
nitrophil → *Nitratpflanzen*
Nivationswanne → *Niva-
tionsnische*
Nomadenwirtschaft → *No-
madismus*
Nordvergenz → *Vergenz*
NRT → *Nettoregistertonne*
nutritiv → *trophisch*
Nutzflächenverhältnis →
Nutzartenverhältnis
Nutzladefaktor → *Ladefak-
tor*
Nutznießung → *Nießbrauch*
Nutzungseigentum → *Verfü-
gungseigentum*
Nutzwertanalyse → *Nutzen-
Kosten-Analyse*

OAD → *öffentliche Entwicklungshilfe*
obere Einebnungsfläche →
doppelte Einebnungsfläche
oberes Denudationsniveau
→ *Denudationsniveau*
Oberflächenmagmatismus →
Oberflächenvulkanismus
oberirdischer Karst → *Oberflächenkarst*
obsequenter Fluß → *Gegenfluß*
Obstweide → *Baumweide*
Obstwiese → *Baumweide*
OEEC → *OECD*

Oeningian → *Miozän*
Oilequivalent (OE) → *Rohöleinheit*
ökofunktionale Kennwerte
→ *ökologische Kennwerte*
ökologische Grundeinheit →
*landschaftsökologische
Grundeinheit*
ökologische Gruppe → *ökologische Artengruppe*
ökologische Hauptmerkmale
→ *landschaftsökologische
Hauptmerkmale*
ökologische Heterogenität →
*landschaftsökologische He-
terogenität*
ökologische Landschaftscharakteristik → *Landschaftscharakteristik*
ökologische Mortalität →
physiologische Mortalität
ökologische Prinzipien →
ökologische Regeln
ökologische Rasse → *Rasse*
ökologische Reaktionsbreite
→ *ökologische Potenz*
ökologisches Fassungsver-
mögen → *Fassungsvermö-
gen des Lebensraumes*
ökologische Toleranz → *ökologische Potenz*
ökologische Zeigereigen-
schaften → *Zeigereigen-
schaften*
Ökosystemtyp → *Geoökotyp*
Okzident → *Abendland*
Öläquivalent → *Rohöleinheit*
Olenekian → *Trias*
Ölfrüchte → *Ölpflanzen*
oligophag → *Nahrungsbreite*
Oligopol → *Oligopolmarkt*
Oligosaprobien → *Sapro-
biensystem*
omnivor → *heterophag*
Organisation → *Struktur*
Organisation der erdölexportierenden Länder →
OPEC
Organismenkollektiv → *Or-
ganismengemeinschaft*
Orthogeosynklinale → *Eu-
geosynklinale*
örtliche Planung → *Ortspla-
nung*
Ortsnamen → *Namenskunde*
ostdeutsche Siedlung → *Ost-
kolonisation*
Ostsiedlung → *Ostkolonisa-
tion*
Ottnangian → *Miozän*
Oued → *Wadi*
Oxygenstahl-Verfahren →
LD-Verfahren

Ozean → *Meer*
Ozeanisches Klima → *maritimes Klima*
Ozeanographie → *Meereskunde*

Paarungsmischung → *Panmixie*
Packtier → *Transporttier*
Paddy soil → *Reisboden*
Paläarktis → *Paläarktisches Reich*
Paläobiogeographie → *Paläontologie*
Paläobiologie → *Paläontologie*
Paläoendemismus → *konservativer Endemismus*
Paläopalynologie → *Sporenpaläontologie*
Paläophytologie → *Paläobotanik*
Paläotropisches Reich → *Paläotropis*
Palsa → *Hydrolakkolith*
Pannonian → *Miozän*
pantophag → *heterophag*
Paraboldüne → *Parabeldüne*
Parasitärkrater → *Adventivkrater*
Parasitische Kette → *Pathobiozönose*
Parasit-Wirt-Verhältnis → *Wirt-Parasit-Verhältnis*
Partialverlagerung → *Teilverlagerung*
Pathogenese → *Krankheitsentstehung*
Pediplanation → *Pediplain*
Pedologie → *Bodenkunde*
Pelon → *Pelos*
Pelorheobiozönose → *Rheobiozönose*
Pendlerverkehr → *Pendelverkehr*
Peneplain → *Fastebene*
pénéplaine périglaciaire → *Solifluktionsrumpf*
Penitentes → *Büßerschnee*
Peplosphäre → *Grundschicht*
Peressyp → *Liman*
Pergelisol → *Permafrost*
Peridotitschale → *Peridotitschicht*
periglaziale Einebnungsfläche → *Solifluktionsrumpf*
Periglazialgebiet → *periglazial*
Periglazialmorphologie → *Periglazialgeomorphologie*
Periglazialstufe → *periglaziale Höhenstufe*
Periodik → *Periodizität*

Peritripton → *Tripton*
Permanente Siedlung → *Dauersiedlung*
Permeabilitätskoeffizient → *Kf-Wert*
Petrographie → *Petrologie*
Petrolchemie → *Petrochemie*
Pflanzenassoziation → *Assoziation*
Pflanzenfresser → *primäre Konsumenten*
Pflanzengeographie → *Geobotanik*
Pflanzenpaläontologie → *Paläobotanik*
Pflanzstockbau → *Grabstockbau*
Pflasterboden → *Steinpflaster*
Phänophase → *phänologische Phase*
Phase der Vergletscherung → *Stadial*
Pheromone → *Telergone*
Photoklima → *Lichtklima*
phylaktische Tracht → *Schutztracht*
physiologische Dichte → *Ernährungsdichte*
physiologische Ökologie → *Ökophysiologie*
Physiosystem → *Geosystem*
Physiosystemtyp → *Physiotyp*
Phytocecidien → *Zezidophyten*
phytogene Ablagerungen → *organogene Ablagerungen*
Phytogeographie → *Geobotanik*
Phytopaläontologie → *Paläobotanik*
phytophag → *herbivor*
Phytophage → *primäre Konsumenten*
Phytorheobiozönose → *Rheobiozönose*
Phytosoziologie → *Pflanzensoziologie*
Phytotelmen → *Mikrogewässer*
Piacenza-Stufe → *Piacentian*
Piedmontgletscher → *Vorlandgletscher*
Piep → *Priel*
pilzfressend → *myzetophag*
Pionierfront → *Pioniergrenze*
Pipcrake → *Kammeis*
Plagiogeotropismus → *Transversalgeotropismus*
planetarische Grenzschicht → *Grundschicht*
planktophag → *Planktonfresser*

Planungsgemeinschaft → *regionale Planungsgemeinschaft*
Plateaubasalt → *Lavaplateau*
Plateaulava → *Lavaplateau*
Pleistozänrelikte → *Relikt*
pleophag → *Nahrungsbreite*
Pliensbachian → *Jura*
Plutonit → *Tiefengestein*
Pluvisilva → *Regenwald*
Pneumatophoren → *Atemwurzeln*
Polargrenze des Anbaus → *polare Anbaugrenze*
Polarklima → *arktisches Klima*
politische Ökonomie → *Volkswirtschaftslehre*
Politische Wissenschaft → *Politologie*
Pollenforschung → *Palynologie*
polygenetisch → *polygen*
polyphag → *Nahrungsbreite*
Polysaprobien → *Saprobiensystem*
Pontian → *Pontische Stufe*
Populationsbiologie → *Populationsökologie*
Porosität → *Porenvolumen*
Porphyrite → *Porphyr*
Porzellanerde → *Kaolin*
Potamoplankton → *Plankton*
potentielle Naturlandschaft → *imaginäre Naturlandschaft*
präalpine Arten → *dealpine Arten*
Preisindex für die Lebenshaltung → *Lebenshaltungskostenindex*
Priabonian → *Tertiär*
primäre Lagerstätte → *Primärlagerstätte*
Primärkonsumenten → *Konsumenten*
Primärwald → *Urwald*
primate city → *Primatstadt*
Primitivrasse → *Umweltrasse*
Produktionskontingent → *Produktionsquote*
produktives Karbon → *Karbon*
Progradation → *Massenvermehrung*
progressiver Endemismus → *Neo-Endemismus*
projektgebundene Hilfe → *Projekthilfe*
Proximität → *Abstandsziffer*
Psammon → *Psammion*
Psammorheobiozönose → *Rheobiozönose*

Pseudogley → *Staugley*
Pseudotschernosem → *Griserde*
ptygmatische Faltung → *Scheinfaltung*
punkt-axiales Prinzip → *punkt-achsiales Prinzip*
Puzzolan → *Trachyttuff*
Pyroxen → *Augit*

Qanat → *Kanat*
Q-Kluft → *Querkluft*
quality of life → *Lebensqualität*
Quarzfels → *Quarzit*
Querbeet → *Anwand*
quergeteilter Einheitshof → *quergeteiltes Einheitshaus*
quergeteiltes Einhaus → *quergeteiltes Einheitshaus*

Rachel → *Calanche*
Radiolarit → *Kieselschiefer*
Raitfeldwirtschaft → *Raitbergwirtschaft*
Råmark → *Arktischer Rohboden*
Randebene → *Küstenebene*
Rang-Größen-Regel → *rank-size-rule*
Rapilli → *Lapilli*
Rasenbraunerde → *alpine Rasenbraunerde*
Rastsiedlung → *ephemere Siedlung*
Raststation → *Rastplatz*
Rät → *Rhaetian*
Rationalitätsprinzip → *Rationalprinzip*
Raubbauwirtschaft → *Raubbau*
Räuber → *Prädator*
Raubgastgesellschaft → *Synechthrie*
Raubwirtschaft → *Raubbau*
Rauchgasschaden → *Rauchschaden*
Rauhigkeit → *Rauheit*
Raumaktivität → *räumliche Aktivität*
raumbedeutsam → *raumrelevant*
Raumgewicht → *Lagerungsdichte*
räumliche Disparitäten → *Raumdisparitäten*
räumliches Verhalten → *Raumverhalten*
räumlich relevant → *raumrelevant*
Raumordnerisches Leitbild → *Leitbild*
Raumordnungsgesetz →

Bundesraumordnungsgesetz
Raumordnungsprogramm → *Raumordnungsplan*
raumplanerisches Verfahren → *Raumordnungsverfahren*
rd → *rad*
Reaktor → *Kernreaktor*
Realerbteilung → *Realteilung*
Refugialgebiet → *Refugium*
Regelgröße → *Regelkreis*
Regionale Geologie → *Geologie*
Regionale Geomorphologie → *Geomorphologie*
regionaler Planungsverband → *regionale Planungsgemeinschaft*
regionales Aktionsprogramm → *Aktionsprogramm*
regionale Strukturpolitik → *regionale Wirtschaftspolitik*
Regionalpolitik → *regionale Wirtschaftspolitik*
Regionalwissenschaft → *Regional Science*
Regularität → *Regelfälle der Witterung*
reichsunmittelbare Stadt → *Reichsstadt*
Reichsunmittelbarkeit → *Reichsfreiheit*
Reihendüne → *Transversaldüne*
Reisegewerbe → *Wandergewerbe*
Reisemotiv → *Reiseantrieb*
Reittier → *Transporttier*
Relative Stenotopie → *Relative Standortkonstanz*
Relativgesetz → *Minimumgesetz*
Reliefantiklinale → *Relieffaltung*
Relieflexur → *Relieffaltung*
Reliefform → *Georelief*
Reliefsockel → *Sockelfläche*
Reliefsockelfläche → *Sockelfläche*
Reliefsockeloberfläche → *Sockelfläche*
Reliefsynklinale → *Relieffaltung*
Reliktendemismus → *konservativer Endemismus*
Reliktsee → *Regressionssee*
Renwirtschaft → *Rentierwirtschaft*
reproduktive Phase → *vegetative Phase*
Reservation → *Reservat*

Residualgebiet → *Refugium*
Restberg → *Fernling*
Retrogradation → *Massenvermehrung*
Rhät → *Rhaetian*
Rhizogenese → *Wurzelbildung*
Rhizon → *Sproß*
Rhythmik → *Periodizität*
Riaküste → *Riasküste*
Riedgräser → *Sauergräser*
Riege → *Reff*
Riegelberge → *Mündungsschwelle*
Riesenformen → *Megarelief*
Riesenstadt → *Megalopolis*
Rindenbildung → *Krustenbildung*
Ringbergvulkan → *Wallbergvulkan*
Ringmodell → *Ringtheorie*
Riphäikum → *Präkambrium*
roche moutonnée → *Rundhöckerflur*
RÖE → *Rohöleinheit*
ROG → *Bundesraumordnungsgesetz*
Rogenstein → *Kalkoolith*
Roheinkommen → *Rohertrag*
Rohenergie → *Primärenergie*
Rohgewinn → *Rohertrag*
Rohholz → *Rundholz*
Rohstoffreserven → *Reserven*
Rohstoffressourcen → *Ressourcen*
Rostbraunerde → *Rosterde*
Rotation → *Fruchtfolge*
Roteisenstein → *Hämatit*
Rubinglimmer → *Lepidokrokit*
Rückzugsgebiet → *Refugium*
Rückzugsphase → *Rückzugsstadium*
Rückzugsstadial → *Rückzugsstadium*
Rückzugsstaffel → *Rückzugsstadium*
Ruderalgesellschaft → *Ruderalpflanzen*
Ruderalpflanzengesellschaft → *Ruderalpflanzen*
Ruhezustand → *Ruheperiode*
Rumpfebene → *Rumpffläche*
Rumpfschollengebirge → *Rumpfgebirge*
Rundbuckel → *Rundhöcker*
Rupelian → *Oligozän*
Ruscinian → *Pliozän*
Rußboden → *Rendzina*
Russia → *Sarmatia*

Sakmarian → *Perm*
Salina → *Salar*
Salse → *Schlammvulkan*
Salzdom → *Salzstock*
Salzhorst → *Salzstock*
Salzhut → *Salzstock*
Salzpflanzen → *Halophyten*
Salzspiegeltal → *Salzspiegel*
Samenpflanzen → *Phanerogamen*
Sandhaken → *Haken*
Sandpflanzen → *Psammophyten*
Sandr → *Sander*
Sandriff → *Brandungsriff*
Sandschliff → *Sandstrahlgebläse*
Sarmat → *Sarmatian*
Sattelfirst → *Sattelscheitel*
Sättigungswert → *Sättigungspunkt*
Satzmoräne → *Stappelmoräne*
Säuerling → *Mofette*
Sauerstoff(auf)blas-Verfahren → *LD-Verfahren*
Saugraum → *Kapillarsaum*
Saugsaum → *Kapillarsaum*
Saumbiotop → *Ökoton*
Saumgesellschaft → *Mantelgesellschaft*
Saumökotop → *Ökoton*
Saumriff → *Lagunenriff*
Saumtiefe → *Vortiefe*
Saumtier → *Saumverkehr*
SCA → *Standard Consolidated Area*
Schachbrettmuster → *Schachbrettgrundriß*
Schacht → *Naturschacht*
Schachthöhle → *Naturschacht*
Schar → *Schaar*
Schärenküste → *Fjärdenküste*
scheinbare Dichte → *Lagerungsdichte*
Scheiteltal → *Satteltal*
Scherfalte → *Scherbrett*
Scheuer → *Scheune*
Schichtenbau → *Schichtung*
Schichtenkunde → *Stratigraphie*
Schichtfolge → *Schichtverband*
Schichtgesimse → *Gesimse*
Schichtgestein → *Sedimentite*
Schichtgruppe → *Schichtverband*
Schichtkomplex → *Schichtverband*
Schichtpaket → *Schichtver-*

band
Schichtreihe → *Schichtverband*
Schichtrippe → *Schichtkamm*
Schichtrippenkarst → *Schichtkopfkarst*
Schichtserie → *Schichtverband*
Schichttafel → *Tafel*
Schichtvulkan → *Stratovulkan*
Schieferungskluft → *Druckkluft*
Schiffahrtsstraße → *Schiffahrtsweg*
Schiffahrtszeichen → *Seezeichen*
Schiffelwirtschaft → *Feldbrandwirtschaft*
Schiffsbrücke → *Ponton*
Schiffsschleuse → *Schleuse*
Schiffsverkehr → *Schiffahrt*
Schlafdeich → *Deich*
Schlagvegetation → *Schlagflora*
Schlammbrekzie → *Fanglomerat*
Schlammsprudel → *Schlammvulkan*
Schleppsand → *Sandlöß*
Schlotgang → *Diatrem*
Schluckloch → *Ponor*
Schmarotzer → *Parasiten*
Schmarotzertum → *Parasitismus*
Schmelzpyramide → *Schmelzkegel*
Schmelztuff → *Ignimbrit*
Schnaitelwirtschaft → *Schneitelwirtschaft*
Schnittfläche → *Kappungsfläche*
Schollenlava → *Blocklava*
Schorre → *Abrasionsplattform*
Schotterbewegung → *Geröllbewegung*
Schrägküste → *Diagonalküste*
Schrägschichtung → *Diagonalschichtung*
Schratten → *Karren*
Schußkanal → *Diatrem*
Schuppung → *Schuppenstruktur*
Schuttflur → *Schuttpflanzen*
Schutzherrschaft → *Protektorat*
Schutzrinde → *Krustenbildung*
Schutzzone → *Schutzbereich*
Schwachlichtpflanzen →

Schattenpflanzen
Schwaighof → *Schwaige*
Schwalgloch → *Ponor*
Schwandwirtschaft → *Schwandtwirtschaft*
Schwarzalkaliboden → *Solonetz*
Schwarzerde → *Tschernosem*
Schwarzerdeartiger Aueboden → *Tschernitza*
Schwarzer Jura → *Lias*
Schwerewind → *katabatischer Wind*
Schwinde → *Ponor*
Schwunddoline → *Korrosionsdoline*
Sedimentation → *Ablagerung*
Sedimentgestein → *Sedimentite*
Sedimentstock → *Stock*
Seedüne → *Küstendüne*
Seefähigkeit → *Seetüchtigkeit*
Seeklima → *maritimes Klima*
Seenkunde → *Limnologie*
Seepolje → *Poljensee*
Seeverkehr → *Seeschiffahrt*
Segetalpflanzen → *Unkräuter*
Seismograph → *Seismogramm*
Seismologie → *Seismik*
Seitentrawler → *Trawler*
Sektorenmodell → *Sektorentheorie*
Sekundärdüne → *Vordüne*
Sekundärsukzession → *Restitution*
Sekundärvegetation → *Sekundärformation*
Selbstbedienungswarenhaus → *Verbrauchermarkt*
Selbstversorgungsort → *Selbstversorgerort*
sematophylaktische Tracht → *Trutztracht*
Seminomadismus → *Halbnomadismus*
semipermanente Siedlung → *Halbdauersiedlung*
Senkung → *Hebung*
Senkungsküste → *Ingressionsküste*
Senon → *Senonian*
separativer Ansatz → *integrativer Ansatz*
Serravalian → *Miozän*
Sicheldüne → *Barchan*
Sicherungsbereich → *Sicherungsraum*
Sickereffekt → *Durchsicker-Effekt*

Siderosphäre → *Barysphäre*
Siedlungsgefüge → *Siedlungsstruktur*
Siedlungsgrube → *Wohngrube*
Silifikation → *Verkieselung*
Silifizierung → *Verkieselung*
Silt → *Schluff*
Simultanbeben → *Relaisbeben*
Sinemurian → *Jura*
Singularitäten → *Regelfälle der Witterung*
Sinterkaskade → *Sinterstufe*
Sinterterrasse → *Sinterstufe*
Sitzladefaktor → *Ladefaktor*
skatophag → *koprophag*
SKE → *Steinkohleneinheit*
Skiophyten → *Schattenpflanzen*
Sklerophylle → *sklerophyll*
S-Kluft → *Druckkluft*
Skyth → *Skythian*
Slum Clearing → *Slum-Sanierung*
SMSA → *Standard Metropolitan Statistical Area*
Soden → *Plaggen*
Sog → *Schwall*
söhlig → *saiger*
solare Klimazonen → *mathematische Klimazonen*
Solifluktionsstufe → *periglaziale Höhenstufe*
Sollwert → *Regelkreis*
Sommerdeich → *Deich*
Sommerkultur → *Sommersaat*
Sommerruhe → *Sommerschlaf*
Sömmerung → *Sommerung*
Sommerwald → *sommergrüner Laubwald*
Sonnenpflanzen → *Heliophyten*
Sonnenwende → *Solstitium*
Sorptionskapazität → *Austauschkapazität*
Souk → *Suk*
Soziabilität → *Gesellligkeit*
sozialer Indikator → *Sozialindikator*
sozialgeographisches Konzept → *sozialgeographische Konzeption*
Sozialgruppe → *soziale Gruppe*
Sozialkategorie → *sozialstatistische Merkmalsgruppe*
Sozialleistungsquote → *Sozialquote*
Sozialökonomie → *Volkswirtschaftslehre*

Sozialökonomik → *Sozialökonomie*
Soziologie der Pflanzen → *Pflanzensoziologie*
Soziologie der Tiere → *Tiersoziologie*
Spaliersträucher → *Kriechsträucher*
Spaltungsgestein → *Schizolith*
Späteiszeit → *Spätglazial*
Speiloch → *Saugloch*
Spermatophyten → *Phanerogamen*
Sperrgebiet → *Sperrzone*
Spezies → *Art*
Spiegel → *Harnisch*
Spielart → *Varietät*
Sprunghöhe → *Sprung*
Spülmulde → *Flachmuldental*
Sserir → *Kieswüste*
Staatenbildung bei Tieren → *Tierstaat*
Staatenblock → *Staatengruppe*
Staatsbevölkerung → *Staatsvolk*
Städtedichte → *Stadtdichte*
Städteklassifikation → *Stadtklassifikation*
Stadtfauna → *Stadtökologie*
Stadtflora → *Stadtökologie*
Stadtfunktion → *städtische Funktion*
städtische Bevölkerung → *Stadtbevölkerung*
städtischer Verdichtungsraum → *städtische Agglomeration*
Stadtklassifizierung → *Stadtklassifikation*
Stadt-Land-Gegensatz → *Stadt-Land-Dichotomie*
Stadtmitte → *Stadtzentrum*
Stagnation → *Nullwachstum*
Stalagnat → *Stalagmit*
Stalaktit → *Stalagmit*
Stammsukkulenten → *Sukkulenten*
Standortanalyse → *landschaftsökologische Standortanalyse*
Standortbestimmungslehre → *Standortlehre*
Standortmuster → *Verteilungsmuster*
Starklichtpflanzen → *Heliophyten*
Stauendmoräne → *Stauchendmoräne*
Staumoräne → *Stauchmoräne*

Staunässe → *Stauwasser*
StBauFG → *Städtebauförderungsgesetz*
Stefan → *Stephanian*
Steinriegel → *Rossel*
Steinsalzgewinnung → *Salzbergbau*
stemflow → *Stammabfluß*
stenohydr → *stenohygr*
stenotyp → *stenök*
Steppenbleicherde → *Solod*
Sterberate → *Sterbeziffer*
Sterblichkeit → *Mortalität*
Sterblichkeitsdiagramm → *Mortalitätsdiagramm*
Sterblichkeitsquote → *Mortalitätsquote*
Sterblichkeitsrate → *Mortalitätsrate*
Stetigkeit → *Präsenz*
Steuerstrecke → *Regelstrecke*
Stielgang → *Diatrem*
Stimmbezirk → *Wahlkreis*
Stimmkreis → *Wahlkreis*
Stirnfluß → *Gegenfluß*
Stoffumsatz → *Stoffhaushalt*
stone line → *Steinlage*
Störgröße → *Regelung*
Stoßzeit → *rush-hour*
Sträflingskolonie → *Strafkolonie*
Strahlengürtel → *Van Allen-Strahlengürtel*
Strahlstrom → *Jet stream*
Strandfazies → *litorale Fazies*
Stränge → *Flarke*
Strangmoor → *Netzmoor*
Stratifikation → *Schichtung einer Pflanzengesellschaft*
Strauchschicht → *Schichtung einer Pflanzengesellschaft*
Streckhof → *Streckgehöft*
Streckmäander → *Gleitmäander*
Streckungskluft → *Druckkluft*
Streifenanbau → *Streifenkultur*
Strichdüne → *Longitudinaldüne*
Stricklava → *Fladenlava*
Strudelloch → *Kolk*
Strudeltopf → *Kolk*
Strukturboden → *Frostmusterboden*
Strukturboden → *Frostmusterboden*
Stücklohn → *Leistungslohn*
Sturmdeich → *Deich*
subhumid → *semihumid*
subhydrische Böden → *Unterwasserböden*

Subintervall → *Staffel*

subkutane Ausspülung → *Subrosion*

subkutaner Karst → *nackter Karst*

subnivale Denudation → *Solifluktion*

Subspezies → *Rasse*

Subvulkanismus → *Kryptovulkanismus*

Südvergenz → *Vergenz*

Sukzessionsserie → *Sukzessionsreihe*

Sumpfpflanzen → *Helophyten*

supersonic transport → *SST*

Suq → *Suk*

Suspensionsstrom → *Trübestrom*

Süßwasserkalk → *Kalktuff*

Süßwasserplankton → *Plankton*

Symbioten → *Symbionten*

sympatrische Spezialisation → *Spezialisation*

Symphilium → *Symphilie*

Synbiologie → *Idiobiologie*

synergetische Landschaftscharakteristik → *Landschaftscharakteristik*

Synklinale → *Mulde*

Synkline → *Mulde*

Synökologische Regeln → *Ökologische Regeln*

systemanalytisch-geomorphologischer Ansatz → *geomorphologisch-geoökologischer Ansatz*

Systematik → *Taxonomie*

SZR → *Sonderziehungsrechte*

Tabianian → *Pliozän*

Tafelvulkan → *Lavafeld*

Tagesperiodik → *Periodizität*

Tagespreis → *Tageswert*

Tagesrhythmik → *Periodizität*

Tagewerk → *Tagwerk*

Tagundnachtgleiche → *Äquinoktium*

Talausgang → *Talmündung*

Talepigenese → *epigenetisches Tal*

Talgehänge → *Talhang*

Talgrund → *Talboden*

Tallehne → *Talhang*

Tallöß → *Schwemmlöß*

Talmäander → *Zwangsmäander*

Talquerschnitt → *Talquerprofil*

Talschlucht → *Schlucht*

Talsohle → *Talboden*

Tapiszeit → *Flandrische Transgression*

Taryn → *Hydrolakkolith*

Tatarian → *Perm*

Taxozönose → *Nomozönose*

technische Zusammenarbeit → *technische Hilfe*

Teersand → *Ölsand*

Teich → *Weiher*

teilausgestatteter Zentraler Ort → *Teilzentrum*

Teilbau → *Teilpacht*

Tektonische Morphologie → *Tektonische Geomorphologie*

Tektonit → *Kristalline Schiefer*

Tell → *Wurt*

Telmatoplankton → *Plankton*

Temperaturanomalie → *Wärmeanomalie*

Temperatursumme → *Wärmesumme*

Terrassenflur → *Terrassenfläche*

Terre noir → *Tirs*

Terriphyten → *Landpflanzen*

territoriale Verwaltungsreform → *Territorialreform*

Territorialverhalten → *Revierverhalten*

Thallophyten → *Lagerpflanzen*

Thanetian → *Tertiär*

Theorie der „Economic Base" → *Basic-nonbasic-Konzept*

Theorie der Landnutzung → *Landnutzungstheorie*

Thermalquelle → *Therme*

thermische Anomalie → *Temperaturanomalie*

thermische Energie → *Wärmeenergie*

thermische Maritimität → *thermische Ozeanität*

thermische Sprungschicht → *Sprungschicht*

Thermokarst → *Kryokarst*

Thermosphäre → *Ionosphäre*

Therodrymium → *sommergrüner Laubwald*

THTR → *Thorium-Hochtemperatur-Reaktor*

Tiden → *Gezeiten*

Tief → *Tiefdruckgebiet*

Tiefdruckfurche → *Tiefdruckrinne*

Tiefdruckwirbel → *Zyklone*

Tiefenmagmatismus → *Plutonismus*

Tiefenreif → *depth hoar*

Tiefkraton → *Hochkraton*

Tiefseeeinzelberg → *Guyot*

Tiefseegesenke → *Tiefseegraben*

Tierfresser → *Sekundärkonsumenten*

Tiergeographie → *Zoogeographie*

Tierkolonie → *Tierstock*

Tierkunde → *Zoologie*

Tierökologie → *Zooökologie*

Tithonian → *Jura*

Tjäle → *Permafrost*

TLB → *Topologische Landschaftsbilanz*

Toarcian → *Jura*

Todesrate → *Sterbeziffer*

Toleranzkurve → *Toleranzbereich*

tonnenkilometrischer Minimalpunkt → *Transportkostenminimalpunkt*

topische Einheit → *Top*

topographische Lage → *Ortslage*

Topoklima → *Geländeklima*

topologische Einheit → *Top*

Torfmarsch → *Moormarsch*

Torrente → *Bajado*

Tortonian → *Miozän*

tote Düne → *Tertiärdüne*

Toteissee → *Eisrestsee*

Tournai → *Tournaisian*

toxisch → *giftig*

Trailerpark → *Caravaning*

Traktorenstation → *Maschinen-Traktoren-Station (MTS)*

Transhumance → *Transhumanz*

Transitroute → *Transitstrecke*

Trappbasalt → *Trapp*

Trappdecke → *Trapp*

Travertin → *Kalktuff*

Treibsand → *Flugsand*

Treidelpfad → *Leinpfad*

Treidelschiffahrt → *Treidelverkehr*

Treppenkar → *Stufenkar*

Treuhandschaftsgebiet → *Treuhandgebiet*

triadisch → *triassisch*

Trichterdoline → *Korrosionsdoline*

Trichtermündung → *Ästuar*

Trickle down-Effect → *Durchsicker-Effekt*

Trickle down-Effekt → *Durchsicker-Effekt*

trickling down-Effekt → *Durchsicker-Effekt*

Trift → *Drift*

Trinkwasserversorgung → *Wasserversorgung*

Trockenfarmen → *Dryfarming*

Trockenfeldbau → *Regenfeldbau*

Trockengrenze des Anbaus → *agronomische Trockengrenze*

Trockengürtel → *Trockenzonen*

Trockenheitsindex → *Ariditätsindex*

Trockenklima → *arides Klima*

Trockenpflanzen → *Xerophyten*

Trockenresistenz → *Dürreresistenz*

Trockenrißpolygone → *Trockenrisse*

Trockensavannenwald → *Trockensavanne*

Trockenwetterkurve → *Trockenwetterlinie*

Trocknis → *Trockentod*

Troglobios → *Höhlenfauna*

Tropfsteinhöhle → *Tropfstein*

Tropfsteinsäule → *Stalagmit*

Trophobium → *Trophobiose*

tropische Schwarzerde → *Regur*

Trugrumpf → *Primärrumpf*

Trümmergestein → *klastische Ablagerungen*

Tuffkalk → *Kalktuff*

turbidity current → *Trübestrom*

Turolian → *Miozän*

Turon → *Turonian*

Überfallquelle → *Überlaufquelle*

Überflußdurchbruchstal → *Überlaufdurchbruchstal*

Überhälter → *Überhalt*

Überparasit → *Hyperparasit*

Übersprungsbewegung → *Übersprungshandlung*

Überstaubewässerung → *Überstauung*

Übervermehrung → *Massenvermehrung*

Uferwall → *Uferdamm*

Uferzone → *Litoralregion*

Umlaufdauer → *Umtriebsdauer*

Umschlagsort → *Umschlagplatz*

Umsetzung → *Umsiedlung*

Umspanner → *Transformator*

Umtauschkapazität → *Austauschkapazität*

Umtriebszeit → *Umtriebsdauer*

Umweltfaktoren → *ökologische Faktoren*

Umweltschutzpolitik → *Umweltpolitik*

Umweltzertifikat → *Umweltlizenz*

Unauffälligkeitstracht → *Tarntracht*

Unberührbare → *Paria*

UN Conference on the Law of the Sea → *UNCLOS*

unechter Umlaufberg → *Sehnenberg*

UN-Environment Program → *UNEP*

United Nations Conference of Trade an Development → *UNCTAD*

United Nations Development Program → *UNDP*

United Nations Industrial Development Organization → *UNIDO*

United Nations Organization → *UNO*

unmittelbare Temperaturverwitterung → *Insolationsverwitterung*

Unterart → *Rasse*

untere Einebnungsfläche → *doppelte Einebnungsfläche*

unteres Denudationsniveau → *Denudationsniveau*

Untergrundbahn → *U-Bahn*

Untergrundbewässerung → *Unterflurbewässerung*

Unterkunft → *Behausung*

Unternehmen → *Unternehmung*

Untiefe → *Bank*

Urbanökologie → *Stadtökologie*

Urgebirge → *Grundgebirge*

Urgebirgsmassiv → *Schild*

Urkontinent → *Schild*

Urkraton → *Schild*

Urproduktion → *Primärproduktion*

U-Tal → *Trogtal*

UVP → *Umweltverträglichkeitsprüfung*

Valendis → *Valanginian*

Valenginien → *Valanginian*

Vallesian → *Miozän*

Van't Hoff'sche Regel → *RGT-Regel*

variscische Richtung → *erzgebirgische Richtung*

Variscisches Gebirge → *Varisciden*

Vasallenstaat → *Suzeränität*

Vaterfolge → *Patrilinearität*

VEB → *Volkseigener Betrieb*

VEG → *Volkseigenes Gut*

Vegetationsperiode → *Vegetationszeit*

Vegetationsruhe → *Vegetationsperiode*

Verarbeitungsindustrie → *Verarbeitende Industrie*

Verbergetracht → *Tarntracht*

Verbrauchsgebiet → *Konsumgebiet*

Verbrauchsgüter → *Konsumgüter*

Verbrauchsgüterindustrie → *Konsumgüterindustrie*

Veredelungsindustrie → *Veredelungswirtschaft*

Verflechtungsraum → *Verflechtungsbereich*

Vergesellschaftung → *Kollektivierung*

verhaltensorientierte Geographie → *Verhaltensgeographie*

Verheiratetenquote → *Verheiratungsquote*

Verkehrsgebiet → *Verkehrsraum*

Verlustküste → *Gewinnküste*

Versauerung → *Bodenversauerung*

Verschiebebahnhof → *Rangierbahnhof*

Verschwägerung → *Verwandtschaft*

Versorgungsgebiet → *Versorgungsbereich*

Vertikalerosion → *Tiefenerosion*

Verursachungsprinzip → *Verursacherprinzip*

Verwerfung → *Bruch*

Verwerfungsfläche → *Bruchfläche*

Verwerfungslinie → *Bruchlinie*

Verwitterungsstabilitätsreihe → *Stabilitätsreihe*

Vicini → *Nachbarn*

Viehhaltung → *Viehwirtschaft*

Viehleihe → *Viehpacht*

Viehtritte → *Viehgangeln*

Viehzucht → *Tierzucht*

Vielehe → *Polygamie*

Vielmännerei → *Polyandrie*

Vielweiberei → *Polygynie*

Vierkanter → *Vierkanthof*

Vierseitgehöft → *Vierseithof*

Villafranca → *Villafranchian*
Vindobonian → *Miozän*
Visé → *Visean*
Vollbauer → *Vollerwerbs-landwirt*
Vollernter → *Vollerntegerät*
vollhumid → *humid*
Volumengewicht → *Lage-rungsdichte*
Vorratslager → *Bufferstock*
Vorwärmezeit → *Präboreal*
Vorzugsbereich → *Präferen-dum*
V-Tal → *Kerbtal*
Vulkanasche → *Asche*
Vulkanisches Beben → *Aus-bruchsbeben*
Vulkanit → *Ergußgestein*
Vulkanstiel → *Vulkanruine*
Vulkantuff → *Tuffit*

Waagepunkt → *Herbstpunkt*
Wachstumspoltheorie → *Entwicklungspoltheorie*
Wachstumszeit → *Vegeta-tionsperiode*
Wahlbezirk → *Wahlkreis*
Wahlmonarchie → *Monar-chie*
Walddüne → *Tertiärdüne*
Waldrodung → *Rodung*
Waldschutzstreifen → *Schutzwaldstreifen*
Waldsteppe → *Steppe*
Wallriff → *Lagunenriff*
Wanderackerbau → *Wander-feldbau*
Wanderfeldbau → *shifting cultivation*
Wanderhandel → *Wanderge-werbe*
Wanderungsmotiv → *Wan-derung*
Wandvergletscherung → *Flankenvereisung*
Warft → *Wurt*
Wärmeäquator → *thermi-scher Äquator*
Wärmesummenregel → *Tem-peratursummenregel*
Warmzeit → *Interglazial*
Warve → *Bänderton*
Warven-Chronologie → *Bän-derton-Chronologie*
Wasserhärte → *Härte*
Wasserreinigung → *Abwas-serreinigung*
Wasserrippeln → *Rippelmar-ken*
Wasserspannung → *Saug-spannung*
Wasserwegigkeit → *Durch-lässigkeit*

Weiserarten → *Zeigerpflanzen*
Weißalkaliboden → *Solont-schak*
Weißer Jura → *Malm*
Weißstein → *Granulit*
Welkepunkt → *permanenter Welkepunkt*
Welkestoffe → *Welketoxine*
Weltbürger → *Kosmopolit*
Weltgesundheitsorganisation → *WHO*
Welthandelskonferenz → *UNCTAD*
Weltkunde → *Umweltkunde*
Weltwirtschaftsordnung → *Neue Weltwirtschaftsord-nung*
Wendikum → *Präkambrium*
Werft → *Wurt*
Westfal → *Westfalian*
Westwinddrift → *Westwind-zirkulation*
Westwindklima → *zyklonales Westwindklima*
Wetterprognose → *Wetter-vorhersage*
Widerstandsfähigkeit → *Re-sistenz*
Wiederaufforstung → *Auffor-stung*
Wiederbesiedlung → *Rekolo-nisation*
Wiesenmoor → *Niedermoor*
Windbruch → *Windwurf*
Windepflanzen → *Schling-pflanzen*
Winderosion → *Windabtra-gung*
Windkorrasion → *Korrasion*
Windregime → *Windsysteme*
Windriß → *Windmulde*
Windrippeln → *Rippelmarken*
Windschliff → *Sandgebläse*
Winkeldiskordanz → *tektoni-sche Diskordanz*
Winterdeich → *Deich*
Wirbelgröße → *Vorticity*
Wirbelsturm → *tropischer Wirbelsturm*
Wirtschaftsstufentheorie → *Stadientheorie*
Wochenendpendler → *Wo-chenpendler*
Wohnmobil → *Camping, Ca-ravaning*
Wohnsitzverlegung → *Ab-wanderung*
Wölbungsart → *Wölbung*
Wölbungsrichtung → *Wöl-bung*
Wölbungsstärke → *Wölbung*
Wollsackverwitterung → *Wollsäcke*

World Health Organization → *WHO*
Wuchsform → *Lebensform*
Wuchslandschaft → *Wuchs-gebiet*
Wurzelsukkulenten → *Suk-kulenten*
Wüstenlack → *Kruste*
Wüstenrinde → *Kruste*
Wysse → *Uferbank*

xenomorph → *idiomorph*
Xeropoium → *Steppe*
Xerothermrelikte → *Relikt*

Yardang → *Jardang*
Yoldiazeit → *Yoldiameer*
Ypresian → *Tertiär*
Yunga → *Montaña*

Zackenfirn → *Büßerschnee*
Zackenschnee → *Büßer-schnee*
Zeitsiedlung → *temporäre Siedlung*
Zentralitätsforschung → *Zentrale-Orte-Forschung*
Zentralmassiv → *zentrales Bergland*
Zerrunsung → *Zerrachelung*
Zivilstandsregister → *Stan-desregister*
ZK → *Zugkrafteinheit*
zonar → *zonal*
Zonierung → *zonale Gliede-rung*
zönoxen → *xenök*
Zoocecidien → *Zezidozoen*
zoogene Ablagerungen → *or-ganogene Ablagerungen*
Zooparasit → *Parasit*
zoophag → *Carnivor*
Zoophage → *Sekundärkon-sumenten*
Zuchtwahl → *Selektion*
Zugkluft → *Querkluft*
Zweigbetrieb → *Zweigwerk*
Zweiseithof → *Hakenhof*
Zweitwohnsitz → *Zweitwoh-nung*
Zwergformen → *Nanorelief*
Zwergpodsol → *Nanopodsol*
Zwergschule → *Mittelpunkt-schule*
Zwischenabfluß → *Interflow*
Zwischeneiszeit → *Intergla-zial*
Zwischengüter → *Zwischen-produkte*
zyklonale Niederschläge → *Zyklonalregen*
zyklonale Westlage → *West-lage*

BLÜTHGEN, J., *Allgemeine Klimageographie;* Berlin 1966: Bd. 1 S. 42, 369, 377. – BÖGLI, A., *Karsthydrographie und physische Speläologie;* Berlin 1978: Bd. 2 S. 75. – BORCHERT, G., *Klimageographie in Stichworten;* Kiel 1978: Bd. 1 S. 43, 54, 65, 163, 218, 285, 377, 414; Bd. 2 S. 37. – *Brockhaus-Taschenbuch Geologie;* Wiesbaden 1955: Bd. 1 S. 91, 181, 312, 371. – BÜDEL, J., *Die doppelten Einebnungsflächen in den feuchten Tropen;* in: Zschr. Geom. 1957: Bd 1 S. 117. – CAMERON, G. C., *The future of the British conurbations;* London 1980: Bd. 1 S. 101. – *Das Bergbau-Handbuch;* 1976: Bd. 1 S. 171, 236, 292. – Deutsche BP AG (Hrsg.), *Das Buch vom Erdöl;* Hamburg 1978: Bd. 1 S. 142, 160, 188. – Eidgen. Anstalt für Wasserversorgung; Dübendorf: Bd. 1 S. 149. – EIMERN, J. v., *Wetter- und Klimakunde;* Stuttgart 1971: Bd. 1 S. 280; Bd. 2 S. 73. – FLOHN, H., *Didaktik der allgemeinen Zirkulation der Atmosphäre;* in: Geogr. Rdsch. 1960: Bd. 1 S. 23. – GIERLOFF-EMDEN, H. G., *Geographie des Meeres;* Berlin 1980: Bd. 1 S. 129, 130, 392. – GLÄSSER, E., *Dänemark;* Stuttgart 1980: Bd. 1 S. 178. – GÖTTLICH, K., *Moor- und Torfkunde;* Stuttgart 1976: Bd. 1 S. 415. – HAAS, H.-D., *Die thüringische Glasindustrie;* in: Geogr. Rdsch. 6/1972: Bd. 1 S. 406. – HAEFKE, F., *Physische Geographie Deutschlands;* Berlin 1959: Bd. 1 S. 207. – Harms Erdkunde, *Physische Geographie;* München 1971: Bd. 2 S. 101. – HARTGE, K. H., *Einführung in die Bodenphysik;* Stuttgart 1978: Bd. 1 S. 35. – Herder-Lexikon, *Geologie und Mineralogie;* Freiburg 1972: Bd. 1 S. 216. – HÖFLING, O., *Energieprobleme;* Köln 1980: Bd. 1 S. 120, 133, 210, 331. – *Höhlen: Welt ohne Sonne;* 1978: Bd. 2 S. 116. – HÖLTING, B., *Allgemeine Hydrologie;* Stuttgart 1980: Bd. 2 S. 98. – KAESER, W., *Geographie der Schweiz;* Bern 1971: Bd. 1 S. 313. – KLAUS, G., *Wörterbuch der Kybernetik;* Frankfurt/M. 1969: Bd. 2 S. 131. – KULS, W., *Bevölkerungsgeographie;* Stuttgart 1980: Bd. 1 S. 69, 108, 399, 409. – KUNTZE u. a., *Bodenkunde;* Stuttgart 1981: Bd. 1 S. 390. – LABHART, T., *Geologie der Schweiz;* Bern 1982: Bd. 1 S. 105. – LEISTER, I., *Wachstum und Erneuerung britischer Industriegroßstädte;* Wien 1970: Bd. 1 S. 51. – LESER, H., *Feld- und Labormethoden der Geomorphologie;* Berlin 1977: Bd. 2 S. 34. – Ders., *Landschaftsökologie;* Stuttgart 1976: Bd. 1 S. 22, 410, 411; Bd. 2 S. 50. – Ders., *Geoökologie heute;* in: Geogr. Rdsch. 5/1983: Bd. 2 S. 244. – MACHATSCHEK, F., *Geomorphologie;* Stuttgart 1973: Bd. 1 S. 164, 186, 255; Bd. 2 S. 143, 253. – MIKUS, W., *Industriegeographie;* Darmstadt 1978: Bd. 1 S. 162. – Mitt. Komm. Quartärforschung Österr. Akad. Wiss. Bd. 1 1979: Bd. 2 S. 54. – MÜLLER, P., *Biogeographie;* Stuttgart 1980: Bd. 1 S. 168. – NEEF, E. (Hrsg.), *Das Gesicht der Erde;* Frankfurt/M. 1970: Bd. 1 S. 92, 114, 142, 144, 209, 212, 213, 232, 283, 296; Bd. 2 S. 133, 146, 157. – REMMERT, H., *Ökologie. Ein Lehrbuch;* Berlin 1980: Bd. 2 S. 8. – Physikalisch-Technische Bundesanstalt; Braunschweig: Bd. 2 S. 165, 165. – SÄRCHINGER, H., *Geologie und Gesteinskunde;* Berlin 1958: Bd. 1 S. 320. – SCHEFFER/SCHACHTSCHABEL, *Lehrbuch der Bodenkunde;* Stuttgart 1976: Bd. 1 S. 89, 159, 263, Bd. 2 S. 155, 278. – SCHMIDT, G., *Vegetationsgeographie auf ökologisch-soziologischer Grundlage;* Leipzig 1969: Bd. 1 S. 261, 302; Bd. 2 S. 20, 43. – SCHMITHÜSEN, J., *Allgemeine Vegetationsgeographie;* Berlin 1968: Bd. 2 S. 93. – SCHROEDER, D., *Bodenkunde in Stichworten;* Kiel 1972: Bd. 1 S. 80, 84, 193, 226, 257, 365; Bd. 2 S. 75. – STRAHM, R. H., *Überentwicklung – Unterentwicklung;* Gelnhausen 1980: Bd. 2 S. 67. – STUGREN, B., *Grundlagen der allgemeinen Ökologie;* Stuttgart 1978: Bd. 1 S. 185, 196, 205, 228, 363, 385; Bd. 2 S. 10, 11, 36, 47, 62, 156. – TISCHLER, W., *Synökologie der Landtiere;* Stuttgart 1979: Bd. 1 S. 137, 248, 418; Bd. 2 S. 40, 96, 296. – TRIMMEL, H., *Höhlenkunde;* Braunschweig 1968: Bd. 1 S. 312; Bd. 2 S. 178, 178, 210. – TROLL, C., *Landschaftsökologie der Hochgebirge Eurasiens;* Wiesbaden 1972: Bd. 1 S. 252. – Ders., *Büßerschnee in den Hochgebirgen der Erde;* Pet. Mitt. Erg.-H. 240, 1942: Bd. 1 S. 95. – WALTER, H., *Die Vegetation der Erde;* Stuttgart 1973: Bd. 2 S. 20. – WASHBURN, A. L., *Geoecology;* London 1979; Bd. 2 S. 68. – WEBER, H., *Die Oberflächenformen des festen Landes;* Leipzig 1967: Bd. 1 S. 121, 175, 189, 210, 215, 297, 304, 321, 323, 331, 340, 355, 369; Bd. 2 S. 19, 79, 119, 121, 131, 152, 157, 159, 182, 185, 228. – WEISCHET, W., *Einführung in die Allgemeine Klimatologie;* Stuttgart 1979: Bd. 1 S. 176, 271, 273; Bd. 2 S. 81, 81, 380. – WEISH/GRUBER, *Radioaktivität und Umwelt;* Stuttgart 1979: Bd. 2 S. 16. – WILHELM, F., *Schnee- und Gletscherkunde;* Stuttgart 1975: Bd. 1 S. 103, 361; Bd. 2 S. 26. – WILHELMY, H., *Geomorphologie in Stichworten;* Kiel 1972: Bd. 1 S. 182, 248, 325; Bd. 2 S. 91, 95, 137, 249. – WILMANNS, O., *Ökologische Pflanzensoziologie;* Heidelberg 1978: Bd. 1 S. 250. – WÖHLKE, W., *Die Kulturlandschaft als Funktion von Veränderlichen;* in: Geogr. Rdsch. 1969: Bd. 2 S. 102, 201. – WOLDSTEDT/DUPHORN, *Norddeutschland im Eiszeitalter;* Stuttgart 1974: Bd. 1 S. 130, 168, 372; Bd. 2 S. 86.

Alle übrigen Abbildungen stammen aus Veröffentlichungen, die im Georg Westermann Verlag, Braunschweig, erschienen sind, vor allem:
Das Geogr. Seminar, hrsg. von E. EHLERS und H. LESER, begr. von E. FELS, E. WEIGT und H. WILHELMY. – *Westermann Lexikon der Geographie;* hrsg. v. W. TIETZE, ber. v. E. WEIGT. – *Welt und Umwelt,* hrsg. v. W. HAUSMANN. – *westermann-colleg Raum+Gesellschaft.* – A. BRUCKER/D. RICHTER, *Standort Erde.*

DIERCKE-Weltstatistik 84/85

DIERCKE

Weltstatistik 84/85

Staaten, Wirtschaft
Bevölkerung, Politik

dtv/westermann

dtv 3401

Die ›DIERCKE-Weltstatistik 84/85‹ bietet neuestes, umfangreiches Zahlenmaterial über alle Staaten (einschließlich der abhängigen Gebiete) unserer Erde in einem übersichtlichen, einheitlichen Aufbau.
Zahlenreihen, insbesondere bei der Bundesrepublik Deutschland und den großen Staaten der Erde, sowie ein Welt-Tabellenteil mit vergleichbaren Daten ausgewählter Jahre in Verbindung mit meist zweifarbigen Kartengraphiken verdeutlichen Strukturveränderungen, Entwicklungstendenzen und -prozesse. Ausführliche Beiträge über Verbände der Bundesrepublik Deutschland, UN- und andere internationale Organisationen sowie Hintergrundinformationen über die Krisenherde ermöglichen eine Bewertung der politischen Vorgänge.

dtv/westermann

dtv Atlanten